Quarta Revolução Industrial e Direito do Trabalho

2022

Eduardo Tambelini Brasileiro

ALMEDINA

QUARTA REVOLUÇÃO INDUSTRIAL E DIREITO DO TRABALHO

AUTOR: Eduardo Tambelini Brasileiro

DIRETOR ALMEDINA BRASIL: Rodrigo Mentz
EDITORA JURÍDICA: Manuella Santos de Castro
EDITOR DE DESENVOLVIMENTO: Aurélio Cesar Nogueira
ASSISTENTES EDITORIAIS: Isabela Leite e Larissa Nogueira
ESTAGIÁRIA DE PRODUÇÃO: Laura Roberti

DIAGRAMAÇÃO: Almedina
DESIGN DE CAPA: FBA

ISBN: 9786556275635
Julho, 2022

Dados Internacionais de Catalogação na Publicação (CIP)
(Câmara Brasileira do Livro, SP, Brasil)

Brasileiro, Eduardo Tambelini
Quarta revolução industrial e direito do trabalho / Eduardo Tambelini Brasileiro. – São Paulo, SP : Almedina, 2022.

Bibliografia.
ISBN 978-65-5627-563-5

1. Direito do trabalho – Brasil 2. Inovações tecnológicas – Aspectos econômicos 3. Inovações tecnológicas – Aspectos sociais 4. Relações de trabalho – Brasil 5. Revolução industrial 6. Tecnologia da informação I. Título.

22-108019 CDU-34:331.6(81)

Índices para catálogo sistemático:

1. Inovações tecnológicas : Direito do trabalho 34:331.6(81)

Eliete Marques da Silva – Bibliotecária – CRB-8/9380

Este livro segue as regras do novo Acordo Ortográfico da Língua Portuguesa (1990).

EDITORA: Almedina Brasil
Rua José Maria Lisboa, 860, Conj.131 e 132, Jardim Paulista | 01423-001 São Paulo | Brasil
editora@almedina.com.br
www.almedina.com.br

Sejam sábios no procedimento para com os de fora;
aproveitem ao máximo todas as oportunidades.

(Bíblia Sagrada, NVI, Colossenses 4:5)

Dedico este livro à minha esposa, Flavianne; aos meus filhos, Eduardo e Melissa; aos meus pais, Roberto e Solange; aos meus sogros, Maurício e Ramilza; e, aos meus irmãos, Priscila e Gustavo – fontes inesgotáveis de amor, alegria e incentivo.

Agradeço a Deus, autor e dono da minha vida, toda a honra, glória e louvor. Agradeço aos professores Drs. Fernando Rister de Sousa Lima, Felipe Chiarello de Souza Pinto, Jorge Cavalcanti Boucinhas Filho, Juliano Sarmento Barra e Clarice Seixas Duarte, pelo saber socializado e ideias inovadoras, minha admiração e gratidão.

NOTA DO AUTOR

A tese tem como objeto de pesquisa a Quarta Revolução Industrial e seus reflexos nas relações de trabalho à luz do ordenamento jurídico brasileiro. Para tanto, busca abordar as profundas transformações decorrentes do processo de evolução tecnológica que tem impactado todo o mundo, nos diferentes setores da sociedade, desde a economia, educação, saúde, lazer, relações interpessoais e de trabalho.

Considerando esse cenário tecnológico disruptivo, a presente tese tem como ponto de partida o fenômeno da Quarta Revolução Industrial e busca contribuir, de forma original, com uma resposta ao seguinte problema: qual o modelo de proteção jurídico-social adequado para acolher o expressivo avanço tecnológico e, ao mesmo tempo, garantir a proteção do trabalhador e dos empresários que precisam se adaptar a essa nova realidade? Para responder a essa indagação, a investigação assenta-se no método dedutivo, partindo das seguintes premissas, que foram confirmadas no curso do trabalho: a) (premissa maior) a Quarta Revolução Industrial é uma revolução tecnológica disruptiva (expressão utilizada para demonstrar a ruptura com padrões anteriormente adotados); b) (premissa menor) em função do caráter disruptivo da Quarta Revolução Industrial, houve o surgimento de novos trabalhadores, com características específicas que fogem à classificação binária clássica do Direito do Trabalho, bem como, de um novo empreendedor digital, que necessita adaptar-se à nova realidade, cabendo ao direito conferir a esses atores a segurança jurídica adequada nas contratações dessas novas modalidades de trabalho; c) (conclusão) o caráter disruptivo da Quarta Revolução Industrial também está presente na classificação das relações de trabalho, sendo preciso, portanto, repensar o Direito e suas categorias clássicas de relação de trabalho, já que o padrão binário clássico, limitado ao trabalhador autônomo e subordinado, apresenta-se insuficiente para a nova realidade.

Assim, além de regulamentação jurídica própria, torna-se necessário implementar arranjos institucionais e políticas públicas, com a colaboração de entidades públicas e privadas dos mais variados setores da economia, envolvendo sindicatos, secretarias de governo, Poder Judiciário, órgãos fiscalizadores do trabalho e representantes do Ministério Público, para que, juntos, possam celebrar parcerias bem elaboradas de interesse comum de toda sociedade.

Desse modo, a tese aponta para a necessidade da adoção de uma classificação trinária ou tricotômica das relações de trabalho, acrescentando o gênero *tertius* do "trabalhador coordenado digital". Uma vez assegurados direitos mínimos e proteção adequada ao trabalhador coordenado digital, mediante regulamentação jurídica própria, arranjos institucionais, políticas públicas e conscientização coletiva, emerge a importância de aproveitar esse momento de Quarta Revolução Industrial para retirar dessa tecnologia as melhores oportunidades para todos os atores envolvidos.

LISTA DE ILUSTRAÇÕES

SUMÁRIO

INTRODUÇÃO

A sociedade pós-industrial do século XXI tem sido marcada por profundas transformações decorrentes do processo de evolução tecnológica que vem impactando todo o mundo, nos diferentes setores da sociedade, envolvendo mudanças na economia, educação, saúde, lazer, relações interpessoais e de trabalho, podendo-se afirmar que a tecnologia passou a ser parte integrante da vida do ser humano, nos mais variados aspectos e dimensões.

Esse cenário de revolução tecnológica vem sendo intitulado como a "Quarta Revolução Industrial", nomenclatura utilizada por Klaus Schawab[1], presidente do Fórum Econômico Mundial de Davos, que em 2016 associou-a ao fenômeno que desafia transformar toda a humanidade, alterando sobremaneira, por meio da tecnologia, a forma de viver, relacionar-se e trabalhar das pessoas. Esta Revolução se apresenta como uma quebra de paradigmas que implica em transformações sociais de caráter disruptivo, expressão esta utilizada para demonstrar a ruptura com padrões anteriormente empregados e a adoção das novas formas de vida e trabalho[2].

O amplo acesso à internet, a facilidade para aquisição de produtos como *smartphones, tablets* e computadores a baixo custo são fatores que mudam radicalmente o comportamento das pessoas e das empresas, que passam a contar com inúmeras ferramentas tecnológicas aptas a

[1] Schwab, Klaus. *A quarta revolução industrial*. Tradução de Daniel Moreira Miranda. São Paulo: Edipro, 2016, passim.

[2] Cf. Bower, Joseph L.; Christensen, Clayton M. *Disruptive Technologies*: catching the wave. Harvard Business Review, january-february, 1995, passim.

proporcionar melhoria na qualidade de vida dos trabalhadores, promovendo maior eficiência, rapidez e redução de custos às empresas. A todo momento novos aplicativos e *softwares* surgem com a finalidade de integrar as pessoas, por meio da colaboração e compartilhamento, atuando de forma rápida e prática, reduzindo custos e excesso de burocracia.

Assim, a evolução tecnológica coloca-se como inevitável, exigindo que a sociedade esteja aberta para acompanhá-la e, por meio dela, articular-se de forma criativa, no sentido de aproveitar as potenciais oportunidades de negócios e de trabalho. Portanto, para isso acontecer, torna-se necessária a incorporação e assimilação das novas alternativas e tecnologias pelas empresas e trabalhadores, no exercício de suas atividades para que, como consequência, a forma de produção e serviços sejam alterados, com redução de custos. Desse modo, a tecnologia, ao mesmo tempo que substitui algumas atividades e tarefas antes realizadas pelo ser humano, cria também oportunidades de novas ocupações que podem vir a ser por ele exercidas.

Frente a esse cenário tecnológico disruptivo, a presente tese tem como ponto de partida o fenômeno da Quarta Revolução Industrial e propõe-se a investigar os reflexos dessa revolução nas relações de trabalho, à luz do ordenamento jurídico brasileiro. Busca, assim contribuir, de forma original, com uma resposta ao seguinte questionamento: qual o modelo de proteção jurídico-social adequado para acolher o expressivo avanço tecnológico e, ao mesmo tempo, garantir a proteção do trabalhador e dos empresários que precisam se adaptar a essa nova realidade?

Para responder a essa indagação, considerou-se adequado o uso do método dedutivo, dado que este método "fundamenta-se em um silogismo, uma operação típica da Lógica em que, a partir de uma premissa maior e mais genérica e uma menor e mais específica, pode-se chegar a um resultado necessário que é a conclusão."[3]

Desse modo, a presente pesquisa parte da premissa maior de que a Quarta Revolução Industrial é uma revolução tecnológica "disruptiva", implicando na ruptura dos padrões anteriormente aplicados e a adoção de novas formas de se viver, se relacionar e trabalhar, correspondente

[3] Mezzaroba, Orides; Monteiro, Cláudia Servilha. *Manual de Metodologia da Pesquisa no Direito*. 5 ed. São Paulo: Saraiva, 2009, p. 66.

a uma quebra de paradigmas que implica em transformações sociais. Assim, no decorrer da tese são apresentados os aspectos gerais da Quarta Revolução Industrial, seus principais desafios e a nova realidade de trabalho por ela gerada.

Como premissa menor, considera-se o caráter disruptivo presente nas relações de trabalho, promovendo o surgimento de novos trabalhadores, com características específicas que fogem à classificação binária clássica do Direito do Trabalho. Nesta perspectiva, observa-se que, embora os novos trabalhadores se pareçam em determinados aspectos com o trabalhador empregado e, em outros, com o autônomo, existem algumas particularidades que precisam ser destacadas e devidamente reconhecidas pelo direito. Por sua vez, é preciso também reconhecer que o empresário e empreendedor digital, nesse contexto disruptivo, necessitam adaptar-se à nova realidade enfrentada, cabendo ao direito conferir-lhes a segurança jurídica adequada nas formas de contratações próprias das novas modalidades de trabalho.

Como especificidade da presente pesquisa busca-se realizar a análise da classificação e regulamentação das relações de trabalho a partir do estudo a respeito do padrão binário clássico e da zona cinzenta que existe nas relações de trabalho, contrapondo-os com o trabalhador coordenado digital, fruto da Quarta Revolução Industrial.

A seu turno, a título de conclusão, pretende-se confirmar a hipótese de que é preciso repensar o Direito e suas categorias clássicas de relação de trabalho, já que o padrão binário clássico, limitado ao trabalhador autônomo e subordinado, é insuficiente à nova realidade, tanto para o trabalhador que pode não receber a proteção jurídica adequada, quanto para o empresário, que precisa se adaptar às exigências do novo mercado com segurança. Além disso, no novo cenário tecnológico, a relação jurídica deixa de ser bilateral para ser triangular, na medida em que passa a envolver trabalhador, empresário e tomadores/usuários, em uma espécie de multiterceirização[4]. Nesse sentido, por pressuposto, emerge a neces-

[4] Cf. Zipperer, André Gonçalves. *A multiterceirização e a subordinação jurídica.* A intermediação de mão de obra a partir de plataformas digitais e a necessidade de tutela modular do Direito do Trabalho. Tese (Doutorado em Direito). Pontifícia Universidade Católica do Paraná, Curitiba, 2018, passim.

sidade da elaboração de uma regulamentação jurídica própria, adequada a compatibilizar as necessidades e interesses de todos os atores envolvidos nesse contexto.

Além de uma regulamentação jurídica própria, que atenda as necessidades e interesses do trabalhador, empresário e tomadores/usuários, considera-se que esta somente será eficiente se houver os devidos arranjos institucionais e políticas públicas adequadas, exigindo-se, para tanto, a colaboração de entidades públicas e privadas dos mais variados setores da economia, sindicatos, secretarias de governo, Poder Judiciário, órgãos fiscalizadores do trabalho e representantes do Ministério Público, para que, juntos, possam celebrar parcerias bem elaboradas de interesse comum. Isto se justifica pelo fato de que a relação triangular da Quarta Revolução Industrial interessa à coletividade como um todo, sendo preciso somar esforços e buscar uma conscientização coletiva, no sentido de transformar os desafios da nova economia em oportunidades efetivas para a indústria, o governo, o trabalhador e para a sociedade civil, aproveitando o avanço tecnológico para retirar desse contexto as melhores oportunidades para todos.

Para subsidiar a análise dos elementos teóricos, a estratégia da pesquisa compreendeu a realização de levantamento bibliográfico, seleção de obras e estudos de pesquisas já realizadas, bem como, a análise de documentos específicos relacionados ao tema, tais como, a legislação em vigor, projetos de lei, julgados, documentos preparatórios de conferências e estudos realizados pela Organização Internacional do Trabalho (OIT).

A necessidade dessa discussão ampla acerca dos modelos que podem ser utilizados para se evitar os efeitos negativos ou indesejados da revolução tecnológica "disruptiva" ao empresário, ao trabalhador e à sociedade civil, bem como a necessidade de se apontar os efeitos positivos de uma intervenção planejada (por meio de uma regulamentação jurídica adequada, arranjos institucionais, políticas públicas e conscientização coletiva), é que motivaram a realização da pesquisa, cujo tema é de repercussão social e jurídica.

O texto da presente obra corresponde à tese de doutorado defendida no mês de agosto de 2021 junto ao Programa de Doutorado em Direito Político e Econômico da Universidade Presbiteriana Mackenzie, na linha de pesquisa intitulada "Cidadania Modelando o Estado", sob orientação do Professor Doutor Fernando Rister de Sousa Lima.

No que se refere à construção do texto, esta tese estrutura-se em quatro capítulos. O primeiro capítulo apresenta uma visão geral da Quarta Revolução Industrial enquanto inovação tecnológica, evidenciando o seu caráter disruptivo, que impacta a totalidade dos setores da sociedade, envolvendo a economia, educação, saúde, lazer, relações interpessoais e as relações de trabalho. Para tanto, são apresentadas as principais tecnologias emergentes nesse momento revolucionário, dentre as quais, o big data, a inteligência artificial, a internet das coisas e para as coisas, a impressão em 3D, a robótica, os smartphones e as plataformas digitais. Após analisar essas novas tecnologias e, em especial, os 4 grupos de plataformas digitais: plataformas sociais, *marketplaces*, plataformas de intermediação e plataformas de *crowdworking*, reflete-se sobre a economia marcada pelo uso dessas plataformas, questionando se esta economia estaria caracterizada pela ideia da economia colaborativa ou do *crowdsourcing*, entendido este como um modelo de negócio virtual, digital e tecnológico que conecta e integra demandantes de serviços ou produtos (tomadores/usuários/clientes) aos prestadores (trabalhadores/proprietários de bens). Como resposta, conclui-se que a expressão economia colaborativa ou do compartilhamento não expressa a realidade atualmente vivenciada por empreendedores digitais, usuários/tomadores e trabalhadores, já que estão inseridos numa nítida relação capitalista, que não decorre fundamentalmente de colaboração ou compartilhamento e, embora isso possa ocorrer, o que prevalece, de fato, são interesses econômicos que se valem da multiterceirização para atingir os seus objetivos.

O segundo capítulo discorre sobre os principais desafios da Quarta Revolução Industrial para as relações de trabalho. Considerando o cenário de profundas mudanças que alteraram radicalmente o comportamento dos trabalhadores (flexibilidade e liberdade na execução do trabalho) e das empresas (eficiência com redução de custos), analisa-se os desafios a serem vencidos, que incluem a incorporação e assimilação de novas alternativas e tecnologias pelas empresas e trabalhadores, para que possam exercer as suas atividades adaptando-as à nova realidade, como também, a sociedade em geral, que passa a conviver com a tecnologia em todos os aspectos e dimensões da vida humana. Junto a isto, o capítulo também evidencia como o Direito é desafiado a acompanhar a nova realidade, para encontrar um equilíbrio capaz de proteger o trabalhador, preservando o direito a um trabalho digno, a dignidade da pessoa humana e os direitos sociais, além de conferir segurança jurídica e conciliar os interesses dos empresários, que buscam se adaptar a esse novo cenário tecnológico e de redução de custos. Ainda, com base no estudo da Confederação Nacional da Indústria – CNI, realizado no ano de 2017, com o tema "Relações trabalhistas no contexto da indústria 4.0", demonstra-se os principais efeitos e, consequentemente, os principais desafios a serem superados pelo trabalhador para o sucesso do trabalho nesse novo contexto da indústria 4.0, quais sejam: deslocamento de mão de obra entre funções e setores específicos; flexibilização do trabalho (externa, interna e espacial); capacitação ao exercício de novas funções; saúde e segurança no trabalho; e, trabalho nas plataformas digitais. Ao final do capítulo, questionam-se as condições dos trabalhadores de plataforma digital, analisando se tais condições podem ou não garantir um trabalho digno, ou se, na verdade, o que existe é um efeito de precarização do trabalho promovido pelas plataformas digitais. Para isso, explora-se a definição de precariedade (e precarização), para que seja possível responder à referida pergunta e avaliar as novas formas de trabalho realizadas via plataformas digitais.

O terceiro capítulo é destinado ao estudo da classificação e regulamentação das relações de trabalho, analisando se as classificações e regulamentação já existentes são suficientes para dar segurança jurídica ao trabalhador inserido no contexto da Quarta Revolução Industrial, em especial, aqueles trabalhadores de plataformas digitais que laboram mediante coordenação, com flexibilidade de jornada e de local de trabalho. Junto a isto, dentre outros aspectos, são perscrutadas as definições e pressupostos do trabalhador empregado e do autônomo, bem como, de outras relações de trabalho que se situam na zona cinzenta das relações de trabalho, tais como, o profissional-parceiro no contrato de parceria em salão de beleza, o representante comercial e o trabalhador parassubordinado.

O quarto capítulo propõe-se a observar o trabalhador coordenado digital a partir de uma nova classificação de relação de trabalho e que requer regulamentação jurídica própria, para que seja possível a adequada proteção do trabalhador, apta a garantir o direito da dignidade da pessoa humana e os direitos sociais. Neste capítulo, define-se o trabalhador coordenado digital como a pessoa física que, inserida em uma relação triangular, com pessoalidade e sem subordinação, mas mediante coordenação e remuneração, possui uma relação de trabalho online, que se dá por meio de uma plataforma digital, com atividade executada de forma virtual ou com contato pessoal, a múltiplos tomadores, com duração limitada à execução de uma tarefa determinada e específica. Dessa definição, apuram-se os pressupostos caracterizadores desse trabalhador, quais sejam: a) relação de trabalho online que se dá por meio de uma plataforma digital, em ambiente virtual, digital e tecnológico, pela utilização da internet; b) relação triangular entre os trabalhadores, os tomadores (usuários) e os empreendedores digitais (empresas de plataforma); c) trabalho por pessoa física e com pessoalidade, embora possa envolver pontual substituição do trabalhador ou o auxílio de terceiros na execução do trabalho, em caráter secundário, excepcional e eventual; d) trabalho fragmentado e descontínuo, de curta e limitada duração ao usuário; e) trabalho coordenado, sem subordinação; e, f) onerosidade. Ademais, verifica-se como os tribunais trabalhistas brasileiros vêm decidindo os casos de reclamatórias oriundas do trabalho coordenado digital e, por fim, apresenta-se um modelo de proteção jurídico-social considerado adequado para acolher todo o avanço tecnológico resultante da Quarta Revolução Industrial e, ao mesmo tempo, possibilitar a proteção dos trabalhadores e dos empresários que precisam se adaptar a essa nova realidade.

Por meio dessa estrutura, defende-se a presente tese, alinhavando os fundamentos necessários para que, por meio do método dedutivo, seja possível apresentar uma conclusão plausível a respeito do tema tratado.

1.
A QUARTA REVOLUÇÃO INDUSTRIAL: REVOLUÇÃO TECNOLÓGICA DISRUPTIVA

Neste capítulo discorre-se sobre as significativas transformações tecnológicas que caracterizam a Quarta Revolução Industrial – decorrente da revolução tecnológica disruptiva presente na sociedade globalizada do Século XXI, apresentando seus aspectos gerais, as principais tecnologias e plataformas digitais emergentes e a diferenciação entre economia colaborativa e *crowdsourcing*.

1.1 Aspectos gerais da Quarta Revolução Industrial

A chamada Quarta Revolução Industrial, inserida no cenário de sociedade globalizada, é pautada por uma revolução tecnológica de caráter disruptivo, responsável pelo rápido crescimento da tecnologia que tem impactado todos os setores da sociedade desde a economia, educação, saúde, lazer, relações interpessoais e de trabalho, tornando a tecnologia presente a todo o momento e em todo o mundo.

Uma significativa evidência dessa realidade reside no fato de que até mesmo nos relacionamentos pessoais, os indivíduos têm se valido da tecnologia para dialogar, romper as barreiras da distância e gozarem de momentos virtuais, em busca de diversão e sociabilidade, por meio da tecnologia aplicada em smartphones, tablets e os mais diversos aplicativos disponíveis na internet. Tais recursos têm-se apresentado com custos acessíveis à maioria das pessoas, o que contribui para que inúmeras pessoas, de diferentes categorias e condição social, possam interagir no mundo virtual, com maior rapidez e facilidade.

A comodidade conferida pelo mundo virtual e tecnológico é algo que atrai a atenção das pessoas, já que tudo fica mais fácil quando, a partir de um toque, um simples "clique", as coisas que se deseja são obtidas, interesses alcançados ou tarefas resolvidas.

Sistemas de mensagens de voz e vídeo gratuitos como o *Facetime, Whatsapp*, dentre outros, rompem com a barreira da distância e aproximam as pessoas no mundo virtual. Redes sociais como *Facebook, Instagram* e *Linkedin* também facilitam a comunicação, a busca de pessoas e o surgimento de novas amizades e contatos em rede. As pesquisas no *Google* trazem todo e qualquer tipo de informação com total facilidade e variedade de fontes. Plataformas de streaming de vídeo como *Netflix, Amazon Prime Video, Globoplay*, entre outras, com um gama de filmes e séries e com baixo custo para o usuário, permitem momentos de prazer e diversão sem sair de casa, sem se preocupar com as antigas e extintas locações em locadoras de vídeo. Os aplicativos de mobilidade urbana como o Uber, facilitam a contratação e reduzem significativamente o preço do serviço de transporte particular, retirando o monopólio das cooperativas de táxi e conferindo maior competitividade no mercado. Na mesma linha, inúmeros aplicativos que facilitam diferentes tarefas ou auxiliam no acompanhamento da saúde, finanças e outras atividades, vem se multiplicando cada vez mais. O Ensino via EAD – ensino a distância – tem contribuído para a universalização do ensino, especialmente no nível superior, além de cursos diversificados voltados à formação profissional e atuação no mercado. O *e-commerce*, mediante sites de compra, como Americanas, Submarino, Magazine Luíza, Fast Shop, lojas de roupas e tantos outros, que antes exigiam o deslocamento dos consumidores às lojas, atualmente têm permitido que tudo seja adquirido no conforto do lar, a custos muitas vezes mais baixos, dadas as inúmeras promoções e possibilidades de comparação de preço entre as lojas, já que as informações disponíveis online são mais acessíveis. Enfim, o que antes era lento, de difícil acesso, demorado, distante, caro, inacessível ou impossível, na Quarta Revolução Industrial tornou-se fácil, rápido, próximo, acessível e possível.

Além desses aspectos, a revolução tecnológica possibilita a utilização de todos os serviços e benefícios tecnológicos antes disponíveis apenas nos computadores fixos, também aos dispositivos móveis, tais como *note-*

books, tablets e, o principal deles, mais compacto e com multifunções, os *smartphones* colocando, literalmente, a tecnologia nas palmas das mãos.

A esse respeito, Aschoff[5], ao analisar o relacionamento das pessoas com os smartphones, chega a dizer que:

> Nossa conexão umbilical com nossos smartphones significa que eles estão sempre prontos para filmar acontecimentos, seja um leão desajeitado caindo em um lago em um zoológico alemão ou a polícia local brutalizando um membro da comunidade. Olhe para a multidão em um show da Taylor Swift – quase todo mundo está filmando o show. Reflita sobre as fotos das vigílias mundiais que se seguiu ao tiroteio na boate Pulse de 2016 em Orlando, Flórida – telefones estão no alto, lanternas acesas, em uma demonstração de respeito e solidariedade. Preenchemos as lacunas e os momentos livres de nossos dias socializando uns com os outros por meio de nossos smartphones. Enviamos trilhões de textos (a maioria vai para a família e amigos próximos), deslize nos perfis do Tinder em busca de nossa alma gêmea e bate-papo por vídeo com primos na Índia. Na verdade, os indianos usam muita banda larga para enviar "Bom dia!" mensagens e fotos no WhatsApp que seus telefones costumam ficar sem espaço e congelar. Os smartphones estão rapidamente se tornando nosso dispositivo "tudo".

Em meio ao desenvolvimento tecnológico, na dimensão do mundo do trabalho, o *home office* e o teletrabalho colocam-se como uma realidade fortemente vivenciada pelas empresas e trabalhadores, inclusive contando com regulamentação legislativa no Brasil. Tal possibilidade permite que o trabalhador não precise se deslocar diariamente de sua residência ao local de trabalho, reduzindo o enfrentamento das dificuldades e estresse do trânsito, podendo ainda, administrar os próprios horários de trabalho, adaptando a jornada da melhor forma que lhe convier, compatibilizando-a com o tempo a ser destinado à família e lazer, desde que seus compromissos profissionais sejam cumpridos. O empregador, por sua vez, usufrui da redução dos custos, contando com a possibilidade de diminuir as grandes sedes das empresas já que o trabalho pode ser

[5] ASCHOFF, Nicole Marie. *The smartphone society*: technology, power, and resistance in the new gilded age. Boston: Beacon Press, 2020, p. 11. (tradução livre).

feito de forma remota, à distância. E, ainda, a sociedade como um todo se beneficia pois com a diminuição do deslocamento dos trabalhadores às sedes das empresas, tal fato contribui para a redução de circulação de veículos, que consequentemente reduz o trânsito nas ruas e a poluição gerada pelos meios de transporte.

Paralelamente a esta realidade, outra modalidade de trabalho que tem surgido atualmente na era tecnológica é aquele realizado por meio das plataformas digitais, as quais, devido ao rápido crescimento na sua utilização, ameaçam dominar os meios de prestação de serviços, valendo-se da "economia do compartilhamento" e do "*on-demand*", para conquistar usuários/tomadores de serviços e os respectivos prestadores.

É nesse contexto, portanto, que emerge a "Quarta Revolução Industrial", pautada numa revolução tecnológica disruptiva que vem alterando sobremaneira as formas de viver, relacionar e trabalhar das pessoas.[6]

Cumpre ressaltar, entretanto, que até esse momento de Quarta Revolução Industrial, outras três revoluções aconteceram, e cabe, para os efeitos desse trabalho, evidenciar as principais características de cada uma delas, para que seja possível perceber as radicais transformações atualmente vivenciadas, principalmente nas relações de trabalho que ora se pretende demonstrar.

A chamada Primeira Revolução Industrial, entre 1760 e 1840, foi marcada principalmente pela construção das ferrovias e pela invenção da máquina a vapor, com o início da produção mecânica[7]. Essa evolução permitiu que as atividades humanas manuais passassem a ser realizadas pela máquina a vapor que contribuiu para o rápido aumento da produção de mercadorias, dada a eficiência do maquinário utilizado.[8] Já a Segunda Revolução Industrial, sedimentada a partir da metade do século XIX, foi marcada pelo alargamento das vias férreas, o surgimento do automóvel, bem como, de novas atividades econômicas, como a siderurgia e aquelas relacionadas às fontes de energia como o petróleo, água e urânio. Com

[6] SCHWAB, Klaus. *A quarta revolução industrial.* Tradução de Daniel Moreira Miranda. São Paulo: Edipro, 2016, passim.

[7] Ibid., p. 15.

[8] BARBOSA JUNIOR, Francisco de Assis. *Gig economy e contrato de emprego*: aplicabilidade da legislação trabalhista aos vínculos de trabalho da nova economia. São Paulo: LTr, 2019, p. 17.

a chegada da eletricidade e a criação da linha de montagem foi possível a produção em massa e diversificada (fracionada), que marcou esse momento, assim como o telefone e o cinema que surgiram também nessa época.[9] Por derradeiro, a Terceira Revolução Industrial, iniciada na década de 1960, também chamada de revolução digital ou do computador, foi marcada pelo desenvolvimento dos semicondutores, da computação em *mainframe*, da computação pessoal e da internet.[10]

No decorrer desse processo, as relações de trabalho sofreram profundas alterações, desde o trabalho manual, mecânico, industrial, em linha de montagem e produção em massa, até o surgimento dos computadores e da internet. É nesse contexto de revolução digital e internet, impingido pela Terceira Revolução Industrial que, na virada para o século XXI, desenvolve-se a sofisticação, o avanço e a integração das tecnologias antes disponíveis, mas agora em outra dimensão, adentrando-se na chamada Quarta Revolução Industrial, ou segunda era da máquina ou ainda, simplesmente, revolução tecnológica.

Na concepção de Schwab[11], a Quarta Revolução Industrial é marcada pela

> [...] assombrosa profusão de novidades tecnológicas que abrangem numerosas áreas: inteligência artificial (IA), robótica, a internet das coisas (IoT, na sigla em inglês), veículos autônomos, impressão em 3D, nanotecnologia, biotecnologia, ciência dos materiais, armazenamento de energia e computação quântica.

É nesse cenário de "tecnologia disruptiva" que emergem formas marcadamente novas de vida, relacionamento e trabalho, usufruindo de inovações tecnológicas disponíveis a um custo mais baixo, favorecendo transformações sociais que refletem uma quebra de paradigmas.

[9] Barbosa Junior, Francisco de Assis. Gig economy e contrato de emprego: aplicabilidade da legislação trabalhista aos vínculos de trabalho da nova economia. São Paulo: LTr, 2019, p. 17-18.
[10] Schwab, Klaus. A quarta revolução industrial. Tradução de Daniel Moreira Miranda. São Paulo: Edipro, 2016, p. 16.
[11] Ibid., p. 11.

Desse modo, o amplo acesso à internet, a facilidade para aquisição de *smartphones, tablets* e *computadores* a baixo custo, muda radicalmente o comportamento das pessoas e das empresas, que passam a contar com inúmeras ferramentas tecnológicas aptas a proporcionar melhoria na qualidade de vida dos trabalhadores, com maior eficiência, rapidez e redução de custos às empresas. A todo momento, novos aplicativos e softwares surgem com a finalidade de integrar as pessoas, por meio da colaboração e compartilhamento, tudo de forma rápida e prática, reduzindo custos e o excesso de burocracia.

Contudo, para isso acontecer, torna-se necessária a incorporação e assimilação das novas alternativas e tecnologias pelas empresas e trabalhadores, no exercício de suas atividades e, como consequência, a forma de produção e serviços são alterados, com redução de custos. Esse é o desafio imposto pela revolução tecnológica ou Quarta Revolução Industrial, que inevitavelmente já mudou toda uma geração.

Portanto, a Quarta Revolução Industrial não se limita ao surgimento de sistemas e máquinas inteligentes e conectadas, pois é bem mais abrangente que isso. Ela representa a fusão da tecnologia e a interação com os domínios físicos, digitais e biológicos; abre espaço para inovações que podem ocorrer simultaneamente em áreas que vão desde o sequenciamento genético até a nanotecnologia, das energias renováveis à computação quântica. Enfim, representa, de fato, uma profunda transformação social.[12]

Como também ocorreu nas últimas revoluções industriais, é possível que, de igual forma, algumas profissões deixem de existir, assim como outras novas podem surgir. Nos EUA do início do século XIX, por exemplo, como menciona Schwab[13], 90% da força de trabalho era constituída por pessoas que trabalhavam na terra; sendo que atualmente esta parcela soma menos de 2%, expressando uma redução significativa que ocorreu de forma relativamente tranquila. Do mesmo modo, o trabalho braçal, em algumas atividades, como aquelas que são mecânicas e repetitivas, ou o trabalho manual de precisão, darão espaço à automação, como as indús-

[12] SCHWAB, Klaus. *A quarta revolução industrial*. Tradução de Daniel Moreira Miranda. São Paulo: Edipro, 2016, p. 16.

[13] Ibid., p. 43.

trias com supervisões inteligentes, autônomas, por meio de algoritmos; táxis autônomos; consultores por meio da inteligência artificial; ensino a distância facilmente replicado, reduzindo a necessidade de professores presenciais, consequentemente, redução de custos e de mão-de-obra; dentre outras possibilidades. Do mesmo modo, profissões de profissionais liberais como advogados, analistas financeiros, médicos, jornalistas, contadores, corretores de seguros ou bibliotecários, poderão tornar-se parcial ou completamente automatizadas.

Os autores Lima, Rocha e Waldman[14] ao analisarem a provável extinção de milhares de postos de trabalho, apesar dos empregos do futuro que surgirão, destacam que a Quarta Revolução Industrial "traz consigo uma tendência à automatização e seu nome vem, na verdade, de um projeto de estratégia de alta tecnologia do governo da Alemanha, trabalhado desde 2013 para levar sua produção a uma total independência da obra humana".

Por outro lado, para aqueles trabalhadores "substituídos", haverá a necessidade de se inserirem no novo modelo de trabalho, adquirir conhecimento tecnológico e ser criativo para explorar a infinidade de oportunidades que consequentemente também surgirem.

Desta feita, a tecnologia, ao mesmo tempo que substitui algumas atividades e tarefas antes realizadas pelo ser humano, cria também oportunidades de novos trabalhos e ocupações que podem ser por ele exercidas.

Nesse ponto, a sociedade precisa estar aberta para acompanhar a evolução tecnológica, que é inevitável, e por meio dela ser flexível ao ponto de criar novas oportunidades de negócios.

Sob esse aspecto, os autores Lima, Rocha e Waldman[15] propõem a seguinte reflexão:

> Vale a reflexão acerca do entendimento adequado sobre o tema, eis que ao invés de competir com ela, é entender como ela funciona e tirar proveito das possibilidades que ela possa proporcionar para a resolução dos problemas da

[14] Lima, Fernando R. de S.; Rocha, Bruno A. B.; Waldman, Ricardo L. Mudanças no papel do indivíduo pós-revolução industrial e o mercado de trabalho na sociedade da informação. *Revista Pensamento Jurídico*, São Paulo, v. 14, nº1, jan./jul. 2020, p. 18.

[15] Ibid., p. 11

sociedade. Sabe-se que a industrialização atingiu uma quarta fase, que novamente transformará fundamentalmente a forma como vivemos, trabalhamos e nos relacionamos.

Analisando a questão do impacto da tecnologia no mercado de trabalho, sob o aspecto positivo e negativo, buscando encontrar o balanço final dessa equação, afirma Schwab[16]:

> Há cerca de dois campos opostos quando se trata do impacto de tecnologias emergentes no mercado de trabalho: aqueles que acreditam em um final feliz – os trabalhadores deslocados pela tecnologia vão encontrar novos empregos e a tecnologia irá desencadear uma nova era de prosperidade; e aqueles que acreditam que o fato levará a um progressivo Armagedon social e político, criando uma escala maciça de desempregos tecnológicos. A história nos mostra que o resultado provável está em algum lugar médio entre os dois campos.

É certo que a revolução tecnológica possui aspectos positivos e negativos no que se refere às alterações no mercado trabalho, no entanto, não é possível afastar-se dela ou negar a sua existência. Esta revolução é uma realidade e necessário se faz absorvê-la com vistas a auferir os melhores resultados, e ofuscar os reflexos negativos que lhe são inerentes, inclusive permitindo que aqueles que lograrem êxito no uso inteligente dos recursos tecnológicos, possam ajudar aqueles que se mantêm resistentes às transformações.

Há situações em que muitos empresários e empreendedores resistentes às transformações, assistindo à derrocada de alguns negócios que estão sendo substituídos por serviços mais acessíveis e modernos, ao invés de buscarem a modernização e descobrirem meios de utilizar a tecnologia a seu favor, preferem impor barreiras a essa evolução, buscando auxílio governamental e legislativo, para que sejam criadas leis que tornem esse avanço mais difícil, reduzindo a velocidade de sua implementação.

16 SCHWAB, Klaus. *A quarta revolução industrial*. Tradução de Daniel Moreira Miranda. São Paulo: Edipro, 2016, p. 42.

Entretanto, em face do inevitável, talvez esse não seja o melhor caminho, dado que se coloca como uma conduta oposta à de novos empresários, modernos e tecnológicos, que têm lutado para que essas inovações sejam recepcionadas pela legislação, para que sejam devidamente utilizadas para a melhoria dos seus negócios e das relações de trabalho, conferindo segurança jurídica tanto aos empreendedores quanto aos empregados. Para isso, contudo, argumentam que é preciso flexibilizar a legislação, tornando-a mais maleável, menos burocrática e, ao mesmo tempo, capaz de manter os direitos dos trabalhadores.

No âmbito estatal e governamental, além dessas pressões externas para a recepção ou não das novas tecnologias e sua respectiva regulamentação, o governo também é impactado quando observa o surgimento de novas ferramentas tecnológicas hábeis a aumentar a arrecadação, ampliar a fiscalização dos contribuintes, dar mais agilidade e eficiência à gestão pública, enfim, modernizar o serviço público, tornando-o mais enxuto, transparente e eficaz.

Mas além disso, Souza Pinto e Pscheidt afirmam que

> a tecnologia é um dos principais fatores para o desenvolvimento do Estado. Ela é o motor que coloca uma nação à frente dos demais, o elemento essencial para a hegemonia militar e o pilar central de uma Sociedade do Conhecimento. Tecnologia liga-se aos imperativos de soberania e hegemonia militar. Geração de empregos e arrecadação de tributos são efeitos desejáveis, mas não centrais ao escopo estatal.[17]

Dada essa importância da tecnologia no âmbito estatal e governamental, os referidos autores acrescentam que cabe ao Estado investir em inovação, tendo como escopo, além da geração de empregos e melhoria da arrecadação, "promover o fortalecimento da economia, abrindo novos mercados, e assegurar que a hegemonia militar seja mantida". É fundamental que essa tecnologia, "deliberadamente insculpida no mercado

[17] Pinto, F. C. S.; Pscheidt, K. R.. *Inovação e soberania*: a necessidade do investimento estatal em P&D: o investimento estatal em tecnologia como forma de manutenção de hegemonia. Novos estudos jurídicos, v. 21, n.º 2, 2016, p. 438. Disponível em: <https://doi.org/10.14210/nej.v21n2.p421-441>. Acesso em: 06 jun 2020.

privado", promova um ciclo de inovação, com o desenvolvimento das instituições que atuam em conjunto com o Estado, "formando uma rede de cooperação virtuosa", já que um mercado que não exige novidades é tendencioso a contentar-se com a obsolescência.[18]

Nesse sentido, "é ínsita a atuação estatal, portanto, nesse novo momento histórico, surfar nas ondas daquilo que o deixará na vanguarda do poder e da realidade socioeconômica: a tecnologia."[19]

Contudo, efeitos positivos podem ser considerados não apenas no âmbito estatal e governamental, mas também aos próprios governados. Sob o aspecto dos governados, o uso da tecnologia pode favorecer o maior acesso ao conhecimento e informação, ampliar ao povo a oportunidade de ser ouvido e de manifestar as suas opiniões, obtendo voz ativa por meio das mídias sociais, facilidade para agrupamento social e de comunicação em rede e, com tudo isso à disposição, fica mais fácil observar modelos de conduta dos governantes, exigindo governos probos, que façam uso das boas práticas de governança, com total transparência, ética e responsabilidade, exigências essas que, se cumpridas, podem redundar em inúmeros benefícios à coletividade, tais como, a eficiência nos gastos públicos, supremacia do interesse público, políticas públicas eficientes, ausência de corrupção, dentre outros.

Assim, ao mesmo tempo que a tecnologia contribui para a eficiência governamental, com a redução do esforço braçal dos servidores, e com maior produtividade e resultado eficaz, por outro lado, pode exigir do governante mais responsabilidade no agir, sob pena de sofrer as consequências de repúdio por parte dos governados, inclusive, com a perda do cargo nos casos mais graves, quando o agir irresponsável for devidamente comprovado.

Além disso, nesse contexto tecnológico, em que as pessoas estão cada vez mais conectadas e com a crescente importância das redes sociais, tal

[18] PINTO, F. C. S.; PSCHEIDT, K. R. . *Inovação e soberania*: a necessidade do investimento estatal em P&D: o investimento estatal em tecnologia como forma de manutenção de hegemonia. Novos estudos jurídicos, v. 21, n.º 2, 2016, p. 432. Disponível em: <https://doi.org/10.14210/nej.v21n2.p421-441>. Acesso em: 06 jun 2020.

[19] Ibid., p. 426.

cenário contribui também para o funcionamento da democracia. Nesse sentido, Santana e Leuzinger afirmam que:

> ao analisar se os meios de comunicação contribuem para o funcionamento da democracia, pode-se inferir que sim, principalmente com o advento da Internet. Por meio dela, o povo brasileiro e de todo mundo podem expor seus pensamentos, de forma autônoma, provocar movimentos e realizar suas reivindicações, bem como interagir com as Casas Legislativas, diante de proposições existentes, a despeito de todo cuidado que se deve ter. [20]

No entanto, ao mesmo tempo em que a tecnologia proporciona aos meios de comunicação uma escala global e de forma instantânea, que contribui para a democracia, por outro lado, Santana e Leuzinger advertem que, "diante de possíveis objetivos escusos e/ou tendenciosos que possam ocorrer, forçoso é o juízo crítico ao tomar conhecimento do que for veiculado", sendo imperioso que "se filtre o que se lê e ouve, pois, em alguns casos, tais redes podem ser palco de discurso de ódio, crimes contra a honra e demais delitos, bem como ser meio de manipulação."[21]

Como se vê, portanto, além das mudanças sociais e de relação de trabalho mencionadas no início do presente capítulo, fica evidente que a revolução tecnológica traz, também, no âmbito governamental e da relação entre governantes e governados, profundas modificações, que exigem adaptação e recepção dessa nova realidade por todos, pois tal absorção se dá como condição determinante à sobrevivência dos governos instituídos. Nesse sentido, afirma Schwab:

> Em última análise, a capacidade de adaptação dos governos irá determinar sua sobrevivência. Eles resistirão, se abraçarem um mundo de mudanças exponencialmente disruptivas, e se submeterem suas estruturas aos níveis de transparência e eficiência que podem ajudá-los a manter suas vantagens

[20] SANTANA, P. C.; LEUZINGER, M. D. A democracia, os meios de comunicação e a Internet no mundo globalizado. *In*: *XXVI Encontro Nacional do CONPEDI*, 2017, Brasília. Direito, Governança e Novas Tecnologias, 2017. p. 73. Disponível em: <http://site.conpedi.org.br/publicacoes/roj0xn13/30w3w5qf/8Dh362S7Xz6KwtF5.pdf>. Acesso em: 06 jun 2021.

[21] Ibid.

> competitivas. Ao agir assim, no entanto, eles serão completamente transformados em células de energia muito mais enxutas e eficientes, tudo dentro de um ambiente de concorrência e novas estruturas de poder.[22]

Exige-se, assim, que os governos incorporem essa nova realidade tecnológica e, dessa forma, possam viabilizar a elaboração de leis e normas com equilíbrio social, buscando minimizar os efeitos negativos dessa evolução, para que possa tirar dela o maior número de resultados positivos.

Exemplificando a necessidade da incorporação dessa realidade tecnológica, vale destacar o importante papel da tecnologia no cenário da pandemia do Coronavírus – Covid-19, em especial, no contexto do estado de calamidade pública decretado no Brasil a partir de 20 de março de 2020 (Decreto Legislativo n. 6).

Dentre as medidas adotadas para o enfrentamento da Covid-19 destaca-se o distanciamento social que teve como objetivo evitar o contato direto com pessoas infectadas, para que fosse possível frear a transmissão do coronavírus que é facilmente retransmitido e, com isso, evitar uma sobrecarga no sistema de saúde, já que este não tem condições de atender a todos os infectados em um só momento. Ocorre, entretanto, que esse distanciamento social colocou inúmeras empresas, escolas, governos, trabalhadores, enfim, praticamente a totalidade da sociedade, em uma situação atípica, ocasião em que a tecnologia passou a ser uma importante resposta para solucionar as restrições impostas pelo referido distanciamento social.

Trabalhadores, empresas e órgãos públicos, por exemplo, passaram a adotar o sistema de *home office*, muitas vezes com trabalho *online*, reuniões via videoconferência e envio de relatórios por e-mails ou mensagens via aplicativos. Comércios e restaurantes passaram a se valer do uso das plataformas digitais e aplicativos para a venda de seus produtos, no sistema *delivery*. As escolas e universidades tiveram que adotar o ensino *online*, obrigando os professores a adaptarem as suas aulas para o universo digital e, também os alunos, a se acostumarem com esse novo modelo de ensino digital. Festas, aniversários e encontros familiares e de ami-

[22] SCHWAB, Klaus. *A quarta revolução industrial*. Tradução de Daniel Moreira Miranda. São Paulo: Edipro, 2016, p. 73.

gos, passaram a ser realizados de forma digital, por videoconferência, a partir do próprio *smartphone* ou computador. Diagnósticos e receitas médicas realizados por meio de consultas *online,* dando maior celeridade nos atendimentos e evitando aglomeração e o contato direto com pessoas infectadas.

Resumindo, toda uma sociedade passa a trabalhar e viver com o uso da tecnologia, aprendendo a utilizá-la como uma ferramenta essencial às novas atividades, já que, nesse contexto de pandemia, se não fosse o uso da tecnologia, inúmeras atividades e trabalhos não poderiam ser executados.

Assim, faz-se necessário reconhecer que a revolução tecnológica trazida pela Quarta Revolução Industrial e acelerada pela pandemia do Coronavírus, apresenta-se como uma realidade que precisa ser admitida e, desse modo, implica também em exercitar-se diariamente na busca de melhores oportunidades e soluções por meio dela extraídas.

Portanto, a presença marcante dos efeitos dessa revolução tecnológica vem apresentando reflexos variados na sociedade, na economia, na vida das pessoas e nos seus relacionamentos pessoais, no ambiente laborativo, nas empresas e também nos governos.

Como já exposto, no contexto da Quarta Revolução Industrial, diversas novas tecnologias emergem de forma marcante, já que conferem à coletividade um acesso maior às informações, celeridade, comodidade, confiabilidade e transparência, tudo isso com uma ampla acessibilidade e baixo custo aos usuários. Dentre elas a digitalização (transformação digital), a tecnologia na nuvem (acesso online de qualquer lugar), as neurotecnologias (interface cérebro-computador), a tecnologia vestível (roupas tecnológicas), a computação ubígua (interação e integração ampla com as coisas utilizadas pelo ser humano), o *blockchain* e criptomoedas (moedas e ativos virtuais). Para efeitos da presente pesquisa, dá-se destaque especial ao big data, à inteligência artificial, à internet das coisas e para as coisas, à impressão em 3D, à robótica, aos smartphones e plataformas digitais, sobre as quais, trata-se a seguir.

O **Big Data** é um processo de armazenamento de quantidade elevada de dados para os fins de se retirar valor dessas informações de forma rápida, por meio da análise e interpretação dos dados armazenados. Ou seja, tudo o que estiver disponível de forma *online*, pode ser agrupado e ser submetido ao Big Data para o acesso também na forma *online*. Essa imensidão de informações, uma vez analisada, pode nortear significativamente as empresas, investidores e consumidores na tomada de decisões, reduzindo as complexidades com celeridade e de forma imediata, em tempo real. O Big Data pode ser utilizado, por exemplo, para definir uma campanha de marketing a partir da análise do comportamento de consumidores que se pretende atingir, bem como, para viabilizar a tomada de decisões para um investimento mais seguro a partir das informações do mercado e fatos que podem impactá-lo. Ele traz consigo o acesso imensurável de dados que consequentemente beneficia muito a coletividade, dada a importância do conhecimento ao ser humano, o que permite relembrar a célebre expressão atribuída a Francis Bacon "Saber é Poder", e ainda, o texto de Provérbios 24.5[23] que diz: "Mais poder tem o sábio do que o forte, e o homem de conhecimento, mais do que o robusto."

A **inteligência artificial** é um ramo da ciência da computação que, a partir do Big Data, permite que os dados disponíveis e armazenados sejam transformados em símbolos computacionais, hábeis a criar máquinas inteligentes ou dispositivos que simulem a habilidade do ser humano de pensar, agir e resolver problemas, mas sem estar presente em um corpo humano. As máquinas são "instruídas" para que possam fornecer informações e classificar coisas, tudo por meio de softwares que selecionam, analisam e tratam os dados. Ela contribui para que as decisões tomadas a partir dela (análise de dados) sejam racionais, sem esforço humano, proporcionando ganhos no trabalho, rapidez e inovação.

A **internet das coisas e para as coisas** significa a interligação e conexão de todos os objetos da vida humana à internet, de forma que todas as coisas fiquem interligadas de modo inteligente, por meio de sensores e conexões via *wi-fi*. Ela contribui para que haja a comunicação entre os diferentes objetos e equipamentos utilizados no cotidiano e, também, entre eles e os seus usuários. A título exemplificativo, pode-se citar as casas e cidades inteligentes, carros conectados, dentre outros. Como resultado positivo, destaca-se a comodidade e melhoria de vida das pes-

[23] BÍBLIA. A.T. Provérbios. *In:* BÍBLIA. Português. *Bíblia sagrada*: contendo o antigo e o novo testamento. Tradução de João Ferreira de Almeida. Revista e Atualizada no Brasil. Barueri: Sociedade Bíblica do Brasil, 1993, p. 453.

soas, aumento de eficiência na utilização das coisas e objetos, segurança e novas oportunidades de trabalho nessa área.

A **impressão em 3D** é uma impressora diferente das tradicionais pois, por meio da tecnologia, ela cria ou imprime um objeto físico, camada sobre camada, a partir de um modelo digital. Ela pode utilizar diferentes tipos de materiais, como plástico, nylon, gesso e resina, para criar o objeto idealizado digitalmente. Como resultado, pode proporcionar a redução de tempo, custos e materiais, com a possibilidade de se imprimir objetos complexos e complicados antes produzidos pelo homem, de forma mais fácil e exata.

A **robótica** consiste na criação e utilização de robôs compostos por máquinas controladas por circuitos integrados que podem substituir o trabalho humano. Trata-se do emprego de ferramentas tecnológicas que contribuem para a automação de tarefas, e tem como efeito positivo a redução do custo de produção, aumento da produtividade e diminuição do risco de acidentes de trabalho, em especial nas tarefas que demandam esforço físico e repetitivo.

Os **smartphones** merecem destaque especial, pois têm contribuído significativamente para a difusão de informações *real time,* sendo um telefone celular inteligente, multifuncional, que possui a capacidade para realizar tarefas semelhantes à de um computador, todavia, de forma móvel e mais acessível – na palma da mão. Neles podem ser instalados diversos aplicativos como *Youtube, Instagram, Whatsapp, Facebook, Waze, Netflix, Uber, Dog Hero, Rappi, Loggi, iFood,* dentre muitos outros, que contribuem para a melhor qualidade de vida das pessoas, trazendo mais comodidade, rapidez, eficiência, proximidade, redução de custos e segurança para as mais variadas necessidades humanas. Além disso, possuem também a função de ser um telefone celular, dispositivo móvel que permite a comunicação entre as pessoas. De fato, uma importante invenção tecnológica que tem mudado os hábitos das pessoas, diante das multifunções que podem executar.

O último destaque das inúmeras inovações tecnológicas existentes, são as **plataformas digitais**. Estas decorrem da computação em nuvem e internet das coisas, contribuindo para que diversos dispositivos sejam conectados, desde os computadores, como também os *tablets* e *smartphones*. As plataformas são softwares que disponibilizam acesso digital.

Elas visam conectar pessoas e promover interações. Em estudo publicado pela Confederação Nacional da Indústria – CNI realizado no ano de 2017[24], com o tema "Relações trabalhistas no contexto da indústria 4.0", plataformas digitais foram organizadas em 4 grupos: plataformas sociais, *marketplaces*, plataformas de intermediação e plataformas de *crowdworking*.

As **plataformas sociais**, tais como *Facebook, YouTube e Twitter*, são aquelas que tem como característica promover a troca de informações entre os usuários. Atualmente, além de publicações de caráter pessoal, têm sido utilizadas também para promoção comercial, para os fins de marketing e recrutamento.

As **marketplaces** são plataformas de loja *online* que disponibilizam para a venda diversos produtos de diferentes marcas e lojas, colocando-se como uma vitrine virtual onde diversas empresas podem anunciar e vender os seus produtos e serviços. Esse formato permite que as empresas possam ter uma maior exposição dos seus produtos e serviços aos clientes e, estes, terão a comodidade *online* de visualizarem as opções disponíveis sem a necessidade de se deslocarem até as lojas físicas anunciantes para que sejam feitas as compras. São exemplos de marketplaces: a *Amazon, Ebay* e *Mercado Livre.*

As **plataformas de intermediação** são plataformas que correspondem a modelos de negócios virtuais, digitais e tecnológicos que conectam e integram demandantes de serviços ou produtos (tomadores/usuários/clientes) aos prestadores (trabalhadores/proprietários de bens). As plataformas, por meio da tecnologia, aproximam os usuários/clientes que precisam ter as suas necessidades atendidas àqueles que precisam trabalhar ou oferecer os seus serviços ou bens. Implicam em uma relação triangular: de um lado está o tomador/usuário dos serviços, de outro lado o prestador e, como elo integrador entre ambos, está a plataforma digital.

24 Confederação Nacional da Indústria. *Relações trabalhistas no contexto da indústria 4.0*. Brasília: CNI, 2017.

Figura 1 – Modelo de negócios de intermediação de serviços

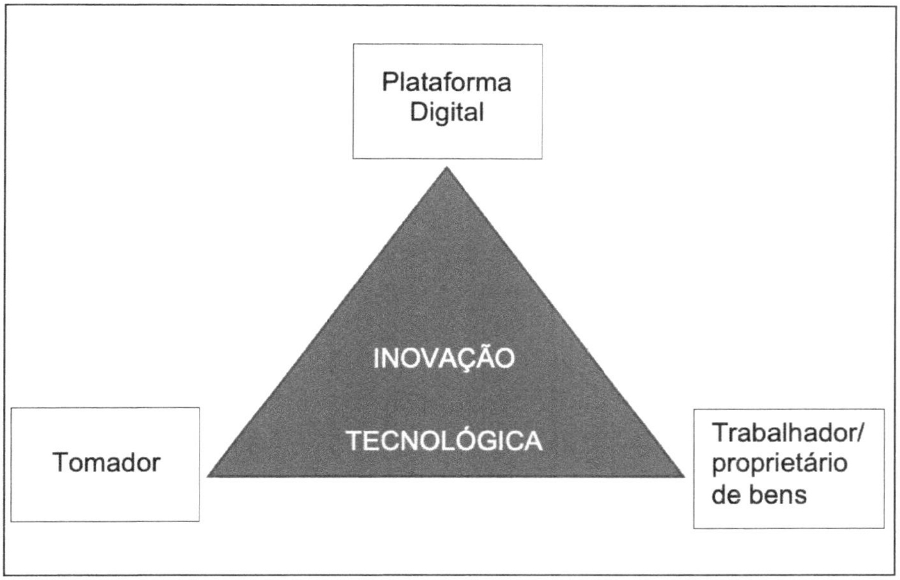

Fonte: elaboração própria, 2021.

A figura 1 ilustra o modelo de negócios de intermediação de serviços, o qual a título exemplificativo, pode-se citar a empresa *Uber*, empresa de tecnologia, mas que atua no segmento de transporte particular de passageiros, apresentando-se como uma plataforma de mobilidade urbana que envolve, de um lado o motorista particular do veículo (trabalhador/proprietário de bens), de outro lado, o cliente/usuário (tomador) e, como elo integrador, a plataforma Uber. Atuando de forma semelhante, têm-se as plataformas *Dog Hero, Rappi, Loggi, iFood.*

As plataformas de intermediação são utilizadas, também, para permitir o uso compartilhado de bens, ampliando a sua utilidade e destinação e, ao mesmo tempo, proporcionando renda aos proprietários. É o caso da plataforma *Airbnb*, ambiente onde os proprietários de imóveis podem oferecer em locação os seus bens para usuários interessados.

Uma outra terminologia que tem sido bastante recorrente para as plataformas de intermediação é o termo *crowdsourcing*, utilizado originalmente por Jeff Howe em 2006 no artigo com o título "*The Rise of Crowdsourcing*"[25]. Essa terminologia é derivada de duas palavras: "*crowd*" que significa multidão e "*outsourcing*", que significa terceirização. Não se trata de uma terceirização pura, e sim, de uma terceirização em massa, já que a *crowdsourcing* envolve um grupo indefinido de pessoas (multidão) para a realização das tarefas.

Uma outra tradução do termo *crowdsourcing* é a expressão "multiterceirização", utilizada por Zipperer[26] em sua tese sobre o tema "A multiterceirização e a subordinação jurídica. A intermediação de mão de obra a partir de plataformas digitais e a necessidade de tutela modular do Direito do Trabalho".

A *crowdsourcing* pode ser *online* ou *off-line*. Ela é *online* quando as tarefas são realizadas remotamente, ou seja, quando podem ser executadas sem o encontro físico entre as partes. Zipperer[27] afirma que são aquelas tarefas e atividades que são conduzidas e recompensadas completamente no ciberespaço, de forma virtual e global, e muitas vezes de forma anônima, por meio de acordos virtuais.

A *crowdsourcing online* corresponde à terminologia de *crowdworking* (trabalho em massa ou trabalho da multidão) apontada em estudo da CNI[28], já mencionado anteriormente. Por sua vez, a *crowdsourcing off-line* refere-se à realização da atividade ou tarefa quando existe encontro físico entre o trabalhador e o tomador, a exemplo das plataformas *Uber* e *Rappi*. Embora as tratativas se deem na plataforma virtual, a execução do trabalho propriamente dito não se dá de forma virtual, mas presencialmente.

A esse respeito, Zipperer[29] afirma que:

[25] Howe, Jeff. The Rise of Crowdsourcing. *Wired Magazine*, jun. 2006. Disponível em: <http://www.wired.com/2006/06/crowds>. Acesso em: 10 dez. 2019.

[26] Zipperer, André Gonçalves. *A multiterceirização e a subordinação jurídica*. A intermediação de mão de obra a partir de plataformas digitais e a necessidade de tutela modular do Direito do Trabalho. Tese (Doutorado em Direito). Pontifícia Universidade Católica do Paraná, Curitiba, 2018, p. 44.

[27] Ibid., p. 45.

[28] Confederação Nacional da Indústria. *Relações trabalhistas no contexto da indústria 4.0*. Brasília: CNI, 2017, passim.

[29] Zipperer, André Gonçalves. *A multiterceirização e a subordinação jurídica*. A intermediação de mão de obra a partir de plataformas digitais e a necessidade de tutela modular do

> [o] crowdsourcing offline exige implementação física do trabalho, ou seja, faz-se necessário que a pessoa esteja no lugar certo no tempo certo o que significaria menos concorrência e a aplicação efetiva das leis do local onde o serviço é realizado. Esta é a modalidade dos aplicativos de transporte como o Uber e o Cabify além de outros que envolvem entregas, treinamento pessoal, montagem de móveis e serviço doméstico. O trabalho se dá de forma não virtual e pessoalmente no local de execução do trabalho.

Por fim, a última terminologia destacada no estudo da CNI[30], são as **plataformas de *crowdworking*** ou trabalho em massa, ou ainda, trabalho da multidão, que à semelhança das plataformas de intermediação, também correspondem a modelos de negócios virtuais que conectam prestadores de serviços a usuários/demandantes de tarefas. Estas também resultam de uma relação triangular, no entanto, as tarefas/trabalho são realizadas remotamente, sem a necessidade de contato/encontro direto entre o tomador e o prestador. Geralmente, são utilizadas para a realização de tarefas como a tradução de livros e textos, busca de sites de empresas, transcrição de áudios, dentre outras. O principal exemplo de plataforma *crowdwork* é o *Amazon Mechanical Turk – Mturk*.

1.2 Economia colaborativa ou *crowdsourcing*?

No cenário da Quarta Revolução Industrial, marcada por uma revolução tecnológica disruptiva, constata-se uma grande transformação nos hábitos de consumo e estruturas empresariais, especialmente em virtude das funcionalidades das plataformas digitais.

Dada a comodidade que a tecnologia trouxe aos consumidores, muitos optam pelo consumo via plataforma digital, já que não existe a necessidade de locomoção até as lojas físicas, a informação dos diversos preços e marcas estão facilmente disponíveis na internet, acirrando a concorrência entre as empresas e trazendo economia aos consumidores. As empre-

Direito do Trabalho. Tese (Doutorado em Direito). Pontifícia Universidade Católica do Paraná, Curitiba, 2018, p. 45-46.

[30] Confederação Nacional da Indústria. Relações trabalhistas no contexto da indústria 4.0. Brasília: CNI, 2017, passim.

sas, por outro lado, precisam se reinventar para aproveitarem também os avanços tecnológicos e por meio deles reduzirem custos e preços.

Nesse contexto, de avanço tecnológico, que propiciou uma larga conexão em rede e, a preocupação e busca pela redução de custos e preços, surgiu a ideia da chamada "economia colaborativa" ou do "compartilhamento". Esta possui como ferramenta o uso das plataformas digitais, que podem ser acessadas com rapidez, eficiência e portabilidade a partir dos *notebooks, tablets* e *smartphones*, independentemente do local onde será acessada a informação, o que favorece a sua larga disseminação e utilização, inclusive com alcance globalizado.

A ideia da "economia colaborativa" tem como objetivo a utilização das plataformas digitais que envolvem multidões para que haja a realização de uma tarefa ou projeto de forma colaborativa ou compartilhada ou, ainda, que haja o compartilhamento de ativos ou serviços subutilizados, de forma gratuita ou mediante taxa, mas sem o interesse comercial de auferir lucros com esse compartilhamento, possibilitando alcance em grande escala.

Rachel Botswan e Roo Rogers[31], na obra "O que é meu é seu: como o consumo colaborativo vai mudar o nosso mundo" buscam demonstrar como o "compartilhamento" apresenta-se como um fenômeno de grande repercussão capaz de definir um novo rumo socioeconômico a ser trilhado, repensando e modificando a cultura do desperdício. O "compartilhamento" prevê que ativos e bens subutilizados e ociosos sejam compartilhados com terceiros, por meio do empréstimo, locação e permuta, dando-lhes uma destinação mais racional.

A preocupação que antes era apenas do "ter", para o uso privativo do proprietário, passa a ter uma amplitude maior, para o uso compartilhado e maior utilidade dos bens, sendo importante garantir o "acesso" ao uso, e não necessariamente a "posse", dando sentido à ideia de que "o que é meu é seu". A possibilidade da "troca" e do "empréstimo" dos bens inverte a lógica do uso apenas pelo proprietário. Isso possibilita um maior número de experiências de usuários ligadas a bens diversos antes inacessíveis, em virtude da impossibilidade de aquisição, para permitir esse "acesso" de

[31] BOTSWAN, Rachel; ROGERS, Roo. *What's mine, is yours*: the rise of collaborative consumption. Harper Business, 2010, passim.

forma compartilhada. Por outro lado, bens antes subutilizados que traziam despesas ao seu proprietário, em uma relação desigual de custo x benefício, passa agora a fazer sentido e a equilibrar essa equação.

A empresa americana *Airbnb* foi pioneira em implementar a nova ideia de consumo colaborativo. Em 2007, o casal Brian Chesky e Joe Gebbia, seus fundadores, buscando maneiras de pagar as contas no fim do mês e percebendo o problema de alguns estudantes de design em San Francisco para pagar os caros aluguéis em virtude de uma conferência da indústria do design que ocorria na cidade, tiveram a ideia de comprar alguns colchões infláveis e oferecer acomodações aos participantes que estavam à procura de uma hospedagem barata. Como resultado, houve uma demanda bastante grande, levando o casal a perceber que havia mercado para o desenvolvimento dessa ideia de consumo colaborativo, dando início à inovadora empresa.[32]

A *Airbnb* é uma plataforma digital que permite o compartilhamento de um quarto, uma sala de estar, uma casa e outros tipos de propriedade, que antes eram subutilizados e que agora podem ter utilidade e inclusive gerar renda aos anfitriões, com custo reduzido aos hóspedes. Toda a negociação é feita por meio da plataforma, que integra anfitriões e hóspedes de forma simples e rápida, com segurança.

No sítio eletrônico da *Airbnb*[33] a empresa informa que a hospedagem pode-se dar em apenas 3 passos:

1) Anuncie seu espaço gratuitamente
Compartilhe qualquer espaço sem taxas de cadastro, desde uma sala de estar compartilhada até uma segunda casa e outros tipos de propriedade.
2) Decida como você quer hospedar
Você escolhe sua disponibilidade, preço e requisitos para os hóspedes. Estamos aqui para ajudar você durante o processo.
3) Dê boas-vindas ao seu primeiro hóspede

[32] SLEE, Tom. *Uberização:* a nova onda do trabalho precarizado. Tradução de João Peres. São Paulo: Ed. Elefante, 2017, p. 64.
[33] AIRBN. *Hospedagem em 3 passos.* Disponível em: <https://www.airbnb.com.br/d/hostin/matiana--inde>. Acesso em: 20 mar. 2021.

> Depois que seu anúncio estiver publicado, hóspedes qualificados poderão entrar em contato. Você pode tirar suas dúvidas com eles antes da estadia através de mensagens.

Levando em consideração a questão da segurança, que é uma preocupação muito frequente, a empresa disponibiliza aos anfitriões um seguro gratuito contra danos à propriedade e de responsabilidade civil, conforme divulgado em seu sítio eletrônico[34]:

> **Garantimos tudo para você**
> Sabemos que confiar nas pessoas que ficam na sua acomodação é uma prioridade. O Airbnb permite que você defina requisitos rigorosos para selecionar quem pode reservar e permitir que você conheça os hóspedes antes da estadia. Mas, se algo de fato ocorrer, nós estaremos ao seu lado. Com nossa Garantia ao Anfitrião cobrindo danos materiais e nosso Seguro de Proteção ao Anfitrião para responsabilidade, você tem nosso apoio como anfitrião durante todo o processo.
> ✓ Capacidade de exigir documento de identificação oficial antes da reserva
> ✓ Regras da Casa que os hóspedes devem aceitar
> ✓ Oportunidade de ler os comentários de viagens anteriores
> ✓ Proteção gratuita de US$ 1 milhão contra danos à propriedade
> ✓ Seguro de responsabilidade civil gratuito de US$ 1 milhão
> ✓ Atendimento ao cliente global 24 horas todos os dias

Brian Chesky[35] propõe, ainda, um projeto que chama de "cidade compartilhada" ("*Shared City*"), uma iniciativa que visa contribuir para que as cidades se tornem uma comunidade compartilhável e habitável por meio de ações e parcerias relevantes e concretas:

> Imagine se você pudesse construir uma cidade que é compartilhada. Onde as pessoas se tornam microempreendedoras e negócios locais florescem

[34] Airbnb. Hospedagem em 3 passos. Disponível em: <https://www.airbnb.com.br/d/hostin/matiana--inde>. Acesso em: 20 mar. 2021.

[35] Chesky, Brian. *Shared City*, 2014. Disponível em: <https://medium.com/@bchesky/shared-city-db9746750a3a>. Acesso em: 25 fev. 2019.

novamente. Imagine uma cidade que promove a comunidade, onde o espaço não é desperdiçado, mas compartilhado com os outros. Uma cidade que produz mais, mas sem mais desperdício. Embora isso possa parecer radical, não é uma ideia nova. As cidades são as plataformas do compartilhamento originais.

Constata-se que por meio do avanço tecnológico a ideia de compartilhamento e consumo colaborativo intensifica-se sobremaneira. No entanto, observa-se que esse espírito altruísta do compartilhar bens subutilizados e da colaboração mútua vai também abrindo espaço para novas oportunidades de negócio e oportunidades econômicas, as quais possuem ênfase no lucro, apresentando-se como um "capitalismo de plataforma". Nesse aspecto, não se trata de uma crítica ao sistema capitalista, mas de uma evidente constatação, a qual é corroborada por Araújo[36]:

> A despeito dos propósitos inicialmente altruístas e dos arroubos românticos, manifestados por alguns doutrinadores que apostaram que a colaboração ensejaria um capitalismo mais justo e equitativo, pode-se ver que, passados alguns anos, a essência do modelo de colaboração entre pessoas teve sua subjetividade capturada e arregimentada para promover e sustentar novas práticas capitalistas. Surgem, então, novos modelos de negócios que se valem do ideário do compartilhamento para contornar responsabilidades e, com isso, defender seus interesses econômicos e maximizar os lucros, o que, em nada se assemelham à essência do espírito do compartilhamento e da colaboração.

É certo que as boas práticas devem nortear as condutas empresariais, e o uso racional de bons ideais, como o compartilhar e colaborar, aliados à oportunidade de se auferir lucro, não devem implicar necessariamente em "oportunismo colaborativo" ou "compartilhamento oportunista", embora possam existir algumas práticas perversas e destoantes neste

[36] Araújo, Wanessa Mendes de. *A intermediação do trabalho humano por meio de tecnologias algorítmicas e a necessidade de proteção do trabalhador*: os desafios de adequação do corpus jurídico-trabalhista às novas modalidades de exploração do trabalho na era digital. Dissertação (Mestrado em Direito). Universidade Federal de Minas Gerais, Belo Horizonte, 2019, p. 25

sentido. Nesta perspectiva, considera-se que a utilização de ideários altruístas conciliados à ótica capitalista, podem tornar o empreendedorismo mais humano e ao mesmo tempo mais eficaz sob o ponto de vista econômico.

Entretanto, o que se torna inaceitável, são condutas de compartilhamento e colaboração que antes eram gratuitas, e agora passam a ser exploradas economicamente sem qualquer necessidade ou motivo que as justifique. Compartilhamentos de bens que eram gratuitos e agora passam a ser cobrados pela simples oportunidade econômica criada pelas plataformas digitais, mesmo que o retorno financeiro seja pequeno e sem qualquer impacto na condição econômica do proprietário, reforçam a ideia de que "o que vale é lucrar a todo momento". Essas são condutas que não deveriam acontecer e correspondem ao desvirtuamento do ideário da sociedade compartilhada.

A esse respeito, Ravenelle[37], ao analisar a sociedade do compartilhamento, no seu artigo "Microempredедor ou Precariado?" traz a seguinte constatação:

> [...] a chamada economia de compartilhamento mercantiliza serviços anteriormente feitos de graça, fazendo "incursões em nossa própria compreensão do eu" (Hochschild, 2012, p. 11). Embora o conceito de terceirização ou compra do íntimo seja mais comumente associado a Hochschild (2012, 1983) e Zelizer (2007), em certo sentido, isso é simplesmente o capitalismo levado à sua conclusão lógica (...) Na economia compartilhada, com suas reivindicações de empreendedorismo para todos, os trabalhadores estão tão divididos que tentam ganhar dinheiro um com o outro por "compartilhamento". Enquanto isso, escrevendo sobre a ética protestante, Weber (1905/2002), observou que o "'espírito do capitalismo luta sistematicamente para obter lucro por si próprio" (p. 19). Alugando sofá sobressalente ou carro não utilizado não passa de capitalismo racional.

[37] RAVANELLE, Alexandrea. *Microentrepreneur or Precariat?* Exploring the Sharing Economy through the Experiences of Workers for Airbnb, Taskrabbit, Uber and Kitchensurfing. Disponível em: <https://www.uu.nl/sites/default/files/iwse_2015.28_microentrepreneur_or_precariat_workshop_abstract_ravenelle_march_2015_0.pdf>. Acesso em: 23 fev. 2019. (tradução livre)

Outro desvirtuamento que também é possível de ocorrer são modelos de negócios ilegais que se revestem da condição de "compartilhamento" para exercerem as suas atividades, burlando a legislação. Um exemplo são os hotéis que têm o alvará de funcionamento negado e, por conta disso, tentam se utilizar de plataformas lícitas, a exemplo da *Airbnb*, para que possam burlar entraves jurídicos e administrativos, para que sob nova "roupagem", seja possível continuar suas atividades, oferecendo hospedagens. Trata-se, portanto, de empresas que se utilizam das plataformas lícitas de compartilhamento para burlarem a lei e auferirem lucros indevidamente. Exemplo desse tipo de desvirtuamento foi apontado por Slee[38]:

> O procurador-geral alegou que hotéis ilegais estão usando o site do Airbnb, e a senadora estadual de Nova York, Liz Krueger, alertou que o Airbnb está 'ativamente recrutando inquilinos, apenas de estar conscientemente os colocando sob risco de despejo" por quebrar regras de locação ou acordos coletivos de moradia, bem como a já citada lei que proíbe locações com duração inferior a trinta dias na cidade. Alguns "negócios online tornaram-se altamente lucrativos por ignorar leis estaduais e locais e por ignorar os danos que seu modelo de negócios causou a comunidades".

Por outro lado, contudo, muitas empresas, têm se utilizado da ideia do compartilhamento e colaboração para exercerem suas atividades empresariais de forma lícita e, com elas, auferirem lucros no chamado capitalismo de plataforma. Nesse caso, conforme definido por Kalil[39]

> [...] o capitalismo de plataforma é uma forma de organização da produção e da prestação de serviços com enfoque na economia digital e no uso da tecnologia da informação, dados e internet, além das plataformas como infraestruturas que viabilizam negócios.

[38] Slee, Tom. *Uberização:* a nova onda do trabalho precarizado. Trad. João Peres. São Paulo: Ed. Elefante, 2017, p. 75.

[39] Kalil, Renan Bernardi. *Capitalismo de plataforma e Direito do Trabalho*: crowdwork e trabalho sob demanda por meio de aplicativos. 2019. 366 f. Tese (Doutorado em Direito) – Universidade de São Paulo, 2019, p. 18.

Nesse sentido, há exemplos de empresas de plataforma digital no setor de transporte particular, como *Uber, 99 Pop, Cabify, Easy, Lyft*, dentre outras; no setor de serviços de entrega de alimentos, *iFood, Uber Eats;* no setor de serviços gerais, *GetNinjas, Fix App, Handy.com, Crafty*; no setor jurídico, *Doc9, JurídicoCerto, InCloudCounsel;* na terceirização de tarefas a serem executadas virtualmente, a *Amazon Mechanical Turk – Mturk, Clickworker.*

Esses são apenas alguns exemplos de inúmeras empresas que têm adotado o novo conceito de "compartilhamento" e "colaboração" sob o viés capitalista, uma vez que não precisam ter sedes com estruturas empresariais grandes e caras, sendo possível auferirem lucros mediante a integração de prestadores de serviços a usuários. São plataformas de intermediação e integração que tem tido enorme crescimento e adesão, dado o grau de comodidade aos usuários e prestadores, a redução de custos e segurança nas atividades.

A plataforma *GetNinjas*, por exemplo, que atua no setor de serviços desde 2011 enquanto uma plataforma de integração entre "quem precisa com quem sabe fazer", permite que usuários/clientes possam solicitar aos prestadores previamente cadastrados na plataforma, diferentes orçamentos de serviços. É uma plataforma/aplicativo que conecta clientes e profissionais, com mais de 500 tipos de serviços disponíveis. Os termos e condições gerais de uso do sítio eletrônico da *GetNinjas* a definem enquanto uma sociedade empresária com as seguintes possibilidades[40]:

> a. Os serviços objeto dos presentes Termos consistem em:
> i. Permitir aos Contratantes que utilizem a Plataforma para livremente e sem direcionamento ou interferência busquem orçamentos de Prestadores;
> ii. O Modelo de Utilização de Moedas, apresenta os orçamentos requeridos pelos Contratantes aos Prestadores ("Orçamentos"), que poderão oferecer ou não os seus Serviços ("Serviços") ao Contratante.
> iii. Viabilizar o contato direto entre Prestadores e Contratantes interessados em adquirir os Serviços, por meio da divulgação das informações de contato de uma parte à outra.

[40] GETNINJAS S/A. *Termos e condições gerais de uso do site.* Disponível em: <https://www.getninjas.com.br/termos-de-uso>. Acesso em: 09 mar. 2021.

b. GetNinjas, portanto, possibilita que os Usuários contatem-se e negociem entre si diretamente, sem intervir no contato, na negociação ou na efetivação dos negócios, não sendo, nesta qualidade, fornecedor de quaisquer Serviços anunciados por seus Usuários na Plataforma.
c. Na qualidade de classificado de Serviços, GetNinjas não impõe ou interfere em qualquer negociação sobre condição, valor, qualidade, forma ou prazo na contratação entre os Contratantes e Prestadores, tampouco garante a qualidade, ou entrega dos Serviços contratados entre os Usuários.
d. Ao se cadastrar, o Usuário poderá utilizar todos os serviços disponibilizados na Plataforma disponíveis para sua região, declarando, para tanto, ter lido, compreendido e aceitado os Termos.

Destaca-se o fato de que a *GetNinjas* se apresenta como um classificado de serviços, sendo que toda a negociação sobre a condição, valor, qualidade, forma ou prazo da contratação dos serviços são livremente pactuados entre o cliente/usuário e o prestador. Por sua vez, a remuneração da *GetNinjas* não é deduzida da remuneração do prestador de serviços, mas advém de uma política de utilização de moedas virtuais. Para que o prestador tenha acesso aos dados do cliente/usuário solicitante do orçamento de um serviço, e possa com ele interagir, o prestador precisará comprar uma espécie de moeda virtual que será utilizada para acionar as funcionalidades da plataforma (dados do solicitante).

Interessante notar que os empreendedores das plataformas, que são empresas de tecnologia, atuam apenas como agentes integradores em setores empresariais diversos, permitindo que sejam disponibilizados aos usuários bens diversos, dos quais não são titulares. Assim, a *Uber*, por exemplo, no setor de transporte particular, contribui para que milhares de pessoas sejam transportadas por motoristas particulares, para os mais variados lugares, sem que a empresa tenha veículos próprios utilizados nessa operação; e a *Airbnb*, de igual forma, viabiliza a hospedagem em diversos locais a milhares de hóspedes, sem que seja proprietária dos imóveis.

Enfim, nesses novos modelos de negócios e nova economia, não é preciso ter a propriedade sobre os bens, mas garantir o acesso e integração entre aqueles que os têm e os que querem deles usufruir.

Dessa forma, ser um agente integrador de forma tecnológica, com rapidez, praticidade e segurança, proporcionando ao consumidor a redução de custos, são os ingredientes para esse novo modelo de negócios. Assim, o consumidor apresenta-se como um grande beneficiário, pois além da comodidade de poder consumir por meio de um simples acesso via aplicativo em seu *smartphone*, estará inserido em um ambiente de grande competividade empresarial, que comumente resulta em queda de preços. A seu turno, além dos consumidores/tomadores, os empreendedores digitais também auferem renda ao disponibilizarem os meios tecnológicos para a integração entre usuários/tomadores e prestadores/trabalhadores e, os prestadores/trabalhadores, por sua vez, se beneficiam com o aumento de novos postos e novas oportunidades de trabalho, contando com flexibilidade e certo grau de autonomia.

A flexibilidade do trabalhador é um fator que tem influenciado muitos trabalhadores a migrarem para esses novos postos de trabalho, já que conferem maior autonomia ao trabalhador que poderá escolher o local onde irá trabalhar, o momento e duração do trabalho e para quem (cliente/usuário) irá trabalhar. Essa sensação de autonomia, independência e liberdade, podendo conciliar a vida pessoal com a profissional, sem contar a oportunidade de renda "extra" para as atividades que não demandam jornada integral, possuem peso fundamental para a migração de muitos trabalhadores a esse novo formato de trabalho.

Fica claro, portanto, que nesse novo cenário de integração digital, do capitalismo de plataforma, os ideários pautados no puro "compartilhamento" e "colaboração", mais fortemente voltados à cooperação mútua, são substituídos pelo anseio econômico de auferir lucros.

Ao constatar essa realidade, Chaves Júnior[41] destaca que:

> É preciso distinguir, para eventual abrandamento da incidência dos preceitos de proteção ao contrato de trabalho, entre a mera economia do compartilhamento tecnológico e o autêntico consumo colaborativo. A economia

[41] Chaves Júnior, José Eduardo de Resende. O direito do trabalho e as plataformas eletrônicas. In: Polido, Fabrício B. P.; Barbato, Maria R.; Moura, Natália C. *Trabalho, tecnologias e os desafios globais dos direitos humanos:* estudos e perspectivas críticas. Rio de Janeiro: Lumen Juris, 2019, p. 75.

do compartilhamento, a despeito de comportar uma nova racionalidade econômica, trata-se apenas de uma evolução e uma outra face do capitalismo, em que a empresa busca apropriar-se, de forma assimétrica, da energia da cooperação social. No uso solidário do consumo colaborativo, a potência da sinergia cooperativa, a despeito de traduzir-se num sistema de ganha-ganha, distribui as vantagens sociais e econômicas de maneira equitativa.

Nesse contexto, recolocando a pergunta já formulada: "trata-se de uma economia colaborativa ou *crowdsourcing*?", pode-se afirmar que a expressão economia colaborativa ou do compartilhamento não expressa a realidade ora vivenciada por empreendedores digitais, usuários/tomadores e trabalhadores. Estes atores estão inseridos numa nítida relação capitalista, que não decorre fundamentalmente de colaboração ou compartilhamento. Embora tal fato possa ocorrer, o que na realidade se sobrepõe são interesses econômicos que se valem da multiterceirização para atingir os seus objetivos e, portanto, não se trata de economia colaborativa, mas sim de *crowdsourcing*.

Desse modo, constata-se que, além da expressão economia colaborativa (*collaborative economy*), do compartilhamento (*sharing economy*) ou do consumo colaborativo (*collaborative consumption*), outras nomenclaturas surgiram para descrever esse novo cenário de negócios virtuais integrados, com viés capitalista, tais como: serviços sob demanda (*on-demand services*), *crowdwork*, *crowdsourcing*, multiterceirização, *gig economy* e *pear-to-pear*, expressões muitas vezes utilizadas como sinônimas, e outras vezes, em sentidos distintos.

Com tal preocupação, percebendo a confusão de terminologias utilizadas acerca da "economia compartilhada" e "consumo colaborativo", na mencionada obra "O que é meu é seu: como o consumo colaborativo vai mudar o nosso mundo" (*What's mine, is yours: the rise of collaborative consumption*),[42] Rachel Botswan[43] publicou um artigo com o título: "Defi-

[42] BOTSWAN, Rachel; ROGERS, Roo. *What's mine, is yours*: the rise of collaborative consumption. Harper Business, 2010.
[43] BOTSWAN, Rachel. Defining the sharing economy: what is collaborative consumption-and what isn't? Are Airbnb, Zipcar, Etsy, and Uber really all doing the same thing? Or do we need better definitions of this new economic force? *Fast Company*, 2015. Disponível

nindo a economia compartilhada: o que é consumo colaborativo e o que não é?". Segundo a autora, muitos termos estão sendo utilizados para descrever os modelos de negócios surgidos com a revolução tecnológica, tais como, economia compartilhada, economia entre pares, economia colaborativa, economia sob demanda, consumo colaborativo, sendo usados como se fossem sinônimos, embora signifiquem coisas muito diferentes. O termo "economia compartilhada", por exemplo, está sendo empregado de forma incorreta aos modelos eficientes de corresponder a relação de oferta e demanda, com viés capitalista, independentemente de existir compartilhamento e colaboração nessas relações.

A autora destaca ainda que, plataformas como *Washio* (lavanderia sob demanda), *Deskbeers* (entrega de bebidas), *Dashdoor* (empreiteira comercial de produtos e serviços) e *WunWun* (entrega sob demanda), que exigem o toque digital para acessar instantaneamente os serviços oferecidos por esses aplicativos, são fundamentalmente diferentes de plataformas como a *BlaBlaCar* (caronas de longa distância) ou *RelayRides* (compartilhamento de carros). Estas são genuinamente construídas para o compartilhamento de ativos subutilizados, enquanto as primeiras versam como verdadeiros "negócios". Desse modo, embora constituídas sobre uma mesma base comum, ou seja, estão fundamentadas na mudança radical de comportamento do consumidor, que se utiliza do smartphone para acessar com eficiência as coisas no mundo real, como se fosse um simples controle remoto, trata-se de fato, de plataformas conceitualmente diferentes.

Para que as empresas de plataforma digital sejam classificadas como sendo verdadeiramente colaborativas e voltadas para o compartilhamento, de acordo com Botswan[44], é necessária a presença de cinco "ingredientes": 1) que o negócio tenha como ideia central a utilização de

em: <https://www.fastcompany.com/3046119/defining-the-sharing-economy-what-is-collaborative- consumption-and-what-isnt>. Acesso em: 18 fev. 2019.

[44] BOTSWAN, Rachel. Defining the sharing economy: what is collaborative consumption-and what isn't? Are Airbnb, Zipcar, Etsy, and Uber really all doing the same thing? Or do we need better definitions of this new economic force? *Fast Company*, 2015. Disponível em: <https://www.fastcompany.com/3046119/defining-the-sharing-economy-what-is-collaborative- consumption-and-what-isnt>. Acesso em: 18 fev. 2019.

ativos não utilizados ou subutilizados, seja para benefícios monetários ou não; 2) que a missão da empresa seja orientada por valores e baseada em princípios significativos, incluindo a transparência, humanidade e autenticidade que informam as decisões estratégicas; 3) que os fornecedores (oferta) sejam valorizados, respeitados e capacitados, e as empresas comprometidas em tornar melhor a vidas desses fornecedores nos aspectos econômico e social; 4) que os clientes da plataforma (demanda) se beneficiem com a obtenção de bens e serviços de maneiras mais eficientes, já que pagam pelo acesso e não pela propriedade; e, 5) que o negócio seja construído em mercados distribuídos ou redes descentralizadas que criam um sentimento de pertencimento, responsabilidade coletiva e benefício mútuo através da comunidade que constroem.

Buscando explicitar ainda mais a questão acerca das diferenças de nomenclatura, Botswan[45] apresenta as seguintes terminologias, definindo-as resumidamente:

> **Economia colaborativa:** um sistema econômico de redes e mercados descentralizados que libera valor a ativos subutilizados, combinando necessidades e necessidades, de maneira a contornar os intermediários tradicionais. Bons exemplos: *Etsy, Kickstarter, Vandebron, LendingClub, Quirky, Transferwise, Taskrabbit*
>
> **Economia de compartilhamento:** um sistema econômico baseado no compartilhamento de ativos ou serviços subutilizados, gratuitamente ou mediante taxa, diretamente de indivíduos. Bons exemplos: *Airbnb, Cohealo, BlaBlaCar, JustPark, Skillshare, RelayRides, Landshare*
>
> **Consumo colaborativo:** a reinvenção dos comportamentos tradicionais do mercado – alugar, emprestar, trocar, compartilhar, trocar, presentear – por meio da tecnologia, ocorrendo de maneiras e em uma escala impossível antes

[45] Botswan, Rachel. Defining the sharing economy: what is collaborative consumption-and what isn't? Are Airbnb, Zipcar, Etsy, and Uber really all doing the same thing? Or do we need better definitions of this new economic force? Fast Company, 2015. Disponível em: <https://www.fastcompany.com/3046119/defining-the-sharing-economy-what-is-collaborative- consumption-and-what-isnt>. Acesso em: 18 fev. 2019.

da Internet. Bons exemplos: *Zopa, Zipcar, Yerdle, Getable, ThredUp, Freecycle, eBay*

Serviços sob demanda: plataformas que correspondem diretamente às necessidades dos clientes e aos fornecedores para entregar imediatamente bens e serviços. Bons exemplos: *Instacart, Uber, Washio, Shuttlecook, DeskBeers, WunWun*

É importante expor que, embora Botswan tenha incluído na terminologia "serviços sob demanda" as plataformas que integram clientes e fornecedores visando suprir necessidades de entrega imediata de bens e serviços, como por exemplo a *Uber*, para efeitos da tese aqui apresentada, entende-se que essa terminologia não é a mais correta, uma vez que, mesmo na economia do compartilhamento existe "demanda" e, dificilmente haverá a prestação de serviço sem que haja "demanda". Portanto, esta é inerente ao trabalho nas plataformas digitais, e não um critério de diferenciação.

Assim, a terminologia que se acredita ser mais apropriada para esse momento de revolução tecnológica e trabalho por meio das plataformas digitais é *crowdsourcing*, pois de fato o que se pode notar é a presença da multiterceirização de tarefas via plataformas digitais, podendo a execução do trabalho se dar de forma *online* ou *off-line*.

Finaliza-se este capítulo tendo sido abordados os aspectos gerais da Quarta Revolução Industrial, discorrendo sobre as principais tecnologias e aplicativos digitais dela decorrentes e sobre a diferenciação entre economia colaborativa e *crowdsourcing*. Passa-se a tratar, no próximo capítulo, do estudo específico referentes aos principais desafios impostos por essa revolução tecnológica nas relações de trabalho.

2.
OS PRINCIPAIS DESAFIOS DA QUARTA REVOLUÇÃO INDUSTRIAL NAS RELAÇÕES DE TRABALHO

Neste capítulo discorre-se sobre os principais desafios da Quarta Revolução Industrial nas relações de trabalho, apresentando os principais efeitos da Quarta Revolução nas relações de trabalho e, consequentemente, os principais desafios a serem superados, que incluem a incorporação e assimilação de novas alternativas e tecnologias pelas empresas e trabalhadores, para que possam exercer as suas atividades adaptando-as à nova realidade, como também, a sociedade em geral, que passa a conviver com a tecnologia em todos os aspectos e dimensões da vida humana.

Por fim, questiona-se as condições dos trabalhadores de plataforma digital, analisando se tais condições podem ou não garantir um trabalho digno, ou se, na verdade, o que existe é um efeito de precarização do trabalho promovido pelas plataformas digitais.

2.1 Uma nova realidade na relação de trabalho

Aspecto relevante na Quarta Revolução Industrial é o fato de que vêm sendo alteradas, junto das relações sociais, de um modo geral, também as relações de trabalho. Ao mesmo tempo em que a inovação contribuiu para a eliminação de algumas atividades anteriormente existentes, abriu espaço para o surgimento de novas oportunidade de trabalho e, no entanto, os trabalhadores "substituídos", passam a vivenciar a necessidade de se inserirem no novo modelo de trabalho, adquirirem conhecimento tecnológico e serem criativos para explorarem a infinidade de oportunidades que começam a surgir.

Nesse cenário, evidencia-se um deslocamento de trabalhadores entre funções e setores determinados e, esse fato, por sua vez, exige a capacitação e incorporação das inovações tecnológicas tanto pelo empreendedor quanto pelo trabalhador, colocando-se como desafios que precisam ser enfrentados e superados para o sucesso dos atores atuantes nesse contexto.

Além das inovações influenciarem os tipos de trabalho, vêm também modificando as formas de relação do trabalho entre empreendedores e trabalhadores, alterando o local do trabalho, a jornada de trabalho e a sua própria rotina. Além desses aspectos, a autonomia do trabalhador tem sido ampliada com as inovações tecnológicas, ainda que a relação estabelecida seja de emprego, com subordinação.

Observa-se que em alguns casos não se trata de autonomia excludente ou incompatível com o trabalho subordinado, mas sim, de uma autonomia relativa, por exemplo, o teletrabalho, uma modalidade em que o trabalhador tem liberdade para escolher o local do trabalho, embora essa condição não afaste o vínculo do trabalho subordinado, quando presentes os requisitos para a relação de emprego. A esse respeito, a própria CLT[46], em seu art. 6º, já destaca essa questão, quando estatui, na redação dada pela Lei nº 12.551, de 2011, que "Não se distingue entre o trabalho realizado no estabelecimento do empregador, o executado no domicílio do empregado e o realizado a distância, desde que estejam caracterizados os pressupostos da relação de emprego".

A preocupação maior presente no teletrabalho refere-se ao resultado do trabalho, abrindo espaço para a "autonomia" do trabalhador desde que se possa chegar ao resultado definido. Assim, por exemplo, o local de trabalho passa a ser uma opção do trabalhador, que pode escolher pelo ambiente que melhor lhe favoreça, sendo que uma vez cumprida a tarefa imposta pelo teletrabalho, independentemente de onde foi cumprida, o objetivo da relação de trabalho restará cumprido.

A jornada, também, é afetada por essa "autonomia", na medida em que no teletrabalho o controle de jornada é dispensado, nos termos do art. 62, III, da CLT – dispositivo legal que foi incluído pela Lei n. 13.467/17. Enfim, a "autonomia", ou liberdade do trabalhador, tem sido ampliada

[46] BRASIL. *Lei Nº 5.452, de 1º de maio de 1943.* Aprova a Consolidação das Leis do Trabalho. Disponível em: <http://www.planalto.gov.br/ccivil_03/decreto-lei/del5452.htm>. Acesso em: 13 jul. 2019.

com as inovações tecnológicas, mesmo que a relação de trabalho seja a de emprego, com subordinação.

Contudo, nesse cenário de profundas mudanças que vêm alterando radicalmente o comportamento dos trabalhadores e das empresas, que passam a contar com inúmeras ferramentas tecnológicas aptas a proporcionar melhoria na qualidade de vida dos trabalhadores e redução de custos às empresas, resta clara a existência de desafios a serem vencidos, que incluem a incorporação e assimilação dessas novas alternativas e tecnologias pelas empresas e trabalhadores, para que possam exercer as suas atividades adaptando-as à nova realidade, até mesmo a adaptação da sociedade em geral, que passa a conviver com a tecnologia em todos os aspectos da vida humana.

De igual forma, o Direito também passa a ser desafiado a acompanhar essa nova realidade, diante de inovadoras formas de trabalho e, necessitando assim, encontrar o equilíbrio necessário para que, ao mesmo tempo, possa proteger o trabalhador, preservando o direito a um trabalho digno, que respeite a dignidade da pessoa humana e os direitos sociais e, também, possa contribuir com os empresários, que buscam se adaptar a esse novo cenário tecnológico e de redução de custos, dando-lhes a segurança jurídica necessária ao pleno exercício das suas atividades.

O estudo da Confederação Nacional da Indústria – CNI[47], realizado no ano de 2017, com o tema "Relações trabalhistas no contexto da indústria 4.0", apontou os principais efeitos da Quarta Revolução nas relações de trabalho e, consequentemente, os principais desafios a serem superados pelo trabalhador para o sucesso do trabalho nesse novo contexto da indústria 4.0, evidenciando, dentre eles: o deslocamento de mão de obra entre funções e setores específicos; a flexibilização do trabalho (externa, interna e espacial); a capacitação ao exercício de novas funções; a saúde e segurança no trabalho e; o trabalho nas plataformas digitais. Na figura 2, a seguir exposta, são elencados os referidos desafios com suas características.

[47] CONFEDERAÇÃO NACIONAL DA INDÚSTRIA. *Relações trabalhistas no contexto da indústria 4.0*. Brasília: CNI, 2017, passim.

Figura 2 – Impactos esperados pelas tecnologias da Indústria 4.0

Impactos na dinâmica de trabalho	Principais elementos da Indústria 4.0							Descrição
	Robótica avançada	Inteligência artificial	Computação em nuvem	Novos materiais	*Big Data*	Impressão 3D	Internet das Coisas	
1 Deslocamento de mão de obra	✓					✓		Redução e aumento de postos de trabalho em setores e funções específicos, deslocando mão de obra
2 Flexibilização	✓		✓				✓	Regimes de trabalho mais flexíveis tanto em relação à jornada de trabalho como também à localização
3 Capacitação	✓	✓		✓	✓			Capacitação da força de trabalho devido aos novos campos de conhecimento e tecnologia
4 Segurança no trabalho	✓	✓						Melhora nas condições de trabalho através do uso de robôs executando atividades de maior risco
5 Plataformas			✓				✓	Aumento no número de plataformas, incluindo *crowdworking*

Fonte: Análise ADVISIA OC&C Strategy Consultants apud CONFEDERAÇÃO NACIONAL DA INDÚSTRIA, 2017, p. 28.

Ainda de acordo com o estudo da CNI[48], constata-se que as inovações tecnológicas acarretam o deslocamento de mão de obra entre funções e setores específicos, já que existe a migração de postos de trabalho principalmente para setores de serviços (p. ex.: plataformas digitais) e de tecnologia, que criam novas oportunidades de trabalho.

Com a robótica, a impressão 3D e o uso da inteligência artificial, muitos postos de trabalho são substituídos pelos robôs e impressoras, principalmente, em fábricas com linhas de produção que possuem funções rotineiras, como a inspeção de produtos e montagem de peças, que demandam esforços repetitivos de trabalho. Tal fenômeno ocorre uma vez que a automação contribui para se atingir ganhos de produtividade e qualidade, com menor custo, rapidez e redução dos riscos de acidentes de trabalho.

Por outro lado, em decorrência da automação, existe um deslocamento da mão-de-obra para outros setores, como os da tecnologia da informação, integração de dados, pesquisa e desenvolvimento, bem como

[48] Confederação Nacional da Indústria. *Relações trabalhistas no contexto da indústria 4.0*. Brasília: CNI, 2017, passim.

os setores de serviços e vendas, já que, com a evolução tecnológica, estes setores passam a demandar mão-de-obra para ocupar os novos postos de trabalho.

Outro efeito fundamental da Quarta Revolução refere-se à flexibilização do trabalho que, neste ponto da análise, não se refere à flexibilização das leis trabalhistas, e sim, à flexibilidade das condições de realização do trabalho em si mesmo.

A flexibilidade do trabalho (condições de sua realização) decorre diretamente do surgimento das novas tecnologias, principalmente, da digitalização, que torna os processos empresariais digitais, decorrente do surgimento do trabalho por meio das plataformas digitais e das comodidades proporcionadas pelas tecnologias da nuvem, viabilizando o acesso *online* e *realtime*, de qualquer lugar, por meio do uso de aparelho tecnológico. Tais inovações contribuem para a flexibilidade do trabalho, à medida que possibilitam mobilidade e acessibilidade aos trabalhadores, dado que estes não precisam mais estar limitados ao ambiente físico e estático da sede empresarial, podendo desenvolver o trabalho remotamente, recorrendo aos recursos tecnológicos.

A flexibilidade do trabalho pode ser classificada como externa, interna e espacial, como exemplificado na figura a seguir.

A flexibilização externa é aquela que se utiliza de mão de obra externa à empresa e não de empregados, por meio de diferentes tipos do contrato de trabalho, seja por terceirização, contrato de prestação de serviço autônomo ou trabalho coordenado (*crowdsourcing* externo).[49] Essa flexibilidade possui duplo efeito. De um lado, abre espaço para novas oportunidades mediante a criação de novos postos de trabalho a trabalhadores externos, devido às especificidades e condições dos trabalhos oferecidos. Tal fato contribui para que trabalhadores sejam inseridos no mercado de trabalho ou complementem a renda com trabalho "extra", para aquelas atividades que não demandam tempo integral. Por outro lado, as empresas se beneficiam com a oportunidade de obterem trabalhadores especializados em tarefas específicas, sem que haja a contratação de um profissional em tempo integral, quando a demanda assim não requerer.

[49] Confederação Nacional da Indústria. *Relações trabalhistas no contexto da indústria 4.0*. Brasília: CNI, 2017, p. 29-30.

FIGURA 3 – Dimensões da flexibilização do trabalho

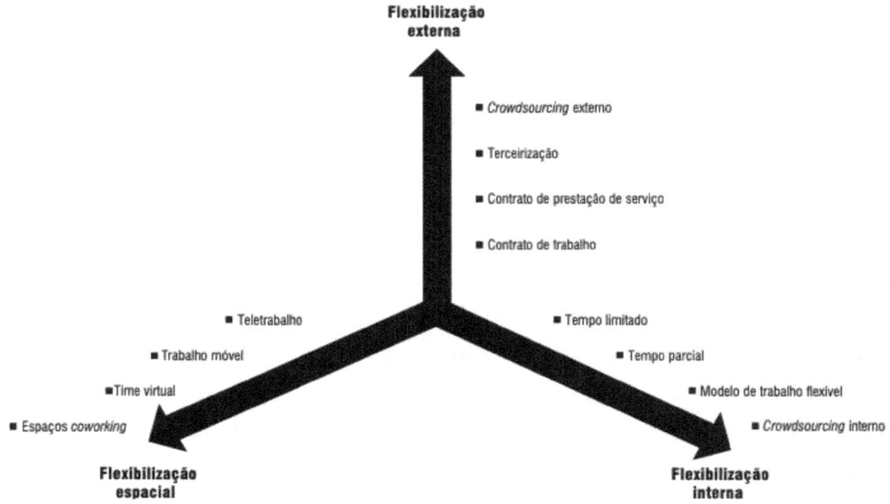

Fonte: BMAS, 2016, Análise ADVISIA OC&C Strategy Consultants apud CONFEDERAÇÃO NACIONAL DA INDÚSTRIA, 2017, p. 30.

A flexibilização interna é aquela que ocorre no interior das empresas, seja em função da divisão de tarefas entre áreas e funcionários distintos (*crowdsourcing* interno), bem como, pela flexibilidade da jornada, que pode ser parcial, limitada e diferenciada, conforme o trabalho demandar.[50]

Por fim, a flexibilização espacial correspondente ao espaço/local de realização do trabalho, que deixa de ser obrigatoriamente a sede física da empresa, abrindo espaço para que o mesmo ocorra na residência do trabalhador ou em qualquer outro lugar, como nas modalidades do teletrabalho, *home office*, trabalho a distância e espaços de *coworking* (local onde diversas empresas e pessoas compartilham o mesmo espaço físico de trabalho).[51]

Esse tipo de flexibilidade espacial pode possibilitar ao trabalhador um ganho potencial na qualidade de vida, pois pode trabalhar em diferentes

[50] CONFEDERAÇÃO NACIONAL DA INDÚSTRIA. Relações trabalhistas no contexto da indústria 4.0. Brasília: CNI, 2017, p. 29-30.
[51] Ibid., p. 29-32.

locais, mais confortáveis que a sede da empresa e, ainda, pelo fato de não precisar se deslocar à sede da empresa, pode ficar afastado do estresse do trânsito, sem se preocupar com o transporte ao trabalho. Além disso, o tempo antes desperdiçado no trajeto de casa ao trabalho, pode ser utilizado para outras atividades, como lazer e descanso. Por sua vez, as empresas podem contar com trabalhadores mais satisfeitos e, supostamente, menos estressados, condição esta que pode trazer mais eficiência e melhor resultado ao trabalho. Junto desse aspecto, com a possibilidade do trabalho à distância, empresas que antes não podiam ter trabalhadores que estivessem fisicamente distantes, passam a poder contar com trabalhadores conectados em qualquer lugar, o que amplia a disponibilidade de acesso aos trabalhadores, com qualificação específica.

A flexibilização espacial, portanto, pode conciliar os interesses tanto dos empresários, que almejam resultado, eficiência e disponibilidade, quanto dos trabalhadores, que buscam um ambiente de trabalho mais ameno e agradável, sendo possível, ainda, harmonizar a vida pessoal e profissional.

A figura 4 a seguir exposta ilustra como as novas tecnologias podem flexibilizar o trabalho:

FIGURA 4 – Alteração na rotina de trabalho com o auxílio de novas tecnologias

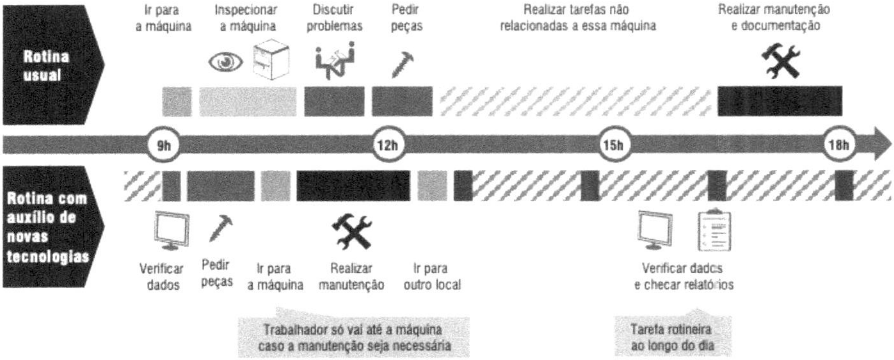

Fonte: Adaptado de LORENZ et al., 2015, Análise ADVISIA OC&C Strategy Consultants apud CONFEDERAÇÃO NACIONAL DA INDÚSTRIA, 2017, p. 31.

De acordo com a figura 4 é possível perceber a nítida alteração na dinâmica de trabalho impactada pela tecnologia, que pode beneficiar o trabalhador com um tempo livre maior, bem como, permitir que as tarefas sejam feitas à distância, tendo que se dirigir à empresa e linha de produção apenas quando necessário, em momentos mais específicos, quando for preciso a realização da manutenção ou manuseio de máquina *in loco*, desde que não seja possível via acesso remoto, *online*. E mais, ainda que seja necessária a presença física do trabalhador na linha de produção, essa se dá com maior liberdade de horário, diferentemente da dinâmica predominante anteriormente.

Acerca da capacitação dos trabalhadores para o exercício das novas atividades, com o deslocamento de mão-de-obra entre funções e setores específicos, provocada pelo surgimento de novas oportunidades de trabalho em virtude do avanço tecnológico, como consequência, será necessário que os trabalhadores dos novos postos tenham novas habilidades específicas, exigindo capacitação para essas novas atividades. Assim, a capacitação será exigida, principalmente, para as atividades que demandam o manuseio da tecnologia, para operar sistemas informatizados complexos e dinâmicos, sendo necessário que os trabalhadores tenham conhecimentos de áreas da informática, robótica, desenvolvimento de aplicativos, plataformas digitais, ou, também, que sejam capacitados para exercerem atividades que demandam alta qualificação profissional, diante da impossibilidade de trabalhos e tarefas que não podem ser emuladas por sistemas de inteligência artificial e que permanecerão sendo realizadas por seres humanos capacitados.

Um ponto de destaque acerca dessa necessidade de capacitação ao exercício de novas funções é que ela deve-se dar na mesma rapidez que os avanços tecnológicos, sendo certo afirmar que a capacitação deve ser também rápida, constante e dinâmica. Caso contrário, a não capacitação apta a acompanhar esse movimento tecnológico poderá trazer sérias dificuldades de inserção ou manutenção no trabalho às pessoas e fracasso às empresas.

Nesse sentido, é importante que tanto as empresas quanto os trabalhadores tenham em mente essa necessidade e, de preferência, se antecipem na busca pelo conhecimento e capacitação, adotando uma postura proativa, para que não corram o risco de ficarem "ultrapassados" por falta de capacitação. Os autores Souza Pinto e Pscheidt chegam a afirmar que

> Tecnologia e conhecimento são, portanto, as constantes da sociedade atual. Aquele que detiver o domínio sobre essas variáveis terá o controle sobre os modos de produção e de desenvolvimento intelectual. É o proprietário desse conhecimento quem estará na vanguarda dessa nova Era.[52]

Outro efeito apontado pela Confederação Nacional da Indústria – CNI[53], refere-se à saúde e segurança do trabalho. Com o avanço, principalmente da robótica, robôs irão substituir o esforço físico e repetitivo antes praticado pelo ser humano, fato este que pode contribuir para a redução do risco de acidentes do trabalho, melhora na ergonomia e a consequente ampliação da segurança e saúde do trabalhador.

Tarefas como a de manusear peças grandes e pesadas em uma fábrica de automóvel, por exemplo, para a necessária fixação e montagem, podem ser substituídas por robôs. Ou seja, o grande esforço físico, com risco de lesões e acidentes outrora existentes, pode ser eliminado com a presença dos robôs os quais, por sua vez, serão assistidos pelo ser humano, sem que a automação elimine, necessariamente, a presença do trabalho humano, sendo a mão-de-obra deslocada de função.

A figura 5 apresenta um exemplo do uso da tecnologia em uma linha de montagem assistida por robôs colaborativos, que implica em ergonomia, saúde e segurança ao trabalhador.

Nesse exemplo exposto, além do trabalho tornar-se mais seguro, preserva-se também o trabalho humano, seja para a assistência aos robôs ou para aprimorar a tecnologia já iniciada.

[52] Pinto, F. C. S.; Pscheidt, K. R. . *Inovação e soberania*: a necessidade do investimento estatal em P&D: o investimento estatal em tecnologia como forma de manutenção de hegemonia. Novos estudos jurídicos, v. 21, p. 426-427, 2016. Disponível em: <https://doi.org/10.14210/nej.v21n2.p421-441>. Acesso em: 06 jun 2020.

[53] Confederação Nacional da Indústria. *Relações trabalhistas no contexto da indústria 4.0*. Brasília: CNI, 2017, passim.

FIGURA 5 – Exemplo de assistência por robôs colaborativos

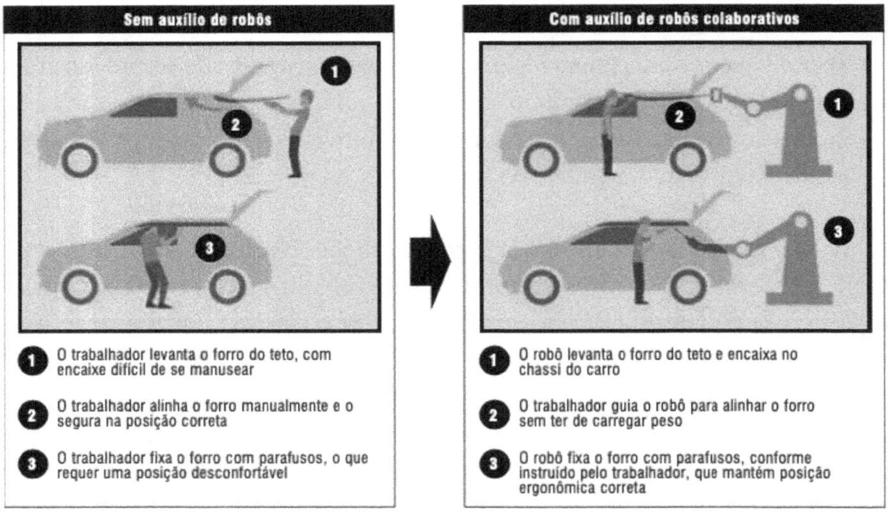

Fonte: LORENZ et al., 2015 apud CONFEDERAÇÃO NACIONAL DA INDÚSTRIA, 2017, p. 33.

Por fim, dentre os principais efeitos da revolução digital destacados pela Confederação Nacional da Indústria – CNI[54], evidencia-se o trabalho nas plataformas digitais, as quais correspondem a softwares que disponibilizam acesso de forma digital, conectando pessoas e promovendo interações. As plataformas digitais são estruturadas em um formato triangular, envolvendo o empreendedor da plataforma, o usuário/cliente/tomador e o trabalhador/prestador/proprietário de bens.

Em conformidade com o que já foi exposto no capítulo anterior, as plataformas digitais podem ser classificadas[55] em 4 grupos: plataformas sociais, *marketplaces*, plataformas de intermediação e plataformas de *crowdworking*, cujas características individuais são demonstradas na figura 6 exposta a seguir:

[54] Cf. CONFEDERAÇÃO NACIONAL DA INDÚSTRIA. *Relações trabalhistas no contexto da indústria 4.0*. Brasília: CNI, 2017, passim.

[55] Ibid., p. 35.

Figura 6 – Plataformas digitais

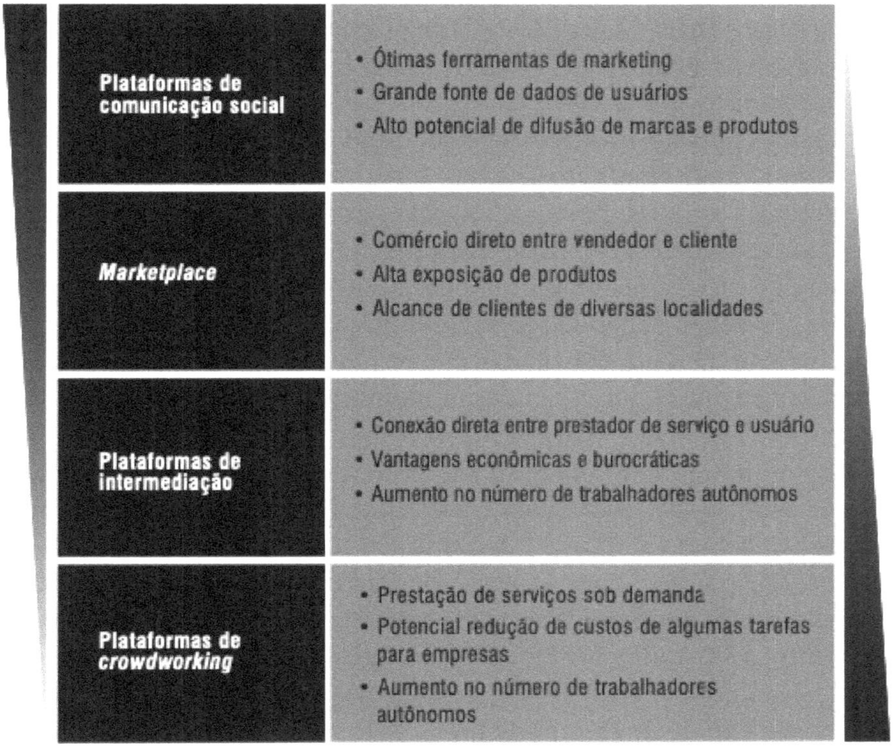

Fonte: BMAS, 2016, Análise ADVISIA OC&C Strategy Consultants apud CONFEDERAÇÃO NACIONAL DA INDÚSTRIA, 2017, p. 35.

A partir da descrição dos diferentes tipos de plataformas expostos na figura 6, é possível visualizar o impacto das plataformas na dinâmica de trabalho, deixando claro que a sua utilização traz inúmeros benefícios aos consumidores e novas oportunidades de trabalho, as quais geralmente são baseadas na flexibilidade do trabalho, principalmente em relação ao local e jornada, conferindo maior autonomia aos trabalhadores.

Em decorrências dessas e outras características muito se tem discutido sobre o vínculo jurídico existente entre o trabalhador de plataforma e o empreendedor digital, questionando se a liberdade e a autonomia conferida é suficiente para afastar ou não a subordinação; se existe ou não relação de emprego ou serviço autônomo. Até o momento, inexiste consenso na doutrina e na jurisprudência, que se contrapõe entre considerar a existência de uma relação de emprego, com subordinação, e a existência de trabalho autônomo, sem vínculo de emprego.

Na presente tese defende-se que a classificação binária clássica do Direito do Trabalho, dividido entre subordinado x autônomo, não é mais capaz de abranger satisfatoriamente a realidade dos trabalhadores das plataformas, os quais, embora possuam características que os assemelham aos autônomos, como por exemplo a liberdade de jornada e local de trabalho, ao mesmo tempo, também se assemelham aos subordinados, no que se refere à dependência e conformação à estrutura e organização posta pelo empreendedor digital, já que precisam cumprir as inúmeras diretrizes impostas pelas plataformas inexistindo, portanto, autonomia plena.

Assim, considera-se a necessidade da criação de uma nova modalidade de trabalhador – o coordenado digital – que, diferentemente do subordinado e também do autônomo, dadas as características e particularidades que possui, aponta para a necessidade de elaboração do gênero *tertius*, que apresente características e pressupostos específicos ao seu enquadramento, como demonstrado mais especificamente no capítulo 4.

2.2 Precariedade do trabalho?

Além da necessidade do surgimento de uma nova classificação de trabalhador, já que a classificação binária do direito do trabalho não abrange adequadamente o trabalhador das plataformas digitais, de forma que este tenha segurança jurídica e direitos garantidos, muito se discute, ainda, se as condições de trabalho desses trabalhadores de plataforma podem ou não ser consideradas um trabalho digno, ou se, na verdade, o que existe é a precariedade do trabalho pelas plataformas digitais.

Essa discussão se torna relevante diante do crescimento do número de trabalhadores de plataformas bem como do avanço destas, tornando-se urgente a realização de uma análise crítica quanto às condições desses trabalhadores, principalmente, contextualizando-os no âmbito do Direito do Trabalho, para que, de forma segura, clara e eficaz, o direito possa dar a devida proteção jurídica a esses trabalhadores.

Mas, o que se entende por precariedade do trabalho no contexto da Quarta Revolução Industrial? É fundamental que uma resposta clara acerca dessa questão seja elaborada, para que seja possível analisar a condição dos trabalhadores de plataformas.

Para Rodgers a precariedade é definida a partir da combinação de alguns elementos, dentre eles: a instabilidade no trabalho, com alto risco de perda do emprego e incerteza acerca da continuidade; ausência de controle sobre o trabalho, sem que possa controlar as condições de trabalho, salários ou ritmo do próprio trabalho; ausência de proteção legal ou por meio de instrumento coletivo, bem como, ausência de proteção social, sem o acesso aos benefícios de segurança social, como proteção a saúde, pensões, seguro-desemprego e similares; baixa remuneração (vulnerabilidade econômica).[56]

Embora não exista um conceito ou uma definição única acerca da precariedade ou precarização do trabalho, pode-se afirmar que este fenômeno está associado a um processo de desvalorização do trabalho e do trabalhador, sobrevalorizando o produto do trabalho – o capital, e não a forma e condições pelas quais se chega ao resultado – o trabalho.

Significa conferir autonomia e supremacia do capital em detrimento da proteção do trabalhador e, com isso, fragilizar a remuneração e flexibilizar direitos e as relações de trabalho, rompendo com a ideia do emprego estável. Implica em cada vez mais promover a desarticulação dos trabalhadores mediante o enfraquecimento das formas de organização coletiva, criando obstáculos à solidariedade de classe, impedindo que os trabalhadores possam efetivamente agir como atores sociais, submetendo-se mais facilmente ao arbítrio do patrão, em uma relação de dominação assimétrica e desigual. De acordo com Vargas[57]:

[56] RODGERS, Gerry. Precarious work in Western Europe: The state of the debate. In: RODGERS, Gerry; RODGERS, Janine (Eds.). *Precarious jobs in labour market regulation*: the growth of atypical employment in Western Europe. Geneva: International Labour Office, 1989, p. 3.

[57] VARGAS, Francisco Beckenkamp. Trabalho, emprego, precariedade: dimensões conceituais em debate. *Caderno CrH*, Salvador, v. 29, n. 77, p. 324. Maio/Ago. 2016. disponível em: <http://www.scielo.br/pdf/ccrh/v29n77/0103-4979-ccrh-29-77-0313.pdf>. Acesso em: 18 fev. 2019.

> [...] o problema da precariedade do trabalho deve ser especialmente referido à dimensão da ação coletiva e das formas de resistência dos trabalhadores [...]. Ela se evidencia também quando a identidade e as formas de organização coletiva se enfraquecem ou são destruídas, não permitindo a expressão dos trabalhadores como sujeitos políticos a partir de seus dispositivos de representação. Na medida em que a solidariedade de classe se torna obstaculizada, os trabalhadores fragilizam-se como atores sociais, submetendo-se facilmente ao arbitrário patronal. Trata-se de um processo de sujeição dos trabalhadores em relações de dominação cada vez mais assimétricas e desiguais. Desse modo, a precariedade do trabalho se manifesta diretamente como intensificação das relações de dominação, como sujeição dos trabalhadores que perdem cada vez mais a capacidade coletiva de intervir sobre seu trabalho e suas condições de trabalho.

Enfim, a precarização do trabalho representa um processo de desumanização do trabalho, com menor atenção ao trabalhador, fragilizando a proteção que lhe é necessária. A precariedade ocorre, portanto, quando o trabalho deixa de ser a atividade praticada pelo ser humano que promove a sua satisfação pessoal, social, profissional e econômica, mediante o esforço físico e intelectual em condições adequadas, formais, seguras e com dedicação equilibrada de tempo, para representar a exploração econômica do trabalho humano, independente das condições de trabalho e sem proteção ao trabalhador, sendo a força de trabalho um produto passível de compra informal, por um preço cada vez menor e que implique em menor responsabilidade ao tomador.

Acerca desse processo de desumanização e alienação do trabalhador, com a instrumentalização do trabalho e do trabalhador, Vargas[58] entende que se trata de "objetificação do sujeito que produz um mundo de objetos que o domina". O trabalho e o trabalhador representam tão somente meios para se atingir fins que escapam ao controle do próprio trabalha-

[58] VARGAS, Francisco Beckenkamp. Trabalho, emprego, precariedade: dimensões conceituais em debate. Caderno CrH, Salvador, v. 29, n. 77, p. 319. Maio/Ago. 2016. disponível em: <http://www.scielo.br/pdf/ccrh/v29n77/0103-4979-ccrh-29-77-0313.pdf>. Acesso em: 18 fev. 2019.

dor, pois o trabalho não é para si próprio. Assim, a objetificação do trabalhador implica em:

> [...] sua sujeição numa relação social assimétrica e hierárquica. Destituído dos meios de produção e possuidor apenas de sua capacidade de trabalhar, esse sujeito trabalhador vê sua própria "força de trabalho" ser convertida em mercadoria, cujo valor é medido em termos puramente mercantis, no jogo da oferta e da procura por força de trabalho.[59]

Vargas[60] pondera sobre esta questão, recorrendo também aos pensamentos de Emile Durkheim e Max Weber. Assim, considera que, na perspectiva de Durkheim, a precariedade estaria presente numa situação de anomia, "seja pela ausência ou fragilidade das regras e normas que organizam e estruturam o adequado funcionamento da vida econômica e das relações de trabalho", dado que Durkheim estabelece o "trabalho como atividade socialmente regulada". Por sua vez, na concepção de Weber, que propõe uma perspectiva de trabalho como "atividade significativa", cujos sentidos subjetivos adquirem conteúdo e forma em condições sociais particulares, a precariedade do trabalho poderia ser definida como

> [...] resultado de um processo de desvalorização de determinadas ocupações, profissões ou grupos sociais numa dada hierarquia social ou profissional, tendo como consequência níveis inferiores e (ou) insatisfatórios de retribuição material e simbólica. [61]

No artigo "Trabalho, emprego, precariedade: dimensões conceituais em debate", Vargas[62] também destaca dois aspectos a serem considerados na análise da precariedade, quais sejam, 1) a precariedade do trabalho em

[59] VARGAS, Francisco Beckenkamp. Trabalho, emprego, precariedade: dimensões conceituais em debate. *Caderno CrH*, Salvador, v. 29, n. 77, p. 318. Maio/Ago. 2016. disponível em: <http://www.scielo.br/pdf/ccrh/v29n77/0103-4979-ccrh-29-77-0313.pdf>. Acesso em: 18 fev. 2019.

[60] Ibid., p. 319.

[61] Ibid.

[62] Ibid., p. 313-331.

si, que pode ser analisada sob o aspecto objetivo e subjetivo; bem como 2) a precariedade do estatuto social do emprego ou ocupação; ressaltando que é preciso considerar ambos os aspectos para que seja auferida a presença ou não da precariedade, já que esta não se resume apenas à condição de informalidade e marginalidade.

Nas palavras de Vargas[63]:

> [...] a precariedade do trabalho pode ser definida a partir de uma pluralidade de dimensões que remetem tanto a aspectos objetivos da experiência humana em sociedade, mais ou menos sedimentados nas relações e instituições sociais, como a aspectos subjetivos, apreendidos através das percepções, representações e emoções dos atores sociais em suas relações. Mais do que um conceito específico destinado a delimitar um fenômeno isolado, a precariedade do trabalho, como objeto de investigação sociológica, precisa ser apreendida a partir de quadros teóricos de referência que contribuam para situá-la num conjunto de processos sociais mais amplos.

Sob o aspecto objetivo, a precariedade do trabalho em si pode ser definida a partir da análise da natureza do trabalho e suas condições, como a jornada – se exagerada ou não; o local de trabalho – se adequado e seguro, se apresenta periculosidade ou insalubridade; o ambiente laboral – se eivado de pressões e cobranças exageradas; a remuneração justa – sendo considerado um critério objetivo, por exemplo, o salário mínimo em geral ou profissional, dentre outras condições relacionadas ao trabalho.

Por outro lado, sob o aspecto subjetivo, a precariedade do trabalho em si pode ser definida a partir da análise da satisfação do trabalhador, do sentimento negativo do trabalhador em relação ao trabalho, à empresa e à perspectiva para com o futuro. Nesse sentido, buscando analisar a satisfação do trabalhador, e recorrendo ao autor francês Paugam, Vargas[64]

[63] VARGAS, Francisco Beckenkamp. Trabalho, emprego, precariedade: dimensões conceituais em debate. *Caderno CrH*, Salvador, v. 29, n. 77, p. 328. Maio/Ago. 2016. disponível em: <http://www.scielo.br/pdf/ccrh/v29n77/0103-4979-ccrh-29-77-0313.pdf>. Acesso em: 18 fev. 2019.

[64] Ibid., p. 322.

menciona três dimensões principais a partir das quais a satisfação pode ser identificada, destacando dois aspectos decisivos para caracterizá-la:

> 1) A dimensão do *homo economicus*, cuja satisfação é medida através do salário e das perspectivas de carreira. No limite, uma busca por satisfação, no sentido estritamente econômico, caracteriza uma relação puramente instrumental com o trabalho. Desse modo, o trabalho torna-se apenas um meio para atingir fins que lhe são exteriores, tais como o bem estar material, o consumo ou um determinado modo de vida.
> 2) A dimensão do *homo faber*, cuja satisfação é medida pelo prazer intrínseco com o trabalho como atividade, como ofício, bem como pela autonomia e liberdade de iniciativa que implica. Se, por um lado, o trabalho pode ser fonte de prazer e satisfação, por outro, ele pode ser uma importante fonte de sofrimento para o trabalhador.
> 3) A dimensão do *homo sociologicus*, cuja satisfação é medida pela relação com os outros, sejam os colegas e o grupo profissional de pertencimento, seja a empresa e as chefias e hierarquias superiores.

Além desses pontos, o aspecto subjetivo abrange, ainda, o sentimento decorrente do risco de perder o trabalho, movido pela ausência de estabilidade; ausência da possibilidade de sonhar com um futuro melhor; do sentimento de opressão e ausência de liberdade; do nível de estresse; do sentimento de total dependência do trabalho como meio de subsistência, desprovido de conteúdo autêntico e significativo. Segundo Vargas[65], "Do ponto de vista subjetivo, o que define fundamentalmente essa precariedade como uma alienação é a impossibilidade de os trabalhadores darem um sentido autêntico a seu trabalho que se torna apenas um meio para fins que lhe são completamente exteriores."

Também compõe o aspecto subjetivo do trabalhador, o sentimento de ausência de proteção e de garantia da dignidade e dos direitos trabalhistas, considerando, neste ponto, o contexto social em que estão inseridos

[65] Vargas, Francisco Beckenkamp. *Trabalho, emprego, precariedade*: dimensões conceituais em debate. Caderno CrH, Salvador, v. 29, n. 77, p. 319, Maio/Ago. 2016, disponível em: <http://www.scielo.br/pdf/ccrh/v29n77/0103-4979-ccrh-29-77-0313.pdf>. Acesso em: 18 fev. 2019.

os trabalhadores (grupo de pertencimento), os arranjos sociais e modos de vida da classe trabalhadora e as proteções coletivas estatais. A esse respeito, expressa Vargas[66] que, nesta perspectiva:

> [...] o trabalho não se apresenta apenas como uma atividade individual. Ele pode se configurar em arranjos sociais, familiares, através dos quais modalidades coletivas de "suporte" são criadas. Numa sociedade onde as proteções coletivas (estatais) são mais frágeis, o trabalho torna-se, ainda mais, sobretudo através de arranjos coletivos, um meio decisivo de subsistência e de reprodução dos grupos sociais, independentemente do conteúdo em si desse trabalho. Através dos arranjos e suportes baseados em formas de solidariedade próximas, o trabalho evidencia-se tanto como fonte de recursos materiais quanto de relações e laços específicos. [...]. O trabalho pode ser considerado, para certos grupos sociais, um meio para alcançar uma remuneração "digna", para assegurar aos indivíduos um lugar no mundo, permitindo escapar à privação econômica, à pobreza, e proporcionando o acesso ao consumo, à autonomia econômica. Essa experiência do trabalho, no entanto, pode variar consideravelmente conforme a posição que o próprio indivíduo ocupa nas relações e arranjos dos quais participa.

De outra feita, o segundo aspecto da precariedade analisado por Vargas[67], refere-se ao estatuto social do emprego ou ocupação, que trata de identificar a forma como o trabalho se inscreve no mundo e nas relações sociais; a condição de formalidade ou marginalidade e vínculo da relação do trabalho. Neste aspecto, a precarização se dá pela ausência de garantias trabalhistas em virtude da forma de vínculo de trabalho; da ausência de proteção social do trabalhador; ausência de proteção previdenciária; ausência de normas jurídicas que regulam com segurança as atividades do trabalhador.

[66] VARGAS, Francisco Beckenkamp. Trabalho, emprego, precariedade: dimensões conceituais em debate. Caderno CrH, Salvador, v. 29, n. 77, p. 326-327, Maio/Ago. 2016, disponível em: <http://www.scielo.br/pdf/ccrh/v29n77/0103-4979-ccrh-29-77-0313.pdf>. Acesso em: 18 fev. 2019.
[67] Ibid., passim.

Diante dessas características da precariedade, a do trabalho em si, sob o aspecto objetivo e subjetivo, bem como, a precariedade do estatuto social do emprego ou ocupação, faz-se necessário contrastar essas características ora evidenciadas, com as condições impostas aos trabalhadores de plataformas digitais, no contexto da Quarta Revolução Industrial, procurando identificar eventual precariedade do trabalho ou não.

Embora as características dos trabalhadores de plataformas digitais venham a ser melhor detalhadas no capítulo 4, quando se faz a análise do trabalhador coordenado, cabe no presente tópico apenas invocar as principais condições dos trabalhadores e analisá-las sob a ótica da precariedade ora estudada.

Ao analisar os benefícios conferidos pela revolução tecnológica aos trabalhadores, aparentemente, tem-se a impressão de estar diante de uma nova economia, que pode ser denominada de "ganha x ganha", em que os consumidores/tomadores ganham (redução dos preços e comodidade), os empreendedores digitais ganham (renda por disponibilizar a plataforma digital – novas oportunidades de negócios) e os prestadores/trabalhadores também ganham (novos postos de trabalho com flexibilidade).

No entanto, essa impressão superficial de haver apenas benefícios, da relação "ganha x ganha", não reflete verdadeiramente a realidade, sendo importante analisar os pontos positivos e negativos do trabalhador das plataformas digitais, com vistas a auferir eventual precariedade.

Como pressuposto, é necessário admitir que a própria dinâmica da relação de trabalho se modifica intensamente, tendo como elemento essencial a presença da internet e do *smartphone*, reduzindo custos fixos aos empreendedores, desvinculando-os da necessidade de possuírem grandes sedes para alocar todos os trabalhadores. A maioria das plataformas de *crowdsourcig offline*, por exemplo, utilizam-se dos aplicativos de *smartphone* para que as relações de trabalho sejam demandadas, e isso demarca uma mudança de paradigma das relações de trabalho.

Aschoff[68] afirma que os smartphones, na verdade, se entrelaçam no tecido da vida cotidiana, pois catalisaram mudanças rápidas na maneira como as pessoas se comunicam, apaixonam-se, criam suas famílias e se

[68] Aschoff, Nicole Marie. *The smartphone society*: technology, power, and resistance in the new gilded age. Boston: Beacon Press, 2020, p. 9.

relacionam socialmente. Além disso, por meio do trabalho nas plataformas, dinamizadas pelos aplicativos nos *smartphones*, foram criados novos empregos e novas formas de trabalho, proporcionando novos padrões de consumo. Enfim, apresenta-se uma remodelação das formas de vida e trabalho atuais, tornando os *smartphones* um bem essencial nesse novo modelo de vida.

A referida autora destaca que hoje as pessoas passam muito tempo em seus smartphones, os examinam constantemente ao longo do dia e os mantêm perto de seus corpos. Elas dormem ao lado deles, os levam ao banheiro e os encaram enquanto andam, comem, estudam, trabalham, esperam e dirigem. Segundo a autora, vinte por cento dos jovens adultos até admitem checar seus celulares durante o sexo.[69]

Além disso, a versatilidade dos *smartphones* amplia o local de trabalho no espaço e no tempo, tornando o seu uso onipresente. Trata-se de um fenômeno que facilita a realização do trabalho, mas que pode, ao mesmo tempo, "aprisionar" o trabalhador, de forma que ele fique "conectado" ao trabalho a todo momento.

Os emails e mensagens de *WhatsApp* podem ser respondidos durante as refeições ou minutos antes de dormir, em qualquer local, a qualquer horário e em qualquer dia, inclusive durante os dias de folga ou até mesmo férias, atitudes essas que podem prejudicar a qualidade de vida dos trabalhadores, que ao invés de gozarem do merecido descanso, não conseguem se desprender do trabalho.

Na concepção de Aschoff[70], cada vez mais, os *smartphones* desfazem a fronteira entre trabalho e lazer, de modo que os empregadores passam a ter acesso quase ilimitado a seus funcionários e, favorecendo a existência de um trabalho precário e mal remunerado, intensifica a necessidade de estar sempre disponível e pronto para trabalhar.

Para os autores Boucinhas Filho e Alvarenga, a "hiperexploração da mão de obra humana, acompanhada ou não de contraprestação em pecúnia, causa ao trabalhador um tipo de prejuízo que vem sendo doutri-

[69] ASCHOFF, Nicole Marie. The Smartphone Society. *Jacobin*, New York, 17 mar. 2015. Disponível em: <http://jacobinmag.com/2015/03/smartphone-usage-technology- -aschoff>. Acesso em: 15 jan. 2020 (tradução livre).
[70] Ibid.

nariamente chamado de dano existencial."[71] Este, foi definido pelos referidos autores nos seguintes termos:

> O dano existencial no Direito do Trabalho, também chamado de dano à existência do trabalhador, decorre da conduta patronal que impossibilita o empregado de se relacionar e de conviver em sociedade por meio de atividades recreativas, afetivas, espirituais, culturais, esportivas, sociais e de descanso, que lhe trarão bem-estar físico e psíquico e, por consequência, felicidade; ou que o impede de executar, de prosseguir ou mesmo de recomeçar os seus projetos de vida, que serão, por sua vez, responsáveis pelo seu crescimento ou realização profissional, social e pessoal.[72]

Em face dessa realidade e risco iminente do dano existencial, surge a necessidade de serem respeitados os limites de tempo destinado ao trabalho, para que não haja labor com jornadas ininterruptas, prejudiciais à saúde do trabalhador, sendo essencial que esse direito seja preservado e respeitado.

Há também a necessidade do próprio trabalhador de se adaptar à nova realidade. Ainda que tenha em seu e-mail ou WhatsApp tarefas ainda pendentes de realização, é preciso se acostumar ao fato de que, em se terminando a jornada, os afazeres terão que ser concluídos no dia seguinte. É preciso que o trabalhador aprenda, principalmente, a administrar o seu tempo, separando o período de jornada de trabalho e o de descanso, vida privada e familiar.

Também nesta perspectiva, analisando os perigos das ferramentas informáticas, Supiot[73] menciona que embora estas sejam instrumentos maravilhosos, ainda não foram domesticados, pois "nutrem a ilusão de um 'recurso humano' disponível vinte e quatro horas, todos os dias

[71] Boucinhas Filho, Jorge C.; Alvarenga, Rúbia Z. de. O dano existencial e o direito do trabalho. *Revista TST*, Brasília, v. 79, no2, abr/jun 2013. Disponível em: <https://hdl.handle.net/20.500.12178/39828>. Acesso em: 05 jan. 2021, p. 242.

[72] Ibid., p. 243.

[73] Supiot, Alain. Para além do emprego: os caminhos de uma verdadeira reforma do direito do trabalho. *Revista Direito das Relações Sociais e Trabalhistas*, Brasília, Volume IV, n. 03, 2018, Set-Dez/2018, p. 38.

do ano". Todavia, ao invés de lutar contra esse avanço, faz-se necessário impor limites indispensáveis à preservação do "direito ao respeito da vida privada e familiar".

Assim, cumpre ressaltar que, em meio às principais características do trabalho via plataformas digitais, pode-se citar: a flexibilidade do trabalhador de escolher o trabalho, jornada e local de trabalho; possibilidade de auferir renda extra quando necessário; ausência do poder diretivo direto, típico do contrato de emprego; gerenciamento dos trabalhadores por meio de algoritmos; eventual ausência de transparência acerca dos critérios de programação dos algoritmos; grau de dependência; possível excesso de trabalho; assunção do risco da atividade pelo trabalhador; ausência de direitos trabalhistas; contrato de adesão; dentre outras.

A flexibilidade do trabalhador tem sido um diferencial para a opção dos trabalhadores em migrar para o trabalho de plataforma, dado que o trabalhador pode trabalhar em qualquer lugar no *crowdsourcing online* (*crowdwork*), como também, pode escolher o trabalho conforme o local de sua realização no *crowdsourcing offline*. O horário em que irá trabalhar, quanto tempo irá se dedicar (jornada) e quando trabalhar, também passa a ser uma decisão do trabalhador. Assim, possui certa autonomia para decidir sobre a forma do próprio trabalho, podendo, inclusive, optar por trabalhar na plataforma apenas quando precisar complementar a renda, como forma de obter renda extra, sem ter que ficar "preso" ao trabalho, e sem vínculo de trabalho. A ausência do poder diretivo direto pelo empreendedor, com a supervisão direta e presencial, contribuiu, também, para ampliar a sensação de "liberdade" do trabalhador.

No entanto, a eventual necessidade financeira também pode contribuir para a precariedade do trabalho, quando o trabalhador, por conta da baixa remuneração, precisar trabalhar por muito tempo, com jornadas excessivas, intensificando a dependência do trabalho. Quanto maior o grau de dependência, maiores as chances de precariedade por excesso de trabalho.

O gerenciamento dos trabalhadores por meio de algoritmos e a eventual ausência de transparência acerca das diretrizes aos algoritmos, também fragilizam a condição do trabalhador. Embora não haja o poder diretivo direto e pessoal do empreendedor, a supervisão por algoritmo ao trabalhador não representa ausência de fiscalização, ao contrário, torna-se ainda mais presente com a utilização da tecnologia, que pode registrar o tempo exato de trabalho e o local de sua realização. Assim, o trabalho pode ser completamente supervisionado virtualmente.

Com relação a eventual ausência de transparência na programação dos algoritmos pelas plataformas, muitas vezes as regras não são divulgadas na sua totalidade, de forma clara e transparente, mas apenas em "normas gerais". Além disso, a avaliação pelos usuários, com notas de zero a cinco, sem direito de impugnação pelo trabalhador, também pode fragilizar a sua condição e pode colocar em risco o seu trabalho, gerando instabilidade e insegurança. Essa falta de segurança decorrente da inexistência de vínculo no trabalho, ausência de garantias de permanência e estabilidade, conhecimento completo das regras e direito de impugnar as avaliações recebidas, acarreta em instabilidade e insegurança, que ensejam em precariedade do trabalho.

A assunção do risco da atividade nas plataformas digitais passa a ser do trabalhador, que na maioria das vezes se utiliza de bens próprios para a realização do trabalho, como se fosse um microempresário individual.

O contrato celebrado entre os trabalhadores e os empreendedores das plataformas, normalmente é um contrato de adesão, com cláusulas impostas pelos empreendedores, que podem colocar o trabalhador dependente do trabalho, em condição de precariedade. Até porque, o trabalho será exercido, geralmente, sem a proteção dos direitos trabalhistas, sem vínculo de emprego, mas como trabalho autônomo, com todos os riscos assumidos pelo trabalhador.

Diante das principais características do trabalho nas plataformas digitais ora evidenciadas, pode-se perceber a dificuldade de enquadramento jurídico desse trabalhador de plataformas como empregado, mediante trabalho subordinado, na medida em que possui certa autonomia e flexibilidade; todavia, diante de algumas fragilidades impostas e características próprias do trabalho em plataforma, não detém o mesmo grau de autonomia dos autônomos, razão pela qual, na presente tese se propõe a formulação de uma nova categoria de trabalhadores, o trabalhador coordenado, rompendo com a classificação clássica do direito do trabalho e, ao mesmo tempo, conferindo a essa nova categoria a necessária proteção de direitos com vistas a se garantir um trabalho digno.

Nessa esteira, passa-se para a análise da classificação e da respectiva regulamentação das relações de trabalho, para que seja possível concluir pela insuficiência da classificação binária (subordinado x autônomo) e da necessidade de regulamentação específica ao trabalhador coordenado.

3.
CLASSIFICAÇÃO E REGULAMENTAÇÃO DAS RELAÇÕES DE TRABALHO

Neste capítulo discorre-se sobre a classificação e regulamentação das relações de trabalho, estudo esse que se torna relevante para que seja possível analisar se as classificações e regulamentação já existentes são suficientes ou não, se abrangem ou não, o trabalhador inserido no contexto da Quarta Revolução Industrial, em especial, aqueles trabalhadores de plataformas digitais que laboram em condições de autonomia coordenada, flexibilidade na jornada e de local de trabalho, dentre outras.

Para tanto, visando apresentar as classificações mais próximas da realidade laboral presente na Quarta Revolução Industrial, busca-se analisar o trabalhador empregado, o autônomo, e também aqueles que se situam na zona cinzenta das relações de trabalho, tais como, o profissional-parceiro no contrato de parceria em salão de beleza, o representante comercial e o trabalhador parassubordinado.

Antes, contudo, cabe mencionar a diferença existente entre a relação de trabalho e a relação de emprego. Em linhas gerais, pode-se dizer que a primeira é gênero e a segunda espécie. Ou seja, a relação de trabalho abrange toda e qualquer relação jurídica caracterizada por uma prestação essencial de labor humano, inclusive, a relação de emprego, do trabalhador subordinado, autônomo, eventual, intermitente, avulso, envolvendo, enfim, todas as modalidades de trabalho humano.

Acerca da palavra "trabalho", Delgado[74] faz uma ressalva de que evidentemente e de forma inquestionável, tal expressão delimita-se ao dis-

[74] Delgado, Mauricio Godinho. *Curso de direito do trabalho*: obra revista e atualizada conforme a lei da reforma trabalhista e inovações normativas e jurisprudenciais posteriores. 18. ed. São Paulo: LTr, 2019, p.334.

pêndio de energia pelo ser humano, que tem como objetivo um resultado útil, ao contrário, do dispêndio de energia por seres irracionais ou pessoa jurídica. Isso quer dizer que, o trabalho é uma atividade inerente à pessoa humana, "compondo o conteúdo físico e psíquico dos integrantes da humanidade. É, em síntese, o conjunto de atividades, produtivas ou criativas, que o homem exerce para atingir determinado fim".

Por outro lado, a relação de emprego, é mais restrita, pois refere-se a uma das modalidades da relação de trabalho, ou seja, é "espécie", que possui características próprias e distintas das demais formas de trabalho devidamente regulamentadas.

No entanto, embora seja espécie num contexto técnico-jurídico, do ponto de vista econômico-social, a relação de emprego é a modalidade de trabalho mais relevante existente nos últimos duzentos anos. Justamente pela sua relevância, singularidade e dinâmica jurídica, o próprio Direito do Trabalho estrutura-se em torno da relação de emprego, conforme sustenta Delgado[75]:

> Passados duzentos anos do início de sua dominância no contexto socioeconômico do mundo ocidental, pode-se afirmar que a relação empregatícia tornou-se a mais importante relação de trabalho existente no período, quer sob a perspectiva econômico-social, quer sob a perspectiva jurídica. No primeiro plano, por se generalizar ao conjunto do mercado de trabalho, demarcando uma tendência expansionista voltada a submeter às suas regras a vasta maioria de fórmulas de utilização da força de trabalho na economia contemporânea. No segundo plano, por ter dado origem a um universo orgânico e sistematizado de regras, princípios e institutos jurídicos próprios e específicos, também com larga tendência de expansionismo – o Direito do Trabalho.

Assim, evidenciando que o elemento norteador é a relação de emprego, Delgado definiu o Direito do Trabalho como:

[75] Delgado, Mauricio Godinho. *Curso de direito do trabalho*: obra revista e atualizada conforme a lei da reforma trabalhista e inovações normativas e jurisprudenciais posteriores. 18. ed. São Paulo: LTr, 2019, p. 334.

> [...] complexo de princípios, regras e institutos jurídicos que regulam a relação empregatícia de trabalho e outras relações normativamente especificadas, englobando, também, os institutos, regras e princípios jurídicos concernentes às relações coletivas entre trabalhadores e tomadores de serviços, em especial através de suas associações coletivas.[76]

Diante dessa hegemonia da relação de emprego, no contexto socioeconômico bem como por ter originado o próprio Direito do Trabalho, é comum, inclusive, que a expressão "relação de trabalho" seja utilizada como "relação de emprego", em sentido estrito, embora tal uso não seja adequado sob a ótica tecno-jurídica.

A Quarta Revolução Industrial, todavia, vem ameaçando esse cenário hegemônico das relações de emprego, dado que a realidade dos trabalhadores de plataformas digitais, com as particularidades que lhe são inerentes, impede que a relação de emprego seja reconhecida surgindo nesse contexto, a necessidade imperiosa de uma regulamentação específica a esses trabalhadores.

Tal fato não significa dizer que a relação de emprego deixará de existir, mas com a dinâmica da revolução tecnológica o Direito precisa reconhecer e tutelar esses trabalhadores da era digital (os coordenados digitais), de forma a protegê-los no contexto da relação de trabalho, ainda que não seja em uma relação de emprego.

Portanto, caberá ao Poder Judiciário Trabalhista apreciar e solucionar não somente lides envolvendo trabalhadores e empregadores, mas também aquelas lides nas quais esteja presente o trabalhador num sentido amplo, independentemente da natureza jurídica do contrato a que esteja vinculado, e, de outro, o tomador dos seus serviços, mesmo que não seja seu empregador.

Assim, conforme sustenta Teixeira Filho[77], inaugura-se uma nova perspectiva da relação jurídica processual, na esfera da Justiça do Tra-

[76] DELGADO, Mauricio Godinho. Curso de direito do trabalho: obra revista e atualizada conforme a lei da reforma trabalhista e inovações normativas e jurisprudenciais posteriores. 18. ed. São Paulo: LTr, 2019, p. 49.

[77] TEIXEIRA FILHO, Manoel Antonio. A Justiça do Trabalho e a Emenda Constitucional nº 45/2004. *Revista LTr*, v. 69, nº1, p. 14.

balho, na qual poderá figurar em um dos polos, os trabalhadores autônomos em geral, como: contadores, contabilistas, consultores, engenheiros, arquitetos, eletricistas, jardineiros, pintores, pedreiros, carpinteiros, mestres-de-obras, decoradores, costureiras, manicuras, personal trainer, corretores, representantes comerciais, entre outros. Ocorre desse modo, um alargamento de "fronteiras" sob o aspecto protetivo do Direito, que não se limita à relação de emprego, o que é previsto pela Emenda Constitucional n. 45/2004 que, alterando o alcance do Direito Processual do Trabalho, passou a estender a competência da justiça do trabalho para apreciar e solucionar as ações oriundas da "relação de trabalho", em sentido amplo, deixando de ser restrita apenas às relações de emprego. A redação do art. 114, §2º, da CF[78], com a referida emenda, considera que:

> Art. 114. Compete à Justiça do Trabalho processar e julgar:
> I as ações oriundas da relação de trabalho, abrangidos os entes de direito público externo e da administração pública direta e indireta da União, dos Estados, do Distrito Federal e dos Municípios;
> II as ações que envolvam exercício do direito de greve;
> III as ações sobre representação sindical, entre sindicatos, entre sindicatos e trabalhadores, e entre sindicatos e empregadores;
> IV os mandados de segurança, habeas corpus e habeas data, quando o ato questionado envolver matéria sujeita à sua jurisdição
> V os conflitos de competência entre órgãos com jurisdição trabalhista, ressalvado o disposto no art. 102, I, o;
> VI as ações de indenização por dano moral ou patrimonial, decorrentes da relação de trabalho;
> VII as ações relativas às penalidades administrativas impostas aos empregadores pelos órgãos de fiscalização das relações de trabalho
> VIII a execução, de ofício, das contribuições sociais previstas no art. 195, I, a, e II, e seus acréscimos legais, decorrentes das sentenças que proferir;
> IX outras controvérsias decorrentes da relação de trabalho, na forma da lei.

[78] BRASIL. Constituição (1988). Constituição da República Federativa do Brasil, de 5 de outubro de 1988. Disponível em: <http://www.planalto.gov.br/ccivil_03/constituicao/constituicao.htm>. Acesso em: 18 fev. 2019.

Antes da Emenda Constitucional 45/2004 a Justiça do Trabalho tinha como competência processar e julgar tão somente as ações relacionadas às relações de emprego, as ações entre trabalhadores portuários e os operadores portuários ou o OGMO – Órgão Gestor de Mão de Obra (art. 652, a, V, da CLT) e as ações derivadas de contratos de empreitada (art. 652, a, III, da CLT).

Após a referida emenda, a Justiça do Trabalho passou a ter uma competência material mais ampla, abrangendo toda e qualquer relação de trabalho.

Assim, nesse contexto de alargamento, é preciso reconhecer que a Quarta Revolução Tecnológica rompeu com a dicotomia clássica dos trabalhadores subordinados e autônomos, abrindo espaço para uma nova classificação – a dos trabalhadores coordenados digitais que, a seu turno, demandam a devida proteção, tema abordado no tópico 4.1.

3.1 Padrão binário clássico: empregado ou autônomo

O trabalhador empregado é aquele que decorre de uma relação de emprego, que nos termos da CLT, precisa reunir conjuntamente todos os cinco elementos fático-jurídicos ou pressupostos à sua caracterização, quais sejam: a) prestação de trabalho por pessoa física; b) não eventualidade; c) pessoalidade; d) subordinação; e) onerosidade.

Delgado[79] afirma que esses "pressupostos", na verdade, são necessariamente "fático-jurídicos", uma vez que não se trata de uma criação jurídica, mas sim, de "simples reconhecimento pelo Direito de realidades fáticas relevantes". Os referidos elementos surgem no mundo dos fatos, independente do Direito, mas em virtude de sua relevância sociojurídica, são portando captados pelo Direito, que passa a regular os seus efeitos de forma compatível. "Conjugados esses elementos fático-jurídicos (ou pressupostos) em uma determinada relação socioeconômica, surge a relação de emprego, juridicamente caracterizada".

Essa realidade fática relevante, sob o aspecto de referência histórica socioeconômica, surge no contexto do desenvolvimento da sociedade

[79] Delgado, Mauricio Godinho. *Curso de direito do trabalho*: obra revista e atualizada conforme a lei da reforma trabalhista e inovações normativas e jurisprudenciais posteriores. 18. ed. São Paulo: LTr, 2019, p. 338.

industrial, a partir do século XVIII, marcado pelo trabalho livre, mas subordinado. Nos períodos anteriores, a realidade predominante foi do trabalho não livre, da utilização do trabalho escravo ou servil, de forma que eram escassas, nessa época, a utilização do trabalho livre.

A partir do século XVIII, com o desenvolvimento da sociedade industrial contemporânea, torna-se predominante o trabalho livre, tendo como principal forma de relação de trabalho, o trabalhador empregado ou subordinado.

Acerca do trabalhador empregado, a CLT em seu art. 3º, *caput*, expressa: "Considera-se empregado toda pessoa física que prestar serviço de natureza não eventual a empregador, sob a dependência deste e mediante salário". E no dispositivo anterior, mais precisamente no caput do art. 2º, dispõe: "Considera-se empregador a empresa, individual ou coletiva, que, assumindo os riscos da atividade econômica, admite, assalaria e dirige a prestação pessoal de serviços".

Com base nesses dispositivos pode-se afirmar que o trabalhador empregado é a pessoa física que exerce trabalho não eventual, com pessoalidade *(intuitu personae)*, com subordinação e mediante remuneração (onerosidade). Destaca-se assim, que os cinco elementos fático-jurídicos devem estar evidenciados para que seja caracterizada a relação de emprego.

A caracterização da relação de emprego torna-se relevante, dado que a partir dela o Direito do Trabalho brasileiro passa a proteger esse trabalhador, tendo-o como empregado[80]. Os demais trabalhadores, como o trabalhador autônomo e o eventual, estão excluídos dessa proteção. A proteção trabalhista ocorre, portanto, a partir do reconhecimento da relação de emprego. Ela é a porta de entrada para essa proteção e garantia dos direitos previstos no Direito do Trabalho, tais como, salário mínimo, limite de jornada, intervalo intrajornada, férias, décimo terceiro salário, repouso semanal remunerado, seguro-desemprego, licenças materni-

[80] Nascimento, Amauri Mascaro. *Curso de direito do trabalho*: história e teoria geral do direito do trabalho: relações individuais e coletivas do trabalho. 26. ed. São Paulo: Saraiva, 2011, p. 557.

dade e paternidade, estabilidades, formas de extinção do contrato de trabalho, saúde e segurança no trabalho, dentre outros.[81]

O primeiro pressuposto para que haja a proteção do Direito do Trabalho, em consonância com a primeira parte do *caput*, do art. 3º, da CLT, em uma relação de emprego, é o fato de ser pessoa física. Isto pois, tal ramo do direito tem como bens juridicamente tutelados, a vida, a integridade física e psíquica, as condições de segurança, igualdade, bem estar, saúde, lazer, dentre outras, que são inerentes à pessoa física e não às pessoas jurídicas. Nesse sentido, o trabalhador será sempre uma pessoa natural.

Levando em conta a parte final do art. 3º, da CLT: "(...) admite, assalaria e dirige a prestação pessoal de serviços", a pessoalidade implica em dizer que o trabalho deve ser feito *intuitu personae*, de forma personalíssima, produzindo efeitos desde a celebração do vínculo empregatício e extinguindo com a morte do empregado, não se transmitindo aos herdeiros e sucessores. No entanto, em situações excepcionais e de forma eventual, com a anuência do empregador e sem que seja afastada a pessoalidade, a pontual substituição do empregado não anula por si só a pessoalidade inerente à relação de emprego.

A questão da não eventualidade abrange a ideia da continuidade e permanência da relação de emprego. Delgado[82] afirma que, a não eventualidade é um dos mais controvertidos elementos da relação de emprego. Menciona, ainda, que existem a respeito diversas teorias, destacando-se quatro delas: a) teoria da descontinuidade; b) teoria do evento; c) teoria dos fins do empreendimento; e, d) teoria da fixação jurídica ao tomador de serviços.

[81] Nascimento relaciona alguns juristas italianos que se filiam à escola da subordinação, apontando-a como requisito essencial da relação de emprego: Greco, em Il contratto di lavoro (Torino, 1939, p. 112); Privite-ra, em Il contratto d'impiego privato (Roma, 1952, p. 63); Sinagra, em Istituzioni di diritto del lavoro (Palermo, 1955, p. 151); De Litala, em Il contratto di lavoro (Torino, 1956, p. 59); Barassi, em Il diritto del lavoro (Milano, 1957, v. 1, p. 325); Mazzoni, em Manuale di diritto del lavoro (Firenze, 1958, p. 188); e Riva Sanseverino, em Dell'impresa; commentario del Codice Civile Livro V (1958, p. 160). (Nascimento, loc. cit.)

[82] Delgado, Mauricio Godinho. *Curso de direito do trabalho*: obra revista e atualizada conforme a lei da reforma trabalhista e inovações normativas e jurisprudenciais posteriores. 18. ed. São Paulo: LTr, 2019, p. 340-345.

Essas 4 teorias podem ser resumidas nos seguintes termos:

a) teoria da descontinuidade: considera como eventual o trabalho descontínuo e interrupto, um trabalho que seja fracionado ou fragmentado no tempo;
b) teoria do evento: considera como eventual o trabalhador admitido para executar um fato, acontecimento ou evento determinado e específico;
c) teoria dos fins do empreendimento (ou fins da empresa): considera como eventual o trabalhador admitido para executar atividades não associadas aos fins normais da empresa, ou seja, que estejam dissociadas das necessidades normais do empreendimento, de caráter esporádico e de curta duração;
d) teoria da fixação jurídica ao tomador de serviços: entende ser eventual o trabalhador que não se fixa a uma fonte de trabalho, em outras palavras, enquanto o empregado é fixo a uma fonte de trabalho, o eventual não é fixo.

Ainda, segundo Delgado[83], diante das diferentes teorias existentes, para que seja realizada a análise correta da não eventualidade, o mais sensato é a aferição convergente e combinada das diversas teorias no caso concreto.

Outro elemento fático-jurídico caracterizador da relação de emprego é a onerosidade. Este elemento, de cunho econômico, tem como premissa o fato de que a prestação do serviço, que representa um valor econômico ao tomador dos serviços, deve ser recompensada mediante uma contraprestação econômica ao prestador. Tal elemento deve ser analisado sob a ótica do trabalhador, que pode ser dividido sob dois aspectos, objetivo e subjetivo. O primeiro envolve o pagamento de remuneração ao trabalhador pelos serviços executados em forma de salário, conforme prescreve a parte final do art. 3º, *caput*, da CLT: "mediante salário".

[83] Delgado, Mauricio Godinho. Curso de direito do trabalho: obra revista e atualizada conforme a lei da reforma trabalhista e inovações normativas e jurisprudenciais posteriores. 18. ed. São Paulo: LTr, 2019, p. 340-345.

O aspecto subjetivo, por sua vez, refere-se à intenção do trabalhador em receber remuneração pelo trabalho realizado.

Por fim, o último elemento fático-jurídico caracterizador da relação de emprego, e que possui maior relevo, é a subordinação. Essa relevância se dá pelo fato de ser o pressuposto "subordinação" o grande divisor de águas com o segundo maior grupo de trabalhadores – os autônomos. E ainda, pode-se dizer que a partir do século XVIII, no contexto do desenvolvimento da sociedade industrial, a subordinação, carregando em si a ideia do trabalhador "livre, mas subordinado", foi o que diferenciou as outras formas de trabalho no curso histórico das relações de trabalho anteriores – a escravidão e servidão. E, por sua vez, na iminente Quarta Revolução Industrial, ora estudada, o pressuposto "subordinação", passa também a ser um diferenciador entre o trabalhado "coordenado" e o empregado.

A subordinação possui tanta relevância que, na concepção de Silva[84] é ela "o critério fundamental usado para a construção de um sistema de proteção social ao trabalhador [...] concebida como a sujeição da atividade laboral da pessoa humana que trabalha ao poder diretivo do empregador". Para o autor, para que a configuração da relação jurídica do emprego esteja configurada, é indispensável a presença da subordinação.

Nascimento[85] afirma que o conceito de subordinação surgiu na doutrina italiana, tributada a sua iniciativa ao doutrinador Lodovico Barassi que na monografia *Il contratto di lavoro nel diritto positivo italiano* (1901)[86], apontou a subordinação do *locator operarum* perante o empregador, o traço identificador da *locatio operarum*. Outro doutrinador, também pioneiro no tema, foi Vincenzo Cassì, em *La subordinazione del lavoratore nel diritto del lavoro* (1947). Considerando a definição de Cassì, Nascimento[87]

[84] SILVA, Otávio Pinto e. As relações de trabalho e a nova competência da justiça do trabalho. *Revista do Tribunal Superior do Trabalho*, Porto Alegre, RS, v. 71, n. 1, jan/abr 2005, p. 227.

[85] NASCIMENTO, Amauri Mascaro. *Curso de direito do trabalho*: história e teoria geral do direito do trabalho: relações individuais e coletivas do trabalho. 26. ed. São Paulo: Saraiva, 2011, p. 556-559.

[86] Além da obra de Lodovico Barassi, Nascimento destaca, ainda, as obras específicas de Domenico Napoletano, *Il lavoro subordinato* (1955) e Vincenzo Cassì, *La subordinazione del lavoratore nel diritto del lavoro* (1947). (Ibid., p. 557).

[87] NASCIMENTO, loc. cit.

discorre que a subordinação, no sentido lato, seria a "limitação da autonomia diante de uma exigência de ordem e de proteção", numa relação jurídica que teria de um lado o patrão e de outro o empregado, no seio da industrialização e em substituição ao sistema feudal. Com base em Cassì, Nascimento afirma que "a subordinação exprime uma relação entre um homem (trabalhador) e outro homem (doador do trabalho em geral) tendo por objeto a *energia de trabalho*, seja física ou intelectual."[88]

Na perspectiva de Delgado[89] a subordinação consiste "na situação jurídica derivada do contrato de trabalho, pela qual o empregado compromete-se a acolher o poder de direção empresarial no modo de realização de sua prestação de serviços". E, traduzindo a noção etimológica, *sub* (baixo) e *ordinare* (ordenar), a subordinação estaria relacionada ao "estado de dependência ou obediência em relação a uma hierarquia de posição ou de valores".

No entanto, a natureza da subordinação é jurídica, pois derivada do ordenamento jurídico (arts. 2º e 3º, ambos da CLT) e do contrato de trabalho que delimita as obrigações pactuadas, e não da ideia de dependência econômica (com viés subjetivo) ou técnica, uma vez que essa dependência pode estar presente também em outras formas de trabalho, como o autônomo, não se restringindo à relação de emprego. A esse respeito, Nascimento[90] destaca que o conceito de subordinação jurídica

> [...] surgiu concomitantemente com as leis trabalhistas, que conferiram ao subordinado no trabalho uma série de direitos para que diminuísse a sua sujeição pessoal. Essa sujeição, com as referidas leis, transformou-se no sentido da sua proteção, condição necessária da sua realização como pessoa. O homem, no trabalho prestado para outro indivíduo, foi considerado um sujeito de direitos. Não mais a sua pessoa subordinou-se, mas a sua energia de trabalho foi posta à disposição do subordinante.

[88] Nascimento, Amauri Mascaro. *Curso de direito do trabalho*: história e teoria geral do direito do trabalho: relações individuais e coletivas do trabalho. 26. ed. São Paulo: Saraiva, 2011, p. 557.

[89] Delgado, Mauricio Godinho. *Curso de direito do trabalho*: obra revista e atualizada conforme a lei da reforma trabalhista e inovações normativas e jurisprudenciais posteriores. 18. ed. São Paulo: LTr, p. 349.

[90] Nascimento, op. cit., p. 556-559.

A subordinação, portanto, é o fenômeno jurídico de submissão do trabalhador ao poder diretivo do empregador, que implica em limitação contratual na sua autonomia de vontade, em virtude de um contrato de emprego. Abrange, assim, um poder de comando do empregador e um dever de obediência do empregado, com natureza jurídica.

Esse poder de comando do empregador, já que é ele quem suporta os riscos da atividade econômica, lhe confere a prerrogativa de dirigir o seu negócio e as atividades a serem exercidas pelo empregado. Isso significa dizer que, cabe ao empregador o poder de regulamentar, dirigir, fiscalizar, controlar, punir, disciplinar e alterar a dinâmica do trabalho a ser desenvolvido, adequando-o aos fins e necessidades empresariais, observados os limites legais e contratuais.

Embora a expressão "subordinação" não esteja expressamente inserida na definição de empregado dada pela CLT, ela deriva da expressão "dependência", mencionada no art. 3º, *caput*, da CLT que define o empregado como a "pessoa física que prestar serviço de natureza não eventual a empregador, sob a dependência deste e mediante salário". Onde se lê "dependência", trata-se de "subordinação" do empregado ao poder diretivo do empregador.

O fenômeno da subordinação tem sido analisado pela doutrina sob algumas concepções, dentre elas, destaca-se: subjetiva, clássica/tradicional, objetiva e estrutural. Essas concepções decorrem da evolução social e das alterações nas relações de trabalho, enquanto fenômeno social, de forma que a subordinação possa abranger novas formas de trabalho em virtude do avanço social, dos processos de produção e da tecnologia.

A concepção subjetiva, que faz a análise da subordinação a partir da sujeição da pessoa do empregado ao empregador, no entanto, está superada, e conforme Delgado, adotá-la significa um verdadeiro erro jurídico. Segundo o autor[91]:

> É, portanto, incorreta, do ponto de vista jurídico, a visão subjetiva do fenômeno, isto é, que se compreenda a subordinação como atuante sobre a pessoa

[91] DELGADO, Mauricio Godinho. *Curso de direito do trabalho*: obra revista e atualizada conforme a lei da reforma trabalhista e inovações normativas e jurisprudenciais posteriores. 18. ed. São Paulo: LTr, 2019, p. 350.

do trabalhador, criando-lhe certo estado de sujeição (status subjectiones). Não obstante essa situação de sujeição possa concretamente ocorrer, inclusive com inaceitável frequência, ela não explica, do ponto de vista sociojurídico, o conceito e a dinâmica essencial da relação de subordinação. Observe-se que a visão subjetiva, por exemplo, é incapaz de captar a presença de subordinação na hipótese de trabalhadores intelectuais e altos empregados.

A subordinação clássica ou tradicional[92] consiste na submissão do trabalhador às ordens do empregador, a qual abrange o poder de comando do empregador, que atua de forma direta, controlando e dirigindo as atividades do empregado; e este, com dever de obediência, submetendo-se às ordens do empregador, cumprindo as suas atividades nos termos do contrato de trabalho, observados os limites e garantias legais.

A esse respeito, Porto[93] menciona que:

> A subordinação, em sua matriz clássica, corresponde à submissão do trabalhador a ordens patronais precisas, vinculantes, "capilares" e penetrantes, sobre o modo de desenvolver a sua prestação, e a controles contínuos sobre o seu respeito, além da aplicação de sanções disciplinares em caso de descumprimento. É essa a acepção clássica ou tradicional do conceito, que podemos sintetizar como a sua plena identificação com a ideia de uma forte heterodireção patronal dos diversos aspectos da prestação laborativa obreira.

A subordinação objetiva[94], a seu turno, consiste na integração e participação do trabalhador e de seu labor nos fins e objetivos empresariais do tomador de serviços, de forma que trabalho desenvolvido pelo trabalhador é relevante para que se possa atingir os propósitos do negócio.

[92] Delgado, Mauricio Godinho. Curso de direito do trabalho: obra revista e atualizada conforme a lei da reforma trabalhista e inovações normativas e jurisprudenciais posteriores. 18. ed. São Paulo: LTr, 2019, p. 352.

[93] Porto, Lorena Vasconcelos. A subordinação no contrato de trabalho: uma releitura necessária. São Paulo: LTr, 2009, p. 43.

[94] Delgado, op. cit., p. 352.

Por último, Delgado[95] define a subordinação estrutural "pela inserção do trabalhador na dinâmica do tomador de seus serviços, independentemente de receber (ou não) suas ordens diretas, mas acolhendo, estruturalmente, sua dinâmica de organização e funcionamento". Para o autor é indiferente se o trabalhador recebe ordens direta do empregador ou que se harmonize aos objetivos da empresa, mas é vital que esteja "estruturalmente vinculado à dinâmica operativa da atividade do tomador de serviços". O importante nessa concepção é o elo estrutural entre o trabalhador e a dinâmica empresarial, acoplando-se estruturalmente à organização e à dinâmica operacional, de modo que haja incorporação, pelo trabalhador, da cultura cotidiana empresarial no exercício de seu trabalho.

Delgado[96] entende que mediante a conjugação dessas últimas três concepções ou dimensões da subordinação (clássica/tradicional, objetiva e estrutural), de forma a se complementarem de forma harmoniosa e não excludente, as dificuldades de enquadramento jurídico pelo Direito do Trabalho a novos tipos de relação de emprego, poderão ser superadas, dado o caráter multidimensional do fenômeno da subordinação, por exemplo, dos trabalhadores que realizam trabalho a distância por meios telemáticos e informatizados de comando, mediante controle e supervisão, e que, a partir das dimensões objetiva e estrutural, podem ser enquadrados como empregados subordinados.

O art. 6º, caput e parágrafo único, da CLT, em virtude da redação conferida pela Lei n. 12.551/2011, expressamente admitiu a possibilidade de subordinação jurídica aos trabalhadores a distância e por meio telemáticos:

> Art. 6º. Não se distingue entre o trabalho realizado no estabelecimento do empregador, o executado no domicílio do empregado e o realizado a distância, desde que estejam caracterizados os pressupostos da relação de emprego. Parágrafo único. Os meios telemáticos e informatizados de comando, controle e supervisão se equiparam, para fins de subordinação

[95] DELGADO, Mauricio Godinho. *Curso de direito do trabalho*: obra revista e atualizada conforme a lei da reforma trabalhista e inovações normativas e jurisprudenciais posteriores. 18. ed. São Paulo : LTr, 2019, p. 352-353.

[96] Ibid., p. 353-354.

jurídica, aos meios pessoais e diretos de comando, controle e supervisão do trabalho alheio.

Nesse sentido, afirma Delgado[97]:

A compreensão dessas três dimensões do fenômeno subordinativo (a tradicional, a objetiva e a dimensão estrutural) não somente permite adequar o conceito jurídico, pela via interpretativa, às modificações da realidade, renovando o necessário expansionismo do ramo juslaborativo, como também relativiza a utilidade de fórmulas jurídicas restritivas de direitos sociais e fundamentais. Demonstra, ademais, a elevada capacidade de adaptação do Direito do Trabalho aos desafios das cambiantes sociedade e economia capitalistas.

A despeito do posicionamento do autor, na presente tese considera-se que, mesmo que sejam ampliadas as concepções da subordinação, mediante o uso das três concepções (clássica/tradicional, objetiva e estrutural), ainda assim, tal fenômeno seria incapaz de abranger os trabalhadores coordenados decorrentes da Quarta Revolução Industrial, dadas as particularidades e diferenças com relação aos trabalhadores subordinados e autônomos, sendo indispensável, portanto, a regulamentação especial dessa nova categoria de trabalhadores.

Já com relação ao trabalhador autônomo, numa simplificada síntese, Nascimento[98] afirma que a

> [...] autonomia é modo de trabalho no qual o prestador de serviços não está sob o poder do beneficiado. Portanto, aquele para o qual o serviço é prestado não tem o direito de exercer sobre o autônomo o poder de direção, o poder de fiscalização e o poder de controle.

[97] Delgado, Mauricio Godinho. *Curso de direito do trabalho*: obra revista e atualizada conforme a lei da reforma trabalhista e inovações normativas e jurisprudenciais posteriores. 18. ed. São Paulo : LTr, 2019, p. 354.

[98] Nascimento, Amauri Mascaro. *Curso de direito do trabalho*: história e teoria geral do direito do trabalho: relações individuais e coletivas do trabalho. 26. ed. São Paulo: Saraiva, 2011, p. 559.

Nesta perspectiva, Vilhena[99] considera o trabalhador autônomo como aquele "que desenvolve sua atividade com organização própria, iniciativa e discricionariedade, além da escolha do lugar, do modo, do tempo e da forma de execução".

Para Silva[100], existem diversas teorias que possibilitam explicar o conceito de trabalho autônomo. Dentre elas, destaca: a) finalidade da prestação de serviços; b) resultado do trabalho; c) trabalho por conta própria; d) assunção do risco da atividade econômica; e) controle dos meios de produção; f) modo como a atividade é desenvolvida.

Pela perspectiva da teoria da finalidade da prestação de serviços, o trabalho autônomo é aquele em que o tomador de serviços está mais interessado no resultado do serviço, do que no modo de sua execução. O seu objetivo é usufruir do resultado e não dispor da energia do trabalho. Não interessam os meios, mas sim os fins atingidos. Existe clara distinção entre obrigação de meios e obrigação de resultados, de modo que "o trabalhador autônomo seria devedor de uma prestação de resultado, enquanto a obrigação do trabalhador subordinado seria de meios, isto é, de mero comportamento".[101]

A teoria do resultado do trabalho é aquela que classifica o trabalho autônomo considerando o resultado da prestação de serviços, ou seja, se o resultado for imediato, isto é, quando o trabalhador fica com o que produz para depois revender aos interessados, estar-se-á diante do trabalhador autônomo; no entanto, se o resultado for mediato, isto é, quando o trabalhador vende diretamente o que produz, sem poder ficar com os frutos de seu labor, estar-se-á diante do trabalhador empregado.

A teoria do trabalho por conta própria considera como trabalhador autônomo aquele que, por conta própria e de forma habitual, exerce a sua atividade profissional mediante remuneração. Tal condição implica reconhecer que o trabalhador dispõe dos produtos ou resultados do seu

[99] VILHENA, Paulo Emílio Ribeiro de. *Relação de emprego*: estrutura legal e supostos. 3.ed. São Paulo: LTr, 2005. p.532.

[100] SILVA, Otávio Pinto e. As relações de trabalho e a nova competência da justiça do trabalho. *Revista do Tribunal Superior do Trabalho,* Porto Alegre, RS, v. 71, n. 1, jan/abr 2005, p. 228-230.

[101] Ibid., p. 228.

labor, auferindo remuneração, sendo que exerce a sua atividade profissional de forma independente, por conta própria, ao contrário do trabalhador empregado, subordinado, que trabalha por conta alheia. A Lei n. 8.212/91, que dispõe sobre a organização da Seguridade Social, institui Plano de Custeio e dá outras providências, ao definir em seu art. 12, V, *h*, o contribuinte individual, parece ter incorporado essa teoria, ao dispor que:

> Art. 12. São segurados obrigatórios da Previdência Social as seguintes pessoas físicas:
>
> V – como contribuinte individual:
>
> h) a pessoa física que exerce, por conta própria, atividade econômica de natureza urbana, com fins lucrativos ou não;

Por sua vez, a teoria da assunção do risco da atividade econômica defende que o trabalhador autônomo é aquele que assume os riscos da atividade profissional que executa, ao contrário do empregado que, nos termos do art. 2º, da CLT, presta serviços a um empregador que assume os riscos do empreendimento.

De acordo com a teoria do controle dos meios de produção, o trabalhador autônomo é o profissional que detém o controle dos meios de produção e também os possui, diferentemente do trabalhador empregado que executa os seus serviços valendo-se dos meios de produção pertencentes ao empregador. Em alguns casos, contudo, o trabalhador pode se valer dos seus próprios instrumentos de trabalho, de modo que essa teoria do controle dos meios de produção não pode ser por si mesma decisiva para essa diferenciação.

Por fim, a teoria do modo como a atividade é desenvolvida, indica se a atividade praticada é marcada pela presença ou não da subordinação. Se o trabalhador conservar o poder de direção da própria atividade, autodisciplinando de acordo com o seu livre entendimento particular, ele é autônomo. Mas se o trabalhador for subordinado, mediante a alienação do poder de direção do seu trabalho em troca de um salário, ele será um trabalhador empregado, e não autônomo. O modo como a atividade laboral é executada, se com subordinação ou sem, é que vai definir se existe trabalho autônomo ou não. Essa subordinação tem como efeito o fato de que, o "trabalhador autônomo prescinde da figura do empregador para a sua existência como profissional", enquanto para o "empregado é imprescindível a figura do empregador, sem o que deixa de existir a subordinação". Portanto, o trabalhador autônomo não depende de um empregador para desenvolver o seu trabalho, mas o trabalhador empregado, necessita obrigatoriamente de um empregador para o exercício do seu trabalho.

O trabalhador autônomo, assim, é aquele que, por conta própria, mas podendo ser substituído, assume os riscos de sua atividade com controle dos meios de produção, presta serviços sem subordinação jurídica, com independência, liberdade, de forma habitual, a um ou mais tomadores, sem submeter-se às ordens e controle destes, percebendo remuneração pelo resultado do seu trabalho. Destaca-se que, a ausência da subordinação jurídica é o principal marco diferenciador entre o trabalhador autônomo e o empregado.

Nesta seara, Delgado[102] descreve o trabalhador autônomo como:

> [...] aquele que se realiza sem subordinação do trabalhador ao tomador dos serviços. Autonomia é conceito antitético ao de subordinação. Enquanto esta traduz a circunstância juridicamente assentada de que o trabalhador acolhe a direção empresarial no tocante ao modo de concretização cotidiana de seus serviços, a autonomia traduz a noção de que o próprio prestador é que estabelece e concretiza, cotidianamente, a forma de realização dos serviços que pactuou prestar. Na subordinação, a direção central do modo cotidiano de prestação de serviços transfere-se ao tomador; na autonomia, a direção central do modo cotidiano de prestação de serviços preserva-se com o prestador de trabalho [...] A intensidade de ordens no tocante à prestação de serviços é que tenderá a determinar, no caso concreto, qual sujeito da relação jurídica detém a direção da prestação dos serviços: sendo o próprio profissional, desponta como autônomo o vínculo concretizado; sendo o tomador de serviços, surge como subordinado o referido vinculo.

102 Delgado, Mauricio Godinho. *Curso de direito do trabalho*: obra revista e atualizada conforme a lei da reforma trabalhista e inovações normativas e jurisprudenciais posteriores. 18. ed. São Paulo: LTr, 2019, p. 397.

Embora a prestação dos serviços pelo autônomo geralmente se dê a tomadores distintos, ainda que o trabalho seja prestado a apenas um tomador de serviço, com exclusividade ou não, tal condição não é suficiente para descaracterizar o trabalho autônomo, nos termos do art. 442-B, *caput,* da CLT: "Art. 442-B. A contratação do autônomo, cumpridas por este todas as formalidades legais, com ou sem exclusividade, de forma contínua ou não, afasta a qualidade de empregado prevista no art. 3º desta Consolidação".

Mas em caso de estarem presentes todos os elementos fático-jurídicos da relação empregatícia, em especial a subordinação, a relação empregatícia estará configurada e não o trabalho autônomo.

A pessoalidade, também, ainda que seja exigida em um contrato de prestação de serviços, em virtude da natureza do trabalho, que exija conhecimento específico, como por exemplo, nas atividades pelos profissionais liberais como advogados, médicos, contadores, dentre outros, tal condição, uma vez ausente de subordinação, não descaracteriza o trabalhador autônomo.

Acerca da liberdade do autônomo, que não se sujeita ao poder diretivo, punitivo e fiscalizador do tomador de serviços, todavia, não significa dizer que o autônomo não possa receber interferência do tomador, uma vez que este pode dar orientações gerais sobre o desenvolvimento do trabalho a ser desenvolvido e o trabalhador deve observá-las. Desta maneira, a liberdade não é absoluta, mesmo que seja o próprio autônomo quem decida sobre a forma e condições do seu trabalho, tais como o horário, local, modo e forma de execução.

Para Romita[103], o trabalhador autônomo é aquele que:

> [...] se obriga não a prestar – isto é, a colocar à disposição de outrem – a sua energia de trabalho, mas executar ou fornecer a um tomador uma obra determinada ou um serviço em conjunto, encarado como o resultado de sua atividade, que é exercida fora do âmbito da organização econômica do tomador. Essa atividade é desempenhada pelo trabalhador só ou com auxílio de terceiros, com organização própria e por sua inteira iniciativa, com livre

[103] ROMITA, Arion Sayão. Competência da Justiça do Trabalho para ações sobre relações de trabalho: trabalho eventual. *Revista Justiça do Trabalho,* ano 22, n. 258, jun./2005, p. 12.

escolha de lugar, tempo e modo de execução e, por isso, sem qualquer vínculo de subordinação com o tomador. Este pode dar instruções de caráter geral referente às características da obra ou dos serviços executados, mas não dá ordens ao prestador de serviços. A prestação a que se obriga o tomador remunera o produto fornecido ou o serviço executado. O risco econômico da atividade recai sobre o trabalhador autônomo.

Assim, no que se refere à questão da regulamentação jurídica, enquanto o trabalhador empregado insere-se no âmbito do Direito do Trabalho, o trabalhador autônomo é regido pelo Direito Civil, mediante a celebração de um contrato civil de prestação de serviços (arts. 593 a 609, do CC), incluído neste, o contrato de empreitada (arts. 610 a 626, do CC). No entanto, nos termos do art. 114, incisos I e IX, da Constituição Federal, é de competência da Justiça do Trabalho processar e julgar as ações oriundas da relação de trabalho, incluída aqui aquelas que envolvam os trabalhadores autônomos, mesmo que a lei de direito material a ser considerada seja o Código Civil. Trata-se, nesse caso, de uma extensão de efeito processual, e não de direito material.

3.2 A zona cinzenta das relações de trabalho

Em face dos conceitos expostos, considera-se que muitas atividades laborais, pelo fato de não apresentarem de forma clara os pressupostos de uma relação empregatícia, nem mesmo de uma genuína relação de trabalho autônomo, têm o seu enquadramento dificultado no âmbito da dicotomia clássica do subordinado x autônomo. Por consequência, acabam situando-se na chamada "zona cinzenta", refletindo uma condição na qual o trabalho desenvolvido não possui um padrão claro que possa ser prontamente enquadrado nas regras e pressupostos do trabalhador empregado ou autônomo. Esse fato se dá em virtude da evolução das relações de trabalho, impactadas por novas realidades socioeconômicas, e diante da inércia do direito do trabalho em acompanhar esses avanços.

O Direito do Trabalho Brasileiro é marcado pela higidez de suas normas, razão pela qual as autoras Mandalozzo e Campagnoli[104] afirmaram que "o

104 Mandalozzo, Silvana Souza Netto e Campagnoli, Adriana de F. Pilatti. A flexibilização como alternativa a legalização de práticas laborais. *Salão Parceiro*. Revista Eletrô-

Direito do Trabalho brasileiro é definido como excessivamente rígido, inibidor da produtividade e incapaz de atender a rapidez e a dinâmica do mundo globalizado." Nesse contexto, entendem que o processo de flexibilização, surgido em especial no início dos anos 1990, pode se apresentar "como um instrumento hábil a revisão do modo de pensar a relação laboral, ante ao desenvolvimento socioeconômico e político da sociedade, bem como um meio eficiente de se regulamentar situações cotidianas".

Ao avaliar a relação entre trabalho e poder privado, mostrando tendências da evolução do conceito de subordinação e o surgimento de uma zona cinzenta entre o trabalho dependente e o independente, Nascimento[105] destaca que essa "evolução tem efeitos importantes na proteção oferecida pelo direito social, como a insegurança das pessoas, o crescimento de uma zona cinzenta entre o trabalho dependente e o independente e o quadro de redes de empresas, que sugere a adoção de uma noção comunitária (da União Europeia) do conceito de trabalhador assalariado, a manutenção do poder de requalificação do contrato de trabalho pelo juiz (adaptação, pela jurisprudência, da norma às novas formas de exercício de poder na empresa), a consolidação de um estatuto específico da empresa de trabalho temporário, e a aplicação de determinados aspectos do direito do trabalho a trabalhadores não assalariados e a empresários.

Ao mencionar essa zona cinzenta, Nascimento[106] afirmou que ela decorre do fato de que os conceitos de subordinação e de autonomia, no Brasil, são insuficientes. Segundo o autor

> Não é possível ignorar que há casos que se situam numa zona cinzenta. Faltam conceitos complementares aos de subordinação e autonomia. É tarefa da dogmática jurídica a sua construção. A lei também pode encarregar-se fazê-lo, como na Espanha, com o Estatuto do Trabalhador Autônomo.

nica, Tribunal Regional do Trabalho da 9ª Região, v. 7, n. 66, março 2018. Disponível em: <https://juslaboris.tst.jus.br/bitstream/handle/20.500.12178/129649/2018_rev_trt09_v0007_n0066.pdf?sequence=1&isAllowed=y>. Acesso em: 05 jan. 2020, p. 12-18.

[105] NASCIMENTO, Amauri Mascaro. *Curso de direito do trabalho*: história e teoria geral do direito do trabalho: relações individuais e coletivas do trabalho. 26. ed. São Paulo: Saraiva, 2011, p. 161.

[106] Ibid., p. 573.

Vale dizer, ainda, que essa zona cinzenta, mediante a ausência de clareza no enquadramento da atividade, não decorre apenas do fenômeno da Quarta Revolução Industrial, da realidade dos trabalhadores coordenados digitais, dado que muito antes, já era possível visualizar algumas atividades laborais que, por conta de suas peculiaridades, não representavam de forma clara a dicotomia clássica do subordinado x autônomo. Essa incerteza de enquadramento, dá margem às inseguranças jurídicas que precisam ser eliminadas.

A exemplo da chamada zona cinzenta pode-se mencionar o empregado em domicílio ou a distância. Isto pois, em um primeiro momento, seria possível imaginá-lo como um trabalhador autônomo, uma vez que exerce as suas atividades fora da empresa; sem fiscalização de horário; a pessoalidade pode ser flexibilizada uma vez que as tarefas podem receber a ajuda de terceiros, no contexto do domicílio ou a distância; a remuneração, normalmente se dá pelas tarefas realizadas; a exclusividade pode não ser exigida. O Direito do Trabalho, nesse contexto de incerteza de enquadramento, tornou mais claro o seu enquadramento, conferindo segurança jurídica, quando prescreveu no art. 6º, da CLT, que:

> Art. 6º Não se distingue entre o trabalho realizado no estabelecimento do empregador, o executado no domicílio do empregado e o realizado a distância, desde que estejam caracterizados os pressupostos da relação de emprego. Parágrafo único. Os meios telemáticos e informatizados de comando, controle e supervisão se equiparam, para fins de subordinação jurídica, aos meios pessoais e diretos de comando, controle e supervisão do trabalho alheio.

Desse modo, a CLT trouxe segurança jurídica, regulamentando o trabalho realizado no domicílio ou realizado a distância, destacando que embora este não esteja sendo realizado no estabelecimento do empregador, sob a sua fiscalização pessoal e direta, se estiverem presentes os elementos fático-jurídicos da relação empregatícia (prestação de trabalho por pessoa física, não eventualidade, pessoalidade, subordinação e onerosidade), ela poderá ser reconhecida. Até porque, o comando, controle e supervisão pelo empregador, dados de forma tecnológica e informatizada, muitas vezes são mais eficientes que a própria fiscalização direta e pessoal do empregador, de modo que a ausência de fiscalização pessoal não afasta a possibilidade da caracterização da subordinação jurídica ao trabalho realizado no domicílio ou realizado a distância.

Nesse exemplo, fica evidente que a ausência de regulamentação pode implicar em incertezas que consequentemente venham acarretar insegurança jurídica, trazendo prejuízos significativos aos trabalhadores desprovidos de proteção legal.

Outros exemplos de trabalhadores situados na zona cinzenta podem ser mencionados e, alguns deles, inclusive, já possuem tratamento jurídico próprio, como a Lei n. 12.592/2012, com as alterações da Lei n. 13.352/2016, que dispôs sobre o contrato de parceria entre os profissionais que exercem as atividades profissionais de salões de beleza – cabeleireiro, barbeiro, esteticista, manicure, pedicure, depilador e maquiador – denominados profissionais-parceiros, e as pessoas jurídicas devidamente registradas como salão de beleza – denominado salão-parceiro.

A classificação das atividades dos profissionais de salões de beleza enquanto trabalho autônomo ou empregado, gerou bastante discussão, inclusive com inúmeras ações judiciais, pois a forma da prestação dos serviços, muitas vezes, dificultava a sua caracterização, gerando dúvidas e situando-se na chamada zona cinzenta. No entanto, para dirimir essas incertezas e conferir segurança jurídica às partes e proteger os trabalhadores, a Lei n. 12.592/2012, com as alterações da Lei n. 13.352/2016, dispôs sobre o contrato de parceria, deixando claro que, uma vez observados os requisitos legais, a relação de trabalho entre profissional-parceiro e salão-parceiro será de trabalho autônomo.

O primeiro requisito, portanto, hábil a ensejar o trabalho autônomo, é a celebração do contrato de parceria por escrito entre as partes, que deverá ser homologado pelo sindicato da categoria profissional e laboral e, na ausência desses, pelo órgão local competente do Ministério do Trabalho e Emprego na presença de duas testemunhas. O profissional-parceiro, mesmo que inscrito como pessoa jurídica deverá ser assistido pelo seu sindicato de categoria profissional e, na ausência deste, pelo órgão local competente do Ministério do Trabalho e Emprego.

A Lei 12.592/2012, em seu art. 1º-A, § 10º, ressalta que o referido contrato de parceria deverá conter cláusulas obrigatórias que estabeleçam:

a) percentual das retenções pelo salão-parceiro dos valores recebidos por cada serviço prestado pelo profissional-parceiro;
b) obrigação, por parte do salão-parceiro de retenção e de recolhimento dos tributos e contribuições sociais e previdenciárias devidos pelo profissional-parceiro em decorrência da atividade deste na parceria;
c) condições e periodicidade do pagamento do profissional-parceiro por tipo de serviço oferecido;
d) direitos do profissional-parceiro quanto ao uso de bens materiais necessários ao desempenho das atividades profissionais, bem como sobre o acesso e circulação nas dependências do estabelecimento;
e) possibilidade de rescisão unilateral do contrato no caso de não subsistir interesse na sua continuidade mediante aviso prévio de, no mínimo, trinta dias;
f) responsabilidades de ambas as partes com a manutenção e higiene de materiais e equipamentos das condições de funcionamento do negócio e do bom atendimento dos clientes;
g) obrigação, por parte do profissional-parceiro, de manutenção da regularidade de sua inscrição perante as autoridades fazendárias.

Outrossim, é importante considerar que, embora o contrato de parceria regule uma relação de trabalho autônomo, por outro lado, impõe a exigência, nos termos do art. 1º-A, §§ 8º e 9º, da Lei 12.592/2012, da participação do sindicato da categoria profissional e laboral, ou do Ministério do Trabalho, explicitando a preocupação legislativa em proteger os direitos concernentes às condições de trabalho.

De acordo com o art. 1º-A, § 3º, da Lei 12.592/2012, o salão-parceiro é o responsável pela centralização dos pagamentos e recebimentos decorrentes das atividades de prestação de serviços de beleza realizadas pelo profissional-parceiro, mas poderá realizar a retenção de sua cota-parte percentual, fixada no contrato de parceria, bem como dos valores de recolhimento de tributos e contribuições sociais e previdenciárias devidos pelo profissional-parceiro, incidentes sobre a cota-parte que a este couber, na parceria.

Neste ponto, a obrigatoriedade de retenção e recolhimento pelo salão-parceiro dos valores de recolhimento de tributos e contribuições sociais e previdenciárias devidos pelo profissional-parceiro, prevista no art. 1º-A, § 3º, da Lei 12.592/2012, contribui, mais uma vez, para a proteção do trabalhador, que terá o recolhimento dos tributos referentes a sua atividade profissional e, ainda, terá a garantia de proteção previdenciária mediante o recolhimento das contribuições sociais e previdenciárias pelo salão-parceiro.

Conforme preceitua o art. 1º-A, § 4º, da Lei 12.592/2012, a remuneração do salão-parceiro que virá, também, da cota-parte retida, ocorrerá a título de atividade de aluguel de bens móveis e de utensílios para o desempenho das atividades de serviços de beleza e/ou a título de serviços de gestão, de apoio administrativo, de escritório, de cobrança e de recebimentos de valores transitórios recebidos de clientes das atividades de serviços de beleza.

Por sua vez, de acordo com o art. 1º-A, §§ 4º e 5º, da Lei 12.592/2012, a cota-parte destinada ao profissional-parceiro, por sua vez, ocorrerá a título de atividades de prestação de serviços de beleza e não será considerada para o cômputo da receita bruta do salão-parceiro ainda que adotado sistema de emissão de nota fiscal unificada ao consumidor.

O profissional-parceiro não poderá assumir, todavia, em conformidade com o art. 1º-A, § 6º, da Lei 12.592/2012, as responsabilidades e obrigações decorrentes da administração da pessoa jurídica do salão-parceiro de ordem contábil, fiscal, trabalhista e previdenciária, ou quaisquer outras relativas ao funcionamento do negócio. Perante as autoridades fazendárias, os profissionais-parceiros poderão ser qualificados como pequenos empresários, microempresários ou microempreendedores individuais, conforme o mesmo artigo, no § 7º.

Ao salão-parceiro cabe a preservação e a manutenção das adequadas condições de trabalho do profissional-parceiro, especialmente quanto aos seus equipamentos e instalações, possibilitando as condições adequadas ao cumprimento das normas de segurança e saúde. Aos profissionais cabem obedecer às normas sanitárias, efetuando a esterilização de materiais e utensílios utilizados no atendimento a seus clientes, de acordo com o Art. 1º-B e art. 4º, da mesma Lei.

Cumpridos os requisitos legais de celebração do contrato escrito, com a previsão das cláusulas obrigatórias e devidamente homologado na entidade representativa, o profissional-parceiro não terá relação de emprego ou de sociedade com o salão-parceiro enquanto perdurar a relação de parceria tratada na Lei n. 12.592/2012, com as alterações da Lei n. 13.352/2016.

No entanto, conforme o Art. 1º-C, da Lei 12.592/2012, o vínculo empregatício será configurado entre o salão-parceiro e o profissional-parceiro quando não existir contrato de parceria formalizado na forma descrita na Lei e/ou o profissional-parceiro desempenhar funções diferentes das descritas no contrato de parceria.

Pela presente análise da Lei n. 12.592/2012, com as alterações da Lei n. 13.352/2016, em especial, fazendo menção ao contrato de parceria em salão de beleza e estudando a relação de trabalho entre o salão-parceiro e o profissional-parceiro, nota-se que, embora a sua caracterização situe-se na zona cinzenta, a presença de uma regulamentação própria traz segurança jurídica às partes e, principalmente, protege o trabalhador a despeito de não lhe serem atribuídos os direitos trabalhistas afetos ao empregado.

Nesse sentido, Mandalozzo e Campagnoli[107] ao analisarem o tema em questão concluem que as referidas legislações ora mencionadas trouxeram uma face positiva do instituto da flexibilização, pois embora não garanta os direitos celetistas para o trabalhador, formaliza a sua mão de obra, elencando requisitos a serem observados à validade do ato contratual. Desse modo, faculta o "enquadramento como pequeno empresário, microempresários ou microempreendedor individual, modalidades com tributos fiscais reduzidos criadas pelo Estado, o que auxilia na redução da informalidade que assolava a categoria" e, ainda, garante ao profissional-parceiro o recolhimento dos tributos referentes à sua atividade profissional, bem como, a certeza de que gozará de proteção previdenciária, "o que representa um ganho para a sociedade como um todo".

Outro exemplo de trabalhadores situados na zona cinzenta das relações de trabalho, mas que também receberam tratamento jurídico próprio, foram os representantes comerciais.

[107] Mandalozzo, Silvana Souza Netto; Campagnoli, Adriana de F. Pilatti. A flexibilização como alternativa a legalização de práticas laborais. *Salão Parceiro*. Revista Eletrônica, Tribunal Regional do Trabalho da 9ª Região, v. 7, n. 66, março 2018. Disponível em: <https://juslaboris.tst.jus.br/bitstream/handle/20.500.12178/129649/2018_rev_trt09_v0007 _n0066.pdf?sequence=1&isAllowed=y>. Acesso em: 05 jan. 20, p. 12-18.

O contrato de representação comercial, regulado pela Lei n. 4.886/65, com as alterações da Lei n. 8.420/92, dispõe acerca de uma relação de trabalho autônomo, sem subordinação, em que o representante comercial tem como objetivo a venda de determinado produto ou serviço da empresa representada.

Nesta esfera, o Código Civil, nos arts. 710 a 721, dispõe sobre o contrato de agência em que uma pessoa assume em caráter não eventual e sem dependência, a obrigação de promover, mediante retribuição, a realização de certos negócios.

Delgado[108] define o contrato de representação como:

> [...] pacto pelo qual uma pessoa física ou jurídica se obriga a desempenhar, em caráter oneroso, não eventual e autônomo, em nome de uma ou mais pessoas, a mediação para realização de negócios mercantis, agenciando propostas ou pedidos para os transmitir aos representados, praticando ou não atos relacionados com a execução dos negócios.

A Lei n. 4.886/65, em seu art. 1º, definindo o contrato de representação comercial, assim prescreve:

> Art 1º Exerce a representação comercial autônoma a pessoa jurídica ou a pessoa física, sem relação de emprego, que desempenha, em caráter não eventual por conta de uma ou mais pessoas, a mediação para a realização de negócios mercantis, agenciando propostas ou pedidos, para, transmiti-los aos representados, praticando ou não atos relacionados com a execução dos negócios.

Ainda, de forma similar, estatui o art. 710 do Código Civil:

> Art. 710. Pelo contrato de agência, uma pessoa assume, em caráter não eventual e sem vínculos de dependência, a obrigação de promover, à conta de outra, mediante retribuição, a realização de certos negócios, em zona deter-

108 DELGADO, Mauricio Godinho. *Curso de direito do trabalho*: obra revista e atualizada conforme a lei da reforma trabalhista e inovações normativas e jurisprudenciais posteriores. 18. ed. São Paulo: LTr, 2019, p. 719.

minada, caracterizando-se a distribuição quando o agente tiver à sua disposição a coisa a ser negociada.
Parágrafo único. O proponente pode conferir poderes ao agente para que este o represente na conclusão dos contratos.

Assim, o representante ou agenciador obrigam-se, em caráter não eventual, ao agenciamento de propostas em favor do agenciado ou representado, sem subordinação, mas seguindo orientações previamente estabelecidas, para que negócios sejam celebrados e, com isso, possam auferir remuneração pelos serviços prestados.

A ausência de subordinação e a não exigência de ser executado por pessoa física são os principais elementos fático-jurídicos diferenciadores do trabalho empregado. Isto pois, no contrato de representação comercial ou de agência, o contratado pode ser uma pessoa física ou jurídica, enquanto o trabalhador empregado obrigatoriamente precisa ser pessoa física, com subordinação. E mais, o agente ou representante podem ter empregados que os auxiliem na atividade de agenciamento ou representação.

Outro aspecto que distingue o representante autônomo do trabalhador empregado é que, salvo disposição contratual em contrário, as despesas com o trabalho a ser desenvolvido correm às expensas do representante. Mais ainda, na representação ou agência, os riscos da atividade são do próprio trabalhador.

Embora o representante deva agir observando as instruções recebidas, tal fato não anula o trabalho autônomo, sendo insuficiente para ensejar o reconhecimento da subordinação. Acerca do dever de observância das instruções, tanto a Lei n. 4.886/65 quanto o Código Civil deixam expressa essa obrigação:

Lei n. 4.886/65, art .29. Salvo autorização expressa, não poderá o representante conceder abatimentos, descontos ou dilações, nem agir em desacôrdo com as instruções do representado.

Código Civil, art. 712. O agente, no desempenho que lhe foi cometido, deve agir com toda diligência, atendo-se às instruções recebidas do proponente.

Nesse contexto, de ausência de autonomia plena, já que o representante deve observar as instruções recebidas, é que pode haver uma zona cinzenta de caracterização do autônomo x empregado. O excesso desse poder instrutório do representado pode anular a autonomia do representante e se aproximar da subordinação, ocasião em que somente diante da análise do caso concreto é que será possível auferir a existência ou não de subordinação.

Não obstante as diferenciações existentes entre o representante autônomo e o empregado, Delgado[109] admite a possível "confusão" na caracterização das diferenças, que devem ser avaliadas no caso concreto, afirmando que:

> [...] nesses casos, a relação de trabalho, lato sensu, de representação mercantil ou agência e distribuição aproxima-se da relação de emprego, podendo com ela se confundir. Desfaz-se, em consequência, o envoltório civil/comercial que encobre a relação socioeconômica concreta, despontando o caráter empregatício do pacto efetivamente formado. O operador jurídico, porém, em tais situações fronteiriças deve examinar, topicamente, os elementos que compõem a relação sociojurídica efetiva, para apreender se está diante de uma relação civil/comercial ou de uma meramente empregatícia. Trata-se, na verdade, de um exame da matéria fática, que deve ser efetivada a partir das provas trazidas a juízo e das presunções incidentes sobre o tema.

O risco de descaracterização do trabalho autônomo, portanto, se dá quando o representado excede no poder instrutório e passa a exercer o poder diretivo sobre o subordinado, típico em uma relação de emprego. Nesse sentido, defende Nascimento[110] que:

[109] DELGADO, Mauricio Godinho. *Curso de direito do trabalho*: obra revista e atualizada conforme a lei da reforma trabalhista e inovações normativas e jurisprudenciais posteriores. 18. ed. São Paulo: LTr, 2019, p. 722.

[110] NASCIMENTO, Amauri Mascaro. *Curso de direito do trabalho*: história e teoria geral do direito do trabalho: relações individuais e coletivas do trabalho. 26. ed. São Paulo: Saraiva, 2011, p. 1037.

Nos casos concretos, para se concluir se há ou não o poder de direção, portanto a subordinação, avaliam-se dados do caso como: 1) comparecer diariamente à empresa; 2) cumprimento de roteiro de visitas elaborado pelo próprio vendedor ou por uma empresa para a qual as vendas são feitas; 3) presença obrigatória em reuniões; 4) receber ordens diretas; 5) sofrer admoestações pela execução inadequada do serviço; 6) fiscalização sobre a sua atividade; 7) zona fechada e cadastro de clientes fornecido pela empresa ou pertencente ao vendedor; 8) exclusividade; 9) despesas da atividade e veículo próprio. Ex.: o ambulante que vende no Viaduto do Chá por conta própria não é empregado, mas se alguém o financia e dirige a sua atividade, ficando com os lucros e pagando uma percentagem, será empregado.

Embora possa existir o risco de descaracterização do trabalho autônomo por excesso, uma vez executado nos termos da lei, a subordinação estará afastada e não incidirá os direitos e obrigações relativos ao trabalhador empregado. No entanto, visando a estabilidade e continuidade do representante no trabalho, ainda que autônomo, mas à semelhança de direitos celetistas, o art. 27 da Lei n. 4.886/65 prevê algumas garantias ao representante, com nítido caráter protetivo, quais sejam: a) indenização devida ao representante pela rescisão do contrato fora dos casos previstos para justa causa de rescisão, cujo montante não poderá ser inferior a 1/12 (um doze avos) do total da retribuição auferida durante o tempo em que exerceu a representação; b) na hipótese de contrato a prazo certo, a indenização corresponderá à importância equivalente à média mensal da retribuição auferida até a data da rescisão, multiplicada pela metade dos meses resultantes do prazo contratual; c) o contrato com prazo determinado, uma vez prorrogado o prazo inicial, tácita ou expressamente, torna-se a prazo indeterminado; d) conversão em prazo indeterminado todo contrato que suceder, dentro de seis meses, a outro contrato, com ou sem determinação de prazo.

Acerca do objeto do contrato na representação comercial ou agência, refere-se ao resultado útil do trabalho, de forma que a remuneração do representante se dá mediante o pagamento de uma comissão a ser calculada sobre o montante de negócios representados. Diferente do empregado que recebe pelo seu labor, o representante não recebe pelo seu trabalho, mas sim pela quantidade de negócios gerados na proporção dos negócios agenciados (comissão).

3.3 Trabalhador parassubordinado

As inúmeras transformações no cenário econômico-social, decorrentes principalmente das inovações tecnológicas e reestruturação empresarial, da passagem de uma economia industrial para uma economia pós-industrial, acarretaram em profundas mudanças nas relações de trabalho, aproximando o trabalho subordinado do trabalho autônomo, de forma que o pressuposto da subordinação passa a ter dificuldades para o seu reconhecimento.

Observa-se a crise e insuficiência da clássica e tradicional dicotomia entre trabalho autônomo e subordinado, uma vez que as novas relações de trabalho se apresentam como se fossem uma categoria intermediária, com traços tanto do trabalhador subordinado quanto do autônomo.

Na maioria das vezes, nesse cenário laboral contemporâneo, a liberdade, com contornos de autonomia dos trabalhadores, faz com que a tradicional subordinação encontre dificuldade à sua caracterização, já que o poder empregatício muitas vezes não se dá de forma direta e pessoal, mas passou a ser em forma de coordenação com a definição tão somente de regras gerais para a realização do trabalho, mas com traços de autonomia na sua realização pelo trabalhador e, ainda, o poder diretivo do empregador passou a ser exercido por meio da tecnologia, e não de forma pessoal e direta.

Nesse contexto, de liberdade e ausência de fiscalização direta e pessoal, a doutrina e jurisprudência, muitas vezes, passou a classificar esse novo trabalhador como se autônomo fosse, diante da dificuldade de se conciliar os pressupostos da subordinação a essa nova realidade. Como consequência, os trabalhadores enquadrados como autônomos, deixaram de receber a proteção das normas trabalhistas, restritas ao subordinado, tornando-se obrigados a suportar os riscos do trabalho e da exclusão da tutela trabalhista.

Preocupada com essa realidade e vulnerabilidade do trabalhador, agora excluídos da tutela trabalhista e sem liberdade e autonomia real, parte da doutrina jurídica passou a defender a criação de uma categoria intermediária, que fosse apta a reconhecer o fato de que esse trabalhador merece uma proteção maior do que aquela destinada ao autônomo, diante da ausência de autonomia plena, mas reconhecendo a incompatibilidade do mesmo tratamento destinado aos subordinados, considerando as nítidas diferenças existentes, principalmente pela ausência da subordinação clássica.

Assim, na busca de uma categoria intermediária, a categoria do trabalhador parassubordinado, fruto do Direito italiano[111], passa a ficar em evidência, já que este não se insere na classificação binária clássica do direito do trabalho (subordinado x autônomo). Nessa categoria intermediária, considera-se o trabalhador parassubordinado como aquele que é mais autônomo que o subordinado, e mais subordinado que o autônomo.

Na definição de Nascimento,[112] o trabalho parassubordinado é:

> [...] uma categoria intermediária entre o autônomo e o subordinado, abrangendo tipos de trabalho que não se enquadram exatamente em uma das duas modalidades tradicionais, entre as quais se situa como a representação comercial, o trabalho dos profissionais liberais e outras atividades atípicas, nas quais o trabalho é prestado com pessoalidade, continuidade e coordenação. Seria a hipótese, se cabível, do trabalho autônomo com características assimiláveis ao trabalho subordinado. A construção teórica da figura do trabalho parassubordinado teria alguma utilidade para o direito do trabalho se tivesse uma regulamentação legal específica não coincidente com as duas áreas entre as quais se situa o trabalho autônomo e o subordinado, mas essa regulamentacão não existe, e o problema da extensão dos direitos do empregado subordinado ao parassubordinado não está resolvido nem mesmo na Itália, onde a jurisprudência é oscilante. Quando o trabalho parassubordinado tiver características preponderantes de subordinação, mais simples será enquadrá-lo como tal (trabalho subordinado), para o efeito de aplicação

[111] Porto, Lorena Vasconcelos. A parassubordinação como forma de discriminação. *Revista Direito das Relações Sociais e Trabalhistas*. Centro Universitário do Distrito Federal. v. III, n. 1 (Jan./Jun. 2017). Brasília, DF, 2017 [on-line]. Disponível em: <https://doi.org/10.26843/mestradodireito.v3i1.105>. Acesso em: 05 jan. 2020.

[112] Nascimento, Amauri Mascaro. Curso de direito do trabalho: história e teoria geral do direito do trabalho: relações individuais e coletivas do trabalho. 26. ed. São Paulo: Saraiva, 2011, p. 560.

da legislação pertinente, salvo se elaborada uma normativa própria, sem o que não será de grande utilidade no Brasil.

Cumpre ressaltar que, no Brasil, embora seja possível encontrar a menção ao trabalhador parassubordinado na jurisprudência, não existe até o momento regulamentação jurídica a esse trabalhador, o que impede a atribuição de efeitos jurídicos "intermediários" aos parassubordinados, cabendo a distinção ao debate doutrinário. Sendo assim, o tratamento conferido na jurisprudência, dá-se pelo reconhecimento da relação de emprego como autônomo, a depender da presença ou não dos pressupostos fáticos-jurídicos previstos nos arts. 2º e 3º da CLT, atinentes ao trabalhador empregado. A questão exposta corrobora-se por meio dos conteúdos a seguir expostos, explicitando o posicionamento do judiciário a respeito:

> Acosto-me, por derradeiro, aos fundamentos que se seguem, inspirados no julgamento da Turma no Processo nº 0000786-43.2018.5.07.0018, relatado pelo Desembargador Paulo Régis Machado Botelho. A questão controvertida posta nestes autos, percebe-se a complexidade da situação fática vivenciada pelas partes. *A parte reclamante no exercício da sua atividade, não é autônoma e nem tampouco empregada, de acordo com os elementos caracterizadores estampados na Consolidação das Leis do Trabalho (CLT). A reflexão nos leva a enquadrá-la como uma atividade parassubordinada, ou seja, é um meio termo entre o trabalho autônomo e o trabalho subordinado.* Sendo assim, tem-se que tão somente a onerosidade (recebimento de comissões) e a não-eventualidade, não são suficientes, como é de óbvia sabença, para caracterização de uma relação jurídica como de emprego. *Na verdade, lhe falta a subordinação jurídica no grau e na intensidade necessária para a configuração de uma relação de emprego, bem como a pessoalidade continuada nos moldes celetistas.* Além do que, embora a exclusividade não seja elemento clássico caracterizador do liame empregatício, serve de requisito auxiliar, notadamente em atividades externas, para que o intérprete diferencie uma relação de trabalho de uma relação de emprego. Portanto, arrimado no conjunto probatório em diálogo com as normas estampadas nos artigos 2º e 3º da CLT, entende-se que a relação entre as partes é meramente de trabalho, não se caracterizando como relação de emprego. (TRT-7 – RO: 00004828620185070004, Relator: CLAUDIO SOARES PIRES, Data de Julgamento: 01/07/2019, Data de Publicação: 01/07/2019) (grifos nossos).

TRABALHO PARASSUBORDINADO. ARTISTA. RECONHECIMENTO DE VÍNCULO EMPREGATÍCIO. NÃO CONFIGURAÇÃO. A relação jurídica travada não se subsume, exclusivamente, aos conceitos restritivos de trabalho subordinado ou trabalho autônomo, *carecendo-se da adoção de critérios práticos para a solução da matéria. Tais peculiaridades vêm sendo enfrentadas pela doutrina pátria, sob o pálio do trabalho parassubordinado ou trabalho coordenado, sugerindo um modelo intermediário entre o trabalho autônomo e o labor subordinado.* Tratando-se de laborista artista que goza de ampla e efetiva liberdade negocial, e labora em condições de patente superioridade econômica e social, *não se encontram presentes os requisitos legais constantes dos artigos 2º e 3º da CLT.* Recurso ordinário a que se nega provimento. (TRT-2 – RO: 00021622720115020381 SP 00021622720115020381 A28, Relator: MARIA CRISTINA XAVIER RAMOS DI LASCIO, Data de Julgamento: 08/10/2015, 9ª TURMA, Data de Publicação: 22/10/2015) (grifos nossos).

Vínculo de emprego. Subordinação estrutural. As transformações no cenário econômico e social dos últimos anos, manifestada por várias circunstâncias, entre as quais a descentralização produtiva, a inovação tecnológica e o aparecimento de novas profissões advindas da transição de uma economia industrial para uma economia pós industrial ou de serviços, contribuíram para colocar em crise a tradicional dicotomia entre trabalho autônomo e trabalho subordinado. *Daí ter surgido a hipótese chamada de trabalho parassubordinado ou coordenado ou ainda como prefere a OIT: "relações de trabalho de ambiguidade objetiva". Trata-se de uma "zona cinzenta" entre a relação de trabalho e a relação de emprego.* Demonstrada a presença dos requisitos legais constantes nos artigos 2º e 3º da CLT é de se manter a decisão que reconheceu o vínculo de emprego entre as partes. Recurso da segunda ré a que se nega provimento. (TRT-2 – RO: 00030295220135020089 SP 00030295220135020089 A28, Relator: FLÁVIO VILLANI MACÊDO, Data de Julgamento: 11/12/2014, 17ª TURMA, Data de Publicação: 19/12/2014) (grifos nossos).

RELAÇÃO DE EMPREGO E TRABALHO AUTÔNOMO. A contraposição trabalho subordinado e trabalho autônomo exauriu sua função histórica e os atuais fenômenos de transformação dos processos produtivos e das modalidades de atividade humana reclamam também do Direito do Trabalho uma resposta à evolução desta nova realidade. *A doutrina mais atenta já sugere uma*

> *nova tipologia (trabalho coordenado ou trabalho parasubordinado) com tutela adequada, mas inferior àquela prevista para o trabalho subordinado e superior àquela prevista para o trabalho autônomo.* Enquanto continuam as discussões sobre esse terceiro gênero, a dicotomia codicista trabalho subordinado e trabalho autônomo ainda persiste no nosso ordenamento jurídico, levando a jurisprudência a se apegar a critérios práticos para definir a relação concreta. Logo, comprovado nos autos que a prestação de serviços se desenvolveu sob a orientação e direção do empregador, a relação jurídica está sob a égide do Direito do Trabalho. (TRT-3 – RO: 460403 00988-2002-091-03-00-2, Relator: Alice Monteiro de Barros, Segunda Turma, Data de Publicação: 14/05/2003, DJMG).

Como se vê, diante da ausência de uma regulamentação específica, ainda que na situação fática não se reconheça na plenitude o caráter de subordinação ou autonomia, o judiciário percebe-se impedido de conferir um tratamento "intermediário" e equilibrar a proteção necessária, tendo que decidir dentro dos limites da classificação binária do Direito do Trabalho, que notoriamente se faz insuficiente.

Historicamente, a primeira definição de trabalho parassubordinado[113] deriva do Direito italiano. E, a despeito de ser a Itália o país com a maior elaboração legislativa, jurisprudencial e doutrinária, a figura do parassubordinado também pode ser vista em outros países europeus como a Alemanha, Espanha, Inglaterra, Portugal e França, apesar de em menor expressão e densidade.

O início da relação de trabalho parassubordinado no Direito italiano deu-se em 1959, pelo art. 2º, da Lei n. 741, de 1959[114], trazendo em sua parte final, a expressão "relações de colaboração que se materializam na

[113] Cf. PORTO, Lorena Vasconcelos. A parassubordinação como forma de discriminação. *Revista Direito das Relações Sociais e Trabalhistas.* Centro Universitário do Distrito Federal. v. III, n. 1 (Jan./Jun. 2017). Brasília, DF, 2017 [on-line]. Disponível em: <https://doi.org/10.26843/mestradodireito.v3i1.105>. Acesso em: 05 jan. 2020, p. 141.

[114] **Art. 2.** Le norme di cui all'art. 1, dovranno essere emanate per tutte le categorie per le quali risultino stipulati accordi economici e contratti collettivi riguardanti una o più categorie per la disciplina dei rapporti di lavoro, dei rapporti di associazione agraria, di affitto a coltivatore diretto e dei rapporti di collaborazione che si concretino in prestazione d'opera continuativa e coordinata.

prestação do trabalho contínuo e coordenado". Neste aspecto, destacam-se três características: "colaboração", "continuada" e "coordenada" (co.co.co). Na sequência, a Lei n. 533, de 11 de agosto de 1973, alterou o art. 409, §3º, do Código de Processo Civil Italiano[115], atribuindo ao juiz do trabalho a competência para conhecer das ações oriundas das "relações de agência, de representação comercial e outras relações de colaboração que resultem em uma prestação de obra continuada e coordenada, prevalentemente pessoal, ainda que sem caráter não subordinado". Mais uma vez, as três características se repetem: colaboração, continuada e coordenada (co.co.co.).

Assim, pela leitura do referido art. 409, do *Codice di Procedura Civile*, é possível abstrair os pressupostos para a caracterização do trabalhador parassubordinado, quais sejam: prevalente pessoalidade, continuidade e coordenação.

A prevalente pessoalidade não requer a exclusividade do trabalho pessoal, mas permite a utilização de meios técnicos e auxiliares para o desempenho das atividades em caráter complementar, mantendo, todavia, o papel principal no desenvolvimento do trabalho ao prestador contratado. Diante dessa possibilidade, o critério da pessoalidade não é hábil a diferenciar o trabalho parassubordinado da subordinação.

O pressuposto da continuidade requer que o trabalho não se dê de forma eventual, mas que tenha continuidade, com permanência de tempo no trabalho. Um contrato de obra isolada, por exemplo, ainda que demande tempo, o pressuposto não estará configurado, dado que a continuidade implica, ainda, na permanência de tempo em relação à colaboração. O interesse comum de colaboração é que deve perdurar. A esse respeito, Silva[116]. afirma que a continuidade está relacionada "a uma série

[115] Art. 409 do Codice di Procedura Civile: Controversie individuali di lavoro. Si osservano le dizposiozioni del presente capo nelle controversie relative a: [...] 3) rapporti de agenzia, di rappresentanza commerciale ed altri rapporti di collaborazione che si concretino in uma prestazione di opera continuativa e coordinata, prevalentemente personale, anche se non a carattere subordinato.

[116] Silva, Otavio Pinto e. *Subordinação, Autonomia e Parassubordinação nas Relações de Trabalho.* São Paulo: LTr, 2004, p. 104.

de resultados que as partes pretendem atingir e que justificam a presença da coordenação"

O terceiro pressuposto da parassubordinação e que, por sua vez, apresenta o maior grau de dificuldade para os fins de identificação, é a coordenação. Segundo Silva[117], a ideia da coordenação assume relevância no conceito de parasubordinação, no sentido de uma "peculiar modalidade de organização da prestação dos serviços". O tomador dos serviços detentor de algum tipo de poder de controle e de coordenação, organiza a prestação dos serviços, que será prestado com autonomia pelo trabalhador. Essa ideia de coordenação, surge no sentido de "ordenar juntos", com conotação de que ambas as partes possuem medidas a proporem para atingirem o objetivo comum. Não se confunde com o poder de dar instruções, pois estas pressupõem a existência de graus distintos de quem as dá e de quem as recebe. Na coordenação, existem níveis que se unem, em que o prestador e tomador de serviços "ordenam juntos" o trabalho.

Porto[118] ao analisar o entendimento jurisprudencial da coordenação afirmou que esta "pode se exteriorizar nas formas mais variadas, incidindo, inclusive, sobre o conteúdo, o tempo e o lugar da prestação laborativa, desde que não se transforme na heterodeterminação dessa última, mediante ordens e controles penetrantes sobre as suas modalidades de execução, pois que, nesse caso, resta configurada a subordinação". Consiste na submissão do trabalhador às diretrizes do tomador em relação ao trabalho, mas sem que estas acarretem em subordinação.

Assim, diante de cada caso concreto, a análise das relações de trabalho a partir dos pressupostos do trabalho parassubordinado e do subordinado, será possível diferenciar cada uma das relações de trabalho existentes, já que possuem pressupostos diferentes.

Nesse sentido, Silva afirma que a doutrina italiana ao reconhecer a existência do parassubordinado enquanto uma classe de relação jurí-

[117] SILVA, Otavio Pinto e. As relações de trabalho e a nova competência da justiça do trabalho. *Revista do Tribunal Superior do Trabalho*, Porto Alegre, RS, v. 71, n. 1, jan/abr 2005, p. 234.

[118] PORTO, Lorena Vasconcelos. *A parassubordinação como forma de discriminação*. In: Revista Direito das Relações Sociais e Trabalhistas. Centro Universitário do Distrito Federal. v. III, n. 1 (Jan./Jun. 2017). Brasília, DF, 2017 [on-line]. Disponível em: <https://doi.org/10.26843/mestradodireito.v3i1.105>. Acesso em: 05 jan. 2020, p. 144.

dica, deixou claro, portanto, que "a) o trabalho parassubordinado possui algumas semelhanças com o trabalho subordinado, mas com ele não se confunde; b) a parassubordinação vai além do conceito tradicional de trabalho autônomo (aquele em que o trabalhador assume a obrigação de produzir um determinado resultado)." [119]

Ao analisar os efeitos da parassubordinação no Direito Italiano, Porto[120] afirma que essa se põe como um obstáculo à expansão do conceito de subordinação, que passa a ficar restrito à acepção clássica e, com isso, impede que o trabalhador parassubordinado possa se valer dos direitos trabalhistas, com proteção integral conferida pelo Direito do Trabalho. Isto pois, no entendimento da autora, caso a subordinação fosse adotada na sua acepção ampla e extensiva, as duas figuras acabariam se confundindo, sendo possível considerar os parassubordinados como verdadeiros empregados subordinados, tendo pleno acesso aos direitos trabalhistas e previdenciários. Para ela, o discurso de que se não existisse regulamentação específica aos parassubordinados os mesmos poderiam ser considerados autônomos, e daí a proteção jurídica ao trabalhador seria menor ainda, tal conjectura encobre ou mascara, na realidade, a nítida pretensão reducionista do conceito de subordinação, ou, a exclusão de determinadas formas de trabalho da incidência e tutela do trabalho subordinado, o que para ela não seria correto.

No mesmo sentido, afirma Viana[121]:

> O conceito de subordinação, que era unívoco e se ampliava sempre, alcançando um número crescente de pessoas, tende hoje a se partir em dois: de um lado, os realmente dependentes, aos quais se aplicariam as velhas garantias; de outro, os parassubordinados, para os quais se procuram

[119] Silva, Otavio Pinto e. As relações de trabalho e a nova competência da justiça do trabalho. *Revista do Tribunal Superior do Trabalho,* Porto Alegre, RS, v. 71, n. 1, jan/abr 2005, p. 232.
[120] Porto, Lorena Vasconcelos. *A parassubordinação como forma de discriminação. In*: Revista Direito das Relações Sociais e Trabalhistas. Centro Universitário do Distrito Federal. v. III, n. 1 (Jan./Jun. 2017). Brasília, DF, 2017 [on-line]. Disponível em: <https://doi.org/10.26843/mestradodireito.v3i1.105>. Acesso em: 05 jan. 2020. passim.
[121] Viana, Márcio Túlio. A proteção social do trabalhador no mundo globalizado: O Direito do Trabalho no limiar do século XXI. *Revista da Faculdade de Direito da Universidade Federal de Minas Gerais.* Belo Horizonte, v. 63, n. 37, jul. 1999, p. 172-173.

soluções a meio caminho, como acontece com certo projeto de lei. Com isso, de forma inteligente, difunde-se a ideia de que está havendo mais proteção, quando, na verdade, quebra-se a marcha expansiva do Direito do Trabalho: os trabalhadores fronteiriços, que seriam tendencialmente considerados empregados, passam a constituir uma nova (sub)categoria jurídica.

E mais, ainda que se pretendesse proteger os trabalhadores parassubordinados mediante regulamentação especial, Porto[122] destaca que, além de possuírem algumas restrições legais, os direitos a eles destinados no direito italiano foram bastante modesto, sendo muito inferior, quantitativa e qualitativamente, àqueles previstos aos trabalhadores subordinados, destacando os seguintes direitos compreendidos na legislação italiana: aplicação do processo do trabalho (art. 409, §3º, do CPC); da disciplina especial sobre os juros e correção monetária dos créditos trabalhistas (art. 429, §3º, do CPC); da disciplina das renúncias e transações (art. 2113, do Código Civil de 1942); do regime fiscal do trabalho subordinado (art. 47, §1º, "c" bis, do Decreto n. 917, de 1986); cobertura previdenciária da aposentadoria e da maternidade e os auxílios familiares às famílias de baixa renda (art. 2º, §26 e ss., da Lei n. 335, de 1995; art. 1º, §212 e ss., da Lei n. 662, de 1996; art. 59, §16, da Lei n. 449, de 1997; art. 80, §12, da Lei n. 388, de 2000; art. 64 do DL n. 151, de 2001); o seguro obrigatório contra os acidentes do trabalho e as doenças profissionais (art. 5º do DL n. 38, de 2000) e o reconhecimento da liberdade sindical e do direito de greve.

Além disso, Porto[123] ressalta algumas restrições de direitos impostas aos parassubordinados, especialmente aqueles que dizem respeito ao: direito a uma remuneração suficiente (art. 36, §1, da Constituição Italiana); direito à correção monetária e ao privilégio em relação aos juros, após a abertura do procedimento de execução concursal; o direito previsto no art. 2126, do Código Civil Italiano de 1942, que consagra a deno-

[122] PORTO, Lorena Vasconcelos. *A parassubordinação como forma de discriminação. In*: Revista Direito das Relações Sociais e Trabalhistas. Centro Universitário do Distrito Federal. v. III, n. 1 (Jan./Jun. 2017). Brasília, DF, 2017 [on-line]. Disponível em: <https://doi.org/10.26843/mestradodireito.v3i1.105>. Acesso em: 05 jan. 2020. passim.
[123] Ibid., passim.

minada teoria trabalhista das nulidades, assegurando ao trabalhador a percepção de todos os direitos relativos ao período em que prestou a sua atividade, anteriormente à invalidação do contrato; o direito previsto no art. 2125, do Código Civil Italiano/42, que impõe limites ao estabelecimento do pacto de não concorrência, relativo a período posterior à cessação do contrato de trabalho; direito à disciplina sobre as funções laborativas prevista no art. 2103, do Código Civil Italiano/42; o impedimento do curso do prazo prescricional durante a vigência da relação de trabalho; os privilégios previstos pela ordem jurídica aos créditos do empregado sobre os bens do empregador; o seguro-desemprego; a tutela da atividade sindical nos locais de trabalho, fortemente assegurada pelo Estatuto dos Trabalhadores (Lei n. 300, de 1970); o direito à formação, de modo que, caso queiram se manter atualizados e competitivos no mercado de trabalho, são obrigados a custeá-la; proteção contra a dispensa imotivada, podendo o seu contrato ser cessado "ad nutum"; restrições normativas impostas aos parassubordinados no que tange à denominada "totalização das contribuições para a aposentadoria".

Feita essa análise, Porto[124] afirma que, considerando o equívoco em se restringir o alcance do conceito de subordinação e passando a diferenciar os trabalhadores parassubordinados dos subordinados pelo critério da subordinação clássica ou heterodireção forte ("sujeição do trabalhador a ordens patronais constantes e específicas, acerca dos diversos aspectos da prestação laborativa"), o que se vê, na verdade, é uma disparidade de tratamento por um critério que não deveria ser considerado, pois é discriminatório e fere o princípio da isonomia, já que o critério correto e adequado seria o da hipossuficiência do obreiro, o qual se faz presente tanto nas relações empregatícias quanto nas parassubordinadas. Essa hipossuficiência se dá de forma econômica ou estrutural, já que o obreiro depende da remuneração decorrente do trabalho para a sua subsistência, bem como, não é capaz de negociar com o patrão em igualdade ou em virtude das condições laborativas precárias a que se submetem.

[124] PORTO, Lorena Vasconcelos. A parassubordinação como forma de discriminação. In: Revista Direito das Relações Sociais e Trabalhistas. Centro Universitário do Distrito Federal. v. III, n. 1 (Jan./Jun. 2017). Brasília, DF, 2017 [on-line]. Disponível em: <https://doi.org/10.26843/mestradodireito.v3i1.105>. Acesso em: 05 jan. 2020. p. 146.

Acerca do critério de diferenciação entre o trabalhador subordinado do parassubordinado, a autora[125] defende que:

> Dessa forma, o que distinguiria o trabalhador subordinado do parassubordinado é apenas a dependência pessoal, pois ambos se encontram na mesma situação de hipossuficiência. Por isso discordamos dessa distinção. O que justifica a aplicação das tutelas trabalhistas, como já notado, não é a sujeição às ordens patronais, mas, sobretudo, a hipossuficiência do trabalhador. Se ambos – subordinados e parassubordinados – encontram-se nessa situação, o fato de se excluir esses últimos do campo de aplicação das normas trabalhistas é discriminatório. Trata-se de uma distinção sem um motivo razoável, pois a ausência de dependência pessoal não é uma razão válida para excluir a aplicação das tutelas trabalhistas.

A autora[126] adiciona, ainda, que o exemplo da parassubordinação no Direito Italiano revelou que não cumpriu com o papel protetivo dos trabalhadores, mas demonstrou uma forma de tratamento discriminatório, ferindo o princípio da isonomia. Considera, assim, que as restrições impostas, bem como a baixa remuneração, as jornadas de trabalho reduzidas, os limites das contribuições previdenciárias, entre outros aspectos, coloca tais trabalhadores na condição de "falsos autônomos", encorpando a ala dos "trabalhadores pobres". [127]

Esse posicionamento, todavia, não é pacífico na doutrina, pois como já dito, para muitos a ausência de uma regulamentação específica irá favorecer a caracterização dos trabalhadores enquanto autônomos e, desse modo, terão proteção jurídica ainda menor, se comparado aos direitos já conferidos aos parassubordinados. Defendem, assim, a necessidade de uma categoria intermediária que deveria receber direitos mínimos conferidos aos empregados, a exemplo da parassubordinação, que pos-

[125] PORTO, Lorena Vasconcelos. *A parassubordinação como forma de discriminação.* In: Revista Direito das Relações Sociais e Trabalhistas. Centro Universitário do Distrito Federal. v. III, n. 1 (Jan./Jun. 2017). Brasília, DF, 2017 [on-line]. Disponível em: <https://doi.org/10.26843/mestradodireito.v3i1.105>. Acesso em: 05 jan. 2020, p. 119.

[126] Ibid., passim.

[127] Ibid., p. 148-149.

sui essa função ampliativa, já que embora não possam ser classificados enquanto empregado, mas em função da ausência de autonomia plena, pelo simples fato de serem "trabalhadores", fazem jus à proteção mínima do Estado.

Nesse contexto, Alves[128] afirma a necessidade de "uma postura positiva e inclusiva do legislador brasileiro que contemplasse o trabalho parassubordinado com um conjunto mínimo e basilar de direitos trabalhistas". Para o autor, é preciso "reconstruir o Direito do Trabalho fundado efetivamente na valorização do trabalho e não somente no emprego".

Contudo, Alves[129] entende que não se pode conferir a mesma proteção a relações de trabalho que não são iguais e, nesse sentido propõe:

> [...] pensar em um grau de proteção maior ao trabalho subordinado, seguido de uma proteção ampla, porém, mais restrita que a anterior ao trabalho parassubordinado, até chegar a uma proteção mínima às demais formas de venda da força produtiva.

Ao analisar a insuficiência do conceito de subordinação e, considerando as novas modalidades de trabalho, que estivessem "fora da equação tradicional emprego = trabalho subordinado", Silva[130] também declarou ser possível que "a noção de parassubordinação, desenvolvida pelo direito italiano, pode ser bastante útil nesse contexto, caso seja utilizada para regulamentar algumas dessas novas modalidades de trabalho". Assim, Silva[131] conclui, que:

> A alteração do art. 114 da Constituição Federal nos leva à necessária reflexão sobre o conteúdo das relações de trabalho, uma vez que, a partir de agora, a Justiça do Trabalho vê ampliada a sua área de atuação, para além dos

[128] ALVES, Amauri Cesar. *Novo contrato de emprego: parassubordinação trabalhista.* São Paulo: LTr, 2004. p. 106.
[129] Ibid., p. 135.
[130] SILVA, Otavio Pinto e. *Subordinação, Autonomia e Parassubordinação nas Relações de Trabalho.* São Paulo: LTr, 2004, p. 112.
[131] SILVA, Otavio Pinto e. As relações de trabalho e a nova competência da justiça do trabalho. *Revista do Tribunal Superior do Trabalho,* Porto Alegre, RS, v. 71, n. 1, jan/abr 2005, p. 238.

limites antes impostos pelo conceito de subordinação. Acredito que qualquer revisão do nosso modelo de relações de trabalho terá que passar pela revalorização do trabalho autônomo e pelo desenvolvimento de fórmulas contratuais inovadoras que levem em conta o conceito de trabalho parassubordinado. O tradicional trabalho subordinado em regime de emprego terá que conviver com formas alternativas de prestação de serviços.

Barros[132] sustenta que a categoria do trabalho parassubordinado instituída ao lado do trabalho autônomo e do trabalho subordinado, implicaria no redimensionamento do Direito do Trabalho, tornando necessário definir, para essa nova categoria, a extensão de sua disciplina, delimitando quais institutos seriam devidos ao trabalhador parassubordinado.

A autora[133] ressalta as transformações no cenário econômico e social, colocando em xeque a tradicional dicotomia entre trabalho autônomo e trabalho subordinado e, como resposta, assim se expressa em respeito à parassubordinação:

> As transformações no cenário econômico e social têm colocado em crise a tradicional dicotomia entre trabalho autônomo e trabalho subordinado. Para atender às novas exigências, tem sido proposto um terceiro gênero: o trabalho parassubordinado, cujo conceito ainda é bastante controvertido. A doutrina italiana ora o considera como o trabalho contínuo e coordenado, ora o considera apenas como trabalho coordenado. Sugere-se sejam incluídos nesse terceiro gênero alguns trabalhos artísticos, como o de produtor, apresentador, atores principais, entre outros. A instituição do trabalho parassubordinado implica redimensionamento do próprio Direito do Trabalho, a fim de que se definam as situações que serão por ele abrangidas, bem como os institutos de natureza trabalhista que lhe serão aplicados. A utilidade desse terceiro gênero, ou seja, dessa alternativa, consiste na possibilidade de se incluírem no seu âmbito situações fronteiriças, localizadas na chamada

[132] BARROS, Alice Monteiro de Barros. *Trabalhadores intelectuais.* In: Rev. Trib. Reg. Trab. 3a Reg., Belo Horizonte, v.39, n.69, p.147-165, jan./jun.2004. Disponível em: <https://www.trt3.jus.br/escola/download/revista/rev_69/Alice_Barros.pdf>. Acesso em: 10 jan. 2020, p. 155.

[133] Ibid., p. 165.

"zona gris", habitada, por exemplo, por trabalhadores intelectuais, cujo trabalho envolve situações dúbias, de qualificação jurídica difícil de ser delineada. Isso ocorre exatamente porque não há possibilidade de um critério abstrato capaz de fornecer o conteúdo da subordinação jurídica.

Em face da insuficiência do modelo dicotômico entre trabalho autônomo e trabalho subordinado, Nascimento[134] aborda a construção da concepção tricotômica – autonomia, subordinação e parassubordinação – e compartilha a experiência vivida em fevereiro de 2008 na *Università Degli Studi di Roma Tor Vergata*, de Roma, onde participou, juntamente com destacados professores universitários dos principais países europeus, de um importante congresso idealizado para discutir o tema *Lavoro autonomo e diritto del lavoro: quali fron- tiere?* – Trabalho autônomo e direito do trabalho: quais são as fronteiras? Na ocasião, discutiram-se as experiências e os problemas nos diversos ordenamentos jurídicos, inclusive os do Brasil, tendo os temas sidos debatidos por autores como: Perone, Santoro-Passareli, Prosperetti, Vallebona, Anastasi, Guariello, Ales, Tirasboschi, Plantade e Proia, da Itália; Marbold, da Alemanha; Muñoz, da Espanha; Engbloln, da Suécia; Conmti, da Colômbia; Álvarez, da Venezuela, e Vianna, do Brasil.

Uma temática posta como "maior novidade" do referido Congresso, refere-se à lei da Espanha de 2007 (Lei n. 20), que trata do trabalhador autônomo economicamente dependente, e que tem o nome de Estatuto do Trabalho Autônomo. Tal Estatuto é responsável por criar a figura do "autônomo semidependente", do "autoempresário" e do "autônomo por conta de outrem" – considerado dependente, embora não subordinado, "e fixa um percentual de 75% auferidos de uma única fonte para configurar a dependência econômica do autônomo".[135]

Uma questão que emerge claramente dos debates, implica na necessidade de estabelecer diferença entre a dependência econômica e a subordinação, além do fato de que por si só, a presença da habituali-

[134] NASCIMENTO, Amauri Mascaro. *Curso de direito do trabalho*: história e teoria geral do direito do trabalho: relações individuais e coletivas do trabalho. 26. ed São Paulo: Saraiva, 2011, p. 215-218.

[135] Ibid., p. 216.

dade do serviço para a mesma fonte, não é suficiente para caracterizar a subordinação. Considera também "que há pessoas que não sendo empregadas ocupam uma posição na empresa quase da mesma natureza de trabalhadores subordinados". [136]

A principal conclusão do Congresso traz a constatação de que a classificação binária "autonomia-subordinação" não é suficiente para "abranger toda a multiplicidade de situações que se desenvolvem na sociedade pós-industrial e a nova tipologia de contratos de trabalho que não se enquadram rigorosamente nem como autônomos nem como subordinados". Sobre tal fato, emerge, a partir dos debates, a reflexão acerca da necessidade da construção teórica tricotômica ou trinária (autonomia, subordinação e parassubordinação) no direito do trabalho, superando a classificação binária (autonomia-subordinação) e, assim, analisar qual a melhor forma dogmática de expressar essa transformação no Direito do Trabalho.[137]

Como resposta a esta reflexão e análise, sob influência da doutrina italiana, toma-se a teoria da parassubordinação como sendo capaz de explicar as modificações recentes da divisão jurídica do trabalho, uma vez que, diante da sua amplitude, defendeu-se ser ela capaz de aglutinar as diferentes formas de trabalho nos diversos segmentos econômicos do mundo atual, incluindo o crescente número de trabalhadores não empregados, oriundos das novas formas de organização empresarial, que embora não sejam empregados, estando portanto excluídos do sistema legal vigente por se encontrarem na "economia informal", carecem de proteção enquanto trabalhadores, um "problema que, na Europa, se agrava com os imigrantes e, no Brasil, com os excluídos". [138]

Dessa forma, buscando sintetizar as propostas acolhidas no Congresso, Nascimento resume os seguintes pontos:

a) o direito do trabalho não abrange as novas modalidades de trabalho;

[136] Nascimento, Amauri Mascaro. *Curso de direito do trabalho*: história e teoria geral do direito do trabalho: relações individuais e coletivas do trabalho. 26. ed. São Paulo: Saraiva, 2011, p. 216.
[137] Ibid.
[138] Ibid.

> b) existem relações de trabalho que se situam numa zona cinzenta, que não se enquadram nem na autonomia plena nem na subordinação total;
> c) essas novas modalidades não podem ser revolvidas pelo direito civil, e estão num estado de incerteza jurídica que exige proteção legal;
> d) não obstante, a essas novas modalidades de trabalhadores devem ser assegurados alguns direitos, como os direitos fundamentais do trabalho decente, a proteção contra discriminações, a proibição do trabalho forçado, a defesa das crianças e adolescentes que trabalham e a proteção da seguridade social.[139]

Nascimento menciona que, como conclusão do Congresso, foi reconhecida a necessidade de revisão do campo de aplicação do Direito do Trabalho, principalmente para incluir os grupos vulneráveis, mediante a inclusão de novas formas jurídicas de trabalho, destacando, neste caso, o papel relevante também dos governos na formulação de "políticas de proteção para adequação das leis à realidade", com a revisão das zonas limítrofes da subordinação, de forma que as novas regulamentações não contemplem como empregatícias atividades como "as temporárias, as de formação profissional e aprendizagem, a estacional ou sazonal, a dos profissionais liberais inscritos nos seus respectivos conselho – o que basta, na Itália e na França, para evitar que sejam considerados empregados subordinados", tendo em vista a "autonomia natural" presente nessas atividades, a exemplo do "representante comercial, o médico, o advogado, o psicólogo etc."[140]

Outro ponto conclusivo, refere-se à preocupação com a tendência das decisões judiciais em considerarem empregado aquele situado na zona cinzenta – autônomo-empregado – devendo tal fato ser evitado, inclusive porque pode contribuir para a perda de postos de trabalho, diante do aumento do custo às empresas. Afirma Nascimento[141]:

[139] NASCIMENTO, Amauri Mascaro. *Curso de direito do trabalho*: história e teoria geral do direito do trabalho: relações individuais e coletivas do trabalho. 26. ed. São Paulo: Saraiva, 2011, p. 217.
[140] Ibid.
[141] NASCIMENTO, Amauri Mascaro. *Curso de direito do trabalho*: história e teoria geral do direito do trabalho: relações individuais e coletivas do trabalho. 26. ed. São Paulo: Saraiva, 2011, p. 217-28.

> [...] deve ser reavaliada a tendência da sentença judicial em transformar em empregado aquele que está em situação que tangencia as zonas de separação de áreas de trabalho próximas, que não devem ser interpenetradas. O custo da empresa é fator a ser considerado numa política de desenvolvimento econômico onde se pretende dar trabalho ao maior número de pessoas. Enfim, o informal – 25% da força de trabalho italiana – é formalizável, e este não é apenas um problema de legalidade, mas de excessiva rigidez da lei e de custo do trabalho – por exemplo, o aumento de 1.000 euros para 2.000 euros, na Itália, com encargos sociais –, o que levou, nesse país, as grandes empresas a abandonar regiões de maior custo em prejuízo da região abandonada, que perdeu postos de trabalho. A situação atual só pode ser superada com uma nova tipologia de contratos de trabalho além das fronteiras da concepção binária tradicional, mas hoje irreal, com a tributarização dos ônus previdenciários e o rompimento da concepção binária subordinação-autonomia.

Por fim, o autor ressalta que a concepção trinária não é produto apenas do pensamento europeu, pois no ano de 2000, o jurista uruguaio Juan Razo Delgue (v. La contratación atípica del trabajo, AMF) já alertava acerca dessa concepção, pelo que destacou:

> A concepção trinária não é produto apenas do pensamento europeu. Em 2000, o conceituado jurista uruguaio Juan Razo Delgue (v. La contratación atípica del trabajo, AMF) já alertava, diante da realidade sul-americana, sobre a mesma necessidade tripartida e os novos contratos de trabalho, que se afastam do modelo estável, a tempo completo, e a segmentação do sistema de relações laborais. Afirma Delgue que existe hoje uma disfunção entre o trabalho subordinado e o trabalho economicamente dependente, pois nem todo trabalho dependente é alcançado pelo direito do trabalho, enquanto franjas de trabalho formalmente subordinado – mas econômica e socialmente independentes (por exemplo, altos executivos) – são tuteladas pela disciplina laboral, o que é um erro.[142]

[142] NASCIMENTO, Amauri Mascaro. *Curso de direito do trabalho*: história e teoria geral do direito do trabalho: relações individuais e coletivas do trabalho. 26. ed. São Paulo: Saraiva, 2011, p. 218.

Na Espanha, a Lei 20/2007 (Estatuto do Trabalho Autônomo – ETA) é um bom exemplo acerca da regulamentação do trabalhador parassubordinado, que nos termos previstos no ETA, recebeu o nome de "trabalhador autônomo economicamente dependente" – TRADE.

As autoras Almeida e Barros[143], ao analisarem o ETA, afirmam que este decorre da preocupação de se buscar identificar as novas figuras jurídicas originárias das novas formas de trabalho recém surgidas, de forma a repensar a adequação do Direito do Trabalho à realidade do mundo moderno, sem que essa adequação represente uma flexibilização de direitos, mas sim, que represente a devida segurança jurídica, manutenção e tutela do maior número de trabalhadores possível, inclusive aqueles inseridos na chamada zona cinzenta.

Nos países da União Europeia, até a edição da Lei 20/2007, não existia nenhuma regulamentação sistemática sobre o trabalho autônomo, mas tão somente, leis esparsas que tratavam de algumas atividades em específico. Na maioria das vezes, assim como no Brasil, o autônomo era identificado por exclusão, sendo considerado autônomo aquele trabalhador que não possuía as características do subordinado/empregado.

Contudo, dado o alto número de trabalhadores autônomos na Espanha, os quais assumiam o risco de suas atividades sem contarem com qualquer auxílio e proteção, entendeu-se pela necessidade da adoção de medidas de proteção aos autônomos de forma similar aos empregados. Assim, o ETA colocou-se como um:

> [...] verdadeiro sistema regulador e protetor da relação de trabalho contemporânea não fundamentado no princípio de subordinação jurídica e que define o trabalho autônomo em termos positivos e não unicamente como aquele que não é trabalho assalariado".[144]

A esse respeito, Almeida e Barros[145] acrescentam ainda que:

[143] ALMEIDA, Fernanda Cabral de; BARROS, Isabela Pimentel de. *Estatuto do trabalho autônomo da Espanha*: um modelo para o Brasil? Curitiba: Juruá, 2020, p. 140.
[144] ALMEIDA, Fernanda Cabral de; BARROS, Isabela Pimentel de. Estatuto do trabalho autônomo da Espanha: um modelo para o Brasil? Curitiba: Juruá, 2020, p. 45.
[145] Ibid., p. 34.

> [...] o ETA tem como objetivo não só estabelecer-se como a norma básica dos direitos e garantias do trabalhador autônomo, mas também promover esta figura, posto que teve como ponto de partida a valorização das iniciativas da autonomia como forma de contribuição ao crescimento econômico.

No referido Estatuto do Trabalho Autônomo, foram previstas duas definições: do trabalhador autônomo ordinário (por conta própria) e do trabalhador autônomo economicamente dependente (TRADE). Este segundo, inserido no conceito de trabalhador parassubordinado, assemelha-se ao autônomo, mas pelo fato de possuir algumas características próprias (dependência econômica), requer uma proteção especial semelhantemente aos trabalhadores empregados (por conta alheia).

O art. 11 do ETA define os TRADE's como sendo:

> [...] aqueles que exerçam uma atividade econômica ou profissional com fins lucrativos e de forma habitual, pessoal, direta e predominante para uma pessoa física ou jurídica, denominada cliente, do qual dependem economicamente por receber deste, pelo menos, 75% de sua renda proveniente do trabalho e das atividades econômicas ou profissionais.

Ao sintetizar os elementos caracterizadores do TRADE, García[146] elenca sete requisitos:

> (i) exercer uma atividade econômica ou profissional com fim lucrativo e pessoalidade; (ii) realizar de forma habitual e contínua; (iii) deve haver dependência econômica do cliente principal; (iv) não pode executar sua atividade de maneira idêntica à dos trabalhadores por conta do cliente executam; (v) deve ter sua própria infraestrutura e recursos materiais próprios necessários ao desempenho de sua atividade; (vi) deve exercer sua atividade com critérios de organização próprios, sem prejuízo das indicações técnicas que venha a receber do cliente; e, (vii) receber a contraprestação acordada com base no resultado, assumindo o risco de sua atividade.

[146] GARCÍA, Rosa María Morato. *El reconocimiento legal de la figura del trabajador autónomo economicamente dependiente em España*. Revista Complejus, v. 1, n. 1, jan./jun. 2010, p. 52-54.

Visando a proteção dos TRADE's, o art. 13 do ETA prevê os Acordos de Interesses Profissionais, celebrados entre as associações ou sindicatos representativos dos trabalhadores e das empresas para as quais exercem a sua atividade, que podem estabelecer as condições de forma, prazo e local de execução do trabalho, bem como as condições gerais de contratação, a exemplo das negociações coletivas no Direito Coletivo do Trabalho.

No art. 14 do ETA está assegurado o direito à interrupção das atividades do TRADE por no mínimo 18 dias úteis por ano, sendo que as partes podem ampliar esse período por meio de contrato ou acordo de interesse profissional.

No contrato individual, ou acordo de interesse profissional, poderá ser regulamentado o descanso semanal e feriados, bem como a jornada diária, sendo que o exercício de atividade por período superior ao contratado deverá ser voluntário, não podendo ultrapassar o aumento máximo previsto no acordo de interesse profissional. Na ausência de um acordo de interesse profissional, a lei desde já determinou que esse aumento (horas extras) não pode exceder 30% do tempo normal de atividade prevista no contrato individual.

Ainda sobre a jornada de trabalho, o item 4, do art. 14, do ETA, estatui que o horário de atividade procurará se adaptar a fim de que o TRADE possa conciliar a vida pessoal, familiar e profissional.

Com o objetivo de conferir uma maior estabilidade no trabalho, o art. 15 prevê as hipóteses de rescisão do contrato, deixando expresso que quando a resolução contratual ocorrer por vontade de uma das partes, com base na violação contratual da outra, a parte que rescindir o contrato terá direito de receber uma indenização correspondente pelos danos causados. Além disso, quando a resolução ocorrer sem justa causa, por vontade do cliente, o TRADE terá direito ao recebimento de indenização estabelecido no contrato individual ou no acordo de interesse profissional. Caso não haja previsão acerca da indenização nesses dois instrumentos, o valor da indenização deverá ser calculado considerando, dentre alguns fatores, o tempo ainda pendente de cumprimento, a gravidade do descumprimento, o prazo de aviso prévio, os gastos e investimentos eventualmente pagos pelo TRADE relacionados à atividade profissional contratada.

Outro ponto de destaque no ETA, é a proteção social do trabalhador autônomo (arts. 23 a 26). Nos termos do art. 41 da Constituição Espanhola, as pessoas que exerçam atividade profissional ou econômica por conta própria têm direito a manter um regime público de Segurança Social que lhes garanta assistência e prestações suficientes perante as situações de necessidade, sendo admitida, ainda, a filiação em outros regimes de previdência social complementar.

Cumpre notar que a filiação ao Regime Especial da Seguridade Social dos Trabalhadores por Conta Própria ou Autônomos é obrigatória e a ação protetora abrange: a) assistência à saúde nos casos de maternidade, doença comum ou profissional e acidentes de trabalho ou não; b) benefícios financeiros nas situações de invalidez permanente e temporária, risco durante a gravidez, maternidade, paternidade, risco durante a amamentação, cuidado aos menores com câncer ou outra enfermidade grave, aposentadoria, morte e sobrevivência; c) cobertura de acidentes de trabalho e doenças profissionais.

Constata-se que o ETA conferiu ao TRADE uma série de direitos de cunho trabalhista, dentre eles, possibilidade de negociação coletiva (acordo de interesse profissional), limitação da jornada de trabalho, segurança, saúde e proteção previdenciária do trabalhador. Tais direitos assentam-se na Constituição Espanhola, em especial nos arts. 35, 40 e 41, a qual reconhece a todos os espanhóis o direito ao trabalho, a livre escolha da profissão, a promoção do trabalho e remuneração suficiente para satisfazer as suas necessidades e de sua família, sem quaisquer discriminação, devendo o Poder Público promover uma política que garanta tais direitos. Destaca-se que essas referências não se limitam ao trabalhador por conta alheia, envolvendo todos os cidadãos trabalhadores.

Por semelhante forma, a Constituição brasileira de 1988 tem como fundamento da República Federativa do Brasil a dignidade da pessoa humana e os valores sociais do trabalho e da livre iniciativa (art. 1º, incisos III e IV), elencando como direito fundamental social o trabalho (art. 6º) e, ainda, estatui que a ordem econômica está fundada na valorização do trabalho humano, sendo que a ordem social tem como base o primado do trabalho e como objetivo o bem-estar e a justiça sociais.

Nesta seara, considera-se que a nova categoria dos trabalhadores coordenados digitais, que emergiram da revolução tecnológica, também carecem da devida atenção e proteção, a exemplo dos TRADE's no ETA do direito espanhol.

Entretanto, até o momento no direito brasileiro não existe um tratamento jurídico próprio aos coordenados digitais. Desse modo, já que não se enquadram no conceito jurídico de trabalhador empregado/subordinado, ficam sem a proteção que merecem, dadas as peculiaridades e fragilidades a que estão submetidos, sendo destinados a eles o mesmo tratamento dos trabalhadores autônomos.

Nesse contexto, uma vez apresentada a definição e características do trabalhador parassubordinado na concepção do direito italiano, bem como, na tipificação deste no direito espanhol – o trabalhador economicamente dependente – TRADE, passa-se, agora, a discorrer acerca do trabalhador "coordenado digital", fruto da Quarta Revolução Industrial, que muito se aproxima do trabalhador parassubordinado, embora apresente algumas particularidades próprias que precisam ser distinguidas.

4.
TRABALHADOR COORDENADO DIGITAL: UMA NOVA CLASSIFICAÇÃO E A NECESSIDADE DE SUA REGULAMENTAÇÃO

Neste capítulo discorre-se sobre o trabalhador coordenado digital a partir de uma nova classificação de relação de trabalho e que requer regulamentação jurídica própria, para que seja possível a adequada proteção do trabalhador, apta a garantir o direito da dignidade da pessoa humana e os direitos sociais.

A exemplo da categoria do trabalhador parassubordinado no Direito italiano,[147] que é uma figura intermediária entre o trabalhador autônomo e o subordinado, que não se insere na classificação binária clássica do Direito do Trabalho (subordinado x autônomo) em decorrência de suas características próprias como: colaboração, ausência de subordinação e ausência de autonomia plena, as quais se distanciam de um enquadramento binário, podendo-se dizer que o trabalhador parassubordinado é mais autônomo que o subordinado, e mais subordinado que o autônomo estando, portanto, situado em uma zona gris (cinzenta), e que clama por uma regulamentação jurídica própria, o trabalhador coordenado digital, por sua vez, apresenta-se como aquele que surge no contexto da Quarta Revolução Industrial e que também reclama por um tratamento jurídico próprio.

[147] Cf. Porto, Lorena Vasconcelos. *A parassubordinação como forma de discriminação*. In: Revista Direito das Relações Sociais e Trabalhistas. Centro Universitário do Distrito Federal. v. III, n. 1 (Jan./Jun. 2017). Brasília, DF, 2017 [on-line]. Disponível em: <https://doi.org/10.26843/mestradodireito.v3i1.105>. Acesso em: 05 jan. 2020.

O coordenado digital se coloca como uma nova forma de relação de trabalho que se dá por meio do uso típico de plataformas digitais, que conferem especialmente ao trabalhador digital, maior flexibilidade e liberdade de jornada e local de trabalho. Considera-se, portanto, que esse trabalhador não pode ser plenamente concebido como subordinado, dada a liberdade que possui no exercício do seu trabalho, assim como, não pode ser considerado plenamente autônomo, pois o exercício do seu trabalho se dá mediante a coordenação do empreendedor digital que limita a sua autonomia.

Por conseguinte, constata-se que a legislação trabalhista, na era digital, está enfrentando o seu maior desafio, na medida em que deve lidar com uma realidade muito diferente daquela existente quando foi criada. Constata-se que a tecnologia mudou drasticamente as relações industriais, causando uma considerável incerteza jurídica quanto às normas de direito do trabalho aplicáveis no ciberespaço. Ao desenvolverem o seu *core business* da "economia sob demanda" ou "economia compartilhada", as empresas, tornam-se responsáveis por conectarem clientes aos prestadores de serviços, sendo estes, na maioria das vezes, classificados e contratados como autônomos, tornando o trabalho subordinado ou "empregado" cada vez menos utilizado nas plataformas digitais.[148]

Nesse novo cenário trabalhista, modelado pela Quarta Revolução Industrial, em que se contesta a rigidez do trabalho subordinado, segundo Munerati[149]:

> [...] surgem ferramentas que permitem a procura do trabalho através das plataformas onde o conceito de flexibilidade e a possibilidade de escolher 'onde, quando e quanto' trabalhar, se difunde em um mercado cada vez mais com-

[148] Cf. Todolí-Signes, Adrían. *El impacto de la "uber economy" en las relaciones laborales: los efectos de las plataformas virtuales em el contrato de trabajo.* Publicado em março de 2015. Disponível em: <https://papers.ssrn.com/sol3/papers.cfm?abstract_id=2705538>. Acesso em: 31 jan. 2021. Tradução livre, p.1.

[149] Munerati, Ligia Ramia. *O trabalho nas plataformas on-line: natureza da relação de trabalho e tutelas a garantir.* Disponível em: <http://www.cielolaboral.com/o-trabalho-nas-plataformas-on-line-natureza-da-relacao-de-trabalho-e-tutelas-a-garantir/>. Acesso em: 05 jan. 2021.

petitivo e marcado pelo aumento da desocupação, principalmente de jovens trabalhadores.

Por esse motivo, de acordo com a autora[150], com a introdução de novas formas de contratação de trabalho, emerge a necessidade da adaptação de leis, conceitos e novos paradigmas,

> [...] que incluam na relação trabalhista não só o empregador pessoa coletiva, mas também a inteligência artificial (IA) que pode atuar diretamente como um verdadeiro empregador (ou preposto deste), distribuindo as atividades, controlando o seu desenvolvimento e premiando ou sancionando os trabalhadores de acordo com a prestação do serviço.

Além disso, Alves[151] destaca que é importante reconhecer o fato de que as plataformas digitais "estão se difundindo numa velocidade vertiginosa, em diversos setores e por toda parte do globo, exigindo uma regulamentação jurídica condizente com a proteção das relações de trabalho."

Diante dessa nova realidade, com a chegada da Indústria 4.0, urge pensar sobre as novas formas de trabalho e, em especial, nos trabalhadores que se valem das plataformas digitais para encontrarem oportunidades de trabalho. É preciso refletir sobre esse novo tipo de relação laboral mantido entre o trabalhador, cliente e plataforma digital, para que não haja fraudes trabalhistas e precariedade do trabalho, ressaltando que não se trata apenas de um trabalhador virtual, mas de um ser humano com limitações e necessidades diversas.[152]

[150] MUNERATI, Ligia Ramia. O trabalho nas plataformas on-line: natureza da relação de trabalho e tutelas a garantir. Disponível em: <http://www.cielolaboral.com/o-trabalho-nas-plataformas-on-line-natureza-da-relacao-de-trabalho-e-tutelas-a-garantir/>. Acesso em: 05 jan. 2021.

[151] ALVES, Eliete Tavelli. *Parassubordinação e uberização do trabalho:* algumas reflexões. Rio de Janeiro: Lumen Juris, 2019, p. 152.

[152] Cf. VIEIRA, Paulo Joarês e FONSECA, Vanessa Patriota da. *In:* OITAVEN, Juliana Carreiro Corbal; CARELLI, Rodrigo de Lacerda; CASAGRANDE, Cássio Luís. *Empresas de transporte, plataformas digitais e a relação de emprego*: um estudo do trabalho subordinado sob aplicativos. Brasília: Ministério Público do Trabalho, 2018, p. 6.

Desse modo, de acordo com os fundamentos dispostos na presente pesquisa, considera-se que a classificação binária clássica do Direito do Trabalho – subordinado x autônomo – assim como a categoria do trabalhador parassubordinado, não são capazes de abranger satisfatoriamente os trabalhadores das plataformas, que embora possuam características que se assemelham aos autônomos (por exemplo a "liberdade" de jornada e local de trabalho), ao mesmo tempo, estas também se assemelham aos subordinados, no aspecto da dependência e conformação à estrutura e organização posta pelo empreendedor digital, já que precisam cumprir as inúmeras diretrizes impostas pelas plataformas, inexistindo autonomia plena.

Nesse contexto, surge o desafio de tutelar essa nova relação de trabalho advinda da Quarta Revolução Industrial, para que, frente à fragilidade presente na relação contratual, esses trabalhadores não fiquem desprotegidos e sujeitos a um ambiente de precariedade, sendo necessário garantir-lhes direitos mínimos que possam assegurar a dignidade do trabalhador. A esse respeito, Munerati[153] afirma:

> A grande novidade desta nova revolução na organização do trabalho é a necessidade de tutelar prestações que não se encaixam nos moldes do trabalho subordinado pensado no século passado, mas para as quais – devido às precárias condições na qual o trabalho é realizado – é imprescindível determinar tutelas mínimas necessárias para garantir a dignidade do trabalhador. É exatamente este o contexto no qual se insere o debate sobre as novas formas de organização do trabalho através das plataformas eletrônicas. Criadas como uma nova forma de intermediação entre a procura e a oferta de serviços, estas plataformas propõem um novo modo de pensar e organizar as relações de trabalho, no qual a diferença entre trabalho subordinado e autônomo se tornam sutis e em um esquema no qual a flexibilidade da prestação tem um papel fundamental para ambos os polos da relação trabalhista.

[153] MUNERATI, Ligia Ramia. *O trabalho nas plataformas on-line: natureza da relação de trabalho e tutelas a garantir*. Disponível em: <http://www.cielolaboral.com/o-trabalho-nas-plataformas-on-line-natureza-da-relacao-de-trabalho-e-tutelas-a-garantir/>. Acesso em: 05 jan. 2021.

Portanto, faz-se imprescindível admitir o gênero *tertius* do trabalhador coordenado digital para se resguardar os direitos do trabalhador, quando este é um optante de um modelo flexível de trabalho, com certo grau de autonomia e independência, e que carece de proteção jurídica; assim como faz-se necessário garantir aos empresários proprietários das plataformas digitais a segurança jurídica e previsibilidade nesta modalidade de contratação; e também, coloca-se essencial assegurar aos usuários clientes a devida reparação dos danos e garantia dos serviços contratados.

A esse respeito, Harris e Krueger[154] enfatizam que a ausência de regulamentação específica e a incerteza quanto ao status do "trabalhador independente", como chamam o coordenado digital, prejudica tanto os trabalhadores, que não conhecem os direitos e benefícios dos quais poderão usufruir, como também, prejudica os donos das plataformas digitais ("intermediários"), que venham a enfrentar custos incertos. De igual maneira, ambas as partes podem sofrer os custos e desgastes naturais de litígios e batalhas judiciais incertas, necessitando, inclusive, do apoio estatal para pacificar litígios e intervir com mecanismos de fiscalização. E ainda mais, os resultados das demandas judiciais submetidas a diferentes tribunais, com distintos julgadores e tomadores de decisão, podem apresentar decisões conflitantes, decorrentes de diferentes jurisdições, de modo que mesmo aqueles que trabalham em condições semelhantes tenham, de acordo com sua jurisdição, uma interpretação distinta, sendo considerado "empregado" em uma jurisdição e "autônomo" em outra.

Além desse fato, ao se conferir judicialmente ao coordenado digital o status de "empregado", tal condição pode prejudicar os próprios interesses do trabalhador, já que muitos preferem manter alguma independência e flexibilidade de como, quando e por quanto tempo realizar o seu trabalho. Mas ao ser considerando "empregado", as grandes empresas poderão ampliar as instruções dadas aos seus "funcionários" e decidirem por acabar com a liberdade de horários e flexibilidade das quais desfru-

[154] Harris, Seth D.; Krueger, Alan B. *A proposal for modernizing labor laws for twenty-first-century work*: the "independent worker". Dezembro, 2015. Disponível em: <https://www.hamiltonproject.org/assets/files/modernizing_labor_laws_for_twenty_first_century_work_krueger_harris.pdf>. Acesso em: 30 mar. 2021. p. 6.

tam e, por conseguinte, a "autonomia" atualmente exercida, pode ter o seu fim com o status de "empregado".[155]

Portanto, sem uma regulamentação específica, sempre pode haver o risco e a incerteza, gerando uma barreira para a continuação e criação de relacionamentos que podem ser benéficos para todas as partes envolvidas.[156]

Muitos dos trabalhadores coordenados digitais não possuem os meios de proteção e condição digna, já que os benefícios assegurados pelo Direito do Trabalho estão disponíveis apenas para os empregados. Soma-se a isso o fato de que, por não estarem reunidos em sindicatos e associações, que possam representar e defender os interesses específicos à categoria dos coordenados digitais, estes perdem o poder de barganha nas negociações com os proprietários das plataformas digitais. De forma oposta, havendo o reconhecimento dos coordenados digitais enquanto uma nova categoria de trabalhadores, devidamente representada por sindicato e associação de classe, torna-se possível lutar para a aquisição de benefícios, proteção e melhores condições de trabalho.

Paralelamente a esta situação, também os proprietários de plataformas digitais são prejudicados com a falta de regulamentação específica, pois alguns concorrentes podem valer-se das contratações autônomas com "menor custo", acarretando em concorrência desleal com aqueles *players* que se valem da força de trabalho por vínculo empregatício. Além disso, dada a incerteza do *status* do trabalhador e a insegurança jurídica dela decorrente, o que num momento pode parecer "redução de custo", em outro momento pode representar a assunção de um passivo trabalhista considerável, caso venha a desencadear uma reclamatória trabalhista a ser decida nos tribunais.

155 Cf. Todolí-Signes, Adrían. *El impacto de la "uber economy" en las relaciones laborales: los efectos de las plataformas virtuales em el contrato de trabajo*. Publicado em março de 2015. Disponível em: https://papers.ssrn.com/sol3/papers.cfm?abstract_id=2705538. Acesso em: 31 jan. 2021. Tradução livre, p.15.

156 Harris, Seth D.; Krueger, Alan B. A proposal for modernizing labor laws for twenty-first-century work: the "independent worker". Dezembro, 2015. Disponível em: <https://www.hamiltonproject.org/assets/files/modernizing_labor_laws_for_twenty_first_century_work_krueger_harris.pdf>. Acesso em: 30 mar. 2021. p. 6.

Desse modo, a solução dada pela jurisprudência implica em reconhecer que até o momento da resolução judicial, as empresas de plataformas digitais que adotam o *status* de autônomos para seus parceiros, coordenados digitais, estariam agindo fora da legalidade, se sobrevier decisão reconhecendo o vínculo trabalhista. Ou seja, se um Tribunal decidir que o *status* a ser conferido é o de "empregado", é como se a empresa estivesse agindo de forma ilegal até a resolução judicial, devendo, portanto, a partir da decisão judicial, ser submetida a todas as penalidades e responsabilidades daí advindas.[157]

Preocupados com toda essa incerteza jurídica no *status* dos trabalhadores coordenados digitais e, principalmente, frente à necessidade de se conferir a eles uma rede de segurança estável e ao mesmo tempo flexível, um grupo formado por acadêmicos, empresários e sindicalistas dos Estados Unidos, divulgou um documento que, reconhecendo as mudanças impostas pelas novas tecnologias e modelos de negócios, busca estabelecer alguns princípios capazes de propiciar um caminho que incentive a inovação, adote novos modelos, mas que também possa dar segurança aos trabalhadores, empresas e governo, garantindo que os trabalhadores e suas famílias possam realizar os seus sonhos e construir vidas sustentáveis.[158]

Neste documento, buscam estabelecer alguns princípios tomados como ponto de partida, na transição adequada para uma nova rede de segurança social para a "força de trabalho de hoje e do amanhã", com a preocupação de que todos, independentemente da classificação do trabalho (empregado, autônomo ou coordenado digital), possam ter acesso a uma rede de segurança acessível que os ajude quando estiverem enfermos, acidentados, precisando de crescimento profissional ou

[157] Cf. Todolí-Signes, Adrían. *El impacto de la "uber economy" en las relaciones laborales: los efectos de las plataformas virtuales em el contrato de trabajo.* Publicado em março de 2015. Disponível em: <https://papers.ssrn.com/sol3/papers.cfm?abstract_id=2705538>. Acesso em: 31 jan. 2021. Tradução livre, p.15.

[158] Auguste, Bryron et al. *Common ground for independent workers.* Disponível em: <https://wtfeconomy.com/common-ground-for-independent-workers-83f3fbcf548f>. Acesso em: 30 mar. 2021.

no momento de se aposentarem. A seguir apresenta-se os princípios elencados:[159]

1. Estabilidade e flexibilidade: enquanto as novas plataformas estão proporcionando aos trabalhadores a flexibilidade e a mobilidade que muitos desejam, todavia, enquanto trabalhadores autônomos, a estabilidade resta prejudicada. Os trabalhadores que optam por se envolver em um trabalho flexível também podem enfrentar interrupções imprevistas no trabalho, bem como outras dificuldades, decorrentes da ausência de proteções e benefícios que somente são fornecidos por meio de um vínculo de "emprego" e, desse modo, entende-se que o trabalho flexível não deve ocorrer às custas da desejada segurança econômica.
2. Necessidade de um instrumento carregado de portabilidade para a proteção dos trabalhadores: como os benefícios e proteções trabalhistas (compensação, seguro-desemprego, folgas remuneradas, poupança para aposentadoria e treinamento/desenvolvimento) têm sido em grande parte componentes da relação de "emprego" de um trabalhador com um empregador, faz-se essencial um novo modelo para apoiar novas formas de trabalho. Esse novo modelo deve ser:

   - Independente: qualquer trabalhador deve ser capaz de acessar um determinado conjunto básico de proteções enquanto "indivíduo", independentemente de onde obtenham oportunidades de renda;
   - Flexível e rateado: as pessoas estão obtendo renda de uma variedade de fontes, nas novas formas de micro trabalho, em diferentes empregadores ou plataformas;
   - Portátil: uma pessoa deve ser capaz de obter benefícios e proteções nos variados cenários de trabalho;

[159] Auguste, Bryron et al. *Common ground for independent workers.* Disponível em: <https://wtfeconomy.com/common-ground-for-independent-workers-83f3fbcf548f>. Acesso em: 30 mar. 2021.

- Universal: todos os trabalhadores devem ter acesso a um conjunto básico de benefícios, independentemente da situação de trabalho;
- Apoio à inovação: as empresas devem ter autonomia para explorar e implementar opções de rede de segurança, independentemente da classificação do trabalhador que utilizam.

3. O momento é agora: a natureza do trabalho está em evolução há décadas, e novas tecnologias estão acelerando essas mudanças; o progresso das respostas deve começar imediatamente. Diversas partes interessadas devem se reunir para discutir como atingir os objetivos necessários, incluindo respostas a perguntas importantes, como: Quem deve contribuir financeiramente (e com quanto)? Que tipo de organização (ou organizações) deve administrar esses benefícios e proteções? Que tipo de ação legislativa ou regulatória é necessária para criar ou habilitar este modelo, permitindo experimentação e flexibilidade? Considera-se que essas questões são melhor abordadas por meio do desenvolvimento de políticas, não de litígios, com uma orientação para a ação nos setores público, privado e social.[160]

Nesta perspectiva, Harris e Krueger[161], ao proporem a figura do "trabalhador independente", fruto da Quarta Revolução Industrial, elencam três princípios a serem considerados para a nova classificação de trabalhadores, quais sejam: incomensurabilidade das horas de trabalho, neutralidade e eficiência.

O princípio da incomensurabilidade das horas de trabalho, na visão dos autores, refere-se à dificuldade ou até mesmo à impossibilidade de se mensurar as horas de trabalho dos novos trabalhadores emergentes.

[160] Cf. Auguste, Bryron *et al. Common ground for independent workers*. Disponível em: <https://wtfeconomy.com/common-ground-for-independent-workers-83f3fbcf548f>. Acesso em: 30 mar. 2021. Tradução livre.

[161] Harris, Seth D.; Krueger, Alan B. *A proposal for modernizing labor laws for twenty-first-century work*: the "independent worker". Dezembro, 2015. Disponível em: <https://www.hamiltonproject.org/assets/files/modernizing_labor_laws_for_twenty_first_century_work_krueger_harris.pdf>. Acesso em: 30 mar. 2021, p. 13-14.

Parte-se do fundamento de que, se um trabalhador independente pode laborar para dois intermediários ao mesmo tempo, não se faz possível determinar ou repartir o total de horas de trabalho colocadas à disposição do empreendedor digital, principalmente, quando ele estiver aguardando por uma possível oportunidade de trabalho. Como os trabalhadores independentes trabalham por conta própria e no seu próprio tempo, as horas de trabalho não podem ser repartidas e medidas para os fins de atribuição de benefícios ou avaliação de ganhos por hora, não fazendo sentido impor aos empreendedores digitais o fornecimento de benefícios baseados em horas de trabalho, como horas extras, e no salário mínimo.[162]

O princípio da neutralidade baseia-se na necessidade dos empreendedores digitais de organizarem o seu negócio não com o fim de obterem uma vantagem indevida e injusta sobre os concorrentes, com redução de custos mediante a prática de atos que burlem as proteções legais e benefícios exigidos aos trabalhadores, mas sim, com neutralidade, no sentido de enquadrar os trabalhadores ao status correto, garantindo-lhes os mesmos direitos previstos por lei, ainda que tal condição exija o fornecimento de certos benefícios a serem dados pelo empreendedor digital aos seus trabalhadores. A era digital disruptiva deve contribuir para elevar os padrões de vida de todos os atores envolvidos, em especial, por viabilizar uma vantagem competitiva retratada no fornecimento de produtos ou serviços melhores e mais eficientes. Portanto, essa vantagem competitiva não pode estar atrelada à fraude trabalhista, em se contornar certas proteções dos trabalhadores, mas garantir a melhoria das condições de vida dos trabalhadores, clientes e melhores resultados aos empreendedores digitais, por meio de serviços e produtos eficientes.[163]

O princípio da eficiência, por derradeiro, parte do pressuposto de que, uma vez criada uma nova classe de "trabalhadores independentes" (coordenado digital), com direitos mínimos garantidos por meio de uma regulamentação própria, os resultados daí advindos, devem tornar a relação

[162] Harris, Seth D.; Krueger, Alan B. A proposal for modernizing labor laws for twenty-first- century work: the "independent worker". Dezembro, 2015. Disponível em: <https://www.hamiltonproject.org/assets/files/modernizing_labor_laws_for_twenty_first_century_ work_krueger_harris.pdf>. Acesso em: 30 mar. 2021, p. 13.

[163] Ibid., p. 13-14.

de trabalho mais eficiente, de forma que ambos poderão maximizar os benefícios que essa nova relação de trabalho possa proporcionar. A exemplo, os empreendedores digitais poderão destinar alguns benefícios aos seus trabalhadores sem que tenham receio de que essa concessão possa ensejar um vínculo trabalhista, já que a regulamentação jurídica própria trará segurança jurídica, beneficiando todos os atores envolvidos.[164]

Alinhavando as reflexões, fundamentos e análise do hodierno cenário de Quarta Revolução Industrial, de novas tecnologias e nova forma de trabalho, considera-se, portanto, necessária e urgente a criação de uma nova modalidade de trabalhador – o coordenado digital, do gênero *tertius*, percebido como diferente do subordinado e também do autônomo, dadas as características e particularidades que possui, e sobre as quais, trata-se a seguir.

4.1 Trabalhador coordenado digital e a necessidade de regulamentação com vistas à proteção do trabalhador

A Quarta Revolução Industrial, como vem sendo tratada no presente trabalho, decorre de um cenário de sociedade globalizada e tem como marco característico o rápido crescimento da tecnologia, com caráter disruptivo, que influencia todos os vários setores da sociedade, sobremaneira, o setor de trabalho e as relações dele decorrentes.

Esta revolução tecnológica rompe as barreiras da distância, facilita o acesso à informação, implementa novos modelos de relacionamento pessoal, novas formas de educação, consumo e lazer, na modalidade digital, sempre por meio da tecnologia, aplicada em *smartphones* e *tablets* ("tecnologia nas palmas das mãos") por meio de aplicativos disponíveis na internet, com rapidez, facilidade e com custos acessíveis à maioria das pessoas. Enfim, o que antes era difícil, demorado, longe, caro ou impossível, na Quarta Revolução Industrial tornou-se fácil, rápido, próximo, acessível e possível.

[164] Harris, Seth D.; Krueger, Alan B. A proposal for modernizing labor laws for twenty-first- century work: the "independent worker". Dezembro, 2015. Disponível em: <https://www.hamiltonproject.org/assets/files/modernizing_labor_laws_for_twenty_first_century_ work_krueger_harris.pdf>. Acesso em: 30 mar. 2021, p. 14.

De forma destacada, emergem nas relações de trabalho profundas alterações, em especial, a possibilidade do trabalhador exercer a sua atividade em qualquer lugar, mediante o uso da tecnologia no trabalho, sem a necessidade de se deslocar diariamente de sua residência ao local de trabalho, sem enfrentar as dificuldades e estresse do trânsito, tendo a possibilidade de administrar os próprios horários de trabalho, adaptando a jornada da melhor forma que lhe convier, compatibilizando-a com o tempo a ser destinado à vida pessoal, família e lazer.

As plataformas de intermediação abrem espaço para novas oportunidades de trabalho mediante modelos de negócios virtuais, digitais e tecnológicos que conectam e integram demandantes de serviços ou produtos (tomadores/usuários/clientes) aos prestadores (trabalhadores/proprietários de bens) por meio da tecnologia, aproximando os usuários/clientes que precisam ter as suas necessidades atendidas, àqueles que precisam trabalhar ou oferecer os seus serviços ou bens, em uma relação triangular em que, de um lado se tem o tomador/usuário dos serviços, de outro o prestador e, tendo como elemento de ligação integrador, a plataforma digital.

Nesse contexto, com o trabalho realizado por meio de uma plataforma digital, mediante o uso da internet e da tecnologia, surge o trabalhador coordenado digital, que ameaça dominar os meios de prestação de serviços, valendo-se do *crowdsourcing* (multiterceirização) e do *on-demand*, para conquistar usuários/tomadores de serviços e os respectivos prestadores.

Esse trabalhador coordenado digital, por sua vez, realiza o seu trabalho por meio das novas formas de trabalho, utilizando as plataformas digitais, podendo trabalhar de forma *online* e *off-line*.

Retomando o que já se fez claro anteriormente, no capítulo 1, o *crowdsourcing online* ou *crowdworking* (trabalho em massa ou trabalho da multidão) ocorre quando a execução desse trabalho é *online*, em que as tarefas/trabalho são realizadas remotamente, sem a necessidade de contato/encontro direto entre o tomador e o prestador, referindo-se, geralmente, à realização de tarefas como a tradução de livros e textos, busca de sites de empresas e outras pesquisas na internet, transcrição de áudios, dentre outras, tendo como principal exemplo de plataforma *crowdwork*, o *Amazon Mechanical Turk – Mturk*.

Já o *crowdsourcing off-line* ou a multiterceirização ocorre quando a execução do trabalho se dá de forma *off-line*, em que a intermediação de mão de obra é feita a partir de plataformas digitais (virtualmente), enquanto a realização da atividade ou tarefa exige encontro físico, presencial, entre o trabalhador e o tomador, a exemplo das plataformas Uber e Rappi.

Muito embora haja diferenças na forma de realização do trabalho, *online* e *off-line*, a partir da análise da relação de trabalho existente no *crowdsourcing off-line* ou na multiterceirização, é possível elencar alguns pressupostos comuns aptos a definir esse novo trabalhador coordenado digital, quais sejam:

a) Relação de trabalho *online*, por meio de uma plataforma digital, em ambiente virtual, digital e tecnológico, pela utilização da internet;
b) Relação triangular entre os trabalhadores, os tomadores (usuários) e os empreendedores digitais (empresas de plataforma);
c) Trabalho por pessoa física e com pessoalidade, embora, em caráter secundário, excepcional e eventual, possa haver pontual substituição do trabalhador ou o auxílio de terceiros na execução do trabalho;
d) Trabalho fragmentado e descontínuo, de curta e limitada duração ao usuário;
e) Trabalho coordenado, sem subordinação; e,
f) Onerosidade.

O primeiro pressuposto refere-se ao fato de que a relação de trabalho se dá por meio de uma plataforma digital, ou seja, em um modelo de negócio virtual, digital e tecnológico, pela utilização da internet. Toda a relação de oferta e demanda ocorre no meio virtual com a utilização da plataforma integrativa, nos diversos setores, como transporte, retirada e entrega de bens, tarefas domésticas, lazer, serviços em geral, dentre outras inúmeras possibilidades. Além disso, é no ambiente virtual, também, que serão definidos todos os direitos e obrigações das partes envolvidas. As tratativas ocorrem pelas plataformas, e a execução do trabalho pode ser feita de forma *online* (virtual) ou *off-line*, neste caso mediante contato pessoal direto.

O segundo pressuposto implica na relação de trabalho triangular entre os trabalhadores (prestadores dos serviços), os tomadores (usuários) e os empreendedores digitais (empresas de plataforma digital), sendo estes últimos, o elo integrador entre oferta e demanda, que aproxima os tomadores (usuários) que demandam a satisfação de suas necessidades, àqueles que se propõem a trabalhar.

O terceiro pressuposto remete ao fato de que o trabalho tem que ser praticado por pessoa física, pois, o que se busca, é a caracterização do trabalhador enquanto pessoa física, para que o mesmo seja enquadrado na nova categoria de trabalhadores – coordenado digital – e, a partir dela, possa obter a proteção jurídica necessária ao trabalho digno. Desta maneira, considerando que a dignidade da pessoa humana e os direitos sociais são destinados às pessoas físicas e não jurídicas, uma vez que os bens juridicamente tutelados são a vida, saúde, lazer, segurança, previdência social, a integridade física e psíquica, dentre outros, o trabalhador coordenado digital há de ser também uma pessoa natural. A pessoalidade, implica dizer que o trabalho deve ser feito *intuitu personae,* de forma personalíssima, produzindo efeitos referentes à celebração do contrato de prestação de serviços, que se extinguem com a morte do trabalhador, não se transmitindo aos herdeiros e sucessores. No entanto, em caráter secundário e em situações excepcionais, de forma eventual, a pontual substituição do prestador ou o auxílio de outras pessoas, não anula por si só a pessoalidade.

O quarto pressuposto considera o trabalho fragmentado e descontínuo, de curta e limitada duração ao usuário. É o trabalho prestado a uma infinidade de usuários, pois não se fixa a uma fonte única de trabalho, executado de forma descontínua, não habitual, de curta duração, limitado à execução de uma tarefa determinada e específica.

O quinto pressuposto volta-se para a presença da coordenação do trabalho, sem subordinação. À semelhança do trabalhador parassubordinado, a ideia da coordenação, segundo Silva[165], implica em uma "peculiar modalidade de organização da prestação dos serviços", de forma que o empreendedor digital, detentor da plataforma digital, for-

[165] SILVA, Otávio Pinto e. As relações de trabalho e a nova competência da justiça do trabalho. *Revista do Tribunal Superior do Trabalho,* Porto Alegre, RS, v. 71, n. 1, jan/abr 2005, p. 234.

mule as diretrizes gerais para a realização do trabalho que será executado pelo trabalhador com autonomia coordenada. Daí surge o sentido de "ordenar juntos"[166], com conotação de que ambas as partes possuem medidas de "autonomia" para atingirem o objetivo comum, mas coordenadas entre si.

A coordenação pode ainda:

> [...] se exteriorizar nas formas mais variadas, incidindo, inclusive, sobre o conteúdo, o tempo e o lugar da prestação laborativa, desde que não se transforme na heterodeterminação dessa última, mediante ordens e controles penetrantes sobre as suas modalidades de execução, pois que, nesse caso, resta configurada a subordinação[167].

Portanto, a coordenação não pode ensejar em subordinação, sob pena de o trabalhador ser considerado empregado. Ademais, essa coordenação, na maioria das vezes, é realizada mediante o gerenciamento algorítmico, sendo necessária total transparência acerca dos critérios de programação dos algoritmos e das diretrizes formuladas pelo empreendedor digital.

O sexto e último pressuposto é a onerosidade. De cunho econômico, tem como premissa o fato de que a prestação do serviço, que representa um valor econômico ao tomador dos serviços, deve ser recompensada mediante uma contraprestação econômica ao prestador.

Considerando os pressupostos ora expostos, é possível formular uma definição do trabalhador coordenado digital que pode ser entendido como a pessoa física que, inserido em uma relação triangular, com pessoalidade e sem subordinação, mas mediante coordenação e remuneração, possui uma relação de trabalho *online*, que se dá por meio de uma plataforma digital, executado de forma virtual ou com contato pessoal,

[166] Ibid.

[167] Porto, Lorena Vasconcelos. *A parassubordinação como forma de discriminação*. In: Revista Direito das Relações Sociais e Trabalhistas. Centro Universitário do Distrito Federal. v. III, n. 1 (Jan./Jun. 2017). Brasília, DF, 2017 [on-line]. Disponível em: <https://doi.org/10.26843/mestradodireito.v3i1.105>. Acesso em: 05 jan. 2020, p. 144.

a múltiplos tomadores, com duração limitada à execução de uma tarefa determinada e específica.

Ao propor a definição de trabalhador *crowdworker* e de multiterceirização (crowdsourcing), Zipperer[168] os conceituou nos seguintes termos:

> À luz das características aqui estudadas poderíamos nos arriscar em conceituar o trabalhador crowdworker como sendo aquele trabalhador pessoa física que presta serviços individuais para diferentes requerentes, de forma inteiramente virtual ou com contato pessoal, de natureza onerosa, descontínua e limitada ao período da atividade, em uma relação triangular intermediada de forma online por uma plataforma virtual. Da mesma forma e a partir desse conceito ficar caracterizada a relação de multiterceirização ou crowdsourcing como terceirizar um trabalho tradicionalmente realizado por um empregado para um grupo de pessoas indefinido, geralmente grande, sob a forma de uma chamada aberta, em um relação triangular intermediada de forma online por plataforma virtual para contato direto entre trabalhador e requerente, sendo esta de natureza onerosa e descontínua, realizada com contato pessoal ou de forma virtual.

Outra definição que vale ser mencionada, é a descrita no projeto de lei italiano *Disegni di legge, Atto Senato* n. 2934, *XVII Legislatura*, apresentado em 5 de outubro de 2017[169]. Propondo a modificação da Lei n. 81, de 22 de maio de 2017, o referido P.L. visa acrescentar três novos dispositivos, mas em especial, o *art. 17-bis*, que define o trabalhador autônomo via plataforma digital como sendo atividade exercida por trabalhadores

[168] ZIPPERER, André Gonçalves. *A multiterceirização e a subordinação jurídica.* A intermediação de mão de obra a partir de plataformas digitais e a necessidade de tutela modular do Direito do Trabalho. Tese (Doutorado em Direito). Pontifícia Universidade Católica do Paraná, Curitiba, 2018, p. 149.

[169] Disegni di legge, Atto Senato n. 2934, XVII Legislatura, 5 ottobre 2017. Art. 1.1. [...] Art. 17-bis. – (Lavoro autonomo mediante piattaforma digitale). – 1. Ai fini del presente articolo, si intende per «lavoro autonomo mediante piattaforma digitale» l'attività svolta da prestatori di lavoro autonomo che, non essendo iscritti ad albi od ordini professionali e non essendo assoggettati a un regime di previdenza obbligatoria, offrono i propri servizi in rete mediante appositi siti specializzati e applicazioni, rispondendo di volta in volta alle richieste di servizi provenienti da uno o più committenti.

autônomos que não estão inscritos em registros ou ordens profissionais e não estão sujeitos a um regime obrigatório de previdência, oferecem seus serviços *online* através de sites e aplicativos especializados específicos, respondendo de tempos em tempos a solicitações de serviços de um ou mais clientes[170].

Pelas definições dispostas, é possível perceber a nítida diferença entre o trabalhador coordenado digital, o autônomo, o subordinado e, também, o parassubordinado. Em relação a este último, tal diferença pode ser comprovada, inclusive, pela própria existência de um Projeto de Lei no Senado Italiano[171], tratando o trabalhador de plataforma digital de maneira diversa do parassubordinado. Dentre as principais diferenças entre um e outro, apontadas nas justificativas do referido PL , está no fato de que o trabalhador de plataforma não pode ser considerado como dependente, uma vez que a sua renda advém do relacionamento de uma pluralidade de clientes; sendo o trabalho fragmentado em uma infinidade de tarefas de curta ou muito curta duração, e de forma não contínua; e, ainda, pelo fato de que a plataforma os transforma em autoempreendedores, que passam a ofertar o seu trabalho diretamente a clientes através da plataforma, deixando de prestar o seu trabalhado a um único empreendedor.

Além de fixar os pressupostos à caracterização do trabalhador coordenado digital e, a partir daí, ter-se uma definição desse trabalhador, é importante, ainda, reiterar algumas características principais dessa modalidade de trabalho digital já discorridas no trabalho, com vistas a detectar os eventuais riscos inerentes à atividade e benefícios concedidos, para que seja demonstrada, portanto, a necessidade de uma regulamentação específica ao trabalhador coordenado digital.

170 ITALIA. Senato della Repubblica. XVII Legislatura. Disegni di legge, n. 2934, 5 ottobre 2017.Disposizioni in materia di lavoro autonomo mediante piattaforma digitale. Disponível em: <http://www.senato.it/service/PDF/PDF Server/BGT/01 059435.pdf>. Acesso em: 10 dez. 2019.

171 Italia. Senato della Repubblica. XVII Legislatura. Disegni di legge, n. 2934, 5 ottobre 2017.Disposizioni in materia di lavoro autonomo mediante piattaforma digitale. Disponível em: <http://www.senato.it/service/PDF/PDF Server/BGT/01 059435.pdf>. Acesso em: 10 dez. 2019.

Na grande maioria das relações de trabalho de plataforma digital, os trabalhadores coordenados digitais celebram com o empreendedor digital um contrato de prestação de serviços enquanto autônomo, independente, abrindo mão dos direitos e proteção trabalhistas conferidos em uma relação de emprego.

Em contrapartida, lhes são oferecidos os benefícios, enquanto "coordenados", relacionados à flexibilidade e liberdade com relação ao trabalho a ser desempenhado, que pode ser exercido em diferentes plataformas, sem exclusividade, sempre que quiser e sem horário fixo, sendo possível, combinar o trabalho na plataforma com outras relações de trabalho (maximização da renda), momentos em família, de lazer ou estudos. Além disso, ainda que os trabalhadores estejam em casa por conta de possíveis enfermidades ou deficiências, caso essas limitações não sejam impeditivas ao trabalho, podem ser exercidas na plataforma.

Todavia, apesar dos potenciais benefícios ao trabalhador, que à primeira vista resultaria em melhoria na qualidade de vida e bem-estar do trabalhador, tais resultados podem não acontecer e, ao contrário, a relação de trabalho pode estar eivada de precariedade, colocando em risco a pessoa do trabalhador.

Nesse contexto, de trabalho "coordenado", sem a proteção conferida pelo Direito do Trabalho, alguns riscos podem ser mencionados, dentre eles, aqueles relacionados aos seguintes aspectos: exploração do trabalho sem garantias protetivas e desconsiderando a hipossuficiência do trabalhador, mediante a sua desumanização (precariedade do trabalho); remuneração indigna; jornada de trabalho excessiva; ausência de transparência e negativa do direito de defesa nas avaliações realizadas pelos clientes/usuários; incerteza e instabilidade financeira e de trabalho.

Como mencionado, o trabalhador que, pretendendo obter os benefícios da flexibilidade, liberdade e autonomia tão propagados pelos empreendedores digitais ou pela dificuldade de reinserção no mercado de trabalho enquanto empregado, ao se deparar com os termos de uso da plataforma digital,[172] irá constatar que para fazer uso dela, será caracteri-

[172] CABIFY AGÊNCIA DE SERVIÇOS DE TRANSPORTE DE PASSAGEIROS LTDA. *Termos de Uso*. Versão: 2017. Disponível em: <https://assets.cabify.com/ app/driver/terms/br/T%26C_CabifyBrazil_2017.pdf>. Acesso em: 05 out. 2019.

zado enquanto autônomo e, sendo assim, não fará jus aos direitos trabalhistas previstos na legislação e negociações coletivas, incluindo remuneração mínima, limite de jornada, férias, descanso semanal remunerado, 13º salário, recolhimentos previdenciários, liberdade de associação sindical, dentre outros, nem mesmo, direito aos benefícios destinados aos outros trabalhadores da mesma empresa, que se enquadram na condição de empregados.[173]

Nesta seara, a Uber, por exemplo, apresenta-se como uma empresa de tecnologia que disponibiliza uma plataforma de aplicativos móveis ou sites para fornecer programas de transporte e/ou logística, sendo que ao divulgar os termos de uso da respectiva plataforma, válido tanto para o motorista quanto para os usuários/tomadores, deixa expresso que

> [...] não presta serviços de transporte ou logística, nem funciona como transportadora, e que todos esses serviços de transporte ou logística são prestados por parceiros independentes, que não são empregados(as) e nem representantes da Uber, nem de qualquer de suas afiliadas.[174]

De igual modo, a empresa iFood, empresa de tecnologia que atua como agente/intermediário no compartilhamento da atividade de entrega (entregadores independentes) entre restaurantes, bares e demais estabelecimentos comerciais parceiros e seus respectivos consumidores finais, permite que os estabelecimentos parceiros vendam os seus produtos aos clientes finais, valendo-se da plataforma, deixando claro, também, nos seus Termos de Uso, que a entrega será realizada por entregadores independentes, sem qualquer vínculo trabalhista. Assim, ressalta que "a atividade de entrega, bem como quaisquer perdas, prejuízos e/ou danos decorrentes ou relativas a tal atividade, são de responsabilidade exclusiva

173 99 TECNOLOGIA LTDA. *Termos de Uso*. Disponível em: <https://99app.com/legal/termos/motorista/>. Acesso em: 05 jan. 2020.

174 UBER DO BRASIL TECNOLOGIA LTDA. *Termos de Uso*. Atualizado em 22/02/2020. Disponível em: <https://www.uber.com/legal/pt-br/document/?name=general-terms-of-use&country=brazil&lang=pt-br>. Acesso em: 02 mar. 2020.

dos entregadores". A esse respeito, a cláusula 2.7 do Termo de Uso do iFood[175] expressa:

> 2.7. OS ENTREGADORES RECONHECEM QUE SÃO INDEPENDENTES E NÃO EXCLUSIVOS, ATUANDO POR CONTA PRÓPRIA E QUE SE UTILIZAM DOS PRÓPRIOS RECURSOS PARA A EXECUÇÃO DAS ATIVIDADES DE ENTREGA, NÃO HAVENDO, PORTANTO, QUALQUER SUBORDINAÇÃO ENTRE O IFOOD E OS ENTREGADORES, SENDO ESTES LIVRES PARA, DE ACORDO COM A SUA CONVENIÊNCIA, ACEITAR OU RECUSAR, A QUALQUER MOMENTO, A EXECUÇÃO DAS ATIVIDADES DE ENTREGA POR MEIO DA UTILIZAÇÃO DA PLATAFORMA. Os Entregadores, desde já, reconhecem que a relação jurídica estabelecida por estes Termos não cria vínculo empregatício, societário, de associação, mandato, franquia, ou de qualquer outra natureza entre o iFood e os Entregadores.

A empresa Rappi apresenta-se como uma plataforma digital de intermediação de negócios voltada para a compra, via mandato, de produtos em supermercados, restaurantes, farmácias e outros estabelecimentos diversos (fornecedores parceiros) e, de igual modo, afirma nos "Termos e Condições de Uso de Plataforma Virtual "Sou Rappi"", que a operadora e os entregadores são independentes entre si e cada um é inteiramente responsável por seus custos e atividades, com autonomia, e sem vínculo empregatício. A cláusula 11 do Termo de Uso da Rappi[176] assim estabelece:

> 11. AUTONOMIA.
> A relação mantida entre a OPERADORA e ENTREGADOR não configuram relações empregatícias de qualquer espécie, os quais serão regidos pelas

[175] IFOOD.COM AGÊNCIA DE RESTAURANTES ONLINE S.A. *Termos de Uso*. Versão: 17/03/2020. Disponível em: <https://entregador.ifood.com.br/termosdeuso/>. Acesso em: 02 abr. 2020.

[176] RAPPI BRASIL INTERMEDIAÇÃO DE NEGÓCIOS LTDA. *Termos e Condições de Uso de Plataforma Virtual "Sou Rappi"*. Disponível em: https://legal.rappi.com/brazil/termos-e-condicoes-de-uso-de-plataforma-virtual-entregador-rappi/. Acesso: 02 abr 2021.

> normas de Direito Civil, não sujeitando as Partes aos deveres decorrentes da legislação trabalhista, nem atribuindo às mesmas os direitos correspondentes, não constituindo a plataforma RAPPI ferramenta não essencial para o desenvolvimento de sua atividade econômica e que não há qualquer relação hierárquica, de dependência, subordinação ou trabalhista entre o ENTREGADOR e a OPERADORA, podendo o ENTREGADOR livremente em qualquer momento realizar serviços de frente e entregas para quem desejar. Em decorrência do presente Termos e Condições, sob qualquer hipótese ou em qualquer situação, não se presumirá a eventual existência, ou se estabelecerá a presunção de qualquer vínculo societário e ou empregatício, ou obrigações de caráter trabalhista e previdenciário entre as partes, por si, seus contratados, prepostos e ou empregados, e não serão fiadoras das obrigações e encargos trabalhistas e sociais uma da outra, cabendo a cada PARTE a exclusividade e responsabilidade por tais obrigações, inclusive nas esferas civil e penal.

O contrato celebrado entre o empreendedor digital e o trabalhador coordenado digital se apresenta, normalmente, como um contrato de adesão, que desconsidera a hipossuficiência do trabalhador, seja ela econômica ou técnica, sendo que podem haver cláusulas que sejam complexas e incompreensíveis ao hipossuficiente, que poderá estar renunciando direitos sem perceber o alcance real de tal renúncia, causando-lhe prejuízos.

Stefano[177] observa que estes contratos geralmente são longos, de difícil entendimento, sem espaço para negociação e com termos que protegem os interesses dos empreendedores de plataforma muito acima dos direitos dos trabalhadores.

Na prática, conferindo o status de autônomo aos coordenados digitais, o que se observa é a exploração do trabalho sem garantias protetivas, sendo que no contrato de adesão, comumente todos os riscos e danos

[177] STEFANO, Valerio de. *The rise of the "just-in-time workforce"*: on-demand work, crowdwork and labour protection in the "gig-economy". Geneva: ILO, 2016, conditions of work and employment series, n. 71. Disponível em: <https://www.ilo.org/wcmsp5/groups/public/---ed_protect/---protrav/---travail/documents/ publication/ wcms_443267.pdf>. Acesso em: 02 mar. 2020.

decorrentes da atividade são impostos ao trabalhador. Além desses pontos, os coordenados digitais não gozam de qualquer estabilidade financeira e de trabalho, pois podem ser desligados da plataforma a qualquer momento e a critério do empreendedor digital.

Outro risco provável na relação de trabalho do coordenado digital é a desumanização do trabalhador. A esse respeito, Stefano[178] observa que nas atividades executadas online, sem contato pessoal, constitui-se um novo grupo de "trabalhadores invisíveis" que, em virtude das transações das quais participam ocorrerem apenas virtualmente, através dos canais de TI, correm o risco de serem identificados como uma mera extensão de um dispositivo de TI ou plataforma online. Daí se falar em "desumanização" do trabalhador.

Supiot[179] ao afirmar a necessidade da redefinição do regime de trabalho, pontuou a necessidade de colocar a revolução da informática a serviço do progresso social, alertou que, ao mesmo tempo, pode-se dela extrair "o melhor" e o "pior". O melhor a ser extraído da revolução da informática, refere-se à utilização da informatização e da robotização para "reduzir a pena dos homens e aumentar a autonomia e a realização pessoal no trabalho". Mas por outro lado, o pior a ser extraído implica na possibilidade de pensar o homem conforme o modelo de um computador, sujeito ao tempo instantâneo, reatividade e competividade sem limite, "avaliado a partir de indicadores numéricos de desempenho", sem considerar o aspecto humano do trabalhador, promovendo uma completa desumanização do trabalho.

Como consequência dessa extensão e desumanização, tanto usuários/tomadores das plataformas quanto os empreendedores digitais, podem ter a percepção distorcida de que seria possível esperar dos trabalhadores de plataforma um resultado de trabalho tão perfeito e sem falhas quanto o resultado de um software ou ferramenta tecnológica e, se algo der errado, esses trabalhadores poderão receber críticas ou *feedbacks* mais

[178] Ibid.

[179] Supiot, Alain. *Para além do emprego*: os caminhos de uma verdadeira reforma do direito do trabalho. Revista Direito das Relações Sociais e Trabalhistas, Brasília, Volume IV, n. 03, 2018, Set-Dez/2018, p. 30.

rígidos do que aqueles que são dados aos que trabalham mediante o contato pessoal, de forma *off-line*.

Nessa hipótese, além das consequências danosas no aspecto psíquico do indivíduo/trabalhador, tais *feedbacks* acarretam prejuízo à sua reputação enquanto trabalhador propriamente dito, em face da divulgação de suas avaliações pelas plataformas, podendo dificultar novas oportunidades de trabalho.

Em relação às avaliações, normalmente gerenciadas por algoritmos que automaticamente processam as informações enviadas pelos usuários/tomadores dos serviços realizados pelo trabalhador coordenado digital, o cliente fica livre para dar a "nota" que entende ser compatível com a atividade recebida, de forma que o trabalhador não possui o direito de questionar os motivos da avaliação, faltando-lhe a transparência e direito de defesa, situação esta que muito lhe prejudica, uma vez que as avaliações serão acessadas por outros potenciais clientes no futuro, que poderão "descartá-lo" por conta de uma má avaliação, que por sua vez, pode ter sido injusta e sem motivo real. Além disso, as avaliações podem ser utilizadas pelo empreendedor digital para a desativação ou exclusão do trabalhador da plataforma, tirando-lhe o direito de continuar trabalhando, e sem qualquer direito de defesa acerca da avaliação recebida.

Outro aspecto das avaliações, é o *backup* dessas informações, de modo que, embora as avaliações sejam feitas pelos clientes usuários, o seu detentor é o empreendedor digital que concentra as informações em seu poder, sem permitir ao trabalhador a portabilidade dos dados coletados. Esse comportamento prejudica o trabalhador pois este poderia usá-las como *backup* positivo a seu favor em outras plataformas, o que lhe traria maior independência, podendo optar por aquelas que lhe garantisse maiores benefícios sem que tivesse que abrir mão das avaliações positivas dadas em plataformas distintas.

Pelo fato do trabalhador coordenado digital estar inserido em um ambiente global, de múltiplos usuários, assim como de múltiplos prestadores que também se colocam à disposição da plataforma para exercerem o seu trabalho, emerge um cenário que contribui para uma acirrada concorrência de prestadores, situação esta que pode acarretar na desvalorização do trabalho e consequente redução na remuneração pela atividade. Assim, a remuneração que precisa ser justa, digna e condizente ao esforço realizado, passa a ser precária e injusta. Como resultado, para que seja possível auferir remuneração suficiente à sua subsistência, o trabalhador economicamente dependente do trabalho na plataforma será submetido a longas jornadas de trabalho, sem qualquer limitação, haja vista o caráter flexível do seu contrato de prestação de serviços. Nesse caso, dois efeitos prejudiciais podem ser apontados: a baixa remuneração e a jornada excessiva de trabalho.

Diante da possibilidade dos riscos atribuídos aos trabalhadores coordenados digitais, surgem algumas questões que merecem reflexão e respostas, como as que seguem: a) considerando as transformações tecnológicas da Quarta Revolução Industrial, com efeitos nas relações laborativas, quais são os principais desafios do Direito diante da condição de vulnerabilidade do trabalhador coordenado digital? b) qual é o modelo de proteção jurídico-social adequado para acolher o expressivo avanço tecnológico e, ao mesmo tempo, garantir a proteção do trabalhador bem como dos empresários que precisam se adaptar a essa nova realidade?

Para que seja possível responder a tais questões, é fundamental admitir que, de fato, existe uma ruptura com os padrões anteriores de relação de trabalho e, assim, é preciso haver uma compatibilização entre os padrões anteriores e os emergentes. Não se trata, tão somente, de tentar enquadrar o trabalhador coordenado digital a uma das formas do padrão binário clássico do Direito do Trabalho, pois é essencial admitir o surgimento de uma nova categoria, que precisa ter seus direitos efetivamente protegidos.

Por sua vez, a justificativa para se admitir uma nova categoria não se resume apenas em dar uma resposta para a necessidade de se reduzir o custo do trabalho ou promover a simples redução da rigidez das leis trabalhistas; é necessário, principalmente, garantir aos coordenados digitais a proteção jurídica adequada à modalidade de trabalho realmente exercida, respeitando a sua liberdade, seu grau de autonomia e garantindo sua segurança jurídica.

Coloca-se, desse modo, a necessidade de uma real alteração no Direito do Trabalho e, a esse respeito, Supiot[180] destaca que não se trata de des-

[180] SUPIOT, Alain. *Para além do emprego*: os caminhos de uma verdadeira reforma do direito do trabalho. Revista Direito das Relações Sociais e Trabalhistas, Brasília, Volume IV, n. 03, 2018, Set-Dez/2018, p. 28-29.

regulamentação do Direito do Trabalho em prol da redução do custo do trabalho, da luta contra a rigidez do mercado de trabalho ou de simplesmente dar uma resposta satisfatória aos reclames de um mercado que se fez total, mas sim, trata-se de buscar alternativas para um mundo mais livre e mais justo, considerando as complexidades atinentes ao trabalho no mundo contemporâneo.

Nesse sentido, Supiot[181] afirma:

> Uma verdadeira reforma do Direito do Trabalho evidentemente não tem nada a ver com os sermões daqueles que reproduzem as ordens de adaptação dos homens às necessidades de um mercado que se fez total. Esses pregadores se inscrevem na linhagem dos "terríveis simplificadores", dos quais Jacob Burckhardt anunciava a "absoluta brutalidade". É de fato um abuso de linguagem qualificar de projetos de reforma do Direito do Trabalho os apelos à sua desregulamentação [...] Com efeito, não se pode confundir o transformismo, que reduz a política à submissão às restrições do mercado e à evolução dos costumes, com o verdadeiro reformismo, que consiste em colocar politicamente em obra a representação de um mundo mais livre e mais justo. Reformar o Direito do Trabalho exige considerar a extrema complexidade e as transformações profundas da divisão do trabalho no mundo contemporâneo, e imaginar, com base nisso, categorias jurídicas novas, próprias para favorecer a liberdade, a segurança e a responsabilidade de todos os trabalhadores.

Nesse sentido, o autor acrescenta que é preciso implementar uma reforma que "vai além do emprego", de forma a englobar todas as formas de trabalho, com vistas a buscar a humanização do trabalho mediante a proteção dos direitos sociais, garantindo-se o "estado profissional da pessoa", baseado nas noções de liberdade, justiça social e solidariedade.[182]

Isso não significa admitir os coordenados digitais como se fossem empregados, garantindo-lhes todos os direitos e proteção do Direito do Trabalho, mas sim, em equilibrar o nível de proteção adequada à real

[181] Ibid., p. 29.

[182] Supiot, Alain. Para além do emprego: os caminhos de uma verdadeira reforma do direito do trabalho. Revista Direito das Relações Sociais e Trabalhistas, Brasília, Volume IV, n. 03, 2018, Set-Dez/2018, p. 17.

necessidade, atentando-se às claras diferenças entre o coordenado digital e o subordinado-empregado, como forma de se fazer valer os direitos sociais.

Supiot[183] também destaca que "as profundas transformações dos modos de vida e da organização do trabalho obrigam a romper com uma visão puramente quantitativa e instrumental do trabalho, que ignora a diversidade de suas formas e os problemas postos por sua articulação". Afirma, ainda, que "seria preciso ser cego para discordar da necessidade de uma profunda reforma do direito do trabalho"[184]. Assim, é preciso colocar o trabalho no centro da reflexão e da ação política e sindical, reconhecendo que o modelo "fordista" de emprego assalariado não pode mais ser o porto seguro dos trabalhadores no mundo futuro, sendo necessário pensar essa segurança para "além do emprego".

Tal pensamento não pode representar um atraso na revolução tecnológica, mas ao contrário, ter um papel de avanço na medida em que contribui para colocar a economia a serviço dos homens. Para tanto, exige-se que a necessária reforma do Direito do Trabalho não se resuma às "políticas de emprego", mas envolva uma nova política do trabalho que considere todas as formas de trabalho atuais.[185]

Ilustrando o significado de "pensar em todas as formas de trabalho" e a extensão dessa análise, Supiot[186] relembra a história contada por Michael Moore em "Tiros em Columbine", a respeito do adolescente de quinze anos que assassinou sua vizinha após ter roubado um revólver de seu tio. Sua mãe, solteira, alistada em um programa de "pleno emprego", trabalhava em dois trabalhos diferentes em tempo parcial, tendo que se ausentar de casa por doze horas por dia, sendo duas horas dedicadas ao transporte e, apesar de todo esforço, não conseguia dinheiro suficiente para pagar uma moradia. Em meio a esse contexto de dificuldades, teve

[183] Ibid., p. 36-37.
[184] Supiot, Alain. Pour une réforme digne de ce nom. Et si l'on refondait le droit du travail. *Le Monde diplomatique*. 2017, octobre, p. 22-23. Disponível em: < https://www.monde-diplomatique.fr/2017/10/SUPIOT/58009>. Acesso em: 10 mai. 2021.
[185] Supiot, Alain. *Para além do emprego*: os caminhos de uma verdadeira reforma do direito do trabalho. Revista Direito das Relações Sociais e Trabalhistas, Brasília, Volume IV, n. 03, 2018, Set-Dez/2018, p. 36-37.
[186] Ibid, p. 39.

que confiar o cuidado de seu filho ao seu irmão de modo que, após ter ocorrido o assassinato, a crítica unânime estigmatizou a mãe, questionando sua responsabilidade. No entanto, suas reais condições de vida não foram questionadas, ninguém analisou o duro regime de trabalho ao qual foi submetida para prover a subsistência da família. Tal realidade retrata a míope e simplificada preocupação da política baseada no emprego, sem levar em consideração todas as formas de trabalho, inclusive, o trabalho relativo às tarefas educativas, como forma de se cumprir o "direito ao respeito da vida privada e familiar".

Por outro lado, também, não se pode relegar aos coordenados digitais a simples condição de trabalhador autônomo e independente, pois tal possibilidade pode vir a colocá-los em condição de precariedade do trabalho, razão pela qual a categoria dos coordenados digitais carecem de uma regulamentação específica. Neste aspecto, Supiot[187] alerta que a implementação de um "regime de trabalho realmente humano", conforme denominado pela Constituição da Organização Internacional do Trabalho, apresenta-se como fundamental, diante do agravamento vertiginoso das desigualdades e do progresso das novas tecnologias.

O autor Emane enfatiza que as relações de trabalho que se desenvolvem no contexto da revolução tecnológica, especialmente as de serviços, são muito diferentes do trabalho realizado nas fábricas nas primeiras revoluções industriais, e complementa:

> Na verdade, o contrato de trabalho, que foi concebido em um contexto diferente do que agora conhecemos, deve ser repensado. Com efeito, lembremos que as duas primeiras revoluções industriais deram origem ao direito do trabalho e ao contrato de trabalho como conhecemos hoje. Esse imperativo é ainda maior com a quarta revolução industrial que começamos a viver: marcada pela convergência das tecnologias digitais, físicas e biológicas, as quais antecipam que o mundo como o conhecemos mudará.[188]

[187] Supiot, Alain. *Para além do emprego*: os caminhos de uma verdadeira reforma do direito do trabalho. Revista Direito das Relações Sociais e Trabalhistas, Brasília, Volume IV, n. 03, 2018, Set-Dez/2018, p. 30.

[188] Emane, Augustin. Del contrato de trabajo al contrato civil: ¿ilusión o realidad? *In:* Alarcón, Katerine Bermúdez; EMANE, Augustin (Coord.) *La realidad del contrato de*

Emane ressalta, ainda, que ao invés de ficar debatendo sobre o futuro do contrato de trabalho, se será extinto ou não com as novas regulamentações que estão por vir, o autor conclui que, na verdade, "deveria-se pensar mais globalmente sobre o trabalho como, por exemplo, a OIT começou a fazer em nível internacional. O trabalho pode ser pensado, como se viu, fora do contrato." Acrescenta que teremos mais pessoas que mudarão o seu status profissional muitas vezes ao longo de suas vidas, mas o que está em jogo e merece atenção é analisar se os direitos conquistados com a condição de "empregado" serão preservados, tais como, a proteção de uma série de direitos fundamentais, em especial, o direito à seguridade social. Por fim, destaca que o "desafio para o futuro é, portanto, a consagração de um conjunto de garantias ligadas ao emprego, que trará como vantagem evitar as tentações de *dumping* hoje conhecidas."[189]

Em apresentação no IV Diálogo Nacional sobre o Futuro do Trabalho – evento realizado no Rio de Janeiro, organizado pela OIT em parceria com o IPEA, em maio de 2017- Pires[190] discorreu sobre o período de transição pelo qual está-se passando, marcado por dois elementos: a pluralização e os desafios da regulação do mundo do trabalho.

A pluralização deriva da coexistência das formas tradicionais de trabalho (próprias do século XX) e das formas emergentes (século XXI), ou seja, enquanto no século XX predominavam as relações de trabalho pautadas na preocupação com a proteção e garantias do trabalhador empregado, na continuidade do emprego, dedicação exclusiva e subordinação direta, o século XXI, tem sido marcado por vínculos temporários, trabalho intermitente ou sob demanda, caracterizado por crescimento indis-

trabajo y su situación en Suramérica. Bogotá: Universidad Externado de Colombia, 2019, p. 20. (tradução livre)

189 EMANE, Augustin. Del contrato de trabajo al contrato civil: ¿ilusión o realidad? *In*: Alarcón, Katerine Bermúdez; EMANE, Augustin (Coord.) *La realidad del contrato de trabajo y su situación en Suramérica.* Bogotá: Universidad Externado de Colombia, 2019, p. 62. (tradução livre)

190 PIRES, Roberto Rocha Coelho. *Desafios e Oportunidades para a Articulação entre Agentes Públicos, Sociais e Privados na Aplicação da Regulação.* In: Futuro do Trabalho no Brasil: Perspectivas e Diálogos Tripartites. Brasil, OIT, 2018. Disponível em: <https://www.ilo.org/wcmsp5/groups/public/---americas/---ro-lima/---ilo-brasilia/documents/ publication/wcms_626908.pdf>. Acesso em: 02 mar. 2020.

cutível das “formas não convencionais ou atípicas de trabalho”, subcontratação e formas de subordinação indireta. Assim:

> Segundo o relatório da OIT *Non-Standard Employ- ment Around the World* (2016), têm substituído progressivamente as relações convencionais de trabalho nas economias desenvolvidas e já se apresentam como majoritárias nas economias em desenvolvimento.

O segundo elemento que marca esse período de transição, “diz respeito aos desafios que se impõem para a governança da regulação do mundo do trabalho”, que por sua vez, precisa abarcar a pluralização das formas de trabalho.

Portanto, nesse contexto da Quarta Revolução Industrial, em meio às profundas transformações nas relações de trabalho, é preciso reconhecer a insuficiência da classificação binária do Direito do Trabalho e impingir a classificação trinária ou tricotômica, com vistas a proteger o trabalhador coordenado digital, fruto da referida revolução.

Dessa forma, como resposta ao problema de pesquisa enfrentado no presente trabalho, defende-se a necessária formulação de regulamentação jurídica específica ao trabalhador coordenado digital, diante dos riscos apontados que podem acarretar em violação ao direito da dignidade da pessoa humana e aos direitos sociais.

A ausência da tutela aos coordenados digitais por parte do Direito do Trabalho, pelo fato desta atividade laboral não ser subordinada, estando ausente o vínculo de emprego, não pode impedir que o coordenado digital seja considerado uma nova categoria de trabalho específica, a qual, diante da vulnerabilidade do trabalhador, merece a devida proteção do Direito.

Nesse caso, não se trata de ofensa à isonomia entre o trabalhador coordenado digital e o subordinado, uma vez que, conforme já demonstrado, são categorias diferentes e, assim, merecem tratamento diferente. De igual forma, não pode o coordenado digital ter a mesma proteção do autônomo, pois em face do pressuposto da coordenação, não pode ser com ele confundido, sendo certo concluir pela ausência de violação ao princípio da isonomia e igualdade. Ademais, não há que se falar também em enfraquecimento do Direito do Trabalho, pois pelas próprias características do coordenado digital o Direito do Trabalho, pela sua natureza e alcance, já não lhe seria aplicado.

Entretanto, pelo fato do coordenado digital ser uma categoria intermediária, não existe óbice para que se constitua uma regulamentação jurídica própria, contemplando alguns direitos típicos do trabalhador empregado, mas sem a mesma extensão e completude.

Inclusive, cabe observar que tal situação já ocorreu, a exemplo da Lei n. 4.886/65, que regulamenta de forma específica a atividade do representante comercial, em especial, o disposto no art. 27 da referida lei que, à semelhança de direitos celetistas, prevê algumas garantias ao representante comercial, com nítido caráter protetivo, quais sejam: a) indenização devida ao representante pela rescisão do contrato fora dos casos previstos para justa causa de rescisão, cujo montante não poderá ser inferior a 1/12 (um doze avos) do total da retribuição auferida durante o tempo em que exerceu a representação; b) na hipótese de contrato a prazo certo, a indenização corresponderá à importância equivalente à média mensal da retribuição auferida até a data da rescisão, multiplicada pela metade dos meses resultantes do prazo contratual; c) o contrato com prazo determinado, uma vez prorrogado o prazo inicial, tácita ou expressamente, torna-se a prazo indeterminado; d) conversão em prazo indeterminado de todo contrato que suceder, dentro de seis meses, a outro contrato, com ou sem determinação de prazo.

Outro exemplo, já analisado no presente trabalho, refere-se à proteção do profissional-parceiro, que também possui regulamentação específica na Lei 12.592/2012 e, em seu art. 1º-A, §§ 8º e 9º, determina a participação do sindicato da categoria profissional e laboral ou do Ministério do Trabalho, o que implica em reconhecer a preocupação legislativa de se proteger os direitos concernentes às condições de trabalho. Na mesma seara, o art. 1º-A, § 3º, da referida lei, prevê a obrigatoriedade de retenção e pagamento pelo salão-parceiro dos valores de recolhimento de tributos e contribuições sociais e previdenciárias devidos pelo profissional-parceiro, contribuindo, mais uma vez, para a proteção do trabalhador, que terá o recolhimento dos tributos referentes a sua atividade profissional, e ainda, terá a garantia de proteção previdenciária mediante o recolhimento das contribuições sociais e previdenciárias pelo salão-parceiro.

Considera-se importante resgatar a posição de Godinho[191] referente à categoria da trabalhadora doméstica, quando o autor destaca que a mesma não recebeu qualquer proteção jurídica do Direito do Trabalho na fase clássica de sua institucionalização (1930 em diante) e, por isso, a categoria permaneceu no limbo jurídico durante décadas, excluída de qualquer proteção trabalhista, previdenciária e institucional, sem direito sequer a salário mínimo e reconhecimento previdenciário do tempo de serviço. A respectiva proteção foi instituída inicialmente mediante a Lei n. 5.859, de 1972, com apenas três direitos, sendo seguida pelas regras concessoras do Vale Transporte, na segunda metade dos anos de 1980; até que a Constituição de 1988 e seu art. 7º, parágrafo único, acresceram oito novos direitos à categoria doméstica; depois, outros direitos pela Lei n. 11.324, de 2006, consagrada a respectiva proteção por direitos trabalhistas, por intermédio da Emenda Constitucional n. 72, promulgada em 2013, que estende 16 novos direitos aos trabalhadores domésticos (alguns, tendo ainda caráter multidimensional); atingindo o seu ápice, por fim, com a LC n. 150, de 2015.

Nesse sentido, Godinho[192] ainda faz uma ressalva afirmando que, embora existam relações empregatícias que se situam dentro do ramo justrabalhista, a doméstica regula-se "por normatividade jurídica especialíssima, distinta dos demais empregados (ou, pelo menos, mais restrita)." E assim, acrescenta o autor[193]:

> É o que se passa com os empregados domésticos no Brasil. [...] Sinteticamente, o Direito do Trabalho abrange todo e qualquer empregado (embora a categoria doméstica seja absorvida neste ramo jurídico mediante normatividade especial e restritiva). Abrange ainda determinados trabalhadores que não são empregados, mas que foram legalmente favorecidos pelo padrão geral da normatividade trabalhista (caso dos avulsos).

[191] DELGADO, Mauricio Godinho. *Curso de direito do trabalho*: obra revista e atualizada conforme a lei da reforma trabalhista e inovações normativas e jurisprudenciais posteriores. 18. ed. São Paulo: LTr, 2019, p. 451-452.

[192] DELGADO, Mauricio Godinho. Curso de direito do trabalho: obra revista e atualizada conforme a lei da reforma trabalhista e inovações normativas e jurisprudenciais posteriores. 18. ed. São Paulo: LTr, 2019, p. 53.

[193] Ibid., p. 53-54.

Diante do exposto, acredita-se não haver razões para o não reconhecimento do trabalhador coordenado digital enquanto categoria especial, fazendo jus a uma regulamentação jurídica própria, com direitos mínimos, que garantam a proteção do trabalhador e sejam preservados o direito constitucional da dignidade da pessoa humana e os direitos sociais. Defende-se assim, que este é o modelo adequado de proteção jurídico-social que acolherá o inevitável avanço tecnológico sem prejudicar a proteção do trabalhador, pois este será tutelado por uma regulamentação própria, e, ainda, contribuirá para com os empresários que precisam se adaptar a essa nova realidade, pois terão a segurança jurídica necessária nas contratações, estarão respeitando os direitos do trabalhador, bem como, poderão desenvolver o seu *core business* sem a oneração de encargos sociais típicos de uma relação empregatícia inexistente, com eficiência econômica.

E mais, para que essa proteção ao trabalhador seja eficiente e ao mesmo tempo não prejudique o empresário, que precisa se adaptar à nova realidade tecnológica, serão necessários arranjos institucionais, envolvendo a colaboração de entidades públicas e privadas dos mais variados setores da economia, sindicatos, secretarias de governo, poder judiciário, órgãos fiscalizadores do trabalho e representantes do Ministério Público, para que, juntos, possam formular políticas públicas e parcerias bem elaboradas, e assim, adotar as melhores práticas de governança. Acerca desses arranjos institucionais, bem como, do rol de direitos mínimos que devem ser contemplados na regulamentação própria, tais temas foram abordados no tópico 4.3, ao se estudar outras propostas de regulamentação aos respectivos trabalhadores.

Antes, porém, vale investigar como os tribunais trabalhistas brasileiros vêm decidindo os casos de reclamatórias oriundas do trabalho coordenado digital, de forma, inclusive, a se comprovar a real necessidade de uma regulamentação jurídica própria, diante da disparidade de entendimentos, bem como, diante do risco da ausência de proteção adequada a esses trabalhadores, mesmo com a presença da comprovada hipossuficiência, mas que por ausência de previsão legal, torna difícil a sua proteção.

4.2 Decisões judiciais dos tribunais brasileiros nos casos de trabalho por meio de plataforma digital

Partindo da premissa de que no Direito Brasileiro vigora a classificação binária clássica do Direito do Trabalho, autônomo ou subordinado, este tópico tem como objetivo apresentar algumas decisões dos tribunais brasileiros nos casos de trabalho por meio de plataforma digital e, em especial, decisões do Tribunal Superior do Trabalho, acerca de reclamações trabalhistas que buscaram o reconhecimento do vínculo de emprego, requerendo daí os direitos trabalhistas decorrentes.

Dessa maneira, serão demonstrados as divergências dos julgados acerca do reconhecimento ou não do vínculo, da análise da presença ou não da subordinação.

Em face da pesquisa realizada no momento da elaboração do trabalho ora apresentado, constata-se o posicionamento majoritário da jurisprudência dos tribunais pelo não reconhecimento do vínculo empregatício. Nesse sentido, três importantes decisões foram proferidas no âmbito do TST que merecem especial destaque e sobre as quais passa-se a discorrer e analisar.

De forma bastante abrangente e esclarecedora a 4ª Turma do TST, nos autos do RR n. 10555-54.2019.5.03.0179, por meio de seu relator, Ministro Ives Gandra Martins Filho, afastou o vínculo de emprego entre o motorista de aplicativo e a empresa provedora da plataforma digital, conforme disposto na seguinte ementa:

> RECURSO DE REVISTA OBREIRO – *VÍNCULO DE EMPREGO ENTRE O MOTORISTA DE APLICATIVO E A EMPRESA PROVEDORA DA PLATAFORMA DE TECNOLOGIA DA INFORMAÇÃO (UBER) – IMPOSSIBILIDADE DE RECONHECIMENTO DIANTE DA AUSÊNCIA DE SUBORDINAÇÃO JURÍDICA* – TRANSCENDÊNCIA JURÍDICA RECONHECIDA – RECURSO DESPROVIDO.
>
> 1. Avulta a transcendência jurídica da causa (CLT, art. 896-A, § 1º, IV), na medida em que o pleito de reconhecimento do vínculo de emprego envolvendo os recentes modelos de contratação firmados entre motoristas de aplicativo e empresas provedoras de plataformas de tecnologia por eles utilizadas ainda é nova no âmbito desta Corte, demandando a interpretação da legislação trabalhista em torno da questão.

2. Ademais, deixa-se de aplicar o óbice previsto na Súmula 126 desta Corte, uma vez que os atuais modelos de contratação firmados entre as empresas detentoras da plataforma de tecnologia (Uber) e os motoristas que delas se utilizam são de conhecimento público e notório (art. 374, I, do CPC) e consona com o quadro fático delineado pelo Regional.
3. Em relação às novas formas de trabalho e à incorporação de tecnologias digitais no trato das relações interpessoais – que estão provocando uma transformação profunda no Direito do Trabalho, mas *carentes ainda de regulamentação legislativa específica* – deve o Estado-Juiz, atento a essas mudanças, distinguir os novos formatos de trabalho daqueles em que se está diante de uma típica fraude à relação de emprego, de modo a não frear o desenvolvimento socioeconômico do país no afã de aplicar regras protetivas do direito laboral a toda e qualquer forma de trabalho.
4. Nesse contexto, analisando, à luz dos arts. 2º e 3º da CLT, a relação existente entre a Uber e os motoristas que se utilizam desse aplicativo para obterem clientes dos seus serviços de transporte, tem-se que: a) quanto à habitualidade, inexiste a obrigação de uma frequência predeterminada ou mínima de labor pelo motorista para o uso do aplicativo, estando a cargo do profissional definir os dias e a constância em que irá trabalhar; b) quanto à subordinação jurídica, a par da ampla autonomia do motorista em escolher os dias, horários e forma de labor, podendo desligar o aplicativo a qualquer momento e pelo tempo que entender necessário, sem nenhuma vinculação a metas determinadas pela Uber ou sanções decorrentes de suas escolhas, a necessidade de observância de cláusulas contratuais (v.g.,valores a serem cobrados, código de conduta, instruções de comportamento, avaliação do motorista pelos clientes), com as correspondentes sanções no caso de descumprimento (para que se preserve a confiabilidade e a manutenção do aplicativo no mercado concorrencial), não significa que haja ingerência no modo de trabalho prestado pelo motorista, reforçando a convicção quanto ao trabalho autônomo a inclusão da categoria de motorista de aplicativo independente, como o motorista da Uber, no rol de atividades permitidas para inscrição como Microempreendedor Individual – MEI, nos termos da Resolução 148/2019 do Comitê Gestor do Simples Nacional; c) quanto à remuneração, o caráter autônomo da prestação de serviços se caracteriza por arcar, o motorista, com os custos da prestação do serviço (manutenção do carro, combustível, IPVA), caber a ele a responsabilidade por eventuais

sinistros, multas, atos ilícitos ocorridos, dentre outros (ainda que a empresa provedora da plataforma possa a vir a ser responsabilizada solidariamente em alguns casos), além de os percentuais fixados pela Uber, de cota parte do motorista, entre 75% e 80% do preço pago pelo usuário, serem superiores ao que este Tribunal vem admitindo como suficientes a caracterizar a relação de parceria entre os envolvidos.
5. *Já quanto à alegada subordinação estrutural, não cabe ao Poder Judiciário ampliar conceitos jurídicos a fim de reconhecer o vínculo empregatício de profissionais que atuam em novas formas de trabalho, emergentes da dinâmica do mercado concorrencial atual e, principalmente, de desenvolvimentos tecnológicos, nas situações em que não se constata nenhuma fraude, como é o caso das empresas provedoras de aplicativos de tecnologia, que têm como finalidade conectar quem necessita da condução com o motorista credenciado, sendo o serviço prestado de motorista, em si, competência do profissional e apenas uma consequência inerente ao que propõe o dispositivo.*
6. Assim sendo, não merece reforma o acórdão regional que *não reconheceu o vínculo de emprego pleiteado na presente reclamação, sob o fundamento de ausência de subordinação jurídica entre o motorista e a empresa provedora do aplicativo Uber.* Recurso de revista desprovido. (TST – RR: 10555-54.2019.5.03.0179, Relator: Ives Gandra Martins Filho, Data de Julgamento: 02/03/2021, 4ª Turma, Data de Publicação: DEJT 05/03/2021) (grifos nossos).

Acerca da transcendência jurídica (art. 896-A, § 1º, IV, da CLT), no entendimento do ministro relator, Ives Gandra Martins Filho, acompanhado à unanimidade pelos membros da 4ª Turma do TST, embora já tivesse precedente dessa mesma turma sobre a matéria (AIRR-10575-88.2019.5.03.0003, Relator: Alexandre Luiz Ramos), a transcendência jurídica mesmo assim estaria presente, pois a análise acerca de eventual vínculo de emprego envolvendo as recentes formas de trabalho entre motoristas de aplicativo e plataformas digitais, ainda é nova no âmbito do TST, fato este que demanda a interpretação da legislação trabalhista acerca do tema.

Evidenciou-se que pelo fato de ainda não haver uma regulamentação legislativa específica acerca das novas formas de trabalho que incorporaram as tecnologias digitas no trato das relações interpessoais e causaram uma profunda transformação no Direito do Trabalho, cabe ao Estado-Juiz estar atento a essas mudanças de modo a distinguir os novos formatos de trabalho, de tal forma que não permita a ocorrência de fraudes na relação de emprego, mas por outro lado, não represente um freio ao desenvolvimento socioeconômico do país, na ânsia de aplicar as normas protetivas do direito laboral a toda e qualquer forma de trabalho.

Considerou-se que o momento atual vivencia a 4ª Revolução Industrial, da Era Virtual, que ainda carece de um marco regulatório legal para o trabalho com o uso das plataformas digitais. Por essa razão, é preciso atenção para não enquadrar de forma equivocada os moldes antiquados estabelecidos para a relação de trabalho da 1ª Revolução Industrial, enquanto se vivencia a 4ª Revolução Industrial.

Na análise do mérito, houve o entendimento de que não há vínculo de emprego face à ausência de subordinação jurídica pois, ao trabalhador por aplicativo, é conferida ampla autonomia para escolher os dias, horários e forma de trabalho, sendo-lhe facultado desligar o aplicativo pelo tempo que desejar, sem metas a cumprir e sem que isso lhe acarrete sanções.

Acerca das "ordens" definidas pela empresa, entendeu-se que na realidade existe a necessidade de se observarem algumas cláusulas contratuais, dentre elas, valor dos serviços, código de conduta, avaliação pelos clientes, sempre no intuito de se preservar a confiabilidade e manutenção da plataforma digital no mercado, sem que haja a ingerência no modo de trabalho. Para o ministro relator, não se pode confundir a existência de regras de procedimento, que não tem o condão de caracterizar a subordinação jurídica, com o poder diretivo do empregador. Até porque,

> [...] o estabelecimento de regras e sanções, ainda que sob a forma de adesão de uma das partes às cláusulas contratuais instituídas pela outra, além de ser inerente às negociações jurídicas – sem que se caracterize, necessariamente, a subordinação –, encontra respaldo nos princípios constitucionais da livre-iniciativa e da livre concorrência (art. 1o, IV, c/c art. 170, III, da CF), que garantem o desenvolvimento econômico-produtivo livre.

Com relação aos valores previamente definidos, os percentuais reservados ao trabalhador (entre 75% e 80% do preço pago pelo usuário) são superiores ao que o TST vem admitindo como suficiente para se reconhecer a relação de parceria, e mais, tais percentuais elevados não são condizentes com o liame empregatício.

Quanto aos riscos assumidos pelo negócio, além dos custos pela prestação dos serviços (combustível, manutenção do veículo, IPVA, etc.), que são arcados pelo próprio trabalhador, os atos ilícitos, sinistros e multas são de sua responsabilidade, ainda que a empresa provedora da plataforma digital possa vir a ser responsável solidariamente em determinadas situações. A empresa, por outro lado, é responsável quanto ao custo do seu empreendimento (manutenção e aperfeiçoamento da plataforma, marketing, estrutura para atendimento aos clientes, dentre outros), os quais não se confundem com os do serviço prestado pelo trabalhador.

Em relação à alegação de que estaria presente a subordinação estrutural, o ministro relator rechaçou tal entendimento sob o argumento de que, primeiramente, esse conceito que

> [...] visa enquadrar como empregado qualquer profissional que se encontre inserido na organização do empreendimento, oferecendo labor indispensável aos fins da atividade empresarial, ainda que não esteja sob o seu comando direto, não encontra amparo na legislação trabalhista (arts. 2º e 3º da CLT).

Para o ministro relator, acompanhado de seus pares, deve ser respeitada a modernização das formas de trabalho, oriundas da nova dinâmica de mercado, do desenvolvimento tecnológico e de que não se constata a presença de fraude trabalhista, sendo certo que esses trabalhadores não se enquadram no conceito legal de subordinação, não cabendo ao Poder Judiciário ampliar os conceitos jurídicos para reconhecer o inexistente vínculo empregatício.

Em segundo lugar, mesmo que se entendesse pela aplicação do conceito de subordinação estrutural, para a 4ª Turma do TST esta não seria a hipótese dos autos, já que

> [...] as empresas provedoras de aplicativos de tecnologia, como a Uber, têm como finalidade conectar quem necessita da condução com o motorista credenciado, sendo o serviço prestado de motorista, em si, competência do profissional e apenas uma consequência inerente ao que propõe o dispositivo.

Nesse mesmo sentido, outra decisão da 4ª Turma TST, nos autos do AIRR-10575-88.2019.5.03.0003, Relator: Alexandre Luiz Ramos, veio assim ementada:

> AGRAVO DE INSTRUMENTO EM RECURSO DE REVISTA INTERPOSTO PELA RECLAMANTE. ACÓRDÃO REGIONAL PUBLICADO NA VIGÊNCIA DAS LEIS Nºs 13.015/2014 E 13.467/2017. PROCEDIMENTO SUMARÍSSIMO. *RELAÇÃO DE EMPREGO. RECONHECIMENTO DE VÍNCULO. TRABALHADOR AUTÔNOMO. MOTORISTA. APLICATIVO. UBER. IMPOSSIBILIDADE.* TRANSCENDÊNCIA JURÍDICA RECONHECIDA. NÃO PROVIMENTO.
> I. Discute-se a possibilidade de reconhecimento de vínculo de emprego entre motorista profissional que desenvolve suas atividades com utilização do aplicativo de tecnologia "Uber" e a sua criadora, Uber do Brasil Tecnologia Ltda. II. Pelo prisma da transcendência, trata-se de questão jurídica nova, uma vez que se refere à interpretação da legislação trabalhista (arts. 2º, 3º, e 6º, da CLT), sob enfoque em relação ao qual ainda não há jurisprudência consolidada no âmbito do Tribunal Superior do Trabalho ou em decisão de efeito vinculante no Supremo Tribunal Federal. Logo, reconhece-se a transcendência jurídica da causa (art. 896-A, § 1º, IV, da CLT). III. Na hipótese, o Tribunal Regional manteve, pelos próprios fundamentos, a sentença em que se reconheceu a condição de trabalhador autônomo do Reclamante. No particular, houve reconhecimento na instância ordinária de que o Reclamante ostentava ampla autonomia na prestação de serviços, sendo dele o ônus da atividade econômica. Registrou-se, ainda, a ausência de subordinação do trabalhador para com a Reclamada, visto que "o autor não estava sujeito ao poder diretivo, fiscalizador e punitivo da ré". Tais premissas são insuscetíveis de revisão ou alteração nessa instância extraordinária, conforme entendimento consagrado na Súmula nº 126 do TST. IV. A relação de emprego definida pela CLT (1943) tem como padrão a relação clássica de trabalho industrial, comercial e de serviços. *As novas formas de trabalho devem ser reguladas por lei própria e, enquanto o legislador não a edita, não pode o julgador aplicar indiscriminadamente o padrão da relação de emprego.* O contrato regido pela CLT exige a convergência de quatro elementos configuradores: pessoalidade, onerosidade, não eventualidade e subordinação jurídica. Esta decorre do poder hierárquico da empresa e se desdobra nos poderes diretivo, fiscalizador,

regulamentar e disciplinar (punitivo). O enquadramento da relação estabelecida entre o motorista de aplicativo e a respectiva plataforma deve se dar com aquela prevista no ordenamento jurídico com maior afinidade, como é o caso da definida pela Lei nº 11.442/2007, do transportador autônomo, assim configurado aquele que é proprietário do veículo e tem relação de natureza comercial. O STF já declarou constitucional tal enquadramento jurídico de trabalho autônomo (ADC 48, Rel. Min. Roberto Barroso, DJE nº 123, de 18/05/2020), a evidenciar a possibilidade de que nem todo o trabalho pessoal e oneroso deve ser regido pela CLT. V. **O trabalho pela plataforma tecnológica – e não para ela -, não atende aos critérios definidos nos artigos 2º e 3º da CLT, pois o usuário-motorista pode dispor livremente quando e se disponibilizará seu serviço de transporte para os usuários-clientes, sem qualquer exigência de trabalho mínimo, de número mínimo de viagens por período, de faturamento mínimo, sem qualquer fiscalização ou punição por esta decisão do motorista, como constou das premissas fáticas incorporadas pelo acórdão Regional, ao manter a sentença de primeiro grau por seus próprios fundamentos, em procedimento sumaríssimo. VI. Sob esse enfoque, fixa-se o seguinte entendimento: o trabalho prestado com a utilização de plataforma tecnológica de gestão de oferta de motoristas-usuários e demanda de clientes-usuários, não se dá para a plataforma e não atende aos elementos configuradores da relação de emprego previstos nos artigos 2º e 3º da CLT, inexistindo, por isso, relação de emprego entre o motorista profissional e a desenvolvedora do aplicativo, o que não acarreta violação do disposto no art. 1º, III e IV, da Constituição Federal.** VII. Agravo de instrumento de que se conhece e a que se nega provimento. (TST – AIRR-10575-88.2019.5.03.0003, Relator: Alexandre Luiz Ramos, Data de Julgamento: 09/09/2020, 4ª Turma, Data de Publicação: DEJT 11/09/2020) (grifos nossos).

Constata-se no teor do acórdão, a observância da CLT de 1943 que ao definir a relação de emprego, tem como padrão a relação clássica de trabalho industrial, comercial e de serviços. Entretanto, atualmente existem novas formas de trabalho que precisam ser analisadas, e enquanto não houver uma lei própria, específica, não pode o judiciário aplicar às novas relação de trabalho, de forma indiscriminada, o padrão da relação de emprego previsto na CLT.

Desse modo, na falta de legislação própria, destaca-se o entendimento de que o enquadramento da relação entre o trabalhador e a plataforma Uber deve se dar com base na legislação com a qual tiver maior afinidade, como é o caso do transportador autônomo, regulamentado pela Lei n. 11.442/2007, considerado como aquele que, na condição de proprietário do veículo, tem uma relação jurídica de natureza comercial.

Destaca-se, ainda, a menção de que o trabalhador da plataforma digital não exerce o seu trabalho "para", e sim, "pela" plataforma, não atendendo, portanto, aos critérios estabelecidos nos arts. 2º e 3º da CLT, já que o trabalhador

> [...] pode dispor livremente quando e se disponibilizará seu serviço de transporte para os usuários-clientes, sem qualquer exigência de trabalho mínimo, de número mínimo de viagens por período, de faturamento mínimo, sem qualquer fiscalização ou punição por esta decisão do motorista. (TST – AIRR-10575-88.2019.5.03.0003, Relator: Alexandre Luiz Ramos, Data de Julgamento: 09/09/2020, 4ª Turma, Data de Publicação: DEJT 11/09/2020).

Por fim, dentre as decisões proferidas no âmbito do TST, cabe mencionar o julgado da 5ª Turma nos autos do RR n. 10001238920175020038, Relator: Breno Medeiros, que apresenta a seguinte ementa:

> AGRAVO DE INSTRUMENTO EM RECURSO DE REVISTA. ACÓRDÃO PUBLICADO NA VIGÊNCIA DA LEI Nº 13.015/2014. *VÍNCULO DE EMPREGO. MOTORISTA. UBER. AUSÊNCIA DE SUBORDINAÇÃO*. Em razão de provável caracterização de ofensa ao art. 3º, da CLT, dá-se provimento ao agravo de instrumento para determinar o prosseguimento do recurso de revista. Agravo de instrumento provido. RECURSO DE REVISTA. ACÓRDÃO PUBLICADO NA VIGÊNCIA DA LEI Nº 13.015/2014. VÍNCULO DE EMPREGO. MOTORISTA. UBER. AUSÊNCIA DE SUBORDINAÇÃO. TRANSCENDÊNCIA JURÍDICA RECONHECIDA. Destaque-se, de início, que o reexame do caso não demanda o revolvimento de fatos e provas dos autos, isso porque a transcrição do depoimento pessoal do autor no acórdão recorrido contempla elemento fático hábil ao reconhecimento da confissão quanto à autonomia na prestação de serviços. Com efeito, *o reclamante admite expressamente a possibilidade de ficar "off line"*, sem delimitação de tempo,

> circunstância que indica a ausência completa e voluntária da prestação dos serviços em exame, que só ocorre em ambiente virtual. Tal fato traduz, na prática, a *ampla flexibilidade do autor em determinar sua rotina, seus horários de trabalho, locais que deseja atuar e quantidade de clientes que pretende atender por dia. Tal auto-determinação é incompatível com o reconhecimento da relação de emprego, que tem como pressuposto básico a subordinação, elemento no qual se funda a distinção com o trabalho autônomo*. Não bastasse a confissão do reclamante quanto à autonomia para o desempenho de suas atividades, é fato incontroverso nos autos que o reclamante aderiu aos serviços de intermediação digital prestados pela reclamada, utilizando-se de aplicativo que oferece interface entre motoristas previamente cadastrados e usuários dos serviços. Dentre os termos e condições relacionados aos referidos serviços, está a *reserva ao motorista do equivalente a 75% a 80% do valor pago pelo usuário, conforme consignado pelo e. TRT. O referido percentual revela-se superior ao que esta Corte vem admitindo como bastante à caracterização da relação de parceria entre os envolvidos, uma vez que o rateio do valor do serviço em alto percentual a uma das partes evidencia vantagem remuneratória não condizente com o liame de emprego.* Precedentes. Recurso de revista conhecido e provido. (TST – RR: 10001238920175020038, Relator: Breno Medeiros, Data de Julgamento: 05/02/2020, 5ª Turma, Data de Publicação: DEJT 07/02/2020) (grifos nossos).

Pela leitura desse acórdão, a 5ª Turma do TST, após reconhecer a transcendência jurídica da matéria (dado que o tema em questão ainda não foi suficientemente enfrentado pelo TST), firmou o entendimento quanto a ausência de vínculo empregatício e subordinação no caso do trabalho prestado por um motorista do aplicativo Uber, considerando, principalmente, que o trabalhador pode ficar *off-line*, sem delimitação de tempo, mediante autodeterminação e ampla flexibilidade do trabalhador para determinar a sua rotina, seus horários, locais em que deseja atuar e quantidade de clientes para atender por dia, sendo que tais condições são incompatíveis com a subordinação, pressuposto básico da relação empregatícia. Além disso, acrescenta que o recebimento de remuneração equivalente a 75% a 80% do valor pago pelo usuário é bastante para caracterizar um contrato de parceria, com evidente vantagem remuneratória, aspecto esse que também não é condizente em uma relação de emprego.

Outro ponto também destacado no julgado, refere-se ao fato do trabalhador aderir aos serviços de intermediação digital da plataforma, aceitando os termos e condições por ela estabelecidos, dentre eles, a possibilidade de avaliação do trabalhador pelos usuários/clientes. Houve o entendimento que tal avaliação consubstancia em uma ferramenta de *feedback* para os usuários finais acerca da qualidade dos serviços pelo trabalhador, o que é do interesse de todos os envolvidos. E mais, ainda que a plataforma possa se valer das avaliações para realizar o descredenciamento do trabalhador mal avaliado, esse fato interessa muito mais à coletividade de usuários, a quem mais beneficia a qualidade e confiabilidade dos serviços prestados.

Frisou-se, por fim, que o trabalho pela plataforma por meio da revolução tecnológica tem se revelado uma crescente alternativa de trabalho e fonte de renda em tempos de desemprego, pelo que tem acarretado intensas modificações nas relações de trabalho, de modo que a Justiça do Trabalho precisa estar atenta a essa nova realidade, preservando os princípios que norteiam a relação de emprego, mas desde que todos os seus elementos estejam presentes. Assim, a

> [...] proteção ao trabalhador não deve se sobrepor a ponto de inviabilizar as formas de trabalho emergentes, pautadas em critérios menos rígidos e que permitem maior autonomia na sua consecução, mediante livre disposição das partes, o que ocorre no caso dos autos. (TST – RR: 10001238920175020038, Relator: Breno Medeiros, Data de Julgamento: 05/02/2020, 5ª Turma, Data de Publicação: DEJT 07/02/2020).

Na mesma linha de entendimento, demonstra-se a seguir outros julgados que decidiram pelo não reconhecimento do vínculo empregatício, em decorrência da ausência do pressuposto "subordinação". Resumem-se os principais fundamentos considerados nesse sentido:

a) autodeterminação e ampla flexibilidade do trabalhador para determinar a sua rotina, seus horários, locais que deseja atuar e quantidade de clientes escolhida para atender por dia;
b) possibilidade de recusar o trabalho;
c) riscos assumidos pelo trabalhador, com bens próprios;

d) ausência de fiscalização e direção/controle do serviço prestado;
e) divisão da remuneração entre as partes, sendo destinado ao trabalhador valor equivalente superior a 50%, equivalente à de um contrato de parceria;
f) liberdade para se conectar e trabalhar a diferentes plataformas, sem exclusividade.

Algumas ementas de Tribunais Regionais do Trabalho, que se posicionam pelo não reconhecimento do vínculo empregatício ao trabalhador de plataforma digital, expõem-se a seguir:

> RECURSO OBREIRO. PRESTAÇÃO DE SERVIÇOS. ÔNUS DA PROVA. *TRABALHO EM APLICATIVOS/PLATAFORMAS DIGITAIS. RELAÇÃO DE EMPREGO. AUSÊNCIA DE CONFIGURAÇÃO.* Se a ré admite a prestação de serviços, atrai para si o ônus de demonstrar que o reclamante não trabalhou nos moldes do art. 3º da CLT, por se tratar de fato obstativo do direito obreiro, nos termos do art. 818 da CLT e do art. 373, inciso II, do CPC. Na hipótese, pela prova oral, foi possível constatar que *a empresa não dirige/fiscaliza o serviço prestado e as tarefas inerentes ao trabalhador não são intransferíveis, porque o entregador selecionado é o que se encontra mais próximo do cliente.* Além disso, os entregadores recebem de cada empresa beneficiada pela entrega e *dividem os lucros com a plataforma digital. A recusa do trabalhador em fazer uma entrega não é punida, mas redirecionada a outro trabalhador, não havendo, ainda, carga horária definida pela reclamada, nem jornada de trabalho previamente fixada, com ampla liberdade e autonomia para que o aplicativo seja ativado e desativado quando for do interesse do obreiro.* Por outro lado, não há que se falar em subordinação intrínseca ou estrutural com a primeira ré, que é uma empresa de entregas de produtos diversos, pois os serviços prestados pelo autor, embora imprescindíveis à consecução da atividade empresarial, não mais criam vínculo automático com a empresa, pois, com o advento da Lei nº 13.429 de 2017, que alterou a Lei nº 6.019/74, é considerada lícita a terceirização de serviços na atividade-fim e não apenas nas atividades-meio ou periféricas. *As novas formas telemáticas ou cibernéticas de trabalho, em que o trabalhador escolhe quando, o meio e o modo de realizar seu trabalho, qualquer que seja, optando, por um ou outro, entre vários aplicativos disponíveis gratuitamente na rede mundial de computadores, em decorrência do melhor preço, distância e outras condições de trabalho que lhe sejam mais favoráveis,*

são suficientes para enquadrá-lo como autônomo, na medida em que, repise-se, inexiste pessoalidade com aqueles que disponibilizaram tais aplicativos. Considerando a atual crise no mercado de trabalho, com cerca de 13 milhões de desempregados, cremos existir, atualmente, raras formas de inclusão importantes na sociedade capitalista contemporânea, além da utilização dessas plataformas digitais para inserção no mercado de trabalho, devolvendo-lhes a dignidade, realização profissional, familiar, espiritual e a própria sobrevivência. Por isso, iniciativas e criatividades empresariais utilizando-se da revolução tecnológica e plataformas em redes sociais, que possibilitam a inclusão, pelo trabalho, de enormes contingentes de cidadãos ao mercado de bens e consumo jamais devem ser desestimuladas. Pelo contrário, devem ser incentivadas, competindo ao Judiciário, ao Ministério Público e ao Ministério do Trabalho examinar detida e sistematicamente qualquer ilicitude ou vilipêndio à pessoa do trabalhador, que possa levar a um desvirtuamento da relação empregatícia, o que, neste caso, não vislumbramos. Dessarte, no caso em apreço, a reclamada se desincumbiu de seu encargo probatório satisfatoriamente, uma vez que teve êxito em demonstrar que o trabalho realizado por meio de aplicativos não caracteriza a pessoalidade, não-eventualidade e subordinação do trabalhador junto à empresa, não havendo como reconhecer o liame empregatício pretendido. Recurso a que se nega provimento. (TRT-1 – RO: 01006002120175010021 RJ, Relator: ENOQUE RIBEIRO DOS SANTOS, Data de Julgamento: 10/12/2018, Gabinete do Desembargador Enoque Ribeiro dos Santos, Data de Publicação: 15/12/2018) (grifos nossos)

VÍNCULO DE EMPREGO. MOTORISTA UBER. SUBORDINAÇÃO JURÍDICA. A subordinação jurídica é o traço definidor, por excelência, do contrato de trabalho e, *havendo a possibilidade de recusa do reclamante em atender a passageiros cadastrados junto à reclamada, fica patente a ausência do mencionado requisito,* haja vista que ao empregado não é dado recusar a prestação de serviços para o qual foi contratado, desde que respeitadas as disposições contratuais e legais, motivo pelo qual o vínculo de emprego não deve ser reconhecido. *Milita contra o reclamante, ainda, o fato de reter 75% dos valores pagos pelos passageiros, importe que, na verdadeira relação de emprego, inviabilizaria o empreendimento da empregadora.* (TRT-2 10011607320185020473 SP, Relator: ADALBERTO MARTINS, 8ª Turma – Cadeira 2, Data de Publicação: 16/10/2019) (grifos nossos)

MOTOFRENTISTA DE APLICATIVO. VÍNCULO DE EMPREGO. A Consolidação obreira aponta os elementos da relação de emprego em seu artigo 3º ("Considera-se empregado toda a pessoa física que prestar serviços de natureza não eventual a empregador, sob a dependência deste e mediante salário") e no artigo 2º ("Considera-se empregador a empresa, individual ou coletiva, que, assumindo os riscos da *atividade econômica, admite, assalaria e dirige a prestação pessoal de serviços"). São, portanto: trabalho não-eventual, prestado intuitu personae por pessoa física, em situação de subordinação, com onerosidade. No geral, esses requisitos não estão presentes nas relações entre entregadores e apps. Os entregadores são livres para prestar serviços se e quando quiserem. Podem ter um emprego ou mesmo se conectar aos apps concorrentes, alternando sua disponibilidade entre eles sempre que seja conveniente.* A prova dos autos demonstra que o "motofrentista" do aplicativo da reclamada se coloca à disposição para trabalhar no dia que quiser, iniciando e terminando a jornada no momento que decidir, escolhendo a entrega que quer fazer e decidindo para qual aplicativo vai entregar, uma vez que pode se colocar à disposição, ao mesmo tempo, para quantos aplicativos desejar. Assim, evidenciada a ausência de preenchimento dos requisitos para configuração da relação empregatícia. Recurso do reclamante a que se nega provimento. (TRT-2 10004786120195020028 SP, Relator: BENEDITO VALENTINI, 12ª Turma – Cadeira 4, Data de Publicação: 13/03/2020) (grifos nossos)

VÍNCULO DE EMPREGO. MOTORISTA DO UBER. INEXISTÊNCIA. O reclamante *tinha liberdade para não trabalhar, utilizava veículo próprio na prestação e arcava com os gastos ordinários do veículo (manutenção, impostos, seguro, etc.).* Não sofria punições pelas ausências (desconexão momentânea da plataforma), tendo *plena liberdade para não atender aos chamados. Em resumo, não havia subordinação jurídica nem se colocava à disposição da empresa.* Eventuais sanções (como o desligamento temporário ou definitivo da plataforma) por descumprimento de regras contratuais não são exclusividade da relação de emprego, podendo ser fixadas em quaisquer tipos de contratos, em especial aqueles de trato sucessivo. Ausente a subordinação jurídica, afasta-se o pretenso vínculo de emprego. (TRT-3 – RO: 00105115220175030002 0010511-52.2017.5.03.0002, Relator: Taisa Maria M. de Lima, Decima Turma) (grifos nossos)

> *VÍNCULO DE EMPREGO NÃO RECONHECIDO.* MOTORISTA. UBER. A relação mantida entre a reclamada e o reclamante provou-se de parceria civil, *não havendo exercício do poder empregatício da primeira sobre o segundo, que não lhe era subordinado, portanto.* (TRT-4 – ROT: 00209379620175040002, Data de Julgamento: 30/11/2020, 11ª Turma) (grifos nossos)

> RECURSO ORDINÁRIO. *INOVAÇÕES TECNOLÓGICAS. NOVAS RELAÇÕES DE TRABALHO. AUTONOMIA DO PRESTADOR DE SERVIÇOS. VÍNCULO EMPREGATÍCIO AFASTADO.* Ainda que o trabalho desenvolvido, enquanto motociclista, fosse realizado com onerosidade, razão não há para se reconhecer o vínculo empregatício se, do conjunto probatório, a autonomia do prestador de serviços se revelou inerente, *possuindo o trabalhador total liberdade para escolher "se", "onde" e "quando" iria se conectar ao aplicativo para atender aos clientes dos restaurantes e do "ifood.com", assim como por "quanto tempo" permaneceria conectado, laborando em sua própria motocicleta, mediante preço pré-fixado por entrega, sem pessoalidade e sem punições.* Recurso Ordinário a que se nega provimento. (Processo: ROT – 0000422-95.2018.5.06.0019, Redator: Milton Gouveia, Data de julgamento: 24/09/2019, Terceira Turma, Data da assinatura: 25/09/2019) (TRT-6 – RO: 00004229520185060019, Data de Julgamento: 24/09/2019, Terceira Turma) (grifos nossos)

> TRANSPORTE REMUNERADO PRIVADO INDIVIDUAL DE PASSAGEIROS. APLICATIVO UBER. *VÍNCULO DE EMPREGO NÃO CARACTERIZADO.* A atividade de transporte remunerado privado individual de passageiros realizada por meio do aplicativo UBER denota *ausência de subordinação jurídica entre o motorista que adere à plataforma do UBER e a empresa que o criou e mantém, podendo, inclusive, não aceitar algum serviço solicitado,* realizar os horários de prestação de serviços conforme a sua conveniência, inclusive podendo não trabalhar em algum período ao seu livre arbítrio, *não havendo que falar em poder hierárquico da empresa que administra o aplicativo.* (TRT-12 – RO: 00004014720205120031 SC, Relator: JOSE ERNESTO MANZI, 3ª Câmara, Data de Julgamento: 02/12/2020) (grifos nossos)

O Superior Tribunal de Justiça, no mesmo sentido, em um processo movido por um motorista contra a empresa UBER, nos autos do conflito negativo de competência de n. 164544 MG 2019/0079952-0, de relatoria do Ministro Moura Ribeiro, julgado em 28/08/2019, na Segunda Seção, decidiu por unanimidade que, pelo fato da causa inicial ser referente ao contrato de intermediação digital para a prestação de serviços firmado entre as partes, os fundamentos de fato e de direito são de cunho eminentemente civil e não de relação de emprego. Acrescenta que para a relação de emprego restar configurada, faz-se necessária a presença dos pressupostos da pessoalidade, habitualidade, subordinação e onerosidade, sendo certo que, na ausência de um desses pressupostos, o trabalhador será caracterizado como autônomo ou eventual.

Desse modo, o Superior Tribunal entendeu que os motoristas de aplicativo não mantêm relação hierárquica com a empresa UBER, pois os serviços são prestados de forma eventual, sem a percepção de salário fixo, sem horários pré-estabelecidos, fatos que descaracterizam o vínculo empregatício entre as partes.

Assim, uma vez afastada a relação de emprego, concluiu-se que a prestação de serviços por meio do sistema de transporte privado individual e utilizando provedores de rede de compartilhamento tem natureza de cunho civil. Segue a respectiva ementa:

> CONFLITO NEGATIVO DE COMPETÊNCIA. INCIDENTE MANEJADO SOB A ÉGIDE DO NCPC. AÇÃO DE OBRIGAÇÃO DE FAZER C.C. REPARAÇÃO DE DANOS MATERIAIS E MORAIS AJUIZADA POR MOTORISTA DE APLICATIVO UBER. RELAÇÃO DE TRABALHO NÃO CARACTERIZADA. SHARING ECONOMY. NATUREZA CÍVEL. COMPETÊNCIA DO JUÍZO ESTADUAL. 1. A competência ratione materiae, via de regra, é questão anterior a qualquer juízo sobre outras espécies de competência e, sendo determinada em função da natureza jurídica da pretensão, decorre diretamente do pedido e da causa de pedir deduzidos em juízo. 2. Os fundamentos de fato e de direito da causa não dizem respeito a eventual relação de emprego havida entre as partes, tampouco veiculam a pretensão de recebimento de verbas de natureza trabalhista. A pretensão decorre do contrato firmado com empresa detentora de aplicativo de celular, de cunho eminentemente civil. 3. As ferramentas tecnológicas disponíveis atualmente permitiram criar uma nova modalidade de interação econômica, fazendo surgir a economia compartilhada (sharing economy), em que a prestação

de serviços por detentores de veículos particulares é intermediada por aplicativos geridos por empresas de tecnologia. Nesse processo, os motoristas, executores da atividade, atuam como empreendedores individuais, sem vínculo de emprego com a empresa proprietária da plataforma. 4. Compete a Justiça Comum Estadual julgar ação de obrigação de fazer c.c. reparação de danos materiais e morais ajuizada por motorista de aplicativo pretendendo a reativação de sua conta UBER para que possa voltar a usar o aplicativo e realizar seus serviços. 5. Conflito conhecido para declarar competente a Justiça Estadual.

(STJ – CC: 164544 MG 2019/0079952-0, Relator: Ministro MOURA RIBEIRO, Data de Julgamento: 28/08/2019, S2 – SEGUNDA SEÇÃO, Data de Publicação: DJe 04/09/2019)

Em sentido oposto, alguns julgados apresentam entendimento pelo reconhecimento do vínculo empregatício, embora a grande maioria desses julgados tenham se dado em Primeira Instância, enquanto na Segunda Instância, prevalece entendimento diverso. Os principais fundamentos pelo reconhecimento do vínculo empregatício destacam-se a seguir:

a) fazem-se presentes todos os pressupostos da relação de emprego: pessoa física, pessoalidade, não eventualidade, onerosidade e subordinação;
b) a relação existente do trabalho na plataforma não se caracteriza pelo modelo clássico de subordinação, mas envolve os novos modelos de organização do trabalho à luz das novas concepções de subordinação estrutural ou do parassubordinado, especialmente considerando o avanço da tecnologia;
c) a subordinação se dá pela estruturação do algoritmo, meio telemático, que sujeita o trabalhador à forma de execução do serviço: tempo de entrega, preço do serviço e classificação do trabalhador;
d) as avaliações são mecanismos de controle do trabalhador;
e) existem mecanismos indiretos da plataforma que induzem o trabalhador a não recusar o trabalho;
g) o valor é fixado pela plataforma e, ainda que haja a retenção em percentuais de 75% a 80%, as despesas do trabalhador são muito altas;

f) embora exista liberdade para se conectar e trabalhar a diferentes plataformas, a exclusividade não é um pressuposto da relação de emprego.

Com base nos fundamentos elencados, apresentam-se alguns julgados que reconheceram o vínculo empregatício ao trabalhador de plataforma digital:

> *RAPPI BRASIL. SERVIÇO DE ENTREGAS. EXISTÊNCIA DE VÍNCULO EMPREGATÍCIO ENTRE OPERADORA DA PLATAFORMA E ENTREGADOR.* Existe vínculo empregatício entre a operadora da plataforma virtual Rappi e os entregadores. Há pessoalidade, *haja vista a necessidade da realização de cadastro pessoal e intransferível, não podendo o trabalhador substabelecer a execução do serviço (entrega) a outrem. Há onerosidade,* porquanto a relação não se assenta na graciosidade, existindo entre as partes direitos e obrigações de cunho pecuniário. *Não-eventualidade, há fixação jurídica do trabalhador perante a tomadora, com continuidade na prestação de serviços, o qual, por sua vez, é essencial ao desenvolvimento da atividade econômica vendida pela empresa (comércio e entrega de bens).* Em relação à *subordinação, na economia 4.0, "sob demanda", a subordinação se assenta na estruturação do algoritmo (meio telemático reconhecido como instrumento subordinante, consoante art. 6º, CLT), que sujeita o trabalhador à forma de execução do serviço,* especificamente, no caso da Rappi, *impondo o tempo de realização da entrega, o preço do serviço, a classificação do entregador, o que repercute na divisão dos pedidos entre os trabalhadores.* Presentes os requisitos da relação jurídica empregatícia. Recurso autoral provido.
> (TRT-2 10009633320195020005 SP, Relator: FRANCISCO FERREIRA JORGE NETO, 14ª Turma – Cadeira 1, Data de Publicação: 05/03/2020) (grifos nossos)

> TRT-2 10001238920175020038 SP, Relator: BEATRIZ DE LIMA PEREIRA. Inconformado com a r. decisão de primeiro grau de fl. 1504/1508, que julgou improcedente a ação trabalhista, recorre o demandante, ordinariamente, às fl. 1515/1558, pretendendo o reconhecimento do vínculo de emprego com a empresa UBER, bem como o pagamento das verbas dele daí derivadas, inclusive indenização por danos morais. [...] *Do vínculo de emprego* [...] As demandadas, como já mencionado anteriormente,

negam a existência de *habitualidade, onerosidade, pessoalidade e subordinação.* Contudo, os elementos de prova existentes nos autos sinalizam em direção diversa. *A habitualidade está amplamente comprovada* pelos documentos juntados às fl. 230/372, pelo demandante, a indicar que, no período de 14/07/2015 a 14/06/2016, o trabalho de motorista foi realizado de modo habitual. *A onerosidade, do mesmo modo, é inequívoca,* pois pela realização do serviço de transporte era o demandante remunerado, [...] pode ser paga por terceiros. Cumpre assentar também que *o fato de ser reservado ao motorista o equivalente a 75% a 80% do valor pago pelo usuário não pode caracterizar, no caso, a existência de parceria, pois conforme indicado no depoimento pessoal do demandante (fl. 1101/1102), sem contraprova das empresas, ele arcava com as seguintes despesas: aluguel do veículo, despesas com sua manutenção, combustível, telefone celular e provedor da internet.* O que, convenhamos, somam despesas elevadas [...] *A pessoalidade, por seu turno, é inequívoca e confessada pelas demandadas. [...] admitem e confessam que o motorista deve ser sempre cadastrado* [...] Por fim, resta examinar a alegação de ausência de subordinação [...] *o valor a ser cobrado* pelo usuário é "sugerido" pelas empresas e que o motorista pode dar desconto a ele. Entretanto, no caso de concessão de desconto pelo motorista, o valor destinado às empresas permanecerá calculado sobre aquele por elas sugerido. De acordo com a preposta "...o valor das viagens é sugerido pela UBER: tempo x distância; que o percentual da taxa da uber varia de 20% a 25%, de acordo com a categoria; que o percentual recebido não inclui o desconto ofertado pelo motorista ao cliente...". Portanto, *não se pode cogitar de plena autonomia na medida de que a taxa de serviços não pode ser alterada. Do mesmo modo, a afirmação de que o motorista pode ficar ilimitadamente off-line e recusar solicitações de modo ilimitado também não condiz com a necessidade empresarial e com a realidade vivenciada na relação empresa/motorista/usuário. Fosse verdadeira tal afirmação, o próprio empreendimento estaria fadado ao insucesso, pois as empresas correriam o risco evidente de, em relação a determinados locais e horários, não dispor de um único motorista para atender o usuário. Ademais, as empresas se valem de mecanismos indiretos para obter o seu intento de disponibilidade máxima do motorista às necessidades dos usuários por elas atendidos.* De acordo com o depoimento do demandante, sem contraprova das demandadas "...o depoente recebia incentivo se atingisse o número de 45 clientes por semana; que se não atingisse não recebia apenas o incentivo; que podia deixar o telefone off line; (...) que podia cancelar corrida, porém

recebia informação de que a taxa de cancelamento estava alta e que poderia ser cortado; que existia um limite de cancelamento, mas não sabe informar qual era esse limite...” (fl.1101).Também não aproveita às demandadas o argumento de que o motorista é livre para exercer uma segunda atividade profissional, pois *a exclusividade não figura como requisito da relação de emprego.* Por fim, a alegação de que as empresas não impõem aos motoristas regras de conduta tampouco restou comprovada. Há confissão das demandadas de que *as avaliações dos usuários são decisivas para a manutenção do cadastro do motorista.* Aliás, a preposta, ouvida em audiência, admitiu que o demandante foi desligado exatamente por ter avaliação abaixo da média. [...] É preciso registrar, nesse passo, que *a relação existente entre as demandadas e os motoristas que lhes servem não se caracteriza pelo modelo clássico de subordinação* e de que, assim, a depender do caso concreto sob exame, poderá não haver a configuração do vínculo de emprego, especialmente nos casos em que a prestação de serviços se revelar efetivamente eventual. Por isso, *o exame das demandas judiciais que envolvem os novos modelos de organização do trabalho deve se dar à luz das novas concepções do chamado trabalho subordinado ou parasubordinado, especialmente considerando o avanço da tecnologia.* Aliás, a alteração introduzida pela Lei 12. 551/2011 no art. 6.º da *CLT,* é expressiva na direção ora apontada. De acordo com o parágrafo único “Os meios telemáticos e informatizados de comando, controle e supervisão se equiparam, para fins de subordinação jurídica, aos meios pessoais e diretos de comando, controle e supervisão do trabalhado alheio.” [...] Em consequência, considerando as peculiaridades do caso dos autos, acolho o inconformismo do demandante para reconhecer o vínculo de emprego entre as partes no período indicado na inicial, qual seja, de 14/07/2015 a 14/06/2016, nos exatos termos do pedido (fl. 41). [...]
(TRT-2 10001238920175020038 SP, Relator: BEATRIZ DE LIMA PEREIRA, 15ª Turma – Cadeira 2, Data de Publicação: 16/08/2018) (grifos nossos)

[...] *TRABALHO POR MEIO DE PLATAFORMAS DIGITAIS* (crowd economy, gig economy, freelance economy – economia sob demanda). *VÍNCULO DE EMPREGO.* 1. O reclamante afirmou, na inicial, que foi admitido pela reclamada, como motorista, com salário mensal médio de R$ 3.000,00. Relatou que mantiveram dois contratos de trabalho: o primeiro de 10/08/2017 a 17/07/2018 e o segundo de 26/07/2019 a 24/09/2019. Sustentou a presença dos requisitos previstos no artigo 3º da CLT e postulou o reconhecimento da relação de emprego. 2. A reclamada alegou que a relação jurídica com os "motoristas parceiros" não é de emprego. 3. *Ao admitir a prestação de serviços, a empresa atraiu o ônus de demonstrar fato impeditivo ao direito (artigo 818, I, da CLT), encargo do qual não se desincumbiu a contento.* 4. O contrato oferecido pela plataforma ao passageiro evidencia que a natureza da atividade é de transporte. *É cediço que o seu lucro não advém do aluguel pela utilização da plataforma, mas dos serviços de transporte de passageiros e cargas leves.* 5. *Para desenvolver o negócio que a transformou em uma das maiores empresas do mundo, a UBER precisa manter à sua disposição um grande quantitativo de trabalhadores (crowd) aptos a executar a viagem contratada imediatamente após a formalização do contrato de transporte entre o passageiro e a empresa. Portanto, necessita que os motoristas estejam vinculados à atividade econômica que desenvolve, disponibilizando-lhe seu tempo e sob a sua direção, pois não há outro modo de apresentar-se ao mercado com presteza e agilidade no atendimento dos serviços de transporte que oferece nas 24 horas do dia, incluídos domingos e feriados.* 6. Nesse contexto, diante do princípio da primazia da realidade, reconhece-se que a atividade preponderante da ré é o transporte de passageiros, independentemente do que conste formalmente do seu instrumento societário e dos contratos que induzem a ideia de que o motorista, objetivando aproximação com os clientes, celebrou contrato de aluguel da plataforma. 7. *A respeito dos requisitos da relação de emprego, oportuno esclarecer alguns aspectos*: a) a não-eventualidade diz respeito à continuidade, de modo intermitente ou contínuo, do labor prestado pelo trabalhador em favor da empresa; b) a CLT equipara os efeitos jurídicos da subordinação exercida por meios telemáticos e informatizados àquela empreendida por meios pessoais e diretos (parágrafo único do art. 6º); c) a liberdade quanto ao cumprimento da jornada de trabalho não é óbice ao reconhecimento do vínculo de emprego; d) a exclusividade não é requisito caracterizador da relação empregatícia. 8. O preposto da reclamada admitiu a existência de restrição à autonomia do trabalhador com relação à forma de recebimento e ao veículo a ser utilizado ao afirmar que "em pagamentos em dinheiro, o motorista pode conceder descontos, mas não nos realizados via cartão de crédito; (...) o motorista tem a obrigação de indicar qual o veículo que será utilizado na plataforma; a exigência da UBER é que os veículos sejam posteriores ao ano de 2009". 9. A primeira testemunha da reclamada confirmou a grande ingerência da empresa nas atividades desenvolvidas pelos motoristas (subordinação), bem como a adoção de sistema de avaliação dos trabalhadores (poder disciplinar/subordinação) e os estímulos como o pagamento de bônus e prêmios, inclusive para aumentar o período de disponibilidade do trabalhador à empresa, 10. A segunda testemunha da reclamada confirmou que os trabalhadores não têm autonomia sobre os valores cobrados (subordinação); recebem bônus e/ou premiações e podem ser advertidos e até dispensados (poder diretivo / subordinação) se não se adequarem à política da empresa e insistirem em condutas que possam gerar prejuízos à plataforma (alteridade). 11. *Da análise da prova dos autos, percebe-se que a subordinação se revela de várias formas: a) cobranças sofridas pelos motoristas, de modo a realizar o maior número possível de viagens; b) distribuição dos trabalhadores, pelo aplicativo, nas diversas áreas da cidade, de modo a atenderem regularmente maior número de clientes; c) os motoristas conhecem o destino da viagem apenas no seu início, nunca antes, o que esvazia a sua autonomia com relação à organização da atividade, já que o poder sobre a distribuição das viagens pertence à plataforma; d) a UBER fiscaliza a atuação dos condutores, por meio dos próprios usuários, que recebem mensagem para avaliação; e) a ré recebe reclamações dos clientes e aplica penalidades aos motoristas, exercendo poder disciplinar por meio de advertências, suspensões e desligamento da plataforma; f) as movimentações do trabalhador são monitoradas em tempo real, por meio de sistema operacional via satélite; g) o trabalhador não tem qualquer ingerência no preço final que é cobrado do cliente.* 12. Frise-se, o motorista de aplicativos de transporte não possui qualquer influência na negociação do preço e na cobrança do serviço ao cliente. A definição do valor da corrida, inclusive com relação à fixação dos chamados preços dinâmicos (conforme horário e demanda do serviço), é feita exclusivamente pela empresa. O valor é cobrado, na maior parte, por meio de cartões previamente cadastrados no aplicativo. A gestão da negociação do preço do serviço, portanto, pertence ao detentor do aplicativo e não ao motorista. 13. *Estando presentes todos os requisitos do art. 3º da CLT, com base na análise da prova oral e documental, sobretudo diante a verificação da existência de meios telemáticos e automatizados de comando, controle e supervisão (parágrafo único do art. 6º da CLT), deve ser reconhecida a relação de emprego. TRABALHO EM PLATAFORMAS. GIG ECONOMY.* 1. O Brasil deve cumprir as normas internacionais do trabalho, que têm por objetivo orientar os esforços das nações para estabelecer patamares mínimos de direitos trabalhistas, com vistas à promoção da dignidade humana – o que é particularmente relevante no contexto da evolução tecnológica que desencadeou o fenômeno global de transformação das formas de trabalho, que devem ser analisadas à luz da valorização da pessoa humana e da sua dignidade, saúde e segurança. 2. Essa tendência de modificação no modelo tradicional do trabalho lastreado nas relações de emprego, com o crescimento da chamada Economia de Aplicativos, incrementada pela ascensão da inteligência artificial e robótica, merece olhar atento da sociedade, como alerta a OIT nos documentos intitulados Strengthening social protection for the future of work e Trabalho para um futuro mais brilhante. 3. O desafio, alerta a OIT, reside no fato de que as políticas sociais foram pensadas para os trabalhadores que se enquadram nas relações de emprego padrão (emprego). O trabalho por aplicativo, muitas vezes, é mal remunerado, inclusive abaixo do salário-mínimo, e não existem mecanismos oficiais para lidar com o tratamento injusto. A organização recomendou o desenvolvimento de um sistema de governança que defina e exija que as plataformas respeitem certos direitos e proteções mínimos. 4. A faceta moderna da organização do trabalho é o controle por programação ou comandos (ou por algoritmo). A partir da programação, da estipulação de regras e comandos preordenados e mutáveis (pelo programador), ao trabalhador é incumbida a capacidade de reagir em tempo real aos sinais que lhe são emitidos para realizar os objetivos assinalados pelo programa. Os trabalhadores, nesse novo modelo, devem estar mobilizados e disponíveis à realização dos objetivos que lhe são consignados. Existe uma suposta e conveniente autonomia do motorista, subordinada à telemática e ao controlador do aplicativo. Trata-se da direção por objetivos. 5. O algoritmo, que pode ser modificado a qualquer momento, pela reprogramação (inputs), garante que os resultados finais esperados (outputs) sejam alcançados sem a necessidade de dar ordens diretas aos trabalhadores, que, na prática, não agem livremente, mas exprimem reações esperadas. Aqueles que seguem a programação recebem premiações, na forma de bonificações e prêmios, enquanto aqueles que não se adaptarem aos comandos e objetivos são punidos ou desligados. 6. Ressalte-se que a empresa instrumentaliza o serviço durante todo o dia por meio de estímulo às jornadas extensas, com prêmios. O algoritmo procura melhorar a remuneração desses trabalhadores nos horários em que há maior necessidade dos usuários da plataforma. 7. Passa-se da ficção do trabalhador-mercadoria para a ficção do trabalhador-livre. JURISPRUDÊNCIA COMPARADA. 1. O trabalho em plataformas é uma questão global, que vem sendo enfrentada pelos tribunais de diversos países, em decisão proferida pela Corte de Justiça da União Europeia foi decidido que o serviço de intermediação (Uber) deve ser considerado como parte integral de um serviço geral, cujo principal componente é o serviço de transporte e, em razão disso, não deve ser classificado como "serviço de sociedade de informação" [...], mas como "serviço no campo do transporte". 2. Mais recentemente, a Suprema Corte do Reino Unido reconheceu que os motoristas da Uber são workers e não trabalhadores autônomos, aplicando a teoria do Purposive Approach, desenvolvida por Guy Davidov, no sentido de que a interpretação da lei deve ser realizada a partir dos seus objetivos e o resultado interpretativo deve ser aquele que traz melhores resultados de acordo com essas finalidades. O Tribunal Inglês reconheceu que há subordinação dos motoristas do aplicativo à empresa Uber. 3. No caso da decisão da Suprema Corte do Reino Unido, deve ser esclarecido que o enquadramento dos trabalhadores na categoria de workers, e não de employees, observou, os limites do pedido; já que a subordinação foi amplamente reconhecida e que, ao analisar o grau de controle exercido pela UBER, a Corte ressaltou que a liberdade para definir sua própria jornada de trabalho não afasta o vínculo, citando os trabalhadores intermitentes como exemplo, e frisando a necessidade de centrar a análise nas condições de trabalho vivenciadas durante a jornada, qualquer que seja ela. 4. Acrescente-se que, em março de 2020, a Corte de Cassação da França reconheceu a existência de relação de emprego, passando pelo conceito de sujeição às ordens organizacionais, nos exatos termos do artigo 6º, parágrafo único, da CLT e frisa que a possibilidade de escolher o momento para se conectar não afasta o vínculo, pois, uma vez conectado, o motorista tem limitadas recusas, encontrando-se, portanto, à disposição da estrutura UBER. O RECONHECIMENTO DO VÍNCULO DE EMPREGO COMO SUPOSTO INVIABILIZADOR DO NEGÓCIO (DO AVANÇO DA "MODERNIDADE E DA TECNOLOGIA"). 1. O Procurador Regional do Trabalho Dr. Cássio Casagrande, no artigo "Com motoristas empregados, o Uber acaba? Os saltos tecnológicos do capitalismo e a regulação da economia digital", de 1.3.2021, afirma que: "Tudo isso apenas está se repetindo agora na" quarta "revolução industrial. O trabalho com a intermediação de aplicativos gerou uma massa de trabalhadores precários, destituídos de qualquer proteção. Cedo ou tarde, pelo legislativo ou pelo judiciário, a regulação virá. Se o Uber não conseguir manter certos direitos sociais para seus motoristas, a empresa pode, sim, desaparecer. E isso não é ruim, pelo contrário. Será substituída por outras mais eficientes. O mais provável é que ela puramente se adapte (já o está fazendo em estados como Nova Iorque e Califórnia, onde é obrigada por lei a pagar salário-mínimo e limitar a jornada de motoristas). Mas as corridas e entregas vão ficar mais caras para os consumidores se direitos forem reconhecidos aos motoristas? Provavelmente sim, porque hoje elas estão artificialmente baratas, pois o" modelo de negócios "destas empresas inclui superexplorar trabalhadores e sonegar contribuições fiscais e previdenciárias (e na verdade somos nós contribuintes que estamos subsidiando a empresa). O aumento no preço dos bens de consumo e serviço em razão da criação de direitos sociais é inevitável, e é um progresso. Do contrário, vamos defender que nossas roupas sejam feitas por crianças trabalhando em regime de servidão ou que se restabeleça o transporte urbano por tração humana. Creio que não queremos voltar aos tempos do" King Cotton "no Sul dos EUA, nem ao Brasil Império do palanquim e da liteira." O artigo do Dr. Cássio Casagrande mostra que a tecnologia sempre será bem-vinda, porém não pode ser utilizada como forma de subtrair os direitos dos trabalhadores. O baixo custo do serviço prestado por meio da plataforma não pode ser suportado pelos motoristas, pois quem desenvolve a atividade econômica tem a obrigação de respeitar os direitos fundamentais dos trabalhadores, sob pena de prática de concorrência desleal com os serviços até então estabelecidos, provocando uma erosão social com o aniquilamento dos direitos fundamentais dos trabalhadores. 2. Diante do exposto, dou provimento ao recurso ordinário do trabalhador para reconhecer o vínculo de emprego. (TRT-15 – ROT: 00117101520195150032 0011710-15.2019.5.15.0032, Relator: JOAO BATISTA MARTINS CESAR, 11ª Câmara, Data de Publicação: 26/04/2021) (grifos nossos)

AÇÃO PROPOSTA NA VIGÊNCIA DA LEI Nº 13.467/2017. RECURSO DO AUTOR. *MOTORISTA DE APLICATIVO. UBER DO BRASIL TECNOLOGIA LTDA.* EMPRESAS DE TRANSPORTE DE PASSAGEIROS. PRINCÍPIO DA PRIMAZIA DA REALIDADE ART. 9º, 442 DA CLT E RECOMENDAÇÃO 198 DA OIT. VÍNCULO DE EMPREGO. PRESENÇA DOS

ELEMENTOS FÁTICO-JURÍDICOS CONTIDOS NOS ART. 2º, 3º e 6º, PARÁGRAFO ÚNICO, DA CLT. *SUBORDINAÇÃO E CONTROLE POR PROGRAMAÇÃO ALGORÍTMICA. CONFIGURAÇÃO.* A tão falada modernidade das relações através das plataformas digitais, defendida por muitos como um sistema colaborativo formado por "empreendedores de si mesmo", tem ocasionado, em verdade, um retrocesso social e precarização das relações de trabalho. *Nada obstante o caráter inovador da tecnologia, o trabalho on demand através de aplicativo tem se apresentado como um "museu de grandes novidades" : negativa de vínculo de emprego, informalidade, jornadas exaustivas, baixa remuneração e supressão de direitos trabalhistas como férias e décimo terceiro salário. Comprovando-se nos autos que o autor, pessoa física e motorista da UBER, plataforma de trabalho sob demanda que utiliza a tecnologia da informação para prestação de serviços de transporte, laborava em favor desta com pessoalidade, não eventualidade, onerosidade e subordinação, seguindo diretrizes de controle algorítmico e padrão de funcionamento do serviço, impõe-se o reconhecimento do vínculo de emprego pleiteado com o pagamento das verbas trabalhistas e rescisórias a ele inerentes.* HORAS EXTRAS. ATIVIDADE EXTERNA. POSSIBILIDADE DE CONTROLE TELEMÁTICO. COMPROVAÇÃO. ADICIONAIS DEVIDOS. *Embora se reconheça que o motorista de UBER tem certa autonomia para se pautar no seu cotidiano e distribuição do trabalho, a empresa, por outro lado, tem total possibilidade de exercer controle telemático sobre sua jornada,* já que a atividade é exercida mediante uso de plataforma digital, com equipamento em conexão online, o que, por óbvio, permite o monitoramento remoto do trabalho, e, por conseguinte, afasta a hipótese contida no art. 62, I, da CLT. Assim, comprovado o labor em horas extras, devidos são os adicionais, na forma da Súmula 340 do TST. Recurso a que se dá parcial provimento. RECURSO PATRONAL. DESLIGAMENTO DO AUTOR DA PLATAFORMA DE SERVIÇOS SEM AVISO PRÉVIO. AUSÊNCIA DE DANOS MORAIS. RESPONSABILIDADE CIVIL INEXISTENTE. Embora reprovável pela falta do aviso prévio, a conduta da reclamada de desligar o autor de sua plataforma de serviços de forma imotivada, não tem o condão de gerar danos morais passíveis de reparação. A situação se assemelha aquela vivenciada pelo empregado típico dispensado sem justa causa por seu empregador sem aviso prévio e sem o percebimento das verbas rescisórias. Nessa hipótese, a jurisprudência, inclusive do C. TST, é vasta no sentido de que não há responsabilidade civil na espécie. Entende-se que a dispensa imotivada sem o cumprimento do quanto previsto na legislação enseja consequências próprias, cuja reparação se dá no âmbito material, não implicando, por si só, em violação aos direitos da personalidade e nem no reconhecimento in re ipsa do abalo. Recurso provido no aspecto. (TRT-13 – RO: 00006996420195130025 0000699-64.2019.5.13.0025, 2ª Turma, Data de Publicação: 25/09/2020) (grifos nossos)

Diante dos julgados demonstrados, resta evidente, portanto, que não há entendimento pacífico acerca do reconhecimento ou não do vínculo empregatício ao trabalhador coordenado digital. Mas a preocupação que deve permear também essa análise, é a proteção desse trabalhador que pode estar ameaçada. Assim, pelo fato de inúmeros julgados e, inclusive, do próprio TST, ter afastado o vínculo empregatício do trabalhador coordenado digital e, por consequência, manter ausente a proteção do Direito do Trabalho, tal fato comprova a real necessidade de uma regulamentação jurídica própria a essa nova categoria intermediária, sob pena de deixar esses trabalhadores sem qualquer proteção especial, mesmo diante da comprovada hipossuficiência, uma vez que inexiste previsão legal que o proteja.

4.3 Propostas de regulamentação aos trabalhadores coordenados digitais

No contexto da Quarta Revolução Industrial que no presente trabalho se expõe, evidenciam-se importantes reflexos nas relações de trabalho, em especial, o surgimento dos trabalhadores coordenados digitais que, por sua vez, demonstra a insuficiência do tratamento binário do Direito do Trabalho aos novos trabalhadores emergentes, ainda que esse entendimento não seja um consenso na doutrina.

Ademais, vale ressaltar que essa não é uma percepção inédita, pois já em 2008, no Congresso realizado na Università Degli Studi di Roma Tor Vergata, idealizado para discutir o tema *Lavoro autonomo e diritto del lavoro: quali fron- tiere*? (Trabalho autônomo e direito do trabalho: quais são as fronteiras?), conforme disposto por Nascimento[194], chegava-

[194] Nascimento, Amauri Mascaro. *Curso de direito do trabalho*: história e teoria geral do direito do trabalho: relações individuais e coletivas do trabalho. 26. ed. São Paulo: Saraiva, 2011, p. 215.

-se à conclusão pelo reconhecimento da insuficiência da concepção binária – *autonomia-subordinação,* bem como pelo reconhecimento de uma concepção tricotômica ou trinária, como forma de abranger toda a multiplicidade de relações de trabalho na sociedade pós-industrial que não se enquadram rigorosamente nem como autônomos nem como subordinados.

Além desse ponto, Nascimento[195] defende também que essa retipificação atenderia não só aos interesses empresariais com a

> [...] redução de custos do trabalho, de maximização da produtividade com menor contingente de trabalhadores, e de atendimento a exigências de especialização diante da nova tecnologia que interfere diretamente nos sistemas de produção de bens e prestação de serviços.

Como já demonstrado no tópico 4.1, por ocasião do Congresso mencionado, analisou-se também o trabalhador parassubordinado, o qual, embora tenha semelhanças, possui algumas diferenças com o trabalhador coordenado digital.

Parte da doutrina e jurisprudência adota a teoria restritiva do Direito do Trabalho e promove o enquadramento dos trabalhadores coordenados digitais como se autônomos fossem, a exemplo de alguns julgados anteriormente analisados, uma vez que tais defensores e julgadores entendem que estando ausente a heterodireção forte (submissão do trabalhador às ordens do empregador de forma constante e específica sobre os diversos aspectos do trabalho a ser executado), o pressuposto da subordinação não estará presente e, sendo assim, a título residual, só lhe resta o tratamento enquanto autônomo. Assim se caracteriza a aplicação restritiva do Direito do Trabalho, que caracteriza o trabalhador coordenado digital como autônomo e, uma vez caracterizado o trabalhador nessa categoria, ele não fará jus à proteção trabalhista.

Acerca da teoria restritiva, vale um destaque, pois de fato, enquanto o Direito não reconhecer uma categoria intermediária entre o autônomo e o subordinado, não cabe aos aplicadores da lei dar entendimento diverso

195 Ibid.

ao que está posto e legislado. Situação análoga, verifica-se com o empregado doméstico, que por anos esteve sem a devida proteção trabalhista por ausência de proteção legal. Por sua vez, não cabe nesse caso, o ativismo judicial, razão pela qual também se justifica a urgência do reconhecimento da nova categoria do trabalhador coordenado digital, sob pena de deixá-lo sem a proteção do Direito que lhe é necessária.

Em sentido oposto, defendem alguns autores a teoria ampliativa do Direito do Trabalho, entendendo este como um organismo vivo que deve se amoldar automaticamente à evolução dos movimentos econômicos-sociais. Assim, a definição de subordinação deve ser ampliada, não ficando restrita à concepção subjetiva e clássica/tradicional (heterodireção forte), mas incluindo a concepção objetiva e a estrutural. Para os defensores dessa teoria ampliativa, dentre eles Delgado[196], o trabalhador coordenado digital, pelo fato de estar integrado e participando nos fins e objetivos empresariais (concepção objetiva), bem como, em virtude de sua inserção na dinâmica da organização e seu funcionamento (concepção estrutural), mediante a conjugação das concepções ou dimensões da subordinação clássica/tradicional, objetiva e estrutural, tais defensores defendem que os novos tipos de relação de trabalho poderão ser caracterizados como empregados subordinados.

Alguns ainda defendem que o trabalhador coordenado digital já está protegido pelo direito do trabalho pelo pressuposto da dependência, uma vez que o art. 3º, da CLT, considera empregado aquele que trabalha sob a dependência, e dessa forma, possui os mesmos direitos do trabalhador empregado subordinado.

Ainda, outra teoria defende que o coordenado digital está em uma relação de trabalho híbrida entre a autonomia e a subordinação, mas que deve estar sob o princípio protetivo do Direito do Trabalho. A proposta baseia-se na "estratégia trazida no Relatório Supiot de círculos concêntricos de tutelas diferenciadas que vão da autonomia à subordinação, sendo que

[196] DELGADO, Mauricio Godinho. *Curso de direito do trabalho*: obra revista e atualizada conforme a lei da reforma trabalhista e inovações normativas e jurisprudenciais posteriores. 18. ed. São Paulo: LTr, 2019, p. 353-354.

o trabalho coordenado digital ocupa uma posição intermediária". Desse modo, propõe-se, de acordo com Zipperer[197]:

> [a] reinstitucionalização utilizada para redefinição de regras, leis, com a fortalecida participação do ente coletivo. O trabalhador empregado, no sentido do contingente protegido sob a segurança da subordinação plena, deve ser seguido por um novo status de classificação do trabalho com base em uma abordagem mais abrangente, capaz de conciliar a necessidade de liberdade e de segurança.

Por derradeiro, considerada a insuficiência da classificação binária do Direito do Trabalho para abranger os novos trabalhadores coordenados digitais, acredita-se ser necessária a formulação de uma regulamentação jurídica específica ao coordenado digital, que abranja direitos mínimos hábeis para a proteção da dignidade da pessoa humana do trabalhador e seus direitos sociais, garantidos pela Constituição Federal.

Para elencar os direitos mínimos a serem contemplados na regulamentação específica, utiliza-se como referência a análise dos principais riscos que esses trabalhadores podem sofrer, de acordo com a pesquisa realizada e, em forma de antítese, sugere-se os seguintes direitos mínimos:

a) **Contrato contendo informações claras, objetivas e transparentes, principalmente sobre a remuneração:** é imprescindível ao coordenado digital que ele tenha clareza no contrato que formalize a sua relação de trabalho, constando as informações relacionadas à remuneração, descontos autorizados, trabalho a ser executado, forma e momento para dar o aceite ao trabalho, critério para as avaliações, hipóteses de rescisão, responsabilidades e outras informações relevantes para cada situação concreta. A redação deve ser simples e de fácil entendimento.

197 Zipperer, André Gonçalves. *A multiterceirização e a subordinação jurídica*. A intermediação de mão de obra a partir de plataformas digitais e a necessidade de tutela modular do Direito do Trabalho. Tese (Doutorado em Direito). Pontifícia Universidade Católica do Paraná, Curitiba, 2018, p. 228-230.

b) **Flexibilidade do trabalhador para recusar tarefas:** o trabalhador terá o direito de recusar tarefas, sem qualquer penalidade, podendo escolher entre as diversas oportunidades de trabalho.

c) **Ausência de exclusividade:** o empreendedor digital não poderá exigir que o coordenado digital tenha exclusividade de trabalho com uma única plataforma digital. Ele poderá trabalhar para diferentes plataformas, tendo o direito de escolher as tarefas que melhor lhe convier. Corroborando esta ideia, Oliveira [198] ressalta que:

> [...] a pluralidade de tomadores é inerente ao trabalho autônomo, justamente porque ao dirigir sua atividade deve buscar o maior número de contratantes para, cada vez mais, expandir sua produção e seu decorrente proveito econômico.

De igual forma, ao coordenado digital também deve ser assegurada a possibilidade de trabalhar a diversos empreendedores digitais, sob pena de poder ser configurada a relação de emprego, conforme destaca Zipperer[199]: "a exclusividade é uma consequência da subordinação e sua manifestação implica existência de relação de emprego [...]".

d) **Liberdade de associação em sindicatos ou entidades de classe e reconhecimento das negociações coletivas (acordos e convenções coletivas):** os coordenados digitais poderão se associar em sindicatos ou entidades de classe, obtendo maior representatividade para os fins de auferir melhores condições de trabalho mediante a celebração de acordos e convenções coletivas. As organizações trabalhistas, além de ampliar a representatividade em

[198] OLIVEIRA, Murilo Carvalho Sampaio. *A (re)significação do critério da dependência econômica:* uma compreensão interdisciplinar do assalariamento em crítica à dogmática trabalhista. 2011. 264 f. Tese (Doutorado em Direito) – Universidade Federal do Paraná, Curitiba, 2011. p.54.

[199] ZIPPERER, André Gonçalves. *A multiterceirização e a subordinação jurídica.* A intermediação de mão de obra a partir de plataformas digitais e a necessidade de tutela modular do Direito do Trabalho. Tese (Doutorado em Direito). Pontifícia Universidade Católica do Paraná, Curitiba, 2018, p. 175.

cada setor, contribui também para que, expressando maior número de associados, possam obter melhores condições e poder de barganha para a aquisição de bens e serviços à categoria – benefícios em grupo (*pooling*). Na visão de Harris e Krueger[200], a criação da categoria dos "trabalhadores independentes" poderia representar uma vantagem de eficiência potencial se esses trabalhadores se reunissem em grupo (pooling), com a finalidade de comprar ou administrar diretamente certos benefícios em massa, como apólices de seguro para automóveis, invalidez, saúde e outros. Assim poderiam se beneficiar de economias de escala e negociação com maior poder de barganha, que não estão disponíveis para uma contratação individual. Tais negociações coletivas poderão estipular direitos e obrigações que deverão ser cumpridas pelas partes com força de lei. Embora, pela natureza dos coordenados digitais e dispersão da internet, possa parecer difícil pensar em uma estrutura sindical concentrada, caberá aos sindicatos e associações ajustarem-se à nova realidade, para que possam gerar nos coordenados digitais a disposição de cooperarem entre si, com vistas a obterem melhores condições de trabalho e oportunidades. Nesse sentido, Zipperer[201] defende que os sindicatos sejam criativos para elaborarem "contramodelos válidos", recorrendo a uma atitude ativa, pautada na ciência, tecnologia e demais inovações.

e) **Limitação máxima de jornada diária de trabalho na plataforma em que presta serviço**: esta deverá ser de até 8 horas diárias, e 44 horas semanais, podendo ser acrescida de até 2 horas extras diárias ou, ainda, mediante jornada de 12 x 36, com doze horas de trabalho e intervalo para descanso nas trinta e seis horas subsequentes ao período trabalhado – o limite de jornada é restrito ao máximo

[200] HARRIS, Seth D.; KRUEGER, Alan B. *A proposal for modernizing labor laws for twenty-first-century work*: the "independent worker". Dezembro, 2015. Disponível em: <https://www.hamiltonproject.org/assets/files/modernizing_labor_laws_for_twenty_first_century_work_krueger_harris.pdf>. Acesso em: 30 mar. 2021, p. 17.

[201] ZIPPERER, André Gonçalves. *A multiterceirização e a subordinação jurídica.* A intermediação de mão de obra a partir de plataformas digitais e a necessidade de tutela modular do Direito do Trabalho. Tese (Doutorado em Direito). Pontifícia Universidade Católica do Paraná, Curitiba, 2018, p. 230.

de horas que poderá ocorrer dentro da plataforma digital. Cada empreendedor digital será responsável por controlar o máximo da jornada a ser cumprida pelo coordenado digital em sua plataforma. Atingindo esse limite, o trabalhador terá que aguardar o período de descanso mínimo para realizar nova tarefa. E mais, se o empreendedor digital exigir do coordenado digital o trabalho em jornada mínima, com um mínimo de horas a ser executada, tal fato descaracterizará o *status* de coordenado digital face a indispensável autonomia e flexibilidade desse tipo de trabalhador, ensejando no reconhecimento do vínculo empregatício, enquanto trabalhador subordinado, sujeito às normas previstas no Direito do Trabalho.

f) **Obrigatoriedade de retenção e pagamento pelo empreendedor digital dos valores de recolhimento de tributos e contribuições sociais e previdenciárias como contribuinte individual devidos pelo trabalhador**: a exemplo da Lei do salão-parceiro (Lei 12.592/2012), é importante que o empreendedor digital realize a retenção da cota-parte percentual, dos valores de recolhimento de tributos e contribuições sociais e previdenciárias devidos pelo coordenado digital. Essa obrigatoriedade de retenção e recolhimento pelo empreendedor digital contribui para a proteção do trabalhador, que terá o recolhimento dos tributos referentes a sua atividade profissional, e ainda, terá a garantia de proteção previdenciária mediante o recolhimento das contribuições sociais e previdenciárias.

g) **Transparência e direito de defesa nas avaliações recebidas**: embora o gerenciamento dos trabalhadores se dê por meio de algoritmos, a partir das avaliações dos usuários/clientes, é necessário que as regras sejam divulgadas na sua totalidade ao trabalhador, de forma clara e transparente. Além disso, deve ser garantido ao trabalhador o direito de impugnar previamente as avaliações recebidas, antes que sejam consideradas no ranking avaliativo, já que essas avaliações serão acessadas no futuro por outros potenciais clientes, que poderão "descartá-lo" por conta de uma má avaliação, que pode ter sido injusta e desmotivada.

h) **Direito ao trabalhador de portar o seu histórico de avaliações para diferentes plataformas digitais**: deverá ser garantido ao coordenado digital o *backup* de suas avaliações realizadas pelos clientes usuários, podendo o trabalhador usá-lo a seu favor em outras plataformas, como um diferencial de seus serviços. Zipperer ressalta que a reputação *online* confunde-se com os direitos de personalidade do trabalhador coordenado digital e, portanto, deve ter a proteção decorrente, como o direito à portabilidade das informações.[202]

i) **Possibilidade de rescisão unilateral do contrato, no caso de não subsistir interesse na sua continuidade, mediante aviso prévio de, no mínimo, trinta dias, salvo nos casos de justa causa expressos no contrato**: considerando que o coordenado digital não faz jus ao seguro desemprego, é imprescindível que lhe seja assegurado uma certa estabilidade no trabalho, razão pela qual se mostra razoável que para os casos de rescisão do contrato, haja ao menos um aviso prévio de, no mínimo, trinta dias, para que o trabalhador possa se organizar financeiramente e buscar outras oportunidades de trabalho.

O rol mínimo de direitos acima disposto é meramente exemplificativo, não havendo a pretensão de esgotá-lo nesta exposição.

No direito italiano, o Decreto-Lei de 3 de setembro de 2019, n. 101, convertido com alterações na Lei de 2 de novembro de 2019, n. 128, alterou o Decreto Legislativo de 15 de junho de 2015, n. 81, e dispôs sobre regras específicas para a proteção do trabalhado realizado nas plataformas digitais e, em especial, para aqueles trabalhadores que, utilizando das plataformas, exercem atividades de entrega, os denominados "*riders*".

A exemplo dos direitos mínimos sugeridos na presente tese, a legislação italiana também garantiu aos trabalhadores autônomos de plataformas digitais uma série de direitos, considerados como nível mínimo de proteção. Dentre eles, está previsto que os critérios da remuneração global poderão ser definidos por negociação coletiva pelas organiza-

[202] Zipperer, André Gonçalves. *A multiterceirização e a subordinação jurídica*. A intermediação de mão de obra a partir de plataformas digitais e a necessidade de tutela modular do Direito do Trabalho. Tese (Doutorado em Direito). Pontifícia Universidade Católica do Paraná, Curitiba, 2018, p. 226.

ções sindicais, consideradas as modalidades de prestação do serviço e a organização do cliente, não sendo admitido que essa remuneração seja auferida exclusivamente pelas entregas realizadas, mas deve ser garantida uma remuneração horária mínima fixada por convenções coletivas nacionais de setores semelhantes ou equivalentes (art. 47, quater, n.ºs 1 e 2, Decreto Legislativo 15 giugno 2015, n. 81).

Para o trabalho realizado no período noturno, nas férias ou em condições meteorológicas desfavoráveis, deve ser garantido um subsídio complementar não inferior a 10% (dez por cento), a ser determinado por acordo coletivo ou, na sua falta, por decreto do Ministro do Trabalho e Políticas Sociais. (art. 47, quater, n.º 3, Decreto Legislativo 15 giugno 2015, n. 81).

Outros direitos garantidos aos "*riders*" no direito italiano merecem destaque, tais como:

- direito à formalização do contrato, e que as condições contratuais sejam feitas por escrito (art. 47, quater, n.º 3, Decreto Legislativo 15 giugno 2015, n. 81);
- direito de receber qualquer informação útil sobre as condições aplicáveis ao contrato para a proteção dos seus interesses, direitos e segurança, podendo entrar em contato com a inspeção territorial do trabalho para solicitar à outra parte que forneça a informação no prazo de 15 dias, bem como o direito de receber indenização em caso de violação (art. 47 ter, n.ºs 1 e 2, Decreto Legislativo 15 giugno 2015, n. 81);
- aplicação da disciplina de antidiscriminação e de proteção da liberdade e dignidade do trabalhador prevista para os trabalhadores subordinados, com previsão expressa de proibição de exclusão da plataforma ou redução de oportunidades de trabalho imputáveis à não aceitação do serviço (art. 47 quinquies, Decreto Legislativo 15 giugno 2015, n. 81);
- proteção à privacidade e dos dados pessoais de acordo com as disposições do Regulamento da UE 2016/679 e do Decreto Legislativo n 196/2003 (art. 47 sexies, Decreto Legislativo 15 giugno 2015, n. 81);
- seguro obrigatório de cobertura de acidentes do trabalho e doenças profissionais, com a consequente obrigação da plataforma digital de atender a todas as obrigações do empregador previstas no Decreto

Presidencial n 1124/1965 e assegurar o cumprimento das normas de prevenção e segurança no trabalho a que se refere o Decreto Legislativo n 81/2008 (art. 47 septies, Decreto Legislativo 15 giugno 2015, n. 81);

- um observatório permanente no Ministério do Trabalho e das Políticas Sociais, presidido pelo Ministro ou seu delegado e composto por representantes dos empregadores e dos trabalhadores designados pelas organizações sindicais mais representativas a nível nacional, a fim de garantir o monitoramento e avaliação permanente dos direitos previstos e propor revisões com base na evolução do mercado de trabalho e da dinâmica social (art. 47 octies, Decreto Legislativo 15 giugno 2015, n. 81).

O Centro de Ensino e Pesquisa em Inovação – CEPI da FGV Direito SP, no âmbito da pesquisa "Futuro do Trabalho & Gig Economy", publicou relevante briefing temático que procurou mapear os projetos de lei que tramitaram no Congresso Nacional Brasileiro entre 2010 e 2020, acerca do trabalho sob demanda, em especial, identificando o cenário de discussão legislativa nacional antes da pandemia da COVID-19, que evidenciou a necessidade e importância da discussão sobre a regulação do tema em questão.

Após o processo de triagem, foram identificados 114 (cento e quatorze) projetos de lei no Congresso entre 2010 e 2020, visando a regulação do trabalho sob demanda, intermediado por plataformas digitais.

Para a triagem dos projetos de lei correlacionados ao tema objeto do estudo, foram considerados aqueles que continham as seguintes palavras-chaves: (i) "aplicativo de entrega"; (ii) "trabalhadores de aplicativo"; (iii) "entregadores"; (iv) "trabalho sob demanda"; (v) "trabalho de plataforma"; (vi) "trabalho freelancer"; (vii) "economia de bico"; (viii) "crowdwork"; (ix) "trabalho intermitente"; (x) "uber"; (xi) "iFood"; (xii) "rappi". [203]

[203] CENTRO DE ENSINO E PESQUISA EM INOVAÇÃO DA FGV DIREITO SP. Briefing temático #2: *Trabalho sob demanda no Congresso (2010-2020)* – Um oceano de possibilidades – versão 1.0. São Paulo: FGV Direito SP, 29 jan. 2021, p.3.

Gráfico 1 – Quantidade de PLs apresentados por ano (2010-2020)

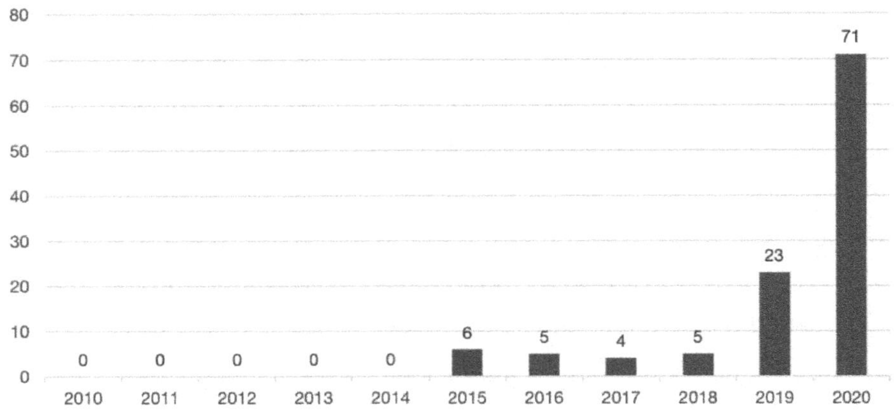

Fonte: CENTRO DE ENSINO E PESQUISA EM INOVAÇÃO DA FGV DIREITO SP, 2021, p.3.

Na pesquisa realizada pelo CEPI-FGV buscou-se respostas para as seguintes perguntas norteadoras:

- De que trabalho sob demanda trata(va) o Congresso Nacional nas propostas legislativas relacionadas ao tema?
- Quais são as preocupações do legislador?
- Quais são os problemas identificados?
- Quais são as soluções propostas?
- Qual é o público-alvo dos PLs?
- Ao longo do marco temporal adotado, houve mudança no teor dos PLs? É possível notar tendências ao longo do período analisado?
- Qual é o regime jurídico proposto pelos PLs?[204]

Extraíram-se cinco principais conclusões da pesquisa. A primeira, aponta que é possível observar três ondas de atuação legislativa sobre o

[204] Centro de Ensino e Pesquisa em Inovação da FGV Direito SP. Briefing temático #2: Trabalho sob demanda no Congresso (2010-2020) - Um oceano de possibilidades – versão 1.0. São Paulo: FGV Direito SP, 29 jan. 2021, p. 2.

tema, sendo que o movimento de diversificação do escopo de aplicação dos projetos, iniciado em 2019, foi acelerado a partir dos acontecimentos de 2020, em especial, com a pandemia do COVID-19.[205]

O gráfico a seguir ilustra as três ondas identificadas na pesquisa e apontadas nas conclusões.

A segunda conclusão extraída foi a mudança de pauta, pois se antes os projetos versavam quase que exclusivamente sobre as atividades dos motoristas de transporte individual remunerado de passageiros, a partir do 2º trimestre de 2020 surgiu com maior intensidade os projetos voltados para os entregadores ou motoristas e entregadores.[206]

A terceira conclusão é a de que torna-se mais visível o impacto da COVID-19 e dos movimentos de entregadores ao se comparar a temática dos projetos na 2ª onda com os da 3ª onda, pois a pauta voltada para os consumidores e segurança pública cedem espaço para outra variedade de temas, principalmente aqueles voltados à saúde do trabalhador e proteção contra doenças, renda e custos do trabalho e à governança das plataformas.[207] Na terceira onda, nota-se, também, um aumento significativo dos projetos e dos respectivos escopos, ampliando a temática para tratar dos entregadores, entregadores e motoristas ou trabalhadores de aplicativos em geral. Esse aumento do número de projetos e diversidade de escopo coincidiu com a pandemia do COVID-19, destacando-se o período marcado pelo Decreto Legislativo n. 6, de 20 de março de 2020, que reconheceu o estado de calamidade pública.

Com a pandemia, os serviços contratados a partir de uma plataforma digital, aplicativos e *delivery*, ficaram em evidência e tornaram-se a solução ideal para contribuir com o distanciamento social entre as pessoas, permitindo a continuidade da atividade econômica de diversos setores, tais como, restaurantes, farmácias, supermercados e outros, que puderam entregar seus produtos aos clientes na própria residência, sem qualquer aglomeração.

[205] Ibid., p. 1.

[206] Ibid., p.1.

[207] Centro de Ensino e Pesquisa em Inovação da FGV Direito SP. Briefing temático #2: *Trabalho sob demanda no Congresso (2010-2020)* – Um oceano de possibilidades – versão 1.0. São Paulo: FGV Direito SP, 29 jan. 2021, p.1.

GRÁFICO 2 – Volume de projetos de lei em tramitação no Congresso Nacional por tipo de PL (2015-2020)

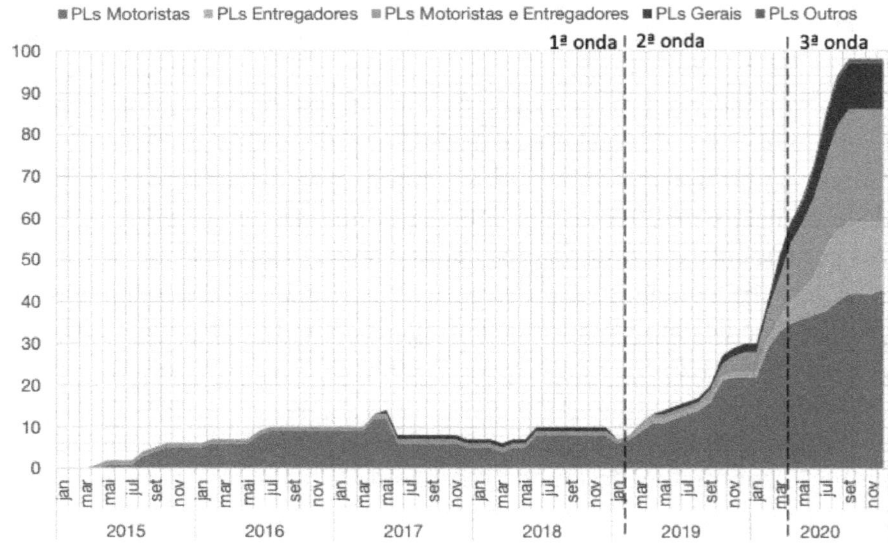

Fonte: CENTRO DE ENSINO E PESQUISA EM INOVAÇÃO DA FGV DIREITO SP, 2021, p.6.

Dessa ampla utilização das plataformas digitais e dos serviços de *delivery*, as principais preocupações e pautas dos projetos de lei ficaram voltadas à saúde, acidentes de trabalho, COVID-19, governança das plataformas e renda, como se vê na figura que ilustra as mudanças de pauta:

A quarta conclusão apontada, foi de que existe uma tendência a projetos mais pontuais se comparados a projetos mais abrangentes que visavam regulamentar o trabalho sob demanda.[208]

Para a análise da abrangência, foram estabelecidos 7 (sete) critérios pelo CEPI-FGV para que fosse possível auferir a abrangência dos projetos, na medida em que abordassem um ou mais critérios, de forma mais pontual ou abrangente. Os critérios foram: (i) definições e distinções de atores e atividades do ecossistema, (ii) caracterização do regime de trabalho dos prestadores, (iii) remuneração dos prestadores, (iv) condições

[208] CENTRO DE ENSINO E PESQUISA EM INOVAÇÃO DA FGV DIREITO SP. Briefing temático

de trabalho dos prestadores, (v) benefícios conferidos aos prestadores, (vi) governança algorítmica das plataformas e (vii) regulação das ações das plataformas.[209]

FIGURA 7 – Volume acumulado de PLs em tramitação, por trimestre, segundo preocupação ou pauta (2015-2020)

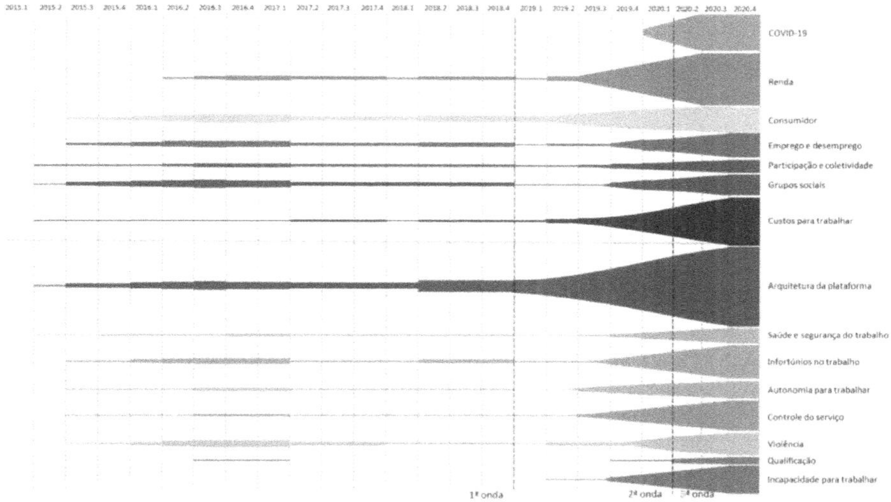

Fonte: CENTRO DE ENSINO E PESQUISA EM INOVAÇÃO DA FGV DIREITO SP, 2021, p.7.

Após a análise dos 114 (cento e quatorze) projetos de lei pelo CEPI--FGV, em relação aos critérios estabelecidos, foi apresentado o seguinte resultado: 7 (sete) PLs abordaram todos os 7 (sete) critérios formulados e 5 (cinco) PLs deixaram de abordar apenas um dos critérios, que totalizam 12 PLs com ampla diversidade temática, considerados abrangentes na pesquisa, representando 11%. Outros 7 (sete) PLs abordaram 5 (cinco) critérios e 15 (quinze) PLs abordaram 4 (quatro) critérios, que totalizam 22 (vinte e dois) PLs, considerados na pesquisa como parcialmente abrangentes e que representam 19%. Os demais PLs restantes abordaram

#2: *Trabalho sob demanda no Congresso (2010-2020)* – Um oceano de possibilidades – versão 1.0. São Paulo: FGV Direito SP, 29 jan. 2021, p.1.

[209] Ibid., p. 13.

de 0 (zero) a 3 (três) critérios e foram categorizados na pesquisa como pontuais, e representam 70%.[210]

No gráfico seguinte apresentam-se os percentuais mencionados:

Por fim, a quinta conclusão foi no sentido de que existem diversas distinções acerca dos prestadores e das plataformas mencionadas nos diferentes projetos, fato este que denota as diferentes possibilidades e características diversas do trabalho sob demanda.[211]

Dos 114 projetos analisados, em 48 PLs, houve distinção de alguma forma entre os prestadores, tendo a pesquisa apontado 20 (vinte) classificações diferentes de prestadores de serviços, seja em função: da atividade (17), habitualidade (9), tempo de trabalho (6), meio de transporte (7), regime jurídico-previdenciário (5), ligação com a plataforma (5), hierarquia de taxistas (3), predominância da atividade (2), deficiência (2), idade (2), exclusividade (1), (des)caracterização de vínculo empregatício (11), infortúnios COVID-19 (5), cadastro em plataforma (3), curso profissionalizante (3), autorização para exercício da atividade (2), pessoalidade (2), associação (2), espécies de táxi (1) ou até mesmo em virtude de ser ou não proprietário do veículo (9) utilizado na prestação do serviço.[212]

Com relação à distinção entre as plataformas, em 23 PLs houve distinção de alguma forma, tendo a pesquisa apontado 10 (dez) classificações diferentes de plataformas quanto à abertura ao público (2), nacionalidade (1), finalidade lucrativa (2), caracterização tecnológica (15), caracterização jurídica (2), atividade (5), intermediação (1), cadastro (1), número de demandantes cadastrados (1) e caracterização como empregador (1).[213]

Acerca do escopo de aplicação dos 114 (cento e quatorze) projetos analisados, a pesquisa apontou que: 49% dos projetos referem-se exclu-

[210] Centro de Ensino e Pesquisa em Inovação da FGV Direito SP. Briefing temático #2: Trabalho sob demanda no Congresso (2010-2020) – Um oceano de possibilidades – versão 1.0. São Paulo: FGV Direito SP, 29 jan. 2021, p. 13.

[211] Ibid., p.1.

[212] Centro de Ensino e Pesquisa em Inovação da FGV Direito SP. Briefing temático #2: Trabalho sob demanda no Congresso (2010-2020) – Um oceano de possibilidades – versão 1.0. São Paulo: FGV Direito SP, 29 jan. 2021, p. 11.

[213] Centro de Ensino e Pesquisa em Inovação da FGV Direito SP. Briefing temático #2: Trabalho sob demanda no Congresso (2010-2020) - Um oceano de possibilidades – versão 1.0. São Paulo: FGV Direito SP, 29 jan. 2021, p. 12.

sivamente a motoristas; 24% englobam motoristas e entregadores (de produtos e serviços); 16% se referem exclusivamente a entregadores (de produtos e serviços); 10% dirigem-se ao trabalho por aplicativos de forma geral; e 1% destina-se a prestadores de uma atividade específica, a saber, intérpretes e artistas em plataformas digitais.[214]

Gráfico 3 – Distribuição dos 114 PLs examinados conforme a abrangência (2010-2020)

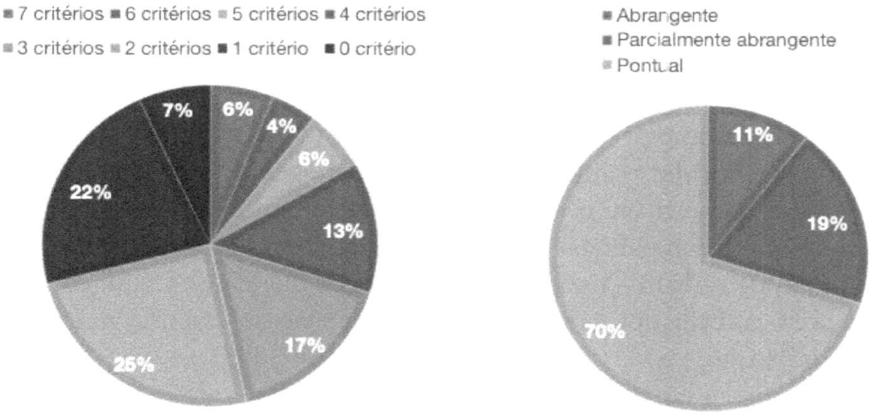

Fonte: CENTRO DE ENSINO E PESQUISA EM INOVAÇÃO DA FGV DIREITO SP, 2021, p.13.

Um outro aspecto apontado na pesquisa é o de que se torna possível identificar pautas que sejam específicas quando associadas às atividades e demandas frequentes de acordo com cada grupo de trabalhador sob demanda. Para isso, criou-se alguns códigos baseados na: caracterização de regime (se celetista, específico, não-celetista ou outro), benefícios (aposentadoria, desemprego, previdenciário, licença-maternidade/paternidade, licenças diversas, infortúnios de incapacidade, infortúnios materiais, saúde, seguro, remuneração, reposição, auxílio, subsídio), condições de trabalho (geral, alimentação, descanso, duração, entreposto,

[214] Ibid., p.5.

informação, suporte, materiais, saúde e segurança, violência), remuneração, direito coletivo e diálogo social, preocupação com consumidor e COVID-19. Segue o gráfico que analisa a quantidade de proposições pelos códigos aplicados, segundo os tipos de PLs:

Dentre os projetos de lei da Câmara dos Deputados do Congresso Nacional Brasileiro mencionados na referida pesquisa do CEPI-FGV, destaca-se o PL n. 3748/2020, de autoria da deputada Tabata Amaral. Nele, propõe-se a regular o trabalho sob demanda, sem a aplicação das disposições da Consolidação das Leis do Trabalho (CLT).

O trabalho sob demanda no PL 3748/2020, em conformidade com o Art. 2º, *caput*, "é aquele em que os clientes contratam a prestação de serviços diretamente com a plataforma de serviços sob demanda, que, por sua vez, apresenta proposta para execução dos serviços para um ou mais trabalhadores."

Tal projeto visa regulamentar essa modalidade de trabalho com três objetivos: garantir um nível de proteção social mínimo aos trabalhadores, assegurar um patamar remuneratório mínimo e assegurar condições mínimas de trabalho que garantam a redução dos riscos à saúde e segurança do trabalhador e medidas para prevenção do assédio, violência e discriminação.

A seguir discorre-se sobre alguns dos direitos previstos no PL 3748/2020.

A liberdade do trabalhador em aceitar ou não a proposta para a prestação do serviço é requisito essencial do trabalho sob demanda, sendo vedado à plataforma aplicar penalidades ao trabalhador, direta ou indiretamente, caso não aceite a proposta do serviço, bem como, a plataforma não pode vincular benefícios à realização de uma quantidade mínima de serviços realizados por período e, ainda, a não aceitação da proposta de serviço não deve influenciar na avaliação do trabalhador ou na quantidade de serviços que lhe serão ofertados.

Em relação à ausência de exclusividade, fica vedado à plataforma exigir que o trabalhador não preste seus serviços a terceiros ou penalizá-lo caso trabalhe para outras plataformas, tendo plena liberdade para aceitar ou não as propostas de trabalho, definir os períodos de intervalo, descanso e férias, não podendo a plataforma exigir que o trabalhador fique à disposição para receber propostas de trabalho ou tempo mínimo à disposição.

Gráfico 4 – Quantidade de proposições por códigos aplicados, segundo os tipos de PLs (2010-2020)

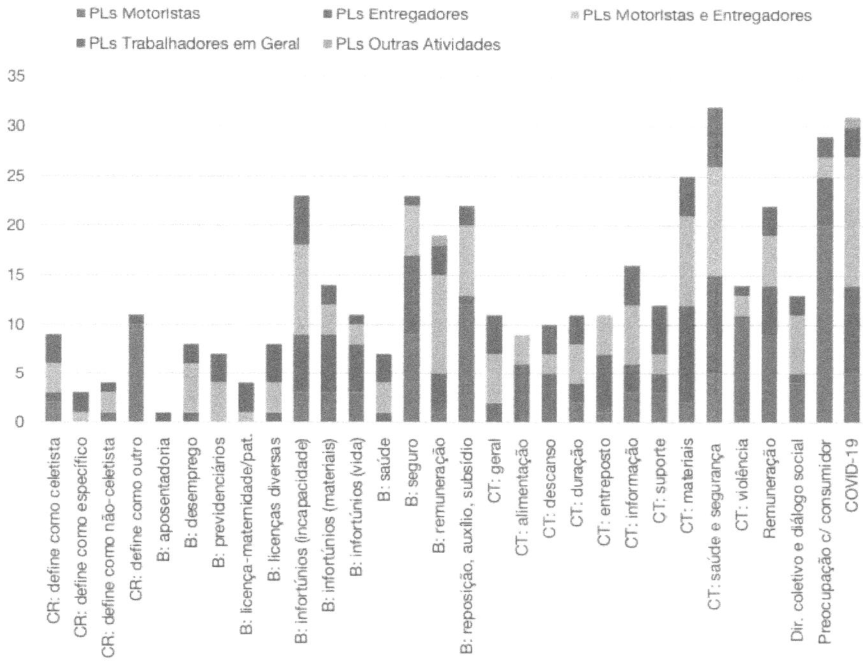

Legenda: CR: Caracterização de Regime; B: Benefícios; CT: Condições de Trabalho.
Fonte: CENTRO DE ENSINO E PESQUISA EM INOVAÇÃO DA FGV DIREITO SP, 2021, p.9.

Todavia, a plataforma poderá, sem descaracterizar o trabalho sob demanda e sem ensejar o vínculo empregatício, determinar a forma de prestação de serviços, realizar treinamentos aos prestadores de serviços sob demanda, impor regras de conduta, exigir padrões de qualidade e monitorar a realização do serviço.

Acerca da remuneração, o projeto prevê que esta poderá ser uma verba única, suficiente para garantir um salário-hora que não seja inferior ao salário profissional-hora ou ao piso da categoria por hora, ou, quando estes forem inexistentes, ao salário mínimo-hora e, ainda, o salário-hora de trabalho será aquele auferido pelo tempo efetivo da prestação dos serviços, mas acrescido de 30% (trinta por cento) a título de tempo de espera. Essa remuneração será acrescida, também, de 1/12 (um doze avos), correspondendo ao 13º salário proporcional; 1/12 (um doze avos), correspondendo às férias proporcionais; e, 1/36 (um trinta e seis avos), correspondendo ao 1/3 (um terço) constitucional de adicional de férias. As gorjetas eventualmente pagas pelos clientes pertencerão integralmente aos trabalhadores. Toda essa remuneração deverá ser paga pela plataforma até o último dia útil da semana subsequente à sua realização.

Nas situações em que o trabalhador utilize os próprios instrumentos de trabalho para a realização dos serviços demandados, a plataforma deverá indenizar os custos com insumos, depreciação e manutenção, proporcionalmente à utilização, por meio de um valor médio a ser fixado em negociação coletiva ou acordo individual.

Caberá à plataforma praticar medidas que sejam hábeis a reduzir os riscos à saúde e segurança do trabalhador, informando e capacitando os trabalhadores desses riscos, fornecendo-lhes os equipamentos de proteção individual ou coletiva e dando-lhes a respectiva instrução quanto à utilização. Tais medidas visam prevenir o trabalho em condições de fadiga, para que não haja repercussões negativas na saúde e segurança dos trabalhadores, para que não ocorra o descumprimento de normas pelos trabalhadores e que não acarretem consequências sociais ou ambientais negativas.

Um ponto de destaque no projeto é a preocupação em relação aos trabalhadores com deficiência, determinando que a plataforma adote medidas de acessibilidade para que seja possível a esses trabalhadores executarem os serviços por ela oferecidos.

O projeto prevê, ainda, a proteção social consistente no direito de perceber Seguro-Desemprego em caso de descadastramento por iniciativa da plataforma, correspondente a um salário mínimo, que será concedido por um período máximo de três meses, de forma contínua ou alternada a cada período aquisitivo de dezesseis meses contados da data do descadastramento que tenha originado a habilitação anterior. Somente serão computados para esse período os meses em que o somatório de remunerações auferidas pelo trabalhador for igual ou superior ao salário mínimo, podendo aproveitar o valor das remunerações que excederem o salário mínimo em outro mês ou agrupar as remunerações inferiores ao mínimo em diferentes meses para atingir o salário mínimo em um mês.

Contudo, para fazer jus ao Seguro-Desemprego, o trabalhador precisará: ter trabalhado por pelo menos quinze meses em regime de trabalho sob demanda nos últimos vinte e quatro meses que anteceder a data do descadastramento; não estar usufruindo de qualquer benefício previdenciário de prestação continuada da previdência social, com exceção do auxílio acidente e pensão por morte; e, não possuir renda própria de qualquer natureza que seja suficiente à manutenção de sua família.

Embora o trabalhador sob demanda não tenha vínculo empregatício, deverá ser filiado ao Regime Geral de Previdência Social – RGPS, na qualidade de segurado empregado, cabendo à plataforma realizar a inscrição do trabalhador, bem como, arrecadar e recolher as contribuições, descontando-as da remuneração a ser paga ao trabalhador.

Em caso de eventual incapacidade para o trabalho por motivo de saúde, os trabalhadores sob demanda deverão apresentar o respectivo atestado médico à plataforma, que pagará a remuneração do terceiro ao décimo quinto dia de afastamento, calculada com base na média das remunerações auferidas nos cento e vinte dias anteriores ao afastamento ou, no caso de trabalhadores cadastrados recentemente, desde a data de cadastramento.

Ao trabalhador sob demanda será assegurado salário-família, a ser pago de forma mensal, diretamente pelo INSS, que terá como parâmetro o salário-de-contribuição da competência anterior à que o benefício será pago e, também, terá direito ao salário-maternidade a ser pago pelo INSS após período de carência correspondente a dez contribuições mensais, assegurado o valor de um salário mínimo e que consistirá em um doze avos da soma dos doze últimos salários-de-contribuição, apurados em um período não superior a quinze meses. Em caso de parto antecipado, a carência será reduzida em número de contribuições equivalente ao número de meses em que o parto foi antecipado.

Por fim, o PL 3748/2020 determina que ao regime de trabalho sob demanda aplica-se o disposto no Título VI da Consolidação das Leis do Trabalho (CLT), que trata das convenções coletivas de trabalho.

O autor Todolí-Signes[215] também sugere a criação de uma relação especial de trabalho, adaptado às particularidades dos trabalhadores das

[215] Todolí-Signes, Adrían. *El impacto de la "uber economy" en las relaciones laborales*: los efectos de las plataformas virtuales em el contrato de trabajo. Publicado em março de

plataformas digitais, de forma a proteger e garantir os direitos básicos aos trabalhadores sem, contudo, impedir o normal desenvolvimento do setor. Para tanto, ressalta os seguintes elementos que devem ser considerados nessa nova relação a ser criada, mediante regulamentação especial:

> **1)** Autonomia: a relação de trabalho dos trabalhadores que prestam os serviços por meio das plataformas digitais, deve deixar expresso que essa relação seja dotada de autonomia, de forma independente, sendo que a empresa poderá emitir instruções essenciais para o bom funcionamento do negócio.[216]

No caso dos trabalhadores coordenados digitais, embora haja "autonomia", vale destacar que essa não é absoluta. O que existe, na verdade, é uma "autonomia coordenada", em que o empreendedor digital, detentor da plataforma digital, pode estabelecer as diretrizes gerais para que a realização do trabalho que será executado pelo trabalhador, e cabendo àquele que executar aceitá-lo ou não, com flexibilidade, tendo a conotação de que ambas as partes possuem medidas de "autonomia" para atingirem o objetivo comum, mas coordenadas entre si.

> **2)** Liberdade para o trabalhador estabelecer a sua jornada de trabalho: caberá ao trabalhador definir suas horas e dias de trabalho. Todavia, a regulamentação deverá prever um imperativo máximo de horas de trabalho semanais, com o objetivo de evitar o excesso de jornada e estimular a distribuição do trabalho e reduzir o desemprego. Essa jornada máxima a ser prevista na norma deve ser global a cada trabalhador, computando todas as horas trabalhadas nas diferentes plataformas digitais em que presta seus serviços. Assim, ao empreendedor da plataforma digital seria possível definir tão somente a carga horária máxima de horas que poderão ser trabalhadas, mas não o mínimo, que ficará a critério do trabalhador.[217]

2015. Disponível em: <https://papers.ssrn.com/sol3/papers.cfm?abstract_id=2705538>. Acesso em: 31 jan. 2021, passim.

[216] Todolí-Signes, Adrían. *El impacto de la "uber economy" en las relaciones laborales*: los efectos de las plataformas virtuales em el contrato de trabajo. Publicado em março de 2015. Disponível em: <https://papers.ssrn.com/sol3/papers.cfm?abstract_id=2705538>. Acesso em: 31 jan. 2021. p. 21-22.

[217] Ibid., p. 22-23.

Conforme já mencionado na presente tese, considera-se necessário prever uma jornada de trabalho máxima nas plataformas em que o coordenado digital preste serviços, para evitar jornadas excessivas e que prejudiquem a saúde e direitos básicos do trabalhador. Seguindo os parâmetros do empregado subordinado, sugere-se que a regulamentação específica preveja e imponha uma limitação de jornada diária de trabalho na plataforma que deverá ser de até 8 horas diárias e 44 horas semanais, podendo ser acrescida de até 2 horas extras diárias ou, ainda, mediante jornada de 12 x 36, com doze horas de trabalho e intervalo para descanso nas trinta e seis horas subsequentes ao período trabalhado. Vale destacar, por outro lado, que se o empreendedor digital exigir do coordenado digital o trabalho em jornada mínima, com um mínimo de horas a ser executada, tal fato descaracteriza o status de coordenado digital face a indispensável autonomia e flexibilidade desse tipo de trabalhador, implicando o reconhecimento do vínculo empregatício, como trabalhador subordinado, sujeito às normas previstas no Direito do Trabalho.

Todolí-Signes sugere que a jornada seja global, devendo ser aplicável a cada trabalhador, computando todas as horas trabalhadas nas diferentes plataformas digitais que o trabalhador preste serviços. No entanto, a comunicação entre as plataformas torna-se algo complexo, para que tal sistema de horas possa funcionar adequadamente. Até porque, poderão existir tarefas demandadas por empresas em diferentes locais do mundo, sem vínculo com outras plataformas. Nesse sentido, acredita-se que o limite de jornada deve ser observado e vigiado por cada empreendedor digital dentro do seu negócio local, não sendo responsabilizado caso o coordenado digital, por conta própria, exceda a jornada em outras plataformas. Ao invés desse protecionismo, caberá ao próprio trabalhador o controle, com autonomia e flexibilidade, para zelar e respeitar esses limites, de forma que não se auto prejudique.

3) Liberdade para prestar os seus serviços para diferentes plataformas ou aplicativos: a regulamentação da nova classe de trabalhadores deve impedir a assinatura de acordos de exclusividade com os empreendedores digitais. A inexistência de uma norma como essa favorece que empresas possam monopolizar os trabalhadores de um setor, impedindo-os de trabalharem para outras plataformas e limitando a escolha dos consumidores.[218]

Um dos pressupostos à caracterização do coordenado digital identificada nessa pesquisa, refere-se ao fato de que o trabalho a ser executado deve ser fragmentado e descontínuo, de curta e limitada duração ao usuário. É essencial que o trabalho possa ser prestado a uma infinidade de usuários, sem exclusividade e sem que haja a obrigatoriedade de única fonte de trabalho e renda. Torna-se essencial que o trabalhador possa ter a flexibilidade para trabalhar com diversas plataformas digitais, optando por aquela que lhe ofereça as melhores condições de trabalho. Tal pressuposto contribui para que o trabalhador seja mais valorizado, dada a concorrência entre as plataformas, bem como, favorece os consumidores com a possibilidade de optarem pelas diferentes plataformas, escolhendo aquela que melhor lhe atender, nos mais variados aspectos.

4) Responsabilidade dos trabalhadores pelos danos causados: afastando-se do critério clássico, caberá aos trabalhadores serem responsabilizados pelos danos que causarem aos clientes em virtude de negligência cometida durante o trabalho, bem como, pelos danos que causar à marca ou reputação da plataforma digital.[219]

Diferentemente dos empregados subordinados, em que o empregador responde pelos atos negligentes praticados pelo empregado, Todolí-Signes sugere que na relação triangular entre plataforma digital (intermediário), usuário/cliente e trabalhador, a responsabilidade pela execução do trabalho seria do coordenado digital. Tal situação, todavia, poderia ser justificada pelo fato de que a plataforma digital enquanto mero inter-

[218] Todolí-Signes, Adrían. *El impacto de la "uber economy" en las relaciones laborales*: los efectos de las plataformas virtuales em el contrato de trabajo. Publicado em março de 2015. Disponível em: <https://papers.ssrn.com/sol3/papers.cfm?abstract_id=2705538>. Acesso em: 31 jan. 2021, p. 23.

[219] Todolí-Signes, Adrían. *El impacto de la "uber economy" en las relaciones laborales*: los efectos de las plataformas virtuales em el contrato de trabajo. Publicado em março de 2015. Disponível em: <https://papers.ssrn.com/sol3/papers.cfm?abstract_id=2705538>. Acesso em: 31 jan. 2021, p. 23.

mediário na relação jurídica, em tese não poderia ser responsável pela execução do trabalho, já que não teria o domínio da situação ou sequer poderia influenciar na execução, mas apenas o trabalhador, executor da tarefa, sendo deste a responsabilidade pelos atos praticados.

No entanto, vale trazer à discussão o disposto no Código de Defesa do Consumidor (CDC), que deverá ser aplicado nas relações de consumo com o cliente/usuário, independentemente da relação de trabalho havida entre o empreendedor digital e o coordenado digital.

O art. 3º, *caput* e §2º do CDC, a seguir transcrito, ao definir a figura do fornecedor e prestador de serviços, o fez de forma bastante ampla, considerando como tal todos aqueles que participam da cadeia dos fornecimentos dos serviços, não importando se a relação se dá de forma direta ou indireta, contratual ou extracontratual.

> Art. 3º Fornecedor é toda pessoa física ou jurídica, pública ou privada, nacional ou estrangeira, bem como os entes despersonalizados, que desenvolvem atividade de produção, montagem, criação, construção, transformação, importação, exportação, distribuição ou comercialização de produtos ou prestação de serviços. [...] § 2º Serviço é qualquer atividade fornecida no mercado de consumo, mediante remuneração, inclusive as de natureza bancária, financeira, de crédito e securitária, salvo as decorrentes das relações de caráter trabalhista.

Desse modo, serão solidariamente responsáveis todos aqueles que participarem e atuarem em cooperação na relação de consumo com o cliente/usuário. Nesse sentido, afirma Marques[220]:

> O art. 3º do CDC bem específica que o sistema de proteção do consumidor considera como fornecedores todos os que participam da cadeia de fornecimento de produtos e da cadeia de fornecimento de serviços (o organizador da cadeia e os demais partícipes do fornecimento direto e indireto, da

[220] Marques, Claudia Lima. A nova noção de fornecedor no consumo compartilhado: um estudo sobre as correlações do pluralismo contratual e o acesso ao consumo. *Revista de Direito do Consumidor*, vol. 111, ano 26, São Paulo: Ed. RT, maio-jun. 2017, p. 260.

prestação de serviços), não importando sua relação direta ou indireta, contratual ou extracontratual com o consumidor.

A solidariedade entre os fornecedores que participarem da cadeia dos serviços é determinada, em especial, nos seguintes dispositivos do CDC:

Art. 7º. Parágrafo único. Tendo mais de um autor a ofensa, todos responderão solidariamente pela reparação dos danos previstos nas normas de consumo.

Art. 14. O fornecedor de serviços responde, independentemente da existência de culpa, pela reparação dos danos causados aos consumidores por defeitos relativos à prestação dos serviços, bem como por informações insuficientes ou inadequadas sobre sua fruição e riscos.

Art. 25. É vedada a estipulação contratual de cláusula que impossibilite, exonere ou atenue a obrigação de indenizar prevista nesta e nas seções anteriores.
§ 1º Havendo mais de um responsável pela causação do dano, todos responderão solidariamente pela reparação prevista nesta e nas seções anteriores.
§ 2º Sendo o dano causado por componente ou peça incorporada ao produto ou serviço, são responsáveis solidários seu fabricante, construtor ou importador e o que realizou a incorporação.

Art. 34. O fornecedor do produto ou serviço é solidariamente responsável pelos atos de seus prepostos ou representantes autônomos.

Art. 47. As cláusulas contratuais serão interpretadas de maneira mais favorável ao consumidor.

Ao estudar a definição do fornecedor no contexto do consumo compartilhado e a questão da solidariedade dos agentes envolvidos, Marques[221] destaca:

[221] MARQUES, Claudia Lima. A nova noção de fornecedor no consumo compartilhado: um estudo sobre as correlações do pluralismo contratual e o acesso ao consumo. *Revista de Direito do Consumidor*, vol. 111, ano 26, São Paulo: Ed. RT, maio-jun. 2017, p. 260-261.

> O reflexo mais importante, o resultado mais destacável da visualização da cadeia de fornecimento, do aparecimento plural dos sujeitos-fornecedores, é a solidariedade entre os participantes da cadeia mencionada nos arts. 18 e 20 do CDC e indicada na expressão genérica "fornecedor de serviços" do art. 14, caput, do CDC. E, como afirma a jurisprudência: "Os arts. 7º, parágrafo único, e 25 do CDC impõem a todos os integrantes da cadeia de fornecimento a responsabilidade solidária pelos danos causados por fato ou vício do produto ou serviço". Aplicado o CDC ao consumo compartilhado, mesmo que o fornecedor direto seja um civil, a solidariedade entre o intermediador digital, verdadeiro fornecedor (e guardião) do acesso, parece clara.
> Mister também destacar o Art. 34 do CDC, que bem frisa a responsabilidade do organizador da cadeia pelos seus representantes frente ao consumidor. [...] Por fim, mencione-se que a economia do compartilhamento é muito típica das informações online, vivendo da reputação do vendedor ou fornecedor e da estrutura e legitimidade do próprio site ou, sistema de transporte como o Uber.

Acerca da incidência do CDC nas relações de consumo realizadas na internet, toma-se como fundamento o dispositivo expresso na lei, em especial, do previsto no art. 2º, V e art. 7º, XIII, ambos da Lei 12.965/14 (Marco Civil da Internet), que estatuem:

> Art. 2º A disciplina do uso da internet no Brasil tem como fundamento o respeito à liberdade de expressão, bem como:
> [...]
> V – a livre iniciativa, a livre concorrência e a defesa do consumidor; e
>
> Art. 7º O acesso à internet é essencial ao exercício da cidadania, e ao usuário são assegurados os seguintes direitos:
> [...]
> XIII – aplicação das normas de proteção e defesa do consumidor nas relações de consumo realizadas na internet.

Outro fator que influencia a visão ampla e qualificadora do fornecedor de serviços, em especial acerca da solidariedade, é o princípio da confiança e boa-fé contratual, que decorrem do uso da "marca". Isto ocorre porque, além da comodidade, muitos consumidores valem-se do uso do aplicativo ou plataforma digital (intermediários), pois em virtude da marca do intermediário estar consolidada, acreditam e confiam que o serviço será executado a contento, crendo que os trabalhadores por ela selecionados e vinculados à plataforma são competentes para tais trabalhos.

Assim, constata-se uma relação de confiança e fidelidade, que cria uma "catividade". Quando se trata de grandes marcas consolidadas, inclusive internacionalmente, ou grandes grupos empresariais como empresas de transporte, cadeias de restaurantes e outros serviços, que colocam-se disponíveis na economia compartilhada por meio de plataformas digitais, tais "marcas" criam um sentimento de confiança e catividade, ao ponto de fazer o consumidor ou grupo de consumidores optarem somente pelos fornecedores ou grupo de fornecedores que estiverem compartilhando, ainda que em cooperação, da marca/imagem/status.

A eventual quebra de confiança, faz com que haja tanto a responsabilidade do fornecedor aparente como também do fornecedor indireto, pois o dever de escolha e vigilância dos parceiros cooperados na cadeia do fornecimento de serviços é responsabilidade do fornecedor, sendo impossível, pelo sistema do CDC[222]:

> [...] transferir aos membros da cadeia responsabilidade exclusiva, ou impedir que o consumidor se retrate, diante da escolha posterior de um membro novo na cadeia. Em outras palavras, na conexidade contratual está a responsabilidade do guardião de acesso.

A esse respeito, Marques[223] afirma que "na economia do compartilhamento os aplicativos são só as estradas (highways) por onde passam os contratos, como pontes entre os consumidores e fornecedores, sustentadas pelos pilares, da Internet". Todavia, é impossível não visualizar a conexão, coligação ou interdependência entre a pluralidade de atores e de vínculos, características pós-modernas, da economia do comparti-

[222] Marques, Claudia Lima. A nova noção de fornecedor no consumo compartilhado: um estudo sobre as correlações do pluralismo contratual e o acesso ao consumo. *Revista de Direito do Consumidor*, vol. 111, ano 26, São Paulo: Ed. RT, maio-jun. 2017, p. 261 e 263.
[223] Ibid, p. 258-259.

lhamento. Desse modo, "se para consumir, hoje, o consumidor necessita de dois ou mais contratos, o destino destes está coligado ou interdependente", indicando a presença da solidariedade.

A autora acrescenta que a plataforma digital não atua apenas como um facilitador, já que por vezes, torna viável ou "estrutura um determinado modelo de negócio". Assim, o site ou aplicativo, além de permitir "o acesso à highway", exerce o papel de uma espécie de "*gatekeeper*" ('guardião do acesso'), que assume o dever, ao oferecer o serviço de intermediação ou aproximação, de garantir a segurança do modelo de negócio, despertando a confiança geral ao torná-lo disponível pela Internet", com responsabilidade em rede (*network liability*), sendo que, contudo, a extensão de responsabilidade será dada mediante a análise de cada caso em concreto, a partir do "nível de intervenção que tenha sobre o negócio".[224]

Ao contrário da solidariedade, e para exemplificar a posição de Todolí-Signes, referente à relação triangular entre plataforma digital (intermediário), usuário/cliente e trabalhador, a responsabilidade pela execução do trabalho seja restrita ao trabalhador, a empresa Uber, nos seus Termos de Uso, mediante termo adesivo, estabelece cláusula excludente de responsabilidade, atribuindo toda e qualquer responsabilidade pelo serviço ou produto aos terceiros fornecedores, conforme exposto a seguir:[225]

> **Brasil – Termos de Uso**
> **Serviços e Conteúdo de Terceiros(as).**
> Os Serviços poderão ser disponibilizados e acessados em conexão com Serviços e conteúdo de terceiros(as) (inclusive publicidade) que a Uber não controlará. Você reconhece que termos de uso e políticas de privacidade diferentes poderão ser aplicáveis ao uso desses serviços e conteúdo de terceiros(as). A UBER não endossa esses serviços e conteúdo de terceiros(as) e **a UBER**

[224] Marques, Claudia Lima. A nova noção de fornecedor no consumo compartilhado: um estudo sobre as correlações do pluralismo contratual e o acesso ao consumo. *Revista de Direito do Consumidor*, vol. 111, ano 26, São Paulo: Ed. RT, maio-jun. 2017, p. 255-256.

[225] UBER DO BRASIL TECNOLOGIA LTDA. *Termos de Uso*. Atualizado em 13/10/2020. Disponível em: <https://www.uber.com/legal/pt-br/document/?name=general-terms-of-use&country=brazil&lang=pt-br>. Acesso em: 02 abr. 2021.

> **não será, em hipótese alguma, responsável por nenhum produto ou serviço desses(as) terceiros(as) fornecedores(as).** Além disto, Apple Inc., Google, Inc., Microsoft Corporation ou BlackBerry Limited e/ou suas subsidiárias e afiliadas internacionais serão terceiros(as) beneficiários(as) deste Contrato, caso você acesse os Serviços usando aplicativos desenvolvidos para dispositivos móveis baseados em Apple iOS, Android, Microsoft Windows, ou Blackberry, respectivamente. Esses(as) terceiros(as) beneficiários(as) não são partes deste Contrato e não são responsáveis pela prestação dos Serviços ou por qualquer forma de suporte aos Serviços. Seu acesso aos Serviços usando esses dispositivos está sujeito às condições estabelecidas nos termos de serviços dos respectivos terceiros(as) beneficiários(as). (grifo e negrito nosso)

Do mesmo modo, a empresa Rappi, plataforma digital de intermediação de negócios voltada para a compra, via mandato, de produtos em supermercados, restaurantes, farmácias e outros estabelecimentos diversos (fornecedores parceiros), cuja entrega é realizada por trabalhadores autônomos (coordenado digital), também, nos termos de uso, inclui cláusula excludente de responsabilidade, como se vê:

> **Termos e condições de uso da plataforma RAPPI:**
> **21.limitação de responsabilidades:**
> O uso dos serviços ou do download por meio da PLATAFORMA é feito ao próprio critério e risco do Consumidor e com o seu acordo de que será o único responsável por quaisquer danos ao seu sistema de computador ou perda de dados resultantes de tais atividades. O Consumidor também entende e concorda que a Operadora não tem controle sobre redes de terceiros que possam ser acessadas durante o uso da PLATAFORMA, portanto, atrasos e interrupções de outras transmissões de rede estão completamente fora do controle da Operadora. Também não se pode imputar a Operadora por quaisquer caso de atos fortuitos ou de força maior, que venham a causar danos a quaisquer das Partes. **Em nenhum caso, a Operadora será responsável perante o USUÁRIO ou terceiros por quaisquer danos, incluindo, sem limitação, aqueles resultantes de perda de dados, serviços de terceiros oferecidos por meio da PLATAFORMA ou no caso de quaisquer atos dos Mandatários.** Em nenhum momento a Operadora solicitará ao

USUÁRIO informações que NÃO forem necessárias para seu vínculo com o Mandatário ou para a facilitação do pagamento.[226] (grifo e negrito nosso)

A despeito de conter nos termos de usos das plataformas digitais cláusula excludente de responsabilidade pelos danos causados aos clientes/ usuários por atos praticados pelos trabalhadores coordenados digitais, a jurisprudência dos tribunais brasileiros em grande parte tem estendido a responsabilidade solidária aos empreendedores digitais, uma vez que o art. 25 do CDC estatui que "É vedada a estipulação contratual de cláusula que impossibilite, exonere ou atenue a obrigação de indenizar prevista nesta e nas seções anteriores." Para exemplificar o entendimento jurisprudencial, apresentam-se algumas decisões:

> RECURSO INOMINADO RECORRENTE: UBER DO BRASIL [...] VOTO DA PRELIMINAR DE ILEGITIMIDADE PASSIVA Quanto à preliminar de ilegitimidade passiva ventilada pela Recorrente, sabe-se que o CDC, em seu sistema de proteção do consumidor, e capitaneado pelo paradigma *standart de qualidade*, ao definir a figura do fornecedor em seu art. 3º, considera assim todos os que participem da cadeia de fornecimento de produtos e da cadeia de fornecimento de serviços, em toda a sua complexidade, não importando sua relação direta ou indireta, contratual ou extracontratual com o consumidor. Assim, define a responsabilidade solidária do fabricante, produtor, comerciante, distribuidor, enfim de todos os que desenvolvam atividades tipicamente profissionais com certa habitualidade (fornecimento de produtos) e atividades de prestação de serviços (fornecimento de serviços). Essa visão ampliadora e qualificadora das relações de consumo introduzida pelo CDC, sobretudo no que tange a solidariedade, tem seu berço nos princípios da confiança e boa-fé contratuais e evidencia-se imprescindível à boa aplicação do Código Consumerista, na medida em que revigora a figura dos deveres anexos de cuidado, informação, segurança, cooperação e boa-fé presentes nas relações sociais mesmo antes da conclusão do contrato, e ainda

[226] RAPPI BRASIL INTERMEDIAÇÃO DE NEGÓCIOS LTDA. *Termos e Condições de Uso da Plataforma "Rappi"*. Disponível em: <https://legal.rappi.com/brazil/termos-e--condicoes-de-uso-da-plataforma-rappi/?_ga=2.53252968.1132469324.1617416877-1550943566.1617416877>. Acesso em: 02 abr. 2021.

depois de exauridas as prestações principais ou em caso de contratos nulos ou inexistentes, pois são deveres de conduta humana, somente indiretamente dirigidos a prestação contratual. Desse modo, em que pese a demandada não seja remunerada diretamente pelos consumidores, aufere lucro com o serviço prestado, sendo remunerado indiretamente. Assim, ante às razões invocadas, encartada a responsabilidade solidária, insta o afastamento da preliminar de ilegitimidade. DO MÉRITO [...] Em que pese a ré arguir ausência de relação de consumo, uma vez que os motoristas não seriam seus prepostos e, sim, meros usuários do aplicativo por ela desenvolvido, urge salientar que se unem para a prestação de um serviço ao consumidor, com intuito de obter lucros e, embora os consumidores não realizem pagamentos à recorrente, esta se beneficia indiretamente, ou seja, ainda que não receba qualquer quantia diretamente do usuário do serviço, aufere vantagens (não precisa ser necessariamente uma vantagem pecuniária) em razão de sua atividade, enquadrando-se nos termos do § 2º do art. 3º do CDC. [...] Assim sendo, ante ao exposto, voto no sentido de CONHECER e NEGAR PROVIMENTO ao recurso interposto (TJ-BA – RI: 02092448720198050001, Relator: CRISTIANE MENEZES SANTOS BARRETO, TERCEIRA TURMA RECURSAL, Data de Publicação: 26/02/2021)

Recurso inominado. Acidente de veículo. Abalroamento causado por motorista de aplicativo (UBER). Reconhecida a responsabilidade solidaria entre o condutor causador do acidente e o aplicativo (UBER). Sentença de procedência. Motorista que estava a serviço do aplicativo, pois estava disponível a aceitar qualquer corrida caso solicitada, momento em que causou o acidente. Condição de consumidora equiparada da vítima. Art. 17 do CDC. Aplicado o Código de Defesa do Consumidor. Verificada a responsabilidade solidária entre as partes que integraram a cadeia de consumo, motorista e aplicativo. A não existência de relação de emprego entre o motorista e o aplicativo não afasta o fato de que, perante o consumidor, ambos auferem lucro e, portanto, integram a cadeia de consumo. Responsabilidade solidária, art. 14 CDC. Sentença mantida. Recurso improvido.
(TJ-SP – RI: 00212308620198260405 SP 0021230-86.2019.8.26.0405, Relator: Paulo Ricardo Cursino de Moura, Data de Julgamento: 01/07/2020, 1ª Turma Cível, Data de Publicação: 03/07/2020)

JUIZADO ESPECIAL. CONSUMIDOR. 99 TAXIS. TRANSPORTE DE PASSAGEIRO. PRELIMINAR DE ILEGITIMIDADE PASSIVA REJEITADA. APLICABILIDADE DO CÓDIGO DE DEFESA DO CONSUMIDOR. RESPONSABILIDADE CIVIL OBJETIVA. RISCO DA ATIVIDADE. AMEAÇA SOFRIDA PELO CONSUMIDOR. DANO MORAL. QUANTUM INDENIZATÓRIO. PROPORCIONAL. RECURSO CONHECIDO. PRELIMINAR REJEITADA. NÃO PROVIDO. 1. Cinge-se a controvérsia na responsabilidade da empresa recorrente (99 TAXIS) pela ameaça proferida pelo motorista cadastrado em sua plataforma contra o passageiro. Trata-se de relação de consumo, pois a recorrente se enquadra no conceito de fornecedora de serviços nos termos do art. 3º do CDC, bem como o autor se encaixa no conceito de consumidor, pois adquiriu o serviço de transporte como destinatário final (art. 2º do CDC). 2. Preliminar de ilegitimidade passiva. Independentemente da existência ou não de relação empregatícia entre a recorrente e o motorista cadastrado em sua plataforma, todos que participam da cadeia de consumo, auferindo vantagem econômica ou de qualquer outra natureza, por intermediarem transações entre o consumidor e terceiros devem responder solidariamente aos prejuízos causados (Art. 3º, § 2º; art. 7º, parágrafo único e art. 25, § 1º, do CDC). Preliminar de ilegitimidade passiva rejeitada. 3. Trata-se de responsabilidade objetiva, por não depender da demonstração da culpa (risco da atividade). Desta forma, uma vez verificada falha na prestação de serviço por parte do motorista acionado pelo autor (Id. 5332820), por meio do aplicativo disponibilizado pela empresa recorrente, patente é o dever de indenizar. 4. A conduta do motorista em ameaçar o autor, mandando mensagens intimidadoras, caracteriza a ofensa aos direitos da personalidade do autor, a qual é indenizável através de condenação extrapatrimonial. 5. O valor fixado a título de danos morais (R$ 3.000,00) deve ser mantido, pois a sua modificação somente deverá ocorrer em casos de evidente excesso ou de que seja realmente irrisório, o que não restou demonstrado. 6. Recurso CONHECIDO E NÃO PROVIDO Preliminar rejeitada. Condeno a recorrente vencida ao pagamento de honorários de sucumbência, que fixo em 10% (dez por cento) sobre o valor da condenação (art. 55 da Lei 9.099/95). A ementa servirá de acórdão, conforme art. 46 da Lei n. 9.099/95. (TJ-DF 07070266120188070016 DF 0707026-61.2018.8.07.0016, Relator: JOÃO LUÍS FISCHER DIAS, Data de Julgamento: 26/09/2018, 2ª

Turma Recursal dos Juizados Especiais Cíveis e Criminais do DF, Data de Publicação: Publicado no DJE: 03/10/2018. Pág.: Sem Página Cadastrada.)

5) Salário mínimo pelo tempo de prestação de serviços: embora seja de difícil regulamentação a questão de um salário mínimo, pois é o trabalhador quem define quantas horas deseja trabalhar, e qual será o horário a ser cumprido, a existência de um salário mínimo garantido pode prejudicar as previsões de custos da empresa. Mas se o pagamento se der tão somente pelo tempo efetivamente trabalhado, pelo estrito tempo de serviço prestado ao cliente, não haverá dificuldades da empresa em pagar tal remuneração mínima. A dificuldade se encontra nos tempos de espera, no período em que o trabalhador está disponível na plataforma à espera de um cliente. Uma solução equitativa seria considerar que a hora à disposição da empresa pelo trabalhador corresponderia à hora "improdutiva", mas permitindo que uma negociação coletiva possa modificar tal disposição. Mediante acordos coletivos a remuneração pelo tempo de espera poderia ser fixado em valores abaixo do salário mínimo ou até mesmo extinta qualquer remuneração para tais situações.[227]

A questão de se fixar um salário mínimo aos coordenados digitais realmente é um desafio difícil, se forem consideradas as horas em que o trabalhador estiver à espera de um cliente, conectado e à disposição da plataforma. Tal situação revela-se uma tarefa árdua, dado que o coordenado digital não é um trabalhador com exclusividade a uma plataforma, podem ocorrer situações em que ao mesmo tempo, durante à espera por um cliente, esse trabalhador possa estar conectado a duas ou mais plataformas digitais, aguardando pelo cliente que lhe oferecerá o trabalho de maior relevância e remuneração.

Assim, não será possível atribuir o tempo de espera a uma ou outra plataforma digital, mas tão somente considerar, para fins de jornada de trabalho, o período em que efetivamente prestar o serviço contratado.

[227] Todolí-Signes, Adrían. *El impacto de la "uber economy" en las relaciones laborales*: los efectos de las plataformas virtuales em el contrato de trabajo. Publicado em março de 2015. Disponível em: <https://papers.ssrn.com/sol3/papers.cfm?abstract_id=2705538>. Acesso em: 31 jan. 2021, p. 23.

Ademais, podem ocorrer situações em que o trabalhador, no tempo de espera por um cliente, esteja executando tarefas domésticas ou de próprio lazer, optando por atender e iniciar o seu trabalho apenas quando lhe convier, sendo possível concluir que, de fato, não se torna possível a mensuração do tempo de espera dos coordenados digitais para fins de se fixar uma remuneração mínima.

Harris e Krueger[228], ao proporem a figura do "trabalhador independente" e elencar os princípios da nova classificação de trabalhadores, mencionam a incomensurabilidade das horas de trabalho como sendo um desses princípios. Afirmam ser amplamente indeterminável, impossível ou profundamente problemático, em muitas circunstâncias, mensurar as horas de trabalho dos novos trabalhadores emergentes. Como justificativa, apontam que se um trabalhador laborar para dois intermediários ao mesmo tempo, não será possível determinar ou repartir o total de horas de trabalho à disposição do empreendedor digital, aguardando por uma possível oportunidade de trabalho. Ressaltam que os trabalhadores independentes trabalham por conta própria e no seu próprio tempo e, por tal razão, as horas de trabalho não podem ser repartidas e medidas para os fins de atribuição de benefícios ou avaliação de ganhos por hora, não fazendo sentido impor aos empreendedores digitais que fornecessem benefícios baseados em horas de trabalho, como horas extras e salário mínimo.

Os autores acrescentam ainda que, embora os trabalhadores independentes exerçam um labor árduo, fazendo jus a essas proteções, é possível admitir que esses trabalhadores trocaram essas proteções pela flexibilidade que o novo arranjo e relação de trabalho na era digital lhes permite.[229]

Dadas essas dificuldades e particularidades, entende-se ser fundamental que a questão do salário mínimo seja definida por auto-regulamentação, mediante a garantia da liberdade de associação e do reconhe-

[228] Harris, Seth D.; Krueger, Alan B. *A proposal for modernizing labor laws for twenty-first-century work*: the "independent worker". Dezembro, 2015. Disponível em: <https://www.hamiltonproject.org/assets/files/modernizing_labor_laws_for_twenty_first_century_work_krueger_harris.pdf>. Acesso em: 30 mar. 2021, p. 13.
[229] Ibid.

cimento das negociações coletivas, diante de cada caso concreto, levando em consideração as especificidades de cada setor e relação de trabalho executado, considerando também os custos envolvidos para a execução do trabalho que, porventura, sejam assumidos pelo coordenado digital.

A questão do salário mínimo por hora trabalhada não diz respeito tão somente ao labor, pois existem custos que envolvem a relação de trabalho do coordenado digital e que, se ficar sob a única responsabilidade do trabalhador, o cálculo do salário mínimo deverá abranger outras variáveis diversas, para que a remuneração do trabalhador seja justa e digna. Mais uma vez, essa fixação de salário mínimo mostra-se complexa quando se pensa em criar uma regulamentação jurídica específica a todos os trabalhadores coordenados digitais. Todavia, pode-se conjecturar ser possível essa fixação a partir da análise de cada caso concreto, da análise de cada setor e trabalho a ser executado, considerando todas as variantes possíveis, mediante acordo ou convenção coletiva de trabalho.

> **6)** Compensação de despesas: a lei especial deve permitir que as empresas possam exigir dos trabalhadores que eles tenham bens não consumíveis para poderem fazer parte da plataforma, como por exemplo, telefone, carro, computador, etc, e esses bens não devem ser pagos pela empresa. Todavia, os bens de consumo que são necessários para a execução do trabalho ou quaisquer despesas relacionadas exclusivamente com a prestação do serviço, essas deverão serem pagas pela plataforma.[230]

Conforme mencionado na proposição 5, anteriormente exposta, a compensação de despesas está intimamente ligada à questão da remuneração a ser paga ao trabalhador. Assim, considerando que o coordenado digital tem como característica a autonomia coordenada, com flexibilidade, cabendo a ele buscar os meios e bens de consumo duráveis ou não duráveis para a execução de seu trabalho, a compensação de despesas também encontra óbice em sua fixação prévia. Afinal, não se revela

[230] TODOLÍ-SIGNES, Adrían. *El impacto de la "uber economy" en las relaciones laborales*: los efectos de las plataformas virtuales em el contrato de trabajo. Publicado em março de 2015. Disponível em: <https://papers.ssrn.com/sol3/papers.cfm?abstract_id=2705538>. Acesso em: 31 jan. 2021, p. 23-24.

razoável impor ao empreendedor digital que arque com o pagamento ou reembolso de despesas relacionadas com a prestação do serviço, a qual se coloca como fruto da escolha e autonomia do trabalhador.

Embora possa ocorrer a devida compensação dessas despesas pelo empreendedor digital, entende-se que tal situação revela-se muito específica e particular para cada trabalho a ser executado e seu respectivo setor, de modo que esse assunto deve ser mais adequadamente tratado em acordos e convenções coletivas, e não em regulamentação jurídica especial.

> **7)** Aplicação subsidiária do Direito do Trabalho: para as situações jurídicas não previstas no regulamento específico, aplica-se subsidiariamente as prescrições previstas no Direito do Trabalho, inclusive.[231]

Embora a aplicação do Direito do Trabalho possa trazer aos coordenados digitais maior proteção no trabalho, acredita-se que pelo grau de autonomia e flexibilidade conferido à nova classe de trabalhadores, muitos dos princípios e disposições ali contidos tornam-se incompatíveis, razão pela qual entende-se que a aplicação subsidiária não deva ocorrer.

O que se pretende com o reconhecimento da nova classe de trabalhadores e a criação de uma regulamentação específica é, portanto, garantir aos coordenados digitais os direitos mínimos à sua proteção no trabalho, como forma de impedir a precariedade do trabalho, observando-se os direitos sociais e da dignidade da pessoa humana, próprios de um trabalho digno.

O autor Freitas Júnior[232] também sugere uma tabela indicativa de uma agenda preliminar para iniciativas regulatórias do poder público aos trabalhadores em plataformas digitais, a saber:

[231] Todolí-Signes, Adrían. El impacto de la "uber economy" en las relaciones laborales: los efectos de las plataformas virtuales em el contrato de trabajc. Publicado em março de 2015. Disponível em: <https://papers.ssrn.com/sol3/papers.cfm?abstract_id=2705538>. Acesso em: 31 jan. 2021, p. 24.

[232] Freitas Júnior, Antonio Rodriges de. *On demand:* trabalho sob demanda em plataformas digitais. Belo Horizonte: Arraes Editores, 2020, p. 121.

TABELA 1 – Agenda de objetivos regulatórios para o trabalho sob demanda em plataformas

OBJETIVOS	CRITÉRIOS	POSSIBILIDADES
Levar em conta a diversidade de atividades e profissões	Fixação de parâmetros que orientem a classificação da natureza do vínculo Complementaridade de normas regulamentares	Variadas naturezas de vínculo (emprego, autónomo, trabalho intermitente) Normas gerais e específicas, suplementadas por estatutos profissionais quando for o caso
Limitação na quantidade de trabalho	Fixação de parâmetros máximos de quantidade de horas ou unidades de serviço por frações de tempo	Exigência de publicidade dos termos de contrato ou regulamento em que tais parâmetros sejam dispostos
Salário-mínimo no equivalente hora	Disposição legal explicitando a obrigatoriedade para todos os trabalhadores	Além dos benefícios sociais econômicos evidentes, permitiria reduzir as distâncias entre empregados típicos, intermitentes e autônomos eventuais
Cobertura previdenciária, em caso de acidente de trabalho, bem como fixação de normas de segurança e de higiene para o trabalho	Elaboração de Normas Regulamentadoras direcionadas ao trabalho sob demanda em plataformas (em aplicativo e crowdwork)	Exigência de publicidade das normas no site da plataforma Obrigatoriedade de que tais normas sejam observadas onde quer que se encontre o trabalhador

OBJETIVOS	CRITÉRIOS	POSSIBILIDADES
Idade mínima	Constitucional	Exigência de controle pelas plataformas. Agravamento de sanções específicas para a atividade
Limites para o exercício do poder diretivo: autorregulamentação associada à transparência	Fixação de normas de balizamento na aplicação de sanções e de limites no acesso a dados privados desnecessários de qualquer espécie	Exigência de publicidade das normas no site da plataforma Exigência de estatuto de governança publicado no site e depositado em órgãos da Administração Abertura de acesso à fiscalização administrativa
Obrigatoriedade da negociação coletiva do trabalho	Disposição legal explicitando extensão às plataformas da regra do art. 616 da CLT e dos preceitos da Convenção 98 da OIT	Aprimoramento da regulação por meio da autonomia privada coletiva, em complemento àquelas da autorregulamentação

Fonte: Antonio Rodriges de Freitas Júnior, 2020, p. 121.

Em Relatório da OIT[233], voltado a estabelecer premissas sobre o futuro do trabalho – "Trabalhar para um futuro melhor" – recomenda-se o estabelecimento de uma "Garantia Universal do Trabalho", incluindo: a) direitos fundamentais dos trabalhadores: liberdade de associação e efetivo reconhecimento do direito à negociação coletiva e livre de trabalho forçado, trabalho infantil e discriminação; e, (b) um conjunto de

[233] INTERNATIONAL LABOUR ORGANISATION (ILO). *Work for a brighter future* – Global Commission on the Future of Work. Geneva: ILO, 2019. Disponível em: <https://www.ilo.org/wcmsp5/groups/public/dgreports/cabinet/documents/publication/wcms_662410.pdf>. Acesso em: 02 mar. 2020, p. 39. (Tradução livre)

condições básicas de trabalho: (i) remuneração adequada; (ii) limites de horas de trabalho; e (iii) locais de trabalho seguros e saudáveis.

Em outra contribuição da OIT, com o relatório de pesquisa referente à análise das "Plataformas digitais de trabalho e o futuro do trabalho – rumo ao trabalho decente no mundo online", apresentam-se 18 critérios que visam garantir um trabalho decente no trabalho digital das plataformas. São eles[234]:

1. Abordar a classificação incorreta de emprego.
2. Permitir que os *crowdworkers* exerçam sua liberdade de associação e negociação coletiva.
3. Aplicação do salário mínimo vigente de acordo com a localização dos trabalhadores.
4. Garantir transparência nos pagamentos e taxas cobradas pela plataforma.
5. Garantir que os trabalhadores independentes na plataforma tenham flexibilidade para recusar tarefas.
6. Cobertura de custos de trabalho perdido em caso de problemas técnicos com a tarefa ou plataforma.
7. Estabelecer regras estritas e justas para regular o não pagamento.
8. Garantir que os termos do serviço nos contratos sejam apresentados em formato legível aos humanos, isto é, de forma clara e concisa.
9. Informar aos trabalhadores sobre por que eles recebem classificações desfavoráveis.
10. Estabelecer e aplicar códigos de conduta claros para todos os usuários da plataforma.
11. Garantir que os trabalhadores possam contestar o não pagamento, avaliações negativas, resultados dos testes de qualificação, acusações de violações do código de conduta e prestação de contas.
12. Estabelecer um sistema de revisão do cliente que seja tão abrangente quanto a revisão do trabalhador sistema.

[234] INTERNATIONAL LABOUR ORGANISATION (ILO). *Work for a brighter future* - Global Commission on the Future of Work. Geneva: ILO, 2019. Disponível em: <https://www.ilo.org/wcmsp5/groups/public/dgreports/cabinet/documents/publication/wcms_662410.pdf>. Acesso em: 02 mar. 2020, p. XIX-XX. (Tradução livre)

13. Garantir que as instruções da tarefa sejam claras e validadas antes da publicação de qualquer trabalhos.
14. Permitir que os trabalhadores possam visualizar e exportar o histórico completo de trabalho e de reputação a qualquer momento, que seja legível aos humanos e passível de importação por sistema.
15. Permitir que os trabalhadores continuem uma relação de trabalho com um cliente fora da plataforma sem pagar uma taxa desproporcionalmente alta.
16. Garantir que clientes e operadores de plataforma respondam às comunicações dos trabalhadores de forma rápida, educada e substantivamente.
17. Informar os trabalhadores da identidade de seus clientes e da finalidade do trabalho.
18. Garantir que tarefas que podem ser psicologicamente estressantes e prejudiciais sejam claramente marcadas pelos operadores de plataforma de maneira padrão.

Além desses critérios, o referido Relatório recomenda, ainda, outros três, visando adaptar os sistemas de proteção social, de forma que os trabalhadores de plataforma tenham acesso à cobertura de proteção social[235]:

1. Adaptar os mecanismos de seguro social para cobrir os trabalhadores em todas as formas de trabalho, independentemente do tipo de contrato.
2. Usar a tecnologia para simplificar os pagamentos de contribuições e benefícios.
3. Instituir e fortalecer mecanismos universais de proteção social financiados por impostos.

[235] INTERNATIONAL LABOUR ORGANISATION (ILO). *Digital labour platforms and the future of work*: Towards decent work in the online world International Labour Office. Geneva: ILO, 2018. Disponível em: <https://www.ilo.org/wcmsp5/groups/public/---dgreports/---dcomm/---publ/documents/publication/wcms_645337.pdf>. Acesso em: 02 mar. 2020, p. XX. (Tradução livre)

Ademais, para que essa proteção ao trabalhador seja eficiente e ao mesmo tempo não prejudique o empresário, que também precisa se adaptar à nova realidade tecnológica, são necessários arranjos institucionais, envolvendo a colaboração de entidades públicas e privadas dos diversos setores da economia, os sindicatos, secretarias de governo, poder judiciário e órgãos fiscalizadores do trabalho, bem como representantes do Ministério Público, para que possam, juntos, praticar políticas públicas e parcerias bem elaboradas, adotando as melhores práticas de governança.

Considera-se, assim, que a mera regulamentação jurídica própria aos trabalhadores coordenados digitais, não resolve o problema da falta de proteção do trabalhador e respectivo equilíbrio empresarial, especialmente porque a ausência de articulação e arranjo institucional nesse sentido, pode favorecer o risco de sobreposição de atividades, com desperdício de tempo e esforços, além da possibilidade de entendimentos divergentes, que podem derivar em demandas judiciais. Nesse sentido, ao pesquisar os desafios e oportunidades para a articulação entre agentes públicos, sociais e privados na aplicação da regulação Pires[236] conclui que:

> Esse cenário laboral complexo traz desafios às instituições de regulação tradicionais, como, a inspeção, a justiça do trabalho e os sindicatos. A resposta exige uma governança da regulação do trabalho mais robusta, sofisticada e com capacidade de assegurar condições de trabalho decente em meio à transição para um futuro do trabalho incerto, plural e repleto de riscos para o trabalhador. [...]
>
> Nesse quadro, os trabalhos desenvolvidos pelas instituições do tripé se tornam mais incertos, menos eficazes e dependentes de uma maior articulação entre si. O contexto atual e futuro das relações de trabalho faz com que a proteção dos direitos do trabalho requeira uma governança mais sofisticada e um funcionamento, ao mesmo tempo, mais flexível e articulado do

[236] Pires, Roberto Rocha Coelho. Desafios e Oportunidades para a Articulação entre Agentes Públicos, Sociais e Privados na Aplicação da Regulação. In: *Futuro do Trabalho no Brasil*: Perspectivas e Diálogos Tripartites. Brasil, OIT, 2018. Disponível em: <https://www.ilo.org/wcmsp5/groups/public/---americas/---ro-lima/---ilo-brasilia/documents/publication/wcms_626908.pdf>. Acesso em: 02 mar. 2020, p. 87-90.

> tripé. Essa articulação precisa envolver também outros atores que possam contribuir com o esforço de produção e de garantia de condições decentes de trabalho, como ONGs, movimentos sociais, sindicatos e outros órgãos governamentais (e.g. institutos de pesquisa, agências de fomento, bancos públicos e agências reguladoras), dentre outros. [...] Há carência de instrumentos formais de entendimento, parceria e colaboração. [...] A ausência de uma melhor articulação entre estas instituições têm efeitos negativos perceptíveis. Os achados iniciais da pesquisa indicaram que os órgãos encontram-se todos sobrecarregados em função da sobreposição de esforços. [...] Como conclusão, a produção de sinergias entre os atores e o desenvolvimento de um padrão de governança mais sofisticado para os atuais sistemas de regulação e garantia de direitos do trabalho apontam possíveis caminhos para a provisão de cobertura legal às relações de trabalho atípicas. No médio e longo prazo, as soluções locais resultantes do poder criativo dessas articulações poderão ir se cristalizando em instrumentos jurídicos de maior alcance e maior aderência aos desafios associados à garantia de condições adequadas no futuro do trabalho.

Também nessa perspectiva, Harris e Krueger[237] defendem a proposta de modernização do Direito do Trabalho para o Século XXI, com a criação de uma terceira via – o "trabalhador independente" – e elaboram uma análise econômica da proposta, concluindo que essa nova regulamentação irá reduzir a incerteza jurídica, aumentar a eficiência econômica e fortalecer o pacto social. Acreditam os autores que a incerteza jurídica será reduzida em curto e longo prazo, na medida em que a criação da nova categoria irá refletir a verdadeira realidade dos trabalhadores independentes, mais do que as definições atualmente existentes de "empregado" e "autônomo". Mas para isso, será necessário que a nova lei não contenha linguagem ambígua, bem como, de que seja interpretada pelo judiciário no contexto das circunstâncias factuais do mundo real. Desse modo, será possível evitar a incerteza adicional que uma mudança na lei

[237] Harris, Seth D.; Krueger, Alan B. *A proposal for modernizing labor laws for twenty-first-century work*: the "independent worker". Dezembro, 2015. Disponível em: <https://www.hamiltonproject.org/assets/files/modernizing_labor_laws_for_twenty_first_century_work_krueger_harris.pdf>. Acesso em: 03 abr. 2021, p. 25-26.

pode introduzir no curto prazo, à medida que novas regras estatutárias, regulatórias e judiciais são interpretadas.

Como resultado, empregadores, trabalhadores, advogados, reguladores e juízes que buscam aplicar essa nova definição aos fatos de um caso específico podem chegar a uma conclusão sobre como a lei se aplica a esses trabalhadores de forma mais fácil e menos incerta. [238]

Acerca da eficiência econômica que a proposta de criação da terceira categoria pode trazer, afirma-se, com base nos autores citados, que o status do trabalhador independente permite que os intermediários (empreendedores digitais) forneçam benefícios de uma maneira mais eficiente do que se fosse adquirido no status de autônomo. Por exemplo, se os empreendedores digitais podem fornecer benefícios de seguro de vida mais baratos do que os trabalhadores poderiam comprá-los por conta própria (poder de barganha), então é criado um excedente (eficiência econômica) que permite que ambos os lados se beneficiem, com a redução de custos.

Além disso, os aplicativos online emergentes e o uso dos computadores e da tecnologia da informação, têm o potencial de reduzir significativamente os custos de transação associados à contratação e monitoramento do fornecimento de certos serviços.[239]

Por derradeiro, considera-se que a criação da nova categoria de trabalhadores fortalece o pacto social, à medida que visa proteger os trabalhadores de condições de trabalho perigosas, bem como, de fornecer a eles um nível mínimo de segurança econômica a partir da definição de normas de justiça. Isto pois, o pacto social passa a ser prejudicado a partir do momento que a classificação dos trabalhadores independentes (coordenados digitais) são enquadrados na condição de autônomos. Dado que a nova categoria emergente de trabalho não se encaixa perfeitamente na relação empregado-empregador, a criação dessa nova categoria de trabalhadores pode ajudar a fortalecer o pacto social pois, a partir daí, os bene-

[238] Harris, Seth D.; Krueger, Alan B. A proposal for modernizing labor laws for twenty-first-century work: the "independent worker". Dezembro, 2015. Disponível em: <https://www.hamiltonproject.org/assets/files/modernizing_labor_laws_for_twenty_first_century_work_krueger_harris.pdf>. Acesso em: 03 abr. 2021, p. 25.

[239] Ibid., p.25-26.

fícios do pacto social passam a ser devidamente adequados à nova relação de trabalho, como a proteção dos direitos civis e o direito de negociação coletiva. Tal situação possibilita que se coloque mais trabalhadores sob a proteção do pacto social. [240]

[240] HARRIS, Seth D.; KRUEGER, Alan B. A proposal for modernizing labor laws for twenty-first-century work: the "independent worker". Dezembro, 2015. Disponível em: <https://www.hamiltonproject.org/assets/files/modernizing_labor_laws_for_twenty_first_century_work_krueger_harris.pdf>. Acesso em: 03 abr. 2021, p. 26.

CONCLUSÃO

Durante o longo caminho que vai desde a Primeira até a Quarta Revolução Industrial, também denominada como Segunda Era da Máquina ou, simplesmente, Revolução Tecnológica, as relações de trabalho sofreram profundas alterações, passando pelo trabalho manual, mecânico, industrial, em linha de montagem e produção em massa, até o surgimento dos computadores e da internet.

Nota-se hodiernamente, a presença da sofisticação, avanço e a integração das tecnologias, que já estavam disponíveis, mas que na Quarta Revolução Industrial colocam-se em outra dimensão, envolvendo profundas novidades tecnológicas, dentre elas, a inteligência artificial (IA), robótica, biotecnologia, a internet das coisas (IoT, na sigla em inglês), impressão em 3D, ciência dos materiais, nanotecnologia, veículos autônomos, armazenamento de energia, computação quântica, dentre outras, que estão revolucionando a sociedade.

Presencia-se, assim, um momento de "disrupção tecnológica", expressão utilizada para demonstrar a ruptura com padrões anteriormente adotados e a adoção de novas formas tecnológicas, que passam a interferir na vida em sociedade em suas diversas dimensões, especialmente nas relações de trabalho. Trata-se, assim, de uma quebra de paradigmas que implica em transformações sociais.

Como devidamente exposto, constata-se que o amplo acesso à internet, a facilidade para aquisição de *smartphones, tablets* e computadores, promoveu uma radical transformação do comportamento das pessoas, bem como das empresas, que passam a contar com inúmeras ferramentas tecnológicas aptas a proporcionar maior eficiência, rapidez e redução de custos às empresas, e também prometendo melhoria na qualidade de vida dos trabalhadores. Surgem, a todo momento, novos aplicativos e softwares, com a finalidade de integrar as pessoas, por meio da colaboração e compartilhamento, tudo de forma rápida e prática, reduzindo custos e excesso de burocracia.

Mas para isso acontecer, torna-se necessária a incorporação e assimilação dessas novas alternativas e tecnologias pelas empresas e trabalhadores, no exercício de suas atividades e, como consequência, a forma de produção e serviços são alterados, com redução de custos.

Como já aconteceu nas últimas revoluções industriais, acredita-se que, de igual forma, algumas profissões deixarão de existir, assim como outras novas surgirão. O trabalho braçal, em algumas atividades, bem como aqueles que são mecânicos e repetitivos, ou trabalho manual de precisão, darão espaço à automação, viabilizando as indústrias com supervisões inteligentes e autônomas por meio de algoritmos; táxis autônomos; consultores por meio da inteligência artificial; ensino a distância facilmente replicado, reduzindo a necessidade de professores presenciais, consequentemente, redução de custos e de mão-de-obra; dentre outras várias possibilidades. Nesse contexto, também aquelas profissões de profissionais liberais como advogados, analistas financeiros, médicos, jornalistas, contadores, corretores de seguros ou bibliotecários terão o seu trabalho parcial ou completamente automatizados.

Paralelamente, para aqueles trabalhadores "substituídos", outras atividades estarão disponíveis, para as quais haverá a necessidade de adquirir conhecimento tecnológico habilidade criativa, para que se possa explorar a infinidade de oportunidades que virão a surgir, garantindo sua inserção no novo modelo de trabalho. Assim, a tecnologia, ao mesmo tempo que substitui algumas atividades e tarefas antes realizadas pelo ser humano, também cria oportunidades de novos trabalhos e ocupações que podem ser exercidas.

Nesse aspecto, a sociedade precisa estar aberta para acompanhar a inevitável evolução tecnológica e, por meio dela, ser capaz de criar novas oportunidades de negócios.

Exemplificando a necessidade da incorporação dessa realidade tecnológica, vale destacar o importante papel da tecnologia no contexto da pandemia do Coronavírus – Covid-19, em especial, no contexto do estado de calamidade pública decretado no Brasil, a partir de 20 de março de 2020.

Dentre as medidas adotadas para o enfrentamento da Covid-19 destaca-se o distanciamento social que tem como objetivo evitar o contato direto com pessoas infectadas, para que seja possível frear a transmissão do coronavírus, facilmente retransmitido e, com isso, evitar uma sobrecarga no sistema de saúde, já que este não tem condições de atender a todos os infectados em um só momento.

Ocorre que, esse distanciamento social colocou inúmeras empresas, escolas, governos, trabalhadores, enfim, todos, em uma situação atípica, ocasião em que a tecnologia passou a ser uma importante resposta para solucionar as restrições impostas pelo referido distanciamento social.

Trabalhadores, empresas e órgãos públicos, por exemplo, passaram a adotar o sistema de *home office*, muitas vezes com trabalho *online*, reuniões via videoconferência, envio de relatórios por e-mails ou mensagens via aplicativos. Comércios e restaurantes passaram a se valer do uso das plataformas digitais e aplicativos para a venda de seus produtos, no sistema *delivery*. As escolas e universidades tiveram que adotar o ensino *online*, tendo os professores que adaptarem as suas aulas para o universo digital e, os alunos, também, se acostumarem com esse ensino digital. Festas, aniversários e encontros familiares e de amigos adotaram a forma digital, recorrendo à videoconferência, a partir do próprio smartphone ou computador. Consultas, diagnósticos e receitas médicas *online*, dando maior celeridade nos atendimentos e evitando o contato direto com pessoas infectadas.

Em resumo, emerge toda uma sociedade que passa a trabalhar, aprender e viver com o uso da tecnologia, que se torna uma ferramenta essencial às suas atividades, sendo certo que, particularmente nesse contexto de pandemia, se não fosse o uso da tecnologia, inúmeras atividades e trabalhos não poderiam estar sendo executados.

Assim, necessário se faz reconhecer que a revolução tecnológica, trazida pela Quarta Revolução Industrial e acelerada pela pandemia do Coronavírus, apresenta-se como uma realidade que precisa ser admitida e, desse modo, implica também em exercitar-se diariamente em busca das melhores oportunidades e soluções.

Dentre os principais desafios da Quarta Revolução Industrial nas relações de trabalho, pode-se citar que, além das inovações terem influenciado os tipos de trabalho, modificou, ainda, as formas de relação do trabalho entre empreendedores e trabalhadores, bem como o local do trabalho, a jornada e a sua própria rotina. Por sua vez, amplia-se a autonomia do trabalhador por meio das inovações tecnológicas, ainda que se mantenha a relação de emprego, com subordinação.

Em alguns casos, não se trata de autonomia excludente ou incompatível com o trabalho subordinado, e sim, trata-se de uma autonomia relativa. Um exemplo refere-se ao teletrabalho, modalidade em que o trabalhador tem liberdade para escolher o local do trabalho, embora essa condição não afaste o vínculo do trabalho subordinado, quando presentes os requisitos para a relação de emprego. No teletrabalho, a preocupação maior se refere ao resultado do trabalho, abrindo espaço para a autonomia do trabalhador, para se chegar ao resultado definido. Nesse aspecto, o local de trabalho passa a ser uma opção do trabalhador, que pode escolher pelo ambiente que melhor lhe favoreça, sendo que uma vez cumprida a tarefa imposta pelo teletrabalho, independentemente de onde foi cumprida, o objetivo da relação de trabalho restará cumprido.

Também a jornada é afetada por essa autonomia, na medida em que no teletrabalho dispensa-se o controle da jornada, ampliando a autonomia ou liberdade do trabalhador por meio das inovações tecnológicas.

Nesse cenário, resta claro a existência de desafios a serem vencidos, que vão desde a incorporação e assimilação dessas novas alternativas e tecnologias pelas empresas e trabalhadores, para que possam exercer as suas atividades adaptando-as à nova realidade, como também, para a sociedade em geral, que passa a conviver com a tecnologia em todos os aspectos da vida humana.

De igual forma, o Direito também é desafiado a acompanhar essa nova realidade, diante de inovadoras formas de trabalho e, assim, precisa encontrar o equilíbrio necessário para que, ao mesmo tempo, possa proteger o trabalhador, preservando o direito a um trabalho digno, que respeite a dignidade da pessoa humana e os direitos sociais, e também, possa contribuir com os empresários, que buscam se adaptar a esse novo cenário tecnológico, com redução de custos, dando-lhes a segurança jurídica necessária ao pleno exercício das suas atividades.

Dentre as inúmeras inovações tecnológicas existentes, que impactaram substancialmente as relações de trabalho, destacam-se as plataformas digitais, em especial, as plataformas de intermediação, que correspondem a modelos de negócios virtuais, digitais e tecnológicos, que conectam e integram demandantes de serviços ou produtos (tomadores/usuários/clientes) aos prestadores (trabalhadores/proprietários de bens). As plataformas, por meio da tecnologia, aproximam os usuários/clientes que precisam ter as suas necessidades atendidas, àqueles que precisam trabalhar ou oferecer os seus serviços ou bens. Trata-se de uma relação triangular: de um lado tem-se o tomador/usuário dos serviços, de outro o prestador e, como elo integrador, a plataforma digital.

Nesse modelo de negócios de intermediação de serviços, pode-se citar por exemplo, a empresa Uber, empresa de tecnologia que atua no segmento de transporte particular de passageiros, a qual envolve: o motorista particular do veículo (trabalhador/proprietário de bens), o cliente/usuário (tomador) e, como elo integrador, a plataforma Uber. De forma semelhante, têm-se as plataformas Dog Hero, Rappi, Loggi, iFood.

Desse modo, uma terminologia que tem sido bastante utilizada para as plataformas de intermediação é o termo *crowdsourcing*, que pode ocorrer *online* ou *off-line*. Considera-se *online* quando as tarefas são realizadas remotamente, ou seja, quando podem ser executadas sem o encontro físico entre as partes. De outro modo, a *crowdsourcing off-line* implica na situação em que na realização da atividade ou tarefa existe o encontro físico entre o trabalhador e o tomador, a exemplo das plataformas Uber e Rappi. Embora as tratativas se deem na plataforma virtual, a execução do trabalho não ocorre de forma virtual, mas presencialmente.

Muito se discute se as condições de trabalho desses trabalhadores das plataformas digitais, oriundos da Quarta Revolução Industrial, podem ou não ser consideradas um trabalho digno, ou se, na verdade, o que existe é a precariedade do trabalho promovida pelas plataformas digitais, já que por ausência de regulamentação jurídica própria, os trabalhadores são enquadrados como autônomos, prestadores de serviços.

Embora não exista um conceito ou uma definição única acerca da precariedade do trabalho ou precarização do trabalho, pode-se dizer que tal fenômeno está associado ao processo de desvalorização do trabalho, de modo que o importante é apenas o produto do trabalho – o capital, e não a forma e condições pelas quais se chega ao resultado – o trabalho. A precarização confere autonomia e supremacia do capital em detrimento da proteção do trabalhador e, com isso, fragiliza a remuneração e flexibiliza direitos e as relações de trabalho, rompendo com a ideia do emprego estável. Promove a desarticulação dos trabalhadores mediante o enfraquecimento das formas de organização coletiva, que visam o estabelecimento de direitos e proteção aos trabalhadores e, enfim, representa um processo de desumanização do trabalho, com menor atenção ao trabalhador, fragilizando a proteção que lhe é necessária.

A precariedade se dá, portanto, quando o trabalho deixa de ser a atividade praticada pelo ser humano que promove a sua satisfação pessoal, social, profissional e econômica, mediante o esforço físico e intelectual em condições adequadas, formais, seguras e com dedicação equilibrada de tempo, para representar a exploração econômica do trabalho humano, independente das condições de trabalho e sem proteção ao trabalhador, sendo a força de trabalho um produto passível de compra informal, por um preço cada vez menor implicando em menor responsabilidades ao tomador.

Ao analisar os benefícios conferidos pela revolução tecnológica aos trabalhadores, aparentemente, tem-se a sensação de estar diante de uma nova economia, que se pode chamar de "ganha x ganha", quando os consumidores/tomadores ganham (redução dos preços e comodidade), os empreendedores digitais ganham (renda por disponibilizar a plataforma digital – novas oportunidades de negócios) e os prestadores/trabalhadores também ganham (novos postos de trabalho com flexibilidade).

Entretanto, essa impressão superficial de haver apenas benefícios, da relação ganha x ganha, não reflete verdadeiramente a realidade, sendo importante analisar os pontos positivos e negativos do trabalhador das plataformas digitais, com vistas a auferir eventual precariedade.

Dentre os principais pontos positivos e negativos do trabalho via plataformas digitais, pode-se citar: a flexibilidade do trabalhador de escolher o trabalho, jornada e local de trabalho; possibilidade de auferir renda extra quando necessário; ausência do poder diretivo direto, típico do contrato de emprego; gerenciamento dos trabalhadores por meio de algoritmos; eventual ausência de transparência acerca dos critérios de programação dos algoritmos; grau de dependência; possível excesso de trabalho; assunção do risco da atividade pelo trabalhador; ausência de direitos trabalhistas; contrato de adesão; dentre outros.

Constata-se que a flexibilidade do trabalhador tem sido um diferencial para a opção do trabalhador em migrar para o trabalho de plataforma, pois pode escolher o local de trabalho, horário, quanto tempo irá se dedicar (jornada) e quando trabalhar (decisão do trabalhador). Tem certa autonomia para decidir sobre a forma do próprio trabalho, podendo, inclusive, optar por trabalhar na plataforma apenas quando precisar complementar a renda, como forma de obter renda extra, sem estar "preso" ao trabalho, sem um vínculo de trabalho. A ausência do poder diretivo direto pelo empreendedor, com a supervisão direta e presencial, contribuiu, também, para ampliar a sensação de liberdade do trabalhador.

No entanto, a eventual necessidade financeira pode contribuir para a precariedade do trabalho, particularmente quando, por consequência da baixa remuneração, o trabalhador precisar trabalhar por muito tempo, com jornadas excessivas, em virtude da dependência do trabalho, de modo que, quanto maior o grau de dependência, maiores as chances de precariedade por excesso de trabalho.

O gerenciamento dos trabalhadores por meio de algoritmos e a eventual ausência de transparência acerca das diretrizes aos algoritmos, também fragilizam a condição do trabalhador. Embora não haja o poder diretivo direto e pessoal do empreendedor, a supervisão ao trabalhador por algoritmo não representa ausência de fiscalização, pelo contrário, torna-se ainda mais presente com a utilização da tecnologia, pois esta pode registrar o tempo exato de trabalho e o local de sua realização. Assim, o trabalho pode ser completamente supervisionado de modo virtual.

Com relação a eventual ausência de transparência na programação dos algoritmos pelas plataformas, muitas vezes as regras não são divulgadas na sua totalidade, de forma clara e transparente, mas apenas por meio de normas gerais. Além disso, a avaliação pelos usuários, com notas de zero a cinco, sem direito de impugnação pelo trabalhador, também pode fragilizar a sua condição e colocar em risco o seu trabalho, gerando instabilidade e insegurança. A falta de segurança, decorrente da ausência de vínculo no trabalho, sem garantias de permanência e estabilidade, a falta de conhecimento completo das regras e do direito de impugnar as avaliações recebidas, são fatores que acarretam em instabilidade e insegurança, e que ensejam a precariedade do trabalho.

Por sua vez, a assunção do risco da atividade nas plataformas passa a ser do trabalhador, que na maioria das vezes se utiliza de bens próprios para a realização do trabalho, como se fosse um microempresário individual.

Da mesma forma, o contrato celebrado entre os trabalhadores e os empreendedores das plataformas, normalmente implica em um contrato de adesão, com cláusulas impostas pelos empreendedores, que podem colocar o trabalhador dependente do trabalho, em condição de precariedade. Nesse sentido, geralmente, o trabalho será exercido sem a proteção dos direitos trabalhistas e sem vínculo de emprego, mas como trabalho autônomo, com todos os riscos assumidos pelo trabalhador.

Diante das principais características do trabalho nas plataformas digitais, pode-se perceber a dificuldade de enquadramento jurídico desses trabalhadores de plataformas como empregados, mediante trabalho subordinado, pois possuem certa autonomia e flexibilidade; todavia, diante das fragilidades comumente impostas e das características próprias do trabalho em plataforma, não detém o mesmo grau de autonomia dos autônomos. Nesse sentido, em decorrência dessas contradições, conclui-se na presente tese, pela necessidade de criar-se uma nova categoria de trabalhadores – o trabalhador coordenado digital, rompendo com a classificação clássica do Direito do Trabalho e, ao mesmo tempo, conferindo a essa nova categoria a necessária proteção de direitos, com vistas à garantia de um trabalho digno.

Além desse ponto, de forma semelhante ao trabalhador coordenado digital, muitas atividades não apresentam de forma clara os pressupostos de uma relação empregatícia, nem mesmo de uma genuína relação de trabalho autônomo, dificultando o seu enquadramento no contexto da clássica dicotomia do Direito do Trabalho: subordinado x autônomo. Desta feita, tais atividades situam-se na chamada zona cinzenta, implicando no desenvolvimento de um trabalho que não possui um padrão claro para ser enquadrado nas regras e pressupostos do trabalhador empregado ou do trabalhador autônomo. Como exemplo, toma-se o profissional-parceiro que atua no contrato de parceria em salão de beleza, bem como o representante comercial, cujas atividades encontram-se regulamentadas por legislação específica. Ainda, no direito estrangeiro, pode-se citar como constante dessa zona cinzenta, o trabalhador parassubordinado.

Embora na jurisprudência brasileira seja possível encontrar menção ao trabalhador parassubordinado, não se faz presente, até o momento, nenhuma regulamentação jurídica que trate do trabalhador coordenado digital, o que impede a atribuição de efeitos jurídicos intermediários aos parassubordinados, cabendo a necessária distinção ao debate doutrinário. Sendo assim, o tratamento conferido na jurisprudência dá-se, ora pelo reconhecimento da relação de emprego, ora como autônomo, a depender da presença ou não dos pressupostos fáticos-jurídicos previstos nos arts. 2º e 3º da CLT, atinentes ao trabalhador empregado.

Após relacionar algumas decisões jurisprudenciais, tornou-se possível perceber que os julgados que entenderam pelo não reconhecimento do vínculo empregatício ao coordenado digital, o fizeram por ausência do pressuposto "subordinação", sendo que os principais fundamentos considerados foram: a) autodeterminação e ampla flexibilidade do trabalhador para determinar a sua rotina, seus horários, locais que deseja atuar e quantidade de clientes escolhida para atender por dia; b) possibilidade de recusar o trabalho; c) riscos assumidos pelo trabalhador, com bens próprios; d) ausência de fiscalização e direção/controle do serviço prestado; e) divisão da remuneração entre as partes, sendo destinado ao trabalhador valor superior a 50%, equivalente a de um contrato de parceria; f) liberdade para se conectar e trabalhar em diferentes plataformas, sem exclusividade.

Em sentido oposto, os julgados que entenderam pelo reconhecimento do vínculo empregatício, em sua grande maioria deram-se em Primeira Instância, sendo que na Segunda Instância prevaleceu o entendimento diverso. Os principais fundamentos considerados para o reconhecimento do vínculo foram: a) presença de todos os pressupostos da relação de emprego: pessoa física, pessoalidade, não eventualidade, onerosidade e subordinação; b) a relação existente do trabalho na plataforma não se caracteriza pelo modelo clássico de subordinação, mas envolvem os novos modelos de organização do trabalho à luz das novas concepções de subordinação estrutural ou do parassubordinado, considerando especialmente o avanço da tecnologia; c) a subordinação se dá pela estruturação do algoritmo, meio telemático, que sujeita o trabalhador à forma de execução do serviço: tempo de entrega, preço do serviço e classificação do trabalhador; d) as avaliações são mecanismos de controle do trabalhador; e) existem mecanismos indiretos da plataforma que induzem o trabalhador a não recusar o trabalho; f) o valor é fixado pela plataforma e, ainda que haja a retenção em percentuais de 75% a 80%, as despesas do trabalhador são muito altas; g) embora exista liberdade para se conectar e trabalhar em diferentes plataformas, a exclusividade não é um pressuposto da relação de emprego.

Pela análise da jurisprudência, resta evidente, portanto, que não há entendimento pacífico acerca do reconhecimento ou não do vínculo empregatício ao trabalhador coordenado digital. Contudo, a preocupação que também deve permear essa análise, refere-se à proteção desse trabalhador, a qual pode estar ameaçada.

Assim, pelo fato de inúmeros julgados e, inclusive, do próprio TST, terem afastado o vínculo empregatício do trabalhador coordenado digital e, por consequência, estar ausente a proteção do Direito do Trabalho, tal fato comprova a real necessidade de uma regulamentação própria a essa nova categoria intermediária, sob pena de deixar esses trabalhadores sem qualquer proteção especial, mesmo diante da comprovada hipossuficiência, uma vez que inexiste previsão legal que os proteja.

Como se vê, diante da ausência de uma regulamentação específica, ainda que na situação fática não se reconheça plenamente o caráter de subordinação ou de autonomia, o judiciário permanece impedido de conferir um tratamento intermediário e equilibrar a proteção necessária, tendo que decidir dentro dos limites da classificação binária do Direito do Trabalho, que ora se mostra insuficiente.

Desse modo, a partir da pesquisa e do estudo que fundamentam o presente trabalho, conclui-se que a classificação binária clássica do Direito do Trabalho – subordinado x autônomo, não é capaz de abranger satisfatoriamente os trabalhadores coordenados digitais, dado que estes possuem características que os assemelham aos trabalhadores autônomos (por exemplo, a liberdade de jornada e de local de trabalho), também possuem características que os assemelham aos subordinados, especialmente no que diz respeito à dependência e conformação à estrutura e organização postas pelo empreendedor digital, já que precisam cumprir as inúmeras diretrizes impostas pelas plataformas, inexistindo autonomia plena.

Nesse contexto, surge o desafio de se tutelar essa nova relação de trabalho advinda da Quarta Revolução Industrial, para que, dada a fragilidade na relação contratual esses trabalhadores, estes não fiquem desprotegidos e sujeitos a um ambiente de precariedade, sendo necessário garantir direitos mínimos que possam assegurar a dignidade do trabalhador.

Assim, aponta-se na presente tese para o imprescindível reconhecimento do gênero *tertius* do "trabalhador coordenado digital", visando a necessidade de se resguardar os direitos desse novo trabalhador, optante de um modelo flexível de trabalho, com certo grau de autonomia e independência, mas que carece de proteção jurídica; sendo também necessário assegurar aos empresários proprietários das plataformas digitais a segurança jurídica e a previsibilidade da modalidade da contratação; bem como assegurar, aos usuários clientes, a devida reparação dos danos e garantia dos serviços contratados.

A ausência de uma regulamentação jurídica específica gera riscos e incerteza, uma situação que pode prejudicar todas as partes envolvidas e impedir a continuidade de relações de trabalho benéficas. Ademais, essa incerteza prejudica tanto os trabalhadores, que desconhecem os direitos e benefícios de que podem usufruir, como prejudica também, os donos das plataformas digitais, que podem enfrentar custos incertos, relativos a um eventual passivo trabalhista. Além disso, tanto o empresário quanto o trabalhador poderão sofrer com os custos e desgastes naturais típicos dos litígios judiciais incertos, que podem eventualmente surgir para decidir acerca do real enquadramento do trabalhador.

Assim, a partir da análise das características e peculiaridades do trabalhador coordenado digital, para efeitos conclusivos da presente tese, elencam-se alguns pressupostos aptos a definir esse novo trabalhador, quais sejam: (i) relação de trabalho online, por meio de uma plataforma digital, em ambiente virtual, digital e tecnológico, pela utilização da internet; (ii) relação triangular entre os trabalhadores, os tomadores (usuários) e os empreendedores digitais (empresas de plataforma); (iii) trabalho por pessoa física e com pessoalidade, embora, em caráter secundário, excepcional e eventual, possa haver pontual substituição do trabalhador ou o auxílio de terceiros na execução do trabalho; (iv) trabalho fragmentado e descontínuo, de curta e limitada duração ao usuário; (v) trabalho coordenado (diretrizes gerais para a realização do trabalho pelo trabalhador com autonomia coordenada), sem subordinação; e, (vi) onerosidade.

A partir desses pressupostos, o trabalhador coordenado digital pode ser entendido como a pessoa física que, inserido em uma relação triangular, com pessoalidade e sem subordinação, mas mediante coordenação e remuneração, possui uma relação de trabalho online, que se dá por meio de uma plataforma digital, executado de forma virtual ou com contato pessoal, a múltiplos tomadores, com duração limitada à execução de uma tarefa determinada e específica.

Dada essa definição é possível perceber a nítida diferença entre o trabalhador coordenado digital, o autônomo e o subordinado.

Na prática, conferindo o status de autônomo aos coordenados digitais, o que se observa é a exploração do trabalho sem garantias protetivas, sendo que nos contratos de adesão normalmente firmados, todos os riscos e danos decorrentes da atividade são impostos ao trabalhador. Além disso, os coordenados digitais não gozam de qualquer estabilidade financeira e de trabalho, pois podem ser desligados da plataforma a qualquer momento e a critério do empreendedor digital.

Foi a partir da observação do cenário tecnológico disruptivo que apresenta os riscos atribuídos aos trabalhadores coordenados digitais que, na tese ora apresentada, buscou-se resposta para o problema de pesquisa inicialmente proposto: qual é o modelo de proteção jurídico-social adequado para acolher o expressivo avanço tecnológico e, ao mesmo tempo, garantir a proteção do trabalhador e dos empresários que precisam se adaptar a essa nova realidade?

Percorrendo o caminho do método dedutivo, comprovou-se a premissa maior formulada, constatando que a Quarta Revolução Industrial é uma revolução tecnológica "disruptiva" que implica em significativa ruptura com os padrões anteriormente adotados e a adoção de novas formas de se viver, relacionar e trabalhar, representando uma quebra de paradigmas que implicou em relevantes transformações sociais.

Confirmou-se também a premissa menor de que, em função do caráter disruptivo houve o surgimento de novos trabalhadores, com características específicas que fogem à classificação binária clássica do Direito do Trabalho, bem como, de que o empreendedor digital nesse contexto, necessita adaptar-se à nova realidade, cabendo ao direito conferir a esse empreendedor digital a segurança jurídica adequada nas contratações dessas novas modalidades de trabalho. A comprovação desta premissa assenta-se no fato de que o trabalhador coordenado digital possui pressupostos e definição própria, cabendo ao direito prover proteção jurídica específica a esse novo trabalhador e, por consequência, trazer segurança jurídica ao empreendedor digital nas contratações.

Por fim, de forma conclusiva, confirmou-se a hipótese de que é preciso repensar o Direito e suas categorias clássicas de relação de trabalho, já que o padrão binário clássico, limitado ao trabalhador autônomo e subordinado, são insuficientes à nova realidade, tanto para o trabalhador que necessita da proteção jurídica adequada, como também para o empresário, que precisa adaptar-se às exigências do novo mercado com segurança. Para tanto, junto dessa regulamentação jurídica própria, evidencia-se a necessidade de arranjos institucionais e políticas públicas, com a colaboração de entidades públicas e privadas dos diversos setores da economia, dos sindicatos, secretarias de governo, Poder Judiciário, órgãos fiscalizadores do trabalho e representantes do Ministério Público, para que, juntos, possam celebrar parcerias bem elaboradas que representem o interesse comum.

Frisa-se por fim, que a justificativa para se admitir uma nova categoria de trabalhadores, não se resume apenas a dar uma resposta para a necessidade de se reduzir o custo do trabalho ou a simples redução da rigidez das leis trabalhistas, mas também, responde à necessidade de garantir aos coordenados digitais a proteção jurídica adequada à modalidade de trabalho realmente exercida, respeitando a sua liberdade, o grau de autonomia e a segurança jurídica.

Cumpre ressaltar, ademais, que não cabe falar, nesse contexto, em enfraquecimento do Direito do Trabalho, considerando que pelas próprias características do coordenado digital, o Direito do Trabalho, pela sua natureza e alcance, já não lhe seria aplicado. Outrossim, compreende-se que, pelo fato do coordenado digital ser uma categoria intermediária, não há óbice para que haja uma regulamentação própria, contemplando alguns direitos típicos do trabalhador empregado, porém, sem a mesma extensão e completude.

A esse respeito, conforme exposto no último capítulo desse trabalho, foram apresentadas algumas propostas de regulamentação aos trabalhadores coordenados digitais.

Constatou-se que parte da doutrina e jurisprudência adotam a teoria restritiva do Direito do Trabalho, que se dá com o enquadramento dos trabalhadores coordenados digitais como se fossem autônomos, pois entendem que permanece ausente a heterodireção forte (submissão do trabalhador às ordens direta do empregador de forma constante e específica sobre os diversos aspectos do trabalho a ser executado) e, com isso, o pressuposto da subordinação não se encontra presente. Todavia, uma vez caracterizado o coordenado digital nessa categoria, conforme comprovado na presente pesquisa, ele não fará jus a qualquer proteção trabalhista e, enquanto hipossuficiente, estará desprotegido e correndo o risco de ficar submetido à precariedade do trabalho. Muitos dos trabalhadores coordenados digitais não possuem os meios para se protegerem e terem uma condição digna, já que os benefícios assegurados pelo Direito do Trabalho estão disponíveis apenas para os empregados. E, ainda, pelo fato de não estarem reunidos em sindicatos e associações que possam representá-los e defenderem seus interesses específicos como categoria dos coordenados digitais, perdem o poder de barganha nas negociações com os proprietários das plataformas digitais.

Em sentido oposto, alguns autores defendem a teoria ampliativa do Direito do Trabalho, entendendo este como um organismo vivo que se deve amoldar automaticamente à evolução dos movimentos econômicos-sociais. Assim, a definição de subordinação deveria ser ampliada, não ficando restrita à concepção subjetiva e clássica/tradicional (heterodireção forte), mas incluindo a concepção objetiva e a estrutural. Desse modo, pelo fato do trabalhador coordenado digital estar integrado e participando dos fins e objetivos empresariais (concepção objetiva), bem como, em virtude de sua inserção na dinâmica da organização e seu funcionamento (concepção estrutural), mediante a conjugação das concepções ou dimensões da subordinação clássica/tradicional, objetiva e estrutural, os defensores da teoria ampliativa, apontam que os novos tipos de relação de trabalho podem ser caracterizados como empregados subordinados.

Entretanto, em análise a esta perspectiva teórica, considera-se, nesse trabalho, que esse enquadramento equivocado pode prejudicar tanto os interesses do trabalhador quanto os do empresário digital. Isto porque muitos trabalhadores preferem manter a independência e flexibilidade acerca de como, quando e por quanto tempo realizar o seu trabalho, mas, ao serem enquadrados como "empregados", seus "empregadores" poderão agir como tal e ampliar as diretrizes aos seus "funcionários", decidindo por tolher a liberdade de horário e flexibilidade antes praticada, exercendo controle real da jornada de trabalho. Assim, com o status de "empregado", a atual flexibilidade e autonomia existente pode deixar de existir.

Ao mesmo tempo, os empreendedores digitais também poderão ser prejudicados com a elevação de seus custos empresariais em um mercado competitivo, não havendo a correta neutralidade e racionalidade para esse enquadramento de vínculo empregatício, mesmo que atividade a ser exercida seja incompatível com o trabalho subordinado. Nesse ponto, vale dizer que não se pode atrelar a questão dos custos ou a pretensão de ampliar os lucros do empreendedor digital com a restrição de direitos trabalhistas ou às custas de direitos trabalhistas. É preciso ter a neutralidade necessária para dar o enquadramento jurídico correto, assegurando os direitos do trabalhador conforme as suas particularidades e necessidades, e não por extensão ou ampliação forçada.

A despeito dessas duas correntes doutrinárias, defende-se, nessa tese que o caráter disruptivo da Quarta Revolução Industrial também está presente na classificação das relações de trabalho, que revela a insuficiência da classificação binária do Direito do Trabalho, podendo-se concluir pela necessidade da classificação trinária ou tricotômica entre autônomo, subordinado e coordenado digital, sendo que para este último, deverá ser criada uma regulamentação jurídica própria, que abranja direitos mínimos hábeis a proteger a dignidade da pessoa humana do trabalhador e os seus direitos sociais, garantidos na Constituição Federal.

Considera-se ser este o modelo adequado de proteção jurídico-social que possibilitará o avanço tecnológico sem prejudicar a proteção do trabalhador, pois lhe será garantida proteção jurídica adequada, e, ainda, contribuirá para com os empresários que precisam se adaptar a essa nova realidade, pois estes terão a segurança jurídica necessária nas contratações, estarão respeitando os direitos do trabalhador, bem como, poderão desenvolver o seu *core business* sem a oneração de encargos sociais típicos de uma relação empregatícia inexistente, garantindo maior eficiência econômica.

Acerca dos direitos mínimos a serem contemplados na necessária regulamentação específica, para os fins de enumerá-los, utilizou-se como referência a análise dos principais riscos desses trabalhadores detectados na presente pesquisa, e em forma de antítese, sugeriu-se os seguintes direitos mínimos a serem garantidos, com propósito meramente sugestivo e exemplificativo: (i) contrato contendo informações claras, objetivas e transparentes, principalmente sobre a remuneração; (ii) flexibilidade do trabalhador para recusar tarefas; (iii) ausência de exclusividade de trabalho com uma única plataforma digital; (iv) liberdade de associação em sindicatos ou entidades de classe e reconhecimento das negociações coletivas (acordos e convenções coletivas); (v) limitação máxima de jornada diária de trabalho na plataforma em que presta serviço, que deverá ser de até 8 horas diárias, e 44 horas semanais, podendo ser acrescida de até 2 horas extras diárias ou, ainda, mediante jornada de 12 x 36, com doze horas de trabalho e intervalo para descanso nas trinta e seis horas subsequentes ao período trabalhado; (vi) obrigatoriedade de retenção e pagamento pelo empreendedor digital dos valores de recolhimento de tributos e contribuições sociais e previdenciárias como contribuinte individual, devidos pelo trabalhador; (vii) transparência e direito de defesa nas avaliações recebidas; (viii) direito ao trabalhador de portar o seu histórico de avaliações para diferentes plataformas digitais; (ix) possibilidade de rescisão unilateral do contrato, no caso de não subsistir interesse na sua continuidade, mediante aviso prévio de, no mínimo, trinta dias, salvo nos casos de justa causa expressos no contrato.

Assim, finaliza-se esse trabalho, defendendo-se a posição de que, uma vez assegurados os direitos mínimos do novo modelo de trabalhador (coordenado digital), mediante regulamentação jurídica própria, arranjos institucionais, políticas públicas e conscientização coletiva, torna-se possível aproveitar o avanço tecnológico desse contexto de Quarta Revolução Industrial e retirar dessa realidade tecnológica as melhores oportunidades para todos os atores envolvidos.

REFERÊNCIAS

AIRBNB. *Hospedagem em 3 passos.* Disponível em: <https://www.airbnb.com.br/d/hostin/matianainde>. Acesso em: 20 mar. 2021.

AIRBNB. *Garantimos tudo para você.* Disponível em: <https://www.airbnb.com.br/d/hostin/prosperitysc>. Acesso em: 20 mar. 2021.

ALMEIDA, Fernanda Cabral de; BARROS, Isabela Pimentel de. *Estatuto do trabalho autônomo da Espanha*: um modelo para o Brasil? Curitiba: Juruá, 2020.

ALVES, Amauri Cesar. *Novo contrato de emprego:* parassubordinação trabalhista. São Paulo: LTr, 2004.

ALVES, Eliete Tavelli. *Parassubordinação e uberização do trabalho:* algumas reflexões. Rio de Janeiro: Lumen Juris, 2019.

ARAÚJO, Wanessa Mendes de. *A intermediação do trabalho humano por meio de tecnologias algorítmicas e a necessidade de proteção do trabalhador*: os desafios de adequação do corpus jurídico-trabalhista às novas modalidades de exploração do trabalho na era digital. Dissertação (Mestrado em Direito). Universidade Federal de Minas Gerais, Belo Horizonte, 2019.

ASCHOFF, Nicole Marie. The Smartphone Society. *Jacobin*, New York, 17 mar. 2015. Disponível em: <http://jacobinmag.com/2015/03/smartphone-usage-technology-aschoff>. Acesso em: 15 jan. 2020 (tradução livre).

—. *The smartphone society*: technology, power, and resistance in the new gilded age. Boston: Beacon Press, 2020.

AUGUSTE, Bryron et al. *Common ground for independent workers.* Disponível em: <https://wtfeconomy.com/common-ground-for-independent-workers-83f3fb-cf548f>. Acesso em: 30 mar. 2021.

BARBOSA JUNIOR, Francisco de Assis. *Gig economy e contrato de emprego*: aplicabilidade da legislação trabalhista aos vínculos de trabalho da nova economia. São Paulo: LTr, 2019.

BARROS, Alice Monteiro de Barros. Trabalhadores intelectuais. *Rev. Trib. Reg. Trab.* 3a Reg., Belo Horizonte, v.39, n.69, p.147-165, jan. /jun.2004. Disponível em:

<https://www.trt3.jus.br/escola/download/revista/rev_69/Alice_Barros.pdf>. Acesso em: 10 jan. 2020.

BÍBLIA. A.T. Provérbios. In: BÍBLIA. Português. *Bíblia sagrada*: contendo o antigo e o novo testamento. Tradução de João Ferreira de Almeida. Revista e Atualizada no Brasil. Barueri: Sociedade Bíblica do Brasil, 1993.

BOTSWAN, Rachel. Defining the sharing economy: what is collaborative consumption-and what isn't? Are Airbnb, Zipcar, Etsy, and Uber really all doing the same thing? Or do we need better definitions of this new economic force? *Fast Company,* 2015. Disponível em: <https://www.fastcompany.com/3046119/defining-the-sharing-economy-what-is-collaborative- consumption-and-what-isnt>. Acesso em: 18 fev. 2019.

—; ROGERS, Roo. *What's mine, is yours*: the rise of collaborative consumption. Harper Business, 2010.

BOUCINHAS FILHO, Jorge C.; ALVARENGA, Rúbia Z. de. O dano existencial e o direito do trabalho. *Revista TST*, Brasília, v. 79, nº2, p. 240-261, abr/jun 2013. Disponível em: <https://hdl.handle.net/20.500.12178/39828>. Acesso em: 05 jan. 2021.

BOWER, Joseph L.; CHRISTENSEN, Clayton M. Disruptive Technologies*:* catching the wave. *Harvard Business Review*, january-february, 1995.

BRASIL. Constituição (1988). *Constituição da República Federativa do Brasil*, de 5 de outubro de 1988. Disponível em: <http://www.planalto.gov.br/ccivil_03/constituicao/constituicao.htm>. Acesso em: 18 fev. 2019.

—. Câmara dos Deputados. *Projeto de Lei n. 3748, de 2020.* Institui e dispõe sobre o regime de trabalho sob demanda. Disponível em: <https://www.camara.leg.br/proposicoesWeb/prop_mostrarintegra?codteor=1912324&filename=PL+3748/2020>. Acesso em: 18 fev. 2021.

—. *Decreto Legislativo n. 6/2020, de 20 de março de 2020.* Reconhece, para os fins do art. 65 da Lei Complementar nº 101, de 4 de maio de 2000, a ocorrência do estado de calamidade pública, nos termos da solicitação do Presidente da República encaminhada por meio da Mensagem nº 93, de 18 de março de 2020. Disponível em: <http://www.planalto.gov.br/ccivil_03/portaria/DLG6-2020.htm>. Acesso em: 10 abr. 2021.

—. *Emenda Constitucional n. 45/2004, de 30 de dezembro de 2004.* Altera dispositivos dos arts. 5º, 36, 52, 92, 93, 95, 98, 99, 102, 103, 104, 105, 107, 109, 111, 112, 114, 115, 125, 126, 127, 128, 129, 134 e 168 da Constituição Federal, e acrescenta os arts. 103-A, 103B, 111-A e 130-A, e dá outras providências. Disponível em: <http://

www.planalto.gov.br/ccivil_03/constituicao /emendas/emc/emc45.htm>. Acesso em: 13 out. 2019.

—. *Lei Nº 5.452, de 1º de maio de 1943*. Aprova a Consolidação das Leis do Trabalho. Disponível em: <http://www.planalto.gov.br/ccivil_03/decreto-lei/del5452.htm>. Acesso em: 13 jul. 2019.

—. *Lei n. 10.406, de 10 de janeiro de 2002*. Institui o Código Civil. Disponível em: <http://www.planalto.gov.br/ccivil_03/leis/2002/l10406.htm>. Acesso em: 13 jan. 2020.

—. *Lei n. 12.592, de 18 de janeiro de 2012*. Dispõe sobre o exercício das atividades profissionais de Cabeleireiro, Barbeiro, Esteticista, Manicure, Pedicure, Depilador e Maquiador. Disponível em: <http://www.planalto.gov.br/ccivil_03/_ato2011-2014/2012/lei/l12592.htm>. Acesso em: 12 jan. 2020.

—. *Lei n. 12.965, de 23 de abril de 2014*. Estabelece princípios, garantias, direitos e deveres para o uso da Internet no Brasil. Disponível em: <http://www.planalto.gov.br/ccivil_03/_ato2011-2014/2014/lei/l12965.htm>. Acesso em: 02 abr. 2021.

—. *Lei n. 8.078, de 11 de setembro de 1990*. Dispõe sobre a proteção do consumidor e dá outras providências. Disponível em: <http://www.planalto.gov.br/ccivil_03/leis/l8078compilado.htm>. Acesso em: 02 abr. 2021.

—. *Lei n. 8.420/92, de 8 de maio de 1992*. Introduz alterações na Lei nº 4.886, de 9 de dezembro de 1965, que regula as atividades dos representantes comerciais autônomos. Disponível em: <http://www.planalto.gov.br/ccivil_03/LEIS/L8420.htm>. Acesso em: 13 jan. 2020.

—. *Lei n. 4.886/65, de 9 de dezembro de 1965*. Regula as atividades dos representantes comerciais autônomos. Disponível em: <http://www.planalto.gov.br/ccivil_03/LEIS/L4886.htm>. Acesso em: 13 jan. 2020.

—. *Lei n. 13.352, de 27 de outubro de 2016*. Altera a lei nº 12.592, de 18 de janeiro 2012, para dispor sobre o contrato de parceria entre os profissionais que exercem as atividades de Cabeleireiro, Barbeiro, Esteticista, Manicure, Pedicure, Depilador e Maquiador e pessoas jurídicas registradas como salão de beleza. Disponível em: <http://www.planalto.gov.br/ccivil_03/_Ato2015-2018/2016/Lei/L13352.htm>. Acesso em: 12 jan. 2020.

CABIFY AGÊNCIA DE SERVIÇOS DE TRANSPORTE DE PASSAGEIROS LTDA. *Termos de Uso*. Versão: 2017. Disponível em: <https://assets.cabify.com/app/driver/terms/br/T%26C_CabifyBrazil_2017.pdf>. Acesso em: 05 out. 2019.

CHAVES JÚNIOR, José Eduardo de Resende. O direito do trabalho e as plataformas eletrônicas. In: POLIDO, Fabrício B. P.; BARBATO, Maria R.; MOURA, Natália

C. *Trabalho, tecnologias e os desafios globais dos direitos humanos:* estudos e perspectivas críticas. Rio de Janeiro: Lumen Juris, 2019.

CHESKY, Brian. *Shared City*, 2014. Disponível em <https://medium.com/@bchesky/shared-city-db9746750a3a>. Acesso em: 25 fev. 2019.

CONFEDERAÇÃO NACIONAL DA INDÚSTRIA. *Relações trabalhistas no contexto da indústria 4.0*. Brasília: CNI, 2017.

DELGADO, Mauricio Godinho. *Curso de direito do trabalho*: obra revista e atualizada conforme a lei da reforma trabalhista e inovações normativas e jurisprudenciais posteriores. 18. ed. São Paulo: LTr, 2019.

EMANE, Augustin. Del contrato de trabajo al contrato civil: ¿ilusión o realidad? *In:* ALARCÓN, Katerine Bermúdez; EMANE, Augustin (Coord.) *La realidad del contrato de trabajo y su situación en Suramérica*. Bogotá: Universidad Externado de Colombia, 2019.

ESPAÑA. Jefatura del Estado. *Ley 20/2007, de 11 de julio*. Estatuto del trabajo autónomo. Disponível em: <https://www.boe.es/eli/es/l/2007/07/11/20/con>. Acesso em: 10 mai 2021.

FGV DIREITO SP. CENTRO DE ENSINO E PESQUISA EM INOVAÇÃO DA FGV DIREITO SP. Briefing temático #2: *Trabalho sob demanda no Congresso (2010-2020)*. Um oceano de possibilidades. Versão 1.0. São Paulo: FGV Direito SP, 29 jan. 2021. Disponível em: <http://bibliotecadigital.fgv.br/dspace/bitstream/handle/10438/30268/gig_bt2_retrospectivaleg_final.pdf?sequence=1&isAllowed=y>. Acesso em: 18 mar. 2021.

FREITAS JÚNIOR, Antonio Rodriges de. *On demand:* trabalho sob demanda em plataformas digitais. Belo Horizonte: Arraes Editores, 2020.

GARCÍA, Rosa María Morato. El reconocimiento legal de la figura del trabajador autónomo economicamente dependiente em España. *Revista Complejus*, v. 1, n. 1, jan./jun. 2010.

GETNINJAS S/A. *Termos e condições gerais de uso do site*. Disponível em: <https://www.getninjas.com.br/termos-de-uso>. Acesso em: 09 mar. 2021.

HARRIS, Seth D.; KRUEGER, Alan B. *A proposal for modernizing labor laws for twenty-first-century work*: the "independent worker". Dezembro, 2015. Disponível em: <https://www.hamiltonproject.org/assets/files/modernizing_labor_laws_for_twenty_first_century_work_krueger_harris.pdf>. Acesso em: 30 mar. 2021.

HOWE, Jeff. The Rise of Crowdsourcing. *Wired Magazine*, jun. 2006. Disponível em: <http://www.wired.com/2006/06/crowds>. Acesso em: 10 dez. 2019.

IFOOD.COM. AGÊNCIA DE RESTAURANTES ONLINE S.A. *Portal do Entregador.* Termos de Uso. Versão: 17/03/2020. Disponível em: <https://entregador.ifood.com.br/termosdeuso/>. Acesso em: 02 abr. 2020.

INTERNATIONAL LABOUR ORGANISATION (ILO). *Digital labour platforms and the future of work*: Towards decent work in the online world International Labour Office. Geneva: ILO, 2018. Disponível em: <https://www.ilo.org/wcmsp5/groups/public/---dgreports/---dcomm/---publ/documents/publication/wcms_645337.pdf>. Acesso em: 02 mar. 2020.

—. *Work for a brighter future.* Global Commission on the Future of Work. Geneva: ILO, 2019. Disponível em: <https://www.ilo.org/wcmsp5/groups/public/---dgreports/---cabinet/documents/publication/wcms_662410.pdf>. Acesso em: 02 mar. 2020.

ITALIA. Senato della Repubblica. XVII Legislatura. *Disegni di legge, n. 2934, 5 ottobre 2017.* Disposizioni in materia di lavoro autonomo mediante piattaforma digitale. Disponível em: <http://www.senato.it/service/PDF/PDFServer/BGT/01059435.pdf>. Acesso em: 10 dez. 2019.

—. Presidenza del consiglio dei ministri. Normattiva Il Portale Della Legge Vigente. *Decreto Legislativo 15 giugno 2015, n. 81.* Disciplina organica dei contratti di lavoro e revisione della normativa in tema di mansioni, a norma dell'articolo 1, comma 7, della legge 10 dicembre 2014, n. 183. Disponível em: <http://www.normattiva.it/uri-res/N2Ls?urn:nir:stato:decreto.legislativo:2015-06-15;81!vig=2021-04-17>. Acesso em: 17 mar. 2021.

—. Presidenza del consiglio dei ministri. Normattiva Il Portale Della Legge Vigente. *Decreto-legge 3 settembre 2019, n. 101.* Disposizioni urgenti per la tutela del lavoro e per la risoluzione di crisi aziendali. Disponível em: <http://www.normattiva.it/uri-res/N2Ls?urn:nir:stato:decreto.legge:2019-09-03;101!vig=2021-04-17>. Acesso em: 17 mar. 2021.

—. Presidenza del consiglio dei ministri. Normattiva Il Portale Della Legge Vigente. *Legge 2 novembre 2019, n. 128.* Conversione in legge, con modificazioni, del decreto-legge 3 settembre 2019, n. 101, recante disposizioni urgenti per la tutela del lavoro e per la risoluzione di crisi aziendali. Disponível em: <https://www.normattiva.it/uri-res/N2Ls?urn:nir:stato:legge:2019;128>. Acesso em: 17 mar. 2021.

KALIL, Renan Bernardi. *Capitalismo de plataforma e Direito do Trabalho*: crowdwork e trabalho sob demanda por meio de aplicativos. 2019. 366 f. Tese (Doutorado em Direito) – Universidade de São Paulo, 2019.

LIMA, Fernando R. de S.; ROCHA, Bruno A. B.; WALDMAN, Ricardo L. Mudanças no papel do indivíduo pós-revolução industrial e o mercado de trabalho na sociedade da informação. *Revista Pensamento Jurídico*, São Paulo, v. 14, nº1, jan./jul, 2020.

MARQUES, Claudia Lima. A nova noção de fornecedor no consumo compartilhado: um estudo sobre as correlações do pluralismo contratual e o acesso ao consumo. *Revista de Direito do Consumidor*, vol. 111, ano 26. São Paulo: Ed. RT, maio-jun. 2017.

MANDALOZZO, Silvana Souza Netto e CAMPAGNOLI, Adriana de F. Pilatti. A flexibilização como alternativa a legalização de práticas laborais. *Salão Parceiro*. Revista Eletrônica. Tribunal Regional do Trabalho da 9ª Região, v. 7, n. 66, março 2018. Disponível em: <https://juslaboris.tst.jus.br/bitstream/handle/20.500.12178/129649/2018_rev_trt09_v0007_n0066.pdf?sequence=1&isAllowed=y>. Acesso em: 05 jan. 2020.

MEZZAROBA, Orides; MONTEIRO, Cláudia Servilha. *Manual de Metodologia da Pesquisa no Direito*. 5 ed. São Paulo: Saraiva, 2009.

MUNERATI, Ligia Ramia. O trabalho nas plataformas on-line: natureza da relação de trabalho e tutelas a garantir. *Cielo Laboral.com*. Disponível em: <http://www.cielolaboral.com/o-trabalho-nas-plataformas-on-line-natureza-da-relacao-de-trabalho-e-tutelas-a-garantir/>. Acesso em: 05 jan. 2021.

NASCIMENTO, Amauri Mascaro. *Curso de direito do trabalho*: história e teoria geral do direito do trabalho: relações individuais e coletivas do trabalho. 26. ed. São Paulo: Saraiva, 2011.

OITAVEN, Juliana Carreiro Corbal; CARELLI, Rodrigo de Lacerda; CASAGRANDE, Cássio Luís. *Empresas de transporte, plataformas digitais e a relação de emprego*: um estudo do trabalho subordinado sob aplicativos. Brasília: Ministério Público do Trabalho, 2018.

OLIVEIRA, Murilo Carvalho Sampaio. *A (re)significação do critério da dependência econômica:* uma compreensão interdisciplinar do assalariamento em crítica à dogmática trabalhista. 2011. 264 f. Tese (Doutorado em Direito) –Universidade Federal do Paraná, Curitiba, 2011.

PINTO, F. C. S.; PSCHEIDT, K. R. . *Inovação e soberania*: a necessidade do investimento estatal em P&D: o investimento estatal em tecnologia como forma de manutenção de hegemonia. Novos estudos jurídicos, v. 21, nº2, 2016. Disponível em: <https://doi.org/10.14210/nej.v21n2.p421-441>. Acesso em: 06 jun 2020.

PIRES, Roberto Rocha Coelho. Desafios e Oportunidades para a Articulação entre Agentes Públicos, Sociais e Privados na Aplicação da Regulação. In: *Futuro do*

Trabalho no Brasil: Perspectivas e Diálogos Tripartites. Brasil, OIT, 2018. Disponível em: <https://www.ilo.org/wcmsp5/groups/public/americas/rolima/ilobrasilia/documents/publication/wcms_626908.pdf>. Acesso em: 02 mar. 2020.

PORTO, Lorena Vasconcelos. A parassubordinação como forma de discriminação. *Revista Direito das Relações Sociais e Trabalhistas*. Centro Universitário do Distrito Federal. v. III, n. 1 (Jan./Jun. 2017). Brasília, DF, 2017 [on-line]. Disponível em: <https://doi.org/10.26843/mestradodireito.v3i1.105>. Acesso em: 05 jan. 2020.

—. *A subordinação no contrato de emprego*: desconstrução, reconstrução e universalização do conceito jurídico. Dissertação (mestrado). Pontifícia Universidade Católica de Minas Gerais, Belo Horizonte, 2008.

—. *A subordinação no contrato de trabalho*: uma releitura necessária. São Paulo: LTr, 2009.

RAPPI BRASIL INTERMEDIAÇÃO DE NEGÓCIOS LTDA. *Termos e Condições de Uso da Plataforma "Rappi"*. Disponível em: <https://legal.rappi.com/brazil/termos-e-condicoes-de-uso-da-plataforma-rappi/?_ga=2.53252968.1132469324.1617416877-1550943566.1617416877>. Acesso em: 02 abr. 2021.

—. *Termos e Condições de Uso de Plataforma Virtual "Sou Rappi"*. Disponível em: <https://legal.rappi.com/brazil/termos-e-condicoes-de-uso-de-plataforma-virtual-entregador-rappi/>. Acesso em: 02 abr. 2021.

RAVANELLE, Alexandrea. *Microentrepreneur or Precariat?* Exploring the Sharing Economy through the Experiences of Workers for Airbnb, Taskrabbit, Uber and Kitchensurfing. Disponível em: <https://www.uu.nl/sites/default/files/iwse_2015.28_microentrepreneur_or_precariat_workshop_abstract_ravenelle_march_2015_0.pdf>. Acesso em: 23 fev. 2019.

RODGERS, Gerry. Precarious work in Western Europe: The state of the debate. In: RODGERS, Gerry; RODGERS, Janine (Eds.). *Precarious jobs in labour market regulation*: the growth of atypical employment in Western Europe. Geneva: International Labour Office, 1989.

ROMITA, Arion Sayão. Competência da Justiça do Trabalho para ações sobre relações de trabalho: trabalho eventual. *Revista Justiça do Trabalho*, ano 22, n. 258, jun./2005.

SANTANA, P. C.; LEUZINGER, M. D. A democracia, os meios de comunicação e a Internet no mundo globalizado. *In*: *XXVI Encontro Nacional do CONPEDI*, 2017, Brasília. Direito, Governança e Novas Tecnologias, 2017. p. 59-76. Disponível em: <http://site.conpedi.org.br/publicacoes/roj0xn13/30w3w5qf/8Dh362S7Xz6KwtF5.pdf>. Acesso em: 06 jun 2021.

SCHWAB, Klaus. *A quarta revolução industrial.* Tradução Daniel Moreira Miranda. São Paulo: Edipro, 2016.

SILVA, Otávio Pinto e. As relações de trabalho e a nova competência da justiça do trabalho. *Revista do Tribunal Superior do Trabalho*, Porto Alegre, RS, v. 71, n. 1, jan/abr 2005.

—. *Subordinação, Autonomia e Parassubordinação nas Relações de Trabalho.* São Paulo: LTr, 2004.

SLEE, Tom. *Uberização:* a nova onda do trabalho precarizado. Trad. João Peres. São Paulo: Ed. Elefante, 2017.

STEFANO, Valerio de. *The rise of the "just-in-time workforce"*: on-demand work, crowdwork and labour protection in the "gig-economy". Geneva: ILO, 2016, conditions of work and employment series, n. 71. Disponível em: <https://www.ilo.org/wcmsp5/groups/public/---ed_protect/---protrav/---travail/documents/publication/wcms_443267.pdf>. Acesso em: 02 mar. 2020.

SUPIOT, Alain. Para além do emprego: os caminhos de uma verdadeira reforma do direito do trabalho. *Revista Direito das Relações Sociais e Trabalhistas*, Brasília, Volume IV, n. 03, 2018, p. 17-52, Set-Dez/2018.

—. *Pour une réforme digne de ce nom.* Et si l'on refondait le droit du travail. Le Monde diplomatique. 2017, octobre, p. 22-23. Disponível em: <https://www.monde-diplomatique.fr/2017/10/SUPIOT/58009>. Acesso em: 10 mai. 2021.

TEIXEIRA FILHO, Manoel Antonio. A Justiça do Trabalho e a Emenda Constitucional nº 45/2004. *Revista LTr*, v. 69, nº1, p. 19-20, Jan./2005.

TODOLÍ-SIGNES, Adrían. *El impacto de la "uber economy" en las relaciones laborales*: los efectos de las plataformas virtuales em el contrato de trabajo. Publicado em março de 2015. Disponível em: <https://papers.ssrn.com/sol3/papers.cfm?abstract_id=2705538>. Acesso em: 31 jan. 2021.

UBER DO BRASIL TECNOLOGIA LTDA. *Termos de Uso.* Atualizado em 22/02/2020. Disponível em: <https://www.uber.com/legal/pt-br/document/?name=general-terms-of-use&country=brazil&lang=pt-br>. Acesso em: 02 mar. 2020.

VARGAS, Francisco Beckenkamp. Trabalho, emprego, precariedade: dimensões conceituais em debate. *Caderno CrH*, Salvador, v. 29, n. 77, p. 313-331, Maio/Ago. 2016, disponível em: <http://www.scielo.br/pdf/ccrh/v29n77/0103-4979-ccrh-29-77-0313.pdf>. Acesso em: 18 fev. 2019.

VIANA, Márcio Túlio. A proteção social do trabalhador no mundo globalizado: O Direito do Trabalho no limiar do século XXI. *Revista da Faculdade de Direito da Universidade Federal de Minas Gerais*. Belo Horizonte, v. 63, n. 37, jul. 1999.

VILHENA, Paulo Emílio Ribeiro de. *Relação de emprego*: estrutura legal e supostos. 3.ed. São Paulo: LTr, 2005.

ZIPPERER, André Gonçalves. *A multiterceirização e a subordinação jurídica*. A intermediação de mão de obra a partir de plataformas digitais e a necessidade de tutela modular do Direito do Trabalho. Tese (Doutorado em Direito). Pontifícia Universidade Católica do Paraná, Curitiba, 2018.

99 TECNOLOGIA LTDA. *Termos de Uso*. Disponível em: <https://99app.com/legal/termos/motorista/>. Acesso em: 05 jan. 2020.

Precedentes Vinculantes e Assunção de Competência

Precedentes Vinculantes e Assunção de Competência

2023

Bianca Richter

ALMEDINA

PRECEDENTES VINCULANTES E ASSUNÇÃO DE COMPETÊNCIA

AUTOR: Bianca Richter

DIRETOR ALMEDINA BRASIL: Rodrigo Mentz
EDITORA JURÍDICA: Manuella Santos de Castro
EDITOR DE DESENVOLVIMENTO: Aurélio Cesar Nogueira
ASSISTENTES EDITORIAIS: Larissa Nogueira e Rafael Fulanetti
ESTAGIÁRIA DE PRODUÇÃO: Laura Roberti

DIAGRAMAÇÃO: Almedina
DESIGN DE CAPA: FBA

ISBN: 9786556277318
Janeiro, 2023

Dados Internacionais de Catalogação na Publicação (CIP)
(Câmara Brasileira do Livro, SP, Brasil)

Richter, Bianca
Precedentes vinculantes e assunção de
competência / Bianca Richter. -- São Paulo, SP :
Almedina, 2023.

Bibliografia.
ISBN 978-65-5627-731-8

1. Competência (Direito) - Jurisprudência
2. Jurisdição (Processo civil) 3. Jurisprudência 4. Precedentes (Direito)
5. Tribunais superiores – Brasil I. Título.

22-132102 CDU-347.9

Índices para catálogo sistemático:

1. Precedentes : Direito processual civil 347.9
Eliete Marques da Silva – Bibliotecária – CRB-8/9380

Este livro segue as regras do novo Acordo Ortográfico da Língua Portuguesa (1990).

EDITORA: Almedina Brasil
Rua José Maria Lisboa, 860, Conj.131 e 132, Jardim Paulista | 01423-001 São Paulo | Brasil
www.almedina.com.br

A todos os meus professores,
começando pelos primeiros, meus pais e avós.

NOTA DA AUTORA

A presente obra apresenta o incidente de assunção de competência, instituto remodelado pelo Código de Processo Civil de 2015, em sua dinâmica de convivência com outros mecanismos estruturados para lidar com a litigância repetitiva a partir da dualidade prevenção e repressão à divergência jurisprudencial, como forma de estimular a isonomia e a segurança jurídica dentre os jurisdicionados a partir de normas gerais e concretas firmadas em procedimentos previamente designados para tal finalidade.

A tese jurídica firmada a partir do incidente de assunção de competência é cercada de maior legitimidade em razão da ampliação do colegiado dentro do mesmo tribunal, que julgará a questão de direito que preencha os requisitos para a admissibilidade do incidente e o conflito intersubjetivo que lhe deu origem em sequência. Entretanto, a mera assunção de competência não é suficiente para conferência de legitimidade ao provimento jurisdicional alcançado. Há necessidade de previsão legal de determinado procedimento padrão nos tribunais para que o jurisdicionado tenha prévia ciência das possibilidades procedimentais e organize-se estrategicamente de acordo com o procedimento previamente estabelecido e publicizado. Apresenta-se modelo de procedimento-padrão que preenche tais finalidades, destacando-se, o que os regimentos internos dos tribunais têm feito até o momento.

Além disso, o procedimento previsto em lei deve garantir a ampliação substancial do contraditório também como forma de conferência de legitimidade à decisão alcançada. Assim, propõe-se o procedimento ideal para o incidente em estudo de forma a se lograr maior legitimidade através da forma previamente estabelecida e através do contraditório ampliado no procedimento. Entretanto, de pouco adianta a previsão legal de procedimento nos tribunais para formação de norma jurídica geral, se situações fáticas semelhantes podem ser incorporadas em diferentes institutos com a mesma finalidade que geram situações intrincadas de compatibilidade e de repercussões processuais distintas. Portanto, além do procedimento ideal para o incidente de assunção de competência, demonstra-se a suficiência de apenas um mecanismo nos tribunais brasileiros para lidar com a prevenção e com a repressão à divergência jurisprudencial, de *lege ferenda*, através do incidente de assunção de competência.

Syracuse, NY, 2022.
BIANCA RICHTER

PREFÁCIO

Foi com extrema alegria que recebi o convite para prefaciar o livro de Bianca Mendes Pereira Richter Boscatto, que ora vem a público, fruto de sua Tese de Doutoramento intitulada "O incidente de assunção de competência no processo civil brasileiro".

A Tese foi defendida junto ao Programa de Pós-Graduação da Faculdade de Direito da Universidade de São Paulo no ano acadêmico de 2021, em banca por mim presidida, sendo composta pelos Professores Flávio Luiz Yarshell, José Carlos Baptista Puoli, Aluísio Gonçalves de Castro Mendes, Sérgio Seiji Shimura e Hermes Zaneti Júnior.

Cabem palavras iniciais a respeito da autora e, depois, da sua obra.

Bianca Richter foi aluna exemplar tanto no Mestrado como no Doutorado, que tive a felicidade de acompanhar na condição de orientador acadêmico. Sendo breve, como a ocasião e o propósito do Prefácio sugerem, arrisco dizer que difícil será encontrar novamente, nesta função, em outro aluno(a), a dedicação, o interesse pelo estudo e a disciplina por ela apresentados desde o primeiro ao último dia de suas atividades acadêmicas.

A estas qualidades juntaram-se, por obra da natureza, grande inteligência e perspicácia, que qualificam a autora e todas as atividades a que ela se dedica, sempre cumpridas com brilhantismo.

O resultado se materializa na sua vocação como Professora, que foi naturalmente aflorando, comprovando-se nos vínculos que ao longo do tempo estabeleceu em instituições de ensino de renome, habilitando-a para ocupar posição de destaque, atualmente, como docente dos Programas de Graduação e Pós-Graduação da Universidade Presbiteriana Mackenzie, cuja tradição é de todos conhecida e dispensa digressões.

Agora, a obra.

O livro que vem a público é o resultado da pesquisa séria em torno de um instituto que ganhou destaque no direito brasileiro contemporâneo por força de uma conjunção de fatores, envolvendo, entre outros aspectos, a valorização dos precedentes, a busca de maior racionalidade nos procedimentos e a orientação das reformas legislativas (notadamente com a edição do Código de Processo Civil de 2015) em direção à construção de um sistema processual apto a oferecer, na medida do possível, segurança jurídica e efetividade.

Dentro desta orientação político-legislativa sobressaem as disposições relativas aos casos repetitivos (Incidente de Resolução de Demandas Repetitivas, Recursos Especiais e Extraordinários Repetitivos), outras relativas à aplicação dos entendimentos firmados nos aludidos casos, bem como o instituto examinado na obra ora prefaciada, ou seja, o Incidente de Assunção de Competência.

Com a percuciência que lhe é própria, examinou Bianca Richter incontáveis aspectos relativos ao tema, estabelecendo importante diálogo com preocupações análogas no direito estrangeiro, buscando, ademais, em crítica construtiva, oferecer reflexões endereçadas ao aprimoramento e racionalização do sistema, notadamente no que se refere a importantes aspectos do procedimento relativo ao aludido incidente.

Não resta dúvida de que a leitura da obra ora prefaciada se mostra fundamental, verdadeira indispensável mesmo, para todos aqueles que se interessem pelo tema, visto oferecer pontos manifestamente relevantes de reflexão para sua compreensão, aplicação e aprimoramento.

Ficam os cumprimentos à autora, pela obra que está predestinada a engrandecer a literatura jurídica nacional, bem como à editora Almedina, por apoiar a publicação de trabalho acadêmico de tão elevado valor.

São Paulo, setembro de 2022.

RICARDO DE BARROS LEONEL
Mestre, Doutor, Livre Docente e Professor Associado junto ao Departamento de Direito Processual da Faculdade de Direito da Universidade de São Paulo.

LISTA DE ABREVIATURAS

CDC	Código de Defesa do Consumidor
CJF	Conselho da Justiça Federal
CNJ	Conselho Nacional de Justiça
CPC	Código de Processo Civil
CPCpt	Código de Processo Civil Português de 2013
DP	Defensoria Pública
FPPC	Fórum Permanente de Processualistas Civis
IAC	Incidente de Assunção de Competência
IRDR	Incidente de Resolução de Demandas Repetitivas
LACP	Lei da Ação Civil Pública
MP	Ministério Público
RE	Recurso Extraordinário
Resp	Recurso Especial
RISTJ	Regimento Interno do Superior Tribunal de Justiça
RITJBA	Regimento Interno do Tribunal de Justiça da Bahia
RITJSP	Regimento Interno do Tribunal de Justiça de São Paulo
RITRF3	Regimento Interno do Tribunal Regional Federal da 3ª Região
RR	Recurso Repetitivo
STF	Supremo Tribunal Federal
STJ	Superior Tribunal de Justiça
SV	Súmula Vinculante
TJ	Tribunal de Justiça
TJAC	Tribunal de Justiça do Acre
TJRR	Tribunal de Justiça de Roraima
TJSC	Tribunal de Justiça de Santa Catarina

TJSP	Tribunal de Justiça de São Paulo
TRF	Tribunal Regional Federal
TSE	Tribunal Superior Eleitoral
TST	Tribunal Superior do Trabalho

SUMÁRIO

INTRODUÇÃO

O Código de Processo Civil de 2015 delineou uma organização própria de formação de entendimentos por tribunais a partir de mecanismos listados em um dispositivo, o artigo 927. Alguns chamam o que foi positivado de "precedentes à brasileira"[1]; outros, de "*stare decisis* brasileiro".[2] Tais denominações intentam diferenciar o quanto foi positivado internamente do que é usualmente praticado em países conhecidos por lidar com precedentes judiciais como fonte normativa há mais tempo.[3] Essa organização traz, em seu artigo 927, uma lista de instrumentos a serem

[1] Zufelato, Camilo. Precedentes judiciais vinculantes à brasileira no novo CPC: aspectos gerais. **O novo Código de Processo Civil:** questões controvertidas. Vários autores. São Paulo: Atlas, 2015.

[2] Sobre o tema, cf. Macêdo, Lucas Buril de. **Os precedentes judiciais e o direito processual civil**. 3. ed. Salvador: JusPodivm, 2019, p. 477. O autor faz um apanhado geral sobre as denominações já recebidas ao quanto delineado pelo legislador.

[3] Cf., sobre o tema: Cruz e Tucci, José Rogério. **Precedente judicial como fonte do direito**. 2. ed., Rio de Janeiro: GZ, 2021. Explica o autor que o precedente no *common law* pode se originar de um único caso maturado a partir do fator temporal: "Já no tocante à dimensão estrutural, ou seja, ao conceito substancial de precedente, no âmbito do *common law*, como visto, uma única decisão pode perfeitamente produzir eficácia de *binding precedent*. Na órbita do direito codificado exige-se, via de regra, um número considerável de decisões similares, para chegar-se à concepção de "jurisprudência consolidada" ou "unânime". Assinale-se que, nessa hipótese, o fator temporal também é importante, porque uma orientação pretoriana sedimentada reclama, normalmente, um longo período.", p. 196. O IAC, objeto de estudo da presente tese, apesar de poder ser formado em único caso, não demanda o fator temporal, como será demonstrado.

observados[4] por juízes e tribunais, abrangendo o incidente de assunção de competência, o incidente de resolução de demandas repetitivas, recursos extraordinários em sentido *lato* repetitivos, enunciados das súmulas dos Tribunais Superiores[5] e as orientações do Pleno ou do órgão especial ao qual estiverem vinculados. A partir de uma análise perfunctória de tal artigo de lei, percebe-se que os instrumentos ali listados, especialmente no inciso III, com exceção do incidente de assunção de competência, são formados, como regra, a partir da efetiva repetição de situações que levam à aclamada necessidade de padronização de tese jurídica pelo Poder Judiciário diante de circunstâncias fáticas assemelhadas.[6] Essa necessidade tem origem na isonomia,[7] na segurança jurídica[8] e na pró-

[4] Sobre o termo utilizado, pelo legislador, cf. ZANETI JR., Hermes. **O valor vinculante dos precedentes:** teoria dos precedentes normativos formalmente vinculantes. 4. ed. Salvador: JusPodivm, 2019, p. 403, "No modelo brasileiro de precedentes, esta foi uma opção legislativa, não há como se negar, em nenhuma hipótese, que a expressão "observarão" constante do *caput* significa obrigatoriedade normativa, um comando normativo.".

[5] As súmulas submetem-se à dinâmica distinta, justificando a sua exclusão da presente análise. Sobre esta dinâmica diferenciada, cf. CRUZ E TUCCI, José Rogério. **Precedente judicial como fonte do direito**. 2. ed., Rio de Janeiro: GZ, 2021, p. 161, "Ao enfrentarem questões polêmicas ou teses jurídicas divergentes, os tribunais também produzem máximas ou súmulas que se consubstanciam na enunciação, em algumas linhas ou numa frase, de uma "regra jurídica", de conteúdo preceptivo. Trata-se de verdadeira redução substancial do precedente. A aplicação da súmula não se funda sobre a analogia dos fatos, mas sobre a subsunção do caso sucessivo a uma regra geral de natureza pretoriana.".

[6] Sobre a divergência jurisprudencial dentro dos tribunais, cf. CRUZ E TUCCI, José Rogério. **Precedente judicial como fonte do direito**. 2. ed., Rio de Janeiro: GZ, 2021, p. 159, "Na verdade, em nossa experiência jurídica, num cenário forense com mais de 50 tribunais de segundo grau, a respeito de muitas teses desvendam-se, não raro, num mesmo momento temporal, acórdãos contraditórios, evidenciando significativa ausência de uniformidade da jurisprudência e, como natural decorrência, consequente insegurança jurídica, que surpreende até os profissionais mais experientes. E esse grave inconveniente pode ser inclusive constatado, por paradoxal que possa parecer, num mesmo tribunal, revelando divergência de entendimento, *intra muros*, entre câmaras, turmas ou sessões.".

[7] Sobre a igualdade e as decisões judiciais, cf. CRUZ E TUCCI, José Rogério. **Precedente judicial como fonte do direito**. 2. ed., Rio de Janeiro: GZ, 2021, p. 157.

[8] Sobre a segurança jurídica, cf. GONÇALVES, Marcelo Barbi. **Teoria geral da jurisdição**. Salvador: JusPodivm, 2020, p. 562, "À certeza do Direito estão coligados aspectos fundamentais para a coexistência ordenada dos indivíduos, tal como a defesa contra o arbítrio e a proteção da igualdade. Nesse diapasão, o princípio da segurança jurídica diz respeito à

pria racionalidade do sistema[9], que incentiva a busca de soluções semelhantes para questões idênticas[10] quando submetidas à análise do Poder Judiciário de um determinado Estado.[11] Busca-se, assim, a concretização dos escopos da jurisdição, quais sejam: social, com a pacificação a partir de critérios tidos como justos; político, afirmando a capacidade estatal de decidir imperativamente sem afastar a participação no processo que confere a necessária legitimidade à decisão alcançada; e, por

necessidade humana de fundar a coexistência social sobre um complexo de regras claras, estáveis e permanentes.".

[9] Zaneti Jr., Hermes. **O valor vinculante dos precedentes:** teoria dos precedentes normativos formalmente vinculantes. 4. ed. Salvador: JusPodivm, 2019, p. 431.

[10] Sobre formas de resolução de problemas que atingem o Poder Judiciário, cf. Barbosa Moreira, José Carlos. O futuro da justiça: alguns mitos. **Temas de direito processual**: oitava série. São Paulo: Saraiva, 2004, p. 7, "A verdade é que simplesmente não existe fórmula de validade universal para resolver por inteiro a equação. Temos de combinar estratégias e táticas, pondo de lado o receio de parecermos incoerentes se, para enfermidades de diferente diagnóstico, experimentamos remédios também diferenciados. O simplismo das palavras de ordem, já indesejável na política, revela-se aqui funesto.". Sobre a isonomia a partir das decisões dos tribunais, cf. Mancuso, Rodolfo de Camargo. **Incidente de resolução de demandas repetitivas**: a luta contra a dispersão jurisprudencial excessiva. São Paulo: Revista dos Tribunais, 2016, p. 85, "Essa tendência induz o implícito reconhecimento de que pouco significaria a proclamada igualdade de todos na lei e perante ela, abstratamente estabelecida no ordenamento, se a lei, quando submetida ao ambiente judiciário, vem a se defractar em multifárias e discrepantes leituras, sem um momento em que se alcance uma exegese assentada, que confira sentido unitário ao Direito, única forma de se promover a necessária segurança jurídica e o devido tratamento igualitário aos jurisdicionados.".

[11] Faz-se referência a um determinado Estado, pois a aplicação de um mesmo corpo legislativo em Estados diferentes pode (e provavelmente levará) a interpretações judiciais distintas e isso é uma "não questão". É o caso mencionado por William Burnham e Stephen F. Reed quanto à legislação francesa sobre responsabilidade civil quando aplicada na França e em Québec no mesmo período de tempo, levando à interpretações judiciais distintas. Sobre o tema, cf. o capítulo 2 da seguinte obra: Burnham, William; Reed, Stephen F. ***Introduction to the Law and Legal System of the United States***. 7. ed. Saint Paul: West Academic Publishing, 2021.

fim, o escopo jurídico, com a atuação da vontade concreta do direito.[12-13] Assim, a partir da repetição de questões, o Poder Judiciário fixa teses jurídicas através de diferentes mecanismos que *serão observadas* em casos pendentes no presente e em casos futuros. Afirma-se que a tese *será observada*, considerando que a não aplicação dela leva à incidência *possível* de mecanismos de readequação da decisão judicial à tese, como a improcedência liminar do pedido e o incremento dos poderes do relator para decidir monocraticamente com base nesses instrumentos listados pelo legislador. Há que se falar, portanto, em *precedente legal ou formal*.[14]

Tais previsões legislativas não são absolutamente novas, vez que o CPC de 2015 consolidou e fortaleceu as tendências que despontavam na legislação há alguns anos nas sucessivas reformas ao Código *Buzaid*. Tais alterações fizeram com que a doutrina voltasse sua atenção às mudanças, produzindo vasto conteúdo teórico sobre o tema. São inúmeras as publicações sobre precedentes, incidente de resolução de demandas repetitivas e repetitivos encontradas no Brasil. Por outro lado, o incidente de assunção de competência destaca-se desse contexto apresentado, pois ele pode ser instaurado a partir de uma suspeita de possível repetição de casos no porvir, que possa trazer repercussões em razão de relevante questão de direito, nos termos do artigo 947, *caput*, CPC. Essa sua diferença teórica em relação aos demais instrumentos mencionados e previstos no artigo 927, CPC, e o pouco destaque dado ao instituto pelo legislador (há apenas um artigo no código todo!) tiveram reflexos na produção doutrinária sobre o tema. São poucos os escritos específicos sobre o incidente de assunção de competência. Depois de quase sete

[12] Nem sempre os três escopos da jurisdição incidem na mesma proporção e intensidade. Neste tema, o escopo jurídico prevalece sobre o social, quando, por exemplo, a desistência do recurso pela parte não impede a análise, pelo tribunal, da tese com a formação de precedente que valerá para os demais casos. Além disso, a participação, central no escopo político do processo, também assume novas nuances que merecem análise mais detida. Sobre o tema, cf. Grinover, Ada Pellegrini. **Ensaio sobre a processualidade**: fundamentos para uma nova teoria geral do processo. Brasília: Gazeta Jurídica, 2016, p. 13.

[13] Sobre o tema, cf. Dinamarco, Cândido Rangel. **A instrumentalidade do processo**. 4. ed. São Paulo: Malheiros, 1994, *passim*.

[14] Zaneti Jr., Hermes. **O valor vinculante dos precedentes:** teoria dos precedentes normativos formalmente vinculantes. 4. ed. Salvador: JusPodivm, 2019, p. 403, "Assim, serão precedentes do ponto de vista formal as decisões e as técnicas de externalização das decisões previstas no art. 927 e incisos, [...]."

anos do *novo* código, há apenas aproximadamente uma dezena de livros e artigos publicados.

Em um primeiro momento, parece que o Poder Judiciário, dentro do mesmo grande tema, *precedentes formais*, assume postura diversa diante desses, tanto para a sua admissão e instauração, quanto para a fixação e julgamento da tese jurídica ou, pelo menos, deveria fazê-lo, considerando a possibilidade de o incidente em comento lidar com a prevenção à divergência jurisprudencial. A partir dessa percepção, o incidente de assunção de competência é estudado a partir de seu conceito, sua natureza jurídica, suas características, seu procedimento, seus efeitos e sua sistematização. Na tese proposta, disseca-se o incidente de assunção de competência conforme reestruturado pelo legislador de 2015. Nesse ponto, vale mencionar que o IAC não é novidade. Lembra-se do extinto incidente de uniformização de jurisprudência, então previsto no artigo 476 do CPC de 1973.[15] Tal incidente possibilitava que qualquer juiz, ao votar em órgão colegiado, percebendo divergência acerca do tema, provocasse o tribunal acerca da interpretação do direito. Percebe-se, assim, que o tribunal não assumia a competência para julgamento da causa e somente atuava quando presente efetivamente uma divergência, ou seja, exigia prévia manifestação sobre o tema em diversos órgãos. Por sua vez, a assunção de competência estava no artigo 555 do código anterior,[16] mas não com a mesma extensão e contornos que o tema ganhou na ordem jurídico-processual atual.[17] Da forma como organizada a assunção de competência, nota-se não se tratar de uma medida apartada, de um novo processo nem de um recurso, mas de julgamento do caso em

[15] CPC de 1973, Artigo 476. "Compete a qualquer juiz, ao dar o voto na turma, câmara, ou grupo de câmaras, solicitar o pronunciamento prévio do tribunal acerca da interpretação do direito quando:
I – verificar que, a seu respeito, ocorre divergência;
II – no julgamento recorrido a interpretação for diversa da que lhe haja dado outra turma, câmara, grupo de câmaras ou câmaras cíveis reunidas.".

[16] Sobre a experiência do CPC/73 nesse tema, cf. YARSHELL, Flávio Luiz. **É possível que a jurisprudência seja uniforme, estável, íntegra e coerente?** Disponível em: http://www.cartaforense.com.br/conteudo/colunas/e-possivel-que-a-jurisprudencia-seja-uniforme--estavel-integra-e-coerente/17828. Acesso em: 23 set. 2017.

[17] BECKER, Rodrigo; TRIGUEIRO, Victor. **O novo incidente de assunção de competência e o STJ.** Disponível em: https://jota.info/colunas/coluna-cpc-nos-tribunais/o-novo-incidente-de-assuncao-de-competencia-e-o-stj-15122016. Acesso em: 06 set. 2017.

si através de uma dinâmica diferenciada que possibilita a alteração da competência para órgão jurisdicional superior dentro do mesmo tribunal como forma de conferência de maior legitimidade ao entendimento a ser firmado.[18]

O tema – IAC – não foi apenas recolocado no código atual, mas foi ampliado e recebeu novos contornos, alargando os efeitos da assunção de competência para levar à dita *vinculação,* nos termos do artigo 947 do CPC, de juízes e órgãos fracionários do tribunal à tese firmada.[19] Além disso, a assunção de competência não cabe somente para sanar divergência, como o antigo incidente de uniformização de jurisprudência fazia, mas pode ser utilizada quando identificada relevante questão de direito com repercussão social, nos termos do *caput* do artigo 947, CPC, sem que haja repetição de casos.

O IAC está previsto em um único artigo do CPC de 2015, o 947, que determina ser admissível o incidente sobre *relevante* questão de direito, quando do julgamento de recurso, remessa necessária ou processo de competência originária, envolvendo *grande repercussão social* e *sem repetição*

[18] Tal prática merece breve pontuação histórica. Há situações históricas que demonstram que apenas um julgado, quando proferido por autoridade superior, já tem grande força, explica José Rogério Cruz e Tucci quando discorre sobre o precedente judicial nas fontes canônicas: "Assim, um único provimento judicial do Papa "facit ius quoad omnes" ("produz direito a todos") e, portanto, era suficiente para vincular as decisões dos juízes inferiores.", p. 71. Ainda, transpor casos de grande repercussão a julgadores com maior *status* também é uma forma de conferência de legitimidade à decisão, explicita o autor mencionado ao tratar das fontes canônicas: "Resta ainda salientar que o Papa Lucio III (1181-1185) instituiu a Sagrada Rota Romana, importante tribunal que tinha competência *vice sacra,* ou seja, julgava no lugar do Sumo Pontífice, em grau de recurso e, ainda, detinha competência originária para as causas de grande repercussão (causas maiores).", p. 72-73. Tal situação também ocorreu na evolução do direito hispano-lusitano, quando das atividades da Cúria Régia, o conselho que assistia o rei em suas atividades: "O Cúria Régia tinha competência originária para julgar algumas causas mais relevantes e, ainda, funcionava como tribunal de apelação. Era o órgão jurisdicional mais preeminente do reino e, por essa razão, não admira que, no início da monarquia lusitana, delimitasse uma orientação jurisprudencial, "impondo-se à observância dos tribunais municipais e senhoriais".", p. 76-77, Cruz e Tucci, José Rogério. **Precedente judicial como fonte do direito**. 2. ed., Rio de Janeiro: GZ, 2021.

[19] Côrtes, Osmar Mendes Paixão. Comentário ao artigo 947. In: Arruda Alvim, Teresa; Dantas, Bruno; Didier Jr., Fredie; Talamini, Eduardo (coord.). **Breves comentários ao Novo Código de Processo Civil**. São Paulo: Revista dos Tribunais, 2015, p. 2111.

em múltiplos processos. O mesmo dispositivo, em seu §4º, ainda dispõe que também se aplica o incidente em estudo quando seja *conveniente a prevenção ou a composição de divergência* entre órgãos fracionários do tribunal.

Relevante o destaque dado pelo legislador à ausência de repetição de processos de forma a diferenciar o incidente de assunção do incidente de resolução de demandas repetitivas e da modalidade dos repetitivos nos recursos excepcionais. A primeira hipótese que foi verificada é se teriam os tribunais observado a diferença entre os requisitos do IAC e do IRDR/RR quanto à (não) repetição em pesquisas empíricas realizadas, as quais foram devidamente publicadas.[20]

As conclusões obtidas em tais estudos foram tomadas como premissas para o desenvolvimento da pesquisa essencialmente teórica aqui apresentada. Poderia ser questionado o motivo da não realização de nova pesquisa empírica para a tese. A justificativa está na base de pesquisa encontrada. Enquanto o IRDR e os recursos repetitivos oferecem farto material de pesquisa empírica, o IAC ainda tem sido descoberto pelos tribunais. São poucos os casos quando considerados os números gerais do Poder Judiciário brasileiro. A pesquisa desenvolvida em artigos científicos mostra-se suficiente, portanto, para o quanto se almeja aqui demonstrar.

Assim, fixado o IAC, nos termos do mencionado *caput*, como o instrumento construído para prevenir a divergência jurisprudencial em contraposição ao IRDR/RR, chama atenção o conteúdo do §4º do artigo 947, CPC. Tal dispositivo determina que também será cabível o IAC quando "ocorrer relevante questão de direito a respeito da qual seja conveniente a prevenção ou a *composição de divergência* entre câmaras ou

[20] Estudo conclusivo de grupo de estudos empíricos e apresentado nas XII Jornadas de Direito Processual Civil realizadas em Belo Horizonte – MG, em 2018, e publicado na seguinte revista:
Richter, Bianca Mendes Pereira; *et alli*. Do Incidente de Resolução de Demandas Repetitivas: uma análise empírica a partir do Tribunal de Justiça de São Paulo, do Tribunal Regional Federal da 3a Região e das peculiaridades do instituto no STJ. **Revista *De Jure* Ministério Público de Minas Gerais**, v. 17, p. 388-427, 2019. Além deste, também publicamos a análise dos incidentes em estudo no STJ:
Richter, Bianca Mendes Pereira. O incidente de assunção de competência como precedente no novo Código de Processo Civil: análise do instituto no Superior Tribunal de Justiça. **Revista de Processo**, v. 280, p. 303-334, 2018.

turmas do tribunal.". Falando-se em composição de divergência, há que se pressupor a existência de pelo menos dois processos sobre a questão[21] de direito em debate, o que traz a discussão acerca do número limite entre as esferas de cabimento do IAC e do IRDR/RR, de forma a se propor possíveis critérios para o âmbito de cabimento de cada mecanismo para evitar situações de sobreposição que poderiam ser prejudiciais aos jurisdicionados, considerando a necessidade de cognoscibilidade dos procedimentos cabíveis aos casos em andamento nos tribunais, a necessidade de fixação do juiz natural para análise da causa e, ainda, as repercussões possíveis do entendimento firmado.

Além disso, a linha tênue entre o IAC admitido com base no artigo 947, §4º, do CPC e o IRDR/RR é a *efetiva repetição*, conceito jurídico indeterminado, cercado apenas por uma aparência de objetividade. Considerando tal ponto tênue de diferenciação entre esses mecanismos e o tempo que pode demorar entre a admissão e o julgamento da tese em IAC por um tribunal, pretende-se verificar a solução já aventada por alguns sobre a fungibilidade ou a possibilidade de conversão entre esses instrumentos de fixação de teses jurídicas por tribunais, quais sejam, o IRDR/RR e o IAC.

Quando da realização das pesquisas empíricas mencionadas, previamente à elaboração desta tese, partiu-se da hipótese de que a delimitação de conceitos jurídicos indeterminados ocorreria a partir do desenvolvimento estruturado do dever de fundamentação das decisões judiciais quanto à (in)admissibilidade desses mecanismos nos tribunais. Ocorre que os resultados colhidos e publicados na época refutaram a hipótese inicialmente fixada, levando-nos à formulação da presente tese que propõe *a suficiência de apenas um mecanismo, nos tribunais, para lidar com a prevenção e com a repressão à divergência jurisprudencial, a partir do mesmo procedimento ideal aqui delineado.*

Vale, neste momento, destacar alguns trechos das conclusões então obtidas, que serão aqui tomadas como premissas:

[21] Optamos pelo uso de "questão" nos mesmos moldes do que fez o legislador, cf. artigo 947, §4º, CPC. Também nesse sentido: "O mais adequado é considerar que o julgamento não seja de demandas, mas de questões (jurídicas) comuns a vários processos, existentes ou potenciais.", p. 3, MENDES, Aluisio Gonçalves de Castro; PORTO, José Roberto Mello. **Incidente de assunção de competência.** Rio de Janeiro: GZ, 2020.

Pelo exposto, pode-se concluir em relação aos pressupostos de instauração que critérios como repetição ficam indefinidos mesmo depois de mais de dois anos de vigência do CPC. Muitos julgados listados e explicados ao longo do presente trabalho apenas falam em aspectos igualmente genéricos, como risco à isonomia e à segurança jurídica, vinculando, assim, esses outros pressupostos de instauração ao da repetição.[22]

Analisados incidentes de resolução de demandas repetitivas no Tribunal de Justiça do estado de São Paulo, no Tribunal Regional Federal da 3ª Região e no Superior Tribunal de Justiça, constatou-se que, mesmo depois de anos de vigência no código, os critérios de admissão do incidente restam indefinidos. Analisando-se, por sua vez, o IAC no STJ, a seguinte conclusão foi alcançada e aqui é tomada como premissa:

> Dessa análise, nota-se que o RISTJ (LGL\1989\44) se preocupou em organizar o instrumento processual em análise de forma a conferir-lhe amplo debate na formação de precedente vinculante. Entretanto, da análise das três decisões trazidas, percebe-se que foram usados conceitos abertos de forma genérica, sem a explicação de como haveria relação com o caso concreto e aptos a fundamentar qualquer outra decisão. Em face dessa constatação, há grave risco no uso do sistema de precedentes vinculantes como a panaceia para enfrentar o crescente volume de demandas judiciais no Poder Judiciário brasileiro sem a preocupação com a qualidade de sua formação, o que afrontaria as próprias justificativas para o fortalecimento dos precedentes judiciais: a igualdade e a segurança jurídica. Afinal, o que justifica a instauração do IAC é o temor em relação à quebra da segurança jurídica diante de uma questão com grande repercussão social, termo esse não explicitado em nenhuma das decisões de admissão analisadas no âmbito do Superior Tribunal de Justiça.[23]

[22] RICHTER, Bianca Mendes Pereira; *et alli*. Do Incidente de Resolução de Demandas Repetitivas: uma análise empírica a partir do Tribunal de Justiça de São Paulo, do Tribunal Regional Federal da 3a Região e das peculiaridades do instituto no STJ. **Revista *De Jure* Ministério Público de Minas Gerais**, v. 17, p. 388-427, 2019.

[23] RICHTER, Bianca Mendes Pereira. O incidente de assunção de competência como precedente no novo Código de Processo Civil: análise do instituto no Superior Tribunal de Justiça. **Revista de Processo**, v. 280, p. 303-334, 2018.

O legislador de 2015, no afã de lidar com a litigância repetitiva, estabeleceu uma organização, aparentemente harmônica, em que diversos mecanismos coexistem para a fixação de normas jurídicas gerais a partir de determinada moldura fática: o IAC, o IRDR e os repetitivos nos tribunais superiores. Investiga-se a relação entre eles e qual o papel do IAC neste contexto, partindo da premissa de que há zonas de confluência. A partir de tais inquietações, inicia-se a presente tese com as premissas acima colocadas e outras que serão em breve apresentadas.

A metodologia empregada variará de capítulo a capítulo. Em geral, busca-se tratar do incidente de assunção de competência a partir da análise do contexto de valorização de precedentes em razão de determinação legal. Em metodologia crítico-prescritiva, propõem-se bases dogmáticas importantes para a contextualização do IAC e de seus mecanismos *irmãos* sob nova perspectiva, não desprezando o intento do legislador de conferir eficiência à gestão de processos nos tribunais, mas sem descuidar de normas processuais centrais na organização do Estado de Direito. Não se faz uso de pesquisa histórica. As breves menções ao passado têm finalidade meramente pontual de comparação. Com o intento de justificar a tese proposta, analisam-se os requisitos para a instauração do incidente de assunção de competência e o quanto delineado pelo legislador para o procedimento do incidente. Ainda, compara-se o IAC a outros institutos delineados para lidar com a litigância repetitiva e os problemas práticos advindos de mais de sete anos de vigência no CPC nestas relações.

Considerando a falta de previsão legal para o procedimento do IAC, que, como mencionado, está previsto em apenas um artigo de lei, propõe-se o procedimento ideal para o instituto, a partir de alguns questionamentos levantados inicialmente e respondidos ao longo da tese, quais sejam:

1. Quais seriam os parâmetros para os requisitos de admissão do IAC, considerando o uso de conceitos jurídicos indeterminados pelo legislador?
2. O contraditório na análise da admissibilidade do incidente ficaria restrito às partes do processo em que suscitado?
3. Caberia recurso da decisão que (in)admite o IAC?
4. Admitido o IAC com base no artigo 947, §4º, CPC, deveriam os processos com a mesma questão de direito restar suspensos?

5. Ocorrendo a assunção de competência, o relator do IAC seria o mesmo do recurso, remessa necessária ou processo de competência originária? Caso o relator não integre o colegiado competente para julgamento do IAC, a resposta seria mantida?
6. Haveria prazo máximo para o julgamento do IAC?
7. Haveria obrigatoriedade de realização de audiência pública no IAC?
8. Haveria obrigatoriedade de participação de *amici curiae* no IAC? Caberia intervenção de *amicus curiae* quando suscitado o IAC em procedimento especial que vede a intervenção de terceiros, como o mandado de segurança?
9. Seria possível desistir do recurso em que suscitado o IAC? Se isso ocorresse, ainda assim haveria fixação de tese?
10. Terceiros que tenham processos com a mesma questão de direito objeto do IAC, poderiam intervir no procedimento? Se sim, seriam admitidos sob qual condição?
11. Uma vez inadmitido o IAC, poderia haver nova provocação no futuro?
12. Seria possível admitir IAC com mesmo tema já submetido à sistemática dos recursos repetitivos?
13. Diante da falta de previsão legal de custas processuais para processamento do IAC, a regra prevista para o IRDR poderia ser transposta e aplicada ao IAC?
14. Quando admitido o IAC em tribunal superior para fixação de questão de direito controversa, caberia análise de prova e de questões fáticas subjacentes às questões de direito? Quais os limites entre questões de direito e questões de fato para fixação de tese em IAC? Poder-se-ia transplantar a doutrina construída para os recursos extraordinários em sentido *lato*?
15. Caberia o IAC, quando o colegiado maior do tribunal fosse o órgão jurisdicional competente originariamente para o julgamento do recurso, processo de competência originária ou da remessa necessária já que não haveria assunção de competência em sentido estrito? Se sim, o nome do instituto estaria adequado?

Esses foram alguns dos questionamentos imaginados quando de reflexões iniciais sobre o tema. Para viabilizar o estudo teórico apto a responder a esses questionamentos, a obra ora apresentada foi organizada em quatro capítulos.

No *primeiro capítulo*, investigam-se institutos semelhantes no direito comparado português e italiano. A legislação estrangeira objeto de análise foi a portuguesa em razão da influência do direito português sobre o direito brasileiro e do período de pesquisa efetuado na Faculdade de Direito da Universidade de Coimbra em janeiro de 2019, sob orientação da Professora Doutora Maria José Capelo, quando pretendeu-se responder aos seguintes questionamentos:

(i) Como o ordenamento jurídico selecionado para estudo tem atuado para uniformizar jurisprudência?
(ii) Dentre os métodos eventualmente identificados, há algum instituto em que há assunção de competência por colegiado superior de forma a conferir maior credibilidade à tese firmada e/ou força vinculante ao entendimento consolidado na jurisdição civil?
(iii) O método selecionado funciona preventivamente ou repressivamente em relação à divergência jurisprudencial?
(iv) Uma vez identificado algum método, o tema recebe críticas na doutrina local?

Ainda, analisou-se a temática no direito italiano, almejando-se responder aos mesmos questionamentos colocados quando da análise do direito português.

O estudo de direito comparado revela-se útil na medida em que possibilita (a) compreender os motivos de determinado instituto estar presente no ordenamento jurídico; (b) vislumbrar a resolução de situações intrincadas por outros países e como tais soluções aplicar-se-iam ou não em nosso ordenamento;[24] e (c) compreender determinadas experiências

[24] Nesse sentido, cf. DINAMARCO, Cândido Rangel. Processo civil comparado. **Revista de Processo**, ano 1998, v. 90, p. 46-56, abr.- jun., 1998. Para o autor, essa busca de soluções em outros ordenamentos é movida por quatro fatores, quais sejam: (i) busca de coletivização da tutela jurisdicional em uma sociedade que tem cada vez mais demandas de massa; (ii) crise de legitimidade que o Poder Judiciário enfrenta; (iii) anseio de assimilação de novos institutos, e; (iv) aproximação entre países, como o Mercosul. Deve-se considerar que o texto escrito data de 1998, mas suas considerações merecem análise e relevo ao longo do caminho do estudo do direito comparado.

estrangeiras dentro de seus contextos sociais, econômicos e jurídicos, vez que direito comparado analisado adequadamente impõe o estudo concatenado de temas dentro do contexto cultural que os guarnecem.[25]

O primeiro obstáculo a ser superado quando proposto o estudo comparado é a escolha do sistema jurídico. Tal escolha deve ser balizada por quatro vetores, quais sejam: (1) as similaridades na cultura jurídica; (2) os problemas comuns que justifiquem a comparação; (3) a vasta e profunda doutrina sobre o tema no país selecionado, e; por fim, (4) o tema em si, que pode justificar a comparação com determinado ordenamento jurídico em detrimento de outros. Quanto ao primeiro, ou seja, similaridades na cultura jurídica, estas podem se originar de raízes históricas compartilhadas ou de intercâmbio de doutrina e acadêmicos. Quanto a esta última origem, justifica-se a escolha da comparação entre Brasil e Itália.[26] Quanto à primeira origem, justifica-se a escolha de Portugal.[27] Quanto ao segundo vetor, ou seja, problemas comuns com os nossos, a comparação também pode ser de raiz sociopolítica, no sentido de verificar a origem desses mesmos problemas e, por fim, qual teria sido a solução encontrada por outros ordenamentos jurídicos.[28] Na Itália, como

[25] Embora não sigamos a mesma lista, convém destacar que Cândido Rangel Dinamarco explica que são três as utilidades do método "direito comparado", quais sejam: (i) enriquecer pesquisas históricas e sociológicas; (ii) contribuir para o estudo do direito nacional, e; (iii) facilitar a compreensão de outros povos, melhorando as relações internacionais. Cf. DINAMARCO, Cândido Rangel. Processo civil comparado. **Revista de Processo**, ano 1998, v. 90, p. 46-56, abr.- jun., 1998.

[26] Por esses motivos, o objeto de estudo comparado restou limitado a Portugal e à Itália, mas vale pontuar que a Alemanha também já teve previsão de envio do caso diante da perspectiva de divergência jurisprudencial a órgão jurisdicional superior dentro do mesmo tribunal. Sobre o tema, cf. CRUZ E TUCCI, José Rogério. **Precedente judicial como fonte do direito**. 2. ed., Rio de Janeiro: GZ, 2021, p. 143.

[27] Nesse sentido, cf. ZANETI JR., Hermes. **O valor vinculante dos precedentes:** teoria dos precedentes normativos formalmente vinculantes. 4. ed. Salvador: JusPodivm, 2019, p. 42, "O "paradoxo", entendido como uma contraposição lógica de tradições jurídicas, consiste justamente em termos adotado, ao lado da tradição constitucional norte-americana, a tradição processual civil da Europa continental, esta mais notadamente a partir de 1973, com o *Código Buzaid*.".

[28] Sobre o tema, cf. CAPONI, Remo. **Harmonizing civil procedure**: initial remarks. In: (autor) From common rules to best practices in European Civil Procedure (Burkhard Hess and Xandra E. Kramer – eds.). Nomos Verlagsgesenschaft, Baden-Baden, Germany, 2017, p. 42-62.

será demonstrado adiante, há uma disfunção do sistema de justiça como no nosso. Além disso, os dois países selecionados padecem da morosidade da tutela jurisdicional, levando a muitas reclamações na Corte Europeia de Direitos Humanos,[29] que justificam iniciativas reformistas com o intento de tornar o sistema judicial mais eficiente. Em relação ao terceiro vetor, ou seja, a profundidade da doutrina sobre o tema selecionado para comparação, a Itália é referência no processo civil sabidamente.[30] Além disso, a comparação com os assentos portugueses, o recurso ampliado de revista atual e a cassação italiana justifica-se pois os três, na mesma medida que os provimentos jurisdicionais proferidos nos termos do artigo 927, CPC, são justificados pela busca da "[...] compreensão do conhecimento jurídico que o reduz a uma espécie de conhecimento dos critérios normativos gerais, dos quais resultariam imediatamente as soluções para os diversos casos concretos, sendo necessário ao jurista apenas confrontar àqueles critérios os fatos juridicamente relevantes.".[31]

[29] Sobre o quanto afirmado e os números, cf. PINHEIRO, Aline. **Itália é a campeã de lentidão judicial na Europa**. Conjur. Disponível em: https://www.conjur.com.br/2012-abr-14/italia-pais-europeu-acionado-causa-lentidao-justica. Acesso em: 28 dez. 2020.

[30] Vale pontuar que o quarto vetor aqui não se aplica.

[31] Fábio Cardoso Machado relaciona os três temas, quais sejam: assentos, cassação italiana e súmulas do nosso direito para apontar que possuem a mesma premissa: a linguagem falha utilizada pelo legislador pode gerar ambiguidades, omissões e contradições que seriam sanadas pelo Poder Judiciário, eliminando, quando da aplicação da tese jurídica aos fatos, nova interpretação. Entretanto, o mencionado autor critica tal premissa. Cf. MACHADO, Fábio Cardoso. Da uniformização jurídico-decisória por vinculação às súmulas de jurisprudência: objeções de ordem metodológica, sócio-cultural e político-jurídica. **Revista de Processo**, v. 124, ano 2005, p. 123-148, jun.,2005, versão virtual não paginada, "A metodologia prático-jurídica pressuposta pela cassação, e nos mesmos termos pelos assentos portugueses, como pelas nossas súmulas, postula uma compreensão do conhecimento jurídico que o reduz a uma espécie de conhecimento dos critérios normativos gerais, dos quais resultariam imediatamente as soluções para os diversos casos concretos, sendo necessário ao jurista apenas confrontar àqueles critérios os fatos juridicamente relevantes. Mas o pensamento jurídico contemporâneo rechaça sem reservas esta compreensão, pois reconhece um aspecto de que já os juristas pré-modernos tinham nítida consciência: dos princípios gerais, e assim dos critérios normativos considerados em abstrato, não é possível extrair imediatamente o conhecimento relativo à ação a praticar. Ou seja, dos preceitos normativos gerais não é possível extrair lógico-dedutivamente os juízos prático-jurídicos acerca da ação a realizar em cada caso considerado em concreto.".

Ainda no *capítulo 1*, apresentam-se os antecedentes legislativos do IAC no ordenamento nacional. Da lista de questionamentos verificada na presente tese, percebe-se que muitas decorrem da falta de regulamentação legal do procedimento específico do IAC e que eventuais respostas às perguntas levantadas poderiam ser retiradas dessas experiências passadas recentes.

No *capítulo 2*, passa-se à análise específica do incidente em estudo da forma como delineado pelo legislador atual. O procedimento legal previsto é exposto, analisando-se as lacunas deixadas pelo legislador e as formas pelas quais os regimentos internos dos tribunais têm pautado o procedimento do IAC para que se possa perquirir acerca de um procedimento ideal para o incidente no último e quarto capítulo, a partir de ponderações sobre a fonte normativa deste procedimento no capítulo 3. Ainda, no capítulo 2, analisa-se o conceito e a natureza jurídica do IAC. Seus requisitos foram estudados em perspectiva dinâmica quando relacionados aos instrumentos para lidar com a repressão à dispersão jurisprudencial, quando se apresenta a tese de que a relação atual entre esses mecanismos viola o princípio do juiz natural, no capítulo 3, além de trazer inúmeros pontos de estrangulamento em sua relação orgânica com os demais mecanismos positivados com o intento de lidar com a litigância repetitiva.

No *capítulo 3*, ainda, após demonstrar o perfil que o IAC precisa assumir para que tais violações cessem, propõe-se a fonte normativa adequada para o procedimento ideal do incidente de assunção de competência. Tal procedimento ideal foi desenvolvido no *capítulo 4* e último da tese, considerando o perfil que se propõe para o IAC.

A partir dessa concatenação de temas, a tese proposta e aprovada por banca formada pelos Professores Ricardo de Barros Leonel (orientador), Aluisio Gonçalves de Castro Mendes, José Carlos Baptista Puoli, Flávio Luiz Yarshell, Sérgio Seiji Shimura e Hermes Zaneti Junior é *a suficiência de apenas um mecanismo, nos tribunais, para lidar com a divergência jurisprudencial de forma preventiva e repressiva*. Neste intento, o incidente de assunção de competência é suficiente, considerando suas duas hipóteses de cabimento, quais sejam: o artigo 947, *caput*, e §4º, do CPC. Ainda, *propõe-se o modelo ideal de procedimento para este incidente, a partir de iniciativa legislativa, afastando a regulamentação essencialmente regimental que tem sido produzida hoje nos tribunais para o tema.*

Para o desenvolvimento da pesquisa, partiu-se da premissa da instrumentalidade metodológica[32] para a análise das formas de elaboração de entendimentos com força expansiva pelos tribunais, ou seja, o olhar volta-se à realidade social, política, econômica e jurídica, como ponto de partida, para que se construa uma proposta que seja adequada à necessidade de formação de entendimentos pelos tribunais que confiram coerência à organização de formação de precedentes legais desde a competência com base no juiz natural, o cabimento do próprio procedimento, passando pela possibilidade de ampla participação da sociedade na formação do entendimento a ser firmado e resultando em segurança jurídica quanto às repercussões da tese firmada.

Ainda, é relevante delinear pelo que se toma como norma na presente tese, em razão do incentivo legislativo para a elaboração de decisões com conteúdo normativo geral pelo Poder Judiciário, contexto no qual se encaixa o incidente em estudo.[33] Parte-se da premissa de que lei e norma não se confundem.[34] O ordenamento jurídico como fonte

[32] SALLES, Carlos Alberto. **Arbitragem em contratos administrativos**. Rio de Janeiro: Forense, 2011.

[33] Sobre a evolução do tema, cf. CRUZ E TUCCI, José Rogério. **Precedente judicial como fonte do direito**. 2. ed., Rio de Janeiro: GZ, 2021. Sobre o período em que o juiz era mero aplicador da lei com base na Escola da Exegese: "Ocioso é frisar que, perante essa concepção teórica, totalmente anti-axiológica, atinente às fontes do direito, muito pouco ou quase nenhum valor se atribuía ao papel dos juízes, e, por via de consequência, à produção jurisprudencial.", p. 125. Sobre a superação dessa concepção, conferindo-se força normativa à jurisprudência: "Todavia, como a experiência mostrava que o ordenamento jurídico possuía lacunas e, com alguma frequência, era insuficiente para solucionar litígios não contemplados pelo legislador, a atuação do intérprete passava necessariamente a desempenhar função integrativa. Verifica-se, assim, que no transcorrer do século XIX, motivado por exigências históricas em flagrante reação ao sistema "fechado", que conotava o positivismo clássico, surge um movimento que proclama nova metodologia de interpretação do direito, dando-se ênfase ao critério teleológico, na busca de estabelecer uma aliança entre sistema normativo e realidade social. Aquele paradigma é rompido abrindo-se as portas para novas proposições contra o dogma da "plenitude".", p. 127.

[34] Importa salientar inicialmente que a falta de isonomia nas decisões do Poder Judiciário para casos semelhantes decorre de uma falsa premissa: a de que a função do Poder Judiciário seria limitada a aplicar a lei ao caso concreto, exarando a norma jurídica individual através de atividade declaratória. A premissa seria a de que a norma jurídica individual já estaria pronta na lei geral e abstrata. Sobre o tema, cf. MARINONI, Luiz Guilherme. Comentários aos arts. 926 – 928. In: ARRUDA ALVIM, Teresa; DANTAS, Bruno; DIDIER JR., Fredie;

de pauta de condutas não fica restrito às normas aprovadas pelo Poder Legislativo apenas.[35] A legislação é composta por normas gerais e abstratas.[36] A divisão entre texto e norma é clara, sendo a *norma-lei* fruto da interpretação, feita no caso concreto a partir de determinado contexto cultural.[37] A norma-lei exarada a partir de circunstâncias fáticas imaginadas de forma prospectiva pelo legislador possibilita a erupção de conflitos de interpretação em determinados casos concretos que, uma vez levados ao Poder Judiciário, podem gerar a formação de *norma-precedente* com eficácia geral e concreta, ou seja, vinculada àquela determinada circunstância fática que motivou a sua elaboração.

Assim, norma é a possibilidade de imposição de um determinado comportamento, seja ela proveniente do Poder Legislativo ou do Poder Judiciário. Vez que hoje é inegável que os jurisdicionados pautam suas condutas nas decisões provenientes do Poder Judiciário, o conteúdo destas não importa somente às partes do conflito. Assim, a partir de um

Talamini, Eduardo (coord.). **Breves comentários ao Novo Código de Processo Civil.** São Paulo: Revista dos Tribunais, 2015, p. 2072-3, "Obviamente, a norma não é um produto pronto e acabado. A lei não tem sentido unívoco. Trata-se, ademais, de um produto cultural. Sua compreensão exige atividade hermenêutica. Daí por que norma e texto não se confundem.".

[35] Nesse sentido: Mitidiero, Daniel. **Cortes superiores e cortes supremas**: do controle à interpretação, da jurisprudência ao precedente. São Paulo: Revista dos Tribunais, 2013, p. 5. Carrazza, Roque Antonio. Segurança jurídica e eficácia temporal das alterações jurisprudenciais: competência dos tribunais superiores para fixá-la – questões conexas. In: Ferraz Jr., Tercio Sampaio; Carrazza, Roque Antonio; Nery Jr., Nelson. **Efeitos *ex nunc* e as decisões do STJ.** São Paulo: Manole, 2008, p. 35-48. Fernandes, Ricardo Yamin. **Do incidente de assunção de competência**. São Paulo: Revista dos Tribunais, 2020, p. 35-36, "Para a doutrina positivista normativista, o direito não se reduz à lei, como no positivismo legalista, mas é apresentado por um conjunto de normas válidas. A validade da norma inferior, por sua vez, é verificada com base na norma que lhe é superior. Diante disso, o foco recai sobre as condições de validade da norma jurídica, e não sobre o modo como os juízes decidem.".

[36] Sobre o tema, cf. Zaneti Jr., Hermes. **O valor vinculante dos precedentes:** teoria dos precedentes normativos formalmente vinculantes. 4. ed. Salvador: JusPodivm, 2019, p. 405, "Precedentes são normas gerais e concretas, dependentes das circunstâncias fáticas; leis são normas gerais e abstratas, nas quais as circunstâncias fáticas que ensejaram a sua criação são consideradas apenas por hipótese.".

[37] Fernandes, Ricardo Yamin. **Do incidente de assunção de competência**. São Paulo: Revista dos Tribunais, 2020, p. 38.

conflito intersubjetivo levado às portas do Poder Judiciário, podem-se extrair a norma individual para as partes do litígio e a norma geral destinada a pautar condutas de todos os membros da sociedade quando presentes as mesmas circunstâncias fáticas que levaram à formação da norma-precedente.

Fixada tal premissa, justificam-se os motivos de a introdução se alongar. Após reflexão cuidadosa sobre ser o caso ou não para elaboração de um novo capítulo para tratar de temas gerais relacionados a precedentes,[38] decidiu-se pela resposta negativa, vez que muito já foi dito e escrito sobre o tema e com qualidade,[39] levando ao grande risco de resvalar-se em mais uma revisão bibliográfica, o que não é o objetivo do presente trabalho. Assim, apenas destacam-se, a seguir, algumas linhas para sublinhar conceitos usados com frequência ao longo do texto que ora se apresenta.[40]

A partir de tais considerações, inicia-se pela fixação do que se toma por *precedente*, que é, essencialmente, um julgado anterior. Não há força vinculante intrínseca ao termo.[41] Quando se falar em precedente nesta tese não se está fazendo nenhuma relação ou equiparação aos países de

[38] Após observação no exame de qualificação feita pelo Professor Dr. Fábio Peixinho Gomes Côrrea, a quem agradecemos.

[39] Somente para citar alguns: Cruz e Tucci, José Rogério. **Precedente judicial como fonte do direito**. 2. ed., Rio de Janeiro: GZ, 2021. Macêdo, Lucas Buril de. **Os precedentes judiciais e o direito processual civil**. 3. ed., Salvador: JusPodivm, 2019. Barroso, Luís Roberto; Mello, Patrícia Perrone Campos. Trabalhando com uma nova lógica: a ascensão dos precedentes no direito brasileiro. **Revista da Advocacia Geral da União**, Brasília-DF, v. 15, n. 03, p. 09-52, p. 45-46, jul./set., 2016. Marinoni, Luiz Guilherme. **A ética dos precedentes**: justificativa do novo CPC. 2. ed., São Paulo: Revista dos Tribunais, 2016. Zaneti Jr., Hermes. **O valor vinculante dos precedentes:** teoria dos precedentes normativos formalmente vinculantes. 4. ed. Salvador: JusPodivm, 2019.

[40] Não é o objetivo construir um glossário aqui, mas apenas delinear os termos centrais, que funcionam como premissa para a tese. Outros termos colaterais serão explicados em notas de rodapé ao longo do texto.

[41] Sobre o conceito de precedente, cf. Cruz e Tucci, José Rogério. **Precedente judicial como fonte do direito**. 2. ed., Rio de Janeiro: GZ, 2021, p. 160, "O precedente então nasce como uma regra de um caso concreto e, em seguida, terá ou não o destino de tornar-se o *leading* de uma série de casos análogos.". Precedente, por este conceito, não tem qualquer relação com IAC, vez que este nasce com pretensão de formar norma individual e norma geral *a priori*, por mera determinação legal. A aplicação sucessiva por juízes e tribunais no Brasil seguirá a mesma lógica, entretanto, com o cotejo dos fatos da demanda presente em

tradição consuetudinária.[42] O Brasil não está caminhando para o *common law* em razão da valorização de precedentes.[43] A necessidade de universalização das razões decisórias faz parte do Estado Constitucional do Direito e da exigência de impessoalidade na administração pública da justiça.[44] A escolha do legislador foi a de conferir repercussões processuais expansivas para alguns entendimentos proferidos por tribunais através de técnicas específicas, como o incidente ora em discussão.[45] Por tal razão, é comum a referência ao entendimento jurisdicional exarado a partir dessas técnicas como "precedentes". Entretanto, essencialmente, qualquer decisão anterior pode ser chamada como tal.

comparação com os fatos que ensejaram a formação da *ratio decidendi* para determinada questão de direito no IAC.

42 Nem se poderia fazer, vez que as origens dos precedentes lá e cá são completamente distintas. Sobre o tema, cf. FERNANDES, Ricardo Yamin. **Do incidente de assunção de competência**. São Paulo: Revista dos Tribunais, 2020, p. 110, "As diferenças entre as súmulas vinculantes e os precedentes são profundas e diversas. Não é possível sustentar que o Brasil está, ao criar possibilidade de se proferir decisões vinculantes, aproximando-se da tradição do *common law*. Os precedentes em nada se assemelham aos institutos que insistimos em criar. A única maneira de utilizarmos o termo precedente em nosso ordenamento é ao nos referirmos a decisões proferidas antes, e, por isso, decisões que precedem a presente.".

43 FERNANDES, Ricardo Yamin. **Do incidente de assunção de competência**. São Paulo: Revista dos Tribunais, 2020, p. 220. Afirmam Hermes Zaneti Jr. e Carlos Frederico Bastos Pereira que recepcionamos o *stare decisis* de forma mitigada, cf. PEREIRA, Carlos Frederico Bastos; ZANETI JR., Hermes. Por que o Poder Judiciário não legisla no modelo de precedentes do Código de Processo Civil de 2015? **Revista de Processo**, v. 257, ano 2016, p. 371-388, jul./2016. Ainda sobre o tema, cf. ZANETI JR., Hermes. **O valor vinculante dos precedentes:** teoria dos precedentes normativos formalmente vinculantes. 4. ed. Salvador: JusPodivm, 2019, p. 408, "Precedentes são um problema de filosofia política (filosofia da Justiça) e teoria do direito e não um problema de tradições jurídicas, insistir em discutir precedentes a partir do esquema das tradições jurídicas é um erro de premissa.".

44 Sobre o tema, cf. PEREIRA, Paula Pessoa. **Legitimidade dos precedentes**: universsabilidade das decisões do STJ. São Paulo: Revista dos Tribunais, 2014, p. 112.

45 Tais repercussões processuais não se confundem com a coisa julgada. Sobre o tema, cf. CRUZ E TUCCI, José Rogério. **Precedente judicial como fonte do direito**. 2. ed. Rio de Janeiro: GZ, 2021, p. 111, "A submissão ao precedente, comumente referida pela expressão *stare decisis*, indica o dever jurídico de conformar-se às *rationes* dos precedentes (*stare rationibus decidendi*). A *ratio decidendi* encerra uma escolha, uma opção hermenêutica de cunho universal, "e repercute, portanto, sobre todos os casos futuros aos quais tenha ela pertinência: assim, o vínculo do *stare decisis* distingue-se do dever de respeito à *res iudicata* (que é a disciplina do caso concreto)".

Em razão da falta de semelhanças entre os precedentes no direito consuetudinário, há quem prefira não usar o termo precedentes para o sistema processual civil brasileiro, chamando-os de decisões preexistentes,[46] por exemplo. Aqui, assume-se que a organização legislativa brasileira para provimentos jurisdicionais listados no artigo 927, CPC, não guarda relação direta com o quanto praticado nos países de tradição do *common law* e o uso da palavra "precedente" não muda isso.[47] Ainda, não é adequado vincular o estudo do tema a determinada tradição jurídica, que está relacionado à teoria do direito.[48] O legislador pátrio buscou, assim, qualificar alguns procedimentos nos tribunais, que terão como resultado a formação de entendimentos, ditos vinculantes, em razão das consequências estabelecidas pelo legislador, se inobservadas essas decisões.[49] Tais alterações legislativas, consolidadas em 2015,[50]

[46] FERNANDES, Ricardo Yamin. **Do incidente de assunção de competência**. São Paulo: Revista dos Tribunais, 2020, p. 220.

[47] FERNANDES, Ricardo Yamin. **Do incidente de assunção de competência**. São Paulo: Revista dos Tribunais, 2020, p. 89, "Assim, por um lado, os provimentos vinculantes criados por nossa legislação não guardam nenhum tipo de relação com os precedentes do *common law* – por outro, não são também jurisprudência, porque, para sua formação, não há necessidade da reiteração de julgados.". Também nesse sentido: BARIONI, Rodrigo. As *unpublished opinions* do direito norte-americano: contribuição para a assunção de competência. **Revista de Processo,** v. 261, ano 2016, p. 389-413, nov., 2016.

[48] Sobre o tema, cf., por todos: ZANETI JR., Hermes. **O valor vinculante dos precedentes:** teoria dos precedentes normativos formalmente vinculantes. 4. ed. Salvador: JusPodivm, 2019.

[49] Usando essa terminologia: BARIONI, Rodrigo. As *unpublished opinions* do direito norte-americano: contribuição para a assunção de competência. **Revista de Processo,** v. 261, ano 2016, p. 389-413, nov., 2016. Contrariamente à eficácia vinculante dessas decisões: CRUZ E TUCCI, José Rogério. **Precedente judicial como fonte do direito**. 2. ed. Rio de Janeiro: GZ, 2021, p. 151, "Seja como for, é certo que a tradição histórica do direito brasileiro repele o sistema de precedentes vinculantes, não podendo, o Poder Judiciário, salvo expressa autorização constitucional, estabelecer regras genéricas e abstratas, aplicáveis a casos futuros. A fixação prévia da tese jurídica "normalmente só predetermina a decisão que se profira *in specie,* mas revela-se impotente para evitar que, noutro caso, a idênticos esquemas de fato se venha a aplicar tese diversa".".

[50] Apesar da data desta consolidação, essa preocupação é antiga. Sobre o tema, cf. José Rogério Cruz e Tucci, ao tratar do direito romano: CRUZ E TUCCI, José Rogério. **Precedente judicial como fonte do direito**. 2. ed. Rio de Janeiro: GZ, 2021, p. 44, "Devido à imensa produção jurídica recebida, sobretudo no tocante ao número considerável de constituições,

indicam a preocupação com formas de padronização de entendimentos exarados pelo Poder Judiciário, que cresce à medida que situações semelhantes recebem respostas distintas quando submetidas à análise jurisdicional sem que exista qualquer alteração fática, econômica ou social que justifique o tratamento diferenciado, *debilitando a autoridade do Poder Judiciário*.[51]

Dessa forma, o CPC atual, sancionado em 2015 e em vigor a partir de 18 de março de 2016, regulamenta, quando se refere ao Processo nos Tribunais, a jurisprudência destes para que ela seja íntegra, estável e coerente, segundo o artigo 926, CPC, com o escopo de garantir a necessária segurança jurídica aos jurisdicionados. Para tanto, o legislador de 2015 estabeleceu um rol de instrumentos legais no artigo 927, CPC, como já mencionado, dentre as inúmeras propostas de um novo Código de Processo que envolvem a racionalização e agilização do sistema processual. A consequência esperada de tal regulamentação é a diminuição de demandas perante o Poder Judiciário no decorrer do tempo,[52] uma vez fixado o entendimento para determinada questão de direito pelo tribunal, pois os jurisdicionados podem pautar suas condutas em sociedade a partir delas com a segurança de que esse entendimento será aplicado pelo Poder Judiciário em eventual judicialização da disputa.[53] Para

cuja circulação dificultava a aplicação das normas vigentes, várias tentativas foram feitas em busca de uma solução que pudesse minimizar o problema da incerteza do direito.".

[51] Buzaid, Alfredo. Uniformização de jurisprudência. **Revista da Associação dos Juízes do Rio Grande do Sul (Ajuris)**, n. 34, p. 193, jul., 1985, "Na verdade, não repugna ao jurista que os tribunais, num louvável esforço de adaptação, sujeitem a mesma regra jurídica a entendimento diverso, desde que se alterem as condições econômicas, políticas e sociais; mas repugna-lhe que sobre a mesma regra jurídica dêem os tribunais interpretação diversa e até contraditória, quando as condições em que ela foi editada continuam as mesmas. O dissídio resultante de tal exegese debilita a autoridade do Poder Judiciário, ao mesmo passo que causa profunda decepção às partes que postulam perante os tribunais.".

[52] Gajardoni, Fernando da Fonseca. **No Novo CPC, demandar contra precedente é litigância de má-fé?** Disponível em: https://jota.info/colunas/novo-cpc/no-novo-cpc-demandar-contra-precedente-e-litigancia-de-ma-fe-15022016. Acesso em: 21 fev. 2017.

[53] Sobre o tema, cf. Bovino, Marcio Lamonica. **A falta de interesse processual pelo abuso do direito de demandas na tutela individual:** aspectos teóricos e práticos. Dissertação (Mestrado em Direito Processual) – Faculdade de Direito, Pontifícia Universidade Católica de São Paulo, São Paulo, 2011, p. 79. Incluso a isso, "ao decidir pelo ajuizamento de uma demanda judicial sabidamente desprovida de fundamento, por exemplo, o autor

processos já existentes, a perspectiva é que juízes e tribunais apliquem o entendimento fixado de forma a fazer com que a situação de litispendência se encerre mais rapidamente, considerando a posição já exarada pelo tribunal.

Assim, na regulamentação do tema, o legislador faz uso de diversos conceitos relativos ao direito baseado em precedentes.[54] Ao começar a tratar do processo nos tribunais, o legislador determina que "os tribunais devem uniformizar sua jurisprudência e mantê-la estável, íntegra e coerente", em seu artigo 926. Jurisprudência é o coletivo dos diversos julgados de um tribunal.[55] Alguns entendimentos jurisprudenciais, quando reiterados, podem compor a súmula do Tribunal, que contém enunciados que resumem determinados posicionamentos. Ao editá-los, não pode o Tribunal se alijar dos casos que lhes deram origem, como determina o artigo 926, §2º, CPC.[56] Tal determinação tem o objetivo

age com inconsideração com astúcia para atingir o caminho inverso da prudência, a imprudência.", não podendo se esconder por detrás do manto do direito fundamental do acesso à justiça para trazer demandas fadadas ao insucesso para o já lotado Poder Judiciário. Ainda sobre o tema, cf. Cruz e Tucci, José Rogério. **Precedente judicial como fonte do direito**. 2. ed. Rio de Janeiro: GZ, 2021, p. 152, "Todavia, inserida a jurisprudência em um contexto exegético mais amplo, certamente que indicava ela soluções adequadas às necessidades sociais e evitava que uma questão jurídica polêmica ficasse eternamente aberta e desse margem a novas demandas: portanto diminuía os litígios, reduzia ao mínimo os inconvenientes da incerteza do direito, porque de antemão fazia saber qual o resultado das controvérsias.", p. 152.

[54] Sobre o tema, cf. Marinoni, Luiz Guilherme. **A ética dos precedentes**: justificativa do novo CPC. 2. ed., São Paulo: Revista dos Tribunais, 2016, *passim*. Ainda sobre o tema, criticando a falta de critério no uso desses termos pelo legislador, cf. Cruz e Tucci, José Rogério. **Precedente judicial como fonte do direito**. 2. ed. Rio de Janeiro: GZ, 2021, p. 155, "Reafirmando o crescente protagonismo dos tribunais superiores na sociedade brasileira contemporânea e a consequente importância de seus respectivos pronunciamentos judiciais, o vigente Código de Processo Civil brasileiro, de 2015, procura valorizar a jurisprudência, embora sem critério científico algum, nesse original capítulo introdutório do Título I do Livro III, que disciplina a ordem dos processos nos tribunais, nos arts. 916 a 918.".

[55] Sobre o conceito de jurisprudência, cf. Cruz e Tucci, José Rogério. **Precedente judicial como fonte do direito**. 2. ed. Rio de Janeiro: GZ, 2021, p. 159.

[56] CPC Artigo 926. §2º "Ao editar enunciados de súmula, os tribunais devem ater-se às circunstâncias fáticas dos precedentes que motivaram sua criação.".

de delimitar o alcance de aplicação de cada enunciado.[57] O STF, ainda, desde 2004, com a reforma do Poder Judiciário, perpetrada através da Emenda Constitucional n. 45, pode editar enunciados de súmula que possuem caráter vinculante, desde que respeitados seus requisitos específicos.[58]

Precedente, em seu sentido literal, como já destacado, é uma decisão anterior. Entretanto, considerando o contexto de valorização de normas jurídicas gerais extraídas de decisões do Poder Judiciário, pode o precedente adquirir caráter modelar diante de sua importância. Em países do *common law*, os precedentes são formados com o tempo e com a força que eles adquirem nos julgamentos pelos juízes e tribunais em uma dinâmica bastante específica com a legislação promulgada.[59] Diferentemente, optou o legislador pátrio de 2015 por estabelecer um rol de julgados que têm força de precedente – ou seja, caráter modelar –, no artigo 927 do CPC, como, por exemplo, os julgamentos proferidos em incidentes de resolução de demandas repetitivas, em incidentes de assunção de competência e em recursos extraordinários, em sen-

[57] MARINONI, Luiz Guilherme. Comentários aos arts. 926 – 928. In: ARRUDA ALVIM, Teresa; DANTAS, Bruno; DIDIER JR., Fredie; TALAMINI, Eduardo (coord.). **Breves comentários ao Novo Código de Processo Civil.** São Paulo: Revista dos Tribunais, 2015, p. 2074.

[58] E, para muitos, o único instrumento realmente vinculante seria este. Sobre o tema, cf., por todos, CRUZ E TUCCI, José Rogério. **Precedente judicial como fonte do direito**. 2. ed. Rio de Janeiro: GZ, 2021, p. 164, "Importa esclarecer outrossim que em determinados ordenamentos jurídicos de direito escrito, como, e.g., o da Espanha e o do Brasil, adota-se um modelo misto, vale dizer, de precedentes vinculantes (decisões no controle direto de constitucionalidade) e de precedentes persuasivos. Em nosso sistema, as súmulas, que, como visto, não se confundem com os precedentes judiciais, também podem ser vinculantes (apenas aquelas instituídas pelo STF) ou meramente persuasivas.".

[59] Sobre a dinâmica entre precedentes e legislação promulgada nos Estados Unidos (*Common Law Caselaw vs. Caselaw Interpreting Enacted Law*), cf. BURNHAM, William; REED, Stephen F. ***Introduction to the Law and Legal System of the United States***. 7. ed. Saint Paul: West Academic Publishing, 2021, p. 62, "*Common law is on the lowest level of the hierarchy of sources of law in a given legal system. At one point in history, there was a suggestion that the common law prevailed over contrary statutory law. However, the principle of legislative supremacy has won out. Consequently, a legislature has the power to abolish or modify the common law as it sees fit. Common law may also be displaced by a constitutional provision or even by an administrative agency rule properly promulgated and within the agency's statutory authority.*"; "*It is understood that each level of enacted law includes the caselaw interpreting that enacted law. If two sources of law on the same level of the hierarchy conflict, then the later in time will govern.*", p. 64.

tido "lato", repetitivos. A "tal força de precedente" refere-se ao caráter modelar da decisão. O entendimento exarado através desses mecanismos diferenciados e listados no artigo 927 do CPC ganha caráter modelar em razão da determinação legal que circunda esses instrumentos de maior legitimidade em razão de diversos fatores, mas, principalmente, pelo procedimento diferenciado na sua formação e em razão dos órgãos jurisdicionais que podem fixá-los. Dessa maneira, tem-se uma grande distinção no modo de formação de precedentes no *common law* em relação ao sistema jurídico brasileiro atual, que já é suficiente para afastar quaisquer afirmações temerárias de que se estaria caminhando em direção a ele.

Outros conceitos fundamentais para o desenvolvimento do presente tema é o de *stare decisis (et non quieta movere)*, adotado pelo atual ordenamento jurídico brasileiro; o de *ratio decidendi*; o de *obiter dictum*; e, por fim, o de distinção (*distinguishing*) e superação de precedente (*overruling*). Segundo o *stare decisis et non quieta movere*, o quanto foi decidido deve ser respeitado, tanto verticalmente, quanto horizontalmente. Ou seja, segundo o *stare decisis* horizontal, os membros do Tribunal devem seguir o quanto já decidido pelo seu órgão especial ou pelo seu Pleno (artigo 927, V, CPC). Por sua vez, o *stare decisis* vertical determina que juízes de primeiro grau devem pautar-se pelos entendimentos firmados pelos Tribunais aos quais estão vinculados. Cada precedente trata de temas fundamentais para a formação da tese jurídica e disso compõe-se a *ratio decidendi*[60] (ou *holding*) do precedente, que é a norma jurídica geral a ser aplicada em outros casos. Por outro lado, tudo o que não for

[60] Cf. o conceito do termo em: CRUZ E TUCCI, José Rogério. **Precedente judicial como fonte do direito**. 2. ed., Rio de Janeiro: GZ, 2021, p. 110, "A *ratio decidendi*, como já observado, constitui a essência da tese jurídica suficiente para decidir o caso concreto (*rule of law*). É essa regra de direito (e, jamais, de fato) que vincula os julgamentos futuros *inter alia*. Sob o aspecto analítico, três são os elementos que a integram: a) a indicação dos fatos relevantes (*statement of material facts*); b) o raciocínio lógico-jurídico da decisão (*legal reasoning*); e c) o juízo decisório (*judgement*).", p. 110. Ainda, continua o autor: "Denominada de *holding* na linguagem dos operadores americanos, a *ratio decidendi*, para potenciar força obrigatória pamprocessual, deve, pois, possuir um grau de generalização em relação ao próprio caso julgado.", p. 111.

essencial para a composição da tese, mas constar do julgado, será *obiter dicta*.[61]

O legislador também se preocupou com formas de superação de teses jurídicas firmadas em precedentes, pois a sociedade está em constante mudança e o Poder Judiciário não deve restar fossilizado a entendimento eventualmente consolidado.[62] Segundo Luiz Guilherme Marinoni, "Um precedente está em condições de ser revogado quando deixa de corresponder aos padrões de congruência social e consistência sistêmica [...]"[63]. Assim, tem-se o *overruling* que é a forma de alteração de precedente possível pelos tribunais. Por fim, nesse intento de conceituar temas relevantes para o estudo do incidente de assunção de competência no contexto de valorização de provimentos jurisdicionais proferidos a partir de procedimentos qualificados pelo contraditório nos tribunais, é de fundamental importância que cada juiz e tribunal, ao aplicar determinado entendimento proferido nesse contexto, faça o cotejo entre os fundamentos fáticos dos casos que levaram à formação do precedente com o caso sob análise. É o que se denomina de distinção (*distinguishing*[64]), ou cotejo, e que permite a aferição da similitude entre o caso atual e os que deram origem ao precedente.

[61] Sobre o termo, cf. CRUZ E TUCCI, José Rogério. **Precedente judicial como fonte do direito**. 2. ed., Rio de Janeiro: GZ, 2021, p. 112, "Como regra necessária à decisão, não se confunde com o *obiter dictum*, vale dizer, passagem da motivação do julgamento que contém argumentação marginal ou simples opinião, prescindível para o deslinde da controvérsia. O *obiter dictum*, assim considerado, não se presta para ser invocado como precedente vinculante em caso análogo, mas pode perfeitamente ser referido como argumento de persuasão.".

[62] Cf. o conceito de superação ou *overruling* em: CRUZ E TUCCI, José Rogério. **Precedente judicial como fonte do direito**. 2. ed., Rio de Janeiro: GZ, 2021, p. 113, "Em primeiro lugar, as cortes superiores podem substituir – *overruled* – um determinado precedente por ser considerado ultrapassado ou, ainda, equivocado (*per incuriam* ou *per ignorantia legis*). A decisão que acolhe nova orientação incumbe-se de revogar expressamente a *ratio decidendi* anterior (*express overruling*). Nesse caso, o antigo paradigma hermenêutico perde todo o seu valor vinculante.".

[63] MARINONI, Luiz Guilherme. Comentários aos arts. 926 – 928. In: ARRUDA ALVIM, Teresa; DANTAS, Bruno; DIDIER JR., Fredie; TALAMINI, Eduardo (coord.). **Breves comentários ao Novo Código de Processo Civil.** São Paulo: Revista dos Tribunais, 2015, p.2080.

[64] Para a explicação pormenorizada de distinção e o cotejo de casos, cf. CRUZ E TUCCI, José Rogério. **Notas sobre os conceitos de jurisprudência, precedente judicial e súmula**.

A partir desta introdução geral e dos delineamentos sobre o tema, passa-se a tratar, no próximo e primeiro capítulo, de formas de uniformização de jurisprudência através da assunção de competência dentro do mesmo tribunal. A inclusão do termo final, “mesmo tribunal”, é relevante para que se evitem quaisquer confusões com as avocações. Pontuam-se elementos de comparação internos e externos ao ordenamento jurídico brasileiro em seguida.

Disponível em: http://www.conjur.com.br/2015-jul-07/paradoxo-corte-anotacoes-conceitos-jurisprudencia-precedente-judicial-sumula. Acesso em: 23 fev. 2017.

1. FORMAS DE UNIFORMIZAÇÃO DE JURISPRUDÊNCIA ATRAVÉS DA ASSUNÇÃO DE COMPETÊNCIA

A origem e o formato desta tese surgem da percepção de que o incidente ora em estudo recebeu pouca atenção em comparação aos seus "irmãos" que também possibilitam a formação de teses jurídicas que irradiam consequências em processos pendentes e do porvir. A partir dessa percepção, voltaram-se os olhos para o Direito Português para análise de precedentes, repercussões de julgamentos pelos tribunais em casos futuros, dinâmica para organização de casos repetitivos e para a potencialidade de decisões divergentes.

O objetivo inicial era perquirir como o ordenamento jurídico que compartilhou ordenações com o ordenamento jurídico nacional por tanto tempo evoluíra no tema do presente estudo. Para tanto, faz-se brevíssima contextualização histórica para compreender o salto que os assentos representaram naquele ordenamento, alcançando os mecanismos que hoje estão vigentes naquela ordem jurídica. A partir dessa pesquisa, após o exame de qualificação desta tese, acolheu-se orientação de pesquisa[65] para análise do ordenamento jurídico italiano, considerando, inicialmente, a dinâmica do juízo de reenvio como forma de elaboração e manutenção dos entendimentos da Corte de Cassação. A partir das conclusões alcançadas nessa pesquisa que se chama de comparada, pretensiosamente, a tese tomou novo formato, pois as diferenças entre as formas de lidar com a divergência jurisprudencial ficaram evidentes, demonstrando que o tema da tese, incidente de assunção de competên-

[65] Fornecida na referida oportunidade pelo Professor Dr. Marcelo José Magalhães Bonizzi, a quem agradecemos.

cia, merecia leitura em perspectiva com seus "irmãos" enquanto mecanismos de formação de entendimentos pelos tribunais com potencial de gerar repercussões processuais relevantes para além do processo em que admitido o incidente, tais como a improcedência liminar do pedido e a possibilidade de o relator negar ou dar provimento a recursos monocraticamente em casos sucessivos a partir do quanto decidido de forma estática e concentrada pelo tribunal através desses instrumentos. Assim, este capítulo é relevante para a compreensão do quanto será demonstrado nos capítulos seguintes da tese.

Neste capítulo 1, objetiva-se demonstrar a existência de formas de assunção de competência por órgãos jurisdicionais superiores dentro dos tribunais como forma de conferência de maior legitimidade à decisão tomada no intento de persuadir e/ou vincular os órgãos jurisdicionais inferiores quanto à necessidade de observância da decisão já tomada para a mesma questão de direito.[66]

Para isso, realiza-se estudo de direito comparado em dois sistemas jurídicos, o italiano e o português, como já indicado, pelas razões inicialmente lançadas acima, mas que são objeto de maior desenvolvimento adiante.

[66] Sobre a função de guia da jurisprudência independentemente de qualquer previsão legal nesse sentido, cf. BARBOSA MOREIRA, José Carlos. Súmula, jurisprudência, precedente: uma escalada e seus riscos. **Temas de direito processual**: nona série. São Paulo: Saraiva, 2007, p. 300, "Na verdade, a jurisprudência nunca perdeu por completo o valor de guia para os julgamentos. Ainda onde de repeliu, em teoria, a vinculação dos juízes aos precedentes, estes continuaram na prática a funcionar como pontos de referência, sobretudo quando emanados dos mais altos órgãos da Justiça. Em nosso país, quem examinar os acórdãos proferidos, inclusive pelos tribunais superiores, verificará que, na grande maioria, a fundamentação dá singular realce à existência de decisões anteriores que haja resolvido as questões de direito atinentes à espécie *sub iudice*.". Ainda, José Rogério Cruz e Tucci, citando Savigny, explica o motivo de decisões provenientes de órgãos jurisdicionais superiores terem maior prestígio, cf. CRUZ E TUCCI, José Rogério. **Precedente judicial como fonte do direito**. 2. ed., Rio de Janeiro: GZ, 2021, p. 134, "Ressaltava, por outro lado, que o prestígio de uma corte de justiça superior sobre os tribunais que lhe são subordinados é devido a um importante fator intimamente relacionado com a atividade decisória. Não é apenas a posição hierárquica que conta, mas, sobretudo, o poder que é atribuído ao tribunal superior de fazer triunfar as próprias convicções no reexame das sentenças. Quando o tribunal inferior se submete à opinião contrária, não significa que se curva a uma força externa, mas, sim, que acata o espírito benéfico da hierarquia judiciária.".

Além disso, mostrou-se importante a pontuação de mecanismos semelhantes anteriores ao Código Processual atual para que se afaste a ideia de que se está em terras de novidades absolutas, quando talvez seja o caso de um *museu de grandes novidades*.[67] Destaca-se que o objetivo nunca foi esgotar a análise desses institutos pretéritos no direito brasileiro nem fazer regressões históricas, que demandariam estudos mais aprofundados para além de menções e pontuações passadas que servem somente para contextualizações necessárias para a compreensão do tema em seu formato atual.

1.1. Direito estrangeiro

Antes de se adentrar no tema efetivamente, convém delinear a metodologia da pesquisa comparada[68] que é desenvolvida e a justificativa para a escolha de determinados ordenamentos jurídicos em detrimento de outros. O marco teórico para tal escolha está em dois textos, devidamente citados, de José Carlos Barbosa Moreira e de Michele Taruffo.

Como ensina José Carlos Barbosa Moreira[69], os ordenamentos jurídicos podem ser agrupados em famílias em razão de circunstâncias históricas, que, embora tenham matizes diversas, acabam predominando. Assim, optou-se pela análise da legislação portuguesa, com base (i) na facilidade de acesso ao idioma, (ii) na similitude desse sistema jurídico em comparação com o Brasil em razão de questões históricas que levaram à elaboração e à evolução do ordenamento jurídico processual bra-

[67] Cazuza, "O tempo não para".

[68] Sobre os objetivos do direito comparado, cf. Sacco, Rodolfo. Legal Formants: A Dynamic Approach to Comparative Law (Installment I of II). **The American Journal of Comparative Law**, v. 39, p. 1-34, n. 1, 1991, "Comparative law is like other sciences in that its aim must be the acquisition of knowledge." p. 4.

[69] Barbosa Moreira, José Carlos. O processo civil contemporâneo: um enfoque comparativo. **Revista da EMERJ**, v. 6, n. 24, p. 55-69, 2003. "Costumam os ordenamentos jurídicos ser agrupados em famílias, em cada uma das quais se reúnem ordenamentos ligados entre si por laços mais estreitos. A pertinência a esta ou aquela família explica-se, basicamente, por circunstâncias históricas: sistemas oriundos de um tronco comum apresentam traços também comuns, distintos dos traços característicos de sistemas de diferente ascendência.", p. 55.

sileiro e (iii) na inegável influência da cultura jurídica desse país sobre o nosso até os dias atuais.[70]

O método em direito comparado selecionado foi o histórico, que:

> [...] pode oferecer ao pesquisador mais do que explicações a respeito das origens e razões pelas quais as leis alcançaram seu conteúdo e formato atual. Ele pode, em alguns casos, revelar que leis, que hoje fazem parte de um sistema jurídico, já estiveram, em épocas anteriores, presentes em outros sistemas.
>
> [...]
>
> Esse método de comparação pode, certamente, cooperar de maneira significativa para revelar similaridades e diferenças entre sistemas jurídicos que não estavam sendo observadas, contribuindo para uma comparação num "nível mais profundo", evitando-se resultados superficiais.[71]

Sobre a análise dos precedentes nos países da *common law*, é necessário explicar, desde já, os motivos pelos quais eles não foram analisados, embora o quadro de justificativas já tenha sido brevemente exposto quando da introdução.[72] Disse José Carlos Barbosa Moreira, em 2003, que "[...] as diferenças tendem a tornar-se menos salientes do que já foram",[73] caminhando as duas tradições jurídicas, *common law* e *civil law*, para a sua aproximação recíproca.[74] Entretanto, a aproximação recíproca

[70] Tais parâmetros foram destacados do seguinte texto: ROSINA, Mônica Steffen Guise. Meu trabalho precisa de direito comparado? FEFERBAUM, Marina; QUEIROZ, Rafael Mafei Rabelo. (coord.). **Metodologia jurídica**: um roteiro prático para trabalhos de conclusão de curso. Série GVLaw. São Paulo: Saraiva, 2012, p. 125-135.

[71] DUTRA, Déo Campos. Método(s) em direito comparado. **Revista da Faculdade de Direito – UFPR**, Curitiba, v. 61, n.3, p. 189-212, set.-dez., 2016.

[72] Parece ser lugar comum, que precisa ser afastado, tratar de precedentes e do *common law*. Não nos debruçamos sobre essa análise comparativa, mas algumas menções em nota de rodapé são feitas quando pertinentes. Sobre o tema, cf. CRUZ E TUCCI, José Rogério. **Precedente judicial como fonte do direito**. 2. ed. Rio de Janeiro: GZ, 2021.

[73] BARBOSA MOREIRA, José Carlos. O processo civil contemporâneo: um enfoque comparativo. **Revista da EMERJ**, v. 6, n. 24, p. 67, 2003.

[74] Sobre o tema, o mesmo autor destacou: "Todavia, a Inglaterra estava tão descontente com o desempenho de sua Justiça civil – e muito especialmente com o ritmo dos pleitos, mencionado em documentos incontáveis como problema capital –, que se dispôs a adotar, quebrando multissecular tradição, a partir exatamente de abril do ano passado, um código de processo civil bastante aproximado, em vários traços, do modelo continental europeu.",

não significa a adesão do ordenamento jurídico brasileiro aos precedentes na *common law*,[75] mas que cada ordenamento jurídico tem sua evolução de forma independente e orgânica em relação aos demais sistemas,[76] sendo o tema sobre precedentes comum às diferentes tradições jurídicas, vez que relacionado à própria teoria do direito.[77]

Além disso, Michele Taruffo aponta que sequer se pode falar em *civil law*, vez que o correto seria dividir o dito *civil law* em três modelos para que ordenamentos demasiadamente distintos não sejam englobados em um grande bloco, onde perdem as suas características.[78] Ainda afirma Michele Taruffo que não se pode falar em *common law* quando os siste-

p. 3. BARBOSA MOREIRA, José Carlos. O futuro da justiça: alguns mitos. **Temas de direito processual**: oitava série. São Paulo: Saraiva, 2004. Também nesse sentido: ZANETI JR., Hermes. **O valor vinculante dos precedentes:** teoria dos precedentes normativos formalmente vinculantes. 4. ed. Salvador: JusPodivm, 2019, p. 431.

75 Sobre o tema, cf. FERNANDES, Ricardo Yamin. **Do incidente de assunção de competência**. São Paulo: Revista dos Tribunais, 2020, p. 87, "A mera inclusão (inconstitucional), no Código de Processo Civil de 2015, de provimentos vinculantes advindos do Poder Judiciário, não aproxima o Brasil à tradição do *common law*.". Apesar de não concordarmos com a questão da inconstitucionalidade levantada pelo autor, vale a menção relacionando precedentes, IAC e o sistema do *common law*.

76 No sentido de não existir qualquer relação entre os precedentes da *common law* e o ordenamento jurídico brasileiro: FERNANDES, Ricardo Yamin. **Do incidente de assunção de competência**. São Paulo: Revista dos Tribunais, 2020, p. 52. O autor, inclusive, para evitar qualquer confusão, não fala em "precedentes vinculantes, mas em "provimentos judiciais vinculantes".

77 ZANETI JR., Hermes. **O valor vinculante dos precedentes:** teoria dos precedentes normativos formalmente vinculantes. 4. ed. Salvador: JusPodivm, 2019.

78 Texto original: "*Per un verso, direi che l'*iceberg *di* civil law *in realtà non esiste, e non credo sia mai esistito. Sai nella storia degli ultimi due secoli, sai nel momento attuale, bisogna riconoscere la presenza di almeno tre modelli fortemente differenziati, ognuno dei quali há avuto a sua volta varie diramazioni: il modelo austro-tedesco, il modelo franco-italiano e il modello spagnolo.*", p. 147, Intervento de Michele Taruffo. *Numero speciale: Due Iceberg a Confronto: le derive di common law e civil law.* **Rivista Trimestale di Diritto e Procedura Civile,** Milano, Giuffrè Editore, anno LXIII, Supllemento al, n. 4, p. 147-151, Dicembre, 2009.

mas inglês e estadunidense[79] cindem-se em grandes diferenças que dificultam inclusive a sua comparação.[80]

Por fim, naqueles sistemas, raramente um precedente é formado a partir de um único caso previamente designado a formar tese jurídica como norma geral e concreta,[81] como acontece no incidente de assunção de competência. Assim, qualquer comparação com esses países levaria a conclusões possivelmente equivocadas. Ainda, poder-se-ia alcançar a conclusão de que precedente da *common law* não tem relação alguma com o que o nosso legislador toma por precedente no CPC, o que já tem

[79] Sobre a excessiva comparação de sistemas com o direito estadunidense, cf. Intervento de Michele Taruffo. *Numero speciale: Due Iceberg a Confronto: le derive di common law e civil law.* ***Rivista Trimestale di Diritto e Procedura Civile,*** Milano, Giuffrè Editore, anno LXIII, Supllemento al, n. 4, p. 148, Dicembre, 2009. *"La realtà è che ora esiste una pluralità fortemente frammentata di modelli processual, e – soprattutto – di variegate esperienze di reforma che non possono essere considerate in termini generici. Basta guardare a ciò che è accaduto e sta accadendo in questi anni in molti dei paesi dell'America Latina, nei paesi dell'ex bloco soviético, e in Asia, per rendersi conto che qualsiasi prospettiva che si collochi al livello dei macrosistemi rischia di essere inutile, e forse anche fuorviante. Appare dunque fortemente preferibile la "microcomparazione", che non significa comparazione dei minimi ed irrilevanti dettagli della disciplina del processo, ma comparazione "per ordinamenti" invece che per macromodello. Se il punto di vista viene collocato – per così dire – tropo in alto, probabilmente ciò che si vede è soltanto nebbia, ma non si percepisce ciò che davvero accade nella concreta realtà dei diversi sistemi processuali."*.

[80] Intervento de Michele Taruffo. Numero speciale: Due Iceberg a Confronto: le derive di common law e civil law. **Rivista Trimestale di Diritto e Procedura Civile,** Milano, Giuffrè Editore, anno LXIII, Supllemento al, n. 4, p. 147-151, Dicembre 2009. Tal incompatibilidade entre sistemas seria resolvida a partir do termo "tradição" para Hermes Zaneti Jr., cf. ZANETI JR., Hermes. **O Papel da jurisprudência no STJ**. São Paulo: Revista dos Tribunais, 2014. **O valor vinculante dos precedentes:** teoria dos precedentes normativos formalmente vinculantes. 4. ed. Salvador: JusPodivm, 2019, p. 41. Ao encontro da afirmação feita por Tauffo, convém também a citação da seguinte obra: BURNHAM, William; REED, Stephen F. ***Introduction to the Law and Legal System of the United States***. 7. ed. Saint Paul: West Academic Publishing, 2021, p. 66-7, *"Since then, after more than 200 years of separate existence, common law in the United States has taken on a life of its own. Though common law method is largely the same, there are numerous differences in substantive common law rules in the United States and England, and it is rare that courts in the United States rely on English decisions today."*.

[81] Sobre o tema, cf. NUNES, Dierle. Processualismo constitucional democrático e o dimensionamento de técnicas para a litigiosidade repetitiva. **Revista de Processo**, v. 199, ano 2011, p. 41-83, set., 2011.

sido feito por diversos autores em nossa doutrina[82] ou, ainda, à conclusão de que o que é feito por nossos tribunais seria equivocado e deveria ser alterado a partir da prática construída através de séculos por outros ordenamentos jurídicos,[83] como se tal alteração fosse viável ou até mesmo desejável, desconsiderando a complexa realidade do ordenamento jurídico brasileiro e a organização judiciária aqui fixada.

Logo, é conveniente a seleção de ordenamentos jurídicos que deram origem às instituições jurídico-processuais brasileiras por questões históricas, como a colonização, no caso de Portugal, e a influência da doutrina italiana para a formação da Escola Paulista de Processo Civil com a vinda de Enrico Tullio Liebman a São Paulo no século XX,[84] e o estudo comparativo sobre como esses ordenamentos jurídicos lidam hoje com a dispersão jurisprudencial e a assunção de competência nos tribunais como forma de conferência de maior legitimidade à decisão.[85]

Durante a pesquisa sobre os ordenamentos estrangeiros, também foi relevante perceber as influências legislativas do objeto de pesquisa em nossa legislação e pontos de aproximação e distanciamento ao longo do tempo. Assim, uma vez fixadas as influências, importante ter em conta que "[...] os membros de uma família vão progressivamente distanciando-se uns dos outros [...]", fazendo com que "[...] sejam mais interessantes e importantes as diferenças estabelecidas com o tempo entre os modelos e ordenamentos sobre as suas homogeneidades, que podem ser artificiais.".[86]

[82] Cf., por exemplo: MACÊDO, Lucas Buril de. **Os precedentes judiciais e o direito processual civil**. 3. ed. Salvador: JusPodivm, 2019.

[83] Sobre tal evolução, cf. MITIDIERO, Daniel. **Precedentes**: da persuasão à vinculação. 2. ed. São Paulo: Revista dos Tribunais, 2017.

[84] Cientes da influência de outros ordenamentos sobre a nossa evolução, principalmente no que tange ao *judicial review*. Entretanto, objetivamos analisar a evolução do tema concernente à assunção de competência em tribunais como forma de conferir legitimidade ao julgamento especificamente a partir de viés histórico, justificando a escolha dos ordenamentos restrita a Portugal e Itália. Sobre o tema, cf. ZANETI JR., Hermes. **O valor vinculante dos precedentes:** teoria dos precedentes normativos formalmente vinculantes. 4. ed. Salvador: JusPodivm, 2019, p. 423-424.

[85] Partimos para o estudo do tema nos ordenamentos jurídicos selecionados para efetivamente obter essa resposta, que era desconhecida naquele momento.

[86] Texto original: *"Rimane possibile riferirsi convenzionalmente alle "famiglie di ordinamenti"; dobbiamo essere però consapevoli del fatto che il membri delle famiglie si vanno progressivamente allon-*

Assim, inicialmente, neste capítulo, pretende-se responder às seguintes perguntas com base nos dois ordenamentos selecionados:

(i) A uniformização da jurisprudência é uma preocupação? Se sim, como os países selecionados têm atuado para uniformizar a sua jurisprudência?
(ii) Dentre os métodos identificados, há algum instituto em que há assunção de competência por colegiado superior de forma a conferir maior credibilidade à tese firmada e/ou força vinculante ao entendimento consolidado na jurisdição civil?
(iii) O método selecionado funciona preventivamente ou repressivamente em relação à divergência jurisprudencial?
(iv) Uma vez identificado algum método, busca-se compreender a posição da doutrina sobre o tema, analisando se o tema recebe críticas/elogios na doutrina local. Isso transformou-se na pergunta: quais são as críticas e/ou elogios à prática?

Destaca-se que a pesquisa comparada aqui desenvolvida ficou restrita à análise doutrinária de eventual instituto encontrado nos termos da pergunta "ii", não enveredando para a análise de julgados e para a empiria.

Neste momento da tese, o objetivo é a exposição breve de eventuais temas selecionados no direito estrangeiro para conhecimento e resposta às perguntas acima fixadas. Tal exposição mostra-se útil também quando do tratamento do direito interno, vez que menções, comparações e crí-

tanando l'uno dall'altro, e che si allentano i vincoli in funzione dei quali si può dire che essi appartengono all'uma o all'altra famiglia. In sostanza, in questo momento sembrano essere più interessanti ed importanti le differenze tra modelli e tra ordinamenti, piuttosto che i tentativi di costruire omogeneità che appaiono sempre più artificiali, e talvolta artificiose.", p. 148, Intervento de Michele Taruffo. Numero speciale: Due Iceberg a Confronto: le derive di common law e civil law. **Rivista Trimestale di Diritto e Procedura Civile,** Milano, Giuffrè Editore, anno LXIII, Supllemento al, n.4, p. 147-151, Dicembre 2009. Nesse sentido, cf. Cândido Rangel Dinamarco que também afirma que a clássica divisão dos ordenamentos jurídicos do planeta em famílias já é alvo de grande ceticismo. DINAMARCO, Cândido Rangel. Processo civil comparado. **Revista de Processo**, v. 90, ano 1998, p. 46-56, abr.- jun., 1998.

ticas ao direito brasileiro são feitas com o quanto coletado neste capítulo.[87]

1.1.1. Portugal

A escolha de Portugal como ordenamento jurídico para análise e comparação em relação às suas formas de uniformização de jurisprudência deu-se em razão dos pontos indicados anteriormente, mas, principalmente, por questões históricas claras que levam à certa afinidade entre os ordenamentos em comparação[88]. Entretanto, a análise histórica do direito português como um todo escapa ao objetivo da presente tese[89], sobrevém destacar desde já.

Embora a evolução e a relação histórica entre os ordenamentos em comparação, de forma geral, não sejam os escopos do presente trabalho, uma vez delineados os temas de análise, tratar-se-á de sua evolução ao longo do tempo no sistema português na tentativa de comparar também tais aspectos com a realidade jurídica brasileira estritamente no que se refere às formas de uniformização de jurisprudência entre os dois sistemas jurídicos.

Como delineado no ponto acima, o objetivo não é buscar homogeneidades entre os sistemas, vez que o distanciamento é natural, mas comparar como o ordenamento jurídico do país, então colonizador, evoluiu e comportou-se na temática ora em análise, qual seja, a uniformização de sua jurisprudência, especificamente analisando-se a técnica de o tribunal ampliar o colegiado para um órgão jurisdicional hierarquicamente superior no julgamento de um recurso para que este adquira maior força

[87] Cândido Rangel Dinamarco pontua que o espelho da comparação jurídica tende a expor sucessos e fracassos de outro ordenamento jurídico, sugerindo novas opções legislativas, por vezes. Cf. DINAMARCO, Cândido Rangel. Processo civil comparado. **Revista de Processo**, v. 90, ano 1998, p. 46-56, abr.- jun., 1998.

[88] BARBOSA MOREIRA, José Carlos. O processo civil contemporâneo: um enfoque comparativo. **Revista da EMERJ**, v. 6, n. 24, p. 55-69, 2003, p. 55, "Outro fator a levar em conta é a maior ou menor afinidade entre os ordenamentos que se vão confrontar: a comparação entre aspectos particulares da disciplina do procedimento será provavelmente mais interessante e mais útil se se trata de sistemas próximos do que na hipótese de sistemas opostos por desigualdades radicais.".

[89] Sobre o tema, cf. COSTA, Moacir Lobo da. **Breve notícia histórica do direito processual civil brasileiro e de sua literatura.** São Paulo: Universidade de São Paulo, 1970.

persuasiva – ou até vinculante – em razão da legitimidade que o órgão jurisdicional superior imprime à decisão.

Rodolfo Sacco, ao tratar dos objetivos do direito comparado, destaca que, em tradução livre: "Apenas pode-se comparar o conhecido. O que as outras ciências comparadas percebem, e o que elas podem nos ensinar, é que o conhecimento desses fenômenos se desenvolve por comparação."[90]. Com base nisso, passa-se a apontar brevemente o estado de coisas do tema selecionado para comparação.

Portugal conta com um novo Código de Processo Civil desde 2013. Nele, há a previsão do julgamento ampliado de revista (artigo 686, CPCpt), que será objeto de análise por motivos que ficarão claros com a explicação de sua sistemática a seguir.[91]

Tal maneira de uniformizar jurisprudência forma entendimentos com força meramente persuasiva, diferentemente do regime anterior dos assentos, os quais constituíam entendimentos com força obrigatória. Essa transição também será objeto de análise adiante em razão de se encontrar, na doutrina, a afirmação de que os entendimentos firmados através dos mecanismos listados no artigo 927 do CPC seriam vinculan-

[90] No texto original: "*You can only compare what you are acquainted with. What the other comparative sciences realize, and what they can teach us, it that knowledge of these phenomena develops by comparison. Only through comparison do we become aware of certain features of whatever we are studying*", p. 5, Sacco, Rodolfo. Legal Formants: A Dynamic Approach to Comparative Law (Installment I of II). **The American Journal of Comparative Law**, v. 39, n. 1, p. 1-34, 1991.

[91] Vale destacar que Portugal conta com um Código de Processo nos Tribunais Administrativos, que prevê o recurso para uniformização de jurisprudência, em seu artigo 152, e o julgamento ampliado de revista no âmbito administrativo, em seu artigo 148. Este é uma forma de prevenir divergências entre julgados. Nesse sentido: "O recurso para uniformização de jurisprudência distingue-se do julgamento ampliado de revista, previsto no artigo 148. O julgamento ampliado não constitui uma espécie de recurso, mas uma modalidade de julgamento de um recurso, que poderá ser utilizada no recurso de revista mencionado no artigo 150, no recurso *per saltum* para o STA, a que se refere o artigo 152, ou ainda no julgamento dos recursos de apelação para o TCA. O julgamento ampliado é igualmente efectuado pelo pleno da secção (tal como o recurso para uniformização de jurisprudência), mas, neste caso, por determinação do Presidente do STA (ou do TCA, se se reportar a um recurso de apelação) e a título preventivo, para prevenir a eventualidade de, em certo recurso, vir a ser proferida decisão contraditória relativamente a outra anteriormente produzida sobre a mesma matéria.", p. 767, Almeida, Mario Aroso de; Cadilha, Carlos Alberto Fernandes. **Comentário ao Código de Processo nos Tribunais Administrativos.** Coimbra: Gráfica de Coimbra, 2005.

tes. Pretende-se analisar, no direito português, como se dava a vinculação a partir de entendimentos jurisprudenciais.

O julgamento ampliado de revista é uma técnica existente para assegurar a uniformidade da jurisprudência[92]. O Presidente do Supremo Tribunal de Justiça[93] determina que o julgamento de um recurso se dê pelo pleno das seções cíveis em caso de necessidade ou de conveniência para fixação de jurisprudência uniforme. Tal determinação ocorre por provocação das partes, dos membros do tribunal ou pelo Ministério Público. Uma vez fixado o entendimento, ele terá força meramente persuasiva[94]-[95].

Por outro lado, há também o recurso para uniformização de jurisprudência, que, como seu nome já indica, tem natureza recursal, ou seja, é um remédio voluntário da parte com a aptidão de provocar a reforma da decisão atacada[96] com fundamento na contradição entre o acórdão proferido e outro do mesmo tribunal, qual seja, o Supremo Tribunal de

[92] Nos termos do artigo 686, n. 1, CPCpt.

[93] Sobre o modelo, organização e funcionamento do Supremo Tribunal de Justiça, cf. Souza, Artur César de; Souza, João Henrique Tatibana de. Sistemas recursais das cortes superiores no direito comparado. **Revista de Processo**, v. 284, ano 2018, p. 427-462, out., 2018.

[94] Leitão, Helder Martins. **Dos recursos no C.P.C.** 4. ed. Porto: Librum, 2018, p. 103.

[95] Diferentemente do regime anterior relativo aos assentos. Sobre o tema: "O CC de 1966 veio dar um importante passo, atribuindo claro valor normativo aos assentos e deste modo pondo termo a uma divergência doutrinal que envolvia publicistas e civilistas. Segundo o artigo 2 CC, nos casos declarados na lei, "podem os tribunais fixar, por meio de assentos, doutrina com força obrigatória geral". [...] A revisão de 1967 criou uma nova forma de julgamento de recursos pelo STJ em secções cíveis reunidas, através da qual o STJ podia preventivamente pôr termo a eventuais conflitos jurisprudenciais, fixando precedentes sem força vinculativa (precedentes persuasivos, no dizer de CASTRO Mendes).", p. 144, Freitas, José Lebre de; Mendes, Armindo Ribeiro. **Comentários ao Código de Processo Civil,** v. 3, Coimbra: Coimbra Editora, 2003.

[96] Utiliza-se o conceito de recurso de acordo com o ordenamento jurídico brasileiro. Sobre o tema, cf. Jorge, Flávio Cheim. Comentário ao artigo 994 e seguintes. In: Arruda Alvim, Teresa; Dantas, Bruno; Didier Jr., Fredie; Talamini, Eduardo (coord.). **Breves comentários ao Novo Código de Processo Civil**. São Paulo: Revista dos Tribunais, 2015. "Conceito que varia conforme a configuração de cada ordenamento jurídico positivo, pode-se definir recurso, no sistema brasileiro, como o remédio voluntário apto a provocar, dentro da mesma relação jurídica processual, a reforma, a invalidação, o esclarecimento ou a integração de uma decisão judicial.", p. 2216.

Justiça, no domínio da mesma legislação e sobre a mesma questão fundamental de direito[97]. A análise do recurso dá-se pelo pleno das seções cíveis, consolidando entendimento também com força meramente persuasiva. Importa destacar que a lei atribui ao Ministério Público português a legitimidade para interpor o recurso para uniformização de jurisprudência, caso em que não haverá qualquer efeito para as partes nem para o caso concreto[98].

Assim, o primeiro instituto (i) trata de técnica para ampliação do julgamento por colegiado superior dentro do próprio tribunal com o fito de levar à uniformização de sua jurisprudência, enquanto que o segundo instituto (ii) aborda iniciativa da parte em atacar a decisão obtida no Supremo Tribunal de Justiça com fundamento na necessidade de uniformização de jurisprudência, pleiteando que o julgamento agora ocorra por colegiado superior do tribunal, com a possibilidade também de este recurso ser interposto pelo órgão ministerial, sem qualquer repercussão para o caso que lhe deu origem.

A seguir, desenvolve-se a temática sobre o procedimento do primeiro instituto mencionado, vez que ele traz elementos de convergência com o IAC, ao passo que o segundo mais se assemelha ao recurso de embargos de divergência, não guardando relação com o que se propõe a desenvolver. Voltar-se-á a mencionar este instituto, o recurso para a uniformização de jurisprudência, quando da análise da fase recursal do incidente, no último capítulo.

Antes, passa-se de forma breve pelo instituto dos assentos para que se possa compreender os motivos das formas de uniformização de jurisprudência em Portugal terem recebido o desenho atual após a declaração de inconstitucionalidade dos assentos. O objetivo é demonstrar como Portugal alcançou o estado de coisas atual, rechaçando a força vin-

[97] Nos termos do artigo 688, CPCpt.

[98] Nesse sentido: "*Possiamo anche dire che questo è il vero procedimento di uniformazione, non esercitando la Corte la funzione di controlo di legalità di decisioni proferite in casi concreti.*
Con questo strumento, si cerca pertanto di perseguire, attraverso la pronuncia de una sentenza di uniformazione della giurisprudenza, la definizione dell'interpretazione giurisprudenziale che deve prevalere.", p. 419, SILVA, Paula Costa e. L'uniformazione della giurisprudenza nel diritto portoghese. **Rivista di Diritto Processuale,** Milano, CEDAM, ano LXVII, n. 2, p. 409-423, Marzo-Aprile 2012.

culante aos precedentes judiciais e o que se tomava como vinculação no regime passado dos assentos.

1.1.1.1. Dos extintos assentos

Como já sublinhado, os assentos foram abolidos do sistema jurídico português em razão da declaração de sua inconstitucionalidade[99]. Assim, a análise aqui feita tem o objetivo de destacar os motivos que levaram a esse resultado, desaguando nas atuais formas de uniformização de jurisprudência. Tal análise mostrou-se necessária durante o desenvolvimento da pesquisa em razão da constante afirmação em nossa doutrina de que os entendimentos firmados através dos mecanismos previstos no artigo 927 do CPC são vinculantes. Objetiva-se demonstrar a moldura antiga utilizada em Portugal para situações em que efetivamente entendimentos firmados no Poder Judiciário *deveriam ser* seguidos e em quais condições.

Em Portugal, sempre houve meios de uniformização de jurisprudência, sendo essa uma preocupação constante do legislador[100]. Embora a preocupação com a uniformização de jurisprudência e a busca por mecanismos mais adequados para garantir segurança jurídica na formação dos entendimentos dos tribunais fossem perenes, a suplantação do sistema dos assentos não encontra justificativa nessa seara, mas em conflitos resultantes da separação de poderes.[101]

[99] Ac. 810/1993.

[100] Nesse sentido: Silva, Paula Costa e. L'uniformazione della giurisprudenza nel diritto portoghese. **Rivista di Diritto Processuale,** Milano, CEDAM, ano LXVII, n. 2, p. 409-423, p. 409, Marzo-Aprile 2012.

[101] Silva, Paula Costa e. L'uniformazione della giurisprudenza nel diritto portoghese. **Rivista di Diritto Processuale,** Milano, CEDAM, ano LXVII, n. 2, p. 409-423, Marzo--Aprile 2012. *"Vedremo, tuttavia, come questi strumenti si siano profondamente evoluti nel corso del tempo. Si afferma comunemente che l'evoluzione dei sistemi giuridici è assolutamente normale: ogni ordenamento cerca infatti di trovare meccanismi sempre più adeguati per rispondere ai problemi che è chiamato a risolvere. Ma – e questo è uno degli aspetti più interessante – avremo modo di illustrare come questo non sia il motivo che ha determinato i cambiamenti legislativi in tema di uniformazione della giurisprudenza in Portogalo. In questo âmbito, infatti, il problema si è intersecato principalmente con il principio della separazione dei poteri che, in passato, si concentravano tutti in un'unica istituzione, vale a dire nel monarca assoluto."*, p. 409-410.

Quanto ao conceito dos assentos, importante mencionar que eles têm sua origem nas façanhas[102] e tiveram sua primeira menção nas Ordenações Manuelinas, que remontam ao início do século XVI.[103] O assento pode ser conceituado como a determinação proferida pela Casa da Suplicação – o tribunal supremo do sistema judicial então vigente – consistente na interpretação autêntica e vinculante das várias normas legais então vigentes, as ordenações, a partir da existência de uma dúvida concreta quanto à sua interpretação.[104] Importante destacar que os assentos não se confundiam com o conceito de jurisprudência.[105] Sobre as suas

[102] Cf. o conceito das façanhas em: Cruz e Tucci, José Rogério. **Precedente judicial como fonte do direito**. 2. ed., Rio de Janeiro: GZ, 2021, p. 76, "As façanhas eram sentenças, casos julgados notáveis e duvidosos, cuja força vinculante decorria da autoridade reconhecida a quem as proferia e aprovava, bem como da exemplaridade do caso. Ficavam assim servindo como aresto para se imitar a seguir como lei quando outra vez ocorresse.". Sobre a relação entre assentos e façanhas, vale conferir escrito de Alfredo Buzaid. Buzaid, Alfredo. Uniformização de jurisprudência. **Revista da Associação dos Juízes do Rio Grande do Sul (Ajuris)**, n. 34, jul., 1985.

[103] Não é objetivo da presente tese traçar o perfil histórico dos assentos. Sobre o tema, cf.: "*È in questo ambiente che le façanhas assunsero quindi un ruolo centrale nello sviluppo e nella creazione dei precetti normativi. Infatti, in un momento in cui la legge generale era un fatto eccezionale, la façanha – in quanto relativa ad una decisione giudicata particolarmente complessa e straordinaria – doveva essere seguita, dopo il suo riconoscimento, non solo nella decisione di casi analoghi, ma anche nella redazione ni nuove leggi. Nonostante l'impossibilità di paragonar elo stato medievale allo stato moderno, possiamo dire, grosso modo, che le façanhas erano utilizzate come fonti privilegiate per la creazione del diritto.*

Con la prima grande compilazione di diritto portoghese, le Ordenações Manuelinas, che risalgono all'inizio del secolo XVI, le façanhas, senza perder la loro funzione iniziale, venero ad assumere la diversa denominazione di assentos.", p. 410. Silva, Paula Costa e. L'uniformazione della giurisprudenza nel diritto portoghese. **Rivista di Diritto Processuale,** Milano, CEDAM, ano LXVII, n. 2, p. 409-423, Marzo-Aprile 2012.

[104] Silva, Paula Costa e. L'uniformazione della giurisprudenza nel diritto portoghese. **Rivista di Diritto Processuale**, Milano, CEDAM, ano LXVII, n 2, p. 409-423, p. 410, Marzo-Aprile 2012.

[105] Tampouco com o conceito de precedente. Sobre o tema: "Por um lado, sabemos que o assento se desvincula, na sua formulação, do caso jurídico concreto que esteja na origem dele e que passa a vigorar sem concreta ligação a esse caso – apenas como norma que se impõe na autonomia formal do seu próprio e abstracto conteúdo. Característica fundamental esta que afasta o nosso instituto do regime dos precedentes – vimo-lo já – e o aproxima, até à equiparação, do regime da prescrição legislativa. E assim, desligado o assento do caso concreto, subtrai-se ele não só à influência desse caso (nos seus concretos limites objeti-

diferenças, ensina António Castanheira Neves que o assento é norma e não jurisprudência.[106]

Uma vez formado o assento, ele adquiria força vinculante a tal ponto que o magistrado que não o observasse era suspenso de suas funções.[107] Assim, o assento consistia em norma declaratória da divergência jurisprudencial.[108]

Os assentos experimentaram a primeira reviravolta em 1822, quando a Casa da Suplicação foi declarada incompetente para a sua pronúncia em razão de os seus juízes não serem eleitos, mas nomeados pelo monarca. Diante da força que os assentos assumiam, entendeu-se que

vos e intencionais) como inclusivamente da casuística em que se integra, deixando por isso mesmo a prescrição assente de receber os estímulos que dessa casuística sempre viriam no sentido de alterações ou substituições correlativas aos renovados critérios jurídicos por ela assimilados. [...]

Pelo contrário, a autonomia objetivamente abstrata dos assentos permite-lhes uma subsistência intencionalmente também abstrata: o seu conteúdo prescritivo-abstrato prevalece-se dessa sua natureza lógico-significativamente atemporal e adquire "duração indefinida".", p. 228, NEVES, António Castanheira. **O instituto dos "assentos" e a função jurídica dos Supremos Tribunais**. Coimbra: Coimbra Editora, 1983.

106 NEVES, António Castanheira. **O instituto dos "assentos" e a função jurídica dos Supremos Tribunais**. Coimbra: Coimbra Editora, 1983, p. 11, "Referimo-nos a institutos do tipo da "doctrina legal" (doutrina jurídica de origem jurisprudencial) do Supremo Tribunal espanhol ou da "jurisprudência obrigatória" da Suprema Corte Mexicana. Em ambos estes casos o que se torna vinculante é a orientação jurídica, que através de uma jurisprudência reiterada ou de certo número de decisões jurisdicionais, estes supremos tribunais mantiveram constante, enquanto que nos assentos não se trata de dar relevo a uma jurisprudência constante ou uniforme, mas de impor mediante uma norma expressamente formulada para o futuro a solução de um conflito de jurisprudência – solução-norma que nem tem de cingir-se às teses jurisprudenciais em conflito, optando apenas por uma delas, nem tem de traduzir qualquer orientação jurisprudencial anteriormente seguida. O assento é norma (constitui-se *ex-novo* visando o futuro) e não jurisprudência (consagração de soluções que vêm do passado e persistem).".

107 SILVA, Paula Costa e. L'uniformazione della giurisprudenza nel diritto portoghese. **Rivista di Diritto Processuale**, Milano, CEDAM, ano LXVII, n. 2, p. 409-423, p. 410-411, Marzo-Aprile 2012.

108 BUZAID, Alfredo. Uniformização de jurisprudência. **Revista da Associação dos Juízes do Rio Grande do Sul (Ajuris)**, n. 34 p. 201, jul., 1985.

o Poder Judiciário estava invadindo a seara que cabia ao Poder Legislativo.[109]

O contexto histórico para essa guinada de entendimento gira em torno da Revolução Francesa, que ocorrera trinta e três anos antes e a Revolução Liberal que tomou Portugal em 1820, levando à aprovação da Constituição de 1822 com a conversão do Estado Português em monarquia constitucional. Diante desse cenário, em 1833, com a criação do Supremo Tribunal de Justiça – que substituiu a extinta Casa da Suplicação – não se incluíram os assentos dentro de sua competência.[110] Com a supressão do instituto dos assentos, criou-se um problema, qual seja, uma jurisprudência vacilante e lotérica. Sobre o tema, ensina Paula Costa e Silva, em tradução livre:

> A supressão do instituto provocou uma intensa incerteza na jurisprudência. Essa incerteza assumiu tanta gravidade que, no ano de 1926, o processualista e futuro autor material do Código de Processo Civil português, José Alberto dos Reis, afirmara que era preferível ter uma jurisprudência constante, ainda que errada, a uma jurisprudência alternante e incapaz de fornecer certeza acerca da interpretação das normas jurídicas.[111]

Com base nessas ideias, nesse contexto histórico e jurídico brevemente delineado, a legislação processual e material foi alterada nova-

[109] Sobre o tema: "*Nel 1822, la stessa* Casa da Suplicação *si é però dichiarata incompetente a pronunciare assentos, ritenendo che queste decisioni costituissero in realtà una nuova legislazione, in violazione dei limiti di competenza propri del potere giudiziario. In sostanza, l'assento, in quanto innovatore e vincolante, veniva equiparato a una norma legale, così implicando un'invasione inammissibile nel potere legislativo.*", p. 411. SILVA, Paula Costa e. L'uniformazione della giurisprudenza nel diritto portoghese. **Rivista di Diritto Processuale**, Milano, CEDAM, ano LXVII, n. 2, p. 409-423, Marzo-Aprile, 2012.

[110] SILVA, Paula Costa e. L'uniformazione della giurisprudenza nel diritto portoghese. **Rivista di Diritto Processuale**, Milano, CEDAM, ano LXVII, n. 2, p. 409-423, p. 411, Marzo-Aprile 2012.

[111] Texto original: "*La soppressione dell'istituto provocò però um'intensa incerteza nella giurisprudenza. Questa incertezza aveva assunto una gravita tale che, nell'anno 1926, il processualista e futuro autore materiale del códice di procedura civile portoghese, José Alberto dos Reis, aveva affermato che era preferibile avere una giurisprudenza costante, anche se errata, piuttosto che una giurisprudenza altalenante incapace di fornire certezza sull'interpretazione delle norme giuridiche.*", p. 411-412, SILVA, Paula Costa e. L'uniformazione della giurisprudenza nel diritto portoghese. **Rivista di Diritto Processuale**, Milano, CEDAM, ano LXVII, n. 2, p. 409-423, Marzo-Aprile 2012.

mente para trazer de volta os assentos ao ordenamento jurídico lusitano no Código Civil, em seu artigo 2º.

Esse dispositivo legal determinava que nos casos indicados pela lei, os tribunais poderiam fixar, através de assentos, interpretações da lei com força obrigatória geral. Para evitar o enrijecimento dos entendimentos uma vez formados, previu-se a possibilidade do recurso de uniformização, que poderia ser utilizado quando, em um caso concreto, os juízes da Corte Suprema entendessem de forma contrária a assento já estabelecido. O julgamento final poderia, inclusive, dar azo à formação de um novo assento.[112]

Entretanto, no julgamento do acórdão n. 810 de 1993, a Corte Constitucional declarou, com força vinculante e com efeitos *erga omnes*, a inconstitucionalidade dos assentos por violação ao artigo 115 do texto constitucional, que indicava as fontes do direito, e do artigo 2º do Código Civil português, que os previa.[113] Para regular a transição de regimes, editou-se o Decreto-Lei n. 329/A/1995, ditando um regime de direito transitório especial, revogando os recursos para o pleno por violação a assentos, sem prejuízo dos pendentes e dispôs, ainda, sobre o valor dos assentos já proferidos.[114]

Aponta Paula Costa e Silva[115] que tal decisão se baseou fortemente no quanto defendido à época por António Castanheira Neves, que afirmava

[112] SILVA, Paula Costa e. L'uniformazione della giurisprudenza nel diritto portoghese. **Rivista di Diritto Processuale**, Milano, CEDAM, ano LXVII, n. 2, p. 409-423, p. 412, Marzo-Aprile 2012.

[113] Conteúdo do artigo 2º mencionado: "Artigo 2º (Assentos): Nos casos declarados na lei, podem os tribunais fixar, por meio de assentos, doutrina com força obrigatória geral.".

[114] Sobre o tema, afirma Carlos Lopes do Rego: "A justificação para este regime de aplicação imediata, constante do citado artigo 17, radica essencialmente nas dificuldades de ordem prática sentidas na aplicação da jurisprudência constitucional contida no citado acórdão n. 810/93 e nos vários que se lhe seguiram, de idêntico conteúdo, por inexistirem manifestamente mecanismos processuais susceptíveis de permitir o preenchimento das "condições" estabelecidas pelo Tribunal Constitucional para a legitimação constitucional dos assentos.", p. 8, REGO, Carlos Lopes do. **A uniformização da jurisprudência no novo direito processual civil**. Lisboa: Lex, 1997.

[115] *"Su questo tema, la dottrina si è fortemente divisa. In particolare, si deve evidenziare la posizione del professore dell'Università di Coimbra, Castanheira Neves, forte sostenitore dell'illegittimità costituzionale dell'istituto. La forza degli argomenti della sua dottrina influenzò quindi la Corte costituzionale che, con la sentenza n. 743/1996 del 28 maggio 1996, dichiarò l'illegittimità costituzionale*

a ilegitimidade de tal instituto como forma de uniformização de jurisprudência. Para ele, os assentos foram uma opção que "[...] significa no fundo admitir que a jurisprudência, ao ser chamada a emiti-los, com a natureza e os efeitos apontados, se pode negar a si própria, na sua índole e função essenciais.".[116]

A decisão proferida destacou que para que os assentos fossem admitidos eles não poderiam: (i) atribuir à decisão de uniformização natureza de leis com interpretação autêntica[117]; (ii) possuir força geral para todos os seus possíveis destinatários, como ocorrem com as leis; (iii) eliminar a liberdade de julgamento dos juízes e a sua independência[118]; (iv) ter

degli assentos: veniva così meno uno degli istituti più caratteristici del sistema processuale nazionale.", SILVA, Paula Costa e. L'uniformazione della giurisprudenza nel diritto portoghese. **Rivista di Diritto Processuale,** Milano, CEDAM, ano LXVII, n. 2, p. 409-423, p. 412, Marzo-Aprile 2012.

[116] NEVES, António Castanheira. **O instituto dos "assentos" e a função jurídica dos Supremos Tribunais**. Coimbra: Coimbra Editora, 1983, p. 230.

[117] Nesse sentido: "E solução extrema e radical, porque, ao mesmo tempo que atribui a um órgão judicial um poder que devia caber apenas ao legislador constitucionalmente titulado, o poder de interpretação autêntica – se é que não atribui mesmo um poder que vai para além do que a esta interpretação corresponde estritamente –, afecta de um modo frontal, nos limites da eficácia daquele poder atribuído, a independência juridicamente decisória dos juízes ou dos tribunais, ao interpor entre a lei e a sua concreta decisão jurídica uma obrigatória pré-determinação desta.", p. 98-99, NEVES, António Castanheira. **O instituto dos "assentos" e a função jurídica dos Supremos Tribunais**. Coimbra: Coimbra Editora, 1983.

[118] Nesse sentido: "Se concluirmos, por outro lado, que os assentos não ultrapassam o valor de instruções hierárquicas, como as ordens de serviço "na ordem administrativa ou burocrática", prescritas por uma autoridade a outras autoridades que lhe são subordinadas, então é o princípio da independência judicial ou da independência dos juízes, no seu sentido subjectivo e comum, que vemos frontalmente preterido.", p. 18, NEVES, António Castanheira. **O instituto dos "assentos" e a função jurídica dos Supremos Tribunais**. Coimbra: Coimbra Editora, 1983.

força vinculante a outras jurisdições, como a administrativa; e, (v) ser imodificáveis.[119-120]

Entretanto, para a declaração de inconstitucionalidade ser válida formalmente, a Constituição Portuguesa exige a sua repetição por três vezes, o que não ocorrera. Assim, evitando eventual alegação de vício formal na declaração de inconstitucionalidade dos assentos, o legislador rapidamente reformou a maneira de uniformizar a jurisprudência, trazendo o julgamento ampliado do recurso de revista para a Corte Suprema,[121] que será objeto de análise adiante.

Convém pontuar que, provavelmente em razão desse histórico recente em relação aos assentos e ao que eles representavam de poder nas mãos do Judiciário, os instrumentos de uniformização de jurisprudência que se seguiram adquiriram somente força persuasiva para os julgados posteriores.[122]

[119] "E sabemos agora porque dissemos atrás que a imutável fixidez dos assentos – que sempre se verificou na prática e obteria inclusive consagração legislativa na reforma processual de 1961 – é incompatível com a intenção jurídica, em geral, e frontalmente contrária à função jurisprudencial, em particular. Falta apenas saber porque, sendo assim, aquela fixidez se ligou desde sempre aos assentos como uma dimensão – poderá dizer-se – da sua própria natureza, já que nenhum foi revisto, alterado ou suprimido, mesmo enquanto isso foi legalmente possível.", p. 224, NEVES, António Castanheira. **O instituto dos "assentos" e a função jurídica dos Supremos Tribunais**. Coimbra: Coimbra Editora, 1983.

[120] Nesse sentido: SILVA, Paula Costa e. L'uniformazione della giurisprudenza nel diritto portoghese. **Rivista di Diritto Processuale,** Milano, CEDAM, ano LXVII, n. 2, 409-423, p. 412-413, Marzo-Aprile 2012.

[121] Nesse sentido: SILVA, Paula Costa e. L'uniformazione della giurisprudenza nel diritto portoghese. **Rivista di Diritto Processuale,** Milano, CEDAM, ano LXVII, n. 2, p. 409-423, p. 414-415, Marzo-Aprile 2012.

[122] A temática dos assentos e de sua força vinculante reaparece na doutrina portuguesa a todo momento. Nesse sentido, cf. REGO, Carlos Lopes do. **A uniformização da jurisprudência no novo direito processual civil**. Lisboa: Lex, 1997. "A possível – e inovatória – configuração dos "assentos" como "jurisprudência qualificada", vinculativa apenas no âmbito da ordem dos tribunais judiciais, subordinados ao órgão jurisdicional emitente, o Supremo Tribunal de Justiça, suscitou reservas – quer de índole teórica, quer no respeitante às suas consequências práticas – que a comissão revisora acabou por considerar virtualmente intransponíveis: a) Por um lado, a dificuldade em conceber que uma orientação que vincula irremediavelmente os juízes dos tribunais judiciais de 1ª e 2ª instâncias não acabe por vincular reflexamente toda a comunidade jurídica, incluindo as partes e a Administração; b) Por outro lado, a dificuldade em articular com a específica natureza da "hie-

Além disso, vale destacar também que Portugal conta hoje com uma população de aproximadamente dez milhões de pessoas,[123] diferentemente do Brasil, que ultrapassa a margem dos duzentos e nove milhões de pessoas.[124] Tais números repercutem na quantidade de demandas que os respectivos judiciários recebem e na (des)necessidade de gestão de processos.[125]

1.1.1.2. Do julgamento ampliado de revista

O julgamento ampliado da revista foi instituto implementado no ordenamento jurídico português antes mesmo do novo código de 2013, como se destacou. No Código anterior (CPCpt 1961), ele já estava previsto

rarquia judiciária", tal como sempre foi entendida no nosso ordenamento jurídico, a existência de determinações interpretativas genéricas, dadas pelo órgão jurisdicional supremo aos que dele dependem.", p. 14.

[123] Dado disponível em: https://countrymeters.info/pt/Portugal. Acesso em: 18 abr. 2019.

[124] Dado disponível em: https://www.ibge.gov.br/apps/populacao/projecao/box_popclock.php. Acesso em: 18 abr. 2019.

[125] Sobre precedentes como forma de gestão do Poder Judiciário, cf. RODRIGUES, Viviane Siqueira; YARSHELL, Flávio Luiz. **Gerenciamento de processos na justiça civil brasileira:** análise das técnicas de gerenciamento processual. Universidade de São Paulo, São Paulo, 2017. Embora não fale em gestão propriamente, Lucas Buril de Macêdo trata do tema como "procedimento especializado para demandas repetitivas" em razão da necessidade de conferência de celeridade e efetividade no Poder Judiciário. Cf. MACÊDO, Lucas Buril de. **Os precedentes judiciais e o direito processual civil**. 3. ed. Salvador: JusPodivm, 2019, p. 421, "Como se percebe, o procedimento torna-se bastante simplificado e veloz: apresentada a petição inicial, não sendo o caso de inadmissibilidade, pode-se diretamente prosseguir à tutela do direito, seja mediante decisão definitiva com a improcedência liminar do pedido, seja por meio da tutela provisória fundada em evidência, nesse caso com cognição sumária, e prosseguindo o processo. Após a fase postulatória, ademais, é comum que sejam suficientes as provas documentais, indo diretamente para a fase decisória, com o julgamento antecipado do mérito ou o julgamento antecipado parcial do mérito. Há, portanto, um procedimento sumário e mais efetivo.". Andrea Pimentel de Miranda coloca que as reformas constitucionais e legislativas penderam para o lado da gestão e da eficiência a partir de influências econômicas, sociais e políticas externas relacionadas à necessidade "[...] de um Judiciário eficiente, previsível, economicamente acessível e célere.", p. 39. Ainda, sobre o tema, vale cf. MIRANDA, Andrea Pimentel de. **Quem tem medo do processo coletivo?** As disputas e escolhas políticas no CPC/2015 para o tratamento da litigiosidade repetitiva no Brasil. São Paulo: Almedina, 2020.

nos artigos 732-A e 732-B, cujo regime foi mantido.[126] Dessa maneira, explicar-se-á o seu procedimento a partir do quanto previsto no ordenamento anterior a 2013, destacando, se necessário, eventuais mudanças pontuais pela nova legislação. A criação da figura do julgamento ampliado de revista é consequência da declaração de inconstitucionalidade dos assentos[127-128] pelo Tribunal Constitucional, cuja análise foi feita acima, impossibilitando os tribunais de fixarem entendimentos com força obrigatória geral.[129]

O julgamento ampliado da revista insere-se como técnica na tramitação do recurso de revista,[130] almejando prevenir a ocorrência de con-

[126] Nesse sentido, ao comentar o artigo 686, CPCpt, cf. FARIA, Paulo Ramos de; LOUREIRO, Ana Luísa. **Primeiras notas ao Novo Código de Processo Civil:** os artigos da reforma. v.2, Coimbra: Almedina, 2014.

[127] Além de códigos comentados, impossível o aprofundamento da temática dos assentos sem a consulta a seguinte obra: NEVES, António Castanheira. **O instituto dos "assentos" e a função jurídica dos Supremos Tribunais.** Coimbra: Coimbra Editora, 1983, da qual se destaca o seguinte trecho: "Com os assentos que os nossos Supremos Tribunais, funcionando em tribunal pleno, podem emitir para resolver um "conflito de jurisprudência" – e que se vêm a traduzir na conversão da doutrina ou posição jurídica, por que o tribunal se decida na solução desse conflito, numa prescrição normativa "com força obrigatória geral" –, oferece-nos o nosso direito um instituto jurídico original e dificilmente compreensível.", p. 1-2.

[128] Também nesse sentido, cf. ALEXANDRE, Isabel. Problemas recentes da uniformização da jurisprudência em processo civil. **Revista da Ordem dos Advogados,** Lisboa, Ordem dos Advogados Portugueses, ano 60, n.1, p. 103-163.

[129] REGO, Carlos Francisco de Oliveira Lopes do. **Comentários ao Código de Processo Civil.** v.1. 2. ed. Coimbra: Almedina, 2004. "A jurisprudência do Tribunal Constitucional sobre a inconstitucionalidade dos assentos (Ac. 743/96, DR, I-A, 18/7/96) levou à declaração de inconstitucionalidade, com força obrigatória geral, do artigo 2º do CC, na parte em que conferia aos tribunais a possibilidade de fixar doutrina com força obrigatória geral.", p. 624.

[130] Ao contrário do que era o recurso (revogado) para o tribunal pleno, que representava um quarto grau de jurisdição. Nesse sentido: REGO, Carlos Francisco de Oliveira Lopes do. **Comentários ao Código de Processo Civil.** v.1, 2. ed. Coimbra: Almedina, 2004, p. 625. O atual recurso de revista está previsto no artigo 671, CPCpt. Também nesse sentido: ALEXANDRE, Isabel. Problemas recentes da uniformização da jurisprudência em processo civil. **Revista da Ordem dos Advogados,** Lisboa, Ordem dos Advogados Portugueses, ano 60, n.1, p. 122. Vale destacar que a técnica ora em análise, que inclui uma nova fase no julgamento do recurso, também se aplica para o julgamento do agravo na 2ª instância. Sobre o tema, cf. "Mas também ao julgamento do agravo interposto na segunda instância são apli-

flitos entre decisões do Supremo através da intervenção do plenário das seções cíveis, cuja intervenção tem por escopo (a) prevenir a ocorrência de conflitos jurisprudenciais no Supremo Tribunal de Justiça;[131] (b) resolver conflito jurisprudencial já verificado;[132] (c) rever a sua jurisprudência anterior;[133] e, por fim, (d) firmar entendimento sobre questão considerada relevante.

cáveis aqueles dois preceitos, pelo que faz todo o sentido falar igualmente num julgamento ampliado do agravo.", p. 121. ALEXANDRE, Isabel. Problemas recentes da uniformização da jurisprudência em processo civil. **Revista da Ordem dos Advogados,** ano 60, n. 1, Lisboa, Ordem dos Advogados Portugueses, p. 103-163.

[131] Nesse sentido: "Prevenir a ocorrência de conflitos jurisprudenciais no âmbito do STJ: assim, basta que se verifique a possibilidade de vencimento de solução jurídica que esteja em oposição com jurisprudência anteriormente firmada, no domínio da mesma legislação, sobre a mesma questão fundamental de direito, para que o presidente possa determinar – até a prolação do acórdão que tornaria "actual" o conflito previsível – a tramitação como revista ampliada; a "previsibilidade" do conflito assentará, neste caso, v.g., nas próprias alterações na composição do STJ, com a formação de maioria ditando diferente vencimento, na existência de debate doutrinal, questionando fundadamente anterior corrente jurisprudencial, nas alegações das partes, em que se critica, de modo fundado e inovatório, a solução que fez vencimento em anterior acórdão, etc.", REGO, Carlos Francisco de Oliveira Lopes do. **Comentários ao Código de Processo Civil.** v.1. 2. ed. Coimbra: Almedina, 2004, p. 625. No mesmo sentido: FREITAS, José Lebre de; MENDES, Armindo Ribeiro. **Comentários ao Código de Processo Civil.** v. 3, Coimbra: Coimbra Editora, 2003, p. 146-147. No mesmo sentido: SILVA, Paula Costa e. L'uniformazione della giurisprudenza nel diritto portoghese. **Rivista di Diritto Processuale,** Milano, CEDAM, ano LXVII, n. 2, p. 409-423, Marzo-Aprile 2012.

[132] "Resolver conflito jurisprudencial actual, já verificado, quer ao nível das relações, nos termos previstos no artigo 678, n.4, quer eventualmente no âmbito do próprio STJ (suponha-se que se constata, em certo recurso, que já foram no passado proferidos acórdãos contraditórios sobre a mesma questão, importando definir para a futuro qual a orientação que deve prevalecer);", REGO, Carlos Francisco de Oliveira Lopes do. **Comentários ao Código de Processo Civil.** V.1. 2.ed. Coimbra: Almedina, 2004, p. 625.

[133] Facultar ao próprio Supremo uma eventual reponderação de jurisprudência precedentemente uniformizada, quer mediante a prolação de "assento", quer através do mecanismo da revista ampliada (v.g., nos casos em que a solução que fez vencimento no acórdão uniformizador haja sido objeto de fundada crítica doutrinária, quando as exigências de interpretação actualista do direito determinam a conveniência de reponderar o sentido do "assento" proferido, quando as próprias alterações na composição do STJ possam pôr em crise solução jurídica que só tangencialmente fez vencimento, etc.).", REGO, Carlos Francisco de Oliveira Lopes do. **Comentários ao Código de Processo Civil.** V.1. 2.ed. Coimbra: Almedina, 2004, p. 625.

Para Isabel Alexandre, o julgamento ampliado do recurso somente deve ocorrer quando haja efetivamente conflito entre acórdãos, não devendo ocorrer diante da mera possibilidade de divergência entre julgados, vez que a questão pode não estar devidamente maturada e a decisão proferida prematuramente corre o risco de agravar os debates.[134-135]

Por outro lado, Paula Costa e Silva defende que, sabendo o relator que proporá aos colegas uma decisão dissonante da jurisprudência da Corte Suprema, cabe o julgamento ampliado: "Neste caso, o relator deve informar o Presidente do Supremo Tribunal de tal modo que este faça intervir o pleno das seções civis na discussão do recurso.".[136] A importância da intervenção do colegiado, nesses casos, concentra-se na possibilidade de mudança de rumo quanto à jurisprudência seguida pela Corte.

Além dessa possibilidade, ainda defende a autora citada a possibilidade da aplicação da técnica do julgamento ampliado para o recurso

[134] Nesse sentido, cf. ALEXANDRE, Isabel. Problemas recentes da uniformização da jurisprudência em processo civil. **Revista da Ordem dos Advogados,** ano 60, n.1, Lisboa, Ordem dos Advogados Portugueses, p. 131-135, ""Julga-se que a resposta deve ser também negativa, isto é, que não é necessária a intervenção do plenário quando haja risco de contradição com jurisprudência ordinária (e que, consequentemente, como se verá de seguida melhor, o presidente do Supremo Tribunal de Justiça não tem o dever de a determinar). Por quê? Porque o regime previsto nos arts. 732-A e 732-B visa "assegurar a uniformidade da jurisprudência": quer isto dizer que não tem como finalidade resolver conflitos pontuais de jurisprudência, ou resolver irreflectidamente esses conflitos (por se tratar de matéria nova ou pouco estudada ainda, ou por ser matéria sobre a qual não existe um consenso mínimo), pois que, nestes casos, ou não há verdadeiramente nada a uniformizar, ou a uniformização mais contribuiria para agravar o conflito.", p. 131-132.

[135] Tal compreensão assemelha-se ao requisito da *percolation* para a admissão do *writ of certiorari* na Suprema Corte estadunidense. Sobre o tema, cf. PERRY JR., H. W. **Deciding to decide**: agenda setting in the United States Supreme Court. Cambridge: Harvard University Press, 1994. Cf. também: ALMEIDA, Ursula Ribeiro de. *Writ of certiorari* do direito estadunidense. **Revista de Processo,** v. 266, ano 2017, p. 483-515, abr., 2017.

[136] Tradução livre do seguinte trecho: "*Questo può accadere, in primo luogo, quando il giudice relatore sai consapevole che proporá ai colleghi in câmera di consiglio una decisione non conforme con la giurisprudenza previamente uniformata dalla Corte Suprema. In questo caso, il relatore deve informare il Presidente del Supremo Tribunal in modo tale che, quest'ultimo, faccia intervenire l'adunanza plenaria delle sezioni civili (pleno das seções civis) nella discussione del ricorso (artigo 732-A, c.p.c. portoghese).*", p. 415-416. SILVA, Paula Costa e. L'uniformazione della giurisprudenza nel diritto portoghese. **Rivista di Diritto Processuale**, Milano, CEDAM, ano LXVII, n. 2, p. 409-423, Marzo-Aprile 2012.

quando se objetiva discussão mais ampla sobre a questão colocada em julgamento, em tradução livre: "A rigor, nesses casos a intervenção do colegiado não é destinado a uniformizar a jurisprudência, pois, na realidade, não há conflito entre decisões. O que a Suprema Corte de Justiça fará é criar jurisprudência sobre uma nova questão considerada relevante.".[137]

As vozes dissonantes na doutrina resultam do quanto previsto no artigo 686, n. 1, CPCpt acerca do cabimento do julgamento ampliado "[...] quando tal se revele necessário ou conveniente para assegurar a uniformidade da jurisprudência", complementado pelo mesmo artigo, n. 3, que condiciona a propositura do julgamento ampliado pelo relator quando da "[...] possibilidade de vencimento de solução jurídica que esteja em oposição com jurisprudência uniformizada [...]". Assim, a questão cinge-se se o n. 3 limitaria a interpretação do n. 1 do artigo 686, CPCpt, possibilitando a aplicação da técnica ora em análise somente no caso de conflito efetivo entre posicionamentos da Corte ou não.

Parágrafos acima, quando listadas as hipóteses de cabimento do julgamento ampliado para uniformização de jurisprudência, elencaram-se todas as hipóteses possíveis aventadas na doutrina consultada, vez que não há limitação expressa pelo legislador.[138]

1.1.1.2.1. Juízo de admissibilidade da técnica de julgamento ampliado

A decisão acerca da admissibilidade do julgamento ampliado é do presidente do Supremo Tribunal de Justiça, "[...] que goza de amplos poderes para, em seu prudente arbítrio, determinar a intervenção do plenário das secções cíveis, sempre que tal se revele "necessário" ou "conveniente" [...]"[139]. Assim, as hipóteses de cabimento do julgamento ampliado de revista como técnica de ampliação do colegiado apta a con-

[137] Texto original: "*A rigore, in questi casi l'intervento dell'adunanza plenaria non è destinato a uniformar ela giurisprudenza perchè, in realtà, non c'è nessun contrasto di decisioni. Quello che il Supremo Tribunal fa è creare giurisprudenza su di una nuova questione considerata rilevante.*", p. 416, Silva, Paula Costa e. L'uniformazione della giurisprudenza nel diritto portoghese. **Rivista di Diritto Processuale**, Milano, CEDAM, ano LXVII, n. 2, p. 409-423, Marzo-Aprile 2012.

[138] Nessa direção tem caminhado a doutrina brasileira para interpretar o artigo 947, §4º, do CPC, como adiante será exposto.

[139] Rego, Carlos Francisco de Oliveira Lopes do. **Comentários ao Código de Processo Civil.** v. 1, 2. ed. Coimbra: Almedina, 2004, p. 626.

ferir força persuasiva ao entendimento do Supremo Tribunal de Justiça português são baseadas em conceitos jurídicos indeterminados. Sobre o tema, ensinam José Lebre de Freitas e Armindo Ribeiro Mendes que tal escolha pelo legislador confere maior flexibilidade na tomada de decisão pelo Presidente, considerando principalmente a função preventiva do mecanismo.[140]

Além de atuar de ofício, o presidente também pode ser provocado por qualquer juiz do Supremo que participe do julgamento usual da revista, pelo Ministério Público ou por qualquer parte[141] até o julgamento do recurso.

Quanto ao Ministério Público, este deverá emitir parecer em todos os julgamentos ampliados sobre a questão que originou a necessidade de uniformização da jurisprudência, nos termos do artigo 732-B, n. 1, do CPCpt antigo, e do artigo 687, do novo CPCpt, em "[...] consequência da defesa do interesse público que lhe é confiada, sendo que a uniformização da jurisprudência, sem dúvida que o é."[142]

O artigo 686, n. 3, CPCpt é expresso ao determinar que "O relator, ou qualquer dos adjuntos, propõe *obrigatoriamente* o julgamento ampliado da revista [...]"[143] na situação em que: (i) houver possibilidade de vencimento de solução oposta à jurisprudência uniformizada; (ii) sobre a mesma legislação; (iii) e, sobre a mesma questão fundamental de direito, segundo os termos legais.

O relator, antes de provocar o Presidente do Tribunal, deve garantir a observância do contraditório das partes,[144] pois elas pronunciaram-se ao longo do processo tomando como base a jurisprudência já uniformizada

140 Freitas, José Lebre de; Mendes, Armindo Ribeiro. **Comentários ao Código de Processo Civil.** v.3, Coimbra: Coimbra Editora, 2003, p. 148, "A consagração de um sistema de não-taxatividade permite uma maior maleabilidade na decisão do Presidente do Supremo Tribunal de Justiça, o qual não tem de verificar a existência de um conflito atual entre decisões do Supremo Tribunal de Justiça sobre a mesma questão fundamental de direito, no domínio da mesma legislação.".

141 CPCpt anterior, artigo 732-A, n.2; CPCpt de 2013, artigo 686, n.2.

142 Leitão, Helder Martins. **Dos recursos no C.P.C.** 4. ed. Porto: Librum, 2018, p. 63.

143 Destacamos.

144 Nesse sentido: "*In questo caso, il relatore deve quindi attivare il contraddittorio fra le parti prima di inviare il ricorso alla decisione allargata, fissando un'apposita udienza.*", p. 422, Silva, Paula Costa e. L'uniformazione della giurisprudenza nel diritto portoghese. **Rivista di Diritto Processuale,** Milano, CEDAM, ano LXVII, n.2, p. 409-423, Marzo-Aprile 2012.

ou a ausência desta. Paula Costa e Silva destaca que: "A orientação que o Supremo Tribunal prevê como possível é uma decisão não discutida e não previsível.",[145] merecendo, assim, ser submetida ao contraditório das partes. Assim, o contraditório no juízo de admissibilidade provisório, exercido no órgão colegiado fracionário, é necessário.

Acerca da (ir)recorribilidade da decisão do presidente do tribunal, Carlos Francisco de Oliveira Lopes do Rego entende pelo não cabimento de qualquer recurso contra essa decisão.[146] Entretanto, a questão não é pacífica. Isabel Alexandre defende a sindicabilidade da decisão do Presidente, mas apenas nos casos de não determinação da aplicação da técnica.[147]

Questão de difícil solução circunda o órgão competente para a análise de eventual recurso.[148] Nada dispõe a legislação acerca do cabimento

[145] Trecho original: "*L'orientamento che il Supremo Tribunal immagina come possibile è un orientamento non discusso in quanto non prevedibile.*", p. 422. Tradução livre. Silva, Paula Costa e. L'uniformazione della giurisprudenza nel diritto portoghese. **Rivista di Diritto Processuale**, Milano, CEDAM, ano LXVII, n. 2, p. 409-423, Marzo-Aprile 2012.

[146] Rego, Carlos Francisco de Oliveira Lopes do. **Comentários ao Código de Processo Civil.** v.1. 2. ed. Coimbra: Almedina, 2004, p. 626. O autor cita acórdãos do tribunal de 23/01/02 e 07/02/02 no mesmo sentido para fundamentar a sua posição.

[147] Nesse sentido: "Se o presidente determinar a intervenção da conferência ampliada, nunca parece possível sindicar tal decisão, porque, em última análise, ela terá subjacente um juízo de conveniência e um correlativo exercício de poder discricionário. Por outras palavras, naqueles casos em que a lei não impõe o julgamento ampliado, se o presidente o determina é porque, no seu prudente arbítrio, o considerou conveniente. Tal juízo afigura-se insindicável, quer pelas pessoas referidas no artigo 732-A, n.2, quer pela própria conferência ampliada.", p. 140. Alexandre, Isabel. Problemas recentes da uniformização da jurisprudência em processo civil. **Revista da Ordem dos Advogados,** ano 60, n. 1, Lisboa, Ordem dos Advogados Portugueses, p. 137.

[148] Alexandre, Isabel. Problemas recentes da uniformização da jurisprudência em processo civil. **Revista da Ordem dos Advogados,** ano 60, n. 1, Lisboa, Ordem dos Advogados Portugueses, p. 141-142, "O artigo 732-B, CPC, ao regular as especialidades do julgamento ampliado, nada dispõe sobre a intervenção da conferência aí prevista (a conferência ampliada), no julgamento da própria reclamação do despacho do presidente que não admita o julgamento ampliado do recurso. Por outro lado, o artigo 700 prevê a intervenção da conferência simples, mas apenas no âmbito das reclamações dos despachos do relator. Qualquer das duas soluções, aliás, apresenta algo de bastante anómalo: a da intervenção da conferência simples, porque se trata de decidir da legalidade de um acto do próprio presidente do Supremo Tribunal de Justiça; a da intervenção da conferência ampliada, pelas

de recurso contra a decisão do Presidente e, se cabível, qual seria o órgão competente para a sua análise e julgamento.

Sobre o poder do presidente do Supremo Tribunal de Justiça de determinar ou não o julgamento ampliado, "não é totalmente claro se o poder [...] é discricionário ou um poder-dever."[149]. A interpretação literal do dispositivo legal poderia levar à conclusão de tratar-se de poder-dever, vez que não fala em poder decidir pela aplicação da técnica ou não,[150] alia-se a essa técnica a questão da legitimidade para pleitear a aplicação do julgamento ampliado, conforme destaca Isabel Alexandre nos seguintes termos:

> [...] parece contraditório atribuir ao presidente do Supremo Tribunal de Justiça um poder discricionário e, simultaneamente, conferir às partes e ao MP a possibilidade de requererem a intervenção do plenário e, ao relator, juízes-adjuntos e presidentes das secções cíveis, impor um dever de sugestão dessa intervenção do plenário: a coerência levaria, face a um tal poder discricionário ou prudente arbítrio do presidente, a atribuir a qualquer uma dessas pessoas um mero poder de sugestão.[151]

Entretanto, considerando que o cabimento da técnica depende da interpretação dada a conceitos jurídicos indeterminados, a decisão final sobre a admissibilidade acaba circundada por discricionariedade. Sobre a atuação do Ministério Público, convém mencionar acórdão do plenário das Secções Cíveis do Supremo Tribunal de Justiça em que se levantou a ilegitimidade do órgão ministerial para a interposição do recurso de revista nos processos em que não figure como parte principal, "[...] apenas podendo requerer ao Presidente do STJ que se proceda a tal forma

enormes desvantagens ao nível da celeridade processual que acarreta (e que se quis combater ao abolir o recurso para o tribunal pleno).".

149 ALEXANDRE, Isabel. Problemas recentes da uniformização da jurisprudência em processo civil. **Revista da Ordem dos Advogados**, ano 60, n. 1, Lisboa, Ordem dos Advogados Portugueses, p. 136.

150 Nesse sentido: ALEXANDRE, Isabel. Problemas recentes da uniformização da jurisprudência em processo civil. **Revista da Ordem dos Advogados**, ano 60, n. 1, Lisboa, Ordem dos Advogados Portugueses, p. 137.

151 ALEXANDRE, Isabel. Problemas recentes da uniformização da jurisprudência em processo civil. **Revista da Ordem dos Advogados**, ano 60, n. 1, Lisboa, Ordem dos Advogados Portugueses, p. 137.

de julgamento [O Julgamento Ampliado] no âmbito de um recurso já interposto por alguma das partes na causa."[152]

Provocado o pleno das seções cíveis para o julgamento ampliado, questiona-se se haveria novo juízo de admissibilidade por este órgão. Sobre o tema, aponta Isabel Alexandre que o juízo de admissibilidade cabe apenas ao Presidente em exercício de poder discricionário. Entretanto, caso o pleno entenda que não é o caso de possibilidade de julgamento dissonante com jurisprudência já firmada, vez que a questão posta a julgamento é outra, haveria contradição com o conteúdo do juízo da admissibilidade, trazendo a pergunta se o recurso deveria ser devolvido para o órgão fracionário ou mantido no pleno de seções cíveis. Por razões de economia processual, defende Isabel Alexandre que o julgamento ampliado deve ser mantido; e a publicidade que lhe é inerente, realizada.[153] Assim, o juízo de admissibilidade é provisório, no colegiado originário, e; definitivo, pela Presidência do Tribunal. Entretanto, uma vez positivo o juízo de admissibilidade, a competência para julgamento do caso passa a ser do pleno das seções cíveis, que não havia entrado no procedimento até o momento.

Determinado o julgamento ampliado, "O julgamento só se realiza com a presença de, pelo menos, três quartos dos juízes em exercício nas secções cíveis.", nos termos do artigo 687, n. 4, CPCpt. Isso se dá em razão do objetivo almejado pela técnica do julgamento ampliado, qual seja, a fixação de entendimento pela mais alta instância judiciária do país que exercerá forte carga persuasiva para demais casos semelhantes.[154]

1.1.1.2.2. Força do julgado proferido

Como destacou-se acima, o julgamento proferido através desta técnica de julgamento de recurso forma precedente com força meramente per-

[152] Rego, Carlos Francisco de Oliveira Lopes do. **Comentários ao Código de Processo Civil.** v. 1, 2. ed. Coimbra: Almedina, 2004, p. 626.

[153] Nesse sentido, cf. Alexandre, Isabel. Problemas recentes da uniformização da jurisprudência em processo civil. **Revista da Ordem dos Advogados,** ano 60, n. 1, Lisboa, Ordem dos Advogados Portugueses, p. 144-146.

[154] Nesse sentido: "Não faria sentido que tamanho e tão relevante objetivo não fosse apreciado por um número significativo de magistrados da nossa mais alta instância.", p. 105, Leitão, Helder Martins. **Dos recursos no C.P.C.** 4. ed. Porto: Librum, 2018.

suasiva diante da declaração de inconstitucionalidade dos assentos[155] no sistema anterior.[156]

Entretanto, destacam José Lebre de Freitas e Armindo Ribeiro Mendes que a prática indica em sentido diverso por vezes, contrariando o ordenamento jurídico português atual, vez que o entendimento firmado recebe o nome de "assento", ainda que este não mais exista.[157]

Assim, apesar de indícios do sistema anterior que dependem de tempo para o seu abandono, no sistema português, não se pode atribuir efeito vinculante a qualquer decisão judicial. O que pode ocorrer é a situação dos tribunais inferiores decidirem de forma contrária à

[155] " Dele [DL 329-A/95] depreende-se, aliás, que a principal razão terá sido a dificuldade em criar um regime processual que se harmonizasse com as características que, na perspectiva do Tribunal Constitucional, os assentos podiam possuir, sem perigo de inconstitucionalidade: força vinculativa apenas para os tribunais inferiores integrados na ordem a que pertencia o tribunal donde provinham; possibilidade de revogação pelo próprio tribunal que os tinha emitido; e possibilidade de serem contraditados pelas partes (ou seja, de as partes promoverem a respectiva revogação pelo tribunal emitente). Dada a dificuldade sentida na criação de tal mecanismo processual, e considerando que o sistema anterior também possuía um outro mecanismo tendente a assegurar a uniformização da jurisprudência (o acórdão das secções reunidas) – aliás mais célere, dado que evitava a existência de um 4º grau de jurisdição –, optou o legislador por revogar os assentos.", p. 113-114. ALEXANDRE, Isabel. Problemas recentes da uniformização da jurisprudência em processo civil. **Revista da Ordem dos Advogados,** ano 60, n. 1, Lisboa, Ordem dos Advogados Portugueses, p. 103-163.

[156] Nesse sentido: cf. "*Dobbiamo al riguardo chiederci se siamo davanti a veri e propri precedenti vincolanti per i tribunal inferiori e per la stessa Corte Suprema. Come dovrebbe essere ormai chiaro, nel sistema portoghese non si può però attribuire un effetto di tale natura a questo tipo di decisioni.*", p. 421. SILVA, Paula Costa e. L'uniformazione della giurisprudenza nel diritto portoghese. **Rivista di Diritto Processuale,** Milano, CEDAM, ano LXVII, n. 2, p. 409-423, Marzo-Aprile 2012.

[157] FREITAS, José Lebre de; MENDES, Armindo Ribeiro. **Comentários ao Código de Processo Civil,** v. 3, Coimbra: Coimbra Editora, 2003, p. 150, "A decisão da questão jurídica constituirá um precedente qualificado, de carácter "persuasivo", na medida em que a orientação que vingar valerá por si própria, "pela própria "natureza das coisas", independentemente de um "texto legal" lhe conferir uma específica força vinculativa (LOPES DO REGO, Uniformização da jurisprudência no novo direito processual civil, Lisboa, Lex, 1997, p. 20). A prática mostra, porém, que os acórdãos de uniformização de jurisprudência terminam com a formulação de uma regra interpretativa, surgindo, por vezes, a designação tradicional de assento. A utilização da expressão "assento" é indevida, atento nomeadamente o disposto no artigo 17-2 do DL 329-A/95.".

Suprema Corte, que, a partir de tais provocações, pode rever ou manter a sua jurisprudência uniformizada. Para tanto, o ônus argumentativo é de extrema importância.[158]

Dessa forma, os julgamentos proferidos pela sistemática ampliada não são vinculantes, exercendo, ao contrário, força meramente persuasiva sobre os demais órgãos jurisdicionais pelo país. A força persuasiva reside na sistemática especial de julgamento que traz expectativa de observância do quanto decidido.[159]

Por isso, convém à doutrina[160] chamá-los de *precedentes judiciais qualificados* diante do ônus argumentativo que impõem da seguinte maneira: (a) cabe recurso contra eventual decisão que contrarie tal entendimento uniformizado pelo Supremo Tribunal de Justiça, com provável sucesso do recorrente, e; (b) necessidade de análise dos riscos e probabilidades de sucesso em recurso quando a decisão for alinhada ao entendimento já consolidado através dessa sistemática.[161]

[158] Nesse sentido: *"I tribunali inferiori possono infatti assumere decisioni contrastante e la Suprema Corte può mutare il próprio orientamento, anche se consacrato in uma pronuncia di giurisprudenza uniformata. In tal caso, vi è tuttavia un relevante onere di argomentazione. Il contrasto cosi generato determinarà uma nuova pronuncia della Suprema Corte, tendente al mantenimento o al superamento della sua giurisprudenza anteriore."*, p. 421-422, SILVA, Paula Costa e. L'uniformazione della giurisprudenza nel diritto portoghese. **Rivista di Diritto Processuale,** Milano, CEDAM, ano LXVII, n. 2, p. 409-423, Marzo-Aprile 2012.

[159] Nesse sentido: "A independência e a liberdade de julgamento por parte dos juízes do Supremo tem de ajustar-se à doutrina do Tribunal a que pertencem sempre que esta tenha sido produzida há relativamente pouco tempo, em sede de recurso ampliado, e nenhumas alterações importantes tenham ocorrido na realidade jurídico-social. Isto porque, se outras razões não ocorressem, essa jurisprudência uniformizada determinou que os cidadãos a ela adaptassem as suas condutas, na esperança legítima de a ver seguida quando se dirigirem a juízo.", p. 302, FERREIRA, Fernando Amâncio. **Manual dos recursos em processo civil.** 9. ed. Coimbra: Almedina, 2009.

[160] Nesse sentido, cf. ALEXANDRE, Isabel. Problemas recentes da uniformização da jurisprudência em processo civil. **Revista da Ordem dos Advogados,** ano 60, n. 1, Lisboa, Ordem dos Advogados Portugueses, p. 103-163.

[161] "Estas complexas regras acabadas de referir transmitem duas ideias centrais: a de que é sempre admissível recurso de decisões que contrariem jurisprudência uniformizada pelo Supremo Tribunal de Justiça e a de que, em certos casos, se restringe a possibilidade de recorrer, atendendo à circunstância de a decisão "potencialmente recorrível" ser conforme com essa jurisprudência uniformizada.", p. 158, ALEXANDRE, Isabel. Problemas recentes da

Aponta Carlos Lopes do Rego que, com a declaração de inconstitucionalidade dos assentos, o legislador poderia ter optado por outras duas formas de uniformização de jurisprudência, quais sejam: (i) através de entendimentos com eficácia interna e vinculante para os membros do Poder Judiciário, ou; (ii) "[...] através da atribuição do valor de "precedente judicial qualificado", de natureza meramente persuasória, ao acórdão proferido pelo Plenário das Secções Cíveis do Supremo Tribunal de Justiça [...]"[162]. Aponta o referido autor que a solução mais cômoda seria a primeira e que é a adotada pelo Código de Processo Penal português.[163] Apesar de mais cômoda, essa opção traz consigo a necessidade de previsão de instrumentos processuais aptos a garantir a observância das decisões proferidas pelo Supremo Tribunal de Justiça, "[...] no caso, o recurso obrigatório do Ministério Público de toda e qualquer decisão judicial que com elas se não conforme.".[164] Para Carlos Lopes do Rego, tais instrumentos para garantir a observância de entendimentos firmados pelo tribunal não se justificam no âmbito do processo civil em que se lida com interesses disponíveis das partes na maioria das vezes.[165] Destaca-se, aqui, a diferença feita entre o interesse público que rege o processo civil daquele por detrás do processo penal.

uniformização da jurisprudência em processo civil. **Revista da Ordem dos Advogados,** ano 60, n. 1, Lisboa, Ordem dos Advogados Portugueses, p. 103-163.

[162] Rego, Carlos Lopes do. **A uniformização da jurisprudência no novo direito processual civil**. Lisboa: Lex, 1997, p. 10-11.

[163] Sobre precedentes na esfera processual penal internamente, cf. Galvão, Danyelle da Silva. **Precedentes judiciais no processo penal**. 2019. Tese (Doutorado em Direito Processual) – Faculdade de Direito, Universidade de São Paulo, São Paulo, 2019. doi:10.11606/T.2.2019.tde-13082020-232848. Acesso em: 16 fev. 2021.

[164] Rego, Carlos Lopes do. **A uniformização da jurisprudência no novo direito processual civil**. Lisboa: Lex, 1997, p. 13.

[165] Rego, Carlos Lopes do. **A uniformização da jurisprudência no novo direito processual civil**. Lisboa: Lex, 1997, p. 13, "Ora, tal solução não se justificava seguramente no domínio do processo civil, atenta a natureza normalmente disponível dos interesses em causa, constituindo inadmissível intromissão na autonomia das partes a obrigatória interposição de um recurso – e o consequente alongamento da duração da causa – que as partes provavelmente não pretendiam, por se conformarem com o decidido, apesar de o ter sido contra jurisprudência uniformizada. O interesse público na uniformidade da jurisprudência não é, deste modo, suficiente para, no domínio do processo civil, prevalecer necessariamente sobre a autonomia das partes e o princípio dispositivo.".

No Brasil, em razão do extenso território e enorme população, o interesse público na uniformização da jurisprudência seria maior diante da necessidade de isonomia e segurança jurídica, mas, sobretudo, em razão da necessidade de gerir uma quantidade dantesca de processos. Entretanto, não se pode falar em eficácia vinculante, nos termos delineados acima, quando não exista a previsão expressa de obrigatória interposição de recurso quando a decisão judicial na ponta contrarie precedente tido como vinculante pelos tribunais.

Conclusões parciais

Considerando o quanto exposto e delineado, passa-se à tentativa de responder às perguntas propostas inicialmente.

(i) Como Portugal tem atuado para uniformizar a sua jurisprudência?
Diante do reconhecimento da inconstitucionalidade dos assentos, que tinham força obrigatória geral por força de lei, com penalidades para os magistrados que não os aplicassem, a uniformização da jurisprudência pode se dar através de recurso interposto pela parte com o fito de uniformizar a jurisprudência ou através da aplicação da técnica de ampliação do colegiado quando do julgamento do recurso pelo Supremo Tribunal de Justiça, o julgamento ampliado da revista. Convém destacar que tais técnicas somente são aplicáveis no tribunal superior daquele país de forma preventiva ou repressiva. Os tribunais locais não as aplicam.

(ii) Dentre os métodos identificados, há algum instituto em que há assunção de competência por colegiado superior de forma a conferir maior credibilidade à tese firmada e/ou força vinculante ao entendimento consolidado na jurisdição civil?
Sim, o julgamento ampliado do recurso, previsto atualmente no artigo 686, CPCpt. Entretanto, a tese firmada através desta técnica tem apenas força persuasiva para os demais casos, vez que não há sanção ao magistrado[166] que não aplica o entendimento firmado nessa seara nem a obrigatoriedade de interposição de

[166] Como ocorria em relação aos assentos. Sobre o tema, cf. Cruz e Tucci, José Rogério. **Precedente judicial como fonte do direito**. 2. ed., Rio de Janeiro: GZ, 2021, p. 85, "[...]

recurso contra a decisão judicial recalcitrante, como ocorre na esfera do processo penal. A doutrina portuguesa fala em "precedentes judiciais qualificados", vez que há maior ônus argumentativo para afastar aplicação do precedente firmado nessa seara e recursos podem ser manejados.

Aqui, chama atenção como Portugal abandonou a força vinculante dos assentos e, entre nós, súmulas de tribunais, súmula vinculante do STF[167] e precedentes, ditos *obrigatórios*, ganham destaque.[168] Diante da breve incursão histórica feita em relação aos

se algum juiz procedesse em desobediência a tal determinação, decidindo em estado de dúvida, sem recorrer ao regedor, seria suspenso até quando fosse remido pela graça real.".

[167] Sobre a comparação entre os enunciados da Súmula Vinculante do STF e os extintos assentos em Portugal, cf. Fernandes, Ricardo Yamin. **Do incidente de assunção de competência**. São Paulo: Revista dos Tribunais, 2020. p. 107. "Tal qual o assento do direito português, a súmula vinculante se desprende dos casos e julgados que a formaram. O que realmente vincula é o texto abstrato do enunciado.". A principal diferença apontada pelo autor é a (não) previsão constitucional. Enquanto a Súmula Vinculante está prevista na CF, os assentos tinham a sua previsão apenas no CC português.

[168] Há quem defenda a inconstitucionalidade dos precedentes vinculantes, nesse sentido: Nery Jr., Nelson; Nery, Rosa Maria de Andrade. **Código de Processo Civil comentado**. 16. ed. São Paulo: Revista dos Tribunais, 2016, p. 1963, "Portanto, saber que é necessário alterar-se a Constituição para criar-se decisão vinculante todos sabem. Optou-se, aqui, pelo caminho mais fácil, mas inconstitucional.". Defendendo o autoritarismo de teses firmadas pelo Poder Judiciário com a finalidade de estabelecimento de parâmetros gerais de interpretação da lei, cf. Machado, Fábio Cardoso. Da uniformização jurídico-decisória por vinculação às súmulas de jurisprudência: objeções de ordem metodológica, sócio-cultural e político-jurídica. **Revista de Processo**, v. 124, ano 2005, p. 123-148, jun., 2005. Também há a defesa de que tais precedentes somente salvam-se pela constitucionalidade em razão de a teses precedentárias ainda estarem sujeitas à interpretação no caso concreto. Nesse sentido: Fernandes, Ricardo Yamin. **Do incidente de assunção de competência**. São Paulo: Revista dos Tribunais, 2020, p. 41, "Em um contexto em que há, cada vez mais, o incentivo à produção de provimentos vinculantes por meio do Poder Judiciário, o reconhecimento destes como texto, ainda sujeitos à interpretação, pode representar um bote salva-vidas, em um mar de inconstitucionalidades.". No mesmo sentido, pela constitucionalidade, cf. Pereira, Carlos Frederico Bastos; Zaneti Jr., Hermes. Por que o Poder Judiciário não legisla no modelo de precedentes do Código de Processo Civil de 2015? **Revista de Processo**, v. 257, ano 2016, p. 371-388, jul./2016. Cf., também, Zaneti Jr., Hermes. **O valor vinculante dos precedentes:** teoria dos precedentes normativos formalmente vinculantes. 4. ed. Salvador: JusPodivm, 2019, p. 398, "É preciso perceber: precedentes são normas gerais e concretas; leis são normas gerais e abstratas. Permitir aos juízes e tribunais estabelecer nor-

assentos, vale mencionar que antes de determinada situação ser levada para análise de eventual assento, o caso era submetido a um colegiado superior dentro do judiciário como forma de conferir legitimidade à decisão proferida em casos difíceis,[169] indicando a anterioridade da prática consistente na alteração do colegiado como forma de resolução de questões mais relevantes. Outro ponto de destaque é a relação entre a obrigatoriedade com a sanção a magistrados pela sua não aplicação, o que já não mais ocorre, e a necessidade de interposição de recurso pelo órgão ministerial de forma a fazer cumprir o precedente, como ocorre na seara processual penal.

A instituição de *precedentes ditos vinculantes*, por aqui, não encontrou algum marco jurídico ou histórico na sua evolução, como ocorreu em Portugal. O fortalecimento de entendimentos formados pelos tribunais não representa uma quebra de sistema, portanto.[170] Para explicar tal diferença, Enrico Tullio Liebman aponta a existência de ventos liberais na Europa no fim do século XVIII e século XIX, influenciando todo o seu sistema

mas gerais e abstratas fere a separação de poderes e ao princípio da legalidade. O CPC/2015 expressamente vinculou os juízes e tribunais a partir dos fundamentos determinantes (circunstâncias fáticas e solução jurídica) [...].". Humberto Theodoro Jr. defende a constitucionalidade do sistema de precedentes que afirma ser vinculantes, cf. Theodoro Jr. Humberto. Regime das Demandas Repetitivas no Novo Código de Processo Civil. In: Didier Jr., Fredie. (coord.). **Processo nos tribunais e meios de impugnação às decisões judiciais.** Salvador: JusPodivm, 2016, p. 437. Há, ainda, quem defenda a constitucionalidade dos precedentes com base na igualdade prevista constitucionalmente, cf. Gonzalez, Anselmo Moreira. **Repetitivos ou "Ineditivos"? Sistematização do Recurso Especial Repetitivo.** Salvador: JusPodivm, 2020, p. 91.

[169] Sobre o tema, cf. Cruz e Tucci, José Rogério. **Precedente judicial como fonte do direito**. 2. ed., Rio de Janeiro: GZ, 2021, p. 85, "[...] em caso de dúvida objetiva quanto à aplicação de determinada lei, a questão deveria ser levada ao regedor da Corte que, por sua vez, deveria submetê-la a alguns desembargadores perante a "mesa grande" [...].".

[170] Sobre o tema, afirmou Enrico Tullio Liebman que: "Quem adentrar o estudo desses sistemas jurídicos verá crescer o seu interesse ao se aprofundar na pesquisa, pois descobrirá, pouco a pouco, um fato inesperado: que nesses países, especialmente nos mais distantes e de formação mais recente, a feição originária do direito comum europeu se manteve de modo mais autêntico até o presente.", p. 2. Liebman, Enrico Tullio. **Institutos de direito comum no processo civil brasileiro**. Tradução de Eduardo Henrik Aubert (não publicada).

jurídico, mas que nunca chegaram ao Brasil, que, com a vinda da família real para o Rio de Janeiro, fechou-se nas ideias trazidas do velho continente naquele momento.[171-172]

(iii) O método selecionado funciona preventivamente ou repressivamente em relação à divergência jurisprudencial?
De acordo com a maioria da doutrina, aplicando o quanto previsto pelo legislador, o método do julgamento ampliado pode ser utilizado de forma preventiva e repressiva em relação à divergência jurisprudencial e ainda como forma de conferir maior legitimidade a um julgado isoladamente considerado por sua relevância. Há vozes apontadas que repudiam a formação de precedentes preventivamente, vez que não haveria tempo de maturação da discussão. A divergência restringe-se ao momento para aplicação da técnica que possibilita a formação do entendimento sobre determinado assunto: (i) se seria inédito, ou; (ii) se haveria a necessidade de um ou alguns casos divergentes para a sua aplicação. As vozes mencionadas rebelam-se contra a hipótese (i) ventilada acima, mas não contra a existência de alguns poucos casos a justificarem a aplicação do mecanismo estudado.

[171] Nesse sentido: "Não muitos anos depois, os exércitos franceses tomavam a Europa e também o distante Portugal não fugia à sorte comum. O rei era obrigado a abandonar Lisboa e a buscar refúgio em sua colônia transatlântica, onde estabelecia sua corte na cidade do Rio de Janeiro. A invasão francesa levou a todas as nações um sopro de vida nova e de novas ideias, interrompendo, entre outras coisas, a evolução normal das instituições jurídicas vigentes nos diversos países. Os códigos napoleônicos, que recolhiam os resultados da muitas vezes secular e profundamente original atividade reformadora da monarquia e da jurisprudência francesas, substituíram os complicados ordenamentos jurídicos de cada nação e – o que mais interessa – puseram abaixo o augusto edifício do direito comum. A obra paciente de tantas gerações de juristas era destruída de um só golpe, e o seu lugar era tomado por um direito em muitos aspectos contrastante com a tradição jurídica de cada país (ainda que, por vezes, significasse o retorno às regras do direito romano genuíno), mas que se fazia admirar pela clareza, precisão e simplicidade exemplares.", p. 11, Liebman, Enrico Tullio. **Institutos de direito comum no processo civil brasileiro**. Tradução de Eduardo Henrik Aubert (não publicada).

[172] Não se deve tomar a concepção liberal do processo, desenvolvida na Europa, como uma panaceia. Sobre a crise na concepção liberal do processo, cf. Mitidiero, Daniel; Taruffo, Michele. **A justiça civil**: da Itália ao Brasil, dos setecentos a hoje. São Paulo: Revista dos Tribunais, 2018.

(iv) Uma vez identificado algum método, o tema recebe críticas na doutrina local?
Em relação ao uso preventivo do julgamento ampliado, há críticas, vez que o tema submetido a julgamento pode não ter sido suficientemente debatido e maturado, levando a mais problemas do que os inicialmente verificados.[173] Portugal abandonou a força vinculante conferida a entendimentos jurisprudenciais por entender que tal concessão violaria a separação entre os poderes, principalmente pela característica de os assentos gerarem a imposição de norma geral para todos os poderes. Entretanto, há que se pontuar que a doutrina portuguesa toma o termo "vinculante" de maneira distinta da que usualmente se aplica hoje no Brasil para os precedentes listados no artigo 927, CPC.

No Brasil, aparentemente seguimos em direção oposta, vez que a legislação, nas últimas décadas, tem fortalecido mecanismos de formação de entendimentos *vinculantes* pelos tribunais.[174] Entretanto, a vinculação brasileira muito se assemelha aos precedentes judiciais qualificados, ou seja, que não significam sanções aos magistrados que não os observam, mas mecanismos inseridos no sistema que permitem a readequação do entendimento de forma não obrigatória.[175] Não é obriga-

[173] Nesse sentido, como já mencionado: ALEXANDRE, Isabel. Problemas recentes da uniformização da jurisprudência em processo civil. **Revista da Ordem dos Advogados,** Lisboa, Ordem dos Advogados Portugueses, n. 1, p. 131-135, ano 60.

[174] Nesse sentido: FERNANDES, Ricardo Yamin. **Do incidente de assunção de competência.** São Paulo: Revista dos Tribunais, 2020, p. 104.

[175] Sobre a classificação dos precedentes judiciais, cf. ZANETI JR., Hermes. **O valor vinculante dos precedentes:** teoria dos precedentes normativos formalmente vinculantes. 4. ed. Salvador: JusPodivm, 2019, p. 342, "Perceba-se que as categorias acima referidas são modelos ideais que procuram descrever em abstrato o que realmente acontece. Nos diversos ordenamentos jurídicos estudados, entretanto, ocorrem sempre modelos ou sistemas mistos que combinam as características descritas pela doutrina de formas diversas e variadas. Por exemplo, cabe salientar que a vinculatividade extrema não foi atualmente identificada em nenhum ordenamento contemporâneo, [...].". Segundo a classificação feita pelo autor, teríamos no Brasil "precedentes normativos formalmente vinculantes" e "precedentes normativos formalmente vinculantes fortes": "[...] b) precedentes normativos formalmente vinculantes (*de iure*). A vinculantividade é compreendida a partir do ônus argumentativo previsto em lei, o qual reforça a presunção a favor do precedente [...]. c) precedentes normati-

tória, pois não há imposição às partes ou ao Ministério Público da interposição de recursos ou do ajuizamento de reclamações diretamente nos tribunais que consolidaram entendimentos tidos como vinculantes por alguns. Em razão dessa constatação, utilizou-se o termo "vinculantes" em itálico quando da menção à situação brasileira.[176]

Assim, em um panorama geral da comparação Brasil e Portugal na temática precedentária com foco na formação de entendimentos *vinculantes* por um órgão jurisdicional superior, pode-se apontar que:

1. A força vinculante dos assentos, no passado, também veio da legislação.
2. Tal força vinculante significava sanção para magistrados com entendimento divergente do quanto firmado e, hoje, no processo penal português, a obrigatoriedade significa a necessidade de interposição de recurso pelo Ministério Público de forma a reformar a decisão judicial divergente.
3. No Brasil, a tão falada força vinculante não é tão vinculante assim, nos termos delineados por Portugal, vez que não há sanção ao julgador que não siga o entendimento firmado e não há obrigatoriedade da interposição de recurso contra decisão que contrarie o entendimento já consolidado nem de reclamação.[177] Inclusive, a reiterada violação a teses firmadas através desses mecanismos de elaboração de enunciados ditos vinculantes fez com que os tribu-

vos formalmente vinculantes fortes (*de iure*). [...] possibilitam a impugnação por via recursal (vias ordinárias) e por via autônoma diretamente nos tribunais superiores per saltum (via extraordinária), quando as decisões desrespeitarem a autoridade do precedente, negando sua aplicação, aplicando-o de forma equivocada ou parcial.", p. 346.

[176] Sobre o tema, cf. Cruz e Tucci, José Rogério. **Precedente judicial como fonte do direito**. 2. ed., Rio de Janeiro: GZ, 2021, p. 194, "Desse modo, as distinções dogmáticas entre *ratio decidendi* e *obiter dictum*, e entre eficácia vinculante e eficácia persuasiva do precedente judicial, constituem elementos difusos e por demais imprecisos. Parece possível, no entanto, imaginar uma teoria do precedente de espectro realmente mais abrangente, e talvez capaz de definir como a repetição de julgados opera em diversos contextos jurídicos.", p. 194.

[177] Em sentido contrário, afirmando que precedentes são obrigatórios pela mera possibilidade de manejo da reclamação, cf. Barroso, Luís Roberto; Mello, Patrícia Perrone Campos. Trabalhando com uma nova lógica: a ascensão dos precedentes no direito brasileiro. **Revista da Advocacia Geral da União**, Brasília-DF, v. 15, n. 03, p. 09-52, p. 45-46, jul.-set., 2016.

nais iniciassem a formação de entendimentos tendentes a limitar o manejo da reclamação constitucional,[178] vez que o seu uso excessivo passou a ser um problema de gestão para determinados tribunais.[179] Pauta-se o entendimento exposto a partir da concepção de que a reclamação constitucional diretamente ao tribunal é possível, desconsideradas as limitações jurisprudenciais recentemente impostas, mas não obrigatória.[180]

178 O caso a que fazemos referência é a Reclamação nº 36.476-SP (2018/0233708-8) de Relatoria da Ministra Nancy Andrighi, no Superior Tribunal de Justiça. A situação mencionada pode ainda ser analisada a partir da afirmação de Hermes Zaneti Jr. no sentido de que "O reconhecimento formal pela lei da força normativa dos precedentes é um passo decisivo no processo civilizatório jurídico, auxiliando nos processos culturais que poderiam levar muito tempo e apresentar, no seu desenvolvimento, menos garantias para os direitos fundamentais.", p. 347, Zaneti Jr., Hermes. **O valor vinculante dos precedentes:** teoria dos precedentes normativos formalmente vinculantes. 4. ed. Salvador: JusPodivm, 2019. A forma legal encontrada – a reclamação – para auxiliar no processo cultural mencionado passou a ser um problema para os tribunais diante do seu manejo de forma excessiva e levou à limitação jurisprudencial de seu cabimento.

179 José Carlos Baptista Puoli já previra tal possibilidade, cf. Puoli, José Carlos Baptista. Precedentes vinculantes? O CPC "depois" da lei n. 13.256/16. In: Lucon, Paulo Henrique dos Santos *et alli.* (coord.). **Processo em Jornadas**. Salvador: JusPodivm, 2016, p. 505, "Salvo melhor juízo, esta possibilidade de uso da reclamação para conferir aos precedentes pronta e "efetiva" vinculação parece ser sim plenamente coerente com o propósito sistemático do CPC em seu texto original. Acontece que tal "generosidade" faria com que houvesse um efeito colateral, qual seja, a possibilidade de haver enorme quantidade de reclamações ajuizadas diretamente no âmbito dos Tribunais Superiores.".

180 Para Gisele Góes, o efeito da reclamação é exatamente o dissuasório, "[...] pois o desrespeito às decisões do Supremo Tribunal Federal provindas de ação direta de inconstitucionalidade e declaratória de constitucionalidade – controle concentrado – ocasiona a eliminação dessas determinações do sistema.", p. 653, Góes, Gisele Santos Fernandes. Reclamação Constitucional. In: Didier Jr., Fredie (org.). **Ações Constitucionais.** 5. ed. Salvador: JusPodivm, 2011. José Carlos Baptista Puoli trata das repercussões dissuasórias para o magistrado: Puoli, José Carlos Baptista. Precedentes vinculantes? O CPC "depois" da lei n. 13.256/16. In: Lucon, Paulo Henrique dos Santos et alli. (coord.). **Processo em Jornadas**. Salvador: JusPodivm, 2016, p. 506, "[...] didática dose de constrangimento no caso de uma reclamação cassar a decisão recalcitrante, "mandando" que outra decisão seja proferida em seu lugar, numa circunstância que jamais seria obtida por intermédio da via recursal que, sendo exitosa, dá ensejo a que seja proferida decisão de instância superior que substitui, no caso concreto, a decisão recorrida, mas sem afetar a "rotina" do magistrado, tal como ocorreria na hipótese de procedência da reclamação, no mínimo por conta do "retrabalho"

4. Os precedentes do artigo 927, CPC, assemelham-se muito mais aos precedentes judiciais qualificados adotados hoje pelo sistema processual civil português, vez que é liberalidade da parte interpor recurso na tentativa de reformar decisão dissonante ao precedente já firmado.[181-182]
5. O julgamento ampliado de revista assume a dupla função de prevenir e de reprimir a divergência jurisprudencial e é o único instrumento para isso no tribunal superior em Portugal.[183]
6. A doutrina defende o contraditório das partes para a aplicação da técnica do julgamento ampliado antes do início de seu procedimento, ou seja, quando da análise da admissibilidade do instituto para o caso.

que seria ensejado, e/ou por intermédio da sensação "amarga" que, ao menos em tese, pode decorrer da circunstâncias de ter tido "cassada" (ao invés de reformada) uma decisão sua.".

181 Para Alexandre Freitas Câmara, determina-se se um precedente é vinculante ou não com base no comando legal nesse sentido. Discordamos do quanto afirmado pelo autor pelos motivos expostos ao longo do texto. Cf. Câmara, Alexandre Freitas. Súmula da jurisprudência dominante, superação e modulação de efeitos no novo Código de Processo Civil. **Revista de Processo**, v. 264, ano 2017, p. 281-320, fev., 2017.

182 Tais conclusões são tecidas comparando-se o modelo de precedentes brasileiro do que foi percebido em Portugal. Entretanto, considerando a eficácia expansiva da tese jurídica firmada quanto à questão de direito afetada e julgada através do procedimento especial iniciado pelo IAC, destaca-se a concepção de que se trata de um "modelo de precedentes normativos formalmente vinculantes". Questiona-se o termo "vinculante", quando a comparação ao ordenamento português é feita. Sobre o tema, cf. Zaneti Jr., Hermes. **O valor vinculante dos precedentes:** teoria dos precedentes normativos formalmente vinculantes. 4. ed. Salvador: JusPodivm, 2019, p. 405.

183 Os demais tribunais não têm à sua disposição tal instrumento. Sobre os motivos possíveis com base em antecedentes históricos, cf. Cruz e Tucci, José Rogério. **Precedente judicial como fonte do direito**. 2. ed., Rio de Janeiro: GZ, 2021, p. 91-92, "Desse modo, a prerrogativa de proferir assentos passou a ser também avocada pelo Tribunal da Relação do Porto e, em momento subsequente, pelas Relações ultramarinas, de Goa, da Bahia e do Rio de Janeiro. Entenderam os seus respectivos desembargadores que deviam também arrogar-se o direito de proferir assentos com força de lei, a exemplo da Casa da Suplicação, mesmo que nenhum diploma lhes tivesse outorgado tal função. Com o intuito deliberado de obstar que a interpretação autêntica das leis, assim ampla e insegura, corresse o risco de enfraquecer a aplicação uniforme do ordenamento jurídico, a reforma pombalina reiterou que apenas a Casa da Suplicação era competente para emitir assentos com força de lei.".

7. A análise da admissibilidade da ampliação do julgamento é cindida entre o órgão jurisdicional fracionário e a presidência do tribunal, que concentra a análise final do tema. Se positivo o juízo de admissibilidade, o caso será julgado pelas seções unidas do tribunal. Tal opção parece ser objeto de críticas, vez que a análise do juiz natural é feita pela presidência com base em juízo de discricionariedade, alterando o juízo competente para julgamento do caso, sem que o órgão julgador possa reanalisar a sua competência ou não para o tema.
8. A legitimidade para provocar a aplicação da técnica é ampla, mas há resistência em se aceitar que o Ministério Público provoque o tribunal quando não seja parte na demanda.

Assim, para os fins da presente tese, encontra-se exemplo estrangeiro que confirma o quanto se defende no sentido de que a existência de apenas um instrumento para formação de precedentes judiciais qualificados nos tribunais é suficiente, além de ser necessária para conferir maior segurança jurídica, principalmente quanto à necessidade de invariância do juiz natural, como demonstrar-se-á nos próximos capítulos da tese.

1.1.2. Itália

Depois da análise dos precedentes judiciais qualificados no ordenamento jurídico português, convém o estudo semelhante no ordenamento italiano, pelas razões que começaram a ser expostas no início da tese e que serão melhor explanadas a seguir.

Para tratar da previsibilidade das decisões judiciais na Itália, algumas considerações prévias são pertinentes no que concerne às dificuldades encontradas quanto ao tema que levaram a sucessivas reformas legislativas naquele país.

O texto constitucional italiano, em seu artigo 111, prevê que o devido processo é regulado pela lei com as garantias do contraditório, paridade entre as partes, desenvolvido perante juiz imparcial e equidistante (*terzietà*) em relação às partes, mediante a duração razoável do processo[184], a

[184] Deve-se considerar os aspectos práticos da constitucionalização do devido processo legal. Sobre o tema, cf. MITIDIERO, Daniel; TARUFFO, Michele. **A justiça civil**: da Itália ao Brasil, dos setecentos a hoje. São Paulo: Revista dos Tribunais, 2018, p. 367, "Não se pode,

qual tem conteúdo programático[185] e vem sendo buscada pelo legislador reformista incansavelmente, mas sem sucesso.[186]

Deve-se levar em consideração que a Itália trata da função nomofilácica da Corte de Cassação,[187] ou seja, a função de controle entre a compatibilidade da legislação objetiva e as decisões judiciais,[188] desde a

todavia, entender que a operação realizada com a constitucionalização das garantias processuais se exaure na simples repetição de princípios e de institutos já conhecidos e tidos por alguma razão como mais importantes do que outros. Ainda quando se trate de institutos já existentes (como o dever de motivação), a sua previsão em termos de garantia constitucional modifica profundamente o seu significado político, sem contar que daí derivam igualmente relevantes modificações no plano do direito positivo.".

185 Sobre a reforma no texto constitucional italiano, cf. Comoglio, Luigi Paolo. Il "giusto processo" civile nella dimensione comparatistica. **Revista de Processo**, v. 108, ano 2002, p. 133-183, out.-dez., 2002.

186 Mitidiero, Daniel; Taruffo, Michele. **A justiça civil**: da Itália ao Brasil, dos setecentos a hoje. São Paulo: Revista dos Tribunais, 2018, p. 369, "É preciso observar, porém, que a entrada em vigor da *Costituzione* não assinala efetivamente o nascimento de uma tendência voltada à atuação dos valores constitucionais do processo justo. O legislador ordinário permanece inerte no mínimo até o início dos anos 80 dos Novecentos, sendo que o campo das reformas será ocupado por tentativas mais ou menos bem arquitetadas – mas normalmente inidôneas – de simplificação do procedimento à vista da obtenção da cada vez mais mítica redução da duração temporal da Justiça Civil.".

187 Sobre a origem da Corte de Cassação, cf. Freitas, Pedro Augusto Silveira. Corte de Cassação e Corte Constitucional da Itália. In: Andrade, Érico; Gonçalves, Gláucio Maciel. (coord.). **Organização judiciária no direito comparado**: Alemanha, Espanha, Estados Unidos da América, França, Grã-Bretanha, Itália e Portugal. Rio de Janeiro: Lumen juris, 2018. Também, cf. Machado, Fábio Cardoso. Da uniformização jurídico-decisória por vinculação às súmulas de jurisprudência: objeções de ordem metodológica, sócio-cultural e político-jurídica. **Revista de Processo**, v. 124, ano 2005, p. 123-148, jun., 2005, versão virtual não paginada, "Tanto é assim que o Tribunal de *Cassation* nasce como órgão anexo ao legislativo com a função de vigiar, como referiu Calamandrei, a atividade dos juízes. Dada a sobrevivência desta ideologia de fundo, imagina-se que a posteriormente nomeada *Cour de Cassation*, mesmo tendo assumido função mais propriamente jurisdicional, cumpre o papel de "adestramento científico" das instâncias ordinárias, controlando as premissas normativas do raciocínio prático-jurídico com a pretensão de garantir a rigorosa aplicação da lei no seu sentido abstratamente considerado.".

188 Sobre a ideia na origem da Cassação, cf. Cunha, Leonardo Carneiro da. A Cassação e o Superior Tribunal de Justiça brasileiro. **Revista de Processo**, v. 299, ano 2020, jan., 2020, versão virtual não paginada, "Sua constituição teve como premissa a ideia segundo a qual a atividade jurisdicional seria uma atividade de controle que se caracterizaria como uma necessária continuação da atividade legislativa, cujas manifestações hipotéticas e abstra-

década de 1940,[189] quando a corte assumiu essa função.[190] Entretanto, a Constituição italiana, no artigo já mencionado, coloca o direito de acesso à Corte de Cassação como uma garantia do cidadão italiano, posicionando a função desta Corte de maneira aparentemente contraditória entre o interesse público da função nomofilácica e o interesse das partes de acesso ao tribunal.

Diante desse contexto, nos últimos quinze anos,[191] a Itália passou por um período de grande frenesia legislativa[192], que, apesar de diver-

tas faltariam a seu propósito prático de manter a ordem na sociedade, se o Estado não se ocupasse de confrontar continuamente a conduta concreta de aplicação da norma com a regra abstrata de conduta.". Sobre o tema, cf. também Cruz e Tucci, José Rogério. **Precedente judicial como fonte do direito**. 2. ed., Rio de Janeiro: GZ, 2021, p. 138, "O regime da cassação italiana seguiu basicamente o modelo francês, consubstanciando-se em órgão essencialmente judiciário, cuja função precípua era a de controlar a uniformidade da interpretação jurisprudencial.".

[189] Alpa, Guido; Calamandrei, Silvia; Condojanni, Francesco Marullo di. **Piero Calamandrei e il nuovo Codice di procedura civile (1940).** Bologna: il Mulino, 2018, p. 52, *"Ho voluto pertanto che alla Corte di cassazione <siano> [fossero] conferiti nel nuovo processo i poteri adeguati per poter essere in maneira efficace, dal vertice del sistema, il supremo organo regolatore delle competenze."*.

[190] Sobre esse conceito, cf. Passanante, Luca. **Il precedente impossibile**: contributo allo studio del diritto giurisprudenziale nel processo civile. Torino: G. Giappichelli Editore, 2018, p. 1-2. A unificação da Corte de Cassação sediada em Roma ocorreu um pouco antes, em 1923. Cf. Souza, Artur César de; Souza, João Henrique Tatibana de. Sistemas recursais das cortes superiores no direito comparado. **Revista de Processo**, v. 284, ano 2018, p. 427-462, out., 2018.

[191] Período atualizado a partir da afirmação de Luca Passanante de 2018. Passanante, Luca. **Il precedente impossibile**: contributo allo studio del diritto giurisprudenziale nel processo civile. Torino: G. Giappichelli Editore, 2018.

[192] Sobre o tema, cf. Capponi, Bruno. Le crisi della giurisdizione civile. **Corriere giuridico**, n. 10, ano 2014, p. 1277-1290. Também nesse sentido: Pacífico, Luiz Eduardo. Direito processual civil italiano. In: José Rogério Cruz e Tucci (org.). **Direito processual civil europeu contemporâneo**, São Paulo: LEX, 2010, p.245-284, "No plano infraconstitucional, o processo civil tradicionalmente tem sido regulado por lei ordinária, notadamente pelo *Codice di Procedura Civile* (CPC). A atual codificação é de 1940 e entrou em vigor em 1942, substituindo o antigo diploma de 1865, que ainda não trazia os influxos do reconhecimento do direito processual como ciência autônoma. Em vigor há quase 70 anos, é natural que a codificação processual tenha passado por muitas alterações e reformas, o que se intensificou em época recente, com o objetivo de tentar minorar a excessiva demora dos processos judiciais.", p. 246-247.

sas tentativas, não resultaram na elaboração de uma nova codificação.[193-194]

Tais reformas intentavam tornar o sistema mais célere e racional diante do grande número de processos por juiz, levando à razoável demora para a conclusão dos casos.[195] As sucessivas reformas legislativas modificaram o exercício da função nomofilácica pela Corte de Cassação, que estava cada vez mais passando a se ocupar com a análise de fato,[196]

[193] Segundo a exposição de motivos do CPC brasileiro de 2015, a sucessiva aprovação de leis com o fim de reformar o sistema processual, embora tenha um fim nobre, gera quebra do sistema de funcionalidade, comprometendo a eficiência e a operacionalidade do ordenamento jurídico processual. Na Itália, as sucessivas reformas não levaram à reforma do sistema processual civil como um todo, culminando em nova codificação, como ocorreu aqui. Cf. Exposição de Motivos do Código de Processo Civil de 2015. **Código de Processo Civil.** Disponível em: https://www2.senado.leg.br/bdsf/bitstream/handle/id/512422/001041135.pdf. Acesso em: 03 jun. 2020.

[194] Mitidiero, Daniel; Taruffo, Michele. **A justiça civil**: da Itália ao Brasil, dos setecentos a hoje. São Paulo: Revista dos Tribunais, 2018, p. 434.

[195] Sobre o tema, cf. Caponi, Remo. **Harmonizing civil procedure**: initial remarks. In: From common rules to best practices in European Civil Procedure (Burkhard Hess and Xandra E. Kramer – eds.). Nomos Verlagsgesenschaft, Baden-Baden, Germany, 2017, p. 42-62, "*The huge workload of and backlog in the courts play the leading role in this problem. However, it would not be fair to say that there is "too much" litigation in Italy (and possibly every-where), just as it would not be fair to say that there are too many sick people or too many people who want to make use of public transport. There can only be governments that are unable to put courts, hospitals, and public transport companies in the position to perform their duties and to cope with their caseloads, patients, and passengers. The huge workload of courts is primarily due to the fact that for decades the ratio of the number of judges to the number of civil cases to be dealt with has been unfavourable. There are too few judges in relation to the disputes to be resolved. The number of judges per 100,000 inhabitants in Italy is lower than that of most European countries.*", p. 45.

[196] Essa não era sua função originária. Sobre a origem da Corte de Cassação no modelo francês, cf. Souza, Artur César de; Souza, João Henrique Tatibana de. Sistemas recursais das cortes superiores no direito comparado. **Revista de Processo**, v. 284, ano 2018, p. 427--462, out., 2018, versão virtual não paginada, "Na Itália, a Corte de Cassação foi instituída seguindo o modelo francês, em diversos estados pré-unitários. Ela constitui uma alternativa às Cortes supremas do tipo austro-tedesco que se inspiravam no modelo da *Revision*, ou seja, cortes de terceira instância habilitadas a decidir o mérito da causa. A característica distintiva da Corte de Cassação, que se sobressai na primeira origem do instituto, é ainda aquela de ser um juízo de apenas uma legitimidade, que verifica a correta aplicação da lei por parte do juiz inferior sem, porém, entrar no mérito das decisões impugnadas e, sobretudo, sem judicar sobre os fatos da causa.".

prevalecendo o *ius litigatoris*,[197] e o intento era restituí-la à sua função originariamente delineada,[198] o que resultou sem grande sucesso, como será demonstrado adiante.[199] Com esse intenso movimento legislativo, os intérpretes empreenderam grande esforço para compreender as novas regras e a sua concatenação.[200] Tal contexto estimulou interpretações dos textos legais muito criativas e divergentes, inviabilizando qualquer discurso sobre previsibilidade das decisões judiciais.[201-202]

[197] PASSANANTE, Luca. **Il precedente impossibile**: contributo allo studio del diritto giurisprudenziale nel processo civile. Torino: G. Giappichelli Editore, 2018, p. 2-3.

[198] Sobre a situação em que se encontra a jurisprudência da Corte de Cassação: "*In ogni caso, è ancor oggi essenziale fare capo a questa funzione della Corte suprema per tornare a discutere delle forme e delle tecniche di produzione del "diritto giurisprudenziale", così profondamente incise dalle riforme processuali più e meno recenti che, passo a passo, hanno progressivamente mutato il volto della Cassazione civile, estremizzandone i caratteri e facendone un vero e proprio organo di "governo della legge", forse anche oltre i limiti del desiderabile e – ci si accinge ad ipotizzare – del consentito.*", p. 6, PASSANANTE, Luca. **Il precedente impossibile**: contributo allo studio del diritto giurisprudenziale nel processo civile. Torino: G. Giappichelli Editore, 2018.

[199] Sobre essa conclusão, cf. MITIDIERO, Daniel; TARUFFO, Michele. **A justiça civil**: da Itália ao Brasil, dos setecentos a hoje. São Paulo: Revista dos Tribunais, 2018, p. 435, "Ainda, procura-se intervir em um dos aspectos mais desastrosos da Justiça Civil italiana, isto é, sobre o procedimento da *Corte di Cassazione* (que demoradamente decide cerca de trinta mil sentenças civis por ano). Não se logra promover, contudo, uma desejável reforma global capaz de levar a Corte ao nível das Cortes Supremas dos ordenamentos dos países mais avançados, introduzindo-se, pelo contrário, uma norma que prevê um "filtro" que determina a inadmissibilidade do recurso quando a decisão impugnada está em conformidade com a jurisprudência da Corte e o recurso não se mostra capaz de alterar ou confirmar a jurisprudência – norma essa, de difícil e discutível interpretação, que de qualquer modo não conduz a nenhuma melhora significativa na péssima situação da Corte.".

[200] COSTANTINO, Giorgio. La prevedibilità della decisione tra uguaglianza e appartenenza. **Rivista di diritto processuale**, ano 2015. No mesmo sentido: MITIDIERO, Daniel; TARUFFO, Michele. **A justiça civil**: da Itália ao Brasil, dos setecentos a hoje. São Paulo: Revista dos Tribunais, 2018, p. 439, "Como já disse, a história das reformas parciais do processo civil na Itália está destinada a não encontrar uma solução previsível. [...] Temos, portanto, um legislador insone, de que se esperaria de bom grado menos, considerando inclusive os terríveis resultados normalmente alcançados pelas suas intervenções.".

[201] COSTANTINO, Giorgio. La prevedibilità della decisione tra uguaglianza e appartenenza. **Rivista di diritto processuale**, p. 654, ano 2015. "*La frenesia legislativa rinforza le spinte verso le interpretazioni assolutamente creative, che prescindono dai testi normativi, spesso difficili da comprendere e da coordinare.*".

[202] Vale conferir a conclusão dos seguintes autores sobre as sucessivas reformas no processo civil italiano: MITIDIERO, Daniel; TARUFFO, Michele. **A justiça civil**: da Itália ao Bra-

Além da grande frenesia legislativa, trazendo à tona toda a sorte de dificuldades, uma reforma legislativa datada de 2012 permitiu ao juiz amplos poderes diretivos do procedimento,[203] moldando-o da forma que entendesse mais oportuna ao caso (*case management*).[204] A falta de procedimento padrão gerou grande insegurança jurídica, vez que o magistrado está sujeito a diversos tipos de influências, lícitas ou não, e não há texto de lei predeterminado a lhe servir como escudo.[205]

Além disso, a ausência de procedimento previamente estabelecido em lei, deixando o juiz singular com amplos poderes ordinatórios, causa estranheza aos jurisdicionados, que não sabem o que esperar do caminho processual. Sobre o tema, afirma Giorgio Costantino:

> *L'attribuzione al potere discrezionale del singolo giudice dei criterii applicativi delle disposizioni che regolano l'esercizio dei poteri ordinatori, inoltre, determina prassi diverse ad ufficio e, spesso, anche da stanza a stanza del medesimo ufficio e suscita scandalo negli utente e negli studiosi della organizzazione.*[206]

sil, dos setecentos a hoje. São Paulo: Revista dos Tribunais, 2018, p. 439, "Posso concluir, portanto, observando que a atual disciplina do processo civil na Itália é uma espécie de péssimo *patchwork* em que convivem poucas normas oportunas, muitas normas envelhecidas e superadas pela histórica (como aquelas concernentes à prova) e muitas normas introduzidas seguindo os caprichos do momento, por vários sujeitos, normalmente sem uma suficiente consideração dos problemas e das respectivas soluções possíveis.".

203 Maiores do que os já previstos quando da aprovação do Código de Processo Civil italiano, cf. ALPA, Guido; CALAMANDREI, Silvia; CONDOJANNI, Francesco Marullo di. **Piero Calamandrei e il nuovo Codice di procedura civile (1940).** Bologna: il Mulino, 2018, p. 55, *"Il nuovo Codice vuole fondamentalmente elevare l'autorità del giudice ad aumentarerne i poteri: questa è, per tutte le ragioni esposte all'inizio della presente relazione, la direttiva fondamentale della riforma."*.

204 Sobre o tema, cf. COSTANTINO, Giorgio. La prevedibilità della decisione tra uguaglianza e appartenenza. **Rivista di diritto processuale**, ano 2015, p. 655.

205 Tradução livre de COSTANTINO, Giorgio. La prevedibilità della decisione tra uguaglianza e appartenenza. **Rivista di diritto processuale**, ano 2015, p. 655, *"In questo contesto, la prevedibilità della decisione rischia di dipendere dalla persona del giudice. Quest'ultimo, inoltre, disponendo di ampi poteri discrezionali sulla gestione del processo, è esposto ad ogni tipo di pressione, anche illecita, e non ha la possibilità di trincerarsi dietro le previsioni legali che segnano i confini dei suoi poteri."*.

206 COSTANTINO, Giorgio. La prevedibilità della decisione tra uguaglianza e appartenenza. **Rivista di diritto processuale**, ano 2015, p. 658.

Essa situação fez com que fóruns elaborassem "guias" de atuação para os magistrados, indicando as práticas mais comuns em cada localidade.

Feitas essas breves considerações acerca da situação legislativa e judiciária na Itália, pode-se ter em conta que a previsibilidade das decisões e valores como igualdade e segurança jurídica são desafios reais à prática judiciária e à teorização acerca do tema na península itálica, da mesma forma que no Brasil, aparentemente. Assim, convém a comparação, dentro dos limites propostos na presente tese, de forma a investigar possíveis soluções encontradas naquele país.

Passa-se, assim, à análise em si da jurisprudência italiana como fonte de direito, considerando que essa foi negada por muito tempo como tal pelos próprios tribunais, que, de forma contraditória, passaram a regular os efeitos de superação de precedentes, demonstrando a necessidade de estudo e análise do tema.[207-208]

[207] Sobre o tema, Luca Passanante destaca que a jurisprudência italiana sempre negou ser fonte de direito, mas que começou a falar em irretroatividade do *overruling* imprevisível, reconhecendo implicitamente sua força vinculante, além de atribuir a si uma função normativa. Cf. PASSANANTE, Luca. **Il precedente impossibile**: contributo allo studio del diritto giurisprudenziale nel processo civile. Torino: G. Giappichelli Editore, 2018, p. 8-9.

[208] Sobre a crença na legislação como única fonte do direito e sua transformação, cf. GONÇALVES, Marcelo Barbi. **Teoria geral da jurisdição**. Salvador: JusPodivm, 2020, p. 563, "Segundo a ideologia liberal-positivista dos oitocentos, o indivíduo, mercê da codificação, seria capaz de prever com segurança os efeitos jurídicos de seu comportamento. O conhecimento da lei seria suficiente para garantir a possibilidade de antecipar exatamente a reação do Direito aos fatos jurídicos. Para prever o comportamento dos órgãos estatais o homem deveria apenas, à luz do dogma iluminista da unidade, coerência e completude do ordenamento jurídico, consultar o código para saber qual efeito se conecta ao fato previsto na *fattispecie* legal. Em suma: a certeza do Direito se manifestaria como a absoluta previsibilidade dos efeitos jurídicos resultante do conhecimento de uma legislação clara, completa, enxuta, coerente e pública.". Sobre o que prevalece hoje: "Predomina, na atualidade, uma concepção argumentativa de interpretação, segundo a qual o exegeta, mercê de uma atividade dinâmica e intermediária, centrada em aspectos semânticos, mas também em estruturas argumentativas, exerce um papel reconstrutivo do ordenamento jurídico.", p. 564. Também nesse sentido, cf. GRINOVER, Ada Pellegrini. **Ensaio sobre a processualidade**: fundamentos para uma nova teoria geral do processo. Brasília: Gazeta Jurídica, 2016, p. 88, "Assim, quando uma coletividade organizada em torno de um poder universalmente reconhecido (Poder Judiciário) chama-o para solucionar conflitos concretos de interesses, surge o direito jurisprudencial típico do *ius praetorium*, e este se torna fonte do direito. As normas

1.1.2.1. Valor dos precedentes judiciais

Quando estudada a jurisprudência como fonte de direito, tendo como foco a preocupação com a sua uniformização na Itália, deve-se trazer a lume, primeiramente, o quanto prevê o texto constitucional italiano em seu artigo 101, 2º *comma*, no sentido de que os juízes estão sujeitos apenas à lei.[209] Portanto, decisões da Corte de Cassação não podem ser tomadas como expressamente vinculantes. Entretanto, o legislador italiano criou alguns obstáculos para conferir maior força às decisões da Corte de Cassação, tornando mais oneroso ao magistrado o proferimento de decisões contrárias àquelas já tomadas pela Cassação.[210]

Assim, as decisões tomadas pela Corte de Cassação não têm força vinculante expressa,[211] mas existem filtros e desestímulos para decisões jurisdicionais e recursos das partes contrários ao quanto já definido pelo tribunal, como será demonstrado a seguir.

jurídicas estão calcadas na racionalidade dedutiva (codificação), enquanto a jurisprudência, de caráter empírico, surge das exigências sociais contigentes.".

[209] Comentando esse artigo, cf. Pacífico, Luiz Eduardo. Direito processual civil italiano. In: Cruz e Tucci, José Rogério. (org.). **Direito processual civil europeu contemporâneo**, São Paulo: LEX, 2010, p.245-284, p. 248, "Finalmente, não se pode ignorar que a jurisprudência constitui fonte do direito, malgrado a Constituição enuncie o princípio de que o juiz se sujeita exclusivamente à lei (artigo 101, I), repudiando a força vinculante dos precedentes judiciais.". Sobre esse aspecto, cf. "É preciso advertir que a ideia de que "o juiz está submetido apenas à lei" tem relação com épocas autoritárias, em que predominava o arbítrio do governo e a manipulação das instituições, como, por exemplo, na época da ditadura getulista. Como as decisões judiciais, em fases de grande fervor populista e de exercício autoritário do poder, são facilmente manipuladas, inclusive a partir da própria ideologia do poder dominante, as reações a períodos desse tipo realçam a independência dos juízes, subordinando o exercício do seu poder apenas à lei, vista como expressão da vontade democrática.", p. 93, Marinoni, Luiz Guilherme. **A ética dos precedentes**: justificativa do Novo CPC. 3. ed. São Paulo: Thomson Reuters Brasil, 2018.

[210] Passanante, Luca. **Il precedente impossibile**: contributo allo studio del diritto giurisprudenziale nel processo civile. Torino: G. Giappichelli Editore, 2018, p. 44-45.

[211] Nesse sentido: Freitas, Pedro Augusto Silveira. Corte de Cassação e Corte Constitucional da Itália. In: Andrade, Érico; Gonçalves, Gláucio Maciel. (coord.). **Organização judiciária no direito comparado**: Alemanha, Espanha, Estados Unidos da América, França, Grã-Bretanha, Itália e Portugal. Rio de Janeiro: Lumen juris, 2018, p. 307.

Explicitamente, o texto constitucional afasta a jurisprudência como fonte do direito. Entretanto, a doutrina[212] e julgados rechaçam a interpretação literal do mencionado dispositivo de forma a considerar a norma em sentido *lato*, ou seja, tanto a lei, quanto a norma particular e concreta exarada a partir de um caso real como parâmetro interpretativo do magistrado.[213]

Quando se refere à lei, é usual que se considere apenas a norma positiva, ou seja, aquela geral e abstrata emanada do Poder Legislativo.[214] Em contraposição a esta, diferencia-se a norma jurisprudencial, particular e concreta, mesmo se universalizável,[215] elaborada pelo Poder Judiciário quando chamado a resolver um caso concreto.

[212] Nesse sentido: PACÍFICO, Luiz Eduardo. Direito processual civil italiano. In: CRUZ E TUCCI, José Rogério. (org.). **Direito processual civil europeu contemporâneo**, São Paulo: LEX, 2010, p.245-284. "A despeito desta premissa, não pode ser desprezada a importância do papel desempenhado pela jurisprudência – especialmente a da Corte de Cassação – para a construção do direito. A doutrina alude, a propósito, ao *diritto vivente*, resultante da consolidação, ao longo do tempo, de regras e princípios não escritos, a partir da aplicação e interpretação das leis pelas decisões judiciais. Chega-se a guindar a jurisprudência à categoria de fonte autônoma do direito.", p. 279-280.

[213] Sobre o tema: *"Oggi, inoltre, questa contraddizione fondamentale ha raggiuntolivelli prima sconosciuti, poichè la stessa giurisprudenza, che è sempre stata ferma nel negare a se stessa lo status di fonte del diritto, si "comporta" smentendo almeno in parte nei fatti questo dogma tralatizio: essa inizia a discorrere di "irretroattività" degli overruling imprevedibili, così per un verso riconoscendone implicitamente la vincolatività e, per altro verso, affidandosi ad un rimedio intrinsecamente contraddittorio, che, certamente indotto dalle pressioni della ragion pratica, le fa però dimenticare che in questo modo finisce con l'attribuire a se stessa, de facto, una funzione autenticamente normativa."*, p. 8-9, PASSANANTE, Luca. **Il precedente impossibile**: contributo allo studio del diritto giurisprudenziale nel processo civile. Torino: G. Giappichelli Editore, 2018. Este autor fala em direito jurisprudencial.

[214] Sobre o tema, cf. MARINONI, Luiz Guilherme. **A ética dos precedentes**: justificativa do novo CPC. 3. ed. São Paulo: Thomson Reuters Brasil, 2018, p. 52, "A vinculação do legislador à lei só é possível, todavia, enquanto a lei é uma norma com certas propriedades. Essas são sintetizadas na expressão de lei geral e abstrata. Para não violar a liberdade e a igualdade, a lei deveria guardar as características da generalidade e da abstração. A norma não poderia tomar em consideração alguém em específico ou ser feita para uma determinada hipóteses. A generalidade era pensada como garantia de imparcialidade do poder frente aos cidadãos – que, por serem "iguais", deveriam ser tratados sem discriminação – e a abstração como garantia da estabilidade – de longa vida – do ordenamento jurídico.".

[215] Sobre a universalização da norma judicial, cf. TARUFFO, Michele. Precedente e jurisprudência. **Revista de Processo**, v. 199, ano 2011, p. 139-155, set., 2011, "Por outro lado, e trata-

Tal diferenciação apenas é possível em razão do reconhecimento da diferença entre texto e norma[216] que muito se deve à evolução da teoria da interpretação.[217] Sobre o tema, afirma Giorgio Costantino: "Sebbene non sai ragionevole disconoscere che la "norma" effetiva sia quella

-se talvez do perfil mais relevante, a decisão dada sobre o caso precedente pode estender efeitos de alguma maneira prescritivos ou normativos sobre a decisão do caso sucessivo, porém sob a condição de que do precedente específico possa derivar-se uma regra aplicável também a outros casos, ou seja – para dizer como MacCormick –, sob a condição de que a decisão formulada em direito sobre o caso precedente seja universalizável.".

216 Marinoni, Luiz Guilherme. **A ética dos precedentes**: justificativa do novo CPC. 3. ed. São Paulo: Thomson Reuters Brasil, 2018, p. 55, "A atividade de submeter a lei à Constituição não se limitou à declaração de nulidade da lei inconstitucional, mas, diante da elaboração teórica da dissociação entre texto legal e normal, permitiu a preservação da lei mediante o afastamento das interpretações inconstitucionais e da declaração de um resultado constitucional derivado da interpretação da lei. Lembre-se que, quando a Corte Constitucional italiana efetivamente começou a funcionar – depois de um atraso de quase fez anos devido às suspeitas em relação ao judicial review –, um dos primeiros problemas que teve que resolver foi o da identificação do objeto do juízo de inconstitucionalidade. O Tribunal Constitucional concluiu que o objeto deste juízo não é o texto da lei, mas a norma (o resultado-interpretação) que é por ele expressa. Essa separação estrutural entre texto e norma trouxe dois benefícios bastante significativos [...].". No mesmo sentido posicionam-se os autores Hermes Zaneti Jr. e Carlos Frederico Bastos Pereira para afirmar que a vinculação por precedentes não é inconstitucional, cf. Pereira, Carlos Frederico Bastos; Zaneti Jr., Hermes. Por que o Poder Judiciário não legisla no modelo de precedentes do Código de Processo Civil de 2015? **Revista de Processo**, v. 257, ano 2016, p. 371-388, jul./2016, versão virtual não paginada, "A nova legislação processual nada mais é que o produto consolidado deste processo de maturação da teoria da interpretação e evolução da teoria do direito, rompendo definitivamente com o caráter persuasivo da jurisprudência ao estabelecer a vinculação formal e normativa dos precedentes judiciais (artigo 927).".

217 Sobre o tema, cf. Marinoni, Luiz Guilherme. **A ética dos precedentes**: justificativa do novo CPC. 3. ed. São Paulo: Thomson Reuters Brasil, 2018, p. 64-65, "Os valores jurídicos que orientam a decisão judicial são certeza, estabilidade e previsibilidade. A teoria da interpretação que se aproxima da época da Revolução Francesa é denominada formalista ou cognitivista. A interpretação, enquanto atividade, tem natureza cognitiva, resultando numa descrição ou declaração. Nessa teoria – que tem ao seu lado as ideias de completude e coerência do direito –, o conteúdo da lei está implícito no texto legal. O intérprete está preso a uma norma preexistente. Por isso, a interpretação, enquanto produto, é um mero enunciado descritivo, sujeito ao teste da verdade e falsidade. [...] Porém, a evolução da teoria da interpretação fez ver que o intérprete valora e decide entre um dos resultados interpretativos possíveis. A norma, portanto, não está implícita no texto legal, ou seja, não antecede à interpretação, mas dela deriva.".

che emerge dalla interpretazione giurisprudenziale dei testi normativi, [...]".[218]

Hoje, portanto, a questão não resta no reconhecimento ou não do direito jurisprudencial como fonte do direito,[219] mas nos meios pelos quais o controle da formação de precedentes deveria ser feito.[220]

Nessa perspectiva, a lei não tem interpretação unívoca, cabendo ao juiz conferir significado à norma. Diante de múltiplas interpretações e resultados possíveis, dispõe o artigo 65 do ordenamento judiciário italiano que a Corte Suprema italiana assegurará a interpretação uniforme da lei e a unidade do direito objetivo nacional,[221] exercendo a função nomofilácica, prevista no ordenamento jurídico italiano desde a década de 1940, como ilustra Luca Passanante:

> *La funzione di c.d. "nomofilachia", assegnata per la prima volta alla Cassazione dall'artigo 65 della 1.30 gennaio 1941, n. 12, è rimasta formalmente invariata fino ai giorni nostri: ora come allora, con il suo esercizio la Corte di vertice assolve al suo ruolo di organo di controlo, posto a difesa del diritto obiettivo, tessendo il raccordo tra legislazione e giurisdizione.*[222]

[218] Nesse sentido: COSTANTINO, Giorgio. La prevedibilità della decisione tra uguaglianza e appartenenza. **Rivista di diritto processuale**, ano 2015, p. 661.

[219] Sobre o tema, cf. CRUZ E TUCCI, José Rogério. **Precedente judicial como fonte do direito**. 2. ed. Rio de Janeiro: GZ, 2021, p. 6.

[220] PASSANANTE, Luca. **Il precedente impossibile**: contributo allo studio del diritto giurisprudenziale nel processo civile. Torino: G. Giappichelli Editore, 2018, p. 11.

[221] Mencionado artigo 65, *"La corte suprema di cassazione, quale organo supremo della giustizia, assicura l'esatta osservanza e l'uniforme interpretazione della legge, l'unità del diritto oggettivo nazionale, il rispetto dei limiti delle diverse giurisdizioni; regola i conflitti di competenza e di attribuzioni, ed adempie gli altri compiti ad essa conferiti dalla legge. La corte suprema di cassazione ha sede in Roma ed ha giurisdizione su tutto il territorio del regno, dell'impero e su ogni altro territorio soggetto alla sovranità dello Stato."*. Sobre o tema: "Como não resta mais qualquer dúvida de que o intérprete pode, a partir de atividades-interpretação legítimas e razoáveis, retirar mais de uma norma de um só texto legal, surge por mera consequência lógica a necessidade de conferir às Cortes de vértice a função de definir o significado atribuível à lei, sem a qual, aliás, a atividade do legislador jamais ganharia completude.", p. 93-94, MARINONI, Luiz Guilherme. **A ética dos precedentes**: justificativa do Novo CPC. 3. ed. São Paulo: Thomson Reuters Brasil, 2018.

[222] PASSANANTE, Luca. **Il precedente impossibile**: contributo allo studio del diritto giurisprudenziale nel processo civile. Torino: G. Giappichelli Editore, 2018, p. 1-2.

Exige-se, assim, previsibilidade das decisões judiciais e certeza do direito com o fim de garantir maior eficiência da justiça,[223] orientando também as partes na tomada de suas decisões processuais.[224] Entretanto, a norma jurisprudencial também pode gerar diferentes interpretações, levando a uma jurisprudência vacilante. Com isso, devem juízes e tribunais zelar "[...] pela precisão vernacular, com vistas a diminuir as zonas de incerteza no tocante ao seu conteúdo, preservando a segurança na sua aplicação.".[225]

Dessa maneira, quando da análise dos precedentes da Corte Suprema, duas preocupações são necessárias, quais sejam: (i) aquela relacionada ao mérito em si das decisões, e; (ii) aquela vinculada à previsibilidade das decisões da própria Corte.[226]

[223] Sobre o tema, cf. "O sistema processual jamais será eficiente (e legítimo) se aceitarmos os desvios de comportamento de todos os sujeitos processuais a partir de supostas práticas incrustadas e repetidas, contrárias à normatividade e à própria Constituição, ou de uma presumida incapacidade de mudar vícios percebidos pelo senso comum e naturalizados de acordo com pretensas heranças e peculiaridades especialíssimas do Brasil. Caso tais responsabilidades não sejam percebidas: (a) cada juiz continuará julgando como se estivesse em um grau zero de interpretação, em que seus posicionamentos pessoais que desconsideram a lei (e os precedentes) contaminam a eficiência qualitativa do sistema ao se manter uma anarquia interpretativa que acaba fomentando o demandismo desprovido de fundamentos; e (b) cada advogado continuará postulando e militando num sistema desprovido de qualquer previsibilidade.", Nunes, Dierle; Pedron, Flávio Quinaud; Horta, André Frederico de Sena. Os precedentes judiciais, o artigo 926 do CPC e suas propostas de fundamentação: um diálogo com concepções contrastantes. **Revista de Processo**, v. 263, ano 2017, p. 335-396, jan., 2017.

[224] Sobre o tema, cf. Costantino, Giorgio. La prevedibilità della decisione tra uguaglianza e appartenenza. **Rivista di diritto processuale**, ano 2015. No mesmo sentido: Marinoni, Luiz Guilherme. **A ética dos precedentes**: justificativa do novo CPC. 3. ed. São Paulo: Thomson Reuters Brasil, 2018, p. 96.

[225] Mancuso, Rodolfo de Camargo. **Sistema brasileiro de precedentes**: natureza, eficácia, operacionalidade. 2. ed. São Paulo: Revista dos Tribunais, 2016, p. 37, "Do contrário, ao invés de servir como fator sumarizante dos ritos e aceleratório dos julgamentos, com aptidão para ofertar tratamento isonômico aos casos análogos, o dado jurisprudencial, ao consentir leituras diversas, porventura até contraditórias, aumentará a insegurança jurídica e assim se tornará parte do problema, ao invés de contribuir para sua resolução ou amenização.".

[226] Nessa direção: Costantino, Giorgio. La prevedibilità della decisione tra uguaglianza e appartenenza. **Rivista di diritto processuale**, ano 2015. Luca Passanante coloca a questão nos seguintes termos: não há mais dúvida de que a jurisprudência seja fonte de direito.

Convém, assim, analisar a força do precedente no sistema italiano a partir de tal perspectiva. Quanto (i) ao juízo de mérito, deve-se cindir a presente análise em duas vertentes: para o processo em que determinado o juízo de reenvio,[227] ou seja, análise interna; e para os processos subsequentes ao julgamento tomado como parâmetro, considerando assim a eficácia externa e expansiva do precedente. Destaca-se que o juízo de reenvio é aquele pelo qual a Corte de Cassação define a interpretação sobre a questão de direito, que deve ser seguida pelo juízo ordinário, não aplicando o direito ao caso concreto. Esse tema será objeto de análise mais detida adiante.

Assim, analisando-se o precedente no sistema italiano têm-se duas perspectivas: mérito e previsibilidade. Quanto a esta última perspectiva, há força persuasiva em razão da autoridade do julgado, de sua coerência, plausibilidade jurídica e rigor na argumentação em relação à eficácia externa do precedente.[228]

O próprio Código de Processo Civil italiano, em seu artigo 118, 1º *comma,* dispõe que precedentes fazem parte da fundamentação da decisão.[229] Além disso, há eficácia externa do precedente quando utilizado

A questão atual é como controlá-la, cf. Passanante, Luca. **Il precedente impossibile**: contributo allo studio del diritto giurisprudenziale nel processo civile. Torino: G. Giappichelli Editore, 2018, p. 11.

[227] Sobre o tema, cf. Souza, Artur César de; Souza, João Henrique Tatibana de. Sistemas recursais das cortes superiores no direito comparado. **Revista de Processo**, v. 284, ano 2018, p. 427-462, out., 2018, "A característica fundamental da Corte de Cassação italiana é de que se trata de um órgão jurisdicional supremo de controle de legitimidade das decisões dos juízes inferiores, desenvolvendo exclusivamente um controle de legitimidade sobre tais decisões. Disso decorre que quando a decisão da Cassação é de tal maneira a comportar um novo juízo sobre o mérito da causa, esse juízo é devolvido a um órgão jurisdicional de mérito, denominado "juízo de reenvio", que decidirá a causa observando o "princípio de direito" emanado da Corte de Cassação, tendo em vista que a Corte de Cassação constitui o vértice unitário do sistema das impugnações, e, em especial, pelo fato de que se espera que ela sirva de guia e de ponto de referência à interpretação correta da lei por parte dos outros juízes.".

[228] Costantino, Giorgio. La prevedibilità della decisione tra uguaglianza e appartenenza. **Rivista di diritto processuale**, ano 2015.

[229] Artigo 118, 1° comma, disp. att. c.p.c. *«la motivazione della sentenza di cui all'articolo 132, secondo comma, numero 4), del codice consiste nella succinta esposizione dei fatti rilevanti della causa e delle ragioni giuridiche della decisione, anche con riferimento a precedenti conformi».*

para inadmitir apelo das partes com base em precedentes da corte.[230] Dessa maneira, a vinculação ao precedente dar-se-ia pela mera possibilidade de anulação da decisão que lhe fosse contrária.[231]

No que toca ao próprio processo em que determinado o reenvio, há força vinculante[232] em relação ao quanto determinado pela Corte de Cassação.[233] Merece destaque a diminuição do campo de incidência do juízo de reenvio, que será objeto de análise mais aprofundada adiante, vez que contrastante ao princípio da duração razoável do processo.[234]

Vale destacar também que a diferenciação entre *ratio decidendi* e *obiter dictum* – temas tradicionais na operacionalização de precedentes – é conhecida e utilizada na Itália,[235] mas sem qualquer rigor. Assim,

230 Nessa direção: *"Se l'organo supremo della giustizia ha deciso una controversia in un determinado modo, è ragionevole prevedere che definirà nello stesso modo controversie simili, cosicché, ai sensi dell'artigo 360 bis, n. 1, c.p.c., il ricorso è manifestamente infondato, quando il provvedimento impugnato ha deciso le questioni di diritto in modo conforme alla giurisprudenza della Corte e l'esame dei mottivo non offre elementi da confermare o mutare l'orientamento della stessa."*, COSTANTINO, Giorgio. La prevedibilità della decisione tra uguaglianza e appartenenza. **Rivista di diritto processuale**, ano 2015, p. 661.

231 COSTANTINO, Giorgio. La prevedibilità della decisione tra uguaglianza e appartenenza. **Rivista di diritto processuale**, ano 2015, p. 662.

232 Sobre o tema: *"Le decisioni della Cassazione, ai sensi dell'artigo 384, co. 2º, c.p.c., sono vincolanti soltanto per il giudice di rinvio, "il quale deve uniformarsi al principio di diritto e comunque a quanto statuito dalla Corte", ma si trata di una questione interna al processo."*, p. 661, COSTANTINO, Giorgio. La prevedibilità della decisione tra uguaglianza e appartenenza. **Rivista di diritto processuale**, ano 2015.

233 "[...] a Corte de Cassação é um tribunal de cúpula, encarregado de função predominantemente nomofilácica, destinada a assegurar a uniformização da jurisprudência e assegurar o exato cumprimento da lei, bem como de regular os limites entre as diversas "justiças" (justiças comum, administrativa e especializadas). A Corte é dividida em seções compostas por cinco magistrados, que também passam por concurso para ascender na carreira, havendo em sua composição uma parcela de vagas preenchidas por professores titulares de direito e por advogados com larga experiência profissional, autorizados para funcionar nos órgãos jurisdicionais superiores. A seção civil é composta por 170 magistrados [...]", p. 253, PACÍFICO, Luiz Eduardo. Direito processual civil italiano. In: CRUZ E TUCCI, José Rogério. (org.). **Direito processual civil europeu contemporâneo**, São Paulo: LEX, 2010, p. 245--284.

234 Nesse sentido: PISANI, Andrea Proto. Crisi della cassazione: la (non più rinviabile) necessitá di una scelta. **Revista de Processo,** v. 157, p. 261-268, ano 2008.

235 Confirmando o quanto afirmado: *"In questa prospettiva, come ha insegnato Gino Gorla e come ritiene l'assoluta maggioranza degli studiosi dell'argomento, l'obiter dictum non costituisce precedente;*

podem-se encontrar casos em que o *obiter dictum* funcionou como precedente em caso sucessivo, como se *ratio decidendi* fosse. Tal situação ocorre, segundo Michele Taruffo, pois "[...] quem formula o enunciado frequentemente extrai do texto da sentença qualquer enunciação jurídica sem verificar se essa é a base efetiva da decisão". [236]

Apesar de problemas práticos relativos à operacionalização dos precedentes, como demonstrado acima, a importância atribuída a estes é crescente.

Em 2006, na reforma legislativa da cassação, passou-se a admitir recurso para esta Corte pelo Procurador Geral, independentemente do caso concreto, desde que existisse uma questão de direito de *particular importância*. O objetivo premente de tal instrumento é "[...] nortear futuros julgamentos sobre questões de particular importância.".[237] Além disso, de ofício, pode a Corte decidir a questão de direito, mesmo quando não conhecido do recurso, desde que compute a *particular relevância* da questão.[238]

Quanto (ii) à previsibilidade das decisões da própria Corte de Cassação italiana, o tema é sensível, vez que se julga uma enxurrada de casos anualmente,[239] dificultando a manutenção de uma mesma posição lógica

questo è limitato alla ratio decidendi, in riferimento alla concreta fattispecie oggetto del giudizio.", p. 661-662, COSTANTINO, Giorgio. La prevedibilità della decisione tra uguaglianza e appartenenza. **Rivista di diritto processuale**, ano 2015.

[236] Nesse sentido: TARUFFO, Michele. Precedente e jurisprudência. **Revista de Processo**, v. 199, ano 2011, p. 139-155, set., 2011.

[237] PACÍFICO, Luiz Eduardo. Direito processual civil italiano. In: CRUZ E TUCCI, José Rogério. (org.). **Direito processual civil europeu contemporâneo.** São Paulo: LEX, 2010, p. 280. Sobre o tema: PASSANANTE, Luca. **Il precedente impossibile**: contributo allo studio del diritto giurisprudenziale nel processo civile. Torino: G. Giappichelli Editore, 2018, p. 15, *"Il mutamento qualitativo (oltre che quantitativo) del principio di diritto si percepisce non solo "a valle", nella misura in cui esso si affranca dalla sua funzione di vincolo per il giudice del rinvio, ma anche "a monte", divenendo strumento indipendente dall'iniziativa delle parti, consegnato nuovamente – con una formula più convincente di quella antica – nelle mani del Procuratore generale e, per la prima volta, in quelle della stessa Cassazione, che ne è oggi padrona quasi assoluta, potendolo enunciare sempre: qualunque sia il motivo di ricorso, sia quando accoglie, sai quando rigetta, sia quando dichiara inammissibile il ricorso, purchè ritenga che la questione decisa sia di particolare importanza."*.

[238] PASSANANTE, Luca. **Il precedente impossibile**: contributo allo studio del diritto giurisprudenziale nel processo civile. Torino: G. Giappichelli Editore, 2018, p. 14.

[239] Michele Taruffo aponta que esse número chega a 50 mil casos ao ano. TARUFFO, Michele. Precedente e jurisprudência. **Revista de Processo**, v. 199, ano 2011, p. 139-155,

e enraizada para casos semelhantes.[240] A própria pesquisa de casos é dificultada, impossibilitando, por vezes, afirmações sobre a uniformidade ou não sobre o tema na Corte de Cassação. Assim, espera-se que precedentes sejam observados horizontalmente, ou seja, pelo mesmo órgão jurisdicional que os proferiu. Entretanto, teoricamente, aos juízes ou tribunais, é deixada uma margem de argumentação para aplicar ou afastar determinado precedente, desde que devidamente demonstrada a distinção ou a necessidade de superação da tese jurídica estabelecida.

Na prática judiciária italiana, aponta Michele Taruffo que "[...] a regra é bem mais o emprego casual, confuso, desordenado e tudo somado irracional, de grupos de sentenças escolhidas sem nenhum critério, mais ou menos numerosas segundo a paciência do copista ou, atualmente, da rapidez do computador.".[241]

Assim, o problema não reside na alteração de entendimento da Corte, vez que esse processo é natural no decorrer do tempo,[242] mas na forma com que essas alterações ocorrem abruptamente e sem critérios que as justifiquem seriamente, o que ocorre frequentemente na Corte italiana, segundo afirma Michele Taruffo.[243]

set., 2011. Também nesse sentido: PISANI, Andrea Proto. *Crisi della cassazione: la (non più rinviabile) necessitá di una scelta*. **Revista de Processo,** v. 157, p. 261-268, ano 2008.

[240] Sobre o tema, cf. TARUFFO, Michele. Precedente e jurisprudência. **Revista de Processo**, v. 199, ano 2011, p. 139-155, set., 2011, "A consulta aos repertórios, ou aos dados fornecidos pela CED da Cassação, oferece prova eloquente disso. Por outro lado, o número incontrolado das decisões favorece uma adicional degeneração, ou seja, a verificação amiúde de incoerência e, frequentemente, de evidentes contradições e de repentinas mudanças de orientação, no âmbito da mesma jurisprudência da Cassação.".

[241] TARUFFO, Michele. Precedente e jurisprudência. **Revista de Processo**, v. 199, ano 2011, p. 139-155, set., 2011.

[242] Segundo Luiz Guilherme Marinoni, "Um precedente está em condições de ser revogado quando deixa de corresponder aos padrões de congruência social e consistência sistêmica [...]". MARINONI, Luiz Guilherme. Comentários aos arts. 926 – 928. In: ARRUDA ALVIM, Teresa; DANTAS, Bruno; DIDIER JR., Fredie; TALAMINI, Eduardo (coord.). **Breves comentários ao Novo Código de Processo Civil.** São Paulo: Revista dos Tribunais, 2015, p. 2080.

[243] TARUFFO, Michele. Precedente e jurisprudência. **Revista de Processo**, v. 199, ano 2011, p. 139-155, set., 2011.

Na tentativa de alterar a realidade da Corte de Cassação e incrementar a previsibilidade de suas decisões, reformou-se a legislação processual para determinar que "[...] a seção simples que considere não seguir a orientação das Seções Unidas não poderia decidir diversamente, mas deveria remeter a estas a decisão do recurso.",[244] o que foi duramente criticado pela doutrina,[245] vez que se trata de uma obrigação estabelecida sem qualquer sanção.[246]

Apesar das diversas reformas legislativas implementadas com o fim de garantir maior previsibilidade às decisões judiciais, decisões conflitantes são frequentemente encontradas. Giorgio Costantino aponta que tal situação se deve à grande carga de trabalho da Corte de Cassação italiana e a consequente dificuldade em cumprir todas as suas tarefas.[247]

Feitas tais considerações acerca do valor dos precedentes na Itália genericamente, notou-se a presença de três institutos que merecem maior análise, considerando a finalidade do presente trabalho, quais sejam: (a) o juízo de reenvio; (b) o recurso no interesse da lei, e; (c) o envio para as seções unidas da decisão de recurso pela seção simples sempre que houver potencial divergência de entendimento.

[244] TARUFFO, Michele. Precedente e jurisprudência. **Revista de Processo**, v. 199, ano 2011, p. 139-155, set., 2011.

[245] TARUFFO, Michele. Precedente e jurisprudência. **Revista de Processo**, v. 199, ano 2011, p. 139-155, set., 2011. Michele Taruffo critica a Reforma da Cassação como um todo, destacando esse ponto, dentre outros.

[246] Sobre o tema, cf. COSTANTINO, Giorgio. La prevedibilità della decisione tra uguaglianza e appartenenza. **Rivista di diritto processuale**, ano 2015, p. 663, *"Sennonchè la violazioni di questa disposizione è priva di conseguenze: se una sezione semplice disattende le indicazioni delle sezioni unite, il provvedimento non è impugnabile, né sono previste sanzioni nei confronti dei magistrati."*.

[247] COSTANTINO, Giorgio. *La prevedibilità della decisione tra uguaglianza e appartenenza.* ***Rivista di diritto processuale***, ano 2015.

1.1.2.2. Juízo de reenvio

A função tradicional[248] da Corte de Cassação italiana consiste no exercício da função cassacional através do exercício do juízo de reenvio,[249] pelo qual a Corte define a interpretação sobre a questão de direito que deve ser seguida pelo juízo ordinário,[250] sem efetivamente aplicar a interpretação dada ao caso concreto por si própria.[251] A aplicação da interpretação determinada como adequada será feita por um juiz de mesmo grau de jurisdição daquele que proferiu a decisão cassada.[252] Tal

[248] Sobre a origem da função de cassação, cf. MACHADO, Fábio Cardoso. Da uniformização jurídico-decisória por vinculação às súmulas de jurisprudência: objeções de ordem metodológica, sócio-cultural e político-jurídica. **Revista de Processo**, v. 124, ano 2005, p. 123-148, jun.,2005, versão virtual não paginada, "Contudo, apesar do genético propósito autoritário da *Cassation*, as decisões proferidas pelo antigo Tribunal se abstinham de decidir a causa em questão, a fim de não usurpar funções judiciais que não lhe competiam. As decisões proferidas em sede de cassação tinham caráter puramente negativo, pois não determinavam como deveria ser julgada a causa pelo juiz de reenvio, que mantinha liberdade para fazê-lo conforme o seu convencimento.".

[249] Sobre as funções da Corte de Cassação, cf. FREITAS, Pedro Augusto Silveira. Corte de Cassação e Corte Constitucional da Itália. In: ANDRADE, Érico; GONÇALVES, Gláucio Maciel. (coord.). **Organização judiciária no direito comparado**: Alemanha, Espanha, Estados Unidos da América, França, Grã-Bretanha, Itália e Portugal. Rio de Janeiro: Lumen juris, 2018, p. 306, "A Corte de Cassação, de acordo com expressa previsão legal — artigo 65 do Decreto Real den. 12 de 1941—, possui as funções de: i. assegurar a exata observância e a interpretação uniforme da lei; ii. Garantir a unidade da lei objetiva italiana; iii. Controlar o respeito aos limites das várias jurisdições e regular os conflitos de jurisdição e de atribuições.".

[250] Não há a possibilidade de o juízo de reenvio rebelar-se, ignorando a interpretação dada pela Corte de Cassação. Cf. ALPA, Guido; CALAMANDREI, Silvia; CONDOJANNI, Francesco Marullo di. **Piero Calamandrei e il nuovo Codice di procedura civile (1940).** Bologna: il Mulino, 2018, p. 53-54, "<*E si*> *[Si] è altresì stabilito che la pronuncia della Corte di cassazione sulla* quaestio iuris *abbia in ogni caso imediata efficacia vincolante per il giudice di rinvio.*".

[251] Segundo Pedro Freitas, a necessidade da época era de uma Corte de supervisão do Poder Judiciário, cf. FREITAS, Pedro Augusto Silveira. Corte de Cassação e Corte Constitucional da Itália. In: ANDRADE, Érico; GONÇALVES, Gláucio Maciel. (coord.). **Organização judiciária no direito comparado**: Alemanha, Espanha, Estados Unidos da América, França, Grã-Bretanha, Itália e Portugal. Rio de Janeiro: Lumen juris, 2018.

[252] Artigo 383 do CPC italiano: "*La Corte, quando accoglie il ricorso per motivi diversi da quelli richiamati nell'articolo precedente, rinvia la causa ad altro giudice di grado pari a quello che ha pronunciato la sentenza cassata.*". A função revisional também será exercida pela Corte de Cassação, quando a causa estiver madura para julgamento, ou seja, quando não depender de ulte-

dinâmica é viabilizada a partir da interposição do recurso de cassação.[253] Entretanto, atualmente, a função da Corte está expandida, como será demonstrado adiante.[254]

Conhecido o recurso pela Corte de Cassação[255], exerce-se a função nomofilácica em seu aspecto negativo, ou seja, a garantia da exata observância da lei através da cassação da decisão divergente da jurisprudência consolidada da Corte, determinando-se qual deve ser a interpretação dada à norma e aplicada ao caso concreto.[256] Tal função é exercida

riores definições probatórias (artigo 384, CPC italiano: "*La Corte, quando accoglie il ricorso, cassa la sentenza rinviando la causa ad altro giudice, il quale deve uniformarsi al principio di diritto e comunque a quanto statuito dalla Corte, ovvero decide la causa nel merito qualora non siano necessari ulteriori accertamenti di fatto.*").

[253] A partir dessa dinâmica, a Corte controla a decisão objeto de recurso e zela pelo direito objetivo. Sobre o tema, cf. Freitas, Pedro Augusto Silveira. Corte de Cassação e Corte Constitucional da Itália. In: Andrade, Érico; Gonçalves, Gláucio Maciel. (coord.). **Organização judiciária no direito comparado**: Alemanha, Espanha, Estados Unidos da América, França, Grã-Bretanha, Itália e Portugal. Rio de Janeiro: Lumen juris, 2018. No mesmo sentido: Cunha, Leonardo Carneiro da. A Cassação e o Superior Tribunal de Justiça brasileiro. **Revista de Processo**, v. 299, ano 2020, jan., 2020, versão virtual não paginada, "Assim, a Corte de Cassação tem duas funções: (a) a de garantir a observância da lei, protegendo os interesses das partes e garantindo-lhes uma decisão correta e sem vícios (nesse caso, age de maneira retrospectiva e reativa, em direção ao passado, tutelando o direito subjetivo); e, (b) a de promover a unificação e coordenação na interpretação das leis (nesse caso, age de maneira prospectiva e proativa, em direção ao futuro, tutelando o direito objetivo e desempenhando uma função normativa).". Giovanni Bonato também aponta essa cisão de funções da Corte de Cassação através do recurso de cassação, cf. Bonato, Giovanni. O filtro ao recurso de cassação no sistema jurídico italiano. **Revista de Processo**, v. 249, ano 2015, p. 249-274, nov., 2015.

[254] Sobre a origem da Cassação, cf. Cunha, Leonardo Carneiro da. A Cassação e o Superior Tribunal de Justiça brasileiro. **Revista de Processo**, v. 299, ano 2020, jan., 2020.

[255] Sobre as hipóteses de cabimento do recurso de cassação, cf. Bonato, Giovanni. O filtro ao recurso de cassação no sistema jurídico italiano. **Revista de Processo**, v. 249, ano 2015, p. 249-274, nov., 2015, versão virtual não paginada, "O recurso de cassação é cabível contra as sentenças proferidas em grau de apelação ou em único grau, como dispõe o artigo 360 do CPC, e contra todo outro provimento do juiz (ordenação e decreto) com conteúdo decisório e com caráter definitivo (irrecorrível), [...].".

[256] Pedro Augusto Silveira Freitas destaca que a posição de vértice da Corte de Cassação quanto à interpretação da legislação italiana ganha relevo em razão da impossibilidade de revisão de sua decisão por qualquer outro órgão jurisdicional, cf. Freitas, Pedro Augusto Silveira. Corte de Cassação e Corte Constitucional da Itália. In: Andrade, Érico; Gon-

pelas seções simples da Corte.[257] A Corte de Cassação não aplicará diretamente a interpretação dada ao caso, mas determinará a sua aplicação pelo órgão jurisdicional das instâncias ordinárias, como mencionado.

Em 1990, em razão de uma reforma legislativa, a Corte de Cassação foi autorizada a julgar diretamente o mérito quando a produção de provas não se mostrasse mais necessária. O intento da reforma legislativa foi economizar tempo no processo, evitando-se o reenvio para novo julgamento.[258]

Em 1999, com a reforma do texto constitucional, o acesso à Corte de Cassação passa a ser uma garantia de todo cidadão, com previsão no artigo 111 da Constituição italiana.

Em 2006, após mais uma reforma legislativa, a possibilidade de julgamento imediato do recurso de cassação foi ampliada para também abarcar a violação da lei processual.[259]

Assim, apesar de um delineamento teórico claro, a Corte de Cassação vive uma dualidade entre a necessidade de analisar uma imensidade de recursos todos os anos – em razão da garantia de acesso à Corte prevista constitucionalmente –, o que é feito por vários julgadores e seções, como será adiante explanado, e exercer sua função nomofilácica com efetividade, o que não é fácil diante do grande número de casos julgados.[260]

çalves, Gláucio Maciel. (coord.). **Organização judiciária no direito comparado**: Alemanha, Espanha, Estados Unidos da América, França, Grã-Bretanha, Itália e Portugal. Rio de Janeiro: Lumen juris, 2018, p. 313.

257 Passanante, Luca. **Il precedente impossibile**: contributo allo studio del diritto giurisprudenziale nel processo civile. Torino: G. Giappichelli Editore, 2018, p. 52.

258 Cunha, Leonardo Carneiro da. A Cassação e o Superior Tribunal de Justiça brasileiro. **Revista de Processo**, v. 299, ano 2020, jan., 2020.

259 Sobre a evolução do juízo de reenvio em sucessivas reformas legislativas, cf. Bonato, Giovanni. O filtro ao recurso de cassação no sistema jurídico italiano. **Revista de Processo,** v. 249, ano 2015, p. 249-274, nov., 2015.

260 Souza, Artur César de; Souza, João Henrique Tatibana de. Sistemas recursais das cortes superiores no direito comparado. **Revista de Processo**, v. 284, ano 2018, p. 427-462, out., 2018, versão virtual não paginada, "Necessita-se, por outro lado, revelar que existem graves disfunções, para as quais parece ser muito difícil encontrar determinado remédio, havendo necessidade de inúmeros interventos de reforma. Uma carga longa e excessiva de trabalho (a Corte já chegou a pronunciar em um ano mais de 30.000 sentenças em matéria cível) torna o procedimento inevitavelmente lento, de modo que não raro a sentença da cassação atinge vários anos de distância do momento em que o recurso foi proposto.".

1.1.2.3. Recurso no interesse da lei

Além da diminuição das hipóteses em que é realizado o reenvio, houve modificação da legislação para permitir que o procurador geral, mesmo quando as partes não tenham recorrido ou tenham renunciado ao recurso, possa pedir à Corte de Cassação que determine a interpretação que mereça ser dada à determinada questão de direito em razão do interesse da lei mesmo sem análise do recurso no caso concreto.[261]

Michele Taruffo e Daniel Mitidiero apontam que tal previsão (artigo 363, CPC italiano), ao conferir ao Ministério Público a legitimidade para interpor recurso no interesse da lei, mesmo não assumindo a condição de parte, visa a resguardar o processo do modelo inquisitório,[262]-[263] que seria indesejado em razão da previsão constitucional do devido processo legal regulado pela lei diante da observância das garantias mínimas da imparcialidade e da *terzietà* do órgão jurisdicional mediante o contraditório das partes em paridade de armas.[264] Entretanto, Christoph A. Kern defende que:

[261] Afirmam os autores que o recurso no interesse da lei, independentemente do recurso interposto pela parte, é um meio próprio para chamar a atenção da Corte de Cassação sobre a hesitação da jurisprudência. Cf., ALPA, Guido; CALAMANDREI, Silvia; CONDOJANNI, Francesco Marullo di. **Piero Calamandrei e il nuovo Codice di procedura civile (1940).** Bologna: il Mulino, 2018, p. 53.

[262] MITIDIERO, Daniel; TARUFFO, Michele. **A justiça civil**: da Itália ao Brasil, dos setecentos a hoje. São Paulo: Revista dos Tribunais, 2018, p. 321, "A sua colocação no processo permanece sendo, contudo, a de "parte pública", em que justamente a qualidade de parte impede a transformação da estrutura global do procedimento em algo realmente inquisitório.".

[263] Sobre o processo inquisitório, vale o aprofundamento proposto por Fredie Didier Jr., cf. DIDIER JR., Fredie. Os três modelos de direito processual: inquisitivo, dispositivo e cooperativo. **Revista de Processo**, v. 198, ano 2011, p. 213-226, ago., 2011, "Em suma, o modelo adversarial assume a forma de competição ou disputa, desenvolvendo-se como um conflito entre dois adversários diante de um órgão jurisdicional relativamente passivo, cuja principal função é a de decidir. O modelo inquisitorial (não adversarial) organiza-se como uma pesquisa oficial, sendo o órgão jurisdicional o grande protagonista do processo. No primeiro sistema, a maior parte da atividade processual é desenvolvida pelas partes; no segundo, cabe ao órgão judicial esse protagonismo.".

[264] Cf. artigo 111 da Constituição italiana e os comentários sobre o tema tecidos por Luigi Paolo Comoglio, cf. COMOGLIO, Luigi Paolo. Il *"giusto processo" civile nella dimensione comparatistica*. **Revista de Processo**, v. 108, ano 2002, p. 133-183, out.-dez., 2002.

> Processos adversariais parecem estar mais ao lado de um papel de "interesse privado" da Corte Suprema, enquanto que processos inquisitoriais parecem corresponder à ideia do papel de "interesse público" da Corte Suprema. Contudo, o valor dessa distinção nos procedimentos recursais da Corte Suprema é limitado, já que Cortes Supremas normalmente tratam exclusivamente de questões de direito, salvo erros processuais.[265]

Como a própria Corte, oficiosamente, pode fazê-lo, ou seja, fixar o entendimento para a questão de direito em debate, mesmo quando não conheça o recurso da parte, há que se considerar que a discussão não tem relação com o processo, se no modelo adversarial ou inquisitivo, nos termos em que defende o autor acima citado.

Para Luca Passanante,[266] trata-se da função nomofilácica da Corte de Cassação no modelo consultivo, ou seja, não para resolver a lide do caso concreto, mas para pautar casos futuros semelhantes, determinando a adequada interpretação de determinada norma.[267]

Anteriormente, a forma de interpretação de determinada lei ficava restrita ao juízo de reenvio, como foi explicado anteriormente. Com o recurso no interesse da lei, determinada a interpretação, que merece ser conferida à norma, ela é direcionada a todos os juízes, os quais são seus potenciais destinatários.[268]

[265] KERN, Christoph A. O Papel das Cortes Supremas. Traduzido por Ronaldo Kochem e Maria Angélica Feijó. **Revista dos Tribunais**, vol. 948, ano 2014, out., 2014, versão virtual não paginada. Continua o autor: "Ademais, a distinção entre processos adversarial e inquisitorial é ilusória, ao menos no que toca o processo civil.".

[266] PASSANANTE, Luca. **Il precedente impossibile**: contributo allo studio del diritto giurisprudenziale nel processo civile. Torino: G. Giappichelli Editore, 2018, p. 17, *"La Cassazione, in altri termini, qui non avvertirà "il peso" del caso concreto ed enuncerà il principio di diritto inevitabilmente più come se stesse rendendo un parere, che decidendo una causa, ben consapevole che in questo contesto essa esercita una nomofilachia che si esplica in una forma consultiva, piutosto che contenziosa."*.

[267] Sobre o tema, cf. PASSANANTE, Luca. **Il precedente impossibile**: contributo allo studio del diritto giurisprudenziale nel processo civile. Torino: G. Giappichelli Editore, 2018, p. 14-15. Adiante, demonstraremos os motivos pelos quais não nos alinhamos à tal posição.

[268] PASSANANTE, Luca. **Il precedente impossibile**: contributo allo studio del diritto giurisprudenziale nel processo civile. Torino: G. Giappichelli Editore, 2018, p. 14.

A fixação da questão de direito no interesse da lei ocorrerá quando a Corte entenda existir *particular importância à questão*,[269] o qual constitui conceito jurídico indeterminado, conferindo grande poder à Corte,[270] que exerceria, na concepção trazida, a função nomofilácica consultiva com o fim de fazer prevalecer o *ius constitutionis*.[271]

Assim, após a análise do juízo de reenvio e do recurso no interesse da lei, a função dupla da Corte de Cassação fica clara, nos dizeres de Giovanni Bonato[272]:

> Diante disso, a Corte de Cassação é encarregada de duas funções: a do controle da correta aplicação e da "exata observância" da lei pelo juiz inferior, prolator do provimento recorrido, que se destina a invalidá-lo e, em algumas hipóteses, a rejulgar a causa no mérito; e a uniformizadora, que visa a unificar e a coordenar a interpretação e a aplicação das leis, garantindo a homogênea evolução da jurisprudência.[273]

Em razão dessa dupla função assumida pela Corte de Cassação, (i) preocupada em observar a garantia constitucional do *ius litigatoris*,[274] ou o interesse privado,[275] e; (ii) preocupada com a tutela do *ius constitutionis*

[269] PASSANANTE, Luca. **Il precedente impossibile**: contributo allo studio del diritto giurisprudenziale nel processo civile. Torino: G. Giappichelli Editore, 2018, p. 15.

[270] Passanante compara o recurso no interesse da lei com base na importância e desvinculado do caso concreto ao *writ of certiorari*, cf. PASSANANTE, Luca. **Il precedente impossibile**: contributo allo studio del diritto giurisprudenziale nel processo civile. Torino: G. Giappichelli Editore, 2018, p. 18.

[271] Nesse sentido, cf. KERN, Christoph A. O Papel das Cortes Supremas. Traduzido por Ronaldo Kochem e Maria Angélica Feijó. **Revista dos Tribunais**, v. 948, ano 2014, out., 2014.

[272] E de outros, como: FREITAS, Pedro Augusto Silveira. Corte de Cassação e Corte Constitucional da Itália. In: ANDRADE, Érico; GONÇALVES, Gláucio Maciel. (coord.). **Organização judiciária no direito comparado**: Alemanha, Espanha, Estados Unidos da América, França, Grã-Bretanha, Itália e Portugal. Rio de Janeiro: Lumen juris, 2018. No mesmo sentido: CUNHA, Leonardo Carneiro da. A Cassação e o Superior Tribunal de Justiça brasileiro. **Revista de Processo**, v. 299, ano 2020, jan., 2020.

[273] BONATO, Giovanni. O filtro ao recurso de cassação no sistema jurídico italiano. **Revista de Processo**, v. 249, ano 2015, p. 249-274, nov., 2015, versão virtual não paginada.

[274] Constituição italiana, artigo 111, parte 7.

[275] Para Christoph A. Kern o interesse privado seria: "[...] o interesse que as partes em um litígio têm em obter uma decisão correta sobre seus casos individuais (justiça individual).

e sua função nomofilácica, no sentido de interesse público,[276-277] a Corte de Cassação italiana assume função dupla,[278] que levou à formação da expressão "vértice ambíguo".[279]

A partir dessa perspectiva, a Corte Suprema é vista como a corte com os juízes mais qualificados, que descobrirão e corrigirão os erros das cortes inferiores.", versão virtual não paginada, KERN, Christoph A. O Papel das Cortes Supremas. Traduzido por Ronaldo Kochem e Maria Angélica Feijó. **Revista dos Tribunais**, v. 948, ano 2014, out., 2014.

[276] Por sua vez, o interesse público seria, para Christoph A. Kern: "Por sua vez, o "interesse público" – de acordo com essa lógica – pode ser definido como qualquer interesse *geral* na decisão de um caso individual, isso é: um interesse que alguém mais, *i. e.*, uma pessoa diferente das partes do litígio, possa ter. Tipicamente, o interesse geral a que é aludido, nesse contexto, é o interesse em uma aplicação uniforme do direito e, em sistemas jurídicos mais modernos, o interesse no desenvolvimento do direito. Através dessas lentes, a Corte Suprema é vista como corte cujos juízes têm a melhor visão sobre a aplicação do direito pelas cortes inferiores e podem, portanto, corrigir qualquer desvio e, caso o sistema jurídico permita-os a assim fazer, desenvolver o direito em áreas onde, devido à falta de precedentes ou de normas jurídicas, ainda não exista segurança jurídica (*legal certainty*) (orientando) – uma "Corte Suprema" *stricto sensu*, na abordagem que distingue "Cortes Superiores" e "Cortes Supremas". Por sua vez, clareza e aplicação uniforme do direito reforçam a previsibilidade e, por isso, a confiança. Fomenta a fé pública no sistema de cortes e nas instituições públicas em geral.", Versão virtual não paginada, KERN, Christoph A. O Papel das Cortes Supremas. Traduzido por Ronaldo Kochem e Maria Angélica Feijó. **Revista dos Tribunais**, v. 948, ano 2014, out., 2014.

[277] GRECO, Leonardo. Publicismo e privatismo no processo civil. **Revista de Processo,** v. 164, ano 2008, p. 29-56, out., 2008, versão virtual não paginada, "A concepção publicista do processo também é responsável pela substancial limitação dos recursos, que transforma a apelação apenas numa instância de revisão, dificulta o recurso imediato contra decisões interlocutórias e limita a cassação, que considera um mero instrumento de tutela do direito objetivo, na concepção calamandreiana.".

[278] Christoph A. Kern coloca que a dualidade entre público e privado é uma questão comum quando da análise da função das Cortes Supremas e persiste mesmo quando recursos no interesse da lei são previstos. Cf. KERN, Christoph A. O Papel das Cortes Supremas. Traduzido por Ronaldo Kochem e Maria Angélica Feijó. **Revista dos Tribunais**, v. 948, ano 2014, out., 2014.

[279] TARUFFO, Michele. **Il vertice ambiguo: saggi sulla cassazione civile**. Bologna: Il Mulino, 1991. Comentando as duas funções, cf. BONATO, Giovanni. O filtro ao recurso de cassação no sistema jurídico italiano. **Revista de Processo**, v. 249, ano 2015, p. 249-274, nov., 2015, versão virtual não paginada, "Essas duas funções são complementares e interligadas, apesar de uma atingir o interesse individual dos litigantes e a outra um interesse objetivo público.".

Tal dualidade está presente em quase todas as Cortes Superiores, conforme aponta Christoph A. Kern e não leva necessariamente a uma lógica maniqueísta inconciliável:

> Não é surpresa que os "interesses públicos" possam ser traduzidos em "interesses privados". "Interesses públicos" são, ou deveriam ser, a soma ponderada de interesses privados, que um indivíduo pode não apreciar completamente em sua situação particular, mas que são pré-requisitos, em uma escala mais ampla, para uma sociedade coerente.[280]

Como exemplo, cita o autor mencionado que a impossibilidade de acesso à Corte significará para as partes a segurança da ciência do fim antecipado do processo.[281] Entretanto, a Corte de Cassação italiana possui traços peculiares, que serão adiante demonstrados, que explicitam a ambiguidade de algumas de suas características, vez que a impossibilidade de acesso a ela, por exemplo, que estaria relacionada ao interesse público, não existe, já que o interesse particular não pode ser tolhido, diante da previsão constitucional italiana (artigo 111). Assim, o acesso existe, mas é meramente formal, como se passa a demonstrar.

1.1.2.4. Remessa do recurso para julgamento pelas seções unidas

A sobrecarga de processos na Corte de Cassação fez com que o legislador subdividisse o trabalho da Corte em seções simples e seções

[280] Kern, Christoph A. O Papel das Cortes Supremas. Traduzido por Ronaldo Kochem e Maria Angélica Feijó. **Revista dos Tribunais**, v. 948, ano 2014, out., 2014, versão virtual não paginada. Em sentido contrário: Greco, Leonardo. Publicismo e privatismo no processo civil. **Revista de Processo,** v. 164, ano 2008, p. 29-56, out., 2008, versão virtual não paginada, "Nesse processo civil, que é o do nosso tempo, não colhe falar-se de processo objetivo, de recurso no interesse da lei ou de jurisdição de tutela da ordem jurídica. Toda vez que esses conceitos são invocados para reduzir o alcance da tutela dos interesses dos destinatários, a jurisdição civil está sendo deturpada, desvirtuada, afastando-se do paradigma que a justifica no Estado de Direito, assentado na primazia e na eficácia concreta dos direitos dos cidadãos. Nenhum processo civil tutela o direito objetivo, por mais abstrata e geral que seja a eficácia da decisão por ele preconizada. O processo civil tutela as situações subjetivas agasalhadas pelo direito objetivo, ainda que indeterminadas ou indetermináveis sejam essas situações. O direito objetivo é meio e não fim da jurisdição civil.".

[281] Kern, Christoph A. O Papel das Cortes Supremas. Traduzido por Ronaldo Kochem e Maria Angélica Feijó. **Revista dos Tribunais**, v. 948, ano 2014, out., 2014.

unidas,[282] estabelecendo um vínculo formal entre essas.[283] Essa subdivisão já estava presente quando da aprovação do Código de Processo Civil italiano e acentuou-se com as sucessivas reformas legislativas, vez que se esperava o não comprometimento das atividades das seções unidas,[284] quando da aprovação do código, o que não ocorreu de fato. Segundo Luca Passanante, o vínculo formal era *"[...] giuridico, mas non normativo – delle prime al* dictum *delle seconde, [...]"*[285], a ponto de se criar a noção de hierarquia quanto à força dos julgados dentro da própria Corte de

[282] Sobre a divisão interna da Corte de Cassação, cf. FREITAS, Pedro Augusto Silveira. Corte de Cassação e Corte Constitucional da Itália. In: ANDRADE, Érico; GONÇALVES, Gláucio Maciel. (coord.). **Organização judiciária no direito comparado**: Alemanha, Espanha, Estados Unidos da América, França, Grã-Bretanha, Itália e Portugal. Rio de Janeiro: Lumen juris, 2018, p. 309, "Atualmente, existem seis seções cíveis, as três primeiras foram criadas em 1923. Posteriormente, foram acrescentadas a quarta seção, em 1973, que julga os conflitos relativos ao direito do trabalho; a quinta seção, atinente à matéria de direito tributário, no ano de 1999; e, por fim, a sexta seção, também conhecida como "seção filtro", introduzida pela reforma legislativa de 2009. Além das seções cíveis também existe a Seção Unida Cível, com composição superior e competência para resolver os conflitos que surgirem entre as seções cíveis e as questões de particular importância.". Tais informações podem ser obtidas no sítio eletrônico da própria Corte, cf. CORTE DE CASSAÇÃO, Disponível em: http://www.cortedicassazione.it/corte-di-cassazione/it/area_civile.page. Acesso em: 15 jun. 2020.

[283] Sobre o número de julgadores em cada seção, cf. FREITAS, Pedro Augusto Silveira. Corte de Cassação e Corte Constitucional da Itália. In: ANDRADE, Érico; GONÇALVES, Gláucio Maciel. (coord.). **Organização judiciária no direito comparado**: Alemanha, Espanha, Estados Unidos da América, França, Grã-Bretanha, Itália e Portugal. Rio de Janeiro: Lumen juris, 2018, p. 312, "Os julgamentos colegiados da Corte de Cassação são realizados com o número de cinco magistrados nas seções simples, cíveis ou criminais, e com o número de nove magistrados nas seções unidas civil e criminal (artigo 66 da Lei de Organização e Divisão do Poder Judiciário italiano).".

[284] ALPA, Guido; CALAMANDREI, Silvia; CONDOJANNI, Francesco Marullo di. **Piero Calamandrei e il nuovo Codice di procedura civile (1940)**, Bologna: il Mulino, 2018, p. 54.

[285] PASSANANTE, Luca. **Il precedente impossibile**: contributo allo studio del diritto giurisprudenziale nel processo civile. Torino: G. Giappichelli Editore, 2018, p. 51.O autor explica com mais detalhes a inexistência de diferenciação formal entre as decisões emanadas dessas seções: "Benché l'efficacia dell'interpretazione delle norme provenienti dalle sezioni unite non differisca formalmente in nulla da quella delle sezioni semplici, tuttavia, i profili organizzativi non sono privi, in concreto, di ricadute sulla "maggior autorevolezza, per così dire, didattica delle interpretazioni giurisprudenziali formulate dalle sezioni unite rispetto a quelle formulate dalle sezioni semplici"., p. 52.

Cassação.[286] Além disso, há divisão de funções dentro da própria Corte, cabendo às seções simples a função de cassação e; às seções unidas, a função uniformizadora para definir a interpretação da norma jurídica que deverá ser seguida em casos futuros.[287]

As reformas legislativas introduziram o conceito de "precedente" no ordenamento italiano. O artigo 1, c. 3, da l.14 de maio de 2003, n. 80, estabelece a necessidade de um decreto legislativo para reforma do código de ritos para prever expressamente a introdução do vínculo das seções simples ao precedente das seções unidas, estabelecendo que, caso a seção simples entenda pela não aplicação do precedente das seções unidas, deve motivadamente remeter o caso a elas.[288]

No intento de diminuir o número de casos julgados pela Corte de Cassação, estabeleceu-se o filtro para conhecimento do recurso com base no alinhamento ou não da decisão à jurisprudência da Corte.[289]

[286] Sobre o tema, cf. PASSANANTE, Luca. **Il precedente impossibile**: contributo allo studio del diritto giurisprudenziale nel processo civile. Torino: G. Giappichelli Editore, 2018, p. 52, "Tanto che le sezioni unite possono essere oggi intese come una sorta di "super corte", all´interno dell´unica Cassazione.".

[287] Sobre a função das seções unidas quando da aprovação do Código de Processo Civil italiano, cf. ALPA, Guido; CALAMANDREI, Silvia; CONDOJANNI, Francesco Marullo di. **Piero Calamandrei e il nuovo Codice di procedura civile (1940).** Bologna: il Mulino, 2018, p. 54, "[...] trova il suo coronamento nella nuova competenza attribuita alle sezioni unite, alle quali potrà esser riservata la decisione delle questioni già decise in senso difforme dalle sezioni semplici e di quelle che presentinho una speciale importanza di massima.". A divisão de funções é exposta também por Luca Passanante nos seguintes termos: PASSANANTE, Luca. **Il precedente impossibile**: contributo allo studio del diritto giurisprudenziale nel processo civile. Torino: G. Giappichelli Editore, 2018, p. 52, "Non utilizzo a caso – anche se, certo, con un po´ di arbítrio – le parole lavoro e funzione: la loro contrapposizione sottintende una diversità qualitativa che non sarebbe onesto lasciare nell´ombra. Secondo questa bipartizione, alle sezioni semplice spetterebbe la funzione negativa della nomofilachia: quella di garantire l´"esatta osservanza" della legge attraverso l´annullamento delle sentenze "disobbediente", che non si sono uniformate alla giurisprudenza della Corte suprema. Alle sezioni unite, invece, spetterebbe la funzione positiva dell´"uniforme interpretazione", "volta a dettare un criterio cui possano" (forse rectius: debbano) "ispirarsi le future decisioni".".

[288] PASSANANTE, Luca. **Il precedente impossibile**: contributo allo studio del diritto giurisprudenziale nel processo civile. Torino: G. Giappichelli Editore, 2018, p. 38.

[289] Sobre o tema, cf. BONATO, Giovanni. O filtro ao recurso de cassação no sistema jurídico italiano. **Revista de Processo,** v. 249, ano 2015, p. 249-274, nov., 2015, versão virtual

Sucedeu-se grande debate com a finalidade de definir no que consistiria a *jurisprudência da Corte*, culminando-se na publicação de um guia. Apenas uma decisão das Seções Unidas já seria suficiente para a aplicação deste filtro, equiparando o conceito de *jurisprudência* ao de *precedente*,[290] com grande carga de discricionariedade das Seções Unidas.[291]

Essa sucessão de reformas legislativas no intento de diminuir o número de casos na Corte de Cassação estabeleceu um certo dualismo entre as seções simples e as seções unidas, sendo que aquelas ficam incumbidas do julgamento de recursos sem relevância a justificar o envolvimento das seções unidas e julgamentos públicos.[292]

Assim, decisões pelo não conhecimento de recursos e decisões que conhecem do recurso, mas aplicam o entendimento já consolidado da Corte são tomadas pelas seções simples.[293] Vale destacar que a sexta seção, criada especificamente para exercer a *filtragem* de recursos que

não paginada, "Os motivos que levaram o legislador italiano a implantar um mecanismo de limitação ao acesso à Corte de Cassação foram claramente determinados pela necessidade de reduzir o número excessivo de recursos, buscando uma diminuição da carga de trabalho, insustentável para esse órgão da cúpula do Poder Judiciário italiano e, ao mesmo tempo, uma diminuição da duração do processo, a fim de outorgar às partes uma tutela jurisdicional tempestiva, segundo os ditames do princípio constitucional da "duração razoável".". Também sobre o tema, cf. PASSANANTE, Luca. **Il precedente impossibile**: contributo allo studio del diritto giurisprudenziale nel processo civile. Torino: G. Giappichelli Editore, 2018, p. 30.

[290] PASSANANTE, Luca. **Il precedente impossibile**: contributo allo studio del diritto giurisprudenziale nel processo civile. Torino: G. Giappichelli Editore, 2018, p. 34-35.

[291] PASSANANTE, Luca. **Il precedente impossibile**: contributo allo studio del diritto giurisprudenziale nel processo civile. Torino: G. Giappichelli Editore, 2018, p. 35-36, "*Infine, questa norma, così come intesa dalla Cassazione, introduce ciò che potremmo chiamare la nomofilachia della nomofilachia, attribuendo alla Corte il potere di interpretare se stessa e, per così dire, di certificare quali siano la giurisprudenza, gli orientamenti consolidati, i precedenti, ai quali – appare evidente – i giudici di mérito dovrebbero uniformarsi.*".

[292] PASSANANTE, Luca. **Il precedente impossibile**: contributo allo studio del diritto giurisprudenziale nel processo civile. Torino: G. Giappichelli Editore, 2018, p. 53-55.

[293] PASSANANTE, Luca. **Il precedente impossibile**: contributo allo studio del diritto giurisprudenziale nel processo civile. Torino: G. Giappichelli Editore, 2018, p. 56. Giovanni Bonato afirma, inclusive, que uma seção foi criada especificamente para exercer a função de filtragem de recursos com base em violações à jurisprudência da Corte, cf. BONATO, Giovanni. O filtro ao recurso de cassação no sistema jurídico italiano. **Revista de Processo**, v. 249, ano 2015, p. 249-274, nov., 2015.

estejam alinhados à jurisprudência da Corte, conhece dos recursos e aplica o entendimento já consolidado sumariamente, de forma a observar o quanto prevê o artigo 111 da Constituição italiana que garante o direito de acesso à Corte superior.[294] Por outro lado, se a decisão a ser tomada divergir do entendimento consolidado, o caso deve ser direcionado às seções unidas.[295]

Assim, cabe às seções unidas o julgamento de recursos que possam levar a um entendimento divergente da jurisprudência da Corte ou casos novos de *particular importância*[296] aptos a justificar a formação e/ou alteração da jurisprudência da Corte.[297]

Dessa forma, a dualidade da Corte de Cassação em razão da preocupação permanente com a tutela dos interesses dos litigantes e com o exercício da função nomofilácica tem sido enfraquecida com a sucessão de reformas legislativas, de forma a prevalecer esta, ou seja, privilegiando o *ius constitutionis,* com a aplicação de filtros de seleção de casos. Entretanto, tais filtros não implicam no não conhecimento dos recursos,

[294] Sobre o tema, cf. Bonato, Giovanni. O filtro ao recurso de cassação no sistema jurídico italiano. **Revista de Processo**, v. 249, ano 2015, p. 249-274, nov., 2015, versão virtual não paginada, "Com efeito, graças à interpretação sistemática do artigo 360 *bis* do CPC, feita à luz do artigo 111 da Constituição, a fim de assegurar a todos o direito individual ao processo de cassação, esse mecanismo de averiguação preliminar sob enfoque foi concebido como um filtro "acelerativo" e não como um filtro "seletivo", constituindo, na realidade, apenas uma modalidade mais rápida de deliberação sobre o mérito do recurso feita pela "turma filtro". Aliás, sendo conceituado como um instrumento para encerrar de modo mais célere o juízo de cassação, alguns autores põem em relevo que o instituto de que trata o artigo 360 *bis* do CPC não seria um verdadeiro filtro na acepção técnica e restrita do termo.".

[295] Passanante, Luca. **Il precedente impossibile**: contributo allo studio del diritto giurisprudenziale nel processo civile. Torino: G. Giappichelli Editore, 2018, p. 56, *"[...] nel caso, invece, di decisione difforme, un nuovo ricorso sul punto sarebbe fisiologicamente destinato ad essere deciso a sezioni unite."*.

[296] Nota-se, como aqui, o uso de conceitos indeterminados a transferir grande margem decisória aos tribunais com base no caso concreto.

[297] Vale destacar que nas seções unidas, o julgamento poderá ser feito pela *camera di consiglio*, se não for destinada a formar jurisprudência. Sobre o tema, cf. Passanante, Luca. ***Il precedente impossibile****: contributo allo studio del diritto giurisprudenziale nel processo civile.* Torino: G. Giappichelli Editore, 2018, p. 57. Diante dessas alterações no perfil da Corte de Cassação, a função nomofilácica acaba por prevalecer, afirma Giovanni Bonato, cf. Giovanni. O filtro ao recurso de cassação no sistema jurídico italiano. **Revista de Processo,** v. 249, ano 2015, p. 249-274, nov., 2015.

mas na aplicação célere ("filtro acelerativo") das interpretações jurídicas já consolidadas pela Corte de forma a preservar o direito de acesso a ela previsto no artigo 111 do texto constitucional italiano.[298]

Conclusões parciais

Assim, após as considerações feitas acima, pretende-se responder às seguintes perguntas inicialmente propostas:

(i) Como a Itália tem atuado para uniformizar a sua jurisprudência, se for o caso?

Houve (há) grande euforia legislativa para se adaptar às exigências de duração razoável do processo fixadas pela União Europeia,[299] o que passa pelo estabelecimento de formação de precedentes como forma de diminuir o tempo do processo. Apesar disso, não foi aprovado um código único de processo civil reformado, o que gerou um complexo legislativo desfragmentado, dificultando a compreensão daquele que se empenha a compreender o sistema.

Além disso, não há previsão legislativa expressa de quais decisões judiciais constituem filtros recursais, por exemplo, deixando grande margem de discricionariedade à Corte de Cassação nessa definição. Apenas uma decisão das Seções Unidas já é suficiente para o não conhecimento de recursos, equiparando o conceito de jurisprudência ao de precedente, como ocorre aqui, mas sem a respectiva reforma legislativa. Inclusive, uma única decisão das seções unidas pode ser firmada com base no critério discricionário da "particular importância" da questão, assemelhando-se consideravelmente ao instituto ora em estudo.

Em geral, portanto, as reformas legislativas fragmentadas reforçaram a função nomofilácica da Corte de Cassação mediante

[298] BONATO, Giovanni. O filtro ao recurso de cassação no sistema jurídico italiano. **Revista de Processo**, v. 249, ano 2015, p. 249-274, nov., 2015.

[299] Sobre o tema: "Os critérios utilizados pelo Tribunal de Strasburgo têm norteado as decisões dos tribunais italianos que, quando procedentes, condenam o Estado à reparação de danos não patrimoniais resultantes da excessiva demora.", p. 257, PACÍFICO, Luiz Eduardo. Direito processual civil italiano. In: CRUZ E TUCCI, José Rogério (org.). **Direito processual civil europeu contemporâneo.** São Paulo: LEX, 2010, p.245-284.

a possibilidade de seleção interna de casos que terão ou não força vinculante no futuro, mas sem limitar o direito de acesso à Corte, em razão do quanto previsto no texto constitucional italiano.

No Brasil, diferentemente, as sucessivas reformas processuais efetivadas no CPC de 1973 demonstraram a necessidade de um novo código sistematizado, o que aconteceu em 2015. Embora a legislação aprovada não seja imune a críticas, ela fornece mais operacionalidade do que leis esparsas sucessivamente aprovadas.

(ii) Dentre os métodos identificados, há algum instituto em que há assunção de competência por colegiado superior de forma a conferir maior credibilidade à tese firmada e/ou força vinculante ao entendimento consolidado na jurisdição civil?

Sim, pois nas sucessivas reformas legislativas realizadas para permitir a atuação mais seletiva da Corte de Cassação, determinou-se que o colegiado simples, entendendo que não seguiria a orientação fixada pela união dos colegiados ou que o tema ainda não comportara análise prévia, não poderia decidir o recurso, mas que deveria encaminhar à esta, ou seja, a união dos colegiados, o julgamento de forma a manter o entendimento fixado pela Corte ou constituir um entendimento novo sobre questão de importância particular. Assim, as seções unidas estabelecem entendimentos que devem ser observados pelas seções simples com base em critérios discricionários e a partir de um único caso. Uma vez firmado o entendimento pelas Seções Unidas na Corte de Cassação, ainda que em só um caso, ele já é suficiente para funcionar como critério de filtro recursal a ser aplicado pelas seções simples.

No Brasil, há diversos institutos relacionados no artigo 927, CPC, que partem da premissa de que o julgado exarado por um colegiado superior exercerá força *vinculante* em razão do *stare decisis* vertical. Assim, os dois ordenamentos consideram que a definição de entendimentos por colegiados superiores confere maior legitimidade aos seus julgados. A conferência explícita de força vinculante a esses entendimentos é indiferente, considerando que o sistema processual, da forma como organizado, estabelece instrumentos de adequação do caso ao entendimento já firmado.

(iii) O método selecionado funciona preventivamente ou repressivamente em relação à divergência jurisprudencial?

O método selecionado não distingue se necessária a repressão ou a prevenção de divergência jurisprudencial, pois funciona após a formação do precedente pelas seções unidas como forma de manutenção do entendimento da Corte, reprimindo possíveis entendimentos divergentes, e pode funcionar preventivamente, quando se entenda que há relevante questão em discussão, cabendo o julgamento às Seções Unidas desde então. As duas formas são exteriorizadas através do mesmo instrumento, qual seja, o julgamento por aquela seção.

No Brasil, há técnicas preventivas, como o IAC admitido com base no artigo 947, *caput*, CPC, e repressivas, como o IRDR e os repetitivos nos tribunais superiores. Portanto, instrumentos distintos com requisitos de admissibilidade aparentemente estanques, que podem levar a órgãos jurisdicionais distintos em cada tribunal.

(iv) Uma vez identificado algum método, o tema recebe críticas na doutrina local?

O envio do recurso para as seções unidas foi alvo de duras críticas na doutrina, vez que a obrigação foi fixada sem o estabelecimento de qualquer sanção diante de sua eventual inobservância. Logo, não há que se falar em vinculação obrigatória. Além disso, as sucessivas reformas, alterando o perfil da Corte de Cassação, acabaram por criar, segundo a doutrina, um desequilíbrio entre os poderes de Estado, violando o quanto delineado pela Constituição em um possível caminho autoritário.[300] Há críticas no sentido de que a determinação de quais entendimentos serão submetidos a este procedimento de ampliação do colegiado

[300] Quem aponta essa possível violação ao quanto delineado pela Constituição Republicana é Luca Passanante, cf. PASSANANTE, Luca. **Il precedente impossibile**: contributo allo studio del diritto giurisprudenziale nel processo civile. Torino: G. Giappichelli Editore, 2018, p. 6. Alfredo Buzaid também cita críticas às sucessivas reformas legislativas com esse intento, cf. BUZAID, Alfredo. Uniformização de jurisprudência. **Revista da Associação dos Juízes do Rio Grande do Sul (Ajuris)**, n. 34, jul., 1985, p. 207.

como forma de conferir maior legitimidade ao entendimento firmado cabe à Corte apenas, sem qualquer controle dos outros poderes.[301]

O incremento de formas de julgamento que estão desvinculadas do caso concreto, como o recurso no interesse da lei movido pelo procurador geral, é alvo de críticas no sentido de que o julgador não tem mais a responsabilidade de interpretar de acordo com os fatos dialogando com o juízo de reenvio, mas a função de falar com todos os juízes a partir da fixação de teses de direito material ou processual dissociadas de qualquer substrato fático, levando ao termo "jurisprudência consultiva".[302]

Pode-se afirmar, assim, que o Brasil, pela aprovação do CPC em 2015, tem, ao menos, uma legislação mais concatenada sobre a temática precedentária, ao contrário do sistema italiano, que padece com leis constantemente alteradas e superadas, dificultando a atividade de seus intérpretes. Aponta a doutrina italiana que as sucessivas reformas legislativas são feitas perseguindo a eficiência e a celeridade processuais, mas que essas ainda não foram alcançadas.[303]

1.2. Direito brasileiro

Após o estudo específico do que se passa em Portugal e na Itália, trazendo algum diálogo com o Brasil nas conclusões parciais, convém o estudo de alguns institutos jurídicos com o intento de uniformizar a jurisprudência dos tribunais antes de 2015 no Brasil. Não é o objetivo

[301] PASSANANTE, Luca. **Il precedente impossibile**: contributo allo studio del diritto giurisprudenziale nel processo civile. Torino: G. Giappichelli Editore, 2018, p. 37, *"Ciò implica che la Corte suprema italiana non solo produce giurisprudenza, individuando – ai sensi dell'artigo 65 ord.giud.- l'esatta interpretazione della legge e promuovendo la uniformità della giurisprudenza, ma è altresì indiretamente abilitata – per mezzo del c.d. "filtro" – a interpretare le proprie decisioni, indicando, fra le migliaia di sentenze pronunciate, quali debbano essere considerate giurisprudenza – potremmo dire – con la "G" maiuscola."*.

[302] PASSANANTE, Luca. **Il precedente impossibile**: contributo allo studio del diritto giurisprudenziale nel processo civile. Torino: G. Giappichelli Editore, 2018, p. 58.

[303] Luca Passanante aponta que o único objetivo alcançado foi conferir maiores poderes nas mãos do Poder Judiciário, desequilibrando os poderes de Estado, cf. PASSANANTE, Luca. **Il precedente impossibile**: contributo allo studio del diritto giurisprudenziale nel processo civile. Torino: G. Giappichelli Editore, 2018, p. 7.

fazer uma análise histórica exauriente, tanto que foram excluídos da presente análise o prejulgado e o extinto recurso de revista,[304] mas buscar algumas raízes mais recentes para o que se tem hoje positivado no ordenamento jurídico brasileiro.

Paralelamente ao que se passava em Portugal, por aqui, no Brasil, o instituto dos assentos foi recebido em razão das Ordenações,[305-306] mas estes não receberam maior atenção da legislação local por certo tempo, pois ainda tentava-se criar base mais primária no que tange à legislação de direito material.[307] Uma vez criadas essas bases legislativas, com o aumento da população brasileira e o desenvolvimento de suas relações

[304] Para maior aprofundamento nesses temas, cf. BUZAID, Alfredo. Uniformização de jurisprudência. **Revista da Associação dos Juízes do Rio Grande do Sul (Ajuris)**, n. 34, jul., 1985.

[305] "Sobre o tema: "Em consequência dessa determinação legal, o processo civil continuou a ser regido pelas disposições do Livro III das Ordenações Filipinas, acrescidas das normas introduzidas pelas leis extravagantes, dentre as quais sobreleva pela importância a Lei da Boa Razão, de 18 de agosto de 1769.", p. 2, COSTA, Moacir Lobo da. **Breve notícia histórica do direito processual civil brasileiro e de sua literatura.** São Paulo: Universidade de São Paulo, 1970.

[306] Sobre a necessidade do estudo dos assentos quando da análise dos modelos de controle da divergência jurisprudencial: "O exame dos modelos de controle da divergência jurisprudencial não pode dispensar uma breve incursão pelo Direito português. Primeiro, porque aí tiveram origem os *assentos obrigatórios*, que, potencializando a eficácia da jurisprudência, permitiram sua elevação à condição de fonte formal ou forma de expressão do Direito, na medida em que tais enunciados se expressavam em modo abstrato, geral e impositivo, apresentando, pois, características próprias das normas legais. Em segundo lugar, esses assentos aportaram no Brasil Colônia e aqui frutificaram, sendo recepcionados pelo Supremo Tribunal do Império. Enfim, vale mencionar que a ideia dos enunciados normativos nunca foi de todo abandonada ao longo da evolução do Direito pátrio, valendo lembrar que ao ensejo dos trabalhos legislativos que precederam à promulgação do atual CPC/73 voltou-se a cogitar sobre a adoção daquela técnica, já agora sob a denominação de *prejulgados*.", p. 259, MANCUSO, Rodolfo de Camargo. **Divergência jurisprudencial e súmula vinculante**. 6. ed. Salvador: Juspodivm, 2018.

[307] Para ilustrar, convém transcrever o seguinte trecho: "Os efeitos da emancipação política só se fizeram sentir no processo civil dez anos após a Proclamação da Independência. Tendo sido promulgado em 1830 o Código Criminal do Império, era preciso dotar o país de normas processuais adequadas à aplicação dos novos preceitos, que definiam os delitos e cominavam as respectivas penas, em substituição ao tenebroso Livro V das Ordenações.", p. 5, COSTA, Moacir Lobo da. **Breve notícia histórica do direito processual civil brasileiro e de sua literatura.** São Paulo: Universidade de São Paulo, 1970.

sociais, principalmente em torno de macrolides socioeconômicas,[308] a uniformização da jurisprudência passou a entrar para o centro das discussões diante da dispersão judicial e da morosidade para enfrentamento dessas questões.[309]

Segundo Tomás Pará Filho, os assentos apenas foram efetivamente abandonados no Brasil com a edição do CPC de 1973 que estabeleceu um regime próprio de uniformização de jurisprudência.[310] Formalmente, o abandono dos assentos deu-se com a Constituição Republicana em 1891[311]. Entretanto, convém mencionar a reforma feita no regimento interno do Supremo Tribunal Federal, em 1963, para se criar a Comissão de Jurisprudência,

> [...] a que compete "velar pela publicação e atualização da Súmula da Jurisprudência Predominante do Supremo Tribunal Federal". A instituição da Súmula foi um passo decisivo para a indispensável uniformização da juris-

[308] Sobre o tema: "A economia em escala, a documentação informática e a comunicação eletrônica produziram no Judiciário o resultado da geração de números elevados de recursos relativos a lides individuais idênticas. A individualização, entretanto, é mais aparente do que real. Integram elas, em verdade, a mesma macrolide socioeconômica. É o que se dá nas ações envolvendo entes jurídicos de intensa prática negocial repetitiva, geralmente, no âmbito privado, instrumentalizadas por contratos de adesão e, no âmbito público, pelo relacionamento jurídico decorrente de situações administrativas e tributárias que produzam conseqüências relativamente à pluralidade de sujeitos.", versão virtual não paginada, Beneti, Sidnei Agostinho. Assunção de competência e *fast-track* recursal**. Revista de Processo,** v. 171, ano 2009, p. 9-13, maio, 2009.

[309] Sobre o surgimento e possíveis causas dessa preocupação, cf. Miranda, Andrea Pimentel de. **Quem tem medo do processo coletivo?** As disputas e escolhas políticas no CPC/2015 para o tratamento da litigiosidade repetitiva no Brasil. São Paulo: Almedina, 2020, *passim.*

[310] Pará Filho, Tomás. A chamada "uniformização da jurisprudência". **Revista de Processo**, v. 1, ano 1976, p. 71-82, jan.-mar., 1976, versão virtual não paginada, "Em razão disso, o atual CPC (LGL\1973\5) pôs à margem os "assentos", a revista e o prejulgado; mas, sem explicitar justificativa na "exposição de motivos" que o acompanhou, consagra todo um capítulo à "Uniformização da jurisprudência" (arts. 476-479).".

[311] Para maior aprofundamento na evolução histórica entre Portugal e Brasil, cf. Mancuso, Rodolfo de Camargo. **Divergência jurisprudencial e súmula vinculante**. 6. ed. Salvador: Juspodivm, 2018.

prudência, muitas vezes contraditória, da Alta Corte Judiciária e dos Juízes e Tribunais [...].[312]

Dessa forma, fica claro que a preocupação com formas de uniformizar a jurisprudência foi sempre uma constante na legislação portuguesa que nos alcançou por motivos históricos e passou a ser uma preocupação brasileira corriqueira,[313] apenas mudando a forma de seu tratamento de acordo com o momento histórico.[314]

Com a crescente complexidade dos tribunais brasileiros, formas internas de uniformização de seus julgados já eram uma realidade inadiável. Para Sidnei Agostinho Beneti, a questão da dispersão jurisprudencial agrava-se em tribunais complexos, "[...] isto é, tribunais que se fragmentam em numerosas unidades jurisdicionais – seções, turmas, câmaras ou grupos de câmaras – integrada por vários magistrados", "[...] fatores que ademais, fazem aumentar a crise de autoestima de todos os componentes do aparelhamento judiciário, magistrados e servidores.".[315]

A intenção do presente tópico é selecionar e explicar brevemente formas pretéritas recentes na legislação nacional que envolvam a assunção de competência por colegiado superior com o fito de resolver e/ou de prevenir a divergência jurisprudencial dentro do(s) tribunal(is).

312 Costa, Moacir Lobo da. **Breve notícia histórica do direito processual civil brasileiro e de sua literatura.** São Paulo: Universidade de São Paulo, 1970, p. 129.

313 Mancuso, Rodolfo de Camargo. **Divergência jurisprudencial e súmula vinculante.** 6. ed. Salvador: Juspodivm, 2018. "A evolução do contexto histórico mostra uma preocupação recorrente no Direito pátrio e em sua *praxis* judiciária, na busca de uma fórmula que a um tempo assegure uma resposta judiciária de boa qualidade (= justa, jurídica, econômica, tempestiva, razoavelmente previsível e idônea a assegurar a fruição do direito, valor ou bem da vida reconhecidos no julgado) e ainda, de modo a preservar a independência funcional e a persuasão racional do julgador. O encontro da solução idônea a resolver essa equação passa pela questão premonitória da desejável *isonomia da resposta judiciária* [...].", p. 259.

314 Sobre o tema, cf. Buzaid, Alfredo. Uniformização de jurisprudência. **Revista da Associação dos Juízes do Rio Grande do Sul (Ajuris)**, n. 34, p. 197, jul., 1985. "Com o advento da República desapareceram os assentos, mas não o ideal de uniformizar a jurisprudência. Serviram para tal fim os institutos da revista e do prejulgado, além do recurso extraordinário. Esta tendência de política legislativa assinala a preocupação dos juristas em evitar que continuem os dissídios jurisprudenciais, que são fontes de inquietação para as partes e de descrédito para o Poder Judiciário.".

315 Beneti, Sidnei Agostinho. Assunção de competência e *fast-track* recursal. **Revista de Processo,** v. 171, ano 2009, p. 9-13, maio, 2009, versão virtual não paginada.

Assim, tratar-se-á do extinto incidente de uniformização de jurisprudência do Código *Buzaid* e do incidente de assunção de competência também sob a vigência do CPC de 1973 com a intenção de verificar possíveis convergências ou divergências no que tange à regulamentação atual do incidente de assunção de competência. Também convém destacar que diplomas legais anteriores buscaram formas de prevenir a jurisprudência divergente. Pode-se citar o Decreto n. 16.273/23[316] e a Lei n. 319/36[317], além do artigo 861 do CPC de 1939[318].

1.2.1. Do incidente de uniformização de jurisprudência no Código de Processo Civil de 1973

O CPC de 1973 trazia a previsão, em seus artigos 476[319] a 479, do incidente de uniformização de jurisprudência, "[...] que não é recurso,

[316] Sobre o tema, cf. MENDES, Aluisio Gonçalves de Castro; PORTO, José Roberto Mello. **Incidente de assunção de competência.** Rio de Janeiro: GZ, 2020, p. 11, "Para prevenir a divergência, havia o instituto do prejulgado. Caso se desse à lei interpretação diferente daquela conferida pelas câmaras de apelação (cíveis ou criminais) ou quando se previsse a possibilidade de o julgamento seguir rumo diverso de outro anterior, sucedia a reunião das câmaras, para pacificar a questão.". Sobre o prejulgado, vale destacar: "Interessante é que a deliberação constituía decisão obrigatória para os casos concretos em análise e norma aconselhável para os casos futuros, reunidos no "livro de prejulgados.", p. 13, *Ibidem.*

[317] Cf. MENDES, Aluisio Gonçalves de Castro; PORTO, José Roberto Mello. **Incidente de assunção de competência.** Rio de Janeiro: GZ, 2020, p. 13, "Podia-se prevenir, a pedido de qualquer juiz, a divergência, por meio de pronunciamento prévio da Corte Plena sobre uma matéria, quando já houvesse ou pudesse haver disparidade de decisões [...].".

[318] CUNHA, Leonardo Carneiro da; DIDIER JR., Fredie. **Curso de Direito Processual Civil**: meios de impugnação às decisões judiciais e processo nos tribunais. v. 3, 16. ed. Salvador: JusPodivm, 2019, p. 799. Sobre o tema, também cf. MENDES, Aluisio Gonçalves de Castro; PORTO, José Roberto Mello. **Incidente de assunção de competência.** Rio de Janeiro: GZ, 2020, p. 14, "Seguindo a linha dos primeiros diplomas processuais brasileiros, o Código de 1939 também remediava a prevenção da divergência, pela via do pronunciamento prévio de câmaras reunidas sobre tema sobre o qual há contradição atual ou potencial (artigo 861).".

[319] Dispunha o artigo 476 do CPC/73 que: "Compete a qualquer juiz, ao dar o voto na turma, câmara, ou grupo de câmaras, solicitar o pronunciamento prévio do tribunal acerca da interpretação do direito quando: I – verificar que, a seu respeito, ocorre divergência; II – no julgamento recorrido a interpretação for diversa da que lhe haja dado outra turma, câmara, grupo de câmaras ou câmaras cíveis reunidas.".

nem se destina a fazer as vezes dele",[320] mas incidente, ou seja, servia "[...] como etapa no processo de criação da decisão, e não da sua impugnação".[321] Falou-se, ainda, em *incidente processual preventivo*.[322]

Tratava-se de julgamento *per saltum*[323] para o pleno ou para o órgão especial para que este se manifestasse acerca da interpretação do direito na hipótese de divergência já existente (artigo 476, I, CPC/73) ou aventada pela primeira vez no próprio julgamento (artigo 476, II, CPC/73)[324-325] de recurso ou de causa de competência originária do tribunal. O incidente não era admissível se o órgão julgador fosse o plenário ou o órgão especial.[326]

[320] MESQUITA, José Ignácio Botelho de. Da uniformização da jurisprudência – uma contribuição para seu estudo. **Revista dos Tribunais**, v. 613, ano 1986, p. 15-20, nov., 1986, versão virtual não paginada.

[321] CUNHA, Leonardo José Carneiro da; DIDIER JR., Fredie. **Curso de direito processual civil**: meios de impugnação às decisões judiciais e processo nos tribunais. v. 3, 8. ed. Salvador: Juspodivm, 2010, p. 561.

[322] Nesse sentido: BRAGHITTONI, Rogério Ives. Uniformização de jurisprudência e artigo 555, § 1º, do Código De Processo Civil. **Revista do Instituto dos Advogados de São Paulo**, v. 15, ano 2005, p. 241-256, jan.-jun., 2005, "Se não há julgamento da própria causa, se não há julgamento sequer do recurso original, então este julgamento que em uniformização de jurisprudência se faz não pode ser qualificado de "recurso". Não sendo recurso, sua natureza jurídica é, como hoje se crê de maneira uniforme pela doutrina, a de *incidente processual preventivo.*", versão virtual não paginada.

[323] Por isso não poderia ser suscitado no pleno ou no órgão especial. Nesse sentido: CUNHA, Leonardo José Carneiro da; DIDIER JR., Fredie. **Curso de direito processual civil**: meios de impugnação às decisões judiciais e processo nos tribunais. v. 3. 8. ed. Salvador: JusPodivm, 2010, p. 566, "Se o julgamento se desenvolve no plenário, ou no órgão especial, não é o caso de se suscitar o incidente, porque o próprio pleno fixará a tese jurídica que entender cabível.".

[324] Sobre a (des)necessidade de trânsito em julgado da decisão conflitante, cf. PONTES DE MIRANDA. **Comentários ao Código de Processo Civil**. t. VI (Arts. 476-495). Rio de Janeiro: Forense, 1975, "Pergunta-se: é preciso que a decisão da outra turma, câmara ou grupo de câmaras já tenha transitado em julgado? A resposta tem de ser negativa: basta a publicação do julgado com interpretação diversa. Não está em causa a coisa julgada material, nem, sequer, a formal.", p. 15-16.

[325] De acordo com a interpretação dada à lei por José Ignácio Botelho de Mesquita. Da uniformização da jurisprudência – uma contribuição para seu estudo. **Revista dos Tribunais**, v. 613, ano 1986, p. 15-20, nov.,1986, versão virtual não paginada.

[326] CUNHA, Leonardo Carneiro da; DIDIER JR., Fredie. **Curso de Direito Processual Civil**: meios de impugnação às decisões judiciais e processo nos tribunais. v. 3. 16. ed. Salvador: JusPodivm, 2019, p. 800.

A manifestação do órgão maior era quanto ao objeto de divergência, gerando uma bipartição no julgamento dentro do próprio tribunal, o que, para alguns[327], foi alvo de crítica à época por atrasar o julgamento, quando o fundamento para as técnicas de uniformização é exatamente a necessidade de presteza e celeridade quando da prestação da tutela jurisdicional. O colegiado menor ficaria vinculado ao quanto decidido pelo colegiado maior no que tange à questão objeto de divergência, constituindo, portanto, uma decisão subjetivamente complexa[328] diante da cooperação de dois órgãos jurisdicionais para a formação da decisão em si. Sobre o tema, convém trazer as exatas palavras de José Rogério Cruz e Tucci:

> Para melhor se entender este fracionamento em fases separadas daquele labor mental, tomo a liberdade de exemplificar com o fenômeno processual que se verifica no julgamento do incidente de uniformização de jurisprudência, disciplinado no artigo 476 e ss. do nosso CPC, no qual o julgamento do órgão especial, fixando a orientação pretoriana (*quaestio iuris*) que deverá prevalecer, "incorpora-se", como premissa inafastável, ao subsequente acórdão a ser proferido, no caso concreto, pela turma julgadora que suscitou (ou que foi instada a suscitar) a instauração do incidente.[329]

[327] "[...] o expediente técnico empregado nos citados dispositivos não condensa novo recurso, mas, sem dúvida, produz a cisão da competência para julgar o recurso antes interposto (o que, de si mesmo, é de irrecusável perniciosidade sobre a desejada celeridade processual);", versão virtual não paginada, Pará Filho, Tomás. A chamada "uniformização da jurisprudência". **Revista de Processo**, v. 1, ano 1976, p. 71-82, jan.-mar., 1976.

[328] Calamandrei, Piero. **Opere giuridiche**. Volume primo. Napoli: Morano Editore, 1965. Sobre o conceito de sentença subjetivamente complexa: "*Nei tipi finora considerati di sentenza complessa l'atto giurisdizionale, quando tutte le frazioni di attività dei diversi organi operanti si sono svolte e si sono fuse in un'única manifestazione di volontà, appare oggettivamente come un atto unico; sono invece più d'uno i soggetti (tribunal diversi, o diversi organi di un unico tribunale complesso), che a questo atto giurisdizionale hanno dato vita. A considerarla in sè, staccata dagli organi giudiziari che le hanno dato vita, la sentenza complessa è una sentenza come tutte le altre; ma la sua diversità caratteristica consiste in ciò, che a formarla hanno cooperato più soggetti. La complessità è dunque una conseguenza della pluralità dei soggetti cooperanti: talchè potremmo qui parlare di complessità soggettiva della sentenza o di sentenza soggettivamente complessa.*", p. 116-117.

[329] Cruz e Tucci, José Rogério. **Piero Calamandrei – vida e obra**: contribuição para o estudo do processo civil. Ribeirão Preto: Migalhas, 2012, p. 84.

O legislador dispôs expressamente, no extinto artigo 479, que o quanto decidido teria força de "precedente na uniformização da jurisprudência", falando-se à época que seria instrumento de segurança jurídica e de legitimação do sistema judicial.[330]

Assim, no incidente de uniformização de jurisprudência do CPC/73, não há que se falar em assunção de competência por colegiado maior para julgamento de recurso, remessa necessária ou processo de competência originária do tribunal, mas tão somente para a fixação do entendimento do tribunal acerca da questão de direito objeto de divergência, ocorrendo uma cisão no julgamento.

Para José Ignácio Botelho de Mesquita, o legislador, ao dispor que "compete a qualquer juiz" no *caput* do revogado artigo 476, não deixava margem de discricionariedade para o caso concreto, ou seja, sendo aventada a divergência no julgamento, dever-se-ia utilizar-se da técnica de julgamento ora em comento.[331] O mencionado autor explica a razão de ser de tal dispositivo, afirmando que (i) se objetiva solucionar conflito já instaurado; e, (ii) mais importante: garantir que a alteração da jurisprudência[332] se dê por força de um debate em colegiado maior.[333] Vale des-

[330] Braghittoni, Rogério Ives. Uniformização de jurisprudência e artigo 555, § 1º, do Código De Processo Civil. **Revista do Instituto dos Advogados de São Paulo**, v. 15, ano 2005, p. 241-256, jan.-jun., 2005, versão virtual não paginada.

[331] Nesse sentido: "Verificando-se no processo que ocorre divergência, já não caberá mais ao órgão fracionário optar entre as teses divergentes. Competir-lhe-á solicitar o pronunciamento prévio do tribunal pleno, para que este dê a interpretação que deverá ser observada.", versão virtual não paginada. Mesquita, José Ignácio Botelho de. Da uniformização da jurisprudência – uma contribuição para seu estudo. **Revista dos Tribunais**, v. 613, ano 1986, p. 15-20, nov., 1986. Entretanto, Vinicius Silva Lemos aponta em sentido diverso. Lemos, Vinicius Silva. **O incidente de assunção de competência**: da conceituação à procedimentalidade. Salvador: JusPodivum, 2018, p. 60. Também em sentido contrário: Mendes, Aluisio Gonçalves de Castro; Porto, José Roberto Mello. **Incidente de assunção de competência.** Rio de Janeiro: GZ, 2020, p. 16.

[332] Aqui também se percebe a confusão entre precedente e jurisprudência.

[333] Mesquita, José Ignácio Botelho de. Da uniformização da jurisprudência – uma contribuição para seu estudo. **Revista dos Tribunais**, v. 613, ano 1986, p. 15-20, nov.,1986, versão virtual não paginada. Nesse sentido: "[...] terá a finalidade de evitar que a modificação da jurisprudência dominante se realize por força da conduta individual de um reduzido número de juízes, que pode ser de dois apenas, em prejuízo da parte que se orientou pela jurisprudência até então dominante e pacífica e em prejuízo, até mesmo, conforme o caso, da seriedade da função de interpretar o Direito. A idéia não é a de prevenir a divergência,

tacar que o conflito já instaurado não é aquele que gera quebra de isonomia e da segurança jurídica, vez que o incidente também tinha caráter preventivo.[334]

Quanto à legitimidade para provocar a utilização desta técnica de julgamento, caberia a qualquer juiz do colegiado menor,[335] aos interessados, como o Ministério Público,[336] enquanto fiscal da lei, apesar de este não estar previsto legalmente como legitimado a provocar o incidente,[337] e aos terceiros interessados[338] suscitar a questão de direito que seria objeto de fixação de tese pelo presente incidente até o momento de publicidade do resultado do julgamento, que seria o anúncio pelo presidente do colegiado.[339] Dessa feita, não era cabível o incidente de uniformização de jurisprudência quando o órgão julgador já fosse o plenário ou as seções cíveis reunidas.

mas a de prevenir a divergência infundada e de, concomitantemente, possibilitar que se imponha a divergência fundada, propiciadora da evolução da jurisprudência, e que prospere com maior grau de eficácia.".

334 Lemos, Vinicius Silva. **O incidente de assunção de competência**: da conceituação à procedimentalidade. Salvador: JusPodivum, 2018, p. 58. Também nesse sentido: Mancuso, Rodolfo de Camargo. **Incidente de resolução de demandas repetitivas**: a luta contra a dispersão jurisprudencial excessiva. São Paulo: Revista dos Tribunais, 2016, p. 101.

335 Não caberia o incidente quando o órgão julgador já fosse o plenário ou as sessões cíveis reunidas. Nesse sentido: Pará Filho, Tomás. A chamada "uniformização da jurisprudência". **Revista de Processo**, v. 1, ano 1976, p. 71-82, jan.-mar., 1976.

336 Independentemente disso, o MP atuaria sempre como fiscal da lei. Nesse sentido: Cunha, Leonardo José Carneiro da; Didier Jr., Fredie. **Curso de direito processual civil**: meios de impugnação às decisões judiciais e processo nos tribunais. v. 3, 8. ed. Salvador: JusPodivm, 2010, p. 565. Em sentido diverso, afirmando que o Ministério Público atuaria somente como fiscal da lei: Buzaid, Alfredo. Uniformização de jurisprudência. **Revista da Associação dos Juízes do Rio Grande do Sul (Ajuris)**, n. 34, jul., 1985.

337 Nesse sentido: Arruda Alvim Netto, José Manoel de; Arruda Alvim, Teresa; Fornaciari Júnior, Clito; Peluso, Antônio Cézar; Rizzi, Luiz Sérgio de Souza. A possibilidade de o Ministério Público suscitar o incidente de uniformização de jurisprudência. **Revista de Processo**, v. 3, ano 1976, p. 127-130, jul.-set., 1976.

338 Nesse sentido: Buzaid, Alfredo. Uniformização de jurisprudência. **Revista da Associação dos Juízes do Rio Grande do Sul (Ajuris)**, n. 34, jul. 1985.

339 "Não há, portanto, forma ou momento especiais para suscitá-lo; a exigência de quaisquer fórmulas não previstas em lei seria descabida e constituiria em entrave indevido à instauração do incidente", versão virtual não paginada, Braghittoni, Rogério Ives. Uniformização de jurisprudência e artigo 555, § 1º, do Código De Processo Civil. **Revista do Instituto dos Advogados de São Paulo**, v. 15, ano 2005, p. 241-256, jan.-jun., 2005.

Suscitada a possibilidade de divergência, deliberava-se no colegiado menor acerca da questão. Se admitida, era lavrado o acórdão no próprio órgão menor com a remessa para o presidente do tribunal,[340] que designava a sessão de julgamento[341] acerca da questão objeto de divergência,[342] não sem antes realizar novo juízo de admissibilidade.[343] A secretaria distribuía a todos os juízes cópia do acórdão. O artigo 478 do antigo código estabelecia novo juízo de admissibilidade pelo órgão maior com força definitiva desta vez. Se admitida a uniformização, cada juiz deveria emitir seu voto fundamentadamente e o Ministério Público seria ouvido.[344] Entretanto, o legislador de 1973 não foi claro quanto ao momento de oitiva do órgão ministerial.[345]

Quanto ao juízo de admissibilidade do incidente em discussão, o antigo código não fez uso de conceitos indeterminados, como *repercussão social* ou *interesse público*, mas tão somente à possibilidade de divergência entre julgados. Assim, pode-se admitir que não havia juízo de discricio-

[340] Em caso de inadmissão do incidente, havia debate na doutrina acerca da (des)necessidade de lavratura de acórdão. A favor, em razão da necessidade de motivação das decisões judiciais: Braghittoni, Rogério Ives. Uniformização de jurisprudência e artigo 555, § 1º, do Código De Processo Civil. **Revista do Instituto dos Advogados de São Paulo**, v. 15, ano 2005, p. 241-256, jan.-jun., 2005.

[341] Nos termos do artigo 477, CPC/73: "Reconhecida a divergência, será lavrado o acórdão, indo os autos ao presidente do tribunal para designar a sessão de julgamento. A secretaria distribuirá a todos os juízes cópia do acórdão.".

[342] Nesse sentido de que o julgamento pelo colegiado maior não era do recurso, mas da questão: Lemos, Vinicius Silva. **O incidente de assunção de competência**: da conceituação à procedimentalidade. Salvador: JusPodivum, 2018, p. 59.

[343] Nesse sentido: Braghittoni, Rogério Ives. Uniformização de jurisprudência e artigo 555, § 1º, do Código De Processo Civil. **Revista do Instituto dos Advogados de São Paulo**, v. 15, ano 2005, p. 241-256, jan.-jun., 2005.

[344] Sobre o procedimento, cf. "O procedimento do incidente de uniformização de jurisprudência era burocrático e moroso.", p. 800, Cunha, Leonardo Carneiro da; Didier Jr., Fredie. **Curso de Direito Processual Civil**: meios de impugnação às decisões judiciais e processo nos tribunais. v. 3. 16. ed. Salvador: JusPodivm, 2019.

[345] Nesse sentido: "[...] o CPC (LGL\1973\5) não foi preciso ou explícito quanto ao momento da audiência, dita obrigatória, do chefe do Ministério Público (cf. arts. 477 e 478, parágrafo único);", versão virtual não paginada, Pará Filho, Tomás. A chamada "uniformização da jurisprudência". **Revista de Processo**, v. 1, ano 1976, p. 71-82, jan.-mar., 1976.

nariedade na análise de sua (in)admissão, sendo um direito do cidadão a admissão do incidente.[346]

Formado o entendimento, haveria "precedente na uniformização da jurisprudência". Sobre o significado dessa expressão, explica José Ignácio Botelho de Mesquita que as decisões anteriores perderiam qualquer *valor de precedente*.[347] Considerando a época, deve-se levar em conta, assim, que os casos anteriores não poderiam ser utilizados como instrumento de persuasão dos magistrados nem como formas de fundamentação das decisões destes.

Além disso, o julgamento, *se tomado por maioria absoluta*, era objeto de súmula, representando o entendimento firmado pelo tribunal. Consequentemente, qualquer tentativa de superar o quanto estabelecido em súmula, deveria passar por nova técnica de uniformização de jurisprudência.[348] Ainda, uma vez formado o entendimento que compõe a súmula do tribunal: "[...] a) o artigo 557 admite decisão monocrática

[346] Sobre o tema, cf. "É de se notar que, aqui, ao contrário do que ocorre no novo dispositivo previsto no artigo 555, CPC (LGL\1973\5), não há exigência nenhuma de "interesse público", ou qualquer outro qualificativo ou especialização semelhantes. Basta que haja os requisitos citados acima. Por conta disso, parece mesmo mais correto considerar que se trata de um direito do cidadão, e um dever do poder judicante.", versão virtual não paginada, Braghittoni, Rogério Ives. Uniformização de jurisprudência e artigo 555, § 1º, do Código De Processo Civil. **Revista do Instituto dos Advogados de São Paulo**, v. 15, ano 2005, p. 241-256, jan.-jun., 2005. Em sentido contrário: Mancuso, Rodolfo de Camargo. **Incidente de resolução de demandas repetitivas**: a luta contra a dispersão jurisprudencial excessiva. São Paulo: Revista dos Tribunais, 2016, p. 102.

[347] Mesquita, José Ignácio Botelho de. Da uniformização da jurisprudência – uma contribuição para seu estudo. **Revista dos Tribunais**, v. 613, ano 1986, p. 15-20, nov., 1986.

[348] A regulamentação da uniformização da jurisprudência dada pelo legislador de 1973 não passou indene à críticas. Sobre o tema: "Quer dizer, o novo CPC (LGL\1973\5) melhor teria servido ao superior interesse de pronta e eficaz administração da Justiça, se, ao invés de ter consagrado todo um capítulo, inçado de complexidades e perplexidades, ao inatingível e inócuo "ideal" de uniformização da jurisprudência, houvesse disposto que, ao recorrer, qualquer que fosse o meio impugnativo, à parte caberia invocar este ou aquele acórdão ou aresto do mesmo ou de tribunal superior, apontando-o como divergente da decisão recorrida. Uma tal alegação, desde que demonstrada liminarmente, no próprio recurso, mas sem prejuízo de toda a manifestação deste, deveria, necessariamente, constituir objeto de ponderação prévia em relação a seu julgamento; e, *mutatis mutandis,* ao relator ou a qualquer integrante da turma julgadora, seria dado argüir, ainda no intróito do julgamento, essa mesma discrepância.", versão virtual não paginada. Pará Filho, Tomás. A chamada

do relator baseada na súmula; b) a citação do enunciado da súmula dispensa a referência a outros julgados no mesmo sentido (artigo 102, §4º, RISTF, aplicado por analogia)".[349] Entretanto, aponta-se que não haveria força vinculante para os demais casos diante do enunciado de súmula elaborado, mas tão somente para o caso concreto, diante da possibilidade de revisão e superação[350] do entendimento firmado,[351] mais uma vez demonstrando que a concepção acerca da vinculação ao entendimento firmado variam no espaço e no tempo. No anteprojeto do Código de 1973, havia a previsão de que o quanto decidido por esta via formaria um assento, nos termos delineados por Portugal. Entretanto, tal previsão gerou acaloradas discussões acerca de sua possível inconstitucionalidade e acabou por ser abandonada.[352]

Da decisão do incidente, não caberia recurso – com exceção dos embargos de declaração –, vez que o acórdão ainda não esta-

"uniformização da jurisprudência". **Revista de Processo**, v. 1, ano 1976, p. 71-82, jan.-mar., 1976.

349 CUNHA, Leonardo José Carneiro da; DIDIER JR., Fredie. **Curso de direito processual civil**: meios de impugnação às decisões judiciais e processo nos tribunais. v. 3. 8. ed. Salvador: JusPodivm, 2010, p. 568-569.

350 Sobre o conceito da superação, cf. MACÊDO, Lucas Buril de. **Os precedentes judiciais e o direito processual civil**. 3. ed. Salvador: JusPodivm, 2019, p. 468, "O equívoco, portanto, está em considerar o precedente como um agente estático da segurança jurídica quando é, na verdade, essencialmente dinâmico. Em outras palavras, para a aplicação de modo adequado do precedente não se deve perquirir acerca da questão resolvida ou se já há algum entendimento sobre o tema, mas, sim, se os argumentos analisados e respondidos no precedente abarcam os utilizados no recurso e se há possibilidade de extensão das mesmas razões aos novos argumentos fáticos-jurídicos. Assim, mesmo em uma questão jurídica já solucionada pelo tribunal, se o recorrente trouxer um argumento que nunca foi considerado pela Corte, este deve ser considerado, em uma interpretação conforme a Constituição, uma nova questão, que ainda não foi resolvida, devendo seguir para a apreciação do tribunal superior como se tratasse de questão sobre a qual não há, ainda, precedente.".

351 BRAGHITTONI, Rogério Ives. Uniformização de jurisprudência e artigo 555, § 1º, do Código De Processo Civil. **Revista do Instituto dos Advogados de São Paulo**, v. 15, ano 2005, p. 241-256, jan.-jun., 2005.

352 MENDES, Aluisio Gonçalves de Castro; PORTO, José Roberto Mello. **Incidente de assunção de competência.** Rio de Janeiro: GZ, 2020, p. 18-19.

ria completo,[353] não gerando sucumbência a nenhuma das partes,[354] demonstrado a lógica binária restrita às partes do processo em que suscitado o incidente.

Diante da verificação de divergência e da não aplicação do incidente em caso, caberia (i) a interposição de recurso extraordinário[355] e de recurso especial[356] durante o trâmite processual, (ii) o ajuizamento de ação rescisória diante de violação à competência funcional, portanto, absoluta, e, permitindo, ainda, (iii) o manejo de mandado de segurança diante do direito líquido e certo da parte à aplicação do incidente como forma de uniformização de jurisprudência e a seu julgamento regular.[357] Entretanto, quanto a esta última repercussão do incidente, convém destacar que não há unanimidade.[358]

Do quanto exposto do extinto incidente de uniformização de jurisprudência percebe-se que se tratava de incidente (i) com duplo juízo de admissibilidade; (ii) que poderia ser suscitado por mais de uma vez

[353] Cunha, Leonardo José Carneiro da; Didier Jr., Fredie. **Curso de direito processual civil**: meios de impugnação às decisões judiciais e processo nos tribunais. v. 3. 8. ed. Salvador: JusPodivm, 2010, p. 564.

[354] Braghittoni, Rogério Ives. Uniformização de jurisprudência e artigo 555, § 1º, do Código De Processo Civil. **Revista do Instituto dos Advogados de São Paulo**, v. 15, ano 2005, p. 241-256, jan.-jun., 2005.

[355] Mesquita, José Ignácio Botelho de. Da uniformização da jurisprudência – uma contribuição para seu estudo. **Revista dos Tribunais**, v. 613, ano 1986, p. 15-20, nov., 1986, versão virtual não paginada.

[356] Cunha, Leonardo José Carneiro da; Didier Jr., Fredie. **Curso de direito processual civil**: meios de impugnação às decisões judiciais e processo nos tribunais. v. 3. 8. ed. Salvador: JusPodivm, 2010, p. 568.

[357] Mesquita, José Ignácio Botelho de. Da uniformização da jurisprudência – uma contribuição para seu estudo. **Revista dos Tribunais**, v. 613, ano 1986, p. 15-20, nov., 1986, versão virtual não paginada.

[358] "Uniformização de jurisprudência. O órgão julgador dispõe de uma margem de discrição, no exame da conveniência e da oportunidade de admitir o incidente, por vezes suscitado com invocação a aresto divergente isolado, ou já superado no tempo. Pode ser negado processamento à arguição feita pela parte, quando com intuito procrastinatório, sendo notória a orientação jurisprudencial dominante. Negativa de contrariedade, pois, aos artigos 476 e 477 do CPC". (Resp 1865-RJ, rel. Min. Athos Carneiro, publicado no DJU de 30.04.90).

diante da caracterização de seus pressupostos durante o *iter* recursal;[359] (iii) que levava à cisão do julgamento quanto à questão de direito objeto de divergência jurisprudencial e o caso em si, o que gerava críticas quanto à sua demora excessiva[360]; e, (iv) o entendimento formado não possuía força vinculante para os demais casos, gerando, apenas, um maior ônus argumentativo, mas também repercussões processuais expansivas. Talvez em razão dessas constatações, o instituto foi subutilizado e o CPC/73 acabou sendo reformado para inserir o incidente de assunção de competência em seu artigo 555. O principal ponto de destaque para este incidente é a análise de admissibilidade com base em critérios objetivos, tornando possível o controle de sua aplicação pelo jurisdicionado, que, diante da configuração dos requisitos para o incidente, poderia conhecer previamente o juízo natural para a decisão acerca da questão de direito controvertida.

1.2.2. Do incidente de assunção de competência no Código de Processo Civil de 1973 – Lei n. 10.352, de 2001

A Lei n. 10.352 de 2001 incluiu o parágrafo §1º no artigo 555 no CPC/73[361] para determinar que, ocorrendo relevante questão de direito, que faça conveniente prevenir ou compor divergência entre câmaras ou turmas do tribunal, poderá[362] o relator propor – o Ministério Público e

359 Braghittoni, Rogério Ives. Uniformização de jurisprudência e artigo 555, § 1º, do Código De Processo Civil. **Revista do Instituto dos Advogados de São Paulo**, v. 15, ano 2005, p. 241-256, jan.-jun., 2005.

360 Essa tida sempre como a vilã do passivo do Poder Judiciário. Sobre o tema: Barbosa Moreira, José Carlos. O futuro da justiça: alguns mitos. **Temas de direito processual**: oitava série. São Paulo: Saraiva, 2004.

361 Sobre o artigo, cf. Cunha, Leonardo Carneiro da; Didier Jr., Fredie. **Curso de Direito Processual Civil**: meios de impugnação às decisões judiciais e processo nos tribunais. v. 3. 16.ed. Salvador: JusPodivm, 2019, p. 801, "O dispositivo estendeu à apelação e ao agravo, nos tribunais de Justiça e Tribunais Regionais Federais, regra existente no Regimento Interno do STF (artigo 22, par.ún.'b') e no Regimento Interno do Superior Tribunal de Justiça (artigo 14, II).".

362 Diante da relevância do instituto, defende Sidnei Agostinho Beneti que se trata de dever, cf. Beneti, Sidnei Agostinho. Assunção de competência e *fast-track* recursal. **Revista de Processo,** v. 171, ano 2009, p. 9-13, maio, 2009, versão virtual não paginada, "O relator, constatando estar em face de recurso que preenche os requisitos da assunção de competên-

as partes não[363] – seja o recurso julgado pelo órgão colegiado que o regimento indicar; e, reconhecendo o interesse público na assunção de competência, esse órgão colegiado julgaria o recurso. Tal previsão legal foi recebida com entusiasmo à época, (i) vez que mais simples do que o incidente de uniformização de jurisprudência explanado acima,[364] pois dispensa a cisão do julgamento entre a questão relevante e o recurso, ocorrendo efetivamente a assunção de competência do colegiado superior;[365] (ii) foi tomada para evitar a repetição de recursos diante de macrolides envolvidas, interessando não somente às partes envolvidas[366];

cia, tem o dever de suscitar, *ex officio*, o instituto, viabilizando o filtro de teses e abreviando o julgamento de recursos com teses idênticas.".

[363] Para permitir a iniciativa desses sujeitos do processo, há quem admitisse a incidência, por analogia, do quanto previsto para o incidente de uniformização de jurisprudência. Nesse sentido: Juliani, Cristiano Reis. A nova redação do artigo 555 do CPC e a uniformização de jurisprudência. **Revista de Processo**, v. 111, ano 2003, p. 140-147, jul.-set., 2003.

[364] Beneti, Sidnei Agostinho. Assunção de competência e *fast-track* recursal. **Revista de Processo,** v. 171, ano 2009, p. 9-13, maio, 2009, versão virtual não paginada, "Inserida no ordenamento jurídico a partir da redação atribuída pela Lei 10.352/2001 ao artigo 555, § 1º do CPC (LGL\1973\5), a assunção de competência foi recebida com entusiasmo pelos comentaristas da reforma processual, especialmente porque seu procedimento mostra-se mais simples e célere do que o pouco prestigiado incidente de uniformização de jurisprudência, previsto no artigo 476 do CPC (LGL\1973\5). Todavia, ao que parece, os tribunais brasileiros não vêm retirando do instituto todo o rendimento que poderia ter.".

[365] Sobre o tema: "O §1º do artigo 555 do CPC de 1973 passou a prever, a bem da verdade, mais um incidente de uniformização de jurisprudência. A regra ampliou as hipóteses de uniformização no âmbito interno dos tribunais, evitando a adoção do procedimento previsto nos arts. 476 a 479 do CPC de 1973, que era meramente repressivo e implicava uma bipartição da competência funcional para julgamento da causa.", p. 801, Cunha, Leonardo Carneiro da; Didier Jr., Fredie. **Curso de Direito Processual Civil**: meios de impugnação às decisões judiciais e processo nos tribunais. v. 3. 16. ed. Salvador: JusPodivm, 2019. Também nesse sentido: Mendes, Aluisio Gonçalves de Castro; Porto, José Roberto Mello. **Incidente de assunção de competência.** Rio de Janeiro: GZ, 2020, p. 21.

[366] Beneti, Sidnei Agostinho. Assunção de competência e *fast-track* recursal. **Revista de Processo,** v. 171, ano 2009, p. 9-13, maio, 2009, versão virtual não paginada, "Seria acaciano demonstrar o interesse público na célere prolação de julgamento de maior consistência do que o fragmentado entre os diversos julgamentos das câmaras, para lides individuais que se repetem, conquanto componentes da mesma lide. O julgamento célere e firme satisfaz rapidamente não só as partes, mas também a todos os participantes dos segmentos sociais que se envolvam na mesma questão jurídica de maneira que se tornam mais sólidas as posições na realização negocial, gerando-se estado de melhor credibilidade nas instituições

e, (iii) cabível também para prevenir a ocorrência de dispersão jurisprudencial.

Importa salientar que a disciplina do procedimento deste incidente era parca na legislação federal, deixando grande margem de regulamentação para os regimentos de cada tribunal. O *caput* do referido dispositivo somente falava em apelação e agravo, fazendo surgir a questão se seria cabível a sua aplicação para processos de competência originária, por exemplo. Por estar inserido na regulamentação "da ordem dos processos no tribunal", defendia-se que o *caput* deveria ser interpretado de forma ampla.[367]

Sobre o juízo de admissibilidade do incidente em questão, a lei não havia sido clara. Logo, formaram-se soluções distintas propostas pela doutrina, dentre as quais, vale mencionar que (a) poderia ser ele – o juízo de admissibilidade – duplo, ou seja, ocorrendo no colegiado suscitante e no suscitado, sendo que a última palavra a este sempre pertenceria[368] ou, ainda, (b) poderia ele ocorrer apenas no colegiado suscitado, evitando, assim, decisões inúteis.[369] Acerca do cabimento de recurso

jurídicas. E impede que a quantidade astronômica de recursos sobre questões idênticas estrangule a efetividade do aparelhamento jurisdicional.". Também nesse sentido: Juliani, Cristiano Reis. A nova redação do artigo 555 do CPC e a uniformização de jurisprudência. **Revista de Processo**, v. 111, ano 2003, p. 140-147, jul.-set., 2003.

[367] Juliani, Cristiano Reis. A nova redação do artigo 555 do CPC e a uniformização de jurisprudência. **Revista de Processo**, v. 111, ano 2003, p. 140-147, jul.-set., 2003.

[368] Braghittoni, Rogério Ives. Uniformização de jurisprudência e artigo 555, § 1º, do Código De Processo Civil. **Revista do Instituto dos Advogados de São Paulo**, v. 15, p. 241-256, jan.-jun., 2005, versão virtual não paginada. Sobre o tema: "Aqui também, portanto, haverá "duplo exame de admissibilidade": o órgão de composição mais ampla não está obrigado a aceitar essa transferência de competência. Tal qual fosse um "recurso", aqui também a última palavra é do órgão destinatário, não do órgão remetente; a ele competirá decidir se há, ou não, "interesse público" num tal grau que justifique sua aplicação.". Nesse sentido: Juliani, Cristiano Reis. A nova redação do artigo 555 do CPC e a uniformização de jurisprudência. **Revista de Processo**, v. 111, ano 2003, p. 140-147, jul.-set., 2003.

[369] Sobre o tema: "Enfim, não há regra também sobre quem é o destinatário da proposta, se a turma ou câmara a que pertence o juiz, ou se ao próprio colegiado maior, diretamente. Uma analogia com a uniformização de jurisprudência levaria a crer que se deveria primeiro levar a questão ao colegiado primevo, mas esta não parece ser a melhor solução; se a matéria já cumpre mesmo ao colegiado maior, em definitivo, não há porque adiar essa sua decisão. Lembremos, todavia, que este instituto é de clara inspiração no Regimento Interno do STJ (a própria exposição de motivos declara isso), e este Regimento prevê solução diversa, em

contra a inadmissão do incidente, defendeu-se ser incabível qualquer recurso:

> porquanto não há interesse direto e imediato das partes no pronunciamento por outro órgão, já que se trata de procedimento mais conveniente para a estabilidade da jurisprudência do tribunal do que para o resultado daquele caso concreto em exame, cujo desfecho ocorreria na esfera da própria Turma ou Câmara.[370]

Nesse juízo de admissibilidade, analisam-se a conveniência da prevenção de conflito *e* o interesse público, conceitos jurídicos indeterminados, que deixam grande margem de análise para o tribunal em juízo discricionário.[371] A presença dos requisitos não teria relação com a natureza do feito, que pode ser uma ação civil pública ou ação popular, e,

seu artigo 12, II). É de se esperar qual definição terão os tribunais.", versão virtual não paginada. Braghittoni, Rogério Ives. Uniformização de jurisprudência e artigo 555, § 1º, do Código De Processo Civil. **Revista do Instituto dos Advogados de São Paulo**, v. 15, ano 2005, p. 241-256, jan.-jun., 2005.

[370] Juliani, Cristiano Reis. A nova redação do artigo 555 do CPC e a uniformização de jurisprudência. **Revista de Processo**, v. 111, ano 2003, p. 140-147, jul.-set., 2003, versão virtual não paginada.

[371] Sobre ser juízo discricionário, mas não subjetivo, cf. Juliani, Cristiano Reis. A nova redação do artigo 555 do CPC e a uniformização de jurisprudência. **Revista de Processo**, v. 111, ano 2003, p. 140-147, jul.-set., 2003, "Perceba-se que os juízos de relevância e conveniência se formulam no âmbito da turma ou câmara, em juízo discricionário, que não se confunde com subjetivo. Com efeito, há parâmetros objetivos para a aferição da relevância e da conveniência, como a existência de divergência entre os órgãos fracionários da Corte ou a dimensão do interesse público envolvido.", versão virtual não paginada. Essa situação repete-se no Código de 2015, dificultando o controle sobre as decisões judiciais, que seria elemento essencial para a legitimidade dos precedentes com força vinculante, como colocam Hermes Zaneti Jr. e Carlos Frederico Bastos Pereira, ao comentarem a constitucionalidade dos precedentes do artigo 927 do CPC, cf. Pereira, Carlos Frederico Bastos; Zaneti Jr., Hermes. Por que o Poder Judiciário não legisla no modelo de precedentes do Código de Processo Civil de 2015? **Revista de Processo**, v. 257, ano 2016, p. 371-388, jul.,2016, versão virtual não paginada, "Por tal razão, retirar dos juízes a possibilidade de interpretar a lei é caminho que não deve ser seguido, mas assumir que a atividade interpretativa do Judiciário é controlável se aos juízes e tribunais for atribuída a devida responsabilidade quanto aos resultados da interpretação, vinculando-os aos limites impostos pelo ordenamento jurídico, é a nova estrada a ser trilhada – daí a defesa, na doutrina, de uma interpretação realista moderada e responsável.".

ainda assim, para Cristiano Reis Juliani[372], não preencher os requisitos para a assunção.

Ao comentar a assunção de competência em 2009, portanto, sob este regime, Sidnei Agostinho Beneti, fez as seguintes sugestões com o fito de prevenir a dispersão jurisprudencial dentro de tribunais: (i) filtro na distribuição de recursos já nos tribunais, destacando recursos inviáveis com base na jurisprudência da Corte e fornecendo um *fast track* para aqueles que podem ser submetidos à assunção de competência; (ii) especialização dos órgãos fracionários do tribunal, "[...] de modo a evitar a concorrência de julgamento de questões idênticas, fator de relevo, também, na dispersão jurisprudencial – que é o caminho já experimentado com sucesso em numerosas jurisdições recursais estrangeiras."[373], e, (iii) a alteração da forma de elaboração de enunciados de súmula, para que ocorra a padronização na publicação de precedentes.

Para Rogério Ives Braghittoni, a intenção do legislador ao reformar o CPC/73 para incluir a assunção de competência foi a de começar a incutir no ordenamento jurídico nacional a força vinculante de julgamentos, que culminou depois com a aprovação da súmula vinculante.[374] Destaca-se, entretanto, que a assunção de competência no CPC/73 tinha força meramente persuasiva. O IAC da forma como previsto no CPC de 2015 é uma reformulação deste incidente, ou seja, daquele previsto no artigo 555, §1º, CPC/73,[375] que vem mais estruturado e com maiores repercussões por todo o sistema processual. Vale destacar que mesmo este inci-

[372] Juliani, Cristiano Reis. A nova redação do artigo 555 do CPC e a uniformização de jurisprudência. **Revista de Processo**, v. 111, ano 2003, p. 140-147, jul.-set., 2003, versão virtual não paginada, "Ressalte-se que essas duas exigências do dispositivo não se vinculam a uma ou outra categoria de feitos, o que amplia a liberdade do intérprete e permite, por exemplo, que nem todas as ações civis públicas e nem todas as ações populares, que em regra envolvem temas relevantes nos planos social, econômico e político, tenham deslocada a competência nos moldes do artigo 555 do CPC (LGL\1973\5).".

[373] Beneti, Sidnei Agostinho. Assunção de competência e *fast-track* recursal. **Revista de Processo**. v. 171, ano 2009, p. 9-13, maio,2009, versão virtual não paginada.

[374] Braghittoni, Rogério Ives. Uniformização de jurisprudência e artigo 555, § 1º, do Código De Processo Civil. **Revista do Instituto dos Advogados de São Paulo**, v. 15, ano 2005, p. 241-256, jan.-jun., 2005.

[375] Cunha, Leonardo Carneiro da; Didier Jr., Fredie. **Curso de Direito Processual Civil**: meios de impugnação às decisões judiciais e processo nos tribunais. v. 3. 16. ed. Salvador: JusPodivm, 2019, p. 801.

dente já era usado como forma de delinear um determinado entendimento quando existente repetição de processos versando sobre a mesma questão de direito, seja processual ou material.[376]

Conclusões parciais

As formas previstas no CPC/73 para a uniformização da jurisprudência dos tribunais, quais sejam, o incidente de uniformização de jurisprudência e o incidente de assunção de competência formam o embrião do atual incidente de assunção de competência. Além das previsões legais anteriores à legislação de 2015, o RISTJ tinha previsão da assunção de competência pela Corte Especial quando "[...] da relevância da questão jurídica, ou da necessidade de prevenir divergência entre as Seções".[377]

A partir da falta de aderência à prática do incidente de uniformização de jurisprudência, provavelmente em razão de sua natureza jurídica como procedimento-modelo e o atraso na marcha processual, adiantou-se o legislador reformista do CPC/73 para estabelecer a possibilidade de assunção de julgamento de casos por órgãos jurisdicionais superiores como forma de conferir maior legitimidade ao entendimento consolidado, no interesse da Corte, ou seja, a partir de critérios circundados por forte carga de discricionariedade.

Assim, a partir da reforma legal perpetrada em 2001, o ordenamento jurídico brasileiro passou a conviver com dois institutos para a prevenção e repressão de divergência jurisprudencial, um com a cisão do julgamento, caracterizando-se pela sua natureza jurídica de procedimento-modelo; e outro, com a assunção global do caso e da questão para julgamento por colegiado superior. A principal diferença entre eles e que interessa à presente tese trata-se dos requisitos de admissibilidade: enquanto no incidente de uniformização de jurisprudência os requisitos eram objetivos e sindicáveis; no incidente de assunção de competência, não. Assim, a partir de 2001, a alteração posterior do juiz natural do caso passa a ser possível com base em critérios fluídos fundamentados

[376] Nesse sentido indica Ricardo Yamin Fernandes, ao comentar incidente instaurado sob a legislação da época no TJSP. FERNANDES, Ricardo Yamin. **Do incidente de assunção de competência**. São Paulo: Revista dos Tribunais, 2020, p. 121-122.

[377] RISTJ, Artigo 16, reformado. Sobre o tema, cf. MENDES, Aluisio Gonçalves de Castro; PORTO, José Roberto Mello. **Incidente de assunção de competência.** Rio de Janeiro: GZ, 2020, p. 22-23.

em argumentos que privilegiam o interesse público na uniformização da jurisprudência em detrimento do interesse individual da parte em ter seu caso julgado pelo juiz natural.

Diferentemente dos países antes estudados, Portugal e Itália, que privilegiaram apenas uma forma de conferência de maior legitimidade a entendimentos jurisprudenciais, seja para prevenir ou para reprimir a divergência, internamente, optou-se pela manutenção de dois institutos para a mesma finalidade nos tribunais, qual seja, a uniformização da jurisprudência. Posteriormente, em 2015, com a aprovação do novo código, o sistema tornou-se mais complexo ainda, como será desenvolvido adiante.

Tal capítulo demonstra que as dificuldades encontradas no ordenamento jurídico brasileiro não são exclusivas. Países com tradições jurídicas semelhantes passam por elas da mesma maneira. A principal especialidade encontrada é a tendência, desde 2001, da existência de dois incidentes com finalidades semelhantes, diferenciados pelo procedimento. A partir dessas considerações, passa-se ao capítulo 2 para análise do incidente de assunção de competência da forma como regulamentado pela legislação hoje em vigor.

2. INCIDENTE DE ASSUNÇÃO DE COMPETÊNCIA NA LEGISLAÇÃO BRASILEIRA ATUAL

A partir das constatações feitas no primeiro capítulo, concernentes à existência de apenas uma forma para fixação de entendimentos pelos tribunais a partir de precedentes qualificados pelo procedimento em razão da assunção de competência nos ordenamentos analisados, em termos sucintos, passa-se à análise do conceito, da natureza jurídica e do procedimento do IAC como posto no CPC de 2015 para, então, tratar-se da relação dele com outros institutos jurídicos relevantes que perseguem também os objetivos listados no artigo 926 do código, como os recursos excepcionais através do rito dos repetitivos e o IRDR, que levam à tese proposta.

O incidente em análise objetiva possibilitar a discussão sobre a possibilidade de alteração da competência e do procedimento de um caso já no tribunal. Tal possível alteração de competência de processo já em curso levanta importante discussão sobre o juiz natural, que se aborda na tese. Entretanto, destaca-se que não faz parte do recorte metodológico do trabalho a análise da dualidade entre jurisdição e competência,[378] tampouco o estudo sobre a jurisdição em si,[379] que demandariam estudos monográficos exclusivos.

[378] Sobre esse tema, há diversas obras específicas. Cf. Neves, Daniel Amorim Assumpção. **Competência no processo civil**. 2. ed. Rio de Janeiro: Forense, 2010. Carneiro, Athos Gusmão. **Jurisdição e competência**. 17. ed. São Paulo: Saraiva, 2010. Souza, Artur César de. **Jurisdição e competência no novo CPC**: competência da justiça federal e competência da justiça estadual. Coimbra: Almedina, 2019.

[379] Sobre o tema há trabalhos clássicos e teses recentes dedicadas exclusivamente a esta análise. Cf., por exemplo, Gonçalves, Marcelo Barbi. **Teoria geral da jurisdição**. Salvador: JusPodivm, 2020.

2.1. Apontamentos iniciais sobre o incidente de assunção de competência: caminhos para um conceito

O IAC, dentro do contexto de valorização de técnicas para formação de entendimentos qualificados pelo procedimento no CPC de 2015, é o resultado da evolução histórica e legislativa no incidente de uniformização de jurisprudência do CPC/73 e do incidente com o mesmo nome no CPC/73,[380] como já apontado, que foram subutilizados no contexto do código antigo por razões que escapam à presente análise.

Após sucessivas reformas da legislação revogada com o intento de incrementar as formas de elaboração de entendimentos por tribunais a partir de técnicas concentradas de exercício do contraditório, com a inclusão do rito dos repetitivos nos tribunais superiores, por exemplo, desaguou-se no CPC de 2015, organizando-se os repetitivos nos tribunais superiores, incrementando-se o IAC a partir do quanto já existente e incluindo-se o IRDR no ordenamento jurídico.[381]

São muitas as reformas legislativas com o intento de tornar efetiva a resposta a questões repetitivas efetiva ou potencialmente, por diversos motivos, que não são listados exaustivamente aqui, mas que podem ter a sua fotografia inicialmente rabiscada a partir da constatação da (in)efetividade do microssistema processual coletivo[382] para a tutela de direi-

[380] Nesse sentido: Mancuso, Rodolfo de Camargo. **Incidente de resolução de demandas repetitivas**: a luta contra a dispersão jurisprudencial excessiva. São Paulo: Revista dos Tribunais, 2016, p. 112. Em sentido contrário, afirmando ser instituto completamente novo, cf. Barroso, Luís Roberto; Mello, Patrícia Perrone Campos. Trabalhando com uma nova lógica: a ascensão dos precedentes no direito brasileiro. **Revista da Advocacia Geral da União**, Brasília-DF, v. 15, n. 03, p. 09-52, p. 18, jul.-set., 2016.

[381] Sobre ser a uniformização da jurisprudência um problema de política legislativa, cf. Buzaid, Alfredo. Uniformização de jurisprudência. **Revista da Associação dos Juízes do Rio Grande do Sul (Ajuris)**, n. 34, p. 211, jul., 1985. Sobre o intento do legislador ao criar diversos institutos para lidar com a litigância, cf. Lemos, Vinicius Silva. **O incidente de assunção de competência**: da conceituação à procedimentalidade. Salvador: JusPodivum, 2018, p. 30, "Mediante o dever fixado pelo CPC/2015 pela uniformização da jurisprudência, pelo respeito aos precedentes, com estabilidade, coerência e integridade, houve uma reformulação de institutos e criação de novas para o combate à dispersão, para que se possa intensificar e conceder melhorias para a prestação jurisdicional, os quais o art. 927 conceder necessidade de observância pelos demais julgadores.".

[382] Questionamos se realmente o que leva à valorização da formação de entendimentos com eficácia expansiva pelos tribunais é a inefetividade do processo coletivo ou o seu

tos individuais homogêneos, a cada vez mais forte homogeneização das relações sociais, o incremento dos direitos sociais em razão da transformação do Estado liberal em Estado social, o acesso à informação e à tecnologia por parcela cada vez maior da população,[383] além de pressões econômicas internas e externas exigindo maior viés gerencial sobre a enorme massa de processos em tramitação no Poder Judiciário como forma de conferir maior eficiência à resolução de conflitos por vias estatais[384] e a sua real efetivação.[385] Tal viés gerencial explica a preferência dada pelo legislador a essas técnicas, em detrimento do processo coletivo, quando se considera que elas servem para fixação de entendimentos para questões de direito potencial ou efetivamente repetitivas, diferentemente do processo coletivo que objetiva sanar demandas seriais em nossa sociedade.

real potencial na produção de resultados em série. Sobre o tema, não nos alongamos, mas remetemos à leitura da seguinte obra: MIRANDA, Andrea Pimentel de. **Quem tem medo do processo coletivo?** As disputas e escolhas políticas no CPC/2015 para o tratamento da litigiosidade repetitiva no Brasil. São Paulo: Almedina, 2020, p. 80. Sobre o tema, ainda comenta Ada P. Grinover: "Por outro lado, é certo que o Poder Executivo tem tomado diversas iniciativas capazes de limitar a abrangência das ações coletivas; que o Poder Judiciário, como um todo, tem hesitado em relação a teses que oscilam entre a abertura e o fechamento das vias coletivas; que o juiz, via de regra, não sabe lidar e não gosta de ações coletivas, preferindo sempre a solução individual; que os legitimados subutilizam as ações coletivas, sobretudo em campos como o da saúde, em que se multiplicam e proliferam as ações individuais. E o legislador brasileiro não se tem mostrado sensível à necessidade de aperfeiçoamento do sistema.", p. 56-57, GRINOVER, Ada Pellegrini. **Ensaio sobre a processualidade**: fundamentos para uma nova teoria geral do processo. Brasília: Gazeta Jurídica, 2016.

383 Andrea Pimentel de Miranda classifica essas causas entre exógenas e endógenas. Cf. MIRANDA, Andrea Pimentel de. **Quem tem medo do processo coletivo?** As disputas e escolhas políticas no CPC/2015 para o tratamento da litigiosidade repetitiva no Brasil. São Paulo: Almedina, 2020, p. 48-53.

384 Sobre o tema, cf. ASPERTI, Maria Cecília de Araujo. **Acesso à justiça e técnicas de julgamento de casos repetitivos.** Tese de doutorado. Orientador Prof. Assoc. Carlos Alberto de Salles. São Paulo: Universidade de São Paulo, 2018, p. 46-47.

385 Aqui, estamos pensando no grande número de processos pendentes relacionados à tutela executiva e, principalmente, na alta taxa de congestionamento. Sobre o panorama da execução no Brasil, cf. HILL, Flávia Pereira. Desjudicialização da Execução Civil: reflexões sobre o Projeto de Lei nº 6.204/2019. **Revista Eletrônica de Direito Processual – REPD**, Rio de Janeiro, ano 14, v. 21, n. 3, p. 164-205, set.-dez., 2020.

Sobre tais diferenciações, discorre-se adiante. O que importa, neste momento, é a constatação de que as sucessivas reformas legislativas, consolidadas em uma nova codificação, criaram um sistema complexo de instrumentos para a formação de teses jurídicas qualificadas pelos tribunais, que trazem inúmeros pontos de questionamento de ordem prática e teórica que serão expostos neste capítulo da tese e no seguinte.

Sobre o IAC, da forma como regulamentado no CPC de 2015, há diferenças pontuais dignas de nota em relação à sistemática da legislação reformada e em relação aos instrumentos que com ele convivem para formação de teses jurídicas por tribunais, mas, mais relevantes são dois pontos: (1) a relação intrincada com os demais instrumentos para lidar com a litigância, e; (2) a falta de regulamentação do procedimento de um incidente que formará entendimento apto a fundamentar: (i) a improcedência liminar do pedido, nos termos do artigo 332, III, CPC; (ii) o afastamento do reexame necessário, nos termos do artigo 496, §4º, III, CPC; (iii) o incremento dos poderes do relator de forma a negar ou a dar provimento a recurso de acordo com a tese firmada em IAC, nos termos do artigo 932, CPC; e a julgar de plano conflito de competência, nos termos do artigo 955, parágrafo único, II, CPC; e, (iv) a oposição de embargos de declaração quando a decisão atacada deixar de se manifestar sobre tese firmada em sede de IAC, nos termos do artigo 1.022, parágrafo único, I, CPC.

Assim, objetiva-se, neste capítulo, fornecer o conceito, a natureza jurídica e o procedimento legal previsto pelo legislador de 2015 para o IAC, para, nos próximos capítulos, explorar a relação entre o IAC e outros mecanismos jurisprudenciais para definição de teses jurídicas de forma concentrada pelos tribunais e aquele procedimento que ora se propõe como o ideal diante da importância desse mecanismo de fixação de tese jurídica para o atual ordenamento jurídico brasileiro a partir da perspectiva que aqui é adotada, não sendo suficiente a mera afirmação de aplicação do procedimento previsto para o IRDR ou para os repetitivos, vez que o IAC também abrange a finalidade preventiva em relação à dispersão jurisprudencial, como restará demonstrado.[386]

[386] Em sentido contrário: MACÊDO, Lucas Buril de. **Os precedentes judiciais e o direito processual civil**. 3. ed. Salvador: JusPodivm, 2019, p. 511.

O IAC é *incidente*, nos termos legais, suscitado pelas partes, pelo Ministério Público, pela Defensoria Pública ou pelo relator oficiosamente[387] quando, no julgamento de recurso, de remessa necessária ou de processo de competência originária de qualquer tribunal,[388] inclusive os superiores,[389] houver (i) relevante questão de direito, com grande repercussão social, sem repetição em múltiplos processos, nos termos

[387] No STJ, a Comissão Gestora de Precedentes pode sugerir casos para IAC, conforme artigo 46-A, RISTJ: "Artigo 46-A. À Comissão Gestora de Precedentes cabe: V – acompanhar, inclusive antes da distribuição, os processos que possuam matéria com potencial de repetitividade ou com relevante questão de direito, de grande repercussão social, a fim de propor ao Presidente do Tribunal medidas para a racionalização dos julgamentos desta Corte por meio de definições de teses jurídicas em recursos repetitivos ou em assunção de competência.".

[388] "Também é admissível o incidente de assunção de competência nos tribunais do trabalho, tanto regionais, como no superior.", p. 803, CUNHA, Leonardo Carneiro da; DIDIER JR., Fredie. **Curso de Direito Processual Civil**: meios de impugnação às decisões judiciais e processo nos tribunais. v. 3, 16. ed. Salvador: JusPodivm, 2019. Tal constatação impacta na função dos tribunais de segunda instância. Sobre o tema, cf. ZANETI JR., Hermes. **O valor vinculante dos precedentes:** teoria dos precedentes normativos formalmente vinculantes. 4. ed. Salvador: JusPodivm, 2019, p. 404, "Como o direito é artificialmente construído nos parece impossível limitar os precedentes apenas às Cortes Supremas, especialmente no ordenamento jurídico brasileiro, formalizado pelo art. 927 e incisos. Neste caso serão precedentes mesmo as decisões que não forem de Cortes Supremas, desde que, por evidente, limitem-se à sua esfera de influência formal e, portanto, respeitem as decisões das instâncias formalmente superiores.".

[389] Nesse sentido: Enunciado n. 468 do Fórum Permanente de Processualistas Civis: "O incidente de assunção de competência aplica-se em qualquer tribunal.". CUNHA, Leonardo Carneiro da; DIDIER JR., Fredie. **Curso de Direito Processual Civil**: meios de impugnação às decisões judiciais e processo nos tribunais. v. 3, 16. ed. Salvador: JusPodivm, 2019, p. 803. Também nesse sentido, cf. LEMOS, Vinicius Silva. **O incidente de assunção de competência**: da conceituação à procedimentalidade. Salvador: JusPodivum, 2018, p. 82, "Dessa maneira, o IAC ganha uma importância de ser o instituto inserto ao microssistema de formação de precedente vinculante cabível em todos os Tribunais e instância, o que não ocorre com os demais, pelo fato de que o IRDR somente cabe, em regra, em Tribunal de segundo grau; recursos excepcionais repetitivos nos Tribunais Superiores; e a repercussão geral somente no STF. Somente o IAC é cabível em qualquer desses Tribunais, com uma importância tão grande quanto todos os outros, somente com a necessidade de ser um instrumento mais considerado e utilizado para pacificar entendimentos, compondo ou prevenindo divergências.". Em sentido contrário, afirmando que nos tribunais superiores há previsão dos embargos de divergência: MACÊDO, Lucas Buril de. **Os precedentes judiciais e o direito processual civil**. 3. ed. Salvador: JusPodivm, 2019, p. 511.

do artigo 947, *caput*, CPC, ou (ii) quando ocorrer relevante questão de direito a respeito da qual seja conveniente a prevenção ou a *composição* de divergência entre câmaras ou turmas do tribunal, nos termos do artigo 947, §4º, CPC, indicando que é o caso de julgamento do processo pelo órgão colegiado superior que o regimento do tribunal respectivo indicar.

Portanto, órgão colegiado que não era originariamente competente para o julgamento passa a sê-lo diante da presença dos requisitos legais referenciados acima.[390] Haverá cisão do julgamento no caso para, em um primeiro momento, definir-se a interpretação a ser dada à questão de direito que preenche os requisitos mencionados acima e listados no artigo 947, CPC. Definida a interpretação a ser dada à questão, aplicar-se-á o entendimento firmado ao caso em que ocorrida a assunção de competência. Tal sistemática de julgamento visa a garantir que a *ratio decidendi*, necessariamente, seja alcançada em relação à questão de direito colocada sob julgamento, vez que o debate cingir-se-á sobre a questão, e não sobre o caso.[391]

[390] A violação à competência pode gerar consequências diversas. Sobre o tema, cf. NEVES, Daniel Amorim Assumpção. **Competência no processo civil**. 2. ed. Rio de Janeiro: Forense, 2010, p. 21-22, "Essa é uma importante constatação no tema da competência, em especial no que tange à natureza do vício existente no caso concreto, considerando-se que a investidura é considerada um pressuposto processual subjetivo de existência, enquanto a competência é um pressuposto processual também subjetivo, mas de validade. Um ato praticado sem jurisdição é um ato inexistente; um ato praticado sem competência é tão somente nulo (podendo ser a nulidade relativa ou absoluta, tudo a depender da espécie da natureza pública ou privada da norma desrespeitada).".

[391] Mais um argumento para demonstrar que tal sistemática não tem qualquer relação com os precedentes do *common law* é a ausência de julgamento *case-by-case* em que se busca a extração de uma *ratio decidendi*. Sobre o tema, cf. MARINONI, Luiz Guilherme. **Julgamento nas Cortes Supremas**: precedente e decisão do recurso diante do novo CPC. 2. ed. São Paulo: Revista dos Tribunais, 2017, p. 91-97. Sobre a necessidade de o julgamento ser por questão no IAC, cf. LEMOS, Vinicius Silva. **O incidente de assunção de competência**: da conceituação à procedimentalidade. Salvador: JusPodivum, 2018, p. 167, "Se houver convergência de resultado, mas com caminhos argumentativos diversos na formação de um precedente, não se consegue delimitar a *ratio decidendi* de maneira eficiente, o que implica numa dificuldade de entendimento do que formou-se como um precedente. Dessa maneira, quanto mais colegiada a tomada de decisão, com debates e construção conjunta de uma argumentação e decisão definitiva, maior a qualidade do precedente judicial a ser criado, o que remete a um modo geral que inclui a decisão do IAC.", p. 167.

Neste momento, vale destacar que o IAC não se confunde com as avocações,[392] vez que não há supressão de grau jurisdicional, mas deslocamento e assunção de competência dentro do próprio tribunal em que se encontra o processo em razão da interposição de recurso, remessa necessária ou processo de competência originária do tribunal.[393]

[392] Sobre as avocações, cf. Dinamarco, Cândido Rangel. **Instituições de direito processual civil**. 6. ed. v. I, São Paulo: Malheiros, 2009, p. 245, "O primeiro reflexo prático do princípio do duplo grau de jurisdição consiste no veto às avocações, que nos processos administrativos se admitem: como é inerente à garantia constitucional do juiz natural, todas as causas se propõem exclusivamente perante o juiz que seja competente segundo os ditames da Constituição ou da lei, sendo excluída qualquer alteração dessas regras mesmo pelos mais elevados tribunais do país. Só se tem acesso aos tribunais quando, proferida a decisão pelo órgão competente, houver recurso da parte – salvo os casos de competência originária ou de remessa oficial, que são excepcionais e também decorrem sempre do direito positivo.". Sobre o juiz natural e as avocações, cf. Cabral, Antonio do Passo. **Juiz natural e eficiência processual**: flexibilização, delegação e coordenação de competências no processo civil. Tese de titularidade – Universidade do Estado do Rio de Janeiro. Rio de Janeiro: Universidade do Estado do Rio de Janeiro, 2017, p. 26, "De gênese franco-alemã, o princípio do juiz natural representou uma importante vitória contra o poder monárquico-absolutista na aurora do Estado de Direito. Por meio dele, proibiram-se as avocações e atribuições de competência feitas pelo rei em favor de comissões extraordinárias, constituídas para julgar casos específicos e certas pessoas privilegiadas para atender aos interesses do soberano.".

[393] Ainda sobre as avocações, cf. Grinover, Ada Pellegrini. O princípio do juiz natural e sua dupla garantia. **Revista de Processo**, v. 29, ano 1983, p. 11-33, jan.-mar., 1983, versão virtual não paginada, "Outra questão ligada ao juiz natural suscita o instituto da avocatória, introduzido pela EC 7/1977, e consistente no poder discricionário, atribuído ao STF, de avocar as causas processadas perante quaisquer juízos ou Tribunais em casos de "imediato perigo de grave lesão à ordem, à saúde, à segurança ou às finanças públicas", com o fim objetivo de, suspensos os efeitos da decisão já proferida, o STF conhecer integralmente a lide (artigo 119, I, c, da Constituição). Conquanto passível de críticas, por impedir o amadurecimento da causa e suprimir, eventualmente, o primeiro grau de jurisdição, o instituto funda-se no interesse público, reservando amplo poder discricionário exatamente ao mais alto Tribunal do País. De modo que não faltaram elogios à inovação, embora alguns segmentos não lhe poupem críticas. Seja como for, sob o ângulo do juiz natural, é evidente que a própria Constituição, na hipótese, erige diretamente o STF em juiz natural da causa avocada, não se podendo falar em infringência ao princípio que ela própria coloca, a não ser no âmbito restrito da própria inconstitucionalidade da Emenda 7/1977, que poderia ter superado os limites, de forma e de fundo, impostos ao Poder constituinte derivado, ou de reforma.". Sobre as normas modificadoras de competência, cf. Neves, Daniel Amorim Assumpção. **Competência no processo civil**. 2. ed. Rio de Janeiro: Forense, 2010, p. 27,

Ainda pode-se constatar a direta relação entre os objetivos elencados no artigo 926 do CPC e este incidente, no sentido de manutenção da jurisprudência estável, íntegra e coerente[394] dos tribunais, vez que o IAC teria – segundo a previsão do artigo 947 do CPC – por finalidade prevenir ou compor divergência jurisprudencial no tribunal. A partir de tais premissas teóricas, passa-se à análise da natureza jurídica deste incidente.

2.2. Natureza jurídica do incidente de assunção de competência

Neste tópico, perquire-se se a nomenclatura dada ao IAC, como "incidente", corresponde realmente à sua natureza jurídica.

O órgão jurisdicional superior no tribunal, ao admitir a presença dos requisitos autorizadores do incidente em estudo, além de fixar a tese acerca da questão de direito objeto de controvérsia, julgará o recurso, processo de competência originária ou reexame necessário. A partir dessa constatação, pode-se afirmar que a natureza jurídica do procedimento ao qual o incidente dá origem, uma vez positivo o juízo de admissibilidade, é de caso-piloto, vez que há a exigência expressa[395] de recurso, processo de competência originária ou remessa necessária em trâmite no tribunal.

Na definição da natureza jurídica dos incidentes capazes de levar à formação de precedentes qualificados pelo procedimento nos termos do artigo 927, CPC, estabeleceu-se relativa[396] dualidade entre caso-piloto e procedimento-modelo.

"A norma modificadora tem como característica flexibilizar a norma determinadora, alterando a competência apontada por tal normal. Por opção legislativa as normas modificadoras encontram-se exclusivamente em leis federais, com especial destaque ao Código de Processo Civil, que concentra a quase totalidade dessas espécies de normas.".

[394] CPC, Artigo 926. "Os tribunais devem uniformizar sua jurisprudência e mantê-la estável, íntegra e coerente.".

[395] CPC, Artigo 947. "É admissível a assunção de competência quando o julgamento de recurso, de remessa necessária ou de processo de competência originária envolver relevante questão de direito, com grande repercussão social, sem repetição em múltiplos processos.".

[396] Falamos em relativa, pois há caminhos intermediários criados pela doutrina, como demonstraremos adiante.

O IAC costuma ser categorizado como caso-piloto,[397] vez que a tese é debatida, processada e julgada a partir de um caso concreto, que também já será julgado pelo órgão jurisdicional que assumiu a competência global do caso, ou seja, para a fixação da tese jurídica e para a sua posterior aplicação ao caso em análise. A questão é essencialmente de política legislativa, vez que o extinto incidente de uniformização de jurisprudência, com finalidade semelhante, fazia com que ocorresse a cisão do julgamento em razão do objeto para colegiados distintos dentro do mesmo tribunal, ao passo que o incidente de assunção de competência do código de 1973 aboliu a divisão da competência entre órgãos jurisdicionais diversos dentro do tribunal por razões de celeridade processual.

Sobre a sua denominação, qual seja "incidente", há polêmica na doutrina[398] sobre sua adequação e se tratar-se-ia de processo incidente, incidente processual ou procedimento autônomo. Assim, temas tradicionais de teoria geral do processo precisam ser analisados de forma breve, considerando os fins aqui propostos e de forma a demonstrar que se trata realmente de incidente para análise do preenchimento dos requisitos do artigo 947 do CPC, que, se presentes, determinam a alteração do procedimento para processamento do recurso, remessa necessária e processo de competência originária, além de modificar a competência para análise do feito.

Para Cândido Rangel Dinamarco,[399] incidente é um procedimento menor em relação ao processo principal, dependente deste, cuja finalidade é o alcance de uma decisão judicial sobre algum pedido ou requerimento das partes. Ainda, afirma o autor mencionado que o incidente

[397] MENDES, Aluisio Gonçalves de Castro; PORTO, José Roberto Mello. **Incidente de assunção de competência.** Rio de Janeiro: GZ, 2020, p. 30.

[398] FERNANDES, Ricardo Yamim. **Do incidente de assunção de competência**. São Paulo: Revista dos Tribunais, 2020, p. 122-123, "Ao que nos parece, esta boa técnica não foi empregada no momento da redação do Incidente de Assunção de Competência, especialmente no que tange à sua natureza jurídica. À primeira vista, pela nomenclatura conferida ao instituto, analisamos a natureza jurídica do Incidente de Assunção de Competência como incidente processual.".

[399] DINAMARCO, Cândido Rangel. **Instituições de direito processual civil**. 6. ed. v. II, São Paulo: Malheiros, 2009, p. 476, "São verdadeiros desvios acidentais do procedimento principal, que se situam à margem de sua caminhada linear em direção ao provimento final pedido da demanda inicial do processo.", p. 477.

será julgado por decisão interlocutória, pois não há decisão do mérito submetido a julgamento no processo principal. O exemplo de incidente, no CPC/73, seria o próprio incidente de uniformização de jurisprudência. Por sua vez, Francesco Carnelutti define incidente como uma questão que precisa ser resolvida antes da decisão final por ser um meio para ela. Seriam questões processuais relevantes para a decisão do mérito.[400]

Há quem defenda que o conceito tradicional de incidente não funcionaria para o IAC,[401] vez que o pedido da assunção da competência não precisa ter sido feito necessariamente pelas partes. Além disso, afirmam que não há dependência ao processo em que suscitado o IAC, já que a tese firmada valeria de maneira vinculante para processos futuramente e a desistência do recurso pela parte não impediria a análise da tese submetida a julgamento através desse mecanismo de formação de precedente.[402] Não parece ser o melhor caminho o de tomar a conceituação de um instituto a partir de seus efeitos e não pelo que ele efetivamente seja. As repercussões do entendimento firmado em sede de IAC não podem levar à reformulação do conceito em si do instituto. Também afirmam que não haveria propriamente acessoriedade em relação a algum processo principal, vez que ocorre a assunção de competência do caso como um todo pelo colegiado responsável.[403] Este ponto, também equivocado, merece maiores digressões, que serão feitas adiante.

[400] CARNELUTTI, Francesco. **Sistema de Derecho Procesal Civil.** v. IV: procedimiento de conocimiento – parte segunda. Tradução de Niceto Alcalá-Zamora y Castillo e Santiago Sentís Melendo. Buenos Aires: Uteha Argentina, 1944, p. 157.

[401] Nesse sentido: Ricardo Yamin e Georges Abboud. ABBOUD, Georges; FERNANDES, Ricardo Yamin. Requisitos legais para a instauração do incidente de assunção de competência. **Revista de Processo**, v. 279, maio, 2018, p. 339-356. FERNANDES, Ricardo Yamim. **Do incidente de assunção de competência**. São Paulo: Revista dos Tribunais, 2020, p. 122, "Ao que nos parece, esta boa técnica não foi empregada no momento da redação do Incidente de Assunção de Competência, especialmente no que tange à sua natureza jurídica.".

[402] Nesse sentido: FERNANDES, Ricardo Yamim. **Do incidente de assunção de competência**. São Paulo: Revista dos Tribunais, 2020, p. 124, "Fazendo um cotejo com os requisitos do incidente processual, verificamos a existência de algumas inconsistências.".

[403] Nesse sentido: FERNANDES, Ricardo Yamim. **Do incidente de assunção de competência**. São Paulo: Revista dos Tribunais, 2020, p. 124, "Ademais, no Incidente de Assunção de Competência, não se resolverá uma questão incidental, preliminar ou prejudicial de mérito,

Antes disso, verifica-se a hipótese aventada pelos autores citados. Assim, considerando possível o ponto levantado, qual seja, de não se tratar de incidente, caberia a inclusão do instituto em outras categorias plausíveis,[404] como questão incidental, processo incidental ou, ainda, um terceiro gênero, técnica de julgamento.[405] Para aquela, qual seja, questão incidental, o rechaço é imediato, vez que o grau de dependência em relação à lide intersubjetiva submetida a juízo é ainda maior.[406] Se se rejeita a configuração de incidente, pois a tese firmada é independente em processos futuros, a conceituação do tema como questão incidental seria absurda.

Por sua vez, processo incidental (i) constitui uma nova relação processual, (ii) que se instaura em razão de outro já pendente, (iii) destinando-se a exercer alguma influência sobre ele e (iv) a decisão tomada no processo incidental não se confunde com a do processo principal.[407] Por fim, há quem defenda o IAC como técnica de julgamento, vez que ocorre deslocamento de competência dentro do próprio tribunal para que ocorra o julgamento do caso e a fixação da tese a ser aplicada no futuro. Para essa opção, o IAC assemelhar-se-ia ao julgamento dos

mas o próprio mérito da causa levada ao tribunal. O tribunal julgará o recurso, remessa necessária ou ação de competência originária, colocando fim ao processo.".

404 Ricardo Yamin Fernandes abre tópicos específicos para defender os motivos pelos quais o IAC não pode ser considerado como recurso, quais sejam: (i) taxatividade recursal, e; (ii) voluntariedade; nem como ação, vez que a ação veicula nova pretensão, o que não ocorre no IAC. Cf. FERNANDES, Ricardo Yamim. **Do incidente de assunção de competência**. São Paulo: Revista dos Tribunais, 2020, p. 126-129. Como não consideramos tais enquadramentos sequer como viáveis, vale apenas a nota de rodapé.

405 Nesse sentido: ABBOUD, Georges; FERNANDES, Ricardo Yamin. Requisitos legais para a instauração do incidente de assunção de competência. **Revista de Processo**, v. 279, maio, 2018, versão virtual não paginada, "Nessa perspectiva, entendemos que o Incidente de Assunção de Competência é uma técnica de julgamento, tal qual a modalidade repetitiva a ser usada nos recursos especial e extraordinário repetitivos.".

406 Sobre questão incidental, cf. DINAMARCO, Cândido Rangel. **Instituições de direito processual civil**. 6. ed. v. II. São Paulo: Malheiros, 2009, p. 477, "Questão incidente é uma dúvida de fato ou de direito surgida no curso do procedimento ou mesmo logo ao seu início, necessitando ser resolvida pelo juiz antes do julgamento do mérito mas sem se referir a este.".

407 Nesse sentido, cf. DINAMARCO, Cândido Rangel. **Instituições de direito processual civil**. 6. ed. v. II, São Paulo: Malheiros, 2009, p. 478.

recursos extraordinários em sentido *lato* repetitivos.[408] Essas opções não são suficientes para compreensão da natureza do incidente. Não há nova relação processual no IAC. Portanto, não se trata de processo incidental. Não seria possível classificar o IAC como processo incidente,[409] vez que não há quebra da inércia jurisdicional[410] por provocação do Poder Judiciário de forma autônoma. Tampouco pode-se afirmar ser apenas técnica de julgamento.

A questão fica mais clara se colocadas as coisas separadamente. O incidente existe no processo em que suscitado o IAC para decidir se a competência para o julgamento desse processo será assumida ou não por um órgão jurisdicional superior com maior legitimidade para formação da tese em precedente qualificado pelo procedimento diferenciado dentro do mesmo tribunal. É um incidente prejudicial ao mérito, vez que determinará qual o órgão jurisdicional competente para a sua análise[411] e qual o procedimento adequado para processamento do feito. Vez que a assunção de competência regula matéria de ordem pública,[412] justifica-se a provocação do incidente de maneira oficiosa, como elegeu o legislador no artigo 947, CPC. Assim, a mera possibilidade de provocação do relator para o incidente, não afasta a sua natureza *incidental*.

[408] Nesse sentido: Abboud, Georges; Fernandes, Ricardo Yamin. Requisitos legais para a instauração do incidente de assunção de competência. **Revista de Processo**, v. 279, maio, 2018. Também na obra: Fernandes, Ricardo Yamim. **Do incidente de assunção de competência**. São Paulo: Revista dos Tribunais, 2020, p. 130, ss. Também: D'Ávila, Daniela Peretti. **Incidente de assunção de competência**: Extraindo seu máximo grau de rendimento. 2019. Dissertação (Mestrado em Direito) – Pontifícia Universidade Católica de São Paulo, São Paulo, 2019, p. 116.

[409] Defendem o IAC com a natureza jurídica de incidente processual com as características de: acessoriedade, acidentalidade, incidentalidade e procedimento incidental autônomo de caráter objetivo: Mendes, Aluisio Gonçalves de Castro; Porto, José Roberto Mello. **Incidente de assunção de competência.** Rio de Janeiro: GZ, 2020, p. 26, ss.

[410] Mendes, Aluisio Gonçalves de Castro; Porto, José Roberto Mello. **Incidente de assunção de competência.** Rio de Janeiro: GZ, 2020, p. 27.

[411] Nesse sentido: Carnelutti, Francesco. **Sistema de Derecho Procesal Civil.** v. IV: procedimiento de conocimiento – parte segunda. Tradução de Niceto Alcalá-Zamora y Castillo e Santiago Sentís Melendo. Buenos Aires: Uteha Argentina, 1944, p. 196.

[412] Sobre o tema, cf., por todos, Aprigliano, Ricardo de Carvalho. **Ordem Pública e Processo**: o tratamento das questões de ordem pública no Direito Processual Civil. São Paulo: Atlas, 2011.

A questão de mérito do incidente é a análise do preenchimento ou não dos requisitos para o IAC, previstos no artigo 947, do CPC, que deverá ser perpetrada mediante contraditório ampliado em razão da qualificação que a tese firmada assumirá, caso positivo o juízo de admissibilidade do IAC.[413]

Se positivo o resultado do incidente, o processamento e julgamento do caso em que suscitado o incidente será feito pelo colegiado maior, indicado pelo regimento interno de cada tribunal. Se negativo, o processamento e o julgamento voltam a ser de competência do órgão jurisdicional fracionário onde o processo já tramitava.

Caso positivo o resultado do incidente, haverá dois objetos a serem saneados, instruídos e julgados pelo colegiado superior. O primeiro objeto é a resolução da questão de direito que motivou o resultado positivo da admissibilidade do incidente. Após essa decisão, consolida-se o segundo objeto a ser decidido pelo tribunal, que consiste na aplicação da tese firmada ao caso concreto, necessariamente, e o julgamento do caso.

Assim, o IAC tem natureza de incidente processual até a análise do juízo de admissibilidade definitivo pelo órgão jurisdicional superior quando, então, o procedimento será outro para processamento e julgamento da questão de direito afetada para análise de órgão jurisdicional superior, caso o resultado do juízo de admissibilidade reste positivo.[414] Trata-se de procedimento especial no tribunal destinado a ampliar o contraditório com a finalidade de formar precedente estático,

[413] Sobre o tema, vale cf. CARNELUTTI, Francesco. **Sistema de Derecho Procesal Civil.** v. IV: procedimiento de conocimiento – parte segunda. Tradução de Niceto Alcalá-Zamora y Castillo e Santiago Sentís Melendo. Buenos Aires: Uteha Argentina, 1944, p. 198, "*Lo que hace el juez, cuando surge el incidente de competencia, es simplemente una aplicación de las normas sobre la competencia, es decir, poner en relación normas con la situación de hecho, para deducir si la ley le atribuye a él mismo o a outro juez la potestad de juzgar. No hay en ello decisión alguna en relación a las partes, sino unicamente un juicio del juez para regular la propria conducta.*".

[414] Também nesse sentido: MACÊDO, Lucas Buril de. **Os precedentes judiciais e o direito processual civil**. 3. ed. Salvador: JusPodivm, 2019, p. 510, "Enquanto no CPC revogado o dispositivo previa a mudança de competência para evitar que relevante questão de direito fosse decidida em órgão fracionário menor, o Código de 2015 prevê um verdadeiro procedimento diferenciado para solução de tais questões; portanto, mais do que uma mera assunção de competência, há, além do deslocamento, um verdadeiro procedimento com características e funções específicas.".

ou seja, formado a partir de um único caso previamente designado para essa finalidade.[415] É o que Francesco Carnelutti delineia como a possibilidade da existência de mais de um procedimento dentro do mesmo processo,[416] a depender de alguns resultados exarados em decisões judiciais. Tal situação não é estranha ao ordenamento jurídico processual brasileiro. Pode-se lembrar no procedimento especial da ação de exigir contas, em que a existência ou não de determinada fase procedimental na primeira instância (a de prestar contas efetivamente) depende do resultado da decisão sobre a obrigação ou não de prestar contas na primeira fase do procedimento.

Quem afirma que o IAC não possui natureza jurídica de incidente[417] o faz analisando o juízo de admissibilidade e o juízo de mérito da questão de direito submetida à análise do colegiado superior sob o mesmo contexto, o que não é adequado. O incidente é instaurado para análise da admissibilidade da aplicação do procedimento especial nos tribunais que ampliará o contraditório como forma de conferir maior legitimidade à tese jurídica firmada, caso positiva a admissibilidade.

Tal solução quanto à natureza jurídica do IAC permite concluir pelo cabimento dele em processos que originariamente são de competência do pleno ou do órgão especial do tribunal, vez que a discussão, neste caso, seria a admissibilidade ou não do procedimento especial para fixa-

[415] A doutrina costuma conceituar e classificar os procedimentos especiais a partir da análise do procedimento comum na primeira instância. Entretanto, como demonstramos, há possibilidade de procedimentos especiais na segunda instância quando contrapostos ao procedimento tradicional de tramitação de recursos. Sobre o conceito de procedimento especial, cf. Didier Jr., Fredie; Cabral, Antonio do Passo; Cunha, Leonardo Carneiro da. **Por uma nova teoria dos procedimentos especiais**. Salvador: JusPodivm, 2018, p. 20.

[416] Carnelutti, Francesco. **Sistema de Derecho Procesal Civil.** v. IV: *procedimiento de conocimiento* – parte segunda. Tradução de Niceto Alcalá-Zamora y Castillo e Santiago Sentís Melendo. Buenos Aires: Uteha Argentina, 1944, p. 2, *"[...] en realidade, si un solo procedimiento puede agotar el proceso, es posible y hasta frecuente que el desarrollo del proceso tenga lugar a través de más de un procedimiento; el paradigma de esta verdade nos lo ofrece la hipótesis, absolutamente normal, de un proceso que se lleva a cabo a través del primero y del segundo grado; y, como se verá, em los dos grados tienen lugar dos procedimentos, que se suman en um solo proceso."*.

[417] Nesse sentido, como já mencionado: Abboud, Georges; Fernandes, Ricardo Yamin. Requisitos legais para a instauração do incidente de assunção de competência. **Revista de Processo**, v. 279, maio, 2018.

ção de tese jurídica nos termos do artigo 947 do CPC.[418] Nestes casos, não haveria propriamente a assunção de competência, mas a alteração do procedimento dentro do mesmo órgão jurisdicional, em razão do resultado positivo do incidente. Talvez se possa, neste caso somente, afirmar que o termo *assunção de competência* não tenha sido a melhor escolha legislativa. Entretanto, continua-se a tratar de incidente propriamente.[419]

Resolvida, portanto, a questão da nomenclatura do instituto e da sua adequação, vez que incidente que, se positivo, determina a mudança do procedimento para processamento e julgamento do caso com alteração do órgão jurisdicional competente dentro do próprio tribunal, e, se negativo, determina a manutenção do procedimento tradicional para processamento e julgamento do recurso, remessa necessária ou processo de competência originária.

2.3. Procedimento legal do incidente de assunção de competência

Antes da exposição do procedimento ideal proposto para o IAC, convém a análise do quanto existente no CPC, que se chama, aqui, de *procedimento legal*. Após essa breve exposição – já que existente apenas um artigo de lei para o tema – guarnecida por alguns destaques de opinião, trar-se-á o modelo de *procedimento ideal* pensado para o IAC nos moldes propostos no quarto e último capítulo.

[418] Sobre como se dá a criação de procedimentos especiais pelo legislador, cf. GRINOVER, Ada Pellegrini. **Ensaio sobre a processualidade**: fundamentos para uma nova teoria geral do processo. Brasília: Gazeta Jurídica, 2016, p. 37, "A específica natureza do conflito é levado em conta para a criação de procedimentos especiais, aderentes não apenas à atuação do direito material, mas também à busca da tutela jurisdicional justa e efetiva, por ser adequada à solução de conflitos determinados e diversos. Nesses casos, escolhidos discricionariamente pelo legislador, o sistema cria procedimentos próprios, que ora se satisfazem com uma *cognição superficial*, ou seja, não exauriente no plano vertical (Kazuo Watanabe), ora buscam simplesmente *adequar o procedimento* ao direito material subjacente e ao tipo de conflito que a crise de direito ocasionou.".

[419] Pensamos que tal denominação possa ter se mantido em razão do incidente de uniformização de jurisprudência do CPC/73 seguir o procedimento-modelo, levando à cisão do caso para fixação da tese, fazendo com que o legislador evitasse tal comparação com o instituto hoje em vigor em que o órgão jurisdicional superior fixa a tese jurídica e aplica-a ao caso concreto efetivamente.

2.3.1. Dos requisitos para o incidente de assunção de competência

O artigo 947, CPC, é o que traz os requisitos para a instauração do IAC, determinando, em seu *caput*, que, no julgamento de processo por tribunal,[420] seja em recurso, remessa necessária ou processo de competência originária,[421] desde que presentes (i) relevante (ii) questão de direito (iii) com grande repercussão social, (iv) sem repetição em múltiplos processos, será o caso de IAC. Destaca-se que qualquer recurso no tribunal pode ser submetido à sistemática do incidente para análise de eventual assunção de competência. Como a questão de direito pode ser de direito processual ou material, é indiferente a delimitação ao cabimento do incidente de acordo com a hipótese de cabimento do agravo de instrumento, por exemplo.

Entretanto, há quem afirme não ser cabível IAC em agravo de instrumento que ataque decisão interlocutória que verse sobre tutela provisória ou sobre o mérito.[422] Tal restrição parte de premissas facilmente afastáveis.

A primeira premissa seria de que o incidente estaria restrito à análise de direito material e os requisitos das tutelas provisórias seriam de direito processual. Tal afirmação não encontra limite na legislação, que possibilita o cabimento do incidente para uniformizar a interpretação

[420] Afirmamos isso em razão da localização do tema no CPC, "Da ordem dos processos no tribunal". Tal constatação leva à conclusão do não cabimento de IAC no âmbito dos juizados especiais. Sobre o tema, afirmando não ser cabível o incidente no âmbito das turmas recursais, Daniela Peretti D'Ávila identifica a inviabilidade na proibição de análise de questões mais complexas nesses órgãos jurisdicionais, cf. D'Ávila, Daniela Peretti. **Incidente de assunção de competência**: Extraindo seu máximo grau de rendimento. 2019. Dissertação (Mestrado em Direito) – Pontifícia Universidade Católica de São Paulo, São Paulo, 2019, p. 127.

[421] No CPC/73, havia limitação quanto ao recurso que admitia a assunção em seu bojo, cf. Gaio Jr., Antônio Pereira. Os perfis do incidente de assunção de competência no CPC/2015. **Revista de Processo**, v. 297, ano 2019, p. 213-231, nov.,2019, versão virtual não paginada, "Como dito, no *Codex* revogado os recursos da Apelação e de Agravo eram aqueles aptos à possível assunção de competência quando em relevante questão de direito se fizesse conveniente prevenir ou compor divergência entre câmaras ou turmas do tribunal.".

[422] Nesse sentido: D'Ávila, Daniela Peretti. **Incidente de assunção de competência**: Extraindo seu máximo grau de rendimento. 2019. Dissertação (Mestrado em Direito) – Pontifícia Universidade Católica de São Paulo, São Paulo, 2019, p. 124. A autora limita o cabimento do IAC em razão da necessidade de maturação da questão de direito.

sobre questão de direito material ou processual, vez que as duas podem ser fonte de divergências. Sobre o direito de fundo que ampara a probabilidade do direito para as tutelas de urgência, ainda que levada em consideração a cognição superficial que ampara a tutela provisória, caso admitido o incidente em agravo de instrumento, há possibilidade de dilação probatória em segunda instância, que supriria eventual falta de lastro probatório, o que será melhor desenvolvido adiante. Assim, cabível o incidente em estudo a partir de agravo de instrumento que verse sobre tutelas provisórias, sejam de urgência ou de evidência.

A segunda premissa seria a de que algumas matérias somente deveriam alcançar o tribunal através do recurso de apelação após maior maturação na primeira instância. Isso é facilmente afastado quando se considera a lógica preclusiva das matérias que podem ser objeto do recurso de agravo de instrumento, como determina o artigo 1.009, §1º, do CPC, e a formação progressiva do mérito em razão do julgamento antecipado parcial, possibilitando o manejo do recurso de agravo de instrumento, conforme explicita o artigo 356, §5º, CPC. Dessa maneira, determinadas matérias não estarão presentes no recurso de apelação em razão dessa organização legal dos recursos nos tribunais, afastando a afirmação do não cabimento do incidente no recurso de agravo de instrumento.

O §4º do mesmo dispositivo ainda determina que, também será caso de IAC, quando haja relevante questão de direito sobre a qual seja (v) conveniente a prevenção ou a (vi) composição de divergência interna do tribunal. Optou-se por cindir o texto legal em seis pontos para o melhor aprofundamento de cada um deles a seguir a partir das duas hipóteses de cabimento do IAC, quais sejam: (a) com base no *caput*, e; (b) com base no §4º. Dessa maneira, fica claro que o legislador prevê o cabimento do incidente com base em duas possibilidades, que serão analisadas separadamente a seguir: a primeira, fundada no *caput* do artigo 947, CPC, baseada na repercussão social sem repetição, e; a segunda, no §4º do artigo 947, CPC, baseada na necessidade/conveniência de prevenção/repressão de divergência jurisprudencial no tribunal.[423]

[423] Essa dualidade é colocada também por outros autores, cf., por todos, ABBOUD, Georges; FERNANDES, Ricardo Yamin. Requisitos legais para a instauração do incidente de assunção de competência. **Revista de Processo**, v. 279, p. 339-356, maio, 2018.

2.3.1.1. Incidente de assunção de competência para a prevenção de divergência sobre relevante questão de direito com grande repercussão social

O IAC admitido com base no artigo 947, *caput*, do CPC é preventivo, vez que a inexistência de multiplicidade é explicitada pelo legislador. A justificativa de atuação do tribunal antes da repetição justifica-se em razão da grande repercussão social da questão e do quanto imposto pelo artigo 926 do CPC,[424] ao determinar que os tribunais mantenham sua jurisprudência coerente.

A relevância ou não da questão de direito a ser submetida a julgamento em tribunal através da sistemática do IAC deverá ser analisada em juízo de admissibilidade do incidente, configurando evidentemente conceito jurídico indeterminado.[425]

Caberá a análise a cada tribunal, casuisticamente, da relevância da questão e a fundamentação elaborada em cada caso concreto deveria ser apta a orientar operadores de direito e membros do próprio tribunal em casos futuros.

Assim, diante de conceito jurídico indeterminado, o dever da fundamentação adequada,[426] nos termos delineados pelo artigo 489, §1º, do CPC, ganha maior peso e relevância, de forma que o IAC não se torne um instrumento que confira grande arbitrariedade aos tribunais para

[424] CPC, Artigo 926. "Os tribunais devem uniformizar sua jurisprudência e mantê-la estável, íntegra e coerente.".

[425] Sobre conceito jurídico indeterminado e cláusulas abertas em suas diferenças, cf. PEREIRA, Paula Pessoa. **Legitimidade dos precedentes**: universabilidade das decisões do STJ. São Paulo: Revista dos Tribunais, 2014, p. 47, "Exemplo típico de imprecisão na regra se verifica nas cláusulas gerais e conceitos jurídicos indeterminados, que são técnicas legislativas usadas intencionalmente pelo legislador para a construção de normas jurídicas mais fluidas, as quais prescindem de uma instanciação específica dos pressupostos (predicado fático) e a correlata indicação pontual e pormenorizada das consequências.", p. 47. Por sua vez, a cláusula aberta tem outro conceito: "Estas nada mais são do que regras jurisdicionais desnudas de regulação substantiva, ou seja, regras que, embora determinem que o juiz tenha que resolver determinado problema jurídico, não especificam como deve proceder.", p. 48.

[426] Segundo Paula Pessoa Pereira a fundamentação adequada é a única forma de conferência de coerência e unidade ao ordenamento jurídico, cf. PEREIRA, Paula Pessoa. **Legitimidade dos precedentes**: universabilidade das decisões do STJ. São Paulo: Revista dos Tribunais, 2014, p. 73.

situações convenientes[427] à formação de precedentes qualificados pelo procedimento que escapam a qualquer lógica objetiva e previsível,[428] além de alterar o juízo competente para julgamento do caso com base em critérios configurados *ex post factum*.

De forma a estabelecer balizas para tal conceito jurídico indeterminado – a questão relevante –, há quem defenda o uso dos parâmetros *repercussão social* do *caput* do artigo 947, CPC,[429] e a *prevenção de divergência* do §4º do artigo 947, CPC, como nortes para tal requisito do IAC.[430]

[427] José Carlos Baptista Puoli afirma que o legislador faz uso de conceitos jurídicos indeterminados com cada vez mais frequência, reconhecendo suas limitações na conformação da norma ao caso concreto. Entretanto, o julgador não tem plena liberdade na delimitação do conceito indeterminado ao caso concreto. Cf. PUOLI, José Carlos Baptista. **Os poderes do juiz e as reformas do processo civil**. São Paulo: Juarez de Oliveira, 2001, p. 74, "Relevante registrar que a função integrativa não poderá ser confundida com uma atividade plenamente livre do julgador. E isso por que não é admitido que o juiz faça o preenchimento desses espaços em branco com valores pessoais que não encontrem ressonância no contexto sócio-cultural em que está o magistrado inserido.".

[428] Nesse sentido: FERNANDES, Ricardo Yamin. **Do incidente de assunção de competência**. São Paulo: Revista dos Tribunais, 2020, p. 62. Também: ABBOUD, Georges; FERNANDES, Ricardo Yamin. Requisitos legais para a instauração do incidente de assunção de competência. **Revista de Processo**, v. 279, p. 339-356, maio, 2018, versão virtual não paginada, "A fundamentação deficiente dará azo para a discricionariedade judicial no manuseio desse tipo de conceito. Importante salientar que o fato de a legislação ter lançado mão de conceitos fluídos, em nenhuma oportunidade, essa fluidez pode ser subterfúgio para a atuação discricionária do Judiciário.". Os autores Georges Abboud e Ricardo Yamin utilizam-se dessa linha de raciocínio para criticar a decisão de admissão do IAC n.1 no STJ em que a fundamentação principal foi tratar-se de *norma cogente*.

[429] Nesse sentido: BARIONI, Rodrigo. As *unpublished opinions* do direito norte-americano: contribuição para a assunção de competência. **Revista de Processo**. v. 261, ano 2016, p. 389-413, nov., 2016. Há ainda quem efetivamente conceitue a questão relevante a partir da repercussão social, como Osmar Mendes Paixão Côrtes: CÔRTES, Osmar Mendes Paixão. Comentário ao artigo 947. ARRUDA ALVIM, Teresa; DANTAS, Bruno; DIDIER JR., Fredie; TALAMINI, Eduardo (coord.). **Breves comentários ao Novo Código de Processo Civil**. São Paulo: Revista dos Tribunais, 2015, p. 2112, "A questão relevante é aquela diferenciada, distinta de questões corriqueiras e ordinárias que, embora não repetida em inúmeros outros processos, impacta a sociedade – repercussão social. É a questão que, por exemplo, uma vez definida, pode importar em mudanças de rumo em políticas públicas, aumento de preços, que pode afetar grupos de pessoas, consumidores, empresas, etc.".

[430] Nesse sentido: MENDES, Aluisio Gonçalves de Castro; PORTO, José Roberto Mello. **Incidente de assunção de competência.** Rio de Janeiro: GZ, 2020, p. 54.

Ainda, há quem rechace qualquer ligação entre a relevância e a repercussão geral do recurso extraordinário, vez que a relevância seria relacionada com o caso em concreto, falando-se em referencial interno da relevância da questão,[431] combinada à análise do referencial externo, que seria pautado pelo requisito da grande repercussão social, mais um conceito jurídico indeterminado.[432]

Por fim, há ainda quem afirme existir diferença qualitativa entre impacto relevante na sociedade e impacto na sociedade.[433] Acreditamos

[431] Essa é a posição que nos parece mais razoável, considerando a definição de repercussão geral como: "Além disso, pode-se caracterizar a repercussão geral, inclusive por sua definição semântica, tanto por critérios qualitativos como quantitativos, ou seja, a transcendência pode se dar, propriamente, pela importância intrínseca da matéria, ou pela relevância de sua solução para um grande número de demandas.", p. 443, MACÊDO, Lucas Buril de. **Os precedentes judiciais e o direito processual civil**. 3. ed. Salvador: JusPodivm, 2019. Sobre o tema, cf. também BARIONI, Rodrigo. As *unpublished opinions* do direito norte-americano: contribuição para a assunção de competência. **Revista de Processo**. v. 261, ano 2016, p. 389-413, nov/2016. Sobre o referencial interno e a relevância da questão: "No entanto, de outro lado, se a causa envolver tema mais amplo, sem o surgimento de questão jurídica relevante, que em outra circunstância poderia ter sido arguida, inexiste o referencial interno e, portanto, deve-se afastar a utilização da assunção de competência. A título exemplificativo, tome-se a ação de reintegração de posse de bem imóvel. Inúmeras questões relevantes envolvem o direito de posse, assim como o procedimento das ações possessórias, tais como a clandestinidade da posse e a função social da propriedade. No entanto, se nenhuma das matérias que poderiam merecer a formação de precedente obrigatório diz respeito a aspecto a ser julgado no processo, de modo a ensejar sua apreciação para solucionar o caso concreto, não se pode encaminhar a causa para julgamento em assunção de competência. O mero desejo de definir questão de direito relacionada às ações possessórias é insuficiente para autorizar a modificação do procedimento. É fundamental, nesse sentido, haver o referencial interno, que consiste na existência da relevante questão de direito como tema a ser enfrentado na própria causa que se pretende levar a julgamento por assunção de competência.".

[432] Sobre o tema, cf. BARIONI, Rodrigo. As *unpublished opinions* do direito norte-americano: contribuição para a assunção de competência. **Revista de Processo**. v. 261, ano 2016, p. 389-413, nov. 2016, "O fato de os tribunais terem margem para definir o que seja questão de "grande repercussão social", para o fim de firmar o precedente obrigatório, pode gerar certa desconfiança. A perspectiva, porém, é que o tribunal esteja qualificado a identificar, com base nos casos submetidos a julgamento, quais deles contêm matéria que possa ser socialmente de alta relevância.".

[433] Por mais absurdo que possa parecer essa diferenciação feita *a priori* e deslocada do caso concreto. Cf. MARINONI, Luiz Guilherme. Sobre o Incidente de Assunção de Competência.

que o parâmetro para a repercussão social do dispositivo deve ser pautado por critérios qualitativos e quantitativos, sendo este a possibilidade de repetição no futuro da questão, considerando o requisito "interesse público" que será desenvolvido adiante. Obviamente, que os membros de tribunais não recebem formação para essa identificação da *relevante questão*, que ultrapassa a técnica jurídica, depende da experiência e critérios subjetivos dificilmente mensuráveis.

Diante dessa dificuldade, acentua-se a importância dos elementos de controle do juiz natural, como a objetividade, a impessoalidade e a invariância, que serão explanados adiante, pois, por mais que se teorize sobre conceitos jurídicos indeterminados, sua contradição em termos – se conceitos, como indeterminados? – e parâmetros de compreensão, eles continuarão indeterminados e dependem do caso concreto e do julgador para a sua concretização casuística.

Em pesquisa teórica e empírica realizada, para além dessa tese,[434] analisaram-se os incidentes de assunção de competência então admitidos no STJ e o resultado, em relação à fundamentação sobre os conceitos jurídicos indeterminados que justificam a assunção dentro do tribunal, foi desanimador, considerando as afirmações doutrinárias no sentido de que o dever da fundamentação deveria ser maior quando do emprego de conceitos jurídicos indeterminados pelo legislador que dependem do substrato fático do caso concreto. Constatou-se que a fundamentação se limita a transcrever o texto legislativo, no artigo 947, CPC, ou a utilizar conceitos também indeterminados como justificativa, a exemplo da "norma cogente",[435] dando balizas para o que se defende aqui no plano teórico.

Revista de Processo. v. 260/2016, p. 233 – 256, out., 2016.

434 RICHTER, Bianca Mendes Pereira. O incidente de assunção de competência como precedente no Novo Código de Processo Civil: análise do instituto no Superior Tribunal de Justiça. **Revista de Processo**, v. 280, ano 2018, p. 303-334, jun., 2018.

435 Sobre o problema da motivação das decisões judiciais no Brasil, cf. WOLKART, Erik Navarro. Precedentes no Brasil e cultura – um caminho tortuoso, mas, ainda assim, um caminho. **Revista de Processo**, v. 243, ano 2015, p. 409-433, maio, 2015, versão virtual não paginada: "Os defeitos de motivação das decisões judiciais parecem sofrer forte influência da quantidade. Com efeito, é raro encontrar uma decisão judicial que cumpra com rigor o dever de motivação, examinando atentamente todos os argumentos relevantes de fato e de direito colacionados pelas partes, de modo que todos entendam os motivos da decisão

Sobre a questão de direito em análise, o objeto do IAC poderá ser questão de direito material ou de direito processual.[436] O objetivo é fixar interpretação que deve ser dada à norma jurídica para eventuais casos suspensos no presente e para aqueles processos do futuro que ventilarem a mesma questão ou, idealmente, pautar condutas dos cidadãos, evitando a judicialização. Entretanto, a definição de questão de direito retoma debate ainda travado na doutrina acerca da separação entre o substrato fático daquele jurídico quando da análise e do julgamento de cada caso.[437]

A discussão é se a fixação da tese jurídica acerca da questão de direito submetida à análise do tribunal independe ou não do caso concreto.[438] Defende-se que a fixação da tese e as discussões jurídicas devem estar

final. No entanto, para além de um problema quantitativo, pensamos que o juiz brasileiro já formou a cultura da *decisão sintética*. O próprio STJ já firmou jurisprudência no sentido da *fundamentação suficiente*, liberando o juiz de responder, um a um, a todos os argumentos das partes.".

[436] Nesse sentido: Enunciado n. 600, FPPC: "O incidente de assunção de competência pode ter por objeto a solução de relevante questão de direito material ou processual.". Também nessa direção: BUENO, Cassio Scarpinella. **Curso sistematizado de Direito Processual Civil**: procedimento comum, processos nos Tribunais e Recursos. 8. ed. v. 2. São Paulo: Saraiva Educação, 2019, p. 422. MENDES, Aluisio Gonçalves de Castro; PORTO, José Roberto Mello. **Incidente de assunção de competência.** Rio de Janeiro: GZ, 2020, p. 52. Também o STJ: IAC no RHC 75.768/RN, Rel. Min. Antonio Saldanha Palheiro, 6ª Turma, julgado em 02/10/2018.

[437] Sobre o tema, ao tratar do IRDR, cf. LEMOS, Vinicius Silva. A possibilidade de fungibilidade entre o IRDR e o IAC: viabilidade e necessidade de sistematização. **Revista de Processo**, v. 274, ano 2017, p. 255-289, dez., 2017, versão virtual não paginada, "A opção de ater-se somente nas questões de direito foi do próprio legislador que, durante a tramitação do CPC/2015, tinha a possibilidade de permitir a discussão sobre questões de fato múltiplas. Porém, foi rechaçada essa possibilidade. Obviamente que há certa dificuldade de separar as questões fáticas de questões meramente jurídicas, mas não se deve versar sobre o conteúdo das provas ou a discussão que verse sobre os fatos, somente os direitos ali questionados e, ainda, com a conjunção em relação a multiplicidade desta mesma questão em outras demandas.".

[438] Erik Navarro Wolkart critica a opção do legislador de 2015 em assumir que a questão de direito é destacável em relação aos fatos, cf. WOLKART, Erik Navarro. Precedentes no Brasil e cultura – um caminho tortuoso, mas, ainda assim, um caminho. **Revista de Processo**, v. 243, ano 2015, p. 409-433, maio, 2015, versão virtual não paginada, "Na leitura do texto das normas em comento, percebe-se que há uma despreocupação do legislador com os aspectos fáticos que envolvem os casos selecionados para o julgamento que formará o precedente.

relacionadas com o caso submetido à análise do tribunal, independentemente de, a partir de apenas um caso, mais de uma tese ser firmada. Logo, o tribunal não decide questões de fato com o fim de formar precedente qualificado através do incidente, mas toma o quanto provado e delineado, através do consenso na instrução, para definir as teses jurídicas do incidente. Afinal, nenhuma interpretação pode ser feita descolada dos fatos da causa.[439]

Assim, não existe fato e/ou direito puro, mas a predominância da discussão sobre questão de direito[440] a partir de uma moldura fática deline-

Esse é um problema grave que recairá sobre muitas das novidades do Código vindouro. A preocupação da norma é sempre a *questão de direito*, como se ela pudesse existir sozinha, sem os fatos. O tal *padrão de decisão*, criado pelo artigo 1.038, § 3º ocupa-se somente das questões que envolvem a *tese jurídica*, desprezando o contexto fático. Mas, sabemos, o direito não existe sem os fatos.

Como já vimos, o juiz do *common law* é extremamente preocupado com o contexto fático que envolve o precedente. Sem ele, é impossível fazer o *cotejo analítico* necessário para a verificação da semelhança que autoriza a aplicação, em determinado caso, das mesmas razões de direito utilizadas no *precedente*.

Já o juiz brasileiro é sintético por natureza. Nesse ponto, o NCPC deixa a desejar no caráter *pedagógico* da norma, tão bem empregado em outros momentos.".

[439] Sobre o tema, cf. Luca Passanante, criticando a atuação da Corte de Cassação quando interpreta o direito sem a análise do caso concreto: PASSANANTE, Luca. **Il precedente impossibile**: contributo allo studio del diritto giurisprudenziale nel processo civile. Torino: G. Giappichelli Editore, 2018, p. 92. Também neste sentido, cf. MARINONI, Luiz Guilherme. **Julgamento nas Cortes Supremas**: precedente e decisão do recurso diante do novo CPC. 2. ed. São Paulo: Revista dos Tribunais, 2017, p. 103, "Vale dizer que a definição dos fatos do caso agora tem um compromisso com o futuro, ou seja, com os cidadãos – orientados pelos precedentes –, com os advogados – que devem aplicá-los – e com os juízes – que não podem decidir sem raciocinar a partir deles.". Sobre o tema, cf., ainda: LEMOS, Vinicius Silva. **O incidente de assunção de competência**: da conceituação à procedimentalidade. Salvador: JusPodivum, 2018, p. 69, "Mas, é possível dissociar as questões de direito das fáticas? Essa pergunta é latente e tem discussão perene sobre tal matéria, uma vez que todo direito só tem serventia e necessidade se for visualizado mediante uma questão fática. A dissolução cognitiva – fatos e direito, então, é um tanto complexa, mas possível. O intuito é analisar a base posta dos fatos já realizada no duplo grau de jurisdição, para, a partir dessa definição, discutir-se a aplicabilidade do direito em questão.".

[440] Sobre o tema, falam os autores Teresa Arruda Alvim e Bruno Dantas, cf. ARRUDA ALVIM, Teresa; DANTAS, Bruno. **Recurso especial, recurso extraordinário e a nova função dos Tribunais Superiores no Direito Brasileiro**. 3. ed. São Paulo: Revista dos Tribunais, 2016, p. 348, "Todavia, se, de um lado, o fenômeno jurídico envolve necessaria-

ada.[441] Afinal, a relevância da questão de direito, a repercussão social e o interesse público são fundamentados a partir de situação fática constatada na realidade social.

Uma saída possível para essa discussão é a atribuição de importância autônoma a algumas circunstâncias fáticas identificadas como relevantes para a aplicação da interpretação mais adequada à questão de direito.[442] Sobre essa distinção, propõe Christoph A. Kern: "[...] a consideração de uma questão de direito como qualquer questão de natureza geral e típica, que pode ser uma diretiva para casos futuros, e uma questão de fato como uma questão de natureza apenas individual e atípica, que interessa apenas ao caso individual.".[443]

mente fato/direito, a nosso ver pode-se falar em questões que sejam predominantemente de direito, mas o problema (= a questão) pode girar em torno do aspecto fático ou em torno do aspecto jurídico. Queremos com isso dizer que, embora indubitavelmente o fenômeno jurídico não ocorra senão diante de fato e de norma, o aspecto problemático desse fenômeno pode estar lá ou cá, assim como pode dizer respeito à subsunção.".

[441] Georges Abboud e Ricardo Yamin estabelecem a seguinte relação na tentativa de explanar a dualidade entre questão de fato e de direito no IAC: "Tendo em vista que todo fato juridicizado é direito, e direito inexiste sem situação fática a normatizar, em nosso entendimento, a separação que melhor clarifica o tema é: questões jurídicas que demandam dilação probatória e questões jurídicas que não demandam a dilação probatória.", versão virtual não paginada, ABBOUD, Georges; FERNANDES, Ricardo Yamin. Requisitos legais para a instauração do incidente de assunção de competência. **Revista de Processo**, v. 279, maio, 2018, p. 339-356. Sobre o tema, cf. Lucas Buril de Macêdo ao tratar dos fatos nos recursos excepcionais. MACÊDO, Lucas Buril de. **Os precedentes judiciais e o direito processual civil**. 3. ed. Salvador: JusPodivm, 2019, p. 437, "*Prima facie*, é essencial que se faça um esclarecimento: os recursos extraordinários analisam fatos. Não é possível que se fale de aplicação de normas jurídicas sem tratar dos fatos sobre os quais elas incidem, ou, ainda, tratar de relações jurídicas sem mencionar os fatos jurídicos que lhes originaram. O Direito funciona através de fatos que, mediante a incidência normativa, ingressam no mundo jurídico. Ora, desvincular as normas dos fatos é de uma ingenuidade e abstração tão grandes quanto impossíveis. Não é possível tratar da correta aplicação de qualquer norma jurídica sem mencionar os fatos sobre os quais se aplicam".

[442] Sobre o tema, cf. PASSANANTE, Luca. **Il precedente impossibile**: contributo allo studio del diritto giurisprudenziale nel processo civile. Torino: G. Giappichelli Editore, 2018, p. 26, "[...] *tragicità dei particolari fatti concreti della vita e, per altro verso, sono proprio questi fatti a consentire alla Cassazione di dire quale, fra le molte possibili, sia la correta interpretazione della legge.*".

[443] Nesse sentido, cf. KERN, Christoph A. O Papel das Cortes Supremas. Traduzido por Ronaldo Kochem e Maria Angélica Feijó. **Revista dos Tribunais**, v. 948, ano 2014, out., 2014.

Assim, considerando que no IAC haverá fixação de tese jurídica para casos futuros e aplicação da tese ao caso presente, a instrução na segunda instância pode se mostrar necessária, o que poderá ser feito pelo relator, nos termos do artigo 932, I, do CPC.[444] Para a análise do caso em que suscitado o incidente e da definição da moldura fática que suportará o julgamento da questão de direito, pode-se falar em instrução feita em segunda instância pelo relator diante de fato novo ou prova nova, vez que ainda há reanálise de fatos na segunda instância.[445] Assim, se o fato ocorrer após o ato processual em que deveria ter sido alegado, mas antes do julgamento[446] e não altere o objeto do processo,[447] pode-

[444] Sobre produção de provas em sede recursal, cf. Zampar Júnior, José Américo. **Produção de provas em sede recursal**. São Paulo: Revista dos Tribunais, 2019. Em sentido contrário, cf., por todos, Abboud, Georges; Fernandes, Ricardo Yamin. Requisitos legais para a instauração do incidente de assunção de competência. **Revista de Processo**, v. 279, maio, 2018, p. 339-356, versão virtual não paginada, "Desse modo, o mais correto é se admitir o IAC em questões jurídicas que não requerem dilação probatória. Demais disso, é inadmissível a instauração do Incidente para solucionar questões predominantemente fáticas, ainda que relevantes.".

[445] Sobre a delimitação dos fatos nas instâncias ordinárias, cf. Macêdo, Lucas Buril de. **Os precedentes judiciais e o direito processual civil**. 3. ed. Salvador: JusPodivm, 2019, p. 437-438, "Impõe-se compreender que, conquanto os fatos sejam realmente analisados nos recursos de sobreposição, o que não se admite é a revisão da versão dos fatos que já foi acolhida como verdadeira para a aplicação do Direito. A versão fática sobre a qual se funda a aplicação será fixada nas instâncias ordinárias e ela não é passível de revisão, realmente. Todavia, a norma incidente (qualificação jurídica dos fatos) e a eficácia dos fatos jurídicos pode ser revista, o que implica, naturalmente, análise do fato.".

[446] Zampar Júnior, José Américo. **Produção de provas em sede recursal**. São Paulo: Revista dos Tribunais, 2019, p. 108, "A questão da produção de provas em sede recursal surge, sobretudo, quando a parte necessita arguir fato novo ou apresentar prova nova, que ocorrera de forma superveniente ou que, por razões de força maior, encontrava-se impedida de trazer ao processo em momento próprio.". O tema está previsto expressamente no artigo 493 do CPC: "Se, depois da propositura da ação, algum fato constitutivo, modificativo ou extintivo do direito influir no julgamento do mérito, caberá ao juiz tomá-lo em consideração, de ofício ou a requerimento da parte, no momento de proferir a decisão. Parágrafo único. Se constatar de ofício o fato novo, o juiz ouvirá as partes sobre ele antes de decidir.", e no artigo 1.014 do CPC: "As questões de fato não propostas no juízo inferior poderão ser suscitadas na apelação, se a parte provar que deixou de fazê-lo por motivo de força maior.".

[447] Não é nosso objetivo tratar do tema mencionado por fugir ao escopo da tese. Sobre o tema, cf., por todos: Leonel, Ricardo de Barros. **Causa de Pedir e Pedido**: o direito super-

-se considerar produção de provas no âmbito recursal, além da possibilidade de nova prova sobre fatos velhos.[448] Logo, há instrução durante o procedimento do incidente, como será demonstrado adiante com mais vagar,[449] mas a análise que fixará tese com eficácia expansiva[450] é sobre a questão de direito em si a partir de uma moldura fática delimitada.

Por sua vez, o conceito de repercussão social não é obtido imediatamente, vez que conceito indeterminado. Há quem relacione tal requisito com o da relevância, vez que lidos em conjunto trariam maior concretude a cada caso.[451]

veniente. São Paulo: Método, 2006, p. 228 e seguinte, expondo a concepção tradicional do tema e propondo uma visão mais flexível sobre o direito superveniente.

448 Sobre esse conceito, cf. ZAMPAR JÚNIOR, José Américo. **Produção de provas em sede recursal**. São Paulo: Revista dos Tribunais, 2019, p. 117, "A nova prova é aquela que recai sobre fatos velhos, mas que por circunstâncias próprias não se encontrava disponível à parte no momento da propositura da demanda ou da realização da instrução processual.".

449 CARNEIRO, Paulo Cesar Pinheiro. Breves notas sobre o incidente de resolução de demandas repetitivas. **Revista Eletrônica de Direito Processual**, v. XIV, ano 8, p. 485-486, jul.-dez., 2014, "Na sua tramitação, uma vez admitido o incidente, abre-se a fase de juntada de documentos, uma fase probatória.", p. 486.

450 Para maior aprofundamento da eficácia expansiva do precedente, cf. MANCUSO, Rodolfo de Camargo. **Incidente de resolução de demandas repetitivas**: a luta contra a dispersão jurisprudencial excessiva. São Paulo: Revista dos Tribunais, 2016, p. 87.

451 Os autores Aluisio Gonçalves de Castro Mendes e José Roberto Mello Porto apontam que: "A própria leitura da repercussão social deve ser generosa, incluindo temas que importem para a livre determinação dos membros da sociedade, ainda que não destoem da normalidade.", p. 58, MENDES, Aluisio Gonçalves de Castro; PORTO, José Roberto Mello. **Incidente de assunção de competência.** Rio de Janeiro: GZ, 2020. Relacionando a repercussão social com a relevância, cf. LEMOS, Vinicius Silva. A possibilidade de fungibilidade entre o IRDR e o IAC: viabilidade e necessidade de sistematização. **Revista de Processo**, v. 274, ano 2017, p. 255-289, dez., 2017, versão virtual não paginada, "O artigo 947 insere, também, como requisito, a repercussão social dessa questão de direito, ou seja, por mais que não exista uma grande quantidade de demandas sobre aquela questão jurídica, deve esta impactar na sociedade, tendo, ao mesmo tempo, relevância e repercussão social, ambas expressas no referido artigo. Evidente que são pontos de grande subjetividade, com necessária sensibilidade do julgador na análise para entender a existência dessa conjunção entre a relevância quanto à questão de direito e a repercussão na sociedade. A argumentação do suscitante sobre a presença dessa conjunção é, não somente importante, mas essencial para a instauração do incidente. De certa maneira, existe uma simbiose entre a relevância da questão do direito e a grande repercussão social, requisitos, de certa forma, interligados e –dependentes.".

Defende-se que, como parâmetro, se possa utilizar o quanto prevê o artigo 1.035, §1º, CPC, ao tratar da repercussão geral para o recurso extraordinário, prevendo-se que "[...] será considerada a existência ou não de questões relevantes do ponto de vista econômico, político, social ou jurídico que ultrapassem os interesses subjetivos do processo.".[452] Há ainda quem não estabeleça essa relação direta entre a repercussão social e a geral, mas se utilize de termos parecidos para a definição daquela.[453]

A principal questão da repercussão social está na possibilidade de repetição de casos, com base na prevenção ou no início de repetição, gerando quebra de isonomia e falta de segurança jurídica, que causam impacto na sociedade para além do caso em que vislumbrada a possibilidade do incidente. Colocar que a repercussão social seria casos não corriqueiros não corresponde à realidade,[454] vez que contendas sobre contratos de seguro, tributação, direito de vizinhança, dentre tantas outras, são extremamente corriqueiras, mas podem gerar grande repercussão social quando respondidas de maneira diversa pelo Poder Judiciário. Além disso, se o IAC tivesse sido construído para casos não corriqueiros, bastaria o julgamento do recurso, remessa necessária ou processo

[452] Nesse sentido: CUNHA, Leonardo Carneiro da; DIDIER JR., Fredie. **Curso de Direito Processual Civil**: meios de impugnação às decisões judiciais e processo nos tribunais. v. 3, 16. ed. Salvador: JusPodivm, 2019, p. 812. Também: BARIONI, Rodrigo. As *unpublished opinions* do direito norte-americano: contribuição para a assunção de competência. **Revista de Processo**. v. 261, ano 2016, p. 389-413, nov., 2016. Também nesse sentido: LEMOS, Vinicius Silva. A possibilidade de fungibilidade entre o IRDR e o IAC: viabilidade e necessidade de sistematização. **Revista de Processo**, v. 274, ano 2017, p. 255-289, dez., 2017. O autor defende a simbiose entre a relevância e repercussão social, concluindo que aquela é semelhante à repercussão geral: "Creio que a relevância deva ser igual à repercussão geral, com característica até sobre as técnicas processuais, uma vez que guardam grande impacto no cotidiano forense.".

[453] Enunciado 469, FPPC: "A "grande repercussão social", pressuposto para a instauração do incidente de assunção de competência, abrange, dentre outras, repercussão jurídica, econômica ou política.". Também nesse sentido: BASTOS, Ana Carolina Andrada Arrais Caputo. Processamento do IAC: questões de ordem prática. **Revista Caderno Virtual** – IDP – Instituto de Direito Público, v. 3, n. 45, ano 2019.

[454] Sobre o tema, cf. MENDES, Aluisio Gonçalves de Castro; PORTO, José Roberto Mello. **Incidente de assunção de competência.** Rio de Janeiro: GZ, 2020, p. 55-57, "Não bastaria, aqui, uma importância técnico-processual, decorrente dos casos repetitivos, mas de questão de direito com relevante impacto sobre facetas da vida em sociedade, afetando-a diretamente. Se trataria, portanto, de uma questão distinta das corriqueiras e ordinárias.".

de competência originária pelo órgão fracionário originário a partir do procedimento padrão nos tribunais, vez que o caso restaria isolado em si mesmo.

Além da exigência da presença dos requisitos acima explicitados, há um pressuposto negativo apenas para o IAC quando admitido com fundamento no *caput* do artigo 947, CPC, que é a ausência de multiplicidade.[455] Entretanto, há quem defenda ser esse requisito negativo geral para o IAC, ou seja, quando constatada a existência de múltiplos processos, defendem que seria o caso de IRDR ou de recursos repetitivos.[456]

[455] Sobre o tema, cf. Lemos, Vinicius Silva. A possibilidade de fungibilidade entre o IRDR e o IAC: viabilidade e necessidade de sistematização. **Revista de Processo**, v. 274, ano 2017, p. 255-289, dez., 2017.

[456] Nesse sentido Enunciado 334, FPPC, Aluisio Mendes, José Porto, Georges Abboud, Ricardo Yamin, Vinicius Lemos. Cf. Enunciado 334, FPPC: "Por força da expressão "sem repetição em múltiplos processos", não cabe o incidente de assunção de competência quando couber julgamento de casos repetitivos.". Também na linha do enunciado: Mendes, Aluisio Gonçalves de Castro; Porto, José Roberto Mello. **Incidente de assunção de competência.** Rio de Janeiro: GZ, 2020, p. 70. Sobre o tema, afirma Ricardo Yamin Fernandes: Fernandes, Ricardo Yamin. **Do incidente de assunção de competência**. São Paulo: Revista dos Tribunais, 2020, p. 150, "Caso a questão de direito a ser decidida já tenha se tornado repetitiva, o Incidente não poderá ser instaurado.". Em sentido contrário, mas por outros motivos dos que aqui se defende: STJ, REsp n. 1.799.343/SP, Rel. Min. Paulo de Tarso Sanseverino, 2ª Seção, julgado em 09/04/2019. No caso, o STJ admitiu o IAC pelos seguintes motivos: "De outra parte, no que tange à multiplicidade recursal a que alude o artigo 947, *caput*, do CPC/2015, vislumbra-se que a controvérsia ora proposta seria até mesmo passível de uma afetação pelo rito dos recursos especiais repetitivos, tendo em vista o considerável número de recursos e conflitos de competência que chegam a esta Corte Superior, a respeito desse tema. Porém, tendo em vista a relevância social que se vislumbra nessa controvérsia, entendo que o IAC é o instrumento processual mais adequado, uma vez que esse incidente possui uma força vinculante maior do que a do recurso repetitivo, na medida em que esta Corte Superior pode revisar diretamente, via reclamação, decisões contrárias à tese fixada em IAC.". Lemos, Vinicius Silva. A possibilidade de fungibilidade entre o IRDR e o IAC: viabilidade e necessidade de sistematização. **Revista de Processo**, v. 274, ano 2017, p. 255-289, dez., 2017, versão virtual não paginada, "Para a configuração da possibilidade processual do incidente, não há a necessidade ou a possibilidade de existência de demandas repetitivas, diferenciando a assunção de competência dos meios do microssistema de resolução de demandas repetitivas. Se houver a multiplicidade de demandas ou de recursos, outros meios de uniformização são possíveis, como recursos repetitivos nos tribunais superiores ou incidente de resolução de demandas repetitivas nos tribunais de segundo grau.". Abboud, Georges; Fernandes, Ricardo Yamin. Requisitos legais

A questão é tormentosa em razão de o legislador não fixar um parâmetro para o que sejam os *múltiplos processos*, deixando essa definição a cargo dos tribunais.[457-458] Há quem critique a falta de previsão normativa de um parâmetro numeral que configure a efetiva repetição apta a suscitar o IRDR ou para levar ao RR, e não o IAC.[459] Há, ainda, quem lide bem com a dualidade multiplicidade-repressão/poucos casos-prevenção, deixando a carga argumentativa para as partes e para os tribunais, quando da fundamentação de suas decisões.[460]

para a instauração do incidente de assunção de competência. **Revista de Processo**, v. 279, maio, 2018, p. 339-356. Nesse sentido: D'Ávila, Daniela Peretti. **Incidente de assunção de competência**: Extraindo seu máximo grau de rendimento. 2019. Dissertação (Mestrado em Direito) – Pontifícia Universidade Católica de São Paulo, São Paulo, 2019, p. 122.

457 Sobre o tema, cf. Lemos, Vinicius Silva. A possibilidade de fungibilidade entre o IRDR e o IAC: viabilidade e necessidade de sistematização. **Revista de Processo**, v. 274, ano 2017, p. 255-289, dez., 2017, versão virtual não paginada, "A multiplicidade, por mais que seja antagônico, é um conceito complexo de se trabalhar, uma vez que não se tem uma definição do que seria essa quantidade para delimitar a existência ou não dela, impondo um requisito com ares de objetividade, mas com possibilidade de análise subjetiva por qualquer dos tribunais ou aquele órgão colegiado competente por tal admissibilidade.".

458 Na Alemanha, a legislação que regulamenta a resolução de casos repetitivos (*Musterverfahren*) colocou um número mínimo para que o procedimento seja admitido. Sobre o tema, cf. Mendes, Aluisio Gonçalves de Castro. **Incidente de resolução de demandas repetitivas**. Rio de Janeiro: Forense, 2017, p. 39, "O legislador estabeleceu, na primeira parte de cada um dos respectivos dispositivos, que se a conformidade jurídica de uma medida, nas respectivas áreas administrativa ou social, for questionada em mais de vinte processos, o órgão judicial poderá prosseguir com um ou mais processos adequados, que se tornarão os processos-modelo (padrão, piloto, *test claims*) ou paradigmáticos para o julgamento dos demais, que ficarão suspensos. A norma estabelece mais de vinte, portanto exige-se a existência de, no mínimo, 21 (vinte e um) processos nos quais se impugna a conformidade jurídica da medida praticada pela repartição pública. No estatuto da jurisdição social, especificou-se ainda que a multiplicidade de processos seria perante o mesmo órgão judicial.".

459 Nessa linha: Fernandes, Ricardo Yamin. **Do incidente de assunção de competência**. São Paulo: Revista dos Tribunais, 2020, p. 151.

460 Nesse sentido: Georges Abboud, Ricardo Yamin e Vinicius Lemos: Lemos, Vinicius Silva. A possibilidade de fungibilidade entre o IRDR e o IAC: viabilidade e necessidade de sistematização. **Revista de Processo**, v. 274, ano 2017, p. 255-289, dez., 2017, versão virtual não paginada, "Entretanto, há a dificuldade de estabelecer-se o que seria a multiplicidade. Uma demanda em assunção de competência pode ter certa quantidade de processos, não muitos, mas uma diminuta quantidade, cabível, ainda, a assunção de competência.". Abboud, Georges; Fernandes, Ricardo Yamin. Requisitos legais para a instauração do

Tal fixação é impossível e inocente imaginar a sua possibilidade, vez que o número imaginado como *efetiva repetição* para alguns tribunais menores, como o TJAC[461] ou o TJRR,[462] não representaria repetição efetiva no maior tribunal do mundo, o TJSP.[463] Rebatendo tal colocação, há quem defenda o estabelecimento de uma porcentagem sobre o total de casos para configurar a repetição.[464] Entretanto, a fixação de um valor, geraria situações peculiares que poderiam ser evitadas, como, por exem-

incidente de assunção de competência. **Revista de Processo**, v. 279, p. 339-356, maio, 2018, versão virtual não paginada, "Dessa forma, caberá ao julgador, novamente, fundamentar que não há efetiva repetição de processos envolvendo aquela matéria, a fim de admitir a instauração do Incidente. Para tanto, deverá levar em conta principalmente a matéria jurídica discutida, a localidade do Tribunal e a competência, se federal ou estadual.".

461 Segundo o sítio eletrônico do próprio tribunal, são 12 desembargadores no total. **TJAC.** Disponível em: https://www.tjac.jus.br/magistratura/desembargadores/. Acesso em: 09 dez. 2020.

462 São 10 desembargadores, segundo o sítio eletrônico do próprio tribunal. **TJRR**. Disponível em: http://www.tjrr.jus.br/index.php/institucional/composicao. Acesso em: 09 dez. 2020.

463 São 360 desembargadores, segundo o sítio eletrônico do tribunal. **TJSP**. Disponível em: https://www.tjsp.jus.br/QuemSomos. Acesso em: 09 dez. 2020. Fernando da Fonseca Gajardoni relata, segundo dados do CNJ, que enquanto cada juiz de 1º grau de SP e RS recebeu em média, 2500/ano, em 2008, juízes do RJ e de MG receberam a metade disso no mesmo período. Na 2ª instância, cada desembargador do TJRS recebeu 3 mil processos em média contra 1500 dos paulistas e 300 em Alagoas, segundo dados de 2008. Afirma o autor que esses dados são suficientes para justificar procedimentos específicos locais, cf. "Não faz sentido, por isto, que uma lei federal como o novo CPC – que trata não só de questões relacionadas ao processo (poderes, deveres, ônus, sujeições das partes, advogados e juízes), mas também de regras procedimentais (forma, modo e prazos) – esgote a disciplina do tema, não deixando espaço para que os legislativos locais cumpram o papel que lhes foi confiado pelo constituinte, disciplinando, conforme as particularidades e necessidades do povo local, mecanismos procedimentais que possam melhorar a qualidade da tutela jurisdicional. Ilógico que o Judiciário de Estados de menor porte tenha que seguir as mesmas regras procedimentais impostas genericamente pelo legislador federal a todo o país, muitas vezes elaboradas à luz da realidade alarmante de um ou outro Estado (como São Paulo), cujas deficiências na prestação do serviço jurisdicional têm razões históricas, sociais e econômicas.", versão virtual não paginada, Gajardoni, Fernando da Fonseca. **Federalismo, Judiciário e o novo CPC**. Disponível em: https://www.migalhas.com.br/depeso/111552/federalismo-judiciario-e-o-novo-cpc. Acesso em: 30 jul. 2020.

464 Fernandes, Ricardo Yamin. **Do incidente de assunção de competência**. São Paulo: Revista dos Tribunais, 2020, p. 152-153.

plo: (i) número que fique poucos casos abaixo da repetição; (ii) número que fique poucos casos abaixo da repetição, não suscitando o incidente repressivo, mas que ganhe novos casos durante o seu processamento; e, ainda, (iii) a discussão sobre a fungibilidade ou a conversão entre incidentes preventivos e repressivos em razão de alterações fáticas durante a tramitação desses mecanismos.[465]

Assim, considerando a dimensão do país e as diferenças entre as suas regiões, o estabelecimento de um número ou de um percentual pelo legislador nacional de forma a estabelecer o que seja repetição para cada tribunal seria inviável, rapidamente desatualizado (se número fixo) e poderia gerar situações peculiares que levariam a outras infindáveis discussões teóricas e práticas que roubam a atenção sobre o que realmente importa quando da admissão de um incidente como esse pelo tribunal: contraditório amplo com discussões plurais de forma a estabelecer tese fundamentada que seja observada por seus pares e pelos juízos inferiores em razão de sua legitimidade adquirida por força do contraditório ampliado e do órgão jurisdicional prolator da decisão.

Logo, viável e recomendado concentrar a fixação de teses jurídicas por tribunais em apenas um mecanismo, que englobe a prevenção e a repressão à divergência que gera a quebra de isonomia e falta de segurança jurídica.

Por isso, defende-se, aqui, que o IAC admitido com base no artigo 947, *caput*, CPC, tem caráter preventivo; e com base no artigo 947, §4º, CPC, repressivo, dispensando a necessidade de previsão de outro mecanismo nos tribunais para reprimir a repetição patológica. Assim, a admissão deste incidente em análise pode se dar com base em critérios qualitativos e critérios quantitativos, ultrapassando o interesse apenas das partes em que suscitado.

A explicitação dos requisitos para o IAC ultrapassa o *caput* do dispositivo. O §2º do artigo 947, CPC, determina que "O órgão colegiado julgará o recurso, a remessa necessária ou o processo de competência originária *se reconhecer interesse público* na assunção de competência".

[465] Sobre a fungibilidade, cf. LEMOS, Vinicius Silva. A possibilidade de fungibilidade entre o IRDR e o IAC: viabilidade e necessidade de sistematização. **Revista de Processo**, v. 274, ano 2017, p. 255-289, dez., 2017.

Para a definição do que seria interesse público para a admissão do IAC, há quem defenda a interpretação conjunta de todos os requisitos exigidos[466] e há que defenda ser conceito jurídico indeterminado a ser definido casuisticamente por cada tribunal e com grande ônus argumentativo, vez que não seria discricionário.[467] Como o interesse público vem localizado em dispositivo distinto do *caput*, há quem defenda que

[466] Nesse sentido: Aluisio Mendes, José Porto, Antônio Gaio e Luiz Guilherme Marinoni. Cf. Mendes, Aluisio Gonçalves de Castro; Porto, José Roberto Mello. **Incidente de assunção de competência.** Rio de Janeiro: GZ, 2020, p. 64, "Novamente, acreditamos que se deve considerar a presença da relevância da questão, por repercussão social ou por dissidência de decisões, como indiciária da existência de interesse público, afastável apenas quando o órgão julgador do incidente apontar elementos concretos em sentido contrário.". Por sua vez, há ainda quem se posicione pela leitura convergente entre o requisito "interesse público" e o requisito "repercussão social". Nesse sentido, cf. Gaio Jr., Antônio Pereira. Os perfis do incidente de assunção de competência no CPC/2015. **Revista de Processo**, v. 297, ano 2019, p. 213-231, nov., 2019, versão virtual não paginada, "No entanto, nos parece tautológica a questão já que o próprio requisito da "grande repercussão social" já nos demonstra, no mínimo ínsita a necessária relevância da matéria posta para fins de admissibilidade do exame em sede do IAC, de modo que o interesse público aí se converge.". Também: Marinoni, Luiz Guilherme. Sobre o Incidente de Assunção de Competência. **Revista de Processo,** v. 260, p. 233–256, out., 2016, versão virtual não paginada, "Sem dúvida, o legislador equiparou grande repercussão social a interesse público para efeito de assunção de competência.".

[467] Nesse sentido: Georges Abboud, Ricardo Yamin e Vinicius Lemos, cf. Fernandes, Ricardo Yamin. **Do incidente de assunção de competência**. São Paulo: Revista dos Tribunais, 2020, p. 148. Nesse sentido, cf. também: Lemos, Vinicius Silva. A possibilidade de fungibilidade entre o IRDR e o IAC: viabilidade e necessidade de sistematização. **Revista de Processo**, v. 274, ano 2017, p. 255-289, dez., 2017, versão virtual não paginada, "A sensibilidade diante da análise de existência dessa repercussão social é imensa, diante da necessidade de uma percepção sobre a importância daquela questão de direito e suas possibilidades, sobre o impacto social daquele julgamento. Em outro momento, o órgão responsável pelo julgamento deve averiguar a presença de interesse público, outro conceito também indeterminado, o que concede, junto com a repercussão social, uma grande carga de subjetividade, dependendo da argumentação dos requerentes ou do próprio julgador que suscitar o incidente; qualquer deles deve justificar essa importância para aquela questão de direito, com seus impactos e efeitos.". Também: Abboud, Georges; Fernandes, Ricardo Yamin. Requisitos legais para a instauração do incidente de assunção de competência. **Revista de Processo**, v. 279, p. 339-356, maio, 2018, versão virtual não paginada, "[...] cabe ao magistrado, no caso concreto, interpretar o conceito legal indeterminado, para criar uma solução para o caso concreto. A indeterminabilidade do conceito de interesse público é facilmente identificável no cotidiano de nossos tribunais.".

ele somente será objeto de análise para admissão do IAC quando do seu duplo juízo e da análise definitiva da admissibilidade do incidente.[468] Entretanto, tal opção seria criar requisitos diferentes para a mesma análise, qual seja, a da admissibilidade do incidente. Assim, consolidou-se o entendimento doutrinário de que o interesse público deve ser analisado ao lado dos demais requisitos trazidos pelo artigo 947 do CPC.[469]

Propõe-se, aqui, que a expressão "interesse público" seja lida nos termos delineados por Renato Alessi, diferenciado o interesse público primário do secundário.[470] O legislador se refere, no dispositivo mencionado, aos dois modelos de interesse, que, como todo modelo, dificilmente existirá de maneira pura, mas em graus distintos a depender do caso. O interesse primário, ou seja, ao interesse da sociedade como um todo, em busca do bem comum está presente na assunção da competência na medida em que haverá prevenção ou repressão à divergência

[468] Bastos, Ana Carolina Andrada Arrais Caputo. Processamento do IAC: questões de ordem prática. **Revista Caderno Virtual** – IDP – Instituto de Direito Público, v.3, n. 45, ano 2019. A autora cita Luiz Guilherme Marinoni, concordando que "interesse público" e "grande repercussão social" estampam situações similares que apenas são analisadas em momentos distintos.

[469] Nesse sentido: Marinoni, Luiz Guilherme. Sobre o Incidente de Assunção de Competência. **Revista de Processo,** v. 260, p. 233 – 256, out., 2016, versão virtual não paginada, "Mas o "deslocamento" e a "admissão do julgamento" constituem fases de uma mesma situação jurídica. O que realmente importa é saber se a assunção de competência é cabível, pois o deslocamento e a admissão do julgamento são apenas consequências do seu cabimento. Ora, não é possível supor que, para duas decisões que aferem a mesma circunstância, é possível exigir requisitos diferentes. Os dois requisitos teriam que ser necessários tanto para o deslocamento quanto para a admissão do julgamento.".

[470] Alessi, Renato. **Sistema istituzionale del diritto amministrativo italiano**. Milano: Giuffrè, 1953. Adotando tal dualidade, cf. Leonel, Ricardo de Barros. **Manual do processo coletivo**. 2. ed. São Paulo: Revista dos Tribunais, 2011, p. 85, "O interesse público primário poderia ser compreendido como o interesse geral, social, ou seja, de todos os membros da comunidade, ideia aproximada à concepção dos interesses supra ou metaindividuais. De outro lado, seria possível aferir a existência de um interesse público secundário, inerente à Administração Pública, i.e., às pessoas jurídicas de direito público que integram a administração direta ou indireta do Estado.". Outra conceituação relevante de interesse público é aquela proposta por Vincenzo Vigoriti, relacionando interesse público ao conceito de necessidade, como a aspiração do homem a determinados bens *lato sensu* para satisfazer suas necessidades individuais. Vigoriti, Vincenzo. **Interessi collettivvi e processo**. Milão: Giuffrè, 1979.

jurisprudencial, resolvendo questões de direito semelhantes da mesma maneira, o que atende à necessidade de pacificação social. Além disso, é interesse do Poder Judiciário, enquanto poder de Estado, resolver questões de direito com potencial de gerarem divergências jurisprudenciais – ou que efetivamente já tenham gerado – como forma de otimização da atividade jurisdicional, equacionando o interesse público secundário da Administração.[471]

A presença ou não do interesse público, nos moldes acima propostos, deve ser aferida em conjunto com os demais requisitos de admissão do incidente, como já era proposto para a análise da intervenção ministerial fundada no interesse público no processo civil.[472]

Assim, a partir do quanto delineado, haverá assunção de competência por órgão jurisdicional superior dentro do próprio tribunal com a alteração do procedimento para processamento e julgamento do caso quando, em razão do interesse público, houver relevante questão de direito com grande repercussão social sem repetição em múltiplos processos. Além desta hipótese de cabimento do incidente, ainda há a situação do artigo 947, §4º do CPC.

2.3.1.2. Incidente de assunção de competência para a resolução de divergência sobre questão de direito no tribunal

Quando houver divergência existente no tribunal acerca de questão de direito, o IAC será admitido com base no artigo 947, §4º, do CPC. Nesse caso, a admissão dar-se-á com base em requisitos distintos, que são (i) a relevante questão de direito em que (ii) seja conveniente a prevenção

[471] Em sentido contrário, mas sem mencionar a classificação de Renato Alessi, cf. MARINONI, Luiz Guilherme. Sobre o Incidente de Assunção de Competência. **Revista de Processo,** v. 260, p. 233–256, out., 2016, versão virtual não paginada, "De qualquer forma, para evitar qualquer tentação e possibilidade de arbitrariedade, importa deixar claro que não se pode pensar que um órgão judicial pode assumir uma competência que constitucionalmente não é sua a partir de um motivo que não diga respeito à vida em sociedade, mas aos interesses da Fazenda Pública e, pior ainda, do governo.".

[472] Susana Fairbanks Lima de Oliveira aponta que o interesse público é qualificado pela relevância social, sugerindo critérios como abrangência social, número de pessoas potencialmente envolvidas, grau de disponibilidade do direito e condição econômica dos envolvidos. OLIVEIRA, Suzana Fairbanks Lima de. **A racionalização da atividade do Ministério Público no processo civil**. Dissertação de mestrado, São Paulo, USP, 2008.

ou a composição de divergência entre os órgãos fracionários do tribunal. O próprio legislador estabelece a dualidade entre o cabimento do IAC, fixando que situações sem multiplicidade serão encaradas com base nos requisitos do *caput,* antes demonstrados, e que situações em que haja divergência e, portanto, *alguma* repetição,[473] serão encaradas nos termos do §4º do mesmo dispositivo.[474] Tal dualidade também é encontrada em decisões dos tribunais, afirmando que o IAC admitido com base no §4º tem "finalidade corretiva".[475]

A colocação da palavra *conveniente* pelo próprio legislador indica que não é toda divergência que levará à necessidade de instauração de IAC. Tal requisito merece ser lido em conjunto com os demais,[476] que orientarão a conveniência com base na repercussão social do tema a ser

[473] Notamos, na doutrina, o intento de evitar o termo repetição no IAC com o uso da expressão "alguma quantidade de demandas". Cf. Lemos, Vinicius Silva. **O incidente de assunção de competência**: da conceituação à procedimentalidade. Salvador: JusPodivum, 2018, p. 73, "Essa possibilidade da prevenção diferencia o incidente dos demais meios de pacificação de entendimentos dos Tribunais, pelo fato de que nos demais institutos, geralmente a existência de divergência é requisito para a própria suscitação, diferindo da possibilidade do IAC. De modo diverso à sua forma preventiva, o incidente também é possível e viável para compor divergência sobre a questão de direito relevante. Ou seja, não serão somente processos únicos que poderão ser objeto de suscitação do incidente, mas, também, uma determinada matéria que enquadra-se nos demais requisitos e, que não tem multiplicidade, apesar da existência de alguma quantidade de demandas.".

[474] Sobre o tema, cf. Abboud, Georges; Fernandes, Ricardo Yamin. Requisitos legais para a instauração do incidente de assunção de competência. **Revista de Processo**, v. 279, p. 339-356, maio, 2018, versão virtual não paginada, "Isto porque, para que haja composição de divergência entre câmaras ou turmas do tribunal, é necessário que haja a repetição de processos envolvendo a mesma matéria. Essa repetição de processos é o que, em tese, dará ensejo às decisões conflitantes. Nesse parágrafo identificamos uma das principais funções do Incidente de Assunção de Competência, e, a nosso ver, a hipótese em que será mais utilizado, qual seja, para a uniformização de entendimento no interior do próprio tribunal.".

[475] Decisão do juízo de admissibilidade do IAC n. 1-TJSP, fls. 341, Processo em que suscitado AI n. 2211169-10.2016.8.26.0000. O TJSP reconheceu a repetição do caso, ou seja, a multiplicidade, mas reconheceu que a repetição seria limitada aos sujeitos expostos à circunstância fática que motivou o incidente. No caso, eram mais de mil processos.

[476] Sobre a leitura conjunta dos requisitos, cf. Mendes, Aluisio Gonçalves de Castro; Porto, José Roberto Mello. **Incidente de assunção de competência.** Rio de Janeiro: GZ, 2020, p. 59, "Uma visão crítica e teleológica do instituto, porém, recomenda a leitura conjunta desses elementos.".

decidido através do IAC. Tal divergência deve ser atual ou prospectiva, jamais passada.[477] Há quem se utilize das balizas já firmadas em outros ordenamentos jurídicos para a definição de parâmetros acerca da necessidade de elaboração de um precedente vinculante por tribunal a partir de procedimento legal previamente elaborado para essa finalidade,[478] que seriam: (i) a necessidade de fixação de entendimento sobre determinada matéria, vez que inexistente, ou a sua revisão radical; (ii) a frequente inobservância de norma jurídica por diversos órgãos jurisdicionais; (iii) a constante crítica judicial a alguma norma jurídica; (iv) a necessidade de rever precedente de corte inferior ou de decisões reiteradas tomadas no âmbito administrativo; e, por fim (v) a revisão de precedente de corte local por corte superior, de forma a justificar a elaboração de novo precedente localmente que esteja consentâneo à decisão mais recente das instâncias superiores.[479] À lista, sugere-se o acréscimo do (vi) alto índice de reforma de decisões das instâncias inferiores, demonstrando a necessidade de criação de um precedente com eficácia expansiva no tribunal, ainda que não exista divergência no tribunal, sequer potencial, e; à baliza (iv) e à (v), a inclusão da necessidade de a corte superior rever o precedente de corte local, expandindo seus efeitos para todo o território nacional através de nova assunção na instância extraordinária.

Quando o legislador dispõe expressamente que o IAC poderá servir como forma de *compor divergência* entre órgãos fracionários do tribunal, há que se presumir a existência de mais de um processo em que há deci-

[477] Sobre o tema, já decidiu o STJ: AgInt nos EDcl nos EDcl nos EDcl no REsp 1.557.381/MG, Rel. Min. Ricardo Villas Bôas Cueva, 3ª Turma, julgado em 20/02/2018.Turma, julgado em 20/02/2018.

[478] Barioni, Rodrigo. As *unpublished opinions* do direito norte-americano: contribuição para a assunção de competência. **Revista de Processo,** v. 261, ano 2016, p. 389-413, nov., 2016. O autor relaciona as *unpublished opinions* e seu cabimento para tirar algum substrato para o IAC.

[479] Todas as hipóteses e como estão organizadas no sistema jurídico estadunidense, cf. Barioni, Rodrigo. As *unpublished opinions* do direito norte-americano: contribuição para a assunção de competência. **Revista de Processo,** v. 261, ano 2016, p. 389-413, nov., 2016.

sões díspares sobre a mesma questão de direito, com relevância interna e externa apta a justificar a assunção.[480]

Questão tênue é o número de processos existentes em que presentes essa divergência. Se tomada a dualidade entre IAC e IRDR, o §4º do artigo 947, CPC, é o que evidencia a zona cinzenta entre os dois incidentes, trazendo questionamentos de quais situações enquadrar-se-iam no IAC e quais outras no IRDR, de forma que não se esbarre na vedação da ausência de repetição em múltiplos processos,[481] que levaria necessariamente ao IRDR, de acordo com a dualidade dos incidentes.[482]

480 Ricardo Yamin aponta que a herança do antigo incidente de uniformização de jurisprudência está neste §4º, concretizando o quanto determina o artigo 926 do CPC, no sentido de manter a jurisprudência do tribunal coerente. FERNANDES, Ricardo Yamin. **Do incidente de assunção de competência**. São Paulo: Revista dos Tribunais, 2020, p. 156. Em conjunto, Georges Abboud e Ricardo Yamin assumem que o IAC com base no §4º existe em razão da repetição, cf. ABBOUD, Georges; FERNANDES, Ricardo Yamin. Requisitos legais para a instauração do incidente de assunção de competência. **Revista de Processo**, v. 279, p. 339-356, maio 2018, versão virtual não paginada, "Isto porque, para que haja composição de divergência entre câmaras ou turmas do tribunal, é necessário que haja a repetição de processos envolvendo a mesma matéria. Essa repetição de processos é o que, em tese, dará ensejo às decisões conflitantes.".

481 O Tribunal de Justiça de Santa Catarina, apesar de não admitir o IAC pelo não preenchimento dos demais requisitos, afirmou: "*A questão de direito debatida em múltiplos processos pode ser conhecida em incidente de assunção de competência com fundamento na exceção prevista no § 4º do artigo 947 do Código de Processo Civil.*", TJSC. Grupo de Câmaras de Direito Civil. Incidente de Assunção de Competência: 03001148520148240047 Papanduva 0300114-85.2014.8.24.0047, Rel. Luiz Cézar Medeiros. Julg. 13.02.2019.

482 Sobre a dificuldade para esse requisito e propondo centenas como caso de IAC; milhares, caso de IRDR, cf. BARIONI, Rodrigo. As *unpublished opinions* do direito norte-americano: contribuição para a assunção de competência. **Revista de Processo,** v. 261, ano 2016, p. 389-413, nov., 2016, "A expressão legal tem o propósito de evitar a concorrência com os instrumentos para o julgamento de casos repetitivos (incidente de resolução de demandas repetitivas e recursos repetitivos), que têm procedimentos próprios. Isso não impede, porém, adotar o procedimento de assunção de competência quando houver casos repetidos em pequena escala. Assim, ainda que haja 100, 200 ou 500 processos sobre a mesma questão de direito, pode-se utilizar a assunção de competência para a formação do precedente. No entanto, para os casos de repetição em larga escala – v.g., 10 mil processos –, a técnica mais apropriada será a dos recursos repetitivos.". Por sua vez, Antônio Pereira Gaio Jr. afirma que o IAC admitido com base no §4º não pode admitir a multiplicidade, cf. GAIO JR., Antônio Pereira. Os perfis do incidente de assunção de competência no CPC/2015. **Revista de Processo**, v. 297, ano 2019, p. 213-231, nov., 2019, versão virtual não paginada,

O mesmo paralelo pode ser feito entre IAC e repetitivos nos tribunais superiores.

Para que a discussão não deságue em números do que seria essa efetiva repetição, há que se raciocinar em termos funcionais, no sentido de prevenção ou combate à efetiva repetição pelos tribunais.[483]

Assim, parte-se da premissa de que há uma zona cinzenta entre os critérios de admissão do IRDR/RR e do IAC,[484] a ponto de situações com números semelhantes levarem a admissão de instrumentos distintos ou a ponto de o próprio tribunal admitir IAC para situações de multiplicidade,[485] levando à discussão doutrinária se o IAC poderia ser suscitado a partir de processo em tramitação na primeira instância.[486]

"Fora a prevenção, será possível também o manejo do IAC quando diante de divergência entre câmaras ou turmas de um mesmo tribunal, e aí há de se registrar que para fins de uniformização de entendimento em matéria de relevância e repercussão social, objetivando com a instauração do presente incidente e de seu resultado a sintonia para pôr fim a decisões díspares, sempre em consonância com o princípio da isonomia no resultado dos julgados frente a uma mesma questão de direito, entende-se como não unívoca para os propósitos do presente incidente, a disposição contida no artigo 947, *caput, in fine*, onde se limita o manejo do incidente quando da inexistência de multiplicidade de processos.".

[483] A questão é tormentosa, aponta Cassio Scarpinella Bueno, também fazendo menção ao Enunciado n. 141 da II Jornada de Direito Processual Civil do CJF. Nesse sentido: Bueno, Cassio Scarpinella. **Curso sistematizado de Direito Processual Civil**: procedimento comum, processos nos Tribunais e Recursos. 8. ed. v. 2. São Paulo: Saraiva Educação, 2019, p. 423.

[484] Em sentido contrário: Luiz Guilherme Marinoni afirma que não há zona cinzenta, pois o IAC se ocupa de questão de direito e o IRDR serve para a análise e julgamento de demandas repetitivas. Cf. Marinoni, Luiz Guilherme. Sobre o Incidente de Assunção de Competência. **Revista de Processo,** v. 260, p. 233–256, out. 2016, versão virtual não paginada, "Lembre-se que no incidente de resolução de demandas repetitivas a repetição é das demandas que envolvem a mesma questão; aqui basta a reiteração da questão em demandas distintas.". Ao nosso ver, essa diferenciação está equivocada, vez que a doutrina já amadureceu a ponto de reconhecer que tanto o IRDR como o IAC analisam questões de direito apenas. Sobre o tema, cf. Temer, Sofia. **Incidentes de resolução de demandas repetitivas**. 2. ed. Salvador: JusPodivm, 2017.

[485] Como aconteceu no TJSC e em tantos outros tribunais citados ao longo dos rodapés da tese, cf. TJSC. Grupo de Câmaras de Direito Civil. Incidente de Assunção de Competência: 03001148520148240047 Papanduva 0300114-85.2014.8.24.0047, Rel. Luiz Cézar Medeiros. Julg. 13.02.2019.

[486] Nesse sentido, embora defendendo a complementaridade entre IAC e IRDR: Mendes, Aluisio Gonçalves de Castro; Porto, José Roberto Mello. **Incidente de assunção de com-**

Tais constatações demonstram o entrelaçamento na prática e nos debates doutrinários entre mecanismos distintos criados para lidar com a prevenção e com a repressão de forma separada *a priori*.[487]

2.3.2. Da legitimidade para provocar a instauração do incidente de assunção de competência

Verificados tais requisitos, questiona-se se os legitimados teriam discricionariedade ou não para a provocação do incidente de assunção. Há quem defenda ser poder-dever dos legitimados a instauração, uma vez que detectassem os requisitos, falando em verdadeiro "dever de proposição",[488] com fundamento no artigo 926 do CPC que prescreve o dever de uniformização de jurisprudência. Tal afirmação é extremada, vez que os requisitos para o IAC são majoritariamente compostos por conceitos jurídicos indeterminados, colocando o próprio legislador juízo de conveniência no artigo 947, CPC, podendo a categorização da posição dos legitimados como de *dever* originar discussões posteriores sobre omissões que seriam carentes de parâmetros objetivos e de proveito duvidoso.[489] Caso a situação seja de prevenção, a conveniência fica mais

petência. Rio de Janeiro: GZ, 2020, p. 66, "É claro que se poderia cogitar, de *lege ferenda*, como um próximo passo para o desenvolvimento do instituto, a possibilidade de ser suscitado o incidente também para causas em tramitação no primeiro grau, a exemplo do que ocorre no IRDR.".

[487] No IRDR Nº 2151535-83.2016.8.26.0000, TJSP, o Desembargador Relator determinou a não suspensão de processos pendentes, individuais ou coletivos que versem sobre o mesmo tema, pois "a divergência existente se resume a uma das Câmaras da Seção de Direito Público", situação que se enquadraria no cabimento do artigo 947, §4º, do CPC, de acordo com os direcionamentos doutrinários. Entretanto, admitiu-se IRDR.

[488] MENDES, Aluisio Gonçalves de Castro; PORTO, José Roberto Mello. **Incidente de assunção de competência.** Rio de Janeiro: GZ, 2020, p. 50. Fala-se também em poder-dever para o IRDR, o que não existiria quando do incidente de uniformização de jurisprudência do código revogado, cf. MANCUSO, Rodolfo de Camargo. **Incidente de resolução de demandas repetitivas**: a luta contra a dispersão jurisprudencial excessiva. São Paulo: Revista dos Tribunais, 2016, p. 93.

[489] Sobre o tema, cf. LEMOS, Vinicius Silva. **O incidente de assunção de competência**: da conceituação à procedimentalidade. Salvador: JusPodivum, 2018, p. 108-109, "Quando a suscitação for oficiosa, o relator realiza a análise do caso, como qualquer outro julgamento que realize em sua atividade, no entanto, caso vislumbre a incidência dos requisitos atinentes ao IAC, convém a sua suscitação. No entanto, a presença ou não dos requisitos somente é possível mediante uma análise complexa, o que concede um certo ar de discricionarie-

evidente ainda. Entretanto, quando já constatada a divergência, nos termos do artigo 947, §4º, CPC, aqueles que falam em dever de proposição ganham reforço.

Caso mais de um pedido de instauração de IAC exista, há quem defenda que todos devem ser apensados naquele que foi primeiro admitido, aplicando-se enunciado do FPPC para o IRDR.[490] Questão delicada a merecer maior análise é se a assunção dar-se-ia para todos os casos em que suscitados os incidentes ou não. Como o contraditório merece ampliação no juízo de admissibilidade e, se este for positivo, também no juízo de mérito do julgamento da questão de direito objeto do incidente, a instauração de um incidente para cada processo em que suscitado para a mesma questão não seria proveitoso. Convém a concentração das discussões em apenas um caso, possibilitando-se a participação de sujeitos interessados no formato do procedimento ideal que será apresentado no capítulo 4 da tese.

Nos termos do artigo 947, §1º, CPC, "*o relator* proporá, de ofício ou a requerimento da *parte*[491], do *Ministério Público* ou da *Defensoria Pública*, que seja o recurso, a remessa necessária ou o processo de competência

dade de proposição ao relator. Por outro lado, quando houver uma suscitação por qualquer outro legitimado, com uma petição endereçada ao relator, este não tem nenhuma discricionariedade sobre a proposição, devendo, portanto, realizá-la em ato contínuo, ainda que não concorde com a incidência dos requisitos. [...] Há, então, um dever de proposição, pelo relator, quando houver requerimento de qualquer dos legitimados.".

[490] FPPC, Enunciado n. 89: "Havendo apresentação de mais de um pedido de instauração do incidente de resolução de demandas repetitivas perante o mesmo tribunal todos deverão ser apensados e processados conjuntamente; os que forem oferecidos posteriormente à decisão de admissão serão apensados e sobrestados, cabendo ao órgão julgador considerar as razões neles apresentadas.". Disponível em: https://institutodc.com.br/wp-content/uploads/2017/06/FPPC-Carta-de-Florianopolis.pdf. Acesso em: 21 abr. 2020.

[491] A legitimidade das partes aparentemente não é objeto de maior polêmica a ponto de não abrirmos um ponto para tratar somente do tema. Qualquer desenvolvimento sobre esse ponto resvalaria na dualidade entre partes e terceiros, o que escaparia ao quanto pretendemos tratar neste momento. A título de exemplo, Fredie Didier Jr. afirma que a autoridade coatora em mandado de segurança não é parte. Seguindo esse entendimento, não haveria legitimidade para a provocação do incidente em mandado de segurança no tribunal pela autoridade coatora. Sobre o tema, cf. Didier Jr., Fredie. **Recurso de terceiro**: juízo de admissibilidade. 2. ed. São Paulo: Revista dos Tribunais, 2005, p. 150-158.

originária julgado pelo órgão colegiado que o regimento indicar.".[492-493] A proposição feita pelo relator, de ofício ou por provocação, pode se dar antes ou durante o julgamento. No julgamento, a iniciativa da propositura do IAC pode ser do colegiado, independentemente da concordância do relator,[494] fazendo juízo de admissibilidade provisório do IAC, que usualmente lhe cabe.[495]

Quanto à legitimidade da Defensoria Pública e do Ministério Público, deve-se interpretar o dispositivo de forma ampla no sentido de que a provocação é possível quando atuem como partes, inclusive em processos coletivos, ou quando atue o Ministério Público como fiscal da ordem jurídica; ou a Defensoria Pública, como *custos vulnerabilis*.[496] Para alguns, quando a provocação parta destas instituições, há presunção de preenchimento dos requisitos autorizadores de IAC.[497]

A atuação do Ministério Público, prevista expressamente no artigo 947, CPC, alinha-se aos artigos constitucionais que delineiam sua atu-

[492] Houve ampliação da legitimidade em relação ao CPC/73 que apenas a conferia para o relator, nos termos do artigo 555, §1º, CPC/73.

[493] Há quem defenda a legitimidade também para os assistentes, ampliando o rol de legitimados para além do quanto previsto no artigo 947, CPC. Cf. D'Ávila, Daniela Peretti. **Incidente de assunção de competência**: Extraindo seu máximo grau de rendimento. 2019. Dissertação (Mestrado em Direito) – Pontifícia Universidade Católica de São Paulo, São Paulo, 2019, p. 151.

[494] Nesse sentido: Mendes, Aluisio Gonçalves de Castro; Porto, José Roberto Mello. **Incidente de assunção de competência.** Rio de Janeiro: GZ, 2020, p. 40. "Ademais, inclusive por força do princípio da colegialidade que rege a atividade dos tribunais, se o relator pode instaurar o incidente, com maior razão o pode o colegiado que integra, mesmo que contrariamente ao posicionamento individual do desembargador ou ministro relator.".

[495] Sobre juízo de admissibilidade trataremos com mais vagar adiante.

[496] Bueno, Cassio Scarpinella. **Curso sistematizado de Direito Processual Civil**: procedimento comum, processos nos Tribunais e Recursos. 8. ed. v. 2. São Paulo: Saraiva Educação, 2019, p. 424. Ricardo Yamin defende que o MP e a DP somente podem provocar a instauração do IAC quando já atuem no processo, cf. Fernandes, Ricardo Yamin. **Do incidente de Assunção de Competência**. São Paulo: Revista dos Tribunais, 2020, p. 156. Em sentido contrário, afirmando que a provocação dessas instituições não está vinculada à atuação como partes, cf. Lemos, Vinicius Silva. **O incidente de assunção de competência**: da conceituação à procedimentalidade. Salvador: JusPodivum, 2018, p. 78.

[497] Nesse sentido: Mendes, Aluisio Gonçalves de Castro; Porto, José Roberto Mello. **Incidente de assunção de competência.** Rio de Janeiro: GZ, 2020, p. 43. Não nos parece a posição mais adequada.

ação em prol da defesa da ordem jurídica e do quanto esses instrumentos de fixação de teses precedentárias qualificadas pelo procedimento visam a efetivar, nos termos do artigo 926, CPC.[498] Considerando que o MP é legitimado ativo para ações coletivas, em que questões passíveis de serem submetidas a IAC estejam presentes, defende-se que se priorize a provocação nestes processos em que direitos transindividuais estejam em discussão.

Embora o conceito de direitos coletivos em sentido *lato* não coincida com o conceito de questão repetitiva,[499] a escolha de um processo coletivo como processo paradigma pode trazer uma série de vantagens relacionadas à possibilidade de melhor fundamentação de argumentos fáticos e jurídicos desde o início da formação da relação jurídico-processual, vez que o legislador realizou análise prévia dos representantes adequados[500] aptos a judicializarem pleitos transindividuais, além de a decisão tomada afetar a coletividade através do regramento da coisa julgada coletiva, dispensando a judicialização atomizada de questões, uma vez que fixada a questão de direito no incidente, haverá aplicação do quanto julgado ao caso concreto. Além disso, deve-se considerar o equilíbrio de forças entre as partes, principalmente quando o conflito envolver a participação de litigantes habituais e eventuais.[501]

Há quem defenda que o IAC poderá servir como instrumento de prevenção ao ajuizamento de demandas repetitivas, evitando-se, com ele,

498 Mendes, Aluisio Gonçalves de Castro; Porto, José Roberto Mello. **Incidente de assunção de competência.** Rio de Janeiro: GZ, 2020, p. 43.

499 Sobre o tema, cf., por todos, Leonel, Ricardo de Barros. Intervenção do Ministério Público no Incidente de Resolução de Demandas Repetitivas, **Revista Jurídica da Escola Superior do Ministério Público de São Paulo**, v.1, p. 171-185, ano 2012.

500 Sobre representatividade adequada, cf. Fornaciari, Flávia Hellmeister Clito. **Representatividade adequada nos processos coletivos**. Tese de Doutorado orientada pela professora Ada Pellegrini Grinover a apresentada à Faculdade de Direito da USP. São Paulo: Faculdade de Direito da USP, 2010, p. 50, "Assim sendo, a importância do estudo processual da representatividade adequada é, tão só, garantir que esses adequados representantes sejam os porta-vozes dos cidadãos, grupos e classes titulares de um direito judicialmente controvertido; isso não implica, entretanto, que o conceito de representante adequado seja ligado ao processo.".

501 Sobre o tema, cf. Miranda, Andrea Pimentel de. **Quem tem medo do processo coletivo?** As disputas e escolhas políticas no CPC/2015 para o tratamento da litigiosidade repetitiva no Brasil. São Paulo: Almedina, 2020, p. 93.

semelhantes e novas discussões em processos coletivos e individuais. Assim, seria uma das funções do MP atuar preventivamente nessas situações.[502] Portanto, cita-se o quanto defende Humberto Theodoro Jr. para a atuação no MP nesses incidentes:

> A legitimação do Ministério Público para postular a abertura do incidente não decorre de estar atuando no processo como *custos legis*. Resulta de sua legitimidade institucional para promover a ação civil pública em defesa de direitos individuais homogêneos, sempre que assuma relevância social.[503]

A legitimação da Defensoria Pública é importante para que sua atuação voltada ao cumprimento de seus objetivos institucionais seja incrementada para além da atuação de processos pontuais,[504] procurando a formação de precedentes favoráveis aos indivíduos e grupos que motivam a sua atuação. Como regra, o MP será intimado para atuar nesses incidentes como fiscal da ordem jurídica, quando não tenha sido ele a provocar a instauração do incidente no tribunal. Embora o artigo 947,

502 Nesse sentido: MENDES, Aluisio Gonçalves de Castro; PORTO, José Roberto Mello. **Incidente de assunção de competência.** Rio de Janeiro: GZ, 2020, p. 44, "Entretanto, e provavelmente na maioria dos casos, o incidente servirá, como o próprio nome indicar, para a elucidação de questão pertinente a direitos individuais homogêneos, ainda que não ajuizadas demandas repetitivas. Sendo assim, a presença do Ministério Público se fará necessária para a proteção dos interesses coletivos, atuando na condição de parte ou em função da sua intervenção obrigatória.".

503 Apesar de o autor defender tal argumento para o IRDR, a citação torna-se transplantável ao IAC diante da tese proposta, cf. THEODORO JR. Humberto. Regime das Demandas Repetitivas no Novo Código de Processo Civil. In: DIDIER JR., Fredie. (coord.). **Processo nos tribunais e meios de impugnação às decisões judiciais.** Salvador: JusPodivm, 2016, p. 430.

504 Sobre o tema, cf. MENDES, Aluisio Gonçalves de Castro; PORTO, José Roberto Mello. **Incidente de assunção de competência.** Rio de Janeiro: GZ, 2020, p. 44, "A nova incumbência dá prosseguimento a uma trajetória em que a Defensoria deixou de ter uma atuação apenas como representante judicial em caráter individual para assumir um papel institucional como legitimado extraordinário para a defesa de direitos e interesses coletivos. Representa, assim, um salto de qualidade nas suas funções, pois pode deixar de ter um desempenho atomizado, para desenvolver um trabalho mais amplo, molecularizado e mais eficiente, pois, com o dispêndio de menos recursos, pode pleitear e obter um alcance maior para as pretensões que lhe chegam no dia a dia.".

CPC, nada indique neste sentido, é o que se defende como a procedimentalidade ideal para o IAC.[505]

Assim, tendo em conta os objetivos institucionais da Defensoria, também ela deve ser intimada,[506] quando não tenha sido a suscitante do incidente, com o fim de que possa se manifestar acerca da conveniência da fixação de tese, preventiva ou repressivamente, no âmbito de sua atuação constitucional.[507] Essa saída pode ser interpretada do quanto já previsto para os repetitivos na participação de interessados.[508] A intimação deve ocorrer antes do juízo positivo da admissibilidade do IAC, para que a Defensoria também participe deste, caso entenda presente algum interesse que justifique a sua atuação.[509] As atuações do Ministério Público

[505] Nesse sentido em razão da aplicação do quanto previsto para o IRDR: MENDES, Aluisio Gonçalves de Castro; PORTO, José Roberto Mello. **Incidente de assunção de competência.** Rio de Janeiro: GZ, 2020, p. 45.

[506] Nesse sentido: MENDES, Aluisio Gonçalves de Castro; PORTO, José Roberto Mello. **Incidente de assunção de competência.** Rio de Janeiro: GZ, 2020, p. 45.

[507] Cf. GUEDES, Cintia Regina. O incidente de resolução de demandas repetitivas e o papel da Defensoria Pública como porta-voz dos direitos dos litigantes individuais na formação da tese jurídica vinculante. **Revista de Direito da Defensoria Pública do Estado do Rio de Janeiro**, v. 27, p. 304-316, 2018, "Dessa forma, não sendo possível que todos os litigantes vulneráveis possam estar presentes, individualmente, no julgamento de um IRDR, incumbe à Defensoria Pública enquanto instituição, viabilizar a sua participação e a representação coletiva de seus interesses no incidente, fornecendo ao tribunal a visão da questão jurídica sob a ótica dos direitos dos mais vulneráveis, ou seja, levando os argumentos favoráveis à tese que beneficia os vulneráveis, mostrando ao tribunal, ainda, as repercussões e consequências que a sua decisão terá na vida dessas pessoas. Em resumo, incumbe ao defensor público ser o porta-voz daqueles que não têm voz nos julgamentos coletivizados, atuando também para compensar o déficit de isonomia existente entre o litigante habitual e os litigantes eventuais (desorganizados), diminuindo a "assimetria estrutural favorável ao litigante habitual".", p. 309.

[508] Nesse sentido e defendendo que a participação da Defensoria Pública deve ser a regra nos repetitivos, cf. ASPERTI, Maria Cecília de Araujo. **Acesso à justiça e técnicas de julgamento de casos repetitivos.** Tese de doutorado. Orientador Prof. Assoc. Carlos Alberto de Salles. São Paulo: Universidade de São Paulo, 2018, p. 206.

[509] A atuação da Defensoria Pública está relacionada à presença de vulnerabilidade. Sobre o tema, cf. AZEVEDO, Júlio Camargo de. **Tutela jurisdicional adequada às pessoas em situação de vulnerabilidade.** 2019, 319 p. Dissertação (Mestrado em Direito Processual) – Faculdade de Direito, Universidade de São Paulo, São Paulo, 2019, p. 279, "O conceito jurídico de vulnerabilidade não se confunde com o conceito de minoria (noção numérica ou quantitativa de um grupo em relação à sociedade majoritária), hipossuficiência (incapa-

e da Defensoria Pública não se confundem, pois enquanto esta instituição atua sob perspectiva subjetiva de indivíduos e grupos vulneráveis; aquela pauta-se por análise objetiva da ordem jurídica.[510] A cientificação da Defensoria em todos os incidentes suscitados é medida relevante quando considerado o perfil de atuação da instituição que possui uma grande massa de casos individuais em comparação com a sua estrutura. Assim, atuações estratégicas em litígios que envolvem grupos vulneráveis, apesar de existentes, precisam ser estimuladas considerando o perfil excepcional da instituição como litigante habitual na posição de representante de litigantes eventuais.[511]

Quanto à natureza jurídica desta intervenção da Defensoria, manifestando-se em incidente já instaurado, há controvérsias se seria semelhante à atuação de (i) um *amicus curiae* propriamente dito, amoldando-

cidade socioeconômica de suprimento das próprias necessidades) ou vitimização (situação decorrente de um dano ou prejuízo efetivo). Por sua vez, a hipervulnerabilidade corresponde à concorrência de mais de um fator de vulnerabilidade experimentado nas mesmas circunstâncias de tempo e espaço.". Nesse sentido posiciona-se Fredie Didier Jr. ao defender a atuação dos colegitimados para o controle concentrado de constitucionalidade, cf. Didier Jr., Fredie. **Recurso de terceiro**: juízo de admissibilidade. 2. ed. São Paulo: Revista dos Tribunais, 2005, p. 90, "Não se justifica, assim, proibir-se a intervenção de um co-legitimado ao fundamento de que a possibilidade de manifestação daquele auxiliar especial do juízo já seria o bastante.". Para o autor, a intervenção dar-se-ia na modalidade de assistência litisconsorcial.

510 Sobre o tema, cf. Maia, Maurilio Casas. A facilitação da defesa do consumidor em juízo na formação de precedentes e um novo interveniente processual em favor do vulnerável: a Defensoria Pública enquanto *custos vulnerabilis*. **Revista de Direito do Consumidor**, v. 127, ano 2020, p. 407-435, jan.-fev., 2020, versão virtual não paginada, "Embora existam proximidades entre as intervenções ministeriais (*custos legis et iuris*) e as intervenções defensoriais (*custos vulnerabilis*), a diferença de missões constitucionais entre ambas as funções essenciais à Justiça impõe que se perceba a distinção de *interesses institucionais* entre elas, percebendo que a missão defensorial é sempre mais inclinada ao viés subjetivo de tutela dos mais fracos (vulneráveis) em seu mister de interpretar a norma jurídica e fomentar a formação de precedentes. Ou seja, a posição defensorial *não* pode se desvincular do melhor interesse do vulnerável – requisito este não imposto ao Ministério Público, com paradigma mais objetivo de atuação (ordem jurídica).".

511 Sobre o tema e o perfil da atuação da Defensoria Pública na litigância estratégica, cf. Asperti, Maria Cecília de Araujo. **Acesso à justiça e técnicas de julgamento de casos repetitivos.** Tese de doutorado. Orientador Prof. Assoc. Carlos Alberto de Salles. São Paulo: Universidade de São Paulo, 2018, p. 71.

-se à figura já positivada; (ii) *litigant amici*[512] ou *amicus communitas*,[513] quando houver interesses antagônicos entre vulneráveis, justificando a atuação de mais de um defensor público, nos termos do artigo 4º-A da Lei Complementar n. 80 de 1994, ou, ainda, como (iii) *custus vulnerabilis*,[514] diante da existência de interesses de sujeitos vulneráveis que justifiquem a atuação da instituição.[515] Escapa ao objetivo da tese a

[512] Nesse sentido: MENDES, Aluisio Gonçalves de Castro; PORTO, José Roberto Mello. **Incidente de assunção de competência.** Rio de Janeiro: GZ, 2020, p. 46. GUEDES, Cintia Regina. O incidente de resolução de demandas repetitivas e o papel da Defensoria Pública como porta-voz dos direitos dos litigantes individuais na formação da tese jurídica vinculante. **Revista de Direito da Defensoria Pública do Estado do Rio de Janeiro**, v. 27, p. 304-316, 2018, "À falta de previsão específica e diante da dificuldade de enquadramento dessa nova forma de atuação nos tradicionais e rígidos institutos legais de intervenção de terceiros, parece-nos que a figura processual que mais se adéqua à hipótese é a do *amicus curiae*, não considerado em sua concepção clássica, de sujeito, imparcial e auxiliar do juízo, mas, tal como vem sendo admitido hoje no direito norte-americano, como um *litigant amici*.", p. 311. Sobre a atuação da Defensoria Pública no IAC, cf. LEMOS, Vinicius Silva. **O incidente de assunção de competência**: da conceituação à procedimentalidade. Salvador: JusPodivum, 2018**, p. 149,** "A Defensoria Pública, como legitimada a propor o IAC, pode se manifestar em qualquer um dos incidentes admitidos, atuando de modo a pensar na coletividade, como representante de diversas partes e demandas sobre a matéria, sem ater-se a representar nenhum dos jurisdicionados, especificamente.".

[513] GONÇALVES FILHO, Edilson Santana. **Defensoria Pública**: *amicus communitas*. Concurso de teses do XII Congresso Nacional de Defensores Públicos. Disponível em: https://www.anadep.org.br/wtksite/cms/conteudo/25706/Edilson_Santana_Gon_alves_Filho.pdf. Acesso em: 20 ago. 2020.

[514] Sobre o tema cf. AZEVEDO, Júlio Camargo de. **Tutela jurisdicional adequada às pessoas em situação de vulnerabilidade**. 2019. 319 p. Dissertação (Mestrado em Direito Processual) – Faculdade de Direito, Universidade de São Paulo, São Paulo, 2019. O mesmo autor conceitua o termo em outra obra da seguinte forma: "Em linhas gerais, portanto, segundo a doutrina que reconhece o instituto, trata-se de uma modalidade autônoma de intervenção processual da Defensoria Pública, feita em nome próprio e com lastro constitucional e legal, em que a instituição se manifesta nos autos em defesa dos interesses de indivíduos vulneráveis, independentemente de as partes estarem ou não representadas por advogados. Imperioso constatar, ainda, que para expressiva parcela doutrinária o *custos vulnerabilis* corresponde a uma intervenção constitucional da Defensoria Pública, ou seja, que pode incidir em toda e qualquer modalidade de processo (cível ou penal; individual ou coletivo).", p. 338, AZEVEDO, Júlio Camargo de. **Manual de Prática Cível para Defensoria Pública**. 2. ed. Belo Horizonte: CEI, 2019.

[515] A atuação da Defensoria Pública sob essa condição já foi admitida pelo STJ em mecanismos de formação de precedentes, cf. STJ, EDcl no REsp 1.712.163/SP, Rel. Min. Moura

análise da natureza jurídica dessa intervenção a fundo.[516] Questão que se coloca como central para a defesa da procedimentalidade ideal é a necessidade de cientificação da Defensoria com o fim de que essa se manifeste sobre a presença ou não de interesses de grupos vulneráveis na questão de direito em discussão, vez que os requisitos para a admissão do IAC, *repercussão social* e *interesse público*, podem ter pontos de contato com as razões que justificam a atuação da instituição nos termos do artigo 134 da CF,[517] e esses grupos e/ou indivíduos podem ser afetados por teses jurídicas firmadas em IAC sem a sua participação. Assim, de forma a justificar a legitimação pelo procedimento, a Defensoria Pública, além de legitimada a provocar a instauração do IAC, também deve ter a oportunidade de se manifestar sobre seu objeto, qual seja, a competência ou não do órgão jurisdicional superior no tribunal para fixação de teses jurídicas com a consequente alteração do procedimento no tribunal. Indo além da procedimentalidade legal do incidente, foco

Ribeiro, 2ª Seção, v.u., j. 25.09.2019, *DJe* 27.09.2019, no julgado, afirmou-se: "tendo em conta que a tese proposta neste recurso especial repetitivo irá, possivelmente, afetar outros recorrentes que não participaram diretamente da discussão da questão de direito, bem como em razão da vulnerabilidade do grupo de consumidores potencialmente lesado [...].". Sobre a atuação da Defensoria Pública, comenta Sofia Temer ser ela multifacetada. Cf. TEMER, Sofia. **Participação no processo civil**: repensando litisconsórcio, intervenção de terceiros e outras formas de atuação. Salvador: JusPodivm, 2020, p. 296.

516 Além das referências sobre o tema já trazidas, vale a consulta ao artigo: MAIA, Maurilio Casas. A facilitação da defesa do consumidor em juízo na formação de precedentes e um novo interveniente processual em favor do vulnerável: a Defensoria Pública enquanto *custos vulnerabilis*. **Revista de Direito do Consumidor**, v. 127, ano 2020, p. 407-435, jan.-fev., 2020.
O autor conceitua a expressão *custos vulnerabilis* da seguinte forma: "Entretanto, em 2014, com base nos estudos da Teoria Garantista de Luigi Ferrajoli, surgiu o termo *custos vulnerabilis* para explicar uma legitimação institucional interventiva da Defensoria Pública com o fito de buscar decisões e precedentes em favor de categorias vulneráveis, amplificando o contraditório (e ampla defesa) em favor de tais categorias.", versão virtual não paginada.

517 Nesse sentido: GONÇALVES FILHO, Edilson Santana. **Defensoria Pública**: *amicus communitas*. Concurso de teses do XII Congresso Nacional de Defensores Públicos. Disponível em: https://www.anadep.org.br/wtksite/cms/conteudo/25706/Edilson_Santana_Gon_alves_Filho.pdf. Acesso em: 20 ago. 2020, "Sempre que restar verificado indícios de vulnerabilidade (seja econômica, social, organizacional, informacional etc.) em demandas envolvendo grupos de pessoas (comunidade), a notificação da Defensoria Pública para que promova seu ingresso nos autos se impõe.".

deste capítulo, algumas ponderações sobre o procedimento ideal foram traçadas, considerando a tímida regulamentação dada ao tema pelo legislador.

Por fim, o artigo 947 do CPC ainda confere legitimidade para a provocação do incidente ao relator, mas nada fala sobre a legitimidade do magistrado de primeira instância ou do colegiado no tribunal para suscitar o incidente, quando o relator não o tenha feito.

Sobre o magistrado de primeira instância, deve-se chamar a atenção ao tema, vez que o incidente, nos moldes aqui propostos, assumirá a função repressiva com a necessária supressão de outros mecanismos – de *lege ferenda* – para lidar com a repetição de processos que versem sobre a mesma questão de direito.

Há situações em que o magistrado percebe a repetição de questões de direito ainda na primeira instância. Entretanto, não há que se admitir a sua legitimidade para provocar a atuação do tribunal, vez que o IAC exige a presença de processo no tribunal e, quando ainda a discussão não tenha tido tempo de alcançar a instância recursal, há indicação de falta de maturação sobre o tema ainda no primeiro grau, não sendo recomendada a formação de tese jurídica por precedente qualificado pelo procedimento, vez que a sua superação em um curto período de tempo seria mais provável,[518] considerando-se que o precedente será formado em procedimento especificamente desenhado para esta finalidade nos tribunais de maneira estática, se o contraditório não for devidamente ampliado.[519]

518 O tema da maturação é muito bem trabalhado no *writ of certiorari* na Suprema Corte dos Estados Unidos quando da análise da *percolation* como um de seus requisitos. Sobre o tema, cf. GOODNOW, Frank J. *The writ of certiorari.* **Political Science Quarterly,** v. 6, n. 3, p. 493-536, sep. 1891, Published by The Academy of Political Science. ALMEIDA, Ursula Ribeiro de. *Writ of certiorari* do direito estadunidense. **Revista de Processo**, v. 266, ano 2017, p. 483-515, abr., 2017. PERRY JR., H. W. **Deciding to decide**: agenda setting in the United States Supreme Court. Cambridge: Harvard University Press, 1991.

519 Sobre a formação dinâmica e estática do precedente, cf. MACÊDO, Lucas Buril de. **Os precedentes judiciais e o direito processual civil**. 3. ed. Salvador: JusPodivm, 2019, p. 412, "Já na formação estática, a maior preocupação é estabilizar a questão jurídica, e não que o precedente formado possua grande qualidade. Isto é, no precedente estaticamente formado, cria-se um procedimento direcionado para a formação do precedente que reduz o período de incerteza e concentra o processo decisório.".

Entretanto, se houver processo em andamento no tribunal, há quem defenda que o magistrado, verificando o preenchimento dos requisitos do IAC, poderia oficiar o relator sobre a possibilidade do incidente.[520] Entretanto, imperioso destacar que não se trataria da legitimidade para suscitar incidente, vez que inexistente, nos termos do artigo 947, §1º, do CPC.[521]

Outro ponto de análise é sobre o órgão fracionário, no tribunal, propor o incidente. Isso pode ocorrer por inclusão em pauta pelo relator para deliberação no órgão fracionário sobre o tema, quando, então, supõe-se que o relator concorde com a suscitação ou a inclusão em debate do tema no colegiado fracionário, apesar da vontade do relator, quando da análise do processo subjetivo, ou seja, recurso, remessa necessária ou processo de competência originária.[522] Se este não concordar com a suscitação do incidente, apesar da manifestação dos seus pares, haverá ocorrido o juízo de admissibilidade positivo no colegiado fracionário de forma provisória, levando à necessidade de remessa do feito ao colegiado superior para que esse se manifeste em juízo de admissibilidade definitivo. Assim, o órgão fracionário pode propor IAC independentemente da vontade do relator, vez que se trataria, em realidade, de juízo de admissibilidade provisório a ser definido no colegiado superior definitivamente.

520 Nesse sentido: Mendes, Aluisio Gonçalves de Castro; Porto, José Roberto Mello. **Incidente de assunção de competência.** Rio de Janeiro: GZ, 2020, p. 47. "Embora a lei processual nada mencione a respeito da legitimidade dos magistrados de primeira instância para suscitar o incidente de assunção de competência, cabe uma reflexão. Não há impedimento para que um juiz oficie o relator de um processo, em curso no tribunal, que verse sobre questão que considere relevante e que preencheria os requisitos legais de cabimento, quando tiver processo a ser resolvido e que dependa da solução da questão relevante ou controversa.".

521 Na posição de cidadão, poderíamos considerar o direito de petição. Sobre o tema, cf. Jatene, Karina Kassis dos Reis. O direito de petição nas Constituições Brasileiras – quadro comparativo. **Revista de Direito Constitucional e Internacional**, v. 92, ano 2015, p. 173-191, jul.-set. 2015, versão virtual não paginada, "Direito de Petição", numa concepção genérica, remete ao direito de alguém em peticionar, em pedir algo a quem tem poderes para atender ao pedido.".

522 Sobre o tema, cf. Mendes, Aluisio Gonçalves de Castro; Porto, José Roberto Mello. **Incidente de assunção de competência.** Rio de Janeiro: GZ, 2020, p. 40.

2.3.3. Cabimento e competência no incidente de assunção de competência

O IAC é cabível em tribunais locais e em tribunais superiores, inclusive naqueles especializados em razão da matéria.[523] A competência será assumida, pois haverá deslocamento desta do órgão colegiado fracionário em que se encontrava o processo para o colegiado indicado pelo regimento de cada tribunal, nos termos do artigo 947, §1º, CPC.[524] Este órgão colegiado deverá ser aquele responsável pela uniformização da jurisprudência do tribunal,[525] nos termos do artigo 978, CPC, segundo a doutrina, preocupada com a padronização do órgão jurisdicional competente para a uniformização da jurisprudência de cada tribunal.[526-527]

Nada diz a lei sobre o relator do IAC, se seria o mesmo do recurso, remessa necessária ou processo de competência originária, ou se haveria

[523] Nesse sentido: Enunciado 167, FPPC: "Os tribunais regionais do trabalho estão vinculados aos enunciados de suas próprias súmulas e aos seus precedentes em incidente de assunção de competência ou de resolução de demandas repetitivas.", e enunciado 335, FFPC: "O incidente de assunção de competência aplica-se ao processo do trabalho.".

[524] CPC, artigo 947, § 1º "Ocorrendo a hipótese de assunção de competência, o relator proporá, de ofício ou a requerimento da parte, do Ministério Público ou da Defensoria Pública, que seja o recurso, a remessa necessária ou o processo de competência originária julgado pelo órgão colegiado que o regimento indicar.".

[525] Nesse sentido: Bueno, Cassio Scarpinella. **Curso sistematizado de Direito Processual Civil**: procedimento comum, processos nos Tribunais e Recursos. 8. ed. v. 2. São Paulo: Saraiva Educação, 2019, p. 421. Cunha, Leonardo Carneiro da; Didier Jr., Fredie. **Curso de Direito Processual Civil**: meios de impugnação às decisões judiciais e processo nos tribunais. 16. ed. v. 3, Salvador: JusPodivm, 2019, p. 815. Enunciado n. 202, FPPC: "O órgão a que se refere o §1º do artigo 947 deve atender aos mesmos requisitos previstos pelo artigo 978.". Mendes, Aluisio Gonçalves de Castro; Porto, José Roberto Mello. **Incidente de assunção de competência.** Rio de Janeiro: GZ, 2020, p. 38.

[526] CPC, Artigo 978. "O julgamento do incidente caberá ao órgão indicado pelo regimento interno dentre aqueles responsáveis pela uniformização de jurisprudência do tribunal.".

[527] No STJ, a competência será da corte especial quando a matéria for comum a mais de uma seção; por outro lado, será da seção, quando a matéria ficar restrita a ela. As turmas não têm competência para o IAC, vez que são os menores órgãos fracionários dentro do tribunal. No TJSP, os órgãos fracionários competentes para o julgamento do IAC são as turmas especiais no que tange à matéria da sua seção. Quando a turma especial suscite o incidente, a competência para julgamento, mediante assunção, será do órgão especial. No TRF3, a assunção será feita pelo órgão especial, quando a matéria for comum a mais de uma seção. Quando a matéria ficar restrita a apenas uma seção, o julgamento caberá a ela.

nova distribuição no colegiado que assumirá o julgamento. Em atenção ao princípio do juiz natural e das regras de prevenção, há quem defenda a manutenção do relator, ainda que ele não componha o colegiado responsável pela uniformização de jurisprudência do tribunal.[528] Isso já era o que ocorria quando da aplicação do antigo incidente de assunção pelo artigo 555, 1º, CPC/73.

Entretanto, o tema merece maior análise e essa discussão já se aproxima do procedimento ideal a ser proposto, vez que caso o relator do processo de competência originária, recurso ou remessa necessária não faça parte do colegiado superior, nada dispôs o legislador sobre a sua continuidade ou não nessa posição. O argumento do princípio do juiz natural merece ser tratado com cuidado nessa hipótese, vez que, em seu nome, poder-se-ia alterar a composição de colegiados com o único fim de manutenção da posição de relatoria.[529] Este ponto será objeto de maior atenção adiante, vez que já ultrapassa o tema do procedimento legal do IAC.

Conclusões Parciais

A partir das considerações feitas neste capítulo 2 da tese, pode-se afirmar que o incidente formado no IAC tem por objetivo decidir sobre a competência para julgamento do caso em que suscitado com a possibilidade de alteração do procedimento para processamento e julgamento dentro do próprio tribunal, tratando-se de caso-piloto.

[528] Nesse sentido: CUNHA, Leonardo Carneiro da; DIDIER JR., Fredie. **Curso de Direito Processual Civil**: meios de impugnação às decisões judiciais e processo nos tribunais. 16. ed. v. 3, Salvador: JusPodivm, 2019, p. 815.

[529] Defendendo que a escolha cabe ao regimento interno sobre esse tema, cf. MENDES, Aluisio Gonçalves de Castro; PORTO, José Roberto Mello. **Incidente de assunção de competência.** Rio de Janeiro: GZ, 2020, p. 40, "É de se indagar se o relator originário, em sendo membro do outro colegiado também, deveria permanecer como relator, o que, inclusive, poderia estimular a proposição. A decisão cabe ao próprio tribunal, que define a matéria em seu regimento interno". Pela não manutenção do mesmo relator, quando o relator originário não faça parte do órgão jurisdicional superior dentro do tribunal, cf. LEMOS, Vinicius Silva. **O incidente de assunção de competência**: da conceituação à procedimentalidade. Salvador: JusPodivum, 2018, p. 119, "Nessa situação, a escolha do novo relator deve ser feita de modo até anterior à admissibilidade positiva, pelo fato do relator originário não ser membro do colegiado maior, com a necessidade, até para a análise inicial, da distribuição de um novo relator.".

O mérito do incidente, portanto, é a análise do preenchimento dos requisitos previstos no artigo 947 do CPC e é prejudicial ao mérito do caso em que suscitado, pois é necessária a definição do órgão jurisdicional competente para o seu regular prosseguimento e a determinação do procedimento adequado a ser aplicado ao caso, uma vez definida a questão da competência.

O resultado do incidente determinará o procedimento a ser seguido pelo caso, que pode ser o do recurso, remessa necessária ou processo de competência originária tradicionalmente ou o procedimento especial no tribunal para a formação de tese jurídica qualificada pelo contraditório a ser analisada por órgão jurisdicional superior.

O incidente em análise tem natureza de caso-piloto, vez que o tribunal, além de fixar a tese jurídica para a questão de direito que motivou a assunção, julgará também o recurso, o processo de competência originária ou a remessa necessária. Tal julgamento não será *case-by-case*, ou seja, do caso como um todo, mas cindido de forma a se garantir o alcance da *ratio decidendi* para a questão de direito relevante com grande repercussão social.[530] Conclui-se, ainda, que a nomenclatura do instituto como

[530] Para exemplificar o quanto mencionado, citamos o REsp n. 1.819.075-RS, relacionado à (im)possibilidade de proibição da utilização de plataformas de acomodação em condomínios com finalidade residencial. Uma decisão bem fundamentada no caso depende de uma premissa fundamental, qual seja, a natureza jurídica que se estabelece entre os sujeitos quando do uso de plataformas de acomodação: se atividade comercial, assemelhada a uma relação de turismo, ou se atividade locatícia, a exemplo do que ocorre nas locações por temporada. O Ministro Relator do caso, Luis Felipe Salomão, em seu voto, afirma que tais formas contratuais previstas em nossa legislação não recebem bem o que é praticado através das plataformas de acomodação, mas que a definição é necessária. Tal afirmação do Ministro ganha fundamento quando se apercebe que o aplicativo alberga diversas situações sob o mesmo manto, vez que proprietários que antes locavam seus imóveis migraram para a nova tecnologia, mas também hotéis e pousadas passaram a disponibilizar quartos no aplicativo, assim como pessoas com quartos e camas vagos visualizaram oportunidades de incremento de renda. Para que o entendimento a ser firmado não corra o risco de decidir sobre situação não exposta nos autos, a delimitação das circunstâncias fáticas originadas no Rio Grande do Sul é fundamental. A divergência, entretanto, persiste a partir do mesmo quadro fático, ou seja, aquele colocado desde o primeiro grau. Para o tribunal local, a relação levada ao Poder Judiciário é comercial, e, portanto, proibida em condomínios com finalidade essencialmente residencial. Para o relator, entretanto, trata-se de locação por temporada e proibir o uso de plataformas de acomodação seria violar o direito individual do proprietário da unidade condominial. A questão de direito relevante e com grande repercussão social,

"incidente" está correta quando considerado o incidente como procedimento menor e dependente do processo principal para análise do preenchimento dos requisitos do artigo 947 do CPC. Caso positivo o resultado do incidente, não haverá apenas a mudança do órgão jurisdicional competente dentro do mesmo tribunal, mas também a alteração do procedimento para julgamento do caso com a finalidade de ampliação do contraditório para julgamento da questão de direito de forma separada do caso que motivou o incidente. Entretanto, na hipótese de ser suscitado o incidente em caso de competência originária do pleno ou do órgão especial, apesar de a assunção de competência ser inviável por justificativas materiais, ainda é possível alterar o procedimento no tribunal de forma a se ampliar o contraditório, atraindo as repercussões do IAC à tese firmada. Portanto, nestas situações, o termo "assunção de competência" não foi a melhor escolha, mas ainda é o caso de incidente processual no tribunal.

Para que o juízo de admissibilidade do incidente resulte positivo, com a consequente alteração do procedimento e a possível, mas nem sempre necessária, alteração do órgão jurisdicional competente para julgamento do caso, o artigo 947 do CPC lista requisitos que podem ser organizados de acordo com a finalidade do incidente, seja para prevenir a dispersão jurisprudencial, de acordo com o *caput* ou o §4º do dispositivo mencionado, ou para reprimir divergência jurisprudencial no tribunal, com base no mencionado §4º. Dentre os requisitos, há forte marca de conceitos jurídicos indeterminados, como "relevância da questão de direito" e "repercussão social", que são mensurados a partir da moldura fática construída no caso em que provocado o incidente.

Por fim, o requisito mais polêmico de todo o incidente centra-se na ausência de multiplicidade para o IAC, sem a fixação de quaisquer parâmetros objetivos para a sua configuração. Tal requisito ganha maior dose de polêmica quando se mostra como o divisor de águas entre o cabimento do IAC ou do IRDR/RR. A situação fática que enseja a multiplicidade ou não pode levar à fixação da tese jurídica com eficácia expan-

em nosso sentir, é a natureza jurídica da relação estabelecida entre os sujeitos. Entretanto, através do julgamento pelo caso como um todo, não há garantia de alcance de *ratio decidendi* para a questão de direito, vez que a fundamentação dos julgadores pode passar por outras premissas não relacionadas a ela, como o direito de propriedade, por exemplo.

siva por procedimento distintos e órgãos jurisdicionais diversos dentro do mesmo tribunal sem parâmetros controláveis pelos jurisdicionados.

A partir dessa constatação, delineamos a defesa da existência de apenas um mecanismo nos tribunais para lidar com a prevenção e a repressão à divergência jurisprudencial em cada tribunal e que isso pode ser feito atualmente pelo incidente em estudo, que abraça critérios qualitativos e quantitativos em seus requisitos de admissibilidade. Assim, sugere-se, de *lege ferenda*, o estabelecimento de apenas um mecanismo para formação de entendimentos qualificados nos tribunais, vez que a pluralidade de mecanismos existentes hoje cria situações processuais intrincadas que colocam em xeque o devido processo legal.

Tratou-se, ainda, da legitimação para suscitar o incidente, conforme previsto pelo legislador no único artigo dedicado ao procedimento do IAC e começou-se a indicar o que se entende pelo procedimento ideal para o IAC, centrado na ampliação do contraditório para a formação de tese jurídica com eficácia expansiva.

3. RELAÇÕES ENTRE O INCIDENTE DE ASSUNÇÃO DE COMPETÊNCIA, JUIZ NATURAL E PROCEDIMENTO ADEQUADO NOS TRIBUNAIS PARA FIXAÇÃO DE NORMAS JURÍDICAS GERAIS E CONCRETAS A PARTIR DE PROCEDIMENTOS QUALIFICADOS PELO CONTRADITÓRIO

A relação entre o incidente de assunção de competência, o incidente de resolução de demandas repetitivas e os recursos excepcionais repetitivos estabelecida pelo legislador de 2015 suscita debates doutrinários e jurisprudenciais que não chegam a um consenso, trazendo imprevisibilidade aos jurisdicionados. Poder-se-ia levantar a questão de que pouco importa o meio, mas o resultado quanto à fixação da interpretação que merece ser conferida à determinada questão de direito quando presente dúvida apta a gerar quebra da segurança jurídica e da isonomia. Entretanto, tal conclusão simplista olvida que a segurança jurídica apta a pautar comportamentos na sociedade não se concentra somente no resultado do processo jurisdicional, mas também na ciência quanto à oportunização de participação de terceiros e de grupos sociais, ao juízo competente para análise da questão de direito e, por fim, ao procedimento como um todo para que se alcance o resultado pretendido.[531]

[531] Sobre o tema, cf. Gross, Marco Eugênio. Devido processo legal procedimental e ofensa reflexa à Constituição. **Revista de Processo**, São Paulo, n.193, ano 36, p. 376-399, mar., 2011, Ainda, cf. Oliveira, Carlos Alberto Alvaro de. **Teoria e prática da tutela jurisdicional**. Rio de Janeiro: Forense, 2008. p.129-135. Para o autor, o processo justo não é apenas aquele que se adequa às previsões legais, mas aquele que, além de cumprir essas previsões, também seja informado pelos direitos fundamentais. Ainda, se se cobra coerência nas decisões judiciais de um determinado tribunal quanto à aplicação dos precedentes, há que se cobrar também coerência quanto ao procedimento adequado para a formação de provimentos jurisdicionais com eficácia expansiva. Sobre essa afirmação, cf. Lemos, Vinicius Silva. **O incidente de assunção de competência**: da conceituação à procedimentalidade. Salvador: JusPodivum, 2018, p. 28: "O CPC/2015 inova ao cobrar do Judiciário brasileiro

As zonas de confluência entre os mecanismos mencionados levantam a tese da fungibilidade ou da conversão entre eles, que aparenta resolver os inúmeros problemas apontados, mas, em realidade, só cria discussões, como a conversão do IAC em IRDR e a violação à regra da perpetuação da competência, por exemplo.

A partir da análise do princípio do juiz natural e da constatação de que a determinação do juízo competente deve ser invariável para situações semelhantes, a previsão de diversos mecanismos para fixação de entendimentos jurisprudenciais qualificados a partir de conceitos jurídicos indeterminados, criando-se zonas de confluência entre eles, merece revisão.

Sugere-se, dessa forma, a releitura dessa relação entre os mecanismos mencionados a partir do princípio do juiz natural[532] pela ótica de três critérios, possibilitando, ainda, a assunção de competência para julgamento de casos, mas desde que haja objetividade, invariância e impessoalidade para a definição do órgão jurisdicional competente, o que ocorrerá quando da existência de apenas um mecanismo para formação de precedente qualificado pelo procedimento no tribunal. Demonstrar-se-á que a fungibilidade ou conversão entre os incidentes, alternativa proposta para lidar com os problemas gerados pela dualidade prevenção e repressão, apenas potencializa as situações processuais intrincadas já apontadas.

exatamente a coerência, pelo fato da uniformização e a estabilidade, de certa maneira, já serem cobradas anteriormente aos Tribunais. Todavia, a coerência, diante da nova realidade processual, é cobrada a toda e qualquer utilização de precedente judicial, para reconhecer os parâmetros decisórios, enquadrando cada situação ao entendimento daquele Tribunal sobre a matéria, sem decisões surpresas ou estranhas quando não houver nenhuma alteração política/social/jurídica sobre a questão. Ao cobrar a coerência na decisão judicial, a visão gira em torno de uma obrigação de todo o sistema jurídico, inclusive dos juízes de primeiro grau, o Judiciário visto como um só corpo e, assim, a resposta aos mesmos fatos deve ter coerência, seguir o mesmo caminho, o mesmo resultado.".

[532] A partir do seguinte marco teórico: CABRAL, Antonio do Passo. **Juiz natural e eficiência processual**: flexibilização, delegação e coordenação de competências no processo civil. Tese de titularidade – Universidade do Estado do Rio de Janeiro. Rio de Janeiro: Universidade do Estado do Rio de Janeiro, 2017.

3.1. Relações entre o incidente de assunção de competência e mecanismos com finalidades semelhantes nos tribunais: a padronização decisória

Como afirmado antes, as sucessivas reformas legislativas criaram um complexo de institutos que convivem para o debate e a formação de teses jurídicas nos tribunais a partir de procedimentos diferenciados e listados no artigo 927 do CPC.[533] Entender o delineamento dessa dinâmica entre os institutos é fundamental para a compreensão da tese proposta.[534]

A explicação mais óbvia para a relação entre os três institutos, o IRDR, o IAC e o RR é aquela que coloca o IRDR e o RR como mecanismos para lidar com a pluralidade de processos em que a mesma questão de direito é debatida, gerando decisões conflitantes sobre o mesmo

[533] Criticando tal opção legislativa, cf. Marinoni, Luiz Guilherme. **Julgamento nas Cortes Supremas**: precedente e decisão do recurso diante do novo CPC. 2. ed. São Paulo: Revista dos Tribunais, 2017, p. 20-26.

[534] Destacamos que não foi objeto de estudo a relação do IAC com todos os incidentes e mecanismos possíveis nos tribunais, mas apenas os selecionados com o fim proposto na tese. Depois de tudo o quanto exposto sobre o IAC, as semelhanças procedimentais com o incidente de arguição de inconstitucionalidade ficam evidentes. Entretanto, há diferenças que também são dignas de nota, mas restritas ao rodapé. O objeto de análise do IAC, como já destacamos, é a questão de direito objeto de controvérsia futura ou presente e a posterior aplicação da tese firmada para o caso em que suscitado o incidente pelo mesmo colegiado que assumiu a competência. Por sua vez, no incidente de arguição de inconstitucionalidade, o órgão colegiado superior, no tribunal, analisará somente a questão objeto de discussão sobre a sua (in)constitucionalidade, sem julgar o caso concreto. A discussão acerca da (in)constitucionalidade de determinada norma certamente é relevante, mas não se confunde com a relevância necessária para a admissão do IAC. Caso se verifique, em um mesmo caso, a necessidade de análise em torno da possível inconstitucionalidade de determinado dispositivo e o preenchimento dos requisitos para admissão do IAC, deve-se instaurar os dois incidentes, sendo o primeiro, o incidente de arguição de inconstitucionalidade, vez que pressuposto para a discussão a ser debatida no IAC. Tal necessidade existe em razão da observância da cláusula de reserva de plenário. Admitir-se que a discussão sobre a inconstitucionalidade ocorra no órgão jurisdicional responsável pela fixação de teses precedentárias em IAC também violaria o quanto dispõe o enunciado n. 10 da Súmula Vinculante do STF. Sobre o tema, cf. Peixoto, Ravi. O incidente de arguição de inconstitucionalidade e o CPC/2015. **Revista de Processo**, v. 287, ano 2019, p. 23-44, jan., 2019.

tema,[535] e o IAC como mecanismo para resolver relevante questão de direito antes de sua repetição,[536] sendo os três organizados na busca dos mesmos objetivos, ou seja, aqueles listados no artigo 926, CPC: uniformização, estabilidade, integridade e coerência da jurisprudência. Esses mecanismos costumam ser tratados como um *combo* necessário para lidar com a litigiosidade de massa que teve início na segunda metade do século XX e perdura no século XXI, através do efeito expansivo que a tese firmada exercerá em casos presentes e futuros.[537]

[535] Sobre a necessidade de existência de respostas jurisdicionais diversas para a mesma questão de direito, cf. MIRANDA, Andrea Pimentel de. **Quem tem medo do processo coletivo?** As disputas e escolhas políticas no CPC/2015 para o tratamento da litigiosidade repetitiva no Brasil. São Paulo: Almedina, 2020, p. 88.

[536] Explicando a relação entre os três mecanismos da forma que considera previsível: THEODORO JR. Humberto. Regime das Demandas Repetitivas no Novo Código de Processo Civil. In: DIDIER JR., Fredie. (coord.). **Processo nos tribunais e meios de impugnação às decisões judiciais.** Salvador: JusPodivm, 2016, p. 418, "Esse sistema dentro do NCPC – além do prestígio dispensado à jurisprudência como fonte do direito (arts. 926 a 928) – compreende, basicamente, três mecanismos organizados com igual objetivo: (i) a técnica de julgamento dos recursos extraordinário e especial repetitivos (arts. 1.036 a 1.041); (ii) o incidente de demandas repetitivas (arts. 976 a 987); e (iii) o incidente de assunção de competência (artigo 947). Os dois primeiros nascem da pluralidade de processos sobre questão igual, caracterizando-se imediatamente pelo objetivo de evitar decisão contraditória; e o último se justifica pela repercussão social que o julgamento haverá de ter sobre a relevante questão de direito em discussão no processo, mesmo que ainda não se tenha manifestado um grande número de demandas sobre o tema. Tal perspectiva, no entanto, é previsível.". No mesmo sentido: D'ÁVILA, Daniela Peretti. **Incidente de assunção de competência**: Extraindo seu máximo grau de rendimento. 2019. Dissertação (Mestrado em Direito) – Pontifícia Universidade Católica de São Paulo, São Paulo, 2019, p. 109. Cf., ainda nesse sentido: LEMOS, Vinicius Silva. **O incidente de assunção de competência**: da conceituação à procedimentalidade. Salvador: JusPodivum, 2018. Para Vinicius Silva Lemos a repetição de demandas é algo do IRDR e do RR, em razão da necessidade de "gestão de estoque". Por sua vez, afirma o autor, que a definição de grandes questões de direito, sem que haja repetição, devem ser centradas no IAC e na repercussão geral. Para o autor, IAC pode ser conceituado da seguinte forma: "A decisão desse incidente, apesar de definir um ponto futuro, uma grande questão de direito já será identificada e pacificada, o intuito é diverso das demandas repetitivas, não há a existência de um estoque de demandas a serem resolvidas, mas uma questão de direito que mesmo sem a repetitividade, tem grande importância para que os Tribunais a resolvam.", p. 38-39.

[537] THEODORO JR. Humberto. Regime das Demandas Repetitivas no Novo Código de Processo Civil. In: **Processo nos tribunais e meios de impugnação às decisões judiciais.**

Nas instâncias superiores, há possibilidade de recursos excepcionais julgados sob a modalidade repetitiva, além da repercussão geral apenas no STF, IAC e suspensão nacional em IRDR.[538] Nos tribunais de segunda instância, há dualidade entre IAC e IRDR.

Para o desenvolvimento da tese proposta, faz-se necessário demonstrar a relação sugerida entre os mecanismos de formação de precedentes qualificados pelo procedimento nos tribunais, vez que se encontra certa polêmica na doutrina[539] e deve-se explanar o quanto será tomado por pressuposto para o desenvolvimento da tese.

O Código de 2015 abraçou a tendência iniciada quando das reformas ao código de 1973 no sentido de valorizar o julgamento de questões de direito repetitivas por tribunais, prevendo o IRDR, consolidando reformas processuais que trouxeram os recursos repetitivos para o sistema processual brasileiro e reformulando o IAC para prevenir e compor divergências nos tribunais.[540] A doutrina fala em "[...] gênero que poderia ser chamado de procedimentos para resolução de processos

(Didier Jr., Fredie. Coord.). Salvador: JusPodivm, 2016, p. 425, "Exemplo típico de incidente de potencial efeito expansivo a mais de uma causa é o de uniformização de jurisprudência do CPC/1973, assim como o do sistema instituído pelo CPC/2015 de julgamento de recursos repetitivos, no âmbito do STF e do STJ, e o de assunção de competência.".

538 Sobre a polêmica acerca da (im)possibilidade de IRDR diretamente nesses tribunais discorreremos adiante.

539 Para Aluisio Mendes e José Roberto Porto, o IRDR seria subsidiário em relação aos recursos repetitivos e o IAC em relação ao IRDR: "O Código, portanto, estabelece uma subsidiariedade dupla: do IRDR em relação aos recursos repetitivos e do IAC em relação aos incidentes repressivos. As duas técnicas se complementam através da prioridade para o incidente de resolução de questões comuns repetitivas.", p. 68, Mendes, Aluisio Gonçalves de Castro; Porto, José Roberto Mello. **Incidente de assunção de competência.** Rio de Janeiro: GZ, 2020.

540 A inclusão do IAC nesse rol faz sentido a partir da tese aqui defendida, apesar de a doutrina costumar dividir entre (i) microssistema de precedentes, e; (ii) microssistema de repetitivos, excluindo o IAC. Didier Jr., Fredie; Cunha, Leonardo Carneiro da. **Curso de Direito Processual Civil.** v. 3. 16. ed. Salvador: JusPodivm, 2019. Nesse sentido também vale cf. Cabral, Antonio do Passo. **Juiz natural e eficiência processual**: flexibilização, delegação e coordenação de competências no processo civil. Tese de titularidade – Universidade do Estado do Rio de Janeiro. Rio de Janeiro: Universidade do Estado do Rio de Janeiro, 2017, p. 197-198.

repetitivos (ou "casos" repetitivos)",[541] vez que sua regulamentação seria intercambiável, ou em técnicas de agregação de questões de direito repetitivas.[542]

Considerando que o processo civil é regido pela eficiência,[543] principalmente desde a Emenda Constitucional n. 45 de 2004 e a inclusão do inciso LXXVIII no artigo 5º do texto constitucional,[544] os melhores resultados são perseguidos sem desconsiderar-se os corolários do devido processo legal.[545] Assim, a partir dessa consideração, demonstram-se falhas nesse sistema que precisa de um olhar mais detido, propondo-se aqui a sua revisão a partir do incidente mais abrangente, o IAC.[546]

[541] CABRAL, Antonio do Passo. **Juiz natural e eficiência processual**: flexibilização, delegação e coordenação de competências no processo civil. Tese de titularidade – Universidade do Estado do Rio de Janeiro. Rio de Janeiro: Universidade do Estado do Rio de Janeiro, 2017, p. 198.

[542] ZANETI JR., Hermes. Os casos repetitivos no Brasil: notas sobre a agregação de litígios, o processo coletivo e os precedentes vinculantes no CPC/15. In: SIMONS, Adrian; MENDES, Aluisio Gonçalves de Castro; RAGONE, Alvaro Pérez; LUCON, Paulo Henrique dos Santos (coords.). **Estudos em homenagem a Ada Pellegrini Grinover e José Carlos Barbosa Moreira**. São Paulo: Tirant lo Blanch, 2019.

[543] CPC, Artigo 8º "Ao aplicar o ordenamento jurídico, o juiz atenderá aos fins sociais e às exigências do bem comum, resguardando e promovendo a dignidade da pessoa humana e observando a proporcionalidade, a razoabilidade, a legalidade, a publicidade e a eficiência.".

[544] Sobre a alteração da concepção de "acesso à justiça" a partir da emenda constitucional mencionada, cf. ASPERTI, Maria Cecília de Araujo. **Acesso à justiça e técnicas de julgamento de casos repetitivos.** Tese de doutorado. Orientador Prof. Assoc. Carlos Alberto de Salles. São Paulo: Universidade de São Paulo, 2018, capítulo 1.

[545] Sobre o tema, cf. CABRAL, Antonio do Passo. **Juiz natural e eficiência processual**: flexibilização, delegação e coordenação de competências no processo civil. Tese de titularidade – Universidade do Estado do Rio de Janeiro. Rio de Janeiro: Universidade do Estado do Rio de Janeiro, 2017, p. 251-252, "O norte deve ser não apenas rapidez a qualquer custo, mas *otimização dos resultados* da prestação jurisdicional, uma diretriz teleológica das formalidades do devido processo legal, para que se desenvolva uma atividade jurisdicional *integral e finalisticamente orientada* para o tratamento das questões debatidas para a solução final, isto é, não só celeridade e redução de despesa, mas também *completude e adequação* dos instrumentos de tutela.".

[546] É possível afirmar que as falhas são sentidas na prática forense quando o tema se torna objeto de coluna jurídica publicada no início do ano de 2020. Cf. TELLES, Cássio Lisandro. **Repercussão geral, IRDR e IAC vêm gerando mais demora e insegurança jurídica**. CONJUR. Disponível em: https://www.conjur.com.br/2020-mar-05/cassio-telles-repercussao-geral-irdr-iac-vem-gerando-demora. Acesso em: 29 jul. 2020.

Dessa maneira, o objetivo neste momento é estabelecer as relações atuais criadas pelo legislador e apontadas pela doutrina entre o IAC e outros incidentes e técnicas utilizadas em tribunais com a finalidade de fixação de teses jurídicas qualificadas pelo procedimento. Não é o intento estabelecer conexões históricas sobre esses institutos paralelos à análise do IAC, mas demonstrar o estado da arte sobre a natureza jurídica desses institutos e suas hipóteses de cabimento de forma a se propor algumas reflexões acerca de suas relações com o IAC.

3.1.1. Da relação entre o incidente de resolução de demandas repetitivas e o incidente de assunção de competência

A relação entre o IAC e o IRDR costuma ser colocada em contraposição em razão da prevenção daquele e da repressão deste em relação à multiplicidade de questões de direito.[547] Além dessa relação prevenção/repressão, também é usual a diferença entre os institutos a partir de sua natureza jurídica. Enquanto a natureza do IAC seria de causa-piloto, a do IRDR seria de procedimento-modelo, segundo parte da doutrina.[548] Tratar-se-á brevemente da natureza jurídica do IRDR a seguir para propor novas luzes sobre essa dualidade usualmente colocada.

O IRDR é um incidente processual, disciplinado nos artigos 976 ao 987, do CPC, cuja instauração dar-se-á quando houver cumulativamente:[549] (i) efetiva repetição de demandas processuais que contenham

[547] Partimos da premissa de que IRDR lida com questões repetitivas e não demandas. Sobre o tema, cf., por todos, Asperti, Maria Cecília de Araujo. **Acesso à justiça e técnicas de julgamento de casos repetitivos.** Tese de doutorado. Orientador Prof. Assoc. Carlos Alberto de Salles. São Paulo: Universidade de São Paulo, 2018, parte 3.

[548] A polêmica sobre esse ponto na doutrina é enorme. Lucas Buril defende ser caso-piloto, salvo quando ocorra a desistência, quando seria procedimento-modelo, cf. Macêdo, Lucas Buril de. **Os precedentes judiciais e o direito processual civil**. 3. ed. Salvador: JusPodivm, 2019, p. 480. Cf., por todos, Marinoni, Luiz Guilherme. Sobre o Incidente de Assunção de Competência. **Revista de Processo,** v. 260, p. 233–256, out., 2016, versão virtual não paginada, "De lado o fato de que o incidente de assunção de competência cabe para o julgamento do *caso que contém* a questão e o incidente de resolução para o julgamento da *questão contida* nos processos, o que realmente distingue os dois incidentes é que no primeiro há de haver uma questão com *grande repercussão social* e no segundo apenas uma *mesma* questão de direito.".

[549] Há parte da doutrina que defende a necessidade de processo pendente no tribunal, levando a uma aplicação restrita a recurso, remessa necessária ou qualquer causa de competência originária de tribunal. Esse requisito implícito decorreria do artigo 978, §

divergência[550] sobre a mesma questão de direito; e (ii) oferecendo risco de ofensa à isonomia e à segurança jurídica, já que a multiplicidade de

único, CPC, o qual determina a competência do tribunal fixar a tese e o recurso, remessa necessária ou processo de competência originária. Posição adotada por: Daniel Amorim Assunção Neves; Arruda Alvim; Alexandre Freitas Câmara; Fredie Didier. Doutrina em sentido contrário: Luiz Guilherme Marinoni; Sérgio Cruz Arenhart; Daniel Mitidiero; Cassio Scarpinella Bueno; Sofia Temer. Todas as referências são trazidas nas próximas notas. Vale destacar o quanto defende Hermes Zaneti Jr. no sentido da necessidade de existência de causa no tribunal, cf. ZANETI JR., Hermes. Os casos repetitivos no Brasil: notas sobre a agregação de litígios, o processo coletivo e os precedentes vinculantes no CPC/15. In: SIMONS, Adrian; MENDES, Aluisio Gonçalves de Castro; RAGONE, Alvaro Pérez; LUCON, Paulo Henrique dos Santos (coords.) **Estudos em homenagem a Ada Pellegrini Grinover e José Carlos Barbosa Moreira**. São Paulo: Tirant lo Blanch, 2019, p. 689, "A pendência de causa no tribunal para julgamento do incidente se justifica por um viés sistêmico, no caso dos recursos repetitivos há necessidade de pendência de causa no tribunal, e também pela tradição brasileira de julgamento de causas, sem a qual o processo de julgamento do incidente de demandas repetitivas se tornaria um processo objetivo.".

[550] Também se questiona se a repetição por si só seria suficiente para a admissibilidade do IRDR ou se haveria necessidade de comprovação da existência de entendimentos divergentes. Sobre a polêmica, cf. LEMOS, Vinicius Silva. A possibilidade de fungibilidade entre o IRDR e o IAC: viabilidade e necessidade de sistematização. **Revista de Processo**, v. 274, ano 2017, p. 255-289, dez., 2017, versão virtual não paginada, "Todavia, a mera existência de multiplicidade já permite a instauração do IRDR? Esse é um ponto interessante a ser respondido. O requisito do risco à segurança jurídica e à isonomia somente será existente se houver entendimentos conflituosos e, se existirem, em grande escala? É importante descobrir se a simples multiplicidade enseja a instauração de tal incidente ou se há a necessidade de efetiva divergência jurisprudencial. Nesse caso, deve se configurar uma real possibilidade de divergência ou de entendimentos conflitantes. Se já houver divergência nas decisões de primeiro grau e, principalmente, do tribunal, a visão fica, naturalmente, mais clara e possibilita a instauração do incidente, contudo se a matéria for controversa, com multiplicidade, mas ainda sem divergência, não visualizado como impossibilitador do IRDR.". Ainda a discussão aparece nos tribunais. Especialmente no TJSP, no IRDR nº 0055880-21.2016.8.26.0000, Turma Especial de Direito Público do Tribunal de Justiça de São Paulo, o Relator Desembargador Jarbas Gomes entendeu que não havia divergência razoável no Tribunal, mas foi vencido e o incidente foi admitido. No IRDR nº 2151535-83.2016.8.26.0000, Turma Especial de Direito Público do Tribunal de Justiça de São Paulo, o Relator Desembargador Moreira de Carvalho não suspendeu os processos pendentes de mesmo tema pois "a divergência existente se resume a uma das Câmaras da Seção de Direito Público". Nos IRDRs nº 0026150-28.2017.8.26.0000 e 0037860-45.2017.8.26.0000, da Turma Especial de Direito Público do Tribunal de Justiça de São Paulo, ambos de relatoria do Desembargador Torres de Carvalho, argumentou-se que a repetição se referia às demandas propostas, potenciais ou futuras.

decisões sobre a mesma questão de direito pode gerar divergências interpretativas. A partir desse breve delineamento do IRDR, percebe-se a principal diferença que o legislador intentou estabelecer entre o IRDR e o IAC: multiplicidade,[551] que visa a lidar com a gestão processual a partir da litigância em série no Poder Judiciário.[552]

Não há consenso[553] sobre a definição da natureza jurídica do incidente, contudo, há três correntes usuais sobre o tema: causa-piloto,[554]

[551] Sobre o tema, cf. LEMOS, Vinicius Silva. A possibilidade de fungibilidade entre o IRDR e o IAC: viabilidade e necessidade de sistematização. **Revista de Processo**, v. 274, ano 2017, p. 255-289, dez., 2017, versão virtual não paginada, "A base do instituto é a multiplicidade, a existência de vários – milhares – processos com questão de direito idêntica oportuniza o IRDR. Não se pode pensar em potencialidade sobre a questão a ser discutida, efetivamente devem existir causas em quantidade para tal. Ou seja, não há a possibilidade de um IRDR preventivo, o qual entendemos que, se pensarmos em potencialidade, há a viabilidade da assunção de competência para tal desiderato.".

[552] Andrea Pimentel de Miranda expõe como essa questão restou explícita durante a tramitação legislativa do CPC de 2015, cf. MIRANDA, Andrea Pimentel de. **Quem tem medo do processo coletivo?** As disputas e escolhas políticas no CPC/2015 para o tratamento da litigiosidade repetitiva no Brasil. São Paulo: Almedina, 2020, p. 121-122. Sobre o tema, comenta Ada P. Grinover: "As ações ainda são individuais e as decisões, embora uniformes, só operam *inter partes*. É uma técnica que visa à celeridade e à uniformidade de decisões, mas ainda não se trata de verdadeira coletivização e nenhuma influência essa técnica exerce sobre o minissistema de processos coletivos.", p. 58, GRINOVER, Ada Pellegrini. **Ensaio sobre a processualidade**: fundamentos para uma nova teoria geral do processo. Brasília: Gazeta Jurídica, 2016.

[553] A fim de ilustrar: IRDR nº 0023203-35.2016.8.26.0000 (Turma Especial – Privado 1) instaurado perante o TJSP adotou a natureza jurídica de "procedimento-modelo", cabendo ao tribunal apenas fixar a tese jurídica, e a origem julgar o caso concreto. De modo diverso: IRDR nº 0027305-03.2016.8.26.0000 (órgão especial) instaurado perante o TJSP o adotou a natureza jurídica "causa-piloto".

[554] Posicionam-se nesse sentido: Antonio do Passo Cabral, Erik Navarro Wolkart, Fredie Didier Jr., Hermes Zaneti Jr. e Ronaldo Cramer. Cf. as obras: CABRAL, Antonio do Passo. **Breves Comentários ao Novo Código de Processo Civil**. São Paulo: RT, 2015. DIDIER JR., Fredie. **Curso de Direito Processual Civil.** 12. ed. v. 3, Salvador: JusPodivm, 2015. CRAMER, Ronaldo. **Comentários ao Novo Código de Processo Civil**. Rio de Janeiro: Forense, 2015. ZANETI JR., Hermes. Os casos repetitivos no Brasil: notas sobre a agregação de litígios, o processo coletivo e os precedentes vinculantes no CPC/15. In: SIMONS, Adrian; MENDES, Aluisio Gonçalves de Castro; RAGONE, Alvaro Pérez; LUCON, Paulo Henrique dos Santos (coords.). **Estudos em homenagem a Ada Pellegrini Grinover e José Carlos Barbosa Moreira**. São Paulo: Tirant lo Blanch, 2019. WOLKART, Erik Navarro. Precedentes no

procedimento-modelo[555] e um regime híbrido.[556] Não é o intento esgotar o tema ainda em construção na doutrina e na jurisprudência na presente tese, mas definir uma breve fotografia da discussão para fixação de algumas premissas.

A primeira corrente atribui ao órgão colegiado competente a função de julgar o IRDR, fixando a tese jurídica, e julgar o processo originário (recurso, remessa necessária ou causa originária).[557] Por essa linha de entendimento, há necessidade de existência de processo em curso no tribunal. Logo, a legitimidade do juiz de primeira instância para suscitar o IRDR passa a ser objeto de debate,[558] assim como a possibilidade de suscitação do incidente a partir de caso proveniente dos Juizados Especiais Cíveis.[559]

Brasil e cultura – um caminho tortuoso, mas, ainda assim, um caminho. **Revista de Processo**, v. 243, ano 2015, p. 409-433, maio, 2015.

[555] Posiciona-se nesse sentido: Sofia Temer, cf. TEMER, Sofia. **Incidente de Resolução de Demandas Repetitivas**. 2. ed. Salvador: JusPodivm, 2017.

[556] Posicionam-se nesse sentido: Daniel Amorim Assunção e Marcos Cavalcanti, cf. as obras: NEVES, Daniel Assumpção. **Manual de Direito Processual Civil**. Salvador: JusPodivm, 2016. CAVALCANTI, Marcos. **Incidente de resolução de demandas repetitivas e ações coletivas**. São Paulo: Revista dos Tribunais, 2016.

[557] Nesse sentido e afirmando que o contrário seria permitir uma avocação, cf. MACÊDO, Lucas Buril de. **Os precedentes judiciais e o direito processual civil**. 3. ed. Salvador: JusPodivm, 2019, p. 483.

[558] Sobre a possibilidade de o juiz de 1ª instância suscitar IRDR, cf. LEMOS, Vinicius Silva. A possibilidade de fungibilidade entre o IRDR e o IAC: viabilidade e necessidade de sistematização. **Revista de Processo**, vol. 274, ano 2017, p. 255-289, dez./2017, versão virtual não paginada, "Com essa constatação, os legitimados para suscitar tal instauração, de acordo com o artigo 977, são: pelo juiz, pelo relator, pelas partes, pelo Ministério Público e pela Defensoria Pública. O instituto possibilitou, em sua criação, uma amplitude da legitimidade, permitindo tanto de ofício, pelo juiz de primeiro grau ou o relator em segundo grau, ou por requerimento, pelas partes, Ministério Público e Defensoria Pública, não restringindo nenhum dos atores processuais possíveis.". Ainda, sobre o tema, cf. CAVALCANTI, Marcos de Araújo. **Incidente de resolução de demandas repetitivas**. São Paulo: Revista dos Tribunais, 2016. Lucas Buril afirma que o juiz possui legitimidade, desde que existente processo no tribunal, cf. MACÊDO, Lucas Buril de. **Os precedentes judiciais e o direito processual civil**. 3. ed. Salvador: JusPodivm, 2019, p. 483.

[559] Sobre o tema, cf. FELIX, Thais. Suspensão nacional em incidentes de resolução de demandas repetitivas pelo Superior Tribunal de Justiça e os juizados especiais cíveis: uma análise empírica. **Revista Fórum de Direito Civil – RFDC**, Belo Horizonte, ano 8, n. 21, p. 145-163, maio-ago., 2019. Cf., também: BECKER, Rodrigo; PEIXOTO, Marco Aurélio. IRDR

Por sua vez, o segundo posicionamento vai de encontro à posição recém exposta, definindo a função do tribunal em apenas decidir a tese em abstrato, não julgando o caso concreto, como uma espécie de juízo de reenvio pelo tribunal. Por fim, a terceira corrente entende como função do tribunal definir a tese em abstrato, bem como julgar a lide, porém haverá duas decisões do tribunal, uma objetiva que fixa a tese e uma concreta posterior que julga a causa.[560] A existência das duas decisões é independente, como explica Hermes Zaneti Jr.: "Isso porque em algumas hipóteses teríamos casos de desistência com prosseguimento do julgamento, este prosseguimento implicaria o julgamento do incidente ou recurso repetitivo sem o julgamento do caso."[561] Haveria efetivamente

originado de processo em curso no âmbito dos Juizados Especiais: polêmica reacendida no STJ. **Jota UOL.** Disponível em: <https://www.jota.info/opiniao-e-analise/colunas/coluna--cpc-nos-tribunais/irdr-originado-de-processo-em-curso-no-ambito-dos-juizados-especiais-13092018>. Acesso em: 19 nov. 2018.

560 Dentro da terceira corrente, há nuances diferentes encontradas na doutrina, cf., por exemplo, Humberto Theodoro Jr., que defende a assunção de competência pelo colegiado superior quando exista processo em tramitação já no tribunal para o IRDR: Theodoro Jr. Humberto. Regime das Demandas Repetitivas no Novo Código de Processo Civil. In: Didier Jr., Fredie. (coord.). **Processo nos tribunais e meios de impugnação às decisões judiciais.** Salvador: JusPodivm, 2016, p. 432, "O julgamento do incidente caberá ao órgão colegiado designado pelo regimento interno, dentre aqueles responsáveis pela uniformização de jurisprudência do tribunal (NCPC, artigo 978). O órgão competente decidirá, em regra, apenas sobre a tese de direito aplicável aos diversos processos suspensos. Quando, todavia, o incidente recair sobre feito já afetado à competência do tribunal, o órgão competente para fixação da tese de direito julgará, também, o recurso, a remessa necessária ou o processo de competência originária onde o incidente se originou (artigo 978, parágrafo único).".

561 Zaneti Jr., Hermes. Os casos repetitivos no Brasil: notas sobre a agregação de litígios, o processo coletivo e os precedentes vinculantes no CPC/15. In: Simons, Adrian; Mendes, Aluisio Gonçalves de Castro; Ragone, Alvaro Pérez; Lucon, Paulo Henrique dos Santos (coords.). **Estudos em homenagem a Ada Pellegrini Grinover e José Carlos Barbosa Moreira**. São Paulo: Tirant lo Blanch, 2019. Destacamos que o autor citado não concorda com essa posição. Ele apenas a cita para expor posição diferente, qual seja: "A melhor opção, contudo, é adotar, mesmo nessas hipóteses, um sistema de substituição do(s) caso(s) em que ocorreu a desistência ou abandono, apesar de reconhecermos a existência do sistema híbrido na situação de desistência sem essa substituição. Assim, como melhor solução, sempre que possível, deverá o órgão encarregado do julgamento do caso repetitivo afetar novas causas em caso de desistência, como aliás prevê o sistema de julgamento da GLO,

uma "cisão funcional da competência para o julgamento de demandas repetitivas".[562]

Sobre a pluralidade de correntes para definir a natureza jurídica do IRDR, afirma Sofia Temer[563] que a questão é tormentosa, pois o legislador não deixou nenhum aspecto claro se se trataria de caso-piloto ou de procedimento-modelo.[564] Como já salientado, não é o escopo explorar todas as nuances dessa discussão, que foge ao objeto de pesquisa, mas demonstrar a pluralidade de posições doutrinárias sobre o mesmo tema e destacar que das três principais correntes identificadas sobre a natureza jurídica do IRDR, duas posicionam-se pela necessidade de processo no tribunal, nos termos do artigo 978 do CPC.

Com a admissibilidade do IRDR, o relator *suspenderá* todos os processos em trâmite em sua área territorial que versem sobre a mesma questão de direito (artigo 982, I).[565] Por "[...] razões de segurança jurídica ou

com a substituição do caso-piloto (test claim) quando ocorre acordo entre as partes (artigo 19.15).", p. 689-690.

[562] LEONEL, Ricardo de Barros. Intervenção do Ministério Público no Incidente de Resolução de Demandas Repetitivas. **Revista Jurídica da Escola Superior do Ministério Público,** v.1, p. 173-185, p. 178, ano 2012. No mesmo sentido: ARRUDA ALVIM, Teresa; DANTAS, Bruno. **Recurso especial, recurso extraordinário e a nova função dos Tribunais Superiores no Direito brasileiro**. 3. ed. São Paulo: Revista dos Tribunais, 2016, p. 539.

[563] "A definição da natureza do incidente é tarefa complexa, porque a lei não é clara a respeito de um aspecto essencial para determiná-la: saber se o incidente compreenderá o julgamento da "causa", ou seja, do conflito subjetivo que levou à sua instauração, ou se apenas haverá a resolução pontual da questão de direito, em abstrato, fixando-se a tese jurídica sem a resolução de conflitos subjetivos.". TEMER, Sofia. **Incidente de resolução de demandas repetitivas**. Salvador: JusPodivm, 2016, p.66.

[564] Ao falar sobre o procedimento-modelo na Alemanha, CABRAL, Antonio do Passo. O novo procedimento-modelo (*Musterverfahren*) alemão: uma alternativa às ações coletivas. **Revista de Processo**, n. 147, ano 32, p. 3-4, maio, 2007, versão virtual não paginada.

[565] Embora haja previsão legal expressa determinando a suspensão, há diversos casos de não aplicação da norma. Cf., por exemplo, no TJSP: IRDR Nº 2151535-83.2016.8.26.0000 – O Desembargador Relator determinou a não suspensão de processos pendentes, individuais ou coletivos que versem sobre o mesmo tema, pois "a divergência existente se resume a uma das Câmaras da Seção de Direito Público"; IRDR Nº 0037860-45.2017.8.26.0000- O Desembargador Relator determinou a não suspensão "(...) dos processos pendentes ou a serem ajuizados (pois a paralisação das demandas por tempo prolongado implicará em ônus desnecessário às partes, anotando que as decisões de um ou de outro juízo são válidas até que definida a questão) (...)"; IRDR 2243516-62.2017.8.26.0000 (IRDR tema 19) Cons-

de excepcional interesse social",[566] como, por exemplo, a possibilidade de admissão de IRDR pela mesma questão de direito por mais de um tribunal de segunda instância, o que tem elevado potencial de gerar decisões conflitantes, o efeito suspensivo pode ser estendido para todo o território nacional através da suspensão nacional em IRDR.[567] A análise da admissibilidade da suspensão nacional é do tribunal competente para conhecer do recurso extraordinário ou especial (STJ e STF).

O IRDR preenche todas as características de um incidente, vez que (i) acessório em relação ao processo em que suscitado, (ii) acidental em relação à usual tramitação do feito, (iii) incidental para as causas suspensas no presente que terão a tese a elas aplicadas e em relação aos casos futuros e, (iv) estabelece realmente um procedimento incidental para a análise e julgamento unicamente da questão de direito submetida a julgamento no incidente.[568] Além disso, o IRDR não pode ser confundido com os mecanismos da tutela jurisdicional transindividual, vez que o tribunal apenas define a interpretação para determinada questão de direito presente em várias demandas, que se desenvolvem com independência.[569] Assim, no IRDR, o julgamento da tese e o julgamento do caso ocorrem em momentos distintos e a tese firmada tem efeito expansivo

tou do voto do Desembargador Relator: "O voto é pela admissão do incidente de resolução de demandas repetitivas, sem suspensão dos processos em primeiro ou segundo grau.". IRDR n. 2020356-21.2019.8.26.0000- (tema 30) O Desembargador Relator determinou a não suspensão "(...) dos processos pendentes ou a serem ajuizados, pois a paralisação das demandas por tempo prolongado implicará em ônus desnecessário para as partes (...)". IRDR Nº 0044617-84.2019.8.26.0000- Não há determinação de suspensão, dentre alguns exemplos apenas no TJSP.

566 Nos termos no artigo 271-A, RISTJ.

567 O Regimento Interno do Superior Tribunal de Justiça criou a classe processual suspensão em incidente de resolução de demandas repetitivas (SIRDR), regulamentada pelo artigo 271-A. O Supremo Tribunal Federal também definiu a nova classe processual, através da Resolução 604, de 11/12/2017.

568 Fernandes, Ricardo Yamim. **Do incidente de assunção de competência**. São Paulo: Revista dos Tribunais, 2020, p. 124-125.

569 Sobre o tema, cf. Theodoro Jr. Humberto. Regime das Demandas Repetitivas no Novo Código de Processo Civil. In: Didier Jr., Fredie. (coord.). **Processo nos tribunais e meios de impugnação às decisões judiciais.** Salvador: JusPodivm, 2016, p. 426. Sobre as polêmicas que circundam este tema, cf. Asperti, Maria Cecília de Araujo. **Acesso à justiça e técnicas de julgamento de casos repetitivos.** Tese de doutorado. Orientador Prof. Assoc. Carlos Alberto de Salles. São Paulo: Universidade de São Paulo, 2018, *passim*.

para ser aplicada, em razão da qualificação da técnica para a formação do precedente, em outros casos.

Questão mais tormentosa ainda envolve a aplicação deste instituto nos tribunais superiores. As relações centram-se em três principais aspectos: (i) o pressuposto negativo de admissibilidade exercido pelos tribunais superiores em relação ao IRDR na segunda instância; (ii) a possibilidade de suspensão nacional em IRDR, já mencionada, e; (iii) a (im)possibilidade de IRDR originariamente nesses tribunais, salvo em casos de competência originária.[570]

Sobre a primeira relação apontada, na segunda instância, a existência de recurso excepcional admitido sob o rito dos repetitivos sobre o mesmo tema funcionará como pressuposto negativo de admissibilidade do IRDR localmente, inviabilizando a admissão do incidente.[571] A razão de existência de tal pressuposto negativo é clara diante da organização territorial dos tribunais. Entretanto, nada diz a legislação sobre situação em que já exista IAC admitido e/ou fixado sobre determinada matéria em tribunal superior e sua relação com o IRDR localmente. Considerando que o incidente pode ter sido admitido com a finalidade de prevenir divergência jurisprudencial, não cabe ao tribunal local suplantar o entendimento já fixado ou já afetado por tribunal superior. Assim, propõe-se que, no modelo atual em que convivem diversos instrumentos para lidar com a litigância repetitiva, o pressuposto negativo para o IRDR localmente seja ampliado para além dos repetitivos nos tribunais superiores de forma a abranger também o IAC daqueles tribunais.

Sobre a possibilidade de suspensão de processos nacionalmente, para além da extensão territorial do tribunal, a temática ganha destaque quando provocado o tribunal local para admitir o incidente com base na repetição concentrada na localidade, mas também constatada a existência da discussão em outras regiões.

[570] Sobre o tema: AgInt na Pet no 11.838/MS, Rel. Ministra Laurita Vaz, Rel. p/ Acórdão Ministro João Otávio de Noronha, Corte Especial, julgado em 7/8/2019, DJe 10/9/2019.

[571] Theodoro Jr. Humberto. Regime das Demandas Repetitivas no Novo Código de Processo Civil. In: Didier Jr., Fredie. (coord.). **Processo nos tribunais e meios de impugnação às decisões judiciais.** Salvador: JusPodivm, 2016, p. 428, "É que já estará em curso remédio processual de função geradora de precedente, a cuja eficácia todos os tribunais inferiores restarão vinculados (artigo 927). Tem-se, portanto, *in casu*, um feito prejudicial externo.".

Diante dessa situação, podem as partes,[572] o MP, a DP, o juiz ou o relator requererem a suspensão nacional em IRDR para tribunal superior,[573] "[...] como medida preparatória de futuro e eventual recurso extraordinário ou especial – pleiteando que a suspensão seja estendida a todos os processos similares em andamento no território nacional (artigo 982, §3º)",[574] que, se deferida, será mantida até a possibilidade de interposição de recurso especial ou extraordinário contra a decisão que define o incidente.[575] Considerando que o IAC, admitido para prevenir ou para reprimir indiferentemente, nos tribunais locais, podem versar sobre a mesma matéria, gerando risco de decisões divergentes, haveria de existir dispositivo semelhante nos tribunais superiores, com o intento de uniformizar a interpretação a ser dada a determinada questão. Entretanto, a legislação silencia.

Por fim, há polêmica se caberia IRDR originariamente nos tribunais superiores em razão de previsão no anteprojeto do CPC, determinando o seu cabimento apenas aos tribunais de segunda instância.

O IRDR somente poderá ser admitido diretamente no tribunal superior se for o caso de competência originária ou competência recursal ordinária, por falta de previsão legal em sentido contrário. Esse enten-

[572] Há discussões sobre quem seriam essas partes, se de processos já suspensos na jurisdição do tribunal em que suscitado o incidente ou se partes em processos em outros tribunais. Sobre o tema, defendendo a segunda opção, cf. Theodoro Jr. Humberto. Regime das Demandas Repetitivas no Novo Código de Processo Civil. In: Didier Jr., Fredie. (coord.). **Processo nos tribunais e meios de impugnação às decisões judiciais.** Salvador: JusPodivm, 2016, p. 434. Também nesse sentido: Macêdo, Lucas Buril de. **Os precedentes judiciais e o direito processual civil**. 3. ed. Salvador: JusPodivm, 2019, p. 486.

[573] Sobre o tema, cf. Theodoro Jr. Humberto. Regime das Demandas Repetitivas no Novo Código de Processo Civil. In: Didier Jr., Fredie. (coord.). **Processo nos tribunais e meios de impugnação às decisões judiciais.** Salvador: JusPodivm, 2016, p. 433, "Um tribunal local não pode suspender processo que corra sob a jurisdição de outro tribunal do mesmo nível hierárquico. Tal poder somente será exercitável por tribunais que, dentro dos limites de sua competência, exerçam jurisdição sobre todo o território nacional, como o STF e o STJ.".

[574] Theodoro Jr. Humberto. Regime das Demandas Repetitivas no Novo Código de Processo Civil. In: Didier Jr., Fredie. (coord.). **Processo nos tribunais e meios de impugnação às decisões judiciais.** Salvador: JusPodivm, 2016, p. 434.

[575] CPC, Artigo 982, §5º "Cessa a suspensão a que se refere o inciso I do caput deste artigo se não for interposto recurso especial ou recurso extraordinário contra a decisão proferida no incidente.".

dimento foi firmado pelo STJ, mas com divergência da relatora, entendendo que o incidente somente seria cabível nos tribunais de segunda instância.[576]

O STF também já analisou a questão e ateve-se ao quanto previsto no anteprojeto de CPC aprovado na Câmara dos Deputados em 2014, que, em seu artigo 988, §1º,[577] limita o IRDR à segunda instância, vez que há previsão para lidar com a repetição nas instâncias superiores através do rito dos repetitivos.[578] Há ainda que se considerar que a discussão aventada em IRDR na segunda instância pode chegar ao tribunal superior a partir da interposição de recurso contra a decisão tomada pelo tribunal local, tema que escapa ao objeto desta tese, mas ainda é digno de menção.[579]

Portanto, de tudo o quanto exposto brevemente no cenário do IRDR, há polêmicas sobre a sua natureza jurídica e o seu cabimento em algumas situações e relações intrincadas com o IAC que não são objeto de preocupação do legislador. Os pontos comuns e centrais do IRDR envolvem o seu destino para lidar com a multiplicidade e a prevalência

[576] Nesse sentido entendeu o STJ, AgInt na Petição n. 11.838 – MS (2016/0330305-6), Relatoria Ministra Laurita Vaz, R. p/acórdão Ministro João Otávio de Noronha. Restou vencida a Ministra relatora, por entender que o IRDR somente seria cabível aos tribunais de segunda instância. No voto vencido, citou-se o Enunciado n. 343 do FPPC que assim fixa: "O incidente de resolução de demandas repetitivas compete a tribunal de justiça ou tribunal regional.". Em sentido contrário, afirmando o cabimento do IRDR diretamente nos tribunais superiores como "soldado reserva", cf. YARSHELL, Flávio Luiz. Incidente de resolução de demandas repetitivas nos tribunais superiores? **Jornal Carta Forense**. Disponível em: http://www.cartaforense.com.br/conteudo/colunas/incidente-de-resolucao-de-demandas-repetitivas-nos-tribunais-superiores/17629. Acesso em 17 jan. 2021.

[577] Análise feita por Marco Aurélio Peixoto e Rodrigo Becker na seguinte coluna: BECKER, Rodrigo; PEIXOTO, Marco Aurélio. **Afinal, cabe ou não o IRDR nos tribunais superiores?** Recente decisão de Toffoli foi pelo não cabimento do Incidente de Resolução de Demandas Repetitivas nas cortes. JOTA. Disponível em: https://www.jota.info/opiniao-e-analise/colunas/coluna-cpc-nos-tribunais/afinal-cabe-ou-nao-o-irdr-nos-tribunais-superiores-17102019. Acesso em: 15 ago. 2020.

[578] Nesse sentido: MACÊDO, Lucas Buril de. **Os precedentes judiciais e o direito processual civil**. 3. ed. Salvador: JusPodivm, 2019, p. 484.

[579] Afirmando que não é possível IRDR diretamente nas instâncias superiores, mas somente a partir da interposição de recurso, cf. MACÊDO, Lucas Buril de. **Os precedentes judiciais e o direito processual civil**. 3. ed. Salvador: JusPodivm, 2019, p. 484.

da exigência de existência de processo em curso no tribunal. Esses dois aspectos são fundamentais para o quanto é aqui defendido.

3.1.2. Da relação entre os recursos repetitivos e o incidente de assunção de competência

Da mesma forma que existe a dualidade prevenção/repressão à divergência jurisprudencial nos tribunais de 2ª instância, existe também nos tribunais superiores. A diferença é que a relação do IAC aqui é com rito seguido para os recursos repetitivos.[580]-[581] Não é objetivo da presente tese expor à exaustão a temática dos repetitivos, mas traçar alguns delineamentos que demonstram a existência dessa dualidade entre o IAC e os repetitivos nos tribunais superiores.

O rito dos repetitivos nos tribunais superiores foi incluído por reforma legislativa perpetrada em 2008, introduzindo o artigo 543-C ao antigo CPC.[582] O tribunal superior, STJ ou STF, reconhecendo a repetição, de ofício ou por provocação dos tribunais de segunda instância, decide a questão de direito objeto da repetição submetida ao rito dos repetitivos e aplica o seu entendimento ao caso concreto, que também valerá para casos futuros.[583] Há quem, inclusive, aproxime a natureza jurídica do IAC ao rito dos repetitivos, mantendo a dualidade prevenção/repetição.[584]

580 Sobre o tema, afirma Antônio Gaio: GAIO JR., Antônio Pereira. Os perfis do incidente de assunção de competência no CPC/2015. **Revista de Processo**, v. 297, ano 2019, p. 213-231, nov., 2019, versão virtual não paginada, "Nisso, conforme já referido, o IAC pode ser proposto pelo relator, quando o processo envolver relevante questão de direito, com grande repercussão social e sem repetição em múltiplos processos (quando o caso pode ser submetido ao rito dos recursos repetitivos).".

581 A doutrina costuma pontuar, inclusive, a inspiração legislativa do IRDR no rito dos repetitivos nos tribunais superiores, cf., por todos: LEONEL, Ricardo de Barros. Intervenção do Ministério Público no Incidente de Resolução de Demandas Repetitivas, **Revista Jurídica da Escola Superior do Ministério Público de São Paulo**, v.1, p. 171-185, ano 2012.

582 Lei n. 11.672/08.

583 Sobre o tema, cf. THEODORO JR. Humberto. Regime das Demandas Repetitivas no Novo Código de Processo Civil. In: DIDIER JR., Fredie. (coord.). **Processo nos tribunais e meios de impugnação às decisões judiciais.** Salvador: JusPodivm, 2016.

584 Nesse sentido, cf. ABBOUD, Georges; FERNANDES, Ricardo Yamin. Requisitos legais para a instauração do incidente de assunção de competência. **Revista de Processo**, v. 279, p. 339-356, maio, 2018, versão virtual não paginada, "Nessa perspectiva, entendemos

Vale destacar novamente que o tribunal superior pode ser provocado pelos tribunais de segunda instância, quando verificarem a repetição localmente, situação em que todos os processos individuais e coletivos ficarão suspensos até a definição da tese pelo tribunal.[585] A decisão sobre o cabimento deste rito é do relator no tribunal superior. Caso entenda cabível, haverá decisão de afetação.

Anselmo Moreira Gonzalez destaca a função uniformizadora do STJ para afirmar que não cabe a admissão e o julgamento de recurso pelo rito dos repetitivos quando não houver multiplicidade de casos em torno da mesma questão.[586] Tal afirmação é fundamentada no raciocínio de que cabe ao tribunal superior fixar tese jurisprudencial depois de ventilados todos os argumentos relevantes dos juízos inferiores, de forma a não se inovar em precedente qualificado pelo procedimento, que poderia não ter aderência à realidade ou ser facilmente superado.[587] Caso não

que o Incidente de Assunção de Competência é uma técnica de julgamento, tal qual a modalidade repetitiva a ser usada nos recursos especial e extraordinário repetitivos. Esse procedimento, a nosso ver, melhor espelha a natureza jurídica desse instituto. O Superior Tribunal de Justiça ou o Supremo Tribunal Federal, responsáveis pelo julgamento de um recurso especial ou extraordinário repetitivo, decidirão a controvérsia presente no caso concreto. O recurso paradigma, após a decisão de afetação, terá seu mérito julgado pelo tribunal superior, e essa decisão terá efeito vinculante *pro futuro*. No Incidente de Assunção de Competência, em que pese não ser utilizado para solução de casos repetitivos, o tribunal também decidirá o caso concreto. Trata-se de técnica de julgamento para casos que versarem a respeito de relevante questão de direito, com grande repercussão social, sem repetição em múltiplos processos.".

[585] Não é o nosso objetivo esgotar a análise do rito dos repetitivos aqui. Para tanto, cf. Gonzalez, Anselmo Moreira. **Repetitivos ou "Ineditivos"? Sistematização do Recurso Especial Repetitivo.** Salvador: JusPodivm, 2020.

[586] Gonzalez, Anselmo Moreira. **Repetitivos ou "Ineditivos"? Sistematização do Recurso Especial Repetitivo.** Salvador: JusPodivm, 2020, p. 157, "Como já abordado, o embasamento constitucional para legitimar o STJ, enquanto órgão do Poder Judiciário, hábil a pronunciar precedentes vinculantes, por meio do julgamento de recursos especiais repetitivos, residiria no fato de a Constituição Federal lhe atribuir a função de órgão uniformizador da jurisprudência do país. Por decorrência lógica, portanto, é possível constatar que não se faz presente a premissa legitimadora da competência do STJ para pronunciar precedentes quando não houver jurisprudência passível de ser uniformizada.".

[587] Gonzalez, Anselmo Moreira. **Repetitivos ou "Ineditivos"? Sistematização do Recurso Especial Repetitivo.** Salvador: JusPodivm, 2020, p. 164, "Preferível, portanto, que o STJ espere o 'amadurecimento' da tese advir com o tempo, para que quando da afetação

haja repetição da questão de direito objeto de recurso excepcional, o recurso poderá ser admitido como caso individualizado. Assim, quando da análise da admissibilidade dos recursos excepcionais na segunda instância, o rito pode se adequar (i) em razão da existência ou não da repetição insurgente, e; (ii) em razão de a questão de direito já ter sido fixada anteriormente em análise pelo tribunal a partir de mecanismos para formação de precedentes.[588]

No STF, a situação é um tanto quanto diferente em razão da existência da repercussão geral,[589] que necessariamente é utilizada como parâmetro em casos futuros[590] e maneira de a Corte Suprema reforçar seu papel como corte de precedentes.[591] Assim, a aplicação do rito dos repe-

de um caso paradigmático, os Ministros já tenham refletido bastante sobre os mais diversos argumentos jurídicos que cercam a tese afetada.".

588 Macêdo, Lucas Buril de. **Os precedentes judiciais e o direito processual civil**. 3. ed. Salvador: JusPodivm, 2019, p. 455, "Em outras palavras, a *contrario sensu*: se já houve o julgamento de recurso repetitivo, decisão em repercussão geral ou em recurso extraordinário com repercussão geral que versem sobre a matéria objeto do recurso, e a referida decisão esteja em conformidade com o *decisum* recorrido, então o recurso não subirá ao tribunal superior."

589 Segundo a lei, considera-se, para a análise da existência ou não desta, a presença de questões relevantes do ponto de vista econômico, político, social ou jurídico que ultrapassem os interesses apenas das partes do processo em análise (artigo 1.035, §1º, CPC). Segundo José S. Carvalho Filho: "O STF ganhou nova feição que o aproxima do perfil Corte Constitucional, [...]. Em consequência, mitigou-se a função revisional ou de cassação que a Corte exercia com frequência até pouco tempo atrás.", p. 5, Carvalho Filho, José dos Santos. **Repercussão geral**: balanço e perspectivas. São Paulo: Almedina, 2015.

590 Sobre o tema, cf. Macêdo, Lucas Buril de. **Os precedentes judiciais e o direito processual civil**. 3. ed. Salvador: JusPodivm, 2019, p. 455, "No caso do Supremo Tribunal Federal, o problema se intensifica, uma vez que precedente advindo de recurso extraordinário – mesmo fora do regime dos repetitivos, já que ele necessariamente terá de possuir repercussão geral para ser decidido, e, diz o artigo 1.030, I, "a", do CPC, que os recursos extraordinários decididos sob o regime de repercussão devem ser utilizados como parâmetro – necessariamente impede a subida do recurso extraordinário que trate do mesmo objeto, caso aponte em sentido diverso ao precedente. Portanto, basta a decisão de um único recurso extraordinário sobre a "questão" que, em seguida, todos os demais deverá ter seu "seguimento negado" no tribunal de justiça ou regional. Mais ainda, uma vez decidida a repercussão geral de uma matéria pelo STF, a mesma matéria não mais terá acesso à Corte, ficando perenemente inviabilizada.".

591 "O objetivo da Corte é orientar a aplicação do Direito mediante a justa interpretação da ordem jurídica, sendo o caso concreto apenas um pretexto para que essa possa formar

titivos resta praticamente esvaziada diante da existência da repercussão geral, funcionando além de mero filtro para seleção de casos que o tribunal julgará a partir de critérios qualitativos e quantitativos.

Na prática, o STF, através de um único mecanismo – o *filtro*[592] da repercussão geral – seleciona casos para julgamento a partir de critérios qualitativos e quantitativos, "[...] ou seja, a transcendência pode se dar, propriamente, pela importância intrínseca da matéria, ou pela relevância de sua solução para um grande número de demandas",[593] dispensando, pragmaticamente, a utilização de diversos mecanismos para a fixação de entendimentos jurisprudenciais.[594] Além disso, quando reconhecida a repercussão geral a partir de critérios meramente qualitativos, a potencial multiplicidade do futuro já resta resolvida com a fixação da tese pelo Supremo, vez que reconhecida a repercussão geral.[595]

precedentes. O caso concreto serve como meio para que a Corte Suprema possa exercer sua função de adequada interpretação da ordem jurídica.", p. 18, Mitidiero, Daniel. **Cortes superiores e cortes supremas**: do controle à interpretação, da jurisprudência ao precedente. São Paulo: Revista dos Tribunais, 2013.

[592] O juízo de admissibilidade do recurso extraordinário a partir da repercussão geral resta entrelaçado ao mérito na maioria das situações já analisadas, explicando, possivelmente, a situação exposta neste momento. Entretanto, escapa ao objetivo da tese o aprofundamento sobre o tema.

[593] Sobre o tema, cf. Macêdo, Lucas Buril de. **Os precedentes judiciais e o direito processual civil**. 3. ed. Salvador: JusPodivm, 2019, p. 443.

[594] Sobre essa sistemática, cf. Mancuso, Rodolfo de Camargo. **Incidente de resolução de demandas repetitivas**: a luta contra a dispersão jurisprudencial excessiva. São Paulo: Revista dos Tribunais, 2016, p. 126-127, "A técnica de julgamento em bloco, ou por amostragem, além da pragmática finalidade de contenção do afluxo excessivo de recursos excepcionais aos Tribunais da Federação, labora ainda em prol da uniformização da jurisprudência (ou, se se quiser, para conter/amenizar sua dispersão excessiva), já que as decisões-quadro do STF e do STJ, pela ordem, no RE piloto, reconhecido com repercussão geral ou no REsp afetado como representativo da controvérsia, servem a parametrizar a resolução dos demais recursos envolvendo a mesma *quaestio iuris*, sobrestados nos Tribunais de origem.".

[595] Vale mencionar, em rodapé, considerando os objetivos da tese, que além da análise casuística pelo Supremo sobre a repercussão geral, há situações de presunção de sua presença: sempre que o recurso impugnar acórdão que contrarie súmula ou jurisprudência dominante do STF ou que tenha reconhecido a inconstitucionalidade de tratado ou lei federal. Sobre tais hipóteses e no que consistiria "jurisprudência dominante" apta a configurar a repercussão geral presumida, cf. Freitas Jr., Horival Marques de. **Repercussão geral das questões constitucionais**: sua aplicação pelo Supremo Tribunal Federal. São Paulo: Malheiros, 2015, p. 157, "[...] não basta a mera existência da contrariedade entre a decisão

3.1.3. A relação entre prevenção e repressão no incidente de resolução de demandas repetitivas, no rito dos repetitivos nos tribunais superiores e no incidente de assunção de competência

Já é tradicional, se é que já se possa chamar sete anos de prática como tradição, a menção ao IAC como preventivo da divergência jurisprudencial, enquanto o IRDR seria seu irmão repressivo, nos tribunais de segunda instância,[596] e o rito dos repetitivos, nos tribunais superiores. Apesar de ser esse o lugar comum quanto à esfera de cabimento de cada instrumento para fixação de precedentes qualificados pelo procedimento por tribunais, ainda são identificadas posições doutrinárias no sentido de que o IRDR também possa ser utilizado quando a multi-

recorrida e a jurisprudência ou súmula da Corte. Assim como nas demais hipóteses, será necessário ao recorrente elaborar preliminar de repercussão geral e demonstrar efetiva ocorrência dessa contrariedade.". Sobre o termo "jurisprudência dominante", cf. CRUZ E TUCCI, José Rogério. **Precedente judicial como fonte do direito**. 2. ed., Rio de Janeiro: GZ, 2021, p. 158, "Em diversas ocasiões, criticando a infeliz expressão 'jurisprudência dominante', tivemos a oportunidade de questionar qual teria sido a verdadeira intenção do legislador, ao introduzir inúmeras reformas no texto do CPC/1973: jurisprudência qualitativa ou quantitativamente dominante?... O novo CPC, embora restringindo a poucos dispositivos, não perdeu o vício de utilizá-la.".

[596] A doutrina tende a repetir a dualidade estampada na legislação, cf. THEODORO JR. Humberto. Regime das Demandas Repetitivas no Novo Código de Processo Civil. In: **Processo nos tribunais e meios de impugnação às decisões judiciais.** (DIDIER JR., Fredie. Coord.). Salvador: JusPodivm, 2016, p. 442, "Cumpre, de certa forma, o mesmo objetivo do incidente de resolução de demandas repetitivas, com um destaque, todavia, visto que a assunção ocorre em caráter preventivo, quando ainda não se instalou a pluralidade de entendimentos em decisórios de diferentes processos (artigo 947, *in fine*), dado este que é requisito do último incidente. Esclarece o artigo 947, a propósito, que a assunção cabe diante de questão de direito, com grande repercussão social, mas "sem repetição em múltiplos processos".". Também: MANCUSO, Rodolfo de Camargo. **Incidente de resolução de demandas repetitivas**: a luta contra a dispersão jurisprudencial excessiva. São Paulo: Revista dos Tribunais, 2016, p. 88. Apesar do lugar comum ser a dualidade, encontramos vozes que colocam o IRDR com função preventiva, defendendo o seu cabimento mesmo sem processo pendente no tribunal. Sobre o tema, cf. PEREIRA, Luiz Fernando Casagrande Pereira; SCHINEMANN, Caio César Bueno. **Cabimento de IRDR sem recurso em trâmite no Tribunal:** a discussão acerca dos requisitos de instauração do IRDR permanece em aberto no STJ. JOTA. Disponível em: https://www.jota.info/opiniao-e-analise/artigos/cabimento-de-irdr-sem-recurso-em-tramite-no-tribunal-20012020. Acesso em: 10 set. 2020.

plicidade for potencial;[597] e o IAC, quando exista certa quantidade de processos já em andamento no Poder Judiciário.[598] Tais constatações demonstram zonas cinzentas não somente quanto ao número necessário para diferenciar a prevenção da repressão à divergência, mas quanto ao cabimento em si dos institutos.[599]

A legislação não define números nem percentuais de quando estaria configurada a repetição.[600] Na doutrina, além da dispersão de critérios quanto ao cabimento dos institutos, encontram-se proposições que intentam estabelecer limites para o âmbito de cabimento de cada incidente, IAC e IRDR, no seguinte sentido: (i) prevenção de divergências com base no artigo 947, *caput*, CPC seria o caso de IAC; (ii) repressão de divergências quando localizadas na segunda instância com base no artigo 947, §4º, CPC também seria o caso de IAC, e; (iii) repressão

[597] Nesse sentido: MACÊDO, Lucas Buril de. **Os precedentes judiciais e o direito processual civil**. 3. ed. Salvador: JusPodivm, 2019, p. 482, "É dizer, é possível a instauração do incidente de resolução de demandas repetitivas mesmo quando o número não for tão expressivo, desde que exista a manifesta possibilidade de multiplicação de demandas, causando perigo à segurança e igualdade dos jurisdicionados.".

[598] Sobre o IAC preventivo surgir a partir de um certo número de processos: LEMOS, Vinicius Silva. **O incidente de assunção de competência**: da conceituação à procedimentalidade. Salvador: JusPodivum, 2018, p. 138, "Todavia, importante imaginar que essa ausência de multiplicidade não condiz como inexistência de diversos processos, somente que não há uma quantidade exacerbada de demandas sobre aquela matéria, quase que impossível imaginar a ausência de multiplicidade com a necessidade de somente um processo.".

[599] Quanto ao "claro espaço de sobreposição" entre os institutos, cf. MARINONI, Luiz Guilherme; ARENHART, Sérgio Cruz; MITIDIERO, Daniel. **Novo Curso de Processo Civil:** tutela dos direitos mediante procedimento comum. v. 2, São Paulo: Revista dos Tribunais, 2016, p. 582, "Todavia, a leitura do art. 947, §4º, mostra que esse requisito é mais aparente do que real. Isso porque é admissível o incidente de assunção de competência também quando já exista divergência entre câmaras ou turmas sobre a interpretação de questão de direito, cuja composição mereça ser realizada. Ora, se já existe a divergência, é porque a questão de direito *já se repetiu*. Logo, é evidente que os dois incidentes – de assunção de competência e de resolução de demandas repetitivas – tem um claro espaço de sobreposição.".

[600] A própria obtenção de dados numéricos hoje é difícil em razão de sua ausência de sistematização de dados em todos os tribunais no Poder Judiciário, demonstrando que conjecturas sobre a existência de repetição não passam se meras percepções subjetivas da situação da litigância. Sobre o tema, cf. ASPERTI, Maria Cecília de Araujo. **Acesso à justiça e técnicas de julgamento de casos repetitivos.** Tese de doutorado. Orientador Prof. Assoc. Carlos Alberto de Salles. São Paulo: Universidade de São Paulo, 2018, p. 190.

de divergências quando localizadas na primeira instância com base no artigo 976, CPC, sendo o caso de IRDR.[601]

Na decisão de admissibilidade do IAC n. 1, no TJSP, propôs-se a seguinte divisão para o âmbito de cabimento de cada incidente: (i) divergência sobre direito material seria o caso de IRDR, vez que passível de proliferação, e; (ii) divergência sobre direito material ou processual oriunda de um fato limitado no tempo/espaço, IAC.[602-603]

Tais diferenciações beiram o absurdo, pois partem da premissa da repetição estática, ou seja, que ela ficaria concentrada em determinada instância de forma exclusiva, como se tal dinâmica não mudasse rapidamente. Dificilmente a repetição já constatada na segunda instância estará desvinculada da repetição latente nos juízos de primeiro grau, ainda que a questão seja estritamente de direito processual.

Além disso, a repetição constatada momentaneamente apenas na primeira instância pode se deslocar rapidamente para os tribunais, antes mesmo da discussão sobre a admissibilidade de qualquer incidente. A prática revela a aplicação dos números na relação prevenção e repressão de maneira descompromissada quanto ao dever da fundamentação

601 Theodoro Jr. Humberto. Regime das Demandas Repetitivas no Novo Código de Processo Civil. In: Didier Jr., Fredie. (coord.). **Processo nos tribunais e meios de impugnação às decisões judiciais.** Salvador: JusPodivm, 2016, p. 444-445.

602 TJSP, IAC n. 1, AI n. 2211169-10.2016.8.26.0000, Relator(a): Desembargador Paulo Barcellos Gatti, Data de Admissão:11/05/2018, Data de Publicação: 23/05/2018, Data de Julgamento do Mérito: 29/03/2019, Publicação do Acórdão de Mérito: 06/05/2019, Termo Final da Suspensão: trânsito em julgado em 13/02/2020.

603 As tentativas de diferenciação são várias e não é nosso objetivo esgotá-las. A título de exemplo, Daniela Peretti D´Ávila defende que o critério delimitador do âmbito de cabimento entre IRDR, IAC e RRs é a "não vulgaridade". Não nos parece suficiente tal distinção, pois ainda fundada em conceito jurídico indeterminado. Cf. D´Ávila, Daniela Peretti. **Incidente de assunção de competência**: Extraindo seu máximo grau de rendimento. 2019. Dissertação (Mestrado em Direito) – Pontifícia Universidade Católica de São Paulo, São Paulo, 2019, p. 132.

bem desenvolvida diante do uso de conceitos jurídicos indeterminados pelo legislador.[604-605]

A situação fática que ampara a admissão de um incidente em detrimento do outro pode ser alterada tão rapidamente que as tentativas de delimitação do âmbito de incidência de cada mecanismo para uniformização de entendimentos parecem inúteis.[606] Em relação ao rito dos repetitivos, encontram-se estudos sobre a formação de teses jurídicas em repetitivos a partir de situações inéditas e as consequências e delimitações para tais situações.[607]

A discussão é tão arenosa que o STJ, ao analisar o IAC n. 5, consignou que o caso talvez pudesse ser de repetição, vez que existentes inúmeros casos sobre a questão de direito em debate, mas que a análise era discricionária[608] e que cabia exclusivamente ao tribunal definir se haveria prevenção ou repressão à divergência jurisprudencial.[609]

[604] No TRF3, no IRDR admitido no feito n. 0017610-97.2016.4.03.0000, de Relatoria do Desembargador Federal Baptista Pereira, julgado pelo órgão especial, a repetição baseou-se em cinco feitos semelhantes. No TJSP, o tema 20 (IRDR) baseou-se em 18 feitos e a admissão ocorreu em razão do grande impacto que a decisão poderia trazer à SABESP. Por sua vez, os IACs n. 1 e 3 no STJ levaram à suspensão de mais de 110 processos, cada um.

[605] Como explicamos na introdução desta tese, a percepção do problema teórico de pesquisa aqui abordado emergiu a partir da empiria. As citações aos resultados foram feitas na primeira menção na introdução.

[606] Corrobora o nosso argumento o quanto enunciado no FPPC, enunciado n. 655, relativamente à regra de transição entre os incidentes de uniformização de jurisprudência previstos no CPC/73 e os novos do CPC/15, IAC e IRDR: "Desde que presentes os requisitos de cabimento, os incidentes de uniformização de jurisprudência pendentes de julgamento na vigência do CPC/2015 deverão ser processados conforme as regras do incidente de resolução de demandas repetitivas ou do incidente de assunção de competência, especialmente as atinentes ao contraditório.".

[607] Gonzalez, Anselmo Moreira. **Repetitivos ou "Ineditivos"? Sistematização do Recurso Especial Repetitivo.** Salvador: JusPodivm, 2020.

[608] Considerações semelhantes realizadas por Oscar Vieira Vilhena para o Supremo talvez pudessem ser transpostas ao STJ quando da análise deste IAC, cf. Vieira, Oscar Vilhena. Supremocracia. **Revista Direito GV**, São Paulo 4 [2], p. 441-464, jul.-dez., 2008.

[609] IAC n. 5/STJ. Questão submetida a julgamento: "Justiça competente para julgamento de demandas relativas a contrato de plano de saúde assegurado em contrato de trabalho, acordo ou convenção coletiva.". Tese firmada: "Compete à Justiça comum julgar as demandas relativas a plano de saúde de autogestão empresarial, exceto quando o benefício for regulado em contrato de trabalho, convenção ou acordo coletivo, hipótese em que a compe-

A análise de oportunidade deu-se com base em qual instrumento de fixação de teses jurisprudenciais possibilitaria ou não o manejo de reclamação para análise de violação ao julgado e a possibilidade de uso da reclamação também como uma forma de superação de entendimento.[610] Tal julgado isoladamente mencionado já é suficiente para demonstrar que a fixação de requisitos pelo legislador para o IAC, o IRDR e os repetitivos não significa qualquer grau de previsibilidade para os jurisdicionados.

A elaboração de instrumentos aptos a fixação de teses jurídicas pelos tribunais de vértice e de segunda instância tem fundamento na quebra da isonomia e da segurança jurídica em razão do uso cada vez maior de conceitos jurídicos indeterminados pelo legislador, como já mencionado.[611] Ocorre que o cabimento destes instrumentos, da forma como delineados, é fixado com base em conceitos jurídicos indeterminados, criando situações de insegurança e quebra de isonomia acerca de seu próprio cabimento![612]

tência será da Justiça do Trabalho, ainda que figure como parte trabalhador aposentado ou dependente do trabalhador.".

[610] Ana Carolina Bastos analisa tal IAC, cf. BASTOS, Ana Carolina Andrada Arrais Caputo. Processamento do IAC: questões de ordem prática. **Revista Caderno Virtual** – IDP – Instituto de Direito Público, v.3, n. 45, ano 2019, versão virtual não paginada, "Há, na doutrina, inúmeros argumentos (de diferentes escolas e áreas do direito) capazes de questionar a escolha feita na referida decisão. Isso porque a afetação como IAC decorre necessariamente da lei, isto é, do preenchimento dos requisitos fixados pelo legislador.". A autora mencionada demonstra certo otimismo quando espera que tal definição, qual seja, sobre o âmbito de incidência de cada instrumento em análise, seja alcançada com o tempo: "A resposta deve surgir com o tempo, seja por meio de intervenção legislativa, seja em razão das decisões judiciais que – a partir da análise de casos concretos – conseguirão delimitar um pouco mais o escopo do IAC. Não deixa de ser um processo natural de maturação dessa importante ferramenta do atual sistema de precedentes.".

[611] Sobre o tema, cf. ZANETI JR., Hermes. **O valor vinculante dos precedentes:** teoria dos precedentes normativos formalmente vinculantes. 4. ed. Salvador: JusPodivm, 2019, p. 427, "Uma teoria realista, moderada e responsável assim desenvolvida exige uma teoria dos precedentes como um ulterior fechamento do discurso jurídico em busca da redução do espaço de discricionariedade da decisão.".

[612] Para ilustrar o argumento, transcrevemos trecho de Luiz Guilherme Marinoni sobre o cabimento do incidente: "De lado o fato de que o incidente de assunção de competência cabe para o julgamento do caso que contém a questão e o incidente de resolução para o julgamento da questão contida nos processos, o que realmente distingue os dois incidentes é

Embora a doutrina tenda a defender a complementaridade entre o IAC e o IRDR[613] nos tribunais de segunda instância, não existe complementaridade entre os incidentes, mas zonas de confluência em que os dois incidentes seriam cabíveis,[614] gerando discussões sobre a fungibilidade[615] ou a conversão entre os incidentes e grande insegurança jurídica

que no primeiro há de haver uma questão com grande repercussão social e no segundo apenas uma mesma questão de direito.", p. 233, Marinoni, Luiz Guilherme. Sobre o incidente de assunção de competência. **Revista de Processo**, v. 260, out., 2016.

[613] Mendes, Aluisio Gonçalves de Castro; Porto, José Roberto Mello. **Incidente de assunção de competência.** Rio de Janeiro: GZ, 2020, p. 65, "Os institutos do IAC e do IRDR, absolutamente complementares, possuem uma aproximação teórica e prática, por serem duas faces de uma mesma técnica de uniformização de decisões, com formação de jurisprudência e precedente vinculativo, constituindo, juntos, o microssistema de incidentes fixadores de teses jurídicas, não obstante as peculiaridades metodológicas supramencionadas.". Também nesse sentido: Barioni, Rodrigo. As *unpublished opinions* do direito norte-americano: contribuição para a assunção de competência. **Revista de Processo.** v. 261, ano 2016, p. 389-413, nov., 2016. Afirmando o paralelismo entre IRDR e IAC: Macêdo, Lucas Buril de. **Os precedentes judiciais e o direito processual civil**. 3. ed. Salvador: JusPodivm, 2019, p. 510.

[614] Nesse sentido: Marinoni, Luiz Guilherme; Arenhart, Sérgio Cruz; Mitidiero, Daniel. **Novo Curso de Processo Civil:** tutela dos direitos mediante procedimento comum. v. 2, São Paulo: Revista dos Tribunais, 2016, p. 582, "Ora, se já existe a divergência, é porque a questão de direito já se repetiu. Logo, é evidente que os dois incidentes – de assunção de competência e de resolução de demandas repetitivas – tem um claro espaço de sobreposição.".

[615] Sobre o tema, cf. Mendes, Aluisio Gonçalves de Castro; Porto, José Roberto Mello. **Incidente de assunção de competência.** Rio de Janeiro: GZ, 2020, p. 83. Os autores defendem a fungibilidade a ser feita já no tribunal, mesmo quando os órgãos responsáveis pelo julgamento de IAC e de IRDR forem distintos. Nesse caso, a palavra final acerca da admissibilidade do IAC seria do órgão competente para decidir o IAC. Tal situação ocorreu no IAC n. 0010158-18.2016.8.24.0000 do Tribunal de Justiça do estado de Santa Catarina, julgado em 05/09/2018. O autor Ricardo Yamin Fernandes também defende a fungibilidade entre os incidentes, citando o enunciado n. 141 da II Jornada de Direito Processual Civil do Conselho da Justiça Federal para corroborar sua linha de argumentação, cf. Fernandes, Ricardo Yamin. **Do incidente de assunção de competência**. São Paulo: Revista dos Tribunais, 2020, p. 155. Enunciado 141, CJF: "É possível a conversão de Incidente de Assunção de Competência em Incidente de Resolução de Demandas Repetitivas, se demonstrada a efetiva repetição de processos em que se discute a mesma questão de direito.". Ainda em prol da fungibilidade entre os incidentes, cf. Lemos, Vinicius Silva. **O incidente de assunção de competência**: da conceituação à procedimentalidade. Salvador: JusPodivum, 2018, p. 122-123, "Apesar de ausência de previsibilidade legal para tanto, sem

diante da falta de critérios aferíveis de cabimento dos dois mecanismos, além da falta de regulamentação adequada quanto ao procedimento do IAC.[616]

É válida a menção ao Projeto de Lei do Senado n. 166 de 2010, que deu origem ao Anteprojeto de novo CPC, que previa, em seu artigo 895, que o IRDR poderia ser utilizado "[...] sempre que identificada controvérsia com potencial de gerar relevante multiplicação de processos fundados em idêntica questão de direito e de causar grave insegurança jurídica, decorrente do risco de coexistência de decisões conflitantes.", demonstrando que, em 2010, a concentração das funções repressivas e preventivas em um único instrumento era cogitada pelo legislador.[617]

Além da constatação acima, é comum o estabelecimento do IRDR e do rito dos repetitivos como os mecanismos necessários para fixar tese jurídica qualificada diante da dispersão jurisprudencial, afirmando-se que tal definição somente deva ocorrer depois de bem maturada a discussão no Poder Judiciário brasileiro.[618] Entretanto, se a situação chegar neste ponto, qual seja, de dispersão jurisprudencial elevada em razão da maturação do debate na sociedade e no Poder Judiciário, há que se reconhecer a violação ao quanto previsto no artigo 926 e no artigo 947

nenhum dispositivo a tratar do tema, opino pela possibilidade, com a viabilidade de que um instituto, ao ser requerida sua instauração e posto ao crivo do colegiado competente, este, ao analisar a matéria, não tem a percepção do cumprimento de tais requisitos inerentes ao pleito realizado, mas percebe o preenchimento dos requisitos do outro instituto, podendo, desse modo, proceder a fungibilidade. E, ainda, essa possível fungibilidade seria de mão dupla, ou seja, tanto para transformar o IAC em um IRDR, quanto vice-versa, o IRDR em IAC, dependendo sempre do não enquadramento de um deles e, conjuntamente, da presença dos requisitos nos outros. No entanto, sobre a afetação dos recursos excepcionais repetitivos, há, de igual maneira, a possibilidade de fungibilidade, contudo mais restrita quanto à sua suscitação, como já vimos.".

616 Segundo Remo Caponi, a adequada performance de um sistema judicial depende de leis adequadamente elaboradas, cf. CAPONI, Remo. **Harmonizing civil procedure**: initial remarks. In: From common rules to best practices in European Civil Procedure (Burkhard Hess and Xandra E. Kramer – eds.). Nomos Verlagsgesenschaft, Baden-Baden, Germany, 2017, p. 42-62.

617 Apesar de sê-lo em incidente diferente do incidente ora em análise. Senado Federal. PLS n. 166, de 2010. Disponível em: https://www25.senado.leg.br/web/atividade/materias/-/materia/97249. Acesso em 16 Ago. 2020.

618 GONZALEZ, Anselmo Moreira. **Repetitivos ou "Ineditivos"? Sistematização do Recurso Especial Repetitivo.** Salvador: JusPodivm, 2020, p. 160-166.

do CPC, vez que o legislador determinou a necessidade de os tribunais manterem sua jurisprudência estável, íntegra e coerente, possibilitando o uso do IAC de forma preventiva quando conveniente. Se a situação alcançou o ponto de repetição e quebra de isonomia, o uso do IAC não se deu de maneira adequada.

Assim, a organização entre mecanismos de fixação de entendimentos qualificados pelos tribunais resta aparentemente contraditória. Além dessa tensão na relação entre os mecanismos, também deve-se supor que se, a longo prazo, os instrumentos do artigo 927, CPC, cumprirem seus principais objetivos, listados no artigo 926, CPC, lidando com a dispersão jurisprudencial devidamente e com a grande repetição de questões em múltiplas demandas, a repetição de casos em situações escatológicas não deveria acontecer, levando ao questionamento se seria o IAC, em um ambiente isolado com "condições adequadas de temperatura e pressão", a única forma adequada para prevenir e rever entendimentos já fixados através do *prospective overruling*, indicando alterações de jurisprudência ou alterando-a efetivamente.

Pretende-se demonstrar na presente tese que, a exemplo do que já feito em países como Portugal e Itália, a adoção de um único mecanismo para julgamento de teses jurisprudenciais qualificadas pelo procedimento é mais eficiente na medida em que (i) elimina contradições entre prevenção e repressão em razão de números em discussão, (ii) garante a observância do princípio do juiz natural, como será demonstrado adiante, e (iii) garante a cognoscibilidade do procedimento a ser seguido no tribunal para a fixação da tese jurídica.

Para tanto, propõe-se a suficiência do incidente de assunção de competência, nos moldes delineados no *caput* e no §4º do artigo 947 do CPC como instrumento para lidar com a prevenção e com a repetição de questões de direito, fazendo a existência de mecanismos somente para lidar com a repetição já instalada desnecessária, vez que as situações por eles abarcadas encontram-se também guarnecidas pelo IAC, no artigo 947, §4º, do CPC,[619] e o próprio IRDR exige a presença de processo

[619] Em sentido contrário: MENDES, Aluisio Gonçalves de Castro; PORTO, José Roberto Mello. **Incidente de assunção de competência.** Rio de Janeiro: GZ, 2020, p. 34, "Isso porque inexiste incompatibilidade entre sua finalidade (fixar tese sobre matéria sem efetiva

no tribunal, considerando o requisito do artigo 978, parágrafo único, CPC.[620]

Reforça-se, assim, que a existência de um único instrumento para a formação de tese jurídica qualificada pelo procedimento em um determinado tribunal eliminaria a indeterminabilidade da competência, vez que faltam parâmetros para ciência se cabível determinado mecanismo ou outro,[621] gerando grande dúvida quanto à observância do princípio do juiz natural, como desenvolver-se-á a seguir. Além disso, a existência de um único instrumento para fixação de teses jurídicas traria segurança quanto ao procedimento a ser seguido no tribunal e quanto às repercussões da tese jurídica a ser firmada.

As situações intrincadas entre os mecanismos hoje existentes, a título de exemplo, podem ser resumidas, no seguinte quadro: (i) IAC já admitido com o intento de prevenir divergências jurisprudenciais quando configurada a repetição durante a sua tramitação, levando à discussão sobre a sua conversão em IRDR ou a sua extinção para que novo IRDR seja admitido. Sobre essa possibilidade, Humberto Theodoro Jr. defende que o IAC impede a admissão do IRDR em razão da litispendência,[622] admitindo-se, com isso, que o IAC lide com a repetição de questões de direito; (ii) multiplicidade de mecanismos delineados para a mesma finalidade, gerando o risco de existência concomitante de instrumen-

repetição nos tribunais) e a dos incidentes repressivos (fixar tese sobre matéria com efetiva repetição), mas complementaridade.".

620 A confusão entre prevenção e repressão da repetição é tão premente que a Exposição de Motivos do CPC refere-se ao IRDR nos seguintes termos: "O incidente de resolução de demandas repetitivas é admissível quando identificada, em primeiro grau, controvérsia com **potencial de gerar multiplicação** expressiva de demandas e o correlato risco da coexistência de decisões conflitantes.", p. 30, Exposição de Motivos do Código de Processo Civil de 2015. **Código de Processo Civil.** Disponível em: https://www2.senado.leg.br/bdsf/bitstream/handle/id/512422/001041135.pdf. Acesso em: 03 jun. 2020. (grifamos).

621 Antonio do Passo Cabral coloca a previsibilidade como um dos parâmetros para o princípio do juiz natural revisitado no século XXI, cf. CABRAL, Antonio do Passo. **Juiz natural e eficiência processual**: flexibilização, delegação e coordenação de competências no processo civil. Tese de titularidade – Universidade do Estado do Rio de Janeiro. Rio de Janeiro: Universidade do Estado do Rio de Janeiro, 2017.

622 THEODORO JR. Humberto. Regime das Demandas Repetitivas no Novo Código de Processo Civil. In: DIDIER JR., Fredie. (coord.). **Processo nos tribunais e meios de impugnação às decisões judiciais.** Salvador: JusPodivm, 2016, p. 428.

tos para análise da mesma questão de direito que depende de uniformização da interpretação em um determinado tribunal, enfraquecendo a função dos institutos;[623] (iii) falta de parâmetros objetivos de controle para os jurisdicionados terem segurança quanto ao princípio do juiz natural para o julgamento de seus casos se submetidos aos procedimentos especiais nos tribunais destinados à formação concentrada de teses jurídicas; (iv) afirmação de que os tribunais precisam esperar a maturação do debate da questão antes da admissão de mecanismo para fixação de tese jurídica, sendo que o ordenamento jurídico possibilita a sua fixação de maneira preventiva, no artigo 947 do CPC,[624] dentre outras situações contraditórias que poderiam ser listadas neste momento, mas que serão melhor trabalhadas adiante.

Diante dessa relação tumultuada entre os mecanismos preventivos e repressivos para julgamento de teses pelos tribunais, pretende-se demonstrar a possibilidade de se encontrar uma via mais segura para a fixação de entendimentos pelos tribunais que confiram legitimidade às suas decisões.

A criação de mais e mais mecanismos com a mesma finalidade apenas confirma a percepção de falta de efetividade na manutenção de certa

[623] Para Humberto Theodoro Jr. tal situação pode ser evitada se bem feito o controle dos incidentes provocados em cada tribunal, cf. THEODORO JR. Humberto. Regime das Demandas Repetitivas no Novo Código de Processo Civil. In: DIDIER JR., Fredie. (coord.). **Processo nos tribunais e meios de impugnação às decisões judiciais.** Salvador: JusPodivm, 2016, p. 433.

[624] Lucas Buril de Macêdo afirma que a repetição necessária para as técnicas de resolução de questões de direito repetitivas é suficiente para pluralizar o debate nos tribunais, garantindo a formação dinâmica do precedente, o que não faz sentido quando transportado para o IAC com finalidade preventiva. Cf. MACÊDO, Lucas Buril de. **Os precedentes judiciais e o direito processual civil**. 3. ed. Salvador: JusPodivm, 2019, p. 414, "Muito embora o CPC tenha apostado na concentração de procedimentos, ele o fez sempre preocupado com a ampla participação e a partir da existência de vários debates acerca da matéria, instaurando-se procedimento concentrado para formação de precedente em momento no qual já se encontram vários argumentos e, mesmo, decisões proferidas. É, por exemplo, nesse sentido que o IRDR, para ser instaurado, requer a existência de processos no tribunal e, ademais, a sua efetiva repetição. Há, portanto, procedimento concentrado para formação de precedente, porém a formação, ainda assim, é dinâmica.".

uniformidade nas decisões judiciais, afetando a segurança e a estabilidade das relações jurídicas, econômicas e sociais.[625]

Além disso, a tese firmada através desses mecanismos tem consequências muito parecidas para processos em andamento e processos do porvir,[626] indicando, mais uma vez, a desnecessidade da pluralidade de instrumentos que buscam o mesmo fim, ou, pior do que apenas a desnecessidade, a perniciosidade em razão do que será desenvolvido no ponto a seguir. Quando as consequências processuais não são exatamente as mesmas, como ocorre, por exemplo, com a tutela da evidência,[627] a doutrina e enunciados interpretativos da legislação tendem a minimizar tais

[625] Vale trazer a crítica de Dierle Nunes sobre o modo como introduzimos esses mecanismos em nosso ordenamento e as formas de sua aplicação: NUNES, Dierle. Processualismo constitucional democrático e o dimensionamento de técnicas para a litigiosidade repetitiva. **Revista de Processo**, v. 199, ano 2011, p. 41-83, set., 2011, versão virtual não paginada, "A defesa dessa "pseudo-igualdade" para aumentar a eficiência (quantitativa), para fomentar uma previsibilidade pelo engessamento dos posicionamentos (em face do modo superficial que o sistema brasileiro impõe a aplicação do direito aos juízes), para favorecer uma concepção hierárquica (e não funcional da divisão das competências do Poder judiciário – com quebra da independência interna) e desestimular o acesso à justiça (que é fruto de uma luta histórica e se tornou um problema funcional, pela ausência de uma efetiva reforma do judiciário e de um aparato adequado), deve ser tematizada com muita cautela.".

[626] As repercussões da tese firmada em IAC, IRDR e repetitivos afetam a (i) possibilidade de improcedência liminar do pedido com fundamento no artigo 332, CPC, (ii) dispensa a remessa necessária, nos termos do artigo 496, §4º, CPC, (iii) possibilita a análise do mérito recursal monocraticamente pelo relator, com fundamento no artigo 932, CPC, (iv) afasta a necessidade de unanimidade no julgamento no tribunal, segundo o artigo 942, CPC, (v) possibilita o julgamento do conflito de competência pelo próprio relator, nos termos do artigo 955, CPC, (vi) viabiliza o manejo de reclamação, segundo o artigo 988, CPC, e, ainda, (vii) autorização a oposição de embargos de declaração contra decisão que não tenha se pronunciado sobre a tese firmada, nos termos do artigo 1.022, CPC.

[627] De acordo com o artigo 311 do CPC, apenas a tese firmada através de repetitivos possibilita a antecipação da tutela jurisdicional com base na evidência. CPC, Art. 311. "A tutela da evidência será concedida, independentemente da demonstração de perigo de dano ou de risco ao resultado útil do processo, quando: [...] II – as alegações de fato puderem ser comprovadas apenas documentalmente e houver tese firmada em julgamento de casos repetitivos ou em súmula vinculante;".

diferenciações, equiparando as repercussões das teses jurídicas firmadas através de diferentes mecanismos.[628]

Defende-se, assim, a necessidade de padronização dos instrumentos para a discussão de questões de direito repetitivas ou com potencial para tanto nos tribunais. Demonstração da suficiência de apenas um mecanismo para formação de teses vinculantes nos tribunais é o quanto ocorre hoje no STF. Apesar de existir previsão para repetitivos naquela Corte, seu uso é inexistente.[629] Com a previsão de repercussão geral para o recurso extraordinário na Emenda Constitucional n. 45 de 2004, essa prevalece[630] para análise de questões de forma qualitativa e quantitativa.[631] Obviamente que a transposição da repercussão geral para a segunda instância não é possível, vez que o instituto funciona como filtro para seleção de casos que serão julgados pelo tribunal,[632] que não é

[628] Sobre o tema, cf. D'Ávila, Daniela Peretti. **Incidente de assunção de competência**: Extraindo seu máximo grau de rendimento. 2019. Dissertação (Mestrado em Direito) – Pontifícia Universidade Católica de São Paulo, São Paulo, 2019, *passim*. A autora compara as situações em que o IAC não está listado nas mesmas formas de aceleração do procedimento que o IRDR e os RR, demonstrando que a equiparação é feita na prática e na doutrina.

[629] Comentando tal constatação, cf. Monnerat, Fábio Victor da Fonte. **Súmulas e precedentes qualificados**: técnicas de formação e aplicação. São Paulo: Saraiva Educação, 2019, p. 57.

[630] Sobre a repercussão geral e a Emenda Constitucional n. 45 de 2004, cf. Barbosa Moreira, José Carlos. A Emenda Constitucional n. 45 e o processo. **Temas de direito processual**: nona série. São Paulo: Saraiva, 2007, p. 27, "A norma, de clara inspiração norte-americana, encontra um antecedente no próprio direito brasileiro: tempo houve, sob outro regime constitucional, em que a admissibilidade do recurso extraordinário se subordinava, em certas hipóteses, à demonstração da então denominada "relevância da questão federal". A ideia é a mesma, se bem que consagrada agora sob forma algo diversa. O que se pretende é evitar que o Supremo Tribunal Federal tenha de ocupar-se de questões de interesse visto como restrito à esfera jurídica das partes do processo, em ordem a poder reservar sua atenção e seu tempo para matérias de mais vasta dimensão, para grandes problemas cuja solução deva influir com maior intensidade na vida econômica, social, política do país.".

[631] Sobre o tema, cf. Mancuso, Rodolfo de Camargo. **Incidente de resolução de demandas repetitivas**: a luta contra a dispersão jurisprudencial excessiva. São Paulo: Revista dos Tribunais, 2016, p. 124-131.

[632] Apesar de funcionar como filtro, as teses em si possuem conteúdo decisório, trazendo importantes pontos de discussão que escapam ao objeto desta tese. Sobre o tema, cf. Cruz e Tucci, José Rogério. Anotações sobre a repercussão geral como pressuposto de admissibilidade do recurso extraordinário (Lei 11.418/2006). **Revista de Processo**, v. 145, ano 2007, p. 151-162, mar., 2007. Sobre a repercussão geral e a repetição, cf. Araújo, José Hen-

meramente uma corte de revisão. O argumento aqui é mais sistemático e menos microscópico em relação a detalhes de cada instituto e perfil do tribunal.

Dentre as vantagens do acolhimento da tese proposta, podem ser listados os seguintes pontos que serão mais bem explanados ao longo da tese: (i) eliminação da discussão que atinge o IRDR sobre ser ele causa-piloto, procedimento-modelo ou adotar um regime híbrido;[633] (ii) diminuir ou mesmo eliminar a discussão sobre a fungibilidade ou conversão entre os incidentes previstos no CPC para uniformização de jurisprudência nos tribunais; (iii) garantia de observância do juiz natural em razão da impossibilidade de estabelecimento pelos regimentos internos de órgãos jurisdicionais distintos para processamento e julgamento de apenas um mecanismo; (iv) incremento da segurança jurídica, analisando-se os aspectos econômicos do processo, no que tange à expectativa de apenas um mecanismo para formação de precedente com potencialidade para alteração do procedimento do caso em tribunais;[634] (v) previsibilidade quanto às repercussões da tese firmada independentemente da origem do mecanismo, vez que hoje o legislador faz alguma diferenciação que tende a ser eliminada na doutrina e na jurisprudência, em razão da alegação da existência do microssistema de formação de precedentes; (vi) previsibilidade quanto ao procedimento a ser adotado no tribunal para o julgamento da tese jurídica a ser aplicada para determinada questão de direito[635], e; (vii) a existência de apenas um meca-

rique Mouta. A eficácia da decisão envolvendo a repercussão geral e os novos poderes dos relatores e dos tribunais locais. **Revista de Processo**, v. 152, ano 2007, p. 181-194, out., 2007.

633 Tal polêmica tem consequências práticas relevantes que motivam situações de insegurança jurídica. Um dos fundamentos para o STJ indeferir a suspensão nacional em IRDR (SIRDR n. 8/STJ) foi a polêmica sobre a natureza do instituto e o seu cabimento ou não em processos judiciais provenientes dos Juizados Especiais Cíveis.

634 Eliminando a incerteza patológica, termo cunhado na análise econômica do direito, cf. Pimentel, Wilson. **Acesso *responsável* à justiça**: o impacto dos custos na decisão de litigar. Dissertação de mestrado. Rio de Janeiro: Fundação Getúlio Vargas, 2017, p. 19. Sobre o tema, cf., também: Wolkart, Erik Navarro. **Análise Econômica do Processo Civil**: como a economia, o direito e a psicologia podem vencer a tragédia da justiça. São Paulo: Revista dos Tribunais, 2019.

635 A eficácia normativa dos institutos listados no art. 927 do CPC decorre da alteração procedimental. Sobre o tema, cf. Lemos, Vinicius Silva. **O incidente de assunção de competência**: da conceituação à procedimentalidade. Salvador: JusPodivum, 2018, p. 30: "As

nismo para rediscussão de teses jurídicas já firmadas para levar à superação de entendimentos jurisprudenciais, o que ocorreria pelo mesmo procedimento, antes já adotado.

Vale destacar sobre o *ponto (i)* aventado acima, qual seja, a polêmica sobre ser o IRDR causa-piloto, procedimento-modelo ou adotar um regime híbrido, que a discussão não é estranha à história processual recente. Tal debate ocorreu sob a vigência do CPC/73, quando o legislador optou expressamente pelo rito da causa-piloto no antigo artigo 555, §1º, CPC/73, reformando o rito do incidente de uniformização de jurisprudência, vez que o então novo incidente possibilitava a resolução da questão de direito que lhe fosse submetida e o julgamento do caso piloto, acelerando o procedimento,[636] evitando a cisão do julgamento.

Assim, talvez algo possa ser aprendido a partir da experiência passada, escapando de destinos cíclicos em que a panaceia de hoje é a solução que não teve sucesso anteriormente. Como destacou-se em nota de rodapé, tal polêmica tem consequências práticas relevantes que motivam situações de insegurança jurídica. Um dos fundamentos para o STJ indeferir a suspensão nacional em IRDR (SIRDR n. 8/STJ) foi a polêmica sobre a natureza do instituto e o seu cabimento ou não em processos judiciais provenientes dos Juizados Especiais Cíveis.

Sobre a eliminação da polêmica acerca da *(ii)* fungibilidade ou da conversão entre o IAC e o IRDR,[637] apenas um incidente, tanto para pre-

decisões oriundas dos institutos delineados no art. 927 tem uma vinculação normativa, dada a alteração procedimental realizada para a formação desses precedentes.".

[636] Sobre esse aspecto, cf. Mendes, Aluisio Gonçalves de Castro; Porto, José Roberto Mello. **Incidente de assunção de competência.** Rio de Janeiro: GZ, 2020, p. 30, "Embora se possa defender que o primordial no incidente preventivo seja, a exemplo dos incidentes repressivos, fixar uma tese jurídica que pacifique a questão jurídica e deva ser aplicada pelos órgãos julgadores futuros, é indiscutível que o legislador optou, expressamente, pela sistemática de causa piloto. Tal natureza não é inédita: com o advento do incidente de questão relevante ou de assunção de competência no CPC/1973 (artigo 555, §1º), se abandonou a sistemática do incidente anterior (de uniformização de jurisprudência), mais burocrática, em que havia cisão cognitiva: o colegiado destacado apenas julgava a questão jurídica, e o originário a aplicava. Basta ver que se apontava como vantagem desse instituto, em comparação com o anterior, exatamente o fato de o órgão solucionar a questão jurídica e o caso concreto, o que acelerava o procedimento.".

[637] No sentido de admitir a conversão entre os incidentes: Enunciado n. 141 da II Jornada de Direito Processual Civil do Conselho da Justiça Federal: "É possível a conversão de Inci-

venir, quanto para reprimir divergências jurisprudenciais, atingiria esse fim. Nos termos já traçados pelo legislador de 2015, o IAC pode assumir, como já vem assumindo em vários casos,[638] as duas funções. A existência em si da afirmação que existe fungibilidade ou a possibilidade de conversão entre os incidentes já demonstra a desnecessidade de dois mecanismos para lidar com questões de direito em tribunais.

As polêmicas rodeiam temas importantes como: a inércia da jurisdição,[639] o princípio da congruência[640] e a necessidade de julgamento de IAC sem qualquer caso-piloto na situação de a provocação ter ocorrido inicialmente através de um IRDR a partir de divergência constatada nas instâncias inferiores, sem processo no tribunal.[641]

Toda a discussão aqui proposta de forma a levar à formação da tese também merece ser transposta para os tribunais superiores, nos quais existe dualidade entre os recursos julgados sob o regime dos repetitivos e o IAC, além da eminente discussão e polêmica sobre o (não) cabimento do IRDR diretamente nesses tribunais.

Acerca do *ponto (iii)* aventado acima, qual seja, a garantia de observância do juiz natural em razão da impossibilidade de estabelecimento pelos regimentos internos de órgãos jurisdicionais distintos para proces-

dente de Assunção de Competência em Incidente de Resolução de Demandas Repetitivas, se demonstrada a efetiva repetição de processos em que se discute a mesma questão de direito.".

638 Em breve pesquisa de casos nos tribunais, encontram-se diversos incidentes em que há reconhecimento de multiplicidade e o IAC é admitido com base no artigo 947, §4º, do CPC. No STJ, podemos citar o IAC n. 3 e o n. 5 em que se aplicou, inclusive, o rito dos repetitivos por analogia para lidar com a repetição existente no IAC admitido.

639 No sentido de a fungibilidade não ofender a inércia: Mendes, Aluisio Gonçalves de Castro; Porto, José Roberto Mello. **Incidente de assunção de competência.** Rio de Janeiro: GZ, 2020, p. 73, "Não há qualquer problema, de resto, no tocante à inércia jurisdicional. Isso porque o princípio se aplica em pontuais momentos processuais, notadamente seu início e (reinício) no cumprimento de sentença que reconhece obrigação de pagar, dando a vez, posteriormente, para o do impulso oficial.".

640 Que seria suplantado em razão de o relator poder suscitar IRDR de ofício, segundo: Mendes, Aluisio Gonçalves de Castro; Porto, José Roberto Mello. **Incidente de assunção de competência.** Rio de Janeiro: GZ, 2020, p. 73.

641 Para Aluisio Mendes e José Roberto Porto, não haveria problema neste julgamento de IAC, vez que o RISTJ admite o prosseguimento do incidente mesmo quando da desistência da parte. Mendes, Aluisio Gonçalves de Castro; Porto, José Roberto Mello. **Incidente de assunção de competência.** Rio de Janeiro: GZ, 2020, p. 75.

samento e julgamento de apenas um mecanismo, por ele ser central ao quanto aqui se defende, abre-se a seguir um espaço maior para desenvolvimento do tema.

3.2. Juiz natural e sua relação com mecanismos para fixação de norma jurídica geral e concreta de forma concentrada por tribunais

Este ponto para a defesa da existência de apenas um mecanismo para consolidar entendimento de forma qualificada pelo procedimento nos tribunais demanda a separação em tópico próprio. Trata-se da possível violação do juiz natural diante da existência de uma pluralidade de mecanismos que podem ser julgados por órgãos jurisdicionais distintos[642] a partir de molduras fáticas semelhantes[643] circundadas por conceitos jurídicos indeterminados. Considerando que o quanto listado no artigo 927 do CPC visa a assegurar isonomia, eficiência e segurança jurídica,[644] a situação atual do relacionamento entre alguns desses meca-

[642] A preocupação com o juiz natural e sua possível violação diante de procedimentos especializados aparece na obra de Mauro Cappelletti e Bryant Garth, *Acesso à Justiça*, nos seguintes termos: "O maior perigo que levamos em consideração ao longo dessa discussão é o risco de que procedimentos modernos e eficientes abandonem as garantias fundamentais do processo civil – essencialmente as de um julgador imparcial e do contraditório.", p. 163, CAPPELLETTI, Mauro; BRYANT, Garth. **Acesso à Justiça**. Tradução de Ellen Gracie Northfleet. Porto Alegre: Sergio Antonio Fabris Editor, 1988. Mesmo afirmando existir paralelismo entre IRDR e IAC, Lucas Buril recomenda que os regimentos estabeleçam o mesmo órgão para julgamento de IAC e IRDR, cf. MACÊDO, Lucas Buril de. **Os precedentes judiciais e o direito processual civil**. 3. ed. Salvador: JusPodivm, 2019, p. 511.

[643] No passado, defendemos que o juiz natural não restaria violado caso o tribunal fundamentasse a sua decisão devidamente, nos termos do artigo 489, §1º, do CPC, e mantivesse a sua jurisprudência estável, íntegra e coerente, como determina o artigo 926, CPC, de acordo com o *stare decisis*. Entretanto, revisamos nossa posição em razão do desenvolvimento da presente pesquisa. A pesquisa anterior foi publicada em: RICHTER, Bianca Mendes Pereira. O incidente de assunção de competência como precedente no Novo Código de Processo Civil: análise do instituto no Superior Tribunal de Justiça. **Revista de Processo**, v. 280, ano 2018, p. 303-334, jun., 2018.

[644] Sobre o tema, cf. MACÊDO, Lucas Buril de. Influência do sistema brasileiro de precedentes no interesse recursal. In: NERY JR., Nelson; ARRUDA ALVIM, Teresa. (coord.). **Aspectos polêmicos dos recursos cíveis e assuntos afins.** v. 13. São Paulo: Revista dos Tribunais, 2017, p. 360, "A argumentação a partir dos precedentes é representada, basicamente, da seguinte forma: o tratamento anterior do acontecimento X da forma Y constitui uma razão para que fatos similares a X, caso ocorram, sejam tratados também da forma Y. Decidir que

nismos criados para lidar com a litigância acaba por incrementar a situação de falta de isonomia e de grave insegurança jurídica.[645]

A partir dessa consideração, podemos traçar algumas linhas sobre o juiz natural, que tem sua gênese nos setecentos,[646-647] nos primórdios do

algo deve ser feito da mesma forma que fora feito anteriormente em uma situação semelhante tem fundamento em razões de igualdade, eficiência e imparcialidade.".

645 Parece-nos pertinente a seguinte passagem neste momento: ZANETI JR., Hermes. Cortes Supremas e interpretação do direito. In: GALLOTTI, Isabel; et alli. (coord.). **O Papel da jurisprudência no STJ**. São Paulo: Revista dos Tribunais, 2014, p. 200, "A tarefa desenvolvida até aqui nos permite dizer que o futuro das cortes supremas brasileiras, STJ e STF, irá depender da correta aplicação das novas metodologias de controle, da passagem do modelo de cortes de controle para o de cortes de interpretação; e, de cortes de jurisprudência para cortes de precedentes. Não é um percurso imediato, não é um caminho fácil, exige compromisso com a função do intérprete de buscar a correção dentro da coerência do ordenamento jurídico equilibrando efetividade e segurança jurídica. Exige, ademais, o dever-poder no exercício de suas competências constitucionais, para que as cortes supremas, no afã de uniformizar o direito, não se transformem em cortes totalitárias.".

646 Nesse sentido: Nelson Nery Jr. e Antonio do Passo Cabral, cf. NERY JR., Nelson. O juiz natural no direito processual civil comunitário europeu. **Revista de Processo**, v. 101, ano 2001, p. 101-132, jan-mar., 2001. **Doutrinas Essenciais de Processo Civil**, v. 9, p. 949-984, out., 2011. Antonio do Passo Cabral ainda refuta aqueles que defendem a origem do juiz natural estar na Magna Carta, cf. CABRAL, Antonio do Passo. **Juiz natural e eficiência processual**: flexibilização, delegação e coordenação de competências no processo civil. Tese de titularidade – Universidade do Estado do Rio de Janeiro. Rio de Janeiro: Universidade do Estado do Rio de Janeiro, 2017, p. 49-50, "De fato, as regras da Magna Carta estabeleciam diretrizes gerais sobre muitos assuntos cujo conteúdo não é convergente com o que entendemos hoje por juiz natural. Não nos parece, portanto, que o princípio tenha surgido tão remotamente.". Ignacio Diez-Picazo Gimenez explica os motivos pelos quais é impossível levar a origem do juiz natural à época tão remota, cf. DIEZ-PICAZO GIMENEZ, Ignacio. *El derecho fundamental al juez predeterminado por la ley*. ***Revista Española de Derecho Constitucional***, ano 11, n. 31, jan.-abr., 1991, p. 77, *"De una garantia del juez legal y predeterminado sólo cobra significado con la división de poderes que aquél conlleva. En un régimen absoluto, en que los poderes se encuentran concentrados en la figura del monarca, es absurdo afirmar que éste pueda ver limitado juridicamente su poder de crear órganos jurisdiccionales o de atribuir distinta competência a los existentes."*.

647 Em sentido contrário, localizando a gênese do juiz natural na Magna Carta, mas afirmando que a sua dimensão atual apenas consolidou-se na *"Bill of Rights"* e na *"Petition of Rights"* no século XVII, cf. GRINOVER, Ada Pellegrini. O princípio do juiz natural e sua dupla garantia. **Revista de Processo**, v. 29, ano 1983, p. 11-33, jan.-mar., 1983, versão virtual não paginada, "Assim, na "Petition of Rigths" e no "Bill of Rights" o princípio do juiz natural realmente assume a dimensão atual, de proibição de juízos *ex post facto*.".

delineamento do Estado de Direito,[648] quando a preocupação era a fixação de limites para que se evitassem influências externas sobre o Poder Judiciário.[649] Essa conformação construída tem sido mantida nos escritos doutrinários até hoje,[650] demandando a revisitação do tema em razão da complexidade da realidade atual. Pelo juiz natural, devem existir crité-

[648] Antonio do Passo Cabral identifica que o juiz natural era aquele vinculado à legalidade, como forma de tolher arbitrariedades dos governantes, cf. CABRAL, Antonio do Passo. **Juiz natural e eficiência processual**: flexibilização, delegação e coordenação de competências no processo civil. Tese de titularidade – Universidade do Estado do Rio de Janeiro. Rio de Janeiro: Universidade do Estado do Rio de Janeiro, 2017, p. 57. Sobre a legalidade como forma de conferência de liberdade, cf. CALAMANDREI, Piero. **Non c'è libertà senza legalità**. Roma: Laterza & Figli, 2019.

[649] Sobre o tema, cf. GRINOVER, Ada Pellegrini. O princípio do juiz natural e sua dupla garantia. **Revista de Processo**, v. 29, ano 1983, p. 11-33, jan.-mar., 1983, versão virtual não paginada, "Em ambos os textos, ao juiz natural opõem-se os institutos da comissão, da atribuição e da evocação, expressões, todas, próprias do Estado absoluto e presas à concepção da derivação do poder jurisdicional da figura do soberano.". A título de curiosidade, sem qualquer intento de investigação histórica, vale pontuar que tais influências já eram sentidas em tempos pretéritos durante a República Romana, como destaca José Rogério Cruz e Tucci ao explicitar a evolução do processo romano. Cf. CRUZ E TUCCI, José Rogério. **Precedente judicial como fonte do direito**. 2.ed. Rio de Janeiro: GZ, 2021, p. 30, "É bem de ver, contudo, que a ingerência do poder imperial não visava apenas a introduzir princípios jurídicos novos, mais consentâneos com a realidade da sociedade romana, mas também tinha por finalidade interferir na esfera processual, com o intuito de subtrair o julgamento da lide de seu juiz natural.".

[650] CABRAL, Antonio do Passo. **Juiz natural e eficiência processual**: flexibilização, delegação e coordenação de competências no processo civil. Tese de titularidade – Universidade do Estado do Rio de Janeiro. Rio de Janeiro: Universidade do Estado do Rio de Janeiro, 2017, p. 27, "Pois bem, desde a produção doutrinária dos setecentos e oitocentos – quando eclodiu e se estruturou teoricamente –, passando pela sua consolidação e positivação em leis, constituições e tratados internacionais ao longo do séc. XX, o princípio do juiz natural manteve aquela formatação original até hoje. No entanto, nas últimas décadas, muitas práticas judiciárias ao redor do planeta, e muitos institutos processuais previstos em diversos sistemas jurídicos, inclusive o brasileiro, parecem corroer as premissas tradicionais sobre as quais erguido o edifício teórico do princípio do juiz natural, com evidente impacto no sistema de distribuição de competências.". Sobre a importância do tema, cf. NERY JR., Nelson. O juiz natural no direito processual civil comunitário europeu. **Revista de Processo**, v. 101, ano 2001, p. 101-132, jan.-mar., 2001, versão virtual não paginada, "O princípio do juiz natural, enquanto postulado constitucional adotado pela maioria dos países cultos, tem grande importância na garantia do Estado de Direito, bem como na manutenção dos preceitos básicos de imparcialidade do juiz na aplicação da

rios prévios objetivos que permitam determinar o juízo competente para julgamento da causa,[651] garantias de imparcialidade e *terzietà* dos juízes em relação à causa, além de organização interna do Poder Judiciário que permita controlar a sua divisão funcional.[652] Assim, as relações existentes entre o juiz natural e as regras de competência[653] são evidentes.[654]

Para Ada Pellegrini Grinover, o juiz natural é essencial ao exercício da função jurisdicional.[655] Afirma-se que a previsão do juiz natural está no texto constitucional, nos incisos XXXVII[656] e LIII[657] do artigo 5º,

atividade jurisdicional, atributo esse que se presta à defesa e proteção do interesse social e do interesse público geral.".

651 Nelson Nery Jr. fala em "determinabilidade" e a "pré-constituição" do direito italiano, cf. Nery Jr., Nelson. O juiz natural no direito processual civil comunitário europeu. **Revista de Processo**, v. 101, ano 2001, p. 101-132, jan.-mar., 2001.

652 Nery Jr., Nelson. O juiz natural no direito processual civil comunitário europeu. **Revista de Processo**, v. 101, ano 2001, p. 101-132, jan.-mar., 2001.

653 Sobre o conceito de competência, válido transcrever o utilizado por Antonio do Passo Cabral: "Portanto, em nosso entendimento, a competência pode ser considerada uma espécie de legitimidade para o exercício do poder jurisdicional, ou a pertinência do poder a um sujeito em razão da sua posição, e exige uma análise de adequação entre o processo e o órgão jurisdicional.", p. 158, Cabral, Antonio do Passo. **Juiz natural e eficiência processual**: flexibilização, delegação e coordenação de competências no processo civil. Tese de titularidade – Universidade do Estado do Rio de Janeiro. Rio de Janeiro: Universidade do Estado do Rio de Janeiro, 2017.

654 Nery Jr., Nelson. **Princípios do processo civil na Constituição Federal**. 12.ed. São Paulo: Revista dos Tribunais, 2016, p. 162, "A garantia do juiz natural é tridimensional. Significa que: 1) não haverá juízo ou tribunal *ad hoc*, isto é, tribunal de exceção; 2) todos têm o direito de se submeter a julgamento (civil ou penal) por juiz competente, pré-constituído na forma da lei; 3) o juiz competente tem de ser imparcial.".

655 Grinover, Ada Pellegrini. O princípio do juiz natural e sua dupla garantia. **Revista de Processo**, v. 29, ano 1983, p. 11-33, jan.-mar., 1983, versão virtual não paginada, "A imparcialidade do juiz, mais do que simples atributo da função jurisdicional, é vista hodiernamente como seu caráter essencial; e, em decorrência disso, a "imanência do juiz no processo", pela completa jurisdicionalização deste, leva à reelaboração do princípio do juiz natural, não mais identificado com um atributo do juiz, mas visto como pressuposto para a sua própria existência.". Também nesse sentido: Diez-Picazo Gimenez, Ignacio. El derecho fundamental al juez predeterminado por la ley. **Revista Española de Derecho Constitucional**, ano 11, n. 31, jan.-abr., 1991.

656 CF, Artigo 5º, XXXVII – "não haverá juízo ou tribunal de exceção.".

657 CF, Artigo 5º, LIII – "ninguém será processado nem sentenciado senão pela autoridade competente.".

quando o constituinte proíbe tribunais de exceção[658] e prevê a garantia do julgamento pela autoridade competente.[659] Para a autora mencionada, o juiz natural é um princípio constitucional, pois garante o devido processo legal, e como tal deve prevalecer sobre os princípios apenas instrumentais, como a economia processual, por exemplo.[660] Afirma-se, ainda, que a organização da competência está sujeita à reserva legal,[661] ou seja, a regulamentação sobre o tema deve ser exarada pelo Poder Legislativo e ser anterior ao fato,[662] evitando-se com isso a imprevisibili-

[658] Nesse sentido: BARBOSA MOREIRA, José Carlos. A Emenda Constitucional n. 45 e o processo. **Temas de direito processual**: nona série. São Paulo: Saraiva, 2007. Vale também cf. GRINOVER, Ada Pellegrini. O princípio do juiz natural e sua dupla garantia. **Revista de Processo**, v. 29, ano 1983, p. 11-33, jan.-mar., 1983, versão virtual não paginada, "Importante é notar, assim, que à expressão tradicional brasileira vedando os "tribunais de exceção", a doutrina constitucional faz corresponder, amplamente, diversas garantias do princípio do juiz natural. Pouco tecnicamente, talvez, mas com o louvável intuito de englobar na expressão a ampla gama de aspectos abrangidos pelo princípio.".

[659] NERY JR., Nelson. O juiz natural no direito processual civil comunitário europeu. **Revista de Processo**, v. 101, ano 2001, p. 101-132, jan.-mar., 2001. Também nesse sentido: CABRAL, Antonio do Passo. **Juiz natural e eficiência processual**: flexibilização, delegação e coordenação de competências no processo civil. Tese de titularidade – Universidade do Estado do Rio de Janeiro. Rio de Janeiro: Universidade do Estado do Rio de Janeiro, 2017, p. 106, "Geralmente, nos sistemas processuais contemporâneos, entende-se que o princípio do juiz natural revela-se em uma dupla garantia: a proibição de constituição de juízos extraordinários e a vedação de modificação de juízo legalmente competente. Como vimos, no Brasil, ambas as vertentes do princípio estão previstas no artigo 5º da Constituição, mais especificamente nos incisos XXXVII e LIII; o juiz natural proíbe juízo ou tribunal de exceção, bem como determina que ninguém será processado senão por autoridade competente.".

[660] GRINOVER, Ada Pellegrini. **Ensaio sobre a processualidade**: fundamentos para uma nova teoria geral do processo. Brasília: Gazeta Jurídica, 2016, p. 99, "Por isso, os princípios que regem processo e procedimento podem ser divididos em constitucionais e instrumentais. Se houver colisão entre um princípio constitucional e um instrumental, o primeiro tem que prevalecer sobre o segundo.".

[661] CABRAL, Antonio do Passo. **Juiz natural e eficiência processual**: flexibilização, delegação e coordenação de competências no processo civil. Tese de titularidade – Universidade do Estado do Rio de Janeiro. Rio de Janeiro: Universidade do Estado do Rio de Janeiro, 2017, p. 113.

[662] O aspecto da pré-constituição do juiz natural não está regulamentado expressamente na Constituição brasileira, cf. BADARÓ, Gustavo Henrique. **Juiz natural no processo penal**. São Paulo: Revista dos Tribunais, 2014, p. 88. Sobre as características do juiz natural,

dade e a resolução casuística para cada processo, nos dizeres de Antonio do Passo Cabral:

> Portanto, não se trata apenas de uma questão temporal, que fala a favor do pré-estabelecimento da regra de competência; faz-se necessário ainda que a norma de competência seja baseada em critérios gerais e abstratos, aplicáveis indistintamente a todos os casos cujas circunstâncias se enquadrarem no seu suporte fático. A distinção é relevante porque o sentido da vedação de tribunais e juízos *ad hoc* não quer dizer que a competência não possa ser atribuída casuisticamente, mas sim que a norma de competência não possa ser distintamente aplicada caso a caso, levando a resultados desiguais e imprevisíveis.[663]

Dessa maneira, as regras de competência, emanadas do Poder Legislativo e *ante factum*, não podem ser centradas em critérios discricionários.[664-665] Assim, com a concepção tradicional do juiz natu-

cf. Cabral, Antonio do Passo. **Juiz natural e eficiência processual**: flexibilização, delegação e coordenação de competências no processo civil. Tese de titularidade – Universidade do Estado do Rio de Janeiro. Rio de Janeiro: Universidade do Estado do Rio de Janeiro, 2017, p. 116.

663 Cabral, Antonio do Passo. **Juiz natural e eficiência processual**: flexibilização, delegação e coordenação de competências no processo civil. Tese de titularidade – Universidade do Estado do Rio de Janeiro. Rio de Janeiro: Universidade do Estado do Rio de Janeiro, 2017, p. 119/120.

664 Cabral, Antonio do Passo. **Juiz natural e eficiência processual**: flexibilização, delegação e coordenação de competências no processo civil. Tese de titularidade – Universidade do Estado do Rio de Janeiro. Rio de Janeiro: Universidade do Estado do Rio de Janeiro, 2017, p. 124, "Entende-se que as normas de competência devem definir claramente e em detalhe o juízo que deverá julgar o caso, não podendo decorrer de cláusulas gerais ou de enunciados normativos compostos por conceitos jurídicos indeterminados, ou qualquer elemento que apontasse para a vagueza de sua redação ou que produzisse indeterminação do seu conteúdo. Assim, a fixação ou modificação de competência por critérios discricionários seria intolerável: prega-se uma máxima previsibilidade sobre a competência para processamento e julgamento do litígio futuro. Claro que não se exige que o juízo seja *a priori* determinado; basta que, à luz das normas de competência, ele seja plenamente determinável.".

665 Também nesse sentido, cf. Grinover, Ada Pellegrini. O princípio do juiz natural e sua dupla garantia. **Revista de Processo**, v. 29, ano 1983, p. 11-33, jan.-mar., 1983, **Doutrinas Essenciais de Processo Civil**, v. 1, p. 87-117, out., 2011, versão virtual não paginada, "Tais garantias desdobram-se, na verdade, em três conceitos: só são órgãos jurisdicionais os instituídos pela Constituição; ninguém pode ser julgado por órgão constituído após a ocorrên-

ral,[666] apoia-se na capacidade de previsão do legislador ao estabelecer todas as hipóteses possíveis e necessárias previamente na legislação, de forma a tornar possível a determinação do juízo competente com base em critérios legais, objetivos, claros e pré-fixados.[667] Uma vez fixada a competência, nos termos do artigo 43 do CPC,[668] aplica-se a regra da perpetuação da competência (*"perpetuatio iurisdictionis"*), ou seja, não pode haver qualquer alteração por circunstâncias fáticas ou jurídicas posteriores.[669]

Entretanto, há diversos institutos processuais utilizados atualmente que atacam esses parâmetros teóricos gerais do juiz natural, levando à defesa da necessidade de sua revisão,[670] sob pena de violações constantes

cia do fato; entre os juízes pré-constituídos vigora uma ordem taxativa de competências, que exclui qualquer alternativa deferida à discricionariedade de quem quer que seja.".

666 Mesmo a concepção tradicional do juiz natural exposta traz diversos questionamentos poucos explorados, como destaca Ignacio Diez-Picazo Gimenez, cf. DIEZ-PICAZO GIMENEZ, Ignacio. El derecho fundamental al juez predeterminado por la ley. **Revista Española de Derecho Constitucional**, ano 11, n. 31, jan.-abr., 1991, p.76.

667 Antonio do Passo Cabral afirma que a necessidade de ausência de discricionariedade provavelmente tem relação com o surgimento do juiz natural, cf. CABRAL, Antonio do Passo. **Juiz natural e eficiência processual**: flexibilização, delegação e coordenação de competências no processo civil. Tese de titularidade – Universidade do Estado do Rio de Janeiro. Rio de Janeiro: Universidade do Estado do Rio de Janeiro, 2017, p. 306, "Talvez a razão para essa resistência histórica seja a força interpretativa que se atribui, ainda hoje, à gênese do princípio do juiz natural, que floresceu junto com o surgimento da legalidade do Estado de Direito e a ideia de primazia da lei em sentido formal.". Sobre a legalidade, por todos, cf. CALAMANDREI, Piero. **Non c'è libertà senza legalità**. Roma: Laterza & Figli, 2019.

668 CPC, Artigo 43. "Determina-se a competência no momento do registro ou da distribuição da petição inicial, sendo irrelevantes as modificações do estado de fato ou de direito ocorridas posteriormente, salvo quando suprimirem órgão judiciário ou alterarem a competência absoluta.".

669 Sobre o tema, cf. CABRAL, Antonio do Passo. **Juiz natural e eficiência processual**: flexibilização, delegação e coordenação de competências no processo civil. Tese de titularidade – Universidade do Estado do Rio de Janeiro. Rio de Janeiro: Universidade do Estado do Rio de Janeiro, 2017, p. 164/165, "Assim, a perpetuação da competência normalmente é retratada como uma disposição que favorece a economia processual e a segurança jurídica, por conferir estabilidade à incidência da regra de competência.".

670 Essa é uma constatação feita também em outros ordenamentos jurídicos, cf. MARK, Elaine. Balancing Territoriality and Functionality; Specialization as a Tool for Reforming Jurisdiction in the Netherlands, France and Germany (January 9, 2017). **International Journal for Court Administration**, v. 1, n. 2, 2008, Available at SSRN: https://ssrn.com/

a esse princípio com estatura constitucional.[671-672] Como afirma Antonio do Passo Cabral:

> É preciso fazer valer a norma, e não podemos tolerar que, por falta de parâmetros e talvez pela inadequação do conteúdo às necessidades atuais da jurisdição, uma suposta garantia constitucional seja solapada e violada corriqueiramente.[673]

Dentre esses institutos, encontra-se o IAC, objeto de análise da presente tese.[674] Assim, alguns questionamentos colocam-se a partir de tais

abstract=2896077. Acesso em 07 jul. 2020. Fala-se do equilíbrio que precisa ser travado entre a "nova governança pública" e o clássico devido processo legal.

671 Antonio do Passo Cabral cita o IAC como um exemplo que justifica a necessidade de revisitação do tema. Cf. CABRAL, Antonio do Passo. **Juiz natural e eficiência processual**: flexibilização, delegação e coordenação de competências no processo civil. Tese de titularidade – Universidade do Estado do Rio de Janeiro. Rio de Janeiro: Universidade do Estado do Rio de Janeiro, 2017, p. 83, "A reflexão que essa jornada nos provoca é: quais os novos caminhos do juiz natural? No fim do séc. XX e começo do séc. XXI, a preocupação dos sistemas jurídicos ocidentais já não é tanto de proteção contra agressões do Executivo ou de vedação do arbítrio, mas sim de buscar rever o conteúdo do princípio e tentar conciliá-lo com outros bens e valores caros ao sistema processual.".

672 Também há quem defenda a inconstitucionalidade desses institutos que violam o juiz natural da forma como posto, cf. GRINOVER, Ada Pellegrini. O princípio do juiz natural e sua dupla garantia. **Revista de Processo**, vol. 29, ano 1983, p. 11-33, jan.-mar., 1983, versão virtual não paginada. Para a análise com base nesse texto, deve-se considerar que a primeira data de sua publicação remete ao ano de 1983.

673 CABRAL, Antonio do Passo. **Juiz natural e eficiência processual**: flexibilização, delegação e coordenação de competências no processo civil. Tese de titularidade – Universidade do Estado do Rio de Janeiro. Rio de Janeiro: Universidade do Estado do Rio de Janeiro, 2017, p. 186.

674 Nessa linha: Antonio do Passo Cabral e Luiz Guilherme Marinoni. Aquele propõe novas luzes sobre o princípio do juiz natural de forma que sua leitura seja feita a partir de critérios de eficiência, cf. CABRAL, Antonio do Passo. **Juiz natural e eficiência processual**: flexibilização, delegação e coordenação de competências no processo civil. Tese de titularidade – Universidade do Estado do Rio de Janeiro. Rio de Janeiro: Universidade do Estado do Rio de Janeiro, 2017. Luiz Guilherme Marinoni afirma: "No entanto, o enunciado "grande repercussão social", revestido de textura altamente aberta, a princípio permite ao intérprete extrair os mais diversos critérios para justificar quando uma questão de direito pode justificar o deslocamento da competência atribuída ao juiz natural. Considerando-se que a compreensão do enunciado incide sobre um dos mais relevantes direitos fundamentais processuais – a garantia do juiz natural –, não há como deixar de chamar a atenção

constatações: (i) se teria o princípio do juiz natural se exaurido; (ii) se o IAC seria inconstitucional; ou, (iii) se simplesmente o juiz natural precisa ser ressignificado, vez que (a) apesar de exigir previsão legal emanada do Poder Legislativo, a regulamentação do IAC tem sido feita por regimentos internos dos tribunais; (b) apesar de exigir anterioridade em relação aos fatos para fixação de competência, os requisitos do IAC podem restar configurados durante o andamento processual; (c) apesar de as regras de competência precisarem de critérios objetivos para a sua definição, o IAC é suscitado e admitido com base em critérios discricionários, como a relevância, a repercussão social e o interesse público.[675] A situação agrava-se quando da percepção que situações semelhantes podem ser deslocadas para julgamento, dentro do tribunal, em razão do IAC ou, ainda, submetidas ao procedimento teoricamente destinado para lidar com a repetição, levando a julgamento por órgãos jurisdicio-

para o perigo envolvido na interpretação desta cláusula dotada de significado a ser determinado.", versão virtual não paginada, Marinoni, Luiz Guilherme. Sobre o Incidente de Assunção de Competência. **Revista de Processo.** v. 260, p. 233-256, out., 2016.

[675] Sobre o tema, afirma Antonio do Passo Cabral que: "Como se vê, o IAC não só torna possível a modificação *ad hoc* e *ex post facto* da competência recursal, como foi criado pelo legislador com esta finalidade declarada. É um instituto idealizado para alterar a competência de processos já ajuizados ou de recursos já distribuídos, afetando, evidentemente, o juiz natural (há mudança de órgão e pode haver mudança de relator, se este não for membro lotado ordinariamente no órgão julgador do IAC). E essa modificação da competência pode se dar de ofício, por iniciativa do próprio tribunal.", p. 195, Cabral, Antonio do Passo. **Juiz natural e eficiência processual**: flexibilização, delegação e coordenação de competências no processo civil. Tese de titularidade – Universidade do Estado do Rio de Janeiro. Rio de Janeiro: Universidade do Estado do Rio de Janeiro, 2017. Sobre o uso de conceitos jurídicos indeterminados para o cabimento do IAC, cf. Marinoni, Luiz Guilherme. Sobre o Incidente de Assunção de Competência. **Revista de Processo,** v. 260, p. 233-256, out., 2016, versão virtual não paginada, "Se a técnica das cláusulas abertas deu ao juiz um espaço que não tinha, é necessário cuidado para que estas não sejam utilizadas de forma inadequada ou de modo a permitir-lhe fazer valer as suas valorações pessoais ou as suas tendências moralizantes. Com certeza, as cláusulas gerais não pretendem dar a cada juiz a possibilidade de editar a sua própria norma. [...] A saída, portanto, além de estar na racionalidade da argumentação que deve presidir a justificativa das decisões fundadas em cláusulas gerais, concentra-se na necessidade dessa justificativa advir da Corte Suprema incumbida de definir o modo como uma cláusula geral deve ser aplicada diante de determinada circunstância específica que se repete em casos similares.".

nais distintos e por diferentes procedimentos casos semelhantes com base em critérios discricionários.

O §4º do artigo 947, do CPC, determina expressamente que a assunção ocorrerá para compor divergência quando conveniente. Assim, com base em análise de conveniência, há alteração do juiz natural para processamento, instrução e julgamento da causa, por iniciativa oficiosa ou das partes.

Dessa maneira, de forma a conciliar a previsão constitucional do juiz natural – nos incisos LIII e XXXVII do artigo 5º – e a sua regulamentação, propõe-se aqui a presente tese. Não se traçou o objetivo da revisitação do tema do juiz natural. Isso foi feito por Antonio do Passo Cabral, que é utilizado como referencial teórico para o presente estudo.

Não há como negar a realidade do uso crescente de conceitos jurídicos indeterminados pelo legislador.[676] A fixação de competência ficará submetida a eles em alguma medida.[677] O que pode e precisa ser delineado é o limite de discricionariedade, não pela limitação do poder em si,[678] que poderia parecer a justificativa mais óbvia, mas também em razão da necessidade de um resultado ótimo,[679] diante do processo civil

[676] Sobre o tema, cf., por todos, Sousa, António Francisco de. **"Conceitos indeterminados" no direito administrativo.** Coimbra: Almedina, 1994, p. 23, "Segundo o entendimento mais comum, a expressão "conceito indeterminado" pretende referir aqueles conceitos que se caracterizam por um elevado grau de indeterminação.".

[677] Sobre o tema, afirma Antonio do Passo Cabral que: "De fato, embora não se trate de um fenômeno novo, como vimos no cap. 3, a legislação mais e mais tem sido previdente de hipóteses de definição discricionária do juízo competente, o que mostra ser insuficiente pensarmos numa aplicação das regras de competência da maneira com que se teorizava antes. De outro lado, a frequência com que os princípios, as cláusulas gerais e os conceitos jurídicos indeterminados têm povoado a legislação contemporânea pressiona para admitirmos essa nova realidade normativa.", p. 307, Cabral, Antonio do Passo. **Juiz natural e eficiência processual**: flexibilização, delegação e coordenação de competências no processo civil. Tese de titularidade – Universidade do Estado do Rio de Janeiro. Rio de Janeiro: Universidade do Estado do Rio de Janeiro, 2017.

[678] Temos ciência da inocência – *talvez* – da proposta considerando diversos interesses na manutenção da situação atual que autoriza algumas situações de "katchanga pura". Sobre o tema: Streck, Lênio Luiz. **A Katchanga e o bullying interpretativo no Brasil.** Conjur. Disponível em: https://www.conjur.com.br/2012-jun-28/senso-incomum-katchanga--bullying-interpretativo-brasil. Acesso em: 14 jan. 2021.

[679] Sobre o tom das reformas legislativas que culminaram no CPC de 2015 e na organização dos mecanismos para formação de precedentes, cf. Wolkart, Erik Navarro. Preceden-

de resultados.[680] Atualmente, a fixação de uma interpretação de questão de direito material ou processual divergente por tribunal de segunda instância pode se dar por IRDR ou por IAC, sem limites claros do cabimento de cada um. Nos tribunais superiores, a dualidade resta principalmente entre o IAC e os repetitivos, como demonstrado. Quando da realização de pesquisas empíricas previamente à elaboração desta tese, partiu-se da hipótese de que a delimitação de conceitos jurídicos indeterminados ocorreria a partir do desenvolvimento estruturado do dever de fundamentação das decisões judiciais proferidas quando do juízo de admissibilidade desses mecanismos nos tribunais. Ocorre que os resultados colhidos e publicados na época refutaram a hipótese inicialmente fixada, levando à formulação da presente tese.[681]

tes no Brasil e cultura – um caminho tortuoso, mas, ainda assim, um caminho. **Revista de Processo**, v. 243, ano 2015, p. 409-433, maio, 2015, versão virtual não paginada: "Neste momento no qual nos encontramos, parece natural que reformas processuais estejam mais abertas à incorporação de institutos oriundos de outras culturas, tendo em vista a irreversível integração econômica e política do mundo ocidental democrático. Arriscamos dizer que a tendência agora é pela reformatação do processo para tornar a justiça mais célere, mais barata do ponto de vista do custo/benefício, e mais previsível. De outro lado, o grande desafio é manter as conquistas do garantismo processual – e do processo justo – frente à uma concepção do processo do ponto de vista econômico.
Assim, técnicas que promovem a força normativa e conformativa dos precedentes, se bem estruturadas, parecem ser adequadas, mas não suficientes aos escopos que se impõem.".

[680] Sobre o tema, cf. Zaneti Jr., Hermes. Os casos repetitivos no Brasil: notas sobre a agregação de litígios, o processo coletivo e os precedentes vinculantes no CPC/15. In: Simons, Adrian; Mendes, Aluisio Gonçalves de Castro; Ragone, Alvaro Pérez; Lucon, Paulo Henrique dos Santos (coords.). **Estudos em homenagem a Ada Pellegrini Grinover e José Carlos Barbosa Moreira**. São Paulo: Tirant lo Blanch, 2019, p. 686, "A mudança do Código segue um movimento global pela racionalização da justiça e pela economia dos recursos humanos e financeiros envolvidos com a prestação deste serviço público. Várias são as técnicas colocadas à disposição do legislador para tingir os fins de uma justiça mais rápida, econômica, segura e eficiente.". Nesse sentido, cf. Gonçalves, Marcelo Barbi. **Teoria geral da jurisdição**. Salvador: JusPodivm, 2020, p. 331, "O de que se cuida, bem analisada a questão, é de um sistema que, ao absorver preocupações com a gestão eficiente do processo (art. 8º, CPC), ressignifica o princípio do juiz natural a fim de, sem descurar de seu aspecto garantístico, incorporar elementos de eficiência.".

[681] Esses resultados foram publicados e mais bem explanados na introdução desta tese.

Assim, hoje, há discricionariedade e falta de critérios claros para o cabimento[682] e para os requisitos de admissibilidade desses mecanismos, gerando discussões *intra muros* nos tribunais[683] e na doutrina sobre possível fungibilidade ou conversão entre eles.[684] O que se propõe, de *lege ferenda*, com a presente tese é a existência de uma via única nos tribunais para a definição da interpretação que deverá ser aplicada sobre questão de direito objeto de divergência interpretativa. Assim, delimita-se o campo de incidência da discricionariedade dos tribunais, que necessariamente existirá em alguma medida, mas será passível de maior controle por parte dos jurisdicionados.[685]

[682] O que viola a exigência de igualdade diante da norma jurídica. Sobre o tema, cf. Pereira, Paula Pessoa. **Legitimidade dos precedentes**: universabilidade das decisões do STJ. São Paulo: Revista dos Tribunais, 2014, p. 59, "Em razão do caráter fundamental atribuído ao direito à igualdade perante a lei, este assume a condição de um verdadeiro vetor de conformação da atuação do poder legislativo, que na produção das regras jurídicas deve dispensar tratamento igualitário entre os sujeitos que estejam nas mesmas circunstâncias fáticas, erigindo fatores de discriminação para as situações que exijam tratamento diferenciado, a fim de retomar a condição de equilíbrio e igualdade.".

[683] Por exemplo, tem-se a discussão travada no Tribunal de Justiça de Minas Gerais no processo de número do 1.0000.16.025020-5/002 – numeração 0250205.

[684] Sobre o tema, como já trazido anteriormente em nota de rodapé: Mendes, Aluisio Gonçalves de Castro; Porto, José Roberto Mello. **Incidente de assunção de competência.** Rio de Janeiro: GZ, 2020, p. 83. Os autores defendem a fungibilidade a ser feita já no tribunal, mesmo quando os órgãos responsáveis pelo julgamento de IAC e de IRDR forem distintos. Nesse caso, a palavra final acerca da admissibilidade do IAC seria do órgão competente para decidir o IAC. Tal situação ocorreu no IAC n. 0010158-18.2016.8.24.0000 do Tribunal de Justiça do estado de Santa Catarina, julgado em 05/09/2018. O autor Ricardo Yamin Fernandes também defende a fungibilidade entre os incidentes, citando o enunciado n. 141 da II Jornada de Direito Processual Civil do Conselho da Justiça Federal para corroborar sua linha de argumentação, cf. Fernandes, Ricardo Yamin. **Do incidente de assunção de competência**. São Paulo: Revista dos Tribunais, 2020, p. 155. Enunciado 141, CJF: "É possível a conversão de Incidente de Assunção de Competência em Incidente de Resolução de Demandas Repetitivas, se demonstrada a efetiva repetição de processos em que se discute a mesma questão de direito.".

[685] Sobre a necessidade de controle sobre a discricionariedade judicial, cf. Abboud, Georges; Fernandes, Ricardo Yamin. Requisitos legais para a instauração do incidente de assunção de competência. **Revista de Processo**, v. 279, mai. 2018, p. 339-356, versão virtual não paginada, "Todavia, não se pode mais admitir a utilização da cláusula geral e do conceito jurídico indeterminado para fazer com que o magistrado possa alcançar a decisão que

Tal proposta de tese, qual seja, a existência de um único instrumento apto, o IAC, a definir a interpretação devida a situações polêmicas sobre determinadas questões de direito, alinha-se ao quanto encontrado nos ordenamentos jurídicos estrangeiros no primeiro capítulo deste trabalho e também à tese defendida por Antonio do Passo Cabral, que propõe uma nova leitura para o princípio do juiz natural com base nas seguintes características: (a) objetividade; (b) impessoalidade; (c) invariância.[686] Tais caracteres estarão presentes quando considerado o IAC como o único instrumento viável para os tribunais fixarem seus entendimentos qualificados diante da necessidade de prevenção ou de repressão à repetição de questão de direito com interpretações divergentes.

Tal proposta de tese também encontra amparo na proposta de universalidade das decisões judiciais com base em critérios de imparcialidade e igualdade, proposta por Paula Pessoa Pereira.[687] A autora afirma que o uso de conceitos jurídicos indeterminados aumenta a necessidade de *accountability* do julgador, que deve motivar explicitando as razões jurídicas universalizáveis, garantidoras da imparcialidade e da igualdade.

Apesar de não se negar o dever de fundamentação quando do uso de conceitos jurídicos indeterminados pelo legislador, defende-se que o juiz natural somente pode ser resguardado, nos mecanismos para uniformização de jurisprudência dos tribunais, quando situações semelhantes ou modificáveis no decorrer do procedimento sejam processadas e julgadas mediante um único órgão jurisdicional competente invariável, o que apenas ocorrerá se inexistente a dualidade prevenção/repressão em dois instrumentos distintos em cada tribunal. Para corroborar o

quiser. Ou seja, esses institutos não podem ser manejados como *input* para o magistrado trazer sua vontade e sua discricionariedade para solucionar o caso jurídico.".

686 CABRAL, Antonio do Passo. **Juiz natural e eficiência processual**: flexibilização, delegação e coordenação de competências no processo civil. Tese de titularidade – Universidade do Estado do Rio de Janeiro. Rio de Janeiro: Universidade do Estado do Rio de Janeiro, 2017, p. 309-310.

687 PEREIRA, Paula Pessoa. **Legitimidade dos precedentes**: universabilidade das decisões do STJ. São Paulo: Revista dos Tribunais, 2014, p. 131, "E esse dever de prestação de contas aumenta na mesma proporção em que se aumenta a criatividade da função judiciária, fenômeno característico da nossa ordem normativa institucional, que cada vez mais se utiliza de cláusulas abertas e conceitos indeterminados, como forma de permitir uma maior flexibilidade na aplicação do direito. E, por uma questão de lógica, quanto mais poder mais responsabilidade.".

quanto afirmado, tratar-se-á das três características do princípio do juiz natural lidas sob as luzes do IAC de acordo com a tese ora exposta.

A primeira característica é a **objetividade**. Os parâmetros para definição da competência precisam ser objetivos. Tal objetividade não tem relação com à menção ao artigo de lei ou à transcrição de seu conteúdo. A objetividade faz referência a critérios controláveis externamente, vez que transparentes, para cada ato processual.[688] Assim, ainda que os requisitos autorizadores para a admissão do IAC se consolidem durante o andamento processual, não há que se falar em violação à perpetuação da jurisdição,[689] se os requisitos para a assunção de competência forem objetivos, permitindo o controle pelos jurisdicionados.

Além disso, da forma como delineada a dualidade entre IRDR/RR e IAC hoje, os tribunais costumam determinar o colegiado competente para o julgamento do incidente com base na constatação de a matéria em debate ser comum em mais de um colegiado fracionário ou não. Se a questão ficar restrita a um determinado colegiado fracionário, o órgão jurisdicional competente não será o órgão especial ou pleno do tribunal, mas a seção ou turma especial.[690] Por outro lado, se a questão de direito já estiver presente em mais de um desses órgãos, a questão deverá ser analisada pelo pleno ou pelo órgão especial, a depender do tribunal.

688 Cabral, Antonio do Passo. **Juiz natural e eficiência processual**: flexibilização, delegação e coordenação de competências no processo civil. Tese de titularidade – Universidade do Estado do Rio de Janeiro. Rio de Janeiro: Universidade do Estado do Rio de Janeiro, 2017.

689 Cabral, Antonio do Passo. **Juiz natural e eficiência processual**: flexibilização, delegação e coordenação de competências no processo civil. Tese de titularidade – Universidade do Estado do Rio de Janeiro. Rio de Janeiro: Universidade do Estado do Rio de Janeiro, 2017, p. 397-398, "A competência, por ser uma legitimidade, é um atributo transitivo, verificado em relação a um determinado estado de fato. Como pertine ao exercício de um poder jurídico, o ordenamento remete qualquer competência à específica situação concreta onde tal poder será exercido (situação legitimante). Assim, é possível reduzir a análise da competência a certos momentos processuais específicos, vale dizer, não mais um exame linear e estático que fotografasse o processo ao analisar a competência na posição inicial (quando do controle formal de admissibilidade do artigo 330 c/c artigo 321 e 319, I; ou por ocasião do controle formal após as alegações em contestação, artigo 64, §§2º e 3º c/c artigo 337, II, todos do CPC), mas referente a cada ato processual específico por praticar (*ad actum*).".

690 A título de exemplo, nesse sentido são os RITJSP e o RITRF3.

Assim, como os critérios para admissão de um ou outro mecanismo são fluídos, há falta de objetividade.[691] Explica-se tal afirmação a partir da constatação de que pode haver manipulação bem intencionada ou por critérios mais escusos para que a suscitação do IAC para determinada questão de direito ocorra rapidamente, evitando-se com isso possível alegação de repetição e a multiplicação da questão por diversos colegiados de forma a restringir o julgamento a determinado colegiado fracionário, evitando-se, com isso, a ida ao colegiado mais amplo do tribunal.[692] Assim, é necessário ainda que o órgão jurisdicional superior para fixação de entendimentos com eficácia expansiva seja invariante de forma a se evitar manipulações dos suscitantes.

A mera possibilidade dessa ocorrência já viola a necessidade de objetividade para o controle do juiz natural.[693] Há quem defenda que a fluidez dos conceitos jurídicos indeterminados possa ser controlada a partir do maior ônus de argumentação dos julgadores, levando a critérios uni-

[691] Sobre a importância da objetividade para controle do juiz natural, cf. MARINONI, Luiz Guilherme. Sobre o incidente de assunção de competência. **Revista de Processo**, v. 260, p. 239, out. 2016. "Ainda que o deslocamento da competência dependa da concordância do órgão originariamente competente, é claro que isto não basta quando se pensa em garantia do juiz natural. Essa garantia, como é óbvio, não é do órgão originariamente competente ou do Poder Judiciário, mas dos jurisdicionados. Trata-se de uma garantia do cidadão de que os seus casos não serão julgados por pessoas que – a partir de uma regra delineada a partir da Constituição: "juiz constitucionalmente competente" –, não estejam objetiva e imparcialmente predefinidas para o julgamento dos casos conflitivos.".

[692] Tal possibilidade é tratada por Piero Calamandrei, quando analisa o processo como um jogo, cf. CALAMANDREI, Piero. **O processo como jogo**. Trad. de Roberto B. del Claro. Genesis – Revista de Direito Processual Civil, Curitiba (23), p. 191-209, jan.-mar., 2002, p. 198, "Esta é a fase na qual "entram na dança" aqueles feiticeiros de magias de corredor, os quais murmuram possuir a receita infalível para escolher com antecipação a seção e o relator, para predispor a composição do colegiado ou para conhecer as secretas vias de acesso ao coração de qualquer dos seus componentes: seriam, em termos esportivos, aqueles que são especializados na preparação do campo de jogo e que se empenham com antecipação em fazer com que o time a que servem não combata sobre terreno escorregadio ou com o "sol na cara".".

[693] Nesse sentido, ao tratar do juiz natural, cf. GONÇALVES, Marcelo Barbi. **Teoria geral da jurisdição**. Salvador: JusPodivm, 2020, p. 331, "O fundamental, em suma, é que inexista manipulação arbitrária das regras de competência.".

versalizáveis para decisões futuras.[694] Como já exposto anteriormente, não nos alinhamos a tal postura.

Além de critérios objetivos, deve-se esperar impessoalidade, ou seja, inexistência de qualquer relação com o sujeito no momento de fixação da competência e que isso também possa ser controlável.[695] As possibilidades de controle são potencializadas na concentração da formação de teses jurídicas qualificadas a partir de um único procedimento.

A partir de critérios objetivos que, se presentes, levarão à formação do julgamento para questão de direito por órgão jurisdicional superior que seja invariante, o controle da impessoalidade e da imparcialidade é mais confiável.[696]

Além disso, situações semelhantes que levam à formação de precedentes por técnicas distintas e por órgãos jurisdicionais diferentes den-

[694] Nesse sentido: PEREIRA, Paula Pessoa. **Legitimidade dos precedentes**: universabilidade das decisões do STJ. São Paulo: Revista dos Tribunais, 2014, p. 107, "A universalização como critério de correção formal das decisões judiciais se faz tanto mais evidente e necessária no contexto atual de superação da concepção mecanicista de interpretação e de convivência de princípios jurídicos contrastantes entre si, que podem conduzir a resultados contraditórios, favorecendo um ambiente de ampla discricionariedade de eleição entre as possíveis respostas judiciais; contribui, portanto, ainda mais para esse ambiente, o caráter argumentativo do direito que revela ao intérprete mais de uma solução, igualmente válida, para os problemas jurídicos. Isso porque, o requisito da universalizabilidade tem por objetivo racionalizar a argumentação jurídica no espaço onde não existe uma unidade de solução correta para o problema jurídico.".

[695] CABRAL, Antonio do Passo. **Juiz natural e eficiência processual**: flexibilização, delegação e coordenação de competências no processo civil. Tese de titularidade – Universidade do Estado do Rio de Janeiro. Rio de Janeiro: Universidade do Estado do Rio de Janeiro, 2017.

[696] Sobre a importância da imparcialidade, cf. PEREIRA, Paula Pessoa. **Legitimidade dos precedentes**: universabilidade das decisões do STJ. São Paulo: Revista dos Tribunais, 2014, p. 68, "A imparcialidade é elemento essencial da jurisdição. O direito fundamental ao processo justo (artigo 5º, XXXVII, CF/1988) requer do Estado a prestação de uma tutela jurisdicional adequada e tempestiva, dentro de uma estrutura normativa institucional estável e isenta de qualquer interesse. Neste desiderato, a Constituição erigiu à condição de direito fundamental os direitos processuais, tais como o juiz natural, a representação técnica, o contraditório, a ampla defesa, a motivação das decisões judiciais, a prova, a assistência judicial gratuita. Dentro deste quadro institucional, a imparcialidade, independência judicial e competência se encontram como princípios estruturantes para o desenvolvimento de um julgamento adequado e conforme ao Direito, porquanto visam a tutelar a integridade do espaço do julgamento.".

tro do mesmo tribunal evidencia possível pessoalidade e parcialidade.[697] Por fim, como forma de destacar ainda mais a importância desta característica para controle do juiz natural, vale frisar que apesar de ser comum a atribuição da legitimação do Poder Judiciário através do contraditório e da publicidade, esta também é oriunda da imparcialidade, como coloca Ada P. Grinover.[698]

Além de critérios objetivos e impessoais, espera-se que haja possibilidade de generalização de situações para a competência, ou seja, que não ocorram casuísmos, falando-se em invariância.[699] Situações semelhantes devem receber o mesmo tratamento quanto à aplicação das regras de competência. Quando isso não ocorre, dúvidas surgem sobre a parcialidade do órgão jurisdicional.[700] Toda a discussão ora levantada cinge-

[697] Nesse sentido, cf. Pereira, Paula Pessoa. **Legitimidade dos precedentes**: universabilidade das decisões do STJ. São Paulo: Revista dos Tribunais, 2014, p. 74, "Ora, qual o motivo que podemos usar como justificativa para a institucionalização de uma prática jurisdicional em que os juízes, ao decidirem os casos concretos, podem usar razões distintas e gerarem, portanto, resultados normativos distintos, para a resolução de casos que apresentam um quadro de premissas fáticas e normativas semelhantes? Ao nosso ver, fica evidente que isso é um uso arbitrário das razões, e, portanto, parcial.".

[698] Grinover, Ada Pellegrini. **Ensaio sobre a processualidade**: fundamentos para uma nova teoria geral do processo. Brasília: Gazeta Jurídica, 2016, p. 126, "Sua legitimidade, oriunda diretamente da Constituição, deriva de sua imparcialidade e de sua independência em relação às forças políticas.".

[699] Cabral, Antonio do Passo. **Juiz natural e eficiência processual**: flexibilização, delegação e coordenação de competências no processo civil. Tese de titularidade – Universidade do Estado do Rio de Janeiro. Rio de Janeiro: Universidade do Estado do Rio de Janeiro, 2017, p. 319, "Quando se prega pela generalização, não se quer com isso defender que as regras sejam vagas, imprecisas e de baixa determinação ("genéricas" em conteúdo). O que pretendemos é que as regras atributivas de competência não sejam particulares ou individualizadas, incidindo apenas em um ou outro caso, mas que sejam gerais, valendo para qualquer hipótese similar.".

[700] Nesse sentido, cf. Paula Pessoa Pereira, no seguinte trecho: "A necessidade de uma razão justificadora da decisão que seja universalizável introduz a garantia de imparcialidade na atuação dos julgadores, ao possibilitar um controle sobre as mudanças injustificadas das decisões dos órgãos jurisdicionais. Uma exigência que se impõe diante do novo modelo de raciocínio jurídico, fundado na argumentação e no procedimento.", p. 76, Pereira, Paula Pessoa. **Legitimidade dos precedentes**: universabilidade das decisões do STJ. São Paulo: Revista dos Tribunais, 2014.

-se à questão da limitação do poder através de critérios objetivos,[701] na tentativa de garantir impessoalidade e invariância do órgão jurisdicional.[702] Dessa maneira, o juiz natural surge no contexto de evitar influências externas sobre o Poder Judiciário provenientes de outros Poderes, mas hoje ele precisa assumir nova roupagem, considerando a limitação do poder a partir de possíveis influências externas e internas que dificilmente podem ser mensuradas. Assim, a partir desses três parâmetros gerais, admite-se que o juiz natural seja lido a partir de critérios de eficiência, trazendo algum grau de previsibilidade aos jurisdicionados.

A existência de mais de um instituto nos tribunais aptos à fixação de entendimento sobre questão de direito com força além da persuasiva diminui o grau de previsibilidade do juiz natural, em razão da possibilidade de o regimento interno de um mesmo tribunal estabelecer órgãos distintos para processamento e julgamento desses incidentes autônomos com esferas de cabimento que se interseccionam. Paulo Mendes de Oliveira aponta a necessidade de previsão expressa sobre a composição de cada órgão no tribunal, vez que a sua alteração já pode significar

[701] Sobre o tema, cf. ZANETI JR., Hermes. **O valor vinculante dos precedentes:** teoria dos precedentes normativos formalmente vinculantes. 4. ed. Salvador: JusPodivm, 2019, p. 36-37, "Ao que tudo indica, excetuada a democracia grega, a fonte mais antiga do controle do Poder Público remonta a 1215, à *Magna Charta Libertatum*, com o surgimento do princípio do *devido processo legal*, o qual, embora apresente diversos contornos históricos, *sempre esteve ligado ao controle do poder.* Não é natural ao poder ser limitado; sua tendência é sempre expandir-se na máxima medida. Aos romanos faltava o gênio de unir a democracia e a preservação da liberdade à disciplina da coisa pública, relegado à esfera política. Não por acaso, o devido processo legal representa garantias processuais das liberdades do cidadão. O estudo do devido processo legal revela que seu "conteúdo só pode ser apreendido em suas concretizações", sendo que qualquer tentativa de fixação ou definição será "mera ilusão tópica". Não obstante, o *vetor* de seu progresso será sempre o controle do poder.".

[702] Ao tratar sobre a importância da previsibilidade, comenta Luiz Guilherme Marinoni: "A previsibilidade não apenas constitui valor moral indispensável para todo homem poder se desenvolver como é imprescindível para as relações econômicas frutificarem. Um direito não previsível é um direito despido de atributo essencial. A falta de previsibilidade do direito beneficia aqueles que podem manipular as decisões, estimula a irracionalidade da distribuição da justiça e favorece a corrupção.", p. 60, MARINONI, Luiz Guilherme. **Julgamento nas Cortes Supremas**: precedente e decisão do recurso diante do novo CPC. 2. ed. São Paulo: Revista dos Tribunais, 2017.

mudança de entendimento.[703] Se a mudança de um membro do órgão colegiado já pode significar mudança de entendimento e viabilizar possíveis manipulações, o que dizer de institutos distintos com requisitos líquidos que podem ser admitidos como um ou como outro a depender da fundamentação?

Apesar de o mérito do incidente ser questão de direito, todos os requisitos para a admissão ou não do incidente têm relação com questões fáticas: multiplicidade ou sua ausência, divergência, repercussão social, interesse público. Como a delimitação da existência de repetição ou não apta a motivar um incidente ou outro é questão fática colocada à análise dos tribunais,[704] quando da admissibilidade do incidente, não há que se falar em precedente, nem persuasivo nem vinculante para o próprio tribunal, evidenciando, assim, a variância dos critérios para a admissão de incidentes aptos, no mesmo tribunal, a levar à formação de teses jurídicas qualificadas pelo procedimento.

Portanto, o estabelecimento de um único procedimento para resolução preventiva e repressiva de divergências interpretativas, embora fixado com base em conceitos jurídicos indeterminados, minimiza o

[703] Cf. Oliveira, Paulo Mendes de. **Regimentos internos como fonte de normas processuais.** Salvador: JusPodivm, 2020, p. 85, "Essa informação é relevante não só para a segurança dos jurisdicionados, no sentido de impedir que modificações ulteriores do colegiado possam ser utilizadas para manipulação dos julgamentos, mas também para a própria edição de precedentes, pois, manejando a composição do colegiado, pode-se direcionar a definição ou superação de entendimentos do tribunal.".

[704] Sobre a não formação de precedente sobre fatos, cf. Pereira, Paula Pessoa. **Legitimidade dos precedentes**: universabilidade das decisões do STJ. São Paulo: Revista dos Tribunais, 2014, p. 99, "E, em razão deste caráter justificatório eminentemente particular, é que podemos afirmar que a resolução das questões de fato não faz precedente.".

grau de imprevisibilidade quanto ao juiz natural.[705-706] Sobre a relação entre conceitos jurídicos indeterminados e previsibilidade, afirma Antonio do Passo Cabral que:

> Como destacamos, as exigências de determinação, no sentido mais rigoroso, estão sofrendo um claro processo de erosão diante das necessidades de adaptabilidade e eficiência. A vagueza nas normas de competência gera uma ampliação do espaço de conformação dos julgadores pelas cláusulas gerais e conceitos jurídicos indeterminados, com um aumento de discricionariedade, e consequentemente leva a uma maior imprecisão na definição da competência, sobretudo se admitimos a determinação da competência casuisticamente (e não apenas em regras apriorísticas). Mas, embora não se possa excluir alguma medida de discricionariedade, e mesmo que os enunciados normativos possam conter cláusulas gerais e conceitos jurídicos indeterminados, cuja concreção só se pode dar casuisticamente, a definição da competência não pode ser totalmente móvel e imprevisível.[707]

[705] Sobre a inadmissibilidade de discricionariedade para a fixação do juiz natural, cf. Diez-Picazo Gimenez, Ignacio. El derecho fundamental al juez predeterminado por la ley. **Revista Española de Derecho Constitucional**, ano 11, n. 31, jan.-abr., 1991, p. 115, "*Se puede decir (Nobili), trasladando a este campo los términos tradicionalmente usados respecto de la regulación del ejercicio de la acción penal, que en la contraposición entre principio de legalidad y principio de oportunidad, la Carta constitucional se ha decidido radicalmente por el principio de legalidad y no ha dejado resquicio alguno a aplicaciones del principio de oportunidad. Ninguna técnica legislativa que permita márgenes de discrecionalidad en la designación del juez es, en principio, admisible.*". O autor continua o texto, estabelecendo parâmetros para limitação da discricionaridade na fixação do órgão jurisdicional competente para processar e julgar determinada causa, que segue na direção proposta por esta tese, cf. "*El problema reside, aun así, en definir los márgenes de la discrecionalidad, es decir, cuál es – y valga la paradoja – el grado admisible en la indeterminación de la determinación del juez en la norma.*", p. 115.

[706] O conhecimento prévio do colegiado responsável para o julgamento e dos critérios para definição de seus membros é tão importante que motivou a aprovação do Enunciado n. 684 do FPPC: "Ofende o juiz natural a convocação de julgadores no caso do artigo 942, ou no de qualquer substituição, sem critério objetivo estabelecido previamente em ato normativo." (Grupo: Ordem dos processos no tribunal e regimentos internos).

[707] Cabral, Antonio do Passo. **Juiz natural e eficiência processual**: flexibilização, delegação e coordenação de competências no processo civil. Tese de titularidade – Universidade do Estado do Rio de Janeiro. Rio de Janeiro: Universidade do Estado do Rio de Janeiro, 2017, p. 325.

Dessa forma, haverá alguma medida de discricionariedade inevitavelmente em razão do uso de conceitos jurídicos indeterminados pelo legislador para a admissão de todas as formas de fixação de entendimentos qualificados pelos tribunais. Entretanto, para que a discricionariedade não desague em arbitrariedades, propõe-se com a presente tese a limitação, no máximo grau possível, dessa discricionariedade[708] com parâmetros controláveis.[709]

Quando o legislador prevê diversos instrumentos com finalidades semelhantes, criando zonas cinzentas do âmbito de incidência entre eles, há violação ao (i) juiz natural[710] e ao (ii) procedimento adequado.

Além disso, a discricionariedade imanente aos conceitos jurídicos indeterminados também pode ser minimizada se possibilitado o controle através de participação na determinação do conteúdo desses conceitos quando da análise do caso concreto.[711] Isso deve se dar através

[708] Nessa direção, cf. Diez-Picazo Gimenez, Ignacio. El derecho fundamental al juez predeterminado por la ley. **Revista Española de Derecho Constitucional**, ano 11, n. 31, jan.-abr., 1991, p. 116, "*En la determinación del órgano competente o en la determinación del juez-persona no puede haber más que una solución querida por el ordenamiento (salvo en el caso específico y admisible de que la opción se deje a las partes en los procesos regidos por el principio dispositivo).*".

[709] Devemos afastar aqui o lugar comum de que discricionariedade seria liberdade plena dissociada de qualquer parâmetro de controle. Sobre o tema, cf. Francisco, João Eberhardt. **O papel do juiz na efetivação dos valores constitucionais do processo.** Dissertação de mestrado. São Paulo: Universidade de São Paulo, 2014, p. 55, "Em outras palavras, se por um lado a conformação da legislação exige do juiz que exerça escolhas de modo a alcançar a solução mais adequada ao caso concreto conforme a verificação dos fatos e da finalidade da norma (considerada sistematicamente), por outro lado, amplia-se a necessidade de conferir controle dessa atividade aos jurisdicionados, de modo a se atender ao princípio democrático.".

[710] Cabral, Antonio do Passo. **Juiz natural e eficiência processual**: flexibilização, delegação e coordenação de competências no processo civil. Tese de titularidade – Universidade do Estado do Rio de Janeiro. Rio de Janeiro: Universidade do Estado do Rio de Janeiro, 2017, p. 326, "Por isso, a norma deve, na medida do possível, determinar a competência reduzindo discricionariedade do aplicador. Há, portanto, um dever do legislador de detalhar as regras de competência, o que vem sendo extraído do chamado princípio de determinação [...].".

[711] Nesse sentido: Francisco, João Eberhardt. **O papel do juiz na efetivação dos valores constitucionais do processo.** Dissertação de mestrado. São Paulo: Universidade de São Paulo, 2014, p. 56, "Havendo ampliação de poder, por força do princípio democrático, deve haver em contrapartida a ampliação de controle, que se reflete no processo judicial com o

do procedimento ideal para o IAC, proposto adiante, principalmente quando da análise do juízo de admissibilidade desse instrumento para fixação de entendimentos jurisprudenciais pelos tribunais.

Assim, o juiz natural passa a ser observado quando minimizado o espaço de discricionariedade no caso concreto, o que pode ser alcançado (i) se existente apenas um mecanismo apto a fixar tese jurídica nos tribunais, que (ii) conte com a participação dos interessados na análise de sua admissibilidade,[712] legitimando a atuação do tribunal pelo procedimento.[713]

Abordados dois dos aspectos pelos quais o juiz natural precisa ser ressignificado diante do IAC, quais sejam: (a) possibilidade de configuração dos requisitos autorizadores do IAC durante o andamento processual, e (b) a existência de certa medida de discricionariedade em razão

aprofundamento do contraditório, com maior rigor e exigência na fundamentação das decisões resultantes das referidas possibilidades conferidas ao julgador.". Também: CABRAL, Antonio do Passo. **Juiz natural e eficiência processual**: flexibilização, delegação e coordenação de competências no processo civil. Tese de titularidade – Universidade do Estado do Rio de Janeiro. Rio de Janeiro: Universidade do Estado do Rio de Janeiro, 2017, p. 332, "Outro predicado relevante para a concepção do juiz natural aqui proposta é a participação na definição da competência. Se as normas não podem esgotar aprioristicamente a determinação da competência, e se essa definição depende de fatores casuísticos aferidos no processo, não basta que a teoria da competência se preocupe apenas com as normas. Devemos atentar para o procedimento de atribuição e modificação da competência.".

712 Nesse sentido, cf. LEMOS, Vinicius Silva. **O incidente de assunção de competência**: da conceituação à procedimentalidade. Salvador: JusPodivum, 2018, p. 154, "Uma dúvida pertinente ao IAC e a sustentação oral: a previsão legal existente dispõe sobre as devidas manifestações no julgamento do IAC, contudo há possibilidade de manifestação na sessão de julgamento da admissibilidade do incidente? Creio que sim, pela necessidade de sustentação, principalmente pelo requerente, dos motivos ensejadores da instauração do incidente.". Nesse sentido, mas ampliando os sujeitos: Enunciado 651, FPPC: "É admissível sustentação oral na sessão de julgamento designada para o juízo de admissibilidade do incidente de resolução de demandas repetitivas ou do incidente de assunção de competência, sendo legitimados os mesmos sujeitos indicados nos arts. 984 e 947, §1º.".

713 LUHMANN, Niklas. **Legitimação pelo procedimento**. Tradução de Maria da Conceição Côrte-Real. Brasília: Universidade de Brasília, 1980. Em trabalho monográfico sobre o tema, cf. LUCCA, Rodrigo Ramina de. **A motivação das decisões judiciais civis em um Estado de Direito**: necessária proteção da segurança jurídica. Dissertação de mestrado. São Paulo: Universidade de São Paulo, 2013, p. 108, "A atividade jurisdicional extrai a sua legitimidade de seu exercício procedimentalizado, da participação efetiva das partes no processo, e da juridicidade e racionalidade das decisões ao final proferidas.".

do uso de conceitos jurídicos indeterminados, ainda cabe discorrer sobre o terceiro aspecto que é (c) a fonte da regulamentação do IAC.

Tradicionalmente, o juiz natural era tido como aquele pré-fixado pela lei em sentido estrito.[714] Entretanto, há que se considerar o papel de regulamentações mais específicas em relação à lei, considerando a origem dessa exigência como uma necessidade de limitação de influência de um poder sobre os outros, não impossibilitando, dessa maneira, que normas inferiores à lei regulamentem aspectos já delineados previamente pelo legislador.

Desde que a regulamentação feita por fontes normativas inferiores, como regimentos internos dos tribunais, apenas trate de aspectos formais já configurados na legislação, não trazendo qualquer aspecto de discricionariedade, não há que se falar em qualquer violação ao juiz natural.[715] Assim, em seguida, passa-se a analisar o quanto o legislador brasileiro não regulamentou o procedimento do IAC na legislação fede-

[714] Essa discussão no tocante ao juiz natural tradicional *v.* a sua necessidade de releitura também concerne à doutrina espanhola, cf. Diez-Picazo Gimenez, Ignacio. El derecho fundamental al juez predeterminado por la ley. **Revista Española de Derecho Constitucional**, ano 11, n. 31, jan.-abr., 1991. O autor ao tratar do juiz natural previsto em lei afirma: "*Corresponde que analicemos ahora la exigencia de legalidad del juez, que esconde, como hemos dicho, un problema de fuentes: ¿qué tipo de norma ha de regular lo que denominamos la predeterminación del juez? Según el artículo 24.2 CE, sin más especificaciones, «la ley». De este tenor literal – con el argumento añadido del artículo 53.1 CE – se ha deducido la existencia de una reserva de ley en esta materia (nullus iudex sine lege), lo que significa, en principio, la prohibición de que normas reglamentarias regulen la predeterminación del juez.*", p. 93.

[715] Diez-Picazo Gimenez, Ignacio. El derecho fundamental al juez predeterminado por la ley. **Revista Española de Derecho Constitucional**, ano 11, n. 31, jan.-abr., 1991, p. 94, "*Como se sabe, en un ordenamiento constitucional asentado en el principio democrático, la reserva de ley tiene la finalidad de garantizar la intervención del Parlamento en la regulación de determinadas cuestiones básicas, con la consiguiente exclusión de las normas emanadas del ejecutivo. Ahora bien, la interpretación predominante – avalada por el TC – es la de que la reserva de ley no implica una prohibición radical y absoluta de normas reglamentarias en el ámbito reservado a la ley. En estos ámbitos, la ley puede remitir a un reglamento respecto de cuestiones de detalle, sin añadir reglas nuevas a las legalmente establecidas. La reserva legal, en suma, no supone más que una limitación más estricta y rígida del ámbito de potestad reglamentaria. En una materia como la de la predeterminación del juez, la reserva está plenamente justificada porque su necesidad deriva de la de asegurar la efectiva independencia de la jurisdicción respecto del ejecutivo, de lo que se podría hacer derivar, en este específico supuesto, su carácter absoluto.*".

ral, propondo-nos a elaborar um modelo de procedimento ideal para este incidente e qual seria a origem normativa para tanto.[716]

Tal ponto faz-se importante em razão do quanto mencionado acima: a existência de diversos mecanismos para fixação de entendimentos pelos tribunais como forma de uniformizar a sua jurisprudência, além de violar o juiz natural, viola o direito ao procedimento adequado, vez que situações semelhantes podem ser processadas por caminhos processuais distintos a depender da técnica selecionada: IRDR/RR ou IAC.[717] Como o procedimento do IAC foi subregulamentado, as omissões legislativas têm sido supridas de diversas formas, trazendo grande fonte de incerteza aos jurisdicionados.[718]

Poder-se-ia contrapor ao quanto se afirmou que procedimentos especiais, criados com a finalidade da tutela de específica situação de direito material,[719]

[716] Sobre a falta de procedimento para o IAC, cf. LEMOS, Vinicius Silva. **O incidente de assunção de competência**: da conceituação à procedimentalidade. Salvador: JusPodivum, 2018, p. 89: "Mesmo ao remodelar o instituto do IAC, o CPC/2015 não se preocupou em tratar legislativamente da procedimentalidade do incidente, o que importou em deixar em aberto o próprio meio pelo qual os Tribunais devem considerar o trâmite procedimental.".

[717] Giorgio Costantino escreveu sobre o tema, afirmando que a ausência de procedimento legalmente previsto possibilita o exercício de influências ilícitas sobre a atividade jurisdicional. Cf. COSTANTINO, Giorgio. La prevedibilità della decisione tra uguaglianza e appartenenza. **Rivista di diritto processuale**, ano 2015.

[718] Essa preocupação já foi estampada pela doutrina ao tratar do cabimento e do procedimento do IAC. Os autores defenderam que, diante da zona de confluência entre os mecanismos em análise, o procedimento não poderia ser discricionário. Logo, o procedimento do IAC e do IRDR deveria ser o mesmo. Nesse sentido, cf. MARINONI, Luiz Guilherme; ARENHART, Sérgio Cruz; MITIDIERO, Daniel. **Novo Curso de Processo Civil:** tutela dos direitos mediante procedimento comum. V. 2. São Paulo: Revista dos Tribunais, 2016, p. 583. Com a presente tese, pretendemos ir além. Se o procedimento é o mesmo, qual seria a justificativa para manutenção de diferentes mecanismos?

[719] Sobre o tema, cf. MARINONI, Luiz Guilherme; ARENHART, Sérgio Cruz; MITIDIERO, Daniel. **Novo Curso de Processo Civil:** tutela dos direitos mediante procedimento comum. V. 2. São Paulo: Revista dos Tribunais, 2016, p. 51, "Pensado na perspectiva da tutela dos direitos, uma das perspectivas pelas quais o Novo Código pode ser sistematizado é a do binômio procedimento comum-procedimentos diferenciados. Nessa linha, as técnicas processuais adaptam-se às necessidades evidenciadas pelo direito material para sua efetiva e tempestiva tutela.".

podem ser dispensados pelas partes,[720] quando estas optam pelo procedimento comum, conforme autoriza expressamente o artigo 327, §2º, do CPC, por exemplo. Diante dessa perspectiva, a possibilidade de situações semelhantes tramitarem por procedimentos distintos nos tribunais não seria um elemento de preocupação, já que haveria julgamento do conflito intersubjetivo que motivou a judicialização invariavelmente. Entretanto, tal disponibilidade do procedimento pelos sujeitos parciais existe em razão de as adaptações procedimentais visarem a resguardar principalmente os possíveis beneficiários da tutela jurisdicional, ou seja, as próprias partes. Quando transposta a análise para os procedimentos especiais em tribunais para a formação *concentrada* de precedentes, o interesse principal é público, não apenas das partes do processo em que suscitado qualquer incidente. Por isso, a existência de apenas um procedimento para a mesma finalidade, qual seja: a ampliação do contraditório para a fixação de tese jurídica acerca de questão de direito, é suficiente.

Antes de se avançar sobre o tema do procedimento, entretanto, cabe a demonstração de que a tese ora defendida não se confunde com o que já se propôs sobre a sistematização de um caminho procedimental que viabilize a fungibilidade – ou a conversão – entre o IAC e o IRDR.[721]

3.3. Da tese proposta e da fungibilidade – ou conversão – entre mecanismos legais para a formação de provimentos jurisdicionais com força normativa geral

Uma das vantagens da existência de apenas um mecanismo nos tribunais para lidar com a repressão e com a prevenção à divergência jurisprudencial é a eliminação da polêmica sobre a fungibilidade ou a conversão entre mecanismos com essas finalidades nos tribunais, como colocou-se no ponto (ii) dentre as vantagens listadas.

[720] Considerando o quanto afirma a doutrina mais atual, cf. DIDIER JR., Fredie; CABRAL, Antonio do Passo; CUNHA, Leonardo Carneiro da. **Por uma nova teoria dos procedimentos especiais**. Salvador: JusPodivm, 2018, p. 83.

[721] Quem defende tal necessidade é Vinicius Silva Lemos, cf. LEMOS, Vinicius Silva. A possibilidade de fungibilidade entre o IRDR e o IAC: viabilidade e necessidade de sistematização. **Revista de Processo**, v. 274, ano 2017, p. 255-289, dez., 2017.

Convém, neste momento, diferenciar a tese ora proposta do que já é debatido na doutrina[722] e nos tribunais[723] sobre a possível fungibilidade ou conversão entre os incidentes formadores de teses jurídicas com força para além da persuasão em nosso ordenamento jurídico.

A fungibilidade é a possibilidade de aproveitamento de um ato processual pelo outro desde que não tenha ocorrido erro grosseiro, exista dúvida razoável sobre o cabimento na jurisprudência e não precluso o

[722] Lemos, Vinicius Silva. A possibilidade de fungibilidade entre o IRDR e o IAC: viabilidade e necessidade de sistematização. **Revista de Processo**, v. 274, ano 2017, p. 255-289, dez., 2017.

[723] A situação foi debatida, preliminarmente, pelo Tribunal de Justiça de Minas Gerais quando da provocação para a instauração de IAC em Agravo de Instrumento sobre a regulamentação pelo Poder Público de aplicativos de transporte, cf. TJMG, número 1.0000.16.025020-5/002 – numeração 0250205. Ementa: "Incidente de assunção de competência – Serviço de transporte privado – Aplicativo Uber – Fiscalização e controle pelo poder público municipal – Obstrução liminar – Notória repercussão social – Relevância da questão de direito – Ausência de multiplicidade de recursos – Acolhimento – O novel Código de Processo Civil (Lei n. 13.105/2015) instituiu o Incidente de Assunção de Competência como mecanismo apto a permitir que o Tribunal resolva, por meio de colegiado mais amplo, questão de direito relevante, com grande repercussão social e que não seja objeto de repetição em múltiplos processos. – É notória a repercussão social da questão relativa à regulação pelo Poder Público dos serviços prestados pelo aplicativo digital "Uber", haja vista a visibilidade atribuída à "quaestio" pelos veículos de comunicação, seja em virtude da crescente adesão da população ao serviço, seja em razão dos graves episódios de confronto entre taxistas credenciados e os motoristas que atendem por mediação da ferramenta digital. – É relevante a questão de direito atinente à legitimidade do Município de Belo Horizonte para regular o transporte privado de passageiros, mormente em face da publicação da Lei Municipal n. 10.900, de 08 de janeiro de 2016, que estabelece as diretrizes para o credenciamento de motoristas e estabelece penalidades. – Também é relevante o debate jurídico versando sobre a viabilidade da concessão de decisões liminares que obstem o exercício da 1 Tribunal de Justiça de Minas Gerais fiscalização preconizada referida lei, regulamentada pela Portaria n. 054, de 31 de março de 2016, da BHTRANS. – A matéria relativa ao controle exercido pelo Município de Belo Horizonte sobre o serviço prestado por profissionais cadastrados no aplicativo "Uber" não se encontra replicada em múltiplos recursos, mormente em face do pequeno lapso temporal transcorrido desde a publicação da Lei Municipal. IAC – CV n. 1.0000.16.025020-5/002 – ACÓRDÃO (SEGREDO DE JUSTIÇA). Vistos etc., acorda, em Turma, a 1ª Seção Cível do Tribunal de Justiça do Estado de Minas Gerais, na conformidade da ata dos julgamentos, em Rejeitar a questão de ordem e as preliminares, por maioria. Instaurar o incidente de assunção de competência, por maioria. Des. Corrêa Junior Relator. (TJMG, 1.0000.16.025020-5/002, rel. Des. Corrêa Junior j. 26.08.0016, *DJ* 21.09.2016).

prazo para realização do ato processual. O tema é bem desenvolvido na doutrina para a temática recursal.[724] O que já foi proposto, aproveitando-se da construção feita para os recursos, é o aproveitamento da fungibilidade para os mecanismos formadores de precedentes em razão de determinação legal.[725]

Tal proposta surge a partir da constatação da rápida alteração fática entre o prevenir/reprimir a repetição de questões de direito com potencial de multiplicidade na sociedade,[726] possibilitando, assim, a fungibilidade de mão dupla entre IAC e IRDR pelo colegiado competente[727] com base na suscitação oficiosa em ambos os institutos. Vinicius Silva Lemos

[724] Cf. por todos, SANSEVERINO, Milton. Fungibilidade dos Recursos, **Revista de Processo**, v. 25, ano 1982, p. 181– 83, jan.-mar., 1982.

[725] Sobre o tema, cf. LEMOS, Vinicius Silva. A possibilidade de fungibilidade entre o IRDR e o IAC: viabilidade e necessidade de sistematização. **Revista de Processo**, v. 274, ano 2017, p. 255-289, dez., 2017, versão virtual não paginada, "A dúvida cerne desse estudo é a possibilidade de fungibilidade entre os institutos formadores de precedentes: incidente de resolução de demandas repetitivas e incidente de assunção de competência. Ou seja, será possível, quando um legitimado pleitear um instituto e o colegiado competente entender como outro, a fungibilidade e aceitabilidade com tal conversão?". O mesmo autor, em outra obra, também trata do tema, cf. LEMOS, Vinicius Silva. **O incidente de assunção de competência**: da conceituação à procedimentalidade. Salvador: JusPodivum, 2018.

[726] O autor mencionado afirma: "Como as situações da sociedade são rápidas, com conflitos ocorrendo a cada momento, muitas vezes, uma questão de direito pode parecer, em dado momento, suscetível à instauração de um IAC, mas, no momento em que for realizado tal pleito, pode, dado o tempo para a admissibilidade e seu processamento, transformando aquela situação fática mais condizente, agora, com um IRDR.", versão virtual não paginada, LEMOS, Vinicius Silva. A possibilidade de fungibilidade entre o IRDR e o IAC: viabilidade e necessidade de sistematização. **Revista de Processo**, v. 274, ano 2017, p. 255-289, dez., 2017.

[727] Cf. LEMOS, Vinicius Silva. A possibilidade de fungibilidade entre o IRDR e o IAC: viabilidade e necessidade de sistematização. **Revista de Processo**, v. 274, ano 2017, p. 255-289, dez., 2017, versão virtual não paginada, "Desse modo, a dúvida continua ecoando: é possível tal fungibilidade? Apesar de ausência de previsibilidade legal para tanto, sem nenhum dispositivo a tratar do tema, opinamos pela possibilidade, com a viabilidade de que um instituto, ao ser requerida a sua instauração e posto ao crivo do colegiado competente, este, ao analisar a matéria, não tem a percepção do cumprimento de tais requisitos inerentes ao pleito realizado, mas percebe o preenchimento dos requisitos do outro instituto, podendo, desse modo, proceder à fungibilidade. E, ainda, essa possível fungibilidade seria de mão dupla, ou seja, tanto para transformar o IAC em um IRDR, quanto vice-versa, o IRDR em IAC, dependendo, sempre, do não enquadramento de um deles e, conjuntamente, da presença dos requisitos nos outros.".

defende que, se o colegiado para a análise do outro incidente não for o mesmo, poderá ocorrer a remessa do caso oficiosamente.[728]

A fungibilidade entre os incidentes nos tribunais de segunda instância parte da possibilidade de lidar com as zonas de confluência entre os eles a partir do quanto já existente no ordenamento jurídico e aceito pela jurisprudência dos tribunais.

Ainda, e explicando o título do presente tópico, sobre a *conversão*, há quem afirme que não se trata propriamente de fungibilidade entre os incidentes, vez que um incidente não é tomado pelo outro pura e simplesmente, diante das diferenças procedimentais e das diferentes repercussões geradas entre os incidentes, mas que se trataria de conversão, com o que se concorda.[729] Assim, a partir daqui, passa-se a tratar do tema apenas por *conversão* entre mecanismos.

Ocorre que tal caminho interpretativo, o da conversão de mecanismo para uniformização da jurisprudência, ainda não resolve a necessidade de observância do juiz natural pela releitura proposta, ou seja, através de parâmetros que garantam (i) objetividade; (ii) impessoalidade, e; (iii) invariância.[730]

Além disso, a aceitação da existência de mais de um mecanismo com procedimentos distintos e conversíveis traz discussões procedimentais intricadas e desnecessárias diante da possibilidade da existência de ape-

[728] Lemos, Vinicius Silva. A possibilidade de fungibilidade entre o IRDR e o IAC: viabilidade e necessidade de sistematização. **Revista de Processo**, v. 274, ano 2017, p. 255-289, dez., 2017.

[729] Nesse sentido: D'Ávila, Daniela Peretti. **Incidente de assunção de competência**: Extraindo seu máximo grau de rendimento. 2019. Dissertação (Mestrado em Direito) – Pontifícia Universidade Católica de São Paulo, São Paulo, 2019, p. 172. Também indica nessa direção o enunciado n. 141 da II Jornada de Direito Processual Civil do Conselho da Justiça Federal ao dispor que: "É possível a ***conversão*** de Incidente de Assunção de Competência em Incidente de Resolução de Demandas Repetitivas, se demonstrada a efetiva repetição de processos em que se discute a mesma questão de direito." (destacamos).

[730] Corrobora nossa afirmação o quanto constatado por Paula Pessoa Pereira, ao afirmar a impossibilidade de eliminação do mistério dos casos difíceis, cf. Pereira, Paula Pessoa. **Legitimidade dos precedentes**: universabilidade das decisões do STJ. São Paulo: Revista dos Tribunais, 2014, p. 94-95, "Este espaço do mistério, talvez seja ineliminável do processo decisório, ao menos dos casos difíceis (porque nos casos rotineiros não há discussão quanto à interpretação e aplicação da regra aos fatos ocorridos), pois, ao lado da racionalidade humana, existem as emoções e preferências.".

nas um instrumento que resolvesse a prevenção e a repressão à repetição de questões.

Sobre a violação aos três elementos necessários para garantir o juiz natural diante de parâmetros de eficiência, a conversão entre incidentes que podem ser julgados por colegiados distintos não garante a necessária transparência clamada pela *objetividade* dos parâmetros de cabimento de cada incidente, de forma a controlar elementos relacionados à *impessoalidade* de cada julgador desses colegiados através de critérios objetivos e impessoais, garantidores de *invariância* do juízo natural a partir de casos semelhantes.

Como destacado anteriormente, a existência de mais de um instituto com a mesma finalidade, qual seja, a elaboração de teses jurídicas qualificadas, a partir de critérios de admissão vagos, gerando zonas cinzentas para os jurisdicionados, viola o princípio do juiz natural. A possibilidade de conversão entre os mecanismos não afasta tal violação, vez que ainda inexistem objetividade, impessoalidade e invariância quanto à definição do órgão jurisdicional competente para processar e julgar a questão de direito.

Sobre problemas procedimentais intrincados vislumbrados na conversão, tem-se a situação da via IRDR/IAC. Se suscitado incidente de resolução de demandas repetitivas sem processo em andamento no tribunal, considerando aqueles que admitem essa possibilidade, e admitida a configuração dos requisitos necessários para o IAC, não haverá caso para análise, como exige o artigo 947 do CPC.

Outra situação digna de destaque é quando os órgãos jurisdicionais forem distintos, dentro do mesmo tribunal, para processamento e julgamento dos incidentes: haveria manutenção do relator do caso? A mudança da natureza do incidente a partir de conceitos jurídicos indeterminados durante o andamento do feito, levando ao julgamento por novo colegiado no tribunal, escancara a violação ao juiz natural clássico e ao relido!

Há necessidade de ampliação do contraditório[731] quando do juízo de admissibilidade desses incidentes, vez que a tese formada não ficará

[731] Sobre o tema, trataremos com mais profundidade adiante. Por ora, basta a afirmação que diante da multiplicidade de zonas de interesse na admissão e no julgamento da tese através do IAC, o contraditório não deve ficar restrito às partes do processo em que sus-

restrita às partes em que suscitado o incidente. Quando da discussão sobre a possível conversão no caso, haveria repetição do contraditório ampliado? Assim, por mais interessante que possa parecer a possibilidade de encontro de uma saída jurídica dentro do ordenamento jurídico da forma como organizado,[732] a saída acaba por manter problemas já detectados.

A única possibilidade de minimização dessas violações é a proposta, de *lege ferenda*, da existência de um único mecanismo que resolva situações de prevenção e de repressão à quebra de isonomia entre os jurisdicionados a partir de critérios controláveis pelos sujeitos processuais através da participação pelo procedimento ideal que será desenvolvido no próximo capítulo.

Por fim, vale ainda destacar que os mecanismos para fixação de teses jurídicas por tribunais para lidar com a litigância repetitiva foram arquitetados com o fim de conferir maior segurança jurídica,[733] isonomia, celeridade e economia ao ordenamento jurídico como um todo.[734] Entretanto, as esferas de cabimento de cada um destes institutos aca-

citado o incidente. Sobre o tema, vale conferir o seguinte trecho de Sofia Temer, sobre a participação de sujeitos no processo: "Em resumo, o contínuo rearranjo do feixe de relações jurídicas que compõem o processo exige que o exercício de contraditório seja compreendido também de forma flexível e dinâmica, e não apenas de forma vetorial e bilateral.", p. 232, TEMER, Sofia. **Participação no processo civil**: repensando litisconsórcio, intervenção de terceiros e outras formas de atuação. Salvador: JusPodivm, 2020.

732 Tal proposta é feita por Vinicius Silva Lemos. Cf. LEMOS, Vinicius Silva. A possibilidade de fungibilidade entre o IRDR e o IAC: viabilidade e necessidade de sistematização. **Revista de Processo**, v. 274, ano 2017, p. 255-289, dez., 2017, versão virtual não paginada, "A fungibilidade, mesmo sendo uma exceção, é uma realidade no CPC/2015, totalmente positivada como possível.".

733 Sobre a relação entre segurança jurídica, conceitos jurídicos indeterminados e fonte normativa das decisões judiciais, cf. GONÇALVES, Marcelo Barbi. **Teoria geral da jurisdição**. Salvador: JusPodivm, 2020, p. 565, "Tudo isso levou a que o formalismo iluminista, idealizador de uma certeza jurídica como decorrência lógica do conhecimento da lei, mostrasse-se indefensável. Além do mais, uma produção normativa caótica, instável, prenhe de fórmulas obscuras e compromissórias, cláusulas gerais e conceitos jurídicos indeterminados enterraram a suficiência do projeto legal de segurança.".

734 Sobre o processo legislativo do CPC de 2015 e as diversas influências e motivações explicitadas, cf. MIRANDA, Andrea Pimentel de. **Quem tem medo do processo coletivo?** As disputas e escolhas políticas no CPC/2015 para o tratamento da litigiosidade repetitiva no Brasil. São Paulo: Almedina, 2020, *passim*.

bam por se confundir, sendo fonte própria de situações de insegurança jurídica e quebra de isonomia.[735]

3.4. Da fonte normativa do procedimento ideal

Considerando ainda as vantagens da adoção da tese proposta, tem-se o *ponto (vi)* aventado acima sobre a previsibilidade quanto ao procedimento a ser adotado no tribunal para o julgamento da tese jurídica a ser aplicada para determinada questão de direito, vez que a existência de um único instrumento para debate qualificado sobre situações com potencial de gerar quebra de isonomia garantiria a certeza quanto ao procedimento que seria adotado para a ampliação do contraditório sobre a questão de direito polêmica. Ainda, o *ponto (vii)* levantado sobre a existência de apenas um mecanismo para rediscussão de teses jurídicas já firmadas para levar à superação de entendimentos jurisprudenciais, o que ocorreria pelo mesmo procedimento, antes já adotado para a primeira definição.

Ocorre que o IAC, que tem capacidade legislativa para assumir a prevenção e a repressão à divergência jurisprudencial, não teve seu procedimento regulamentado pelo legislador nacional de 2015.[736] Muitas lacunas foram deixadas, que serão objeto de maior análise neste momento e no próximo capítulo, objetivando responder à pergunta se haveria procedimento específico e ideal a ser observado na afetação e julgamento do IAC ou se cada tribunal teria liberdade para determinar o caminho procedimental em seu regimento interno.[737] Tal proposta quanto ao

[735] As situações de viradas de entendimentos jurisprudenciais aumentam o risco Brasil, afastando investimentos internacionais. Tal constatação foi feita durante a tramitação legislativa no novo Código. Sobre o tema, cf. MIRANDA, Andrea Pimentel de. **Quem tem medo do processo coletivo?** As disputas e escolhas políticas no CPC/2015 para o tratamento da litigiosidade repetitiva no Brasil. São Paulo: Almedina, 2020, p. 139.

[736] Dentre muitas vozes nesse sentido, cf. MENDES, Aluisio Gonçalves de Castro; PORTO, José Roberto Mello. **Incidente de assunção de competência.** Rio de Janeiro: GZ, 2020, p. 81.

[737] Fredie Didier Jr. e Sofia Temer apontam ser a novidade legislativa como a causa para a falta de regulamentação de alguns aspectos do IRDR. Entretanto, o IAC tem gênese no CPC/73 e padece de maior falta de regulamentação ainda. Cf. DIDIER JR., Fredie; TEMER, Sofia. A decisão de organização do incidente de resolução de demandas repetitivas: importância, conteúdo e o papel do regimento interno do tribunal. **Revista de Processo**, v. 258, ano 2016, p. 257-278, ago., 2016. Sobre a possível causa para a falta de previsão legal do pro-

procedimento ideal tem como marco teórico dois autores, Niklas Luhmann e Luigi Paolo Comoglio, em medidas diferentes. Niklas Luhmann desenvolve a teoria dos sistemas e a ideia de que um sistema com um procedimento previamente conhecido e que conte com a participação das partes e de terceiros interessados na formação da decisão é legítimo, no sentido de que suas decisões serão acatadas e respeitadas por membros da sociedade e pelos demais elementos que compõem o sistema.[738] Por outros fundamentos, mas convergindo ao mesmo objetivo, Luigi Paolo Comoglio, ao explicar o devido processo na Constituição italiana, expõe que, apesar da previsão constitucional do devido processo, as garantias mínimas do processo devem ser regulamentadas por lei.[739] Internamente, vale destacar o formalismo valorativo para a compreensão do procedimentos. Para Carlos Alberto Alvaro de Oliveira, o formalismo é indispensável na medida que garante a ordem no processo em razão da previsibilidade no procedimento, limitando arbitrariedades do

cedimento do IAC, cf. LEMOS, Vinicius Silva. **O incidente de assunção de competência**: da conceituação à procedimentalidade. Salvador: JusPodivum, 2018, p. 90, "Se ao IRDR foi concedida demasiada e necessária atenção legislativa, ao IAC, pelo contrário, a atenção foi diminuta, talvez por não tratar de um instituto novel no ordenamento processual, mas somente a remodelação do que já constava no revogado CPC/73. Se a impressão foi essa, a opção demonstrou-se equivocada, pelo fato de que a regulamentação anterior do IAC era pior ainda, além de lacunosa em relação ao instituto, era apagada, com a sua inserção somente num parágrafo de um artigo sobre a ordem dos processos nos Tribunais – o revogado 555, §1º.".

738 Sobre o tema: "Pode-se definir legitimidade como uma disposição generalizada para aceitar decisões de conteúdo ainda não definido, dentro de certos limites de tolerância.", p. 30, LUHMANN, Niklas. **Legitimação pelo procedimento**. Tradução de Maria da Conceição Côrte-Real. Brasília: Universidade de Brasília, 1980.

739 COMOGLIO, Luigi Paolo. Il *"giusto processo" civile nella dimensione comparatistica*. **Revista de Processo**, v. 108, ano 2002, p. 133-183, out.-dez., 2002. Diante da previsão do artigo 111 do texto constitucional italiano de que o processo será devido nos termos da lei, o autor aponta três possíveis interpretações para tal determinação, quais sejam: (i) a reserva de lei exigida pelo constituinte exige que formalmente a regulamentação seja proveniente do Poder Legislativo; (ii) a segunda corrente formada, além da análise formal quanto à origem da regulamentação, analisa substancialmente seu conteúdo, de forma a exigir a regulamentação das garantias mínimas do devido processo legal, e, por fim; (iii) a terceira corrente exige que a regulamentação legal sobre o devido processo seja analítica, não deixando qualquer poder diretivo ao magistrado no caso concreto. Dentre essas possibilidades, o autor alinha-se à corrente intermediária.

órgão jurisdicional.[740] Ainda a procedimentalização do direito é colocada por Henrique Garbellini Carnio como instrumento de construção de decisões judiciais, que não são simplesmente dadas de forma pronta pelo Poder Judiciário.[741] Além da legitimação pelo procedimento[742] e da necessidade de regulamentação legal das garantias mínimas do processo civil, deve-se tomar em conta a dimensão procedimental do Estado de Direito, possibilitando o controle pelos cidadãos de normas procedimentais previamente estabelecidas[743] e publicizadas.[744] Logo, não se trata da forma por fetiche, mas da necessidade de elementos mínimos

[740] Sobre o tema, cf. Oliveira, Carlos Alberto Alvaro de. **Do formalismo no processo civil**. São Paulo: Saraiva, 1997, p. 47.

[741] Cf. Carnio, Henrique Garbellini. Filosofia do direito processual e procedimentalização do direito. **Revista de Processo**, v. 231, ano 2014, p. 367-378, maio, 2014, versão virtual não paginada, "A resposta a esse momento e a essas questões pode ser dada a partir do estabelecimento de procedimentos que garantam, pelas suas características, a função sociopolítica que eles assumem no contexto para que se chegue às decisões. De qualquer maneira, o importante é compreender que por meio da procedimentalização as respostas para o processo não são mais simplesmente dadas, mas sim passam a ser construídas; não há uma verdade ou decisão já pronta, escondida no processo, na verdade ela se dá na construção e no desenvolvimento do processo.".

[742] Sobre o tema, temos preferência pelo seguinte excerto: "O verdadeiro e o falso não têm origem nas coisas, nem na razão individual, mas no procedimento.", p. 256, Marinoni, Luiz Guilherme; Arenhart, Sérgio Cruz; Mitidiero, Daniel. **Novo Curso de Processo Civil:** tutela dos direitos mediante procedimento comum. v. 2, São Paulo: Revista dos Tribunais, 2016.

[743] Conferir Jeremy Waldron sobre o devido processo legal e seu aspecto procedimental, Waldron, Jeremy. The Rule of Law and the Importance of Procedure (October 6, 2010). **NYU School of Law**, Public Law Research Paper n. 10-73, Available at SSRN: https://ssrn.com/abstract=1688491 or http://dx.doi.org/10.2139/ssrn.1688491. Acesso em: 07 jul. 2020.

[744] Pereira, Paula Pessoa. **Legitimidade dos precedentes**: universabilidade das decisões do STJ. São Paulo: Revista dos Tribunais, 2014, p. 28-29, "Entretanto, a afirmação de um Estado de Direito não se reduz ao plano da produção de normas jurídicas, ao contrário, o Estado de Direito se efetiva no plano das garantias que são dadas aos cidadãos, na forma de procedimentos, em favor de uma aplicação justa e devida daquelas. [...] É nesse espaço que se encontra a dimensão procedimental do Estado de direito, ao instituir procedimentos, direitos e deveres processuais a serem respeitados pelos agentes estatais na aplicação das regras previamente estabelecidas.".

que concretizem o devido processo legal, limitando o arbítrio casuisticamente.[745]

Dúvida já não resta sobre ser a jurisprudência, e o IAC especificamente, fonte de direito, a questão atual é como controlar a sua produção.[746] Tal proposta de controle sobre o procedimento mostra-se relevante como forma de garantia do devido processo legal, vez que a falta de previsão mínima, pelo menos, de um procedimento que garanta a observância do contraditório, paridade de armas, juízo natural, fundamentação e publicidade adequadas, por exemplo, viola o corolário na previsão genérica estabelecida no texto constitucional quanto ao devido processo legal.[747] Embora exista um sistema processual previamente definido,[748] as previsões são genéricas. Há necessidade de regulamentação específica sobre o procedimento ideal[749] a ser seguido para o IAC no ordenamento jurídico nacional, diferenciando-se regras de processo, de procedimento e disposições regimentais de acordo com as suas possíveis fontes normativas.

Diante da subregulamentação do procedimento do IAC, encontra-se quem defenda que o IAC integre o microssistema de formação concentrada de precedentes obrigatórios, aplicando-se a ele as normas

[745] Sobre o tema, Fredie Didier Jr. afirma: "Não há confundir, embora a homonímia, o formalismo de que se trata com o formalismo fetiche da forma, este último, na verdade, deformação daquele. Do mesmo modo, deve o formalismo encaixar-se à noção do devido processo legal, garantido constitucionalmente.", p. 37, DIDIER JR., Fredie. **Recurso de terceiro**: juízo de admissibilidade. 2. ed. São Paulo: Revista dos Tribunais, 2005.

[746] PASSANANTE, Luca. **Il precedente impossibile**: contributo allo studio del diritto giurisprudenziale nel processo civile. Torino: G. Giappichelli Editore, 2018, p. 11.

[747] Sobre o tema, fala Luigi Paolo Comoglio ao analisar o processo justo de acordo com a previsão constitucional na Itália e a exigência de regulamentação legal. Cf. COMOGLIO, Luigi Paolo. Il "giusto processo" civile nella dimensione comparatistica. **Revista de Processo**, v. 108, ano 2002, p. 133-183, out.-dez., 2002.

[748] Sobre ser o sistema processual brasileiro um conjunto de elementos integrados e interagentes, cf. DINAMARCO, Cândido Rangel. Processo civil comparado. **Revista de Processo**, v. 90, ano 1998, p. 46-56, abr.- jun., 1998.

[749] Sobre a importância do procedimento, cf. DIDIER JR., Fredie. **Recurso de terceiro**: juízo de admissibilidade. 2. ed. São Paulo: Revista dos Tribunais, 2005, p. 37, "Pode-se dizer que o formalismo responde às perguntas: como funciona (o processo) e quais são as regras do jogo. Trata-se – em linguagem simples – do regulamento da disputa. O cerne do formalismo processual está no procedimento – espinha dorsal, na feliz expressão de Carlos Alberto Alvaro de Oliveira.".

do IRDR e dos repetitivos[750]. Fala-se em (1) microssistema vez que há regras esparsas por todo o código e por outras leis que se complementam; (2) formação concentrada – ou *estática* – diante da atuação dos tribunais nacionais para fixação de tese jurídica a ser aplicada a mais de um caso no presente e (3) com força obrigatória,[751] diante de quanto dispõe o artigo 927, CPC, e demais dispositivos do código que estabelecem formas de observância da tese jurídica já estabelecida.

Pretende-se analisar se haveria viabilidade de aplicação subsidiária de normas dentro desse microssistema, considerando que o IAC engloba a fixação de teses jurídicas preventiva e repressivamente, nos moldes da tese aqui proposta, enquanto conviventes no sistema processual diversos mecanismos com a mesma finalidade, qual seja, a fixação de teses jurídicas a partir de casos selecionados.

Dentre as espécies de formação concentrada ou *estática* de precedentes conforme previstas pelo legislador de 2015, têm-se os incidentes de resolução de demandas repetitivas, os recursos extraordinários em sentido *lato* repetitivos e o IAC, cujas normas seriam intercambiáveis.[752] Para os que defendem a existência do microssistema, deve-se diferenciar entre (1) o microssistema de formação concentrada de precedentes e

[750] Nesse sentido: artigo 191, §4º, Regimento Interno do TJSP: "Aplica-se ao incidente de assunção de competência, no que couber, as regras procedimentais e de julgamento do incidente de resolução de demandas repetitivas, as quais são da competência exclusiva do Órgão Especial e das Seções do Tribunal de Justiça.". Nesse sentido: MENDES, Aluisio Gonçalves de Castro; PORTO, José Roberto Mello. **Incidente de assunção de competência.** Rio de Janeiro: GZ, 2020. Também e especialmente quanto às normas sobre publicidade, fundamentação adequada e ampliação do debate jurisdicional: BASTOS, Ana Carolina Andrada Arrais Caputo. Processamento do IAC: questões de ordem prática. **Revista Caderno Virtual** – IDP – Instituto de Direito Público, v.3, n. 45, ano 2019.

[751] Nesse sentido quanto à força obrigatória: Defende-se a força obrigatória em razão do verbo selecionado pelo legislador ao elaborar o *caput* do artigo 927 do CPC: "observar". Sobre o tema, cf. FERNANDES, Ricardo Yamin. **Do incidente de assunção de competência.** São Paulo: Revista dos Tribunais, 2020, p. 202, "No *caput* deste artigo, o verbo "observar" está em sua forma imperativa, demonstrando que a aplicação dos provimentos dispostos nos incisos é compulsória.". Já explicitamos que não nos alinhamos a esse entendimento.

[752] Nesse sentido: CUNHA, Leonardo Carneiro da; DIDIER JR., Fredie. **Curso de Direito Processual Civil**: meios de impugnação às decisões judiciais e processo nos tribunais. 16. ed., v. 3. Salvador: JusPodivm, 2019, p. 805, "Há uma unidade e coerência sistêmicas entre o incidente de assunção de competência e o julgamento de casos repetitivos. Em outras palavras, existe um microssistema de formação concentrada de precedentes obrigatórios, [...].".

(2) o microssistema normativo destinado às normas que objetivam lidar com a litigância repetitiva, as quais se referem ao IRDR e aos recursos excepcionais repetitivos,[753] vez que seus objetivos seriam distintos.

Entretanto, diante do quanto já exposto até aqui, há zona de congruência entre a prevenção/repressão do IAC e a repressão à dispersão jurisprudencial do IRDR e dos repetitivos.[754] Logo, tal divisão não é razoável.

Além da questão do microssistema, que resolveria parte da questão da falta de regulamentação legal, o legislador de 2015 remete determinados pontos para os regimentos dos tribunais, baseando-se no artigo 96, I, *a*, CF, que determina competir aos tribunais a elaboração de seus regimentos internos, "[...] com observância das normas de processo e das garantias processuais das partes, dispondo sobre a competência e o funcionamento dos respectivos órgãos jurisdicionais e administrativos.". Aos regimentos internos de cada tribunal ficam reservadas as questões acerca da organização e da competência de seus órgãos. Assim, não há dúvida de que deva ser realmente o regimento interno de cada corte a determinar o órgão interno competente para a uniformização de jurisprudência.[755] Entretanto, questões envolvendo recursos e juízo de admissibilidade, por exemplo, escapam ao âmbito regimental, trazendo importante questionamento se tal regulamentação fica a cargo do regimento.[756] Objetiva-se determinar se o procedimento ideal do IAC

753 Cunha, Leonardo Carneiro da; Didier Jr., Fredie. **Curso de Direito Processual Civil**: meios de impugnação às decisões judiciais e processo nos tribunais. 16. ed., v. 3, Salvador: JusPodivm, 2019, p. 805.

754 STJ, IAC n. 3, em que se aplicou, por analogia, o rito dos repetitivos para determinar a comunicação aos Ministros da 1ª Seção do STJ, aos Presidentes dos Tribunais Regionais Federais e Tribunais de Justiça.

755 Nesse sentido: Bueno, Cassio Scarpinella. **Curso sistematizado de Direito Processual Civil**: procedimento comum, processos nos Tribunais e Recursos. 8. ed. v. 2. São Paulo: Saraiva Educação, 2019, p. 423.

756 Sobre a insegurança jurídica que a previsão regimental de normas processuais traz, cf. Oliveira, Paulo Mendes de. **Regimentos internos como fonte de normas processuais.** Salvador: JusPodivm, 2020, p. 65, "Um tema sobre o qual devemos refletir é a possível insegurança jurídica que pode causar a possibilidade de cada tribunal do país editar regras processuais específicas. Os operadores do Direito teriam que conhecer, além da legislação vigente, as regras regimentais da corte em que estariam atuando. Essa é, de fato, uma preocupação relevante.". Sobre tais temas estarem excluídos da regulamentação regimental,

deve ser objeto de nova legislação federal, legislação estadual ou exclusivamente determinado pelos regimentos internos de cada tribunal.[757] Assim, nesta parte da tese, trata-se do procedimento ideal para o IAC que assume efetivamente a função preventiva e a repressiva nos tribunais e a origem ideal para tal regulamentação.

Considerando que normas procedimentais precisam ser gerais, públicas, prospectivas, inteligíveis, consistentes, práticas, estáveis e congruentes[758] e que o devido processo legal precisa ser enxergado a partir de uma concepção procedimental,[759] faz-se necessária a discussão sobre a fonte normativa para o procedimento ideal proposto ao IAC.

cf. Lemos, Vinicius Silva. **O incidente de assunção de competência**: da conceituação à procedimentalidade. Salvador: JusPodivum, 2018, p. 93, "Dessa maneira, o poder legislativo dos Tribunais, via sua norma regimental, se limita a definir a sua própria estrutura e nas pertinentes competências para cada órgão, com o devido funcionamento desses. [...] Não cabe ao regimento definir mais do que pode, entrando em pontos que não são pertinentes ao funcionamento do próprio Tribunal.", p. 93.

[757] Paulo Mendes de Oliveira expõe duas situações que precisam ser evitadas: (1) a do vazio legislativo e a (2) a da regulamentação exclusiva por normas regimentais, cf. Oliveira, Paulo Mendes de. **Regimentos internos como fonte de normas processuais.** Salvador: JusPodivm, 2020, p. 65-66, "O que não parece ser razoável é admitir como adequada e, portanto, aderente ao ideal de segurança jurídica, a situação em que os jurisdicionados ficam sem qualquer parâmetro sobre como será o trâmite das demandas. Ou seja, deparam-se com um vazio normativo, maculando um dos elementos básicos da segurança processual que é a previsibilidade do procedimento.".

[758] Tal lista é aquela trazida por Jeremy Waldron ao tratar dos oito princípios formais da moralidade do direito no devido processo legal, defendendo a importância do procedimento, cf. Waldron, Jeremy. The Rule of Law and the Importance of Procedure (October 6, 2010). **NYU School of Law**, Public Law Research Paper n. 10-73, Available at SSRN: https://ssrn.com/abstract=1688491 or http://dx.doi.org/10.2139/ssrn.1688491. Acesso em: 07 jui. 2020.

[759] Por todos cf. Waldron, Jeremy. The Rule of Law and the Importance of Procedure (October 6, 2010). **NYU School of Law**, Public Law Research Paper n. 10-73, Available at SSRN: https://ssrn.com/abstract=1688491 or http://dx.doi.org/10.2139/ssrn.1688491. Acesso em: 07/07/2020, p. 12, "*But law comes to life in institutions. An understanding of legal systems that emphasizes argument in the courtroom as much as the existence and recognition of rules provides the basis for a much richer understand of the values and requirements that law and legality represent in modern political argument.*"

Apesar de se encontrar debate doutrinário sobre a possibilidade de criação de procedimentos especiais,[760] com o intento de conferir mais efetividade à prestação jurisdicional,[761] pouco se fala sobre a origem normativa de tais especialidades procedimentais e, quando se fala, os exemplos costumam se concentrar sobre o primeiro grau de jurisdição. Como o IAC é um incidente que leva à diferenciação do procedimento no tribunal, de segunda instância ou superior, convém a discussão sobre a fonte normativa do procedimento.

Além disso, a legislação em sentido formal – ou seja, aquela proveniente do Poder Legislativo – será em alguma medida incompleta, pois a sua necessidade de generalização e abstração impede especificações detalhadas sobre procedimento e competência,[762] levando à discussão sobre a (im)possibilidade de previsão do procedimento ideal também por fontes normativas exaradas pelos próprios tribunais ou pelos legislativos estaduais.

É o que se pretende abordar neste ponto da tese: qual deve ser a fonte normativa do procedimento ideal proposto para o IAC como o mecanismo capaz de abraçar situações de prevenção e de repressão à divergência jurisprudencial, quebrando-se a tendência de propor o

[760] Ver, por todos, LEONEL, Ricardo de Barros. **Tutela jurisdicional diferenciada**. São Paulo: Malheiros, 2001.

[761] Sobre o tema, afirma Maria Carolina Beraldo: "Não é necessário que se teçam aprofundadas considerações para concluir que um procedimento que seja específico, adequado a determinado tipo de lide traz benefícios de ordem econômica, temporal e material essenciais à concessão da tutela jurisdicional mais adequada e próxima da justiça possível.", p. 115, BERALDO, Maria Carolina Silveira. **Processo e procedimento à luz da Constituição Federal de 1988:** normas processuais e procedimentais civis. Belo Horizonte: D'Plácido, 2019.

[762] CABRAL, Antonio do Passo. **Juiz natural e eficiência processual**: flexibilização, delegação e coordenação de competências no processo civil. Tese de titularidade – Universidade do Estado do Rio de Janeiro. Rio de Janeiro: Universidade do Estado do Rio de Janeiro, 2017, p. 274, "A regra legislativa – lei em sentido formal, geral e abstrata – jamais poderia ser tão detalhada a ponto de exaustivamente determinar as competências e eliminar qualquer juízo de discricionariedade na sua aplicação. Assim, o ordenamento da competência, se baseado exclusivamente nas regras produzidas pelo legislador, seria sempre, em alguma medida, incompleto.".

aproveitamento do procedimento de outros mecanismos para fixação de entendimentos por tribunais para o IAC.[763]

De início, não é possível afirmar *a priori* que todo o tema merece regulamentação pela legislação federal[764] por nobres fundamentos, como a generalização e uniformização do procedimento. A análise precisa ser mais profunda, estudando-se a diferença entre normas processuais e procedimentais a partir do quanto já construído pela doutrina, mas sem olvidar de que esse não é o objeto central da tese. Entretanto, é um tema colateral que precisa ser enfrentado e bem colocado, vez que a absoluta falta de regulamentação, como se tem hoje, deixando a integração do sistema normativo sobre o IAC a cargo de regimentos internos e da doutrina, que cria teses concernentes aos microssistemas processuais de formação de precedentes e de formação de repetitivos, exalta a sensação de absoluta insegurança jurídica e falta de isonomia.[765]

[763] Tal percepção apenas confirma o quanto afirmamos da inexistência de diferenças claras entre os mecanismos, que apenas servem como instrumentos de seleção do colegiado competente dentro de determinado tribunal a partir de critérios pouco republicanos.

[764] O detalhamento do procedimento pelo próprio Poder Judiciário é, em alguma medida, benéfico, cf. CABRAL, Antonio do Passo. **Juiz natural e eficiência processual**: flexibilização, delegação e coordenação de competências no processo civil. Tese de titularidade – Universidade do Estado do Rio de Janeiro. Rio de Janeiro: Universidade do Estado do Rio de Janeiro, 2017, p. 278, "A reserva de lei para a competência foi pensada com fundamento na separação de poderes. Por isso, na gênese do juiz natural, a preocupação era excluir norma de competência proveniente do Executivo. Na atualidade, talvez não devamos pregar contra as normas administrativas *tout court*, mas apenas aquelas externas ao Judiciário, que poderiam ferir a independência dos juízes e a separação de poderes. Se a norma administrativa é proveniente do próprio Judiciário, no exercício de sua autoadministração, a questão não se coloca.".

[765] A doutrina costuma apontar essas omissões legislativas para o IRDR, cf. Fredie Didier Jr., Sofia Temer e Paulo Mendes de Oliveira. DIDIER JR., Fredie; TEMER, Sofia. A decisão de organização do incidente de resolução de demandas repetitivas: importância, conteúdo e o papel do regimento interno do tribunal. **Revista de Processo**, v. 258, ano 2016, p. 257-278, ago., 2016. OLIVEIRA, Paulo Mendes de. **Regimentos internos como fonte de normas processuais.** Salvador: JusPodivm, 2020, p. 99-100, "A doutrina, no particular, divide-se, deixando o jurisdicionado e os próprios tribunais sem uma diretriz segura de como proceder.". Sobre o procedimento como garantia de segurança, cf. LEMOS, Vinicius Silva. **O incidente de assunção de competência**: da conceituação à procedimentalidade. Salvador: JusPodivum, 2018, **p. 105,** "Uma definição sobre a procedimentalidade do incidente de assunção de competência é importante, seja de qualquer modo ou via, justamente para

Como propõe-se a reformulação do sistema de mecanismos para formação de precedentes concentrados no que concerne à dualidade prevenção/repressão e às técnicas utilizadas para a formação de teses jurídicas, de *lege ferenda*, cabe explicitar, nesse momento, qual deva ser a(s) fonte(s) normativa(s) para normas processuais e procedimentais para o IAC, que, na tese proposta, é suficiente para lidar com a prevenção e com a repressão à repetição patológica,[766] ou seja, aquela que gera quebra de isonomia e de segurança jurídica.

3.4.1. Normas processuais e procedimentais e sua relação com os regimentos internos dos tribunais

Segundo o constituinte de 1988, cabe à União legislar sobre processo privativamente;[767] e à União e aos estados, sobre procedimento concorrentemente.[768] A competência concorrente é organizada verticalmente, ou seja, à União cabe editar normas gerais; e, aos estados, normas específicas.[769] A diferenciação decorre do tamanho territorial do país, das dife-

que se tenha uma maior segurança jurídica, proporcionando uma melhor praticidade para quem utilizar deste instituto na prática cotidiana.".

766 Nem sempre a repetição será patológica. Diante da homogeneidade das relações sociais no século XXI, a repetição é inevitável. Se o sistema jurídico estiver alinhado, lidar com a repetição sem gerar quebra de isonomia não será um problema e não haverá que se falar em patologia.

767 João Mendes de Almeida Jr. aponta que o Poder Judiciário é "[...] força da soberania nacional é eminentemente nacional e, por isso, ao Congresso Nacional, a quem compete legislar sobre direito civil, comercial e criminal, compete legislar sobre o direito de ação, condições de seu exercício e meios de prova. Essa tese se tornou pacífica desde a Constituição de 1934, e foi superada pela de 1946, quando excluiu dos Estados a competência para legislar, mesmo supletivamente, em matéria de direito processual. Entretanto, no regime da Constituição de 1891, deu margem a memoráveis discussões.", p. 5, ALMEIDA JR., João Mendes de. **Direito judiciário brasileiro**. 5. ed. Rio de Janeiro: Freitas Bastos, 1960.

768 Fernando da Fonseca Gajardoni aponta ser essa uma novidade, vez que as Constituições anteriores não faziam essa diferenciação, cf. GAJARDONI, Fernando da Fonseca. A competência constitucional dos estados em matéria de procedimento (artigo 24, XI, da CF): ponto de partida para a releitura de alguns problemas do processo civil brasileiro em tempo de novo CPC. **Revista Eletrônica de Direito Processual – REDP**. v. VII, Periódico da Pós-Graduação *Stricto Sensu* em Direito Processual da UERJ. Patrono: José Carlos Barbosa Moreira www.redp.com.br ISSN 1982-7636, p. 46.

769 Fernando da Fonseca Gajardoni esmiúça essa dinâmica: "Não existindo lei federal sobre normas gerais, os Estados exercerão competência legislativa plena (competência supletiva)

renças regionais[770] e da possibilidade de o procedimento adequar-se às necessidades e especificidades locais.[771] A diferenciação exata entre processo e procedimento é tormentosa, vez que a doutrina costuma conceituar um às custas do outro.[772] Considerando que a processualidade

(§ 3º), cujo produto terá sua vigência suspensa em caso de superveniência de lei federal sobre normas gerais em sentido contrário (§ 4º). E mesmo que haja normas gerais sobre o assunto editadas pelo Poder Central, compete ao Estado e ao Distrito Federal a edição de normas específicas, detalhadas, minuciosas, hábeis a particularizar e adaptar a matéria de sua competência à realidade regional (competência suplementar).", p. 47, GAJARDONI, Fernando da Fonseca. A competência constitucional dos estados em matéria de procedimento (artigo 24, XI, da CF): ponto de partida para a releitura de alguns problemas do processo civil brasileiro em tempo de novo CPC. **Revista Eletrônica de Direito Processual – REDP**. v. VII. Periódico da Pós-Graduação *Stricto Sensu* em Direito Processual da UERJ. Patrono: José Carlos Barbosa Moreira www.redp.com.br ISSN 1982-7636.

770 Sobre o tema, cf. DIÁRIO DA ASSEMBLEIA NACIONAL CONSTITUINTE. (Suplemento). Subcomissão da União, distrito federal e territórios, **ata da 1ª reunião**, maio de 1987, p. 52. Disponível em: http://imagem.camara.gov.br/Imagem/d/pdf/sup53anc01mai1987.pdf#page=50. Acesso em 25 de julho de 2020. "O País é uma imensidão e as definições de competências da União precisam ser colocas em nível intermediário entre os Estados, de modo que as atuais Superintendências Regionais de Desenvolvimento – Sudam, Sudene, Sudeco, entre outras – possam receber delegações de competência da União para, juntamente com os Estado e Municípios, se ter nova feição na Administração Pública Federal neste País. Isso me leva também a levantar a necessidade de esta Subcomissão atuar muito intimamente com as demais Subcomissões, especificamente com a de competência do Poder Legislativo, porque estão amarradas àquilo que é competência da União, àquilo que é competência privativa do Congresso Nacional. De modo que acredito que precisaremos muito trabalhar em conjunto com as demais Subcomissões.".

771 Sobre o tema, cf., por todos: BERALDO, Maria Carolina Silveira. **Processo e procedimento à luz da Constituição Federal de 1988:** normas processuais e procedimentais civis. Belo Horizonte: D'Plácido, 2019.

772 Francesco Carnelutti coloca a relação entre processo e procedimento como continente e contido, cf. CARNELUTTI, Francesco. ***Sistema de Derecho Procesal Civil.*** v. IV: procedimiento de conocimiento – parte segunda. Tradução de Niceto Alcalá-Zamora y Castillo e Santiago Sentís Melendo. Buenos Aires: Uteha Argentina, 1944, p. 2, "*La diferencia cualitativa entre los dos conceptos es tan profunda, que llega a reflejarse en una diferencia cuantitativa, que se puede expresar considerando el proceso como continente y el procedimiento como contenido: en realidad, si un solo procedimiento puede agotar el proceso, es posible y hasta frecuente que el desarrollo del proceso tenga lugar a través de más de un procedimiento; el paradigma de esta verdade nos lo ofrece la hipótesis, absolutamente normal, de un proceso que se lleva a cabo a través del primero y del segundo grado; y, como se verá, em los dos grados tienen lugar dos procedimentos, que se suman en um solo proceso.*". Para João Mendes de Almeida Jr., processo "[...] é o movimento dos atos da ação

não está restrita ao Poder Judiciário,[773] manifestando-se na atuação do

judiciária, ou melhor, o movimento dos atos da ação em juízo.", p. 217. Por sua vez, o autor conceitua procedimento da seguinte forma: "Uma coisa é o processo, outra coisa é o procedimento. O processo é uma direção no movimento; o procedimento é o modo de mover e a forma em que é movido o ato.", p. 243. ALMEIDA JR., João Mendes de. **Direito judiciário brasileiro**. 5. ed. Rio de Janeiro: Freitas Bastos, 1960. Carlos Alberto Alvaro de Oliveira conceitua o processo em função do procedimento em contraditório, cf. OLIVEIRA, Carlos Alberto Alvaro de; MITIDIERO, Daniel. O direito fundamental ao contraditório e sua centralidade no processo coletivo. In: ASSIS, Araken de. MOLINARO, Carlos Alberto. GOMES JR., Luiz Manoel. MILHORANZA, Mariângela Guerreiro. (org.). **Processo coletivo e outros temas de direito processual**: homenagem 50 anos de docência do professor José Maria Rosa Tesheiner, 30 anos de docência do professor Sérgio Gilberto Porto. Porto Alegre: Livraria do Advogado, 2012. p. 96. "O contraditório é tão essencial à vida do processo que hoje não é possível mesmo conceituar este sem alusão àquele. Processo no Estado Constitucional é procedimento em contraditório.". Maria Carolina Beraldo critica tal conceituação: "Na análise de suas atuais definições, constata-se que o processo, como método de atuação estatal, não se traduz na clássica definição de relação jurídica processual somada a procedimento, na medida em que não se pode definir um instituto pelo que ele contém, mas sim pelo que ele é.", p. 20, BERALDO, Maria Carolina Silveira. **Processo e procedimento à luz da Constituição Federal de 1988:** normas processuais e procedimentais civis. Belo Horizonte: D'Plácido, 2019. Sobre o tema, cf. também: DIDIER JR., Fredie. **Recurso de terceiro**: juízo de admissibilidade. 2. ed. São Paulo: Revista dos Tribunais, 2005, p. 38-39, "Uma das clássicas distinções em matéria de direito processual é a que se faz entre processo e procedimento – este como elemento extrínseco daquele. Durante muito tempo, quando se buscava a autonomia da relação jurídica processual, excomungou-se o procedimento do conceito de processo, A maturidade da ciência, entretanto, levou-nos a perceber o artificialismo da construção. O processo apresenta-se como uma série coordenada de atos, teleologicamente organizada, estruturada a partir de uma relação jurídica que prende (une) os sujeitos processuais: partes, juiz, advogados e auxiliares da justiça. Não se pode minimizar a importância (papel) do procedimento na análise do fenômeno processual.".

[773] Sobre o tema, cf., por todos: GRINOVER, Ada Pellegrini. **Ensaio sobre a processualidade**: fundamentos para uma nova teoria geral do processo. Brasília: Gazeta Jurídica, 2016. Entretanto, ao conceituar esses institutos, a autora segue a relação clássica de processo como procedimento em contraditório: "Por seu lado, a conceituação de processo como relação jurídica processual confunde o conteúdo do processo com sua natureza. O processo contém a relação jurídica processual, mas não é a relação jurídica processual. Processo é procedimento em contraditório (e o conceito de contraditório é indissolúvel dos poderes, deveres, faculdades e ônus existentes na relação processual, de modo que essa conceituação a abrange). Sendo assim, procedimento não é mais uma simples técnica a serviço da condução do processo, mas se torna um instrumento – tanto quanto o processo – para o atingimento da tutela adequada (jurisdicional ou não).", p. 6-7.

Estado em geral, a diferenciação entre processo e procedimento fica mais evidente.[774]

Por não ser o escopo da tese propor uma nova sistematização entre processo e procedimento, as diversas conceituações encontradas estão elencadas no rodapé, para o leitor mais atento. Aqui, adota-se a diferenciação proposta na tese de Maria Carolina Silveira Beraldo, segundo a qual, as normas processuais regulam a relação entre o Estado e os cidadãos, normatizando o poder estatal a partir do conjunto de garantias selecionadas pelo constituinte, apesar da ciência da discussão atual sobre processo não estar restrito à esfera de relações de poder.[775] Enquanto normas procedimentais relacionam-se à organização na prática dessa relação.[776]

Assim, as normas de processo são aquelas que regulam o poder do Estado no exercício da função jurisdicional a partir do quanto delineado no texto constitucional, enquanto as normas de procedimento são aquelas que organizam o exercício do poder estatal por meio de recur-

[774] BERALDO, Maria Carolina Silveira. **Processo e procedimento à luz da Constituição Federal de 1988:** normas processuais e procedimentais civis. Belo Horizonte: D'Plácido, 2019, p. 21, "Com base nesse novo enfoque – processo como método de atuação estatal – e para além do paradigma do processo como relação jurídica, serão identificados os atuais elementos componentes do processo e, via de consequência, das normas processuais, de forma a possibilitar sua diferenciação do procedimento e das normas procedimentais.".

[775] GRINOVER, Ada Pellegrini. **Ensaio sobre a processualidade**: fundamentos para uma nova teoria geral do processo. Brasília: Gazeta Jurídica, 2016, *passim.*

[776] BERALDO, Maria Carolina Silveira. **Processo e procedimento à luz da Constituição Federal de 1988:** normas processuais e procedimentais civis. Belo Horizonte: D'Plácido, 2019, p. 21, "A hipótese com que se trabalha é bastante clara: normas processuais diferenciam-se de normas procedimentais. Aquelas dizem respeito aos princípios constitucionais regentes da relação entre Estado (na expressão do Poder Judiciário) e cidadãos em instituto fundamental, a jurisdição; ou seja, as normas processuais se vinculam à normatização atinente ao correto exercício do poder estatal jurisdicional. Já as normas procedimentais estão relacionadas aos atos processuais inerentes à ação, defesa, bem assim à forma (lugar, tempo e modo) como serão exteriorizados e coordenados, tudo para que se forme o ato decisório do Estado-juiz.". Sobre o conceito de procedimento, cf, CARNELUTTI, Francesco. **Sistema de Derecho Procesal Civil.** v. IV: procedimiento de conocimiento – parte segunda. Tradução de Niceto Alcalá-Zamora y Castillo e Santiago Sentís Melendo. Buenos Aires: Uteha Argentina, 1944, p. 2, "*De esta forma se comprende que los actos singulares reunidos en el procedimiento se representen, más bien que como partes de un todo, como fases de desarrollo o como etapas de un camino.*".

sos, defesa, instrução etc.[777] Não há relação de hierarquia ou importância entre os dois temas, vez que os âmbitos de aplicação do processo e do procedimento são distintos.[778] A CF traz, assim, que cabe à União legislar privativamente sobre processo[779] e ainda traz disposições processuais gerais em seu texto, quais sejam: normas[780] atinentes ao acesso

[777] BERALDO, Maria Carolina Silveira. **Processo e procedimento à luz da Constituição Federal de 1988:** normas processuais e procedimentais civis. Belo Horizonte: D'Plácido, 2019, p. 51, "As normas procedimentais, de seu turno, regulamentam a submissão da demanda à apreciação estatal com todos os seus consectários, incluídos os recursos, a defesa e as impugnações em geral, bem assim a instrução da causa e todos os atos a ela inerentes, exceto aqueles jurisdicionais. Tributárias que são do provimento final, elas regulamentam, portanto, a forma como a lide será levada à apreciação e se desenvolverá em juízo. Isso engloba a legitimidade dos sujeitos processuais (excluído o órgão jurisdicional) e passa pela regulamentação do exercício de todos os seus atos (pressupostos, condições de exercício e elementos), seja no ajuizamento e seus desdobramentos, defesa e seus desdobramentos ou produção probatória.". Em sentido contrário: GAJARDONI, Fernando da Fonseca. A competência constitucional dos estados em matéria de procedimento (artigo 24, XI, da CF): ponto de partida para a releitura de alguns problemas do processo civil brasileiro em tempo de novo CPC. **Revista Eletrônica de Direito Processual – REDP,** v. VII, Periódico da Pós-Graduação *Stricto Sensu* em Direito Processual da UERJ. Patrono: José Carlos Barbosa Moreira www.redp.com.br ISSN 1982-7636. O autor distingue as normas puramente processuais das normas procedimentais. Estas, por sua vez, são divididas em puramente procedimentais e acidentalmente procedimentais, cf. "O procedimento processual, portanto, deve ser analisado, conforme já anotamos, sob dupla ótica: a) modo e prazo de manifestação dos atos processuais das partes, dos magistrados ou da secretaria, algo disciplinado pelas normas acidentalmente procedimentais; e b) lugar que cada ato tem no conjunto do procedimento, ou seja, a ordenação formal dos atos, objeto das normas puramente procedimentais.", p. 56.

[778] DIDIER JR., Fredie. **Recurso de terceiro**: juízo de admissibilidade. 2. ed. São Paulo: Revista dos Tribunais, 2005, p. 40, "Inicialmente, a própria construção do procedimento deve ser feita tendo-se em vista a natureza e as idiossincrasias do objeto do processo a que servirá, bem como as peculiaridades subjetivas da lide e teleológicas do processo. O legislador deve atentar para essas circunstâncias, pois um procedimento inadequado pode importar verdadeira negação da tutela jurisdicional.".

[779] Hoje, a regulamentação geral encontra-se concentrada no CPC de 2015, circundado por diversas outras leis, como a Lei de Alimentos, a Lei dos Juizados Especiais, a Lei do Mandado de Segurança etc.

[780] Não é o objetivo da presente tese abordar a distinção entre normas, princípios e regras. Para tanto, cf. ÁVILA, Humberto. **Teoria dos princípios**: da definição à aplicação dos princípios jurídicos. 11. ed. São Paulo: Malheiros, 2010. ALEXY, Robert. **Teoria dos direitos fundamentais**. Trad. de SILVA, Virgílio Afonso da. São Paulo: Malheiros, 2008. DWORKIN,

à justiça (artigo 5º, XXXV, CF),[781] ao devido processo legal (artigo 5º, LIV, CF),[782] ao contraditório e à ampla defesa (artigo 5º, LV, CF),[783] à isonomia (artigo 5º, *caput*, CF), à organização dos órgãos integrantes do Poder Judiciário (arts. 92 e 93, CF),[784] à proibição de criação de tribu-

Ronald. **Levando os direitos a sério**. Tradução: BOEIRA, Nelson. São Paulo: Martins Fontes, 2002.

781 Cf., por todos, PORTANOVA, Rui. **Princípios do processo civil**. Porto Alegre: Livraria do Advogado, 1995. Segundo o autor, o princípio do acesso à justiça é pré-processual e supraconstitucional, informando todos os outros princípios ligados à ação e à defesa. O lado ativo do acesso à justiça, segundo o autor, seria o princípio da demanda, já o lado passivo do princípio seria o princípio da inércia da jurisdição.

782 NERY JR., Nelson. **Princípios do processo na Constituição Federal**. 10. ed. São Paulo: Revista dos Tribunais, 2010. p. 79. "Em nosso parecer, bastaria a norma constitucional haver adotado o princípio do *due process of law* para que daí decorressem todas as consequências processuais que garantiriam aos litigantes o direito a um processo e a uma sentença justa. É, por assim dizer, o gênero do qual todos os demais princípios e regras constitucionais são espécies. Assim é que a doutrina diz, por exemplo, serem manifestações do "devido processo legal" a publicidade dos atos processuais, a impossibilidade de utilizar-se em juízo de prova obtido por meio ilícito, assim como os postulados do juiz natural, do contraditório e do procedimento regular.". José Carlos Baptista Puoli coloca o devido processo legal como "princípio síntese", cf. PUOLI, José Carlos Baptista. **Os poderes do juiz e as reformas do processo civil**. São Paulo: Juarez de Oliveira, 2001. p. 64. Por sua vez, José Rogério Cruz e Tucci aponta que a Constituição Federal incorreu em redundância ao prever o devido processo em seu artigo 5º, inciso LIV, pois todos os princípios que o garantiam já vinham previstos, no entanto, tal repetição foi oportuna, segundo o autor, cf. TUCCI, José Rogério Cruz e. Garantias constitucionais do processo em relação a terceiros. **Revista do Advogado**, ano XXVIII, n. 99, p.63, set. 2008.

Assim é que a doutrina diz, por exemplo, serem manifestações do "devido processo legal" a publicidade dos atos processuais, a impossibilidade de utilizar-se em juízo de prova obtido por meio ilícito, assim como os postulados do juiz natural, do contraditório e do procedimento regular.".

783 OLIVEIRA, Carlos Alberto Alvaro de. Garantia do contraditório. In: TUCCI, José Rogério Cruz e. (coord.). **Garantias constitucionais do processo civil**. São Paulo: Revista dos Tribunais, 1999. p.136-137. "Recupera-se, assim, o valor essencial do diálogo judicial na formação do juízo, fruto da colaboração e cooperação das partes com o órgão judicial e deste com as partes, segundo as regras formais do processo.". DINAMARCO, Cândido Rangel. **Fundamentos do processo civil moderno.** 5. ed., v.1 São Paulo: Malheiros, 2002. p.124. Cf. p.130. "A garantia constitucional do contraditório endereça-se também ao juiz, como imperativo de sua função no processo e não mera faculdade (o juiz não tem *faculdades* no processo, senão deveres e poderes).".

784 Embora competência seja processo, vez que relacionado ao exercício do poder jurisdicional, o próprio constituinte autorizou a sua regulamentação interna pelos tribunais no

nais de exceção (artigo 5º, XXXVII, CF), ao dever de motivação (artigo 93, IX, CF),[785] à publicidade (artigo 5º, LX, e artigo 93, IX, CF),[786] à proibição da utilização de provas ilícitas (artigo 5º, LVI, CF)[787] e à coisa julgada (artigo 5º, XXXIV, CF).[788] O constituinte, além de prever origi-

artigo 96, I, CF. Sobre o tema, cf., por todos, BERALDO, Maria Carolina Silveira. **Processo e procedimento à luz da Constituição Federal de 1988:** normas processuais e procedimentais civis. Belo Horizonte: D'Plácido, 2019, p. 58, "Assim, em tema de competência, tanto a normativa das Constituições Estaduais quanto aquela de organização judiciária a cargo dos próprios Tribunais de Justiça Estaduais dizem respeito à norma processual, porém previamente delegada, por autorização expressa constitucional, aos Estados e Tribunais de Justiça Estaduais. Faz-se necessário frisar que essa autorização visa, em termos bastante claros, a que Tribunais e Estados legislem sobre normas processuais, uma vez que a competência é matéria essencialmente jurisdicional, intrinsecamente ligada ao exercício do poder de jurisdição, ainda que, por vezes, em seu aspecto administrativo, organizacional.".

785 Sobre esse aspecto, cf. BERALDO, Maria Carolina Silveira. **Processo e procedimento à luz da Constituição Federal de 1988:** normas processuais e procedimentais civis. Belo Horizonte: D'Plácido, 2019, p. 60, "Nesse particular, é importante realçar que a observância do dever de motivação, conquanto constitua, com efeito, requisito de validade das sentenças e das interlocutórias, ultrapassa, em muito, o âmbito estritamente formal dos atos decisórios. Essencialmente, o dever de motivação traduz, a um só tempo, limite ao exercício arbitrário do poder e garantia viabilizadora de seu controle, expressões imprescindíveis ao Estado Democrático de Direito.".

786 Cf. ALMADA, Roberto José Ferreira de. **A garantia processual da publicidade**. São Paulo: Revista dos Tribunais, 2005, p. 49-50. Sobre a publicidade interna do processo, que possibilita o exercício do contraditório pelas partes; e a publicidade externa, que cumpre o papel de revelação pública da regularidade do procedimento. Sobre a dupla faceta da publicidade, cf. BERALDO, Maria Carolina Silveira. **Processo e procedimento à luz da Constituição Federal de 1988:** normas processuais e procedimentais civis. Belo Horizonte: D'Plácido, 2019, p. 60, "Essa normativa processual reflete faceta inerente ao Estado Democrático de Direito, consistente na possibilidade de participação popular para controle tanto do poder quanto do exercício da função jurisdicional, o que a torna, ao mesmo tempo, garantia processual e procedimental.".

787 Para Maria Carolina Beraldo: "[...] todas as regras de valoração das provas dizem respeito, em essência, a limitações ou ampliações das possibilidades cognitivas do órgão jurisdicional e são, portanto, normas processuais.", p. 61, BERALDO, Maria Carolina Silveira. **Processo e procedimento à luz da Constituição Federal de 1988:** normas processuais e procedimentais civis. Belo Horizonte: D'Plácido, 2019.

788 Maria Carolina Beraldo ainda lista as normas processuais não previstas no texto constitucional, quais sejam: aderência ao território e indelegabilidade da jurisdição, inércia, competência, poderes, deveres e responsabilidade do juiz, além de causas de impedimento e suspeição, congruência entre pedido e sentença, sentença e coisa julgada. Cf. BERALDO, Maria

nariamente normas processuais em seu texto,[789] reservou a competência legislativa, nessa seara, ao legislador nacional. Sobre procedimento, o constituinte também trouxe previsões específicas em seu texto,[790] além de determinar que cabe à União legislar somente sobre aspectos gerais,[791] "[...] que permitem o exercício do direito processual independentemente de qualquer outra complementação legislativa, algo que é essencial e evita que a omissão do Estado ou do Distrito Federal impeça o exercício dos direitos de cunho pessoal".[792] Portanto, não cabe à legislação nacional[793] cuidar de minúcias do procedimento, como prazo,

Carolina Silveira. **Processo e procedimento à luz da Constituição Federal de 1988:** normas processuais e procedimentais civis. Belo Horizonte: D'Plácido, 2019, p. 60-64.

789 Sobre o tema, cf. BARBOSA MOREIRA, José Carlos. A Emenda Constitucional n. 45 e o processo. **Temas de direito processual**: nona série. São Paulo: Saraiva, 2007, p. 21, "Característica marcante do processo civil brasileiro em nosso tempo é a sua progressiva constitucionalização. Não me refiro só à crescente atenção dada pela doutrina e pela jurisprudência contemporâneas aos vínculos entre o direito processual e a Constituição, e especialmente à necessidade de avaliar ou reavaliar à luz dela as soluções de problemas jurídicos relacionados com o processo.".

790 Cita-se, por exemplo, a determinação de distribuição imediata dos feitos nos tribunais, prevista no artigo 93, XV, CF. Sobre o tema, cf. Barbosa Moreira que critica a previsão constitucional de norma procedimental: BARBOSA MOREIRA, José Carlos. A Emenda Constitucional n. 45 e o processo. **Temas de direito processual**: nona série. São Paulo: Saraiva, 2007, p. 26, "Quanto à obrigatoriedade da distribuição imediata, cuida-se de inovação destinada a coibir a abusiva prática do "represamento", adotada em alguns tribunais estaduais, onde os feitos têm demorado, às vezes, vários anos para ser distribuídos. Parece estranho, diga-se de passagem, que seja necessário inserir no texto constitucional disposição relativa a assunto tão miúdo: deveriam bastar normas de hierarquia inferior, insertas em lei processuais ou até em regimentos internos.".

791 Para Maria Carolina Beraldo é uma das manifestações centralizadoras da nossa federação, cf. BERALDO, Maria Carolina Silveira. **Processo e procedimento à luz da Constituição Federal de 1988:** normas processuais e procedimentais civis. Belo Horizonte: D'Plácido, 2019, p. 71.

792 GAJARDONI, Fernando da Fonseca. A competência constitucional dos estados em matéria de procedimento (artigo 24, XI, da CF): ponto de partida para a releitura de alguns problemas do processo civil brasileiro em tempo de novo CPC. **Revista Eletrônica de Direito Processual – REDP,** v VII, Periódico da Pós-Graduação Stricto Sensu em Direito Processual da UERJ. Patrono: José Carlos Barbosa Moreira www.redp.com.br ISSN 1982-7636, p. 58.

793 A diferenciação entre legislação federal e legislação nacional é feita por Geraldo Ataliba, afirmando que normas gerais para todos os entes da federação são leis nacionais, cf. "Com efeito, ao Congresso Nacional incumbe editar leis nacionais e leis federais, cumulativamente.

comunicação, ordem dos processos nos tribunais e as preferenciais de julgamento, local e tempo da prática de atos processuais.[794] Aos Estados e ao Distrito Federal, cabe regulamentar o procedimento de forma complementar,[795] diante da regulamentação geral fixada pela União, ou suplementar, diante de eventual omissão (artigo 24, §3º, CF).[796-797]

Embora sejam estas essencialmente distintas e inconfundíveis, dotadas que são de naturezas jurídicas diversas – o que as coloca em campos e níveis diferentes – difícil parece, muita vez, discerni-las, principalmente em razão da circunstância de formalmente se assemelharem e, sobretudo, originarem-se, por processos semelhantes, do mesmo órgão.", versão virtual não paginada, Ataliba, Geraldo. Regime constitucional e leis nacionais e federais. **Doutrinas Essenciais de Direito Constitucional**, v. 3, p. 285-314, maio, 2011.

[794] Fernando da Fonseca Gajardoni cria uma lista de situações que podem ser regulamentadas pelos Poderes legislativos locais, cf. Gajardoni, Fernando da Fonseca. A competência constitucional dos estados em matéria de procedimento (artigo 24, XI, da CF): ponto de partida para a releitura de alguns problemas do processo civil brasileiro em tempo de novo CPC. **Revista Eletrônica de Direito Processual – REDP,** v. VII. Periódico da Pós-Graduação Stricto Sensu em Direito Processual da UERJ. Patrono: José Carlos Barbosa Moreira www.redp.com.br ISSN 1982-7636.

[795] Para Maria Carolina Beraldo, não faz sentido que a legislação estadual regulamente aspectos da Justiça Federal. Em sentido contrário, cita Fernando da Fonseca Gajardoni. Sobre o tema, cf. Beraldo, Maria Carolina Silveira. **Processo e procedimento à luz da Constituição Federal de 1988:** normas processuais e procedimentais civis. Belo Horizonte: D'Plácido, 2019, p. 117.

[796] Maria Carolina Beraldo analisou a jurisprudência do STF sobre o tema e afirma: "Examinando-se a legislação dos Estados federados e a jurisprudência do Supremo Tribunal Federal – desde 1988 até 2014 –, pode-se constatar não apenas a timidez, mas o verdadeiro cerceamento inconstitucional, constata-se, de poder legislativo que vem sendo importo aos entes federativos que pretendam exercer as prerrogativas de regulamentação de seus próprios e mais adequados procedimentos em matéria processual civil, para os fins de propiciar tutela jurisdicional adequada às suas peculiaridades regionais. Ao longo dos últimos 26 anos pouquíssimo se avançou no correto estabelecimento do conteúdo possível das normas estaduais procedimentais. Inúmeras foram as liminares ou Ações Diretas de Inconstitucionalidade julgadas procedentes para extirpar dos ordenamentos jurídicos estaduais normas genuinamente procedimentais. E assim foram julgadas, frise-se, por motivos que variam, ao que tudo indica, do desconhecimento legal aos equívocos de interpretação, passando pela deliberada opção de ignorar o Brasil como república federativa, tudo exposto em argumentos de que o sistema jurídico brasileiro não é – e não deve mais ser – obrigado a suportar, sobretudo em tempos de urgente valorização da racionalização da prestação jurisdicional e da efetividade da técnica processual na restauração de direitos violados.", p. 77-78, Beraldo, Maria Carolina Silveira. **Processo e procedimento à luz da Constituição Federal de 1988:** normas processuais e procedimentais civis. Belo Horizonte: D'Plácido, 2019.

A CF[798] conferiu aos regimentos internos espaço para atuação normativa diante do silêncio da lei.[799] Considerando que cabe à legislação federal versar sobre normas processuais e que cabe à legislação federal e estadual, concorrentemente, versar sobre normas procedimentais, além do uso cada vez mais constante de conceitos jurídicos indeterminados e de cláusulas abertas, os regimentos internos dos tribunais exercem a importante função de contenção de poder,[800] através de normas que devem ser aplicadas, se não for o caso de ilegalidade ou de inconstitucionalidade,[801] e a função de complementar o quanto

[797] Apesar da timidez nos julgados analisados sobre o tema, vale destacar o voto do Min. Gilmar Mendes na ADI n. 2922/RJ, em que há destaque da função da norma procedimental estadual: "[...] Ressalto ainda que a prerrogativa de legislar sobre procedimento possui também o condão de transformar os Estados em verdadeiros laboratórios legislativos. Ao conceder-se aos entes federados o poder de regular procedimento de uma matéria baseando-se em peculiaridades próprias está a possibilitar-se que novas e exitosas experiencias sejam formuladas. [...]".

[798] CF, Artigo 96. "Compete privativamente: I – aos tribunais: a) eleger seus órgãos diretivos e elaborar seus regimentos internos, com observância das normas de processo e das garantias processuais das partes, dispondo sobre a competência e o funcionamento dos respectivos órgãos jurisdicionais e administrativos; [...].".

[799] Sobre o tema, cf., por todos: Oliveira, Paulo Mendes de. **Regimentos internos como fonte de normas processuais.** Salvador: JusPodivm, 2020, p. 65, "Se é verdade que a Constituição Federal lhes conferiu o poder de atuar normativamente no silêncio da lei (atuação supletiva e complementar), devem os tribunais fazer isso apenas quando for estritamente necessário para o regular funcionamento do tribunal e para outorgar segurança aos operadores.".

[800] Oliveira, Paulo Mendes de. **Regimentos internos como fonte de normas processuais.** Salvador: JusPodivm, 2020, p. 72-73, "Tais normas regimentais, importante consignar, funcionam como verdadeiros instrumentos de contenção do poder. É relevante ter presente esta função dos regimentos no formalismo processual. O risco da tendência de se utilizar disposições normativas abertas, oportunizando maior liberdade interpretativa e, por consequência, dinamicidade ao direito, é significativamente minorado pela adequada utilização de um sistema que contenha fontes normativas infralegais, restringindo determinadas decisões e, portanto, controlando os poderes que são confiados ao magistrado.".

[801] Nesse sentido: Oliveira, Paulo Mendes de. **Regimentos internos como fonte de normas processuais.** Salvador: JusPodivm, 2020, p. 77, "Por tais, razões, decisões judiciais que desrespeitam os ditames dos regimentos internos dos respectivos tribunais, sem que expressamente reconheçam a ilegalidade ou a inconstitucionalidade da norma regimental, violam manifestamente norma jurídica, o que pode dar ensejo à ampla impugnação

não regulamentado pelo legislador.[802] Entretanto, a omissão do legislador, complementada regimentalmente, não pode gerar situações de insegurança jurídica.[803] Assim, os regimentos internos, em razão desse breve delineamento, podem conter normas processuais, procedimentais e administrativas em alguma medida.[804] Não há dúvida, ainda, de que podem os regimentos internos versarem sobre competência e funcionamento dos órgãos jurisdicionais.[805-806] Assim, para que as normas regimentais que guarnecem o juiz natural sejam controláveis a partir

recursal e também ao ajuizamento de ação rescisória, com fundamento no artigo 485, V, do CPC.".

[802] Oliveira, Paulo Mendes de. **Regimentos internos como fonte de normas processuais.** Salvador: JusPodivm, 2020, p. 95. Também nesse sentido: Didier Jr., Fredie; Temer, Sofia. A decisão de organização do incidente de resolução de demandas repetitivas: importância, conteúdo e o papel do regimento interno do tribunal. **Revista de Processo**, v. 258, ano 2016, p. 257-278, ago., 2016. Os autores defendem que o regimento interno assume o papel de regulamentar o quanto necessário diante da omissão do legislador para o procedimento do IRDR.

[803] Oliveira, Paulo Mendes de. **Regimentos internos como fonte de normas processuais.** Salvador: JusPodivm, 2020, p. 96, "Tal circunstância, porém, não deve levar à insegurança dos jurisdicionados quanto às normas processuais aplicáveis, mas sim permitir uma interpretação sistemática do ordenamento e viabilizar a complementação legislativa pelos tribunais.".

[804] Nesse sentido: Beraldo, Maria Carolina Silveira. **Processo e procedimento à luz da Constituição Federal de 1988:** normas processuais e procedimentais civis. Belo Horizonte: D'Plácido, 2019, p. 60.

[805] CF, Artigo 96, I, "a".

[806] Sobre o tema, cf. Oliveira, Paulo Mendes de. **Regimentos internos como fonte de normas processuais.** Salvador: JusPodivm, 2020, p. 90-91, "Assim, a existência de 25 remissões do CPC brasileiro aos regimentos internos demonstra claramente que: i. apesar de os tribunais não terem poder legislativo, possuem um poder normativo do Direito Processual; ii. O processo civil nacional convive bem com a disciplina dos tribunais, sendo algo, variadas vezes, desejado pelo legislador diante de peculiaridades locais e da própria dinamicidade para alterações e adaptações dos regimentos internos, diferentemente do moroso processo de modificação das leis; iii. A possibilidade de o regimento interno disciplinar algo que eventualmente possa macular as normas de processo e as garantias das partes não é empecilho para este poder normativo, sendo possível a correção posterior; iv. A existência de regramentos distintos nos diversos tribunais, apesar de flexibilizar a unidade nacional do Direito Processual, foi algo desejado pelo legislador, priorizando a aderência do procedimento às peculiaridades de cada tribunal e a possibilidade de as cortes suprirem lacunas da legislação de maneira a conferir maior segurança para os jurisdicionados.".

de critérios objetivos, impessoais e invariantes, o regimento interno de cada tribunal precisa de formalização.[807] Cabe, portanto, ao regimento interno delimitar objetivamente quais são os órgãos competentes para o processamento e julgamento de recursos, ações originárias e incidentes, dentre eles, o IAC. Além de regras sobre competência, também cabe aos regimentos internos a regulamentação de eventuais casos de prevenção,[808] da composição dos colegiados, vez que a sua alteração sem critérios objetivos pode modificar o resultado do julgamento,[809] novos casos de sustentação oral[810] e os poderes do relator, nos termos do artigo 932, VIII, do CPC. Além dessas atribuições conferidas aos regimentos internos, o legislador regulamentou o rito dos repetitivos minimamente,

[807] Cabral, Antonio do Passo. **Juiz natural e eficiência processual**: flexibilização, delegação e coordenação de competências no processo civil. Tese de titularidade – Universidade do Estado do Rio de Janeiro. Rio de Janeiro: Universidade do Estado do Rio de Janeiro, 2017, p. 282, "Não obstante, o princípio do juiz natural exige alguma formalização. O juiz natural é aquele definido em conformidade com as normas; as regras de competência devem ser extraídas do ordenamento (tipicidade).". Também nesse sentido, cf. Oliveira, Paulo Mendes de. **Regimentos internos como fonte de normas processuais.** Salvador: JusPodivm, 2020, p. 81, "Da mesma forma, o princípio do juiz natural configura clara baliza para a formulação dos regimentos, sendo vedada a previsão de regra que não se baseie em critérios objetivos e abstratos para a definição do órgão competente, bem como não se admite que atos discricionários possam alterar a competência do órgão inicialmente designado para julgamento.".

[808] Paulo Mendes de Oliveira aponta que cabe aos regimentos internos regulamentar casos de prevenção para novos casos que aportem no Tribunal, cf. Oliveira, Paulo Mendes de. **Regimentos internos como fonte de normas processuais.** Salvador: JusPodivm, 2020, p. 83-84. Nada diz o autor sobre prevenção de membros do tribunal diante de incidentes e assunção de competência.

[809] Oliveira, Paulo Mendes de. **Regimentos internos como fonte de normas processuais.** Salvador: JusPodivm, 2020, p. 85, "Importantes regramentos que também possuem estreita relação com o princípio do juiz natural são as disposições sobre a composição dos colegiados, pois a sua definição deve ser prévia e objetiva, de maneira que os jurisdicionados tenham a exata noção sobre os juízes que compõem o colegiado que irá apreciar as suas postulações. Variadas vezes, a modificação da composição do colegiado pode proporcionar significativa mudança no entendimento da corte sobre os temas que lhes são submetidos.".

[810] Oliveira, Paulo Mendes de. **Regimentos internos como fonte de normas processuais.** Salvador: JusPodivm, 2020, p. 91.

deixando questões como quórum de instalação e julgamento a cargo dos regimentos internos dos tribunais superiores.[811]

Assim, há espaço normativo para os regimentos internos, desde que contido nos termos legais, não criando fonte de divergência doutrinária e jurisprudencial sobre a (in)aplicabilidade do quanto regulamentado.[812]

Hoje, aspectos relevantes como o juízo de admissibilidade e a ampliação do contraditório no IAC encontram regulamentação em alguns regimentos internos apenas.[813] Tal omissão legislativa é fonte de divergência doutrinária, normas regimentais díspares em tribunais distintos e conflitos entre regimentos de tribunais locais com decisões dos tribunais superiores.[814] A inexistência de definição regimental poderia trazer

[811] CPC, Artigo 1.036. "Sempre que houver multiplicidade de recursos extraordinários ou especiais com fundamento em idêntica questão de direito, haverá afetação para julgamento de acordo com as disposições desta Subseção, observado o disposto no Regimento Interno do Supremo Tribunal Federal e no do Superior Tribunal de Justiça.". Para Paulo Mendes de Oliveira há vantagens em tal determinação: "Referido artigo não só lança luzes sobre o papel de complementação normativa conferido aos regimentos internos, mas também possibilita que os tribunais disciplinem amplamente esta técnica de formação de precedentes. [...] Tais normas iriam ao encontro de uma maior solidez das teses fixadas pelos tribunais superiores, incrementando, assim, a segurança jurídica dos jurisdicionados.", p. 92, OLIVEIRA, Paulo Mendes de. **Regimentos internos como fonte de normas processuais.** Salvador: JusPodivm, 2020.

[812] O STJ já julgou constitucionais resoluções do TSE que regulamentavam diversos aspectos processuais e procedimentais da perda de mandato por infidelidade partidária, cf. OLIVEIRA, Paulo Mendes de. **Regimentos internos como fonte de normas processuais.** Salvador: JusPodivm, 2020, p. 96. Além disso, Fredie Didier Jr. e Sofia Temer também aceitam a atuação regimental quando omisso o legislador, cf. DIDIER JR., Fredie; TEMER, Sofia. A decisão de organização do incidente de resolução de demandas repetitivas: importância, conteúdo e o papel do regimento interno do tribunal. **Revista de Processo**, v. 258, ano 2016, p. 257-278, ago., 2016.

[813] Paulo Mendes de Oliveira cita a audiência pública no IRDR, que encontra regulamentação apenas em alguns regimentos. OLIVEIRA, Paulo Mendes de. **Regimentos internos como fonte de normas processuais.** Salvador: JusPodivm, 2020, p. 106.

[814] OLIVEIRA, Paulo Mendes de. **Regimentos internos como fonte de normas processuais.** Salvador: JusPodivm, 2020, p. 107, "É de se registrar, no entanto, que a presente categoria de normas regimentais (complementares à legislação) pode gerar alguma preocupação quanto à eventual pacificação do entendimento nos tribunais superiores em sentido diverso daquele previsto no regimento interno. De fato, diante conclusão em sentido contrário dos tribunais superiores, devem os regimentos internos adequarem os seus normativos a esses novos entendimentos.".

maior insegurança ainda, vez que inexistente legislação a respeito de diversos temas.[815] Assim, não se condena o quanto já feito pelos tribunais na tentativa de concretizar a procedimentalidade do IAC. A proposta é delinear o procedimento ideal para o IAC e o quanto dele precisa de previsão legal, estadual e/ou nacional, com a finalidade de se evitar esses percalços interpretativos quando toda a regulamentação existente é proveniente do regimento interno, considerando, ainda, a classificação exposta que explicita que dentro do termo "procedimento ideal", há previsões normativas processuais.

3.4.2. Fonte normativa para o procedimento ideal proposto

Assim, considerando o delineamento do tema pelo texto constitucional e as premissas fixadas acima, pode-se organizar como temas processuais, restritos à legislação nacional que foram regulamentados pelo legislador quando da previsão do IAC: (i) a legitimidade ativa para provocar o incidente,[816] e; (ii) a criação de requisitos de admissibilidade recursal ou de incidentes nos tribunais,

Temas relacionados ao processo dentro do incidente que não foram objeto de preocupação do legislador de 2015 podem ser brevemente delineados a partir das seguintes linhas: (i) a previsão de recursos,[817] como a possibilidade de recurso contra a decisão do colegiado fracio-

[815] Oliveira, Paulo Mendes de. **Regimentos internos como fonte de normas processuais.** Salvador: JusPodivm, 2020, p. 109, "Percebe-se, portanto, que é necessário interpretar o artigo 22, I, e o artigo 24, XI, em harmonia com o artigo 96, I, "a", todos da Constituição Federal, e compreender que o Constituinte, de fato, reservou aos regimentos internos a possibilidade de disciplinar, em alguma medida, o direito processual civil relacionado à competência e ao funcionamento jurisdicional dos cortes. Assentada essa premissa, foi possível entender que tal atividade complementar da legislação pode trazer mais benefícios do que prejuízos à segurança jurídica, incrementando-se, pois, a cognoscibilidade do Direito e a previsibilidade dos trâmites processuais perante as cortes do país.".

[816] Na Ação Direta de Inconstitucionalidade n. 1916-MS, entendeu o STF que condições da ação, legitimidade e interesse, são normas processuais. Também nesse sentido: Grinover, Ada Pellegrini. **Ensaio sobre a processualidade**: fundamentos para uma nova teoria geral do processo. Brasília: Gazeta Jurídica, 2016, p. 18.

[817] Passa-se a indicar, nas próximas notas de rodapé, julgados dos tribunais superiores que confirmam a categorização das normas mencionadas, cf. STF. AI 210068/SC. Rel. Min. Marco Aurélio, 2ª Turma, DJ 30/10/1998. Também: STF. AI 253.518-AgR. Rel. Min. Marco Aurélio. 2ª Turma, DJ de 18/08/2000. Também nesse sentido: Grinover, Ada Pellegrini.

nário que não reconhece a presença dos requisitos do IAC ou não,[818-819] (ii) a possibilidade de contraditório ou não na relação processual,[820] (iii) quórum para decisões nos tribunais,[821] (iv) a publicidade dos atos processuais no incidente, considerando as repercussões que a tese firmada assumirá para processos em andamento e do porvir,[822-823] (v) hipóteses de relação entre incidentes, considerando eventuais casos de conexão ou continência,[824] e; (vi) as hipóteses em que há prioridade de tramitação.[825]

Além de temas relacionados ao direito processual, há normas de procedimento relacionadas ao IAC, que também carecem de regulamentação, como (i) a previsão de incidência de custas ou não no incidente,[826] (ii) a forma de ampliação do contraditório no incidente, relacionada a prazos, por exemplo, (iii) a possibilidade ou não da produção de provas, considerando a instrução em segunda instância, ou a participação de terceiros em audiências públicas por videoconferência,[827] (iv) a forma de

Ensaio sobre a processualidade: fundamentos para uma nova teoria geral do processo. Brasília: Gazeta Jurídica, 2016, p. 18.

[818] STF. Agravo de instrumento n. 210.068/SC-AgR, julgado em 30/10/1998, Rel. Min. Marco Aurélio.

[819] Zampar Júnior, José Américo. **Produção de provas em sede recursal**. São Paulo: Revista dos Tribunais, 2019, p. 122.

[820] STF. ADI 1919/SP. Rel. Min. Ellen Gracie, Plenário, DJ 01/08/2003.

[821] STJ. HC 74.761, Rel. Min. Maurício Corrêa, Plenário, DJ de 12/09/1997). Entendeu a Corte que quórum é matéria processual.

[822] Entendeu o STF que o regimento interno do tribunal não pode limitar a publicidade dos atos processuais. Cf. STF. ADI 2.970. Rel. Min. Ellen Gracie, Plenário, DJ de 12/05/2006.

[823] Consideramos que o tema foi subregulamentado no CPC. Por isso, a inclusão nesta lista.

[824] Segundo o STF, são normas processuais. Cf. STF. ADI 4414/AL. Rel. Min. Luiz Fux, Plenário, DOU 14/06/2013.

[825] Segundo o STF, são normas processuais por estarem previstas no CPC. Não concordamos com o fundamento, mas sim com o resultado. Cf. STF. ADI 3483/MA. Rel. Min. Dias Toffoli, Plenário, DJe 13/05/2014.

[826] STF. ADI 2655/MT. Rel. Min. Ellen Gracie, Plenário, DJ 26/03/2004.

[827] A maioria do STF entendeu ser norma de direito processual. STF. HC 90.9000/SP, Rel. Min. Ellen Gracie, Rel. p/ o ac. Min. Menezes Direito, Plenário, DJ 23/10/2009. Concordamos com a minoria, que afirma ser norma procedimental.

apresentação do pleito para o incidente, dentre outros.[828] Há, por fim, temas reservados à regulamentação regimental, como a criação de varas especializadas, a definição de competência dentro do próprio tribunal, nos termos do artigo 96, I, da CF.

Considerando tal contexto, a fonte normativa ideal para o procedimento proposto é a legislação nacional[829] sobre os temas de direito processual listados acima e, ainda, sobre os delineamentos gerais acerca do procedimento em si, vez que quando se afirma faltar regulamentação ao procedimento do IAC, há aspectos essencialmente processuais inseridos nessa afirmação genérica. Sobre os aspectos essencialmente procedimentais, a legislação nacional ainda é recomendada, considerando a abrangência do IAC por todos os tribunais, federais e superiores, inclusive.[830]

Conclusões parciais

Após a explanação do IAC no capítulo 2, demonstrou-se, neste capítulo, a relação do IAC com demais instrumentos positivados para lidar com a litigância repetitiva, o IRDR e o RR. Explicitada a dualidade usualmente colocada entre o IAC e os demais mecanismos na relação prevenção *vs.*

[828] Para Maria Carolina Silveira Beraldo as normas procedimentais são aquelas relacionadas à forma de apresentação da petição inicial, da reconvenção, de realização de citações e intimações, dentre outros. Beraldo, Maria Carolina Silveira. **Processo e procedimento à luz da Constituição Federal de 1988:** normas processuais e procedimentais civis. Belo Horizonte: D'Plácido, 2019, p. 115-116, "Isso significa dizer, à luz da Constituição Federal e do quanto disposto em seu artigo 24, que os Estados e o Distrito Federal podem legislar sobre todos esses aspectos acima elencados, para atender a suas peculiaridades locais, de acordo com suas conveniências e de forma justificada, seja na ausência de legislação federal a respeito (suplementarmente), seja para especificar legislação procedimental já existente (complementarmente), nos termos dos parágrafos 2º e 3º do citado dispositivo.".

[829] Nesse sentido, cf. Lemos, Vinicius Silva. **O incidente de assunção de competência**: da conceituação à procedimentalidade. Salvador: JusPodivum, 2018, p. 92, "O ideal é uma definição que regulamente o funcionamento do instituto e que fosse válida para todos os Tribunais, sem deixar a bel prazer de cada qual, seja via regimento interno ou pelas decisões judiciais para tanto. Uma legislação própria sobre o mais adequado para estabelecer critérios específicos para todas as fases do IAC.".

[830] Lemos, Vinicius Silva. **O incidente de assunção de competência**: da conceituação à procedimentalidade. Salvador: JusPodivum, 2018, p. 103, "Outro ponto pertinente é que essa legislação estadual não serviria para o incidente na sua incidência em Tribunais Regionais Federal, tampouco nos Tribunais Superiores.", p. 103.

repressão à divergência jurisprudencial, abordou-se a polêmica sobre a natureza jurídica do IRDR, se causa-piloto, procedimento-modelo ou, ainda, se seria uma terceira via através de um regime híbrido. Tratou-se, ainda, sobre o delicado tema do cabimento ou não do IRDR diretamente nos tribunais superiores. São temas intrincados que demonstram que o ponto menos questionado sobre o IRDR é a sua destinação para lidar com a multiplicidade centrada principalmente nos tribunais de segunda instância. Por sua vez, nos tribunais superiores, a técnica destinada a lidar com a multiplicidade de questões de direito é o rito dos repetitivos.

Multiplicidade é um conceito fluído que demanda interpretação a partir de uma situação fática limitada no tempo e no espaço, fazendo com que situações por vezes semelhantes sejam classificadas de maneira distinta por diferentes tribunais ou ainda pelo mesmo tribunal. Tal afirmação não causa estranheza, vez que a capacidade de lidar com a multiplicidade ou não depende diretamente da estrutura física, humana e tecnológica de cada tribunal, sendo variante, considerando o tamanho do nosso país e o número de tribunais locais submetidos a diferentes realidades sociais e econômicas.

Na tentativa de orientar os tribunais na identificação da multiplicidade, fixou o legislador conceitos jurídicos indeterminados como requisitos para a admissão do IAC, como a repercussão social e a relevância da matéria. O controle pelos jurisdicionados sobre a aplicação de tais conceitos indeterminados pelos tribunais somente será possível através da fundamentação adequada e da possibilidade de manejo de recursos, concentrando a discussão em tribunal superior competente para a uniformização da interpretação da lei federal no país. Ocorre que esses dois pilares de controle encontraram falhas em sua estrutura quando da continuidade da pesquisa.

Quanto à fundamentação, em pesquisa empírica mencionada, constatou-se a sua insuficiência. O próprio STJ, no IAC n. 5, admitiu o incidente afirmando que a situação era de multiplicidade e que seria o caso de aplicação do rito dos repetitivos, em detrimento do IAC, mas que a análise seria discricionária, justificando a admissão do incidente ora em estudo por motivos pouco republicanos que escapam a qualquer controle, vez que discricionários, como afirmou o próprio tribunal. Explicitamente, a Corte justificou a seleção do IAC com base em seu efeito: o manejo da reclamação, desconsiderando os requisitos de admissão de cada mecanismo para fixação de entendimento acerca de questão de direito polêmica.

Como afirmado, tal precedente já é suficiente para demonstrar que a fixação de requisitos estanques pelo legislador para o IAC, o IRDR e o RR não significa qualquer grau de previsibilidade para os jurisdicionados. Os próprios instrumentos construídos para combater situações de insegurança e de falta de isonomia são fontes dos males que pretendem combater.[831] Quanto ao manejo de recursos, esse tema é objeto de estudo no capítulo 4 da presente tese.

Desconsiderando situações esdrúxulas, como a mencionada acima, em que o próprio tribunal reconhece a total desconsideração quanto à necessidade de fundamentação e os requisitos de admissibilidade do incidente, a maioria dos casos encontram-se em um limbo de dúvidas quanto ao número que configuraria mera prevenção ou efetiva repetição de casos apta a fundamentar determinado incidente ou outro. Tal constatação alinhada à rápida evolução na sociedade, fazendo com que a repetição surja em ondas de judicialização não previstas pelo Poder Judiciário, faz com que teorias sobre a fungibilidade ou a conversão entre os mecanismos em debate surjam.

A partir desse breve contexto rememorado, defende-se que a existência de um único mecanismo nos tribunais como forma de alterar o procedimento para qualificar o seu resultado em razão da ampliação do contraditório e da legitimidade conferida por órgão jurisdicional superior é suficiente para os fins pretendidos pelo legislador no artigo 926 do CPC. É o que ocorre em Portugal e na Itália, como demonstrado no capítulo 1 da tese. Tal mecanismo já existe de forma a abranger as duas finalidades: o incidente de assunção de competência, vez que as suas duas hipóteses de cabimento, previstas no *caput* e no §4º do artigo 947 do CPC, como demonstrado no capítulo 2, abarcam situações de prevenção e de repressão à quebra da isonomia e da segurança jurídica através da dispersão jurisprudencial. Pragmaticamente, ter-se-ia apenas o IAC nos tribunais locais e nos tribunais superiores, sendo que a reper-

[831] Lembra-se da referência ao jogo da *Katchanga*. Sobre o tema, cf. STRECK, Lênio Luiz. **A Katchanga e o bullying interpretativo no Brasil.** Conjur. Disponível em: https://www.conjur.com.br/2012-jun-28/senso-incomum-katchanga-bullying-interpretativo-brasil. Acesso em: 14 jan. 2021.

cussão geral persistiria essencialmente como filtro de recursos para seleção de casos, considerando a necessidade de seleção de casos em razão do perfil da Corte Suprema.

De forma simplista, e considerando os objetivos das conclusões parciais, após o quanto já desenvolvido, pode-se afirmar que não há necessidade de formação de *ratio decidendi* em todo caso julgado por um tribunal, mesmo que seja a Suprema Corte,[832] especialmente quando considerado o formato de julgamento caso a caso. Quando houver essa necessidade identificada pelo tribunal, será o caso de IAC, que, pelo procedimento desenhado no próximo capítulo, levará necessariamente à formação da *ratio decidendi* para a questão de direito colocada em julgamento.

O quadro existente para lidar com a litigância hoje traz situações intrincadas que foram listadas neste capítulo. Tais situações seriam eliminadas com a adoção do quanto se propõe de *lege ferenda*. Mais importante, entretanto, do que pensar em situações desagradáveis que seriam eliminadas é justificar as vantagens da existência de apenas um mecanismo para atingir os fins do artigo 926 do CPC em cada tribunal. Assim, seguindo a organização utilizada antes neste capítulo, (i) eliminar-se-ia a discussão que atinge o IRDR sobre ser ele causa-piloto, procedimento-modelo ou um terceiro gênero híbrido, o que é fonte de insegurança jurídica; (ii) eliminar-se-ia também a discussão sobre a fungibilidade ou conversão entre os incidentes previstos no CPC para uniformização de jurisprudência nos tribunais, que trazem discussões relevantes sobre destino do incidente, órgão competente para julgamento etc.; (iii) garantir-se-ia a observância do juiz natural em razão da impossibilidade de estabelecimento pelos regimentos internos de órgãos jurisdi-

[832] Sobre a fonte do problema, cf. Marinoni, Luiz Guilherme. **Julgamento nas Cortes Supremas**: precedente e decisão do recurso diante do novo CPC. 2. ed. São Paulo: Revista dos Tribunais, 2017, p. 84, "A polêmica trazida pelo caso é absolutamente relevante para o direito brasileiro, uma vez que o STF, em seus primeiros passos enquanto Corte de Precedentes, tem analisado o recurso extraordinário sem se importar com os fundamentos utilizados para o alcance do resultado. E porque se entende, em princípio corretamente, que as decisões proferidas em recurso extraordinário têm eficácia vinculante, imagina-se que a decisão de constitucionalidade ou de inconstitucionalidade tem, em si, eficácia de precedente, independentemente da fixação de eventual *ratio decidendi* e de qual realmente seja o seu significado.".

cionais distintos para processamento e julgamento de apenas um instrumento; (iv) incrementar-se-ia a segurança jurídica, analisando-se os aspectos econômicos do processo, no que tange à expectativa de apenas um mecanismo para formação de precedente com potencialidade para alteração do procedimento do caso em tribunais, garantindo aos jurisdicionados elementos de controlabilidade sobre o procedimento e sobre o órgão jurisdicional competente; (v) conferiria previsibilidade quanto às repercussões da tese firmada independentemente da origem do mecanismo, vez que hoje o legislador faz alguma diferenciação que tende a ser eliminada na doutrina e na jurisprudência, em razão da alegação da existência do microssistema de formação de precedentes; (vi) haveria previsibilidade quanto ao procedimento a ser adotado no tribunal para o julgamento da tese jurídica a ser aplicada para determinada questão de direito, e; (vii) conferiria uniformidade à forma para rediscussão de teses jurídicas já firmadas para levar à superação de entendimentos jurisprudenciais, o que ocorreria pelo mesmo procedimento, antes já adotado.[833]

Essa preocupação surge da percepção de que o legislador dedicou dispositivo para regulamentar a alteração da jurisprudência e a possível modulação de seus efeitos[834] apenas para os casos repetitivos, que são

[833] Sobre a revisão da tese jurídica firmada em IAC por outro IAC, cf. LEMOS, Vinicius Silva. **O incidente de assunção de competência**: da conceituação à procedimentalidade. Salvador: JusPodivum, 2018, p. 193, "Todavia, é importante salientar que o novo IAC não será na mesma demanda anterior, mas numa nova ação ou num novo recurso, sem interligação processual com o processo anterior, somente com uma similitude fático-jurídica sobre a questão – aquela julgada em IAC e a nova demanda em que será suscitada a revisão de tese. Essa observação é importante para que não se entenda que a revisão de tese pode ser feita na mesma demanda que foi firmado o precedente, será em uma demanda futura, por outras partes, numa nova situação argumentativa.
A análise sobre esse novo IAC passa por uma admissibilidade um tanto diferente, não mais sobre a visão de que a questão seria somente de direito ou se teria uma repercussão social, estes pontos já foram analisados no primeiro incidente, sem a necessidade de serem renovadas. Logo, a admissibilidade será envolta da necessidade, ou não, da revisão do precedente, da existência de parâmetros novos que levem à tal viabilidade do pleito.".

[834] Sobre o tema, cf., por todos, ARRUDA ALVIM, Teresa. **Modulação**: na alteração da jurisprudência firme ou de precedentes vinculantes. São Paulo: Revista dos Tribunais, 2019. A autora conceitua a modulação como: "[...] instituto concebido para concretizar, nos casos em que se entenda adequado prevalecer, o princípio da proteção à confiança (que se consubstancia na dimensão subjetiva da segurança jurídica), e portanto, no direito brasileiro, pode obstar o cabimento da rescisória, quando a jurisprudência dominante muda de rumo

o IRDR e o RR,[835] deixando o IAC de lado como se a tese firmada sobre prescrição intercorrente na tutela executiva, a prescrição em contratos de seguro, a adequação do manejo do mandado de segurança para atacar decisão judicial que extingue execução fiscal com base no art. 34 da Lei 6.830/80, patente e produtos rurais, dentre outros, citando alguns temas admitidos em assunção de competência no STJ, não pudessem ser revistos.

A existência de apenas um mecanismo nos tribunais para concentrar a ampliação do contraditório através de procedimento especial como forma de viabilizar a formação de entendimento com repercussões externas em relação ao processo em que firmado garante que tanto a formação do entendimento quanto a sua revisão ocorrerá através do mesmo procedimento.

Demonstrou-se ainda que a tese proposta não se esvazia diante da possibilidade de conversão entre os mecanismos existentes, pois os parâmetros para controle do juiz natural, objetividade, impessoalidade e invariância, ainda restariam descobertos na solução já ventilada pela doutrina. Ocorrendo a conversão, discussões relevantes sobre procedimento, repercussões da tese firmada, órgão jurisdicional competente, dentre outras, emergem, fazendo com que a saída usualmente proposta para o problema de pesquisa identificado apenas agrave os pontos delicados do tema.

Por fim, considerando o IAC como mecanismo apto a servir para prevenir e reprimir a divergência jurisprudencial nos tribunais de segunda instância e superiores e a quase ausência de normas sobre o seu procedimento na legislação nacional, destacou-se espaço na tese para o tema da fonte normativa para o procedimento ideal que é desenvolvido no quarto e último capítulo da tese. Neste ponto, concluiu-se que a fonte normativa ideal para o procedimento proposto é a legislação nacional sobre os temas de direito processual concernentes ao incidente e sobre

ou quando a lei, em que se baseia a decisão, seja tida por inconstitucional.", p. 15. Não é nosso objetivo esgotar ou mesmo tratar do tema da modulação, mas a menção ao conceito faz-se necessária quando a vantagem percebida se tornou clara.

[835] CPC, Art. 927. § 3º "Na hipótese de alteração de jurisprudência dominante do Supremo Tribunal Federal e dos tribunais superiores ou daquela oriunda de julgamento de casos repetitivos, pode haver modulação dos efeitos da alteração no interesse social e no da segurança jurídica.".

os delineamentos gerais acerca do procedimento em si, vez que quando se afirma faltar regulamentação ao procedimento do IAC, há aspectos essencialmente processuais inseridos nessa afirmação genérica. Sobre os aspectos essencialmente procedimentais, a legislação nacional ainda é recomendada, considerando a abrangência de todos os tribunais.

Ao pensar a tese, ocorreu a ideia de que ainda poderiam arguir que o IAC, nos moldes propostos, não poderia servir para lidar com a repetição em primeira instância, resolvendo a litigância em sua origem, antes mesmo que esta atingisse os tribunais. Entende-se que tal argumento não merece acolhida, considerando vozes na doutrina,[836] com as quais nos alinhamos, de que é necessária a existência de processo no tribunal para que o IRDR seja admitido, vez que há dispositivos no CPC que indicam essa escolha do legislador, mas, mais importante do que a opção dogmática, é a função teleológica de tal afirmação: o alcance da questão de direito polêmica no tribunal serve como garantia mínima de alguma reflexão – talvez até alguma maturação – sobre o tema. A formação excessivamente precoce de norma genérica com efeitos expansivos como regra de conduta pode justificar a sua rápida superação, desacreditando o sistema judiciário como legítimo fixador de pautas de conduta a partir de casos concretos.

[836] Por exemplo, além de outros citados ao longo da tese, cf. Uzeda, Carolina. **Interesse recursal**. Salvador: JusPodivm, 2018, p. 235. Macêdo, Lucas Buril de. **Os precedentes judiciais e o direito processual civil**. 3. ed. Salvador: JusPodivm, 2019, p. 483.

4. PROCEDIMENTO IDEAL DO INCIDENTE DE ASSUNÇÃO DE COMPETÊNCIA

A partir das premissas apresentadas nos capítulos anteriores, propõe-se o procedimento ideal para o IAC diante da falta de regulamentação do tema na legislação atual, violando o princípio da adequação,[837] segundo o qual o procedimento deve estar previamente estipulado em normas que confiram legalidade e legitimidade ao resultado do julgamento submetido à apreciação jurisdicional.[838] A proposta é ambiciosa, pois parte-

[837] Segundo Fredie Didier Jr. e Hermes Zaneti Jr., o princípio da adequação exterioriza-se em dois momentos distintos. O primeiro momento em que o princípio se manifesta é no Poder Legislativo, quando o legislador precisa ser informado por ele ao elaborar as regras processuais. O segundo momento é a possibilidade de adaptação do procedimento pelo magistrado em razão de peculiaridades do caso concreto, quando, então, ele seria chamado de "princípio da adaptabilidade". Cf. Didier Jr., Fredie; Zaneti Jr., Hermes. Princípio da adequação jurisdicional do processo coletivo: benfazeja proposta contida no projeto de nova lei de ação civil pública. In: Calmon, Petrônio; Cianci, Mirna; Gozzoli, Maria Clara; Quartieri, Rita (coord.). **Em defesa de um novo sistema de processos coletivos:** estudos em homenagem a Ada Pellegrini Grinover. São Paulo: Saraiva, 2010, p. 247. Sobre a adaptabilidade procedimental, que não é o objeto da tese, cf. Corrêa, Fábio Peixinho Gomes. **Governança judicial**: modelos de controle das atividades dos sujeitos processuais. Tese de doutorado. São Paulo: Universidade de São Paulo, 2008.

[838] Sobre o princípio da adequação e o procedimento, cf. Didier Jr., Fredie. **Recurso de terceiro**: juízo de admissibilidade. 2. ed. São Paulo: Revista dos Tribunais, 2005, p. 41, "O cidadão, para obter aquilo que realmente tem direito de obter, precisa de uma série de medidas estabelecidas pelo legislador, dentre as quais avulta a criação de um procedimento adequado às particularidades do caso. As medidas hão de estar previstas expressamente, pois a previsibilidade e a anterioridade do procedimento é que conferem à decisão judicial

-se de pouca construção teórica sobre o tema, apesar de quase sete anos do *novo* código e da experiência dos tribunais em seus regimentos.[839]

Acerca do procedimento ideal, há necessidade de cisão entre o julgamento da tese submetida à análise do incidente e a sua posterior aplicação ao caso concreto. Ainda, rememorando como premissa o quanto afirmado no capítulo 2, o IAC trata-se essencialmente de um incidente para decidir acerca da competência e/ou[840] do procedimento para a análise do caso. Caso o juízo de admissibilidade resulte negativo, não haverá alteração da competência do órgão jurisdicional originário, tampouco alteração do procedimento para julgamento do recurso, processo de competência originária ou remessa necessária. Entretanto, caso o juízo de admissibilidade resulte positivo, o incidente finda-se com a alteração definitiva da competência para processamento e julgamento do caso no tribunal e a consequente alteração do procedimento para processamento e julgamento do recurso, remessa necessária ou processo de competência originária. Em ambas as situações, o incidente terá exaurido o seu objeto de análise: competência e procedimento.

Na hipótese do juízo de admissibilidade positivo, no procedimento para fixação da tese jurídica, deve-se dividir o andamento processual em fases, assim como se faz com o processo na fase de conhecimento. Tal divisão, embora não estanque, vez que modelar, tem importante função didática e organizacional na prática.[841] Tais fases no procedimento do IAC são três: a primeira tem início com a provocação por um dos legitimados do incidente até a sua (in)admissão; sendo o resultado da primeira fase positivo, tem-se início a segunda fase que se localiza entre a admissão e a decisão de afetação; por fim, a terceira fase tem início

os penhores de legalidade e legitimidade, sendo dele requisitos inafastáveis. A importância deste princípio na criação legislativa é, pois, fundamental.".

839 Entretanto, o maior risco da proposta é a empolgação da jovem candidata quanto à procedimentalização do tema, beirando eventualmente a formalismos excessivos. Quanto a isso, a autocontenção será expressamente mencionada em algumas passagens.

840 Utilizamos "e/ou" em razão da hipótese da provocação do incidente em processo de competência originária do Pleno ou do Órgão Especial dentro do tribunal. Não retomaremos, neste momento, este aspecto.

841 Nesse sentido, mas ao fazer referência ao processo de conhecimento em primeiro grau: DINAMARCO, Cândido Rangel. **Instituições de direito processual civil.** 6. ed., v. III, São Paulo: Malheiros, 2009, p. 57.

com a publicação da decisão de afetação até o julgamento da tese pelo órgão competente para a uniformização da jurisprudência no tribunal, finalizando-se com o proferimento da decisão que declara a interpretação a ser dada à questão de direito que motivou o incidente. Destaca-se, ainda, ser possível a realização de atos instrutórios ao longo das últimas duas fases, como se tratará a seguir. Fixada a tese no incidente, esta será aplicada pelo órgão colegiado superior, que a fixou, ao caso concreto, julgando o recurso, a remessa necessária ou o processo de competência originária, vez que assumida a competência para julgamento do caso.[842]

4.1. Do juízo de admissibilidade do incidente de assunção de competência

O juízo de admissibilidade concentra-se sobre a viabilidade da assunção de competência por órgão jurisdicional superior dentro do tribunal com a consequente alteração do procedimento em razão da presença dos requisitos autorizadores deste incidente. Trata-se de exame de validade do procedimento.[843]

Assim como no juízo de admissibilidade recursal e aproveitando toda a construção teórica e lógica já organizada pela doutrina quanto àquele tema, acredita-se que a análise da admissibilidade do IAC pode se dar a partir de critérios semelhantes, ou seja: (i) requisitos intrínsecos: cabimento, legitimação, interesse[844] e inexistência de fato impeditivo ou extintivo, e; (ii) requisitos extrínsecos: preparo, tempestividade e regularidade formal, a partir de algumas adaptações que serão abaixo explanadas.[845]

[842] Em sentido contrário, defendendo que a cisão entre tese jurídica submetida ao incidente e julgamento do caso não deva ocorrer, cf. D'Ávila, Daniela Peretti. **Incidente de assunção de competência**: Extraindo seu máximo grau de rendimento. 2019. Dissertação (Mestrado em Direito) – Pontifícia Universidade Católica de São Paulo, São Paulo, 2019, p. 175.

[843] Nesse sentido: Didier Jr., Fredie. **Recurso de terceiro**: juízo de admissibilidade. 2. ed. São Paulo: Revista dos Tribunais, 2005, p. 59.

[844] Há certa concentricidade entre interesse e cabimento, sobre o que falaremos mais adiante.

[845] Trata-se da organização feita por José Carlos Barbosa Moreira e utilizada por quase toda a doutrina. Sobre ela: Didier Jr., Fredie. **Recurso de terceiro**: juízo de admissibilidade. 2. ed. São Paulo: Revista dos Tribunais, 2005.

Começando por estes, ou seja, os ***requisitos extrínsecos***, convém destacar o *momento* em que tal juízo deva ocorrer. Em comparação ao juízo de admissibilidade dos recursos, tratar-se-ia da tempestividade. Aqui não se vislumbra prazo para provocação do incidente, mas um limite temporal lógico. Se o incidente visa a deslocar a competência para julgamento de recurso, remessa necessária ou processo de competência originária com a alteração do procedimento para viabilizar a ampliação do contraditório sobre a questão de direito, é natural que o momento deva ser até o julgamento do próprio caso.

Assim, a análise do cabimento ou não de tal incidente deve se dar até o julgamento do processo no tribunal,[846] incluindo o julgamento dos embargos de declaração, se opostos com fundamento no artigo 1.022, II, do CPC, hipótese em que os aclaratórios devolverão a análise de matéria não abarcada na decisão atacada.[847-848] Nesta hipótese, em razão da *omissão direta* ao proferir a decisão, ou seja, ter deixado o órgão fracioná-

[846] Nesse sentido: STJ, IAC no RHC 75.768/RN, Rel. Min. Antonio Saldanha Palheiro, 6ª Turma, julgado em 02/10/2018. MENDES, Aluisio Gonçalves de Castro; PORTO, José Roberto Mello. **Incidente de assunção de competência.** Rio de Janeiro: GZ, 2020, p. 67, "Fora essa hipótese, parece lógico que a proposição do IAC permaneça cabível até o fim do exercício jurisdicional do colegiado originário.". Na mesma direção: LEMOS, Vinicius Silva. A possibilidade de fungibilidade entre o IRDR e o IAC: viabilidade e necessidade de sistematização. **Revista de Processo**, v. 274, ano 2017, p. 255-289, dez./2017. Também: LEMOS, Vinicius Silva. **O incidente de assunção de competência**: da conceituação à procedimentalidade. Salvador: JusPodivum, 2018, p. 106.

[847] Ricardo Yamin Fernandes defende o cabimento de IAC no julgamento dos embargos de declaração com efeitos infringentes, cf. FERNANDES, Ricardo Yamin. **Do incidente de assunção de competência**. São Paulo: Revista dos Tribunais, 2020, p. 136-137. Também neste sentido: D'ÁVILA, Daniela Peretti. **Incidente de assunção de competência**: Extraindo seu máximo grau de rendimento. 2019. Dissertação (Mestrado em Direito) – Pontifícia Universidade Católica de São Paulo, São Paulo, 2019, p. 124-125. Aluisio Gonçalves de Castro Mendes e José Roberto Mello Porto não se posicionam sobre o tema, mas apontam existir o questionamento. Cf. MENDES, Aluisio Gonçalves de Castro; PORTO, José Roberto Mello. **Incidente de assunção de competência.** Rio de Janeiro: GZ, 2020, p. 67-68. O STJ analisou essa questão para o IRDR e decidiu pela impossibilidade do incidente em sede de embargos de declaração, cf. AREsp 1470017/SP, Rel. Ministro Francisco Falcão, Segunda Turma, julgado em 15/10/2019, DJe 18/10/2019.

[848] Sobre o efeito devolutivo nos embargos de declaração, cf. FERNANDES, Luís Eduardo Simardi. **Embargos de declaração**: efeitos infringentes, prequestionamento e outros aspectos polêmicos. 5. ed. São Paulo: Revista dos Tribunais, 2020, p. 49.

rio de "examinar questão relevante trazida para debate pelas partes",[849] os embargos de declaração versarão sobre o objeto da omissão e ainda podem versar sobre o incidente de assunção de competência, vez que ainda não ocorrera a preclusão lógica para provocação do incidente em relação às questões de direito que não foram objeto de apreciação pelo tribunal.

Poder-se-ia questionar sobre o interesse recursal para embargar de declaração apenas para suscitar o IAC em determinado caso. Considerando o modelo proposto para o IAC, que alberga situações de prevenção e de repressão à divergência jurisprudencial, pode ocorrer de os requisitos para o incidente restarem configurados durante o julgamento em si do recurso, processo de competência originária ou remessa necessária, não havendo mais tempo hábil para as partes ou para as instituições públicas legitimadas suscitarem o incidente. Nestas situações, espera-se que o relator, de ofício, provoque o incidente, como possibilita o artigo 947, CPC. Caso não o faça, há que se falar em *omissão indireta*, ou seja, "[...] quando o ato judicial deixar de se pronunciar sobre questão que, a despeito de não ter sido suscitada pelos interessados, poderia (leia-se aqui: deveria) ter sido resolvido de ofício pelo julgador.".[850] Diante de omissão indireta, há que se considerar da possibilidade de

[849] Mazzei, Rodrigo. Embargos de declaração e a *omissão indireta* (matérias que devem ser resolvidas de ofício, independentemente de arguição prévia pelo interessado). In: José Miguel Garcia Medina; Luana Pedrosa de Figueiredo Cruz; Luis Otávio Sequeira de Cerqueira; Luiz Manoel Gomes Junior. (Org.). **Os poderes do juiz e o controle das decisões judiciais**: estudos em homenagem à Professora Teresa Arruda Alvim Wambier. São Paulo: Revista dos Tribunais, 2008, p. 17, "A omissão direta engloba, assim, todo o material relevante que é trazido pela parte para a decisão, podendo estar representada por matéria vinculada ao princípio dispositivo ou inquisitório.".

[850] Mazzei, Rodrigo. Embargos de declaração e a *omissão indireta* (matérias que devem ser resolvidas de ofício, independentemente de arguição prévia pelo interessado). In: José Miguel Garcia Medina; Luana Pedrosa de Figueiredo Cruz; Luis Otávio Sequeira de Cerqueira; Luiz Manoel Gomes Junior. (Org.). **Os poderes do juiz e o controle das decisões judiciais**: estudos em homenagem à Professora Teresa Arruda Alvim Wambier. São Paulo: Revista dos Tribunais, 2008, p. 17-18, "Assim, não apenas as questões trazidas pelas partes podem gerar a omissão, haja vista que a falta de atividade judicial sobre questão que o Judiciário poderia (deveria) se manifestar (e resolver) de ofício também é capaz de gerar o fenômeno previsto no artigo 535, II do CPC. Há, nessa situação, como vimos, a *omissão indireta*.".

oposição de embargos de declaração com a única finalidade de provocar a análise dos requisitos do IAC.

Assim, há que se falar em interesse na modalidade necessidade, adequação e utilidade, pois a provocação ocorreria em razão da omissão indireta do relator do caso quando do julgamento do recurso, remessa necessária ou processo de competência originária. A possibilidade de alteração da decisão para o caso não é um impeditivo para a análise da admissibilidade do incidente nesta hipótese, vez que o efeito infringente para este recurso é reconhecido quando exista omissão, já que outra decisão terá de ser proferida.[851]

O momento limitado ao julgamento do caso é relevante, vez que o IAC é incidente que alterará a competência originária para julgamento de um caso com mudança de procedimento para fixação de tese jurídica a partir da moldura fática construída no caso em que suscitado. Não se trata de processo objetivo que independe da relação subjetiva delineada entre as partes.[852] A leitura do *caput* do artigo 947, CPC, deixa clara a opção do legislador quanto à necessidade de caso vinculado no tribunal.

[851] Sobre o tema, cf. FERNANDES, Luís Eduardo Simardi. **Embargos de declaração**: efeitos infringentes, prequestionamento e outros aspectos polêmicos. 5. ed. São Paulo: Revista dos Tribunais, 2020, p. 143, "Se não admitíssemos a alteração do julgado nessas hipóteses, teríamos de aceitar que o julgamento dos embargos de declaração opostos para sanar a omissão, se acolhidos, resolveria esse vício, mas, em contrapartida, produziria uma decisão contraditória. Ou seja, trocar-se-ia um vício por outro.". Ainda sobre o tema, cf. MAZZEI, Rodrigo. Embargos de declaração e a *omissão indireta* (matérias que devem ser resolvidas de ofício, independentemente de arguição prévia pelo interessado). In: José Miguel Garcia Medina; Luana Pedrosa de Figueiredo Cruz; Luis Otávio Sequeira de Cerqueira; Luiz Manoel Gomes Junior. (Org.). **Os poderes do juiz e o controle das decisões judiciais**: estudos em homenagem à Professora Teresa Arruda Alvim Wambier. São Paulo: Revista dos Tribunais, 2008, p. 57-78.

[852] Sobre processo objetivo, cf. ARRUDA ALVIM, Teresa; DANTAS, Bruno. **Recurso especial, recurso extraordinário e a nova função dos Tribunais Superiores no Direito brasileiro**. 3. ed. São Paulo: Revista dos Tribunais, 2016, p. 558, "São processos ditos objetivos: são processos que não nascem propriamente de um conflito entre partes, em que uma delas afirma que a outra teria, de certo modo, descumprido o direito material. Nestes processos ditos objetivos, não há fatos concretos subjacentes à demanda. Há apenas discussão sobre a compatibilidade teórica de uma norma, ou de uma interpretação que se tenha dado à norma, com a Constituição Federal. E o resultado destes processos é vinculante: deve ser respeitado por todos. Consideram-se processos objetivos a ação direta de inconstituciona-

Sobre a regularidade formal, o pleito para a ocorrência da assunção dentro do tribunal pode se dar na mesma petição do recurso ou inicial, petição avulsa ou oralmente, durante a sustentação,[853] quando suscitado pelas partes ou pelas instituições legitimadas, lembrando-se ainda que a provocação pode ser oficiosa.[854]

Tal provocação deve demonstrar o preenchimento dos requisitos autorizadores da assunção. Ainda sobre os requisitos extrínsecos, convém tratar sobre eventuais custas no incidente. Como é tema mais sensível, separou-se tópico específico ao fim do tema sobre "juízo de admissibilidade".

Acerca dos ***requisitos intrínsecos***, o cabimento dependerá da análise dos requisitos autorizadores da assunção pelo órgão jurisdicional competente, a legitimação e o interesse estão previstos expressamente no artigo 947, CPC, quando autoriza determinados sujeitos a provocarem tal incidente, e, por fim, a inexistência de fato impeditivo ou extintivo do "direito à assunção" seria, segundo a organização atual dos mecanismos que lidam com a litigância, a inexistência de repetitivo ou IAC nos

lidade e a ação declaratória de constitucionalidade. Hoje se acrescenta também a ADPF: arguição de descumprimento de preceito fundamental.".

853 Lemos, Vinicius Silva. A possibilidade de fungibilidade entre o IRDR e o IAC: viabilidade e necessidade de sistematização. **Revista de Processo**, v. 274, ano 2017, p. 255-289, dez., 2017, versão virtual não paginada, "No IAC, o instituto deve ser suscitado pelos seus legitimados – do juízo, da parte, do Ministério Público ou da Defensoria Pública, até o julgamento do recurso, remessa necessária ou competência originária, perante a turma ou colegiado competente para esse julgamento. O pedido pode ser na própria peça – recursal ou inicial, em petição avulsa ou na sustentação oral pelas partes, no caso do Ministério Público na sua manifestação oral durante a sessão.".

854 Sobre o juízo de admissibilidade do ato processual, cf. Didier Jr., Fredie. **Recurso de terceiro**: juízo de admissibilidade. 2. ed. São Paulo: Revista dos Tribunais, 2005, p. 59, "Todo procedimento judicial instaura-se por um ato postulatório, normalmente de iniciativa das partes – mas nem sempre, pois há procedimentos que nascem por provocação de terceiro (as intervenções de terceiro e os embargos de terceiro, e.g.) e até mesmo em decorrência da atividade oficiosa (incidente de declaração de inconstitucionalidade em tribunal, conflito de competência e incidente de uniformização de jurisprudência); não se chega ao juízo sobre o que se postulou (juízo de mérito) sem contraditório, que se desenvolve por um procedimento (conjunto de atos) –, a menos que a conclusão de mérito seja desfavorável ao postulante, hipótese em que a integração da outra parte ao contraditório seria desnecessária.".

tribunais superiores, julgados ou afetados;[855] e, de IRDR sobre o tema, no tribunal de segunda instância, vez que presente a repetição. Entretanto, demonstrou-se, no capítulo 3 da presente tese, que tal requisito intrínseco, delineado a partir de conceitos jurídicos indeterminados, é fluído, trazendo grande margem de arbitrariedade aos tribunais. Assim, no modelo ideal proposto, tal requisito não existiria mais, considerando a concentração da formação de teses jurídicas qualificadas pelo procedimento através de um único mecanismo. Portanto, no formato proposto, bastaria a análise da existência de tese firmada ou afetada nos tribunais superiores ou no mesmo tribunal. Entretanto, considerando o estado atual do tema, essa pontuação faz-se necessária.

Fixado o momento em que pode ser suscitado o incidente, quem pode fazê-lo e com base em quais argumentos, convém a análise do ***órgão competente*** para o juízo de admissibilidade. Há quem defenda juízo único de admissibilidade pelo órgão competente pela fixação da tese[856] ou, ainda, juízo bifásico na análise da admissibilidade,[857] ou seja,

[855] Da desnecessidade de admissão de IAC no tribunal local quando já houver decisão de afetação em tribunal superior, cf. LEMOS, Vinicius Silva. **O incidente de assunção de competência**: da conceituação à procedimentalidade. Salvador: JusPodivum, 2018, p. 85, "Todavia, é importante salientar que a matéria deve ser afetada em IAC, repetitivo ou em repercussão geral (com abertura de incidente e suspensão) para que seja um impeditivo do IAC, se somente existirem decisões no âmbito dos Tribunais Superiores, sem a presença de uma decisão de afetação, em rito específico, o Tribunal de segundo grau pode aceitar o incidente, sem nenhum impedimento.".

[856] Nesse sentido, cf. CÔRTES, Osmar Mendes Paixão. Comentário ao artigo 947. ARRUDA ALVIM, Teresa; DANTAS, Bruno; DIDIER JR., Fredie; TALAMINI, Eduardo (coord.). **Breves comentários ao Novo Código de Processo Civil**. São Paulo: Revista dos Tribunais, 2015, p. 2112-2113, "Identificada a questão pelos legitimados a suscitarem o incidente, os autos do recurso, da remessa necessária ou do processo de competência originária (mandados de segurança e rescisórias, por exemplo) serão encaminhados ao colegiado definido no Regimento Interno que exercerá uma espécie de juízo prévio de admissibilidade – não sobre requisitos recursais – acerca do interesse público envolvido. O colegiado, assim, previamente, definirá se aquela questão que inicialmente foi identificada como relevante e com repercussão, efetivamente carrega um interesse público (que extrapola os limites de casos ordinários) que justifique a apreciação pelo colegiado soberano.". Nesse sentido: RISTJ, artigo 271-B.

[857] Nesse sentido: BASTOS, Ana Carolina Andrada Arrais Caputo. Processamento do IAC: questões de ordem prática. **Revista Caderno Virtual** – IDP – Instituto de Direito Público, v. 3, n. 45, ano 2019. Para Ana Carolina Andrada Arrais Caputo Bastos, o juízo de admissi-

tanto no órgão fracionário, quanto naquele competente para fixação da tese jurídica. De qualquer forma e apesar das polêmicas, jamais a decisão sobre a admissibilidade da assunção ficará a cargo do órgão fracionário, pois levaria à absurda situação de imposição da assunção da competência.[858]

Dentre os que defendem o juízo bifásico da admissibilidade, há três correntes identificadas: (i) os que entendem que, no órgão fracionário, ele deva ser feito pelo relator apenas, (ii) os que defendem a análise pelo colegiado fracionário apenas neste primeiro momento e, ainda, (iii) os que defendem a análise dupla no órgão fracionário: pelo relator em um primeiro momento e, em seguida, pelo colegiado,[859] a que chamaremos de juízo triplo de admissibilidade, considerando a análise da matéria pelo relator, pelo órgão fracionário e pelo órgão responsável na fixação de precedentes. A opção, segundo alguns, deveria ser feita pelo regimento interno de cada tribunal.[860] Não é o que se defende, pois a definição de competência é norma que cabe aos regimentos internos, como já explicitado anteriormente, mas a definição do juízo de admissibilidade,

bilidade é duplo em razão da previsão de análise do interesse público pelo colegiado, após a admissão do IAC. Também: Lemos, Vinicius Silva. **O incidente de assunção de competência**: da conceituação à procedimentalidade. Salvador: JusPodivum, 2018, p. 108, "Se a opção for nesse sentido, os legitimados têm maior liberdade de suscitar até o momento da sustentação oral, com a influência no próprio julgamento perante o órgão fracionário. E, ainda, há um sentido prático, já possibilitar uma análise preliminar do mesmo órgão, ao menos preliminarmente, com um prejuízo menor ao andamento processual.".

858 Rodolfo de Camargo Mancuso trata do tema ao analisar o extinto incidente de uniformização de jurisprudência. Cf. Mancuso, Rodolfo de Camargo. **Incidente de resolução de demandas repetitivas**: a luta contra a dispersão jurisprudencial excessiva. São Paulo: Revista dos Tribunais, 2016, p. 93.

859 Nesse sentido da dupla análise no órgão fracionário: Mendes, Aluisio Gonçalves de Castro; Porto, José Roberto Mello. **Incidente de assunção de competência.** Rio de Janeiro: GZ, 2020, p. 83.

860 Mendes, Aluisio Gonçalves de Castro; Porto, José Roberto Mello. **Incidente de assunção de competência.** Rio de Janeiro: GZ, 2020, p. 82.

se único ou não, vai além da competência e do quanto previsto no artigo 96, I, "a", CF.[861-862]

Assim, definido o juízo de admissibilidade pelo legislador, o órgão competente para a análise da questão de direito que motivou a assunção – ou seja, o órgão jurisdicional superior para a fixação de teses precedentárias – ficará a cargo de cada regimento interno dos tribunais. Ainda que a definição seja feita pelo regimento interno de cada tribunal, a participação deve ser possibilitada de forma a se ampliar o contraditório subjetivamente ainda no juízo de admissibilidade, como será tratado adiante.[863]

[861] Atualmente, os regimentos internos dispõem sobre o tema em razão da omissão do legislador. Sobre o tema, cf., por todos: Beraldo, Maria Carolina Silveira. **Processo e procedimento à luz da Constituição Federal de 1988:** normas processuais e procedimentais civis. Belo Horizonte: D'Plácido, 2019. Sobre regimento interno e normas sobre competência, cf. Oliveira, Paulo Mendes de. **Regimentos internos como fonte de normas processuais.** Salvador: JusPodivm, 2020. Para Fredie Didier Jr., a diferença entre processo e procedimento pode ser feita perspectiva, cf. Didier Jr., Fredie. **Curso de Direito Processual Civil:** Teoria geral do processo e processo de conhecimento. 6. ed. Salvador: JusPodivm, 2006, p. 202, "O processo, do ponto de vista interno, é uma relação jurídica, do ponto de vista externo, é um procedimento.".

[862] Vale destacar que o STF não prevê em seu regimento interno o IAC, mas editou a Res. n. 604 de 2017, que instituí o IAC. Para Ricardo Yamin, apesar de parecer não existir óbice para este incidente no STF, tal interpretação seria inconstitucional, cf. Fernandes, Ricardo Yamin. **Do incidente de Assunção de Competência**. São Paulo: Revista dos Tribunais, 2020, p. 171, "Havendo a possibilidade, de o Supremo Tribunal Federal, julgar casos por meio do Incidente de Assunção de Competência, cria-se uma burla aos requisitos da súmula vinculante. Seria produzida, pelo tribunal, uma decisão com o mesmo efeito vinculante da súmula, sem respeitar seus rígidos requisitos.". O autor mencionado propõe a arguição de nulidade do artigo 947, do CPC, sem redução de texto, proposição com a qual ousamos discordar, pois os efeitos da súmula vinculante não coincidem com os do IAC. Além disso, o próprio conceito e formação da súmula em nada se confundem com o instituto ora em estudo.

[863] Cabral, Antonio do Passo. **Juiz natural e eficiência processual**: flexibilização, delegação e coordenação de competências no processo civil. Tese de titularidade – Universidade do Estado do Rio de Janeiro. Rio de Janeiro: Universidade do Estado do Rio de Janeiro, 2017, p. 335-336, "Ademais, administração judiciária e autonomia dos tribunais para definir os próprios regimentos não podem significar ausência de controle democrático sobre a competência. O problema de um sistema de competência com menos participação é que o controlador e o controlado acabam sendo o mesmo: o Judiciário.". Sobre o tema em relação ao IRDR, também: Oliveira, Paulo Mendes de. **Regimentos internos como fonte de**

Considerando as quatro possibilidades da análise da admissibilidade do IAC, passa-se a tratar de cada uma delas separadamente, apontando seus pontos positivos e negativos de forma a se justificar a escolha de uma opção para o procedimento ideal, que trará a necessária legitimidade e confiabilidade ao incidente e à tese que dele resultará.

Em qualquer uma das opções possíveis, a decisão acerca da (in)admissibilidade somente pode ser tomada depois de ouvidas as partes do processo em que suscitado o incidente[864] e ampliado o contraditório aos demais legitimados para a sua provocação, pois a participação é fundamental para possibilitar o controle sobre a definição da competência de forma a respeitar o juiz natural, como demonstrado no capítulo 3.[865]

Decidida a questão da admissibilidade por colegiado, nada disse o legislador sobre o quórum necessário para tal análise e julgamento. Não há qualquer previsão sequer no microssistema de formação de precedentes legais.[866] Se a intenção é conferir legitimidade ao entendimento

normas processuais. Salvador: JusPodivm, 2020, p. 100, "A possibilidade de sustentação oral na decisão sobre a admissibilidade do IRDR não tem previsão no CPC, apesar de ser de grande relevância para uma adequada prestação jurisdicional.".

864 Sobre a necessidade do contraditório também para o juízo de admissibilidade, cf. FERNANDES, Ricardo Yamin. **Do incidente de Assunção de Competência**. São Paulo: Revista dos Tribunais, 2020, p. 157, "As partes devem ter a oportunidade de concordar ou impugnar as questões suscitadas, bem como exteriorizar seus argumentos a respeito dos requisitos para a instauração do Incidente. Tal obrigação advém do princípio da proibição de decisões-surpresa, escorado no princípio constitucional do contraditório, e positivado no artigo 10 do Código de Processo Civil.".

865 É o que defende Antonio do Passo Cabral, ao propor uma releitura do princípio do juiz natural, cf. CABRAL, Antonio do Passo. **Juiz natural e eficiência processual**: flexibilização, delegação e coordenação de competências no processo civil. Tese de titularidade – Universidade do Estado do Rio de Janeiro. Rio de Janeiro: Universidade do Estado do Rio de Janeiro, 2017, p. 335, "A participação, pelas interações do contraditório, dá às partes oportunidade de condicionar eficazmente as conclusões judiciárias a respeito do juiz natural e das regras de competência, assegurando que todos os pontos de vista sejam levados em consideração. A participação é importante também para balancear a possibilidade de definição casuística (eficiência e dinamismo) com a necessidade de segurança jurídica, pressionando para que o resultado final seja objetivo, impessoal e invariante, no sentido de ser baseado em circunstâncias do caso (não em pré-compreensões), sem considerações pessoais e cuja ratio seja generalizável em casos similares.".

866 Ana Carolina Andrada Arrais Caputo Bastos faz essa constatação e aponta algumas opções feitas em regimento interno: cf. BASTOS, Ana Carolina Andrada Arrais Caputo. Pro-

consolidado, uma das possibilidades é a fixação, pelo legislador, de um quórum elevado para a admissão do incidente e para o julgamento.[867]

4.1.1. Das opções possíveis para o juízo de admissibilidade

O juízo único de admissibilidade seria feito pelo órgão colegiado competente para fixação de teses jurídicas nos termos do regimento interno de cada tribunal.[868] Feito o pedido de IAC, por esta linha, o relator encaminhará o feito ao órgão responsável pela fixação de entendimentos qualificados pelo procedimento no tribunal, que analisaria a presença dos requisitos para o incidente. Se positivo, definiria a tese jurídica e julgaria o caso. Se negativo, reencaminharia o caso ao órgão fracionário originariamente competente. Essa foi a opção do legislador para o IRDR[869] e do regimento interno do STF para a análise da repercussão geral no Recurso Extraordinário.[870]

cessamento do IAC: questões de ordem prática. **Revista Caderno Virtual,** IDP – Instituto de Direito Público, v. 3, n. 45, ano 2019, versão virtual não paginada, "O STJ definiu no parágrafo único do artigo 257-C do RISTJ que o IAC será admitido se contar com o voto da maioria simples dos Ministros. No TRF-1, o quórum exigido é de no mínimo dois terços (artigo 357, § 2º c/c artigo 363, § 5º do RITRF-1). Os Regimentos Internos do TRF-2, do TRF-3, do TRF-4 e do TRF-5 nada disseram a respeito.".

867 Como apontamos que ocorre em Portugal, em que a exigência da presença de, no mínimo, três quartos dos julgadores para início do julgamento.

868 Nessa linha: Bastos, Ana Carolina Andrada Arrais Caputo. Processamento do IAC: questões de ordem prática. **Revista Caderno Virtual,** IDP – Instituto de Direito Público, v. 3, n. 45, ano 2019, versão virtual não paginada, "Da simples leitura desse dispositivo, percebe-se que não há margem para discricionariedade. O Relator deverá propor a instauração do IAC em qualquer hipótese: de ofício, se assim entender, ou em vista de requerimento apresentado nos autos.". Entretanto, a autora coloca sua posição, já apontando que o STJ tem atuado de maneira distinta, levando ao cabimento do recurso de agravo interno contra as decisões monocráticas que inadmitem o incidente. Também nesse sentido: D'Ávila, Daniela Peretti. **Incidente de assunção de competência**: Extraindo seu máximo grau de rendimento. 2019. Dissertação (Mestrado em Direito) – Pontifícia Universidade Católica de São Paulo, São Paulo, 2019, p. 154.

869 CPC, Artigo 981. "Após a distribuição, o órgão colegiado competente para julgar o incidente procederá ao seu juízo de admissibilidade, considerando a presença dos pressupostos do artigo 976.".

870 RISTF, Artigo 323. "Quando não for caso de inadmissibilidade do recurso por outra razão, o(a) Relator(a) ou o Presidente submeterá, por meio eletrônico, aos demais ministros, cópia de sua manifestação sobre a existência, ou não, de repercussão geral.".

Tal opção acerca da admissibilidade gera o risco de pedidos meramente protelatórios,[871] que poderiam ser sancionados com litigância de má-fé.[872] Tal argumento não deve ser utilizado isoladamente para o descrédito do juízo de admissibilidade único, vez que as outras opções também podem ser manejadas por aqueles de má-fé,[873] como será tratado a seguir.[874]

O juízo único não é a melhor opção por outros motivos. Ele pode gerar um acúmulo de pedidos de IAC no órgão jurisdicional superior, sem que tenha havido qualquer filtro nos colegiados inferiores, ocasionando represamento de feitos e possível perda de tempo no processo diante de provocações para o incidente sem qualquer fundamento no preenchimento de seus requisitos, com o mero intento de dilatar a duração processual, prejudicando a análise de feitos que possivelmente tenham os requisitos do incidente configurados.[875]

[871] Sobre esse risco, cf. MENDES, Aluisio Gonçalves de Castro; PORTO, José Roberto Mello. **Incidente de assunção de competência.** Rio de Janeiro: GZ, 2020, p. 41.

[872] Nos termos do artigo 80, VI, do CPC.

[873] O manejo de instrumentos processuais por uma das partes para atrasar a resolução do conflito é tratado por Piero Calamandrei quando analisa o processo como um jogo, cf. CALAMANDREI, Piero. **O processo como jogo**. Trad. de Roberto B. del Claro. Genesis – Revista de Direito Processual Civil, Curitiba (23), jan.-mar., p. 191-209, 2002, p. 199, "Em ambos os casos existe uma parte que tem interesse em servir-se de todos os possíveis desvios e complicações do procedimento não para conseguir os efeitos fisiológicos aos quais preordena a lei aquela possibilidade, mas para conseguir o efeito indireto de retardar o ritmo do juízo e de procrastinar a solução. Em um sistema processual de tipo dispositivo como o nosso, é normal, já que as alavancas de velocidade são deixadas à iniciativa das partes, que o ritmo do processo seja dominado por estas.".

[874] Outra forma de se evitar instaurações meramente protelatórias seria o estabelecimento de critérios objetivos para que o relator pudesse, monocraticamente, negar seguimento ao pleito, como a existência de precedente em incidente semelhante nos tribunais superiores, por exemplo, à exemplo do que já ocorre com o incidente de arguição de inconstitucionalidade. Sobre o tema, cf. PEIXOTO, Ravi. O incidente de arguição de inconstitucionalidade e o CPC/2015. **Revista de Processo**, v. 287, ano 2019, p. 23-44, jan., 2019, versão virtual não paginada.

[875] Vale destacar curioso relato na obra: CALAMANDREI, Piero. O processo como jogo. Trad. de Roberto B. del Claro. Genesis – **Revista de Direito Processual Civil**, Curitiba (23), p. 191-209, jan.-mar., 2002, p. 200, "Qualquer coisa de similar sucedia em tempos quando faltava às seções simples da Corte de Cassação a competência sobre a própria competência e

A segunda opção é o juízo duplo de admissibilidade, concentrando a primeira análise somente no relator do órgão fracionário. Por esta opção, o juízo de admissibilidade prévio, ou primeiro, seria realizado pelo relator. Se positivo, o feito seria encaminhado ao órgão responsável no tribunal pela assunção. Se negativo, obviamente que não.[876] Contra a decisão do relator, caberia agravo interno para submeter o juízo de admissibilidade do incidente ao colegiado fracionário.[877]

Logo, diante da previsão legal de cabimento do agravo interno, a escolha pelo juízo de admissibilidade único pelo relator apenas ocorre caso as partes não submetam a questão ao colegiado fracionário através do manejo do recurso de agravo interno.[878]

Quando positiva a análise do relator, logo no primeiro momento, ou positiva a análise do colegiado fracionário após a interposição de agravo

bastava expor em audiência a suspeita de que o recurso entrara na competência das seções unidas para obter sem mais delongas a remissão a esta.".

[876] Há quem aponte essa opção como negativa, vez que estabeleceria dois ritos de admissão do incidente com base na análise apenas do relator, cf. Bastos, Ana Carolina Andrada Arrais Caputo. Processamento do IAC: questões de ordem prática. **Revista Caderno Virtual,** IDP – Instituto de Direito Público, v. 3, n. 45, ano 2019, versão virtual não paginada, "Primeiro, haverá dois ritos distintos para o processamento do incidente. Se a proposta partir do Relator ou tiver a sua concordância, a admissibilidade será feita pelo órgão colegiado, nos termos do artigo 257 do RISTJ. Por outro lado, se o Relator for contrário à sua instauração, poderá inadmiti-lo sem a anuência dos pares.".

[877] Nesse entendimento, cf. Bastos, Ana Carolina Andrada Arrais Caputo. Processamento do IAC: questões de ordem prática. **Revista Caderno Virtual,** IDP – Instituto de Direito Público, v. 3, n. 45, ano 2019, versão virtual não paginada, "Outro aspecto relevante é quanto ao cabimento de Agravo Interno contra a decisão que inadmite o IAC. Observe-se que o CPC/15 utilizou a expressão "irrecorrível" em apenas seis hipóteses. Em cinco delas, para se referir a diferentes tipos de decisões judiciais (artigo 138; artigo 1.007, § 6º; artigo 1.031, §§ 2º e 3º; artigo 1.035) ou a um despacho (artigo 950, § 3º). Pode-se dizer que a irrecorribilidade das decisões judiciais são a exceção, jamais a regra. Com efeito, se o IAC for inadmitido monocraticamente, é certo que – no mínimo – caberá Agravo Interno em face dessa decisão, a fim de que os autos sejam remetidos ao órgão compete para confirmar (ou não) o preenchimento dos requisitos estabelecidos pelo legislador.".

[878] Há quem questione o cabimento do agravo interno quando o juízo de admissibilidade pelo relator seja positivo. Entretanto, o cabimento é inquestionável nos termos em que delineado este recurso pelo legislador de 2015. Nesse sentido: Mendes, Aluisio Gonçalves de Castro; Porto, José Roberto Mello. **Incidente de assunção de competência.** Rio de Janeiro: GZ, 2020, p. 42.

interno, a questão seria analisada novamente, agora de forma definitiva, pelo órgão responsável pelo IAC no respectivo tribunal.[879] Tal opção não nos parece a mais acertada, vez que coloca mais atos processuais e possibilita o manejo de mais um recurso durante o procedimento, inserindo o colegiado fracionário na discussão apenas em algumas situações, ou seja, quando a primeira análise do relator seja negativa e haja manejo de recurso pelos interessados.

Por sua vez, a terceira opção envolve também o juízo duplo de admissibilidade, mas a primeira análise seria do colegiado fracionário, e não do relator. Há quem defenda que o juízo de admissibilidade seja feito pelo órgão fracionário de maneira provisória e, se positivo, pelo órgão responsável pela fixação da tese jurídica de maneira definitiva,[880] quando

[879] Antônio Pereira Gaio Jr. parece se posicionar nesse sentido. Cf. GAIO JR., Antônio Pereira. Os perfis do incidente de assunção de competência no CPC/2015. **Revista de Processo**, v. 297, ano 2019, p. 213-231, nov., 2019, versão virtual não paginada, "Uma vez provocado e reconhecendo os requisitos para a incidência da assunção de competência, logicamente, estes devidamente comprovados pelo ofício do relator ou a requerimento da parte, do Ministério Público ou da Defensoria Pública, o órgão colegiado regimentalmente competente julgará o recurso, a remessa necessária ou a causa de competência originária do tribunal em questão (§2º do artigo 947) e mesmo, em sendo conveniente, a prevenção quanto à questão de direito reconhecida como relevante em sede de divergência entre câmaras ou turmas do próprio tribunal, como já alhures observado no §4º do 947 do CPC/2015. Poderá ainda o aludido órgão julgador do incidente negar a ocorrência dos requisitos para a ocorrência da necessidade de instauração do incidente de assunção de competência [...].". Também nesse sentido: THEODORO JR. Humberto. Regime das Demandas Repetitivas no Novo Código de Processo Civil. In: DIDIER JR., Fredie. (coord.). **Processo nos tribunais e meios de impugnação às decisões judiciais.** Salvador: JusPodivm, 2016, p. 443. Também nesse sentido quando analisa os requisitos para a admissão do incidente, cf. MARINONI, Luiz Guilherme. Sobre o incidente de assunção de competência. **Revista de Processo**, v. 260, out. 2016. p. 240.

[880] LEMOS, Vinicius Silva. A possibilidade de fungibilidade entre o IRDR e o IAC: viabilidade e necessidade de sistematização. **Revista de Processo**, vol. 274, ano 2017, p. 255-289, dez./2017, versão virtual não paginada, "Com o requerimento do IAC, há a suspensão do julgamento principal, para realizar-se a análise da admissibilidade, pelo próprio colegiado menor. [...] No entanto, no caso da análise preliminar positiva, o processo, com o recurso/remessa/competência originária e o incidente, deve ser remetido ao órgão competente – mais amplo – para o julgamento, tanto da parte principal do processo, bem como do incidente, o qual deve analisar, de maneira definitiva, o juízo de admissibilidade da instauração do incidente, com a verificação dos requisitos diante dos argumentos apresentados, seja de ofício ou por requerimento dos legitimados.".

este, então, julgará o processo – recurso, remessa necessária ou competência originária – e a questão de direito que motivou o IAC. Para essa corrente, todos os requisitos autorizadores do IAC devem ser analisados duplamente.[881] A diferença é que a primeira análise seria apenas provisória, portanto, dispensando a ampliação do contraditório, que deveria ser feita quando da análise definitiva da admissibilidade da assunção. Tal opção que concentra a palavra final sobre a admissibilidade no juízo competente para fixação da tese jurídica afasta situações patológicas encontradas no julgamento ampliado de revista em Portugal, em que a decisão sobre a ampliação do colegiado compete ao Presidente do tribunal e a decisão sobre o caso compete a outro órgão jurisdicional, que pode entender que não havia risco de divergência jurisprudencial, mantendo o entendimento anteriormente aplicado reiteradamente pela Corte e colocando todo o procedimento já realizado para a ampliação do colegiado dentro do tribunal em dúvida em relação ao proveito alcançado.

Como argumento que confirma tal orientação, utiliza-se o quanto previsto no artigo 947, §§1º e 2º combinados, do CPC. O §1º determina que "Ocorrendo a hipótese de assunção de competência [...]", ou seja, haverá o deslocamento do órgão fracionário em razão do juízo positivo de admissibilidade provisório, e o "O órgão colegiado julgará [...]" o caso se reconhecer presentes os requisitos do IAC, em juízo de admissibilidade definitivo.[882]

[881] Nesse sentido: LEMOS, Vinicius Silva. A possibilidade de fungibilidade entre o IRDR e o IAC: viabilidade e necessidade de sistematização. **Revista de Processo**, v. 274, ano 2017, p. 255-289, dez., 2017.

[882] Cf., por todos, MARINONI, Luiz Guilherme. Sobre o Incidente de Assunção de Competência. **Revista de Processo.** v. 260, p. 233-256, out., 2016, versão virtual não paginada, "Porém, além de o artigo 947 ter aludido a "interesse público" ao tratar de uma fase específica, das duas locuções insertas no artigo – "grande repercussão social" e "interesse público" – pode-se retirar previsões absolutamente similares, de modo que não se pretendeu criar dois requisitos diferentes para a admissão da assunção de competência. Objetivou-se, isto sim, frisar que tanto o órgão originariamente competente, quanto o órgão para o qual a competência foi deslocada, têm poder para aferir razões para a assunção da competência com base tanto em uma quanto em outra locução. Na verdade, pretendeu-se evidenciar que o órgão competente para a assunção deve, após ter sido decidido o deslocamento pelo órgão de competência originária, afirmar ou não razão suficiente para a assunção da competência.".

Como o colegiado fracionário é o órgão jurisdicional competente para processamento e julgamento do recurso, remessa necessária ou causa originária, deve ele ser o primeiro juiz de sua competência.[883]

O relator não tem legitimidade para decidir sozinho sobre o pedido de assunção de competência feito pelas partes. A análise é feita duplamente: (i) primeiro, pelo colegiado fracionário originário de forma provisória, e; (ii) definitivamente, pelo órgão responsável pela fixação do precedente.[884]

Contra a decisão do órgão colegiado fracionário e originariamente competente para o processamento e julgamento do caso, ainda deve ser possível a interposição de recurso em caso de negativa a resposta para a assunção, vez que a garantia de invariância do juiz natural somente pode ser efetiva quando a análise dos requisitos autorizadores para alteração superveniente de competência esteja concentrada em apenas um órgão

[883] Sobre o tema, cf. CARNELUTTI, Francesco. **Sistema de Derecho Procesal Civil.** v. IV: procedimiento de conocimiento – parte segunda. Tradução de Niceto Alcalá-Zamora y Castillo e Santiago Sentís Melendo. Buenos Aires: Uteha Argentina, 1944, p. 198-199, *"Por tanto, cuando se disse que cada juez tiene competencia para pronunciar sobre su competencia o, también, que tiene competencia sobre la competencia, se emplea una fórmula que ha de tomarse con mucho cuidado. En ella, precisamente, la palavra competencia se usa la primera vez en sentido diverso de la segunda, esto es, no significa fracción de jurisdicción; se há visto, en efecto, que, cuando verifica sua competencia, el juez no dicit ius, sino solamente juzga para actuar según el Derecho, como un ciudadano cualquiera; en definitiva, no lleva a cabo el acertamiento, sino sólo la aplicación de la ley."*.

[884] Também nesse sentido: MARINONI, Luiz Guilherme. Sobre o Incidente de Assunção de Competência. **Revista de Processo.** vol. 260/2016, p. 233-256, out., 2016. À semelhança do que ocorre no incidente de arguição de inconstitucionalidade, cf. PEIXOTO, Ravi. O incidente de arguição de inconstitucionalidade e o CPC/2015. **Revista de Processo**, v. 287, ano 2019, p. 23-44, jan, /2019, versão virtual não paginada.

jurisdicional, que será o competente para o julgamento do IAC.[885-886] Tal opção nos parece a mais acertada.

Nesta e última opção, o juízo de admissibilidade seria triplo, ou seja, do relator e do colegiado fracionário. Haveria o juízo prévio do relator, quando provocado ou atuando oficiosamente. Se positivo, o órgão fracionário faria nova análise da presença dos requisitos autorizadores do IAC, remetendo o caso para definição de tese e julgamento ao órgão responsável, no tribunal, pela fixação de precedentes. Neste, ainda haveria nova análise da admissibilidade antes do julgamento do mérito da questão de direito submetida ao incidente e julgamento do caso em si, aplicando a tese firmada.[887]

[885] Em sentido contrário: MARINONI, Luiz Guilherme. Sobre o Incidente de Assunção de Competência. **Revista de Processo.** v. 260, p. 233–256, out., 2016, versão virtual não paginada, "Contudo, não há como dar ao órgão definido como competente poder para revogar a decisão que não admitiu a assunção, proferida pelo órgão originariamente competente. Isso porque só o juiz natural pode decidir sobre a oportunidade de deslocamento da competência. Como é óbvio, nenhum outro órgão do tribunal pode se sobrepor ao juiz natural. De modo que haveria usurpação de competência – no caso de decisão tomada pelo órgão que assume a competência – ou deslocamento inconstitucional da competência – no caso de outro órgão do tribunal definir que a competência é daquele instituído para os casos de assunção de competência. Significa que os regimentos internos dos tribunais, embora possam definir o órgão colegiado competente para os casos de assunção de competência, não podem prever recurso de agravo contra a decisão de inadmissibilidade do órgão originariamente competente.". Defendendo que a análise da competência precisa ser sindicada por juízo superior: CARNELUTTI, Francesco. **Sistema de Derecho Procesal Civil.** v. IV: procedimiento de conocimiento – parte segunda. Tradução de Niceto Alcalá-Zamora y Castillo e Santiago Sentís Melendo. Buenos Aires: Uteha Argentina, 1944, p. 199.

[886] É o que ocorre também na relação entre as seções simples e as seções unidas na Corte de Cassação italiana, embora, alhures, a análise seja feita apenas pelas seções unidas. Sobre o tema, cf. CARNELUTTI, Francesco. **Sistema de Derecho Procesal Civil.** v. IV: procedimiento de conocimiento – parte segunda. Tradução de Niceto Alcalá-Zamora y Castillo e Santiago Sentís Melendo. Buenos Aires: Uteha Argentina, 1944, p. 202-203, "*Una segunda hipótesis de pronunciamiento sobre la competencia por parte de oficio superior se admite por la práctica cuando, en el procedimiento de casación, surja incidente de incompetencia de una sección simple; tal opinión se funda, probablemente, en la razón de que contra la solución del incidente dada por la sección simple no se podría proponer impugnación alguna, por lo que el juizio de la misma, en realidad, excluiría práctivamente el de las secciones unidas, por lo menos cuando afirmasse la propia competencia; [...]*".

[887] Nesse sentido: MARINONI, Luiz Guilherme; ARENHART, Sérgio Cruz; MITIDIERO, Daniel. **Novo Curso de Processo Civil:** tutela dos direitos mediante procedimento comum. v. 2. São Paulo: Revista dos Tribunais, 2016, p. 583.

A vantagem do envio da decisão do relator para o órgão colegiado fracionário é a ausência de interesse de agir para o agravo interno, apontam alguns.[888] Entretanto, não haveria que se falar em vantagem, vez que o decurso do tempo existirá de qualquer forma diante da organização procedimental selecionada. A última decisão, nesse modelo, acerca da admissibilidade é do órgão competente para o julgamento da tese jurídica a ser submetida ao IAC e do caso em si. Caso o órgão entenda não estarem presentes os requisitos autorizadores do IAC, o processo deverá regressar ao órgão colegiado fracionário. Dentre as opções, esta é a que adota o caminho mais longo, e geralmente mais demorado, como o obrigatório.

De todas as possibilidades, consideramos o juízo duplo de admissibilidade, feito pelo colegiado fracionário em um primeiro momento de forma provisória e, definitivamente, pelo órgão colegiado que o regimento indicar como o competente para a assunção do caso como o mais consentâneo ao quanto já previsto pelo legislador no artigo 947, CPC, e ao princípio do juiz natural, de forma a garantir a sua invariância. Assim, a análise da admissibilidade é feita de forma perfunctória e provisória pelo colegiado fracionário diante da provocação do relator, das partes, do Ministério Público ou da Defensoria Pública.

Se negativa essa análise, deve haver previsão legal – e não regimental – para o manejo de recurso para o órgão colegiado responsável pela fixação de precedentes no tribunal, como será adiante desenvolvido. Se positiva a análise, o órgão colegiado superior no tribunal ampliará o contraditório de forma a decidir definitivamente sobre a admissibilidade da assunção de competência, não havendo que se falar em cabimento de recurso contra a atuação do relator ou do órgão fracionário ao direcionar o feito adiante em razão da admissibilidade positiva realizada, vez que o juiz natural para a análise da admissibilidade da assunção de forma definitiva é o órgão colegiado superior que o regimento indicar.[889]

[888] MENDES, Aluisio Gonçalves de Castro; PORTO, José Roberto Mello. **Incidente de assunção de competência.** Rio de Janeiro: GZ, 2020, p. 83.

[889] Nesse sentido, cf. CÔRTES, Osmar Mendes Paixão. Comentário ao artigo 947. In: ARRUDA ALVIM, Teresa; DANTAS, Bruno; DIDIER JR., Fredie; TALAMINI, Eduardo (coord.). **Breves comentários ao Novo Código de Processo Civil**. São Paulo: Revista dos Tribunais, 2015, p. 2113, "A decisão do relator que der início ao incidente não poderá ser objeto de agravo interno. Isso porque, a despeito da amplitude do recurso de agravo interno, não

4.1.2. Da (ir)recorribilidade da decisão de (in)admissibilidade

Feito o juízo de admissibilidade, cabe a análise acerca das possibilidades recursais diante da (i) inadmissibilidade do incidente; da (ii) admissibilidade do incidente, ou, ainda; da (iii) possível omissão, contradição ou erro material na decisão.

Analisando-se a primeira situação, ou seja, quando a análise do juízo de admissibilidade do IAC resulte na sua negativa, é ainda necessário cindir o debate de acordo com o grau de estabilidade desta decisão. Caso o tribunal local, estadual ou regional, inadmita o incidente por entender que seus requisitos não estão configurados, há discussão doutrinária[890] e jurisprudencial[891] sobre o cabimento de recurso.

Caso a decisão pela negativa tenha sido exarada de forma provisória pelo colegiado fracionário, deve ser cabível recurso para que a palavra final sobre a assunção seja do juiz natural para a sua definição, qual seja, o órgão colegiado que o regimento indicar como o competente para assumir o julgamento de recursos, processos de competência originária ou remessas necessárias quando configurados os requisitos do artigo 947 do CPC.

há interesse recursal na medida em que o colegiado é que deliberará, ao final, sobre a pertinência ou não da assunção de competência.".

[890] Bastos, Ana Carolina Andrada Arrais Caputo. Processamento do IAC: questões de ordem prática. **Revista Caderno Virtual,** IDP – Instituto de Direito Público, v. 3, n. 45, ano 2019. A situação é tão delicada que a autora propõe a possibilidade de pedido de providências ao CNJ: "Em último caso, a provocação poderia ser feita por meio de um pedido de providências, instrumento destinado ao exame de propostas e sugestões tendentes à melhoria da eficiência e eficácia do Poder Judiciário.". Lucas Buril defende o recurso como medida necessária para controle da decisão de (in)admissão do incidente de forma genérica, cf. Macêdo, Lucas Buril de. **Os precedentes judiciais e o direito processual civil**. 3. ed. Salvador: JusPodivm, 2019, p. 489.

[891] O STJ analisou tal questão ao julgar o Recurso Especial n. 1.631.846-DF de relatoria do Ministro Paulo de Tarso Sanseverino. O principal ponto que embasou o entendimento da Corte foi a inexistência de causa, conforme trecho da ementa: "De outro lado, o descabimento do recurso especial na hipótese decorre ainda do fato de que o novo CPC previu a recorribilidade excepcional ao Superior Tribunal de Justiça e ao Supremo Tribunal Federal apenas contra o acórdão que resolver o mérito do Incidente, conforme se depreende do artigo 987, *caput*, do CPC/15, mas não do acórdão que admite ou que inadmite a instauração do IRDR.".

Caso a decisão pela negativa tenha sido exarada de forma definitiva pelo colegiado competente pela fixação de teses vinculantes no tribunal, discute-se sobre a possibilidade de interposição de recursos excepcionais.

O STJ já analisou tal discussão, no âmbito do IRDR,[892] e entendeu que (i) não há *causa decidida* no incidente inadmitido; (ii) não há interesse recursal, vez que os requisitos podem restar configurados em momento posterior, quando caberia o incidente, e; (iii) somente cabe recurso contra a decisão que analisa o mérito do incidente em razão de previsão legal expressa no artigo 978 do CPC. Logo, incabível o recurso excepcional na hipótese em análise a partir do entendimento do STJ.[893] Entretanto, deve-se considerar a função uniformizadora que o STJ

[892] Sobre esse julgado, vale destacar a pontuação feita por Ana Carolina Bastos: "Ao que tudo indica, o entendimento quanto ao não cabimento também deverá ser aplicado ao IAC, ao menos com base na afirmativa de que não há impedimento legal para apresentação de novo pedido quando preenchidos os requisitos do artigo 947 do CPC/15. Cumpre registrar, porém, que a decisão do STJ não foi unânime e que houve quatro pedidos de vista.", versão virtual não paginada, Bastos, Ana Carolina Andrada Arrais Caputo. Processamento do IAC: questões de ordem prática. **Revista Caderno Virtual,** IDP – Instituto de Direito Público, v. 3, n. 45, ano 2019. Concordando com a posição do STJ, cf. D'Ávila, Daniela Peretti. **Incidente de assunção de competência**: Extraindo seu máximo grau de rendimento. 2019. Dissertação (Mestrado em Direito) – Pontifícia Universidade Católica de São Paulo, São Paulo, 2019, p. 156.

[893] Sobre esse julgamento, cf. Bastos, Ana Carolina Andrada Arrais Caputo. Processamento do IAC: questões de ordem prática. **Revista Caderno Virtual,** IDP – Instituto de Direito Público, v. 3, n. 45, ano 2019, versão virtual não paginada, "De acordo com recentíssimo pronunciamento do STJ, não haveria interesse recursal por parte do requerente: "apontada a ausência de determinado pressuposto, será possível a instauração de um novo IRDR após o preenchimento do requisito inicialmente faltante, sem que tenha ocorrido preclusão, conforme expressamente autoriza o artigo 976, § 3º, do CPC/15". Outro fundamento utilizado para sustentar o não cabimento de REsp ou de RE, em face da decisão que inadmite a instauração do IRDR foi no sentido de que a recorribilidade excepcional ao STJ e ao STF seria apenas contra o acórdão que resolver o mérito do incidente, conforme se depreende do artigo 987, *caput*, do CPC/15. Além disso, afirmou-se que não estaria presente o pressuposto constitucional da causa decidida pelos TRF ou pelos Tribunais de Justiça, em única ou última instância (artigo 102, inciso II e artigo 105 inciso III da Constituição Federal – CF), apto a viabilizar o conhecimento de qualquer recurso excepcional, uma vez que ausente, na hipótese, o caráter de definitividade no exame da questão litigiosa.".

assume quanto à interpretação da legislação federal no país[894] e a falta de previsão normativa expressa quanto ao tema para o IAC. A negativa de cabimento de recurso especial no caso confirma o argumento que a controlabilidade da aplicação dos conceitos jurídicos indeterminados que justificam a assunção de competência ficaria a cargo de cada tribunal local, gerando grande potencial de divergências interpretativas sobre o dispositivo contido em lei federal. Lembremos que a possibilidade de controle de conceitos jurídicos indeterminados que justificam a alteração de competência de casos em andamento é requisito fundamental para que o princípio do juiz natural reste protegido.[895] Além disso, os

[894] Nesse sentido: voto do Ministro Ricardo Villas Bôas Cueva quando do julgamento do mencionado Recurso Especial, o REsp n. 1.631.846/DF, do qual se destaca o seguinte trecho: "Desse modo, ainda que admitida a ausência de preclusão (quer dizer, a possibilidade de instauração de um novo IRDR quando satisfeito pressuposto inicialmente descumprido), a disciplina normativa que gravita em torno dos requisitos de admissibilidade do IRDR e o modo de ser de seu processamento ficaria relegada ao talante de cada tribunal de segundo grau. Se tolerado esse descompasso, estaríamos a abdicar de função precípua que deve ser exercida por uma Corte Superior, que se deve pautar por eleger uma diretriz interpretativa que possa ser aplicada de modo uniforme em todo o território nacional, sobretudo se considerado tratar-se o IRDR de instituto novo na sistemática processual brasileira.". Também nessa direção: Ana Carolina Bastos, afirmando e questionando: "Até porque não é difícil imaginar que poderá haver divergência entre os tribunais estaduais ou regionais com relação ao preenchimento dos requisitos previstos pelo legislador. Afinal, como aferir a relevância de determinada questão ou mensurar se a sua repercussão social é grande o bastante para justificar o incidente? Quais os parâmetros para confirmar a existência do inegável interesse público na assunção de competência? Nesse contexto, não parece crível que o STJ poderia se esquivar da sua competência precípua de uniformizar a interpretação da lei federal em todo o país. É uma das atribuições constitucionais que justificam a sua existência e sem a qual não há segurança jurídica.". Sobre o papel do STJ na uniformização da jurisprudência, cf. Cruz e Tucci, José Rogério. **Precedente judicial como fonte do direito**. 2. ed., Rio de Janeiro: GZ, 2021, p. 157, "Em suma, ao preservar a estabilidade, orientando-se pelas decisões judiciais em situações sucessivas assemelhadas, os tribunais contribuem, a um só tempo, para a certeza do direito e para a proteção da confiança na escolha do caminho trilhado pela decisão judicial. Em nosso país, na órbita da tutela jurisdicional, avulta, a respeito dessa relevante temática, a importância do Superior Tribunal de Justiça, como corte federal, cuja vocação precípua é a de uniformizar a interpretação e aplicação do direito nacional infraconstitucional. Sob a ótica constitucional, esta significativa missão é reservada ao Supremo Tribunal Federal.".

[895] Nesse sentido, cf., por todos, Marinoni, Luiz Guilherme. Sobre o Incidente de Assunção de Competência. **Revista de Processo.** v. 260, p. 233-256, out., 2016, versão virtual não

argumentos utilizados pelo tribunal também caem por terra quando da análise mais detida dos argumentos ventilados para concluir pelo não conhecimento do recurso excepcional.

A *causa decidida* deve ser interpretada não como o conflito que motivou a interposição do recurso, a remessa necessária ou a causa de competência originária, mas o *objeto do incidente em si*, qual seja: relevante questão de direito com grande repercussão social e interesse público.[896] Quando a exigência da "causa decidida" se restringe ao conflito intersubjetivo que motivou a judicialização, olvida-se que o objeto em discussão para a assunção de competência restringe-se à caracterização dos requisitos autorizadores do incidente em relação a determinada questão de direito, que não se confunde com a *causa*.[897]

paginada, "A saída, portanto, além de estar na racionalidade da argumentação que deve presidir a justificativa das decisões fundadas em cláusulas gerais, concentra-se na necessidade dessa justificativa advir da Corte Suprema incumbida de definir o modo como uma cláusula geral deve ser aplicada diante de determinada circunstância específica que se repete em casos similares. Só o respeito aos precedentes da Corte Suprema pode deixar claro que a cláusula geral destina-se a dar ao Judiciário poder de elaborar norma de aplicação geral, ainda que atenta a uma circunstância específica insuscetível de ser definida à época da edição do texto legal. A norma judicial derivada da técnica legislativa das cláusulas gerais, não obstante considere uma circunstância que surge no caso concreto, deve ter caráter universalizante a ser definido pelas Cortes Supremas, na medida em que não terá racionalidade caso não possa ser aplicada a casos futuros marcados pela mesma circunstância.".

[896] Trata-se da mesma lógica construída há tempos por José Carlos Barbosa Moreira, em diversos de seus escritos, sobre o mérito recursal. O mérito recursal não tem relação com o conflito intersubjetivo necessariamente.

[897] Sobre a superação do conceito de "causa decidida", cf. Peixoto, Ravi. O incidente de arguição de inconstitucionalidade e o CPC/2015. **Revista de Processo**, v. 287, ano 2019, p. 23-44, jan.,2019, versão virtual não paginada, "É possível, no entanto, registrar movimento doutrinário defendendo a possibilidade de o recurso ser dirigido diretamente à decisão do incidente, tendo por base os seguintes argumentos: i) a transformação do conceito de jurisdição e ii) a ressignificação da expressão "causa decidida", a qual permitiria, na atualidade, o recurso em face de decisões sobre teses jurídicas, como seria a hipótese do recurso especial ou extraordinário do incidente de demandas repetitivas no qual tenha havido desistência do processo piloto, mas em que a tese é analisada. Para essa corrente doutrinária, não apenas no incidente de arguição de inconstitucionalidade, mas também no incidente de resolução de demandas repetitivas, no incidente de assunção de competência, no julgamento de recursos repetitivos e em outras situações, o objetivo não é propriamente a análise do caso concreto, mas a fixação de um posicionamento jurisprudencial, de uma tese. Não seria adequado que o conceito de questão esteja limitado ao julgamento

Além disso, deve-se considerar a presença de legitimidade recursal das partes, do Ministério Público e da Defensoria Pública e de interesse de agir, na medida em que o recurso excepcional será a única medida processual cabível apta a modificar a decisão atacada, configurando-se a necessidade, utilidade e a adequação.[898] Afirmar que não haveria interesse de agir por falta de prejuízo[899] ou por inexistência de direito da parte à assunção[900] é confirmar a inexistência de controlabilidade da competência adequada e do juiz natural. Transpor o quanto já construído aqui para o IRDR não é adequado diante da assunção de competência para julgamento do conflito intersubjetivo pelo órgão colegiado indicado pelo regimento interno, o que não ocorre no IRDR e é objeto de acalorada polêmica, como apontado anteriormente.

Por fim, o último argumento utilizado pelo STJ para não admitir o recurso especial contra decisão de tribunal local que não admite o IRDR é a falta de interesse recursal, pois os requisitos para o incidente poderiam restar configurados em momento posterior. Considerando a binariedade entre prevenção e repressão que a legislação estabelece para o IRDR e o IAC nos tribunais locais, a decisão sobre o não cabimento do IAC hoje pode justificar o cabimento do IRDR amanhã, não havendo que se falar em falta de interesse recursal, quando a parte pretender ver a alteração de competência para julgamento de seu caso e a atração das repercussões do IAC especificamente.

Assim, mais uma vez a existência de diversos mecanismos para lidar com a litigância repetitiva nos tribunais através da dualidade repressão e prevenção mostra seus efeitos perniciosos. De qualquer forma, sem que ocorra qualquer reforma legislativa, há interesse recursal, quando

do objeto recursal.". Aqui, propomos ir um pouco além, considerando que a causa decidida seja o cabimento ou não do incidente.

[898] Sobre o tema, cf. UZEDA, Carolina. **Interesse recursal**. Salvador: JusPodivm, 2018, p. 54.

[899] É o que faz Daniela Peretti D'Ávila, cf. D'ÁVILA, Daniela Peretti. **Incidente de assunção de competência**: Extraindo seu máximo grau de rendimento. 2019. Dissertação (Mestrado em Direito) – Pontifícia Universidade Católica de São Paulo, São Paulo, 2019, p. 157.

[900] É o que faz Fábio Victor da Fonte Monnerat, cf. MONNERAT, Fábio Victor da Fonte. **Súmulas e precedentes qualificados:** técnicas de formação e aplicação. São Paulo: Saraiva Educação, 2019, p. 377.

da análise da inadmissibilidade do IAC em tribunal local em razão dos motivos expostos.

Por sua vez, se inadmitido o IAC no tribunal superior, em colegiados fracionários, deve ser manejável recurso internamente para o colegiado responsável pelo juízo de admissibilidade definitivo do IAC. Se, entretanto, a negativa provier deste, não há recurso adequado a ser utilizado em razão da argumentação traçada.

Caso o resultado do juízo de admissibilidade seja positivo no juízo de admissibilidade provisório do órgão jurisdicional fracionário dentro do tribunal, haverá encaminhamento do feito para o órgão responsável pela fixação de teses jurídicas através da assunção. Não há que se falar em recurso neste momento, deixando-se a palavra final sobre a competência para o possível juiz natural do caso. Na eventualidade do resultado também ser positivo no juízo de admissibilidade definitivo, pelos mesmos motivos anteriormente expostos, o controle dos parâmetros do artigo 947, CPC, para a assunção deve ser concentrado no tribunal superior, possibilitando o manejo do recurso excepcional, sem efeito suspensivo, como é de praxe.

Caso haja omissão, contradição ou erro material na decisão proferida em juízo de admissibilidade, há que se considerar ainda da possibilidade de cabimento de embargos de declaração.[901]

4.1.3. Publicidade no incidente de assunção de competência: da provocação ao julgamento

Como a admissão do IAC levará à definição de tese jurídica a ser aplicada à questão de direito afetada ao julgamento, atingindo mais do que as partes do processo em que suscitado o incidente, vez que a tese será aplicada aos casos judicializados, em regime *opt-in*, e pautará condutas extrajudicialmente, a publicidade merece ampliação,[902] pois funciona

[901] Pelo cabimento de embargos de declaração: D'Ávila, Daniela Peretti. **Incidente de assunção de competência**: Extraindo seu máximo grau de rendimento. 2019. Dissertação (Mestrado em Direito) – Pontifícia Universidade Católica de São Paulo, São Paulo, 2019, p. 155.

[902] Nesse sentido: Mendes, Aluisio Gonçalves de Castro; Porto, José Roberto Mello. **Incidente de assunção de competência.** Rio de Janeiro: GZ, 2020, p. 80, além do RISTJ, artigo 271-G. Também nesse sentido, cf. Cruz e Tucci, José Rogério. **Precedente judicial como fonte do direito**. 2. ed., Rio de Janeiro: GZ, 2021, p. 183, "Torna-se realmente recomendá-

como forma de controle da atividade jurisdicional pela sociedade[903] e como forma de nortear os demais órgãos jurisdicionais. Entretanto, como defendido acima, a publicidade deve ser ampla desde a provocação do incidente, ainda que esta tenha ocorrido oficiosamente.[904] Entretanto, a preocupação da regulamentação sobre o tema atualmente tem ficado restrita ao momento após a admissão, como prevê o artigo 12 da Res. n. 235/2016/CNJ.[905]

De forma a padronizar os procedimentos administrativos necessários para garantir a necessária publicidade às técnicas formadoras de provimentos jurisdicionais que podem exercer influência sobre outros casos, o CNJ expediu a Resolução n. 235 em 2016,[906] determinando a

vel que os órgãos judicantes providenciem ampla publicidade às suas decisões, sobretudo daquelas referentes às teses mais polêmicas, a nortear as demais cortes de justiça, evitando com isso, indesejada divergência pretoriana.".

[903] Tal percepção não é recente. Sobre o tema, a partir de sua evolução histórica, cf. Cruz e Tucci, José Rogério. **Precedente judicial como fonte do direito**. 2. ed., Rio de Janeiro: GZ, 2021, p. 40-41, "Em uma sucessão de *leges generales*, Constantino estabelece, antes de mais nada, que as causas civis e criminais deveriam obrigatoriamente ser processadas sob o signo da mais ampla publicidade [...].". Também: "Cumpre esclarecer que essa relevante série de medidas de caráter moralizador atingiria um significado jamais conhecido na história judiciária romana, como instrumento de informação e de controle pela coletividade sobre a atuação dos juízes.".

[904] Nesse sentido, quando trata do IRDR: Theodoro Jr. Humberto. Regime das Demandas Repetitivas no Novo Código de Processo Civil. In: Didier Jr., Fredie. (coord.). **Processo nos tribunais e meios de impugnação às decisões judiciais.** Salvador: JusPodivm, 2016, p. 433, "As medidas de publicidade do artigo 979 têm dupla função: (i) dar ampla divulgação aos incidentes propostos e julgados, de modo a evitar a continuidade e o julgamento das ações individuais homogêneas, sem atentar para necessidade de sujeição à tese de direito definida, ou em vias de definição no tribunal; e (ii) impedir a multiplicidade de incidentes de igual natureza ou de igual força uniformizadora sobre uma mesma questão de direito, o que enfraqueceria a própria função do instituto, comprometendo-lhe a utilidade e a eficácia.".

[905] Res. 235/2016/CNJ, Artigo 12. "Admitido o incidente de assunção de competência ou o processamento do feito como repetitivo, em julgamento presencial ou virtual, os dados serão incluídos no sistema informatizado do tribunal conforme o disposto nos arts. 8º e 11 desta Resolução.". Nesse sentido também o RISTJ, artigo 257-D.

[906] Conselho Nacional de Justiça, Res. n. 235/2016: "Dispõe sobre a padronização de procedimentos administrativos decorrentes de julgamentos de repercussão geral, de casos repetitivos e de incidente de assunção de competência previstos na Lei 13.105, de 16 de março de 2015 (Código de Processo Civil), no Superior Tribunal de Justiça, no Tribunal

criação de um banco nacional de dados com informações dos precedentes (artigo 5º, Res. n. 235/2016/CNJ), a criação de núcleos de gerenciamento desses precedentes (artigo 6º, Res. n. 235/2016/CNJ) e a criação de *sites* padronizados pelos tribunais para divulgação ampla à sociedade de seus precedentes (artigo 11, Res. n. 235/2016/CNJ).[907]

A finalidade da ampliação da publicidade – nos termos aqui propostos, ou seja, desde a provocação do incidente – é possibilitar a participação da sociedade e de possíveis interessados não somente da formação da tese jurídica, mas também da análise do cabimento ou não da aplicação deste mecanismo.

Como a admissibilidade do incidente é matéria que interessa não apenas às partes do processo em que suscitado o IAC, tal linha de argumentação parece ser irrefutável. Entretanto, o processo precisa conciliar a observância das garantias processuais à necessária celeridade sem a produção de atos inúteis. Assim, defende-se a observância do contraditório limitado às partes do processo em que suscitado o IAC no colegiado fracionário.[908]

Caso resulte positivo o juízo de admissibilidade provisório feito no órgão fracionário, amplia-se objetiva e subjetivamente[909] o contraditório

Superior Eleitoral, no Tribunal Superior do Trabalho, no Superior Tribunal Militar, nos Tribunais Regionais Federais, nos Tribunais Regionais do Trabalho e nos Tribunais de Justiça dos Estados e do Distrito Federal, e dá outras providências.", Disponível em: https://atos.cnj.jus.br/atos/detalhar/2312. Acesso em 21 maio 2020.

[907] Ricardo Yamin vê como positiva tal iniciativa do CNJ, pois "Por meio desta resolução, o Conselho Nacional de Justiça oferece caminhos para a população acessar facilmente todos os procedimentos que podem vir a criar um provimento vinculante.", p. 174, FERNANDES, Ricardo Yamin. **Do incidente de Assunção de Competência**. São Paulo: Revista dos Tribunais, 2020.

[908] Sobre a importância da oralidade no colegiado originário, cf. MARINONI, Luiz Guilherme. Sobre o Incidente de Assunção de Competência. **Revista de Processo.** v. 260, p. 233–256, out., 2016, versão virtual não paginada, "Porém, quando o requerimento é feito pelo relator, parte do processo, Ministério Público ou Defensoria Pública, a decisão do colegiado não pode ocorrer antes de se dar *a todos* oportunidade de falar para convencer sobre a (in)correção do deslocamento da competência. Afinal, o requerente da assunção da competência deverá adequadamente demonstrar os motivos que evidenciam que a solução da questão de direito terá "grande repercussão social".".

[909] Sobre o tema, cf. DIDIER JR., Fredie. **Recurso de terceiro**: juízo de admissibilidade. 2. ed. São Paulo: Revista dos Tribunais, 2005, p. 55, "Como fato jurídico processual, a intervenção de terceiro pode produzir efeitos que repercutam nos aspectos objetivo (objeto

no órgão jurisdicional competente pela assunção com a possibilidade de sustentação oral, debates,[910] além da realização de audiências públicas para a análise da (in)admissibilidade do incidente[911] e da participação de *amici curiae*[912] na tomada de decisão sobre a presença ou não dos requisitos autorizadores do IAC,[913] pois uma decisão judicial somente é ade-

do processo) e subjetivo (sujeitos parciais) da relação jurídica processual, tornando-a, por exemplo, mais complexa.".

[910] Sobre a sustentação oral também para a análise da admissibilidade do incidente: Aluisio Mendes, José Porto, Ana Carolina Bastos e Antônio Gaio. Cf. MENDES, Aluisio Gonçalves de Castro; PORTO, José Roberto Mello. **Incidente de assunção de competência.** Rio de Janeiro: GZ, 2020, p. 84. Nessa linha, também argumentando pela necessidade de realização de sustentação oral quando do juízo de admissibilidade do IAC, cf. BASTOS, Ana Carolina Andrada Arrais Caputo. Processamento do IAC: questões de ordem prática. **Revista Caderno Virtual,** IDP – Instituto de Direito Público, v. 3, n. 45, ano 2019, versão virtual não paginada, "Sabe-se que não é possível no STJ, porque, como visto, a proposta de admissão do IAC é processada de forma eletrônica (artigo 257 do RISTJ). Faz-se, no ponto, uma ressalva à escolha feita pelo tribunal, na medida em que impede o diálogo entre os Ministros e litigantes do processo em torno do que seria a "relevante questão de direito" a ser examinada, bem assim se há de fato "grande repercussão social" e/ou "interesse público" no seu julgamento.". Também nesse sentido: GAIO JR., Antônio Pereira. Os perfis do incidente de assunção de competência no CPC/2015. **Revista de Processo**, v. 297, ano 2019, p. 213-231, nov., 2019.

[911] Nesse sentido: Antonio do Passo Cabral, cf. CABRAL, Antonio do Passo. **Juiz natural e eficiência processual**: flexibilização, delegação e coordenação de competências no processo civil. Tese de titularidade – Universidade do Estado do Rio de Janeiro. Rio de Janeiro: Universidade do Estado do Rio de Janeiro, 2017, p. 336, "A fim de assegurar mais um braço relevante para o juiz natural, propomos uma participação tão ampla quanto possível no juízo de definição da competência. Essa participação pode se dar por meio de *amicus curiae* e audiência pública, e deve ser tão mais intensa quanto seja a repercussão da conclusão a respeito da regra de competência sob análise. Portanto, em procedimentos de formação concentrada de precedentes, p.ex., como os incidentes de resolução de casos repetitivos e o incidente de assunção de competência, parece evidente que a participação deve ser mais plural e diversificada do que nas reclamações.".

[912] Sobre a participação de *amicus curiae* como forma de conferir legitimidade às decisões jurisdicionais, cf. MARINONI, Luiz Guilherme. **Julgamento nas Cortes Supremas**: precedente e decisão do recurso diante do novo CPC. 2. ed. São Paulo: Revista dos Tribunais, 2017, p. 26. O autor reconhece o interesse do *amicus curiae* na formação do precedente. Sobre este tema, discorreremos mais adiante.

[913] Nesse sentido: BASTOS, Ana Carolina Andrada Arrais Caputo. Processamento do IAC: questões de ordem prática. **Revista Caderno Virtual,** IDP – Instituto de Direito Público, v. 3, n. 45, ano 2019, versão virtual não paginada, "As iniciativas antes mencionadas possi-

quadamente justificada e universalizável na medida em que observe o contraditório.[914]

4.1.4. Da ampliação subjetiva do contraditório no juízo de admissibilidade do incidente de assunção de competência

O contraditório merece ser ampliado subjetivamente para a tomada de decisão sobre a admissibilidade ou não do incidente em razão do efeito expansivo que a tese jurídica a ser processada e firmada assumirá, caso positivo o juízo de admissibilidade, além da necessidade de controle sobre o juiz natural através dos critérios expostos no capítulo 3 da tese, quais sejam, objetividade, impessoalidade e universalidade.[915] Não basta a mera *representatividade argumentativa,*[916] ou seja, que argumentos estejam presentes nos autos, vez que tal participação cingir-se-ia somente à análise formal. Defendemos a *representatividade material* dos diversos sujeitos com interesse no julgamento da questão de direito submetida ao incidente. Tal ampliação deve ocorrer desde a análise da admissibilidade do incidente[917] em razão da necessidade de controle sobre o juiz

bilitam a pluralização do debate jurisdicional, de modo que o precedente obrigatório seja o mais consistente e abrangente possível, isto é, não se restrinja unicamente às perspectivas trazidas pelas partes, mas contemple todas as nuances existentes no âmbito do litígio submetido à análise do tribunal. Afinal, o IAC pressupõe "relevante questão de direito", "com grande repercussão social".".

914 Sobre o contraditório como característica para a universalização de decisões, cf. Pereira, Paula Pessoa. **Legitimidade dos precedentes**: universabilidade das decisões do STJ. São Paulo: Revista dos Tribunais, 2014, p. 116-117.

915 Sobre o tema, cf. Macêdo, Lucas Buril de. **Os precedentes judiciais e o direito processual civil**. 3. ed. Salvador: JusPodivm, 2019, p. 413, "Parece que não é legítima a institucionalização pura e simples de um procedimento estático de formação de precedente. Isto porque o devido processo legal não admite um procedimento que suprima a participação das partes, dos juízes e tribunais para a criação do precedente obrigatório. É essencial, sobretudo no direito brasileiro, que o precedente seja democraticamente formado, possibilitando ampla consideração de argumentos e evitando contrariar abreviadamente a estabilidade que busca estabelecer. Impõe-se que se perceba a formação do precedente judicial como dinâmica.".

916 Terminologia utilizada por Lucas Buril em: Macêdo, Lucas Buril de. **Os precedentes judiciais e o direito processual civil**. 3. ed. Salvador: JusPodivm, 2019, p. 473.

917 Como fazemos um paralelo entre as rígidas subfases procedimentais no processo de conhecimento na primeira instância com o procedimento do incidente na segunda instância, convém a citação de Lia Carolina Batista Cintra ao defender que a intervenção por

natural, além da utilidade da participação de outros sujeitos, para além das partes, no processo.[918]

O controle do ingresso de terceiros será feito pelo relator do processo de competência originária, recurso ou remessa necessária no colegiado responsável pela análise da admissibilidade do incidente e, contra a sua decisão, cabe o recurso de agravo interno, com fundamento nos artigos 932 e 1.021 do CPC.[919]

Tal argumento ganha reforço quando da análise do processo individual sem qualquer incidente provocado, pois, mesmo neste caso, ao órgão ministerial cabe manifestação sobre a (in)admissibilidade recursal quando a intervenção da instituição seja obrigatória,[920] destacando a

ordem judicial ocorra desde o primeiro momento, ou seja, na postulação, para garantia de efetiva participação até no saneamento. Cf. CINTRA, Lia Carolina Batista. **Intervenção de terceiro por ordem do juiz**: a intervenção *iussu iudicis* no processo civil. São Paulo: Revista dos Tribunais, 2017, p. 237-238.

918 Sobre o tema, cf. TEMER, Sofia. **Participação no processo civil**: repensando litisconsórcio, intervenção de terceiros e outras formas de atuação. Salvador: JusPodivm, 2020, p. 342-343, "Outro aspecto que deve ser ponderado diz respeito ao momento do requerimento ou provocação para ingresso. Apenas devem ser admitidas atuações que ainda sejam úteis para atender às suas finalidades, sopesando os critérios acima, sobretudo considerando eventuais consequências para os litigantes originários e para o próprio Judiciário.".

919 A recorribilidade, além de encontrar justificativas no texto legal, encontra amparo na necessidade de definição rápida sobre quais sujeitos participarão ou não do feito. Sobre as intervenções de terceiros e recorribilidade na primeira instância, cf. CINTRA, Lia Carolina Batista. **Intervenção de terceiro por ordem do juiz**: a intervenção *iussu iudicis* no processo civil. São Paulo: Revista dos Tribunais, 2017, p. 240, "Embora a intervenção *iussu iudicis* deva estar necessariamente ligada a um juízo de oportunidade – do contrário, haveria identidade entre intervenção *iussu iudicis* e litisconsórcio necessário –, será em princípio admissível a interposição de recurso a fim de controlar a concorrência dos pressupostos objetivos de efetiva existência de nexo entre a situação jurídica do terceiro e o objeto litigioso do processo. E mesmo a oportunidade da intervenção é sindicável, pois não se trata de uma visão subjetiva do juiz a seu respeito; fala-se aqui em oportunidade objetivamente aferível, tanto com base nos elementos concretos dos autos quanto nos valores constitucionais envolvidos. Oportunidade é, portanto, a adequação da medida no específico caso posto para julgamento. Assim, a constatação de se tratar de decisão fundada em oportunidade não deve espantar nem deve ser entendida como sinônimo de discricionariedade ou arbitrariedade.".

920 Carta de Ipojuca, 2º item: "Em se tratando de recurso interposto pelas partes nas situações em que a intervenção do Ministério Público é obrigatória, resguarda-se ao agente ministerial de primeiro grau a manifestação sobre a admissibilidade recursal.". Docu-

necessidade de participação de terceiros em relação à demanda também no juízo de admissibilidade. Se cabível a intervenção ministerial para o juízo de admissibilidade em qualquer processo, quando obrigatória a sua intervenção, mais ainda o será no incidente ora em análise.

Como o juízo de admissibilidade que se propõe é o duplo, provisório e definitivo, a ampliação do contraditório, nesse momento da admissibilidade, deve ocorrer no juízo definitivo, ou seja, no órgão jurisdicional competente para processamento e julgamento do incidente, quando, então, a decisão sobre possível ampliação do contraditório caberá ao relator no colegiado competente para a assunção da competência.

Para tanto, se o órgão ministerial não tiver provocado a instauração do incidente, ele deve ser intimado para manifestação sobre a questão objeto do incidente nesse momento: a presença ou não dos requisitos para o IAC,[921] e efetivamente se manifestar, ainda que os interesses em debate sejam disponíveis, patrimoniais e privados,[922] pois o que se analisa na admissibilidade do IAC é se há competência de órgão colegiado

mento disponível em: http://www.mprj.mp.br/documents/20184/806019/carta_34_encontro_ipojuca_pe_12_e_13_de_maio_de_2003.pdf. Acesso em: 05 set. 2020. Essa carta originou-se da reunião realizada, em 2003, na cidade de Ipojuca-PE, entre os corregedores gerais dos Ministérios Públicos estaduais e da União para determinar entendimentos sobre a atuação da instituição no processo civil diante de divergências. A carta não tem força vinculante, mas serve de baliza interpretativa. Sobre o tema, escrevemos anteriormente, cf. Richter, Bianca Mendes Pereira. Nulidade processual pela falta de intervenção do Ministério Público. **Revista dos Tribunais**, v. 102, n. 930, p. 239-278, abr., 2013.

921 Nesse sentido, mas para o IRDR: Theodoro Jr. Humberto. Regime das Demandas Repetitivas no Novo Código de Processo Civil. In: Didier Jr., Fredie. (coord.). **Processo nos tribunais e meios de impugnação às decisões judiciais.** Salvador: JusPodivm, 2016, p. 434.

922 Nesse sentido: Leonel, Ricardo de Barros. Intervenção do Ministério Público no Incidente de Resolução de Demandas Repetitivas, **Revista Jurídica da Escola Superior do Ministério Público de São Paulo**, v.1, ano 2012, p. 171-185, "Com grande convicção é viável afirmar, desde logo, que não será possível, em hipótese alguma, dispensar-se a intervenção do MP no incidente de resolução de demandas repetitivas, ainda que não haja, no caso concretamente considerado (ou seja, na ação na qual o incidente vier a ser instaurado), nenhum fundamento para a atuação ministerial como fiscal da ordem jurídica. Em outras palavras: mesmo que os interesses em disputa sejam disponíveis, de natureza patrimonial, privados e que não haja nenhuma razão relacionada ao litígio ou à qualidade das partes, sempre será indispensável a atuação do Ministério Público como fiscal no incidente de resolução de demandas repetitivas.", p. 182, comentando a atuação do MP no IRDR.

superior no tribunal para fixar tese jurídica com o fim de uniformizar entendimentos de forma a se evitar violações indesejadas à isonomia.

Além do Ministério Público, deve-se possibilitar a participação das partes do processo em que suscitado o incidente, partes em processos em andamento com questão semelhante,[923] Defensoria Pública, *amici curiae* e da sociedade como um todo através de audiências públicas. Sobre as condições sob as quais esses sujeitos são admitidos no processo, discorrer-se-á adiante ao tratar-se da fase de julgamento do incidente. Desde já, entretanto, destaca-se que não há previsão legal para a ampliação subjetiva do contraditório na formação de tese jurídica por IAC e que as pontuações feitas na tese são de *lege ferenda* e, em alguma medida, de *lege lata*,[924] como será explanado.[925]

[923] Sobre a natureza jurídica dessa participação, discorreremos adiante. Para Humberto Theodoro Jr., por exemplo, esses sujeitos ingressam no feito na condição de assistentes litisconsorciais. Entretanto, o tema está longe de ser pacificado, cf. THEODORO JR. Humberto. Regime das Demandas Repetitivas no Novo Código de Processo Civil. In: DIDIER JR., Fredie. (coord.). **Processo nos tribunais e meios de impugnação às decisões judiciais.** Salvador: JusPodivm, 2016, p. 435, "As partes dos "outros" processos suspensos, intervirão, querendo, em situação equivalente à do assistente litisconsorcial, já que o respectivo interesse equivale ao das partes da causa geradora do incidente.". Segundo Fredie Didier Jr. não se justifica a atuação do particular ao lado do legitimado coletivo na ação coletiva em razão de a coisa julgada não poder lhe prejudicar. Tal lógica não é a mesma aqui. Cf. DIDIER JR., Fredie. **Recurso de terceiro**: juízo de admissibilidade. 2. ed. São Paulo: Revista dos Tribunais, 2005, p. 107.

[924] A doutrina já constata o atraso na sistematização da atuação dos sujeitos em processos para além do conflito intersubjetivo Caio e Tício. Sobre o tema, cf. TEMER, Sofia. **Participação no processo civil**: repensando litisconsórcio, intervenção de terceiros e outras formas de atuação. Salvador: JusPodivm, 2020, p. 32-33, "Tal descompasso fica claro também pela constatação de que, a despeito das importantes modificações vivenciadas nas últimas décadas na sociedade e no próprio Judiciário, nossa legislação sobre o tema está congelada no tempo e no espaço: o regime de formação e modificações subjetivas do processo vem sendo repetido, com tímidas adequações, desde os primeiros diplomas processuais, e mesmo o Código de Processo Civil de 2015 – que traz grandes inovações sobre o modelo de processo brasileiro – repete as linhas gerais do modelo de pluralidade de partes e terceiros dos Códigos de 1973 e 1939.". Também nesse sentido: SICA, Heitor Vitor Mendonça. Notas críticas ao sistema de pluralidade de partes no processo civil brasileiro. **Revista de Processo**, vol. 200, ano 2011, p. 13-70, out., 2011, versão virtual não paginada.

[925] Importante destacar que, sem previsão legal expressa que determine a ampliação subjetiva do contraditório, não há que se falar em omissão do órgão jurisdicional, pois não se admite recurso contra uma "não decisão". Ao tratar sobre o tema, mas especificamente para

Além disso, não se trata de exceção à estabilização subjetiva da demanda, uma vez que os interesses que justificam a participação de sujeitos para além das partes em que suscitado o IAC já estão em discussão.[926] Assim, desde a provocação no colegiado fracionário até a decisão final sobre a admissibilidade da assunção, caberá a participação de terceiros, nos termos que serão expostos adiante, moldando o procedimento ideal teleologicamente.[927]

4.1.5. Custas no incidente de assunção de competência

Para o IAC, não há previsão específica sobre o tema, pois nada disse o legislador sobre custas neste incidente. Como nas outras diversas situações de omissões legislativas em relação ao IAC, há quem defenda a aplicação do quanto previsto para o IRDR, que, nesta situação, está regulamentado no artigo 976, §5º, do CPC no sentido de não exigência de custas,[928] em razão do "[...] interesse difuso, por revelar posicionamento do tribunal aplicável a todos os que se subordinam ao ordenamento nacional, bem como às consequências da imposição dos gastos, capaz de desestimular os legitimados, notadamente as partes".[929]

Para Aluisio Gonçalves de Castro e José Roberto Mello Porto, os custos do incidente, que são elevados, seriam compensados com a economia em outros processos diante da observância da tese em processos

a intervenção *iussu iudicis*, cf. CINTRA, Lia Carolina Batista. **Intervenção de terceiro por ordem do juiz**: a intervenção *iussu iudicis* no processo civil. São Paulo: Revista dos Tribunais, 2017, p. 244.

926 Nesse sentido: TEMER, Sofia. **Participação no processo civil**: repensando litisconsórcio, intervenção de terceiros e outras formas de atuação. Salvador: JusPodivm, 2020, p. 344.

927 Sobre a adequação do procedimento de acordo com as funções objetivadas, cf. DIDIER JR., Fredie. **Recurso de terceiro**: juízo de admissibilidade. 2. ed. São Paulo: Revista dos Tribunais, 2005, p. 42, "O procedimento ajusta-se teleologicamente de acordo com as diversas funções a que visa. Há adequação teleológica também quando o procedimento é adaptado aos valores preponderantes em cada caso. [...] Normalmente, permite-se o recurso de terceiro, precisamente por razões de economia processual e para garantir o acesso à justiça – pois, em algumas situações, o terceiro sujeitar-se-á ao comando jurisdicional. Esta permissão, para atender a estes fins, nada mais é do que uma adequação teleológica do processo.".

928 CPC, Artigo 976, § 5º "Não serão exigidas custas processuais no incidente de resolução de demandas repetitivas.".

929 MENDES, Aluisio Gonçalves de Castro; PORTO, José Roberto Mello. **Incidente de assunção de competência.** Rio de Janeiro: GZ, 2020, p. 80.

sucessivos.[930] Ou seja, parte-se da premissa de que haveria nesta temática uma externalidade positiva diante da certeza da aplicação do entendimento firmado pelo Poder Judiciário, levando à extinção de processos de forma mais célere, considerando os instrumentos de aceleração dos feitos, como a improcedência liminar do pedido, por exemplo, e a consideração da tese para não judicialização de eventuais demandas que seriam propostas. As despesas processuais ficariam restritas ao processo em que aplicada a tese firmada incidentalmente.[931]

Entretanto, tal afirmação parte da premissa de que (i) efetivamente o entendimento firmado será observado extrajudicialmente, evitando

[930] Nesse sentido: MENDES, Aluisio Gonçalves de Castro; PORTO, José Roberto Mello. **Incidente de assunção de competência.** Rio de Janeiro: GZ, 2020, p. 80. Tal economia seria justificada diante da certeza de observância da tese firmada, levando à situação de não judicialização de diversos casos sucessivos. Sobre o tema, defendendo que as Cortes devem parar de subsidiar litígios individuais, dando preferência aos instrumentos de fixação de precedentes, cf. COOTER, Robert; ULEN, Thomas. **Law and Economics**. 6. ed. Pearson: Berkeley Law Books, 2016, "*The first remedy is for the state to supply or subsidize art and science, especially basic research. Thus, the state owns or subsidizes many universities. More relevant to this book are subsidies for trials. In many civil law countries such as Mexico and Chile, the citizens have a right to use the courts for free. In the United States litigants are assessed court fees, but fees fall far short of court costs, so trials are subsidized. In Chapter 10 we will argue that common law precedents are a valuable stock of ideas. From this fact we will conclude that U.S. courts should stop subsidizing the resolution of private disputes and continue subsidizing the creation of legal precedents.*", p. 115. Os autores continuam afirmando que o Estado deve subsidiar a formação de precedentes totalmente: "*Is the rate of appeal too high or too low? Recall that in the United States, the trial court decides matters of fact and the appeals court decides matters of law. A decision about the law can lead to a new precedent, which is a new legal rule. The effects of a new precedent spill far beyond the litigants in the case in which the precedent is set. The litigants, consequently, internalize a small proportion of the value of a new precedent that resolves their dispute. Because appeals lead to changes in the rule that benefit many people, perhaps the judges should be able to pay more of the litigation costs of the parties when an appeal results in a new precedent. Thus, the full cost should be assigned at the trial level to all cases, not a fraction of the cost as is the usual practice, but a successful appealls that results in new precedents should be subsidized by the state.*", p. 452.

[931] Sobre o tema, cf. MENDES, Aluisio Gonçalves de Castro; PORTO, José Roberto Mello. **Incidente de assunção de competência.** Rio de Janeiro: GZ, 2020, p. 81, "No entanto, a saída parece ser compreender que houve divisão de gastos: no procedimento objetivo não há gasto para os participantes; nos seus processos subjetivos, em que a tese fixada gerará efeitos, existe regular pagamento das despesas processuais, genericamente compreendidas (custas, honorários e afins).".

o alcance de novas demandas ao Poder Judiciário.[932] Para essa premissa se confirmar, ainda é necessário assumir que a tese foi bem debatida a partir dos diversos interesses em jogo, de forma a se evitar uma rápida demanda por superação, o que chamaremos de premissa (ii). Além disso, também se considera que (iii) os benefícios alcançados pela fixação do entendimento através do referido incidente apenas alcançariam o sistema judiciário de justiça, que deveria suportar todos os custos do incidente, desconsiderando que a fixação da tese jurídica de forma preventiva ou repressiva pode significar litigância estratégica de litigantes habituais.[933]

Tais premissas passam a ser facilmente refutadas quando da análise de dados divulgados anualmente pelo Conselho Nacional de Justiça no relatório "Justiça em números", analisando-se os maiores litigantes no

[932] Mesmo quem afirma que a premissa utilizada para a fixação da regra do artigo 976, §5º, do CPC, será confirmada na prática alia a real diminuição de demandas à aplicação de sanções em razão da improbidade processual, sendo, portanto, uma premissa facilmente afastada. Cf. MACÊDO, Lucas Buril de. **Os precedentes judiciais e o direito processual civil**. 3. ed. Salvador: JusPodivm, 2019, p. 421, "Com isso, o processo passa a ser bem mais rápido, especialmente quanto à tutela do direito, tornando-o pouco atrativo para os litigantes habituais que, motivados na lucratividade do atraso na satisfação da prestação devida, tornam-se resistentes em adotar o precedente obrigatório, usando abusivamente do direito de demandar ou do direito de defesa. Evidentemente, a repressão a tal tipo de conduta precisa ser realizada com auxílio nas normas referentes à probidade processual.". O próprio autor que condiciona a premissa à probidade processual afirma que as sanções por litigância de má-fé são subutilizadas. Cf. MACÊDO, Lucas Buril de. *Ibid.*, p. 431, "No entanto, o seu emprego costuma ser bastante reduzido, ante a carência acentuada de integração interpretativa, eis que o texto normativo faz uso de conceitos vagos, que ainda causam desconfiança e receio aos juristas, relegando este importante instituto a uma aplicação deficitária, ou, muitas vezes, simplesmente ao seu desprezo.".

[933] Sobre esse tema, afirma Wilson Pimentel que: PIMENTEL, Wilson. **Acesso responsável à justiça**: o impacto dos custos na decisão de litigar. Dissertação de mestrado. Rio de Janeiro: Fundação Getúlio Vargas, 2017, p. 40, "Além disso, haverá casos em que, embora os custos daquele conflito sejam elevados – relativamente ao valor disputado naquela demanda –, eles podem ser baixos se confrontados com a relevância que a defesa daquela determinada tese poderá impactar em diversos outros casos para um litigante frequente, como grandes concessionárias de serviços públicos ou instituições financeiras.". Também admite o uso de fixação de precedentes de forma estratégica por litigantes habituais Andrea Pimentel de Miranda, cf. MIRANDA, Andrea Pimentel de. **Quem tem medo do processo coletivo?** As disputas e escolhas políticas no CPC/2015 para o tratamento da litigiosidade repetitiva no Brasil. São Paulo: Almedina, 2020, p. 63-64.

judiciário brasileiro, que são entes públicos e instituições financeiras,[934] majoritariamente, que seguem na lista ano a ano.[935] São esses os verdadeiros sujeitos com acesso ao sistema judiciário, externalizando custos para resolução de conflitos consumeristas e trabalhistas, por exemplo.[936]

É claro que essa decisão sobre a quem imputar os custos do processo em que fixado precedente qualificado pelo procedimento é uma escolha legislativa a partir de elementos políticos, cuja análise escapa ao objetivo da tese. Entretanto, como é proposto o estudo do incidente de assunção de competência no ordenamento jurídico brasileiro, cabe, aqui, o destaque, ainda que breve, dessa escolha política – nos moldes do disposi-

[934] Conselho Nacional de Justiça. **100 maiores litigantes**. Brasília: CNJ, 2011. Disponível em: https://www.cnj.jus.br/wp-content/uploads/2011/02/100_maiores_litigantes.pdf. Acesso em: 29 set. 2020.

[935] Sobre o tema, cf. MACÊDO, Lucas Buril de. **Os precedentes judiciais e o direito processual civil**. 3. ed. Salvador: JusPodivm, 2019, p. 407, "Há algo de muito estranho nisso. E não é preciso ir longe para perceber. Na verdade, é notório que em grande parte das demandas ditas repetitivas os argumentos jurídicos expendidos são simples repetições de argumentos já refutados. É dizer, muito embora, em muitos casos, o Judiciário já tenha dado uma resposta à questão, e mesmo repetido essa resposta por dezenas ou centenas de vezes, a questão jurídica continua retornando à justiça brasileira, com exatamente os mesmos argumentos já avaliados. Isso não é algo minimamente razoável. Com efeito, a prática jurídica brasileira nas causas repetitivas acabou por cerrar-se à mínima racionalidade: investe-se pesadamente no Judiciário para que sentenças idênticas a outras proferias antes sejam prolatadas, criando-se uma cultura do copiar e colar; o mesmo se dá na advocacia, onde se estruturam grandes bancas para se possibilitar, de moda mais eficaz, a repetição de velhos argumentos, em petições iniciais, respostas e recursos sem qualquer novidade ou juízo crítico. As cópias de peças processuais e de decisões seguem sendo produzidas nesta indústria jurídica frenética.". Andrea Pimentel de Miranda ainda demonstra que tais litigantes, os habituais, são os que têm verdadeiro acesso ao sistema judicial, externalizando custos para resolução de conflitos, cf. MIRANDA, Andrea Pimentel de. **Quem tem medo do processo coletivo?** As disputas e escolhas políticas no CPC/2015 para o tratamento da litigiosidade repetitiva no Brasil. São Paulo: Almedina, 2020, p. 58.

[936] Sobre o tema, cf. Andrea Pimentel de Miranda ainda demonstra que tais litigantes, os habituais, são os que têm verdadeiro acesso ao sistema judicial, externalizando custos para resolução de conflitos, cf. MIRANDA, Andrea Pimentel de. **Quem tem medo do processo coletivo?** As disputas e escolhas políticas no CPC/2015 para o tratamento da litigiosidade repetitiva no Brasil. São Paulo: Almedina, 2020, *passim*. Também nesse sentido: ASPERTI, Maria Cecília de Araujo. **Acesso à justiça e técnicas de julgamento de casos repetitivos.** Tese de doutorado. Orientador Prof. Assoc. Carlos Alberto de Salles. São Paulo: Universidade de São Paulo, 2018, p. 39.

tivo legal referente ao IRDR – e suas consequências possíveis, para que elementos racionais sejam trazidos ao debate sobre como tais escolhas podem impactar em eventuais comportamentos dos litigantes.[937] Tal análise não será feita adequadamente sem as seguintes considerações:

(i) A administração de processos em andamento, tornados mais complexos e demorados em razão de incidentes, custa para os cofres públicos e esses custos podem ser imputados às partes ou à sociedade em diferentes medidas;[938]

(ii) Litigantes habituais tendem a provocar mais incidentes e possuem capacidade econômico-financeira para suportar os seus custos;[939]

[937] Essa ponderação é trazida por Wilson Pimentel em trabalho que aprofunda a temática sobre a análise econômica do direito e comportamento dos litigantes, cf. PIMENTEL, Wilson. **Acesso responsável à justiça**: o impacto dos custos na decisão de litigar. Dissertação de mestrado. Rio de Janeiro: Fundação Getúlio Vargas, 2017, p. 39.

[938] Sobre esses custos e como eles podem ser considerados, cf. WOLKART, Erik Navarro. **Análise Econômica do Processo Civil**: como a economia, o direito e a psicologia podem vencer a tragédia da justiça. São Paulo: Revista dos Tribunais, 2019, p. 335, "Demonstramos até aqui como a estrutura de custas do sistema judiciário brasileiro incentiva e subsidia, com recursos públicos, a propositura de demandas com pouquíssimas chances de sucesso. [...] Conforme vimos, as despesas totais da Justiça Estadual, somaram 44,7 bilhões de reais em 2015, para uma arrecadação de 8,7 bilhões de reais em custas, emolumentos e taxas judiciais, ou seja, 19,46% do total. Esse número permite-nos predizer que, na média, considerados todos os tribunais, um processo na Justiça Estadual custa cinco vezes o valor das custas e despesas processuais.". Wilson Pimentel fala em externalidades negativas, cf. PIMENTEL, Wilson. **Acesso responsável à justiça**: o impacto dos custos na decisão de litigar. Dissertação de mestrado. Rio de Janeiro: Fundação Getúlio Vargas, 2017, p. 17, "Os casos de externalidades negativas, quando não regulados, geram incentivos para a prática do ato que produz a indesejada falha de mercado, uma vez que os seus custos acabam sendo, ao menos em parte, suportados por terceiros. No que diz respeito a este estudo, a transferência dos custos do litígio das partes litigantes para a sociedade gera, assim como os casos de externalidades negativas, incentivos ruins e estimula a litigância. O remédio habitual, para casos como esses, consiste na tentativa de internalizar as externalidades, ou seja, fazer com que as partes da relação suportem todos os seus custos.".

[939] GALANTER, Marc. "Why the haves come out ahead? Speculations on the limits of legal change", Volume 9:1 **Law and Society Review**, 1974, Republicação (com correções) In Law and Society. Dartmouth, Aldershot: Cotterrell, 1994. Sobre a obra de Marc Galanter, cf. MENKEL-MEADOW, Carrie. **Do the "Haves" Come out Ahead in Alternative Judicial Systems?** Repeat Players in ADR, 15 Ohio St. J. on Disp. Resol. 19 1999-2000. "*seminal work*

(iii) Litigantes habituais podem usar os incidentes como forma de litigância estratégica,[940] obtendo vantagens de um sistema eventualmente custeado pela sociedade, sendo que a imputação de custos a eles pode funcionar como mecanismo de inibição de atuações processuais pouco ortodoxas;[941]

(iv) Se a provocação para o incidente for manifestamente protelatória, multas processuais poderiam ser positivadas de forma específica para desestimular o abuso do incidente para além da pre-

in the socio-legal studies canon, Galanter's article demonstrates the complex patterns of how law and legal institutions actually work, beyond descriptions of legal doctrines and assumed efficacy and "penetration" of law. In some senses, it is a continuation of legal realism, reminding us of the importance of studying the legal institutions in which the law is embedded and suggesting, at its end, how we might reform or "adjust" those institutions to produce optimal social change (in this case, redistribution of resources and delivery of justice).", p. 19.

[940] Antonio do Passo Cabral defende, por exemplo, que a decisão de afetação pode selecionar casos diferentes como forma de compensar a vantagem do litigante habitual na seleção de casos, cf. CABRAL, Antonio do Passo. A escolha da causa-piloto nos incidentes de resolução de processos repetitivos. **Revista de Processo**, v. 231, p. 201-223, ano 2014. Tal constatação restou comprovada na tese de Maria Cecília Asperti a partir de pesquisa empírica nas teses fixadas pelo STJ através do rito dos repetitivos, cf. ASPERTI, Maria Cecília de Araujo. **Acesso à justiça e técnicas de julgamento de casos repetitivos.** Tese de doutorado. Orientador Prof. Assoc. Carlos Alberto de Salles. São Paulo: Universidade de São Paulo, 2018, p. 243.

[941] Sobre o tema, cf., por todos: WOLKART, Erik Navarro. **Análise Econômica do Processo Civil**: como a economia, o direito e a psicologia podem vencer a tragédia da justiça. São Paulo: Revista dos Tribunais, 2019, p. 323, "Todavia, o que leva alguém a ajuizar uma ação judicial no Brasil? Certamente, ao menos uma avaliação superficial da utilidade de um provimento jurisdicional como forma de resolver algum tipo de patologia do direito, seguida de uma análise de custo-benefício entre os resultados esperados do processo e todos os seus custos financeiros e emocionais. A profundida ou a racionalidade dessa decisão depende do nível de sofisticação do potencial autor. Pessoas jurídicas de médio ou grande porte tendem a um comportamento bastante racional, com precisas avaliações de custo-benefício.". Sobre esse tema, realizamos pesquisa empírica que confirma a afirmação: RICHTER, Bianca Mendes Pereira. Dos incidentes de resolução de demandas repetitivas no caso do Rio Doce: uma análise a partir da atuação do litigante habitual nesta forma de resolução de questões repetitivas. **Revista de Processo**, v. 301, ano 2020, p. 327-355, mar., 2020.

visão genérica do artigo 80, VI, CPC, considerando a finalidade didática de tal sugestão;[942-943]

(v) A existência de benefício da gratuidade supre a situação de partes que não possam fazer frente aos gastos do incidente; e,

(vi) Se a provocação para o incidente for oficiosa, ministerial ou da Defensoria Pública, as saídas possíveis seriam a isenção ou a repartição de custos entre as partes de acordo com a sucumbência ao fim do processo.[944]

Para as observação listadas acima, considera-se o modelo ideal proposto por Marc Galanter, dividindo os litigantes em *eventuais* e *habituais*. Os litigantes habituais são aqueles que conseguem antecipar a litigância repetitiva, "[...] que corre pouco riscos com o resultado de qualquer caso e que possui recursos para perseguir seus interesses de longo prazo",

[942] Sobre como tais fatores pautam a decisão das partes sobre suas posturas processuais, cf. D'Ávila, Daniela Peretti; Gonçalves, Mauro Pedroso. A relevância dos precedentes vinculantes do CPC/15 sob a ótica da análise econômica do direito, **Revista de Processo**, v. 288, ano 2019, p. 375-394, fev., 2019, versão virtual não paginada, "Antes de decidir pelo ajuizamento de uma demanda ou mesmo pela interposição ou não de um recurso, os agentes racionais sopesam a expectativa de ganho perante aos custos e riscos envolvidos. Contabilizam, portanto, despesas com taxas judiciárias, contratação de advogado, eventual sucumbência etc., comparando-os com as chances de êxito do resultado final esperado.". Também nesse sentido: Temer, Sofia. **Participação no processo civil**: repensando litisconsórcio, intervenção de terceiros e outras formas de atuação. Salvador: JusPodivm, 2020, p. 399. Sobre a necessidade de desestímulos econômicos à litigância, cf. Macêdo, Lucas Buril de. **Os precedentes judiciais e o direito processual civil**. 3. ed. Salvador: JusPodivm, 2019, p. 436, "A demanda precisa ser custosa para aqueles que exercem a pretensão à tutela jurisdicional de forma temerária ou negligente. É preciso que se torne o exercício de pretensões ou defesas já analisadas algo economicamente desvantajoso. Caso contrário, enquanto o processo servir, de forma financeiramente viável, como meio de postergar o cumprimento de direitos, gerando vantagens econômicas pela sua duração – mesmo que essa duração não seja patológica –, ele continuará sendo usado abusivamente.".

[943] Tal sugestão tem finalidade majoritariamente didática, pois tal consequência está expressamente prevista no artigo 80, VI, CPC: Art. 80. "Considera-se litigante de má-fé aquele que: [...] VI – provocar incidente manifestamente infundado".

[944] Sofia Temer aduz ser recomendável a responsabilidade financeira em alguns casos: Temer, Sofia. **Participação no processo civil**: repensando litisconsórcio, intervenção de terceiros e outras formas de atuação. Salvador: JusPodivm, 2020, p. 398-399.

segundo o autor.[945] Diante da grande disponibilidade de recursos, os litigantes habituais fazem uso dos tribunais com certa frequência, *saindo na frente* em relação aos litigantes eventuais em razão de vantagens auferidas com base na experiência.

Segundo o autor que criou esses tipos ideais, os litigantes habituais (a) conhecem a litigância e seu desenvolvimento previamente, conseguindo, com isso, estruturar um plano de atuação; (b) possuem vantagens no Poder Judiciário diante da percepção de que empresas e governo têm direitos próprios distintos das pessoas físicas que os compõem; (c) não se constrangem diante do sistema criminal, vez que a limitação da liberdade de locomoção não amedronta pessoas jurídicas e as multas costumam ser fixadas com base em parâmetros patrimoniais de pessoas naturais; (d) diante da frequência que acessam o Poder Judiciário, conseguem estabelecer relações de proximidade com servidores, facilitando o fluxo de trabalho; (e) lidam com probabilidades, vez que perder em alguns processos não representa grande perda patrimonial, além de justificar estratégias para possíveis ganhos em outra infinidade de demandas; (f) possuem recursos e meios para o exercício de *lobby* nas esferas de decisão; (g) acessam serviços advocatícios de qualidade e experientes, além de terem acesso a especialistas de forma facilitada, diluindo o seu custo em diversos casos; (h) encontram vantagens em métodos consensuais de resolução de disputas, vez que o tempo em processos judiciais não é um fator negativo a ser considerado necessariamente,[946] e; (i) detêm visão panorâmica da litigância repetitiva, tomando decisões concernentes a acordos e a formação de precedentes judiciais qualificados de maneira melhor informada.[947]

[945] Galanter, Marc. **Por que quem tem sai na frente**: especulações sobre os limites da transformação no direito. Tradução: Ana Carolina Chasin. Título original: Why The 'Haves' Come Out Ahead: Speculations On The Limits Of Legal Change (no prelo), p. 25.

[946] Asperti, Maria Cecília de Araujo. **Meios consensuais de resolução de disputas repetitivas**: a conciliação, a mediação e os grandes litigantes do Judiciário. Dissertação de Mestrado. Orientador Prof. Assoc. Carlos Alberto de Salles. 2014, p. 87.

[947] Galanter, Marc. "Why the haves come out ahead? Speculations on the limits of legal change", v. 9:1 **Law and Society Review**, 1974, Republicação (com correções) In: Law and Society. Dartmouth, Aldershot: Cotterrell, 1994. Maria Cecília de Araujo Asperti propõe algumas adaptações ao modelo proposto, considerando a realidade brasileira, cf. Asperti, Maria Cecília de Araujo. **Acesso à justiça e técnicas de julgamento de casos repetitivos.**

Assim, pode-se concluir que os litigantes habituais podem selecionar casos para provocação do incidente em estudo com base em sua experiência e disponibilidade de recursos, não havendo que se falar que a imposição de custas seria um desestímulo à provocação. Além disso, o interesse na fixação de precedentes não é apenas difuso, ou seja, da coletividade indeterminada, mas pode interessar também a certos grupos identificados, quando, então, a suscitação merece valoração de forma a justificar a atuação prolongada e complexa da movimentação da máquina judicial.

Quando o interesse da provocação do incidente for do Poder Judiciário, não se justifica transferir esses custos às partes.[948] Assim, diante dessas observações delineadas, a transposição da regra existente para o IRDR não é suficiente.

Há lacuna normativa para o tema a justificar as ponderações traçadas. Não se tem por objetivo sacramentar uma postura quanto ao tema, sujeito a influências políticas, sociais e econômicas que merecem amplo debate nas Casas Legislativas, mas a ausência de norma motivou o delineamento de parâmetros iniciais sobre tema tão relevante e ainda pouco explorado internamente sobre custas, técnicas de formação de entendimentos qualificados pelos tribunais e a litigância repetitiva, considerando que o IAC se encaixa nesse quadro, principalmente quando admitido com base no §4º do artigo 947 do CPC ou, ainda, como instrumento para litigância estratégica preventiva, considerando essencialmente o *caput* do dispositivo mencionado.

4.2. Da decisão de afetação

Admitido o incidente, dá-se início ao seu processamento por um procedimento especial dentro do mesmo processo, como tratado no capítulo 2. Deve o órgão responsável pela fixação de precedentes no tribunal exarar uma decisão de afetação para o regular andamento do feito. Tal deci-

Tese de doutorado. Orientador Prof. Assoc. Carlos Alberto de Salles. São Paulo: Universidade de São Paulo, 2018, p. 76.

[948] Sobre o interesse que o Estado-juiz pode ter na criação de precedentes, cf. ASPERTI, Maria Cecília de Araujo. **Meios consensuais de resolução de disputas repetitivas**: a conciliação, a mediação e os grandes litigantes do Judiciário. Dissertação de Mestrado. Orientador Prof. Assoc. Carlos Alberto de Salles. 2014, p. 165.

são cabe-lhe,[949] vez que o pronunciamento final sobre a admissibilidade do incidente é seu.[950] Como a decisão de afetação é fundamental para o regular andamento dos debates e do julgamento da tese,[951] convém a sua análise neste momento.

Assim, embora o legislador não explicite o momento da admissão e do julgamento do incidente com distinção temporal,[952] defende-se que tais atos devam ocorrer separadamente. Apesar de óbvia tal constatação em razão da necessidade de publicidade, participação e controlabilidade dos requisitos do IAC e com tudo o que foi escrito e defendido até aqui, não é o que acontece em todos os tribunais.[953]

[949] Sobre a decisão de afetação dever ser exarada pelo colegiado com base na importância do debate plural: Mendes, Aluisio Gonçalves de Castro; Porto, José Roberto Mello. **Incidente de assunção de competência.** Rio de Janeiro: GZ, 2020, p. 86, "O texto, então, deve ser interpretado no sentido de que o relator externará o entendimento do colegiado, que é o juízo natural do procedimento.".

[950] Não necessariamente os dois conteúdos estarão em decisões proferidas em momentos distintos. Nesse sentido: Mendes, Aluisio Gonçalves de Castro; Porto, José Roberto Mello. **Incidente de assunção de competência.** Rio de Janeiro: GZ, 2020, p. 84-85.

[951] Sobre a importância da decisão de afetação, cf. Lemos, Vinicius Silva. **O incidente de assunção de competência**: da conceituação à procedimentalidade. Salvador: JusPodivum, 2018, p. 133, "Esse momento primordial é a decisão de afetação, o momento decisório que, geralmente, o relator define quais os processos/recursos e, principalmente, o objeto material que será afetado por um rito diferente, com um contraditório ampliado, na busca do exaurimento material sobre aquela matéria, no anseio de definir-se a matéria como ponto influenciante material para outras demandas de igual matéria. Sem afetação não há formação do precedente judicial vinculante repetitivo, pelo fato desse momento representar a delimitação de qual a matéria que será julgada, o limite dentro daquele processo que servirá futuramente como paradigma para os processos idênticos.".

[952] Bastos, Ana Carolina Andrada Arrais Caputo. Processamento do IAC: questões de ordem prática. **Revista Caderno Virtual,** IDP – Instituto de Direito Público, v. 3, n. 45, ano 2019, versão virtual não paginada, "Embora esteja claro que não se confundem, o legislador não explicitou se a admissão e o julgamento poderiam ocorrer na mesma oportunidade. No STJ, por exemplo, há a obrigatoriedade do uso da ferramenta eletrônica para admissão do incidente, a revelar a necessidade de uma sessão específica com tal finalidade (artigo 257 do RISTJ).".

[953] Bastos, Ana Carolina Andrada Arrais Caputo. Processamento do IAC: questões de ordem prática. **Revista Caderno Virtual,** IDP – Instituto de Direito Público, v. 3, n. 45, ano 2019. A autora aponta a prática do Tribunal Regional Federal da 1ª Região: "Não é isso que acontece no âmbito do Tribunal Regional Federal da 1ª Região (TRF-1). O artigo 363 do Regimento Interno (RITRF-1) prevê que a admissão e o julgamento do IAC ocorrem na

De início, vale destacar questão prática que é relacionada a importante aspecto teórico: a relatoria do caso no órgão jurisdicional superior. Se o relator do recurso, remessa originária ou processo de competência originária no colegiado fracionário não integrar o colegiado superior competente que assumiu a competência do feito diante do juízo positivo de admissibilidade, deverá ocorrer nova distribuição para que não se altere a composição de órgão jurisdicional *post factum*,[954] observando-se, assim, o juiz natural reconhecido pelo juízo de admissibilidade positivo. A regra sobre a perpetuação da competência não se aplica aqui, vez que reconhecida a existência dos requisitos do IAC, previstos no artigo 947 do CPC, mediante contraditório ampliado e de forma definitiva pelo órgão jurisdicional superior, este passa a ser o juiz natural da causa.[955]

A decisão de afetação está para a definição da tese jurídica em precedente qualificado pelo procedimento como a decisão de saneamento[956] está para a sentença em primeira instância, em uma comparação superficial entre as subfases do procedimento.[957]

mesma assentada, o que não parece ser uma escolha acertada. Impede, por exemplo, que *amici curiae* possam se habilitar nos autos e contribuir para o debate jurisdicional. De igual modo, impossibilita a realização de eventual audiência pública, instrumento que também visa o aperfeiçoamento das decisões judiciais e bastante utilizado na formação de outros precedentes obrigatórios.", versão virtual não paginada.

[954] CABRAL, Antonio do Passo. **Juiz natural e eficiência processual**: flexibilização, delegação e coordenação de competências no processo civil. Tese de titularidade – Universidade do Estado do Rio de Janeiro. Rio de Janeiro: Universidade do Estado do Rio de Janeiro, 2017, p. 195.

[955] Sobre a prevenção de competência e possíveis exceções: "Resulta daí que, uma vez distribuída a inicial, só o Juízo ao qual se distribuiu pode legitimamente processar a causa. Os outros tornaram-se *incompetentes* e devem abster-se de praticar atos que a ela digam respeito, com ressalva das hipóteses em que a tanto se vejam autorizados por alguma regra legal expressa.", BARBOSA MOREIRA, José Carlos. Prevenção de competência. **Revista de Processo.** vs. 7 e 8, ano 1977, p. 197-203, jul.-dez., 1977.

[956] Autores que também estabeleceram tal paralelo: MENDES, Aluisio Gonçalves de Castro; PORTO, José Roberto Mello. **Incidente de assunção de competência.** Rio de Janeiro: GZ, 2020, p. 89.

[957] Tal comparação é feita tomando-se em conta o conceito do saneamento. Sobre o tema, cf. DINAMARCO, Cândido Rangel. **Instituições de direito processual civil.** 6. ed., v. III, São Paulo: Malheiros, 2009, p. 574, "Fase ordinatória, como o nome diz, é o segmento do procedimento ordinatório em que se põe ordem no processo. Na concepção brasileira do procedimento ordinário, logo que termina a fase postulatória o juiz toma decisões e deter-

Na decisão de afetação, ocorrerá: (i) a identificação da questão controvertida; (ii) a prevenção do órgão jurisdicional; (iii) a análise de tutela provisória, que poderá levar à fixação antecipada da tese e à suspensão de ações em curso, se preenchidos determinados requisitos; (iv) a requisição de informações a outros órgãos jurisdicionais, e; (v) a ampliação do contraditório, com a intimação do órgão ministerial e da Defensoria Pública, por exemplo.

4.2.1. Da identificação da questão de direito controversa

A questão de direito material ou processual a ser definida pelo tribunal deve ser explicitada neste momento para que o julgamento, debates e sustentações orais não se lhes desviem.[958] Tal precisão na definição da questão de direito é fundamental[959] para a correta observância do

mina providência destinadas a eliminar defeitos e a dar impulso ao procedimento, para que ele possa receber a instrução mediante a prova e depois chegar à sentença de mérito. Esse conjunto de atividades chama-se saneamento do processo e sanear significa sanar, curar, purificar.".

958 Embora o CPC nada trate sobre isso, o RISTJ, em seu artigo 271-C, determina que o relator identificará a questão a ser submetida a julgamento. Lucas Buril de Macêdo disserta sobre o IAC n. 495116-8 do TJPE em que a tese firmada extrapola o objeto delimitado na decisão de afetação, afirmando que: "O procedimento de formação de precedentes não legitima a livre edição de teses vinculativas, como se aquela sequência de atos processuais fosse a chave para a criação de normas jurisprudenciais. [...] O IAC mencionado serve como um bom exemplo de que, mesmo nos procedimentos concentrados bem conduzidos, pode haver severa ilegitimidade por não se compreender que a adstrição ao caso é um fator legitimante da atividade judiciária criativa.", p. 418, Macêdo, Lucas Buril de. **Os precedentes judiciais e o direito processual civil**. 3. ed. Salvador: JusPodivm, 2019.

959 Sobre a importância da identificação da questão de direito e do julgamento separado do caso, cf., por todos, Marinoni, Luiz Guilherme. Sobre o Incidente de Assunção de Competência. **Revista de Processo.** v. 260, p. 233–256, out., 2016, versão virtual não paginada, "A assunção de competência requer não só a discussão individualizada da questão de direito que a justifica, mas a sua decisão, que só pode ser particularizada. Ou seja, todos os membros do colegiado devem votar não apenas para dar ou negar provimento ao recurso, mas também para decidir a questão de direito envolvida no recurso. Significa que a questão de direito relevante pode ser decidida em favor do recorrido e o recurso ser provido, em virtude de outros fundamentos que podem ser acolhidos pelos membros do colegiado que decidiram a questão de direito em favor do recorrido. Saliente-se que o recurso pode ser provido com base em vários fundamentos, enquanto a questão de direito, no caso de assunção de competência, constitui fundamento para o provimento do recurso. Mesmo que exista um único fundamento ou apenas a questão de direito dotada de grande

quanto dispõe o artigo 927, §5º, do CPC, no que tange à publicidade dos precedentes.[960] A questão objeto do incidente torna-se estável com a decisão de afetação.[961-962]

Se o julgamento for proferido fora, além ou aquém do quanto identificado neste momento, há que se falar em violação aos princípios da adstrição, do contraditório e da ampla defesa, além da ofensa à segurança jurídica e à representatividade adequada, tratando-se de *precedente-surpresa*.[963]

Os sujeitos criam expectativas a partir da afetação da questão. Escapar-se dela, além de violar expectativas, pode gerar sub-representação de interesses em jogo e ausência de contraditório.[964] A partir da definição da questão, as instituições responsáveis por fiscalização da ordem jurídica ou de interesses de hipossuficientes economicamente, por exemplo, ditarão sua atuação durante os debates, sustentações orais, que culminarão no julgamento da tese objeto do incidente. Caso o julgamento escape aos limites impostos pela afetação, há que se falar em nulidade.[965] A delimitação da questão de direito neste momento, além

repercussão social envolvida no recurso a ser julgado, isso não é garantia de que a questão de direito será discutida e decidida por todos os membros do colegiado.".

960 CPC, artigo 927, § 5º "Os tribunais darão publicidade a seus precedentes, organizando-os por questão jurídica decidida e divulgando-os, preferencialmente, na rede mundial de computadores.".

961 Nesse sentido: MENDES, Aluisio Gonçalves de Castro; PORTO, José Roberto Mello. **Incidente de assunção de competência.** Rio de Janeiro: GZ, 2020, p. 89.

962 Em sentido contrário, afirmando que não há sobrestamento de casos, delimitação da questão de direito nem da tese a ser firmada, cf. D'ÁVILA, Daniela Peretti. **Incidente de assunção de competência**: Extraindo seu máximo grau de rendimento. 2019. Dissertação (Mestrado em Direito) – Pontifícia Universidade Católica de São Paulo, São Paulo, 2019, p. 111. Para a autora, o IAC não segue a mesma lógica de construção e aplicação do IRDR e dos RRs.

963 MACÊDO, Lucas Buril de. **Os precedentes judiciais e o direito processual civil**. 3. ed. Salvador: JusPodivm, 2019, p. 475. Afirma ainda o autor que: "Consequentemente, eventual questão resolvida que transborde àquela delimitada na decisão de admissão não servirá como *ratio decidendi*, caracterizando-se como mero *obter dictum*.", p. 494.

964 MENDES, Aluisio Gonçalves de Castro; PORTO, José Roberto Mello. **Incidente de assunção de competência.** Rio de Janeiro: GZ, 2020, p. 90.

965 Em sentido contrário, admitindo alguma maleabilidade da questão de direito durante o julgamento: MENDES, Aluisio Gonçalves de Castro; PORTO, José Roberto Mello. **Incidente de assunção de competência.** Rio de Janeiro: GZ, 2020, p. 90-91, "Outra solução,

de extremamente relevante, não é tarefa tão óbvia, pois depende da delimitação das circunstâncias fáticas que emolduram a questão de direito controvertida[966] e identificação se a questão sob análise pode ser cindida em mais de uma. Se for o caso, o julgamento deverá se dar de forma separada para cada questão.[967]

Uma vez definida a questão de direito, sobre ela, todos os argumentos poderão ser ventilados, debatidos e considerados para a fixação da tese. Logo, a questão de direito submetida a julgamento e delimitada na decisão de afetação pode ser amplamente *verticalizada*.[968]

A questão de direito será debatida e julgada a partir da moldura fática já construída na instrução do feito em primeira instância. Entre-

buscando dar eficácia à modificação apontada, é compreender que o tribunal não está mais engessado, sendo viável a readequação da questão jurídica, a requerimento de um dos intervenientes ou de ofício. A efetividade a ser extraída da técnica pode recomendar que, após, robusta instrução que a compõem, seja imperativo e ponderado que se amplie o objeto da tese. Evidentemente, essa maleabilidade deverá ter caráter excepcional, evitando verdadeiro sepultamento da segurança jurídica, pilar do microssistema.".

[966] Luís Roberto Barroso e Patrícia Perrone Campos Mello ilustram essa dificuldade a partir da análise do RE n. 669.069, quando a questão delimitada inicialmente restou demasiadamente ampla, levando ao julgamento de questão mais restrita, sendo que diversos processos permaneceram suspensos à espera de um pronunciamento que não ocorreu. Cf. Barroso, Luís Roberto; Mello, Patrícia Perrone Campos. Trabalhando com uma nova lógica: a ascensão dos precedentes no direito brasileiro. **Revista da Advocacia Geral da União**, Brasília-DF, v. 15, n. 03, p. 09-52, p. 41, jul.-set. 2016.

[967] Sobre a organização das questões de direito postas em julgamento no RR, que pode ser transposta para o IAC, cf. Marinoni, Luiz Guilherme. **Julgamento nas Cortes Supremas**: precedente e decisão do recurso diante do novo CPC. 2. ed. São Paulo: Revista dos Tribunais, 2017, p. 121, "Tratando-se de recurso repetitivo há que se identificar uma questão que seja comum a inúmeros recursos. Afinal, a hipótese é de recursos múltiplos que estão a tratar da mesma questão. Essa questão, de acordo com o inc. I do art. 1.037, deve ser identificada com precisão pelo relator. Por solução da questão não se pode compreender solução do recurso. O recurso repetitivo reclama a solução de uma "questão comum" ao julgamento dos inúmeros recursos.".

[968] Utilizamos esse termo em itálico em referência ao quanto defendido por Aluisio Gonçalves de Castro Mendes e José Roberto Mello Porto que fazem paralelo com o efeito devolutivo, cf. Mendes, Aluisio Gonçalves de Castro; Porto, José Roberto Mello. **Incidente de assunção de competência.** Rio de Janeiro: GZ, 2020, p. 91, "Traçando um paralelo com as dimensões do efeito devolutivo, por mais que haja, como regra, limitação ao aspecto horizontal, devendo a Corte se pronunciar sobre tema previamente destacado, não estará jamais limitada aos fundamentos apresentados, podendo verticalizar a questão.".

tanto, pode-se cogitar de situações em que a instrução também seja necessária em segunda instância ou em processos de competência originária, em que sequer existiu qualquer instrução prévia à judicialização diretamente no tribunal. Assim, apesar de o incidente fixar tese para questão de direito, há possibilidade de instrução probatória na segunda instância de forma a delinear adequadamente a moldura fática da questão de direito a ser julgada no incidente. Vale destacar ainda que, embora alguns procedimentos especiais limitem a cognição judicial a determinados meios de prova, uma vez admitido o incidente, não há que se cogitar da extensão dessa limitação, vez que o interesse público reconhecido justifica a aplicação do procedimento do IAC em detrimento das limitações procedimentais do rito que lhe deu origem.

Dessa maneira, a atividade instrutória, no IAC, pode ter dois objetos distintos: (i) auxílio na definição da moldura fática que subjaz a questão de direito em debate; ou (ii) a busca de maiores informações sobre as repercussões sociais, políticas e econômicas possíveis no julgamento da questão de direito em si, procurando-se maiores informações com outros órgãos jurisdicionais e entidades fora do Poder Judiciário, por exemplo.

Na decisão de afetação, a questão de direito deve ser bem delineada a partir da moldura fática fornecida pelo caso concreto. Caso esta não esteja clara, a produção de prova no tribunal de segunda instância é plenamente viável, nos termos dos artigos 370, 932, I, e 938, do CPC,[969] diretamente. Caso se repute inviável a produção da prova no tribunal, o adequado é o uso da carta de ordem para que a produção da prova se dê

[969] Nesse sentido: Amaral, Paulo Osternack. Produção de provas em fase recursal. **Revista Jurídica da Escola Superior de Advocacia da OAB-PR**, edição especial, ano 3, número 1, maio, 2018, "O reconhecimento dos poderes instrutórios do juiz na esfera recursal assume especial relevância quando forem submetidas alegações fáticas ao tribunal, que até então não haviam sido suscitadas no processo. Evidentemente que não será toda e qualquer alegação fática superveniente que desencadeará uma atividade probatória no âmbito recursal. Exige-se que a alegação seja controvertida e verse sobre fato relevante para a solução do litígio. Se o fato for impertinente, a produção de prova a seu respeito será inútil ao desfecho do recurso (artigo 370, parágrafo único). Já se o fato for alegado por uma parte e não impugnado pelo adversário, a lei expressamente dispensa a realização de atividade probatória a respeito de tal ponto (artigo 374, III).".

em primeira instância, quando então o andamento do incidente deverá restar suspenso.[970]

4.2.2. Prevenção do órgão jurisdicional

Se acolhido o quanto se defende aqui, ou seja, a existência de apenas um mecanismo para fixação de teses jurídicas por tribunais como forma de lidar com a prevenção e a repressão à divergência jurisprudencial e que exista apenas um órgão jurisdicional que concentre a análise dessas teses, esse tópico seria desnecessário. Entretanto, no estado atual da relação entre os instrumentos criados para lidar com a litigância repetitiva – IAC, IRDR e RR – tal tópico merece existir por apenas uma razão bastante simples que será explicitada em poucas linhas.

Uma vez proferida a decisão de afetação pelo colegiado responsável pela fixação de precedentes no tribunal, ocorrerá a prevenção em futuros incidentes. Para isso, há que se imaginar tribunais com mais de um órgão colegiado designado por seu regimento para apreciação e julgamento de teses vinculantes, o que não é recomendado,[971] como já destacado.

4.2.3. Tutelas provisórias na decisão de afetação

Neste ponto, trata-se de dois aspectos distintos, quais sejam: da suspensão de processos em andamento que contenham a questão de direito em debate em procedimento para formação de precedente de forma estática e da fixação provisória da tese de maneira antecipada.

4.2.3.1. Suspensão de processos em andamento

Seja na modalidade preventiva seja na repressiva, há que se vislumbrar a possibilidade de suspensão dos processos em tramitação que contenham a questão de direito submetida a julgamento no incidente admitido pelo tribunal, suspensão externa, e a suspensão do próprio processo em que suscitado o IAC, suspensão interna.

[970] AMARAL, Paulo Osternack. Produção de provas em fase recursal. **Revista Jurídica da Escola Superior de Advocacia da OAB-PR**, edição especial, ano 3, número 1, maio, 2018.

[971] MENDES, Aluisio Gonçalves de Castro; PORTO, José Roberto Mello. **Incidente de assunção de competência.** Rio de Janeiro: GZ, 2020, p. 91.

A suspensão interna ocorrerá desde o juízo de admissibilidade do IAC.[972] Há que se decidir, nesse momento, se será o caso de a suspensão interna continuar quando da afetação e julgamento da questão de direito objeto do IAC, caso o juízo de admissibilidade resulte positivo. Tal análise justifica-se a depender da relação da questão de direito afetada para julgamento com o conflito intersubjetivo, ou seja, se preliminar, meritória ou posterior à análise do mérito, ainda considerando que a questão de direito pode versar sobre direito material ou processual.

Embora a lei atual não preveja expressamente a possibilidade,[973] uma vez admitido o IAC como o incidente passível de resolução de questões de direito repetitivas, preventiva e repressivamente, é necessário admitir a possibilidade de suspensão de outros processos como forma de gestão[974] e como forma de se evitar eventuais decisões conflitantes em um curto período. Válido destacar que, apesar da ausência de previsão legal atual, há casos de suspensão de processos em razão da admissão do IAC

[972] Lemos, Vinicius Silva. A possibilidade de fungibilidade entre o IRDR e o IAC: viabilidade e necessidade de sistematização. **Revista de Processo**, v. 274, ano 2017, p. 255-289, dez., 2017, versão virtual não paginada, "Com o requerimento do IAC, há a suspensão do julgamento principal, para realizar-se a análise da admissibilidade, pelo próprio colegiado menor.".

[973] O Anteprojeto da Comissão de juristas previa a hipótese expressamente no artigo 865, §1º: "Cientificado da assunção da competência, o Presidente do Tribunal, dando-lhe ampla publicidade, determinará a suspensão das demais apelações ou agravos que versem sobre a mesma controvérsia.". Sobre o tema, cf. Fernandes, Ricardo Yamin. **Do incidente de Assunção de Competência**. São Paulo: Revista dos Tribunais, 2020, p. 175, "Todavia, durante o processo de aprovação do Código de Processo Civil, esta hipótese foi suprimida. Foi mantida, apenas, para o Incidente de Resolução de Demandas Repetitivas, no artigo 982, I.". Daniela Peretti D'Ávila comenta a supressão, elogiando-a, vez que o IAC somente seria cabível para prevenir divergências, cf. D'Ávila, Daniela Peretti. **Incidente de assunção de competência**: Extraindo seu máximo grau de rendimento. 2019. Dissertação (Mestrado em Direito) – Pontifícia Universidade Católica de São Paulo, São Paulo, 2019, p. 160.

[974] Sobre a suspensão de processos como forma de gestão, cf. Didier Jr., Fredie. **Recurso de terceiro**: juízo de admissibilidade. 2. ed. São Paulo: Revista dos Tribunais, 2005. Admitindo o gerenciamento de processos em técnicas de formação de precedentes por tribunais, cf. Miranda, Andrea Pimentel de. **Quem tem medo do processo coletivo?** As disputas e escolhas políticas no CPC/2015 para o tratamento da litigiosidade repetitiva no Brasil. São Paulo: Almedina, 2020, p. 93.

com fundamento no artigo 947, §4º, do CPC, diante da existência de diversos processos em andamento e do risco de decisões conflitantes.[975]

Se for o caso de suspensão, esta deve ser determinada neste momento, ou seja, na decisão de afetação, quando a questão de direito a ser submetida ao rito especial de julgamento no tribunal restará delineada. Entretanto, a suspensão determinada não deve ser automática para todos os processos que contenham a mesma questão de direito.[976] É necessária a existência de decisão em cada um dos processos por dois importantes motivos expostos por Lucas Buril de Macêdo quando da explicação do tema para o rito dos repetitivos, que pode ser transposta para a presente análise quando o incidente houver sido admitido com fundamento no artigo 947, §4º, do CPC:

> [...] primeiro, é direito dos sujeitos parciais conhecerem o *status* de sua relação processual; segundo, razão voltada à faceta objetiva da formação de precedente, a decisão específica em cada processo sinalizar para cada um dos interessados a existência do procedimento, certificando adequadamente, para que eles possam acompanhá-lo e, inclusive, tentar influenciar na sua decisão.[977]

Há previsão expressa de suspensão obrigatória para o IRDR, o incidente legal repressivo, no artigo 982, I, do CPC, determinando que o relator *suspenderá* os processos pendentes, individuais ou coletivos, no âmbito territorial do tribunal. Apesar de existir previsão legal específica, não são todos os tribunais que têm aplicado a suspensão automática. Tal

[975] Isso ocorreu no IAC n. 3/TJSP, Processo n. 0019292-98.2013.8.26.0071. São 1.391 processos suspensos em razão dos incidentes de assunção de competência, segundo o painel de Consulta ao Banco Nacional de Demandas Repetitivas e Precedentes Obrigatórios do CNJ. CNJ. **Painel de Consulta ao Banco Nacional de Demandas Repetitivas e Precedentes Obrigatórios.** Brasília, 2019. Disponível em: https://paineis.cnj.jus.br/QvAJAXZfc/opendoc.htm?document=qvw_l%2FPainelCNJ.qvw&host=QVS%40neodimio03&anonymous=true&sheet=shDRGraficos. Acesso em: 18 nov. 2020.

[976] Criticando a determinação da suspensão automática para os demais mecanismos de fixação de teses jurídicas pelos tribunais, cf. Asperti, Maria Cecília de Araujo. **Acesso à justiça e técnicas de julgamento de casos repetitivos.** Tese de doutorado. Orientador Prof. Assoc. Carlos Alberto de Salles. São Paulo: Universidade de São Paulo, 2018, p. 193.

[977] Macêdo, Lucas Buril de. **Os precedentes judiciais e o direito processual civil.** 3. ed. Salvador: JusPodivm, 2019, p. 473-474.

previsão é alvo de crítica doutrinária, pois não considera se a questão de direito submetida ao incidente é processual, material ou a única em discussão nos casos.[978]

Para o IAC, como não há previsão legal expressa atualmente,[979] caso a suspensão seja necessária, pode-se recorrer ao quanto regulamentado nos provimentos cautelares, desde que presentes os requisitos para a sua concessão.[980] Nessa hipótese, o risco ao resultado útil do processo é externo, vez que não relacionado ao processo em que suscitado o incidente, mas a todos os processos que contenham a questão de direito em si, que podem ter seu andamento continuado, produzindo atos processuais que sejam reputados inúteis em momento posterior em razão do proferimento de decisão em incidente admitido.

[978] Cf. MACÊDO, Lucas Buril de. **Os precedentes judiciais e o direito processual civil.** 3. ed. Salvador: JusPodivm, 2019, p. 486. Apenas a título exemplificativo, no TJSP, são os seguintes fundamentos utilizados em IRDRs para que a suspensão não ocorra: IRDR Nº 2151535-83.2016.8.26.0000 – O Desembargador Relator determinou a não suspensão de processos pendentes, individuais ou coletivos que versem sobre o mesmo tema, pois "a divergência existente se resume a uma das Câmaras da Seção de Direito Público. No IRDR nº 0037860-45.2017.8.26.0000, o Desembargador Relator determinou a não suspensão "(...) dos processos pendentes ou a serem ajuizados (pois a paralisação das demandas por tempo prolongado implicará em ônus desnecessário às partes, anotando que as decisões de um ou de outro juízo são válidas até que definida a questão) (...)". No IRDR n. 2243516-62.2017.8.26.0000 (tema 19), constou do voto do Desembargador Relator que "O voto é pela admissão do incidente de resolução de demandas repetitivas, sem suspensão dos processos em primeiro ou segundo grau.".

[979] Embora não exista previsão legal expressa, há quem a defenda, cf., por todos, GAIO JR., Antônio Pereira. Os perfis do incidente de assunção de competência no CPC/2015. **Revista de Processo**, v. 297, ano 2019, p. 213-231, nov., 2019, versão virtual não paginada, "Vale pontuar que, da instauração do incidente, prudente se fará a suspensão das demandas que versarem sobre a mesma matéria, até que se resolva a controvérsia presente.".

[980] Nesse sentido: MENDES, Aluisio Gonçalves de Castro; PORTO, José Roberto Mello. **Incidente de assunção de competência.** Rio de Janeiro: GZ, 2020, p. 93. Há quem defenda que a suspensão, nesse caso, dar-se-ia pela aplicação analógica do quanto previsto para o IRDR, no artigo 982, I, CPC, cf. FERNANDES, Ricardo Yamin. **Do incidente de Assunção de Competência**. São Paulo: Revista dos Tribunais, 2020, p. 175. Sobre ser esse provimento essencialmente cautelar, cf. PANTOJA, Fernanda Medina; TEMER, Sofia. **A excepcionalidade (e a necessidade) da tutela de urgência no incidente de resolução de demandas repetitivas**. Disponível em: https://migalhas.uol.com.br/depeso/334937/a-excepcionalidade--e-a-necessidade--da-tutela-de-urgencia-no-incidente-de-resolucao-de-demandas-repetitivas. Acesso em: 11 jan. 2021.

Entretanto, a repercussão da tese a ser firmada em cada processo que poderá ser suspenso depende da natureza que a questão assuma no processo, ou seja, se meritória, prejudicial ou posterior à análise de mérito.[981] Assim, a determinação genérica de suspensão dos processos não se mostra razoável, vez que não há previsão legal na lei atual,[982] nem seria proveitosa a suspensão genericamente, quando a questão submetida a julgamento envolver determinado assunto posterior à análise meritória.[983]

Na análise, deve o relator ponderar a presença dos requisitos autorizadores da suspensão cautelar de processos, além de especificar as situações em que a suspensão será cabível para que, em seguida, haja decisão individual em cada processo sobre o tema.

No presente caso, o transplante da regra prevista expressamente para o IRDR,[984] qual seja, a suspensão obrigatória e automática,[985] não se

[981] Mendes, Aluisio Gonçalves de Castro; Porto, José Roberto Mello. **Incidente de assunção de competência.** Rio de Janeiro: GZ, 2020, p. 112.

[982] O que é criticado por Ricardo Yamin Fernandes, por exemplo. Cf. Fernandes, Ricardo Yamin. **Do incidente de Assunção de Competência**. São Paulo: Revista dos Tribunais, 2020, p. 175, "Ademais, a redação do Código de Processo Civil é dúbia ao exigir que a questão não se repita em múltiplos processos. É possível interpretar que a questão pode se repetir em alguns processos, só não em muitos. Desta forma, de modo a prevenir decisões contraditórias – mesmo que isso ocorra em apenas dois processos – o artigo 982, I, do Código de Processo Civil, deve ser aplicado, de forma analógica, ao Incidente de Assunção de Competência.".

[983] Contra a suspensão automática nos repetitivos e no IRDR, cf. Asperti, Maria Cecília de Araujo. **Acesso à justiça e técnicas de julgamento de casos repetitivos.** Tese de doutorado. Orientador Prof. Assoc. Carlos Alberto de Salles. São Paulo: Universidade de São Paulo, 2018, p. 193.

[984] CPC, artigo 982. "Admitido o incidente, o relator: I – suspenderá os processos pendentes, individuais ou coletivos, que tramitam no Estado ou na região, conforme o caso; [...]".

[985] Sobre o tema, cf. Peixoto, Ravi. **O IRDR e a suspensão de processos**. Disponível em: https://emporiododireito.com.br/leitura/o-irdr-e-a-suspensao-de-processos-por-ravi-peixoto. Acesso em 17 jul. 2020, "De acordo com o artigo 982, I, do CPC, uma vez admitido o IRDR, o relator deverá suspender todos os processos pendentes, individuais e coletivos, que tramitem no Estado ou Região, a depender do caso. Note-se que essa suspensão tem, pelo texto normativo, uma conotação de obrigatoriedade, não havendo possibilidade de instauração de IRDR sem que haja a suspensão de todos os processos. É necessário ressaltar que não há opção entre suspender ou não os processos após a instauração do IRDR. O papel do relator é apenas o de, admitido o IRDR, declarar a suspensão dos processos. Não

mostra como a melhor solução, vez que o IAC, como delineado na presente tese, assume duas funções, prevenir e reprimir a divergência jurisprudencial, assim, a suspensão em alguns casos e a eventual fixação da tese de forma provisória respondem de maneira mais profícua a diversas situações que podem ser encaradas no IAC. Inclusive, no IRDR, em que a repetição é requisito necessário para a sua admissão e há previsão expressa da suspensão dos processos, os tribunais não têm aplicado a regra da suspensão automática,[986] contrariando a previsão legal, o que demonstra a inconsistência da previsão genérica até quando patente a repetição em razão das seguintes preocupações já demonstradas pela doutrina: (i) tempo máximo de suspensão,[987] (ii) cumulação de pedidos,

se trata de alguma espécie de tutela de urgência, mas de uma consequência automática da instauração do incidente.". Entretanto, essa opinião não é unânime na doutrina. Há quem demonstre certa preocupação com a suspensão automática de processos, cf. NUNES, Dierle; VIANA, Antônio Aurélio de Souza. **Suspensão integral de processos em recursos repetitivos preocupa**. Disponível em: https://www.conjur.com.br/2017-mai-31/opiniao-suspensao-integral-processos-repetitivos-preocupa. Acesso em: 17 jul. 2020. Os autores demonstram preocupação com (i) o tempo para julgamento da tese e a suspensão; (ii) a cumulação de pedidos; (iii) a dificuldade de concessão de tutelas provisórias na primeira instância; sugerindo a modulação de efeitos na decisão de afetação que também fixa a suspensão de processos. Sobre a necessidade de suspensão de processos quando da decisão de afetação e a equiparação ao rito dos repetitivos, cf. LEMOS, Vinicius Silva. **O incidente de assunção de competência**: da conceituação à procedimentalidade. Salvador: JusPodivum, 2018, p. 139. O autor defende a necessidade de legislação estadual para regulamentar o procedimento da suspensão, mas afirma que, enquanto não houver legislação, pode-se suspender processos por não existir restrição de uso dos mecanismos dos ritos repetitivos.

[986] Sobre o tema, escreveu Sofia Temer, cf. TEMER, Sofia. Suspensão Nacional de Processos em IRDRS: a paradoxal posição do STF e do STJ. **Processualistas**, Disponível em: https://processualistas.jusbrasil.com.br/artigos/843927427/suspensao-nacional-de-processos-em-irdrs-a-paradoxal-posicao-do-stf-e-do-stj. Acesso em 21 maio 2020.

[987] Dado relevante é o aumento do tempo em que os processos ficam nos tribunais superiores desde que aquelas cortes adotaram o rito dos repetitivos. Sobre o tema, cf. WOLKART, Erik Navarro. Precedentes no Brasil e cultura – um caminho tortuoso, mas, ainda assim, um caminho. **Revista de Processo**, v. 243, ano 2015, p. 409-433, maio, 2015, versão virtual não paginada, "Se queremos *arriscar* um prognóstico dos resultados da adoção – pelo futuro novo CPC – de um sistema de precedentes com diversas técnicas novas, vale a pena deitar o olhar sobre as consequências da adoção do procedimento de julgamento de recursos especiais e extraordinários repetitivos, introduzido pelas Leis 11.418/2006 e 11.672/2008. Como resultado final, observou-se diminuição de processos em trâmite nas Cortes Superiores. No STJ, de 2007 a 2013, a distribuição de recursos especiais

e (iii) a dificuldade de concessão de tutelas provisórias nos juízos de primeira instância, uma vez determinada a suspensão.[988]

Decidida a suspensão dos processos, deve-se dar ciência às partes afetadas para que elas possam demonstrar eventual caso de distinção,[989] outra importante consequência da decisão individual em cada processo eventualmente suspenso.

4.2.3.2. Tutela provisória antecipada

Aqui não se trata do provimento cautelar conferido na decisão de afetação para suspender os processos em curso que versem sobre a mesma questão de direito, mas da fixação da tese de maneira antecipada em relação ao julgamento final, com base na urgência.[990-991] Tal medida mostra-se razoável quando, apesar da determinação da suspensão dos processos cautelarmente, decisões fundadas na urgência continuem a ser

reduziu-se à metade, ainda que tenha subido nos últimos anos. O problema, no entanto, vem sendo o *tempo* demandado para julgamento dos recursos eleitos e, consequentemente, o tempo de sobrestamento dos recursos repetitivos, que ficam esperando a formação do *precedente.*".

988 Essas preocupações são trazidas pelos autores na seguinte coluna: NUNES, Dierle; VIANA, Antônio Aurélio de Souza. **Suspensão integral de processos em recursos repetitivos preocupa**. Disponível em: https://www.conjur.com.br/2017-mai-31/opiniao-suspensao-integral-processos-repetitivos-preocupa. Acesso em: 17 jul. 2020.

989 Sobre o tema, ao tratar dos repetitivos, cf. GONZALEZ, Anselmo Moreira. **Repetitivos ou "Ineditivos"? Sistematização do Recurso Especial Repetitivo.** Salvador: JusPodivm, 2020, p. 76, "Em prestígio da transparência e do princípio da não surpresa (artigo 10, CPC/15), o artigo 1.037, §8º, do CPC/15 assenta que as partes deverão ser intimadas sobre a decisão de suspensão de seus casos concretos, dada a afetação da questão nele versada pelo STJ, oportunizando-se, assim, a chance de se manifestarem alegando a distinção entre seu caso com o paradigma (artigo 1.037, §9º, do CPC/15).".

990 Em razão das hipóteses de cabimento da tutela da evidência e das características do procedimento deste incidente, não cabe tutela fundada na evidência aqui.

991 Sobre não existir impedimento para tal possibilidade: MENDES, Aluisio Gonçalves de Castro; PORTO, José Roberto Mello. **Incidente de assunção de competência.** Rio de Janeiro: GZ, 2020, p. 96, "Com efeito, parece inexistir impedimento para a definição provisória de uma tese jurídica, se as circunstâncias assim recomendarem. Cabe ao colegiado inferir se os princípios fundamentadores da técnica são mais prestigiados com a mera suspensão de ações ou se uma tese provisória melhor os homenageará. A relevância desse passo é desautorizar, pela via reflexa, decisões dos juízos naturais dos processos sobrestados contrárias ao entendimento estatuído, brevemente e em cognição sumária.".

proferidas de forma divergente pelos órgãos jurisdicionais de primeira ou de segunda instância.[992]

Assim, se presentes os requisitos da probabilidade da interpretação defendida para a questão de direito polêmica e reconhecido o perigo de dano *externo* em razão do proferimento de decisões provisórias divergentes nos processos em andamento – ou suspensos, se proferido o provimento cautelar –, há que se falar em risco à isonomia e à segurança jurídica de forma a motivar a fixação provisória da tese jurídica pelo relator, nos termos do artigo 932, II, CPC.[993]

Assim, na decisão de afetação, cabe a análise se seria o caso de tutela provisória de urgência cautelar, no sentido de suspender os processos que contenham a mesma questão de direito sob análise, e/ou, ainda, se seria o caso de fixação da tese de forma antecipada com base na urgência.[994]

4.2.4. Requisição de informações a outros órgãos jurisdicionais

Na decisão de afetação, uma vez delineada a questão a ser submetida a julgamento, convém a requisição de informações a outros órgãos jurisdicionais, de forma a ampliar os debates que se seguirão sobre a maté-

[992] Sobre o tema, as autoras Fernanda Pantoja e Sofia Temer trazem o exemplo das demandas revisionais de contrato de prestação de serviços educacionais em razão das perdas generalizadas decorrentes da pandemia do covid-19. Cf. PANTOJA, Fernanda Medina; TEMER, Sofia. **A excepcionalidade (e a necessidade) da tutela de urgência no incidente de resolução de demandas repetitivas**. Disponível em: https://migalhas.uol.com.br/depeso/334937/a-excepcionalidade--e-a-necessidade--da-tutela-de-urgencia-no-incidente--de-resolucao-de-demandas-repetitivas. Acesso em: 11 jan. 2021, "Embora somente se tenha notícia, na jurisprudência, da adoção de interpretação provisória de forma alternativa à suspensão dos processos, defendemos que ambas as medidas de urgência podem ser determinadas cumulativamente, quando a suspensão dos processos não bastar para evitar o risco de dano à isonomia e à segurança jurídica.".

[993] CPC, Art. 932. "Incumbe ao relator: [...] II – apreciar o pedido de tutela provisória nos recursos e nos processos de competência originária do tribunal;".

[994] Escapa ao objeto da presente tese retomar os requisitos para a concessão da tutela provisória de acordo com cada espécie. Para tanto, cf. ARENHART, Sérgio Cruz; MARINONI, Luiz Guilherme; MITIDIERO, Daniel. **Novo Curso de Processo Civil**: tutela dos direitos mediante procedimento comum. v. 2. São Paulo: Revista dos Tribunais, 2016.

ria.[995] Tal possibilidade é colocada como medida instrutória dentro do procedimento especial para fixação de teses vinculantes pelos tribunais. Diante dessa colocação, não há que se admitir a sua obrigatoriedade, vez que o órgão jurisdicional possui poderes instrutórios, mas não o dever instrutório.[996]

Além da requisição de informações, há quem defenda a requisição de outros processos e recursos que poderiam ser afetados conjuntamente,[997] posição que não nos parece adequada, considerando que o incidente altera o procedimento e a competência apenas para o caso em que suscitado e admitido. Portanto, a interpretação adequada deste ponto, na decisão de afetação, é a possibilidade de requisição de informações a outros órgãos jurisdicionais como medida instrutória e a impossibilidade da requisição de outros processos.[998]

Além disso, em atenção ao contraditório e à iniciativa instrutória das partes, considerando ainda o direito à prova,[999] importante que o relator forneça às partes em que suscitado o incidente a oportunidade de se manifestarem sobre a requisição de informações a terceiros.

[995] Nesse sentido: MENDES, Aluisio Gonçalves de Castro; PORTO, José Roberto Mello. **Incidente de assunção de competência.** Rio de Janeiro: GZ, 2020, p. 94, "De todo modo, há que se compreender como um componente instrutório do julgamento, capaz de ampliar objetivamente o debate, com novos argumentos e fundamentos.". Também nesse sentido, cf. LEMOS, Vinicius Silva. **O incidente de assunção de competência**: da conceituação à procedimentalidade. Salvador: JusPodivum, 2018, p. 140-141, "Se for o caso, também, com menor incidência, requerer informações de juízos de primeiro grau, caso o IAC seja instaurado em um Tribunal de segunda instância. Já no âmbito dos Tribunais Superiores, há a possibilidade de oficiar os órgãos fracionários, principalmente quando o IAC for julgado pelo órgão especial, quando terão muitos Ministros que não participarão do julgamento. Além desses órgãos internos, pode-se oficiar os Tribunais de segundo grau, nos mesmos moldes dos recursos excepcionais repetitivos.".

[996] Nesse sentido: AMARAL, Paulo Osternack. Produção de provas em fase recursal. **Revista Jurídica da Escola Superior de Advocacia da OAB-PR**, edição especial, ano 3, número 1, maio, 2018.

[997] MENDES, Aluisio Gonçalves de Castro; PORTO, José Roberto Mello. **Incidente de assunção de competência.** Rio de Janeiro: GZ, 2020, p. 94.

[998] Não foi o que fez o STJ no IAC n. 3, em que houve a requisição de outros processos, aplicando-se o rito dos repetitivos por analogia.

[999] CPC, Art. 369. "As partes têm o direito de empregar todos os meios legais, bem como os moralmente legítimos, ainda que não especificados neste Código, para provar a verdade dos fatos em que se funda o pedido ou a defesa e influir eficazmente na convicção do juiz.".

4.2.5. A ampliação do contraditório desde a decisão de afetação: intimação do ministério público, da defensoria pública e de outras instituições

Neste ponto, continua-se a desenvolver a ideia suscitada quando da ampliação do contraditório para análise da admissibilidade do incidente. Se esta resultou positiva, a ampliação do contraditório objetiva e subjetivamente faz-se necessária pelos motivos que serão expostos a seguir. No entanto, a legislação atual nada trata do tema especificamente para o incidente em estudo, de forma que as ponderações feitas são de *lege ferenda*.[1000]

Toda a discussão travada até aqui, ou seja, de que o procedimento legalmente previsto constitui fator de legitimação do ato jurisdicional seria despicienda sem o quanto será desenvolvido neste ponto, pois "[...] essa preocupação pela legalidade só tem sentido na medida em que a observância do procedimento constitua meio para a efetividade do contraditório no processo".[1001]

Diante da percepção de que a tese a ser firmada no tribunal poderá afetar processos em andamento e processos futuros,[1002] sem que os indi-

[1000] Sobre o tema, cf. LEMOS, Vinicius Silva. **O incidente de assunção de competência**: da conceituação à procedimentalidade. Salvador: JusPodivum, 2018, p. 144-145, "Não há, no art. 947, nenhuma disposição sobre a possibilidade dessa formação de um contraditório ampliado. Essa interpretação é inerente ao próprio sistema de precedentes escolhido pelo CPC/2015 e o intuito de alterar a procedimentalidade para um julgamento que tem o intuito definido de formar precedente judicial vinculante. Dada essa visão, com outros institutos existentes, ainda que para aplacar outros pontos, como o controle de estoque nas demandas repetitivas, a intenção é esgotar as matérias, as visões, as possibilidades de argumentação para o julgamento e, com isso, há a necessidade de aumentar o debate.".

[1001] GRINOVER, Ada Pellegrini. **Ensaio sobre a processualidade**: fundamentos para uma nova teoria geral do processo. Brasília: Gazeta Jurídica, 2016, p. 15.

[1002] Sobre o tema não se tratar de coisa julgada, cf. MOREIRA, Egon Bockmann; FERRARO, Marcella Pereira. Pluralidade de interesses e participação de terceiros no processo (da assistência simples à coletivização, passando pelo *amicus*: notas a partir e para além do novo Código de Processo Civil). **Revista de Processo**, v. 251, ano 2016, p. 43-73, jan., 2016, versão virtual não paginada, "Realmente, a vinculação a entendimentos jurisprudenciais ou a precedentes, se efetivamente aplicada, tem consideráveis implicações para terceiros. Ainda que se possa discutir se seria um efeito jurídico que ocasiona (ou impõe) aquela aplicação, o fato é que, muitas vezes, equivale a um efeito jurídico, já que restará inviabilizada a discussão da questão no âmbito individual, em prejuízo do contraditório. Em outras palavras, mesmo que, por exemplo, não tenha havido julgamento do caso individual seme-

víduos tenham a opção de *opt out* ou mesmo a repercussão condicionada ao resultado do processo,[1003] como ocorre no processo coletivo,[1004] a sua participação há que ser viabilizada de alguma maneira,[1005] diante da necessidade de observância do contraditório e da ampla defesa, a partir

lhante e, dessa forma, as partes não estejam vinculadas a uma decisão por meio da coisa julgada, há técnicas processuais que impedem a efetiva e real discussão a respeito.". Também: Macêdo, Lucas Buril de. **Os precedentes judiciais e o direito processual civil**. 3. ed. Salvador: JusPodivm, 2019, p. 463.

[1003] Sobre o tema: Cabral, Antonio do Passo. O novo procedimento-modelo (*Musterverfahren*) alemão: uma alternativa às ações coletivas. **Revista de Processo**, n. 147, ano 32, p. 126, maio, 2007. "Por outro lado, no que tange à vinculação ao julgamento, muito comumente são desenhados sistemas normativos automaticamente inclusivos dos *absent class members* aos efeitos do julgamento. Denominamos sistemas automaticamente inclusivos àqueles em que todos os indivíduos integrantes da coletividade podem ser, em maior ou menor medida, atingidos pelos efeitos e pela vinculatividade do julgado, sem que tenham efetivamente participado do contraditório processual. Excepciona-se essa inclusão automática caso os indivíduos manifestem em juízo sua vontade de escapar aos efeitos da demanda coletiva (como no sistema do *opt-out* das *class actions* norte-americanas), ou restringindo a coisa julgada em relação aos ausentes. No Brasil vemos a predominância do segundo modelo, com a coisa julgada *secundum eventum litis* e a transferência *in utilibus*.".

[1004] Segundo Maria Cecília Asperti, essa comparação com o processo coletivo é natural em razão da "decisão de eficácia expandida". Cf. Asperti, Maria Cecília de Araujo. **Acesso à justiça e técnicas de julgamento de casos repetitivos.** Tese de doutorado. Orientador Prof. Assoc. Carlos Alberto de Salles. São Paulo: Universidade de São Paulo, 2018, p. 87. Vale destacar também que tecemos esse comentário em outubro de 2020, ou seja, antes da aprovação de qualquer reforma legislativa visando a alteração do regime da coisa julgada no processo coletivo (PL 4441-2020, do deputado Paulo Teixeira; PL 4778-2020, do deputado Marcos Pereira). Sobre estas propostas, cf. Leonel, Ricardo de Barros. Processo coletivo: preocupações legislativas. **Conjur**. Disponível em: https://www.conjur.com.br/2020-out-30/ricardo-leonel-processo-coletivo-preocupacoes-legislativas. Acesso em: 31 dez. 2020.

[1005] Essa preocupação circunda a tese de Maria Cecília de Araujo Asperti. Cf. Asperti, Maria Cecília de Araujo. **Acesso à justiça e técnicas de julgamento de casos repetitivos.** Tese de doutorado. Orientador Prof. Assoc. Carlos Alberto de Salles. São Paulo: Universidade de São Paulo, 2018. p. 22, "Por serem motivadas pela busca por eficiência, segurança jurídica e celeridade da prestação jurisdicional, tais técnicas de julgamento de casos repetitivos não costumam a ser analisadas da perspectiva daqueles para quem um processo judicial considerado repetitivo pode ser o primeiro e único contato de um indivíduo com o Judiciário ou com o sistema de justiça. Há, para esse indivíduo, a realização de seu direito de acessar à justiça? O que isso significaria, e o que a realização desse direito implicaria?".

do modelo democrático de processo.[1006-1007] Entretanto, a solução para esta constatação é complexa, não comportando apenas uma única saída.[1008] Ainda, deve-se considerar a peculiaridade de o incidente ora em estudo poder ser admitido para prevenir divergência jurisprudencial, indicando a inexistência de diversos casos em andamento no Poder Judiciário, o que dificultaria a identificação imediata dos impactados potenciais. Essa consideração é relevante para afastar soluções usualmente

[1006] Para José Rogério Cruz e Tucci este tema é o inconveniente para os repetitivos, cf. Cruz e Tucci, José Rogério. **Precedente judicial como fonte do direito**. 2. ed., Rio de Janeiro: GZ, 2021, p. 185, "Continuo entendendo que o inconveniente desta técnica é que, a rigor, fere a garantia do devido processo legal, porque a parte em um recurso cuja tramitação foi sobrestada é diretamente atingida por decisão proferida em outro processo, sem a sua participação.".

[1007] Ainda mais considerando que, no processo coletivo, no qual há a possibilidade de assistência litisconsorcial, nos termos do artigo 94 do CDC, do indivíduo quando o direito em análise for individual homogêneo, apesar da opção de *opt out* e da coisa julgada não poder lhe prejudicar. Destacamos que sequer consideramos a comparação do tema com o *issue preclusion*, vez que (i) o *non mutual issue preclusion* jamais pode prejudicar o terceiro que não participou do julgamento original; (ii) deve haver coincidência em pelo menos uma das partes para aplicação da decisão, o que não ocorre na aplicação da tese jurídica firmada em incidente de assunção de competência, e; (iii) no *issue preclusion* discutem-se questões de fato e de direito para aplicação em casos sucessivos com coincidência de pelo menos uma das partes sem prejudicar o terceiro. Sobre a comparação entre *issue preclusion* e repetitivos, cf. Asperti, Maria Cecília de Araujo. **Acesso à justiça e técnicas de julgamento de casos repetitivos.** Tese de doutorado. Orientador Prof. Assoc. Carlos Alberto de Salles. São Paulo: Universidade de São Paulo, 2018, p. 154.

[1008] Há quem diga que seja o maior desafio na técnica de formação de precedentes, cf. Macêdo, Lucas Buril de. **Os precedentes judiciais e o direito processual civil**. 3. ed. Salvador: JusPodivm, 2019, p. 409, "As demandas de massa são, sem dúvidas, um dos grandes desafios do Judiciário contemporâneo. Respondê-las a contento é uma questão complexa, tanto no que toca à qualidade da decisão como ao direito de participação garantido e também à duração e à efetividade da solução. Trata-se de um desafio deste tempo, sem parâmetros na história que ajudem na arquitetura de um regime processual adequado.". Sobre o tema, especificamente para os repetitivos e o IRDR, cf. Almeida, Ursula Ribeiro de. **O *amicus curiae* e a representatividade adequada no julgamento dos casos repetitivos:** IRDR e Recursos Extraordinário e Especial Repetitivos. Tese de Doutorado. Orientador Prof. Associado Ricardo de Barros Leonel. São Paulo: Universidade de São Paulo, 2020. A autora propõe que o *amicus curiae* possa garantir a participação necessária na formação do provimento jurisdicional a partir de alguns critérios.

apontadas[1009] para a ampliação da representatividade no IRDR e no rito dos recursos excepcionais repetitivos, que indicam a seleção de processos representativos da controvérsia, enquadrando-se o IAC, quando admitido com base no *caput* do artigo 947 do CPC, em outra dinâmica, que pode abarcar tanto a prevenção, quanto a repressão à divergência jurisprudencial. Ainda, conforme demonstrado no capítulo 2, a natureza jurídica do IAC não se alinha a esta saída.

Para compreensão do tema, convém mencionar o quanto já amplamente discutido em relação à dualidade entre partes e terceiros.[1010] Por terceiro, adota-se o conceito de Enrico Tullio Liebman, definindo-o como todo aquele que não é parte,[1011] sendo as "[...] partes do processo os sujeitos do contraditório instituído perante o juiz, [...]".[1012]

1009 Sobre o tema, cf., por exemplo: MACÊDO, Lucas Buril de. **Os precedentes judiciais e o direito processual civil**. 3. ed. Salvador: JusPodivm, 2019, p. 489-490, "Instaurado o incidente de resolução de demandas repetitivas, o relator poderá selecionar processos que representem de modo mais adequado os argumentos suscitados em prol de cada uma das soluções possíveis. [...] Os processos serão selecionados mediante a análise de sua representatividade, que deve ser entendida como a capacidade qualitativa e quantitativa de uma ou várias manifestações processuais dos interessados representar todo o grupo que defende o mesmo interesse.".

1010 Não é o espaço adequado para o aprofundamento das divergências envolvendo o conceito de parte no processo civil brasileiro. Adotaremos o conceito de Liebman, apenas pontuando a divergência nas notas de rodapé seguintes.

1011 DINAMARCO, Cândido Rangel. **Instituições de direito processual civil**. 6.ed. v. II. São Paulo: Malheiros, 2009, p. 380.

1012 LIEBMAN, Enrico Tullio. **Manual de direito processual civil**. 3. ed. v. I. Tradução de Cândido Rangel Dinamarco. São Paulo: Malheiros, 2005, p. 123. Adotamos aqui o conceito de Liebman, vez que atende satisfatoriamente situações de participação de sujeitos no processo que não estejam relacionados diretamente à relação jurídica de direito material, mas cientes de que há o contraponto oferecido por Chiovenda e adotado na doutrina de forma mais ampla. Cf. BUENO, Cassio Scarpinella. ***Amicus curiae* no processo civil brasileiro**: um terceiro enigmático. 2. ed. São Paulo: Saraiva, 2008, p. 362-363, "Nessas condições, o conceito de parte é formulado em contraposição ao de terceiro: é-se parte e, pois, não se é terceiro. E vice-versa. E parte é quem pede e em face de quem se pede a prestação da tutela jurisdicional. Terceiro é todo aquele que não pede ou em face de quem não se pede a prestação da tutela jurisdicional.". Sobre o tema, também cf. DINAMARCO, Cândido Rangel. **Instituições de direito processual civil**. 6.ed. vol. II. São Paulo: Malheiros, 2009, p. 117-118, que propõe conceito mais amplo do que aquele chiovendiano, falando em partes da demanda. Adotando o conceito de Liebman, cf. THEODORO JÚNIOR, Humberto. **Curso de Direito Processual Civil.** v. I. Rio de Janeiro: Forense, 2017, p. 84. Lia Carolina Batista

Entre os terceiros, portanto, existem aqueles totalmente alheios ao processo e sem qualquer interesse que justifique a sua participação e aqueles que têm interesse – usualmente o jurídico – apto a justificar a sua participação através de alguma modalidade das intervenções de terceiros organizadas pelo legislador,[1013] a que chamaremos de intervenções *nominadas* ou *típicas*, ou que não se enquadrem perfeitamente nas fórmulas interventivas previstas, ingressando eventualmente sob outras modalidades, que chamaremos de *inominadas* ou *atípicas*. Qualquer sujeito que efetivamente participe do processo não pode ser tratado como terceiro. Por isso, o conceito elaborado por Enrico Tullio Liebman, centrado no contraditório, melhor responde a essa dualidade entre partes e terceiros.[1014]

Os mecanismos do artigo 927, CPC, principalmente o IAC, que é o objeto do presente estudo, trazem sistemática peculiar, pois a tese neles firmada será aplicada às partes do processo em que suscitado o incidente e a terceiros, independentemente de sua participação e do exercício do contraditório.

As partes de processos presentes e futuros que não tenham sido objeto da assunção, apesar de partes em processos isolados, não são consideradas partes perante o incidente admitido, o que faz surgir o primeiro questionamento: (i) a constatação anterior é suficiente para

Cintra expõe as dificuldades na adoção do conceito de Chiovenda, pois sujeitos que participem do processo sem relação direta com o direito material continuariam a ser tratados como terceiros, sendo o caso do assistente simples e do *amicus curiae*. Cf. Cintra, Lia Carolina Batista. **Intervenção de terceiro por ordem do juiz**: a intervenção *iussu iudicis* no processo civil. São Paulo: Revista dos Tribunais, 2017, p. 56-57. Fredie Didier Jr. adota o conceito de Liebman para a dualidade entre partes e terceiros e, dentre as partes, fala em "sujeitos da demanda" para fazer referência aos titulares do direito material em disputa. Cf. Didier Jr., Fredie. **Recurso de terceiro**: juízo de admissibilidade. 2. ed. São Paulo: Revista dos Tribunais, 2005, p. 161.

1013 Segundo Egon Bockmann Moreira e Marcella Pereira Ferraro, há terceiros e terceiros, portanto. Cf. Moreira, Egon Bockmann; Ferraro, Marcella Pereira. Pluralidade de interesses e participação de terceiros no processo (da assistência simples à coletivização, passando pelo *amicus*: notas a partir e para além do novo Código de Processo Civil). **Revista de Processo**, v. 251, ano 2016, p. 43-73, jan., 2016.

1014 Também nesse sentido: Cintra, Lia Carolina Batista. **Intervenção de terceiro por ordem do juiz**: a intervenção *iussu iudicis* no processo civil. São Paulo: Revista dos Tribunais, 2017, p. 57-58.

admissão desses terceiros perante o processo em que admitido o IAC enquanto assistentes, *amici curiae* ou sob outra modalidade de intervenção no IAC? Se admitidos, quais seriam seus poderes, faculdades e deveres?[1015]

Ainda, deve-se perquirir se (ii) o contraditório entre as partes do processo em que admitida a assunção é suficiente para garantia do contraditório enquanto direito de participação e influência sobre a decisão do órgão jurisdicional ou, em caso de a resposta ser negativa, qual(is) seria(m) as soluções legais possíveis? Tais questionamentos são necessários, vez que até no processo coletivo, em que há a opção de *opt out* e a coisa julgada não pode prejudicar o indivíduo, os indivíduos podem ingressar no processo como assistentes litisconsorciais, como autoriza o artigo 94 do CDC.[1016] Nas técnicas de formação de teses jurídicas por tribunais através da repetição, também há previsão genérica sobre o tema no artigo 983 do CPC.[1017] No IAC, em que o entendimento firmado será aplicado em processos de terceiros, na mesma proporção que naquelas

[1015] Criticando a dualidade partes-terceiros para a sistematização das intervenções de terceiros no sistema processual civil, cf. TEMER, Sofia. **Participação no processo civil**: repensando litisconsórcio, intervenção de terceiros e outras formas de atuação. Salvador: JusPodivm, 2020.

[1016] Tal previsão não passou ilesa a críticas, entretanto. Cf. DIDIER JR., Fredie. **Recurso de terceiro**: juízo de admissibilidade. 2. ed. São Paulo: Revista dos Tribunais, 2005, p. 111-112, "Há de ponderar-se, entretanto, que, ao menos em tese, é possível que se forme um litisconsórcio ativo ulterior gigantesco, o que sem dúvida pode comprometer a celeridade e a eficiência deste tipo de mecanismo [...]. Entretanto, *legem habemus*: a intervenção do particular, nestes casos, é permitida e, por tabela, também o será o recurso de terceiro; intervindo, o particular ingressa no processo como assistente litisconsorcial. Nada obsta, porém, que se faça a sugestão para a mudança legislativa, no sentido de não se permitir a intervenção no particular – não- permissão que é compensada com a não-extensão dos efeitos da coisa julgada que o prejudicar.".

[1017] CPC, Art. 983. "O relator ouvirá as partes e os demais interessados, inclusive pessoas, órgãos e entidades com interesse na controvérsia, que, no prazo comum de 15 (quinze) dias, poderão requerer a juntada de documentos, bem como as diligências necessárias para a elucidação da questão de direito controvertida, e, em seguida, manifestar-se-á o Ministério Público, no mesmo prazo.
§ 1º Para instruir o incidente, o relator poderá designar data para, em audiência pública, ouvir depoimentos de pessoas com experiência e conhecimento na matéria.
§ 2º Concluídas as diligências, o relator solicitará dia para o julgamento do incidente.".

técnicas para formação de entendimentos já mencionadas, o legislador quedou-se silente.

A partir dessas breves considerações, passa-se à análise desses dois pontos de forma separada, considerando-se que a participação da sociedade e das partes no julgamento é importante elemento legitimador do procedimento.[1018]

A questão é se a mera publicidade do julgamento garantiria a necessária legitimação para a sociedade quanto à formação e julgamento do precedente legal em IAC ou, em caso negativo, se necessária a garantia da participação de terceiros no julgamento e sob qual modalidade.[1019]

Para o desenvolvimento deste tópico, parte-se da premissa construída sobre a insuficiência do atual regramento do tema *partes e terceiros* em nossa legislação,[1020] vez que toda a organização dele parte do modelo (i)

[1018] Sobre o tema, cf. LUHMANN, Niklas. **Legitimação pelo procedimento**. Tradução de Maria da Conceição Côrte-Real. Brasília: Universidade de Brasília, 1980. Ao tratar da análise da participação de sujeitos ausentes em repetitivos, Maria Cecília Asperti usa como referencial a percepção da justiça procedimental, ou seja, de que a percepção de participação no procedimento confere legitimidade a este. Cf. ASPERTI, Maria Cecília de Araujo. **Acesso à justiça e técnicas de julgamento de casos repetitivos.** Tese de doutorado. Orientador Prof. Assoc. Carlos Alberto de Salles. São Paulo: Universidade de São Paulo, 2018, p. 95. Também neste sentido: MARINONI, Luiz Guilherme. **Julgamento nas Cortes Supremas**: precedente e decisão do recurso diante do novo CPC. 2. ed. São Paulo: Revista dos Tribunais, 2017, p. 26-27.

[1019] Niklas Luhmann sobre a participação da sociedade em julgamentos: "Mesmo assim não se pode esperar dum público presente um controle efetivo e um acréscimo de racionalidade do processo de decisão. A publicidade do processo leva antes a que os componentes não-declaráveis do procedimento de decisão sejam arrancados ao campo compreensível de ação e sejam anteriormente ou entretanto resolvidos. Pertencem também a esta parte invisível do procedimento público principalmente as decisões sobre a representação da decisão. O procedimento público contém, quando muito, fragmentos do processo de elaboração de decisões; aliás serve para uma representação escolhida e preparada da elaboração da decisão. Mas isso é suficiente para uma função simbólico-expressiva e é desta função que se trata na legitimação da decisão. De acordo com isto as salas de audiência vazias ou cheias por sensacionalismo não constituem argumento contra o princípio da publicidade.", p. 105, LUHMANN, Niklas. **Legitimação pelo procedimento**. Tradução de Maria da Conceição Côrte-Real. Brasília: Universidade de Brasília, 1980.

[1020] TEMER, Sofia. **Participação no processo civil**: repensando litisconsórcio, intervenção de terceiros e outras formas de atuação. Salvador: JusPodivm, 2020, p. 86-87, "Diante de tal cenário, embora a preocupação com a participação no processo seja antiga e continue sendo objeto de estudos recentes, ainda não é possível dizer que tenhamos um regramento

bilateral entre autor-réu com interesses opostos necessariamente;[1021] (ii) linear na defesa de seus posicionamentos do início ao fim do processo sem a possiblidade de qualquer alteração; (iii) estático após a definição do objeto do processo em momentos previamente definidos;[1022] (iv) disponível quanto ao autor na definição do objeto do processo com alguma margem conferida ao réu em limites temporais bem delimitados; (v) típico quanto ao estabelecimento de modalidades de intervenções de terceiros.

Tais questões são postas vez que o julgamento de precedente nos moldes em que estabelecidos pelo artigo 927, CPC, traz alguns grupos que precisam ser identificados e separados, quais sejam: (i) as partes do processo em que suscitado o IAC; (ii) as partes de processos pendentes em que presente a questão de direito objeto do IAC;[1023] (iii) sujei-

adequado para as variadas atuações. Parece-nos evidente, no entanto, que as modalidades interventivas tradicionais, assim como a clássica concepção sobre interesse "jurídico", não são suficientes para abarcar, hoje, todas as possibilidades de participação no processo civil.". CABRAL, Antonio do Passo. Despolarização do processo e zonas de interesse: sobre a migração entre os polos da demanda. **Revista Forense**, v. 104, ano 105, Rio de Janeiro: Forense, jul.-ago., 2009. MOREIRA, Egon Bockmann; FERRARO, Marcella Pereira. Pluralidade de interesses e participação de terceiros no processo (da assistência simples à coletivização, passando pelo *amicus*: notas a partir e para além do novo Código de Processo Civil). **Revista de Processo**, v. 251, ano 2016, p. 43-73, jan., 2016.

1021 Sobre o tema, cf. CINTRA, Lia Carolina Batista. **Intervenção de terceiro por ordem do juiz**: a intervenção *iussu iudicis* no processo civil. São Paulo: Revista dos Tribunais, 2017, p. 50-51, "Quer a instrumentalidade tradicional, quer a instrumentalidade qualificada pelo modelo colaboracionista apresentam uma grande falha: sua atenção e mesmo suas técnicas são exclusivamente voltadas para um processo de caráter individualista. Superou-se o sincretismo, mas ainda há grande dificuldade em superar o "processo Caio vs. Tício". Embora esteja proclamada na Exposição de Motivos do Anteprojeto de novo Código de Processo Civil a intenção de "converter o processo em instrumento incluído no contexto social em que se produzirá efeito o seu resultado" e ainda que "o novo sistema permite que cada processo tenha maior rendimento possível", verifica-se sem muita dificuldade que o texto final do novo Código nem sempre foi fiel a esses objetivos.".

1022 Partimos dessa premissa a partir do quanto definido pelo legislador, apesar da existência de teses doutrinárias que defendem a flexibilização do tema em maior medida. Cf. LEONEL, Ricardo de Barros. **Causa de Pedir e Pedido**: o direito superveniente. São Paulo: Método, 2006. LUCCA, Rodrigo Ramina de. **Disponibilidade processual.** São Paulo: Revista dos Tribunais, 2019.

1023 Demonstramos no cap. 2 que o IAC não tem finalidade apenas preventiva e a assunção de competência com a suspensão de inúmeras causas é comum em nossos tribunais, como

tos com potencialidade de assumirem a posição de partes em processos no futuro em que presente a questão de direito julgada em IAC ou com potencialidade de pautarem sua conduta extrajudicial a partir da tese jurídica firmada, e; (iv) a sociedade em geral. Assim, os mecanismos para formação de precedentes da forma como previstos no CPC atual quebram a dualidade anteriormente encarada pela doutrina entre partes e sociedade na relação com o processo individual bilateral e sua publicidade e participação.

Para o grupo (i), a participação no IAC deve ser garantida, vez que a fixação da tese para a questão de direito suscitada será determinante para o imediato julgamento do recurso, remessa necessária ou processo de competência originária. Como a natureza jurídica do IAC é de caso-piloto, a participação das partes do processo em que suscitado o incidente é viabilizada.

Para o grupo (iv), ou seja, a sociedade em geral, tende-se[1024] a aceitar que a publicidade externa do processo, isto é, para além das partes, garante o controle da atividade jurisdicional, vez que há possibilidade de acompanhamento de todo o procedimento, o que conferiria a necessária

ocorreu nos IAC n. 3 e n. 5, no STJ, apenas como exemplo.

1024 Nesse sentido: LUHMANN, Niklas. **Legitimação pelo procedimento**. Tradução de Maria da Conceição Côrte-Real. Brasília: Universidade de Brasília, 1980, p. 104, "Isso não quer contudo dizer que a atitude dos não-participantes seja pura e simplesmente irrelevante para a legitimação pelo procedimento. Verifica-se exatamente o contrário. A legitimação é a institucionalização do reconhecimento de decisões como obrigatórias. Institucionalização quer, porém, dizer que o consenso sobre determinadas expectativas de comportamento sugere e pode ser utilizado como fundamento da ação. Isso só é possível quando o consenso realmente persiste em grande dimensão, ou quando é simulado através da não-declaração de falta de consenso. Para poder estabilizar essas conjeturas de consenso relativas ao caráter obrigatório da decisão oficial, tem também de se fazer participar no procedimento os não-participantes. Claro que eles não terão acesso ao papel de oradores, mas o procedimento, como drama, também a eles se destina. Têm de chegar à convicção de que tudo se passa naturalmente, de que pelo esforço sério, justo e intendo se investigará a verdade e a justiça e que, eventualmente, com a ajuda destas instituições, também eles recuperarão os seus direitos. Se esta atitude está efetivamente divulgada, ou se ela for supostamente divulgada com base na situação de comunicação, aquele que se quer revoltar contra uma decisão obrigatória não pode contar com o apoio dos outros.".

legitimação ao entendimento firmado. Nesse sentido, inclusive, há previsão legal no CPC.[1025]

Por sua vez, os grupos (ii) e (iii) trazem discussões diversas acerca da participação de terceiros na formação de precedentes via IAC. Tais discussões envolvendo esses quatro grupos têm âmbitos de análise e implicações distintas, de forma a motivar as explicações a seguir separadamente.

4.2.5.1. Da participação de terceiros que tenham seu processo em andamento – sujeitos identificáveis – o grupo (ii)

Caso o terceiro tenha processo em andamento em que a questão de direito objeto de IAC esteja presente, há que se questionar se sua participação poderia ser viabilizada através da modalidade de intervenção de terceiros já tipificada no ordenamento, como a assistência, por exemplo.

Primeiramente, cabe destacar que por *sujeitos do grupo* entendem-se as partes em outros processos, que não aquele em que admitida a assunção, mas em que esteja presente a questão de direito objeto do incidente.[1026] Esses sujeitos podem ser identificados no momento da admissão do IAC, caso seja ele admitido com base no artigo 947, §4º, CPC, ou, ainda, apenas serem mapeados quando já formada a tese, caso tenham a admissão e o julgamento ocorrido com base no *caput* do artigo 947 ou com base em seu §4º. Para fins didáticos, denominar-se-ão esses terceiros como *identificáveis*.

Quando regulamenta o IAC, nada diz o legislador de 2015 sobre o tema, trazendo novamente à baila a questão acerca da aplicação subsidiária da regulamentação do tema dada ao IRDR e aos recursos extraordinários repetitivos ao IAC, colocando-o no centro do microssistema dos recursos repetitivos.

[1025] CPC, Artigo 927, § 5º "Os tribunais darão publicidade a seus precedentes, organizando-os por questão jurídica decidida e divulgando-os, preferencialmente, na rede mundial de computadores.".

[1026] É o que Fredie Didier Jr. e Hermes Zaneti Jr. chamam de processo coletivo em razão da formação de "[...] diversos grupos cujos membros possuem interesse na interpretação que será dada à questão de direito objeto desses incidentes.", p. 53, Alves, Gustavo Silva; Didier Jr., Fredie; Zaneti Jr., Hermes. Intervenção dos membros de grupo no julgamento de casos repetitivos. **Civil Procedure Review**, v. 10, n.1, jan.-abr., 2019.

Admitida essa hipótese, ou seja, a de que o IAC compõe o microssistema de formação de precedentes do CPC de 2015, os únicos dispositivos de lei que tratam desses terceiros identificáveis são os artigos 983[1027] e 1.040,[1028] que apenas afirmam poder o relator admitir *interessados* na controvérsia, deixando muitas pontas soltas. Dentre elas, podem-se pontuar as seguintes: a) a intervenção do terceiro dar-se-á enquanto intervenção de terceiro típica, tal como a assistência ou como o *amicus curiae*? b) uma vez admitido, quais são os limites e as possibilidades de sua atuação? c) contra a decisão do relator caberia o manejo de algum recurso, quando admite ou inadmite a participação de terceiros?

A premissa aqui adotada é a de que a participação desses terceiros deve ser viabilizada e incentivada em razão da necessidade de conferência de legitimidade e "[...] participação em contraditório e legitimar ainda mais o modelo brasileiro de precedentes normativos [...]."[1029], vez que o contraditório nos processos seguintes ficará restrito aos fatos da causa, em razão de a questão de direito objeto do incidente já estar definida e somente poderá ser afastada em caso de distinção – em relação aos fatos que levaram à formação do precedente –, ou em caso de necessidade de superação da tese jurídica já firmada.[1030] Ou seja, o contradi-

[1027] CPC, Artigo 983. "O relator ouvirá as partes e os **demais interessados, inclusive pessoas**, órgãos e entidades com interesse na controvérsia, que, no prazo comum de 15 (quinze) dias, poderão requerer a juntada de documentos, bem como as diligências necessárias para a elucidação da questão de direito controvertida, e, em seguida, manifestar-se-á o Ministério Público, no mesmo prazo.", grifamos.

[1028] CPC, Artigo 1.038, I. "Artigo 1.038. O relator poderá: I – solicitar ou admitir manifestação de pessoas, órgãos ou entidades com interesse na controvérsia, considerando a relevância da matéria e consoante dispuser o regimento interno.".

[1029] ALVES, Gustavo Silva; DIDIER JR., Fredie; ZANETI JR., Hermes. Intervenção dos membros de grupo no julgamento de casos repetitivos. **Civil Procedure Review**, v. 10, n.1, p. 54, jan.-abr., 2019.

[1030] Sobre a importância da oportunização às partes de processos subsequentes para demonstração de distinção ou da necessidade de superação, cf. MACÊDO, Lucas Buril de. **Os precedentes judiciais e o direito processual civil**. 3. ed. Salvador: JusPodivm, 2019, p. 422, "Realmente, a simplificação do procedimento para a aplicação do precedente não pode ser realizada de modo a suprimir as hipóteses de participação regular do sujeito processual, que deve ter condições adequadas de exercer o contraditório, especialmente com atino para os argumentos próprios para a distinção ou superação do precedente.".

tório será restrito, vez que já julgada a questão de direito submetida à sistemática do IAC.[1031]

Logo, a fundamentação para o ingresso e a participação do terceiro na formação da tese jurídica a ser firmada pelo tribunal no IAC reside na aplicação desta tese para processos presentes e futuros em que presente a mesma questão de direito, limitando o contraditório no processo posterior apenas à demonstração da (não ocorrência de) distinção ou eventual necessidade de superação da tese já firmada.[1032]

Assim, a necessidade de participação desses terceiros *identificáveis* é fundamental para garantir contraditório na formação do precedente. Aqui, vale destacar que as concepções tradicionais acerca do princípio do contraditório costumam colocá-lo como a necessidade de ciência das partes e possibilidade de influência na decisão a ser proferida pelo Poder Judiciário. Sobre o tema, aduz Nelson Nery Júnior que:

> A garantia do contraditório é inerente às partes litigantes – autor, réu, litisdenunciado, opoente, chamado ao processo –, assim como também ao assistente litisconsorcial e simples e ao Ministério Público, ainda quando atue na função de fiscal da lei. Todos aqueles que tiverem alguma pretensão de direito material a ser deduzida no processo têm direito de invocar o princípio do contraditório em seu favor.[1033]

[1031] Sobre o tema, cf. ARENHART, Sérgio Cruz. O recurso de terceiro prejudicado e as decisões vinculantes. In: ARRUDA ALVIM, Teresa; NERY JR., Nelson. (coord.). **Aspectos polêmicos e atuais dos recursos cíveis.** vol. 11. São Paulo: Revista dos Tribunais, 2007. "Assim é porque tais decisões, ao impedirem a discussão de questões de direito em eventuais demandas propostas por estes (hoje) terceiros, restringem-lhes o poder de influir na solução do litígio e de apresentar adequadamente suas teses em juízo.".

[1032] Sobre o tema: "A tese jurídica poderá tanto beneficiar quanto prejudicar as partes dos processos sobrestados, sem que lhes seja garantido o direito amplo ao contraditório, ao menos não em seu modelo tradicional. O contraditório, nesse momento, se limitará à discussão sobre se o caso sobrestado tem ou não alguma distinção; a correção ou incorreção da tese é debatida no procedimento de julgamento de casos repetitivos.", p. 54, ALVES, Gustavo Silva; DIDIER JR., Fredie; ZANETI JR., Hermes. Intervenção dos membros de grupo no julgamento de casos repetitivos. **Civil Procedure Review**, v. 10, n.1, jan.-abr., 2019.

[1033] NERY JR., Nelson. **Princípios do processo civil na Constituição Federal.** 4.ed. São Paulo: Revista dos Tribunais, 1997, p. 126

A partir do conceito tradicional de contraditório,[1034] a questão é se o terceiro *identificável* enquadrar-se-ia em uma das categorias listadas pelo autor citado ou se o contraditório, quando aplicado ao procedimento do IAC, deve ser ampliado para além do conceito tradicional de partes e das intervenções de terceiros típicas. É sobre o que se passa a tratar. Dentre as intervenções típicas do CPC, certamente não se pode cogitar aqui das intervenções por iniciativa da parte[1035] ou provocadas, vez que inexistentes as hipóteses de cabimento da denunciação da lide, do chamamento ao processo ou do incidente de desconsideração da personalidade jurídica.[1036]

Dentre as intervenções espontâneas ou voluntárias, a situação é outra, vez que há quem defenda[1037] a atuação possível desse terceiro como assistente ou, ainda, como *amicus curiae*. Passa-se a analisar cada hipótese já aventada sobre o tema. Inicia-se pela admissão e participação do *terceiro identificável* como assistente.

Sobre a assistência, dispõe o artigo 119, do CPC, que "Pendendo causa entre 2 (duas) ou mais pessoas, o terceiro juridicamente interessado em que a sentença seja favorável a uma delas poderá intervir no processo para assisti-la.". Assim, a intervenção do terceiro justificar-se-ia

[1034] Sobre contraditório: "Por contraditório deve entender-se, de um lado, a necessidade de dar-se conhecimento da existência da ação e de todos os atos do processo às partes, e, de outro, a possibilidade de as partes reagirem aos atos que lhe sejam desfavoráveis.", p. 126-127, NERY JR., Nelson. **Princípios do processo civil na Constituição Federal.** 4. ed. São Paulo: Revista dos Tribunais, 1997.

[1035] LIEBMAN, Enrico Tullio. **Manual de direito processual civil**. 3. ed. v. I. Tradução de Cândido Rangel Dinamarco. São Paulo: Malheiros, 2005, p. 156.

[1036] Sobre o tema, cf. CINTRA, Lia Carolina Batista. **Intervenção de terceiro por ordem do juiz**: a intervenção *iussu iudicis* no processo civil. São Paulo: Revista dos Tribunais, 2017, p. 73, "Muito menos se poderia afirmar isso nos casos de intervenção coata; nesses casos, evidentemente, a preocupação do sistema não é com a tutela do interesse do terceiro, mas sim, das próprias partes, ainda que isso se dê de maneira muito limitada no ordenamento brasileiro.".

[1037] DANTAS, Bruno. Comentários ao artigo 983, CPC. In: ARRUDA ALVIM, Teresa; DANTAS, Bruno; DIDIER JR., Fredie; TALAMINI, Eduardo (coord.). **Breves comentários ao novo Código de Processo Civil**. São Paulo: Revista dos Tribunais, 2015, "Deve-se realçar que a parte que se depara com a suspensão de seu processo por força da instauração do IRDR detém, *tout court*, interesse jurídico suficiente para viabilizar sua intervenção na qualidade de assistente simples daquela parte processual do processo-piloto que sustente tese jurídica idêntica à sua.", p. 2193.

pela presença de interesse jurídico para que uma das partes saísse vitoriosa quanto ao mérito da lide. O assistente não buscaria direito próprio, vez que não é parte, mas:

> O interveniente *ad coadiuvandum* precisa ser titular de uma relação jurídica conexa à deduzida em juízo, ou dependente dela, de modo que a sentença a ser proferida possa projetar um efeito favorável ou desfavorável sobre sua posição jurídica; é daí que deriva seu interesse no conteúdo da futura sentença, e por isso a lei admite que ele intervenha para proteger esse seu interesse mediante o apoio que ele dá a uma das partes, com o fim de evitar que seja proferida uma sentença que possa influir desfavoravelmente sobre sua posição.[1038]

Transcritas as letras acima, vez que dificultosa a reescrita ou explicação com a mesma qualidade, continua Enrico Tullio Liebman, explicando que a intervenção não é altruísta, mas com a finalidade de evitar consequências negativas para interesse próprio em processo presente ou futuro.[1039] Ainda, o assistente poderá ser admitido na condição de assistente simples ou litisconsorcial.[1040] Assistente simples é aquele que visa a auxiliar uma das partes em razão de interesse jurídico próprio, mas em defesa do interesse da própria parte.[1041] Por sua vez, o assistente litisconsorcial é tratado como se parte fosse participando do processo "[...] e só não é autor e/ou réu por força de alguma regra de legitimação extraordinária que o autoriza a não participar obrigatoriamente do processo".[1042]

[1038] LIEBMAN, Enrico Tullio. **Manual de direito processual civil.** 3. ed., v. I, Tradução de Cândido Rangel Dinamarco. São Paulo: Malheiros, 2005, p. 154.

[1039] LIEBMAN, Enrico Tullio. **Manual de direito processual civil.** 3. ed., v. I, Tradução de Cândido Rangel Dinamarco. São Paulo: Malheiros, 2005, p. 154.

[1040] Sobre os problemas dessa cisão que permanecem na legislação, cf. CINTRA, Lia Carolina Batista. **Intervenção de terceiro por ordem do juiz**: a intervenção *iussu iudicis* no processo civil. São Paulo: Revista dos Tribunais, 2017, p. 133, ss.

[1041] Sobre o tema, afirma Humberto Theodoro Júnior: "[...] sua posição é de terceiro que tenta apenas coadjuvar uma das partes a obter vitória no processo. Não defende direito próprio, mas de outrem, embora tenha um interesse próprio a proteger indiretamente". THEODORO JÚNIOR, Humberto. **Curso de Direito Processual Civil.** v. I. Rio de Janeiro: Forense, 2017, p. 359.

[1042] BUENO, Cassio Scarpinella. **Manual de Direito Processual Civil.** 3. ed. São Paulo: Saraiva, 2017, p. 174.

Diante da insuficiência da regulamentação sobre partes e terceiros no processo civil, a assistência tem sido utilizada de forma ampla, para tomar em seu bojo situações atípicas não amparadas nas intervenções de terceiros nominadas.[1043]

O assistente intervém com o fito de auxiliar uma das partes a que se saía vencedora quanto ao mérito da lide. Na medida em que a questão de direito objeto do IAC pode escapar ao mérito em si da demanda, teria que se admitir o assistente como interessado a auxiliar uma das partes não quanto ao mérito, mas quanto à questão de direito posta sob análise do colegiado superior no tribunal. Entretanto, a atuação do assistente, pela concepção tradicional e legal, é aquela do interesse jurídico da demanda em si, não cabendo a intervenção do assistente por interesse econômico ou com o fim de esclarecer apenas questão específica de fato ou de direito,[1044] para precedente a ser firmado.[1045]

Até o quanto aqui explanado, aparentaria ser o caso de assistência do terceiro no caso ora em análise,[1046] desde que alterado o objetivo da

1043 Nesse sentido: Temer, Sofia. **Participação no processo civil**: repensando litisconsórcio, intervenção de terceiros e outras formas de atuação. Salvador: JusPodivm, 2020, p. 80-81. Também: Cintra, Lia Carolina Batista. **Intervenção de terceiro por ordem do juiz**: a intervenção *iussu iudicis* no processo civil. São Paulo: Revista dos Tribunais, 2017, p. 72, "Nem mesmo no caso da assistência, quando a lei exige que o terceiro ostente interesse jurídico em que a sentença seja favorável a uma das partes (CPC/15, artigo 119, CPC/73, artigo 50), é possível estabelecer essa relação, pois, em muitos exemplos tradicionalmente admitidos pela doutrina, o que o terceiro tem a temer é unicamente a formação de um "precedente" contrário a seus interesses, mas que não tem propriamente eficácia jurídica sobre ele".

1044 Cabral, Antonio do Passo. Despolarização do processo e zonas de interesse: sobre a migração entre os polos da demanda. **Revista Forense**, Rio de Janeiro: Forense, v. 104, ano 105. jul.-ago., 2009.

1045 Também nesse sentido: Macêdo, Lucas Buril de. **Os precedentes judiciais e o direito processual civil**. 3. ed. Salvador: JusPodivm, 2019, p. 490.

1046 Nesse sentido: Neves, Daniel Amorim Assumpção. **Manual de direito processual civil**: volume único. 9. ed. Salvador: JusPodivm, 2017, p. 1503, "quanto aos terceiros, que são partes em processos suspensos em razão da admissão do incidente de resolução de demandas repetitivas, entendo que a intervenção se dará por meio da assistência litisconsorcial porque, apesar de os terceiros não serem titulares do direito discutido no processo no qual foi suscitado o incidente, são titulares da relação jurídica que esta sendo decidida no tribunal. Afinal, no incidente ora analisado o tribunal fixa a tese jurídica a ser aplicada de forma vinculante a todos os processos suspensos".

assistência, o que se poderia admitir sem grande dificuldade, não fosse o quanto dispõe o artigo 119, CPC.[1047] Logo, a admissão do terceiro nessa condição seria de *lege ferenda* e com a necessária superação do conceito de interesse tradicional, que vincula a existência da lide à atuação processual.[1048]

Além disso, faltam informações primordiais ainda (i) quanto à possibilidade de rediscussão do tema objeto de tese em IAC e (ii) quanto ao objeto do IAC ser questão de direito material ou processual, afastando o cabimento da assistência para o terceiro interessado em razão de fazer parte do grupo a ser afetado pela tese firmada.

Quanto à primeira informação, importante frisar que o assistente, se não admitido ou não participante do processo, poderia alegar a não vinculação da coisa julgada à sua esfera de direitos. Quando da explanação dada acima, Enrico Tullio Liebman continuava afirmando que: "É claro que o terceiro poderia, não intervindo, alegar depois suas razões con-

[1047] CPC, Artigo 119. "Pendendo causa entre 2 (duas) ou mais pessoas, o terceiro juridicamente interessado em que a sentença seja favorável a uma delas poderá intervir no processo para assisti-la."

[1048] Cabral, Antonio do Passo. Despolarização do processo e zonas de interesse: sobre a migração entre os polos da demanda. **Revista Forense**, Rio de Janeiro: Forense, v. 104, ano 105, jul.-ago., 2009. É o que defendem Egon Moreira e Marcella Ferraro, no sentido de flexibilização do interesse jurídico para admissão de terceiros, indivíduos ou legitimados coletivos, como assistentes: Moreira, Egon Bockmann; Ferraro, Marcella Pereira. Pluralidade de interesses e participação de terceiros no processo (da assistência simples à coletivização, passando pelo *amicus*: notas a partir e para além do novo Código de Processo Civil). **Revista de Processo**, v. 251, ano 2016, p. 43-73, jan., 2016. Lia Carolina Batista Cintra aponta que, na prática, o conceito de interesse jurídico apto a justificar a intervenção do assistente tem sido flexibilizado de forma a justificar a atuação processual de terceiro, citando o exemplo do tabelião em discussão sobre a anulação de escritura e o Recurso Extraordinário n. 550.769/RJ, em que se admitiu a atuação do Sindicato da Indústria de Fumo do Estado de São Paulo: "Recentemente, o Supremo Tribunal Federal admitiu intervenção, como assistente, do Sindicato da Indústria de Fumo do Estado de São Paulo em ação envolvendo uma indústria de cigarros e na qual se discutia a constitucionalidade de um decreto-lei. O fundamento da admissão da assistência, no caso, foi que o julgamento poderia definir a orientação da jurisprudência sobre o tema, a qual poderia influir no julgamento de uma série de casos envolvendo filiados do Sindicato, que é um legitimado extraordinário.", p. 36, Cintra, Lia Carolina Batista. **Intervenção de terceiro por ordem do juiz**: a intervenção *iussu iudicis* no processo civil. São Paulo: Revista dos Tribunais, 2017.

tra a repercussão da sentença contra ele, mas sua defesa será muito mais fácil se intervier no processo, [...]".[1049]

Logo, nesse ponto, não se pode equiparar a atuação do interessado com a do assistente[1050] diante da impossibilidade de rediscussão da tese em processo subsequente, levando a sua inobservância à improcedência liminar do pedido,[1051] em primeiro grau, em processos futuros, ou, ainda, ao incremento dos poderes do relator, que poderá analisar o mérito recursal monocraticamente para alinhar a decisão judicial de primeira instância ao quanto decidido, em sede recursal, via IAC.[1052]

Além disso, quanto ao segundo ponto levantado acima, o que justifica o ingresso do assistente na condição de terceiro juridicamente interessado é a conexão da relação jurídica debatida em juízo, ou seja, o mérito. No IAC, a questão submetida a julgamento é meramente de direito, podendo ser de direito material ou processual.[1053]

Logo, não há que se falar na admissão de terceiro a ser afetado pela tese no IAC na condição de assistente,[1054] seja simples, seja litisconsor-

[1049] Liebman, Enrico Tullio. **Manual de direito processual civil**. 3. ed. v. I, Tradução de Cândido Rangel Dinamarco. São Paulo: Malheiros, 2005, p. 154.

[1050] Chegando à mesma conclusão, mas com os seguintes argumentos: "Pensamos que classificar a intervenção dos membros de grupo como uma modalidade de assistência simples ou litisconsorcial não parece ser a opção mais adequada. Isso porque, com exceção do julgamento das causas-piloto, o IRDR e os REER não decidem as várias relações jurídicas decorrentes dos processos sobrestados, muito menos têm o condão de resolver controvérsias que ainda nem foram levadas ao Poder Judiciário. Há apenas a fixação de uma tese jurídica e a possível formação de um precedente judicial em relação à questão repetitiva de direito, não existindo, nos moldes tradicionais, o interesse jurídico que possibilite a intervenção por assistência.", p. 60, Alves, Gustavo Silva; Didier Jr., Fredie; Zaneti Jr., Hermes. Intervenção dos membros de grupo no julgamento de casos repetitivos. **Civil Procedure Review**, v. 10, n.1, jan.-abr., 2019.

[1051] Nos termos do artigo 332, CPC.

[1052] Nos termos do artigo 932, CPC.

[1053] Lia Carolina Batista Cintra explicita essa diferença, destacando que as modalidades nominadas de intervenções de terceiros foram construídas a partir de sujeitos envolvidos na mesma situação complexa de direito material, o que não ocorre nos mecanismos de formação de precedentes. Cf. Cintra, Lia Carolina Batista. **Intervenção de terceiro por ordem do juiz**: a intervenção *iussu iudicis* no processo civil. São Paulo: Revista dos Tribunais, 2017, p. 51.

[1054] O STJ já se manifestou nesse sentido, mas por outros fundamentos: CF. Informativo 540 – STJ: "DIREITO PROCESSUAL CIVIL. ASSISTÊNCIA SIMPLES EM PROCESSO SUBMETIDO AO

cial, vez que a questão de direito material ou processual objeto do IAC não tem relação com a relação de fundo muitas vezes debatidas nessas demandas,[1055] e, ainda, diante da impossibilidade de rediscussão da tese jurídica a ser firmada via IAC nos processos pendentes e naqueles do porvir, salvo para aplicação da distinção ou da superação.[1056] Além disso, o assistente, na concepção tradicional, deve se vincular à pretensão bilateral de uma das partes, defendendo a sua posição. Na fixação de precedentes, os interesses podem ser diversos, não justificando a atuação do terceiro alinhada aos exatos termos e interesses de uma das partes litigantes.

A partir das considerações traçadas acima, tem-se que os sujeitos *identificáveis* não podem ingressar no procedimento especial para fixação de precedente em razão da assunção como assistentes.

4.2.5.2. Da participação de terceiros que possam ter processos no futuro e/ou pautar suas condutas extrajudicialmente: os sujeitos indeterminados – o grupo (iii)

Sujeitos que não tenham processos em andamento quando da assunção no tribunal, mas que tenham a perspectiva de discussão da questão no

RITO DO ARTIGO 543-C DO CPC. Não configura interesse jurídico apto a justificar o ingresso de terceiro como assistente simples em processo submetido ao rito do artigo 543-C do CPC o fato de o requerente ser parte em outro feito no qual se discute tese a ser firmada em recurso repetitivo. Isso porque, nessa situação, o interesse do terceiro que pretende ingressar como assistente no julgamento do recurso submetido à sistemática dos recursos repetitivos é meramente subjetivo, quando muito reflexo, de cunho meramente econômico, o que não justifica sua admissão como assistente simples. Outrossim, o requerente não se enquadra no rol do artigo 543-C, § 4o, do CPC, sendo certo ainda que nem mesmo aqueles inseridos da referida lista podem ser admitidos como assistentes no procedimento de recursos representativos, não sendo possível, também, a interposição de recurso por eles para impugnar a decisão que vier a ser prolatada. Ademais, a admissão da tese sustentada pelo requerente abriria a possibilidade de manifestação de todos aqueles que figuram em feitos que tiveram a tramitação suspensa em vista da afetação, o que, evidentemente, inviabilizaria o julgamento de recursos repetitivos. REsp 1.418.593-MS, Rel. Min. Luis Felipe Salomão, julgado em 14/5/2014.".

[1055] Também nesse sentido: Alves, Gustavo Silva; Didier Jr., Fredie; Zaneti Jr., Hermes. Intervenção dos membros de grupo no julgamento de casos repetitivos. **Civil Procedure Review**, v. 10, n.1, p. 61, jan.-abr., 2019.

[1056] Nesse sentido também: Temer, Sofia. **Incidente de resolução de demandas repetitivas**. 3. ed. Salvador: JusPodivm, 2018, p. 181-189.

futuro, podem demonstrar iniciativa em participar também do debate no espaço do Poder Judiciário. Questiona-se sob qual modalidade deveriam esses sujeitos ser admitidos, partindo da análise da figura do *amicus curiae*, que teve seu âmbito de atuação ampliado com o CPC de 2015 a partir dos requisitos do artigo 138. O objetivo não é esgotar a análise do tema, já bem explorado em trabalhos dedicados exclusivamente à sua análise,[1057] mas relacionar a participação dessa figura a sujeitos que possam ser afetados pelas teses firmadas em IAC no futuro, ou seja, sem processo em andamento no Poder Judiciário quando da admissão da assunção.

Da análise da previsão legal do tema, pode-se afirmar que o instituto precipuamente não resolve a questão da parte em processo presente ou futuro com a mesma questão de direito do IAC. Esta modalidade de intervenções de terceiros tem por objetivo possibilitar a formação "[...] mais pluralista e democrático [DO PRECEDENTE], reduzindo também questões de legitimação da aplicação do precedente a casos posteriores.".[1058] Assim, o *amicus* intervém no processo para além do interesse jurídico próprio, mas para defesa de interesse institucional[1059]

[1057] Cf., por todos, BUENO, Cassio Scarpinella. ***Amicus curiae* no processo civil brasileiro**: um terceiro enigmático. 2. ed. São Paulo: Saraiva, 2008.

[1058] CABRAL, Antônio do Passo. O *amicus curiae* no novo Código de Processo Civil. In: ARRUDA ALVIM, Teresa; BEDAQUE, José Roberto dos Santos; CARNEIRO, Paulo Cezar Pinheiro; MENDES, Aluisio Gonçalves de Castro. **O Novo Processo Civil Brasileiro**: temas relevantes – estudos em homenagem ao Professor, Jurista e Ministro Luiz Fux. v. I. Rio de Janeiro: LMJ Mundo Jurídico, 2018, p. 87.

[1059] BUENO, Cassio Scarpinella. ***Amicus curiae* no processo civil brasileiro**: um terceiro enigmático. 2. ed. São Paulo: Saraiva, 2008.

e finalidades pretensamente altruístas[1060] da melhor formação do julgamento.[1061]

Segundo o artigo 138, CPC, o *amicus curiae* será admitido quando (i) a matéria for relevante; (ii) o tema for específico; ou, ainda, (iii) quando a controvérsia apresentar repercussão social. Certamente que as questões de direito afetas à assunção serão relevantes e terão repercussão social, em razão dos requisitos para admissão do incidente. Entretanto, para os sujeitos *indeterminados*, ora em análise, não há compatibilidade da tutela de seus interesses através da figura da intervenção de terceiros típica mencionada.

Para os terceiros que tiveram seus processos suspensos ou que terão a aplicação da tese a um processo do futuro, a matéria certamente será sempre relevante, mas não em razão de sua especificidade ou de sua repercussão social.

Apesar de a figura do *amicus curiae* não se enquadrar para o grupo de sujeitos indeterminados aqui em análise, o instrumento é importante mecanismo de pluralização do debate nos tribunais. Assim, considerando o questionamento que foi lançado na introdução sobre haver obrigatoriedade da participação de *amici curiae* no IAC, acredita-se que

[1060] Alves, Gustavo Silva; Didier Jr., Fredie; Zaneti Jr., Hermes. Intervenção dos membros de grupo no julgamento de casos repetitivos. **Civil Procedure Review**, vol. 10, n.1: jan.-abr., 2019. Falamos em *pretensamente* altruístas, pois pesquisar empíricas demonstram que há interesses para além da contribuição para a formação do entendimento pelo tribunal. Sobre o tema, cf. Asperti, Maria Cecília de Araujo. **Acesso à justiça e técnicas de julgamento de casos repetitivos.** Tese de doutorado. Orientador Prof. Assoc. Carlos Alberto de Salles. São Paulo: Universidade de São Paulo, 2018, p. 284. Admitindo o interesse do *amicus curiae* na formação do precedente em si, cf. Marinoni, Luiz Guilherme. **Julgamento nas Cortes Supremas**: precedente e decisão do recurso diante do novo CPC. 2. ed. São Paulo: Revista dos Tribunais, 2017, p. 26.

[1061] Sobre o tema, também: Didier Jr., Fredie. **Recurso de terceiro**: juízo de admissibilidade. 2. ed. São Paulo: Revista dos Tribunais, 2005, p. 184-185, "O próprio étimo da expressão – amigo da cúria, ao pé-da-letra: *friend of court*, para os americanos – já revela que estamos diante muito mais de um auxiliar do juízo do que de um postulante, sujeito parcial do processo com interesse específico em determinado resultado para o julgamento. Às suas considerações dará o magistrado o peso que a sua convicção determinar ("*The court may give the arguments in the amicus curiae brief as much or as little weight as it chooses*"). Não se pode equiparar, portanto, a intervenção do *amicus curiae* com a intervenção de terceiro – seria o mesmo que se comparar a intervenção de um perito com a de um assistente.".

sim. Entretanto, parâmetros são necessários para que a atuação pretensamente nobre, com o fim de contribuir para a formação de melhores entendimentos para a sociedade, não reverta em proveito de pequenos grupos com grande capacidade econômico-financeira.[1062]

Ainda, quando o incidente tenha sido suscitado e admitido em procedimento especial que proíba a intervenção de terceiros, como o mandado de segurança, a vedação deverá cair por terra em razão da alteração do procedimento no tribunal, que passará a seguir o caminho da assunção, desconsiderando o procedimento originário do caso que lhe deu origem.

Voltando ao tema do *sujeito indeterminado*, ele não tem o tecnicismo exigido do *amicus* necessariamente e o seu interesse não tem relação com a repercussão social da demanda posta em debate.[1063]

Em razão da incompatibilidade entre as duas figuras exploradas acima e a do terceiro (i) cujo processo esteja em trâmite com a mesma questão de direito; ou (ii) terceiro de processo do porvir que não pode

[1062] Assim, o quanto proposto por Ursula Ribeiro de Almeira para o IRDR e o RR pode ser transposto para o IAC, com exceção do ponto sobre a legitimidade, no qual a autora defende que "as partes dos processos suspensos podem atuar como *amici curiae* [...]", p. 151, o que não nos parece adequado, segundo expusemos. Cf. ALMEIDA, Ursula Ribeiro de. **O *amicus curiae* e a representatividade adequada no julgamento dos casos repetitivos:** IRDR e Recursos Extraordinário e Especial Repetitivos. Tese de Doutorado. Orientador Prof. Associado Ricardo de Barros Leonel. São Paulo: Universidade de São Paulo, 2020. A autora propõe que a participação de *amici curiae* nos casos repetitivos seja obrigatória a partir de sete mandamentos: representatividade adequada, pertinência temática, dever de revelação, princípio da isonomia, legitimidade, argumentos e dever de fundamentação.

[1063] No mesmo sentido: ALVES, Gustavo Silva; DIDIER JR., Fredie; ZANETI JR., Hermes. Intervenção dos membros de grupo no julgamento de casos repetitivos. **Civil Procedure Review**, v. 10, n.1, p.57-58, jan.-abr., 2019. MOREIRA, Egon Bockmann; FERRARO, Marcella Pereira. Pluralidade de interesses e participação de terceiros no processo (da assistência simples à coletivização, passando pelo *amicus*: notas a partir e para além do novo Código de Processo Civil). **Revista de Processo**, v. 251, ano 2016, p. 43-73, jan., 2016, versão virtual não paginada, "Entretanto, talvez a figura não seja suficiente, inclusive considerando as restrições que são desde logo impostas em termos recursais, que mais teriam razão se ligadas somente a alguém que atua de modo desinteressado, imparcial; ou até mesmo tomando em conta a configuração que a figura pode acabar ganhando se aplicada restritivamente, no sentido de que é possível o terceiro participar, mas apresentando apenas memoriais ou sustentando oralmente suas razões durante alguns minutos na sessão de julgamento, sem uma participação mais efetiva na discussão e em outras etapas do processo.".

participar dos debates para formação da tese jurídica que lhe será aplicada, Fredie Didier Jr., Hermes Zaneti Jr. e Gustavo Silva Alvez[1064] defendem que o legislador de 2015 criou uma nova modalidade de intervenções de terceiros no processo civil, apta a garantir o contraditório efetivo na formação do precedente.[1065]

A criação dessa nova modalidade de intervenção de terceiro teria ocorrido nos artigos 983 e 1.038, I, CPC, que, como já observado, também se aplicaria ao IAC.[1066] Esses dispositivos falam em "interesse na controvérsia" e preveem alguns poderes para esses terceiros, uma vez admitidos, quais sejam: manifestação escrita, requerendo a juntada de documentos e a realização de diligências necessárias, nos termos do artigo 983, CPC, e a sustentação oral, nos termos do artigo 984, II, *b*, CPC. O terceiro seria admitido no processo com base em potencial *contribuição argumentativa* e com base em seu *grau de interesse na controvérsia*, que seriam verificados casuisticamente pelo relator do incidente.

O primeiro requisito – da contribuição argumentativa[1067] – evitaria possível tumulto processual caso muitos desejassem ingressar no feito. Deveria o terceiro demonstrar que o aporte de argumentos ainda não aventados no caso, sendo fundamental sua participação para garantia do contraditório ampliado. Questão intrincada que se coloca é que o número de terceiros interessados pode ser elevado o suficiente para prejudicar o andamento do incidente suscitado, como já disse o STJ em

[1064] ALVES, Gustavo Silva; DIDIER JR., Fredie; ZANETI JR., Hermes. Intervenção dos membros de grupo no julgamento de casos repetitivos. **Civil Procedure Review**, v. 10, n.1, jan.-abr., 2019.

[1065] Lucas Buril de Macêdo afirma que construções feitas para os processos individuais não podem ser replicadas nestas técnicas de formação concentrada de precedentes. Cf. MACÊDO, Lucas Buril de. **Os precedentes judiciais e o direito processual civil**. 3. ed. Salvador: JusPodivm, 2019, p. 409.

[1066] Gustavo Silva Alves, Fredie Didier Júnior e Hermes Zaneti Júnior falam em "intervenção dos membros de grupo no julgamento de casos repetitivos". Cf. ALVES, Gustavo Silva; DIDIER JR., Fredie; ZANETI JR., Hermes. Intervenção dos membros de grupo no julgamento de casos repetitivos. **Civil Procedure Review**, v. 10, n.1, jan.-abr., 2019, p. 65. Sofia Temer falar em "assistência para formação de precedente". TEMER, Sofia. **Incidente de resolução de demandas repetitivas**. 3. ed. Salvador: JusPodivm, 2018, p. 181-189.

[1067] ALVES, Gustavo Silva; DIDIER JR., Fredie; ZANETI JR., Hermes. Intervenção dos membros de grupo no julgamento de casos repetitivos. **Civil Procedure Review**, v. 10, n.1, jan-abr., 2019.

julgado citado[1068] e existir interesses divergentes dentre os próprios terceiros.[1069]

Assim, (a) diante da inaptidão da figura da 'assistência' para responder ao reclamo dos terceiros identificáveis e indeterminados; (b) diante da dificuldade em se identificar quem serão os terceiros afetados pela tese jurídica a ser firmada no futuro, principalmente no IAC quando admitido pelo artigo 947, *caput*, CPC; (c) diante da dificuldade de seleção de processo coletivo para suscitar o incidente, principalmente quando admitido com fundamento na prevenção da divergência jurisprudencial;[1070] (d) diante de interesses conflitantes que podem existir entre os terceiros;[1071] e, (e) diante da limitação do contraditório no processo em que será aplicada a tese já firmada em IAC, propõe-se, de *lege ferenda*, que:

[1068] REsp 1.418.593-MS, Rel. Min. Luis Felipe Salomão, julgado em 14/5/2014. A doutrina também já estampou essa preocupação quando da análise do artigo 94 do CPC para a tutela coletiva de direitos individuais homogêneos, cf. DIDIER JR., Fredie. **Recurso de terceiro**: juízo de admissibilidade. 2. ed. São Paulo: Revista dos Tribunais, 2005, p. 112.

[1069] Para evitar a situação de intervenção multitudinária, defendem os seguintes autores que o relator tenha poder de (in)admitir cada ato individual de cada terceiro, de forma a não gerar tumulto no processo. Nesse sentido: ALVES, Gustavo Silva; DIDIER JR., Fredie; ZANETI JR., Hermes. Intervenção dos membros de grupo no julgamento de casos repetitivos. **Civil Procedure Review**, v. 10, n.1, p. 65, jan.-abr., 2019. "Assim, entre os poderes que são conferidos ao relator do IRDR/REER está aquele relativo ao controle da legitimidade para intervenção dos membros de grupo, que não deverá ser aferida de forma única, mas, sim, para cada ato que o membro pretenda praticar durante o trâmite do procedimento de julgamento de casos repetitivos.".

[1070] É o que recomenda a doutrina como forma de garantir legitimação política e social à tese firmada no IRDR, quando a multiplicidade facilita a seleção, cf. MANCUSO, Rodolfo de Camargo. **Incidente de resolução de demandas repetitivas**: a luta contra a dispersão jurisprudencial excessiva. São Paulo: Revista dos Tribunais, 2016, p. 146 Antonio do Passo Cabral defende que o processo em que suscitado o incidente pode fundamentar, inclusive, a inadmissão deste, cf. CABRAL, Antonio do Passo. A escolha da causa-piloto nos incidentes de resolução de processos repetitivos. **Revista de Processo**, v. 231, p. 201-223, ano 2014. CABRAL, Antonio do Passo. A escolha da causa-piloto nos incidentes de resolução de processos repetitivos. **Revista de Processo**, v. 231, p. 201-223, ano 2014.

[1071] Ao tratar sobre os conflitos internos dentro do grupo para as ações coletivas, cf. CABRAL, Antonio do Passo. Despolarização do processo e zonas de interesse: sobre a migração entre os polos da demanda. **Revista Forense**, Rio de Janeiro: Forense, v. 104, ano 105, jul.-ago., 2009.

(i) Os legitimados coletivos do artigo 5º da LACP sejam cientificados da admissibilidade positiva do incidente no tribunal para a possível representação[1072] de interesses transindividuais para que a sua possível e eventual participação ocorra, em contraditório, na formação da tese jurídica, conferindo concretude ao princípio do contraditório, que, com o modelo de *precedentes legais*, não se restringe apenas às partes em que admitido o precedente, no caso, o IAC;[1073-1074] e,

[1072] Usamos tal termo cientes de que não se trata propriamente de representação, vez que os grupos não compõem nenhum dos polos do processo em que suscitado o incidente. O uso do termo tem finalidade didática, de forma a atrair toda a construção legal, jurisprudencial e doutrinária já consolidada sobre a representatividade adequada no Brasil.

[1073] A solução proposta é de *lege ferenda*, pois hoje eles somente podem representar grupos em casos determinados. Para Luiz Guilherme Marinoni tal saída já pode ser encontrada para o IRDR no artigo 979 do CPC que determina a mais ampla divulgação e publicidade do incidente, cf., sobre o tema: MARINONI, Luiz Guilherme. O "problema" do Incidente de Resolução de Demandas Repetitivas e dos Recursos Extraordinário e Especial Repetitivos. **Doutrinas Essenciais – Novo Processo Civil**, v. 7, ano 2018, **Revista de Processo**, v. 249, ano 2015, p. 399-419, nov., 2015, versão virtual não paginada, "Enfim, também é fácil perceber que o poder conferido às partes, Ministério Público e Defensoria Pública é para requerer a instauração do incidente e não para defender ou tutelar os direitos dos vários litigantes presentes nos casos que pendem. Ora, basta ver que a parte jamais poderia ter essa legitimidade e o Ministério Público e a Defensoria Pública não é aí visto como legitimado à tutela de direitos individuais homogêneos.". Eles também podem atuar como *amici curiae* em casos excepcionais, diante da falta de modalidade de intervenção que mais se adeque à situação. Sobre o tema: MOREIRA, Egon Bockmann; FERRARO, Marcella Pereira. Pluralidade de interesses e participação de terceiros no processo (da assistência simples à coletivização, passando pelo *amicus*: notas a partir e para além do novo Código de Processo Civil). **Revista de Processo**, v. 251, ano 2016, p. 43-73, jan., 2016, versão virtual não paginada, "É possível, de todo modo, no caso de o interesse institucional também significar um interesse que "ultrapassa a esfera jurídica de *um* indivíduo e que, por isso mesmo, é um interesse metaindividual, típico de uma sociedade pluralista e democrática, que é titularizado por grupos ou por segmentos sociais mais ou menos bem definidos", compreendê-lo com tal adjetivação, especialmente considerando que, de fato, os interessados que participam muitas vezes são representantes de interesses coletivos.". Para Lia Carolina Batista Cintra, a intervenção por determinação judicial, apesar de não encontrar previsão legal específica, pode ser extraída da publicização do processo. CINTRA, Lia Carolina Batista. **Intervenção de terceiro por ordem do juiz**: a intervenção *iussu iudicis* no processo civil. São Paulo: Revista dos Tribunais, 2017, p. 35.

(ii) Os *terceiros identificáveis*, paralelamente, também possam ser admitidos no incidente, desde que demonstrem capacidade argumentativa para além daquela já trazida pelas partes do processo em que suscitado o incidente e pelos legitimados coletivos para o incidente em si, ou seja, para a análise da questão de direito posta em julgamento de acordo com possíveis zonas de interesse.[1075-1076]

[1074] Indicando neste sentido, cf. ARENHART, Sérgio Cruz. Os terceiros e as decisões vinculantes do novo CPC. **Revista do TST**, Brasília, vol. 82, n. 2, abr./jun. 2016, p. 309, "Parece certo que há, nesses mecanismos, uma grande dose de exclusão, com risco evidente à garantia do contraditório. Todos esses sujeitos, embora não possam participar da formação da decisão judicial, serão afetadas por ela, de forma indireta, já que a interpretação dada à questão de direito que também informa seus litígios será aplicada para seus casos, sem possibilidade de questionamento. Por isso, a fim de salvaguardar seus interesses, parece adequado pensar em mecanismos de representação de seus interesses – à semelhança de figuras típicas da tutela coletiva – de modo que haja alguém no processo em que se formará a decisão obrigatória responsável por tutelar os direitos desses terceiros.". Por fim, o autor termina por concluir que qualquer terceiro poderia ser admitido mediante controle do Poder Judiciário: "Quaisquer terceiros, independentemente da demonstração de interesse jurídico na questão (desde que atendidos os pressupostos fixados no Regimento Interno do Tribunal), podem ser admitidos a manifestar-se nesses procedimentos. Merece esta solução ser ampliada para atender a todos os feitos dos quais possa resultar decisão vinculante.", p. 311.

[1075] Antonio do Passo Cabral defende a atuação despolarizada, ou seja, que independe da lide levada a juízo. O interesse e a legitimidade do terceiro estariam em apenas um elemento da relação sob julgamento. Nesse sentido: CABRAL, Antonio do Passo. Despolarização do processo e zonas de interesse: sobre a migração entre os polos da demanda. **Revista Forense**, Rio de Janeiro: Forense, v. 104, ano 105, jul.-ago., 2009.

[1076] A limitação dessa participação justifica-se diante de problemas procedimentais e organizacionais que podem surgir diante da ampla intervenção. Sobre o tema: MOREIRA, Egon Bockmann; FERRARO, Marcella Pereira. Pluralidade de interesses e participação de terceiros no processo (da assistência simples à coletivização, passando pelo *amicus*: notas a partir e para além do novo Código de Processo Civil). **Revista de Processo**, v. 251, ano 2016, p. 43-73, jan., 2016, versão virtual não paginada, "Essa *panparticipação processual* pode implicar problemas à solução da questão posta em juízo, à semelhança do litisconsórcio multitudinário. Igualmente, pode acentuar a subjetividade da escolha de quem entra e de em qual momento pode entrar. Tende a tornar instável a relação processual, os limites – objetivos e subjetivos – do processo e da atividade instrutória. Pode-se chegar ao limite de instalar desestímulo – ou o arrependimento – ao ajuizamento de ações: afinal, as partes não saberão, de partida, como o processo se desenvolverá e quais serão os sujeitos e assuntos nele envolvidos. Também pode funcionar em sentido inverso, criando incentivos para que terceiros passem a se organizar a fim de intervir em processos (pense-se nas grandes cor-

Devendo-se considerar, aqui, a possibilidade de intervenção concorrente, disjuntiva e autônoma entre legitimados coletivos para o incidente; e, subsidiária para os indivíduos do ponto (ii) acima, hipótese em que o procedimento iniciado pelo incidente de assunção de competência terá partes distintas daquelas do processo em que suscitado.[1077]

Diante destas propostas, admitimos a combinação entre a representatividade adequada nos moldes já delineados pelo legislador para o processo coletivo, além da ampliação da possibilidade de participação mediante a oportunização da admissão de indivíduos. Questão que seguiria a essa afirmação é sobre os requisitos de admissibilidade para participação do indivíduo de forma a evitar atos processuais desnecessários. Recomendamos, sem maiores aprofundamentos diante do objeto desta tese, o aproveitamento do quanto já construído para a representatividade adequada *ope judicis* no sistema das *class actions* norte-americanas, em que a análise da representatividade adequada é feita casuisticamente de acordo com os parâmetros fixados na *Rule 23* das *Federal Rules of Civil Procedure*.[1078] Tal controle permitiria que todos os interesses em discussão no incidente estivessem em debate quando do julgamento,

porações e no controle de processos desde o seu nascimento).". Também nesse sentido: Macêdo, Lucas Buril de. **Os precedentes judiciais e o direito processual civil**. 3. ed. Salvador: JusPodivm, 2019, p. 491. Sobre o tema, Afirma Maria Cecília Asperti que a participação do sujeito não pode ser absolutamente proibida em razão do modelo de representação, sob pena de criação de crises maiores de legitimidade da decisão judicial, cf. Asperti, Maria Cecília de Araujo. **Acesso à justiça e técnicas de julgamento de casos repetitivos.** Tese de doutorado. Orientador Prof. Assoc. Carlos Alberto de Salles. São Paulo: Universidade de São Paulo, 2018, p. 103. Ainda, constatou a autora citada, em análise de casos repetitivos, que a participação do órgão ministerial não supre a participação dos indivíduos, pois "[...] nem sempre os posicionamentos sustentados pelo Ministério Público mostraram-se totalmente alinhados com aqueles externados pelos litigantes ocasionais (partes e interessados).", p. 284.

1077 Considerando o conceito de parte inicialmente exposto centrado no contraditório.

1078 Sobre o tema, cf. Asperti, Maria Cecília de Araujo. **Acesso à justiça e técnicas de julgamento de casos repetitivos.** Tese de doutorado. Orientador Prof. Assoc. Carlos Alberto de Salles. São Paulo: Universidade de São Paulo, 2018, p. 110-111. Ainda sobre o tema, cf. Gidi, Antonio. **A *class action* como instrumento de tutela coletiva dos direitos**: as ações coletivas em uma perspectiva comparada. São Paulo: Revista dos Tribunais, 2007. p. 100.

independentemente da admissão de qualquer sujeito que pleiteie o ingresso no feito.[1079]

Certamente surgirá o questionamento quanto à limitada legitimação dos entes coletivos, que ficaria restrita ao polo ativo da demanda nos termos do *caput* do artigo 5º, LACP. Essa questão vem sendo debatida há tempos na doutrina[1080] e não merece acolhida atualmente diante da possibilidade de recordação da abandonada visão da ação como direito potestativo do autor contra o réu, polarizando o conceito de legitimidade.[1081] Além disso, muito já andou a doutrina em temas relacionados ao processo individual e ao processo coletivo separadamente, relegando, entretanto, situações intermediárias ao segundo plano.[1082]

Considerando que o conceito de partes e terceiros não se aplica satisfatoriamente ao tema, principalmente em razão da percepção de que, na fixação de um entendimento através de IAC, sujeitos podem ser afetados para além da percepção "perder ou ganhar" das partes do processo,[1083] há que viabilizar a participação e a possibilidade de influ-

[1079] Sobre o tema, cf. ARENHART, Sérgio Cruz. Os terceiros e as decisões vinculantes do novo CPC. **Revista do TST**, Brasília, v. 82, n. 2, p. 314, abr.-jun., 2016. "O fundamental é que os diversos interesses e os vários pontos de vista que podem incidir sobre a decisão da questão de direito que se tornará vinculante tenham sido adequadamente demonstrados, debatidos e examinados. Com essa postura, confere-se adequada proteção aos vários interesses incidentes, evitando que uma multidão de sujeitos ingresse no processo.".

[1080] Sobre o tema, cf. DIDIER JR., Fredie; ZANETI JR., Hermes. **Curso de Direito Processual Civil**. v.4. 5.ed. Salvador: JusPodivm, 2010. LEONEL, Ricardo de Barros. **Manual do processo coletivo**. 2. ed. São Paulo: Revista dos Tribunais, 2011.

[1081] CABRAL, Antonio do Passo. Despolarização do processo e zonas de interesse: sobre a migração entre os polos da demanda. **Revista Forense**, Rio de Janeiro: Forense, v. 104, ano 105. jul.-ago., 2009.

[1082] CINTRA, Lia Carolina Batista. **Intervenção de terceiro por ordem do juiz**: a intervenção *iussu iudicis* no processo civil. São Paulo: Revista dos Tribunais, 2017, p. 35, "É inegável a necessidade de se buscar mecanismos que confiram maior efetividade à tutela jurisdicional. No entanto, a doutrina costuma restringir essas tentativas ora ao processo civil estritamente individual, ora ao processo coletivo, deixando de lado situações intermediárias, tais como aquelas em que seriam admitidas as intervenções de terceiros. É possível afirmar, assim, que o sistema de intervenção de terceiros, no ordenamento brasileiro, é mal adaptado à instrumentalidade do processo, o que acaba mutilando sua efetividade. Nesse sentido, o tema da intervenção *iussu iudicis* mostra-se relevante.".

[1083] Sobre a insuficiência dos conceitos de partes e terceiros responderem bem a essa dinâmica, Cf. TEMER, Sofia. **Participação no processo civil**: repensando litisconsórcio, inter-

ência de terceiros para além das partes dentro do contexto bilateral em que suscitado o incidente, por isso a proposta (i) trazida acima, no sentido de possibilitar a participação dos legitimados coletivos na formação de *precedentes legais* em razão dos critérios de representatividade adequada utilizados previamente pelo legislador na seleção dos legitimados ativos para a ação civil pública. Apesar de a solução, nos exatos termos em que colocada, ser de *lege ferenda*, ela já foi extraída do ordenamento de *lege lata*, quando, por exemplo, Cândido Rangel Dinamarco defendeu que a Associação Nacional das Operadoras de Celulares poderia ingressar em processos quando uma de suas associadas estivesse envolvida em razão da legitimidade extraordinária que lhe é conferida. O autor, em seu parecer, destacou que a intervenção dar-se-ia como assistência, apesar de fugir dos moldes legais desta modalidade de intervenções de terceiros.[1084]

Assim, a necessidade de possibilitar a participação de instituições que representem grupos em processos individuais já é constatada. A

venção de terceiros e outras formas de atuação. Salvador: JusPodivm, 2020, p. 45-47, "Indo além, a transposição da ideia de lide – em seu formato bilateral e mediante um olhar estático e retrospectivo do conflito – para o processo faz com que trabalhemos com a pressuposição de que os interesses das partes são sempre binários, contrapostos, polarizados e estanques, num esquema autor/réu, ativo/passivo. Pressupomos que as "forças" dos sujeitos têm sempre a mesma direção, em sentidos opostos, de forma linear e estável durante todo o processo, tal como identificado na fotografia do conflito exposta na petição inicial. [...] Todavia, apesar de tal desenho polarizado funcionar como um bom método de trabalho, dele decorrem diversos problemas. Afinal, a ideia de que há um formato único (e bilateral) de conflito (e de processo) não é, ao menos contemporaneamente, real, o que acaba por negligenciar a real posição dos sujeitos nas relações processuais e a própria dinamicidade de seus interesses.". Lia Carolina Batista Cintra afirma que as intervenções de terceiro instrumentalizam a superação da estrutura bilateral do processo. CINTRA, Lia Carolina Batista. **Intervenção de terceiro por ordem do juiz**: a intervenção *iussu iudicis* no processo civil. São Paulo: Revista dos Tribunais, 2017, p. 77.

[1084] DINAMARCO, Cândido Rangel. **Processo civil empresarial.** São Paulo: Malheiros, 2010, p. 361-362, "Como registrado ao intróito, a consulente, na qualidade de entidade que congrega os interesses de empresas operadoras de telefones celulares, pretende intervir como assistente em processo no qual uma de suas associadas é ré. Tal intervenção encontra fundamento em sua legitimidade extraordinária; se o ente coletivo pode estar em juízo em prol dos interesses de seus associados (Const., artigo 5º, inc. XXI), não se legitimaria restringir sua intervenção na qualidade de assistente para auxiliá-los. Trata-se de hipótese que refoge aos moldes da assistência como disciplinada no Código de Processo Civil.".

questão é como isso poderá ou não ser viabilizado. A doutrina afirma ora a defesa da reformulação total do tema em relação ao quanto positivado hoje,[1085] em razão da ressignificação da jurisdição nesse contexto,[1086] ora estendendo a participação da sociedade na formação de precedentes pela intervenção ministerial e *amici curiae*, de forma mais contida,[1087] eventualmente admitindo a figura da assistência, flexibilizando o conceito de interesse jurídico, como no caso acima tratado. Também houve proposta de reforma do CPC de 1973 para associar o legitimado coletivo ao *amicus curiae*[1088] com adaptações em relação aos seus poderes e

[1085] Sobre o tema, cf. Temer, Sofia. **Participação no processo civil**: repensando litisconsórcio, intervenção de terceiros e outras formas de atuação. Salvador: JusPodivm, 2020, p. 250, "Um dos exemplos de atuação motivada por interesse distinto do tradicionalmente verificado nas modalidades interventivas nominadas é o que ocorre na formação de precedentes. Não há dúvida de que a atuação é distinta porque a própria função da atividade jurisdicional é ressignificada em tal contexto.".

[1086] Gonçalves, Marcelo Barbi. **Teoria geral da jurisdição**. Salvador: JusPodivm, 2020. Sobre o tema, cf. Leonel, Ricardo de Barros. **Reclamação constitucional**. São Paulo: Revista dos Tribunais, 2011, p. 32, "Esse panorama demonstra que a jurisdição adquiriu, na atualidade, um novo perfil, que lhe confere maior peso na realidade social. E para que esse papel seja desempenhado a contento, é imperativo que o produto do processo judicial ultrapasse os limites teóricos da sentença, e se torne real (efetivo), seja razoavelmente previsível e produza a desejada segurança jurídica.". Para a explicação dessa alteração com base na formatação dos três poderes de Estado, cf. Puoli, José Carlos Baptista. **Os poderes do juiz e as reformas do processo civil**. São Paulo: Juarez de Oliveira, 2001, p. 128.

[1087] Gisele Mazzoni Welsch, em sua tese de doutorado, defende a participação da sociedade na formação de precedentes como forma de legitimidade democrática da decisão judicial a partir da intervenção de *amici curiae*, somente. Cf. Welsch, Gisele Mazzoni. **Legitimação democrática do Poder Judiciário para a função normativa com eficácia vinculante:** a participação necessária de atores sociais nas ações com potencial repetitivo. Tese de doutorado. Pontifícia Universidade Católica do Rio Grande do Sul. Faculdade de Direito. Porto Alegre, 2015. Sobre ser essa dualidade insuficiente para abranger todas as possíveis intervenções, cf. Temer, Sofia. **Participação no processo civil**: repensando litisconsórcio, intervenção de terceiros e outras formas de atuação. Salvador: JusPodivm, 2020, p. 288.

[1088] O anteprojeto de lei para reforma do CPC que previa tal elaboração fora proposto por Athos Gusmão Carneiro e previa: "Artigo 80-A. O legitimado para as ações coletivas poderá, como '*amicus curiae*', intervir em causas pendentes, facultando-se-lhes juntar documentos, requerer provas, arrazoar e, se for o caso, recorrer, desde que a intervenção se justifique para a defesa de relevante interesse de ordem pública e que busque favorecer uma das partes no processo. Parágrafo único. Aplica-se à intervenção prevista neste artigo o dis-

determinando que a atuação do *amicus* estaria alinhada a uma das partes e regras específicas da assistência seriam aplicadas.

É questão incontroversa, portanto, a necessidade de ampliação do debate, restando a divergência sobre os seus limites e possibilidades.[1089] Não gostaríamos de avançar no tema sem expor, ainda que brevemente, os motivos pelos quais a questão restou incontroversa na doutrina, apesar de as soluções divergirem.

A participação através do contraditório ampliado nos mecanismos de formação de precedentes legais é relevante vez que a participação imprime o consentimento. Diante da formação de teses jurídicas pelos tribunais que serão aplicadas em casos presentes e futuros sem a opção de afastamento imediato de sua aplicação, quando semelhante a moldura fática, há que se falar em consentimento através do processo judicial como importante instrumento para a legitimação da decisão legalmente, moralmente e sociologicamente.[1090] Assim, a participação, nos

posto no parágrafo único do artigo 50 e, no que couber, o disposto no artigo 51", PLS 497 de 2009, que restou prejudicado em razão da aprovação do substitutivo ao PLS 166/2010.

[1089] Tal intervenção não se dará como assistência, vez que o conceito de interesse jurídico aqui não se aplica, como já entendeu o STJ. STJ, AgRg no REsp 1.167.563/RS, 3ª T., j. 06.08.2013, Min. Nancy Andrighi, *DJe* 18.10.2013; AgRg na PET nos EREsp 910.993/MG, Corte Especial, j. 17.12.2012, Min. Eliana Calmon, *DJe* 01.02.2013; EREsp 1.351.256/PR, Corte Especial, j. 17.12.2014, Min. Mauro Campbell Marques, *DJe* 19.12.2014. Essa situação é trazida em: Moreira, Egon Bockmann; Ferraro, Marcella Pereira. Pluralidade de interesses e participação de terceiros no processo (da assistência simples à coletivização, passando pelo *amicus*: notas a partir e para além do novo Código de Processo Civil). **Revista de Processo**, v. 251, ano 2016, p. 43-73, jan., 2016, versão virtual não paginada, "Há casos em que se entendeu que, mesmo na hipótese de um representante de uma coletividade, não é possível a participação, já que seria para a defesa de interesse institucional do pretenso interveniente, não de interesse jurídico, nos moldes tradicionais. Por exemplo, em discussão sobre honorários advocatícios, concluiu-se pela impossibilidade da assistência pela Ordem dos Advogados do Brasil.". Em sentido contrário: STF, STF, AgRg no RE 563.002/BA, 1ª T., j. 17.09.2013, Min. Dias Toffoli, reconhecendo o interesse jurídico coletivo apto a admitir ente representando determinados interesses.

[1090] Lahav, Alexandra D. **Participation and Procedure**, 64, DePaul Law Review. (2015) Available at: https://via.library.depaul.edu/law-review/vol64/iss2/13. Acesso em 05/09/2020. Sobre o tema, vale conferir o seguinte trecho da obra de Niklas Luhmann: "Através da participação no cerimonial do procedimento e na ratificação das premissas e competências de decisão, são retiradas aos interessados, como vimos, cada vez mais possibilidades de crítica e outras possibilidades são orientadas para determinadas vias.", p. 109,

moldes aqui expostos, não significará ampliação dos efeitos da coisa julgada, vez que a lógica da formação da tese jurídica através do incidente não se trata de coisa julgada, mas da força expansiva que a tese exercerá para outros casos. Além disso, a participação, principalmente em processos de massa já consolidados ou em potencial, permite que a razão pública avalie a fundamentação do processo judicial, fornecendo legitimidade democrática à decisão alcançada,[1091] além de destacar a função social do processo,[1092] em um caso que fatalmente alcançará sujeitos não presentes no processo em que debatido e fixado determinado entendimento. Por fim, o adequado contraditório fornecido a sujeitos e grupos que possam ter seus interesses em discussão no processo evitará discussões sobre o comprometimento da imparcialidade do órgão julgador,[1093] garantindo o alcance da formação da tese jurídica que melhor atenda o maior número possível de interesses em jogo, alcançando-se, com isso, um resultado ótimo no processo. Atingidos esses resultados satisfatoriamente, espera-se que pedidos de superação da tese firmada sejam raros, favorecendo, assim, a economia processual considerada macroscopicamente.[1094]

Além disso, o legitimado coletivo que tenha participado da formação do entendimento consolidado no tribunal incidiria em comportamento contraditório caso pleiteasse a superação do precedente em curto ou médio espaço de tempo, vez que oportunizado o debate em momento adequado.

LUHMANN, Niklas. **Legitimação pelo procedimento**. Tradução de Maria da Conceição Côrte-Real. Brasília: Universidade de Brasília, 1980.

1091 O tema é desenvolvido em: LAHAV, Alexandra D. **Participation and Procedure**, 64, DePaul Law Review. (2015). Available at: https://via.library.depaul.edu/law-review/vol64/iss2/13. Acesso em: 05 set. 020, p. 517, "*In order for decisions to be politically legitimate, the reasons justifying the decisions must be made public.*".

1092 DINAMARCO, Cândido Rangel. **A instrumentalidade do processo**. 4. ed. São Paulo: Malheiros, 1994, *passim*.

1093 É o motivo de justifica a intervenção do Ministério Público no processo civil. Sobre o tema, cf. OLIVEIRA, Suzana Fairbanks Lima de. **A racionalização da atividade do Ministério Público no processo civil**. Dissertação de mestrado, São Paulo, USP, 2008, p. 152-153.

1094 A economia processual, em termos macroscópicos, é considerada para justificar a intervenção *iussu iudicis*. Cf. CINTRA, Lia Carolina Batista. **Intervenção de terceiro por ordem do juiz**: a intervenção *iussu iudicis* no processo civil. São Paulo: Revista dos Tribunais, 2017.

Apesar de soar estranho, em um primeiro momento, a defesa da participação de sujeitos para além do Ministério Público[1095] e do *amicus curiae*,[1096] demonstrar-se-á que ultrapassar o quanto já assentado hoje é medida necessária diante de dois motivos: a repercussão que a tese firmada tomará[1097] e em razão das opções legislativas tomadas recentemente no sentido de privilegiar as formas de fixação de entendimentos por tribunais através do julgamento concentrado em único caso individual em detrimento do processo coletivo.[1098]

Quando do proferimento da decisão de afetação, de *lege ferenda*, defende-se que as instituições responsáveis pela guarida de direitos

[1095] Apesar da atuação do MP na defesa de interesses de grupos, ele não é o único legitimado, vez que assume intervenções em razão da qualidade da parte e da natureza da lide, além de não estar presente, necessariamente, na realidade de determinados grupos sociais. Por esse motivo, adotou o legislador a legitimação plúrima para a ação coletiva. Sobre a função do MP no processo civil escrevemos anteriormente, cf. Richter, Bianca Mendes Pereira. Nulidade processual pela falta de intervenção do Ministério Público. **Revista dos Tribunais**, v. 102, n. 930, p. 239-278, abr., 2013.

[1096] Sobre os entraves que os *amici curiae* podem encontrar para participação em julgamento de casos repetitivos, cf. Asperti, Maria Cecília de Araujo. **Acesso à justiça e técnicas de julgamento de casos repetitivos.** Tese de doutorado. Orientador Prof. Assoc. Carlos Alberto de Salles. São Paulo: Universidade de São Paulo, 2018, p. 213.

[1097] Embora defendendo a ampliação do contraditório por outras vias em relação as aqui mencionadas, Sofia Temer aponta os motivos pelos quais a ampliação é devida, cf. Temer, Sofia. **Participação no processo civil**: repensando litisconsórcio, intervenção de terceiros e outras formas de atuação. Salvador: JusPodivm, 2020, p. 300, “Por isso, a utilidade das intervenções que buscam atender a esta finalidade está, logicamente, atrelada à apresentação de novos e relevantes elementos para o debate que se põe no processo judicial. Este será o termômetro para avaliar a conveniência da intervenção: a capacidade de efetivamente contribuir.”. Para a autora, o sistema processual pode conviver com cláusula aberta de intervenção baseada na natureza e na intensidade do interesse do sujeito, na finalidade pretendida, na utilidade da sua participação, no estado do processo, na (in)existência de representação do interesse no caso e na relação do ingressante com o objeto do processo, dentre outros. A autora ainda defende que, diante da multiplicidade de sujeitos em nome dos mesmos interesses, deve-se eleger o representante.

[1098] Esse é o objeto de pesquisa da obra de Andrea Pimentel de Miranda que parte das hipóteses de que o litigante habitual resiste ao fortalecimento do processo coletivo, vez que há balanceamento de forças neste, o que não se encontra em mecanismos para formação de precedentes, como o IRDR. Cf. Miranda, Andrea Pimentel de. **Quem tem medo do processo coletivo?** As disputas e escolhas políticas no CPC/2015 para o tratamento da litigiosidade repetitiva no Brasil. São Paulo: Almedina, 2020, *passim*.

transindividuais precisam ser cientificadas,[1099] vez que a fixação da tese jurídica no IAC afetará indivíduos para além das partes do processo em que suscitado o incidente, que esses sujeitos não estão presentes no processo em que suscitado o incidente e que, uma vez firmado o entendimento pelo tribunal, ele será aplicado em casos presentes e futuros.[1100] Além disso, evita-se a situação em que diversos sujeitos buscam intervir no processo em nome do mesmo interesse em atuações repetidas, usufruindo-se da seleção já feita pelo legislador quanto aos representantes adequados[1101] de grupos, sem que haja violação ao contraditó-

[1099] Essa saída é ventilada, no direito estrangeiro, como forma de se evitar a litigância diante de conflitos que afetam diversos sujeitos. Cf. McCoid, John C. A Single Package for Multiparty Disputes. **Stanford Law Review**, v. 28, n. 4, p. 714-715, apr., 1976, "*The most widely discussed possibility for reducing multiplicity is to enlarge the range of collateral estoppel by expanding privity on a theory of adequate representation. Elaborated, the theory is that preclusion is justified when the interests of the nonparty and of the party-representative are substantially identical; in that confluence vigorous litigation by the representative sufficiently protects the interests of both.*".

[1100] Há quem defenda essa possibilidade para o IRDR em razão da formação da coisa julgada sobre questão "erga omnes". Cf., por todos, Marinoni, Luiz Guilherme. Sobre o Incidente de Assunção de Competência. **Revista de Processo.** v. 260, p. 233 – 256, out., 2016. O autor afirma que a mesma lógica não se aplica ao IAC, vez que: "Porém, a questão de grande repercussão social não tem qualquer relação com pessoas, grupos ou classes determinadas. Julga-se um caso específico que detém a questão de grande repercussão social. Mas não há solução de caso nem de questão de *terceiros*. Por isso, não há motivo para reclamar a participação dos representantes adequados das partes que foram excluídas – como ocorre no incidente de resolução de demandas.", versão virtual não paginada. Não concordamos com tal posição em razão de diversos argumentos já expostos ao longo da tese. Além disso, também não nos alinhamos à defesa do autor de que se trataria de coisa julgada sobre questão com base no quanto trazido por Lucas Buril de Macêdo, afastando a ideia defendida por Luiz Guilherme Marinoni de que haveria semelhanças ao instituto do *collateral estoppel*, cf. Macêdo, Lucas Buril de. **Os precedentes judiciais e o direito processual civil**. 3. ed. Salvador: JusPodivm, 2019, p. 507.

[1101] Já escrevemos sobre o tema. Cf. Richter, Bianca Mendes Pereira Richter. Representatividade adequada: uma comparação entre o modelo norte-americano da *class-action* e o modelo brasileiro. **Revista Jurídica da Escola Superior do Ministério Público de São Paulo**, v. 1, p. 187-212, 2012. Na ocasião, afirmamos que a doutrina tende a tratar da representatividade adequada junto ao tema da legitimidade. No entanto, elas não são institutos similares, embora sejam relacionáveis, pois a representatividade adequada é instituto mais amplo, exigindo que o magistrado analise elementos do caso concreto para garantir a efetiva observância do devido processo legal. Além disso, a representatividade adequada funciona como um instituto legitimador da tutela jurisdicional coletiva, pois a decisão alcan-

rio.[1102] Tratar-se-ia aqui, em termos coloquiais, do caminho contrário ao estabelecido para as ações coletivas, quando a preocupação é a cientificação dos indivíduos que têm seu direito em debate em razão da atuação do legitimado coletivo.[1103] Aqui, o debate sobre questão de direito que afeta potencialmente diversos indivíduos foi suscitado em processo individual, ou coletivo eventualmente, justificando a cientificação dos legitimados coletivos, que, por seleção prévia do legislador, têm representatividade adequada.[1104]

Tradicionalmente, aponta-se a necessária intimação do Ministério Público,[1105] por existir tal previsão em outros mecanismos para formação de precedentes, e da Defensoria Pública, em razão de relativo

çará quem não participou do processo, portanto, a representação deve ter sido adequada. Para Flávia Fornaciari, o conceito a ser dado ao termo "representatividade adequada" é: "uma qualidade apresentada pelo representante que atuará em nome da sociedade ou do grupo na defesa de interesses de ordem coletiva [...]", p. 50. FORNACIARI, Flávia Hellmeister Clito. **Representatividade adequada nos processos coletivos.** Tese de Doutorado orientada pela professora Ada Pellegrini Grinover a apresentada à Faculdade de Direito da USP. São Paulo: Faculdade de Direito da USP, 2010.

1102 Em sentido contrário, defendendo a seleção do representante casuisticamente, cf. TEMER, Sofia. **Participação no processo civil**: repensando litisconsórcio, intervenção de terceiros e outras formas de atuação. Salvador: JusPodivm, 2020, p. 373-374.

1103 Sobre essa preocupação no processo coletivo, cf. DIDIER JR., Fredie. **Recurso de terceiro**: juízo de admissibilidade. 2. ed. São Paulo: Revista dos Tribunais, 2005, p. 199, "Nas causas coletivas, por exemplo, pode-se cogitar da marcação de uma audiência especial de homologação do acordo celebrado, dando-se àquela ampla publicidade. Relembre-se que, nestes casos, o terceiro faz parte da relação jurídica litigiosa, quando não é o seu titular exclusivo, ou está autorizado por lei a discuti-la em juízo. O direito há de resguardar os interesses destes terceiros, que são afetados necessariamente pela decisão proferida em processo alheio. Resolver-se-ia, ainda, grave controvérsia doutrinária sobre a coisa julgada em relação ao possível litisconsorte unitário que não tenha participado do feito.".

1104 Já existiu debate, inclusive, sobre a limitação do contraditório nos processos coletivos em razão da legitimação extraordinária, cf. ASPERTI, Maria Cecília de Araujo. **Acesso à justiça e técnicas de julgamento de casos repetitivos.** Tese de doutorado. Orientador Prof. Assoc. Carlos Alberto de Salles. São Paulo: Universidade de São Paulo, 2018, p. 98.

1105 Essa inclusive é a direção apontada pelo legislador quando da regulamentação do IRDR, cf. CPC, artigo 976, §2º. Sobre o tema, na doutrina, cf. DIDIER JR., Fredie; CUNHA, Leonardo Carneiro da. Intervenção do Ministério Público no incidente de assunção de competência e na reclamação: interpretando um silêncio e um exagero verborrágico no novo CPC. **Revista eletrônica [do] Tribunal Regional do Trabalho da 9ª Região**, Curitiba, v. 8, n. 79, jun., 2019.

avanço doutrinário.[1106] Não se nega a necessidade de intimação das duas instituições, mas é necessário ir além[1107] para que se garanta a necessária participação[1108] de grupos e subgrupos,[1109] na maior medida possível, que podem ter interesses envolvidos na fixação da tese jurídica subme-

[1106] Sobre esse tópico: MENDES, Aluisio Gonçalves de Castro; PORTO, José Roberto Mello. **Incidente de assunção de competência.** Rio de Janeiro: GZ, 2020, p. 95.

[1107] Sobre a necessidade de ir além no IRDR, cf. WOLKART, Erik Navarro. Precedentes no Brasil e cultura – um caminho tortuoso, mas, ainda assim, um caminho. **Revista de Processo**, v. 243, ano 2015, p. 409-433, maio/2015, versão virtual não paginada: "[...] participação de todos os interessados, incluindo pessoas, órgãos ou entidades, que poderão requerer diligências exclusivamente para a elucidação da questão *de direito* – no modelo brasileiro, questões fáticas não farão parte do incidente. Será que a jurisprudência realmente *abrirá* o procedimento para além dos *amici curiae*, permitindo a participação de todos que forem parte nos processos suspensos?; [...]". Maria Cecília Asperti também defende essa necessidade, afirmando que essas instituições não estarão sempre previamente preparadas para a tese em análise, cf. ASPERTI, Maria Cecília de Araujo. **Acesso à justiça e técnicas de julgamento de casos repetitivos.** Tese de doutorado. Orientador Prof. Assoc. Carlos Alberto de Salles. São Paulo: Universidade de São Paulo, 2018, p. 206.

[1108] Concordando com a possibilidade de aplicação da teoria construída para o processo coletivo nos incidentes de resolução de questões de direito de maneira concentrada, cf. GUEDES, Cintia Regina. O incidente de resolução de demandas repetitivas e o papel da Defensoria Pública como porta-voz dos direitos dos litigantes individuais na formação da tese jurídica vinculante. **Revista de Direito da Defensoria Pública do Estado do Rio de Janeiro**, v. 27, 2018, pp. 304-316.

[1109] Sobre o tema, cf. LEONEL, Ricardo de Barros. **Manual do processo coletivo**. 2. ed. São Paulo: Revista dos Tribunais, 2011. Também sobre o tema, cf. CABRAL, Antonio do Passo. Despolarização do processo e "zonas de interesse": sobre a migração entre polos da demanda. **Revista Forense**, v. 404, ano 105, jul.-ago., 2009, p. 20, "Nas ações coletivas, as dissidências internas, diante do mecanismo de substituição processual, tornam-se um problema ainda mais sensível. Isso porque a diferença de formato da legitimidade ordinária para a extraordinária distancia enormemente a estratégia processual da vontade da coletividade substituída. A análise da legitimidade extraordinária é aferida na lei, sem uma necessária ligação do litigante com o direito material ou afinidade de seus interesses próprios com aqueles da parte substituída.". Diante dessa possibilidade, o autor ainda pontua que: "No Brasil, e em qualquer sistema onde a legitimidade extraordinária é dada pela lei, sem requisitos rígidos de afinidade de interesses dentro da classe e desta com o condutor do processo, sempre haverá possibilidade de dissenso e conflitos internos na coletividade. Trata-se de uma situação tão normal que muitos procedimentos coletivos modernos vêm tentando solucionar o problema das divergências internas, como ocorre nas chamadas "ações de grupo" de formato não representativo.", p. 21.

tida à análise do tribunal.[1110] A mera possibilidade de participação de *amici curiae* não é suficiente para oportunizar amplo debate na esfera do processo em que suscitado o incidente,[1111] vez que não há obrigatoriedade de prévia comunicação às entidades que poderiam participar nessa condição[1112] e a atuação do *amicus curiae* depende da organização prévia

[1110] Sobre essa análise, cf. Zaneti Jr., Hermes. Os casos repetitivos no Brasil: notas sobre a agregação de litígios, o processo coletivo e os precedentes vinculantes no CPC/15. In: Simons, Adrian; Mendes, Aluisio Gonçalves de Castro; Ragone, Alvaro Pérez; Lucon, Paulo Henrique dos Santos (coords.). **Estudos em homenagem a Ada Pellegrini Grinover e José Carlos Barbosa Moreira**. São Paulo: Tirant lo Blanch, 2019, p. 688-689, "Entendemos que esta espécie de técnica de tutela representada pelos casos repetitivos pode ser, portanto, vista sob a perspectiva de um processo coletivo, não importa qual a sua configuração, visto que se formam grupos a partir do momento em que os diversos litígios ou as questões deles decorrentes são reunidos. Trata-se de julgamento de litígios agregados, pretensões agregadas, litígios isomórficos, em outras palavras, ações coletivas *opt-in*, em que se exige o comportamento ativo dos litigantes para formação do grupo, por exemplo, ajuizando ações individuais para serem atingidos e vinculados ao resultado do processo coletivo. Reforça este argumento o fato de o *American Law Institute – ALI*, ao regular as formas de processo coletivo, tratar no mesmo dispositivo das ações coletivas e dos casos repetitivos como espécies do mesmo gênero (§10.2), assim como a *GLO – Group Litigation Order* inglesa, também reconhecer a necessidade de tratamento conjunto (19B 2.3), e definir que a análise das circunstâncias do caso é que irá permitir saber qual o mecanismo mais apropriado para tratamento do litígio.". Sobre o tema, a doutrina estrangeira admite que a representação adequada não fica restrita ao processo coletivo, cf. McCoid, John C. A Single Package for Multiparty Disputes. **Stanford Law Review**, v. 28, n. 4, p. 715, apr. 1976. *"Although privity based on representation is by no means confined to the class action, much of the theoretical support for the proposal to expand the privity concept is drawn from that area, perhaps because of its contemporary popularity. Consequently, comparison of the proposal and class actions is instructive. Both the privity proposal and the class action carry a built-in problem. If preclusion is to be based on representation, according to the new Restatement the representation must be "adequate".*

[1111] Em sentido contrário: Sica, Heitor Vitor Mendonça. Notas críticas ao sistema de pluralidade de partes no processo civil brasileiro. **Revista de Processo**, v. 200, ano 2011, p. 13-70, out., 2011, versão virtual não paginada, "Além disso, centraremos atenção nos processos de cunho individual, justificando esse corte pela constatação de que o alargamento das hipóteses de intervenção do *amicus curiae* é suficiente para garantir o contraditório – ainda que "institucional" – em processos que dão ensejo a decisões aptas a atingir grupos indeterminados ou indetermináveis de pessoas que não figuraram como partes.".

[1112] Essa preocupação não é inédita. Ela vem estampada no enunciado n. 82 das Jornadas de Direito Processual do Conselho da Justiça Federal: "Quando houver pluralidade de pedidos de admissão de *amicus curiae*, o relator deve observar, como critério para definição daqueles que serão admitidos, o equilíbrio na representatividade dos diversos interesses jurídicos de grupos e pessoas na sociedade, o que não acontece principalmente para interesses mais fragmentados e com baixo interesse econômico de alguns setores. Embora o tribunal possa provocar a atuação do *amicus curiae* como forma de equilibrar os interesses em discussão, tal solução não prescinde da solução por nós aqui apontada, vez que há grupos e subgrupos não organizados o suficiente para a identificação da atuação na defesa de seus interesses por *amici curiae*.[1113]

Além disso, deve-se considerar que já se abandona a ideia de que o *amicus curiae* teria atuação imparcial em prol da contribuição filantrópica para incremento da qualidade das decisões judiciais por aqui,[1114] como ocorre há mais tempo na doutrina estrangeira.[1115]

contrapostos no litígio, velando, assim, pelo respeito à amplitude do contraditório, paridade de tratamento e isonomia entre todos os potencialmente atingidos pela decisão.". Conselho da Justiça Federal. Enunciados da I Jornada de Direito Processual Civil. Disponível em: https://www.cjf.jus.br/cjf/corregedoria-da-justica-federal/centro-de-estudos-judiciarios-1/publicacoes-1/i-jornada-de-direito-processual-civil. Acesso: 05 set. 2020. O STJ tem essa preocupação por vezes, como no REsp n. 1.729.593, Rel. Min. Marco Aurélio Bellizze, 6/5/2019.

[1113] Sobre como o Poder Judiciário pode perpetuar situações de desigualdade através do processo, cf. Asperti, Maria Cecília de Araujo. **Acesso à justiça e técnicas de julgamento de casos repetitivos.** Tese de doutorado. Orientador Prof. Assoc. Carlos Alberto de Salles. São Paulo: Universidade de São Paulo, 2018, p. 63.

[1114] Sobre o tema: Moreira, Egon Bockmann; Ferraro, Marcella Pereira. Pluralidade de interesses e participação de terceiros no processo (da assistência simples à coletivização, passando pelo *amicus*: notas a partir e para além do novo Código de Processo Civil). **Revista de Processo**, v. 251, ano 2016, p. 43-73, jan., 2016. Temer, Sofia. **Participação no processo civil**: repensando litisconsórcio, intervenção de terceiros e outras formas de atuação. Salvador: JusPodivm, 2020, p. 240-241, "Em realidade, o tipo de interesse que ostenta o amicus sequer é uniforme, sendo difícil identificar, nas mais variadas intervenções a tal título, uma finalidade comum. Tampouco é possível afirmar, hoje, que o *amicus* seria um sujeito imparcial. Já há muito, aliás, reconhece a doutrina estrangeira que a função antes isenta do amigo da corte é hoje cada vez mais rara, ostentando os *amici* interesses dos mais variados. No direito estadunidense, por exemplo, há incontáveis (e dissonantes) subcategorias de *amici curiae*, a evidenciar a complexidade do tema.".

[1115] Lowman, Michael K. The litigating Amicus Curiae: when does the party begin after the friends leave. **The American University Law Review**, v. 41, p. 1244, 1992. "*Most notably, the amicus device evolved into a means of representing third-party interests potentially affected by ongoing litigation.*" Também no mesmo sentido, afirmando que devemos abandonar a figura do *amicus curiae* como amigo da Corte: Larsen, Allison Orr. The trouble with amicus facts. **Virginia Law Review**, v. 100, 2014.

Assim, defende-se que todos os legitimados coletivos para as ações coletivas, nos termos do artigo 5º, da LACP, devam ser cientificados,[1116-1117] como solução mais plausível do que a defesa da participação de todo e qualquer sujeito com interesse – jurídico ou não – na controvérsia, o que seria impossível,[1118] indicando que a participação na formação de precedentes pelos tribunais envolve a defesa de interesses de grupos e subgrupos da sociedade e não propriamente a representação de sujeitos.[1119]

[1116] A falta de representatividade adequada de grupos que serão atingidos pela tese jurídica a ser firmada é um dos argumentos utilizados pela doutrina para defender a possível inconstitucionalidade do IAC. Nesse sentido, cf. FERNANDES, Ricardo Yamin. **Do incidente de Assunção de Competência**. São Paulo: Revista dos Tribunais, 2020, p. 213, "Isso é uma enorme ofensa ao contraditório de todas aquelas pessoas que, futuramente, estarão vinculadas a essa decisão. Não há, no sistema jurídico, nenhuma garantir de que o caso sob julgamento reúna as melhores condições jurídicas e técnicas para abarcar os argumentos de todos aqueles que possam ser afetados.". Mencionado autor aponta que a participação de *amicus curiae* pode ser um caminho para "[...] democratizar o instituto, permitindo uma maior participação dos setores que, em tese, serão afetados pela decisão. Não é, contudo, a solução para a inconstitucionalidade que suscitamos.", p. 214.

[1117] Há quem defenda que os ditos "terceiros" são em realidade partes do incidente, com o que concordamos. Nesse sentido: DIDIER JR., Fredie. **Recurso de terceiro**: juízo de admissibilidade. 2. ed. São Paulo: Revista dos Tribunais, 2005, p. 161-162. Vislumbrar tal possibilidade somente é possível diante do reconhecimento de que legitimidade não tem relação com o conflito originariamente submetido ao Poder Judiciário. Sobre o tema, cf. CABRAL, Antonio do Passo. Despolarização do processo e "zonas de interesse": sobre a migração entre polos da demanda. **Revista Forense**, v. 404, ano 105, p. 11, jul.-ago., 2009, "É que o poder de ação é o mesmo poder de praticar um ato jurídico processual, apenas considerados a partir de momentos distintos e atos diversos. Portanto, existem "ações" de vários sujeitos, intrincadas e descontinuamente exercidas, umas reagindo às posições dos demais, sem contar aquelas "ações" que são exercidas em formato reduzido, como ocorre com os intervenientes ulteriores, muitos dos quais detentores de menores poderes que as partes. Nesse contexto, falar em legitimidade ativa e passiva é retomar institutos pandectísticos ou ainda recordar a superada visão da ação como direito potestativo do autor contra o réu.".

[1118] Concordando com essa impossibilidade, cf. TEMER, Sofia. **Participação no processo civil**: repensando litisconsórcio, intervenção de terceiros e outras formas de atuação. Salvador: JusPodivm, 2020, p. 325.

[1119] Sobre o tema, cf. LAHAV, Alexandra D. ***Participation and Procedure***, 64, DePaul Law Review, (2015). Available at: https://via.library.depaul.edu/law-review/vol64/iss2/13. Acesso em 05/09/2020, p. 513, "*How much participation should our procedural system offer liti-*

Tal solução, apesar de não prevista expressamente na legislação, pode ser aferida de *lege lata*, não encontrando óbice legal, vez que o artigo 139, X, do CPC,[1120] estabelece que o magistrado oficiará os legitimados para a ação coletiva quando se deparar com situações que fundamentariam a sua atuação. Aqui, a atuação seria justificada diante da presença potencial de interesses de grupos que explicariam a atuação dos legitimados coletivos na formação de entendimentos diretamente nos tribunais.[1121]

O ordenamento sinaliza a necessidade de ventilação do contraditório nesses mecanismos de formação de precedentes quando possibilita a participação de pessoas, órgãos e entidades com interesse na controvérsia no IRDR (artigo 983, CPC) e no rito dos recursos repetitivos (artigo 1.038, CPC), além da participação de terceiros na análise da repercussão geral no recurso extraordinário pelo STF (artigo 1.035, CPC). Como demonstrou-se que o IAC pode assumir a feição repressiva, assim como os mecanismos citados acima, o contraditório também merece mais atenção nesse incidente.

gants? This question poses a challenge because in a mass society it is too difficult to support a civil justice system that provides every litigant with the opportunity to speak directly to a judge about her individual case." No texto, a autora ainda menciona as "quasi class actions", quebrando a dualidade entre processo coletivo e individual, algo semelhante ao que aqui propomos: "*Creating a new common law doctrine by adding the prefix "quasi" to an older, related doctrine is a classic response to the breakdown of doctrinal categories by building a bridge between them.*", p. 529.

1120 CPC, Artigo 139. "O juiz dirigirá o processo conforme as disposições deste Código, incumbindo-lhe: [...] X – quando se deparar com diversas demandas individuais repetitivas, oficiar o Ministério Público, a Defensoria Pública e, na medida do possível, outros legitimados a que se referem o artigo 5º da Lei nº 7.347, de 24 de julho de 1985, e o artigo 82 da Lei nº 8.078, de 11 de setembro de 1990, para, se for o caso, promover a propositura da ação coletiva respectiva.".

1121 Sobre as vantagens da legitimação coletiva, cf. CABRAL, Antonio do Passo. O novo procedimento-modelo (*Musterverfahren*) alemão: uma alternativa às ações coletivas. **Revista de Processo**, n. 147, ano 32, p. 124-125, maio, 2007, "Essa sistemática leva em consideração valores como celeridade, eficiência e amplitude do acesso à justiça, ao mesmo tempo em que pratica e promove a igualdade entre pequenos litigantes e grandes réus. De fato, especialmente quando de trata de coletividades carentes e de baixo nível de instrução, frequentemente os membros da classe não estariam preparados financeira e culturalmente para ingressar em juízo, chegando alguns autores a apontar o formato das regras tradicionais de legitimidade ordinária como opressor e elitista, e a técnica da substituição processual como libertária.".

Indo além do que o ordenamento já estabelece e tomando como premissa a necessária revisão do processo como espaço para conflitos bilaterais e lineares,[1122] poder-se-ia considerar a citação[1123] dos legitimados mencionados, de *lege ferenda*, considerando que na fotografia daquele momento em que suscitado o incidente haveria interesse *ad actum* para a atuação desses sujeitos. Entretanto, tal opção ensejaria a necessidade de revisão de temas que escapam ao objeto desta tese, de forma que não é possível avaliar, neste momento, suas implicações em geral. Por ora, é claro que as partes do procedimento no tribunal iniciado através do incidente não se confundem necessariamente com as partes da demanda em que este foi suscitado.[1124]

[1122] A tese é defendida por Sofia Temer, cf. TEMER, Sofia. **Participação no processo civil**: repensando litisconsórcio, intervenção de terceiros e outras formas de atuação. Salvador: JusPodivm, 2020, além de encontrar guarida em texto de Antonio do Passo Cabral, cf. CABRAL, Antonio do Passo. Despolarização do processo e "zonas de interesse": sobre a migração entre polos da demanda. **Revista Forense**, v. 404, ano 105, jul.-ago.,2009. Segundo Sofia Temer a revisão da participação no processo civil é necessária, vez que: "Afinal, as premissas que os "outros tipos" de processo desafiam – ou seja, de que o modelo de adjudicação estaria apenas destinado a resolver o conflito entre duas pessoas a respeito de um único bem, para atendimento de suas finalidades privadas, com o objetivo de retomar o status quo verificado antes da alegada violação ao direito de uma delas, havendo apenas espaço para que se conclua quem é o vencido e quem é o vencedor – parecem-nos, no todo, ultrapassadas. Talvez porque pressupõem um conflito e uma sociedade artificializados, reduzidos a um esquema muito mais simples do que o real. Afinal, é cada vez mais difícil divisar conflitos privados de públicos, individuais de coletivos, e cada vez mais improvável que as repercussões (não apenas jurídicas) de um dado processo se limitem aos seus sujeitos originários. É também cada vez mais tênue a distinção entre procedimentos contenciosos e de jurisdição voluntária, e entre resolução de conflitos "em concreto" e "em abstrato" [...].", p. 226-229, TEMER, Sofia. **Participação no processo civil**: repensando litisconsórcio, intervenção de terceiros e outras formas de atuação. Salvador: JusPodivm, 2020.

[1123] Tratar-se-ia da possibilidade aventada no artigo 18 do CPC. GONÇALVES, Marcelo Barbi. **Teoria geral da jurisdição**. Salvador: JusPodivm, 2020. Também nesse sentido: TEMER, Sofia. **Participação no processo civil**: repensando litisconsórcio, intervenção de terceiros e outras formas de atuação. Salvador: JusPodivm, 2020, p. 291.

[1124] Sobre o tema, cf. DIDIER JR., Fredie. **Recurso de terceiro**: juízo de admissibilidade. 2. ed. São Paulo: Revista dos Tribunais, 2005, p. 161-162, "As partes principais são aquelas que participam ou ao menos foram chamadas a participar do processo, e sobre as quais incidirá a eficácia da resolução sobre o objeto litigioso do processo (mérito, *brevitatis causae*). Podemos chamá-las de sujeitos da demanda. No entanto, o processo nem sempre caminha em movimento uniforme, sem curvas ou contratempos, em direção à decisão final – são tantos

De qualquer forma, a cientificação aos legitimados coletivos para que, voluntariamente, assumam a defesa de interesses de grupos no processo em que se discute a assunção de competência é solução alinhada ao reconhecimento de que a cooperação e a boa-fé entre os sujeitos do processo não se destinam apenas às partes, mas também aos sujeitos imparciais,[1125] sem que haja comprometimento de sua imparcialidade[1126] nem de violação à inércia, vez que não alterados os polos do processo originário em relação ao incidente.

Questão sucessiva à análise feita é como garantir que todos os possíveis legitimados para as ações coletivas sejam cientificados do meca-

os incidentes que podem ocorrer ao longo do percurso, que se pode afirmar raro o processo que termine sem que tenha havido qualquer desvio de rota. Esses incidentes, conforme pontuou Marcelo Abelha Rodrigues, podem dizer respeito a questões, pontos ou causas. Quando se referem a questões, nem sempre aludem ao mérito da causa (exceção de incompetência, por exemplo), tampouco necessariamente envolvem os sujeitos principais do conflito. O surgimento de incidentes, que envolvam outros sujeitos processuais que não os da demanda, resulta das características da relação jurídica processual: complexidade e progressividade. Não se podem confundir os sujeitos da demanda com os sujeitos do incidente – eles até podem ser os mesmos, mas isso não ocorrerá necessariamente.".

1125 Temer, Sofia. **Participação no processo civil**: repensando litisconsórcio, intervenção de terceiros e outras formas de atuação. Salvador: JusPodivm, 2020, p. 102-103, "A exigência de boa-fé na atuação processual, por sua vez, evidenciada tanto no que se refere aos atos postulatórios (como se observa do artigo 322, §2º, do CPC, que dispõe que "a interpretação do pedido considerará o conjunto da postulação e observará o princípio da boa-fé") quanto aos atos decisórios (impondo o artigo 489, §3º, do CPC, por exemplo, que a decisão judicial deve ser interpretada "em conformidade com o princípio da boa-fé"), reforçando a ideia de que seria dirigida a todos, inclusive aos sujeitos ditos "imparciais".".

1126 Nesse sentido: Temer, Sofia. **Participação no processo civil**: repensando litisconsórcio, intervenção de terceiros e outras formas de atuação. Salvador: JusPodivm, 2020, p. 110-111. Também: Cabral, Antonio do Passo. Imparcialidade e *impartialidade*. Por uma teoria sobre repartição e incompatibilidade de funções nos processos civil e penal. **Revista de Processo**, v. 149, ano 2007, p. 339-364, jul., 2007, versão virtual não paginada, "Assim ocorre, por exemplo, com a imparcialidade do juiz: deve ele tratar os demandantes de forma impessoal, alheio aos interesses controversos, descomprometido com a vitória de uma ou outra parte, o que é estampado em brocardo secular do direito romano: *nemo iudex in causa sua*. Não significa, entretanto, que o juízo deva ser totalmente descompromissado: o magistrado deve ter a responsabilidade com a decisão correta, dando razão à parte que deve, segundo o ordenamento jurídico, sagrar-se vencedora.".

nismo para formação de precedente legal.[1127] Seria absurdo afirmar que o ingresso seria possível sem qualquer imposição ao Poder Judiciário de informar da existência desses incidentes, pois seria confirmar que pesquisas deveriam ser feitas genericamente por todos os tribunais do país pelos legitimados coletivos, em busca de possíveis casos de atuação, sem filtros feitos *a priori*.[1128] Dois caminhos podem começar a ser traçados na tentativa de se começar a delinear instrumentos eficazes de ampliação do contraditório na formação de precedentes.

O primeiro construído a partir da imposição às partes do processo de identificar possíveis interessados e as respectivas instituições do artigo 5º referido.[1129] Essa é a ideia do artigo 338 do CPC quando impõe ao réu a indicação da parte legítima, quando tiver conhecimento, sob pena de arcar com os prejuízos gerados pela não indicação. No artigo 799, do

[1127] Essa preocupação não é exclusiva do sistema judicial brasileiro, cf. McCoid, John C. A Single Package for Multiparty Disputes. **Stanford Law Review**, v. 28, n. 4, p. 723, apr., 1976, *"Process includes notice, or at least the use of means reasonably calculated to give notice, and it avoids the difficult factual issue whether the outsider knew of the proceeding, implicit in some of the compulsory intervention formulas."*

[1128] Ao propor a intervenção por iniciativa do magistrado, afirma Lia Carolina Batista Cintra: "No ordenamento brasileiro, não existe uma previsão genérica para todo processo de conhecimento que garanta uma forma idônea por meio da qual terceiros interessados possam ter ciência da pendência de processo que lhes interessa; sob a perspectiva constitucional, seria absurdo afirmar que o terceiro pode fazer buscas a respeito dos processos pendentes em todos os tribunais do país.", p. 79, Cintra, Lia Carolina Batista. **Intervenção de terceiro por ordem do juiz**: a intervenção *iussu iudicis* no processo civil. São Paulo: Revista dos Tribunais, 2017.

[1129] Nesse sentido é a saída encontrada alhures, cf. McCoid, John C. A Single Package for Multiparty Disputes. **Stanford Law Review**, v. 28, n. 4, p. 727, apr., 1976, "If joinder is to be compelled, then some means of identifying those who ought to be joined is necessary. Federal Rule 19(c), which requires the plaintiff to list non-parties who should have been joined under Rule 19(a) but could not be, points the way. Identification of those with as interest in the transaction being litigated should come from the parties – the defendant as well as the plaintiff – in their pleadings." Lia Carolina Batista Cintra aponta que: "Se for necessário algum ato da parte para a completa identificação do terceiro e ela se recusar a colaborar, poderá o juiz aplicar as sanções cabíveis (CPC/15, arts. 5º, 6º, 77, IV, e 80, IV).", p. 239-240, Cintra, Lia Carolina Batista. **Intervenção de terceiro por ordem do juiz**: a intervenção *iussu iudicis* no processo civil. São Paulo: Revista dos Tribunais, 2017.

CPC, também se identifica o dever de a parte intimar sujeitos relacionados ao processo, sob pena de ineficácia (artigo 804, CPC).[1130]

A questão é como tratar as partes, em processos individuais, e a indicação de grupos e subgrupos potencialmente interessados na discussão da questão de direito posta em discussão, considerando a dificuldade para identificação desses "litigantes-sombra".[1131] A imposição de sanções em razão da não identificação de potenciais interessados não pode ser feita na mesma proporção para litigantes eventuais e litigantes habituais, vez que esses tendem a estar habituados à litigância, reconhecendo os grupos e subgrupos potencialmente interessados naquela discussão posta em juízo. Assim, cabe o questionamento sobre o cabimento de a imposição ser mais abrangente, considerando sanções processuais mais incisivas, para o litigante habitual, por exemplo, vez que conhece a litigiosidade com a qual está lidando. Essa análise escapa ao tema da tese, mas deixa-se a sugestão e a remissão ao ponto em que se trata dos custos em incidentes e os litigantes habituais no Poder Judiciário.

O segundo caminho parte da construção doutrinária já feita sobre a intervenção *iussu iudicis,*[1132] consistente na intervenção de terceiro determinada por ordem judicial, justificada em valores, "[...] tais como necessidade de pacificação social, acesso à justiça, efetividade, eficiência no

[1130] TEMER, Sofia. **Participação no processo civil**: repensando litisconsórcio, intervenção de terceiros e outras formas de atuação. Salvador: JusPodivm, 2020, p. 200, "Há, certamente, uma longa estrada para que haja uma transição do modelo estático para o modelo dinâmico. Contudo, pensamos que é possível desenvolver um sistema que permita de modo mais amplo a correção subjetiva, a sucessão processual e a integração de novos sujeitos, ou seja, que trabalhe efetivamente com a ideia de relação processual sujeita a movimento e transformação. E, como visto, o próprio CPC já mostra os primeiros passos de tal caminho.".

[1131] Expressão do Min. Herman Benjamin no voto vencido no REsp 911.802/RS, j. 24.10.2007, rel. Min. José Delgado. Tema abordado também por Antonio do Passo Cabral em: CABRAL, Antonio do Passo. A escolha da causa-piloto nos incidentes de resolução de processos repetitivos. **Revista de Processo**, v. 231, ano 2014, p. 201-223.

[1132] Sobre o tema, cf. SICA, Heitor Vitor Mendonça. Notas críticas ao sistema de pluralidade de partes no processo civil brasileiro. **Revista de Processo**, v. 200, ano 2011, p. 13-70, out., 2011, versão virtual não paginada, "Nesse cenário, o único meio de extrair da atividade processual o máximo de resultado possível reside justamente, na atribuição, ao juiz, do poder de ordenar, *ex officio*, a intervenção de terceiros, mesmo que não se trate de litisconsórcio necessário.".

desempenho das funções do Estado, economia processual, harmonia de julgados, maximização do contraditório e segurança jurídica, tudo isso regido pela ideia de que é necessário tirar o máximo proveito útil de cada processo.”.[1133] A intervenção por determinação judicial, embora não prevista especificamente no ordenamento jurídico-processual atual, pode ser aferida de *lege lata*,[1134] em razão dos poderes reconhecidos ao julgador[1135] sem que ocorra qualquer violação à sua imparcialidade.[1136]

Tal saída, entretanto, levanta discussões pragmáticas relevantes, como a que concerne aos custos de tais atos de comunicação. Na defesa da intervenção *iussu iudicis*, Lia Carolina Batista Cintra aduz que o custo seja imputado ao sucumbente e a antecipação ao autor, invocando o quanto previsto no artigo 82, §1º, CPC.[1137] Solução que parece satisfatória, considerando conflitos bilaterais. Entretanto, como já destacado, a defesa dos interesses do grupo em juízo ou a defesa do terceiro individualmente admitido pode não estar completamente alinhada aos interesses das partes do processo em que instaurado o incidente, dificultando soluções já construídas para a sucumbência e custos do processo.[1138]

[1133] Cf. Cintra, Lia Carolina Batista. **Intervenção de terceiro por ordem do juiz**: a intervenção *iussu iudicis* no processo civil. São Paulo: Revista dos Tribunais, 2017, p. 29. A intervenção *iussu iudicis* é tratada pela autora com base na constatação da incompletude do sistema de intervenções de terceiros.

[1134] Um dos fundamentos para tal afirmação está no postulado da adequação, segundo Lia Carolina Batista Cintra. Cintra, Lia Carolina Batista. **Intervenção de terceiro por ordem do juiz**: a intervenção *iussu iudicis* no processo civil. São Paulo: Revista dos Tribunais, 2017, p. 223, “Em relação à adequação, não é difícil perceber que, por força de sua natural instrumentalidade, o processo deve contar com meios adequados para se adaptar às mais diversas situações de direito material que se apresentam para julgamento. E o legislador não é capaz de prever todas as vicissitudes que podem ocorrer em cada processo, de modo que o juiz deve promover a adequação *in concreto*.”.

[1135] Sobre os poderes do juiz, cf. Puoli, José Carlos Baptista. **Os poderes do juiz e as reformas do processo civil.** São Paulo: Juarez de Oliveira, 2001.

[1136] Nesse sentido: Cintra, Lia Carolina Batista. **Intervenção de terceiro por ordem do juiz**: a intervenção *iussu iudicis* no processo civil. São Paulo: Revista dos Tribunais, 2017, p. 231 e ss.

[1137] Cintra, Lia Carolina Batista. **Intervenção de terceiro por ordem do juiz**: a intervenção *iussu iudicis* no processo civil. São Paulo: Revista dos Tribunais, 2017, p. 239.

[1138] Sofia Temer aponta a dificuldade dos custos do processo em situações de multipolarização processual, mas sem apresentar uma solução satisfatória ao tratar da participação no processo civil. Não nos cabe, neste trabalho, avançar por essa temática, que, por si só,

Além dessa possível saída, "ritos democratizantes" poderiam ser mais eficientes do que a previsão genérica de realização de audiências públicas[1139] e a admissão de *amici curiae*. É o que defende Erik Navarro Wolkart ao afirmar que a tecnologia poderia ser utilizada nesses mecanismos de formação de teses jurídicas para possibilitar a participação da sociedade: "Um portal na Internet aberto para colher manifestações de qualquer interessado durante algum tempo, sobre tema importante a ser decidido pelo tribunal na formação do precedente, funcionaria como uma ágora da modernidade.".[1140] Conciliando a necessidade de cientificação dos legitimados e as possibilidades tecnológicas, consideramos a criação de uma base de dados dos legitimados, a exemplo do que ocorre com as bases de dados dos tribunais para citação de pessoas jurídicas.[1141]

Chegando ao fim dessa análise pontual dentro do procedimento do IAC, vale destacar que embora questão de direito não se confunda com direitos transindividuais, a análise da questão de direito em si pode interessar a determinados grupos que não estariam presentes no processo em que suscitado o IAC. Sobre a relação entre técnicas de formação de precedentes e o processo coletivo, afirma Hermes Zaneti Jr.:

> A tutela integral dos direitos, especialmente dos novos direitos, como o direito do consumidor e do meio ambiente, não é a preocupação principal, aliás, nem mesmo é uma justificativa fundamental para os casos repetitivos. Assim, por essa razão, fragmentam-se os membros do grupo para garantir a tutela somente daqueles que efetivamente optarem por ajuizar as ações. Trata-se de modalidade de processos coletivos, na qual forma-se o grupo a partir da admissibilidade do incidente ou do recurso repetitivo, a partir daqueles que optaram por ajuizar a ação.

justificaria outra tese. Cf. TEMER, Sofia. **Participação no processo civil**: repensando litisconsórcio, intervenção de terceiros e outras formas de atuação. Salvador: JusPodivm, 2020.

[1139] Sobre o uso de audiências públicas como instrumento para conferência de legitimidade democrática às decisões dos tribunais sem que ocorra real incremento da qualidade das decisões em relação a aspectos técnicos, cf. ASPERTI, Maria Cecília de Araujo. **Acesso à justiça e técnicas de julgamento de casos repetitivos.** Tese de doutorado. Orientador Prof. Assoc. Carlos Alberto de Salles. São Paulo: Universidade de São Paulo, 2018, p. 216.

[1140] WOLKART, Erik Navarro. Precedentes no Brasil e cultura – um caminho tortuoso, mas, ainda assim, um caminho. **Revista de Processo**, v. 243, ano 2015, p. 409-433, maio, 2015, versão virtual não paginada.

[1141] A exemplo do que determina o artigo 246, §1º, do CPC.

> É justamente neste sentido, para esta finalidade, que podemos dizer que se trata de uma ação coletiva em que a formação é *opt-in* (na qual as partes optam por fazer parte do grupo tutelado). É certo que, admitido o incidente, as partes podem desistir sem que sejam atingidas, mas o grupo já se formou, o grupo se forma *opt-in* antes do incidente – pelo simples fato do ajuizamento da ação que contenha a questão de caráter repetitivo.[1142]

Assim, de forma a garantir alguma representatividade a esses grupos que serão afetados pelo julgamento em questão e diante da impossibilidade de todos os sujeitos que tenham seus processos suspensos ou afetados no futuro participarem do processo, defende-se a aplicação do quanto já previsto pelo legislador na tutela dos interesses transindividuais,[1143] quando encontrou uma solução eclética,[1144] confe-

[1142] ZANETI JR., Hermes. Os casos repetitivos no Brasil: notas sobre a agregação de litígios, o processo coletivo e os precedentes vinculantes no CPC/15. In: SIMONS, Adrian; MENDES, Aluisio Gonçalves de Castro; RAGONE, Alvaro Pérez; LUCON, Paulo Henrique dos Santos (coords.). **Estudos em homenagem a Ada Pellegrini Grinover e José Carlos Barbosa Moreira**. São Paulo: Tirant lo Blanch, 2019, p. 692. Lucas Buril também sistematiza a relação entre o processo coletivo e os métodos de formação de precedentes brasileiros, apontando que pode haver coincidência no objeto entre ação coletiva e IRDR, mas o IRDR não resolve os danos de bagatela, ou seja, aqueles ínfimos que não justificam a propositura de demanda judicial, cf. MACÊDO, Lucas Buril de. **Os precedentes judiciais e o direito processual civil**. 3. ed. Salvador: JusPodivm, 2019, p. 481-482.

[1143] Sofia Temer defende a ampliação do contraditório na formação de precedentes, vinculativos ou não, diante da necessidade de representatividade aos grupos afetados, mas a solução fornecida pela autora passa principalmente pela realização de audiências públicas, cf. TEMER, Sofia. **Participação no processo civil**: repensando litisconsórcio, intervenção de terceiros e outras formas de atuação. Salvador: JusPodivm, 2020, p. 256-258.

[1144] Tal solução não passa indene a críticas. Cf., por exemplo: CABRAL, Antonio do Passo. O novo procedimento-modelo (*Musterverfahren*) alemão: uma alternativa às ações coletivas. **Revista de Processo**, n. 147, ano 32, p. 127, maio, 2007, "Não obstante os interesses relevantes na efetividade da tutela coletiva, sistemas automaticamente inclusivos e as técnicas de legitimidade extraordinária, além de dificultarem o exercício de faculdades processuais, promovem um rompimento político-ideológico com o dissenso, o pluralismo e as iniciativas individuais. A condução do processo por um ente estranho à coletividade pode esconder dissidências dentro da classe, vilipendiando a liberdade individual de talvez milhares de pessoas com opiniões divergentes, que poderiam inclusive ter adotado estratégia processual diversa se tivessem ajuizado demandas individuais.".

rindo legitimação plúrima para diversos entes, tanto da sociedade civil, quanto do Estado.[1145-1146]

Assim, todos os legitimados coletivos precisam ser cientificados da decisão de afetação através de ampla publicidade de forma a participarem no julgamento da tese,[1147] portanto, uma atuação mais ampla do que aquela exercida por eventuais *amici curiae*, da forma como tal instituto

[1145] Há doutrina que defende o controle da representatividade pelo Poder Judiciário através da seleção de casos que serão afetados. Sobre o tema, cf. ZANETI JR., Hermes. Os casos repetitivos no Brasil: notas sobre a agregação de litígios, o processo coletivo e os precedentes vinculantes no CPC/15. In: SIMONS, Adrian; MENDES, Aluisio Gonçalves de Castro; RAGONE, Alvaro Pérez; LUCON, Paulo Henrique dos Santos (coords.). **Estudos em homenagem a Ada Pellegrini Grinover e José Carlos Barbosa Moreira**. São Paulo: Tirant lo Blanch, 2019, p. 690, "A doutrina, levando em consideração esta ampliação do debate e a fundamentação específica exigida nas decisões, defende o controle da afetação dos casos, do procedimento e da formação da tese jurídica a partir da noção de "representatividade argumentativa". Esta noção, comum aos casos repetitivos, guarda uma forte semelhança com o que já se conhece nos processos coletivos, mas vai além, pois permite também um controle sobre a formação dos precedentes.".

[1146] Tal posição alinha-se com a concepção do processo como instrumento político de participação. Sobre o tema, cf. CALMON DE PASSOS, José Joaquim. Democracia, participação e processo. **Ensaios e artigos**. II. Salvador: JusPodivm, 2016, p. 371, "A democratização do Estado alçou o processo à condição de garantia constitucional; a democratização da sociedade fá-lo-á instrumento de atuação política. Não se cuida de retirar do processo sua feição de garantia constitucional, sim fazê-lo ultrapassar os limites da tutela dos direitos individuais, como hoje conceituados. Cumpre proteger-se o indivíduo e as coletividades não só do agir *contra legem* do Estado e dos particulares, mas de atribuir a ambos o poder de provocar o agir do Estado e dos particulares no sentido de se efetivarem os objetivos politicamente definidos pela comunidade. Despe-se o processo de sua condição de meio para realização de direitos já formulados e transforma-se ele em instrumento de formulação e realização dos direitos. Misto de atividade criadora e aplicadora do direito, ao mesmo tempo.".

[1147] Não é nosso objetivo esgotar o assunto, enveredando para os poderes que tais sujeitos terão no incidente. Para Sofia Temer, a decisão sobre o regime de participação desses sujeitos deve ser proferida casuisticamente a partir de critérios já construídos da legislação, falando em "diálogo entre típico e atípico". TEMER, Sofia. **Participação no processo civil**: repensando litisconsórcio, intervenção de terceiros e outras formas de atuação. Salvador: JusPodivm, 2020, p. 353, "Pensamos que é possível, por exemplo, adotar como base para as atuações com finalidade de defender interesse público (de que tratamos no capítulo 5) o regime conferido ao Ministério Público, em aproximação que já vem sendo sugerida pela doutrina.". Nesse regime, segundo a autora, poder-se-ia transplantar a oportunidade de manifestação após os sujeitos originários e a realização de sustentação oral nos mecanismos de formação de precedentes.

restou regulamentado em nosso ordenamento jurídico atualmente.[1148] Essa solução não exclui outras propostas para viabilizar a participação no processo, mas detém a evidente vantagem de opor barreiras à discricionariedade judicial na decisão de admitir ou não sujeitos no feito.[1149]

Tal atuação no processo somente é possível se consideradas as condições da ação para postular em juízo. Ou seja, não se exige legitimidade e interesse para *propor ou contestar* uma ação, como fazia o CPC de 1973, em seu artigo 3º, mas hoje o CPC de 2015 define que "para *postular* em juízo é necessário ter interesse e legitimidade". A partir da análise das condições da ação não para a lide, mas para o ato processual, de acordo com zonas de interesses configuradas na dinâmica processual,[1150] torna-se viável a admissão da participação dos legitimados coletivos em incidentes para formação de precedentes por tribunais,[1151] vez que a análise

[1148] Sobre a diferenciação entre intervenções de terceiros para formação de precedentes e *amici curiae*, cf. TEMER, Sofia. **Participação no processo civil**: repensando litisconsórcio, intervenção de terceiros e outras formas de atuação. Salvador: JusPodivm, 2020, p. 253-254, "Afinal, embora haja, de fato, sujeitos que apenas atuam de forma desinteressada – usualmente especialistas convocados pela própria corte – a realidade é que há inúmeras figuras que, embora vestidas como "amigas", inquestionavelmente defendem (e, muitas vezes, aguerridamente) seus interesses, para garantir um padrão decisório que lhes seja favorável. Parece-nos mais adequado, portanto, superar o mito do desinteresse e diferenciar as finalidades de atuação, ainda que isso leve ao reconhecimento de "subcategorias" de *amici curiae.*".

[1149] Na tese de Sofia Temer, a participação é ampliada com foco central na discricionariedade judicial, cf. TEMER, Sofia. **Participação no processo civil**: repensando litisconsórcio, intervenção de terceiros e outras formas de atuação. Salvador: JusPodivm, 2020, p. 340-341, "A ideia de discricionariedade, nesse contexto, está alinhada com a premissa já defendida de que o juiz exerce também função de criação de direito (inclusive processual), e que a atividade dos intérpretes do direito é de "contínua reformulação da norma". Dessa forma, apesar do temor de robustecer os poderes do magistrado, não parece haver outro caminho para lidar com a inerente complexidade senão pelo modelo de flexibilidade proposto.".

[1150] Essa proposta é feita por Antonio do Passo Cabral. Cf. CABRAL, Antonio do Passo. Despolarização do processo e "zonas de interesse": sobre a migração entre polos da demanda. **Revista Forense**, v. 404, ano 105, p. 31, jul.-ago., 2009, "A partir desta "desrelacionalização" do interesse de agir, podemos enxergar inúmeras situações em que haveria zona de interesse a permitir a atuação de um sujeito desvinculada da lide, da lesão a um direito subjetivo e da polarização da demanda.".

[1151] Sobre o tema, cf. TEMER, Sofia. **Participação no processo civil**: repensando litisconsórcio, intervenção de terceiros e outras formas de atuação. Salvador: JusPodivm, 2020, p. 206-207, "Interesse e legitimidade, nesse contexto, deslocam-se da ideia de lide – justa-

não é restrita à lide de direito material, mas à atuação processual microscópica, ou seja, configurada em determinado ato processual[1152] diante da fotografia das zonas de interesses configurada naquele momento.[1153]

A solução proposta não é de todo estranha ao ordenamento jurídico processual atual, vez que o artigo 382 do CPC, ao regulamentar a produção antecipada da prova,[1154] estabelece que "O juiz determinará, de ofí-

mente porque não mais vistos como pressupostos para permitir unicamente a sua resolução – para serem compreendidos de forma mais ampla e dinâmica. Passam, então, a ser avaliados para cada ato processual (ou módulo de atos): a legitimidade deve ser aferida *ad actum*, não *ad causam*, e o interesse não apenas em relação à demanda, mas "para cada módulo ou zona de interesse pertinente ao ato ou conjunto de atos que o sujeito deseja praticar".".

1152 Sobre a legitimidade "ad actum", cf., por todos, CABRAL, Antonio do Passo. Despolarização do processo e "zonas de interesse": sobre a migração entre polos da demanda. **Revista Forense**, v. 404, ano 105, p. 9, jul.-ago.,2009, "No que tange à legitimidade, nossa proposta é manter o filtro subjetivo, porém reduzindo o espectro de análise para a prática de cada ato processual isoladamente. Como pertine ao exercício de um poder jurídico, o ordenamento remete a legitimidade à específica situação concreta onde tal poder será exercido. Se a legitimidade é um atributo transitivo, verificado em relação a um determinado estado de fato, pensamos que, a partir do conceito de situação legitimante, enquadrado no pano de fundo da relação processual dinâmica, é possível reduzir a análise da legitimidade a certos momentos processuais específicos, vale dizer, não mais um juízo de pertinência subjetiva da demanda (a *legitimatio ad causam*), mas referente ao ato processual específico (a *legitimatio ad actum*).".

1153 Tal configuração é extraída da tese de doutoramento de Sofia Temer sobre a participação no processo civil, admitindo a análise das condições da ação de forma macroscópica a partir da lide e a análise microscópica a partir de cada ato processual. Cf. TEMER, Sofia. **Participação no processo civil**: repensando litisconsórcio, intervenção de terceiros e outras formas de atuação. Salvador: JusPodivm, 2020, p. 209. "As ideias de legitimidade e interesse por ato (ou zonas/módulos de atos) são, por todos os motivos indicados acima, adotadas como premissas da presente tese. Os pressupostos de atuação devem ser avaliados "por ato", não necessariamente pelo filtro das condições da ação (pela lenta da demanda) e considerando sua dinamicidade (e não uma suposta linearidade).", p. 210.

1154 Sobre o tema, cf. YARSHELL, Flávio Luiz. **Antecipação da prova sem o requisito da urgência e direito autônomo à prova**. São Paulo: Malheiros, 2009, p. 388, "A propósito, parece relevante reafirmar que não se pode reputar "terceiro" aquele cuja esfera jurídica, por conta da produção de determinada prova, é atingida, ainda que os elementos de prova buscados devam ser empregados, em princípio, em face de outro sujeito, em confronto de quem deduzido pedido de natureza declaratória (em sentido lato). Assim, uma coisa é o pleito de declaração do direito em determinado caso concreto, e outra coisa é a pretensão de produzir determinada prova. Se a produção da prova, de alguma forma, interfere com a esfera jurídica de determinada pessoa, sua condição de sujeito em contraditório perante o

cio ou a requerimento da parte, a citação de interessados na produção da prova ou no fato a ser provado, salvo se inexistente caráter contencioso", indicando a intervenção provocada por ato judicial em razão da "[...] utilidade para o Estado em evitar a (re)produção de provas em sucessivos processos, privilegiando a economia processual".[1155]

O interesse do Estado na melhor formação possível de precedente pode ser identificado no interesse público primário, contribuindo para a resolução de conflitos presentes e futuros a partir de entendimento debatido de forma devida, e no interesse público secundário, evitando o retrabalho no Poder Judiciário em sucessivos pedidos de superação de tese jurídica firmada, levando à necessidade de revisão da tese a partir de novo incidente na modalidade repressiva à repetição.[1156]

Todos os legitimados poderão atuar de forma autônoma (i), ou seja, independentemente da atuação dos titulares do direito litigioso, de forma exclusiva (ii), ou seja, a participação de um legitimado em nome de determinado grupo afasta a participação individual e atomizada dos membros do grupo, de forma concorrente (iii), ou seja, a atuação do MP na defesa de um grupo não afasta a participação de um ente privado, como uma associação, por exemplo, na tutela dos interesses do mesmo grupo,[1157] e de forma disjuntiva (iv), ou seja, apesar de a legitimação ser concorrente, cada ente independe da concordância do outro para sua atuação inicial e ao longo do procedimento.[1158]

juiz não pode ser afastada. Como ocorre em geral, no direito à prova assumem a condição de parte aquele que afora a demanda e aquele no confronto de quem a demanda é aforada – também valendo, aqui, a distinção entre parte na demanda e parte no processo. Como se procurou sustentar anteriormente, também parece possível sustentar que terceiro assuma a qualidade de parte (perdendo, portanto, aquela condição) mediante intervenção no processo de outrem.".

[1155] TEMER, Sofia. **Participação no processo civil**: repensando litisconsórcio, intervenção de terceiros e outras formas de atuação. Salvador: JusPodivm, 2020, p. 277.

[1156] Classificação obtida a partir da obra de Renato Alessi, cf. ALESSI, Renato. **Sistema istituzionale del diritto amministrativo italiano**. Milano: Giuffrè, 1953.

[1157] Sobre a relação entre indivíduo, associações e Estado, cf. SALDANHA, Nelson. O jardim e a praça: ensaio sobre o lado "privado" e o lado "público" da vida social e histórica. **Ci. & Tróp**. Recife, 11(1):105-121, jan.-jun., 1983.

[1158] Sobre o tema, cf., por todos, LEONEL, Ricardo de Barros. **Manual do processo coletivo**. 2. ed. São Paulo: Revista dos Tribunais, 2011, p. 146 e ss.

Tal possibilidade ganha reforço diante do argumento de que o indivíduo, uma vez tendo o seu processo suspenso em razão da admissão do incidente, não pode requerer a não aplicação da tese ao seu caso, como se daria, em uma comparação distante, no processo coletivo.[1159] Assim, meios para sanar a falta de representatividade desses grupos no IAC devem ser buscados e a forma proposta é um indicativo de caminho, embora existam outros.[1160]

A ampliação do contraditório objetiva e subjetivamente, ou seja, ampliando-se a possibilidade de análise de outros argumentos jurídicos e da oitiva de mais sujeitos, nesse momento, é medida que se impõe, principalmente, ao se considerar que o IAC pode ser admitido para prevenir divergências jurisprudenciais diante de interesse público. Em razão da prevenção, o Poder Judiciário ainda não terá lidado com a questão reiteradas vezes, desconhecendo fundamentos fáticos e jurídicos

[1159] Tal comparação é feita por Cintia Regina Guedes, ao tratar do papel da Defensoria no IRDR, cf. GUEDES, Cintia Regina. O incidente de resolução de demandas repetitivas e o papel da Defensoria Pública como porta-voz dos direitos dos litigantes individuais na formação da tese jurídica vinculante. **Revista de Direito da Defensoria Pública do Estado do Rio de Janeiro**, v. 27, p. 304-316, 2018.

[1160] Hermes Zaneti Jr. propõe que o processo coletivo deverá ser selecionado para afetação preferencialmente quando discutir a questão de direito objeto do incidente com fundamento na tutela adequada de direitos. Quando o processo coletivo proposto ainda não tiver chegado ao tribunal, defende o autor que o incidente não deverá ser admitido, cf. ZANETI JR., Hermes. Os casos repetitivos no Brasil: notas sobre a agregação de litígios, o processo coletivo e os precedentes vinculantes no CPC/15. In: SIMONS, Adrian; MENDES, Aluisio Gonçalves de Castro; RAGONE, Alvaro Pérez; LUCON, Paulo Henrique dos Santos (coords.). **Estudos em homenagem a Ada Pellegrini Grinover e José Carlos Barbosa Moreira**. São Paulo: Tirant lo Blanch, 2019, p. 692, "Neste quadro, torna-se muito importante o ajuizamento de ações coletivas e a regra de julgamento das ações coletivas como casos-piloto afetados conjuntamente ou preferencialmente às ações individuais, quando as pretensões cumuladas tratarem também de novos direitos que exigem a tutela integral dos membros do grupo. Isto ocorre porque, uma vez ajuizada a ação coletiva ela garantirá, em caso de procedência, a tutela integral para todos os membros do grupo independentemente do ajuizamento de ações individuais.". Não concordamos com tal solução para o controle da representatividade adequada em incidentes para formação de precedentes. Entretanto, vale destacar que tal conclusão também poderia ser alcançada com base no devido processo coletivo ou devido processo social. Sobre este, cf. VENTURI, Elton. **Processo civil coletivo**. São Paulo: Malheiros, 2007.

relevantes para a definição da tese jurídica para determinada questão de direito.[1161]

Tal argumento é tão importante que ele é utilizado em muitos casos para a defesa da impossibilidade de magistrado de primeira instância suscitar IRDR, vez que ainda não teria havido maturação do debate apta a fundamentar o julgamento da questão pelo tribunal ou para determinar que o STJ aguarde o desenvolvimento de argumentos e debates para admitir recurso especial sob o rito dos repetitivos para determinada questão.[1162]

Certamente essa não foi a opção do legislador para o IAC, vez que a sua admissão para prevenir divergências jurisprudenciais é expressa. Entretanto, pode-se colher dos argumentos já construídos para a formação de teses jurídicas através de outros mecanismos para destacar a necessidade de a formação desta tese ser guarnecida por amplo debate, de forma a garantir a construção de entendimento sólido pelos tribunais, afastando-se, com isso, as críticas já elaboradas para a admissão de mecanismos para lidar com a repetição sem que esta esteja efetivamente presente.[1163] A partir de tal constatação e do formato apresentado para o

[1161] Se a ampliação do contraditório é medida que se impõe quando já exista a repetição, no caso, do IRDR, mais ainda deve ser no IAC admitido para prevenir divergência. Sobre a importância do contraditório do IRDR, cf., por todos, LEONEL, Ricardo de Barros. Intervenção do Ministério Público no Incidente de Resolução de Demandas Repetitivas, **Revista Jurídica da Escola Superior do Ministério Público de São Paulo**, v.1, p. 171-185, ano 2012, "Trata-se de adequada visão pluralista do princípio do contraditório, em sua vertente participativa, permitindo não só a legitimação pelo procedimento adotado, como ainda ensejando a oportunidade para que todos esses atores sociais e institucionais contribuam para o aperfeiçoamento e construção da decisão que será emitida pelo tribunal, referente ao conflito massificado. Em outras palavras, com essa potencialização do contraditório como mecanismo de participação, contará a Corte com mais elementos para decidir melhor e de modo mais apropriado.", p. 179.

[1162] Sobre o tema, cf. GONZALEZ, Anselmo Moreira. **Repetitivos ou "Ineditivos"? Sistematização do Recurso Especial Repetitivo.** Salvador: JusPodivm, 2020, p. 158-159.

[1163] O autor citado chega a afirmar que: "Afinal, não cabe ao Judiciário fazer projeções futuras e apenas com base nelas proferir enunciados normativos gerais regulamentadores. Essa função cumpre ao Poder Legislativo.", p. 167, GONZALEZ, Anselmo Moreira. **Repetitivos ou "Ineditivos"? Sistematização do Recurso Especial Repetitivo.** Salvador: JusPodivm, 2020.

IAC, que assume feição preventiva e repressiva, tal situação de tensão é resolvida.

Ainda, deve-se pontuar o argumento colateral ao quanto aqui se defende de que a ampliação do contraditório, nos moldes propostos, tende a diminuir a possibilidade de interposição de recursos pelas partes, vez que percebem a efetiva participação e a fundamentação da decisão,[1164] acolhendo ou não seus argumentos com base em fundamentos consistentes,[1165] além de evitar a relitigância.[1166]

Ao lado de argumentos que influenciam a adoção do quanto afirmado, deve-se também pontuar que a ampliação da participação na formação da tese talvez seja responsável pela diminuição das chances de soluções autocompositivas no caso em que suscitado o incidente. Entretanto, mensurar tais possíveis consequências não se mostra possível, nesse momento, além de fugir ao escopo da presente tese. Também deve-se considerar que essas possíveis externalidades foram aventadas

[1164] Anselmo Moreira Gonzalez afirma que o que confere legitimação ao precedente não deve ser o órgão jurisdicional que o proferiu, mas a qualidade em si da decisão, cf. GONZALEZ, Anselmo Moreira. **Repetitivos ou "Ineditivos"? Sistematização do Recurso Especial Repetitivo.** Salvador: JusPodivm, 2020, p. 160.

[1165] Sobre o tema, cf. NUNES, Dierle. Processualismo constitucional democrático e o dimensionamento de técnicas para a litigiosidade repetitiva. **Revista de Processo**, v. 199, ano 2011, p. 41-83, set., 2011. Sobre o tema, também cf. TEMER, Sofia. **Participação no processo civil**: repensando litisconsórcio, intervenção de terceiros e outras formas de atuação. Salvador: JusPodivm, 2020, p. 197-198, "Deve haver também, para além do sopesamento dos interesses subjetivos em discussão, a ponderação do interesse público, que compreende um especial "interesse contra a multiplicidade de processos", como se afirma no direito estrangeiro. Tal interesse pode ser denominado também como "interesse da justiça" e deve ser ponderado como um dos critérios para viabilizar atuações e modificações subjetivas no processo, inclusive de forma provocada. Afinal, apesar de a economia processual ser invocada como princípio norteador dos institutos da pluralidade de partes, o interesse da sociedade de tornar eficiente o uso do sistema Judiciário ainda não é, de fato, parte da equação sobre intervenções e agregação de processos, quando, a nosso ver, deveria ser.".

[1166] Sobre o tema, cf. TEMER, Sofia. **Participação no processo civil**: repensando litisconsórcio, intervenção de terceiros e outras formas de atuação. Salvador: JusPodivm, 2020, p. 199, "Por fim, tratar com seriedade o problema da relitigância e reconhecer a importância de interesses de terceiros e interesses públicos quando do exercício da atividade jurisdicional permite trabalhar com a ideia de responsabilidade já defendida e possibilita que sejam criadas regras reforçando a importância de participação e engajamento dos sujeitos.".

no direito alienígena, onde incentivos para acordos passam por outra lógica.[1167]

Sobre a natureza jurídica da intervenção do legitimado coletivo ou do indivíduo admitido na lógica aqui apresentada, não se trata de *amicus curiae*, vez que não é sujeito desinteressado na discussão sobre a questão de direito objeto do incidente.[1168] Admitir a intervenção na modalidade de assistência limita a atuação na intervenção, além de vinculá-la ao interesse de uma das partes na concepção bilateral do processo, o que não nos parece adequado, vez que se defendeu anteriormente que o representante do grupo não estará alinhado aos sujeitos parciais do caso que deu origem ao incidente necessariamente.[1169-1170-1171]

[1167] McCoid, John C. A Single Package for Multiparty Disputes. **Stanford Law Review**, v. 28, n. 4, apr. 1976, p. 728, "*Beyond that, I must acknowledge the real possibility that all of them may carry evils worse than the problem to which they are addressed. Use of any one of them may foment assertion of claims that otherwise would never be litigated and thereby increase the adjudication burden of courts. That risk is obvious where compulsory intervention and mandatory joinder are concerned. When the consequences of expanded res judicata privity areperceived, I believe that the device might produce a similar result; interested persons may be prompted to participate in one way or another in judicial resolution of the transaction. Even if the devices do not generate additional claims, they may deter settlement of existing ones. Moreover, they may increase the expenses of the parties, for example, by increasing recovery. I do not know how to assess those risks, but their presence argues for caution in developing a response to the multiplicity problem.*"

[1168] Nesse sentido: "Porém, nem todas as situações que demandam a ampliação da participação e que acabam relacionando-se com a figura dos *amici curiae* se encaixam nessa possibilidade de um sujeito absolutamente imparcial. Pode haver a participação de terceiros interessados. Até mesmo, de representantes de interesses (legitimado coletivo), interesses tais que podem ser afetados de diferentes maneiras por uma decisão judicial, o que vai além da hipótese do titular que não influencia efetivamente na formação do entendimento que lhe resulta desfavorável e que será aplicado no seu processo individual.", versão virtual não paginada, Moreira, Egon Bockmann; Ferraro, Marcella Pereira. Pluralidade de interesses e participação de terceiros no processo (da assistência simples à coletivização, passando pelo *amicus*: notas a partir e para além do novo Código de Processo Civil). **Revista de Processo**, v. 251, p. 43-73, jan., 2016.

[1169] Em nota anterior destacamos que tal intervenção não se dará como assistência, vez que o conceito de interesse jurídico aqui não se aplica, como já entendeu o STJ. STJ, AgRg no REsp 1.167.563/RS, 3ª T., j. 06.08.2013, Min. Nancy Andrighi, *DJe* 18.10.2013; AgRg na PET nos EREsp 910.993/MG, Corte Especial, j. 17.12.2012, Min. Eliana Calmon, *DJe* 01.02.2013; EREsp 1.351.256/PR, Corte Especial, j. 17.12.2014, Min. Mauro Campbell Marques, *DJe* 19.12.2014. Essa situação é trazida em: Moreira, Egon Bockmann; Ferraro, Marcella Pereira. Pluralidade de interesses e participação de terceiros no processo (da assistência

Como adotou-se o conceito de Liebman para partes e terceiros, pelo qual é parte todo aquele que participa do processo em contraditório, pode-se afirmar que os sujeitos que sejam cientificados e ingressem no incidente para a sua discussão tornam-se partes no procedimento especial para formação de precedente, vez que o objeto de discussão é esse exclusivamente. Assim, há que se admitir que o incidente dá origem a um procedimento especial nos tribunais com partes distintas, eventual-

simples à coletivização, passando pelo *amicus*: notas a partir e para além do novo Código de Processo Civil). **Revista de Processo**, vol. 251, ano 2016, p. 43-73, jan./2016, versão virtual não paginada, "Há casos em que se entendeu que, mesmo na hipótese de um representante de uma coletividade, não é possível a participação, já que seria para a defesa de interesse institucional do pretenso interveniente, não de interesse jurídico, nos moldes tradicionais. Por exemplo, em discussão sobre honorários advocatícios, concluiu-se pela impossibilidade da assistência pela Ordem dos Advogados do Brasil.". Em sentido contrário: STF, STF, AgRg no RE 563.002/BA, 1ª T., j. 17.09.2013, Min. Dias Toffoli, reconhecendo o interesse jurídico coletivo apto a admitir ente representando determinados interesses.

1170 "O que importa dizer que ideias como "repercussão geral" e "precedentes" tendem a exigir novas cogitações a propósito do conceito de assistência (e de "terceiros" *lato sensu*). Isto se dá na justa medida em que outros, para muito além das partes, efetivamente experimentarão os efeitos decorrentes do "processo alheio" – que poderá afetar e afetará diretamente os seus direitos e interesses (muitos dos quais jurídicos, nada obstante pautados com outros terceiros).", versão virtual não paginada, MOREIRA, Egon Bockmann; FERRARO, Marcella Pereira. Pluralidade de interesses e participação de terceiros no processo (da assistência simples à coletivização, passando pelo *amicus*: notas a partir e para além do novo Código de Processo Civil). **Revista de Processo**, v. 251, ano 2016, p. 43-73, jan., 2016.

1171 Para Humberto Theodoro Jr. esses sujeitos ingressam no feito na condição de assistentes litisconsorciais, cf. THEODORO JR. Humberto. Regime das Demandas Repetitivas no Novo Código de Processo Civil. In: DIDIER JR., Fredie. (coord.). **Processo nos tribunais e meios de impugnação às decisões judiciais.** Salvador: JusPodivm, 2016, p. 435, "As partes dos "outros" processos suspensos, intervirão, querendo, em situação equivalente à do assistente litisconsorcial, já que o respectivo interesse equivale ao das partes da causa geradora do incidente.".

mente, do processo que lhe deu causa,[1172] ultrapassando a lógica *carnelut-tiana* de lide como pretensão resistida entre autor e réu.[1173]

Por fim, sobre eventual sucumbência para os legitimados coletivos e terceiros-*individuais* eventualmente admitidos no incidente, não se deve considerar da fixação de verbas sucumbenciais, vez que o propósito de tal participação é o estímulo à ampliação do contraditório para o julgamento de uma questão de direito com potencial de aplicação em processos pendentes no presente e processos a serem formados no futuro. Sobre a possibilidade de fixação de honorários sucumbenciais quando a posição defendida for manifestamente infundada, parece-nos uma imposição que contrariaria o principal motivador de tudo o quanto aqui defendido. Entretanto, não se nega que a questão merece maior estudo e aprofundamento que escapam aos objetivos aqui almejados.[1174]

4.3. Do julgamento

O CPC silencia quanto às regras de julgamento do IAC. Assim, caso tenha sido o IAC admitido com base no artigo 947, §4º, do CPC, ou seja, com finalidade repressiva, pode-se considerar a aplicação das regras

[1172] Lia Carolina Batista Cintra, também partindo do conceito de Liebman, afirma que o terceiro notificado da existência do processo via intervenção *iussu iudicis* passa a ser parte, exercendo efetivamente o contraditório ou não. Acreditamos que tal conclusão não se alinha ao conceito utilizado como premissa em que o exercício do contraditório é essencial para separar partes de terceiros. Cf. CINTRA, Lia Carolina Batista. **Intervenção de terceiro por ordem do juiz**: a intervenção *iussu iudicis* no processo civil. São Paulo: Revista dos Tribunais, 2017, p. 245.

[1173] TEMER, Sofia. **Participação no processo civil**: repensando litisconsórcio, intervenção de terceiros e outras formas de atuação. Salvador: JusPodivm, 2020.

[1174] No sentido de não se aplicar custos ao legitimado coletivo, seguindo orientação do já regulamento para o processo, cf. TEMER, Sofia. **Participação no processo civil**: repensando litisconsórcio, intervenção de terceiros e outras formas de atuação. Salvador: JusPodivm, 2020, p. 397. Ao concluir sua tese sobre a intervenção *iussu iudicis*, conclui Lia Carolina Batista Cintra, indicando a dificuldade que o tema apresenta: "E se tais fenômenos são complexos, essa complexidade necessariamente se reflete nas soluções que devem ser buscadas para solucioná-los. Nem sempre a iniciativa dos sujeitos parciais é suficiente para que o processo atinja os resultados programados. Ora o déficit de tutela atinge as próprias partes, ora sujeitos que não participaram do processo.", p. 252, servindo como citação importante também para este trabalho, vez que demonstra a complexidade do tema que tangencia o IAC. Cf. CINTRA, Lia Carolina Batista. **Intervenção de terceiro por ordem do juiz**: a intervenção *iussu iudicis* no processo civil. São Paulo: Revista dos Tribunais, 2017.

gerais previstas entre os artigos 929 a 946, CPC, conforme se trate de recurso, remessa necessária ou processo de competência originária,[1175] no sentido de (a) ocorrer divulgação ampla prévia ao julgamento;[1176] (b) prazo máximo de um ano para fixação da tese;[1177] (c) ampliação do contraditório; (d) sustentação oral com prazo ampliado;[1178] (e) maior dever de fundamentação;[1179] e, ainda, (f) possibilidade de suspensão de processos, que tenham a mesma questão de direito objeto do IAC, a qual foi colocada como etapa a ser analisada na decisão de afetação.[1180]

1175 BUENO, Cassio Scarpinella. **Curso sistematizado de Direito Processual Civil**: procedimento comum, processos nos Tribunais e Recursos. 8. ed. v. 2. São Paulo: Saraiva Educação, 2019, p. 424.

1176 CPC, Artigo 979. "A instauração e o julgamento do incidente serão sucedidos da mais ampla e específica divulgação e publicidade, por meio de registro eletrônico no Conselho Nacional de Justiça.".

1177 CPC, Artigo 980. "O incidente será julgado no prazo de 1 (um) ano e terá preferência sobre os demais feitos, ressalvados os que envolvam réu preso e os pedidos de *habeas corpus*.". Para Daniela Peretti D'Ávila essa regra não tem aplicação ao IAC, vez que este somente teria finalidade preventiva, cf. D'ÁVILA, Daniela Peretti. **Incidente de assunção de competência**: Extraindo seu máximo grau de rendimento. 2019. Dissertação (Mestrado em Direito) – Pontifícia Universidade Católica de São Paulo, São Paulo, 2019, p. 172.

1178 CPC, Artigo 984. "No julgamento do incidente, observar-se-á a seguinte ordem: II – poderão sustentar suas razões, sucessivamente: § 1º Considerando o número de inscritos, o prazo poderá ser ampliado.". Ricardo Yamin defende a aplicação do quanto previsto neste artigo ao julgamento do IAC, cf. FERNANDES, Ricardo Yamin. **Do incidente de Assunção de Competência**. São Paulo: Revista dos Tribunais, 2020, p. 178.

1179 CPC, Artigo 984. "§ 2º O conteúdo do acórdão abrangerá a análise de todos os fundamentos suscitados concernentes à tese jurídica discutida, sejam favoráveis ou contrários.". Ricardo Yamin comenta sobre esse dispositivo legal, cf. FERNANDES, Ricardo Yamin. **Do incidente de Assunção de Competência**. São Paulo: Revista dos Tribunais, 2020, p. 178-179, "A questão mais relevante deste artigo está em seu §2º. De acordo com este dispositivo, o conteúdo do acórdão abrangerá a análise de todos os fundamentos suscitados relativos à tese jurídica discutida, favoráveis ou contrários. Esta exigência, fundamental em nosso ponto de vista, condiz com o inciso IV do §1º do artigo 489 do Código de Processo Civil, segundo o qual não será considerada fundamentada a decisão que não enfrentar todos os argumentos deduzidos no processo capazes de, em tese, infirmar a conclusão adotada pelo julgador.".

1180 Nesse sentido: BUENO, Cassio Scarpinella. **Curso sistematizado de Direito Processual Civil**: procedimento comum, processos nos Tribunais e Recursos. 8. ed. v. 2. São Paulo: Saraiva Educação, 2019, p. 424. Defendendo a aplicação dos artigos 983 e 984 do CPC: FERNANDES, Ricardo Yamin. **Do incidente de Assunção de Competência**. São

Determinada a ampliação subjetiva e objetiva da discussão colocada em julgamento a partir do delineamento dado com a afetação, há que se perquirir da participação dos sujeitos eventualmente admitidos, quando da afetação, na fase de julgamento da questão de direito, como defendido antes.

Assim, após o saneamento da questão, na decisão de afetação, passa-se à fase terceira do procedimento[1181] em que se parte da decisão de afetação, amplia-se a discussão objetiva e subjetivamente com a finalidade de se alcançar o julgamento da tese.

4.3.1. Do contraditório ampliado

Como sinalizado anteriormente, o contraditório merece ampliação quando da análise da admissibilidade do incidente para as partes e para os legitimados a suscitar o incidente e, se esta restar positiva, também no julgamento do mérito do incidente, diante da força que a tese jurídica adotada no IAC adquire de forma expansiva.[1182]

Portanto, o contraditório não deve ficar restrito às partes do processo em que ocorrida a assunção, vez que seu conteúdo será aplicado a processos presentes e futuros,[1183] confirmando que o espaço do contraditório no processo em que realizada a assunção de competência é político, atraindo interesses plurais na fixação da tese.[1184]

Paulo: Revista dos Tribunais, 2020, p. 159. Também no mesmo sentido, o enunciado n. 201 do FPPC: "Aplicam-se ao incidente de assunção de competência as regras previstas nos arts. 983 e 984.".

1181 Há quem denomine esta fase de "instrução" jurídica do incidente. Nesse sentido: Mendes, Aluisio Gonçalves de Castro; Porto, José Roberto Mello. **Incidente de assunção de competência.** Rio de Janeiro: GZ, 2020, p. 97.

1182 CPC, artigo 947, §3º.

1183 Sobre o tema Luigi Paolo Comoglio defende que o direito de agir e de defender-se, garantido pelo devido processo, é uma possibilidade efetiva de desenvolver um mínimo de atividade processual para todas as partes, com participação paritária e contraditório efetivo. Cf. Comoglio, Luigi Paolo. Il *"giusto processo" civile nella dimensione comparatistica.* **Revista de Processo**, v. 108, p. 133-183, out.-dez., 2002.

1184 Sobre o tema: Temer, Sofia. **Participação no processo civil**: repensando litisconsórcio, intervenção de terceiros e outras formas de atuação. Salvador: JusPodivm, 2020, p. 92, "Nossa percepção é que o desenvolvimento de um modelo diferenciado relativo à participação no processo judicial não prescinde do reconhecimento de que o processo é um espaço político necessariamente plural, e que são variados os interesses e as finalidades pretendi-

Não se defende a participação ampla e geral de todas as pessoas,[1185] pois tal afirmação absurda levaria ao caos procedimental.[1186] Devem existir critérios para a admissão e participação de terceiros interessados – não apenas juridicamente – mas na formação da tese jurídica submetida à assunção de competência, já que não têm legitimidade para provocar a instauração do incidente.[1187]

das no e pelo processo, num cenário de natural complexidade. A diversidade surge como um contraponto ao modelo único de processo, destinado a um tipo de litígio, composto pelas típicas partes, e, por isso, é um elemento necessário para superar os problemas constatados no primeiro capítulo da tese.".

1185 Segundo Niklas Luhmann, todas as outras pessoas participam indiretamente do julgamento quando este é público e aceitam a tese jurídica firmada pela aparência formal e séria do procedimento. Cf. LUHMANN, Niklas. **Legitimação pelo procedimento**. Tradução de Maria da Conceição Côrte-Real. Brasília: Editora Universidade de Brasília, 1980, p. 105, A publicidade disso é essencial para permitir uma participação desinteressada do público no procedimento. O decurso do processo tem de poder ser presenciado pelos não-participantes. Trata-se de facilitar aí o acesso, não tanto quanto à presença atual, mas sim quanto à ida efetiva, quanto à assistência. É decisivo que exista essa possibilidade. Ela fortalece a confiança, ou pelo menos impede a criação daquela desconfiança que se liga a todas as tentativas de guardar segredo. A função do princípio da publicidade do processo jurídico consiste na criação de símbolos, na ampliação do procedimento a um drama que simboliza a decisão correta e justa e para tal não é necessária a presença contínua duma parte maior ou menos da população. Basta um reconhecimento geral e indefinido de que tais procedimentos se realizam continuamente e de que qualquer pessoa pode, se necessitar, informar-se com maior exatidão sobre eles.".

1186 Sobre o tema, cf. LUHMANN, Niklas. **Legitimação pelo procedimento**. Tradução de Maria da Conceição Côrte-Real. Brasília: Editora Universidade de Brasília, 1980, p. 103-104, "Nem todo aquele que se interessa pelos problemas tratados, ou que se pode sentir afetado pelas decisões possíveis, tem acesso ao processo jurídico; uma pessoa tem antes de poder demonstrar interesses muito especiais e de orientação jurídica, a fim de poder desempenhar no procedimento o respectivo papel ativo. Assim se neutraliza politicamente o conflito e se impede que problemas especiais se convertam, por ação de mecanismos de generalização como filiação partidária, identificação, permuta de apoios recíprocos, sentimentos de vingança e outros semelhantes, em ponto de cristalização de frentes gerais de conflito que separam os grupos da população.".

1187 A legitimação ativa de terceiros interessados para provocar o incidente tinha previsão expressa no CPC/73, conforme tratamos acima. Afirmando não ter legitimidade ativa hoje: CÔRTES, Osmar Mendes Paixão. Comentário ao artigo 947. In: ARRUDA ALVIM, Teresa; DANTAS, Bruno; DIDIER JR., Fredie; TALAMINI, Eduardo (coord.). **Breves comentários ao Novo Código de Processo Civil**. São Paulo: Revista dos Tribunais, 2015.

Há ainda a vantagem da ampliação do contraditório no que concerne à maior possibilidade de análise de diversos argumentos concernentes à questão em debate, evitando-se, com isso, a necessidade de superação do precedente em médio ou curto período.[1188]

Entretanto, nada diz o artigo 947, CPC, sobre o tema.[1189] Assim, devem-se aplicar as normas encontradas dentro do microssistema de formação de precedentes obrigatórios concernentes à participação de terceiros que contribuam para a melhor formação da tese (i), à realização de audiências públicas (ii) e à intervenção obrigatória do Ministério Público (iii), além de outras sugestões que foram feitas anteriormente de *lege ferenda*.[1190] Os terceiros admitidos sob as condições tratadas, quando da decisão de afetação, poderão, agora, participar do julgamento da questão de direito submetida ao tribunal através do incidente de assunção da competência.

[1188] MARINONI, Luiz Guilherme. Sobre o Incidente de Assunção de Competência. **Revista de Processo.** v. 260, p. 233-256, out., 2016, versão virtual não paginada, "Quando se fala em revisão de decisão proferida em incidente de assunção de competência ou mesmo em revogação de precedente de Corte Suprema, aponta-se para a possibilidade de qualquer litigante, mediante argumentação, demonstrar que a decisão e o precedente, respectivamente, estão a merecer revisão e revogação. Nestes casos não importa a regra do deduzido e do dedutível. Importa, em verdade, determinar a partir de que perspectiva a decisão e o precedente podem ser questionados.".

[1189] Diante da omissão legislativa, há dissonância doutrinária sobre o tema no que concerne à necessidade de participação de terceiros ou não no julgamento em IAC. Marinoni, por exemplo, defende a ampliação do contraditório para o IRDR, vez que entende pela formação de coisa julgada *erga omnes* neste incidente. Cf. MARINONI, Luiz Guilherme. Sobre o Incidente de Assunção de Competência. **Revista de Processo.** v. 260, p. 233-256, out., 2016. Para o IAC, segundo o autor, não há coisa julgada, mas força vinculante expressa no artigo 947, §3º, CPC.

[1190] O RISTJ, no artigo 271-D, estabelece que "O relator ou o Presidente ouvirá as partes e os demais interessados, inclusive pessoas, órgãos e entidades com interesse na controvérsia, [...]", no sentido de ampliar o contraditório no IAC. Há quem defenda que tal previsão fique restrita aos *amici curiae*: FERNANDES, Ricardo Yamin. **Incidente de Assunção de Competência**. São Paulo: Revista dos Tribunais, 2020, p. 161: "Além de ouvir as partes e demais interessados, o artigo permite, expressamente, a oitiva de pessoas, órgãos ou entidades com interesse na controvérsia, ou seja, de *amici curiae*.". Não concordamos com tal posição e os motivos estão expostos no texto.

Assim, *quanto aos terceiros* (i), o artigo 983[1191] e o artigo 1.038, I, CPC, determinam que o relator ouvirá interessados, além das partes, que podem ser pessoas, órgãos ou entidades com interesse da controvérsia.[1192] Quanto a este ponto, desenvolveu-se o tema no tópico 4.2.5, ao tratar da decisão de afetação, para o qual se remete o leitor para evitar repetições desnecessárias.

Quanto à *realização de audiências públicas* (ii), estas devem ser oportunizadas. Apesar de o artigo 947, CPC nada tratar sobre o tema, aplica-se o quanto preveem os artigos 984, §2º, e 1.038, §3º, CPC, no sentido de o acórdão ter de passar por todos os fundamentos[1193] da questão na sua fundamentação,[1194] de maneira a argumentar em prol da realização de audiências públicas, que contribuem para a oxigenação de teses jurídicas, mas, mais importante, com pontos de vista sociais, políticos e econômicos nem sempre vislumbrados pelas partes e pelos representantes adequados admitidos anteriormente.[1195] Assim, sujeitos podem parti-

[1191] Nesse sentido: Enunciado n. 201, FPPC: "Aplicam-se ao incidente de assunção de competência as regras previstas nos arts. 983 e 984.".

[1192] CPC, Artigo 983. "O relator ouvirá as partes e os demais interessados, inclusive pessoas, órgãos e entidades com interesse na controvérsia, que, no prazo comum de 15 (quinze) dias, poderão requerer a juntada de documentos, bem como as diligências necessárias para a elucidação da questão de direito controvertida, e, em seguida, manifestar-se-á o Ministério Público, no mesmo prazo.".

[1193] O RISTJ, em seu artigo 104-A, determina a forma do acórdão do IAC.

[1194] Nesse sentido: "A ampliação da cognição e do debate desagua numa decisão com motivação reforçada, a servir de paradigma, de orientação, de precedente, enfim, de regra a ser seguida nos casos sucessivos.", p. 807, Cunha, Leonardo Carneiro da; Didier Jr., Fredie. **Curso de Direito Processual Civil**: meios de impugnação às decisões judiciais e processo nos tribunais. 16. ed., v. 3, Salvador: JusPodivm, 2019. Também na defesa da realização de audiência pública como forma de ampliar subjetivamente a discussão: Mendes, Aluisio Gonçalves de Castro; Porto, José Roberto Mello. **Incidente de assunção de competência.** Rio de Janeiro: GZ, 2020, p. 101.

[1195] RISTJ, Artigo 271-D. "O relator ou o Presidente ouvirá as partes e os demais interessados, inclusive pessoas, órgãos e entidades com interesse na controvérsia, que, no prazo comum de quinze dias, poderão requerer a juntada de documentos, bem como as diligências necessárias para a elucidação da questão de direito controvertida; em seguida, manifestar-se-á o Ministério Público Federal no mesmo prazo. (Incluído pela Emenda Regimental n. 24, de 2016) § 1º A fim de instruir o procedimento, pode o Presidente ou o relator, nos termos dos arts. 185 e 186 deste Regimento, fixar data para ouvir pessoas ou entidades com experiência e conhecimento na matéria em audiência pública."

cipar da audiência pública individualmente, suprindo algum déficit de representação anterior.[1196]

Quanto ao *Ministério Público* (iii), em razão do artigo 178, I, CPC,[1197] que prevê a intervenção do MP como fiscal da ordem jurídica quando presente interesse público ou social e, em razão dos artigos 976, §2º[1198], e 1.038, III[1199], CPC, que preveem a intervenção do MP no IRDR e nos repetitivos, a intervenção do MP também na formação da tese jurídica em IAC é necessária,[1200] como já sublinhado anteriormente.

Além do contraditório ampliado em razão da participação de sujeitos para além das partes da demanda em que suscitado o incidente, há ampliação objetiva com a requisição de informações, oficiosamente, a órgãos jurisdicionais sobre o objeto em discussão e com a apresentação de informações pelas próprias partes do processo em que suscitado o incidente e pelas instituições e terceiros que venham a ser admitidos no procedimento especial, uma vez admitido o incidente. Não haverá alteração da questão de direito objeto do incidente, mas há alargamento do objeto da cognição do tribunal diante do aporte de novos pontos de fato

[1196] Nesse sentido: TEMER, Sofia. **Participação no processo civil**: repensando litisconsórcio, intervenção de terceiros e outras formas de atuação. Salvador: JusPodivm, 2020, p. 381.

[1197] CPC, Artigo 178. "O Ministério Público será intimado para, no prazo de 30 (trinta) dias, intervir como fiscal da ordem jurídica nas hipóteses previstas em lei ou na Constituição Federal e nos processos que envolvam: I – interesse público ou social;".

[1198] CPC, Art. 976 "§ 2º Se não for o requerente, o Ministério Público intervirá obrigatoriamente no incidente e deverá assumir sua titularidade em caso de desistência ou de abandono."

[1199] CPC, Artigo 1.038. "O relator poderá: [...] III – requisitar informações aos tribunais inferiores a respeito da controvérsia e, cumprida a diligência, intimará o Ministério Público para manifestar-se.".

[1200] Nesse sentido: RISTJ: Artigo 64. "O Ministério Público terá vista dos autos: [...] II – nos incidentes de assunção de competência.".

Artigo 271-B. "O relator ou o Presidente proporá, de ofício ou a requerimento da parte, do Ministério Público ou da Defensoria Pública, na forma preconizada pelo Capítulo II-B do Título IX da Parte I do Regimento Interno, mediante decisão irrecorrível, a assunção de competência de julgamento de recurso, de remessa necessária ou de processo de competência originária que envolver relevante questão de direito, com grande repercussão social, sem repetição em múltiplos processos.

§ 3º Se não for o requerente, o Ministério Público intervirá obrigatoriamente no processo e deverá assumir sua titularidade em caso de desistência ou de abandono.".

e/ou de direito a serem considerados.[1201] Assim, uma vez fixada a questão de direito na decisão de afetação, há limitação da cognição horizontal no tribunal, mas não da vertical, que pode ser amplamente explorada quando do julgamento.[1202] Portanto, há instrução no IAC, como já afirmado anteriormente.[1203]

4.3.2. Da sessão de julgamento

Ampliada a discussão objeto do incidente subjetiva e objetivamente, o relatório do julgamento do incidente deverá ser distribuído aos demais julgadores que compõem o colegiado antes da data do julgamento, quando então será realizada sustentação oral, primeiramente pelas partes do processo em que suscitado o incidente, seguidos pelos interessados que tiveram seus processos suspensos e requereram a intervenção, desde que devidamente admitidos,[1204] legitimados ativos coletivos que tenham sido admitidos e, por fim, o MP.[1205]

Todo o julgamento tem prazo para a sua conclusão de um ano, que pode ser prorrogado em razão da relevância da fixação da tese para toda a sociedade, seja na modalidade preventiva, seja na repressiva do insti-

[1201] Sobre o tema, cf. SICA, Heitor Vitor Mendonça. Notas críticas ao sistema de pluralidade de partes no processo civil brasileiro. **Revista de Processo**, v. 200, ano 2011, p. 13-70, out., 2011, versão virtual não paginada, "Tal modalidade de intervenção – que é prevista pelo artigo 107 do CPC (LGL\1973\5) italiano, mas não encontra base na legislação brasileira em vigor – seria "por inserção" (já que o juiz não cumularia nova demanda ao processo, o que ofenderia o primado da inércia da jurisdição), permitindo que fosse integrado ao processo terceiro, sem alteração da(s) demanda(s) que nele já houvesse(m) sido proposta(s), mas com eventual alargamento do objeto da cognição do juiz, face ao aporte de novos pontos de fato e/ou de direito.".

[1202] Sobre os planos da cognição do processo judicial, cf. WATANABE, Kazuo. **Da cognição no processo civil.** São Paulo: Revista dos Tribunais, 1987.

[1203] MENDES, Aluisio Gonçalves de Castro; PORTO, José Roberto Mello. **Incidente de assunção de competência.** Rio de Janeiro: GZ, 2020, p. 102.

[1204] Nesse sentido ao comentar sobre o julgamento do IRDR: MACÊDO, Lucas Buril de. **Os precedentes judiciais e o direito processual civil**. 3. ed. Salvador: JusPodivm, 2019, p. 492.

[1205] MENDES, Aluisio Gonçalves de Castro; PORTO, José Roberto Mello. **Incidente de assunção de competência.** Rio de Janeiro: GZ, 2020, p. 102, "A ampla participação, portanto, se dá tanto antes, pela juntada de documentos, declarações e realização de audiências públicas, como na própria sessão de julgamento, existindo, na lição de Paulo Cesar Pinheiro Carneiro, fase probatória.".

tuto.[1206] Importante frisar que este prazo deve ser computado desde a provocação para o incidente até o seu julgamento, incluindo o juízo de admissibilidade, sob pena de prolongar a fixação da tese de forma indiscriminada, vez que o próprio juízo de admissibilidade pode tardar a ocorrer.

Como defende-se que o IAC deva ser o único mecanismo concentrado para fixação de precedentes em tribunais, caso ocorra alteração fática da moldura que motivou a admissão do IAC preventivo, em razão da repetição que se originou no seio social, levando à necessidade de repressão à quebra de isonomia, não haverá qualquer prejuízo em razão do decurso do tempo para o julgamento da tese, vez que o procedimento será o mesmo, seja para lidar com a prevenção, seja para lidar com a repressão, e o órgão jurisdicional competente para apreciação das duas situações restará inalterado.

Após a sustentação oral de todas as partes e de todos os inscritos, o acordão será lavrado para fixar a tese jurídica para a questão de direito previamente delineada na decisão de afetação.[1207] A fundamentação deve seguir os parâmetros do artigo 489, §1º, do CPC, e separar a *ratio decidendi* – que levará ao *stare decisis*[1208] – do que consti-

[1206] Mendes, Aluisio Gonçalves de Castro; Porto, José Roberto Mello. **Incidente de assunção de competência.** Rio de Janeiro: GZ, 2020, p. 104.

[1207] Sobre a importância da sustentação oral, cf. Becker, Rodrigo. A sustentação oral como garantia de influência na decisão judicial. **Revista Brasileira de Direito Processual, RBDPro**, Belo Horizonte, ano 28, n. 111, p. 249-264, jul.-set. 2020.

[1208] Sobre o conceito de *stare decisis*, cf. Passanante, Luca. **Il precedente impossibile**: contributo allo studio del diritto giurisprudenziale nel processo civile. Torino: G. Giappichelli Editore, 2018, p. 192, *"Secondo uno schema usuale nella formazione del common law, l'osservanza dei precedenti da parte dei giudici nacque come prassi, si consolidò nel cordo del tempo e divenne, infine, un vero e proprio obbligo giuridico, formalizzato nel principio dello stare decisis."*. Sobre a origem do termo, cf. Fernandes, Ricardo Yamin. **Do incidente de assunção de competência**. São Paulo: Revista dos Tribunais, 2020, p. 56, "A expressão *stare decisis* descende da máxima latina *stares decisis et non quieta movere*, cuja tradução é "mantenha-se a decisão e não perturbe o que está decidido." Tal movimento, juridicamente, significa que as cortes devem respeitar os precedentes, sem revisitar questões já decididas e julgadas, ou seja, as decisões já proferidas passam a ser vinculantes em casos semelhantes futuros.".

tui mero *obiter dictum*,[1209] para que confusões na aplicação da tese não ocorram.[1210]

Nada disse o legislador sobre o quórum de julgamento do IAC. Cada tribunal tem regulamentado o tema especificamente para o IAC. O RITJSP, por exemplo, em seu artigo 191, determina que o julgamento se dará por maioria simples. Por sua vez, o TRF3, em seu regimento interno, determina que a reunião deve se dar com o quórum mínimo de dois terços de seus membros, excluído o Presidente e o julgamento se dará pela maioria absoluta dos membros que compõem o órgão julgador.[1211] Indo além, o TRF3, no artigo 104 de seu regimento, ainda prevê

[1209] Sobre o conceito, cf. Barroso, Luís Roberto; Mello, Patrícia Perrone Campos. Trabalhando com uma nova lógica: a ascensão dos precedentes no direito brasileiro. **Revista da Advocacia Geral da União**, Brasília-DF, v. 15, n. 03, p. 09-52, p. 27-28, jul.-set., 2016, "Quando uma determinada discussão é desnecessária à solução do caso concreto ou, ainda, quando certo argumento não foi aprovado pela maioria da corte como justificativa para a solução dada a uma demanda, tais elementos não se prestam a compor a *ratio decidendi* e não produzem efeitos vinculantes para julgados futuros. Diz-se, então, que constituem *obiter dicta* ou considerações marginais estranhas à decisão do caso".

[1210] Sobre a importância dessa diferenciação, explicam que: "Não raro, ocorrem julgamentos colegiados nos quais a conclusão é comum, mas a fundamentação não: acolhe-se, por maioria, um pedido específico, porém cada julgador elege um argumento diverso. Tal prática, que se afigura, não raro, indiferente ao litigante no processo individual (para o qual o mais importante é o provimento ou não do recurso), fere frontalmente a construção de um sistema de precedentes. Fundamental, portanto, que o colegiado julgador dos incidentes, para além de concluir uniformemente, fixando a (sucinta) tese, debata e fundamente de forma conjunta. Os aplicadores do direito, ao aplicar o entendimento em processos em curso ou futuros, precisam saber por qual razão o tribunal entendeu daquela maneira, inclusive para evitar alegações falseadas de distinção e superação.", Mendes, Aluisio Gonçalves de Castro; Porto, José Roberto Mello. **Incidente de assunção de competência.** Rio de Janeiro: GZ, 2020, p. 108.

[1211] RITRF3, Artigo 104. Ana Carolina Bastos elencou a situação regimental de diversos tribunais no país, demonstrando grande divergência procedimental sobre apenas um aspecto do rito do IAC. Cf. Bastos, Ana Carolina Andrada Arrais Caputo. Processamento do IAC: questões de ordem prática. **Revista Caderno Virtual – IDP**, Instituto de Direito Público, v.3, n. 45, ano 2019, versão virtual não paginada, "Quanto ao quórum para julgamento do IAC, o STJ determina que a Corte Especial ou as Seções, conforme o caso, se reunirão na presença de no mínimo dois terços de seus membros (artigo 271-E c/c artigo 172 parágrafo único c/c artigo 176 parágrafo único do RISTJ). Em ambos os órgãos colegiados, as decisões serão tomadas pelo voto da maioria dos Ministros (artigo 174 c/c artigo 178 do RISTJ). No TRF-1, o IAC deve ser julgado por dois terços de seus membros efetivos aptos a votar,

forma específica para sanar divergências no julgamento, estabelecendo que "Se os votos se dividirem em mais de duas interpretações, deve-se haver uma segunda votação (na primeira sessão seguinte), restrita à escolha de uma das duas interpretações mais votadas."[1212] Assim, o mesmo incidente utilizado para formação de teses jurídicas – ditas vinculantes[1213] – pode ter quóruns de instalação e julgamento, além de for-

desconsiderando-se os cargos vagos, os casos de suspeição e impedimento, bem como os cargos cujos titulares estejam afastados por tempo indeterminado. O incidente se resolverá pela maioria simples dos Desembargadores que compõem a Corte Especial ou Seção especializada (artigo 357, § 2º c/c artigo 363, § 5º c/c artigo 57 parágrafo único do RITRF-1). O TRF-2, por sua vez, não possui norma específica para julgamento do IAC. É o caso de aplicar subsidiariamente o artigo 112-B do Regimento Interno do TRF-2 (RITRF2) atinente ao IRDR, o qual prevê que o incidente deverá ser julgado pela maioria absoluta dos membros do órgão colegiado competente. Já o artigo 154 disciplina que, como regra, as decisões serão tomadas pelo voto da maioria simples dos Desembargadores presentes. No TRF-3, o artigo 104 caput do Regimento Interno do TRF-3 (RITRF-3) dispõe que o Órgão Especial e as Seções reunir-se-ão com o quórum mínimo de dois terços de seus membros, excluído o Presidente, enquanto o §1º exige que haja maioria absoluta na fixação da tese a ser firmada pelo tribunal. Se os votos se dividirem em mais de duas interpretações, deve-se haver uma segunda votação (na primeira sessão seguinte, restrita à escolha de uma das duas interpretações mais votadas. À semelhança do TRF-2, o Regimento Interno do TRF-4 (RITRF-4) tampouco tratou do tema no capítulo reservado ao IAC. Invoca-se o § 2º do artigo 188, referente ao IRDR, segundo o qual a Corte Especial e as Seções procederão ao juízo de admissibilidade e julgarão o incidente com quórum de dois terços de seus membros, resolvendo-o pela maioria simples. Cumpre observar, ademais, que o artigo 149 do RITRF-5 prevê que o Plenário – órgão competente para apreciar o IAC (artigo 106, § 1º do RITRF-5) – se reúne com a presença mínima da maioria absoluta de seus membros e que o quórum para julgamento é de dois terços, excluído o Presidente. Curioso perceber que, ao contrário do que ocorre nos demais tribunais, não há outros órgãos além do Plenário e das Turmas do TRF-5.".

[1212] Bastos, Ana Carolina Andrada Arrais Caputo. Processamento do IAC: questões de ordem prática. **Revista Caderno Virtual** – IDP, Instituto de Direito Público, v.3, n. 45, ano 2019, versão virtual não paginada.

[1213] Sobre não ser o IAC, especificamente, vinculante, cf. Cruz e Tucci, José Rogério. **Precedente judicial como fonte do direito**. 2. ed., Rio de Janeiro: GZ, 2021, p. 167, "É evidente que os acórdãos proferidos nos incidentes de assunção de competência e de resolução de demandas repetitivas, nos julgamentos de recursos extraordinário e especial repetitivos, as súmulas do Supremo Tribunal Federal em matéria constitucional e do Superior Tribunal de Justiça em matéria infraconstitucional, e, ainda, a orientação do plenário ou do órgão especial dos tribunais aos quais estiverem subordinados os julgadores, à luz do regime constitucional vigente, não ostentam força vinculante. Daí, em princípio, a incons-

mas de compor divergências distintas a depender do tribunal e do seu regimento interno. Tal situação não pode persistir por todos os motivos já desenvolvidos aqui.

A partir do quanto desenvolvido por Luiz Guilherme Marinoni,[1214] no sentido de que os julgamentos podem ocorrer pelo caso todo (*case by case*) ou por questão (ou fundamento) e as implicações disso na formação ou não da *ratio decidendi* em julgamentos nas Cortes Supremas, passa-se a defender como se deve dar o julgamento da questão de direito submetida ao IAC nas próximas linhas, seja em tribunais de segunda instância ou em cortes superiores. Parte-se do quanto desenvolvido pelo autor mencionado – enquanto marco teórico – para propor uma diferente perspectiva para a organização do julgamento no IAC.

Quando o legislador impõe que o IAC serve para o julgamento de "questão de direito", ele está a determinar que o julgamento se dê fundamento por fundamento para que necessariamente alcance uma *ratio decidendi*, que não precisa ser por unanimidade.[1215] Assim, quando admitido o IAC em determinado caso, para aquela questão de direito material ou processual, haverá uma *ratio decidendi*. Não é à toa que o julgamento da questão ocorre em momento diferenciado com relação ao julgamento do caso.

Dessa maneira, em razão da alteração do procedimento no tribunal quando positivo o juízo de admissibilidade da assunção, analisa-se primeiramente a questão de direito submetida ao incidente de forma a

titucionalidade *prima facie* da regra examinada, vista que a Constituição Federal, no art. 103-A, reserva efeito vinculante apenas e tão somente às súmulas fixadas pelo Supremo, mediante devido processo com quórum de dois terços, e, ainda, aos julgados originados de controle direto de constitucionalidade.", p. 167.

1214 Cf. Marinoni, Luiz Guilherme. **Julgamento nas Cortes Supremas**: precedente e decisão do recurso diante do novo CPC. 2. ed. São Paulo: Revista dos Tribunais, 2017. Para o autor, não é toda decisão de uma Corte Suprema que precisa formar *ratio decidendi*, pois existem decisões plurais em que não é possível identificar a maioria do pensamento da Corte pelo fundamento. Isso não indica uma patologia, pois o dissenso favorece o debate e maturação da análise do caso nos tribunais inferiores e na academia. Nestes casos, a decisão jurisdicional volta-se para o conflito intersubjetivo apenas, não ditando condutas em casos futuros.

1215 A questão do quórum é uma escolha legislativa peculiar que escapa ao quanto pretendido na presente tese.

se alcançar uma *ratio*. Quando esta for lograda, aplica-se esse entendimento ao caso como um todo.

Embora a forma de julgamento em cortes de correção ordinárias e cortes de vértice seja diferente, já que naquela a preocupação volta-se apenas ao conflito intersubjetivo; e, nesta, ao conflito intersubjetivo e ao desenvolvimento do direito,[1216] no IAC, que pode ser admitido em ambas as cortes, de acordo com o direito positivado, a lógica de julgamento é distinto em relação a casos ordinários em razão da mudança do procedimento de forma a ampliar o debate sobre determinada questão apenas.[1217] Assim, quando do julgamento da questão posta sob julgamento, pouco importa o impacto que ela terá sobre o caso como um todo. É um instrumento viabilizado pelo legislador para tribunais superiores e de segunda instância para consolidar teses jurídicas que pautem condutas no presente e no futuro já que seu procedimento e julgamento levará necessariamente à formação de uma *ratio decidendi*.[1218]

Para que o debate efetivamente ocorra, não deve o relator levar o voto pronto, mas um relatório dos fatos que emolduram a questão de direito em debate.[1219] Concluído o julgamento da questão posta sob julgamento, deve o órgão jurisdicional competente para fixação de pre-

[1216] Sobre o tema, cf. Marinoni, Luiz Guilherme. **Julgamento nas Cortes Supremas**: precedente e decisão do recurso diante do novo CPC. 2. ed. São Paulo: Revista dos Tribunais, 2017, p. 29, "Tudo isso quer dizer que a forma da participação dos julgadores e o modelo de julgamento, peculiares à Corte de correção, não podem ser repetidos numa Corte de Precedentes.". Sobre os modelos de cortes, cf. Mitidiero, Daniel. **Cortes superiores e cortes supremas**: do controle à interpretação, da jurisprudência ao precedente. São Paulo: Revista dos Tribunais, 2013, *passim*.

[1217] É a mesma lógica dos repetitivos que constrói o autor mencionado: "Tratando-se de recurso repetitivo há que se identificar uma questão que seja comum a inúmeros recursos. Afinal, a hipótese é de recursos múltiplos que estão a tratar da mesma questão. Essa questão, de acordo com o inc. I do art. 1.037, deve ser identificada com precisão pelo relator. Por solução da questão não se pode compreender solução do recurso. O recurso repetitivo reclama a solução de uma "questão comum" ao julgamento dos inúmeros recursos.", p. 121, Marinoni, Luiz Guilherme. **Julgamento nas Cortes Supremas**: precedente e decisão do recurso diante do novo CPC. 2. ed. São Paulo: Revista dos Tribunais, 2017.

[1218] Sobre como esse instrumento aplicado nos tribunais de segunda instância pode mudar seu perfil de corte de revisão, não conseguimos, neste momento, mensurar, mas o impacto já é evidente. Optamos por deixar esta análise específica excluída da tese neste momento.

[1219] Marinoni, Luiz Guilherme. **Julgamento nas Cortes Supremas**: precedente e decisão do recurso diante do novo CPC. 2. ed. São Paulo: Revista dos Tribunais, 2017, p. 105.

cedentes através da assunção de competência declarar a *ratio decidendi*, como forma de possibilitar a participação dos sujeitos processuais na fixação declarada da *ratio* pelo tribunal. Portanto, quando a doutrina afirma que nem todo julgamento de uma Corte Suprema leva a uma *ratio decidendi*, em razão do julgamento *case by case* que pode levar a decisões plurais, pode-se afirmar categoricamente que isso não ocorrerá quando admitido o incidente ora em análise. Todo IAC terá *ratio decidendi*, vez que o julgamento nele dá-se somente sobre questão.

Por fim, como observada a publicidade no IAC desde a sua admissão, a tese aqui estabelecida também precisa de ampla divulgação nos sítios eletrônicos dos tribunais e do CNJ, assim como a facilidade de obtenção do julgado nessas plataformas.

Como etapa seguinte à fixação da tese, julga-se o caso subjacente à questão de direito que motivou o juízo de admissibilidade positivo do incidente. Como no IAC, há assunção de competência para o julgamento do caso em que suscitado o incidente, após a fixação da tese para a questão de direito destacada, deve o órgão colegiado responsável pela uniformização da jurisprudência do respectivo tribunal dar andamento ao julgamento do recurso, remessa necessária ou processo de competência originária, aplicando-se a tese *declarada* ao caso concreto. Assim, há que se considerar a formação progressiva da decisão quanto ao mérito pelo tribunal. Sobre o tema, aduz Heitor Vitor Mendonça Sica que: "[...] para que essa hipótese reste comprovada de forma suficientemente fundamentada, impõe-se constatar que não há qualquer empecilho para reconhecer que o *meritum causae* seja gradativamente julgado por diversas decisões proferidas [...]".[1220] Portanto, as questões da causa são decididas em momentos distintos e através de decisões judiciais consecutivas que, unidas, constituem a decisão do recurso, remessa necessária ou processo de competência originária.[1221]

[1220] SICA, Heitor Vitor Mendonça. **Cognição do juiz na execução civil.** São Paulo: Revista dos Tribunais, 2017, p. 214.

[1221] Fizemos aqui o paralelo com o tema da liquidação igual a zero. Sobre o tema, cf. LIEBMAN, Enrico Tullio. **Manual de Direito Processual Civil**. v. I. 3. ed. Tradução de Cândido Rangel Dinamarco. São Paulo: Malheiros, 2005, p. 239. Tal conclusão e comparação restam viabilizadas a partir do raciocínio exposto por Piero Calamandrei na seguinte obra: CALAMANDREI, Piero. La condanna "generica" ai danni. In: CAPPELLETTI, Mauro (a cura di). **Opere giuridiche**. v. 5. Napoli: Morano, 1965.

4.3.3. Desistência recursal ou abandono da causa: repercussões no incidente de assunção de competência

Instaurado o incidente, pode ocorrer de a parte desistir do recurso ou da ação, no caso de competência originária, levando ao questionamento sobre o destino do IAC. Quando isso ocorrer no IRDR, previu o legislador, no artigo 976, §1º, CPC, que "[a] desistência ou o abandono do processo não impede o exame do mérito do incidente.". No mesmo sentido é o artigo 998, CPC, ao dispor sobre os recursos repetitivos.[1222]

A fundamentação alegada para essa previsão legal é o interesse público reconhecido quando da admissão do incidente,[1223] além da necessidade de se evitar que o litigante habitual faça uso desse mecanismo para influenciar na escolha do caso que será utilizado para fornecer a moldura fática necessária para fixação da tese jurídica.[1224]

Para o IAC, não há regramento na legislação. O RISTJ previu que a desistência ou abandono não impedem o exame do mérito do incidente (artigo 271-B, §2º), devendo o Ministério Público[1225] assumir a titularidade do incidente, se não for o requerente (artigo 271-B, §3º).[1226]

[1222] Entretanto, a previsão legal que autoriza o julgamento da tese no repetitivo independentemente de um caso concreto é alvo de críticas. Cf., por todos, GONZALEZ, Anselmo Moreira. **Repetitivos ou "Ineditivos"? Sistematização do Recurso Especial Repetitivo.** Salvador: JusPodivm, 2020.

[1223] Nesse sentido: THEODORO JR. Humberto. Regime das Demandas Repetitivas no Novo Código de Processo Civil. In: DIDIER JR., Fredie. (coord.). **Processo nos tribunais e meios de impugnação às decisões judiciais.** Salvador: JusPodivm, 2016, p. 430.

[1224] Sobre esse tema, cf. ASPERTI, Maria Cecília de Araujo. **Acesso à justiça e técnicas de julgamento de casos repetitivos.** Tese de doutorado. Orientador Prof. Assoc. Carlos Alberto de Salles. São Paulo: Universidade de São Paulo, 2018, p. 180.

[1225] Questiona-se se a instituição teria condições de assumir essa condução nos mecanismos para formação de tese jurídica nos tribunais a partir da repetição em razão da falta de contato do órgão ministerial previamente com o caso. Sobre o tema, cf. ASPERTI, Maria Cecília de Araujo. **Acesso à justiça e técnicas de julgamento de casos repetitivos.** Tese de doutorado. Orientador Prof. Assoc. Carlos Alberto de Salles. São Paulo: Universidade de São Paulo, 2018, p. 188.

[1226] Sobre o regimento interno do STJ ter ultrapassado os limites para regulamentar a procedimentalidade do IAC, cf. LEMOS, Vinicius Silva. **O incidente de assunção de competência**: da conceituação à procedimentalidade. Salvador: JusPodivum, 2018, p. 94-95, "Esse exemplo é pertinente para delinear a confusão sobre a própria funcionalidade do órgão, o que realmente é atribuição do regimento interno e a complicação das normas processuais ou procedimentais existentes nessa disposição. Há, portanto, uma linha tênue de atu-

Sobre a aplicação desses dispositivos ao IAC, há controvérsia. Há quem defenda a não extensão dessas regras ao incidente em estudo em razão da ausência de repetição em inúmeros processos da questão de direito objeto do incidente, o que levaria à tomada de decisão pelo tribunal sem aderência a qualquer caso concreto, o que aproximaria a atividade jurisdicional da legislativa[1227] ou à jurisdição consultiva, que o Poder Judiciário tende a negar.[1228] Em sentido contrário, tem-se o enun-

ação normativa dos regimentos internos, o que acaba por ser ultrapassada. O próprio STJ ao determinar sobre a desistência do recurso ou competência originária, impondo a continuidade do julgamento a inserção do Ministério Público como titular de tal incidente certamente ultrapassou o seu limite normativo, uma vez que a desistência, seus moldes e consequências são normas processuais e, ainda, não são atinentes à competência ou funcionamento do órgão de um Tribunal, sendo impossível de serem definidas por regimento interno.".

[1227] Nesse sentido: Cunha, Leonardo Carneiro da; Didier Jr., Fredie. **Curso de Direito Processual Civil**: meios de impugnação às decisões judiciais e processo nos tribunais. 16. ed. v. 3. Salvador: JusPodivm, 2019, p. 818. Contrariamente à possibilidade de andamento e julgamento do IAC, criticando o RISTJ: Fernandes, Ricardo Yamin. **Do incidente de Assunção de Competência**. São Paulo: Revista dos Tribunais, 2020, p. 163. Sobre a jurisdição sem caso concreto: Pereira, Paula Pessoa. **Legitimidade dos precedentes**: universabilidade das decisões do STJ. São Paulo: Revista dos Tribunais, 2014, p. 101, "Toda disputa jurídica surge a partir de um problema que ocorreu num dado caso concreto; as disputas não são abstratas, ninguém vai a juízo reivindicar uma tutela jurisdicional sobre um fato ou problema jurídico que não tenha efetivamente acontecido ou tenha ameaça de acontecer, até porque o Judiciário não exerce uma função consultiva, isso cabe a outros setores jurídicos.". Também nesse sentido, cf. D'Ávila, Daniela Peretti. **Incidente de assunção de competência**: Extraindo seu máximo grau de rendimento. 2019. Dissertação (Mestrado em Direito) – Pontifícia Universidade Católica de São Paulo, São Paulo, 2019, p. 169. Sobre a função criadora da jurisprudência e seu lado positivo, cf. Grinover, Ada Pellegrini. **Ensaio sobre a processualidade**: fundamentos para uma nova teoria geral do processo. Brasília: Gazeta Jurídica, 2016, p. 90-91, "E Kelsen afirmou que a função criadora do direito pelos tribunais, existente em todas as circunstâncias, surge com particular evidência quando um tribunal recebe competência para produzir também normas gerais por meio de decisões com força de precedentes. Conferir a tal decisão caráter de precedente é tão-só um alargamento coerente da função criadora de direito dos tribunais. Se aos tribunais é conferido o poder de criar não só normas individuais, mas também normas jurídicas gerais, estarão eles em concorrência com o órgão legislativo instituído pela Constituição, e isso significará uma descentralização da função legislativa. O que, a nosso ver, é altamente positivo.".

[1228] Sobre a postura do Poder Judiciário diante da "jurisdição consultiva", cf. Gonçalves, Marcelo Barbi. **Teoria geral da jurisdição**. Salvador: JusPodivm, 2020, p. 557, "Esse enten-

ciado 65 da I Jornada de Direito Processual Civil do CJF, afirmando que a "[a] desistência do recurso pela parte não impede a análise da questão objeto do incidente de assunção de competência.".[1229] De acordo com esse entendimento, pode/deve o representante do MP assumir a condução do IAC, nos termos do que prevê o artigo 976, §2º, CPC,[1230] para o IRDR,[1231] quando ocorrer o abandono ou a desistência no IAC.

dimento é frequentemente esposado pelos tribunais em sede de embargos de declaração. Face à alegação de que a decisão possui obscuridade, contradição ou omissão, é recorrente a afirmação de que o Judiciário não é órgão consultivo, opinativo ou doutrinário, razão pela qual não é necessário que na decisão sejam esgotados os temas postos a sua apreciação. Não haveria obrigação de o juiz rebater, uma a uma, todas as teses suscitadas pelo embargante. Sustenta-se, ainda, que o fim último da prestação jurisdicional é decidir a lide, conferindo resposta ao conflito de interesses, de modo que, como o Judiciário não é órgão consultivo, não precisa responder à lista de indagações formuladas pela parte insatisfeita com o julgamento.". Conclui o autor que o argumento de o Judiciário não ter função consultiva, mas apenas a de resolver lides, é um instrumento retórico para evitar o cumprimento exato do dever de fundamentação previsto no art. 489, do CPC.

[1229] No mesmo sentido: Aluisio Mendes, José Porto e Antônio Gaio, cf. MENDES, Aluisio Gonçalves de Castro; PORTO, José Roberto Mello. **Incidente de assunção de competência.** Rio de Janeiro: GZ, 2020, p. 31. GAIO JR., Antônio Pereira. Os perfis do incidente de assunção de competência no CPC/2015. **Revista de Processo**, v. 297, p. 213-231, nov., 2019, versão virtual não paginada, "Ainda em sede procedimental, é forçoso reconhecer que uma vez o incidente de assunção de competência integrando o microssistema dos precedentes normativos (efeito vinculante das decisões judiciais) estabelecido pelo CPC/2015, possível será a aplicação por analogia ao IAC dos regramentos contidos nos arts. 976, §1º e 998, parágrafo único, onde previsto está que a desistência de eventual recurso não impedirá o exame da questão que o motivo, justamente pela própria e relevante matéria e grande repercussão social que dela pode se projetar.". Criticando tal enunciado: FERNANDES, Ricardo Yamin. **Do incidente de Assunção de Competência**. São Paulo: Revista dos Tribunais, 2020, p. 164, "Este enunciado espelha a disposição equivocada constante no regimento interno deste tribunal.".

[1230] CPC, Artigo 976. § 2º "Se não for o requerente, o Ministério Público intervirá obrigatoriamente no incidente e deverá assumir sua titularidade em caso de desistência ou de abandono.".

[1231] Nesse sentido, sendo a possibilidade de assunção da condução pelo MP um poder-dever: MENDES, Aluisio Gonçalves de Castro; PORTO, José Roberto Mello. **Incidente de assunção de competência.** Rio de Janeiro: GZ, 2020, p. 46. Sobre o tema, também: BUENO, Cassio Scarpinella. **Curso sistematizado de Direito Processual Civil**: procedimento comum, processos nos Tribunais e Recursos. 8. ed. v. 2. São Paulo: Saraiva Educação, 2019, p. 422.Também nesse sentido é o quanto dispõe o RISTJ.

Entretanto, as duas posições são extremas, proibindo ou permitindo a continuidade do incidente quando haja desistência ou abandono sem se atentar que a hipótese de admissibilidade do IAC – se com base no *caput* ou com base no §4º do artigo 947 do CPC – exige análises distintas. Portanto, em razão das peculiaridades do IAC, que pode ser admitido tanto para prevenir, quanto para combater divergência jurisprudencial, a análise da (des)continuidade do incidente dependerá do fundamento para a sua admissão e do momento em que se encontrar o incidente.

Caso admitido com base no *caput* do artigo 947, CPC, ou seja, para prevenir divergência jurisprudencial, em razão da ausência de casos semelhantes no Poder Judiciário, admitir o prosseguimento do incidente, em um primeiro momento, poderia significar a possibilidade de o tribunal julgar uma questão de direito sem qualquer situação fática subjacente, colocando em xeque o conceito tradicional de jurisdição,[1232] que é provocada a atuar a partir de um caso concreto, a lide,[1233] que, nas técnicas de formação de precedentes de maneira concentrada nos tribu-

[1232] Quem se alinha a essa posição para o IAC como um todo, já que o visualiza como preventivo em todas as ocasiões, sendo impossível a fixação de tese sem caso subjacente: Fernandes, Ricardo Yamin. **Do incidente de Assunção de Competência**. São Paulo: Revista dos Tribunais, 2020, p. 163, "Não será aberta um incidente apartado que fixará a tese a ser aplicada. Se a parte desistir do processo, será impossível a análise do mérito pelo Superior Tribunal de Justiça, pois o processo deixará de existir.". Tal situação ocorre em outros ordenamentos jurídicos, como o italiano, levando à formação da expressão "jurisprudência consultiva". Sobre o tema, cf. Passanante, Luca. **Il precedente impossibile**: contributo allo studio del diritto giurisprudenziale nel processo civile. Torino: G. Giappichelli Editore, 2018. Sobre a necessidade de existência de um caso concreto para que o tribunal possa se pronunciar, cf., por todos, Theodoro Jr. Humberto. Regime das Demandas Repetitivas no Novo Código de Processo Civil. In: Didier Jr., Fredie. (coord.). **Processo nos tribunais e meios de impugnação às decisões judiciais.** Salvador: JusPodivm, 2016, p. 422, "Uma vez, porém, que os tribunais não se pronunciam abstratamente, seus julgados sempre correspondem a apreciação de casos concretos, cujos elementos são fatores importantes na elaboração da norma afinal aplicada à solução do objeto litigioso.".

[1233] Não que o conceito de jurisdição já não tenha sido questionado reiteradas vezes. Nesse sentido, cf. Nunes, Dierle. Processualismo constitucional democrático e o dimensionamento de técnicas para a litigiosidade repetitiva. **Revista de Processo**, v. 199, ano 2011, p. 41-83, set., 2011, versão virtual não paginada, "Tal questão das litigiosidades deve ser colocada em debate no Brasil, no entanto, sem perder de foco de que cabe ao Poder Judiciário o julgamento de causas e não de teses.". Também cf. Gonçalves, Marcelo Barbi. **Teoria**

nais, configura a moldura fática importante para o julgamento da tese jurídica a ser firmada.[1234]

Para Luca Passanante, a atuação do Poder Judiciário dissociada de um caso concreto, em "jurisprudência consultiva", não é jurisprudência, mas uma função que poderia ser exercida pela doutrina.[1235] Segundo essa linha de entendimento, não se poderia admitir o prosseguimento do incidente sem processo que lhe seja subjacente, sob pena de se transformar o IAC em processo objetivo realmente,[1236] sem o uso de aspas,

geral da jurisdição. Salvador: JusPodivm, 2020, p. 559, "De todo modo, a ideia de que o Judiciário tem por fim exclusivo a solução de conflitos de interesses precisa ser repensada.".

1234 Sobre o tema, cf. ao tratar da importância do caso para a formação da tese em demandas repetitivas (*sic*, em razão das questões de direito repetitivas): MACÊDO, Lucas Buril de. **Os precedentes judiciais e o direito processual civil**. 3. ed. Salvador: JusPodivm, 2019, p. 415, "Relembrada a importância do caso para a legitimação do precedente, e retomando o exame das demandas repetitivas e do procedimento concentrado para formação do precedente, que possuem uma relação íntima no CPC, é importantíssimo que se preserve a necessária relação entre precedente e caso. Não há força ou legitimidade no precedente dissociado do caso, e, nas demandas repetitivas, em que os mais importantes precedentes são gerados em procedimentos concentrados, isso não muda: o caso continua sendo o parâmetro de legitimação da obrigatoriedade do precedente. Não é permitida a geração de teses em procedimentos concentrados de formação de precedentes que tratem de temas impertinentes aos casos afetados. Ainda que as teses versem sobre tema subjacente aos casos afetados, elas não são legítimas. A máxima é que a criatividade é permitida na medida em que é necessária à solução do caso. O seu exercício não pode ser disassociado (sic) dos problemas que o caso apresenta.".

1235 PASSANANTE, Luca. **Il precedente impossibile**: contributo allo studio del diritto giurisprudenziale nel processo civile. Torino: G. Giappichelli Editore, 2018, p. 69.

1236 Nesse sentido, ou seja, da impossibilidade da fixação da questão de direito quando ocorra o abandono e o IAC tenha sido admitido, cf. D'ÁVILA, Daniela Peretti. **Incidente de assunção de competência**: Extraindo seu máximo grau de rendimento. 2019. Dissertação (Mestrado em Direito) – Pontifícia Universidade Católica de São Paulo, São Paulo, 2019, p. 124. Entretanto, a autora coloca o IAC, *caput* e §4º, do CPC, sob a mesma lógica, da ausência de repetição. Hermes Zaneti Jr. defende que não seria o caso de transformação do incidente em processo objetivo, pois "Isto é importante para manter o paralelismo com o recurso especial e o recurso extraordinário repetitivos que exigem o julgamento de uma causa pelo tribunal e para a eventual formação de precedentes a partir das decisões dos casos repetitivos. A decisão será tanto melhor, quanto mais aderente à situação jurídica discutida em uma causa. É a universalização de fatos circunstanciais relevantes (*material facts*), discutidos para que se alcance a solução jurídica, que irá permitir a formação de fundamentos jurídicos (*ratio decidendi*) adequados a serem aplicados aos casos futuros. Todas

que normalmente são utilizadas para se fazer referência à prevalência da função uniformizadora das cortes superiores em relação ao interesse das partes, falando-se, na doutrina, em "objetivação" dos recursos excepcionais.[1237]

Entretanto, não cabe avançar no tema sem tratar sobre ponto atual de debate na doutrina, que afeta diretamente o aspecto ora em análise: a superação da atuação do Poder Judiciário com base na lide *carneluttiana*.[1238] Para Marcelo Barbi Gonçalves, a jurisprudência consultiva não é a provocação do Poder Judiciário para sanar dúvida acadêmica[1239] e a lide

estas circunstâncias relacionadas aos requisitos de admissibilidade já indicam que nestes procedimentos estamos criando neste momento o processo justo na medida que as situações estão sendo analisadas pelos tribunais.", p. 690, ZANETI JR., Hermes. Os casos repetitivos no Brasil: notas sobre a agregação de litígios, o processo coletivo e os precedentes vinculantes no CPC/15. In: SIMONS, Adrian; MENDES, Aluisio Gonçalves de Castro; RAGONE, Alvaro Pérez; LUCON, Paulo Henrique dos Santos (coords.). **Estudos em homenagem a Ada Pellegrini Grinover e José Carlos Barbosa Moreira**. São Paulo: Tirant lo Blanch, 2019.

1237 LEONEL, Ricardo de Barros. Intervenção do Ministério Público no Incidente de Resolução de Demandas Repetitivas, **Revista Jurídica da Escola Superior do Ministério Público de São Paulo**, v.1, p. 171-185, ano 2012.

1238 É o ponto central da seguinte tese, cf. GONÇALVES, Marcelo Barbi. **Teoria geral da jurisdição**. Salvador: JusPodivm, 2020, *passim*. Com um regresso histórico, mas sem o intento de realizar a análise cronológica geral do tema, vale a pontuação de que Adolf Wach, ao criticar a concepção do direito processual como adjetivo ao direito material afirmou que: "*Nosotros tenemos un sistema de derecho, no de acciones, y a su lado tenemos un sistema de los derechos de protección, determinado por nuestro orden de administración de justicia. Si apesar de ello, continuamos llevando, en nuestras exposiciones sistemáticas del derecho de pandectas, una masa de materia especificamente del derecho de las acciones judiciales, es porque el derecho romano sigue ejerciendo sobre nosotros su poder tradicional. De él hemos tomado la costumbre de seguir enfocando el derecho en su posición de combate, en forma de protección.*", p. 47, WACH, Adolf. **La pretension de declaracion**: un aporte a la teoria de la pretensión de protección del derecho. Trad. de Juan M. Semon. Buenos Aires: Ediciones Jurídicas Europa-América, 1962. Apesar de centrar-se na crítica da vinculação do direito processual ao direito material, podemos notar embrião da concepção de que a atuação jurisdicional estaria restrita a um conflito efetivamente existente para que o Poder Judiciário pudesse proteger o jurisdicionado.

1239 Sobre jurisprudência consultiva, cf. GONÇALVES, Marcelo Barbi. **Teoria geral da jurisdição**. Salvador: JusPodivm, 2020, p. 582, "Não se pode ir à juízo com objetivo especulativo, teórico ou acadêmico, vale dizer, apenas para se inteirar do conteúdo de determinada norma, sem que haja referibilidade prática em relação a uma situação jurídica do autor. Não cabe consulta, portanto, por mero diletante, entendido como tal aquele que a formulasse

é prescindível para a atuação jurisdicional.[1240] Com base nessas considerações enquanto premissas e considerando o quanto foi exposto para o procedimento do IAC, espera-se que tenha ficado clara a cisão entre o julgamento da questão de direito submetida ao procedimento especial no tribunal e a posterior aplicação da tese firmada ao caso concreto. Tal cisão é fundamental para a percepção de que o caso, originariamente individual e centrado no conflito intersubjetivo, tem início com a pretensão de elaboração de norma jurídica somente entre as partes. Entretanto, quando realizado o juízo de admissibilidade que confirma o interesse público na controvérsia, há expectativa da elaboração de norma jurídica geral apta a pautar condutas extrajudiciais dos jurisdicionados e a determinar repercussões processuais para processos em andamento.[1241]

Caso ocorra desistência ou abandono da causa pela parte do processo em que ocorrera a assunção, quando já reconhecida a presença dos requisitos autorizadores do incidente, principalmente a repercussão social e o interesse público, o não julgamento da questão de direito, neste momento, seria o Poder Judiciário afirmar a importância da questão para pautar condutas dos jurisdicionados no futuro e o potencial da questão para a multiplicidade, com todos os seus efeitos perniciosos, e a

pelo simples gosto de estar instruído. É necessário que a consulta possua ressonância prática quanto a fatos de interesse do consulente. Como ensina Amaro em lição exposta a respeito da consulta fiscal, mas que se aplica à perfeição à consulta jurisdicional, a consulta não decorre de dúvida na interpretação da lei, senão da sua aplicação a fato determinado.".

1240 Também neste sentido: GRINOVER, Ada Pellegrini. **Ensaio sobre a processualidade**: fundamentos para uma nova teoria geral do processo. Brasília: Gazeta Jurídica, 2016, p. 4, "Por outro lado, as características essenciais da jurisdição não podem mais ser detectadas segundo a doutrina clássica: não há lide na justiça conciliativa, assim como não há lide no processo penal e no processo civil necessários; [...]".

1241 MITIDIERO, Daniel. **Cortes superiores e cortes supremas**: do controle à interpretação, da jurisprudência ao precedente. São Paulo: Revista dos Tribunais, 2013, p. 4. "Do ponto de vista do Estado Constitucional, o fim do processo civil só pode ser reconduzido à tutela dos direitos mediante a prolação de uma decisão justa e a formação e respeito aos precedentes. Daí que a tutela dos direitos que deve ser promovida pelo processo tem uma dupla direção – dirige-se às partes no processo e à sociedade em geral. Os meios de que se vale o processo para obtenção desse escopo são igualmente dois: a decisão justa – acompanhada, em sendo o caso, de todas as técnicas executivas adequadas para sua efetividade – e o precedente judicial. Pode-se tutelar os direitos no processo, portanto, tanto em uma dimensão particular como em uma dimensão geral.".

não resposta jurisdicional, ou seja, a omissão, simplesmente por desinteresse da parte.[1242]

Considerando a finalidade pública da jurisdição, não pode o Poder Judiciário ficar à disposição das partes nessas situações. A moldura fática para fixação da tese jurídica já estará consolidada a partir do caso em que suscitado o incidente e o debate pode ser levado a termo. A diferença é que o procedimento especial do incidente terá fim com o julgamento da questão de direito, sem que ocorra a aplicação direta pelo tribunal da tese ao caso concreto.[1243] Assim, trata-se de uma tutela declaratória[1244] com incerteza objetiva,[1245] jurídica e atual acerca da interpretação que

[1242] Sobre a conversão de interesse essencialmente das partes em interesse público, cf. UZEDA, Carolina. **Interesse recursal**. Salvador: JusPodivm, 2018, p. 227, "O processo, que nasce com o fim específico de produzir norma entre as partes, se torna ulteriormente apto a gerar norma geral, o que acaba por converter sua finalidade principal, lançando sobre ele uma carga intensa de interesse público, que modifica completamente a maneira pela qual é visto, tratado e julgado.".

[1243] Por justificativas distintas, Carolina Uzeda alcança o mesmo resultado. Afirma a autora que a desistência do recurso altera o objeto inicial do processo. Defendemos que não há alteração do objeto, mas abandono de parte dele. Cf. UZEDA, Carolina. **Interesse recursal**. Salvador: JusPodivm, 2018, p. 234, "Por este motivo, é possível que o recorrente – livremente – desista do seu recurso ou perca supervenientemente o interesse recursal, levando ao encerramento do procedimento com relação ao dispositivo, que transitará em julgado. Concordamos com Leonardo Carneiro da Cunha e Fredie Didier Jr., que defendem que a instauração do incidente ou a seleção do recurso como representativo da controvérsia levam à criação de um novo procedimento, que "não se confunde com o procedimento principal originário ou recursal". Havendo a desistência do recurso, o objeto inicial, qual seja, a reforma ou invalidação da decisão impugnada no tocante ao dispositivo, se altera para a formação do precedente. Para tanto, o sistema viabiliza a sucessão processual, permitindo que o Ministério Público assuma a posição de recorrente (art. 976, §3º).".

[1244] Sobre o tema, cf. WACH, Adolf. **La pretension de declaracion**: un aporte a la teoria de la pretensión de protección del derecho. Trad. de Juan M. Semon. Buenos Aires: Ediciones Jurídicas Europa-América, 1962, p. 115, "*No cabe duda, y el Tribunal Supremo lo ha reconocido no sólo en la sentencia ultimamente comentada, sino repetidamente, que baste el interés en la certeza sobre el contenido de una relación jurídica, sobre los derechos impuestos y derechos outorgados a la parte por la misma, y, por consiguiente, sobre la conducta que ella tiene que observar.*".

[1245] BEDAQUE, José Roberto dos Santos. **Efetividade do processo e técnica processual**. 2. ed. São Paulo: Malheiros, 2007, p. 513, "Cognitiva-declaratória é aquela destinada a colocar fim à incerteza sobre a existência ou inexistência de uma relação jurídica.".

deve ser dada à questão de direito relevante circundada por interesse público[1246] com potencial de multiplicidade.[1247-1248]

Considerando a função da tutela declaratória em prevenir violações a direitos diante da incerteza jurídica, como coloca Heitor Vitor Mendonça Sica na citação abaixo, a não fixação da tese jurídica pelo tribunal, quando já realizado o juízo de admissibilidade, tendo este resultado positivo, é negar o próprio acesso à tutela jurisdicional:

> [...] e voltando os olhos exclusivamente à tutela meramente declaratória, é necessário assentar, primeiramente, que sua função primordial é eliminar a incerteza jurídica, atuando, portanto, de modo preventivo, evitando que haja, futuramente, violação ao direito declarado. Nesse sentido, a tutela meramente declaratória afina-se com o comando do art. 5º, XXXV, da Constituição Federal que garante o acesso ao Poder Judiciário para imunizar ameaça a direito.[1249]

[1246] Neste caso, a tutela declaratória é circundada exclusivamente por interesse público. Adolf Wach, ao escrever sobre a pretensão declaratória, identificou a concomitância entre interesses privados e públicos nesta, afirmando: "*Tales y otras consideraciones me condujeron a la idea de que aquí tenemos que ver con un derecho privado y derechos públicos vinculados al proceso, que, si bien son secundarios em relación con el derecho privado, sin embargo, son relativamente independientes y cuyo contenido debe constituir la pretensión de protección del derecho por el Estado.*", p. 37, Wach, Adolf. **La pretension de declaracion**: un aporte a la teoria de la pretensión de protección del derecho. Trad. de Juan M. Semon. Buenos Aires: Ediciones Jurídicas Europa-América, 1962.

[1247] Sobre a tutela declaratória, cf. Gonçalves, Marcelo Barbi. **Teoria geral da jurisdição**. Salvador: JusPodivm, 2020, p. 586, "A posição que ora se sustenta de nenhuma forma se aparta do entendimento no sentido de que a incerteza que fundamenta a ação declaratória deve ser objetiva, jurídica e atual. A incerteza deve ser objetiva: não basta que o titular do direito esteja incerto sobre o próprio direito, sendo necessário um fato exterior objetivo que torne incerta a vontade concreta da lei. A incerteza deve ser jurídica: relativa a direitos e deveres. Por fim, a incerteza deve ser atual: já existente, e não apenas possível. Observe-se bem: a incerteza deve ser atual, não a situação de fato, a qual pode não ter ainda se aperfeiçoado. Correta, *ergo*, a lição no sentido de que o que autoriza a declaratória é a atualidade da incerteza, e não o aspecto de ser, ou não, a relação questionada passada, presente ou futura.".

[1248] Sica, Heitor Vitor Mendonça. Tutela meramente declaratória vista pela jurisprudência do Superior Tribunal de Justiça. In: Isabel Galotti; Bruno Dantas; Alexandre Freire; Fernando da Fonseca Gajardoni; José Miguel Garcia Medina. (org.). **O papel da jurisprudência no STJ.** São Paulo: Revista dos Tribunais, 2014, v. 1, p. 447-455.

[1249] Sica, Heitor Vitor Mendonça. Tutela meramente declaratória vista pela jurisprudência do Superior Tribunal de Justiça. In: Isabel Galotti; Bruno Dantas; Alexandre Freire; Fernando da

Obviamente que aqui não se trata do conceito clássico de partes, na concepção binária, lide e (im)procedência do pedido, como já se afirmou ao longo da tese, mas já ficou claro que há interesse jurídico na fixação da tese, uma vez reconhecidos os requisitos que viabilizam a assunção de competência pelo Poder Judiciário. Para Marcelo Barbi Gonçalves, a atuação da jurisdição, independentemente da existência de uma lide, decorre da ideia "[...] de que o princípio da segurança jurídica é imanente ao Estado de Direito.".[1250] Assim, o interesse jurídico aqui escapa à lógica da sucumbência de sujeitos parciais para vincular-se à noção de que a ciência da interpretação dada às normas jurídicas pelos tribunais constitui elemento balizador de condutas, conferindo, assim, segurança jurídica aos jurisdicionados.[1251]

Situação distinta é aquele em que o abandono ou a desistência ocorrem antes do juízo positivo de admissibilidade. Não terá o Poder Judiciário empreendido esforços para análise dos requisitos que fundamentam a alteração do procedimento no caso, reconhecendo o interesse público e a repercussão social da questão de direito. Neste caso, devem o abandono e a desistência produzirem seus efeitos usuais.

Entretanto, caso admitido o incidente com base no artigo 947, §4º, CPC, no sentido de compor divergência entre câmaras ou turmas do tribunal, há se presumir que haja mais de um processo em curso, de forma

Fonseca Gajardoni; José Miguel Garcia Medina. (org.). **O papel da jurisprudência no STJ.** São Paulo: Revista dos Tribunais, 2014, v. 1, p. 447-455, versão virtual não paginada.

1250 Sobre o tema, continua o autor: "Imprescindível, assim, perfilhar uma concepção teórica antiformalista substancial em sentido forte do princípio da segurança jurídica, a fim de que o homem possa contar com o fato de que, às suas posições substanciais fundadas sobre as normas jurídicas, vinculem-se efeitos passíveis de previsão *ex ante*. Apenas nessa trilha é que se assegura ao indivíduo segurança de orientação, ou seja, o direito de conhecer, antes de agir, qual é a valoração das ações próprias e alheias que será dada pelo ordenamento jurídico.", p. 591, GONÇALVES, Marcelo Barbi. **Teoria geral da jurisdição**. Salvador: JusPodivm, 2020.

1251 Quando da necessidade da demonstração da existência da pretensão meramente declaratória, precisou Adolf Wach afirmar que "*La certeza del derecho tiene su valor independiente.*". Neste momento, no século XXI, a certeza do direito, enquanto interpretação a ser dada pelos tribunais ao ordenamento jurídico, extrapola o limite de apenas um conflito intersubjetivo. Sobre o tema, cf. WACH, Adolf. **La pretension de declaracion**: un aporte a la teoria de la pretensión de protección del derecho. Trad. de Juan M. Semon. Buenos Aires: Ediciones Jurídicas Europa-América, 1962, p. 53.

que há quem defenda a aplicação das regras do *microssistema de gestão e julgamento de casos repetitivos,*[1252] permitindo o prosseguimento do julgamento para fixação de tese jurídica pelo tribunal, considerando-se os demais casos em tramitação naquele tribunal, a exemplo do que ocorre no julgamento dos repetitivos,[1253] podendo também o relator selecionar outros casos como representativos da questão de direito em debate, segundo alguns.[1254]

Aqui, não se trataria propriamente de aplicação do microssistema mencionado, mas da consequência da admissão do IAC como incidente cabível também para lidar com a repetição. Como há relação jurídico-processual em curso no Poder Judiciário, qual seja, outros processos em andamento no tribunal, discutindo a mesma questão de direito do IAC então suscitado, há que se falar em partes com possivelmente processos suspensos e a presença de relevância social e interesse público, de forma a justificar a resolução da questão de direito submetida à análise e julgamento do tribunal, em razão da inafastabilidade da jurisdição. Para esta

[1252] Terminologia adotada por Leonardo Carneiro da Cunha e Fredie Didier Jr. Cf. CUNHA, Leonardo Carneiro da; DIDIER JR., Fredie. **Curso de Direito Processual Civil**: meios de impugnação às decisões judiciais e processo nos tribunais. 16. ed., v. 3, Salvador: JusPodivm, 2019. Nesse sentido, cf. LEMOS, Vinicius Silva. **O incidente de assunção de competência**: da conceituação à procedimentalidade. Salvador: JusPodivum, 2018, p. 79, "O IAC não tem previsão sobre o que deve ser feito quando o recorrente desiste do recurso em que houve a transferência de competência pela instauração do incidente. No entanto, entendo que pela formação de precedente judicial, com um microssistema próprio para tal, deve-se levar em consideração a mesma regra de desistência do rito repetitivo e da repercussão geral, como explicado.".

[1253] Sobre o rito dos repetitivos, cf. GONZALEZ, Anselmo Moreira. **Repetitivos ou "Ineditivos"? Sistematização do Recurso Especial Repetitivo.** Salvador: JusPodivm, 2020.

[1254] ZANETI JR., Hermes. Os casos repetitivos no Brasil: notas sobre a agregação de litígios, o processo coletivo e os precedentes vinculantes no CPC/15. In: SIMONS, Adrian; MENDES, Aluisio Gonçalves de Castro; RAGONE, Alvaro Pérez; LUCON, Paulo Henrique dos Santos (coords.). **Estudos em homenagem a Ada Pellegrini Grinover e José Carlos Barbosa Moreira.** São Paulo: Tirant lo Blanch, 2019, p. 689-690, "A melhor opção, contudo, é adotar, mesmo nessas hipóteses, um sistema de substituição do(s) caso(s) em que ocorreu a desistência ou abandono, apesar de reconhecermos a existência do sistema híbrido na situação de desistência sem essa substituição. Assim, como melhor solução, sempre que possível, deverá o órgão encarregado do julgamento do caso repetitivo afetar novas causas em caso de desistência, como aliás prevê o sistema de julgamento da GLO, com a substituição do caso-piloto (*test claim*) quando ocorre acordo entre as partes (artigo 19.15).".

situação, é cabível a mesma análise feita para a situação do artigo 947, *caput*, CPC, qual seja, o destino do incidente dependerá do momento em que ocorrer a desistência do caso.

Apenas conseguimos alcançar tais conclusões a partir da premissa de que a decisão que julga a questão de direito submetida ao incidente tem natureza jurídica declaratória[1255] e, uma vez reconhecidos os requisitos para a assunção, há interesse jurídico na fixação da tese diante da incerteza real e atual sobre a interpretação que merece ser dada à questão de direito material ou processual, ainda que admitido o incidente de forma preventiva, vez que a questão de direito relevante e com repercussão geral, com potencial de multiplicidade, será utilizada pelos jurisdicionados como pauta de conduta.[1256]

De qualquer forma, a escolha para tal situação envolve política legislativa e normas de direito processual, devendo a sua regulamentação ser exarada pelo Poder Legislativo competente, não ficando a cargo de regulamentação regimental ou da aplicação de microssistemas por força de argumentos doutrinários.[1257]

[1255] Fizemos um paralelo à lógica construída por Piero Calamandrei para explicar a liquidação igual a zero, como explicado anteriormente. Cf. o texto de origem: Calamandrei, Piero. La condanna "generica" ai danni. In: Cappelletti, Mauro (a cura di). **Opere giuridiche**. Napoli: Morano, 1965. v. 5, p. 519, "*I rapporti tra la sentenza sull'*an debeatur *e la sentenza sul* quantum *sono dunque, esattamente, i seguenti: la sentenza sull'*an debeatur, *che ha per oggetto soltanto una frazione della fattispecie costitutiva dell diritto al risarcimento, non è che una sentenza di mero accertamento su punti che possono avere carattere pregiudiziale di fronte alla sentenza sul* quantum*: la quale solo, integrando tale accertamento pregiudiziale colla cognizione sull'elemento costitutivo ancora rimasto interamente incerto (danno), ha gli effetti di una vera sentenza di condanna. Alla sentenza di mero accertamento sull'*an debeatur *si accompagna poi, come funzione accessoria, una indagine delibativa di verosimiglianza su quello stesso elemento (danno), la cui cognizione approfondita resta interamente riservata al giudizio di liquidazione: è sopra tutto questa funzione accessoria, avente scopo prettamente cautelare, che ha indotto la dottrina e la giurisprudenza a qualificare come condanna una sentenza, alla quale mancano in realtà tutti gli effetti corrispodenti a tale qualifica.*".

[1256] Sobre a incerteza não estar necessariamente vinculada a uma lide, cf. Gonçalves, Marcelo Barbi. **Teoria geral da jurisdição**. Salvador: JusPodivm, 2020, p. 587. "Mas é possível que à incerteza não se vincule ainda uma lide. Em seu *Sistema*, Carnelutti asseverou que o limite do processo declaratório consiste no *perigo de lide*, de maneira que há interesse à certificação quando, ainda que não tenha sido contestada uma pretensão e, portanto, se manifestado uma lide, não se exclua a possibilidade no futuro.".

[1257] Sobre a necessidade de nova legislação federal e as perspectivas dessa tramitação, cf. Lemos, Vinicius Silva. **O incidente de assunção de competência**: da conceituação à pro-

Adotando-se o quanto proposto aqui, ou seja, de que o incidente somente pode ter continuidade na hipótese de o juízo de admissibilidade ter restado positivo, não importando se admitido com finalidade preventiva ou repressiva, abre-se outra questão delicada envolvendo o órgão ministerial, usualmente designado para assumir a condução do feito para fixação da tese jurídica.

Trata-se da situação de o representante do MP, em atenção à sua independência funcional resguardada constitucionalmente, decidir não dar continuidade ao IAC já suscitado e admitido no tribunal.[1258] Há quem defenda, diante dessa situação, que os regimentos internos poderiam dar prosseguimento ao incidente sem a presença de um condutor.[1259] Como defende-se a possibilidade de participação de todos os legitimados coletivos, além de indivíduos de forma supletiva, superando-se a atuação das partes através da binariedade, tal ideia não nos parece inconcebível, desde que o contraditório reste efetivamente ampliado nos moldes aqui sugeridos.

4.4. Outras questões relevantes

Para este tópico, outros dois pontos foram separados, pois merecem alguma análise ainda nesta tese, mas que não se encaixavam na lógica

cedimentalidade. Salvador: JusPodivum, 2018, p. 96-97, "Uma alteração legal federal seria pertinente para a determinação sobre a procedimentalidade do IAC? Obviamente que seria o melhor caminho, com a determinação de quais os pontos necessários para que o instituto seja melhor empregado, com a definição sobre diversas indagações, tais quais sobre suscitação, admissibilidade, competência, julgamento, dentre outros pontos. No entanto, o CPC/2015 é uma legislação processual nova, com uma vigência de pouco tempo, com uma durabilidade para um longo prazo, com a dificuldade de imaginarmos uma mudança legislativa desse porte agora.".

[1258] Caso a desistência recursal seja parcial, pode o recorrente continuar na condução do procedimento para formação de precedente. Nesse sentido, cf. Uzeda, Carolina. **Interesse recursal**. Salvador: JusPodivm, 2018, p. 235.

[1259] Nesse sentido: Mendes, Aluisio Gonçalves de Castro; Porto, José Roberto Mello. **Incidente de assunção de competência.** Rio de Janeiro: GZ, 2020, p. 47, "De todo modo, em não atuando o Ministério Público, nada impede que o incidente siga seu rumo, pois a definição da competência e o funcionamento dos órgãos jurisdicionais internos é matéria que cabe privativamente aos tribunais, com observância das normas de processo, sendo primordial somente a fixação da tese.".

cronológica do procedimento que se intentou organizar. Este é o único motivo que justifica a separação.

4.4.1. Da preferência de tramitação e julgamento ao incidente de assunção de competência

Atualmente, há regra expressa fixando a preferência de tramitação do IRDR sobre os demais feitos no tribunal.[1260] Uma vez admitido o IAC como único incidente cabível para fixação de teses jurídicas através da especialidade do procedimento nos tribunais diante de casos repetitivos, de forma repressiva e preventiva, há que se considerar a possibilidade da mesma preferência.[1261]

A doutrina atual rechaça tal possibilidade de preferência ao IAC, partindo da premissa de que este apenas atua com a prevenção, não havendo razão para tentar "[...] minimizar o impacto nocivo de decisões judiciais conflitantes.",[1262] o que resta superado diante do quanto defendido. De qualquer forma, no estado atual de coisas dos mecanismos construídos para lidar com a litigância de forma repressiva e preventiva, parece-nos que se justificaria a preferência de tramitação para o IAC, considerando a relevância da questão com grande repercussão social circundada por interesse público.

4.4.2. Da pluralidade de incidentes sobre a mesma questão de direito

Ocorrendo a hipótese remota, mas possível, de mais de uma provocação para o IAC a partir da mesma questão de direito, não há regulamentação

1260 CPC, artigo 980. "O incidente será julgado no prazo de 1 (um) ano e terá preferência sobre os demais feitos, ressalvados os que envolvam réu preso e os pedidos de *habeas corpus.*".

1261 Aponta-se que a regulamentação de aspectos práticos dessa preferência cabe ao regimento interno de cada tribunal, cf. OLIVEIRA, Paulo Mendes de. **Regimentos internos como fonte de normas processuais.** Salvador: JusPodivm, 2020, p. 101-102.

1262 BASTOS, Ana Carolina Andrada Arrais Caputo. Processamento do IAC: questões de ordem prática. **Revista Caderno Virtual** – IDP, Instituto de Direito Público, v. 3, n. 45, ano 2019, versão virtual não paginada, "De todo modo, se o tribunal entender que deve priorizar o julgamento do IAC por qualquer circunstância, prescindiria de uma norma escrita para tanto. Certamente o fará pelas próprias características do incidente, é dizer, pela relevância da questão de direito nele tratada e pela sua grande repercussão social e interesse público na assunção de competência.".

legal a amparar a resposta a ser dada pelo tribunal.[1263] A situação ganha contornos mais polêmicos diante de a possibilidade aventada ocorrer antes de qualquer proferimento de decisão de afetação em qualquer caso, que serviria como pressuposto negativo de admissibilidade para futuros incidentes.

As escolhas possíveis seriam (i) o apensamento conjunto dos pleitos ou (ii) a escolha do que *melhor represente* a controvérsia para processamento sob o rito incidental para análise da admissibilidade.[1264]

As duas opções, se devidamente regulamentadas de acordo com o procedimento legal que garanta o contraditório para além das partes em que suscitado o incidente, parecem razoáveis em alguma medida. Como a questão envolve processo e procedimento em diferentes medidas, não deveria estar reservada à disciplina regimental.

Considerando, entretanto, a natureza jurídica do IAC, esmiuçada no capítulo 2 desta tese, acredita-se que a segunda opção se adéque perfeitamente à necessidade de alteração do procedimento para apenas um caso, sendo que interessados poderão participar nos moldes explicitados neste capítulo 4 e, caso exista o risco de decisões conflitantes, ainda há a possibilidade de suspensão do processo e/ou a fixação provisória da tese no procedimento especial iniciado no tribunal. Entretanto, a própria escolha de qual seja o *melhor caso* pode estar circundada por elementos discricionários que, mais uma vez, sensibilizam o juiz natural. Assim, recomenda-se a fixação, de *lege ferenda*, de critérios para seleção do caso a ser selecionado para a fixação de tese jurídica de forma concentrada no tribunal quando ainda não haja decisão de afetação em qualquer incidente.

4.5. Da fase recursal no incidente de assunção de competência

O resultado do julgamento do caso em que foi suscitado e admitido o IAC será uma decisão objetivamente complexa formada progressivamente pela decisão que declara a interpretação a ser dada à questão

[1263] Não há resposta legal sequer para o IRDR. Sobre o tema, cf. OLIVEIRA, Paulo Mendes de. **Regimentos internos como fonte de normas processuais.** Salvador: JusPodivm, 2020, p. 100.

[1264] Essa foi a escolha feito pelos tribunais estaduais da Bahia e de Minas Gerais em seus regimentos internos. Artigo 219, §2º, do RITJBA e Enunciado 48 do TJMG. Cf. OLIVEIRA, Paulo Mendes de. **Regimentos internos como fonte de normas processuais.** Salvador: JusPodivm, 2020, p. 100.

de direito processual ou material, que levou à instauração do IAC, e a aplicação desse entendimento ao caso concreto, resolvendo o mérito recursal. Em razão dessa peculiaridade, os recursos cabíveis podem ser manejados de forma autônoma ou conjuntamente, a depender da legitimidade e do interesse recursais.[1265] Assim, tratar-se-á, neste tópico, de repercussões recursais mais intrincadas a partir do julgamento do IAC, sem a pretensão de esgotar a temática, que justificaria estudo monográfico próprio.

Caso a decisão do tribunal local transite em julgado sem a interposição de qualquer recurso, o entendimento será aplicado localmente na primeira e na segunda instâncias a partir das diversas repercussões processuais previstas para o IAC ao longo de todo o código. Entretanto, caso admitido novo incidente localmente ou em tribunal superior sobre a mesma questão de direito, há que se falar em superação.

Considerando-se especificamente a possibilidade recursal em razão do inconformismo natural do ser humano quanto ao entendimento firmado, quanto à legitimidade, tem-se a regra geral definida no artigo 996, do CPC,[1266] conferindo-a à parte vencida, ao terceiro prejudicado ou ao Ministério Público. A leitura de tal dispositivo para extrair a legitimidade recursal para discussão da norma jurídica geral exarada do

[1265] Sobre o tema, cf. MACÊDO, Lucas Buril de. Influência do sistema brasileiro de precedentes no interesse recursal. In: NERY JR., Nelson; ARRUDA ALVIM, Teresa. (coord.). **Aspectos polêmicos dos recursos cíveis e assuntos afins.** v. 13. São Paulo: Revista dos Tribunais, 2017, p. 351, "O uso do recurso deflagra uma nova fase procedimental, que tem seu próprio mérito – o acerto da decisão impugnada ou a correção do procedimento que lhe deflagrou –, e, igualmente, seus próprios requisitos de admissibilidade, dentre os quais se destaca o interesse no uso do recurso. O interesse recursal é a aplicação do interesse de agir ao recurso. Por conseguintes, é um requisito de admissibilidade recursal que exige a necessidade e a utilidade do recurso para o recorrente. O recurso precisa ser necessário, no sentido de não haver outro meio para o atingimento do fim pretendido, e útil, ou seja, capaz de propiciar um resultado prático mais benéfico ao recorrente.".

[1266] CPC, Artigo 996. "O recurso pode ser interposto pela parte vencida, pelo terceiro prejudicado e pelo Ministério Público, como parte ou como fiscal da ordem jurídica.
Parágrafo único. Cumpre ao terceiro demonstrar a possibilidade de a decisão sobre a relação jurídica submetida à apreciação judicial atingir direito de que se afirme titular ou que possa discutir em juízo como substituto processual.".

IAC merece ser feita em conjunto com o artigo 947, §1º, do CPC,[1267] de forma a incluir também a Defensoria Pública, vez que legitimada a provocar a instauração do incidente[1268] e, como defendido anteriormente, participar do julgamento da tese submetida ao tribunal.

Assim, a discussão sobre a legitimidade recursal envolve (a) as partes do processo em que suscitado o incidente, desde que haja sucumbência em algum aspecto na fixação da tese, não necessariamente em relação à demanda em si que motivou a assunção;[1269] (b) as partes nos processos, suspensos ou não, que terão a aplicação da tese firmada, vez que se enquadram no conceito de terceiro, desde que prejudicadas (o tema merece maior desenvolvimento, o que será feito a seguir);[1270] (c) o

[1267] CPC, Artigo 947, § 1º "Ocorrendo a hipótese de assunção de competência, o relator proporá, de ofício ou a requerimento da parte, do Ministério Público ou da Defensoria Pública, que seja o recurso, a remessa necessária ou o processo de competência originária julgado pelo órgão colegiado que o regimento indicar.".

[1268] Na defesa da leitura conjunta dos dispositivos: MENDES, Aluisio Gonçalves de Castro; PORTO, José Roberto Mello. **Incidente de assunção de competência.** Rio de Janeiro: GZ, 2020, p. 142.

[1269] Entendemos sucumbência aqui como a situação que a parte não obteve da decisão tudo que poderia, justificando o ataque à fundamentação, por exemplo. Nesse sentido, cf. UZEDA, Carolina. **Interesse recursal**. Salvador: JusPodivm, 2018, p. 231, "Como desenvolvido no item referente à sucumbência, todo sujeito que, de alguma forma, compreenda que a decisão precisa ser aprimorada, não pode ser considerado vencedor, já que não obteve da decisão tudo o que dela poderia esperar. Assim, o que se tem é o recurso parcial do vencido, que opta por impugnar exclusivamente a norma geral.".

[1270] Nesse sentido: Enunciado n. 94 do FPPC: "A parte que tiver o seu processo suspenso nos termos do inciso I do artigo 982 poderá interpor recurso especial ou extraordinário contra o acórdão que julgar o incidente de resolução de demandas repetitivas."; MENDES, Aluisio Gonçalves de Castro; PORTO, José Roberto Mello. **Incidente de assunção de competência.** Rio de Janeiro: GZ, 2020, p. 143, "No caso do IAC, a legitimidade recursal tem contornos peculiares para aqueles não envolvidos no processo sobrestado. Esses sujeitos, perfeitamente interessados na discussão atinente à tese jurídica, não ostentam interesse recursal quanto à sua aplicação ao processo originário, remessa necessária ou recurso pelo órgão colegiado. O recurso só será cabível quanto à parcela da decisão abstrata, seja a fundamentação, seja a redação da tese fixada.". Trazendo breve pontuação histórica, convém mencionar que o antigo Código de Processo Civil do Estado da Bahia autorizava a interposição de recurso por terceiro ainda que este não intervira na causa. Cf. DIDIER JR., Fredie. **Recurso de terceiro**: juízo de admissibilidade. 2. ed. São Paulo: Revista dos Tribunais, 2005, p. 47-49. Fredie Didier Jr. ainda aponta que o terceiro legítimo a interpor recurso não é qualquer um, mas qualificado pelo prejuízo.

Ministério Público; (d) a Defensoria Pública;[1271] (e) eventuais legitimados para a tutela coletiva que, cientificados do feito, foram admitidos[1272] diante da ampliação do contraditório,[1273] e; (f) os *amici curiae* admitidos no procedimento.

Ainda que o recurso desses legitimados possa alterar o resultado para a questão de direito objeto do IAC, há que se admitir a via recursal em razão do interesse e da legitimidade para o ato processual em si, demonstrando que o processo, quando objeto de assunção de competência, ultrapassa a lógica binária do perder ou ganhar apenas para as partes originárias[1274] do processo em que suscitado o incidente. Tratar-se-á a seguir da legitimidade de cada um dos sujeitos ou instituições elencadas, vez que suficientemente distintas em alguns aspectos.

Em relação (a) às partes do processo em que suscitado o incidente, há legitimidade recursal em relação aos dois capítulos da decisão: aquele que fixa a tese e aquele que a aplica ao caso concreto. Com relação ao primeiro capítulo, haverá legitimidade em razão da relação subjetiva com o caso desde que presente a sucumbência ou a possibilidade

[1271] Enquanto colegitimada para suscitar o incidente, também devem ter legitimidade recursal, como defendemos acima. Nesse sentido, ao tratar do controle concentrado de constitucionalidade, cf. Didier Jr., Fredie. **Recurso de terceiro**: juízo de admissibilidade. 2. ed. São Paulo: Revista dos Tribunais, 2005, 95-96. Também nessa direção, cf. Uzeda, Carolina. **Interesse recursal**. Salvador: JusPodivm, 2018, p. 231.

[1272] Nesse sentido: Temer, Sofia. **Participação no processo civil**: repensando litisconsórcio, intervenção de terceiros e outras formas de atuação. Salvador: JusPodivm, 2020, p. 356-357, "Aliás, bem analisando o mencionado artigo, apesar de sua leitura ter sido sempre restritiva, já vimos que ele também comporta o recurso contra decisões com efeitos espraiados (por aproximação à preservação da "ordem jurídica" – artigo 996, *caput*). E talvez também possa ser interpretado – ou reconstruído – para abranger defesa de interesses públicos como de grupos de sujeitos vulneráveis, populações indígenas, idosos, ao meio ambiente, ao patrimônio cultural, ou seja, sempre que o sujeito demonstrar que haverá impacto a direito "que possa discutir em juízo como substituto processual" (artigo 996, parágrafo único).".

[1273] Maria Cecília Asperti defende que os legitimados coletivos podem recorrer independentemente de sua participação no incidente, cf. Asperti, Maria Cecília de Araujo. **Acesso à justiça e técnicas de julgamento de casos repetitivos.** Tese de doutorado. Orientador Prof. Assoc. Carlos Alberto de Salles. São Paulo: Universidade de São Paulo, 2018, p. 223.

[1274] Nesse sentido, cf. Temer, Sofia. **Participação no processo civil**: repensando litisconsórcio, intervenção de terceiros e outras formas de atuação. Salvador: JusPodivm, 2020, p. 355.

de melhoria na situação jurídica das partes com relação à fundamentação.[1275] Quanto ao capítulo da decisão que aplica a tese firmada em IAC ao caso concreto, a legitimação é restrita às partes do processo, remessa necessária ou processo de competência originária.

Sobre as (b) partes nos processos, suspensos ou não, que terão a aplicação da tese firmada ao seu caso, sempre haverá um dos lados a alegar prejuízo. Assim, permitir o recurso de terceiro no incidente seria inviabilizar a conclusão do julgamento e qualquer perspectiva de celeridade.[1276] Logo, há que se viabilizar o contraditório quando da admissibilidade e do julgamento da tese através dos mecanismos sugeridos anteriormente de forma a garantir a necessária legitimidade à tese firmada, vez que os recursos de terceiros não merecem guarida nessas circunstâncias[1277] e o ingresso no incidente faz com que o sujeito ou instituição admitido passe a atuar como parte.[1278] Assim, os terceiros não

[1275] Nesse sentido, cf. UZEDA, Carolina. **Interesse recursal**. Salvador: JusPodivm, 2018, p. 129. A autora defende a superação da sucumbência para definição do interesse recursal, apontando a necessidade de encarar o tema a partir de uma perspectiva prospectiva.

[1276] Em sentido contrário, ao tratar do IRDR, Lucas Buril afirma que o recurso pode ser manejado "por terceiros que poderiam ter intervindo no processo", cf. MACÊDO, Lucas Buril de. **Os precedentes judiciais e o direito processual civil**. 3. ed. Salvador: JusPodivm, 2019, p. 494. Também nesse sentido para o IRDR, defendendo a possibilidade de interposição de recursos excepcionais por partes em processos que tratem da mesma questão de direito em outros estados e regiões, cf. MANCUSO, Rodolfo de Camargo. **Incidente de resolução de demandas repetitivas**: a luta contra a dispersão jurisprudencial excessiva. São Paulo: Revista dos Tribunais, 2016, p. 130-131. Também defendendo a possibilidade, cf. ASPERTI, Maria Cecília de Araujo. **Acesso à justiça e técnicas de julgamento de casos repetitivos.** Tese de doutorado. Orientador Prof. Assoc. Carlos Alberto de Salles. São Paulo: Universidade de São Paulo, 2018, p. 223.

[1277] Considerando a importância da ampliação do contraditório quando do julgamento da tese, não sendo o momento adequado a via recursal para ingresso de terceiro estranho ao incidente, vez que o recurso de terceiro não amplia objetivamente a causa, além de nem as próprias partes poderem alegar fatos novos através da via recursal, salvo em situações excepcionais. Sobre o tema, cf. DIDIER JR., Fredie. **Recurso de terceiro**: juízo de admissibilidade. 2. ed. São Paulo: Revista dos Tribunais, 2005, p. 143.

[1278] DIDIER JR., Fredie. **Recurso de terceiro**: juízo de admissibilidade. 2. ed. São Paulo: Revista dos Tribunais, 2005, p.163-164, "Se o incidente é este procedimento novo que se acopla em processo já existente, e que pode ter, inclusive, sujeito e objeto diversos, não se poderia afirmar que existem, também, partes do incidente? Desvinculando-se o conceito de parte do direito material – conforme apregoa a doutrina moderna –, não se poderia levar

têm interesse para recorrer contra a decisão firmada em IAC no tribunal local, pois já foram devidamente representados através do contraditório ampliado, nos termos propostos.

Uma vez aplicada a tese firmada aos processos em primeira ou segunda instâncias, as partes desses casos terão à disposição as vias recursais ordinárias, não podendo afastar a aplicação da tese, a não ser que seja o caso de distinção. Não há que se falar em superação neste momento, vez que a tese terá sido recém formada e, uma vez observado o contraditório ampliado, não haverá argumento não vislumbrado ou evolução do tema na sociedade aptos a ensejarem a sua revisão.[1279] Afirmar o contrário, ou seja, que recurso de terceiro seria cabível, ilimitadamente, seria a determinação certa da prorrogação da discussão da questão de direito submetida a julgamento no tribunal[1280] e da inutilidade das propostas apresentadas quando da explanação da decisão de afetação do incidente, considerando a necessidade de ampliação do contraditório quando da análise da questão de direito pelo tribunal que admitiu o incidente.

Pressupondo-se que o (c) Ministério Público e a (d) Defensoria Pública tenham participado do julgamento da tese submetida à análise do tribunal, haverá legitimidade recursal, assim como de (e) eventu-

esta distinção às últimas consequências e admitir que existem partes da demanda e partes do incidente? Acreditamos que sim. O conceito de parte deve restringir-se àquele que participa (ao menos potencialmente) do processo com parcialidade, tendo interesse em determinado resultado do julgamento. Saber se esta participação se dá em relação à demanda, principal ou incidental, ou em relação à discussão de determinada questão, não é algo essencial para o conceito puramente processual de parte. Parte é quem postula ou contra quem se postula ao longo do processo, e que age, assim, passionalmente.".

1279 Não é objeto da tese a análise dos recursos nesses casos. Sobre o tema, cf., por exemplo, MACÊDO, Lucas Buril de. **Os precedentes judiciais e o direito processual civil**. 3. ed. Salvador: JusPodivm, 2019, p. 440-441.

1280 Além dos autores citados anteriormente que defendem o contrário do que expusemos aqui, também contrariamos o quanto previsto no Enunciado n. 94 do FPPC, que determina: "A parte que tiver o seu processo suspenso nos termos do inciso I do artigo 982 poderá interpor recurso especial ou extraordinário contra o acórdão que julgar o incidente de resolução de demandas repetitivas.". Alinhada ao que falamos, mas de maneira um pouco mais restritiva, cf. D'ÁVILA, Daniela Peretti. **Incidente de assunção de competência**: Extraindo seu máximo grau de rendimento. 2019. Dissertação (Mestrado em Direito) – Pontifícia Universidade Católica de São Paulo, São Paulo, 2019, p. 179.

ais legitimados para a tutela coletiva que, cientificados do feito, foram admitidos diante da ampliação do contraditório, e sucumbiram em algum aspecto.

Por fim, também há que se falar em legitimidade dos (f) *amici curiae* admitidos no procedimento, em razão do quanto prevê o artigo 138, §3º, do CPC.[1281] Embora o dispositivo faça referência ao IRDR, é certo que o IAC admitido com base no artigo 947, §4º, do CPC, tem finalidade repressiva, abrangendo o IRDR especificamente.

Ainda quando admitido o IAC preventivo, há que se falar em legitimidade recursal do *amicus curiae*, vez que a finalidade e a repercussão da tese firmada no incidente será a mesma, não tendo razão a distinção quanto à legitimidade recursal do *amicus curiae*.[1282]

O recurso das instituições mencionadas e dos *amici curiae* não tem relação com o interesse das partes em que suscitado o incidente. Nesse sentido, é comum afirmar-se que a interposição do recurso visa a discutir somente a norma jurídica geral, ou seja, o provimento jurisdicional com capacidade para ter repercussões processuais para além daquele caso que lhe deu origem e não impede a formação da coisa julgada no processo intersubjetivo em que suscitado.[1283] Tratar-se-ia da função nomofilácica pura da Corte de vértice, sem que resolva a lide do caso concreto, mas pautando casos semelhantes no futuro através da definição precisa da interpretação que deve ser dada à determinada norma.[1284]

[1281] CPC, Artigo 138, § 3º "O *amicus curiae* pode recorrer da decisão que julgar o incidente de resolução de demandas repetitivas.".

[1282] Nesse sentido: MOREIRA, Egon Bockmann; FERRARO, Marcella Pereira. Pluralidade de interesses e participação de terceiros no processo (da assistência simples à coletivização, passando pelo *amicus*: notas a partir e para além do novo Código de Processo Civil). **Revista de Processo**, v. 251, ano 2016, p. 43-73, jan., 2016. Entretanto, há decisões do STF em sentido contrário: RE n. 1.195.841 de relatoria da Min. Carmen Lúcia, j. 23/9/2019 e ED na ADIN n. 2.914-ES de relatoria da mesma ministra, j. 05/8/2020.

[1283] Nesse sentido: UZEDA, Carolina. **Interesse recursal**. Salvador: JusPodivm, 2018, p. 237.

[1284] Sobre o tema, cf. PASSANANTE, Luca. **Il precedente impossibile**: contributo allo studio del diritto giurisprudenziale nel processo civile. Torino: G. Giappichelli Editore, 2018, p. 14-15. Sobre a importância da uniformização da jurisprudência para a sociedade e, especialmente, para a economia, cf. CRUZ E TUCCI, José Rogério. **Precedente judicial como fonte do direito**. 2. ed., Rio de Janeiro: GZ, 2021, p. 156-157, "Seja como for, é certo que tais alterações normalmente não são abruptas, até porque a uniformidade da jurisprudên-

Entretanto, não nos parece que tal afirmação esteja alinhada à organização da formação do julgamento para o caso concreto que foi submetido ao IAC. Afinal, a alteração da tese jurídica em razão da interposição de recurso contra a norma jurídica geral firmada em tribunal local em razão do IAC poderá implicar na alteração do julgamento do caso concreto por motivos lógicos. Não faria sentido admitir a contradição no próprio caso em que presentes os requisitos autorizadores do IAC. No entanto, o rejulgamento do conflito intersubjetivo tampouco cabe ao tribunal superior, vez que não houve devolução dessa matéria. Assim, defende-se que o tribunal superior, caso reforme a norma jurídica geral fixada por tribunal local, determine o rejulgamento do caso pelo tribunal de segunda instância de forma semelhante ao que ocorre em juízo de reenvio em cortes cassacionais.

Considerando a dualidade entre partes e terceiros adotada aqui a partir do conceito de Liebman, não há que se falar em recurso de terceiro nas situações apresentadas acima, vez que, uma vez possibilitado o contraditório àqueles sujeitos processuais, há que se falar em partes no incidente, que podem ser diferentes das partes do processo em que suscitado o incidente. Feita a análise da legitimidade recursal, cabe a indagação sobre a necessidade e a adequação da via recursal centrados no interesse,[1285] considerando que a tese jurídica firmada será aplicada a

cia garante a certeza e a previsibilidade do direito. Os cidadãos de um modo geral, informados por seus advogados, baseiam as suas opções não apenas nos textos legais vigentes, mas, também, na tendência dos precedentes dos tribunais, que proporcionam àqueles, na medida do possível, o conhecimento de seus respectivos direitos. Na verdade, a harmonia pretoriana integra o cálculo de natureza econômica, sendo a previsibilidade e a confiança que daquela decorrem pressuposto inafastável para o seguro desenvolvimento do tráfico jurídico-comercial: uma mudança abrupta e não suficientemente justificada da posição dos tribunais solapa a estabilidade dos negócios.".

1285 Fazemos coro aqui à célebre classificação de Barbosa Moreira. Nas palavras de Lucas Buril: "Nessa linha, o interesse de agir foi resumido, por Barbosa Moreira, no célebre binômio: a necessidade da tutela jurisdicional, isto é, a sua caracterização como único meio efetivo para o atendimento à pretensão da parte; e a utilidade da tutela jurisdicional, que significa a sua aptidão prática para a outorga do bem da vida pretendido pelo jurisdicionado.", p. 345, Macêdo, Lucas Buril de. Influência do sistema brasileiro de precedentes no interesse recursal. In: Nery Jr., Nelson; Arruda Alvim, Teresa. (coord.). **Aspectos polêmicos dos recursos cíveis e assuntos afins.** v. 13. São Paulo: Revista dos Tribunais, 2017.

situações fáticas semelhantes em andamento e do porvir para além das partes em que admitido e julgado o incidente.[1286]

Quanto ao interesse-necessidade, não há dúvidas de que o recurso se faz necessário para rediscussão da tese.[1287] Por sua vez, a análise do interesse-utilidade traz mais nuances, vez que usualmente vem relacionada à sucumbência das partes do processo.[1288] Ocorre que as repercussões da tese firmada através do IAC ultrapassam a esfera subjetiva apenas das partes do conflito em que suscitado o incidente apto a alterar o procedimento como forma de gerar precedente,[1289] justificando o interesse das instituições mencionadas acima na interposição do recurso.

[1286] Já alguns escritos que defendem a revisão do interesse recursal diante dessa constatação. Cf., por exemplo, LIPIANI, Júlia. Reconstrução do interesse recursal no sistema de força normativa do precedente. **Civil Procedure Review**, v. 5, n. 2, p. 45-72, maio-ago., 2014. MACÊDO, Lucas Buril de. Influência do sistema brasileiro de precedentes no interesse recursal. In: NERY JR., Nelson; ARRUDA ALVIM, Teresa. (coord.). **Aspectos polêmicos dos recursos cíveis e assuntos afins.** v. 13. São Paulo: Revista dos Tribunais, 2017. ARENHART, Sérgio Cruz. Os terceiros e as decisões vinculantes do novo CPC. **Revista do TST**, Brasília, v. 82, n. 2, abr./jun., 2016.

[1287] Sobre o tema, afirma Júlia Lipiani que: "A necessidade do emprego das vias recursais ocorre quando o recurso foi o único meio para obter, no mesmo processo, aquilo que se pretende com relação à decisão impugnada. Assim sendo, não há dificuldade em identificar, de acordo com este conceito, que o recurso contra a fundamentação da decisão é necessário, já que inexiste outro meio para se discutir a norma jurídica geral. O conceito de necessidade, portanto, prescinde de revisitação, já que, conforme estudado atualmente, não obsta a admissibilidade do recurso que impugna somente a fundamentação de uma decisão.", p. 59-60, LIPIANI, Júlia. Reconstrução do interesse recursal no sistema de força normativa do precedente. ***Civil Procedure Review***, v. 5, n. 2, p. 45-72, maio/ago., 2014.

[1288] Sobre o tema, cf. MACÊDO, Lucas Buril de. Influência do sistema brasileiro de precedentes no interesse recursal. In: NERY JR., Nelson; ARRUDA ALVIM, Teresa. (coord.). **Aspectos polêmicos dos recursos cíveis e assuntos afins.** v. 13. São Paulo: Revista dos Tribunais, 2017, p. 353-354, "Na verdade, a noção de utilidade marca o recurso por duas perspectivas. Inicialmente, pode ser vista pela ótica retrospectiva, ou sucumbencial, consoante a qual o recurso será útil sempre que a parte recorrente tiver sucumbido na decisão. Esse modo de ver o interesse recursal, portanto, coloca-o como o resultado de um cálculo que contrapõe o pedido ao dispositivo sentencial. A noção do interesse recursal a partir da sucumbência é tradicional e amplamente acolhida na doutrina italiana e nacional. Aliás, o próprio Código de Processo Civil segue essa linha ao apontar a "parte vencida" como a legitimada para interpor recurso (art. 996).".

[1289] Júlia Lipiani defende que o conceito da utilidade do recurso precisa ser ampliado neste caso. Cf. LIPIANI, Júlia. Reconstrução do interesse recursal no sistema de força norma-

A utilidade pode estar relacionada à alteração da *ratio decidendi* da tese jurídica firmada como forma de planejamento para casos futuros, por exemplo,[1290] sem guardar qualquer relação com o caso concreto e sua alteração pelo tribunal.[1291]

A definição da *ratio decidendi* costuma estar presente da fundamentação da decisão e a fundamentação não seria passível de recurso, vez que somente faz coisa julgada o dispositivo que efetivamente decide o conflito entre as partes na lógica *perder ou ganhar* sucumbencial. A partir da verificação da necessidade de superação dessas construções clássicas que não se coadunam com a força normativa dos precedentes, a doutrina defende a revisitação do interesse recursal, como já mencionado.

tiva do precedente. **Civil Procedure Review**, v. 5, n. 2, p. 45-72, maio-ago., 2014, p. 68, "A reconstrução da tradicional noção de interesse recursal é, portanto, uma questão de coerência. Um sistema que atribui eficácia normativa às suas decisões judiciais, inclusive vinculativa, como é o caso do Brasil, deve permitir que os jurisdicionados, que são na sua totalidade afetados com a construção de um precedente, interfiram na formação da *ratio decidendi* deste precedente, independentemente de qualquer alteração do dispositivo da decisão.".

1290 Foi o que ocorreu no ARE n. 647.651/SP, em que o recurso – conhecido – objetivava discutir apenas a fundamentação da decisão que gerava precedente para o futuro, embora a recorrente houvesse saído vencedora no caso em questão. Dados do caso: Rel. Min. Marco Aurélio, Órgão Julgador: Tribunal Pleno, J. 21/03/2013, publicado em 02/05/2013. Ementa: CONTRATO DE TRABALHO – ROMPIMENTO – NEGOCIAÇÃO COLETIVA – EXIGÊNCIA NA ORIGEM – RECURSO EXTRAORDINÁRIO – REPERCUSSÃO GERAL VERIFICADA. Possui repercussão geral a controvérsia acerca da necessidade de prévia negociação coletiva com o sindicato dos trabalhadores para dispensa dos empregados em massa.

1291 Tal afirmação faz com que os enunciados n. 283 da súmula do Supremo Tribunal Federal e n. 126 da súmula do Superior Tribunal de Justiça deixem de fazer sentido, pois afirmam, respectivamente: "É inadmissível o recurso extraordinário, quando a decisão recorrida assenta em mais de um fundamento suficiente e o recurso não abrange todos eles" e "É inadmissível recurso especial, quando o acórdão recorrido assenta em fundamentos constitucional e infraconstitucional, qualquer deles suficiente, por si só, para mantê-lo, e a parte vencida não manifesta recurso extraordinário". Nesse sentido: Lipiani, Júlia. Reconstrução do interesse recursal no sistema de força normativa do precedente. **Civil Procedure Review**, v. 5, n. 2, p. 45-72, p. 66, maio-ago., 2014, Para defender a superação do interesse com base na sucumbência, Lucas Buril cita ainda outros exemplos, cf. Macêdo, Lucas Buril de. Influência do sistema brasileiro de precedentes no interesse recursal. In: Nery Jr., Nelson; Arruda Alvim, Teresa. (coord.). **Aspectos polêmicos dos recursos cíveis e assuntos afins.** v. 13. São Paulo: Revista dos Tribunais, 2017, p. 354.

O interesse recursal dos legitimados está em modificar a decisão do tribunal quanto à questão de direito submetida à análise do tribunal, vez que há perspectiva de melhora em sua situação jurídica e o recurso é o meio adequado para alcance desse objetivo: a atuação centrada nesse objeto – a questão de direito objeto do incidente – e nesse momento, em que se analisa a tese firmada a partir da moldura fática do caso-piloto.[1292-1293] Apesar de se afirmar que o interesse recursal centra-se na alteração do dispositivo da decisão,[1294] nos entendimentos firmados nestes incidentes, tal ponto merece maior cuidado, demandando atenção

[1292] TEMER, Sofia. **Participação no processo civil**: repensando litisconsórcio, intervenção de terceiros e outras formas de atuação. Salvador: JusPodivm, 2020, p. 366. Sobre a atuação por zonas: "Em realidade, a atuação por zonas já é uma característica quase que inevitável nas modalidades de participação não tradicionais. É o que ocorre, por exemplo, com o ingresso de sujeitos na discussão relativa à formação de precedentes, seja com o objetivo de contribuir para o debate, seja para garantir um padrão decisório favorável. [...] Os sujeitos (os que tiveram processos sobrestados, *amici curiae*, Ministério Público e eventualmente Defensoria Pública) atuam apenas no que diz respeito ao debate e definição da "tese jurídica", ou seja, apenas no limitado espaço – ou zona – de formação do precedente, e podem ainda se manifestar quanto a apenas alguns dos aspectos em discussão, sem que estejam alinhados ou pré-vinculados a qualquer dos polos da demanda que serve como substrato para a discussão.".

[1293] DIDIER JR., Fredie. **Recurso de terceiro**: juízo de admissibilidade. 2. ed. São Paulo: Revista dos Tribunais, 2005, p. 96, "O foco há que se deslocar, portanto, para o exame do interesse jurídico do terceiro que porventura intente ingressar, pelo recurso, nestas causas, situação que se deve analisar no caso concreto – como de regra se faz em se tratando de interesse recursal –, e não da possibilidade em tese do recurso, seara própria do requisito de admissibilidade do cabimento. Repetimos, assim, os nossos argumentos já lançados quando tratamos da questão do cabimento do recurso retido de terceiro.".

[1294] Sobre o tema: DIDIER JR., Fredie. **Recurso de terceiro**: juízo de admissibilidade. 2. ed. São Paulo: Revista dos Tribunais, 2005, p. 138, "Diz-se, costumeiramente, que não cabem embargos infringentes se a divergência, no acórdão, se deu na fundamentação; fundamentos diferentes, com conclusão semelhante, não autorizam a interposição do mencionado recurso. A divergência deve dizer respeito à conclusão do voto, ao decisum. Se a decisão for unânime, ainda que por motivos diferentes, não há divergência; se a conclusão é a mesma, em nada ajuda o autor a prevalência do voto vencido. Esta concepção justifica-se no regime comum de produção da coisa julgada material: como a fundamentação é irrelevante para a coisa julgada, pouco importa a sua rediscussão, pela absoluta inutilidade. De modo semelhante é o que ocorre com a apelação: não se apela para discutir apenas a fundamentação; a irresignação tem que estar centrada no que foi decidido, pois é sobre ele que o manto da coisa julgada recairá. Há, também aqui, falta de interesse.".

para além da repetição do que se costuma escrever sobre o tema. Isso ocorre, pois, a falta de fundamentação adequada sobre todos os argumentos levantados quando do julgamento da questão de direito poderá levar ao pleito de superação do entendimento firmado em breve espaço de tempo.

Assim, o interesse recursal aqui pode superar o clássico binômio "perder ou ganhar" para análise também da fundamentação. Além disso, a tese firmada será aplicada nos processos pendentes e nos processos subsequentes em razão da moldura fática delineada. Pode-se, dessa maneira, também vislumbrar-se interesse recursal em razão dos limites fixados na moldura fática subjacente à formação da tese.[1295]

A partir desse breve contexto delineado, alguns questionamentos surgem, como se, uma vez admitido o incidente, seria o caso de se recorrer para alterar a natureza do incidente para aquele que hoje lida com a repressão à multiplicidade em nosso ordenamento. Tal questionamento somente é pertinente considerando o estado de organização dos mecanismos para lidar com a litigância em nossa legislação. Uma vez adotada a tese proposta, ou seja, da existência de apenas um mecanismo nos tribunais para lidar com a prevenção e com a repressão à dispersão jurisprudencial em cada tribunal, tal indagação perderia a razão de ser.

Além disso, poder-se-ia ainda levantar o questionamento sobre a necessidade e a adequação de recurso excepcional contra o acórdão que julga o IAC no tribunal local com a única finalidade de espraiar os efeitos da decisão para o âmbito nacional e, com isso, evitar decisões conflitantes entre tribunais locais.[1296] Aplicando-se o quanto prevê o artigo 987 do CPC, que determina caber recurso extraordinário ou especial contra o mérito do incidente, aplicando-se a tese jurídica adotada pelo

[1295] Fredie Didier Jr. defende o interesse recursal para atacar a fundamentação de sentença coletiva, vez que a coisa julgada é *secudum eventum probationis*. Cf. Didier Jr., Fredie. **Recurso de terceiro**: juízo de admissibilidade. 2. ed. São Paulo: Revista dos Tribunais, 2005, p. 138-139.

[1296] É o que defende Carolina Uzeda no âmbito do IRDR e do IAC. Cf Uzeda, Carolina. **Interesse recursal**. Salvador: JusPodivm, 2018, p. 237. Também é o que defende Lucas Buril, cf. Macêdo, Lucas Buril de. Influência do sistema brasileiro de precedentes no interesse recursal. In: Nery Jr., Nelson; Arruda Alvim, Teresa. (coord.). **Aspectos polêmicos dos recursos cíveis e assuntos afins.** v. 13. São Paulo: Revista dos Tribunais, 2017, p. 378.

Supremo Tribunal Federal ou pelo Superior Tribunal de Justiça no território nacional a todos os processos individuais ou coletivos que versem sobre idêntica questão de direito, algumas questões delicadas emergem.

Começando pelas mais leves, ainda que tenha ocorrido a desistência ou o abandono da causa na segunda instância, mas ainda assim a tese tenha sido fixada, nos termos em que propomos no ponto 4.3.3, caberá recurso, pois há causa decidida.[1297-1298] A causa não será o conflito intersubjetivo, mas a questão de direito com grande repercussão social, relevante e circundada por interesse público. Não é consentâneo à atual organização judiciária e processual admitir a elaboração de normas jurídicas gerais por tribunais de segunda instância sem a sindicância de tribunais superiores pelo mero fato de o conflito intersubjetivo ter desaparecido pelo caminho.

Ainda, determina o dispositivo mencionado que o recurso excepcional interposto terá efeito suspensivo[1299] com repercussão geral

[1297] Sobre o tema, cf. MENDES, Aluisio Gonçalves de Castro; PORTO, José Roberto Mello. **Incidente de assunção de competência.** Rio de Janeiro: GZ, 2020, p. 137/138, "Tampouco é procedente a crítica ao recurso contra acórdão que decide um dos incidentes em tribunal local, por supostamente ampliar o rol constitucional do cabimento dessas impugnações, especificamente a noção de "causa decidida". Sucede que a referida expressão, essencialmente vaga, tem seu significado enriquecido com o advento de novas técnicas, decorrentes de novas funções jurisdicionais, capazes de homenagear o devido processo legal, o acesso à justiça e a duração razoável dos processos, valores constitucionais.".

[1298] Nesse sentido: PEIXOTO, Ravi. O incidente de arguição de inconstitucionalidade e o CPC/2015. **Revista de Processo**, v. 287, ano 2019, p. 23-44, jan., 2019.

[1299] Contra a aplicação do efeito suspensivo, defendendo ser este efeito exclusivo do microssistema de casos repetitivos: CUNHA, Leonardo Carneiro da; DIDIER JR., Fredie. **Curso de Direito Processual Civil**: meios de impugnação às decisões judiciais e processo nos tribunais. 16. ed., v. 3. Salvador: JusPodivm, 2019, p. 817. A favor do efeito suspensivo: MENDES, Aluisio Gonçalves de Castro; PORTO, José Roberto Mello. **Incidente de assunção de competência.** Rio de Janeiro: GZ, 2020, p. 140.

presumida.[1300-1301] A transposição de tais previsões ao IAC, na medida em que ele também tem sido utilizado para lidar com a litigância repetitiva e tem eficácia expansiva com repercussões processuais em demais feitos, é medida necessária. Além disso, como o IAC tem, dentre seus requisitos *relevante questão de direito, com grande repercussão social*, há que se falar em repercussão geral presumida.[1302]

Atualmente, não há regra expressa acerca da previsão de presunção de repercussão geral. Diante desse cenário, a presunção de repercussão geral é apenas de *lege ferenda* e depende de efetiva análise pelo STF, que analisará o requisito em conjunto com os demais requisitos de admissibilidade do recurso em análise. Assim, se a Corte entender se tratar de questão de direito local sem reflexo constitucional, não há que se cogitar do conhecimento do recurso.[1303]

[1300] A favor da aplicação da repercussão geral presumida: CUNHA, Leonardo Carneiro da; DIDIER JR., Fredie. **Curso de Direito Processual Civil**: meios de impugnação às decisões judiciais e processo nos tribunais. 16. ed., v. 3, Salvador: JusPodivm, 2019, p. 817. Também: MENDES, Aluisio Gonçalves de Castro; PORTO, José Roberto Mello. **Incidente de assunção de competência.** Rio de Janeiro: GZ, 2020, p. 141, "Outra peculiaridade é a presunção de repercussão geral da questão para fins da admissibilidade do recurso extraordinário interposto contra o acórdão (artigo 987, §1º). A Lei n. 13.256/2016 revogou o inciso II do artigo 1.035, §3º, que assegurava a presença inevitável da repercussão geral no caso analisado. No entanto, o artigo 987, 1º continua incólume, assegurando a presunção do referido requisito de admissibilidade.". No mesmo sentido: FERNANDES, Ricardo Yamin. **Do incidente de Assunção de Competência**. São Paulo: Revista dos Tribunais, 2020, p. 190-191.

[1301] CPC, Artigo 987. "§ 1º O recurso tem efeito suspensivo, presumindo-se a repercussão geral de questão constitucional eventualmente discutida.

§ 2º Apreciado o mérito do recurso, a tese jurídica adotada pelo Supremo Tribunal Federal ou pelo Superior Tribunal de Justiça será aplicada no território nacional a todos os processos individuais ou coletivos que versem sobre idêntica questão de direito.".

[1302] MENDES, Aluisio Gonçalves de Castro; PORTO, José Roberto Mello. **Incidente de assunção de competência.** Rio de Janeiro: GZ, 2020, p. 141-142, "Na realidade, é questionável que um acórdão proferido com tamanho potencial de eficácia possa deixar de ostentar repercussão geral, ante a sua vocação coletiva, a prestigiar a isonomia e a segurança jurídica – o que é patente no incidente de assunção de competência que verse sobre questão de repercussão social –, levando parte da doutrina a sustentar que tais recursos devem ser aceitos automaticamente, apenas demandando uma análise formal dos demais requisitos de admissibilidade que não o cabimento.".

[1303] Nesse sentido: FERNANDES, Ricardo Yamin. **Do incidente de Assunção de Competência**. São Paulo: Revista dos Tribunais, 2020, p. 191.

Por fim, a situação mais delicada relacionada aos recursos excepcionais contra a decisão tomada localmente através da assunção centra-se no quanto previsto no artigo 987, §2º, do CPC, que determina a aplicação da decisão do recurso a todo o território nacional.[1304]

A possibilidade de expansão dos efeitos do incidente para todo o Brasil, como determina o artigo 987, §2º, do CPC, faz surgir vozes que defendem o interesse recursal centrado nesta finalidade, independentemente da sucumbência no caso concreto.[1305]

Conhecido o recurso extraordinário e/ou especial interposto contra a decisão que julgou o IAC,[1306] indaga-se, assim, se a decisão proferida pelo tribunal superior terá a mesma força expansiva que o IAC originário, podendo motivar decisões pela improcedência liminar do pedido, por exemplo.

Tal questionamento surge da percepção de que o CPC qualifica o precedente produzido no bojo do IAC com repercussões processuais relevantes para os processos em tramitação perante órgãos jurisdicionais vinculados ao tribunal prolator da decisão. Havendo recurso excepcional contra a tese firmada em IAC, haverá ampliação das repercussões processuais para todo o território nacional?

Para o IRDR, há previsão legal expressa no artigo 987, §2º, do CPC, no sentido de que a tese jurídica terá eficácia em todo o território nacional. Não existe previsão semelhante para o IAC, o que leva a defesa, por alguns, da seguinte sistemática: se mantida a tese fixada em segunda instância pelo tribunal superior, a força vinculante ficará restrita ao tribu-

[1304] Contra a aplicação em razão da impossibilidade de suspensão nacional de processos em IAC, vez que não há repetição: CUNHA, Leonardo Carneiro da; DIDIER JR., Fredie. **Curso de Direito Processual Civil**: meios de impugnação às decisões judiciais e processo nos tribunais. 16. ed. v. 3. Salvador: JusPodivm, 2019, p. 817. Contra a aplicação nacional da tese por falta de previsão legal: FERNANDES, Ricardo Yamin. **Do incidente de Assunção de Competência**. São Paulo: Revista dos Tribunais, 2020, p. 193.

[1305] Nesse sentido, cf. UZEDA, Carolina. **Interesse recursal**. Salvador: JusPodivm, 2018, p. 240.

[1306] Para Vinicius Silva Lemos, há mudança no juízo de admissibilidade desses recursos. Cf. LEMOS, Vinicius Silva. **O incidente de assunção de competência**: da conceituação à procedimentalidade. Salvador: JusPodivum, 2018, 170, "Dessa maneira, a admissibilidade dos recursos excepcionais impugnativos ao IAC deve ser aceitos automaticamente, somente com a análise formal dos requisitos gerais de admissibilidade, tais como tempestividade, preparo, dentre outros."

nal e seus limites territoriais. Por outro lado, se modificada a tese fixada em segunda instância, a decisão produzirá efeitos para as partes do processo, não tendo qualquer efeito vinculante em outros processos.[1307]

Toda essa discussão e diferenciação é mais um resultado da nefasta escolha legislativa da fixação de teses ditas vinculantes através de dois incidentes distintos, um para prevenção, outro para repressão. Como defendemos, tal diferenciação não se sustenta e aqui há mais uma inconsistência.

De *lege ferenda*, com o estabelecimento da repressão e da prevenção da quebra de isonomia em apenas um incidente, o IAC, os efeitos merecem ser uniformes, vez que os objetivos almejados são semelhantes, nos termos do artigo 926, CPC.

Para o IAC, a partir de tudo o quanto já afirmado na presente tese, o recurso excepcional interposto contra o acórdão que fixou tese jurídica a partir de incidente de assunção em tribunal local apenas terá efeitos em todo o território se também o tribunal superior tiver um IAC suscitado no julgamento do recurso.[1308]

Com a sistemática proposta por alguns com a transposição do quanto previsto para o IRDR ao IAC, interposto recurso contra decisão proferida em IAC, os efeitos do julgamento deste recurso e a força vinculante

[1307] Ricardo Yamin Fernandes defende essa linha com o argumento de que não há previsão legislativa que confira força vinculante nacional ao IAC. Cf. FERNANDES, Ricardo Yamin. **Do incidente de Assunção de Competência**. São Paulo: Revista dos Tribunais, 2020, p. 192.

[1308] FERNANDES, Ricardo Yamin. **Do incidente de Assunção de Competência**. São Paulo: Revista dos Tribunais, 2020, p. 193, "A assunção de competência, por ser técnica de julgamento, começa e termina no tribunal onde foi instaurada. Ao ascender para um tribunal superior, a causa chega como um processo individual, que foi julgado por meio da técnica de assunção de competência. Existe, contudo, uma forma de se expandir a eficácia vinculante desta decisão para além dos limites da circunscrição judiciária, federal ou estadual. Se o tribunal superior, no julgamento do recurso, instaurar um novo Incidente de Assunção de Competência, a decisão proferida será obrigatória para todos aqueles que a este estão subordinados.". Para Vinicius Lemos, a assunção no tribunal superior deveria ocorrer de forma automática, cf. LEMOS, Vinicius Silva. **O incidente de assunção de competência**: da conceituação à procedimentalidade. Salvador: JusPodivum, 2018, p. 168, "A resposta que visualizamos plausível para a questão é positiva, com a necessidade de que o recurso seja recebido, com a análise do Tribunal Superior, com a remessa para um colegiado maior, competente para a formação de um precedente vinculante.".

da tese deveriam ser as mesmas daquela decisão recorrida, ou seja, em todo o território nacional. Entretanto, há que se considerar que nem todo julgamento proferido por Cortes de vértice alcançam uma *ratio decidendi* quando do julgamento do caso.[1309] De forma a se evitar essa situação no IAC, o procedimento ideal é centrado no julgamento da questão de direito em um primeiro momento, como forma de se alcançar uma *ratio decidendi*, necessariamente, em relação a esta. Caso seja aceita a transposição direta do artigo 987, §2º, do CPC, indiscriminadamente para o IAC, estar-se-ia assumindo o risco de o julgamento do recurso excepcional pelo tribunal superior não alcançar uma *ratio decidendi* apta para todo o território nacional, vez que o procedimento para julgamento do recurso será o usual, ou seja, *case by case.*

Ainda, deve-se considerar que o recurso interposto contra a decisão proferida em IAC por tribunal local será julgado por órgão fracionário menor dentro do tribunal superior. Embora a decisão deva expandir efeitos para todo o território nacional em razão da função do próprio tribunal, não é possível admitir as repercussões processuais próprias da assunção, vez que esta não ocorreu no STJ ou no STF. Ontologicamente, estar-se-ia diante de um precedente do tribunal superior em sentido literal, no sentido de ser um caso julgado antes, mas não será um precedente qualificado pelo procedimento nos termos do artigo 927 do CPC e especificamente com a assunção.

Caso o relator ou os demais legitimados vislumbrem os requisitos do artigo 947 do CPC, podem suscitar o incidente de assunção do tribunal superior como forma de atrair as repercussões processuais da tese jurídica a ser firmada para o âmbito nacional. Caso contrário, o julgamento dito vinculante ficará restrito à esfera territorial do tribunal local que efetivamente realizou a assunção. Para o restante do país, será mais um caso do tribunal superior, meramente persuasivo, não atraindo as repercussões processuais expansivas típicas do IAC.

[1309] Sobre o tema, cf. MARINONI, Luiz Guilherme. **Julgamento nas Cortes Supremas**: precedente e decisão do recurso diante do novo CPC. 2. ed. São Paulo: Revista dos Tribunais, 2017. Também neste sentido: MACÊDO, Lucas Buril de. Influência do sistema brasileiro de precedentes no interesse recursal. In: NERY JR., Nelson; ARRUDA ALVIM, Teresa. (coord.). **Aspectos polêmicos dos recursos cíveis e assuntos afins.** v. 13. São Paulo: Revista dos Tribunais, 2017, p. 362.

Assim, o tema merece maior cuidado. Propõe-se a seguinte solução conciliatória: o recurso especial interposto contra a tese firmada em IAC por tribunal local alcançará o colegiado fracionário sem expandir seus efeitos para todo o território nacional nos moldes das repercussões tradicionais no IAC. Não haverá possibilidade de improcedência liminar do pedido, por exemplo, em juízo de primeira instância vinculado a outro tribunal local do país, vez que a alteração do procedimento de forma a possibilitar a ampliação do contraditório apenas considerou os impactados naquele específico tribunal de segunda instância.

Além disso, tal situação parece razoável quando considerada a relevância da questão de direito com grande repercussão social centrada em determinada localidade exclusivamente.[1310] Não haveria necessidade nem utilidade na expansão da tese, com as repercussões do IAC, para todo o território nacional.

Entretanto, quando do julgamento do recurso excepcional, caso algum dos legitimados vislumbre a relevância nacional para a questão de direito, cabe a provocação para a assunção de competência no tribunal superior. Caso o juízo de admissibilidade do incidente resulte positivo, haverá alteração do órgão jurisdicional competente para julgamento e alteração do procedimento de forma a ampliar o contraditório no tribunal atual, ou seja, o superior. Com isso, todos os potenciais impactados pela tese teriam ciência da breve fixação do entendimento pela Corte. Essa solução atende à necessidade de participação de interessados, nos moldes propostos, considerando a ciência, neste momento, da possibilidade de envolvimento de todo o país. Transpor a solução legislada para o IRDR diretamente para o IAC desconsidera a necessidade de participação da sociedade quando da formação da tese jurídica com a informação do possível impacto do julgamento.

Por exemplo, quando analisada determinada questão em um tribunal, determinado grupo que seria afetado em outra região do país não vislumbraria qualquer motivação para a sua participação através do contraditório, vez que as repercussões do julgamento estariam restritas àquele tribunal distante. Entretanto, se o recurso excepcional expandir automaticamente os efeitos da tese, com as mesmas repercussões pro-

1310 É o caso do IAC n. 1 do TJSP que se debruçou sobre específica situação ocorrida em um município do Estado de São Paulo, São José dos Campos.

cessuais do incidente de assunção de competência, para todo o país, o contraditório terá restado violado, vez que não haverá alteração do procedimento no tribunal superior para ampliar o contraditório novamente.[1311]

Caso a situação esteja centrada no STF, ou seja, contra a decisão do mérito do incidente em tribunal local houve a interposição de recurso extraordinário, este, se conhecido, exercerá efeitos expansivos em razão do reconhecimento da repercussão geral ao tema. Caso, ainda, intente-se atrair as repercussões processuais externas próprias do IAC, será o caso de assunção dentro do tribunal, como explanado para o STJ.[1312]

Assim, não se deve transpor o artigo 987, §2º, CPC, para o IAC. Apenas haverá aplicação dos efeitos do IAC para o recurso excepcional quando a assunção também tiver ocorrido no tribunal superior. Caso não ocorra a alteração da competência e do procedimento nestes tribunais, o caso julgado será apenas mais um precedente no sentido literal do termo, ou seja, um caso julgado antes.

Conclusões parciais

O incidente em estudo tem como objeto a análise da competência e/ou do procedimento para o caso em que suscitado. O resultado do juízo de admissibilidade, primeira fase do procedimento, definirá o percurso

[1311] Em sentido contrário: D'ÁVILA, Daniela Peretti. **Incidente de assunção de competência**: Extraindo seu máximo grau de rendimento. 2019. Dissertação (Mestrado em Direito) – Pontifícia Universidade Católica de São Paulo, São Paulo, 2019, p. 183. Daniela Peretti D'Ávila afirma que o interesse no manejo do RE ou do RESP pode ser unicamente a expansão dos efeitos para todo o território nacional.

[1312] Sobre o STF: MITIDIERO, Daniel. **Cortes superiores e cortes supremas**: do controle à interpretação, da jurisprudência ao precedente. São Paulo: Revista dos Tribunais, 2013, p. 24. Sobre a nomofilaquia interpretativa afirma o autor: "A função de nomofilaquia interpretativa exercida pela Corte Suprema também justifica a vinculação ao precedente. Sendo o propósito desse modelo de corte a eliminação da equivocidade do Direito diante de determinado contexto fático-normativo mediante a fixação de sua adequada interpretação, é natural que a norma daí oriunda desempenhe um papel de guia para sua interpretação futura, atuando de forma proativa para obtenção da unidade do Direito. A Corte Suprema é uma corte de interpretação, cuja missão é formar precedentes. Negar eficácia para além das partes do processo e eficácia vinculante à sua interpretação, portanto, é negar a sua própria razão de existência, tolhendo a Corte Suprema da sua razão de ser dentro do ordenamento jurídico.", p. 25.

processual subsequente. Caso negativo, encerra-se o incidente, consolidando a competência do órgão jurisdicional fracionário para julgamento do recurso, remessa necessária ou processo de competência originária. Não haverá qualquer alteração do procedimento usualmente praticado nos tribunais. Entretanto, caso positivo o juízo de admissibilidade, reconhece-se a competência de outro órgão jurisdicional dentro do tribunal, hierarquicamente superior, e/ou a necessidade de alteração do procedimento para processamento e julgamento do caso em razão do preenchimento dos requisitos do artigo 947 do CPC e das repercussões processuais expansivas que a tese jurídica firmada assumirá, que necessariamente precisará alcançar a *ratio decidendi*. Assim, a partir desse quadro, foram analisados, neste capítulo que se finda, detalhes da admissibilidade até o julgamento.

Para o juízo de admissibilidade, propusemos que o quanto já construído para a análise da admissibilidade recursal seja transposto para o tema no IAC. Assim, falamos em requisitos extrínsecos e intrínsecos. Dentre aqueles, abordamos temas relacionados à tempestividade, ao preparo e à regularidade formal. Dentre estes, analisamos o cabimento, a legitimação, o interesse[1313] e a inexistência de fato impeditivo ou extintivo. Quanto ao momento ou tempestividade, trata-se de limite temporal lógico ao próprio conceito do incidente. Se o objeto do IAC, no juízo de admissibilidade, é a alteração do órgão jurisdicional para processamento e julgamento do caso com a consequente alteração do procedimento, o momento adequado para a provocação do incidente finda-se com o julgamento do recurso, remessa necessária ou processo de competência originária. Vale destacar que os embargos de declaração, quando opostos com fundamento na omissão, também viabilizam a análise do IAC, se suscitado, pois o julgamento do caso em si não haverá terminado, já que houve omissão direta constatada apta a dar continuidade ao julgamento. Defendemos, ainda, que a omissão indireta, ou seja, a não manifestação do relator para o IAC, quando se esperava que o fizesse, pode dar ensejo à oposição de embargos de declaração com a finalidade exclusiva de pro-

[1313] Reconhecemos, aqui, a posição doutrinária que coloca o cabimento como inserido no interesse, vez que este engloba o interesse-adequação. Sobre o tema, cf. UZEDA, Carolina. **Interesse recursal**. Salvador: JusPodivm, 2018. Entretanto, no texto, optamos por exarar a classificação mais corriqueira.

vocar o incidente em estudo. Sobre a regularidade formal, trata-se da forma de se dirigir ao órgão competente para demonstrar o preenchimento dos requisitos do incidente, sendo essencialmente norma de procedimento, que poderia ser regulamentada pela legislação nacional ou estadual, mas jamais pelo regimento interno do tribunal, considerando o quanto exposto no capítulo 3 da tese. Sobre o preparo, enquanto requisito extrínseco, não há previsão legal para a sua exigência. Se aplicada a regra do IRDR sobre o tema, não haveria que se falar em custas para o IAC. A justificativa para inexistência de custas concentra-se na externalidade positiva da gestão processual. Criticou-se tal opção, pois ela parte de premissas facilmente derrubáveis, quais sejam: de que efetivamente o entendimento firmado será aplicado por juízes e tribunais, de que as partes conformarão seus comportamentos extra e judicialmente, diminuindo a judicialização de demandas, de que não haverá, em curto espaço de tempo, demandas por superação do entendimento e de que o único beneficiário da gestão processual é o sistema judiciário de justiça, desconsiderando a litigância estratégica de litigantes habituais. Considerando que o incidente torna o processo mais complexo e, consequentemente, mais demorado, o custo da administração da justiça pode ser redistribuído entre partes e sociedade em diferentes medidas. Levando em conta, ainda, que os litigantes habituais têm capacidade para atuar estrategicamente através de incidentes, tendo capacidade econômico-financeira para suporte de custos, a imputação do ônus econômico somente à sociedade demanda maior análise, não se justificando a transposição direta da regra prevista para o IRDR. Ainda, neste ponto, sugeriu-se, de *lege ferenda*, o estabelecimento de multa para a suscitação manifestamente infundada do IAC, com a única finalidade de protelar o andamento processual. A previsão legal específica teria finalidade didática apenas, pois tal conclusão já pode ser retirada do quanto previsto no artigo 80, VI, CPC. Dentre os requisitos intrínsecos, falamos sobre o cabimento, a legitimação e o interesse, considerando o quanto prevê o artigo 947 do CPC. Já sobre a inexistência de fato impeditivo ou extintivo, no modelo proposto, seria apenas a inexistência de tese já firmada sobre o tema – salvo quando for o caso de superação através do mesmo mecanismo – ou afetada pelo tribunal na instância local ou superior. No modelo atual, há que se observar a dualidade prevenção *vs.* repressão à divergência jurisprudencial através dos diversos instrumentos positivados com alta carga de discricionariedade, o que é fonte de exacerbada divergência, como demonstrado. Assim, na análise da inexistência de fato impeditivo ou extintivo para o IAC hoje, deve-se analisar teses já firmadas ou em análise nos diversos mecanismos criados para lidar com a litigância repetitiva.

Sobre o órgão competente para realização do juízo de admissibilidade, a legislação não esclarece qual teria sido a opção do legislador, fazendo com que alguns caminhos sejam apontados pela doutrina e, eventualmente, até acolhidos por alguns regimentos internos dos tribunais. Após a apresentação de todas as opções vislumbradas, que poderiam ter sido escolhidas pelo legislador, defendeu-se que o juízo de admissibilidade ideal é aquele duplo, exercido, em um primeiro momento, pelo colegiado fracionário, originariamente competente para processamento e julgamento do processo – recurso, remessa necessária ou competência originária – por ser ele o primeiro juiz de sua própria competência. Tal análise é provisória, vez que ainda poderá ser levada para o órgão jurisdicional superior, dentro do tribunal, para reanálise e, com isso, concentração das decisões que amoldam os requisitos do IAC aos casos concretos no intento de trazer alguma uniformidade para casos futuros dentro do mesmo tribunal. Afirmou-se também a necessidade de previsão legal para o recurso entre esses dois colegiados.

Após o juízo de admissibilidade positivo, haverá reconhecimento do Poder Judiciário acerca da relevância da questão de direito com grande repercussão social e interesse público de forma a justificar a mudança do órgão jurisdicional competente dentro do mesmo tribunal, ampliando a colegialidade, como forma de conferência de maior legitimidade à decisão alcançada e, consequentemente, alterando o procedimento para processamento e julgamento do processo, que dependerá agora do alcance necessário de uma *ratio decidendi* para a questão de direito que justificou a assunção através da ampliação do contraditório e da alteração da forma de julgamento. Após o juízo de admissibilidade, passa-se à decisão de afetação, tão relevante para a organização do procedimento que se seguirá.

Ainda, dedicamos tempo e esforços, neste capítulo, para identificar as saídas propostas pela doutrina e por alguns regimentos internos para conferir maior legitimidade à tese alcançada através da participação ampliada de sujeitos no julgamento em razão das repercussões externas que a tese declarada alcançará. Para isso, dividimos os sujeitos em duas grandes categorias: identificáveis e indeterminados. O *identificável*, ou seja, que tem processo que contém a questão de direito em análise em andamento, embora não seja imediatamente identificado, a sua localização e a sua caracterização são possíveis. E, ainda há o *indeterminado*, ou seja, que não tem processo em andamento no presente, mas guarda grande potencial de tê-lo no futuro ou, ainda, pretende pautar sua conduta extrajudicial a partir da norma jurídica geral a ser firmada. Quanto à participação de terceiros com base nessas premissas, afirmamos que não cabe o ingresso dos sujeitos *identificáveis* como assistentes, por inadequação do instituto aos objetivos e características do IAC. Quanto aos sujeitos *indeterminados*, que são aqueles sem processo em andamento no presente, mas com potencial interesse no julgamento da questão de direito afetada em razão da perspectiva da existência de processos no futuro, não há que se cogitar da figura do *amicus curiae* para tutela de seus interesses.

O legislador abriu uma possibilidade para os terceiros interessados atuarem através das técnicas repetitivas, desde que exista interesse na controvérsia. Apesar de louvável a iniciativa, ainda nos posicionamos pela insuficiência do quanto previsto para garantir efetivo contraditório que legitime o procedimento e o seu resultado através da participação. Assim, propusemos, de *lege ferenda*, a oportunização aos legitimados coletivos do artigo 5º da LACP para participação no julgamento da questão de direito submetida ao IAC e, ainda, o ingresso de terceiros *identificáveis*, desde que demonstrem capacidade argumentativa para além das partes e dos legitimados coletivos.

Tais medidas são relevantes ao passo que ampliam o contraditório, subjetiva e objetivamente, em um procedimento apto a formar tese jurídica a ser seguida em processos pendentes e do porvir sem que necessariamente tenha o Poder Judiciário lidado com a questão previamente à exaustão. Assim, embora o tema seja objeto de alguma atenção pelo legislador para as técnicas originariamente destinadas a lidar com a repetição e alvo de debates acirrados na doutrina, o tema resta esquecido para o IAC, quando a preocupação deveria ser mais acentuada em razão da sua potencialidade de estabelecimento de norma jurídica geral a partir de um ou poucos casos, se admitido com base no *caput* do artigo 947 do CPC. Assim, podemos afirmar que o procedimento especial em tramitação no tribunal, uma vez resultando positivo o juízo de admissibilidade do incidente, terá partes distintas do processo que lhe deu origem, considerando o conceito adotado para 'partes' em contraposição ao de 'terceiros'.

Sobre o julgamento do IAC, destacamos apenas a cisão dos debates de forma a possibilitar o julgamento da questão de direito afetada ao incidente separadamente de maneira que se alcance necessariamente uma *ratio decidendi* apta a gerar norma jurídica. Assim, o julgamento do recurso, processo de competência originária ou remessa necessária é formado progressivamente a partir da decisão que declara a interpretação a ser dada à questão de direito submetida ao procedimento da assunção e a decisão que aplica tal entendimento ao caso concreto.

Tratou-se, ainda, sobre as consequências da desistência ou abandono da causa. O capítulo foi encerrado com outras questões processuais, tão relevantes quanto às tratadas anteriormente, mas que não se encaixavam no fluxo cronológico do procedimento desenhado e, por isso, foram destacadas para análise em separado. Dentre esses temas, selecionamos a questão da preferência de tramitação, da pluralidade de incidentes sobre a mesma questão de direito e, por fim, da possível fase recursal contra a tese firmada no incidente, não apenas na situação de inconformismo quanto ao resultado, mas também com a finalidade de espraiar as repercussões do provimento jurisdicional exarado através do incidente para todo o território nacional. Esses dois últimos temas, extremamente ricos, relacionados à relação entre incidentes nos tribunais, recursos e precedentes demandariam novas pesquisas monográficas. Entretanto, entendemos cabível o espaço para lançar algumas luzes sobre tais polêmicas.

Conclusões

Após algumas centenas de páginas, teses acadêmicas costumam resumir as conclusões alcançadas ao longo do trabalho, rememorando o leitor através da apresentação das principais ideias desenvolvidas de forma esquemática, apesar de quase nada acrescentar de substancialmente novo, mas servir para a organização de tudo o quanto desenvolvido. Não fugiremos essencialmente do esperado, mas organizaremos as conclusões finais na estrutura de apresentação do fio condutor para a ideia central aqui exposta, considerando que ao longo do trabalho as conclusões parciais foram lançadas, destacando-se temas colaterais ao central, dispensando a repetição neste momento.

Assim, no *capítulo 1*, ao tratarmos das formas de uniformização da jurisprudência através da assunção de competência, analisamos os ordenamentos jurídicos português e italiano, que lidam com a dispersão jurisprudencial de forma preventiva e repressiva através de um mecanismo único nos tribunais, evitando, com isso, a concomitância de mais de um procedimento para lidar com situações potencialmente semelhantes e, ainda, concentrando o julgamento por colegiados ampliados em apenas um órgão jurisdicional dentro dos tribunais. A partir da constatação sobre a existência de um único mecanismo para a formação de entendimentos concentrados em tribunais alienígenas, passamos, ainda no capítulo 1, ao estudo de formas passadas da assunção de competência, demonstrando que o IAC não é novidade. A principal diferença digna de nota neste momento é a manutenção de critérios discricionários para a admissão do incidente atual, abandonando a objetividade que circundava o incidente de uniformização de jurisprudência sob a égide do antigo diploma processual.

No *capítulo 2*, definimos o objeto do IAC, consistente na análise dos requisitos relacionados no artigo 947 do CPC que podem levar a alteração do procedimento do recurso, remessa necessária ou processo de competência originária e a assunção de competência internamente no tribunal, quando o caso já não esteja em colegiado superior. O IAC tem natureza de caso-piloto, considerando que ocorre a definição da interpretação a ser dada à questão de direito que motivou a assunção, através de julgamento por fundamento, ou seja, que alcança necessariamente *ratio decidendi*, e, em seguida, aplica-se essa interpretação ao caso, que é julgado, já sob o formato tradicional do *case-by-case*. Demonstramos, no capítulo 2 ainda, que o IAC pode ser essencialmente preventivo, quando o tribunal constate a existência de determinada questão de direito com grande relevância social e interesse público, de forma a motivar a fixação da interpretação adequada sem que exista multiplicidade, ou ainda assumir caráter corretivo, quando determinada orientação já seguida pelo tribunal em mais de um caso possa ser violada ou já esteja sendo, considerando o §4º do artigo 947 do CPC.

Considerando a utilização de conceitos jurídicos indeterminados pelo legislador para o estabelecimento de critérios de admissão do incidente, organizamos as balizas possíveis para situações concretas em cinco pontos, a partir do quanto já verificado na prática e na doutrina: 1. Necessidade de fixação de entendimento sobre determinada questão de direito, vez que inexistente, ou a sua revisão total; 2. A falta de observância de determinada norma jurídica de forma frequente por diversos órgãos jurisdicionais no mesmo tribunal; 3. Crítica judicial constante a determinada norma jurídica; 4. Necessidade de rever precedente de corte inferior ou de decisões reiteradas no âmbito administrativo; 5. Revisão de precedente de corte local por corte superior.

À lista, sugerimos a inclusão de mais uma baliza, qual seja, o alto índice de reforma de decisões das instâncias inferiores, demonstrando a necessidade de criação de um precedente legal, ou seja, nos termos do IAC, ainda que não exista divergência no tribunal, sequer potencial. Aos parâmetros 4 e 5 listados, sugerimos a inclusão da necessidade de expansão dos efeitos de determinado precedente, antes concentrado localmente, por todo o território nacional a partir de nova assunção nos tribunais superiores.

Em razão do seu caráter também repressivo em relação à divergência jurisprudencial, demonstramos a grande polêmica que circunda o tema quando em comparação com seus "irmãos" especialmente organizados para lidar com a repressão à divergência jurisprudencial. A falta de parâmetros objetivos para o âmbito de cabimento de cada mecanismo aquece as divergências apresentadas, fazendo com que, pragmaticamente, situações semelhantes ora sejam processadas através do IAC, ora através de outros mecanismos. Por vezes, no mesmo tribunal. Tal constatação dificulta o controle do procedimento e da competência nos tribunais pelos jurisdicionados, potencializando situações de insegurança jurídica, violações ao juiz natural e quebra de coerência da organização dos mecanismos do artigo 927, III, CPC.

O tratamento conferido ao IRDR e aos repetitivos é distinto daquele dado ao IAC, como se as situações que fundamentam o seu cabimento fossem estanques. Entretanto, a repetição constatada momentaneamente nas instâncias inferiores pode se deslocar rapidamente para os tribunais em razão da interposição de recursos. As situações fáticas que justificam a admissão de um mecanismo em detrimento de outro alteram-se rapidamente.

A elaboração de instrumentos aptos a fixação de teses jurídicas pelos tribunais de vértice e de segunda instância tem fundamento na quebra da isonomia e da segurança jurídica em razão do uso cada vez maior de conceitos jurídicos indeterminados pelo legislador. Entretanto, o cabimento destes instrumentos, da forma como delineados, é fixado com base em conceitos jurídicos indeterminados, criando situações de insegurança e de quebra de isonomia acerca de seu próprio cabimento.

A partir dessa percepção, começamos a delinear a defesa de que exista *apenas* um mecanismo nos tribunais para lidar com a prevenção e a repressão à divergência jurisprudencial em cada tribunal e que isso pode ser feito atualmente pelo incidente em estudo, que abraça critérios qualitativos e quantitativos em seus requisitos de admissibilidade. Assim, sugerimos, de *lege ferenda*, o estabelecimento de apenas um mecanismo para formação de entendimentos qualificados nos tribunais, vez que a pluralidade de mecanismos existentes hoje cria situações processuais intrincadas que colocam em xeque o devido processo legal.

No *capítulo 3*, desenvolvemos os argumentos que corroboram o quadro pintado, demonstrando a dificultosa relação entre os mecanismos criados com a finalidade de lidar com a litigância repetitiva, evidenciando que o problema já identificado por alguns autores, na linha do que pontuamos, não é solucionado com a tese da fungibilidade ou da conversão entre institutos, mas apenas mantido ou agravado.

Compreendemos os motivos que levaram o legislador a priorizar os mecanismos que lidam com a litigância repetitiva de forma concentrada nos tribunais em detrimento do processo coletivo, apesar de não concordarmos inteiramente com eles, mas o afã de estabelecer diversas saídas para o mesmo problema, tomando por inspirações mecanismos tupiniquins previamente existentes e transformando algumas ideias do direito comparado fez com que se criasse uma rede de instrumentos nos tribunais que não dialogam entre si e criam diversas dificuldades operacionais. Assim, ao mesmo tempo em que o legislador previu o IAC como mecanismo para prevenir e para reprimir divergências já identificadas nos tribunais brasileiros, preocupou-se com a litigância repetitiva também por outros instrumentos, como IRDR e os repetitivos, gerando tantos pontos de estrangulamento.

Esse panorama demanda as seguintes reflexões a partir do quanto proposto:

1. Tal proposta garante segurança quanto ao procedimento a ser seguido no tribunal, uma vez reconhecida a necessidade de prevenção ou repressão à divergência jurisprudencial através da formação estática de precedente.
2. Discussões sobre a conversão, fungibilidade ou relações entre mecanismos perderiam o objeto diante da situação em que a repetição seja constatada quando já admitido o IAC.
3. As repercussões processuais da tese jurídica firmada em IAC, IRDR e RR são parecidas, mas não são exatamente as mesmas, fazendo com que exista a equiparação pela doutrina e por enunciados interpretativos entre eles. Se existente apenas um mecanismo de concentração dos debates para formação de tese jurídica pelos tribunais, tais repercussões seriam equiparadas por força da legislação, eliminando certa dose de insegurança jurídica hoje detectada.
4. A concentração da formação de provimentos jurisdicionais com eficácia expansiva em apenas um mecanismo nos tribunais con-

centraria parâmetros para controle do juiz natural, pois situações semelhantes ou modificáveis no decorrer do procedimento seriam processadas e julgadas pelo mesmo órgão jurisdicional e mediante o mesmo procedimento, garantindo-se, ainda, que os resultados alcançados teriam repercussões semelhantes em outros processos.

5. A mera determinação do mesmo órgão jurisdicional interno ao tribunal para processar os diferentes mecanismos tendentes a formar teses jurídicas com eficácia expansiva não é suficiente em razão da diferença de procedimentos.
6. Caso ocorra, além do ponto acima, a padronização dos procedimentos e das repercussões processuais, haverá ocorrido o pareamento dos institutos.
7. É necessário que o órgão jurisdicional superior para fixação de entendimentos com eficácia expansiva seja invariante de forma a se evitar manipulações dos suscitantes. Tal determinação é de *lege ferenda* e depende de legislação nacional. A fixação do órgão competente em si caberá a cada regimento interno.
8. Embora exista elevada carga de interesse público na fixação de normas jurídicas gerais a partir de casos concretos, as garantias das partes não podem ser olvidadas, dentre elas, o juiz natural, que a partir de critérios objetivos, invariáveis e impessoais, funciona como mecanismo de controle do poder. A conversão entre os mecanismos ainda não garante parâmetros de controle objetivos, impessoais e invariantes, como necessário.

A partir desse panorama, propomos o procedimento ideal para o IAC, no *capítulo 4*, a partir do quanto já existente em um único artigo, para que este instrumento sozinho possa atuar como instrumento de concretização do quanto estampado no artigo 926 do CPC. A fonte normativa ideal para o procedimento proposto é a legislação nacional, que pode englobar aspectos processuais e procedimentais uniformes para tribunais regionais federais e superiores.

Afinal, o precedente legal não deve ser apenas um modo de gerir o contencioso de massa, mas também ser um meio para promover a unidade do direito através de segurança jurídica. Quando os próprios instrumentos criados para combater a insegurança jurídica são fontes dela, algumas reflexões são necessárias.

Por fim, contra a decisão do tribunal local no IAC, cabem os recursos excepcionais nos tribunais superiores. Os efeitos da decisão do STJ ou do STF serão nacionais, mas meramente persuasivos, não atraindo as repercussões processuais expansivas do IAC, vez que não terá havido assunção do tribunal superior a justificar tamanha força externa nacional do entendimento sem o devido procedimento, que é aquele iniciado quando do juízo de admissibilidade positivo no incidente. Se houver o intento de ampliação nacional para as repercussões processuais do incidente, há que se falar em novo juízo de admissibilidade no tribunal superior, quando os requisitos que viabilizam a assunção serão ponderados a partir do contexto brasileiro, possibilitando, ainda, a ampliação do contraditório para sujeitos potencialmente impactados pela questão de direito para além do território do tribunal local.

REFERÊNCIAS

ABBOUD, Georges. Súmula vinculante *versus* precedentes: notas para evitar alguns enganos. **Revista de Processo**, São Paulo, ano 33, n. 165, p. 218-230, 2008.

–; FERNANDES, Ricardo Yamin. Requisitos legais para a instauração do incidente de assunção de competência. **Revista de Processo**, v. 279, p. 339-356, maio, 2018.

–; STRECK, Lênio Luiz. **O que é isto – o Sistema (*sic*) de precedentes no CPC?** Disponível em: http://www.conjur.com.br/2016-ago-18/senso-incomum-isto-sistema-sic-precedentes-cpc. Acesso em: 21 de fev. 2017.

ALEMANHA. Lei Fundamental. Disponível em: https://www.btg-bestellservice.de/pdf/80208000.pdf. Acesso em: 12 set. 2017.

ALESSI, Renato. **Sistema istituzionale del diritto amministrativo italiano**. Milano: Giuffrè, 1953.

ALEXANDRE, Isabel. Problemas recentes da uniformização da jurisprudência em processo civil. **Revista da Ordem dos Advogados,** Lisboa, Ordem dos Advogados Portugueses, ano 60, n.1. p. 103-163.

ALEXY, Robert. **Teoria dos direitos fundamentais**. (Trad. Virgílio Afonso da Silva). São Paulo: Malheiros, 2008.

ALMADA, Roberto José Ferreira de. **A garantia processual da publicidade**. São Paulo: Revista dos Tribunais, 2005.

ALMEIDA JR., João Mendes de. **Direito judiciário brasileiro**. 5. ed., Rio de Janeiro: Freitas Bastos, 1960.

ALMEIDA, Mario Aroso de; CADILHA, Carlos Alberto Fernandes. **Comentário ao Código de Processo nos Tribunais Administrativos.** Coimbra: Gráfica de Coimbra, 2005.

ALMEIDA, Ursula Ribeiro de. **O *amicus curiae* e a representatividade adequada no julgamento dos casos repetitivos:** IRDR e Recursos Extraordinário e Especial Repetitivos. Tese de Doutorado. Orientador Prof. Associado Ricardo de Barros Leonel. São Paulo: Universidade de São Paulo, 2020.

–. *Writ of certiorari* do direito estadunidense. **Revista de Processo,** v. 266, p. 483-515, abr., 2017.

ALPA, Guido; CALAMANDREI, Silvia; CONDOJANNI, Francesco Marullo di. **Piero Calamandrei e il nuovo Codice di procedura civile (1940).** Bologna: il Mulino, 2018.

AMARAL, Paulo Osternack. Produção de provas em fase recursal. **Revista Jurídica da Escola Superior de Advocacia da OAB-PR**, edição especial, ano 3, n. 1, maio, 2018.

ANDREWS, Neil. **O moderno processo civil**: formas judiciais e alternativas de resoluções de conflitos na Inglaterra. São Paulo: Revista dos Tribunais, 2012.

APRIGLIANO, Ricardo de Carvalho. **Ordem Pública e Processo**: o tratamento das questões de ordem pública no Direito Processual Civil. São Paulo: Atlas, 2011.

ARAÚJO, José Henrique Mouta. A reclamação constitucional e os precedentes vinculantes: o controle da hierarquização interpretativa no âmbito local. **Revista de Processo**, v. 252, p. 243-262, fev., 2016.

–. A eficácia da decisão envolvendo a repercussão geral e os novos poderes dos relatores e dos tribunais locais. **Revista de Processo**, v. 152, p. 181-194, out., 2007.

ARENHART, Sérgio Cruz. Os terceiros e as decisões vinculantes do novo CPC. **Revista do TST**, Brasília, v. 82, n. 2, abr.-jun., 2016.

ARRUDA ALVIM NETTO, José Manoel de; ARRUDA ALVIM, Teresa; FORNACIARI JÚNIOR, Clito; PELUSO, Antônio Cézar; RIZZI, Luiz Sérgio de Souza. A possibilidade de o Ministério Público suscitar o incidente de uniformização de jurisprudência. **Revista de Processo**, v. 3, ano 1976, p. 127-130, jul.-set., 1976.

ARRUDA ALVIM, Teresa; DANTAS, Bruno. **Recurso especial, recurso extraordinário e a nova função dos Tribunais Superiores no Direito Brasileiro**. 3. ed. São Paulo: Revista dos Tribunais, 2016.

ARRUDA ALVIM, Teresa; DANTAS, Bruno; DIDIER JR., Fredie; TALAMINI, Eduardo (coord.). **Breves comentários ao Novo Código de Processo Civil.** São Paulo: Revista dos Tribunais, 2015.

–. **Modulação**: na alteração da jurisprudência firme ou de precedentes vinculantes. São Paulo: Revista dos Tribunais, 2019.

ASPERTI, Maria Cecília de Araujo. **Acesso à justiça e técnicas de julgamento de casos repetitivos.** Tese de doutorado. Orientador Prof. Assoc. Carlos Alberto de Salles. São Paulo: Universidade de São Paulo, 2018.

–. **Meios consensuais de resolução de disputas repetitivas**: a conciliação, a mediação e os grandes litigantes do Judiciário. Dissertação de Mestrado. Orientador Prof. Assoc. Carlos Alberto de Salles. São Paulo: Universidade de São Paulo, 2014.

ATALIBA, Geraldo. Regime constitucional e leis nacionais e federais. **Doutrinas Essenciais de Direito Constitucional**, v. 3, p. 285-314, maio, 2011.

ÁVILA, Humberto. **Teoria dos princípios**: da definição à aplicação dos princípios jurídicos. 11. ed., São Paulo: Malheiros, 2010.

AZEVEDO, Júlio Camargo de. **Manual de Prática Cível para Defensoria Pública**. 2. ed. Belo Horizonte: CEI, 2019.

–. **Tutela jurisdicional adequada às pessoas em situação de vulnerabilidade**. 2019. 319 p. Dissertação (Mestrado em Direito Processual) – Faculdade de Direito, Universidade de São Paulo, São Paulo, 2019.

BADARÓ, Gustavo Henrique. **Juiz natural no processo penal**. São Paulo: Revista dos Tribunais, 2014.

BARBOSA MOREIRA, José Carlos. A Emenda Constitucional n. 45 e o processo. **Temas de direito processual**: nona série. São Paulo: Saraiva, 2007.

–. O futuro da justiça: alguns mitos. **Temas de direito processual**: oitava série. São Paulo: Saraiva, 2004.

–. O processo civil contemporâneo: um enfoque comparativo. **Revista da EMERJ**, v. 6, n. 24, p. 55-69, 2003.

–. Prevenção de competência. **Revista de Processo.** v. 7 e 8, p. 197-203, jul.-dez., 1977.

–. Súmula, jurisprudência, precedente: uma escalada e seus riscos. **Temas de direito processual**: nona série. São Paulo: Saraiva, 2007.

BARIONI, Rodrigo. As *unpublished opinions* do direito norte-americano: contribuição para a assunção de competência. **Revista de Processo**. v. 261, p. 389-413, nov., 2016.

BARROSO, Luís Roberto; MELLO, Patrícia Perrone Campos. Trabalhando com uma nova lógica: a ascensão dos precedentes no direito brasileiro. **Revista da Advocacia Geral da União**, Brasília-DF, v. 15, n. 03, p. 09-52, jul.-set., 2016.

BASTOS, Ana Carolina Andrada Arrais Caputo. Processamento do IAC: questões de ordem prática. **Revista Caderno Virtual** – IDP – Instituto de Direito Público, v.3, n. 45, 2019.

BECKER, Rodrigo. A sustentação oral como garantia de influência na decisão judicial. **Revista Brasileira de Direito Processual – RBDPro**, Belo Horizonte, ano 28, n. 111, p. 249-264, jul.-set., 2020.

–; TRIGUEIRO, Victor. **O novo incidente de assunção de competência e o STJ.** Disponível em: https://jota.info/colunas/coluna-cpc-nos-tribunais/o-novo-incidente-de-assuncao-de-competencia-e-o-stj-15122016. Acesso em: 06 set. 2017.

–; PEIXOTO, Marco Aurélio. **Afinal, cabe ou não o IRDR nos tribunais superiores?** Recente decisão de Toffoli foi pelo não cabimento do Incidente de Resolução de Demandas Repetitivas nas cortes. JOTA. Disponível em: https://www.jota.info/opiniao-e-analise/colunas/coluna-cpc-nos-tribunais/afinal-cabe-ou-nao-o-irdr-nos-tribunais-superiores-17102019. Acesso em: 15 ago. 2020.

BEDAQUE, José Roberto dos Santos. **Efetividade do processo e téc-**

nica processual. 2. ed. São Paulo: Malheiros, 2007.

BENETI, Sidnei Agostinho. Assunção de competência e *fast-track* recursal. **Revista de Processo**. v. 171, p. 9-13, maio, 2009.

BERALDO, Maria Carolina Silveira. **Processo e procedimento à luz da Constituição Federal de 1988:** normas processuais e procedimentais civis. Belo Horizonte: D'Plácido, 2019.

BONATO, Giovanni. O filtro ao recurso de cassação no sistema jurídico italiano. **Revista de Processo,** v. 249, p. 249-274, nov., 2015.

BOVINO, Marcio Lamonica. **A falta de interesse processual pelo abuso do direito de demandas na tutela individual:** aspectos teóricos e práticos. Dissertação (Mestrado em Direito Processual) – Faculdade de Direito, Pontifícia Universidade Católica de São Paulo, São Paulo, 2011.

BRAGHITTONI, Rogério Ives. Uniformização de jurisprudência e artigo 555, § 1º, do Código De Processo Civil. **Revista do Instituto dos Advogados de São Paulo**, v. 15, p. 241-256, jan.-jun., 2005.

BRASIL. SENADO FEDERAL. Código de Processo Civil. Exposição de Motivos de 2015. Disponível em: https://www2.senado.leg.br/bdsf/bitstream/handle/id/512422/001041135.pdf. Acesso em: 03 jun. 2020.

BURNHAM, William; REED, Stephen F. ***Introduction to the Law and Legal System of the United States***. 7. ed. Saint Paul: West Academic Publishing, 2021.

BUZAID, Alfredo. Uniformização de jurisprudência. **Revista da Associação dos Juízes do Rio Grande do Sul (Ajuris)**, n. 34, jul., 1985.

CABRAL, Antonio do Passo. A escolha da causa-piloto nos incidentes de resolução de processos repetitivos. **Revista de Processo**, v. 231, p. 201-223, 2014.

–. Despolarização do processo e "zonas de interesse": sobre a migração entre polos da demanda. **Revista Forense**, v. 404, ano 105, jul.-ago., 2009.

–. Imparcialidade e *impartialidade*. Por uma teoria sobre repartição e incompatibilidade de funções nos processos civil e penal. **Revista de Processo**, v. 149, p. 339-364, jul., 2007.

–. **Juiz natural e eficiência processual**: flexibilização, delegação e coordenação de competências no processo civil. Tese de titularidade – Universidade do Estado do Rio de Janeiro. Rio de Janeiro: Universidade do Estado do Rio de Janeiro, 2017.

–. O novo procedimento-modelo (*Musterverfahren*) alemão: uma alternativa às ações coletivas. **Revista de Processo**, n. 147, ano 32, maio, 2007.

CAIS, Fernando Fontoura da Silva. O paradoxo do acesso à justiça. In: PUOLI, José Carlos Baptista; BONIZIO, Marcelo José Magalhães; LEONEL, Ricardo de Barros (coord). **Direito processual constitucional**. Brasília, DF: Gazeta Jurídica, 2016.

CALAMANDREI, Piero. La condanna "generica" ai danni. In: CAPPELLETTI, Mauro (a cura di). **Opere giuridiche**. v. 5. Napoli: Morano, 1965.

–. **Non c'è libertà senza legalità**. Roma: Laterza & Figli, 2019.

–. **Opere giuridiche**. Volume primo. Napoli: Morano Editore, 1965.

–. O processo como jogo. (Trad. Roberto B. del Claro). **Genesis** – Revista de Direito Processual Civil, Curitiba (23), p. 191-209, jan.-mar., 2002.

CALIL, Gabriel; DIMOULIS, Dimitri; TOMMASINI, Nicola. Recurso extraordinário e reclamação constitucional: uma análise da linha jurisprudencial do Supremo Tribunal Federal. **Revista Brasileira de Estudos Constitucionais – EBEC**, Belo Horizonte, ano 10, n. 34, p. 81-99, jan.-abr., 2016.

CALMON DE PASSOS, José Joaquim. Democracia, participação e processo. **Ensaios e artigos**. Salvador: JusPodivm, v. II, 2016.

CÂMARA, Alexandre Freitas. Súmula da jurisprudência dominante, superação e modulação de efeitos no novo Código de Processo Civil. **Revista de Processo**, v. 264, p. 281-320, fev., 2017.

CAPONI, Remo. **Harmonizing civil procedure**: initial remarks. In: From common rules to best practices in European Civil Procedure (Burkhard Hess and Xandra E. Kramer – eds.). Nomos Verlagsgesenschaft, Baden-Baden, Germany, 2017, p. 42-62.

CAPPONI, Bruno. Le crisi della giurisdizione civile. **Corriere giuridico**, n. 10, p. 1277-1290, 2014.

CAPPELLETTI, Mauro. **Juízes Legisladores?** (Trad. Carlos Alberto Alvaro de Oliveira). Porto Alegre: Sérgio Antonio Fabris Editor, 1999.

–; BRYANT, Garth. **Acesso à Justiça**. (Trad. Ellen Gracie Northfleet). Porto Alegre: Sergio Antonio Fabris Editor, 1988.

CARNEIRO, Athos Gusmão. **Jurisdição e competência**. 17. ed. São Paulo: Saraiva, 2010.

CARNEIRO, Paulo Cesar Pinheiro. Breves notas sobre o incidente de resolução de demandas repetitivas. **Revista Eletrônica de Direito Processual**, v. XIV, ano 8, jul.-dez., 2014, p. 485-486.

CARNELUTTI, Francesco. **Sistema del diritto processuale civile**. Padova: Cedam, v. 1, 1936.

–. **Sistema de Derecho Procesal Civil**. v. IV: procedimiento de conocimiento – parte segunda. (Trad. Niceto Alcalá-Zamora y Castillo e Santiago Sentís Melendo). Buenos Aires: Uteha Argentina, 1944.

CARNIO, Henrique Garbellini. Filosofia do direito processual e procedimentalização do direito. **Revista de Processo**, v. 231, p. 367-378, maio, 2014.

CARRAZZA, Roque Antonio. Segurança jurídica e eficácia temporal das alterações jurisprudenciais: competência dos tribunais superiores para fixá-la – questões conexas. In: FERRAZ JR., Tercio Sampaio; CARRAZZA, Roque Antonio; NERY JR., Nelson. **Efeitos *ex nunc* e as decisões do STJ**. São Paulo: Manole, 2008.

CARVALHO FILHO, José dos Santos. **Repercussão geral**: balanço e perspectivas. São Paulo: Almedina, 2015.

CAVALCANTI, Marcos de Araújo. **Incidente de resolução de demandas repetitivas**. São Paulo: Revista dos Tribunais, 2016.

–. **Incidente de resolução de demandas repetitivas e ações coletivas**. Salvador: Juspodivm, 2015.

CINTRA, Lia Carolina Batista. **Intervenção de terceiro por ordem do juiz**: a intervenção *iussu iudicis* no processo civil. São Paulo: Revista dos Tribunais, 2017.

CNJ. **Painel de Consulta ao Banco Nacional de Demandas Repetitivas e Precedentes Obrigatórios**. Brasília, 2019. Disponível em: https://paineis.cnj.jus.br/QvAJAXZfc/opendoc.htm?document=qvw_l%2FPainelCNJ.qvw&host=QVS%40neodimio03&anonymous=true&sheet=shDRGraficos. Acesso em: 18 nov. 2020.

COMOGLIO, Luigi Paolo. Il *"giusto processo" civile nella dimensione comparatistica*. **Revista de Processo**, v. 108, p. 133-183, out.-dez., 2002.

CONSELHO DA JUSTIÇA FEDERAL. Enunciados da I Jornada de Direito Processual Civil. Disponível em: https://www.cjf.jus.br/cjf/corregedoria-da-justica-federal/centro-de-estudos-judiciarios-1/publicacoes-1/i-jornada-de-direito-processual-civil. Acesso em: 05 set. 2020.

CONSELHO NACIONAL DE JUSTIÇA. **100 maiores litigantes**. Brasília: CNJ, 2011. Disponível em: https://www.cnj.jus.br/wp-content/uploads/2011/02/100_maiores_litigantes.pdf. Acesso em: 29 set. 2020.

–. **Res. n. 235/2016**, Disponível em: https://atos.cnj.jus.br/atos/detalhar/2312. Acesso em: 21 maio 2020.

COOTER, Robert; ULEN, Thomas. **Law and Economics**. 6. ed., Pearson: Berkeley Law Books, 2016.

CORRÊA, Fábio Peixinho Gomes. Direito processual civil alemão. In: CRUZ E TUCCI, José Rogério (coord.). **Direito processual civil europeu contemporâneo**. São Paulo: Lex, 2010.

–. **Governança judicial**: modelos de controle das atividades dos sujeitos processuais. Tese de doutorado. São Paulo: Universidade de São Paulo, 2008.

CORTE DE CASSAÇÃO, Disponível em: http://www.cortedicassazione.it/corte-di-cassazione/it/area_civile.page. Acesso em: 15 jun. 2020.

CÔRTES, Osmar Mendes Paixão. Comentário ao artigo 947. In: ARRUDA ALVIM, Teresa; DANTAS, Bruno; DIDIER JR., Fredie; TALAMINI, Eduardo (coord.). **Breves comentários ao Novo Código de Processo Civil**. São Paulo: Revista dos Tribunais, 2015.

COSTA, Moacir Lobo da. **Breve notícia histórica do direito processual civil brasileiro e de sua literatura.** São Paulo: Universidade de São Paulo, 1970.

COSTANTINO, Giorgio. La prevedibilità della decisione tra uguaglianza e appartenenza. **Rivista di diritto processuale**, ano 2015.

CRUZ E TUCCI, José Rogério. Anotações sobre a repercussão geral como pressuposto de admissibilidade do recurso extraordinário (Lei 11.418/2006). **Revista de Processo**, v. 145, p. 151-162, mar., 2007.

–. Garantias constitucionais do processo em relação a terceiros. **Revista do Advogado**, ano XXVIII, n. 99, set., 2008.

–. **Notas sobre os conceitos de jurisprudência, precedente judicial e súmula**. Disponível em: http://www.conjur.com.br/2015-jul-07/paradoxo-corte-anotacoes-conceitos-jurisprudencia-precedente-judicial-sumula. Acesso em: 23 fev. 2017.

–. **Precedente judicial como fonte do direito**. 2. ed. Rio de Janeiro: GZ, 2021.

–. **Precedente judicial como fonte do direito**. São Paulo: Revista dos Tribunais, 2004.

CUNHA, Leonardo Carneiro da; DIDIER JR., Fredie. **Curso de direito processual civil**: meios de impugnação às decisões judiciais e processo nos tribunais. v. 3. 8. ed., Salvador: Juspodivm, 2010.

CUNHA, Leonardo Carneiro da. A Cassação e o Superior Tribunal de Justiça brasileiro. **Revista de Processo**, v. 299, jan., 2020.

DANTAS, Marcelo Navarro Ribeiro. **Reclamação constitucional no direito brasileiro.** Porto Alegre: Sérgio Antônio Fabris Editor, 2000.

D'ÁVILA, Daniela Peretti; GONÇALVES, Mauro Pedroso. A relevância dos precedentes vinculantes do CPC/15 sob a ótica da análise econômica do direito. **Revista de Processo**, v. 288, p. 375-394, fev., 2019.

–. **Incidente de assunção de competência**: Extraindo seu máximo grau de rendimento. 2019. Dissertação (Mestrado em Direito) – Pontifícia Universidade Católica de São Paulo, São Paulo, 2019.

DIÁRIO DA ASSEMBLEIA NACIONAL CONSTITUINTE. (Suplemento). Subcomissão da União, distrito federal e territórios, **Ata da 1ª reunião**, maio de 1987, p. 52. Disponível em: http://imagem.camara.gov.br/Imagem/d/pdf/sup53anc01mai1987.pdf#page=50. Acesso em: 25 jul. 2020.

DIDIER JR., Fredie. **Curso de Direito Processual Civil:** Teoria geral do processo e processo de conhecimento. 6. ed. Salvador: Juspodivm, 2006.

–. **Curso de Direito Processual Civil.** 12. ed., Salvador: Juspodivm, v. 3, 2015.

–. O juízo de admissibilidade na teoria geral do direito. **Revista Eletrônica de Direito Processual – REDP**, v. VI, Periódico da Pós-Graduação *Stricto Sensu* em Direito Processual da UERJ, p. 322-354.

–. Os três modelos de direito processual: inquisitivo, dispositivo e cooperativo. **Revista de Processo**, v. 198, p. 213-226, ago., 2011.

–. **Recurso de terceiro**: juízo de admissibilidade. 2. ed. São Paulo: Revista dos Tribunais, 2005.

–; CABRAL, Antonio do Passo; CUNHA, Leonardo Carneiro da. **Por**

uma nova teoria dos procedimentos especiais. Salvador: JusPodivm, 2018.

–; CUNHA, Leonardo José Carneiro da. Intervenção do Ministério Público no incidente de assunção de competência e na reclamação: interpretando um silêncio e um exagero verborrágico no novo CPC. **Revista eletrônica [do] Tribunal Regional do Trabalho da 9ª Região**, Curitiba, v. 8, n. 79, jun., 2019.

–; TEMER, Sofia. A decisão de organização do incidente de resolução de demandas repetitivas: importância, conteúdo e o papel do regimento interno do tribunal. **Revista de Processo**, ano 41, n. 258, ago., 2016.

–; ZANETI JR., Hermes. Princípio da adequação jurisdicional do processo coletivo: benfazeja proposta contida no projeto de nova lei de ação civil pública. In: CALMON, Petrônio; CIANCI, Mirna; GOZZOLI, Maria Clara; QUARTIERI, Rita (coord.). **Em defesa de um novo sistema de processos coletivos**: estudos em homenagem a Ada Pellegrini Grinover. São Paulo: Saraiva, 2010.

DIEZ-PICAZO GIMENEZ, Ignacio. *El derecho fundamental al juez predeterminado por la ley*. **Revista Española de Derecho Constitucional**, ano 11, n. 31, jan.-abr., 1991.

DINAMARCO, Cândido Rangel. **A instrumentalidade do processo**. 4. ed. São Paulo: Malheiros, 1994.

–. **Fundamentos do processo civil moderno**. 5. ed. São Paulo: Malheiros, v. 1, 2002.

–. **Instituições de direito processual civil**. 6. ed., São Paulo: Malheiros, vs. II e III, 2009.

–. Processo civil comparado. **Revista de Processo**, v. 90, p. 46-56, abr.-jun., 1998.

–. **Processo civil empresarial.** São Paulo: Malheiros, 2010.

DUTRA, Déo Campos. Método(s) em direito comparado. **Revista da Faculdade de Direito – UFPR**, Curitiba, v. 61, n. 3, p. 189-212, set.-dez., 2016.

DWORKIN, Ronald. **Levando os direitos a sério**. (Trad. Nelson Boeira). São Paulo: Martins Fontes, 2002.

FARIA, Paulo Ramos de; LOUREIRO, Ana Luísa. **Primeiras notas ao Novo Código de Processo Civil:** os artigos da reforma. Coimbra: Almedina, v. 1.2, 2014.

FEFERBAUM, Marina; QUEIROZ, Rafael Mafei Rabelo. (coord.). **Metodologia jurídica**: um roteiro prático para trabalhos de conclusão de curso. Série GVLaw. São Paulo: Saraiva, 2012.

FELIX, Thais. Suspensão nacional em incidentes de resolução de demandas repetitivas pelo Superior Tribunal de Justiça e os juizados especiais cíveis: uma análise empírica. **Revista Fórum de Direito Civil – RFDC**, Belo Horizonte, ano 8, n. 21, p. 145-163, maio-ago., 2019.

FERNANDES, Luís Eduardo Simardi. **Embargos de declaração**: efeitos infringentes, prequestionamento e outros aspectos polêmicos. 5. ed., São Paulo: Revista dos Tribunais, 2020.

FERNANDES, Ricardo Yamim. **Do incidente de assunção de competência**. São Paulo: Revista dos Tribunais, 2020.

FORNACIARI, Flávia Hellmeister Clito. **Representatividade adequada nos processos coletivos**. Tese de Doutorado orientada pela professora Ada Pellegrini Grinover a apresentada à Faculdade de Direito da USP. São Paulo: Faculdade de Direito da USP, 2010.

FÓRUM PERMANENTE DE PROCESSUALISTAS CIVIS. **FPPC.** Enunciados. Disponível em: https://institutodc.com.br/wp-content/uploads/2017/06/FPPC-Carta-de-Florianopolis.pdf. Acesso em: 21 abr. 2020.

FREITAS, José Lebre de; MENDES, Armindo Ribeiro. **Comentários ao Código de Processo Civil.** Coimbra: Coimbra Editora, v.3, 2003.

FREITAS JR., Horival Marques de. **Repercussão geral das questões constitucionais**: sua aplicação pelo Supremo Tribunal Federal. São Paulo: Malheiros, 2015.

FREITAS, Pedro Augusto Silveira. Corte de Cassação e Corte Constitucional da Itália. In: ANDRADE, Érico; GONÇALVES, Gláucio Maciel. (coord.). **Organização judiciária no direito comparado**: Alemanha, Espanha, Estados Unidos da América, França, Grã-Bretanha, Itália e Portugal. Rio de Janeiro: Lumen juris, 2018.

GAIO JR., Antônio Pereira. Os perfis do incidente de assunção de competência no CPC/2015. **Revista de Processo**, v. 297, p. 213-231, nov., 2019.

GAJARDONI, Fernando da Fonseca. A competência constitucional dos estados em matéria de procedimento (artigo 24, XI, da CF): ponto de partida para a releitura de alguns problemas do processo civil brasileiro em tempo de novo CPC. **Revista Eletrônica de Direito Processual – REDP**. v. VII, Periódico da Pós-Graduação Stricto Sensu em Direito Processual da UERJ. Patrono: José Carlos Barbosa Moreira www.redp.com.br ISSN 1982-7636.

–. **Federalismo, Judiciário e o novo CPC**. Disponível em: https://www.migalhas.com.br/depeso/111552/federalismo-judiciario-e-o-novo-cpc. Acesso em: 30 jul. 2020.

–. **No Novo CPC, demandar contra precedente é litigância de má-fé?** Disponível em: https://jota.info/colunas/novo-cpc/no-novo-cpc-demandar-contra-precedente-e-litigancia-de-ma-fe-15022016. Acesso em: 21 fev. 2017.

GALANTER, Marc. "Why the haves come out ahead? Speculations on the limits of legal change", v. 9:1 **Law and Society Review**, 1974, Republicação (com correções). Law and Society. Dartmouth, Aldershot: Cotterrell, 1994.

GALVÃO, Danyelle da Silva. **Precedentes judiciais no processo penal**. 2019. Tese (Doutorado em Direito Processual) – Faculdade de Direito, Universidade de São Paulo, São Paulo, 2019. doi:10.11606/T.2.2019.tde-13082020-232848. Acesso em: 16 fev. 2021.

Gidi, Antonio. **A *class action* como instrumento de tutela coletiva dos direitos**: as ações coletivas em uma perspectiva comparada. São Paulo: Revista dos Tribunais, 2007.

Góes, Gisele Santos Fernandes. Reclamação Constitucional. In: Didier Jr., Fredie (org.). **Ações Constitucionais**. 5. ed., Salvador: JusPodivm, 2011.

Gonçalves Filho, Edilson Santana. **Defensoria Pública**: *amicus communitas*. Concurso de teses do XII Congresso Nacional de Defensores Públicos. Disponível em: https://www.anadep.org.br/wtksite/cms/conteudo/25706/Edilson_Santana_Gon_alves_Filho.pdf. Acesso em: 20 ago. 2020.

Gonçalves, Marcelo Barbi. **Teoria geral da jurisdição**. Salvador: JusPodivm, 2020.

Gonzalez, Anselmo Moreira. **Repetitivos ou "Ineditivos"? Sistematização do Recurso Especial Repetitivo**. Salvador: JusPodivm, 2020.

Goodnow, Frank J. The *writ of certiorari*. **Political Science Quarterly**, v. 6, n. 3, p. 493-536, sep. 1891, Published by The Academy of Political Science.

Greco, Leonardo. Novas perspectivas da efetividade e do garantismo processual. In: Rodrigues, Walter dos Santos; Souza, Márcia Cristina Xavier de. (coord.). **O Novo Código de Processo Civil.** Elsevier: São Paulo, 2012.

–. Publicismo e privatismo no processo civil. **Revista de Processo,** v. 164, p. 29-56, out., 2008.

Grinover, Ada Pellegrini. **Ensaio sobre a processualidade**: fundamentos para uma nova teoria geral do processo. Brasília: Gazeta Jurídica, 2016.

–. O princípio do juiz natural e sua dupla garantia. **Revista de Processo**, v. 29, p. 11-33, jan.-mar., 1983.

Gross, Marco Eugênio. Devido processo legal procedimental e ofensa reflexa à Constituição. **Revista de Processo**, São Paulo, n. 193, ano 36, p. 376-399, mar., 2011.

Guedes, Cintia Regina. O incidente de resolução de demandas repetitivas e o papel da Defensoria Pública como porta-voz dos direitos dos litigantes individuais na formação da tese jurídica vinculante. **Revista de Direito da Defensoria Pública do Estado do Rio de Janeiro**, v. 27, p. 304-316, 2018.

Hill, Flávia Pereira. Desjudicialização da Execução Civil: reflexões sobre o Projeto de Lei nº 6.204/2019. **Revista Eletrônica de Direito Processual – REPD**, Rio de Janeiro, ano 14, v. 21, n. 3, p. 164-205, set.-dez. 2020.

Itália. Código de Processo Civil Italiano. Disponível em: https://www.altalex.com/documents/news/2014/11/17/delle-impugnazioni. Acesso em: 15 jun. 2020.

Jatene, Karina Kassis dos Reis. O direito de petição nas Constituições Brasileiras – quadro comparativo. **Revista de Direito Constitucional e Internacional**, v. 92, p. 173-191, jul.-set., 2015.

Jorge, Flávio Cheim. Comentário ao artigo 994 e seguintes. Arruda

ALVIM, Teresa; DANTAS, Bruno; DIDIER JR., Fredie; TALAMINI, Eduardo (coord.). **Breves comentários ao Novo Código de Processo Civil**. São Paulo: Revista dos Tribunais, 2015.

KERN, Christoph A. O Papel das Cortes Supremas. Traduzido por Ronaldo Kochem e Maria Angélica Feijó. **Revista dos Tribunais**, v. 948, out., 2014.

LAHAV, Alexandra D. ***Participation and Procedure***, 64 depaul law review. (2015) Available at: https://via.library.depaul.edu/law-review/vol64/iss2/13. Acesso em: 05 set. 2020.

LARSEN, Allison Orr. The trouble with *amicus* facts. **Virginia Law Review**, v. 100, 2014.

LEONEL, Ricardo de Barros. **Causa de Pedir e Pedido**: o direito superveniente. São Paulo: Método, 2006.

–. Considerações introdutórias sobre o direito processual constitucional. In: LEONEL, Ricardo de Barros; PUOLI, José Carlos Baptista; BONÍCIO, Marcelo José Magalhães. (org.). **Direito processual constitucional**. Brasília: Gazeta Jurídica, v.1, 2016, p. 197-220.

–. Intervenção do Ministério Público no Incidente de Resolução de Demandas Repetitivas. **Revista Jurídica da Escola Superior do Ministério Público de São Paulo**, v.1, p. 171-185, 2012.

–. **Manual do processo coletivo**. 2. ed. São Paulo: Revista dos Tribunais, 2011.

–. Notas a respeito da valorização dos precedentes no CPC de 2015. In: SIMONS, Adrian; MENDES, Aluisio Gonçalves de Castro; RAGONE, Alvaro Pérez; LUCON, Paulo Henrique dos Santos (coord.). **Estudos em homenagem a Ada Pellegrini Grinover e José Carlos Barbosa Moreira**. São Paulo: Tirant lo Blanch, 2020.

–. Processo coletivo: preocupações legislativas. **Conjur**. Disponível em: https://www.conjur.com.br/2020-out-30/ricardo-leonel-processo-coletivo-preocupacoes-legislativas. Acesso em: 31 out. 2020.

–. **Reclamação constitucional**. São Paulo: Revista dos Tribunais, 2011.

–. **Tutela jurisdicional diferenciada**. São Paulo: Malheiros, 2001.

LEITÃO, Helder Martins. **Dos recursos no C.P.C.** 4. ed., Porto: Librum, 2018.

LEMOS, Vinicius Silva. A possibilidade de fungibilidade entre o IRDR e o IAC: viabilidade e necessidade de sistematização. **Revista de Processo**, v. 274, p. 255-289, dez., 2017.

–. **O incidente de assunção de competência**: da conceituação à procedimentalidade. Salvador: JusPodivum, 2018.

LIEBMAN, Enrico Tullio. **Institutos de direito comum no processo civil brasileiro**. Tradução de Eduardo Henrik Aubert (não publicada).

–. **Manual de direito processual civil**. 3. ed., v. I. Tradução de Cândido Rangel Dinamarco. São Paulo: Malheiros, 2005.

LIPIANI, Júlia. Reconstrução do interesse recursal no sistema de força normativa do precedente. **Civil Pro-**

cedure Review, v. 5, n. 2, p. 45-72, maio-ago., 2014.

LOWMAN, Michael K. *The litigating Amicus Curiae: when does the party begin after the friends leave. The* **American University Law Review**, v. 41, 1992.

LUCCA, Rodrigo Ramina de. **Disponibilidade processual**. São Paulo: Revista dos Tribunais, 2019.

–. **A motivação das decisões judiciais civis em um Estado de Direito**: necessária proteção da segurança jurídica. Dissertação de mestrado. São Paulo: Universidade de São Paulo, 2013.

LUCON, Paulo Henrique dos Santos. Evolução da reclamação constitucional e seu emprego para assegurar a autoridade dos precedentes. In: CRUZ E TUCCI, José Rogério *et alli*. (coord.) **Processo Civil**: Homenagem a José Ignácio Botelho de Mesquita. São Paulo: Quartier Latin, 2013.

LUHMANN, Niklas. **Legitimação pelo procedimento**. Tradução de Maria da Conceição Côrte-Real. Brasília: Universidade de Brasília, 1980.

MACÊDO, Lucas Buril de. Reclamação constitucional e precedentes obrigatórios. **Revista de Processo**, v. 238, p. 413-434, dez., 2014.

–. A disciplina dos precedentes judiciais no direito brasileiro. In: DIDIER JUNIOR, Fredie. et al (org.). **Precedentes**. Salvador: Juspodivm, 2016, p. 459-489.

–. Influência do sistema brasileiro de precedentes no interesse recursal. In: NERY JR., Nelson; ARRUDA ALVIM, Teresa. (coord.). **Aspectos polêmicos dos recursos cíveis e assuntos afins.** v. 13. São Paulo: Revista dos Tribunais, 2017.

–. **Os precedentes judiciais e o direito processual civil**. 3. ed., Salvador: Juspodivm, 2019.

MACHADO, Fábio Cardoso. Da uniformização jurídico-decisória por vinculação às súmulas de jurisprudência: objeções de ordem metodológica, sócio-cultural e político-jurídica. **Revista de Processo**, v. 124, p. 123-148, jun., 2005.

MAIA, Maurilio Casas. A facilitação da defesa do consumidor em juízo na formação de precedentes e um novo interveniente processual em favor do vulnerável: a Defensoria Pública enquanto *custos vulnerabilis*. **Revista de Direito do Consumidor**, v. 127, p. 407-435, jan.-fev., 2020.

MANCUSO, Rodolfo de Camargo. **Acesso à justiça**: condicionantes legítimas e ilegítimas. São Paulo: Revista dos Tribunais, 2014.

–. **Divergência jurisprudencial e súmula vinculante**. 6. ed., Salvador: Juspodivm, 2018.

–. **Sistema brasileiro de precedentes**: natureza; eficácia; operacionalidade. 2. ed., São Paulo: Revista dos Tribunais, 2016.

–. **Incidente de resolução de demandas repetitivas**: a luta contra a dispersão jurisprudencial excessiva. São Paulo: Revista dos Tribunais, 2016.

MARINONI, Luiz Guilherme. **A ética dos precedentes**: justificativa do novo CPC. 2. ed., São Paulo: Revista dos Tribunais, 2016.

–. **A ética dos precedentes**: justificativa do novo CPC. 3. ed., São Paulo: Thomson Reuters Brasil, 2018.

–. Comentários aos arts. 926-928. In: ARRUDA ALVIM, Teresa; DANTAS, Bruno; DIDIER JR., Fredie; TALAMINI, Eduardo (coord.). **Breves comentários ao Novo Código de Processo Civil.** São Paulo: Revista dos Tribunais, 2015.

–. **Incidente de resolução de demandas repetitivas**: decisões de questão idêntica x precedentes. São Paulo: Revista dos Tribunais, 2016.

–. **Julgamento nas Cortes Supremas**: precedente e decisão do recurso diante do novo CPC. 2. ed., São Paulo: Revista dos Tribunais, 2017.

–. O "problema" do Incidente de Resolução de Demandas Repetitivas e dos Recursos Extraordinário e Especial Repetitivos. **Revista de Processo**, v. 249, p. 399-419, nov., 2015.

–. **Precedentes obrigatórios**. 5. ed. São Paulo: Revista dos Tribunais, 2016.

–. Sobre o Incidente de Assunção de Competência. **Revista de Processo.** v. 260, p. 233-256, out., 2016.

–; ARENHART, Sérgio Cruz; MITIDIERO, Daniel. **Novo Curso de Processo Civil**: tutela dos direitos mediante procedimento comum. São Paulo: Revista dos Tribunais, v. 2, 2016.

MARK, Elaine. Balancing Territoriality and Functionality; Specialization as a Tool for Reforming Jurisdiction in the Netherlands, France and Germany (January 9, 2017). **International Journal for Court Administration**, v. 1, n. 2, 2008, Available at SSRN: https://ssrn.com/abstract=2896077. Acesso em: 07 jul. 2020.

MARSHALL, Geoffrey. What is binding in a precedent. In: MACCORMICK, Daniel; SUMMERS, Robert S. **Interpreting precedents:** a comparative study. Farnham/Surrey (UK): Ashgate Dartmouth, 1997.

MAZZEI, Rodrigo. Embargos de declaração e a omissão indireta (matérias que devem ser resolvidas de ofício, independentemente de arguição prévia pelo interessado). In: MEDINA, José Miguel Garcia; CRUZ, Luana Pedrosa de Figueiredo; CERQUEIRA, Luis Otávio Sequeira de; GOMES JR., Luiz Manoel. (Org.). **Os poderes do juiz e o controle das decisões judiciais**: estudos em homenagem à Professora Teresa Arruda Alvim Wambier. São Paulo: Revista dos Tribunais, 2008, p. 57-78.

MCCOID, John C. *A Single Package for Multiparty Disputes*. ***Stanford Law Review***, v. 28, n. 4, apr., 1976.

MENDES, Aluisio Gonçalves de Castro. **Incidente de resolução de demandas repetitivas**. Rio de Janeiro: Forense, 2017.

–; PORTO, José Roberto Mello. **Incidente de assunção de competência.** Rio de Janeiro: GZ, 2020.

MENKEL-MEADOW, Carrie. **Do the "Haves" Come out Ahead in Alternative Judicial Systems? Repeat Players in ADR**, 15 Ohio St. J. on Disp. Resol. 19 1999-2000.

MESQUITA, José Ignácio Botelho de. Da uniformização da jurisprudência – uma contribuição para seu estudo. **Revista dos Tribunais**, v. 613, ano 1986, p. 15-20, nov., 1986.

MIRANDA, Andrea Pimentel de. **Quem tem medo do processo coletivo?** As disputas e escolhas políticas no CPC/2015 para o tratamento da litigiosidade repetitiva no Brasil. São Paulo: Almedina, 2020.

MITIDIERO, Daniel. **Cortes Superiores e Cortes Supremas**: do controle à interpretação, da jurisprudência ao precedente. 2. ed., São Paulo: Revista dos Tribunais, 2014.

–. **Cortes superiores e cortes supremas**: do controle à interpretação, da jurisprudência ao precedente. São Paulo: Revista dos Tribunais, 2013.

–. **Precedentes**: da persuasão à vinculação. 2. ed., São Paulo: Revista dos Tribunais, 2017.

–; TARUFFO, Michele. **A justiça civil**: da Itália ao Brasil, dos setecentos a hoje. São Paulo: Revista dos Tribunais, 2018.

MONNERAT, Fábio Victor da Fonte. **Súmulas e precedentes qualificados**: técnicas de formação e aplicação. São Paulo: Saraiva Educação, 2019.

MORATO, Leonardo L. A reclamação constitucional e a sua importância para o Estado Democrático de Direito. **Revista de Direito Constitucional e Internacional**, v. 51, p. 171-187, abr.-jun., 2005.

MOREIRA, Egon Bockmann; FERRARO, Marcella Pereira. Pluralidade de interesses e participação de terceiros no processo (da assistência simples à coletivização, passando pelo *amicus*: notas a partir e para além do novo Código de Processo Civil). **Revista de Processo**, v. 251, p. 43-73, jan., 2016.

NERY JR., Nelson; NERY, Rosa Maria de Andrade. **Código de Processo Civil comentado**. 16. ed. São Paulo: Revista dos Tribunais, 2016.

–. O juiz natural no direito processual civil comunitário europeu. **Revista de Processo**, v. 101, p. 101-132, jan.-mar., 2001.

–. **Princípios do processo civil na Constituição Federal.** 4. ed., São Paulo: Revista dos Tribunais, 1997.

–. **Princípios do processo civil na Constituição Federal**. 10. ed., São Paulo: Revista dos Tribunais, 2010.

–. **Princípios do processo civil na Constituição Federal**. 12. ed., São Paulo: Revista dos Tribunais, 2016.

NEVES, António Castanheira. **O instituto dos "assentos" e a função jurídica dos Supremos Tribunais**. Coimbra: Coimbra Editora, 1983.

NEVES, Daniel Amorim Assumpção. **Competência no processo civil**. 2. ed., Rio de Janeiro: Forense, 2010.

–. **Manual de Direito Processual Civil**. Salvador: JusPodivm, 2016.

NUNES, Dierle; PEDRON, Flávio Quinaud; HORTA, André Frederico de Sena. Os precedentes judiciais, o artigo 926 do CPC e suas propostas de fundamentação: um diálogo com concepções contrastantes. **Revista de Processo**, v. 263, p. 335-396, jan., 2017.

–; VIANA, Antônio Aurélio de Souza. **Suspensão integral de processos em recursos repetitivos preocupa**. Disponível em: https://www.conjur.com.br/2017-mai-31/opiniao-suspensao-integral-processos-repetitivos-preocupa. Acesso em: 17 jul. 2020.

–. Processualismo constitucional democrático e o dimensionamento de técnicas para a litigiosidade repetitiva. **Revista de Processo**, v. 199, p. 41-83, set., 2011.

OLIVEIRA, Carlos Alberto Alvaro de. **Do formalismo no processo civil**. São Paulo: Saraiva, 1997.

–. Garantia do contraditório. In: CRUZ E TUCCI, José Rogério. (coord.). **Garantias constitucionais do processo civil**. São Paulo: Revista dos Tribunais, 1999.

–. **Teoria e prática da tutela jurisdicional**. Rio de Janeiro: Forense, 2008.

–; MITIDIERO, Daniel. O direito fundamental ao contraditório e sua centralidade no processo coletivo. In: ASSIS, Araken de. MOLINARO, Carlos Alberto. GOMES JR., Luiz Manoel. MILHORANZA, Mariângela Guerreiro. (org.). **Processo coletivo e outros temas de direito processual**: homenagem 50 anos de docência do professor José Maria Rosa Tesheiner, 30 anos de docência do professor Sérgio Gilberto Porto. Porto Alegre: Livraria do Advogado, 2012.

OLIVEIRA, Paulo Mendes de. **Regimentos internos como fonte de normas processuais.** Salvador: JusPodivm, 2020.

OLIVEIRA, Suzana Fairbanks Lima de. **A racionalização da atividade do Ministério Público no processo civil**. Dissertação de mestrado, São Paulo, USP, 2008.

PACÍFICO, Luiz Eduardo. Direito processual civil italiano. In: CRUZ E TUCCI, José Rogério (org.). **Direito processual civil europeu contemporâneo.** São Paulo: LEX, 2010, p. 245-284.

PANTOJA, Fernanda Medina; TEMER, Sofia. **A excepcionalidade (e a necessidade) da tutela de urgência no incidente de resolução de demandas repetitivas**. Disponível em: https://migalhas.uol.com.br/depeso/334937/a-excepcionalidade--e-a-necessidade--da-tutela-de-urgencia-no-incidente-de-resolucao-de-demandas-repetitivas. Acesso em: 11 jan. 2021.

PARÁ FILHO, Tomás. A chamada "uniformização da jurisprudência". **Revista de Processo**, v. 1, p. 71-82, jan.-mar., 1976.

PASSANANTE, Luca. **Il precedente impossibile**: contributo allo studio del diritto giurisprudenziale nel processo civile. Torino: G. Giappichelli Editore, 2018.

PEIXOTO, Ravi. O incidente de arguição de inconstitucionalidade e o CPC/2015. **Revista de Processo**, v. 287, p. 23-44, jan., 2019.

–. **O IRDR e a suspensão de processos**. Disponível em: https://emporiododireito.com.br/leitura/o-irdr-e-a-suspensao-de-processos-por-ravi-peixoto. Acesso em: 17 jul. 2020.

PEREIRA, Carlos Frederico Bastos; ZANETI JR., Hermes. Por que o Poder Judiciário não legisla no modelo de precedentes do Código de Processo Civil de 2015? **Revista de Processo**, v. 257, p. 371-388, jul., 2016.

PEREIRA, Luiz Fernando Casagrande Pereira; SCHINEMANN, Caio César Bueno. **Cabimento de IRDR sem recurso em trâmite no Tribunal:** a discussão acerca dos requisitos de instauração do IRDR permanece em aberto no STJ. JOTA. Disponível em: https://www.jota.info/opiniao-e-analise/artigos/cabimento-de-irdr-sem-recurso-em-tramite-no-tribunal-20012020. Acesso em: 10 set. 2020.

PEREIRA, Paula Pessoa. **Legitimidade dos precedentes**: universabilidade das decisões do STJ. São Paulo: Revista dos Tribunais, 2014.

PERRY JR., H. W. **Deciding to decide**: agenda setting in the United States Supreme Court. Cambridge: Harvard University Press, 1994.

PIMENTEL, Wilson. **Acesso *responsável* à justiça**: o impacto dos custos na decisão de litigar. Dissertação de mestrado. Rio de Janeiro: Fundação Getúlio Vargas, 2017.

PINHEIRO, Aline. **Itália é a campeã de lentidão judicial na Europa.** Conjur. Disponível em: https://www.conjur.com.br/2012-abr-14/italia-pais-europeu-acionado-causa-lentidao-justica. Acesso em: 28 dez. 2020.

PISANI, Andrea Proto. *Crisi della cassazione: la (non più rinviabile) necessitá di una scelta.* **Revista de Processo,** v. 157, p. 261-268, ano 2008.

PORTANOVA, Rui. **Princípios do processo civil.** Porto Alegre: Livraria do Advogado, 1995.

PUOLI, José Carlos Baptista. **Os poderes do juiz e as reformas do processo civil**. São Paulo: Juarez de Oliveira, 2001.

–. Precedentes vinculantes? O CPC "depois" da Lei n. 13.256/16. In: LUCON, Paulo Henrique dos Santos *et alli.* (coord.). **Processo em Jornadas.** Salvador: JusPodivm, 2016.

REGO, Carlos Lopes do. **A uniformização da jurisprudência no novo direito processual civil**. Lisboa: Lex, 1997.

RICHTER, Bianca Mendes Pereira. Dos incidentes de resolução de demandas repetitivas no caso do rio doce: uma análise a partir da atuação do litigante habitual nesta forma de resolução de questões repetitivas. **Revista de Processo**, v. 301, p. 327-355, mar., 2020.

–. Nulidade processual pela falta de intervenção do Ministério Público. **Revista dos Tribunais**, v. 102, n. 930, p. 239-278, abr., 2013.

–. O incidente de assunção de competência como precedente no novo Código de Processo Civil: análise do instituto no Superior Tribunal de Justiça. **Revista de Processo**, v. 280, p. 303-334, jun., 2018.

–. Repercussões da litigância contra precedente no atual ordenamento jurídico brasileiro e a litigância de má-fé. **Revista de Processo**, v. 277, p. 509-525, 2018.

–. Representatividade adequada: uma comparação entre o modelo norte-americano da *class-action* e o modelo brasileiro. **Revista Jurídica da Escola Superior do Ministério Público de São Paulo**, v. 1, p. 187-212, 2012.

ROCHA, Rodrigo Ferreira. Do novo julgamento liminar do pedido e o acesso à justiça. **Revista dos Tribunais,** v. 962, ano 2015, p. 171-191, dez., 2015.

RODRIGUES, Viviane Siqueira; YARSHELL, Flávio Luiz. **Gerenciamento de processos na justiça civil brasileira: análise das técnicas de gereciamento processual.** Universidade de São Paulo, São Paulo, 2017.

ROSINA, Mônica Steffen Guise. Meu trabalho precisa de direito comparado? In: FEFERBAUM, Marina; QUEIROZ, Rafael Mafei Rabelo. (coord.). **Metodologia jurídica**: um roteiro prático para trabalhos de conclusão de curso. Série GVLaw. São Paulo: Saraiva, 2012, p. 125-135.

SACCO, Rodolfo. Legal Formants: A Dynamic Approach to Comparative Law (Installment I of II), **The American Journal of Comparative Law**, v. 39, p. 1-34, n. 1, 1991.

SALDANHA, Nelson. O jardim e a praça: ensaio sobre o lado "privado" e o lado "público" da vida social e histórica. **Ci. & Tróp**. Recife, 11(1): 105-121, jan.-jun., 1983.

SALLES, Carlos Alberto. **Arbitragem em contratos administrativos**. São Paulo: Método, 2011.

SANSEVERINO, Milton. Fungibilidade dos Recursos, **Revista de Processo**, v. 25, p. 181-183, jan.-mar., 1982.

SENADO FEDERAL. PLS n. 166, de 2010. Disponível em: https://www25.senado.leg.br/web/atividade/materias/-/materia/97249. Acesso em: 16 ago. 2020.

SICA, Heitor Vitor Mendonça. **Cognição do juiz na execução civil.** São Paulo: Revista dos Tribunais, 2017.

–. Congestionamento viário e congestionamento judiciário: reflexões sobre a garantia de acesso individual ao poder judiciário. In: BEDAQUE, José Roberto dos Santos; CINTRA, Lia Carolina Batista; EDI, Elie Pierre (coord). **Garantismo Processual**: garantias constitucionais aplicadas ao processo. Brasília, DF: Gazeta Jurídica, 2016.

–. Notas críticas ao sistema de pluralidade de partes no processo civil brasileiro. **Revista de Processo**, v. 200, p. 13-70, out., 2011.

–. Tutela meramente declaratória vista pela jurisprudência do Superior Tribunal de Justiça. In: GALOTTI, Isabel; DANTAS, Bruno; FREIRE, Alexandre; GAJARDONI, Fernando da Fonseca; MEDINA, José Miguel Garcia. (org.). **O papel da jurisprudência no STJ.** São Paulo: Revista dos Tribunais, 2014, v. 1, p. 447-455.

SILVA, Paula Costa e. L'uniformazione della giurisprudenza nel diritto portoghese. **Rivista di Diritto Processuale**, Milano, CEDAM, ano LXVII, n. 2, p. 409-423, marzo-aprile, 2012.

SOUSA, António Francisco de. **"Conceitos indeterminados" no direito administrativo.** Coimbra: Almedina, 1994.

SOUZA, Artur César de; SOUZA, João Henrique Tatibana de. Sistemas recursais das cortes superiores no direito comparado. **Revista de Processo**, v. 284, ano 2018, p. 427-462, out., 2018.

–. **Jurisdição e competência no novo CPC**: competência da justiça federal e competência da justiça estadual. Coimbra: Almedina, 2019.

STRECK, Lênio Luiz. **A *Katchanga* e o *bullying* interpretativo no Brasil**. Conjur. Disponível em: https://www.conjur.com.br/2012-jun-28/senso-incomum-katchanga-bullying-interpretativo-brasil. Acesso em: 14 jan. 2021.

TARUFFO, Michele. **Il vertice ambiguo**: saggi sulla cassazione civile. Bologna: Il Mulino, 1991.

–. Numero speciale: Due Iceberg a Confronto: le derive di common law e civil law. **Rivista Trimestale di Diritto e Procedura Civile**, Milano, Giuffrè Editore, anno LXIII, Supllemento al. n. 4, p. 147-151, dicembre 2009.

–. **Paginas sobre justicia civil**. Las funciones de las Cortes Supremas. Madrid: Marcial Pons, 2009, p. 93-104.

–. Precedente e jurisprudência. **Revista de Processo**, v. 199, p. 139-155, set., 2011.

TELLES, Cássio Lisandro. **Repercussão geral, IRDR e IAC vêm gerando mais demora e insegurança jurídica**. CONJUR. Disponível em: https://www.conjur.com.br/2020-mar-05/cassio-telles-repercussao-geral-irdr-iac-vem-gerando-demora. Acesso em: 29 jul. 2020.

TEMER, Sofia. **Incidentes de resolução de demandas repetitivas**. 2. ed., Salvador: JusPodivm, 2017.

–. **Incidente de resolução de demandas repetitivas**. Salvador: JusPodivm, 2016.

–. **Participação no processo civil**: repensando litisconsórcio, intervenção de terceiros e outras formas de atuação. Salvador: JusPodivm, 2020.

–. Suspensão Nacional de Processos em IRDRS: a paradoxal posição do STF e do STJ. **Processualistas**, Disponível em: https://processualistas.jusbrasil.com.br/artigos/843927427/suspensao-nacional-de-processos-em-irdrs-a-paradoxal-posicao-do-stf-e-do-stj. Acesso em: 21 maio 2020.

THEODORO JR. Humberto. *Common law* e *civil law*. Aproximação. Papel da jurisprudência e precedentes vinculantes no novo Código de processo civil. Demandas repetitivas. In: LUCON, Paulo Henrique dos Santos et al (org.). **Processo em jornadas**. Salvador: Juspodivm, 2016.

–. Regime das Demandas Repetitivas no Novo Código de Processo Civil. In: DIDIER JR., Fredie. (coord.). **Processo nos tribunais e meios de impugnação às decisões judiciais**. Salvador: JusPodivm, 2016.

UZEDA, Carolina. **Interesse recursal**. Salvador: JusPodivm, 2018.

VENTURI, Elton. **Processo civil coletivo**. São Paulo: Malheiros, 2007.

VIEIRA, Oscar Vilhena. Supremocracia. **Revista Direito GV**, São Paulo 4 [2], p. 441-464, jul.-dez., 2008.

VIGORITI, Vincenzo. **Interessi collettivvi e processo**. Milão: Giuffrè, 1979.

WALDRON, Jeremy. The Rule of Law and the Importance of Procedure (october 6, 2010). **NYU School of Law**, Public Law Research Paper n. 10-73, Available at SSRN: https://ssrn.com/abstract=1688491 or http://dx.doi.org/10.2139/ssrn.1688491. Acesso em: 07 jul. 2020.

WALKER JR., JOHN M. **The Role of Precedent in the United States**: How Do Precedents Lose Their Binding Effect? Stanford Law School: China Guiding Cases Project. Disponível em: https://cgc.law.stanford.edu/commentaries/15-john-walker/. Acesso em: 12 set. 2017.

WELSCH, Gisele Mazzoni. **Legitimação democrática do Poder Judiciário para a função normativa com eficácia vinculante:** a participação necessária de atores sociais nas ações com potencial repetitivo. Tese de doutorado. Pontifícia Universidade Católica do Rio Grande do Sul. Faculdade de Direito. Porto Alegre, 2015.

WOLKART, Erik Navarro. **Análise Econômica do Processo Civil**: como a economia, o direito e a psicologia podem vencer a tragédia da justiça. São Paulo: Revista dos Tribunais, 2019.

–. Precedentes no Brasil e cultura – um caminho tortuoso, mas, ainda assim, um caminho. **Revista de Processo**, v. 243, p. 409-433, maio, 2015.

YARSHELL, Flávio Luiz. **Antecipação da prova sem o requisito da urgência e direito autônomo à prova**. São Paulo: Malheiros, 2009.

–. **É possível que a jurisprudência seja uniforme, estável, íntegra e coerente?** Disponível em: http://www.cartaforense.com.br/conteudo/colunas/e-possivel-que-a-jurisprudencia-seja-uniforme-estavel-integra-e-coerente/17828. Acesso em: 23 set. 2017.

–. Incidente de resolução de demandas repetitivas nos tribunais superiores? **Jornal Carta Forense**. Disponível em: http://www.cartaforense.com.br/conteudo/colunas/incidente-de-resolucao-de-demandas-repetitivas-nos-tribunais-superiores/17629. Acesso em 17 jan. 2021.

XAVIER, Carlos Eduardo Rangel. **Reclamação constitucional e precedentes judiciais**: contributo a um olhar crítico sobre o Novo Código de Processo Civil. São Paulo: Revista dos Tribunais, 2016.

WACH, Adolf. **La pretensión de declaración**: un aporte a la teoria de la pretensión de protección del derecho. Trad. de Juan M. Semon. Buenos Aires: Ediciones Jurídicas Europa-América, 1962.

WATANABE, Kazuo. **Da cognição no processo civil.** São Paulo: Revista dos Tribunais, 1987.

ZAMPAR JÚNIOR, José Américo. **Produção de provas em sede recursal**. São Paulo: Revista dos Tribunais, 2019.

ZANETI JR., Hermes. Cortes Supremas e interpretação do direito. In:

GALLOTTI, Isabel; et alli. (coord.). **O Papel da jurisprudência no STJ**. São Paulo: Revista dos Tribunais, 2014.

–. Os casos repetitivos no Brasil: notas sobre a agregação de litígios, o processo coletivo e os precedentes vinculantes no CPC/15. In: SIMONS, Adrian; MENDES, Aluisio Gonçalves de Castro; RAGONE, Alvaro Pérez; LUCON, Paulo Henrique dos Santos (coords.). **Estudos em homenagem a Ada Pellegrini Grinover e José Carlos Barbosa Moreira**. São Paulo: Tirant lo Blanch, 2019.

–. **O valor vinculante dos precedentes:** teoria dos precedentes normativos formalmente vinculantes. 4. ed. Salvador: JusPodivm, 2019.

–. Precedentes (*treat like cases alike*) e o novo Código de Processo Civil: universalização e vinculação horizontal como critérios de racionalidade e a negação da "jurisprudência persuasiva" como base para uma teoria e dogmática dos precedentes no Brasil. **Revista de Processo**, v. 235, p. 293-349, set., 2014.

–; CARDOSO, Juliana Provedel; CORNIELLES-HERNÁNDEZ, José Ángel. Incidente de resolución de demandas repetitivas (IRDR). **Revista Eletrônica de Direito Processual – REDP**, Rio de Janeiro, ano 12, v. 19, p. 348-379, n. 3, set.-dez., 2018.

ZUFELATO, Camilo. Precedentes judiciais vinculantes à brasileira no novo CPC: aspectos gerais. **O novo Código de Processo Civil:** questões controvertidas. Vários autores. São Paulo: Atlas, 2015.